# 日據時期臺灣
## 殖民地史學研究

中國社會科學院台灣史研究中心 編著

# 目　錄

## 大陸部份 — 5

日本對臺灣、大連的統治與人民反抗鬥爭之比較 — 5

日據時期臺灣移民問題初探 — 19

臺灣總督府文官制度研究 — 31

日據初期臺灣企業形態及社會經濟形態的變遷 — 43

日據時期對荷據臺灣史的研究 — 65

日據臺灣、大連時期電影業研究 — 79

「族」與「國」：李春生與清末民初的臺灣 — 89

試論日本殖民者對臺灣婦女的「皇民化」塑造 — 122

「米糖相剋」與總督府米糖統治—日據後期臺灣殖民地農業之初探 — 134

臺共風雲—蔡孝乾紅白人生研究之二 — 173

日據臺灣時期鴉片漸禁政策確立原因再探析 — 198

陳儀對日據下臺灣的考察及研究 — 221

## 臺灣部份 — 239

日據殖民在臺近代化本質及其影響 — 239

日據時期的清代臺灣史研究回顧～以臺北帝大文政學部研究年報與光復初期臺灣島內發行的雜誌為例 — 251

從《臺灣神社與宗教》管窺日據時代臺灣佛教 — 282

日據時期的蘭嶼 — 304

日據時期臺灣總督府圖書館館藏臺灣數據探析 — 320

日治時期臺灣的漏籍問題 — 338

20世紀30年代臺灣對華南的水泥輸出貿易 — 353

第一回高砂義勇隊出發前夕的臺灣～1940年日軍南進的系譜 — 372

從參拜靖國神社風波談臺灣在後殖民時代的主體性迷思 — 390

日本統治末期臺灣工業技術人才養成～臺南與東北的交會 — 406

科技與社會～以臺灣日月潭水力發電工程為例（1919-1934*）......415
準軍人的養成～日治時期臺灣中等學校的軍事訓練......435
臺灣共產黨人張志忠......458
在中國東北的臺灣人（1908～1945）......481
試論後藤新平與伊澤多喜男～從專賣局與鴉片事件談起......495
臺灣總督府樟腦專賣政策與霧峰林家......506
日據時期臺灣與東北地區煤礦業之發展～以基隆與撫順煤礦為例......525

## 日本部份　　　　　　　　　　　　　　　　　　　　　　**547**

殖民地時期真宗大谷派在臺灣佈教的演變～臺北別院落成的象徵意義......547
戰後初期在日臺灣人的國籍變更問題～以澀谷事件的考察為中心......591
二次大戰前後的臺灣人......601
日本統治下臺灣の社會事業政策研究......620
從恆春半島的視角來尋找臺灣殖民地化的思想淵源～關於18世紀以來歐洲的恆春半島初期形象的演變過程......633
後藤新平與臺灣～對殖民統治與文明之間關係的考察......657
殖民地臺灣日語教育淺論～以官方學校教科書的編寫為中心......675
「大日本帝國」の臺灣統治構造及統治原理......685

# 大陸部份

## 日本對臺灣、大連的統治與人民反抗鬥爭之比較

關捷

### 一

從 1895 年 5 月 8 日中日兩國代表在煙臺交換《馬關條約》，日本開始佔領臺灣，至 1945 年 10 月 25 日日軍第十方面軍司令長官安藤利吉向臺灣省行政長官陳儀投降，臺灣被割讓（即日本統治）50 年又 170 天[1]。日本對大連的統治則晚於臺灣 10 年（即 1905 年 10 月 14 日日俄兩國簽訂《樸茨茅斯條約》，俄國擅將旅大的租借權轉讓給日本開始），至 1945 年 8 月 22 日蘇軍進入大連，日本統治大連 40 年又 313 天宣告結束。

日本統治臺灣，是以殖民地形式進行的，統治大連是以租借地形式，施行不是殖民地的殖民統治。鑑於日本租借大連比佔領臺灣晚十年，因而日本在臺灣所推行的措施，諸如統治機構、經濟統治、文化教育的皇民化等的「經驗教訓」，自然成為統治大連的借鑑，有的幾乎是完全照搬，而且其透過警察、憲兵、特務的政治統治、經濟掠奪、文化奴役的強度和深度比之對臺灣有過之而無不及。另一方面，兩地各族人民對日本統治的反抗形式、規模、作用、後果有相似之處，亦有若干各自的特點。因此對日本統治臺灣、大連的措施與人民反抗鬥爭進行探討，對揭示日本帝國主義的本質，抨擊日本右翼勢力的歷史觀以及教育對日本在臺灣、大連統治的模糊乃至錯誤評估是有意義的。

### 二

日本帝國主義對臺灣、大連兩地的侵略、霸佔、統治過程，也是中國各民族各階層人民進行反抗鬥爭的過程。

日本霸佔中國神聖領土——臺灣省及其澎湖列島，是以軍事為後盾，透過甲午中日戰爭打敗中國，強迫中國簽訂《馬關條約》割讓的，是直接武裝侵略中國的嚴重後果。中國各族各階層人士對簽約割臺議論紛紜，以各種形式表達心聲，乃至提出挽救之法。

容易獲知朝廷內情的廷臣疆吏紛起反對《馬關條約》，諫阻割地的奏章、上書如雪片飛入京城宮中。對此加以剖析的文章、論著所在多有。[2] 僅廷臣疆吏的百餘篇奏書概括起來有五種主張：一拒和再戰，二遷都實行長期抗戰，三借助各國干涉保護，四殺李鴻章以示廢絕條約，五公佈約文請中外公議。[3] 這些針對時弊的主張表明他們是憂國憂民，敢於進諫之士，儘管無法被清廷採納，卻對激勵國人推翻腐敗清政府的決心有積極作用。一些下級官員參加勸諫活動的人數達 575 人次之多。這些人分佈於下述政府各機構。[4]

| 部別<br>人數 | 內閣 | 禮部 | 吏部 | 戶部 | 工部 | 兵部 | 刑部 | 翰林院 | 國子監 | 其他 |
|---|---|---|---|---|---|---|---|---|---|---|
|  | 171 | 14 | 61 | 49 | 28 | 27 | 36 | 128 | 22 | 39 |

除廷臣疆吏外，在京會試的舉人也「上書力爭」，尤以康有為等 1300 餘人的「公車上書」，既表示反對割臺，又提出政治改革問題。臺灣各界反割臺的聲勢浩大。臺灣人民聽到割臺「凶耗」，奔走相告，萬眾一心，「鳴鑼罷市」。[5] 並停止向清廷交納稅金，直到臺灣回歸再恢復繳納；鹽館停售食鹽，以備戰時急需；藩庫之銀禁止外運，以供抗戰繳費；各製造局加快趕製武器，以備抗日之用。[6] 影響最大的是臺北紳民的臨時應變措施，公議「自立為民主之國」，既「抗朝命」割臺，又可禦敵寇而保臺，因此雖然「臺灣民主國」失敗了，但它同日本佔領者的鬥爭沒有停止，其所開啟的「攻防戰的戰端」，「臺灣人意識形成的起點」，卻應予以很高的評價。[7]

日本占據大連地區[8]，是在中國土地上爆發的甲辰日俄戰爭之後，從日俄兩國簽訂的《樸茨茅斯條約》中轉過來的租借地。十分明顯，大連地區（日本稱為關東州）是日本的租借地。然而日本在日本國地圖中卻將大連地區繪成與日本本土一樣的紅顏色。

俄國「租借旅大」後，激起中國人民的巨大憤怒，遂開始了全國規模的「力拒俄約[9]，以保危局」的運動。而中國對日本的轉租旅大反應卻不強烈。其原因一是日本是從俄國手中承襲下來的，國人只以為租借者易人而已；二是俄國已租借旅大 7 年，中國拒俄數年，未收到實際效果，中國人的鬥爭銳力受到損傷，因而政治輿論鬥爭遠沒有日本割臺時的明顯。

臺灣和大連人民自發地進行的反佔領武裝鬥爭大體相似。《馬關條約》談判時，日本就派兵攻占澎湖列島，封鎖臺灣與大陸的聯繫，伺機攻占臺灣。割臺手續尚未交換，日本陸海軍已撲向臺灣北部海面。1895 年 5 月 31 日《交接

臺灣之據》簽字後，日軍於 6 月 7、9 兩日分別佔領臺北城和滬尾要塞，17 日，已被日本任命為臺灣總督兼軍務司令官的樺山資紀建起殖民統治政權。日軍的侵入臺灣，激起各地人民的反佔領鬥爭。

以農民為骨幹的臺灣各地義勇奮起配合黑旗軍抗擊日軍的割占。1895 年 5 月 29 日日軍近衛師團占據澳底後，於翌日直撲基隆，在瑞芳受到阻擊，6 月 2 日開始攻占瑞芳、基隆、臺北後，以劉永福（1837-1917）為首的黑旗軍以及新楚軍的清軍，仍與日軍聯合堅持抗日鬥爭。6 月 11 日日軍進犯臺南門戶新竹。此時，以「願與倭兒戰一番」[10]的吳湯興與徐驤、姜紹祖等義軍和清軍楊載雲等凡來「會者萬人，遍山漫野」。決心對日軍「聲罪討之」[11]。14、15 日義軍從四面八方逼近日軍偵察隊，攻打日軍「彈無虛發，日軍僕者相繼。」[12]但當 21 日日軍大隊犯新竹時，由於義軍武器窳劣，糧餉斷絕，而主動後撤。新竹陷後，義軍組織二次反攻，大小戰鬥 20 餘次，牽制日軍一個月。不幸姜紹祖在激戰中負傷，被俘後殉難。

**臺北地區人民抗日隊伍狀況表**[13]

| 活動區域 | 抗日軍首領 | 抗日軍人數 |
| --- | --- | --- |
| 台北 | 陳秋菊、詹振 | 分別擁有義軍數千人 |
| 金包里<br>北投 | 許紹文<br>楊勢 | 分別擁有義民千餘人 |
| 宜蘭 | 林李成、林大北 | 分別擁有義民千餘人 |
| 楊梅<br>三角湧<br>大料崁 | 胡嘉猷(阿錦)<br>蘇阿力<br>簡玉和 | 各擁有義民百餘人或數千人 |

隨之 8 月 14 日～30 日，義軍在大甲溪、臺中、彰化、雲林、嘉義等地與日軍激戰。28 日，日軍爬向八卦山，義軍奮起與之肉搏。危急之時，吳彭年率部增援，斃敵千餘人，並斃擊日旅團長山根信成中將。[14]同時，吳彭年中彈捐軀，其部傷亡殆盡。吳湯興亦戰 山下。後黑旗軍與義軍配合曾一度收復雲林、苗栗地區，殲敵千餘名。

10 月 11 日，北白川能久親王率近衛師團攻擊嘉義，王德標率部與義軍首領徐驤、林義成、簡精華等部聯合抗擊日軍，由於在城外埋下地雷，炸死日軍 700 多人。日軍撤退時又遭伏擊，北白川能久親王重傷致使斃命。不久，徐驤等在防守臺南屏障曾文溪時重傷後犧牲。[15]王德標與前來增援的總兵柏正才在

7

與日軍血戰時中炮陣亡。[16] 曾文溪陷落,臺南危在旦夕。時劉永福部柯壬貴率軍鎮守臺南,雖有劉永福與義子劉成良在安平炮臺支援,終因外無援兵,糧餉斷絕,士兵饑疲無法支撐而潰散。21日臺南失守。同年底,陳秋菊、詹振、林李成、胡嘉猷等率北部抗日武裝,趁元旦日軍鬆懈之機,襲擊各憲兵所,包圍宜蘭,直指臺北,激起2萬民眾的響應。柯鐵等舉簡義為首,聚集人馬,決定牽制日軍於中部地區,乘便襲擊南北兩路,展開軍事行動。分別在南投、斗六、鹿港等地圍殲日軍。同時,南部號稱「十二虎」的12人率部攻嘉義,襲擊派出所和弁務署。林少貓在魏開、陳魚等地襲擊憲兵屯所及阿公店、赤崁等地。[17] 持續數月的臺灣軍民抗擊日軍佔領的武裝鬥爭基本結束。臺灣軍民抗日鬥爭歷經大小百餘次戰鬥,擊斃日軍官兵4800餘人,擊傷日軍2.7萬人。最後雖然失敗,但表現出的衛國保家之犧牲精神是可歌可泣的。

　　日本開始統治大連也遭到大連人民自發的武裝反抗。規模雖小,卻給日本一定打擊。1905年,日本在臺灣已進行殖民統治達10年,而日本在大連的統治則剛剛開始。9月26日[18],碧流河農民郭正人在東老灘(今普蘭店市碧流河鄉)率20多人武裝襲擊了日本警察,斃傷日警、巡捕5人。1906年初,貔子窩警察派出所誘殺抗俄抗日義勇軍首領馬福連,激起馬福連部400多人的憤慨。7月22日,馬福連舊部趙長峰帶領配備了一些機槍、火炮的百餘人,攻打佔領貔子窩的日軍。此次進攻兵分三路:一路警戒、阻擊來自鐵路守備隊的援軍;二路襲擊貔子窩街區欺壓中國人的日本浪人和日本人開辦的商舖;三是圍攻貔子窩日本警察派出所。交戰中擊斃日警3人。[19] 又有金州三十里堡大鹽場農民呂永發,對日軍、警察、漢奸為非作歹,異常義憤,他曾組織12名農民到處襲擊日警和漢奸。7月26日[20],呂永發帶領抗日武裝趕往郭家屯(今屬四十里堡鄉),處死為日本效力的漢奸巡捕王明爽。翌日,呂永發又率27名農民包圍日本老虎山(今大連市金州區七頂山街道)警察派出所,先在大門外以火封鎖,隨後向院內射擊,擊斃日警多崎山吉,另傷巡捕兩人,餘皆從後門逃往金州城。日本當局對呂永發極為懼怕,急調鐵路守備隊圍殲呂永發的抗日武裝。呂永發被迫率部渡海,轉入復州境,經過休整,又在石河驛板嵐子登陸,襲擊石河驛、普蘭店日本警察派出所。一年後,呂永發仍率部繼續同日本侵略者戰鬥。1908年7月26日,呂永發率隊懲罰了為日本效忠的金州民政支署老爺廟會會長姜日淑,並殺死貔子窩民政支署差役張俊昌。8月15日,呂永發所部在金州三十里堡鹽場與日警大隊相遇,面對日警的強大,呂永發沉著應對,率隊邊戰邊退,仍擊斃偽巡捕王玉清,傷敵數人。[21] 同年冬,日本當局組織鐵路守備隊及軍、

警、憲、特，瘋狂圍剿呂永發。呂永發部損失慘重，迫於形勢而將隊伍解散。後終被漢奸出賣而遭殺害。

大連地區人民自發武裝抗擊日本侵占的鬥爭，自1905年至1908年多次襲擊日警，懲罰漢奸，他們的鬥爭對日本「遼東租借地」當局是個沉重打擊，對激發人民的抗日鬥志起了積極作用，促使日本統治期間的許多抗日群眾慘遭殺害（僅金州西海岸被殺的抗日武裝戰士即有75人[22]），抗日烽火不斷燃燒。

從日本侵占臺灣和租占大連初期，中國人進行了不同形式的自發的武裝鬥爭，有相同點，也有不同之處，主要表現在三個方面。第一，臺灣人民的反抗規模大，人數多，次數多；大連人民的鬥爭規模小，人數和次數少。第二，臺灣的反抗是以打擊日本的正規軍為主；而大連的鬥爭則主要是襲擊日本警察、巡捕，少有正面作戰。第三，兩地人民的反佔領鬥爭，均遭到兩地日本當局敵視，全力進行武裝剿殺，許多抗日志士被殺害。但是兩地人民的鬥爭，對打擊日本侵略者，激發中國各族人民愛國熱情起了重大作用。

## 三

日本統治臺灣和大連期間，中國人民進行了多種形式的抗日運動。

臺灣是中國的一部份，雖然被大陸割讓，可大陸人民是密切關注支持臺灣人民的抗日鬥爭。福建等地愛國志士到臺灣參加義軍，大陸向臺灣抗日武裝提供資金和武器。因為，臺灣人民鬥爭的目標是趕走日本侵略者，回歸祖國。正如胡嘉猷在討日檄文中稱：「此次征倭，上報國家，下救民生。」臺灣中部義軍提出趕走日軍的目的是「回覆清政」[23]。均表明了臺灣人民對祖國的深厚感情。

臺灣和大連的抗日鬥爭，既有武裝鬥爭，人民起義，也有農工運動以及知識界人士的鬥爭。

（一）武裝鬥爭的興起。日本佔領臺灣後，對各族人民的反抗，實行慘無人道的焚掠和屠殺。臺灣北部日軍第七旅團殘殺宜蘭人2454人，並將城市化為灰燼。中部雲林有70多個村莊被燒，4000多幢房屋被毀，日軍「殺良民之父、奪其母、害其兄、又殺其子、殺其妻、害其弟……且又將其家屬及所有財產焚燒一空」。南部的潮州、恆春一帶被害者達2053人，焚毀房屋5813戶。[24]在死亡面前，臺灣人民沒有屈服，仍與日本侵略者進行鬥爭。

### 1896 年前後臺灣北部抗擊日軍的狀況表[25]

| 活動區域 | 抗日軍首領 |
| --- | --- |
| 宜蘭方面 | 林火旺、林木火、藍繼明、蔣老福等 |
| 澳底、草嶺、瑞芳、基隆方面 | 林李成、詹振等 |
| 淡水、金倉里方面 | 簡大獅、盧錦布、李勇、李豹成等 |
| 三角湧方面 | 王貓研等 |
| 桃園方面 | 陳瑞榮、林涼、林天義、許才、林清雲等 |

　　以鐵國山（即太平頂）為中心的臺灣南部人民武裝抗日鬥爭也如火如荼地展開。1896 年 6 月 19 日，在大坪柯鐵率抗日義民軍與日軍激戰，傷斃日本大佐、大尉等軍官數人、士兵 300 餘人，聲名大振，被譽為「鐵虎」。7 月 1 日，簡義等部 2000 多抗日軍圍攻雲林，日軍不支敗走，雲林光復。隨之在彰化、北、員林、嘉義、埔里社各處均有抗擊日軍殺死憲兵、警察無數。7 月 8 日簡義率部又攻入鹿港街，促使漢奸別動隊紛紛倒戈，有的充當抗日軍嚮導，有的與抗日軍協同作戰。但是由於日軍的不斷增多，抗日軍無法抵禦日軍的圍攻，簡義抗日軍於 7 月 12 日撤出雲林，退回鐵國山。不久簡義卻在日本當局的壓力下歸順日本，各處抗日軍皆歸柯鐵統領。直到 1902 年，抗日義民的鬥爭仍是此伏彼起，日軍則用「糖飴與鞭子」政策，一面實施高壓政策，一面以優待條件誘降抗日將領，當數百名人員降服後，又以舉行「歸順式」為名，將其誘至周圍佈滿機關槍的會場，然後掃射毫無抵抗力的數百名抗日志士，暴露了日本殖民當局的背信棄義，殘忍猙獰的面目。

　　南部地區的抗日運動也蓬勃發展。在臺南的前山地區既有高聳入雲的樹木，又有叢生的荊棘，是抗日絕好的根據地。這裡聚集著多支抗日軍。

### 1895 年臺灣南部抗日軍情況表[26]

| 活動區域 | 抗日軍首領 |
| --- | --- |
| 後大埔、溫水溪 | 黃國振、林添丁、李欺頭 |
| 十八重溪 | 阮振 |
| 番仔山 | 陳發 |
| 鳳山管內 | 鄭吉生、林春、陳魚、黃國成、郭勝、簡慶 |
| 阿緱方面 | 林少貓(即林小貓) |

　　林少貓是南部抗日首領中最負盛名者。1896 年，林少貓聚眾數百人於臺南鳳山（今高雄）城南鳳嶺起兵抗日，隊伍迅速發展至數千人，多次襲擊鳳山縣

城、阿緱街等處日軍。1898年冬，林少貓又聯合林天福部進攻臺南日軍，日軍不支驚逃。1902年[27]，林少貓忙於為母祝壽之時，日軍乘機攻入山嶺，與部眾同遭殺害。[28]南部其他抗日將領黃國振（鎮）在嘉義、鄭吉生在鳳山、陳發所在番仔山等地進行抗日鬥爭。而對日軍的燒殺淫掠，民眾於1897年控訴日本殖民當局「政猛於虎，貪酷民脂」，「通譯打人」，警察「笞撻無辜」，「寡婦室女，調戲裝痴」，「看守強姦」，「生人害死，辱及死屍。」[29]抗日軍首領張福德、李欺頭等發佈文告，警告日軍「勿違抗」，否則「身首要分張」。[30]這時臺南抗日軍活動地區更加擴大。

## 1897年臺南抗日軍狀況表[31]

| 抗日軍根據地 | 抗日軍首領 | 抗日軍人數 |
| --- | --- | --- |
| 羌仔寮 | 黃國鎮，張生福 | 700 |
| 基隆山 | 孫阮 | 100 |
| 竹仔林 | 李烏貓 | 400 |
| 凍水溪 | 陳其麟 | 100 |
| 隘開二佃 | 何賀、陳璧 | 100 |
| 凍仔腳 | 吳自得、蕭福春 | 數百 |
| 崎內 | 李謨 | 200 |
| 三層崎 | 蘇外、溫添丁 | 100 |
| 橫山 | 阮振 | 400 |

各抗日軍雖分佈廣，卻聯繫密切，配合作戰，打敗日軍無數次，1898年，抗日軍在嘉義周圍多次與日軍、警察激戰，斃敵甚多。抗日軍民遭日軍警屠殺者也甚多。[32]

總之，臺灣中、南部的抗日鬥爭，自1896年至1902年的7年間，多次襲擊日軍警，予日本殖民當局以沉重打擊。於是1902年4月，日軍出動大量兵力，「剿殺抗日首領阮振、黃國鎮、林添丁及其抗日軍。在斗六、林圯埔，以及其他六處歸順式場中，騙殺張大猷等抗日同志幾百人。」[33]

較之臺灣人民的抗日鬥爭，大連人民的抗日鬥爭均在此伏彼起中進行。

（二）農工運動的展開。首先臺灣農民掀起反抗日本殖民當局對土地的兼併和掠奪。臺灣農民遭受日本殖民者與臺灣封建地主的雙重壓迫和盤剝，農民不堪欺凌與榨取，起而鬥爭。

1925 年，臺中二林莊蔗農成立「二林蔗農組合」，要求提高甘蔗收購價格，遭當局拒絕後，蔗農拒絕收割，並與警察發生衝突，是為「二林事件」。同年農民抗爭達 12 起，參與者達 5290 人。事件中雖有 3 人被捕、31 人獲刑，卻也使日本資本的利益蒙受損失。翌年臺灣農民組合成立，1927 年達 23 個支部 2.4 萬名會員。同年農民組合先後由新文協及臺灣共產黨[34]主導，兩年間進行 420 次抗爭。1929 年，臺灣日本當局破壞農民組合，逮捕骨幹，威逼農民退出。農民以不屈的意志堅持戰鬥。

　　1930 年，臺灣的日本當局開始推行五年番地開發調查，擬遷移土著居民，強奪土地為日本資本服務。10 月 27 日臺中埔里霧社地區的人民首領莫那·魯道率眾襲擊霧社附近各社的日警駐在所，斃日人 134 名，奪取槍支 180 支。日本當局急調軍警鎮壓，起義者毫不退縮，利用天險的地理防禦作戰，其戰術之高超、戰鬥之勇敢，「使日軍感到無比的驚駭」[35]。日軍竟慘無人道地用毒氣彈轟炸[36]，霧社起義失敗，起義者死難 644 人，被捕 564 人。霧社起義打擊了日本侵略者的囂張氣焰，迫使日本政府更換了臺灣總督。

　　大連的農民運動是從反對日本當局搶占農民土地開始的。1915 年日本向金州移民 19 戶，占地建立愛川村[37]。1920 年春，日籍商人和田篤郎勾結金州民政署官員，強占三十里堡西甸子村 150 戶的 3000 畝水田。當和田帶人勘察水田時，農民無比憤慨，推舉村長王忠玉和韓吉（希）貴等 5 人先行向關東廳請願，不僅未獲解決，反而訓斥、監視、逮捕請願人員。當韓吉貴獲釋後，帶領鄉民手持鍬鎬等農具前去與和田等拚殺，和田等逃之夭夭。韓吉貴便請求《泰東日報》編輯長傅立魚報導請願消息[38]，與此同時，西甸子村農民百餘人齊集大連，遊行示威，得到工人、市民和學生的聲援。直到 1921 年 6 月 20 日，經關東廳長官出面協調，農民取得「長久耕種永不退佃」和收穫「東三佃七」（土地所有者分三成，租佃者分七成）的權利，反占田鬥爭告一段落。

　　其次臺灣、大連兩地的工人運動，開始的時間不同。大連地區在俄國佔領時已建立一些工廠。1905 年日本接管工廠後，工人工時長，工資低，因而罷工鬥爭此伏彼起。早在 1911 年 3 月 3 日晚沙河口苦工 2 千餘人不甘忍受每日只得 2 錢的工錢而衝出工廠。[39]據不完全統計，從 1916 年到 1919 年間，自發罷工達 30 餘起，至 1923 年，已達 162 起，罷工人數 28500 人。1916 年末滿鐵沙河口工廠 450 名工人要求增加工資罷工 3 天，以廠方答應增加工資而結束罷工。1918 年 1 月 20 日，川崎造船所大連工廠 110 名中國工人和日本 70 名工人聯合進行自發的罷工，要求增加工資 40%、發放退職金和夜班津貼、超產

獎勵以及設立救濟等條件，罷工 2 天後，廠方應允增加工資、發超產獎，夜班發雙倍工資，中日工人同盟鬥爭的勝利，工人受到鼓舞。25 日滿鐵沙河口工廠又發生 2155 名工人（日本工人 863 名，中國工人 1292 名）怠工，提出川崎造船所工人同樣的要求，廠方僅應允危險崗位的部份要求，而對其他工人採取「撫慰和訓斥」手段，並逮捕 6 名怠工領導人。同年秋，因沙河口工廠 2000 人要求增加工資，遭廠方拒絕，而於 10 月 7 日開始罷工，最後雖給工人增加工資，卻將罷工領導人抓起來或解僱。

更嚴重的是工人暴動。1927 年 12 月 28 日晚，南關嶺車站日本監視員說工人「偷運」煤炭，拷打 3 名工人，激起中國裝卸工人的憤怒，他們以石頭、瓦塊或扁擔為武器，搗毀車站運轉室的玻璃、電話、信號器等，並打了管理員。大連警察局雖逮捕、監禁、毆打 241 名工人。[40] 罷工被鎮壓了，但工人們寧死不屈，仍在尋機鬥爭。

大連工人運動的另一個特點是工人組織起來進行鬥爭並得到共產黨的領導。[41] 大連第一個工人組織是 1923 年 12 月 2 日成立的中華工學會。工學會領導人傅景陽公開指出：「我們當今的世界，是日寇侵略我們中華民族的世界」，是掠奪中國物資和資源，壓迫剝削我們，過著牛馬不如的生活的世界，因此我們要進行鬥爭。[42] 隨之 1924 年 4 月 28 日又成立了印刷工會。翌年春印刷工會發動百餘名工人以要求增加工資而舉行 3 天罷工。在工人建立組織並領導工人鬥爭的同時，青年和商業店員也組織起來，展開一些鬥爭。

此間，大連人民要求廢除日本的「二十一條」和收回旅大的鬥爭規模日漸壯大。1923 年 3 月 26 日，按條約規定，日本租借期滿，應當歸回旅大。但是，日本政府卻持拒絕態度。這樣一來首先激起大連人民的極大憤慨。身居租借地的大連人民遭受日本嚴酷統治 18 年，企盼早日回到祖國懷抱的願望極其強烈。早在 1922 年 9 月，旅順師範學堂的學生曾掀起反對「二十一條」，收回旅大，排斥日貨，爭取民主自由的鬥爭。12 月，金州人民也提出收回遼東半島的要求。《泰東日報》不斷刊載收回旅大消息，並曾以旅大人民的名義致電上海有關團體，揭露「日本人為欲達到保全滿洲進圖中原的野心，『五七』[43] 脅迫，延長九十九年的有效期」的野心，希望國人奮起，督促政府，收回旅大。[44] 隨著 3 月 26 日收回旅大日期的臨近，全國各地各界乃至海外留學生、華僑都掀起轟轟烈烈的取消「二十一條」、收回旅大的愛國運動。但終因北洋軍閥政府的腐敗和日本政府的頑固推行其侵略政策而未能達到目的，不過也喚起了廣大民眾的愛國激情。

大連工人運動是全國工人運動的一部份，互相支持。1925年5月30日，上海租界巡捕開槍打死群眾，消息傳到大連，大連工人組織了罷工鬥爭，並成立「滬案後援會」，以遊行、募捐等形式予以聲援。

在全國聲援「五卅慘案」運動中，大連滿洲福島紡績株式會社（簡稱「福紡」）掀起了大罷工。福紡廠女工占56%，童工占38%。紡織廠的車間陰暗潮濕，工時長達12小時，中國工人工資僅是日本工人的1/4，還經常挨打受罵，甚至工頭田中定治郎無故殺害中國工人李吉祥，引起工人憤怒。工人醞釀已久的鬥爭，終於1926年4月27日，由共產黨並透過中華工學會福紡分會領導，發動千餘名工人罷工。廠方勾結日本當局進行分化、鎮壓。罷工領導人侯立鍳被捕後，廠方在警察署支持下，先行收買，後施酷刑，均無效果。面對敵人的高壓，中共大連地委和工學會毫不妥協，於6月24日召開全市聲援大會。與會的13家工廠3000多任務人和附近農民、學生參加，舉行聲勢浩大的示威遊行。中共北方區負責人李大釗先後派張熾、鄧鶴皋等到大連加強領導，並徵得天津、廣州、上海和香港工人階級的聲援。7月26日，廠方被迫答應工人要求，勞資雙方協議復工。[45] 持續了3個多月的鬥爭，終於取得勝利。福紡工人的大罷工的勝利，既表示大連工人階級的新覺醒，也表明共產黨領導工人運動方針的成熟。鬥爭中，大連工人階級得到了鍛鍊和壯大。福紡大罷工猶如一曲雄宏的凱歌，為全國工人運動增添了新篇章。

臺灣的工人從20世紀20年代逐漸發展起來。1930年全臺各行各業工人達58萬人，其中日本人僅3%，臺灣工人占93%。工人在工廠受日本資本、民族資本雙重壓榨，工人生活無保障，還有受資本家及工頭的責罵和無法形容的虐待。[46]

臺灣工人為了有組織的進行鬥爭，1919年臺北印刷工人首先成立臺北印刷從業員組合。20年代，受到大連和全國各地工人運動的影響，在臺灣的大陸工人於1923年成立臺北華僑洋服工友會等眾多任務會，這表明臺灣近代工人運動的興起。當時臺灣已有文化協會[47]等組織，指導工人運動的發展。1921～1931年10年間，臺灣的勞資爭議有513件，參與人數為36280人。工人鬥爭主要針對日本資本家嚴酷壓榨和剝削，日本學者承認以日本人為爭議對象的占60%以上[48]。

在文化協會領導人王敏川、連溫卿等組織下，1927年4月成立了有300人參加的臺灣機械工友會。文協指導高雄鐵工所的罷工，得到1926年6月成立的農民組合的支持，另外還有日華紡織會臺北辦事處、嘉義營林所和阿里山

出張所的罷工等。1928年臺灣工友總聯盟成立之初有29個團體會員，翌年增至41個，個人會員萬餘人。很快臺灣各地的砂炭、建築、機械、製鹽等行業罷工。後因總聯盟成員受「左傾」影響，主張階級鬥爭，而遭到日本殖民當局的鎮壓，並於1931年被禁。

從大連和臺灣的工人反抗日本殖民者的統治和資本家的壓榨而舉行罷工等形式的鬥爭可見，兩地工人階級有著共同的要求，進而在各種工人組織及共產黨領導下進行罷工鬥爭，取得一定的勝利，表明工人階級團結起來，組織起來，進行不屈不撓的鬥爭，就能取得勝利。

與此同時，日本在臺灣與大連進行殖民化（皇民化）運動。日本當局從制度、文化、教育、習俗等各方面要把中國人塑造成日本人的思想性格，以使為日本長期統治服務。日本的強行做法遭到兩地人民不同形式的抵制與抗爭。[49]

## 四

探討日本在臺灣、大連的統治期間，兩地各民族各階層人民的抗日鬥爭特點，對認清日本帝國主義本質、清政府和北洋政府的腐敗以及瞭解人民的鬥爭事跡，總結經驗教訓具有重要意義。

首先，臺灣和大連的被日本侵略者佔領，前者是殖民地，後者是租借地，開始時間不同，大連較之臺灣被佔領晚10年。

其次，臺灣和大連人民的抗日鬥爭，貫穿於日本殖民統治的始終。臺灣人民的鬥爭始於1895年日軍登上臺灣至1945年日本無條件投降的50年，大連人民的鬥爭則始於日本從俄國手中轉租旅大，至1945年日本投降的40年。

再次，臺灣和大連地區的反日本佔領鬥爭的面廣、形式多樣，既有廷臣疆吏的奏疏抗爭，也有文人學士的抨擊，還有報刊的評說；且多以自發鬥爭逐漸轉向有組織的運動，而且兩地都有工人、農民、青年的組織領導，兩地的共產黨在領導群眾的抗日鬥爭中發揮了積極作用。

第四，臺灣和大連的人民抗日鬥爭都具有反侵略反殖民的戰爭性質，都在不同程度上打擊了日本侵略者的囂張氣焰，並牽制一部份日軍無力脫身擴大侵略戰爭。但是由於臺灣是傳統的勇營與近代化的日軍對抗，大連多為民眾單槍匹馬的鬥爭，其人力物力有限，戰鬥中傷亡慘重，鬥爭最終失敗了。

第五，臺灣和大連人民透過鬥爭，得到了鍛鍊並獲得發展。廣大人民日益增強對日本侵略者和日本資本家的憤慨，即民族意識的激發；人民的鬥爭形式，

手段不斷變換，其鬥爭藝術不斷得到提高。因此，臺灣和大連的工人與農民在不斷進行抗日鬥爭中，給日本侵略者以沉重打擊。

（作者單位：大連民族學院）

## 註釋：

[1]陳孔立主編：《臺灣歷史綱要》，九洲圖書出版社，1996年版，第424頁記臺灣被割讓50年又156天。如從1895年5月8日中日兩代表在煙臺換約算起，至1945年10月25日陳儀接受安藤利吉投降後宣告「自即日起，臺灣及澎湖列島已正式重入中國版圖。」應為50年又170天。

[2]來新夏的《中日馬關訂約之際的反割臺運動》，載歷史教學月刊社編輯之《中日甲午戰爭論集》，五十年代出版社，1954年版，第42～53頁；張雄潮的《光緒乙未廷臣疆吏諫阻割臺的幾種論調》，載《臺灣文獻》1967年3月，第十八卷第一期，第130～155頁；黃秀政著《臺灣割讓與乙未抗日運動》一書闢專章敘述「割臺與朝野的肆應」，臺灣商務印書館，1992年版，第77～118頁；關捷等主編《中日甲午戰爭全史》，第四卷戰後篇第二章保臺運動，吉林人民出版社，2005年版，第132～181頁。

[3]張雄潮：《光緒乙未廷臣疆吏諫阻割臺的幾種論調》，載《臺灣文獻》，第十八卷第一期，第135～155頁。

[4]見關捷等主編《中日甲午戰爭全史》第四卷戰後篇，吉林人民出版社，2005年版，第163頁。

[5]《臺灣唐維卿中丞電奏稿》，《中日戰爭》叢刊，第六冊，上海人民出版社，1957年版，第387頁。

[6]見關捷等主編《中日甲午戰爭全史》第四卷戰後篇，吉林人民出版社，2005年版，第171頁。

[7]黃昭堂著、廖為智譯：《臺灣民主國之研究》，財團法人現代學術研究基金會，1993年版。

[8]1898年俄國透過《旅大租地條約》，租借的是旅大，即旅順、大連灣。當時尚無「大連」，今天的大連市，當時只是20幾個小漁村組成的「青泥窪」。俄國租借旅大後，1899年，在青泥窪建城，名之曰：達里尼市（意為「遠方的城市」）、建港為「達里尼港」（今大連港）。1905年5月9日簽訂之《樸茨茅斯條約》第五項「旅順口、大連（應譯為「達里尼」）及附近之領土、領水的租借權，以及與該租借權有關並成為其組成部份的一切權利轉讓給日本帝國政府。」見[日]堀真琴：《日露戰爭前後》，東京白楊社1940年版，第226頁。中日《會議東三省事宜正

約》規定「中國政府將俄國按照日俄條約第五款（項）……允讓日本國之一切概行允諾。」見王鐵崖編：《中外舊約章彙編》第二冊，三聯書店，1959年版，第339頁。

[9] 指1901年2月，中國駐俄公使楊儒與俄國外交大臣拉姆斯道夫談判時，拉氏提出書面約款12條而言。

[10]《民族英雄吳湯興文獻彙集》，《臺灣風物》第六期，1959年12月。

[11] 吳德功：《讓臺記》，《中日戰爭》叢刊續編，第十二冊，中華書局，1996年版，第72～73頁。

[12] 俞明震：《臺灣八日記》，叢刊，第六冊，上海人民出版社，1957年版，第377頁。

[13] 據《臺灣抗戰始末記》、《中日戰爭》叢刊續編，第十二冊，中華書局，1996年版，第20頁編制。

[14] 此據洪棄父《臺灣戰紀》記山根信成是8月29日在雲林戰鬥中「罹重傷，旋死」，日《陸海軍將官總覽》稱「戰死」，也有稱其在彰化患風土熱病而死。見《中日甲午戰爭全史》第六卷人物篇，吉林人民出版社，2005年版，第370頁。

[15] 徐驤犧牲的時間的另一說法為10月9日。見陳孔立主編：《臺灣歷史綱要》，九洲圖書出版社，1996年版，第336頁。

[16] 柏正才陣亡地點的另一說為嘉義。見陳旭麗等主編：《中國近代史詞典》，上海辭書出版社，1982年版，第494頁。

[17] 參見陳孔立：《臺灣歷史綱要》，第348～349頁。

[18] 此據顧明義等主編：《大連近百年史》（下），遼寧人民出版社，1999年版，第1559頁。而劉功成的《大連人民反抗帝國主義侵略鬥爭史》，大連出版社，1999年版，第57頁記為1905年9月20日。存此以待考證。

[19] 見《大連人民反抗帝國主義侵略鬥爭史》，第57頁。

[20] 於植元等主編：《簡明大連辭典》，大連出版社，1995年版，第856頁記為1907年7月。

[21] 見薛天忠主編：《金縣誌》，大連出版社，1989年版，第17頁。

[22] 劉功成：《大連人民反抗帝國主義侵略鬥爭史》，第59頁。

[23] 臺灣憲兵隊編：《臺灣憲兵隊史》，龍溪書舍複印本，昭和四十一年（1966年）版，第200頁。轉引自《臺灣歷史綱要》，第349～350頁。

[24] 見《臺灣歷史綱要》，第351頁。

[25] 據《臺灣抗戰始末記》，《中日戰爭》叢刊續編，第十二冊，第23頁編制。

[26]《中日戰爭》叢刊續編，第十二冊，第42頁。

[27]《中日戰爭》叢刊續編，第十二冊，第58頁。

[28]見《中國近代史詞典》第431頁「林少貓」條，而《臺灣抗戰始末記》，記林少貓於1902年5月30日遭日軍圍攻，「迫其戰死」。

[29]《中日戰爭》叢刊續編，第十二冊，第46頁。

[30]《中日戰爭》叢刊續編，第十二冊，第47頁。

[31]根據《臺灣抗戰始末記》編制，見《中日戰爭》叢刊續編，第十二冊，第47頁。

[32]《中日戰爭》叢刊續編，第十二冊，第48～57頁。

[33]《中日戰爭》叢刊續編，第十二冊，第58頁。

[34]臺灣共產黨於1928年4月15日在上海成立，作為日本共產黨的一個民族支部展開活動。見《臺灣社會運動史》第三冊共產主義運動，臺北創造出版社，1989年版，第18頁。

[35]藤井志津枝：《一九三〇年霧社事件之探討》，《臺灣風物》第34卷，第2期。

[36]戴國輝：《霧社事件與毒瓦斯》，《史聯雜誌》1986年第8期。

[37]1915年，日本將玖珂郡的愛宕村和川下村部份居民移至金州，建立新村，名愛川村。

[38]《泰東日報》1920年11月9日。

[39]《泰東日報》1931年3月5日。

[40]參見《大連近百年史》（下），第1562～1564頁。

[41]大連地區的共產黨前身是1924年初建立的中國社會主義青年團（SY）小組，1925年初「SY」改稱為中國共產主義青年團（CY），同年大連的「CY」改為中國共產主義青年團大連地方委員會，1926年1月中國共產黨大連特別支部成立。

[42]大連黨史資料叢書（四）《大連中華工學會史料》，第66頁。

[43]指1915年5月7日，日本向中國提出滅亡中國的「二十一條」最後通牒。

[44]1923年1月23日上海報紙刊出。

[45]參閱《大連近百年史》（下），第1626～1633頁。

[46]見王曉波編：《臺灣的殖民地傷痕》，臺北帕米爾書店，1985年版，第60頁。

[47]臺灣文化協會成立於1921年10月17日，會員很快達1032人。文協以提高文化，啟發民智，喚醒臺灣人民的民族意識，擺脫日本殖民統治，改革社會為宗旨。被稱為非武力抗日運動組織。1927年分裂一部份人另組民眾黨。文協於1931年開始接受臺灣共產黨的綱領，改為臺灣大眾黨。見佟建寅主編：《臺灣歷史辭典》，群眾出版社，1991年版，第150～151頁。

[48][日]向山寬夫：《日本統治下臺灣民族運動史》，日本中央經濟研究所，1987年版，第835頁。

[49]臺灣人民的抵制與抗爭，參見《臺灣歷史綱要》，第412～416頁；黃昭堂：《臺灣總督府》，臺北自由時代出版社，1989年版，第172頁，及論文若干。大連人民的抗爭，參見《大連近百年史》（下），第1331～1334、1564～1569頁，及論文若干。

# 日據時期臺灣移民問題初探 *

陳小沖

　　數百年來，臺灣歷史與移民問題始終有著密不可分的聯繫。早期臺灣自不必說，這個美麗的島嶼就是依靠來自大陸閩粵地區的移民與原住民一同開發起來的。日據時期，臺灣的殖民地地位及殖民當局實施「將臺灣拉開中國而與日本相結合」的兩岸隔離政策，使得臺灣的移民問題出現了新的時代特徵：即從歷史上自西往東的單向度移民，朝著多維方向移民的態勢發展，且隨著日本在臺殖民統治的終結，移民群體又各歸原位，終點重回起點。本文擬就此臺灣移民史上的特殊一頁略作述論，以求教於方家。

## 一、從北向南：日本對臺移民

　　臺灣是近代日本的第一塊殖民地，殖民地性質決定了臺灣將成為宗主國日本的投資場所、原料來源地和商品傾銷地。與此同時，日本帝國主義的對外擴張及解決國內人口問題的需要，也使得臺灣成為其對外移民的重要目標。1895年福澤諭吉在《臺灣永遠之方針》中呼籲：「（臺灣）現在既然歸入中國版圖，便不容許照舊交付蠻民手中，應自內地大舉移民開發富源，……自蠻民手中褫奪開闢以來的野蠻事業，加以文明方式的新創意，無疑可獲取驚人的發展。」[1]在實際的執行層面，臺灣總督府也將向臺灣移民作為在臺施政的重要內容之一。民政局局長水野遵在其提交總督的行政計劃書中提出：從日本內地向臺灣移民，有利於開發臺灣的資源，大量日本人的進入勢將改變臺灣的人口結構，有利於強化日本在臺灣的統治基礎，且借由日本人的統治優勢逐步消弭日臺間之種族隔閡，達成同化臺灣人的目標。[2]在具體地點的選擇上，人口相對稀少、早期歷史上被稱為後山的東臺灣若干河谷沖積平地成為移民的首選安置地點。

　　1942年日人吉武昌男將日據時期日本向臺灣移民歷史劃分為以下四個時期：（1）1906～1908年為初期私營移民時期；（2）1909～1917年為花蓮

廳內官營移民時期；（3）1917年的臺東廳內私營移民時期；（4）1933年後的現期官營移民時期。[3] 這一劃分基本上能夠概括性區分出各個時期的不同特點。

　　早期的私營移民零散而無秩序，遷徙者或離散或旋即返回日本國內，很快就失敗了。官方接手移民事項後，於花蓮廳按照日本國內習慣先後設置、命名了三個日本人移民村——吉野村、豐田村和林田村，建設了移民指導所、醫療所、神社、佈教所、小學校、警察派出所、房屋道路、水圳水道、輕便鐵路、防獸柵欄等等。經歷了種種波折後，在總督府政策和財政的強力支持下，終獲進展。據1923年的統計，吉野村有移民330戶，1752人，耕地1149甲；豐田村有移民179戶，879人，耕地708甲；林田村有移民164戶，687人，耕地面積645甲。主要生產品為米、甘薯、煙葉、花生、蔬菜等，吉野村依靠接近花蓮港街方便提供蔬菜產品而優於其他二村。[4] 另據1929年統計三移民村的戶數總計為671戶，人口3426人，耕地面積2724甲，移民的來源地主要為日本福岡、德島、熊本、香川、山口及佐賀等縣。[5]

　　1915年，臺灣總督府再次將日本內地人移民事業交付私營，由臺東製糖株式會社負責。該移民事業獲得了官方的援助，如1917年頒佈的《移住獎勵要領》即對於以開墾為目的，並獲得森林原野預約出售（賣渡）許可，而移住日本內地移民的企業，予以各項保護。[6] 於是為主要來自新縣的日本農業移民設置了鹿野、旭、鹿寮和以長野縣農業移民為主的池上村。農業移民的遷入，一方面有利於製糖會社更方便地自官府獲取大片土地，另一方面也有利於會社本身對甘蔗原料的需求。如旭村就主要種植甘蔗，輔之以陸稻、甘薯和蔬菜，在農忙季節還大量僱傭本地勞動力以敷需求。

　　1931年官營移民再度興起，此次官營移民的重點轉移至臺灣西部，如臺中、臺南、高雄等地均先後設置了秋津村、榮村、日出村、豐裡村等等官營移民村，此外還有若干私營移民村和自由移民村。東臺灣地區仍有官營移民村的新設，典型的代表是1937年位於臺東街附近卑南埤圳灌溉區域的敷島村。移民主要來自日本滋賀、長野等縣，農作物以稻作、蔬菜、甘薯、花生為主，由於天災、經費和勞動力等原因，該移民村初期並不順利，1942年後才獲一定的發展。

　　後期日本人對臺移民史上較具意義的是1936年所謂「國策會社」——臺灣拓殖株式會社（簡稱臺拓）的建立。該會社除了遂行日本國策，向華南及南洋擴張日本勢力之外，移民事業也是其自創設就肩負的使命之一。《臺灣拓殖

株式會社之事業概要》規劃：「為使健全之內地人定居於島（臺灣島）內農村，本會社根據臺灣總督府之計劃，於今後十年期間，得國庫之補助，將在官有未墾集團地十八個地點上建設二十個移民村（面積為一萬七千餘甲；戶數約三千五百戶，人口約一萬七千人），以有助於內地—臺灣之融洽和睦。」「本會社針對移民將提供移住費及其他必要的資金」。[7] 對於臺拓的移民事業，林玉茹指出：由於其為一官民合資的株式會社，其所經營的移民嚴格地說不能直接視為「官營移民」，但臺拓的國策會社性質決定了其移民事業仍屬於「準官營移民」的範疇。[8] 1945年日本戰敗投降後，在臺日本人移民隨之被悉數遣返回國，終點復歸起點。概括來看，日據時期臺灣日本人移民的大致情形有如下表：

### 表一　日據時期臺灣的日本人移民村

單位:甲、戶、人

| 村名 | 位置 | 設立年度 | 總面積 | 戶均面積 | 戶數 | 人口 | 部落別 |
|---|---|---|---|---|---|---|---|
| 台中州 | | | | | | | |
| 秋津村 | 北斗郡沙山庄草湖 | 1932/36 | 881.400 | 5.65 | 156 | 882 | 東口、中ノ平、南ケ原、山北、川邊、川和 |
| 豐里村 | 北斗郡北斗街西北斗 | 1936/37 | 494.000 | 4.15 | 119 | 634 | 大橋、福住、川上、七星、豐平、宮北 |
| 鹿島村 | 北斗郡北斗街埤頭莊田尾庄、 | 1937/38 | 531.200 | 4.15 | 128 | 669 | 八、九、十、十一號 |
| 香取村 | 北斗郡北斗街埤頭莊 | 1940 | 368.180 | 4.15 | 89 | 425 | |
| 八州村 | 北斗郡沙山庄 | 1941 | 587.000 | 5.30 | 55 | 279 | |
| 新高村 | 漢寶園 | 1938 | 115.000 | | 16 | 54 | |
| 昭和村 | 南投郡名間庄 | 1938 | 94.000 | | 15 | 50 | |
| 台南州 | 大甲郡清水街 | | | | | | |

續表

|  |  |  |  |  |  |  |  |
|---|---|---|---|---|---|---|---|
| 榮村 | 斗六郡莿桐庄 虎尾郡虎尾街 | 1935 | 471.550 | 5.15 | 88 | 372 | 東園、西園、中園、尾園 |
| 春日村 | 虎尾郡虎尾街 | 1937/38 | 322.630 | 5.15 | 53 | 193 | 松園、竹園、梅園 |
| 高雄州 | | | | | | | |
| 日出村 | 屏東郡九塊庄 | 1935 | 125.000 | 5.0 | 24 | 123 | 日出 |
| 千葉村 | 屏東郡里港庄 | 1936 | 325.000 | 5.0 | 100 | 564 | 上里、中園、川北、下平 |
| 常盤村 | 屏東郡九塊庄鹽埔庄 | 1936 | 500.000 | 5.0 | 65 | 384 | 青原、中富、豐平 |
| 花蓮港廳 | | | | | | | |
| 吉野村 | 花蓮港街 | 1910 | 1270.000 | 4.72 | 268 | 1523 | 宮前、清水、草分 |
| 豐田村 | 花蓮港郡壽庄 | 1913 | 724.000 | 4.04 | 176 | 916 | 太平、山本、山下 |
| 林田村 | 鳳林郡鳳林街 | 1914 | 766.000 | 4.43 | 173 | 787 | 南崗、中野、北林 |
| 瑞穗村 | 鳳林郡瑞穗庄 | 1933/38 | 207.000 | | 41 | 184 | 玉苑、瑞原、宮の里 |
| 上大和村 | 鳳林郡鳳林街 | | | | | | |
| 台東廳 | | | | | | | |
| 敷島村 | 台東郡台東街 | 1937 | 246.000 | 4.15 | 57 | 289 | 1、2、3、4號 |
| 旭村 | 台東郡台東街 | 1916 | 331.038 | 1.6 | 23 | 170 | 豐里、宮濱 |
| 鹿野村 | 關山郡鹿野庄 | 1915 | 1067.872 | 1.6 | 37 | 234 | 上坪、宮前、中坪、下坪 |
| 鹿寮* | 關山郡鹿野庄 | 1917 | 694.076 | | 6 | 40 | |

資料來源：鄭全玄：《臺東平原的移民墾拓與聚落》（東臺灣叢刊之三），東臺灣研究會出版，臺北，2002年版，第114頁。
\* 為私營移民 \*\* 為自由移民。

## 二、自西往東：大陸對臺移民

臺灣歷史上數百年來都一直是大陸閩粵移民的遷徙目的地，早自荷蘭殖民統治時期開始閩粵移民就不顧海洋凶險和政府的各項禁令，一波又一波橫渡黑水溝來到臺灣，墾拓進取，在海峽東岸開闢、建設美麗新家園。臺灣人口從早期的數萬人，增長到1811年的190餘萬人，[9] 尤其是近代「開山撫番」政策實施後，兩岸往來人為藩籬被打破，臺灣人口到了光緒末雖已漸達飽和狀態，

但直到清朝在臺統治末期，不論是閩粵移民或是季節性勞工，仍源源不絕地來到臺灣。

然而，1895年日本對臺灣的殖民統治，打亂了臺灣社會正常的歷史發展進程。根據《馬關條約》的規定，臺灣居民在兩年的國籍選擇期過後仍舊留下者，除了總督府認定的少數人外，都成為了所謂的「日本國民」。為實施「將臺灣拉開中國而與日本相結合」的政策，並穩固日本在臺殖民統治、切斷來自海峽對岸的威脅，日本殖民者據臺伊始，就頒佈了《清國人入境臺灣條例》，嚴厲限制大陸民眾、特別是勞苦大眾渡臺，歷史上延續下來的閩粵人民傳統移民模式基本破局。[10] 來自大陸的民眾也從歷史上正常的移民變成為「外國人」，日據後居留臺灣的大陸民眾被定位為所謂的「華僑」，即僑居者。眾所周知，日本殖民者是憑藉侵略戰爭和不平等的《馬關條約》占據臺灣的，日本殖民主義對臺灣的統治和臺灣的殖民地地位，昭示的是一種非正常的隸屬關係。撇開這一特殊背景，我們認為日據時期臺灣的「華僑」其實就是歷史上閩粵移民的變相存續。

## 表二　日據時期赴臺大陸移民（華僑）狀況（1905～1942年）

單位：人

| 年份 | 入台數 | 返回數 | 滯台數 | 年份 | 入台數 | 返回數 | 滯台數 |
|---|---|---|---|---|---|---|---|
| 1905 | 4482 | 3910 | 572 | 1906 | 4771 | 3495 | 1276 |
| 1907 | 4700 | 4170 | 530 | 1908 | 4956 | 4276 | 689 |
| 1909 | 5878 | 4168 | 1710 | 1910 | 6539 | 4846 | 1694 |
| 1911 | 6078 | 4622 | 1456 | 1912 | 6972 | 5290 | 1682 |
| 1913 | 6837 | 6050 | 787 | 1914 | 6080 | 5736 | 344 |
| 1915 | 6718 | 6323 | 395 | 1916 | 6092 | 5876 | 216 |
| 1917 | 6657 | 5056 | 1601 | 1918 | 7636 | 6339 | 1297 |
| 1919 | 8745 | 6466 | 2279 | 1920 | 10625 | 7061 | 3564 |
| 1921 | 15566 | 10549 | 5017 | 1922 | 11207 | 9528 | 1679 |
| 1923 | 10500 | 8778 | 1722 | 1924 | 10359 | 9260 | 1099 |
| 1925 | 10943 | 8072 | 2871 | 1926 | 13847 | 9766 | 4081 |
| 1927 | 15227 | 12121 | 3106 | 1928 | 15569 | 12915 | 3653 |
| 1929 | 18165 | 15075 | 3090 | 1930 | 20290 | 16126 | 4164 |
| 1931 | 14266 | 18751 | −4485 | 1932 | 12777 | 14537 | −1760 |
| 1933 | 15278 | 12625 | 2653 | 1934 | 18997 | 12805 | 6192 |
| 1935 | 23849 | 18240 | 5569 | 1936 | 17416 | 14435 | 2981 |
| 1937 | 9409 | 27878 | −14469 | 1938 | 75 | 527 | −452 |
| 1939 | 541 | 265 | 276 | 1940 | 500 | 551 | −51 |
| 1941 | 474 | 329 | 145 | 1942 | 591 | 550 | 41 |

資料來源：澀谷長紀、松尾弘：《臺灣之華僑》，《臺灣經濟年報》，昭和18年版，第428～429頁；吳文星：《日據時期在臺華僑之研究》，學生書局，臺北，1991年版，第148～149頁。

　　上引表格基本上反應了日據時期大陸民眾的赴臺狀況，從中我們可大致得出以下幾個特點：第一，長期以來大陸民眾赴臺之往返數目不相匹配，絕大部份年份赴臺者多於返回者。也就是說，每年幾乎都有一定數目的大陸民眾滯留臺灣。這當中有部份人是在其他年份返回，不過應該也有一些人是滯臺不歸、沉澱下來的，這些人即便其身份上為僑居者的華僑，但實際意義上仍等同於早期的閩粵移民。第二，日據時期大陸民眾赴臺明顯劃分為幾個階段，1919年前屬於緩慢增長期，1920年後赴臺人員攀上五位數，1935年達到最高峰的23849人；而返回的人數則在1937年奇峰突起般地直線上升，達到27878人，淨回流18469人，這與盧溝橋事變爆發中日進入全面戰爭狀態密切相關。1938年之後，兩岸人員往來在臺灣人口移動中的地位幾可忽略不計，特別是大陸赴

臺人員更是如此，如 1938 年赴臺者為 75 人，其中勞工僅為 2 人，1942 年赴臺者為 591 人，其中勞工僅為 5 人。因此 1920、1937 為日據時期大陸移民赴臺歷史上的兩個最重要的時間節點。第三，赴臺大陸民眾中以勞苦大眾占絕大多數。1919 年赴臺 8745 人，其中勞工為 6597 人，1929 年赴臺 18165 人，其中勞工則為 10895 人，1936 年赴臺 17416 人，勞工人數就達 12065 人。統計數字顯示，勞工平均占大陸赴臺人數的 60% 以上，有的年份則高達近 80%，如 1921 年赴臺者 15566 人，勞工為 11954 人，其比例占了 77%。至於大陸移民的原籍地方面，則有如下表所示：

### 表三　赴臺大陸勞工鄉貫別統計

單位：人

| 省份 | 1904年 | 1914年 | 1924年 | 1929年 | 1934年 |
|---|---|---|---|---|---|
| 福建省 | 4301 | 5767 | 5967 | 6901 | 10126 |
| 廣東省 | 229 | 141 | 355 | 1199 | 1282 |
| 浙江省 | 20 | 41 | 345 | 2079 | 1874 |
| 江西省 | 94 | 41 | 8 | 634 | 191 |
| 其他 | 69 | 120 | 145 | 70 | 57 |
| 合計 | 4714 | 6080 | 6819 | 10895 | 13530 |

資料來源：井出季和太《從民族活動看臺灣與南中國》，《東洋》（臺灣特輯號），東京，昭和 10 年版，第 109 頁。

很顯然來自福建的勞工佔據了赴臺人員的絕大多數，這與歷史上臺灣移民本來就是以閩人為主有著一脈相承的關係。有趣的是 1929、1934 年的數據顯示浙江勞工異軍突起，甚至取代了歷史上與閩並稱的「粵」即廣東的地位，名列第二。但這應屬於偶發狀況，因為當時基隆煤礦、金瓜石金礦招收了大量的礦工。再予細分則福建省內以漳泉、閩侯、惠安為主，廣東省以潮陽為主，浙江省以瑞安、平陽為主。到臺之後的職業分佈上，製茶工幾全為泉州人，人力車伕原為漳州、泉州人，後被興化（莆田、仙遊）人取代，鞋匠以漳泉人居多，福州人佔據了大部份的廚師、理髮師和豆腐販子的職位。此外來自福州地區的木材工人也為數不少，後來溫州人也占了一部份。裁縫工多福建人，雜役分屬福州、溫州、江西人，漁夫為汕頭、泉州人，等等。在前往臺灣的航線方面，出口港為廈門、福州、汕頭，而以廈門為主；登陸口岸為淡水、基隆、臺南、高雄。不過，1930 年後福州出港者超越了廈門占首位，而基隆登岸者則占了 80% 左右，與早期大陸移民登陸臺灣路徑均有所不同。[11]

## 三、由東朝西：臺灣對外移民

　　一直以來，談到臺灣移民問題的時候，映入人們眼簾的都是歷史上一批批閩粵民眾橫渡海峽來到臺灣的情景。這種自西往東的人流，是臺灣移民的主要方向。然而，日據時期的另一股人流卻常常被人們忽視，這就是由東朝西的臺灣對外移民，這是近現代臺灣移民史上發生的一個特殊現象。

　　其實，較大規模的臺灣人來到大陸，在臺灣早期歷史上就已經出現過。如三國吳國黃龍二年（公元230年），衛溫、諸葛直率軍「浮海」到達「夷洲」，得數千夷洲人而還。但這只是戰利品或者說是人口掠奪活動，與移民無關。[12] 荷據、鄭氏、清代等等時代也有不少民眾在海峽兩岸來來往往，此時由臺灣前來大陸的民眾，也只是正常的返鄉之旅，而非臺灣居民遷徙大陸地區。到了日據時期，情形發生了重大變化，臺灣被從中國分割出去成為日本的殖民地，臺灣地區和臺灣人被單獨區隔開了，後者作為所謂的「日本國民」和「本島人」，不同於作為所謂「清國人」和之後的「支那人」的中國人。在此情形下他們來到大陸，身份為擁有「日本籍」的臺灣人，其中之長期居留者即為臺灣籍民，而剝離日本殖民地屬民這一名份上的外殼，實際上則為臺灣對大陸的移民。

## 表四　日據時期臺灣人赴大陸華南地區人數統計

單位：人

| 年份 | 總數 | 廈門 | 福州 | 汕頭 | 廣東 | 香港 | 上海 |
|---|---|---|---|---|---|---|---|
| 1899 | 5172 | 3685 | 158 | 34 | 1 | 1263 | 31 |
| 1900 | 3178 | 2755 | 210 | 108 | —— | 105 | —— |
| 1901 | 1987 | 1722 | 3 | 188 | —— | 74 | —— |
| 1902 | 3433 | 3159 | 246 | —— | —— | 26 | 2 |
| 1903 | 2930 | 2634 | 1123 | 154 | —— | 19 | —— |
| 1904 | 1174 | 951 | 88 | 22 | —— | 113 | —— |
| 1905 | 2551 | 1980 | 269 | 47 | —— | 255 | —— |
| 1906 | 2455 | 1809 | 87 | 216 | 88 | 253 | 2 |
| 1907 | 2951 | 2482 | 194 | 145 | 19 | 103 | 8 |
| 1908 | 2226 | 2121 | 51 | 23 | —— | 30 | 1 |
| 1909 | 2522 | 2411 | 71 | 29 | 1 | 10 | —— |
| 1910 | 2041 | 1906 | 100 | 20 | —— | 15 | —— |
| 1911 | 1888 | 1591 | 169 | 44 | —— | 84 | —— |
| 1912 | 1937 | 1581 | 226 | 37 | —— | 71 | 22 |
| 1913 | 1863 | 770 | 941 | 121 | —— | 27 | 4 |
| 1914 | 1718 | 717 | 829 | 123 | —— | 24 | 25 |
| 1915 | 1752 | 1412 | 302 | 23 | —— | 8 | 7 |
| 1916 | 1913 | 1407 | 443 | 32 | —— | 22 | 9 |
| 1917 | 2722 | 2244 | 337 | 107 | 1 | 43 | 23 |
| 1918 | 2836 | 1987 | 516 | 188 | —— | 122 | 23 |
| 1919 | 2643 | 1598 | 658 | 211 | 2 | 174 | —— |
| 1920 | 2021 | 1233 | 371 | 118 | 15 | 239 | 45 |
| 1921 | 3063 | 2129 | 642 | 78 | —— | 111 | 103 |
| 1922 | 3766 | 2482 | 840 | 87 | 2 | 129 | 226 |

| 1923 | 3482 | 2513 | 574 | 64 | 35 | 84 | 212 |
|---|---|---|---|---|---|---|---|
| 1924 | 3622 | 2330 | 702 | 67 | 79 | 215 | 229 |
| 1925 | 3886 | 2681 | 580 | 142 | 72 | 123 | 288 |
| 1926 | 4453 | 3164 | 760 | 167 | 7 | 139 | 216 |
| 1927 | 4561 | 4210 | 192 | 74 | 85 | —— | —— |
| 1928 | 4679 | 4058 | 236 | 126 | 259 | —— | —— |
| 1929 | 6417 | 3847 | 1187 | 227 | 833 | 290 | —— |
| 1930 | 6994 | 4992 | 838 | 366 | 603 | 195 | —— |
| 1931 | 8480 | 6630 | 834 | 431 | 483 | 102 | —— |
| 1932 | 7704 | 5840 | 841 | 427 | 488 | 108 | —— |
| 1933 | 10477 | 7491 | 1597 | 451 | 578 | 105 | 255 |
| 1934 | 11864 | 8757 | 1675 | 135 | 700 | 151 | 446 |
| 1935 | 21275 | 15700 | 3276 | 338 | 1255 | 185 | 471 |
| 1936 | 8198 | 5411 | 1400 | 111 | 892 | —— | 384 |
| 1937 | 12414 | 8456 | 1318 | 225 | 1644 | —— | 708 |
| 1938 | 7756 | 5192 | 51 | 202 | 1715 | —— | 596 |
| 1939 | 1987 | 10211 | 5206 | 80 | 3362 | —— | 1011 |
| 1940 | 7629 | 1379 | 3466 | 5 | 2040 | —— | 730 |
| 1941 | 5326 | 1985 | 3114 | 2 | —— | —— | 935 |
| 1942 | 4391 | 1360 | 2369 | —— | 542 | —— | —— |

資料來源：卞鳳奎《日據時期臺灣籍民在海外活動之研究（1895～1945）》，樂學書局，臺北，2006年版，第117～119頁。該年廈門等地數字合計大超總數，疑誤，或為18960。

　　上表顯示的是日據時期臺灣人遷徙大陸的歷年人數變化，一如該表標題所示此乃華南地區的統計數字，但我們認為它基本上還是能夠反映出當時臺灣民眾前赴大陸的大致情況。因為華南地區是臺灣籍民的集中地，其他地方雖然也有臺灣籍民的存在，譬如北京、南京、東北（偽滿洲國）等地，但人數與華南地區不可同日而語，故上表數字在覆蓋面上雖有缺憾，亦無甚大礙。就中我們看出，廈門乃是臺灣籍民的集中居留地，只是在日據時代末期略有改變，福州的人數有所超過，而臺灣籍民的前赴大陸的高潮則是在1930年代。

　　在大陸的臺灣籍民有著曲折複雜的發展歷程，早期的臺灣籍民中據信不良籍民占了不少的數量，早在1897年總督府派駐廈門收集情報的澤村繁太郎即報稱：「（廈門之籍民）多半包藏野心，當涉及金錢借貸、房屋買賣、盜難訴

訟等案件時,時常向領事館提出些虛構詐偽之案件,企圖藉著日商之威勢,向中國人牟取暴利,造成領事館的極大麻煩。」[13] 尤其是在廈門,還出現了黑社會的籍民團體,發生了諸如臺紀事件、臺探事件等等轟動一時的涉亥刑事案件。尤其是那些偷渡到廈門、福州一帶的臺灣籍民多從事賭場、妓院、鴉片館和走私等非法勾當,憑藉的就是作為「日本籍民」所享受的治外法權和領事保護,廈門著名的「十八大哥」便是其典型代表。[14] 廈門旭瀛書院教諭岡本要八郎也說:「臺灣人來廈門者多以『日商』之名義從事鴉片、賭博等事業。」[15] 正是這些害群之馬使得福建社會部份民眾間出現了對臺灣籍民十分不利的觀感,認為「居留廈門福州的臺灣人九成以上是無賴漢,好人極少,眾所皆知他們公然秘密販賣『支那』所嚴禁的鴉片,開賭場,經營所有不正當的職業。」[16] 不過,1920 年代後,情形有了很大的改觀,學生、醫生、會社職員等正當職業者人數占了大多數,人民對臺灣籍民的觀感也發生了微妙的轉變,如 1928 年 12 月 9 日的《臺灣民報》報導:「近年來在廈門幸得有一部份醫師銀行員及商人等,和其他有相當職業的人出面和中國人交際,頗使中國的有識者得理解臺灣人真相,加以學生界由臺灣赴廈留學的青年們,日漸隆盛,故看了那走狗的行為,是很想要矯正的,因為有這有血有淚的青年多數的表現,中國人的態度,和以前便大不相同,從前罵臺人為壞痞,現在卻不罵了,這真是可喜的現象。」[17] 抗戰時期,愛國將領李友邦領導的臺灣義勇隊也針對部份為非作歹的臺灣籍民進行了批判,獲得了廣大祖國民眾的理解。

　　除了對大陸的移民外,臺灣籍民也擴散到了南洋各國。此外,亦有為數不少的臺灣人到日本內地學習、工作和生活,他們在當時的臺灣對外移民中也應占有一席之地。1945 年日本帝國主義戰敗投降,中國政府將各地臺灣人送返臺灣,這一特殊移民形態始告結束。[18]

　　按照社會學的定義,移民依其涵蓋的範圍不同而分為國際移民和國內移民兩大類型,廣義上泛指遷往國際或國內某一地區長期或永久居住的人,或是較大數量的、有組織的人口遷移。日據時期的臺灣移民乃是特殊時代的特殊移民,由於日本的統治和臺灣的殖民地地位,臺灣與大陸及日本的關係發生了 180 度的移位,前者轉換為中國與日本殖民地之間的關係,即「特殊的國與國」之間的關係;相反地,後者卻被定位為日本內地與臺灣島之間的關係,屬於「國內」關係。這使得日據時期臺灣移民問題變得複雜化,日本向臺灣的移民成為國內移民,大陸對臺移民及臺灣對外移民卻成了國際移民,這是特殊時代造成的事實扭曲,所幸隨著日本殖民統治的終結而復歸正常軌道。

(作者單位:廈門大學臺灣研究中心)

**註釋：**

*本研究得到教育部人文社會科學重點研究基地項目（08JJDGAT249）資助。

[1] 陳逸雄譯：《福澤諭吉的臺灣論說》，《臺灣風物》第 41 卷第 1 期。

[2] 陳錦棠編譯：《日本據臺初期重要檔案》，臺灣省文獻會，1968 年版，第 143 頁。

[3] 吉武昌男：《臺灣的農業移民》，《臺灣經濟年報》昭和 17 年版，第 547 頁。

[4] 花蓮港廳編：《花蓮港廳勢》大正 12 年，第 24～25 頁。

[5] 花蓮港廳編：《花蓮港廳勢》昭和 4 年，第 17 頁。

[6] 鄭全玄：《臺東平原的移民墾拓與聚落》（東臺灣叢刊之三），東臺灣研究會出版，臺北，2002 年，第 58 頁。

[7] 《日據時期臺灣拓殖株式會社文書中譯本》（第一輯），臺灣省文獻委員會，1997 年版，第 44 頁。

[8] 林玉茹：《軍需產業與邊區政策：臺拓在東臺灣移民事業的轉向》，《臺灣史研究》第 15 卷第 1 期。

[9] 陳孔立主編：《臺灣歷史綱要》，九洲圖書出版社，北京，1996 年版，第 140 頁。

[10] 陳小沖：《試論日本據臺與閩粵移民之中挫——以清國人入境臺灣條例為中心》，《臺灣研究集刊》2009 年第 3 期。

[11] 陳小沖：《日本殖民統治臺灣五十年史》，社會科學文獻出版社，北京，2005 年版，第 387～388 頁。

[12] 《三國志》卷 47 孫權傳。後之《隋書》亦有類似記載。

[13] 總督府公文類纂，轉引自王學新：《廈門黑幫籍民的形成與發展（1895～1937）》，收入氏編《日據時期籍民與南進史料彙編與研究》，「國史館」臺灣文獻館，南投，2008 年版，第 606 頁。

[14] 卞鳳奎：《日據時期臺灣籍民在海外活動之研究（1895～1945）》，樂學書局，臺北，2006 年版，第 152 頁。

[15] 王學新編譯：《日據時期籍民與南進史料彙編與研究》，「國史館」臺灣文獻館，南投，2008 年版，第 146 頁。

[16] 戴國煇：《日本殖民地支配與臺灣籍民》，收入王曉波編：《臺灣的殖民地傷痕》，帕米爾書店，臺北，1985 年版，第 257 頁。

[17] 《臺灣民報》昭和 3 年 12 月 9 日。

[18] 湯熙勇：《脫離困境——戰後初期海南島之臺灣人的返臺》，《臺灣史研究》第 12 卷第 2 期。

# 臺灣總督府文官制度研究

王鐵軍

　　在日本統治臺灣 50 年的政治構造中，臺灣總督府的行政官僚是制訂和執行殖民政策的唯一政治勢力集團。這個政治勢力集團，包括臺灣總督府總督、民政長官（前期為民政局局長，後期改稱總務長官）、總督府各局局長、事務官、參事官、警視、屬、翻譯官、工程師和各地方州縣知事（廳長）、警部以及巡查。其中，除去在一定任期後又調轉本土的總督、民政長官等極少數高等官僚外，在總督府本府和各地方州縣（廳或州）的官僚大多工作到退休，而沒有過多的同日本內地的相關部門進行相互調轉。不僅是同日本本土，臺灣總督府同日本的朝鮮、「關東州」、樺太等其他的殖民地間的官僚交流也不是很頻繁[1]。這樣，事實上，臺灣總督府內形成了有別於日本本土文官官僚制度的內部獨有的文官官僚體系。

　　鑑於以上認識，本文以戰前日本文官制度為研究視點，以臺灣總督府的文官官僚為研究對象，探討臺灣總督府文官制度的法規與實際運營中的發展和變化。

## 一、臺灣總督府的官僚制度

　　1895（明治 28）年 5 月 10 日，樺山資紀受命臺灣總督並晉升為海軍大將。日本政府的這項任命可能是因樺山資紀曾於 1874 年出任征臺大都督，出兵臺灣，對臺灣有一定的瞭解而任命的。此前，眾議院書記官長，熟悉中國語的水野遵被任命為「接收」臺灣的辦理公使。

　　同年 6 月 17 日，樺山一行從臺灣基隆登陸，在臺北城內舉行了「始政式」，並向臺北、臺南、恆春等地派遣官吏，從而揭開了長達 50 年的臺灣殖民統治。與此同時，同月 18 日，日本政府成立了以伊藤博文首相為總裁，以參謀本部次長川上操六為副總裁，以內務次官末松謙澄、大藏次官田尻稻治郎、外務次官原敬、海軍中將山本權兵衛、遞信省通信局長田健治郎、內閣書記官伊東巳代治等人為委員的臺灣事務局，負責「就臺灣總督的稟議報告提出意見，並上呈總理大臣」[2]。

　　另一方面，在樺山就任臺灣總督之初，樺山等人曾上呈了臺灣總督府條例案。但該案在日本內閣閣議後，沒有被明治天皇裁可。這樣，臺灣總督府倉促中制訂了《臺灣總督府臨時條例》，開始了臺灣的殖民統治。這一期間，臺灣

事務局以臺灣總督府的議案為藍本,開始著手制訂有關臺灣統治的相關法令。1896 年 3 月 31 日,日本政府公佈了《臺灣總督府條例》和《臺灣總督府民政局官制》。根據《臺灣總督府條例》,臺灣總督管轄「臺灣島和澎湖列島」(第一條)、「總督為親任,由陸海軍大將或中將充任」(第二條)、「總督在委任之範圍內統率陸海軍,並接受拓殖務大臣的監督,統理諸般政務」(第三條)、「總督掌管其管轄地區內防備之事」(第五條)、「總督事故時,可由民政局長軍務局長中官等高者代理其職務」(第十二條)[3]。

　　《臺灣總督府條例》中規定的總督職權中主要分為兩部份。第一部份為軍事權,即在委任範圍內的軍隊調動權和防衛權。第二部份為行政統治權。即在日本本土的文官制度框架內的所屬官僚的委任和管轄權。此外,按照同時期日本政府頒佈的《關於在臺灣應施行的法令之法律》[4]規定,臺灣總督被賦予了在臺灣單獨制訂法律的特權[5]。這樣,從法律條文上看,臺灣總督不僅擁有軍事指揮權、行政權,而且還擁有單獨制訂法律和法令的特權。在《臺灣總督府條例》中總督府內的民政局長和軍務局長可在總督「事故」時代理總督的規定,在以後的官制中被取消了。故此,有關總督代理的規定可能是 1896 年 3 月頒佈的《臺灣總督府條例》的最大特徵之一。

　　根據《臺灣總督府民政局官制》,民政局負責總督管轄的行政和司法事務,下設民政局局長、事務官、參事官、工程師、「屬」、翻譯等職以及總務部、內務部、殖產部、財務部、法務部、學務部和通信部等七個機構。從《臺灣總督府民政局官制》規定上看,民政局在總督下,負責管轄臺灣的財務、司法、教育、衛生、通信和產業,被賦予了臺灣行政統治的中樞地位。與臺灣總督府民政局同時設立的還有軍務局。軍務局內設陸軍部和海軍部,負責具體處理總督管轄的有關陸海軍業務。

　　透過上述有關臺灣殖民統治的法律和法令的規定,一般認為,臺灣總督被廣泛賦予的臺灣殖民統治的立法權、軍事權和行政權。事實上,不僅臺灣總督的權限隨著臺灣總督府官制的改正而逐步縮小,而且從實際運營上看,臺灣總督被委任的軍事管轄權僅僅限於軍政權,而不涉及軍令權;另一方面,臺灣總督被賦予的「律令制訂權」實際上為日本中央政府所控制,臺灣總督並沒有被賦予真正意義上的「土皇帝」的絕對權威。事實上,不僅是律令的制訂權,臺灣行政權也為臺灣總督府的官僚所控制。從日本統治臺灣 50 年的總督制度上看,雖然中期經過了短暫的文官總督制度,但大部為軍人武官制。而無論是更迭頻繁文官總督制,還是軍人武官制,不熟悉近代行政制度的總督只是一個日

本進行殖民統治的象徵而已，臺灣殖民統治的權力實際上為臺灣總督府的官僚所掌握，臺灣總督府的官僚是臺灣殖民統治的核心。[6]

在我們探討臺灣總督府官僚制度之前，我們有必要對日本本土的文官官僚制度進行必要的敘述。眾所周知，有關日本近代文官官僚制度的法令最早實行於1886年。這一年，日本政府陸續頒佈並實施了《高等文官官等俸給令》（同年3月17日敕令第6號）、《判任官官等俸給令》（同年4月29日敕令第36號）、《技術官官等俸給令》（同年4月29日敕令第38號）和《文官考試試補及見習規則》。這些法令規定，日本文官官僚分為親任官、敕任官、奏任官等高等文官和判任官等普通文官，按照官等支付相應等級的薪金。原則上高等和普通文官需要經過考試合格才能啟用。高等文官和普通文官考試制度不僅從制度上打破了藩閥的政治壟斷，而且也使得日本的近代教育同近代日本的政治體制實現了有機的結合，從而為創建近代日本的官僚體制和制度提供了法律和法令上的保障。

當然，從法律和法令實施的歷史上看，由於實行了官僚考試制度，從而從體制上杜絕了藩閥政治體制延續的可能性，但由於官僚制度考試，尤其是高等文官制度考試實際是由東京大學法學院畢業生的「學閥」壟斷[7]，故此，有學者甚至認為，這種制度實施的結果只是東大畢業生取代了「薩長藩」的藩閥官僚而已。

另一方面，日本新的文官制度實施後不久就面臨了內閣制度實施後文官官僚和法學院畢業生嚴重不足的困境。為此，日本先後頒行了特別任用令，任用一些雖然沒有經過高等文官考試，但過去曾在政府部門任職經歷的官僚充任政府內的要職。

臺灣總督府的設立恰逢日本文官制度改革以及法令實施的時期，這樣，臺灣總督府的設立時期雖然是在日本文官制度實施之後，但其任職的官僚大多為舊時的「實踐型官僚」而非經過高等文官考試的「法制型官僚」。如在1896年任職的總督府民政局的6名部長中，法務部長高野孟矩赴臺前為新地方裁判所判事、法務部長山口宗義為大藏省主計局主計官、通信部長土居通豫為遞信省遞信書記官、殖產部長押川則吉為農商務省農商局農事課長，學務部長伊澤修二為東京音樂學校校長兼文部省參事官、外務部長古莊嘉門為第一高等中學校長。上述6名部長雖然有的接受了近代高等教育，但沒有參加高等文官考試，屬於「實踐型官僚」；在民政局所屬各部的課長中，財務部租稅課長中村是公、該部調查課長祝辰已以及該部監督課長遠藤剛太郎為東京大學畢業，經過高等

文官考試而被任用的；而殖產部林務課長有田正盛和該部拓殖課長柳本通義雖為札幌農學校（北海道大學前身）畢業，但也沒有經過高等文官考試。也就是說，在 1896 年的臺灣總督府高等文官任用中，僅有兩名是經過高等文官考試合格而被任用的文官，臺灣總督府的高等文官中大多為「實踐型官僚」所壟斷。另一方面，這些在臺灣總督府啟用的高等文官在赴臺前大多為「非職」官員[8]。這樣，臺灣總督府的官僚被戲稱為「灣仔」；後來任臺灣總督府民政長官的後藤新平也戲言自己赴臺任職為「島外流放」。

由此可見，赴臺任職並不是這些官僚任職的最高選項。

儘管如此，從臺灣總督府的官職和日本文官制度上看，臺灣總督府的官僚制度源於日本本土的文官官僚制度。這一點結論的意義在於說明，從殖民地官僚制度的比較上看，日本的殖民地官僚制度沒有採用英國式的本土官僚同殖民地官僚，分別考試錄用，本土官僚制度同殖民地官僚制度分離的官僚制度體系。

在日本統治臺灣 50 年的歷史中，臺灣總督府進行了幾次大規模的官僚制度修正或改革。這些改革或因臺灣總督府內部原因，或因日本國內政治形勢的變化而進行。1898 年 2 月，兒玉源太郎接任乃木，出任臺灣總督府總督。同月，內務省衛生局長後藤新平接任曾根靜夫出任總督府民政局局長。在臺灣總督府先後實行的武官總督制中，隨總督交替而更迭民政長官的僅此一次。總督府總督和民政局局長被同時更迭的背景就是因乃木總督任職期間，總督府內部官僚頻繁的貪汙事件而使得日本政府不得不對總督府高層人事進行了變動。其後又在 1898 年 6 月制訂了《臺灣總督府官制》，將民政局局長改稱民政長官，並改革民政局內的「部」為「課」，縮小民政局的機構，以期提高行政效率。此後，臺灣總督府適應形勢需要進行了幾次大規模的機構改革。這幾次重大改革包括 1901 年、1918 年以及 1941 年的《臺灣總督府官制》修訂。在對總督府機構進行改革的同時，臺灣地方官制也進行了相應的變動。這些變動包括從「署」到「廳」，又從「廳」到「州」等的改革。從總體上講，雖然臺灣總督府在努力縮小機構和人員，以期試圖提高行政效率，但往往是越改人員越多，越改機構越臃腫，形成了臺灣總督府的「帕金森定律」。

## 二、臺灣總督府的人事變遷

伴隨著臺灣總督府官僚制度的修訂和改革，臺灣總督府官僚的人事也隨著機構的變革等因素而變動。通常，按照臺灣總督的任職資格可將日本在臺灣的統治劃分為前期武官總督時期、文官總督時期和後期武官總督時期。事實上，

臺灣總督府的人事變遷也在這三個時期中呈現了不同的人事變化特徵，臺灣總督府的人事變遷隨著總督制度的變化也發生了不同的變化形態。

在前期總督府時期，即1895年5月至1919年10月這一段時期中，臺灣總督府的歷任總督有樺山資紀、桂太郎、乃木希典、兒玉源太郎、佐久間左馬太、安東貞美和明石元二郎計7任。這一時期中，總督府大規模的人事變動分別為1897年4月、同年7月、1898年6月、1901年11月、1906年、1909年10月、1911年10月、1915年7月和1919年6月等9次。在這9次人事變動中，1897年7月和1906年兩次人事變動不是因總督府官制改革而變動，其餘7次則為是隨著總督府官制改革而變動。其中，1897年7月的人事變動主要是因此前總督府內部大規模的腐敗而使得日本政府不得不更迭了總督府殖產部長、財務部長、法務部長兼高等法院院長和通信部長；此外，1906年的人事變動系因日俄戰後，後藤新平民政長官、石塚英藏參事官長以及中村是公財務局長轉赴日本在中國東北遼東半島設立的「關東都督府」以及祝辰己升任民政長官所致。

另一方面，這一時期中，總督府啟用內部官僚擔任總督府內高等文官的現象比較突出。其中，總督府內官僚大津麟平、大島久滿次、祝辰己、賀來佐賀太郎等的升任就是其中比較典型的事例。大島久滿次和祝辰己同為1897年赴臺的總督府官僚。根據同年11月總督府官制改革，兩人分別被任命為總督府財務局「主計課長」和總督府民政局法務「課長」。此後，祝辰己經歷財務局會計「課長」（兼任）、專賣局次長、財務局局長、專賣局長、臨時臺灣糖務局局長和殖產局長（兼任）後，於1906年11月接替後藤新平出任總督府民政長官。大島久滿次也是經總督府警保「課長」升任總督府警察本署長後、經總督府總務局長於1908年5月接任去世的祝辰己出任總督府民政長官。與大島久滿次和祝辰己不同，大津麟平於1901年從外務省秘書官轉任總督府總督秘書官後，從總督府總督官房人事「課長」、官房秘書「課長」，於1908年5月接替大島久滿次，出任總督府警察本署署長。第二年10月，隨著警察本署撤銷，改任「蕃務」本署署長。與大津麟平同期來臺的賀來佐賀太郎，於1903年10月出任總督府通信局郵務「課長」，經海事「課長」等職後於1913年升任總督府參事官。此後，賀來佐賀太郎又從總督府土木局庶務「課長」、土木「課長」，於1914年升任專賣局長，1921年7月升任總督府總務長官（前身為民政長官）。

總之，這一時期總督府內的高等文官的轉任或變動的特點是官僚的變動大多系因總督府官制改革所致，且官僚變動大多是總督府內部進行，沒有同本土間進行交流。此外，這一時期適逢日俄戰爭。日俄戰後，總督府派遣了後藤新平民政長官、石塚英藏參事官長以及中村是公財務局長等10餘名總督府官僚轉赴遼東半島，出任「滿鐵」總裁、民政長官、民政署署長等職。

1919年10月至1936年9月為文官總督統治時期。這一時期臺灣總督府的歷任總督有田健治郎、內田嘉吉、伊澤多喜男、上山滿之進、川村竹治、石塚英藏、太田政弘、南弘和中川健藏等9任。與前面的武官總督相比較，文官總督時期最大的特徵就是總督更迭頻繁，而且每次的更迭都是隨日本政黨內閣的更迭而變動。從總督府官僚人事上看，這一時期總督府官僚人事變動與前期武官總督時期有明顯的不同特徵。其一就是總督府內的總務長官隨總督的更迭而變動；其二就是總督府內各局長等高等官僚調動頻繁，而且也隨著總督的人事變動而變動；其三就是這一時期，日本本土和臺灣總督府間的官僚交流頻繁。總督府高等官僚的升遷不再限於總督府內部，隨著新總督的到任，與新總督同屬於一個政黨或有親緣關係的日本本土的官僚也隨著新總督履新。

這一時期，總督府官僚人事變動頻繁始於首任文官總督田健治郎，以川村竹治和太田政弘總督任內變動最大。

1919年10月，田健治郎接任任內去世的明石元二郎首任臺灣總督府文官總督。田健治郎不僅帶來了自己的妻舅等人安排在總督府內，而且還對總督府內和臺灣各地的地方州知事人事進行了大規模變動。根據修訂的《臺灣總督府地方官制》，在上任的第二年9月，田健治郎就對臺灣總督府所屬各地方州的知事人事進行了大規模變動，總督府土木局長相賀照鄉、臺中廳廳長加福豐次、總督府營林局長服部仁藏、臺南廳廳長枝德二、總督府警務局長富島元治、總督府「蕃務」警視江口良三郎分別被任命為臺北州、臺中州、新竹州、臺南州、高雄州知事和花蓮港廳廳長[9]。與此同時，總督府工程師山形要助、總督府財務局長末松偕一郎、總督府參事官兼總督府財務局稅務「課長」阿部滂、總督府內務局長川崎桌吉分別被任命為總督府土木、內務、財務、警務局長[10]。緊接著，在1921年7月至10月又進行了一次大規模人事調動。同年7月11日，下村宏被免去總督府總務長官職務，接任者為賀來佐賀太郎；在9、10月的人事變動中，總督府警務局長川崎桌吉、臺北州知事相賀照鄉、總督府遞信局長齋藤愛二、總督府法院法官高田富藏、總督府參事官池田幸甚、總督府事務官吉岡荒造、宮內省「調度頭」吉田平吾、大藏省專賣局參事官常基德壽分別被

任命為總督府殖產局長、警務局長、總督府海關關長、臺北州知事、專賣局長、臺南州知事、遞信局長和新竹州知事。原總督府殖產局長高田元治郎、臺南州知事枝德二、總督府土木局長山形要助被免去了官職。

　　太田政弘於 1931 年 1 月 16 日，接替此前因「霧社事件」而引咎辭職的石塚英藏出任臺灣總督府總督。在總督任命令下達的當日，太田就免去了人見次郎臺灣總督府總務長官的任職，任命日本兵庫縣知事高橋守雄為總督府總務長官。同月 20 日，總督府警務局長石井保和臺中州知事水越幸一被免職，佐賀縣知事井上英和高雄州知事太田吾一被分別任命為總督府警務局長和臺中州知事。同月 22 日，山形縣內務部長平山泰被任命接替原太田吾一的職務，被任命為高雄州知事。緊接著，同年 5 月 8 日，太田政弘對總督府局長和知事一級的總督府高等官僚的人事進行了大規模變動。在這次人事變動中，拓殖省殖產局長殖田俊吉、福岡縣內務部長大場鑒次郎、總督府事務官宇賀四郎、總督府事務官野口敏治、總督府事務官橫光吉規分別被任命為總督府殖產局長、文教局長、臺北州知事、新竹州知事和臺南州知事；總督府原殖產局長百濟文輔、總督府原文教局長杉本良、原臺北州知事片山三郎、原臺南州知事名尾良辰、原新竹州知事田端幸三郎被免去官職[11]；受到總督府局長和各州知事的人事變動影響，總督府內「課長」級高等官僚的人事也發生了變動。同月 16 日，總督府警務局內，「理蕃課長」森田俊介、警視石川定俊分別被任命為同局衛生「課長」和「理蕃課長」；在總督府財務局內，角田廣次、玉手亮一分別被任命為同局稅務「課長」和金融「課長」；在總督府殖產局內，增田秀吉、中田榮次郎、能澤外茂吉、劉朝明分別被任命為同局農務課長、商工課長、山林課長和水產課長；在總督府內務局和文教局內，小川嘉一和赤堀鐵吉分別被任命為內務局土木課長和文教局學務課長[12]。

　　總而言之，這一時期受到日本政黨政治的影響，總督府不僅更迭總督頻繁，而且總務長官、局長、地方州知事以及總督府內的課長級高等官僚的人事變動都很頻繁。不僅如此，日本本土的地方府縣知事、中央省廳的官僚開始出任總督府各局的局長和地方州知事。日本本土和臺灣殖民地間的高等官交流一時頻繁，同時也打破了歷來總督府內官僚從總督府的「屬」到課長，再到府內局長、縣州知事的升遷體系。

　　1936 年 9 月到 1945 年 8 月日本戰敗投降，臺灣回歸祖國的這一段時期中，臺灣總督府總督從文官總督制度又恢復到了武官總督體制。這一時期，先後有小林躋造、長谷川清、安藤利吉計 3 名軍人總督。後期武官總督任期內的總督

府人事變動即區別於前期武官總督時期,也不同與文官總督時期,有著明顯的特徵。其一,與前期武官總督時期不同的是,這一時期對於《臺灣總督府官制》的修正不多,因此總督府的高等官僚因總督府官制修正的變動或專任事例不多;其二,與文官總督時期區別在於,後期武官總督任職期限多於文官總督,並且也沒有發生因總督更迭而發生總督府內高等官僚變動的情況。後期武官總督時期中,高等官僚人事變動最大的一次為1942年6月的人事變動。這次人事變動主要源於太平洋戰爭爆發後,日軍佔領南洋諸島所出現的佔領地統治機構人員嚴重的情況所致。同年6月,東條內閣透過了《行政效率化實施要領》,決定按照中央官廳、地方官廳、專業廳3：2：1比率,大幅削減中央省廳、地方府縣以及朝鮮、臺灣等海外殖民地職員,以期提高行政效率的同時,派遣官僚充任佔領地的行政或軍政機構。臺灣總督府按照東條內閣的「閣議」決定,撤銷了總督府內的內務局、法務局和「企畫部」,新設了總務局和國土局,並大幅縮減了總督府「米穀局」等局敕任官的人數[13]。為此,同年11月1日,總督府在公佈《臺灣總督府官制改正》案的同時,公佈了總督府新成立的糧食局、總務局、國土局局長和各課課長的人事任命案。在此任命令公佈之前的10月30日,總督府高等官僚川村直崗、總督府事務官櫻井英夫、總督府財務局金融課長筧勝家等19人分別被任命為南洋佔領地的陸軍司政長官、陸軍司政官和陸軍工程師[14]。

除了各個時期臺灣總督府官僚的人事變動的上述特徵外,總督府高等官僚中技術官僚所占比例比較高也是總督府官僚人事的一個重要特徵。如臺灣統治初期的總督府內,僅札幌農學校畢業的柳本通義、新渡戶稻造、橫山狀次郎、藤根吉春、加藤重任和小野三郎等人分別出任總督府的工程師、殖產局局長等職。其中,新渡戶稻造是1901年應兒玉和後藤之請來臺,同年5月14日被任命為拓殖課長,並於同年11月總督府官制改革中被任命為殖產局局長。新渡戶雖然任職時間並不是太長,但給臺灣產業政策提出了不少有益的建議[15]。雖然總督府初期起用了不少技術官僚,但從官僚比例上看技術官僚所占總督府官僚總數並不是很大。如統治初期總督府內技術系列高等官僚定員不過14名,到1897年為20人,其後分別為15人、18名和16名,均沒有超過20名。這種情況一直持續到1910年前後。1910年,總督府為加強林地和土地調查,增加了臨時職員編制同時,也增加了以工程師為主的技術性官僚的人員比例。緊接著,在1919年臺灣總督府又頒佈了《臺灣總督府部內臨時職員設置制度》,擴大了在人口調查、地租調查、海洋調查、蠶業獎勵、茶葉獎勵、蔗苗檢查、綿羊繁育、礦業管理、地質、林業、土地改良、水利以及港灣等16個領域的統

計官、稅務官、工程師等臨時職員的編制，增加技術官僚 23 人。另外，1924 年 12 月，總督府又對該法令進行了修訂，增設了河川、灌溉等 38 個領域的臨時職員編制，共增加工程師 38 人。這樣，在增加臨時職員的同時，總督府內的技術官僚數量明顯增加。我們透過對 1922 年日本北海道以及日本各個殖民地的技術官僚統計中也可以看出，臺灣總督府內的技術官僚比例僅僅次於朝鮮總督府，為 46.55%。

### 表 1　1922 年日本官廳中技術官僚統計表

|        | 官僚編制 | 技術官僚人數 | 比例（%） |
|--------|----------|--------------|-----------|
| 北海道 | 1292 | 414 | 32.04 |
| 朝鮮總督府 | 947 | 567 | 59.87 |
| 台灣總督府 | 943 | 439 | 46.55 |
| 樺太廳 | 326 | 123 | 37.73 |
| 關東廳 | 540 | 49 | 9.07 |
| 南洋廳 | 249 | 49 | 19.69 |

**表註：**

（1）本表中北海道、朝鮮總督府等的官僚以及技術官僚人數為依據編制令，並包含臨時職員設置中的工程師和「技手」人數，且其人數為本府或廳官僚人數。

（2）臨時職員設置令中，朝鮮依據 1920 年 10 月敕令第 497 號，臺灣依據同年 5 月敕令第 132 號，樺太廳依據同年 5 月敕令第 133 號，關東廳依據同年 10 月敕令第 501 號，南洋廳依據 1922 年 3 月敕令第 108 號。

（3）表中的工程師和「技手」包含官制中的工程師和「技手」北海道中包含產業工程師、產業「技手」、衛生工程師和衛生「技手」。

　　技術系官僚的增加一方面我們可以認為，總督府的殖民統治開始從初期的政治高壓統治向殖民經濟轉移，另一方面，總督府本身透過擴大像土木局、殖產局這樣的經濟管理部門的同時，也使得總督府的官僚人數迅速膨脹。我們僅以殖產局為例進行說明。殖產局即我們通常理解的管理工商礦農等產業政策的部門。在 1895 年，該部門僅有農商、拓殖、林務和礦務四課，官僚不過 8 個人。爾後到了 1901 年 11 月，局下不僅設立了農商、拓殖、「權度」四課，還在臺

南設立了「出張所」、在臺北、臺中和臺南分別設立了三個農事試驗場和一個「物產陳列館」，官僚人數達100餘人。而到了1927年7月，殖產局不僅內設特產課、農務課、商工課、山林課，而且還設立了度量衡所、養蠶所、植物檢查所、米穀檢查所等40餘個附設機構，直屬人員高達800餘人。臺灣總督府的官僚人數的增加也使得總督府陷入了官僚人數膨脹，行政效率低下的「帕金森定律」的怪圈。

## 三、臺灣總督府官僚的待遇

日本統治臺灣的50年中，臺灣總督府的官僚不僅壟斷了經濟資源，而且還壟斷了行政資源。同時，臺灣總督府的官僚還享有制度內和制度外的各種特權。

1896年1月14日，臺灣總督府向臺灣事務局提出了《新建總督府官舍》的申報文，提出了新修官舍計劃[16]。緊接著在第二年4月14日，總督府又制訂了《警察廳舍和宿舍建築標準》，開始著手修建總督府高等官、判任官以及警察的宿舍，進而在1907年6月，又以訓令第118號制訂了《宿舍費用支付額標準規程》，為總督府官僚提供住宿補助。另一方面，總督府也開始著手進行廳舍的大規模建設。臺灣總督府利用發行的臺灣公債，陸續維修和新建了總督官邸、總督府民政長官官舍、臺北地方法院院長官舍以及各地方官的官舍。1907年5月27日，總督府設立高額獎金徵集總督府廳舍的設計方案。1909年4月，總督府以日本著名建築家長野宇平治的設計圖紙為藍本，花費日幣280萬元巨資，在1920年1月修建了塔高60餘米、建築面積達7萬餘平米的總督府廳舍，成為臺北當時具有代表性的建築。

不僅如此，總督府官僚在服飾上也體現了官僚的特權。1896年7月30日，總督府成立了以杉村睿為會長的文官制服調查委員會，開始研究總督府官僚制服樣式。1898年，總督府起草《臺灣總督府文官服制》。根據該制度，總督府官僚根據其官等，身著特定的服裝，以使「官吏分階明了，住民尊重官吏同時，官吏保持其威容」。儘管當時臺灣尚沒有空調設施，文官制服的穿著是一件很痛苦的事，但是透過文官制服的規定，不僅使得官民間有明顯的標示，也使得臺灣總督府的官僚成為高高在上的象徵。

臺灣總督府官僚的特權更多地體現在其官僚的薪金待遇上。1896年3月，日本政府透過了敕令第100號《臺灣總督府職員支付加俸規則》，臺灣總督府的官僚可在原薪金的基礎上，增加月薪的十分之三，同時「非職、廢官、退職

及死亡的（總督府官吏）可支付當月全額薪金」。進而在1898年6月，日本政府又修訂該規則，規定臺灣總督府的官吏在原有加薪十分之三的待遇基礎上，「在臺灣總督府連續工作滿兩年者，在前項金額外，增薪二十分之一；滿兩年以上，每一年加薪二十分之一」。也就是說，總督府官僚的薪金雖然依據日本本土文官官等表，但其薪金明顯高於本土文官薪金。我們以同年畢業於東京大學法科大學，後分別在日本本土就職的若槻禮次郎和臺灣總督府就職的祝辰已為例，進行一下薪金比較。

若槻禮次郎和祝辰已同為1892年畢業於東京大學法科大學的畢業生。兩個人畢業後均就職於日本大藏省，無論從學歷還是資歷上完全相同，甚至在1894年前分別為日本愛媛縣收稅長和沖繩縣收稅長，官等和月薪也相同。而到了1896年，祝辰已轉任臺灣總督府事務官，若槻禮次郎則調回大藏省本省，任大藏省書記官。當時祝辰已的年薪為1800元日幣，而若槻禮次郎的年薪則為1200元日幣，兩者相差600元日幣。兩人間的薪金差距一直持續到1906年若槻禮次郎當上大藏省次官時，若槻禮次郎的薪金才追上祝辰已為年薪4000元日幣。顯然，臺灣總督府的官僚薪金明顯高於日本本土的官僚。

此外，臺灣總督府官僚退休後的「恩給」（養老金）也明顯優於日本本土官僚。根據1900年3月，日本政府公佈的《關於臺灣在勤官吏恩給及遺族扶助費法》的規定，「在臺灣工作文官判任級以上的官吏，連續三年以上在職者，在《官吏恩給法及官吏遺族扶助法》規定的在職年數計算基礎上，每在職一個月增算半個月」的特別待遇。

除此之外，臺灣總督府的官僚在退職之後，還有在臺灣取得土地的特權。這一事例雖然僅僅發生在1925年，實為在經濟不景氣的情形下做出的臨時措施，但從中也可以看出臺灣總督府官僚所享有的特權。

從總體上看，臺灣總督府的官僚，尤其是高級官僚不僅在政治上享有壟斷式的統治權力，而且在其住房、薪金、退職上享有高於日本本土的特權和優惠。

## 四、結語

日本統治臺灣的50年中，臺灣總督府握有統治臺灣的立法、行政、教育、衛生、警察和司法的所有統治權力。臺灣總督府雖然沿襲了日本本土的文官制度，並深受日本本土政治，即中央政局影響比較深，但是，臺灣總督府在其基礎上派生了獨有的官僚體系。一方面，我們認為，臺灣總督和民政長官的人事變動深受日本本土政治的影響，一方面，臺灣總督府內的局長、各地方縣知事

（廳長、州知事）、課長由日本本土直接派遣的並不多。進而，臺灣總督府的官僚一方面作為「天皇的官吏」為殖民的利益服務，與本土官僚享有同樣的官等，由薪金、官舍和服裝進行嚴明的等級區分的同時，另一方面，臺灣總督府官僚在薪金、住宿、服飾等方面比本土官僚還享有特權。事實上，臺灣社會中形成了以臺灣總督、民政長官、局長等高等官、判任官、僱員、囑託員等為代表的臺灣總督府高等官僚的上層社會。即在日本統治臺灣50年中，臺灣政治社會構造不是日本本土的「內地人」對臺灣人，而是統治者對被統治者的政治構造。

在頻繁的官制修訂中，臺灣總督府的官僚人數也逐漸走向集團的「惰性化」，形成了臺灣總督府版的「帕金森定律」。作為臺灣社會的唯一權力機構，臺灣總督府的官僚不僅掌握了臺灣的行政、教育、產業、金融等所有社會資源。在這些產業和金融的壟斷中，隨著臺灣總督府所管轄的業務不斷增加，臺灣總督府的管轄部門和官僚開始一味地增加。其中，表現最為突出的就是在日本的「大正時期」（1911年～1925年）。這一時期，連市街的「街長」和「莊長」都享有高等官等級的「奏任官」待遇，官僚的等級「虛化」明顯。這使得臺灣總督府在擴大所屬部門的同時，所屬官僚也在增加。據統計，截至1945年日本戰敗，臺灣總督府共有高等官、判任官、囑託、僱員、州廳的官吏計2萬5千人，總督府陷入了官僚的膨脹和集團的「惰性化」怪圈。

（作者單位：遼寧大學日本研究所）

## 註釋：

[1] 戰前日本殖民地間的官僚交流和調動有兩個特例。其中之一就是日俄戰後，臺灣同日本在遼東半島設立的「關東都督府」派遣了以後藤新平為首的數十名總督府官僚外，第二個特例就是太平洋戰爭爆發後，日本內地以及日本各殖民地向新佔領地派遣「軍政官」的特例。有關上述兩種殖民地間的流動或調動問題尚不屬於殖民地官僚間的正常流動和調動。有關此議題容日後他稿進行專項研究。

[2] 伊藤博文《秘書類纂——臺灣資料》，日本秘書類纂刊行會，1935年，第239頁。

[3] 內閣官報局《官報》第3823號、1896年3月31日、第490頁。

[4] 因該法律為1896年3月，日本政府以法律第63號形式公佈，故為學者簡稱為《六三法》。為研究之方便，以下簡稱為《六三法》。

[5] 因以臺灣總督名義制訂的臺灣法令以「律令」的形式發佈，故被簡稱為臺灣總督的「律令制訂權」。

[6] 有關臺灣總督府總督制度以及其權限的實際變化請參見拙稿《近代日本政治中的臺灣總督制度研究》、《中京法學》第 43 卷（2008 年）、第 1～191 頁。

[7] 高等文官考試制度實行初期，東京大學（時稱為帝國大學）的法學院畢業生享有免試的特權，後期雖然法令上做出了修正，東京大學法學院的畢業生也需要考試才能成為高等文官，但實際上歷次高等文官考試合格者均為東京大學法學院的畢業生。

[8]「非職」在戰前日本文官制度中為官僚受到調查處分前或機構改革後失去原職位，等待再分配之意，相當於中國的「停職」，但在內涵上與中國的「停職」有所區別，故此採用日語原文。此外，「非職」一詞在後來的日本文官制度改革中，改用「休職」一詞，其意義沒有太多的變化。

[9] 臺灣總督府《府報》號外，1920 年 9 月 1 日，第 2 頁。

[10] 臺灣總督府《府報》第 2258 號，1920 年 11 月 28 日，第 90 頁。

[11] 臺灣總督府《府報》第 1241 號，1931 年 5 月 10 日，第 22 頁。

[12] 臺灣總督府《府報》號外，1931 年 5 月 17 日，第 2 頁。

[13] 1942 年 6 月臺灣總督府《關於實施行政簡素化之件》。日本國立公文書館藏《公文類纂》2A-211。

[14] 臺灣總督府《官報》第 192 號，1942 年 11 月 21 日，第 76 頁。

[15] 石井滿《新渡戶稻造傳》，關古書店，1935 年，第 190～198 頁。

[16] 臺灣「國史館」臺灣文獻館藏《臺灣總督府公文類纂 27》00038-20。

# ▌日據初期臺灣企業形態及社會經濟形態的變遷

周翔鶴

## 一、探討的問題

　　從理論演進的角度來說，日據時期臺灣經濟將給殖民地經濟學提供一個良好的研究範例。經典的帝國主義理論，是以宗主國為研究對象的。當前的殖民地研究雖以殖民地本身為對象，但理論的缺乏直接導致方法論的困難，雖然依附理論等殖民地理論以殖民地本身為對象，但他們尚未發展出一個嚴謹的概念體系，對殖民地的研究主要的還是要依靠帝國主義理論，本文也不例外。

　　戰前日本學者有關日據時期臺灣經濟最重要的研究成果為矢內原忠雄的《帝國主義下的臺灣》和川野重任的《臺灣米穀經濟論》。前者至今仍被一些人視為經典。對於《帝國主義下的臺灣》「先驅性的成就」，當今的臺灣學者

有充分和切中的肯定,認為在此書中矢內原忠雄將臺灣經濟定位於日本帝國主義的統治之下,明確了佔領殖民地臺灣的日本資本主義的歷史性質;並將日本資本之稱霸臺灣與日本的國家權力活動及其性質聯繫起來,做了符合實際情況的冷靜而透徹的考察;並且矢內原忠雄系統地掌握了臺灣的殖民經濟的發展過程[1]。《臺灣米穀經濟論》的成就則在於深入細緻地考察描繪了日據時期臺灣米穀生產變遷及其和蔗糖生產的摩擦(即「米糖相剋問題」)。但臺灣學者同時也指出,由於矢內原忠雄等人乃是以本國——日本帝國主義為研究的對象和中心,並且由於對殖民地臺灣的經濟史認識片面,因此他們採用的基本概念和方法論也就不可避免地存在缺陷。當然,如同上面已經指出的那樣,問題的產生與殖民地理論的缺乏有關。

臺灣學者指出,矢內原忠雄單純採用經典政治經濟學的方法,把他的注意力集中在「資本的壟斷剝削及勞資關係的形成(用矢內原忠雄的話來說是「集中化」與「無產化」)上面[2],利用他提出的「資本主義化概念」,將侵入臺灣的日本資本在臺灣的擴張、集中,當成臺灣資本主義的形成發展,並涵蓋於臺灣社會經濟的全面,從而認為日據時期臺灣農業已形成土地集中,大規模耕作,農民小生產者瓦解和無產化等日後被證明(矢內原忠雄著作發表於1929年)截至1945年臺灣都一直未出現過的經典的農業資本主義轉型的演化[3]。對於川野重任,臺灣學者指出,他從流通領域入手,採用市場價格理論,用「部門間生產力發展不平衡以致短期內均衡價格難以達到」來討論「米糖相剋」問題。但他無視在日本帝國主義殖民當局的統治下,是否存在著價格自由形成的可能。

臺灣學者指出,一些日本學者忽略了日據時期臺灣的傳統經濟(主要是農業部門)以及以地主及原有買辦為中心的臺灣本地資本。日本帝國主義一方面容忍本地資本,另一方面以日本的資本主義企業來控制臺灣經濟,確保自臺灣這塊殖民地掠取的經濟利益[4]。研究日據時期臺灣經濟是不能拋開傳統經濟的,因此戰後臺灣學者對這一時期臺灣傳統經濟領域——本地資本和農村經濟傾注了極大的興趣,做了許多深入細緻的研究,呈現出了以殖民地臺灣為研究對象和中心的殖民地經濟學的潮流。

旅日臺灣學者塗照彥的《日本帝國主義下的臺灣》分析了日據時期臺灣經濟結構中的日資企業和傳統經濟部門,在此基礎上透過兩者之間的「壓迫與抵抗,支配與弱化的過程,說明臺灣經濟殖民地化的本質」。柯志明則深入分析傳統社會結構及其在殖民地社會中的一種作用——「土著(本地人)支配的米

作部門『相剋性』的發展使原先以糖業為中心的殖民積累機制的持續和後續日資工業部門對農業剩餘的榨取變得相當困難[5]。」

　　總之，只有對日資企業和傳統經濟部門都充分把握才能準確分析日據時期的臺灣經濟。但相對於日資企業研究有完備的理論背景，傳統經濟部門的研究並未「規範化」，迄今的研究的內容以農家經濟與土著資本（以五大族系資本為代表）為主，但除了傳統經濟部門在殖民地環境中的「弱化」、「矮化」，尚未導出系統的理論性結果，這當然和殖民地理論的先天不足有關。本文並無宏大的理論目標，只想擴展傳統經濟部門的研究內容，以充作理論研究用的實證基礎。本文將圍繞臺灣傳統經濟的主要產業之一——製糖業的變遷，來探討日據前期（1895～1937）傳統企業形態的變遷及社會經濟形態的變遷。晚清臺灣，茶、糖、樟腦、稻米構成社會經濟的主要組成部份，其中，糖是最容易形成工業化生產的。但日據前期，臺灣製糖業的發展並非經典的資本主義工業化模式（如同矢內原忠雄所描繪的那樣），而是結合了傳統鄉村製糖業的發展與沒落及日資大規模製糖業的形成，構成了社會經濟形態變化的主要的線索。

　　從理論上來說，企業形態（這裡我們所講的企業形態主要指它的組織形式，而並非企業所包含的生產關係。）與社會經濟形態之間並沒有邏輯的關聯，當我們說社會經濟形態變革時，我們所指的是社會生產關係發生了變化，自然，這意味著社會中大部份的企業的生產關係的變革。根據經典理論，生產關係的變化並不涉及企業的組織形式。但是，當外部力量促使企業形態發生的變革伴隨著技術變革時（技術變革意味著生產力變革），企業的生產關係亦將發生變革。（當然，在這裡，我們將表明，企業形態的變遷並非由企業自身的技術變遷帶來的。）

　　本文研究的時間段以日據初期為主。日本帝國主義雖然於1895年佔據臺灣，但它並未能立即介入臺灣經濟。一般而言，學術界都把1895～1905這一時期劃為日本帝國主義統治臺灣的基礎工作時期。前7年（1895～1903）臺灣總督府主要進行鎮壓武裝抗日活動，建立保甲制度的「治安維持」工作；後3年（1902～1905）實行了土地、林野調查，舊慣調查，幣制、度量衡改革，排斥西方資本主義勢力等經濟措施[6]。因此，在日據臺灣的最初幾年中，臺灣經濟還保持著晚清時期固有的結構和發展水平。

## 二、割臺前後臺灣傳統企業形態的變遷

（一）清代與日據初期臺灣的傳統經濟：清代前中期，臺灣傳統經濟是一個移墾型的經濟，閩粵移民到臺灣來拓墾土地，種植稻米、甘蔗等農作物，輸出到大陸，再從大陸輸入手工業品，具有高度商品化的農村經濟。晚清的臺灣，除了稻米和蔗糖，茶、樟腦也成為重要產品，輸出地則擴展到西方市場。日據初期，臺灣的稻米、蔗糖等農產品輸出到日本，工業品則從日本輸入，仍然保持高度的商品化。

筆者對晚清、日據初臺灣經濟總量曾經有一個測算，除了蔬菜、雞、鴨、藤等年產值很小或產值不大又難以估計的項目以外，在包括稻米、茶、糖、樟腦乃至較大宗農、牧、漁產品在內，臺灣農村經濟產值為；以輸出價值計算為；34,337,693 日元；以農村產地價值計算為：31,041,755 日元。如果再加上煤、金、鹽、硫黃等產值，則當時臺灣的國民生產總值（不包括城鎮工商業產值）約為 37,340,908 日元。[7]

割臺之初，統計制度尚未完備，對於上述數字，如各種產物畝產，總產價值等，殖民當局未能作精確統計，很多數字只能根據掌握的情況估測，但這些數字是以統計學為基礎的。當時，官方對於 1902 年以前臺灣農業總產值多認為在 3 千萬日元左右。[8] 和我們的估測，計算差不多。

這是一個很高的數字，如果以米價作為物價的代表（稻米同是日本與臺灣的主食），計算真實所得（貨幣的真實價值）時，這個數字相當於 19 世紀 90 年代日本的水平。[9]

對於如此高的水平，傳統企業組織是做出了很大貢獻的。一般而言，傳統經濟學（古典的、馬克思主義的、微觀的）對企業的界定涉及一定數量的人，他們或合作或被僱傭，在一定的場所生產一些物品；近年，新制度經濟學則認為要素擁有者透過締結合約，將自己擁有的要素（資金、土地、勞力）提供給他人使用而收取利潤就形成了企業。我們同時接受傳統和當代經濟學的定義，清代臺灣的許多土地開墾組織，水利組織，蔗糖生產組織，商業組織等等，都存在要素的各種組合狀況，都可以視為企業，而合夥與合股則是這些企業最重要的組織形態，大致來說，糖廍手工作坊採取的是合夥形態，土地開墾、水利組織、商業組織等則多取合股形態。下面我們結合清代臺灣的經濟發展過程描述各行業企業組織的形態及興衰。

從康熙後期起，臺灣進入全面拓墾階段。清代臺灣較早的合股企業應該是土地拓墾組織。臺灣中部、北部平地的荒地（「草地」）吸引了大量的閩粵移民，他們來到這裡，興修水利，破土開田。拓墾是由墾戶組織的，他們要向政府「請墾」，向平埔族「買墾」，投資興修水利；而佃戶則向他們得一分土地（一般是5甲，稱為一犁份）進行耕作。我們須注意，墾戶與佃戶之間存在的是傳統的租佃關係，佃戶要向墾戶交納「大租」。日後佃戶再將其贌耕的土地租於現耕佃人，收取小租，形成了「一田二主」的租佃關係，封建的租佃關係在這裡發揮得淋漓盡致，但這種租佃關係並不構成企業關係，拓墾企業是存在於墾戶內部的。

一般而言，土地一經墾闢，墾戶的經常性支出為付給番社的「番租」，代番社交納的「番餉」，向官府交納的稅糧以及日常經營管理費用；而收入則只是佃戶交納的田租。顯然，墾戶經濟的運轉和發展取決於佃戶所納田租的多寡。清代臺灣的慣例，佃戶所交的大租是旱地為分成制，佃戶得八成五，墾戶得一成五，習稱一九五分成；水田則是定額租制，一般是每甲8石租谷。顯然，在分成制場合墾戶所得不多，只有水利興修成功，土地開發成水田以後，墾戶收入才多，然而，興修水利並非一件容易的事，不但投資巨大，而且充滿風險。清代並無高效的提水技術，水利工程往往是從水源處修建一條長長的渠道將水引到田裡。有時水渠要穿山越嶺，需要修鑿隧洞，架設木梘，工程浩大。且水源往往在山林深處，這些地方是山地土著活動地區，水渠的修築影響了他們的日常生活，且他們有「獵首」習俗，經常「出草」殺人，使得水利工程的修築往往要付出血的代價。但水利工程最怕的還是自然災害。臺灣經常出現的暴雨所帶來的山洪暴發往往沖毀渠道。在水利工程興修成功之前，墾戶經濟是由預付資金支持的，如果水利工程失敗，墾戶的投資將血本無歸，因此，土地拓墾是一項投資巨大，充滿風險的事業，個人往往無法承擔巨大的資金和風險，為了籌集資金和分散風險，就出現了合股企業。「墾戶」，實際上是拓墾者在官府「註冊」的稱號，一個墾戶，除非拓墾的土地很小，否則都是合股的。許多墾戶的名稱都以投資合夥人的姓氏組合而成，從存留至今的土地文書裡，我們可以發現許多叫做林李興，張吳文之類戶名的墾戶。清代臺灣最早的土地文書「陳賴章」墾戶的開墾告示，據臺灣學者尹章義研究，陳賴章是陳逢春、賴永和、陳天章三人合股組成的墾戶名。[10] 清代臺灣著名的大墾戶，如施世榜、張達京、林成祖、郭錫鎦等等，無不和他人組成合股的墾戶，或合股興修水利。許多墾戶篳路藍縷，艱苦奮鬥，拓墾有成，富甲一方，但數代後，其後人往往坐享其成，墮落成只知收租的大租戶，墾戶這種合股企業也就星散了。墾戶雖然沒落，

但合股拓墾作為習慣，卻得以在後期臺灣的拓墾中繼續發揚光大。乾隆末，「草地」基本上開墾已盡，拓墾進入丘陵山地。這裡是山地土著的活動地區，拓墾所遇到的最大問題是所謂的「番害」，即「凶番」的「出草」殺人行為。為此，丘陵地帶的拓墾要建立隘線，僱請隘丁，防止「凶番」的「出草」。所以，丘陵地帶的拓墾也稱隘墾。丘陵地帶沒有大型水利，隘墾的最大投資是建隘寮，僱請隘丁。和「草地」的拓墾採取合股形式一樣，隘墾中也成立了一些合股企業，這些企業一般就稱為某某隘。隘墾的一個特點是有許多商人投資，此時，臺灣的經濟已十分繁榮，商業發達，商人已積累了許多資金，而土地是商人資金的一個傳統投資去向。最大的隘——金廣福大隘即有竹塹的商人投資。嘉道年間宜蘭的拓墾則呈現另一種面貌，宜蘭開墾沒有大租戶（墾戶），佃戶以結首制的模式自行開墾，在水利問題上，他們或聘請專職的圳戶，或自己聯合起來修築。無論是圳戶或佃戶自己修圳，採取的同樣也是合股的形式。

　　合夥或合股是大陸一個久遠的傳統，閩粵移民將它帶到臺灣，廣泛地運用於拓墾中，也運用於其他行業。由於清代臺灣是一個移墾型社會，合股拓墾的廣泛運用，使得這種企業形態成為社會文化形態之一，另一方面，也使得該形態得以發展完善。下面是一份嘉慶年間宜蘭水利文書：

　　　　同立合約字人江漢、游日、游德崇等，緣五圍十二股半鳩出本銀鑿築泰山口埤圳灌溉五圍田畝，我員山仔莊結內佃人同結首簡勇等共湊幫成二股半。其十二股半結約十三紙我本結應執二紙。但我本結二股半之中原做一百二十五份均出本銀。前除簡勇等七十四份收約一紙另為給約，其餘五十一份，吾齊十八人湊出本銀，其大合約一張系交遊日收存，但份額人數多少不一，是以邀同立合約記明：游日十份，游宗貴一份，游添三份，游宗健一份，游燕二份，游記二份、游秤二份、游德捧二份，游德崇四份、江漢陸四份、江媽佑一份、江從二份、江臨坤三份、江臨法一份、江招無一份、江葉秀二份、朱素四份、朱溪四份，自此以後，十二股半攤及我五十一份，每份該得若干。對佃分收，今欲有憑，立合約十八紙，各執一紙為照。

（簽名略）

嘉慶二十年三月[11]

　　據上舉文書，員山仔莊眾佃戶糾合資金湊成十二股半，參與泰山口圳的修築，總計125元，卻分為125份，每份只1元。這說明，合股投資的企業形態已深入社會之中。

日據初期臺灣企業形態及社會經濟形態的變遷

以下來談合夥形態，臺灣的傳統糖廍是合夥的典型。近代臺灣史學家連橫記：臺灣糖廍「臺灣熬糖之廠謂之廍。一曰公司廍，合股而設者也；二曰頭家廍，業主所設者也；三曰牛犇廍，蔗農合設者也，每犇出牛三，為園九甲，一廍凡九犇，以六犇運蔗，三犇碾蔗，照園輪流，通力合作。其法甚善，各鄉莫不設之。」[12] 日據初殖民當局的臨時臺灣舊慣調查會的畊田熊右衛門則認為存在著牛掛廍、牛犇廍、公家廍、頭家廍四種形態。他說，牛掛廍是眾多甘蔗種植者為壓榨自己種植的甘蔗並製糖而設立的組織，各自提供運轉石碾的牛隻，並按提供的牛隻數分擔購買糖器具的費用；牛犇廍也是甘蔗種植者的組織，但人數較少，牛掛廍一般由十五六人至三四十人組成，牛犇廍通常由五、六人至十來人組成。牛掛廍為了補充原料的不足，參與者可按各自的份額買入甘蔗或接受委託壓榨；公家廍則是一種合股組織，參與者按股出資而設立。公家廍買入他人的甘蔗或接受委託壓榨他人的甘蔗，所得利潤按股份分配。公家廍成員如果自己種有甘蔗，則應按委託本廍製糖或將甘蔗賣給本糖廍；頭家廍則是有貲力的業主或商人單獨出資設立的，買入甘蔗製糖或接受委託製糖以追求利潤。[13] 連橫撰《臺灣通史》時日本壟斷資本已在臺灣建立起龐大的現代製糖廠，傳統糖廍已消失。連橫與畊田雄右衛門對公家廍均語焉不詳，但日據初期在「臺灣舊慣研習會」的調查中，原舉人蔡國琳，糖商王雪農等人則明確地說它們是商人投資的合股的企業。

畊田熊右衛門對各類糖廍在臺灣南部的地理分佈有一個調查，據他說，牛掛廍主要分佈在今臺南一帶；牛犇廍主要分佈在阿侯、鳳山（下淡水流域）一帶；而公家廍主要分佈在由嘉義灣裡至鹽水港以北地區，特別是斗六；頭家廍則主要在鹽水港以北地區。我們知道，清代臺糖的主要產區以今臺南（在晚清稱臺灣府產區，北至北港、南至安平）、高雄（在晚清稱打狗產區，北至茄定港、南至琅𤩝）為中心，即畊田熊右衛門所說的臺南、阿侯、鳳山這一片地區。這裡從荷據時期、鄭氏時期就產糖，至清代更是臺糖的集中產地；日據時期，日本壟斷資本最早建立的現代製糖廠也在這裡。這一片地區始終是臺灣最重要的甘蔗產區，而斗六則是臺灣南部地區和中部地區的連接點，過斗六就進入中部平地了，那是清代臺灣最重要的稻米產區。因此，合夥形態的牛掛廍及牛犇廍是晚清臺灣主要的糖廍形態。

從上面的分析來看，存在著一條牛掛廍──牛犇廍──公家廍的發展線索，頭家廍則不在這條線索之上。糖廍發展到公家廍，合夥企業就轉變成合股企業，而傳統合股企業，能否進一步演進呢？下面將結合技術變遷問題來探討，

大陸部份

49

實際上，企業形態和技術是相關的，如果沒有對灌溉系統的需求，拓墾組織也就難以存在，如果沒有大型的榨糖的石碾子，也就沒有糖廍。

　　（二）日據初傳統企業形態的變遷：據 1901-1902 製糖期的調查，臺灣有傳統糖廍 1117 座，這個數字當與晚清臺灣的情況差不多。這一千個左右傳統糖廍每年大約生產 80 萬擔左右的紅糖。清代臺糖在世界貿易上占有重要的地位，並且是在臺洋商的重要貿易商品。大約 19 世紀中期以前，中國的製糖技術尚處於領先的地位，但進入近代，西方採用動力技術以後，糖廍的技術即顯得十分落後。在臺洋商一致認為臺糖生產技術落後，遂向糖廍推薦以鐵磨代替原有的石碾子。1890 年的《英國領事報告》說西方製糖用的鐵磨的壓榨能力大於石碾子，每百磅甘蔗能多壓榨出 1/3 的蔗汁，並於 1870 年將其引進臺灣，試驗給當地人看，但據說僅有一位擁有廣闊蔗田的武官在 1893 年方採用。為適應臺灣固有的模式，洋人甚至引進用牛拉的鐵磨，但沒人採用。[14] 對於鐵磨等新技術無法引進臺灣，林滿紅認為是民性念舊，排外，不思進取等等，總之，是一個觀念問題。

　　進入日據時期，傳統經濟觀念開始遭遇變革，日據初期的土地調查事業等已經對全社會的經濟觀念產生了一次極大的革新，但各行業還有各自的具體情況。

　　和晚清時的情況不同，日據初期總督府在臺灣推動製糖業等產業發展時，不僅設立模範工廠，進行技術示範，培養本地技術人員，而且還極力推動觀念革新。1902 年初，臺灣銀行董事長柳生一義論說臺灣經濟狀況時說，雖然當時臺灣的茶、糖、米等重要物產已經有一些發展，但要使這些產業更進一步發達，不僅要應用機械進行生產，同時還要灌輸新知識，推進「文明知識」的全面應用。實際上，總督府也是這麼做的。從大的方面來說，總督府工作的重點放在晚清和日據初的紳士身上，像陳中和、王雪農、蔡國琳等富商和晚清科舉功名者，都是總督府籠絡對象。在政治上籠絡的同時，總督府還向他們傳播新知識，新觀念（王雪農就曾經說過當局請他們去學習新知識）。就中，「內地觀光」是一個重要的形式。作為「島人知識開發」的手段，1899 年 12 月，總督府規定，凡具有縣參事、辦務署參事、街莊長、紳章佩戴者、一年納稅達三十元者，可免費乘坐日本郵船、大阪商船兩會社的船赴日本遊覽觀光。這些人當中，有許多為「有力者」。他們在日本除了參觀「文物風光」之外，往往還參觀工廠，在他們回臺灣後，地方當局在勸誘他們舉辦新事業時，就容易得多了。[15][16]

而具體到製糖業,對於本島人新式製糖企業的成立,各地方當局都直接給予指導。

這些接受了新觀念的「有力者」創辦的企業,就再也不是傳統形態的了。門田正經在「臺灣視察報告」中提到臺南灣裡一家正在安裝機器的製糖會社,強調它是一家株式會社,而不是以前那種僅依靠個人信用的傳統組織。作為臺灣本島人企業新形式的開始,門田正經認為這是一個可喜的現象。不僅門田正經,當時,一些官方人士都認為南部製糖業出現了許多全部由本地人組織的株式會社,並都認為這是一個可喜的現象。[17][18]1904年,隨著維新製糖會社、南昌製糖會社、新興製糖會社、鹽水港製糖會社等較大的本地人的製糖會社的設立,南部還設立了一些小規模的機械製糖企業(每家資本金各十萬元),南部製糖業呈現一派盛況。官方人士認為,像仁和製糖會社,車路墘製糖會社、大目降製糖會社、蕭壠製糖會社均為株式組織。而像灣裡製糖株式會社、麻豆製糖株式會社,則名稱已表明它們是株式組織了。[19]總的說來,日俄戰爭前,總督府及地方當局是樂於見到並指導南部本地資本的製糖業向近代企業形式轉化的。

實際上,日據初期,株式組織在本地資本的製糖企業尚僅是一個起點。有些會社較多地依靠社會資金,比如,車路墘製糖會社,由蔡國琳、敦炭來、羅文旺、黃加冬、吳子周、黃殷浩等二十人發起。發起人出資4萬4千元,其餘部份向工廠附近的蔗農、蔗園主募集。又如,王雪農、張文選等二十人發起的製糖會社,發起人出資4萬元左右。[20]有些會社則仍然主要依靠合股,如新興製糖會社(在本地資本企業中僅次於鹽水港製糖)就是大糖商陳中和等人的合股企業。其出資狀況如下:

總資本:24萬元,總計2400股,每股100元;其中:

陳中和1100股

陳文遠200股

陳外冠800股

周鳴球100股

孫明輝100股

陳晉臣100股

資料來源:《臺灣協會會報》第61號,第16頁。

因此，新興製糖是一個合股會社，而不是一個株式會社。然而，此時本地資本的合股組織已不是傳統意義上的合股組織了，它們模仿日本的民商法組織起來，並稱為會社。[21] 從形態上來說，它們設立會員大會，監事會等，不同於傳統合股組織的家長式模式。[22]

除了製糖業，其他行業也出現了許多新式企業，其中最成功者當屬彰化銀行。彰化銀行創立於 1905 年，「當時日本政府為推行土地整理政策，發行公債券以收買民間之大租權，彰化先覺故吳汝祥氏，糾合中部地方士紳，以大租權補償公債 折合時價充作股本，發起創立株式會社彰化銀行，共得股本 22 萬日元，於同年 6 月 5 日創立，由吳汝祥任專務取締役，於 10 月 1 日假彰化廳之部份房屋為辦事處開辦業務，是為本行發軔之始」。[23]

假以時日，這些新式的合股組織，剛起步的股份制組織（株式組織）必定會向近代企業形式發展的。然而，我們看到，總督府在 1912 年出臺法令，禁止本地人組織株式會社。雖然有些本地人成立的會社以日本人出面當法人代表，但這個法令以及總督府不斷出臺的經濟法令，還是限制本地人的企業，使得它們很快衰落下去。我們主要圍繞改良糖廍來看這個問題。

## 三、日據前期臺灣本地人傳統企業的興衰

日本佔領臺灣的最初年代裡，為鎮壓臺灣人民的武裝反抗，軍費開支浩繁。其他事業費如土地調查費，鐵路、港口、郵電建設等支出也十分龐大。而總督府初期的財政收入僅有田賦和專賣，收支不抵。臺灣財政（時稱特別會計）須仰賴日本中央財政一般會計的補助。自 1896 年至 1904 年，補助金總額達三千多萬元，佔該時期臺灣財政收入的百分之二十左右。然而，此一時期日本財政本身也十分窘迫，對於經營臺灣的巨額費用感到力不從心，因此日本議會裡有「賣掉臺灣」的提議出現。在這種情況下，第四任總督兒玉源太郎（任期 1899.2～1906.4）在其任內提出了殖產興業政策，發展官營事業和民間產業，增加稅源，以期達到財政獨立。但官營事業中的鐵路、港口都是長期投資，一時難有收益。專賣收入也不能無限榨取，因此，發展民間產業問題逐被突出。

殖產興業就投資面而言，無論日資或臺灣本地資本，總督府都是歡迎的，但這時，日本財團投資臺灣尚不是很多。總督府一直吸引日本財團投資臺灣製糖業，但日據初僅有三井財團於 1901 年投資，在臺南興建臺灣製糖株式會社橋仔頭工廠，其他財團尚未進入臺灣製糖業。除了壟斷財團，日據初期日資在臺灣最大的投資是製鹽業和黃金業。清代臺灣產鹽不足本島消費，尚須從大陸

輸入以補充。總督府於日據初實行鹽專賣後，於 1901 年禁止鹽輸入，並實行獎勵政策，在 1899 年就無償開放官有地供開發鹽田，並免除鹽田土地稅等等。在這種情況下，日本鹽業資本家紛紛到臺灣考察，1900 年，葦原清風等人在大阪發起組織臺灣製鹽株式會社，第一期實收資金 25 萬元以起業，計劃在十三年內開發鹽田 3000 町步（其時臺灣僅有鹽田約七百町步），[24] 日資野崎鹽行也於同年著手在布袋嘴、東石、虎尾寮等地開發鹽田，目標是 970 餘町步。除此以外，一些小規模日資在島內設立了一些玻璃、印刷、煉焦、修船、基建、機織等新式企業，並壟斷臺灣的黃金資源，設立了兩家黃金企業。這些工廠總計 24 家，總資本 1164230 元，最大的是兩家製煉黃金的企業，它們占去了大半的資本和職工人數，其他多為城市中的小企業。稍後幾年，日資在南部還開辦了一家菠蘿罐頭廠。商業方面，此時的日資商業主要為在臺的日本人提供服務，而此時在臺日本人僅約有四萬多人，日資商業也就不可能做大，其競爭力不如本地商人。[25]

從上面的情況來看，日據最初十多年裡，除了三井的製糖廠，進入臺灣的日資應只有 150 萬之譜，在臺灣經濟中尚居次要地位，殖產興業的主要對象只能是本地產業。[26] 總督府為推動本地資本在各個產業中的發展，其做法大致為調查（包括舊慣調查與產業經濟調查）、試驗、建立示範性工廠、政策性支持這樣幾個步驟。

茶、糖、樟腦為臺灣最重要的幾項產業，殖民當局的各種機構對其進行了多方面詳盡的調查，我們在上面已有詳細的說明。此外，對一些小的局部性的產業，也進行了調查，比如製紙業、草編業等。然而，相對於碾米業龐大的規模，其調查是相當不對稱的。殖民當局在調查的基礎上，除了碾米業與草編業以外，在其他產業中都建立了示範性的工廠。這些工廠一般為採用動力和小型機器的小型工廠，當局希望在政策扶持和促進下，臺灣的傳統產業能向近代企業轉型。在殖民當局的政策引導下，各產業的轉型有成功的，有失敗的。先說失敗的。

製茶業與製紙業是轉型不成功的兩個例子。

以製茶業而言，總督府民政廳殖產局先在桃仔園、文山堡建立兩個茶業培養實驗場，並派專門技師赴印度、錫蘭、英國學習併購買製茶機械，於 1902 年在桃仔園廳桃澗堡安平鎮建立示範性的機械製茶廠（次年開始運作）。[27] 幾年運作的結果下來，至 1906 年，已製取烏龍茶 66514 斤、紅茶 1584 斤，質量香味等良好，製作費比人工製作省許多，但不見本地資本效仿，臺灣製茶業尚保持傳統形態。之所以傳統治茶業不能向機械製茶轉型，乃因鄉村粗製茶全

繫手工操作，與機械製茶之間落差太大，製茶機械是一筆重大的投資，本地資本難以進行一項自己不明了的事業。

至於製紙業，總督府亦認為這是一項值得扶持的產業，乃於 1903 年 1 月在嘉義東堡設立模範製紙工廠，進行製紙試驗。製紙工廠招收從各地來的傳習生，畢業後回本地推廣新法製紙。[28]

從推廣的情況來看，主要限於原料產地。1904 年，斗六地區在傳習生卒業回來後，於打貓東頂堡大湖底莊設廠，用新法製紙，雖然紙質不好，銷售情況不佳，但因為是斗六廳有數的物產之一，地方當局仍然繼續予以鼓勵。[29] 1906 年，同樣有豐富製紙原料的南投，有 5 名投資者集資 1000 元、在北投雙冬堡設立製紙廠，並派遣 4 名徒弟赴嘉義模範紙廠學習。作為新企業，月產值僅百餘元，收支剛好相抵，其前景尚未明朗。[30] 新法製紙推廣的最大受益者是一家日資會社，在嘉義模範製紙廠設立的同時，日本人安武舍次郎等八人集資 8400 元成立一個合名會社，得到總督府 1500 元的補助金。該會社的工廠就直接鄰接模範製紙廠，直接利用模範製紙廠的試驗成果。[31] 從上述情況來看，總督府對本地資本進入製紙業是持鼓勵態度的，但效果卻極其有限，除了嘉義地區，其他地方的產值均很小。臺灣鄉村製紙業不能發展並向近代製紙業轉型，乃是大多數臺灣鄉民對製紙業並不熟悉（傳統製紙業僅是個別來自閩西山區移民從原鄉帶來的），投資一項自己不熟悉的產業是很難的。

殖民當局殖產興業政策獲得成效的是製糖業。本來，製糖業就是殖民當局首選的產業，首選製糖業自然因為這是臺灣的傳統產業，另外日本本身產糖很少，所消費的糖絕大部份依靠輸入，可以成為臺糖的主要市場。

此外，首選製糖業，還因為預計砂糖消費稅法案將在日本議會獲得透過（該法案後來在 1901 年 3 月透過），砂糖消費稅將成為一個重要的稅源。那麼，應如何發展製糖業呢？在當局和業者之間存在著三種看法：一是認為臺糖雖然質量粗劣，但有其傳統銷路。如改變質量，則需要和洋糖競爭，反而不利，不如在原有的基礎上加以改進，增加產量；二是認為必須採用新式機械，但當前交通不便，甘蔗不易集中，不妨利用石油發動機或甚至仍利用水牛，但將石碾改成鐵製壓榨機，則產量即可以在原有的 16000 萬斤的基礎上，更提高 9600 萬斤；三是認為應採取大機器大工廠製糖方法，但當前因交通不便等困難，且大規模工廠資本來源未有著落前，可暫時採用第二種方法，但臺糖生產終究要像美國南部、西印度群島等地那樣採取大型工廠的方式[32]。按照第一、二種看法，所生產的只能是含糖蜜的粗糖，即臺灣傳統所產的紅糖，它不能作為精製

糖（白砂糖）的原料，但可以作為一種低級的直接消費品。明清以來，臺灣紅糖在日本一直擁有固定的市場。日本開港以後，西方洋糖逐漸侵入日本市場，但畢竟難以將紅糖完全驅逐。

　　1901年臺灣總督府聘請農學專家新渡戶稻造考察臺灣蔗糖業。當年9月份新渡戶提出以甘蔗種植業改良為中心的「糖業改良意見書」。「意見書」關於農業部份為總督府全盤接受。關於製糖業方面，新渡戶認為在當時的情況下，當局，一、應從國外購入小型壓榨機，經試驗後無利或低利貸給糖廍主；二、應勸誘資本家投資於大規模製糖廠，為此應將甘蔗產地情況調查清楚，公佈於資本家，並對設立大規模製糖廠給予獎勵；三、應勸誘耕作者組成蔗糖生產組織[33]。新渡戶的建議和前述三種看法是相呼應的。大致說來，三種看法當中，持第一種看法的為本地業者，第二、三種為當局的看法。而總督兒玉源太郎，民政長官後藤新平等傾向於大機器生產，殖產局的一些官員則傾向於小機器生產[34]。

　　要發展大規模製糖需要巨額資本，臺灣本地資本沒這個力量，而日本國內資本是否願意投資則取決於能否獲得利潤。而當時各方面的背景是，從島內來說：1.南部傳統產糖區的武裝抗日十分活躍，存在著所謂的「治安問題」；2.本地糖商和幾家外商在島內蔗糖生產和貿易中根深蒂固，和蔗農有各種關係而易獲得甘蔗。若日資設立大規模糖廠的話，擔心原料來源難以保障；3.島內交通不便，糖廠所需的大量甘蔗難以集中。從日本國內來說，則1.因預計砂糖消費稅法案將獲得透過而導致洋糖的大量投機性輸入，引致糖價暴跌；2.金融市場存在著高利率。從國際上來說，則歐洲各甜菜糖產國在本國政府的補助下大量輸出，日本因不平等的協議關稅條約而無法阻擋其傾銷。在這各種背景下，日資投資臺灣製糖業要贏利是困難的。必須由總督府給予資金利息補助才能保證利潤。1901年三井財團投資建立的第一家日資糖廠臺灣製糖株式會社橋仔頭工廠，兩次共投入100萬元，獲得了總督府年利6%的利息補助。但此時因專賣收入減少，臺灣財政發生困難。同時日本因擴軍備戰對抗俄國，財政緊迫，難以增加對臺灣特別會計的補助，因此總督府無力提供更多的利息補助來勸誘其他日本財團投資臺灣製糖業。總督府發展大規模製糖廠的政策遂遭擱淺。從1901-1906年，再無日本國內資本投資臺灣製糖業。總督府的殖產興業政策不得不轉向本地資本，勸誘本地資本設立小型現代化製糖廠與改良糖廍。

　　1902年，總督府在新渡戶稻造「糖業改良意見書」基礎上發佈了「臺灣糖業獎勵規則」，該規則規定，裝置有一日（12個小時）能消耗12000貫（合

45噸)原料甘蔗的機器的粗糖業者,總督府給予機器購置費補助或實物撥給、出借等獎勵[35]。45噸的日壓榨能力是舊式糖廍的上限,因此,該規則的目的就是要淘汰傳統糖廍。同時,臨時臺灣糖務局從海外購入35臺小型甘蔗壓榨機,加以示範,然後撥給或借給本地製糖業者[36]。安裝了柴油或蒸汽動力的小型壓榨機的糖廍稱為改良糖廍,它煮糖部份仍沿用舊式糖廍的方法,生產的糖仍和舊式糖廍一樣,是含糖蜜的粗糖。不過由於它的壓榨機力量大,甘蔗能得到充分利用,效益也就大大提高。然而一開始總督府的政策似乎沒有得到回應,比如,1904年榨季,阿猴廳管內(屬核心產糖區打狗產區)的傳統糖廍仍有163個,比1903年還增加20個。針對這種情況,總督府雙管齊下,一方面,組織「有力者」(重點是糖商)赴歐洲參觀、考察近代製糖業,[37][38]另一方面,於1905年9月發佈「製糖場取締規則」,禁止新設舊式糖廍,並限制現有的糖廍。如此一來,總督府的政策方開始取得成效,本地資本開始設立小型的近代製糖廠和改良糖廍。前面我們說道在企業形態的轉變方面總督府下了很大的工夫,同樣,在技術轉變方面,總督府也花了不少力氣,臺灣鄉村傳統製糖業乃向近代企業轉型。

　　1905年10月,以大糖商陳中和為首的新興製糖會社工廠竣工,機器安裝完畢,11月開始製糖,殖民當局的臨時臺灣糖務局撥付補助金14400元。[39]新興製糖投資24萬元,其中16萬元作為起業費,8萬元作為流動資金,日產糖六七千斤。雖然與三井的現代化製糖廠不可同日而語,但與傳統糖廍相比,規模已是十分大了。除了鳳山的新興製糖,臺南廳有臺南製糖會社;鹽水港廳有鹽水港製糖株式會社、麻豆製糖株式會社、維新製糖株式會社等;阿猴廳有南昌製糖會社等都在1905-1906製糖期開始運作。[40]與此同時,改良糖也開始設立。

　　第一個改良糖廍是由陳晉臣等6人合資,於1905年設立於鳳山廳大竹裡籬仔內莊,採用大馬力石油發動機的振祥製糖會社(1904年12月~1905年4月間建設)。它在該榨季試運行獲得成功,產糖2萬餘斤。[41]振祥稍後,南部傳統產糖區的臺南山嵌頂,斗六刺桐巷等地也有幾個改良糖廍,都獲得了成功。或許它們的成功顯示了榜樣的力量;1905年的調查顯示,當年籌備改良糖廍的,在南部傳統產糖區有43個,中、北部地區有6個。次年的統計數字表明實際建立了52個。[42]中、北部地區改良糖較少乃因它是傳統稻作區,即使舊式糖也相對為少數,一般都處於山間僻地。1906-1907年夏威夷的玫瑰竹種甘蔗在臺灣引種成功,由於該蔗種適宜水田種植,中、北部的甘蔗種植乃隨之擴大。基於水田甘蔗的改良糖也因應發展。第一個這種改良糖廍是日本人松岡

富雄 1907 年設立於臺中市郊的松岡製糖所,壓榨能力為 100 噸。[43]（所謂壓榨能力指糖廠或糖一天 12 個小時所能壓榨的甘蔗數量。）

與舊式糖廍相比,改良糖廍無論在生產能力或盈利率上都高出了很多。1906 年,以陳晉臣及黃家興的改良糖廍為對象的調查表明,一個以 4 萬元資金設立的改良糖廍,一日的壓榨能力為甘蔗 75 噸,一個榨季能消耗原料甘蔗 1386 萬斤,製糖率為 11%,產糖額為 152 萬 4 千 6 百斤;而一個以 2500 元資金設立的舊式糖廍一日只能壓榨 7 噸半甘蔗,製糖率為 8%,一個榨季總消耗原料甘蔗 171 萬 6 千斤,製糖 137280 斤。[44]因此,改良糖廍受到許多人,尤其是糖商的歡迎,他們紛紛進入製糖領域,設立了許多改良糖廍。因為改良糖廍與舊式糖廍相比,僅是將牛拉的石碾子改為動力壓榨機而已（有些改良糖廍還將以前手舀蔗汁改為用抽水機抽取）,兩三個舊式糖廍合在一起,就可以設立一個改良糖廍,適合 20 世紀初臺灣製糖業的實際狀況,可以說是傳統製糖業轉型的一個合適模式,而舊式糖廍則減少了許多,但即使在殖民當局的政策限制下,還是有一些舊式糖廍在維持著。

1905 年以後,臺灣存在著三種製糖企業:1.近代化製糖廠;2.改良糖廍;3.傳統的舊式糖廍。其中,近代製糖廠包括日本財團的大型製糖企業與本地資本的小型製糖企業。改良糖廍是在舊式糖廍的基礎上發展起來的,它還是鄉村企業,而近代小型製糖企業,由於它一開始就投入較大的資本,設置近代設備,雖然還位於鄉間,但我們已難以將它視為鄉村企業了。

**表 1　1901 年～ 1944 年臺灣製糖企業形態**

|  | 新式糖廠產糖額 ||| 改良糖部產糖額 ||| 舊式糖部糖額 |||
| --- | --- | --- | --- | --- | --- | --- | --- | --- | --- |
|  | 工廠數 | 產量* | % | 部數 | 產量* | % | 部數 | 產量* | % |
| 1901～1902 | 1 | 1156 | 2.07 | — | — | — | 1117 | 55637 | 97.93 |
| 1907～1908 | 9 | 17966 | 27.66 | 60 | 13467 | 19.70 | 847 | 36876 | 53.95 |
| 1912～1913 | 26 | 65654 | 88.16 | 32 | 4541 | 5.98 | 191 | 4271 | 5.74 |
| 1917～1918 | 39 | 311129 | 86.79 | 33 | 16332 | 4.56 | 311 | 30998 | 8.65 |

| 1922～1923 | 44 | 363412 | 98.10 | 11 | 2353 | 0.70 | 101 | 4433 | 1.20 |
| 1927～1928 | 45 | 595480 | 98.56 | 9 | 4046 | 0.67 | 105 | 4694 | 0.77 |
| 1932～1933 | 45 | 642540 | 97.89 | 8 | 6740 | 1.03 | 79 | 7097 | 1.08 |
| 1936～1937 | 48 | 1028594 | 98.02 | 7 | 10857 | 1.04 | 70 | 9873 | 0.94 |
| 1943～1944 | 45 | 830266 | 98.65 | 5 | 4945 | 0.55 | 35 | 7078 | 0.77 |

*單位：噸。
資料來源：曾汪洋《日據時代臺灣糖價之研究》。轉引自周憲文《臺灣經濟史》第553頁。

綜上所述，殖民當局的政策在臺灣傳統製糖業的轉型方面是起了決定性作用的。然而，殖民當局的目的並不在於發展臺灣本地企業，而是在於紓解財政困難，對於製糖業，其長遠政策則是依靠日本壟斷財團發展大型製糖企業。因此，在度過財政危機後，總督府即限制本地製糖企業，為日本財團進入臺灣製糖業做好準備。這種限制在改良糖廍身上表現得最為明顯。

我們先來看一下本地資本製糖企業對於紓解總督府財政困難的作用。實行糖業獎勵政策的1902年以後，臺糖生產擺脫了日據臺灣以來的下降局面，雖然產量並非直線上升，但1906～1908年的產量已大大超過1895年的產量。

**表2　1895～1908年臺糖產量（擔）**

| 年份 | 數量 | 年份 | 數量 | 年份 | 數量 |
| --- | --- | --- | --- | --- | --- |
| 1895 | 920.891 | 1896 | 828.927 | 1897 | 779.942 |
| 1898 | 683.994 | 1899 | 815.202 | 1900 | 445.280 |
| 1901 | 585.145 | 1902 | 908.704 | 1903 | 506.085 |
| 1904 | 758.343 | 1905 | 826.336 | 1906 | 1,273.884 |
| 1907 | 1,064.615 | 1908 | 1,092.015 | | |

資料來源：大園市藏「臺灣始政四十年史」第四編產業。

這期間，除了三井的大製糖廠以外，其餘的全是小型糖廠和改良糖廍。除了少數島內日本人和一家英商怡記以外，小型糖廠和改良糖廍都是臺灣本地資本。臺糖產量的提高帶來了大量的砂糖消費稅收入，1904年以後砂糖消費稅已超過百萬元。

表3　總督府的砂糖消費稅收入（萬元）

| 年份 | 收入 | 年份 | 收入 | 年份 | 收入 |
|---|---|---|---|---|---|
| 1903 | 76.1 | 1904 | 145.4 | 1905 | 186.6 |
| 1906 | 239.99 | 1907 | 200.08 | 1908 | 350.2 |

　　本地資本製糖企業的興起，是在總督府的鼓勵支持下的，其衰落也離不開總督府政策這個背景。雖然本地資本的小型糖廠和改良糖廍在總督府殖產興業政策中發揮了作用，但並未因此改變它在總督府心中的形象，總督府決策層仍唸唸不忘大規模製糖廠方針。1903年歐洲甜菜糖產國召開布魯塞爾會議，議決各國政府一致停止對甜菜糖輸出的補助。總督府意識到這對臺灣蔗糖業來說是一個大好的契機。1904年秋，臨時臺灣糖務局事務官淺田知定出洋考察西方國家製糖業之前對記者發表演說，闡述總督府的糖業方針時說：製糖業終究要採取西方國家那種日壓榨能力1200噸的大規模製糖廠方式，經濟上才是有利的，流透過程中也才更有效益，總督府將專注於發展大規模製糖的可能與時機。他說，布魯塞爾會議後糖產國將把市場從國外轉向國內，隨著日本人均糖消費量的增加和人口的增長，將形成一個巨大的市場，對臺灣蔗糖業是一個絕好的時機。他籲請日本資本家把握這個時機[45]。

　　但1903～1905年，對俄備戰和日俄戰爭期間，日本經濟界呈緊張狀態，尚無餘裕注意及臺灣蔗糖業。日俄戰爭結束的次年，因引入外資，鐵路國有化等原因，日本國內資金充裕，金融利率下降，資金急於尋求出路。同時由於預見到1911年7月協議關稅條款即將到期，屆時日本有可能築起關稅壁壘以抵禦外國砂糖傾銷[46]。日本資本轉而積極投資臺灣蔗糖業。

　　1906年12月29日於東京銀行集會所召開的明治製糖株式會社成立大會揭開了日資大規模投資臺灣蔗糖業的新階段。明治製糖主動不要總督府的利息補助，從此，當局對日資大糖廠的支持從資金方面轉到政策方面。

　　緊接著明治製糖，日本國內資本紛至沓來，製糖會社紛紛成立。最早成立的臺灣製糖株式會社則不斷增資擴展。原為本地資本的鹽水港製糖因增加500萬元日本國內資本而於1907年3月徹底改組成日資會社。此一時期本地人成立的現代的會社僅有臺灣首富林本源製糖，資金300萬。眾多的日資製糖會社建立了許多大規模的製糖廠。

表4　1906～1913新建的大規模製糖廠*

| 開始製糖時間 | 所屬會社名稱 | 工廠名稱 | 日壓榨能力 |
|---|---|---|---|
| 1906 | 台灣製糖株式會社 | 橋仔頭第二工廠 | 450噸 |
| 1908 | 台灣製糖株式會社 | 後壁林工廠 | 1000噸(美制) |
| 1908.11 | 大東製糖株式會社 | 阿猴工廠 | 1200噸(美制) |
| 1909.12 | 台灣製糖株式會社 | 車路墘工廠 | 1200噸(美制) |
| 1909 | 大日本製糖株式會社 | 虎尾第一工廠 | 1200噸 |
| 1909 | 大日本製糖株式會社 | 虎尾第二工廠 | 1000噸 |
| 1910 | 北港製糖株式會社 | 北港製糖工廠 | 1000噸(英制) |
| 1910 | 新高製糖株式會社 | 彰化第一工廠 | 750噸(英制) |
| 1913 | 新高製糖株式會社 | 嘉義製糖工廠 | 1200噸(英制) |
| 1908.12 | 明治製糖株式會社 | 肖壠工場 | 750噸(英制) |
| 1910.10 | 明治製糖株式會社 | 蒜頭工場 | 1100噸(美制) |
| 1911.12 | 帝國製糖株式會社 | 台中第一工廠 | 750噸 |
| 1908.12 | 東洋製糖株式會社 | 南靖工廠 | 1000噸 |
| 1911 | 東洋製糖株式會社 | 烏樹林工廠 | 750噸 |
| 1908 | 鹽水港製糖株式會社 | 新營庄工廠 | 1000噸 |
| 1912 | 新高製糖株式會社 | 大莆林工廠 | 1200噸 |
| 1909.6 | 林本源製糖株式會社 | 溪州庄工廠 | 250噸 |

資料來源：大園市藏：《臺灣始政四十年史》第四編產業；臺灣大觀社《最近的南部臺灣》第九章等。
* 本表僅包括粗糖製造工場，鹽水港製糖的一個白糖工場因此未包括在內。其次本表不包括擴建的工廠。

　　日資大量湧到，圓了總督府決策層發展大規模糖廠的夢。以往「溫存」獎勵本地資本設立製糖業的政策已不復有存在的必要。當許多人因改良糖廍利潤豐厚而爭相設立之時，總督府對其政策已從獎勵轉向限制，尤其當改良糖和新式糖廠發生利益衝突時更是如此，這種衝突主要是圍繞著原料獲得問題的。

　　日據時期，製糖廠80%的原料甘蔗要靠農民提供，而農民要比較甘蔗和糧食作物的收益才能決定是否種甘蔗。另一方面，稻米向來也是臺灣的重要農產，為了保證本島的需求和向日本輸出，甘蔗種植面積也不能無限擴大。大製糖廠既投下龐大資本，就不能讓設備閒置，為了保證原料，他們不但自己相互爭奪，同時把眼光瞄準了改良糖廍和小型糖廠。

實際上，在第一家日資大糖廠——臺灣製糖株式會社成立後，日資糖廠和本地業者在原料上的衝突就已初露端倪。臺灣製糖橋仔頭工廠所在地是陳中和（舉辦新興製糖）和王雪農（舉辦鹽水港製糖）等本地商人以及英商的傳統活動區域。日據前他們和蔗農就有各種聯繫而較易獲得甘蔗。為了避免衝突，確保日資糖廠的原料來源，鹽水港廳首先於1904年5月發佈了「製糖場取締規則」，為各個製糖廠指定劃分了原料地盤。鳳山廳與阿猴廳隨之仿效。在此基礎上，總督府於1905年6月發佈了「製糖場取締規則」，規定：凡全部或部份採用新式機器的製糖場應獲得臨時臺灣糖務局的許可，獲得許可後糖務局為其劃定相應的原料採取區域。該區域內的甘蔗只能賣給該製糖場，而不能運出區域外。同時未經糖務局許可，區域內不準設立舊式糖，以此保證製糖廠有充足的原料來源並避免其相互之間的衝突。日資大量湧入臺灣製糖業以前，本地資本的小型糖廠和改良糖廍都能獲得一個原料採取區域，而且多在南部重要產蔗區，位置不錯。而當日資大規模製糖廠愈來愈多愈來愈大時，它們不可避免就要來奪取這些原料採取區域。

明治製糖對本地資本麻豆製糖和維新製糖的合併典型地體現出這一點。明治製糖1907年1月登記成立時期獲得了位於臺南廳肖壠，總爺及嘉義廳蒜頭的原料採取區域，該區域跨麻豆製糖和維新製糖的採取區域。因此明治製糖在開工前的1907年8月就合併了麻豆製糖，又在1910年6月合併了維新製糖，將其採取區域連成一片[47]。又如東洋製糖在1910年合併斗六改良糖廍，1911年為擴大原料採取區域又合併賴尚文改良糖廍，這是一個僅有40噸壓榨能力的小型的改良糖廍[48]。最大的製糖會社——臺灣製糖對本地資本臺南製糖的合併同樣如此。臺南製糖擁有一家小型糖廠和四個改良糖廍，其採取區域和臺灣製糖橋仔頭工廠的採取區域相鄰，是臺灣最重要的甘蔗產區，臺灣製糖透過收買其股份最終在1909年8月將其合併[49]。

億源改良糖的遭遇則從另一方面體現了本地資本在原料問題上的處境。位於中部的億源商號改良糖廍是王雪農於1911年設立的，1915年大規模投資，獎勵大甲溪以南4500甲土地的甘蔗栽培。其時，中、北部新式糖廠尚不像南部那麼多，許多土地尚未被編入原料採取區域，上述4500甲土地內只有一些舊式糖廍。1918年，日本大資本家大倉喜一郎，阿部幸兵衛系的新高製糖廠擴展到大甲溪一帶，上述4500甲土地全部被當局無償編入新高的原料採取區域。億源為獎勵甘蔗栽培而向日資安部、增田屋、三井物產舉債的數十萬元無法償還，遂被債權人合併到沙鹿製糖（資金200萬日元）[50]。

為了避免原料採取區域的衝突，當局的政策是撤除改良糖廍。為此當局於1908～1910年新式糖廠勃興的期間，拿出202900元的賠償金，撤除許多改良糖廍[51]。1910年開始，因臺灣糖產量已大幅增加，日本消費飽和，有生產過剩之虞，殖民當局乃於1910～1918年實行「製糖能力制限」政策，首當其衝者為改良糖廍。新式糖廠雖也在限制範圍內，但已獲許可設立的新式糖廠數和製糖能力仍能增加，而這些新式工廠開工時，其原料採取區域內的改良糖廍就被取締。「能力制限」時期過去以後，這些被取締的改良糖廍大多數沒有恢復。[52]

　　改良糖廍最為典型地體現了傳統企業向近代企業的過渡和轉型，它的興起體現了政府在轉型中的關鍵性作用，它的衰落則體現了殖民地經濟的從屬地位。

## 簡短的結語

　　1895年，日本割占臺灣時，雖然走上資本主義道路已有30多年，但尚未發展到壟斷階段，並無資本輸出的需求，對殖民地經營的場景遂和西方老牌帝國主義國家有所不同，而臺灣的傳統經濟已發展到非常成熟的程度，使得日本在弱化殖民地傳統經濟部門前能夠先加以利用，鞏固其殖民地經營，日據初期，臺灣的本地製糖業成為殖民統治的經濟支撐之一。

　　對於殖民地傳統經濟部門來說，從傳統企業形態轉型為近代企業形態不是一件容易的事情，具有高度發展的合股形式的傳統企業和近代企業仍然有本質的區別。張忠民認為轉型的關鍵在於法制的變革，他以公司法為核心，敘述了半封建半殖民地中國裡的這一艱難的過程。[53] 在殖民地，這一過程由殖民地政府以行政力量加以推行就快得多了，同時，殖民地政府在觀念轉變和技術變革方面也是決定性因素之一。但宗主國的目的並不在於殖民地傳統企業的轉型，而在於本國的利益，雖然傳統企業在組織形式與技術運用上的轉變將導致其向資本主義企業的轉型，但我們無法期望一個資本主義形態的社會的出現，殖民地當局的政策終將導致它們的衰落，而出現一個殖民地社會。

（作者單位：廈門大學臺灣研究院）

## 註釋：

[1]塗照彥《日本帝國主義下的臺灣》第一章。東京：東京大學出版會，1975年，（中譯本由李明俊譯，一九九一年由臺北人間出版社出版）。

[2] 柯志明《糖業資本·農民·與米糖部門關係》,《臺灣社會研究季刊》第十二期,1992年5月。

[3] 塗照彥《日本帝國主義下的臺灣》第一章;柯志明《糖業資本·農民·與米糖部門關係》;《殖民地經濟發展與階級支配結構》,《AgrarianDevelopment, Family～FarmandSugarCapitalinColonialTaiwan, 1895～1945》等。

[4] 塗照彥《日本帝國主義下的臺灣》第一章。東京大學出版會。

[5] 柯志明:《糖業資本·農民·與米糖部門關係》,《臺灣社會研究季刊》第十二期,1992年5月。

[6] 參閱東嘉生《臺灣經濟史溉論》、臺北:帕米爾出版,一九五八年矢內原忠雄《帝國主義下的臺灣》、臺灣叢書譯文本第一種,臺灣省文獻委員會印行;塗照彥《日本帝國主義下的臺灣》,人間出版社,等書。

[7] 對於這些數值的測算以及所利用的數據的考證,筆者在《日據時期臺灣經濟總體評價》(刊於《臺灣研究》1994年2期)一文的附錄中,有詳細的考證與說明,請參閱。

[8] 佐藤眠洋《改隸四十年の臺灣》;臺灣總督府官房調查課《施政四十年の臺灣》「產業篇」。

[9] 參閱拙稿《日據時期臺灣經濟總體評價》。

[10] 尹章義《臺灣開發史研究》,第81～83頁。聯經出版事業公司,臺北。

[11]《宜蘭廳管內埤圳調查書》。

[12] 連橫,《臺灣通史》卷27,農業志。

[13] 眇田熊右衛門,《臺灣糖業舊慣一斑》。

[14] 關於洋人對製糖技術的引進,均參考林滿紅上述著作第三章「茶、糖、樟腦之生產分析」。

[15] 柳生一義《臺灣經濟界》,載《臺灣協會會報》第42號,第1頁。

[16] 門田正經《臺灣視察報告》,《臺灣協會會報》第81號、第4頁。

[17] 同上注。

[18]「臺灣的製糖事業」,《臺灣協會會報》第79號,46頁。

[19]「臺灣南部製糖會社」,《臺灣協會會報》第64號,第9頁。

[20]《臺灣協會會報》第63號,第28頁。

[21] 臨時臺灣舊慣調查會《臺灣私法》第三卷,第123頁。

[22]「新興製糖合股會社規約」,《臺灣協會會報》第61號,第16頁。

[23] 彰化銀行百年史編輯委員會《彰化銀行百年史》，第十二章第一節「本行百年歷史演變」。臺中，2005。順便指出，最初創立事業的意圖在製糖業，後以製糖業務繁重，乃改銀行業。參閱同書「吳汝祥頭取小傳」。製糖固然業務繁重，但中部也不是臺灣糖業重地，倘真的從事製糖業，就無今日的輝煌。但亦可以看出製糖業在當日臺灣的重要地位。

[24]《臺灣協會會報》第 23 號，第 50 頁；第 52 號，第 31 頁。

[25] 參考趙佑志《日據時期臺灣商工會的發展》，第一章第二節。臺北稻香出版社，1998 年 6 月。

[26] 我們在第二章中，根據總督府《第四統計書》的統計數字推算，當時臺灣的工農業總產值約為 37,000,000 日元左右。

[27]《臺灣協會會報》第 93 號，第 8 頁。

[28]《臺灣協會會報》第 53 號，第 40 頁，「嘉義製紙廠現況」等。

[29]《臺灣協會會報》第 73 號，第 22 頁，「斗六廳下產業狀況」；第 80 號，第 24 頁，「斗六廳下產業狀況」。

[30]《臺灣協會會報》第 80 號，第 24 頁，「南投廳下產業狀況」。

[31]《臺灣協會會報》第 39 號，第 37 頁，「嘉義製紙會社的補助金」。

[32]《臺灣糖製造方法の改善》，《臺灣協會會報》第 18 號，「雜報」。

[33] 新渡戶稻造《臺灣糖業改良意見》，「四、本島糖政上設施的急務」，第一，九，十，十三，十四等。

[34] 參閱森久男《臺灣總督府糖業保護政策の展開》，《臺灣近現代史研究》創刊號，龍溪書舍。

[35] 律令第五號：臺灣糖業獎勵規則。第二條；府令第四十三號：臺灣糖業獎勵規則施行細則第七條等。

[36] 律令第五號：臺灣糖業獎勵規則。第二條；府令第四十三號：臺灣糖業獎勵規則施行細則第七條等。

[37]《臺灣協會會報》第 81 號第 5 頁，「阿猴廳下產業狀況（三十七年中）」

[38] 在 20 世紀最初幾年裡，總督府經常組織「有力者」赴日本參觀、考察，但因日本沒有製糖業，因此製糖業的考察對象選為歐洲。

[39]《臺灣協會會報》第 85 號第 14～16 頁「鳳山廳下產業狀況」；第 61 號第 11 頁「新興製糖合股會社」等。

[40]《臺灣協會會報》第 79 號第 23 頁，第 27 頁，第 81 號第 6 頁，等。這些製糖廠有的稱為株式會社，其實只是合股組織。

[41] 高等文官考試制度實行初期，東京大學（時稱為帝國大學）的法學院畢業生享有免試的特權，後期雖然法令上做出了修正，東京大學法學院的畢業生也需要考試才能成為高等文官，但實際上歷次高等文官考試合格者均為東京大學法學院的畢業生。

[42]《臺灣協會會報》第80號「斗六廳下產業狀況」，第81號「阿猴廳下產業狀況」，第84號「臺灣糖業の進步」等等。

[43] 大園市藏《臺灣始政四十年史》第四編「產業」，第一章「糖業」。

[44]《臺灣協會會報》第91號，第14～15頁，「臺灣に於ける各式製糖法の損益計算」。

[45]《臺灣協會會報》第72、73號「臨時臺灣糖務局事務官淺田知定：臺灣的糖業」。

[46] 實際上，1911年7月協議關稅條款廢除後，日本對進口糖所課關稅立即提高，並廢除精製糖原料（分蜜糖）的進口退稅制度，此舉有利於臺灣製糖業。

[47] 大園市藏《臺灣始政四十年史》第四編產業第一章糖業「七，明治製糖株式會社」。

[48] 同上注，「六，大日本製糖株式會社」。

[49] 同上注，「五，臺灣製糖株式會社」。

[50] 同上注，「一十，昭和製糖株式會社」。

[51] 參閱矢內原忠雄《帝國主義下的臺灣》第三章第一節「新式工廠的勝利」。

[52] 大園市藏《臺灣始政四十年史》第四編產業第一章糖業「生產過剩防止設施」。

[53] 張忠民《艱難的轉折》，上海人民出版社。

# 日據時期對荷據臺灣史的研究

楊彥杰

十七世紀上半葉，荷蘭殖民者佔據臺灣38年。過了兩百多年，日本人又對臺灣實行了半個世紀的殖民統治。這是臺灣歷史上兩次殖民地時期。日本人佔據臺灣以後，為了開展有效統治，便指派學術界加強對臺灣各個方面的研究，其中荷蘭人對臺灣的殖民地經營也在探討之列。這對於後來臺灣史的研究產生了重要影響。

有關日據時期對荷據臺灣史的研究，臺灣學者已經有過介紹或探討。如曹永和於1977年6月的一次學術研討會上發表《臺灣荷據時代研究的回顧與展望》，其中就涉及日據時期的研究情況[1]。近年，吳文星發表《日本據臺前對

臺灣之調查與研究》和《日治初期日人對臺灣史研究之展開》[2]，以及葉碧苓《村上直次郎的臺灣史研究》[3]等，都對相關問題作了專門的探討。由於日據時期的檔案資料大陸學者尚難以利用，日本學者的早期成果也不易完整收集，本文擬利用前人研究成果以及目前能收集到的資料，對日據時期荷據臺灣史研究的背景、成果、特色及其對後世的影響等問題作一個梳理，不足之處敬請批評指正。

## 一、時代背景與史料編纂

　　1895年5月底，日本依據與清政府簽訂的《馬關條約》，派兵從臺灣北部登陸，遭到島內民眾的強烈抵抗。日本殖民當局一方面加緊鎮壓，試圖用武力迫使臺灣民眾就範；另一方面在槍炮聲中於6月17日宣布總督府「始政」，由此表示日本在臺灣的殖民統治正式開始。

　　早在1871年「牡丹社事件」發生以後，日本政府就顯露出要佔領臺灣的企圖，多次派人透過各種機會到臺灣收集當地的物產、商況、自然生態、礦產資源、原住民習俗等資料。與此同時，又透過編譯中、西文獻，加強對臺灣的研究，編撰或出版各種調查報告和介紹臺灣的讀物。如1895年1月，日本參謀本部編撰了《臺灣誌》，表明當時對佔領臺灣已經作了相當程度的準備。[4]此時，日本政府已決定出兵臺灣，國內一些人更極力鼓吹要加強「學術探檢」，以期對臺灣有進一步的瞭解進而實現其對外殖民擴張的企圖，這些對當時的日本學界也產生著不可忽視的影響。[5]

　　日本軍隊在臺灣登陸以後，在面臨民眾強烈抵抗的同時，也面臨著黑死病等風土疾病的威脅，為了開始對「新領地」的統治和經營，極須各種專門人才前往臺灣調查研究，以便瞭解掌握更加豐富的訊息，提供施政參考。

　　日本對臺灣的調查主要由拓殖務省和臺灣總督府在合力推動。而參與調查的主要來自日本國內，尤其是東京帝國大學的老師和學生。1896年3月31日，臺灣歸拓殖務省管轄。臺灣總督府在成立之初，就在內設有內務、殖產、財務、學務等部，每年編列可觀的調查費用，聘請專家、學者以囑託、僱員、技手、技師等職位參加總督府工作。總督府所需人才，有許多是透過直接徵聘或與大學協商聯繫聘任而來，有的特殊人才則透過拓殖務省去協調解決。如1896年11月黑死病流行，臺灣總督府就透過拓殖務大臣緊急派遣細菌學、病理學專家各一人赴臺。後來經過拓殖務大臣轉請內務、文部大臣協助，幾經交涉，最終從東京帝國大學派遣兩名著名專家攜帶助手前往調查，幫助解決問題。[6]

日本派遣學者在臺灣的調查涉及面很廣，凡舉動物、植物、地質、地貌、水文、礦產、農業、畜牧、衛生、人種，乃至歷史、民俗、社會問題等，都在調查研究之列。因此，不僅有大量的自然科學家前往臺灣，人文歷史學者也參與其中，如有名的人類學家鳥居龍藏就於1896～1897年初到臺灣東部調查，隨時發表「通訊」報告收穫，回國後又於1897年3月7日在東京人類學會例會上報告《臺灣東部的人類學調查》、4月25日在東京地學協會例會發表演講等。[7]

另一個人類學家伊能嘉矩在日本據臺之初就強烈要求到臺灣做原住民的調查研究，他在給官方的報告開頭說：

至界限之下，其地廣袤五千餘里，曾以美麗之島之稱，被介紹為土地肥沃，物產豐富之臺灣，現今納入中國版圖。將來為我武備之關門、及殖產之要區，在政治上、實業上，不但必須為國民所著眼，而應如何對待其固棲已久之蕃民，以治理之、保護之、及誘掖之，亦是中國民之責任，進而不得不講究之處。[8]

可見伊能嘉矩到臺灣做調查研究帶有很強烈的使命感。他在臺灣十年間，不僅對原住民做了詳細的人類學調查，提出臺灣少數民族的分類體系，而且進一步把研究領域擴展到臺灣的歷史與漢人方面。1901年，臺灣總督府設立「臨時臺灣舊慣調查會」，並且組織成立了「臺灣慣習研究會」，伊能嘉矩擔任該會幹事。他經常在機關刊物《臺灣慣習記事》上發表文章，其中《荷蘭時代的理蕃》一文就已經涉及荷蘭人對臺灣少數民族的統治。伊能的其他重要著作如《臺灣蕃政志》（臺灣總督府民政部殖產局，1905年）、《在臺灣的西班牙人》（自印行，1905年）、《臺灣文化誌》（遺稿）等，亦均涉及荷、西在臺灣的殖民統治。[9]儘管這些論著並不是直接利用荷、西原始檔案撰寫而成，但從中可以看出日本學界在據臺初期如何開啟荷據臺灣史研究的時代背景。

日本學界對荷據臺灣史研究最有開拓之功的是村上直次郎。1896年5月即日本據臺第二年，村上直次郎還是東京帝國大學大學院（即研究所）學生的時候，就已被拓殖務省聘為囑託從事臺灣史的調查研究工作。同年10月初至次年3月底，村上直次郎先在長崎、平戶、大村等地收集鄭成功、濱田彌兵衛等資料。1896年11月初赴臺，又在臺灣西部沿海做了為期近五個月的調查，其中在新港社發現以羅馬拼音書寫的「番語」契約文書41張。[10]這是荷蘭人在臺灣南部傳教留下的歷史影響之一。這種用羅馬拼音書寫的「番仔契」一直在當地平埔族中使用，直至嘉慶末年。村上直次郎首次將這類契約文書命名為「新港文書」，並經過初步研究後於1897年7月撰文予以介紹。[11]

村上直次郎之所以能在荷據臺灣史領域取得令人注目的開拓性貢獻，與他的求學經歷和個人稟賦都有密切關係。村上1868年出生於大分縣玖珠郡藩士之家，少年就讀京都同志社英學校、第一高等中學校，1892年進入東京帝國大學文科大學史學科學習，1895年畢業後入大學院繼續深造，接受坪井九馬三博士和德國人李斯（Ludwig Riess）博士的指導。李斯是當時很有名的德國歷史學家蘭克（Leopold von Ranke）的高足，他在東京帝國大學任客座教授時，參與東京帝大文科大學史學科的建立，將西方的近代歷史研究法引入日本，並鼓勵開展日歐交涉史研究。坪井九馬三博士則在大學內開設有日歐交涉史講座，因此當時的東京帝大對日歐交涉史研究已形成風氣。村上直次郎於此時進入大學學習深造，自然受此風氣影響。加上村上直次郎有很好的語言天賦，入大學前他的英語水平已是同輩的佼佼者，在老師影響下，以英語為基礎又擴展學習德、法語以及荷、西、葡、意、拉丁等語言，多國語言才能為他日後開展荷據臺灣史研究打下了重要基礎。[12]

　　1898年1月，臺灣總督府再度聘村上直次郎為臺灣歷史編纂事務囑託，往臺灣南部和鹿兒島、沖繩等地收集臺灣史料，為期近半年。次年5月，日本文部省又公費派遣村上直次郎前往西班牙、義大利、荷蘭留學三年，進行南洋語學和地理歷史學之相關研究。1902年底回國後，擔任東京外國語學校校長，兼東京帝國大學史料編纂官和講師等職。[13]

　　1922年，臺灣總督府為宣揚其治臺「政績」，決定成立「臺灣總督府史料編纂委員會」，1923年7月聘村上直次郎為史料編纂事務囑託，主要負責收集荷據時期的資料，但很快此項計劃被擱置下來。1929年，第十二任臺灣總督川村竹治認為史料編纂事業有其必要性，於是發佈訓令重新啟動這項計劃。此時已經在臺北帝國大學任職的村上直次郎被聘為總督府史料編纂會的編纂部部長，由他具體負責《臺灣史料》的編纂工作。村上直次郎由於對日歐交涉史已有很深研究，熟悉臺灣、歐洲史料，又擔任東京帝國大學史料編纂官多年，因此在他領導下這項工作很快有了進展。經過幾年努力編成《臺灣史料》稿本本編27冊、綱文25冊、《臺灣史料雜纂》7冊，總共59冊。其中《臺灣史料雜纂》共有四卷，除了第四卷是清朝及其以前的資料外，其餘三卷均與荷據臺灣史有關。[14]

　　第一卷，主要為西班牙人佔領基隆以及荷蘭人於1642年驅逐西班牙勢力的檔案資料，這些原始檔案是村上直次郎從1858年P.A.Leupe發表在《荷蘭印度語言地理民族學報》的荷蘭文專題檔案翻譯而來，包括荷蘭駐臺長官對率軍

征略基隆的指揮官的指令、攻略基隆報告、荷西協定等。此外，還有村上直次郎翻譯的「1650年臺灣戶口調查表」等。

第二卷，為《巴達維亞城日記》。這是研究荷據臺灣史最基本的材料之一，原藏於戰前的巴達維亞地方檔案館、荷蘭海牙國立總檔案館，另有一冊藏於德國 Karlusruhe 地方圖書館。從1887年開始至1931年，由巴達維亞和海牙分別整理出版1624～1682年的日記共計31冊，村上直次郎便從中摘譯了與臺灣、日本相關的部份，分成三冊編入《臺灣史料雜纂》。1937年，在徵得總督府同意後，村上又將其中的一、二兩冊於東京「日蘭交通史料研究會」刊行，最後一冊因各種原因直至村上辭世後的1975年才刊行於世。

第三卷，主要為1622～1624年荷蘭人佔領澎湖的檔案翻譯，包括雷約茲（Reijersen）日記、決議錄和宋克（Sonck）的決議錄、宋克呈巴達維亞城總督柯恩（Coen）的報告、來往信件等。這些荷蘭文檔案原載於1898年 W.P.Groeneveldt 所撰《在中國的荷蘭人，第一部：1601～1624年間在中國求市之初次紛擾與澎湖的佔據》之附錄，由村上直次郎把它譯成日文。[15]

村上直次郎對《臺灣史料》的編纂，第一次將十七世紀荷蘭、西班牙人與臺灣相關的部份原始檔案翻譯成日文，以利於學術界利用，這是很重要的貢獻。除此之外，村上還與他的學生原徹郎共同翻譯了荷蘭東印度公司在長崎的《出島蘭館日誌》三冊，於1938年由東京市「文明協會」出版。雖然這只是荷蘭人在日本的商館記錄，但與臺灣亦有相當密切的關係。

在史料收集方面，日本學者的努力是多方面的。1930年2月～1932年5月，另一個日本學者岩生成一奉命到荷、英、意、西、葡等國及荷領東印度作「在外研究員」考察，岩生回國後即發表《荷蘭國立文書館所藏臺灣關係史料》一文予以介紹。[16] 與此同時，他開始找人抄錄荷蘭所藏的東印度公司相關檔案，包括日記、決議錄和其他資料。後來由於戰爭爆發經費不足，遂改為拍攝，由另一位教授移川子之藏到荷蘭時請人代辦[17]，每張沖洗放大成原件一半大小，共拍攝25000張原檔。這項工作相當浩繁。當這部份檔案陸續寄回臺灣時日本已臨近戰敗，因此無法運回日本，全部留在了臺灣大學。[18]

日本學者對荷據臺灣史資料的編譯還應提到平山勳的工作。他將甘為霖（W.Campbell）1903年出版的《荷蘭人佔據下之臺灣》所譯的荷蘭人傳教史料、包括荷人牧師 Gandidius 所撰《臺灣略述》，以及 C.E.S.《被忽視的福爾摩沙》等重要資料都翻譯成日文，收於他編輯的《臺灣社會經濟史全集》第8-14冊和第17冊中，於1933年起由「臺灣經濟史學會」出版。甘為霖是一位蘇格蘭

籍傳教士，從 1871 年起就在臺灣南部傳教直至 1917 年回英國。因此，他是清末至日據所有在臺傳教士中對荷據臺灣史研究最有成就、貢獻最大的一個。[19]1903 年在倫敦出版他的著作《荷蘭人佔據下的臺灣》，將西方出版的荷蘭人傳教檔案等譯成了英文，而平山勳則是將甘為霖的英文譯本再轉譯成日文，雖屬第二手翻譯，但也可以看出日本學界為此所做的努力。

由此可見，日據時期日本學者對荷據臺灣史資料的編纂工作主要在 1930 年代以後完成。在此之前雖然已經著手準備，開始培養人才並進行資料調查和收集，但重要的成果都在殖民統治的中後期完成。而這些檔案資料的收集編纂，對於開展荷據臺灣時期的研究是造成了重要的基礎性作用。

## 二、培養人才與學術研究

曹永和把日據時期開展荷據臺灣史研究分為臺北帝國大學創立之前與創立之後兩個時期，[20]可見臺北帝國大學的創立是一個重要轉折點。

臺北帝國大學創立於 1928 年，這是日本在臺灣殖民統治逐步深化的一個結果。創立之初，該大學設有文政學部和理農學部，其中文政學部份為文學科、史學科、哲學科和政學科。由於臺灣正處於日本連接東南亞的重要戰略位置，為了配合日本的南進政策，在臺北帝國大學成立以後，即在文政學部史學科特設有南洋史學講座，輔以土俗人種學講座，以期加強對臺灣、華南以及南洋地區的研究。這是臺北帝國大學最具有特色的主要學科之一。首任臺北帝國大學校長幣原坦在任前就強調要在臺灣開展學術研究的重要性。他在《臺灣時報》上發表文章，從地形和地理位置出發闡述臺灣的學術價值，進而宣稱即將成立的臺北帝國大學要扮演協助日本帝國推行南進政策的大學角色。[21]

臺北帝國大學成立以後，南洋史學講座教授即由村上直次郎擔任。由於村上擅長以荷、西史料研究臺灣史、南洋史、日本與南洋關係史、天主教史等領域，因此南洋史學科的設置成為培養學生、開展荷據臺灣史研究的重要基地。村上直次郎在臺北帝國大學前後八年（1928～1935），他所開設的課程除了史學概論、南洋史概說、南洋史講讀等之外，還有一些特殊的專題，如 1935 年就開設有「南洋史特殊講義」專門講授十七世紀臺灣史。[22]與此同時，村上還特別重視對學生的外國語能力的培養。1932 年進入臺北帝大讀書的中村孝志回憶說，當時讀南洋史學的學生是很忙碌的：

要研究殖民地時代的東南亞史，至少必須要修習幾種語言。我們在高等學校時就修了英語和德語，在文學部兩年的法語是必修的，更進一步被要求修習

西班牙語及荷蘭語……因村上老師是歐洲語言學大師，學生在大學一年級的後半階段開始利用午休的時間，接受課外的（例如像西班牙語）速成訓練。到二年級時用這樣的西班牙語開始講讀史籍。在此同時，學生被要求修習新的荷蘭語課程。大體來年西班牙語和荷蘭語交替作為主修，一般說來前者的學生以菲律賓、後者的學生以關於荷屬東印度（印度尼西亞）關係的題目作為主修來寫畢業論文。但是學生花時間在學習新的語言，好不容易三年中才寫出像樣的論文。南洋史的學生花費四年乃至於五年的人，大概約占一半。[23]

1935 年 11 月村上直次郎回日本以後，南洋史學講座教授一職由岩生成一接任。岩生畢業於東京帝國大學，亦擅長以荷、西資料研究東南亞史，尤其是十七世紀日本人向南洋的移民與發展的歷史。1928 年臺北帝國大學創立後，岩生於次年被聘為南洋史學講座助教授，隨後於 1930 年 2 月受公費派遣赴歐洲和荷領東印度研究考察。1932 年 5 月返回臺灣後，即請人從荷蘭海牙國立總檔案館開始抄錄東印度公司的相關殖民地檔案，後來改為拍攝，因此這項重要成果也是在臺北帝大期間完成的。岩生成一於 1936 年升任教授，正式擔任南洋史學講座教授的職務。與此同時，史學科還聘請以南洋史尤其是菲律賓歷史研究為專長的箭內健次生擔任講師，1938 年改聘為助教授。[24]

臺北帝國大學設立期間，南洋史學講座共培養了 13 名學生，這在史學科的三個專攻講座中是學生數最多的。[25] 這些學生在村上、岩生、箭內的指導下，共有 4 名學生選擇了十七世紀臺灣史研究作為畢業論文，其中就有後來很著名的中村孝志，他的論文題目是《有關西、荷兩國人在臺灣的教化事業》。另外有兩名學生的畢業論文研究鄭成功，一名研究十七世紀與臺灣有關的南洋貿易。[26]

臺北帝國大學不僅是人才培養的基地，同時也是開展學術研究的重要機構。在日本據臺初期，有關荷據臺灣史研究的成果不多，就日本學者而言，主要就是前面提到的伊能嘉矩《荷蘭時代的理蕃》、《臺灣蕃政志》、《在臺灣的西班牙人》，以及村上直次郎《臺灣新港社文書》等。臺北帝國大學成立後，一方面史料編纂工作迅速進展，另一方面直接利用荷、西檔案從事研究的成果也明顯增多，除了老師之外，他們培養的學生也參加進來，其中最有代表性的是村上直次郎、岩生成一和中村孝志三人。

村上直次郎的研究成果主要集中在 1930 年以後，一方面是為了上課的需要，包括在臺北帝大「歷史讀書會」等場合的演講報告；另一方面是臺北帝國大學對講座教授的學術要求。這些成果都是他在長期史料調查過程中經過研究

積累下來的，包括《熱蘭遮城築城史話》、《荷蘭人的番社教化》、《臺灣番語文書》（以上發表於1930年）、《基隆的紅毛城址》（1931年）、《荷蘭人佔據臺灣的目的》（1932年）、《澎湖島上的荷蘭人》（1933年）、《西班牙人佔領臺灣》（1934年）、《鄭氏以前的臺灣》（1935年），[27]可以說，村上的研究特色主要是從通史的角度，把荷據臺灣38年間的主要事件或基本線索予以發表出來。

岩生成一在臺北帝大南洋史學講座的時間最久，直至臺灣光復以後還被臺灣大學短暫留用至1946年底回國，1961年在東京大學文學部退休。[28]岩生以研究十七世紀南洋的日本町和日本移民而聞名，他對荷據臺灣時期的歷史也有很深研究，主要體現在專題方面，具體有《荷蘭國立文書館所藏臺灣關係史料》（1932年）、《三百年前臺灣砂糖與茶對波斯的輸出》（1932年）、《明末僑寓日本支那人甲必丹李旦考》（1936年）、《在臺灣的初期日本移民》（1942年）。其中《明末僑寓日本支那人甲必丹李旦考》一文，將十七世紀活躍於日本、中國廣大海域的李旦事跡作了詳細考察，同時涉及鄭芝龍的活動，並對李旦和顏思齊是否同屬一人提出了問題。這篇論文後來被學術界廣為引用。[29]

中村孝志是村上、岩生的學生。他1910年出生於恆春的墾丁附近，後來遷居新竹、臺北，從小在臺灣生活。1935年從臺北帝大畢業以後，留在文政學部任助教，1939年8月起轉東京任滿鐵東亞經濟調查局調查員，戰後主要在日本天理大學任教。[30]中村孝志有關荷據臺灣史的論著甚多，至1945年以前，發表的論文有《西班牙人佔據臺灣及其佈教事業》（1936年）、《荷人時代番社戶口表（一、二、三）》（1936～1938年）、《荷蘭時代臺灣的地震》（1937年）、《荷領時代之臺灣農業及其獎勵》（1937年）、《關於沈有容諭退紅毛番碑》（1939年）、《巴達維亞地方文獻館及其資料》（1942年）、《關於東印度的歐文文獻書目》（1943年）等。[31]這些成果大都是專題性的，而且主要在臺北帝國大學期間完成。

除了以上這三個主要學者的成果之外，還有其他一些知名學者也發表了若干論文，如幣原坦、移川子之藏等，於此不再細述。[32]

由此可見，臺北帝國大學成立以後，日本學者對荷據臺灣史研究顯然出現了重大進展。但是從發表的時間看，主要是在1930年以後，尤其是1930～1937年這一段時間最為突出，這與史料編纂取得重大進展的時間點相吻合。如前面已列出的21篇主要成果中，在1930～1937年發表的就有16篇，占總

數 76% 強，而在 1937 年以後發表的卻只有 5 篇，究其原因顯然與戰爭的影響有密切關係。

## 三、研究特色與影響

透過以上兩節，我們可以瞭解日本據臺期間學術界開展荷據臺灣史研究的時代背景、史料編纂、學生培養和研究成果等方面，以下再就該時期日本學者的研究特色及其對後世的影響等內容做進一步分析。

從學術發展史的角度看，日據時期開展荷據臺灣史研究是在殖民統治的背景下展開的，因此，它的產生和發展與日本據臺 50 年的整個過程息息相關。在日本據臺初期，有關臺灣史料包括荷據臺灣的史料調查就已經提到日程上來，這時村上直次郎發現「新港社文書」、伊能嘉矩研究荷、西對少數民族的教化等都是在此背景下展開的。另一方面，日本政府在這個階段也很重視對專門人才的培養，如派遣村上直次郎、岩生成一等多次到歐洲、荷領東印度留學或作學術考察，以期提升學術水平，瞭解和掌握歐文史料的收藏情況，這些對後來研究工作的全面展開打下了重要基礎。

1920 年代以後，日本在臺灣的殖民統治已趨穩固，[33] 此時臺灣總督府決定成立史料編纂委員會，1928 年又創立了臺北帝國大學，史料編纂與教書育人幾乎同時展開。特別是臺北帝國大學的創立，它是按照日本《大學令》的精神實施的，「大學之目的，是教授並研究國家需要之學術理論及應用，並兼顧人格之陶冶與國家思想之涵養」，[34] 因此為了配合其南進政策，新創立的臺北帝國大學在史學科特別開設南洋史學講座，該大學從而成為研究荷據時期歷史、編纂臺灣史料最重要的人才基地。從 1930 年開始，在村上直次郎、岩生成一等人帶領下，研究團隊有所擴大，研究成果相繼出現，史料編纂工作也取得了重大進展。

1937 年以後，日本在臺灣的殖民統治進入了最後八年。由於戰爭的影響，經濟困難、社會環境的各個方面越來越不利於學術研究的開展，荷據臺灣史研究也出現了顯著下降，除了荷蘭檔案的收集拍攝仍在繼續堅持之外，研究成果的發表數量已經大不如前了。

由此可見，考察日據時期的荷據臺灣史研究，離不開對當時當地具體環境的分析，亦即必須把它放在整個殖民統治的大背景下進行考察，才能看出它的發生、發展以及階段性演變的客觀歷程。這是需要首先把握的。

其次，從研究成果看，日據時期所取得的成果主要體現在兩個方面：一是荷蘭東印度公司與臺灣相關檔案的收集、整理、翻譯、編纂，尤其是《巴達維亞城日記》的翻譯出版，對於促進荷據臺灣史研究作出了基礎性的貢獻。二是發表研究成果。如果對這些學術成果進行分類統計，我們便可以看出這時期日本學者的研究重點及其基本特色。先見下表：

**1930～1945年日本三位主要學者發表荷據臺灣史論文分類統計表**

| 類　別 | 篇　數 | 備　註 |
| --- | --- | --- |
| 通史性論述 | 5 | 包括：據台目的、過程、西班牙人、據台前的歷史等 |
| 專題研究 | 7 | 包括：傳教、農業、地震、貿易、移民、人物 |
| 史料介紹與公佈 | 9 | 包括：文物史蹟的考據介紹、檔案資料的介紹公佈 |

註：本表以村上直次郎、岩生成一、中村孝志1930～1945年發表的成果作為統計對象，以期從最主要的方面加以把握，其他不計。

從表上統計的情況看，這個時期發表最多的是史料介紹類的成果，包括中村孝志1936～1938年連續發表的三篇《荷人時代原住民番社戶口表》，這對於發掘新史料推動研究顯然具有重要意義，也是開創階段必有的學術特色。另一類是屬於通史性的論述，主要是村上直次郎的成果，包括荷蘭人佔據臺灣的目的、熱蘭遮築城史話、在澎湖的荷蘭人、西班牙人佔領臺灣等。他作為荷據臺灣史研究的開拓者和領軍人物，於此時加強對基本線索的梳理和研究也有其必要性，這也是開創階段的基本特色之一。再一類是專題性的，主要是岩生成一、中村孝志的研究成果，其內容包括荷蘭人對原住民的教化、臺灣的農業、地震、貿易、移民、相關人物事蹟等。值得注意的是，荷、西對原住民的教化一直是日本學者關心的課題，從伊能嘉矩開始就一直有成果問世，這顯然與提供殖民統治參考有關。另外，關於臺灣的農業、貿易、地震、移民等問題也關乎殖民地的經營，有關人物包括移民的研究則側重於與日本相關的部份，如鄭芝龍、李旦以及臺灣早期的日本移民等。正如中村孝志後來所言：「坦白說，日本對十六、十七世紀南洋歷史的研究，是偏向荷蘭東印度公司的經營，因為這段歷史對日後資本主義的勃興有很重要的意義。至於我的研究，也是從此出發來看荷據臺灣的經營」。[35] 重視荷蘭東印度公司在臺灣的經營在當時殖民統治的背景下具有現實的意義，這也決定了日據時期研究荷據臺灣史所帶有的某些時代特徵。

當然,嚴肅學者的研究儘管在選題上具有時代性,但同時也開啟了他不斷前行的探索之路。戰後中村孝志仍繼續從事荷據臺灣史研究成績斐然,在學術界產生了重要影響。

其三,從學術的淵源和影響來說,日據時期日本學者開展對荷據臺灣史的研究,在方法上是承繼了西方近代史學的傳統,尤其是十九世紀德國史學重實證研究的學風對村上直次郎、岩生成一、中村孝志等學者都有很深刻的影響。而村上直次郎的老師李斯(Ludwig Riess)於 1898 年出版《臺灣島史》一書,甘為霖(W.Campbell)牧師又於 1903 年出版了《荷蘭人佔據下之臺灣》,在此之前還有一些西方人有關荷蘭東印度公司的作品。這些外籍老師和傳教士的著作不僅對日本學者早期開展研究具有裨益作用,[36] 而且把日據時期的研究與西方人已有的成果直接聯繫了起來,形成前後關聯的學術發展脈絡。

日據時期對荷據臺灣史研究的最大貢獻是積累了檔案、造就了專門人才。第二次世界大戰以後,日本學者回到國內,但仍在繼續從事已經開始的研究,其中最突出的就是中村孝志。他從 1947 年開始又不斷發表新的研究成果,尤其是 1950 年代至 1960 年代前半期發表的成果最多,使之成為日本學界研究荷據臺灣史的翹楚。如有關荷據時期臺灣的鹿皮出產貿易、南部鯔漁業、探金活動、各種賦稅,以及荷蘭人對原住民的統治、地方集會制度、番社戶口表等,經常被人引用或翻譯成中文出版。[37] 中村孝志還將他的老師村上直次郎譯註的《巴達維亞城日記》進行了詳細校注,增加未刊的新資料和附錄索引等內容,分成三冊於 1970-1975 年在東京平凡社出版。[38] 其中前兩冊是在 1937 年版本的基礎上增加了校注,第三冊則是未刊本,除了增加校注之外,還在附錄部份新增了不少未刊資料,使這套《巴達維亞城日記》涵蓋了荷蘭人佔據臺灣,以至被鄭成功驅除以後又捲土重來的全過程,對不懂荷蘭文的學者瞭解研究這段歷史提供了十分有益的幫助。

日本學者開啟的荷據臺灣史研究,是在西方學者的影響下結合當時日本注重臺灣研究的背景而形成的。這是一門被稱作「冷門」的學問,由於語言要求高,研究難度大,因此能夠直接利用荷文資料開展研究的學者並不多。然而由於日本學者的努力,積累資料並以師傅帶徒弟的方式用心培養人才(如岩生成一對曹永和的培養[39]),使得原本不容易被認識的這段歷史越來越清晰,相關專門人才的造就也逐漸有了進展。如今,臺灣史研究已經在兩岸學術界受到普遍重視,但是如果回顧日據時期的荷據臺灣史研究,它對後來學術發展的影響恐怕就不是當年所能預料的。從這個意義上講,我們對日據時期的荷據臺灣史

研究既要重視對當時的殖民地背景以及研究狀況的分析，又不可忽視它在學術史上的影響。

(作者單位：中國閩臺緣博物館)

## 註釋：

[1] 曹永和：《臺灣荷據時代研究的回顧與展望》，載氏著《臺灣早期歷史研究續集》，聯經出版事業公司，2000年。

[2] 吳文星：《日本據臺前對臺灣的調查與研究》，載《第一屆臺灣本土文化學術研討會論文集》，1995年；《日治初期日人對臺灣史研究之展開》，載《中華民國史專題第四屆研討會論文集》，1998年。

[3] 葉碧苓：《村上直次郎的臺灣史研究》，載《「國史館」學術集刊》第十七期，2008年。

[4] 請閱吳文星：《日本據臺前對臺灣的調查與研究》，載《第一屆臺灣本土文化學術研討會論文集》，1995年。

[5] 吳文星：《東京帝國大學與臺灣「學術探檢」之展開》，載《臺灣史研究一百年回顧與研究》，黃富三、古偉瀛、蔡采秀主編，「中央研究院」臺灣史研究所籌備處，1997年。

[6] 參見上引文。

[7] 吳文星：《東京帝國大學與臺灣「學術探檢」之展開》，載《臺灣史研究一百年回顧與研究》，黃富三、古偉瀛、蔡采秀主編，「中央研究院」臺灣史研究所籌備處，1997年。

[8] 伊能嘉矩：《臺灣文化誌》（中譯本）上卷，第16頁，臺灣省文獻委員會譯編，1985年11月。

[9] 參閱曹永和《臺灣荷據時代研究的回顧與展望》，載氏著《臺灣早期歷史研究續集》，聯經出版事業公司，2000年；伊能嘉矩《臺灣文化誌》（中譯本）上卷，第21頁。

[10] 葉碧苓：《村上直次郎的臺灣史研究》，載《「國史館」學術集刊》第十七期，2008年。

[11] 村上直次郎：《臺灣新港社文書》，《史學雜誌》8：7,1897年7月。

[12] 中村孝志為村上直次郎譯註《バクヴィア城日誌》（校注本）寫的「跋」，見《バクヴィア城日誌》（校注本）第三冊，第435頁，東京：平凡社，1975年。

[13] 參見許雪姬總策劃《臺灣歷史辭典》「村上直次郎」條目，鐘淑敏撰，第396頁，臺北市：文建會等，2004年；以及葉碧苓上引文。

[14] 井出季太和：《臺灣治績志》。引自葉碧苓《村上直次郎的臺灣史研究》，載《「國史館」學術集刊》第十七期。

[15] 以上參見曹永和《臺灣荷據時代研究的回顧與展望》，載氏著《臺灣早期歷史研究續集》，聯經出版事業公司，2000年；葉碧苓：《村上直次郎的臺灣史研究》，載《「國史館」學術集刊》第十七期，2008年；岩生成一《東洋文庫版にぁたって》，載《バクヴィア城日誌》（校注本）第一冊，第9～12頁，東京：平凡社，1970年。

[16] 岩生成一：《和蘭國立文書館所藏臺灣關係史料に就いて》，載《南方土俗》2：1，1932年12月。

[17] 此時移川子之藏發表《和蘭の臺灣關係古文書》一文，載《愛書》第十輯，1938年4月。

[18] 參見王家鳳《被遺忘的年代》，載《光華雜誌》1989年11月；曹永和《臺灣荷據時代研究的回顧與展望》，載氏著《臺灣早期歷史研究續集》，聯經出版事業公司，2000年；《第四十次臺灣研究研討會記錄》（江樹生報告荷據時代臺灣史研究），載《臺灣風物》，35：4，1985年12月。

[19] 見曹永和《臺灣荷據時代研究的回顧與展望》，載氏著《臺灣早期歷史研究續集》第314頁，聯經出版事業公司，2000年。

[20] 曹永和：《臺灣荷據時代研究的回顧與展望》，載氏著《臺灣早期歷史研究續集》第318頁，聯經出版事業公司，2000年。

[21] 幣原坦：《臺灣の學術的價值》，載《臺灣時報》第53號，1923年12月。參見葉碧苓《村上直次郎的臺灣史研究》，載《「國史館」學術集刊》第十七期，2008年。

[22] 參見葉碧苓《村上直次郎的臺灣史研究》，載《「國史館」學術集刊》第十七期，2008年。

[23] 中村孝志撰、陳俐甫譯：《臺北帝大的日子》，載《臺北帝國大學研究通訊》創刊號，1996年4月。

[24] 參見陳偉智《文政學部——史學科簡介》附表一，載《臺北帝國大學研究通訊》創刊號，1996年4月。

[25] 這三個專攻講座是東洋史學、國史學和南洋史學，詳情參閱陳偉智《文政學部——史學科簡介》，載《臺北帝國大學研究通訊》創刊號，1996年4月。

[26] 參見陳偉智《文政學部——史學科簡介》附表三，載《臺北帝國大學研究通訊》創刊號，1996年4月。

[27] 這些論文的發表情況不一一詳註,請參閱葉碧苓《村上直次郎的臺灣史研究》所列「村上直次郎與臺灣有關之研究、譯著一覽表」,載《「國史館」學術集刊》第十七期,第 24～25 頁,2008 年。

[28] 參見許雪姬總策劃《臺灣歷史辭典》「岩生成一」條目,鐘淑敏撰,第 445～446 頁,臺北市:文建會等,2004 年。

[29] 參見曹永和《臺灣荷據時代研究的回顧與展望》,載氏著《臺灣早期歷史研究續集》,聯經出版事業公司,2000 年。

[30] 關於中村孝志的生平,曹永和為中村孝志《荷蘭時代臺灣史研究》(中譯本)上卷寫了一篇《序》,作了介紹(稻鄉出版社,1997 年 12 月)。又,1994 年 6 月《臺灣風物》44:2 發表一組回憶中村孝志的文章,亦可資參考。

[31] 這些論文的發表情況不一一詳註,請參閱許賢瑤《中村孝志教授著作目錄》,載《臺灣風物》44:2,第 181～190 頁,1994 年 6 月。

[32] 參見曹永和《臺灣荷據時代研究的回顧與展望》,載氏著《臺灣早期歷史研究續集》,聯經出版事業公司,2000 年。

[33] 參閱陳小沖《日本殖民統治臺灣五十年史》,北京:社會科學文獻出版社,2005 年 9 月。

[34] 1918 年,日本敕令第 388 號《大學令》第一條,引自葉碧苓《村上直次郎的臺灣史研究》,載《「國史館」學術集刊》第十七期,2008 年。

[35] 陳淑美:《冷門學見真熱情——中村孝志》,載《光華雜誌》,1990 年 7 月。

[36] 中村孝志回憶說,他在寫畢業論文的時候,就曾經得益於 W.Campbell《荷蘭人佔據下之臺灣》所載的已譯成英文的荷蘭檔案,使他能夠僅用三年就從南洋史學畢業。請參閱中村孝志撰、陳俐甫譯《臺北帝大的日子》,載《臺北帝國大學研究通訊》創刊號,1996 年 4 月。

[37] 最新的成果,由吳密察、翁佳音、許賢瑤編輯出版中村孝志的專集。見中村孝志著《荷蘭時代臺灣史研究》上、下卷,稻鄉出版社,1997、2002 年。

[38] 村上直次郎譯註、中村孝志校注《バクヴィア城日誌》第一、二、三冊,東京:平凡社,1970～1975 年。

[39] 參見《第四十次臺灣研究研討會記錄》曹永和的發言,載《臺灣風物》,35:4,第 108～109 頁,1985 年 12 月。

# 日據臺灣、大連時期電影業研究

李倩

　　電影是一種綜合藝術，它用強烈燈光把攝影的形象連續放映在銀幕上，觀眾看起來有如真實活動的形象，因此它在 1895 年的法國一誕生，1896 年首次在中國上海放映，就受到人們的喜愛，影響至深。考察 1895 年日本割占臺灣後和 1905 年日本轉租旅大後兩地的電影狀況，並進行一些比較，對瞭解日本文化侵略的本質，尤其日本統治當局如何利用電影、控制影業為侵略政策服務很有價值。鑑於資料限制，所未及之處，敬祈惠正。

## 一

　　19 世紀末，日本透過甲午戰爭打敗昏聵的清政府。1895 年 4 月 17 日，日本迫使清政府簽訂《馬關條約》，割佔臺灣等地，臺灣遂淪為日本的殖民地。從此至 1945 年日本投降，日本殖民者在臺灣實行政治統治、經濟掠奪的同時，從文化上奴化臺灣同胞，包括利用民眾喜聞樂見的電影，宣傳「侵略有理」、「統治有功」的謬論。

　　20 世紀初，日本在臺灣放映在其國內拍攝的新聞短片和拍攝歌頌日本佔據統治臺灣「功德」的新聞紀錄片。然而在日本統治時期，電影並不是為臺灣同胞服務的。前者是給在臺的日本人觀看的，以安撫日本人；後者是拿回日本給國會議員觀看的，目的是尋求增加經費預算。

　　直到 1905 年，日本挑起甲辰日俄戰爭並打敗俄國後，日本巡迴放映電影的老闆高松豐次郎才將日俄戰爭的時事片拿到臺灣四處放映。為了有個固定的放映電影的地方，高松將日本人在臺北興建的「朝日座劇場」，改造為兼放電影的戲院。1907 年，高松又在臺北西門町建起專為日本人放電影的「芳乃館」（後來的「美都戲院」）。

　　伴隨臺北電影放映範圍的擴大，出現了電影公司。1915 年，「芳乃館」與「日本活動寫真株式會社」（略語「日活」）洽談；其後建立的「世界館」則與「天然色活動寫真株式會社」（略語「天活」）洽商，均獲得其公司電影在臺灣的放映權。其放映方式為有嚴格監視的「巡迴式」。直到 20 世紀 20 年代，「臺灣總督府才確立在全島的放映之權」。[1]

　　臺灣不僅放映電影，還拍攝電影。1921 年開始，臺灣總督府一面籌建攝影機構，一面拍攝一部最早的衛生宣傳片《預防霍亂》。1923 年春，日本皇太子

裕仁到臺灣，臺灣教育會電影班戶田清三主持攝製成《裕仁在臺活動》的新聞片。隨之，《臺灣日日新報》附設電影部拍攝了一部宣揚日本侵略臺灣產業的故事片《看牛片》（後易名《老天無情》）。該片在臺北「永樂座」（永樂戲院）首映，未達到預期效果。

此間，臺灣電影未能發達起來，一是受日本資本主義經濟危機影響；二是臺灣總督府無法投入充足的資金；三是臺灣缺乏電影編導、演員和攝影、美術、音樂等技術人才，所以在相當長的時間放棄了拍攝故事片，僅拍些新聞片。然而日本電影公司卻乘虛而入，到臺灣拍攝故事片，如《大佛的瞳孔》。1927年「日活」公司到臺灣拍攝故事片《滅亡路上的民族》（公映時易名《阿里山俠兒》）。前一影片荒誕不經，後一影片詆毀高山族人民。表明日本到臺灣拍片目的既是出於獵奇，又是出於宣揚日本民族是優等民族，歧視貶低臺灣同胞。因而20世紀20年代之前，在臺灣放映的多為紀錄片，少有的幾部故事片未取得什麼成效。日佔臺灣50年的電影業未引起歷史學者的關注。[2]

1905年日本透過日俄簽訂的《樸茨茅斯條約》轉租了大連，開始了40年的不是殖民地的又不亞於殖民地的殖民統治。日本統治大連的前20年，大連的電影成為東北最早的電影活動。首先拍攝電影的是美、俄兩國攝影師在大連拍攝的日俄戰爭的紀錄片，內容有1905年1月5日日本第三軍攻打旅順北部二龍山、東雞冠山堡壘，第三師團司令長官乃木希典同俄關東防區司令斯特塞爾在水師營舉行的簽字儀式、1月14日日軍在旅順太陽溝舉行的入城式等。[3] 其次大連放映電影也是東北最早的，但最初皆為無聲電影。1906年初[4]，日本岡山孤兒院為募集資金，特組團到大連「東京座」舉辦「慈善事業音樂電影放映會」，放映一些短紀錄片。[5] 表明電影傳入大連。同年9月28日晚8時至11時在「東京座」放映了《日本相撲力士凱旋》、《西方某君主乘車出遊》等短片。[6] 1907年12月岡山孤兒院募金團再次到大連，於5～7日在「壽座」舉行「慈善事業音樂電影放映會」，放映了《岡山孤兒院實況》、《當地貴婦人》、《天下第一魔術》、《登富士山》和《巴黎市街》等短紀錄片。[7] 同年10月5日，「大觀茶園「租來美國人拍攝的短紀錄片，開始面向社會放映。[8] 以上放映影片，都是借用戲劇場或茶園，而第一家電影院則是日本的「南滿鐵道株式會社」（「滿鐵」）直屬的電氣遊園（後專放電影，稱電氣館，該館曾先後改名為「小村公園」、「文化公園」、「魯迅公園」，1966年改為動物園，[9] 現已拆除，建起樓宇。）在1909年開始放映影片。此外，一些小劇場兼營電影放映，進而轉為專業電影院的有「演藝館」、「浪速館」、「歌舞伎座」、「寶館」、「花月館」等。與大連同步的是旅順的「同慶茶園」、「黃金堂劇場」、「八

島座劇院」及「大正館」、「旅順茶園」等，均放映過短片或美國電影。金州在公學堂也放映過電影。表明大連地區電影業發展面較廣。再次，大連地區從1914年開始放映有聲電影。這年大連市「滿鐵電氣館」購入愛迪生發明的留聲機式有聲電影設備，於10月8日開始，每晚7時放映有聲電影《輝子和書》。1928年6月，美國福克斯電影社攜有聲電影設備、影片到大連，在「南滿鐵道株式會社」的「協和會館」內部放映電影。翌年「日活館」、「常盤座」兩影院均安裝了有聲電影設備，至此大連電影院進入有聲電影時代。[10]進入30年代，日本人在大連建成「常盤座」、「帝國館」、「朝日座」等8家影院，1945年增至10家。旅順到1934年才有日本人經營的「昭和園」、「映樂館」，開始放映有聲影片。最後達到3家。1938年普蘭店的王心存等開始經營「國泰電影院」。1939年金州的日本人所建「金州映畫館」，則以中國觀眾為對象。1943年瓦房店「滿映館」才開始放映電影，也是以中國觀眾為對象。以上大連各地區的電影均經營到1945年日本投降。值得注意的是有些影院之所以以中國觀眾為對象，完全是為了贏利。因為在大連市有日本籍人口達20.3萬人，金州、瓦房店等地日本人較少，故而才面向中國人。大連地區的電影，同樣未引起歷史研究者關注。[11]還應注意的是20世紀30年代，日本的松竹、美國的福克斯和德、意、法、蘇聯開辦的電影院發行機構已有18家。[12]

臺灣和大連在放映無聲電影時，往往配備一些解說員或同步對口形譯員。日本稱為朗誦臺詞的人為辯士，伴隨電影傳入臺灣，辯士在銀幕旁解說的方式也傳入臺灣。當20世紀30年代有了有聲電影，日本辯士仍在發揮作用，這是因為日本進入臺灣的電影都是日語對白。對此臺灣同胞堅決抵制，而大陸的影片說國語，臺胞又聽不懂，因而出現了閩南語辯士。

日本統治大連時間較晚，所以設置解說員是在電影放映時影片片身斷缺，出現畫面和發聲不同步的情況下加以說明。不像臺灣的閩南語辯士堅持了許久。

從上述可見，無論是臺灣，還是大連的電影業都由日本帝國主義所控制，臺灣總督府開始強行放映日本語片，後又禁放國語和閩南語片。大連的主要電影院都在日本殖民當局控制下。所以中國人的電影事業無法得到發展。

## 二

隨著電影業在臺灣、大連的發展，一些組織逐漸建立起來。前面談到臺灣「芳乃館」與「世界館」分別同日本活動寫真株式會社和天然色活動寫真株式

會社兩個日本電影公司洽談，兩公司不僅取得其電影在臺放映權，還開始插手拍片業務。

可喜的是1920年前後，臺灣人民接受十月革命和五四運動的進步思想的影響，部份進步知識分子首先衝破日本殖民統治，於1920年組織起「啟蒙會」、「新民會」，同時創辦《臺灣青年》。最具生命力的是1921年創立的「臺灣文化協會」（「文協」）。在臺北較有影響的醫生蔣渭水為推動民主運動，出面與當時在全島士紳和知識界頗具威望的林獻堂磋商，於同年10月17日在臺北創立抗日民族統一戰線組織——「臺灣文化協會」。協會章程開宗明義：以謀臺灣文化向上為宗旨，即喚起漢民族的自覺，反對日本的民族壓迫。[13] 協會成立後，一是迅速調動其成員，積極利用受民眾歡迎的電影進行宣傳，二是不斷從大陸引入電影放映；三是嘗試拍攝電影；四是從事科學、革命思想的宣傳。臺灣引進大陸影片的代表人物是曾留學日本的南投縣人張秀光。1923年，張秀光到大陸先投入軍界，後加入電影界，進上海明星公司，學電影學和編導技術。3年後，張秀光攜帶《孤兒救祖記》、《探親家》、《殖邊外史》和《古井重波記》等4部影片返回臺灣。這些影片雖然缺少積極因素，但它畢竟是中國自己拍攝的。放映大陸影片，有帶抵制日本電影的積極意義。為擴大影業，張秀光籌建了「三光影片公司」。但是卻遭到臺灣總督府的百般刁難，又加缺乏財力，以及缺少編導、攝影技術人才而作罷。張秀光被迫再到上海專門從事向臺灣輸送大陸影片。

協會注重具有教育意義和科學技術含量影片的引進。1925年秋，蔡培火從東京購得一臺美國製造的放映機和《丹麥之農耕》、《丹麥之合作事業》、《北極動物之生態》等紀錄片。每當放映影片前後，協會都派專人做政治動員，喚起民眾的覺悟，或宣傳科學。也有時在影片放映前，演唱具有進步內容的歌曲，受到臺胞歡迎。據《臺灣民報》報導：一次在臺南放映電影時，戲院內湧入2000多人觀看。[14] 此時在臺灣各地放映的新片有的是從上海引進的，如《工人之妻》。也有從國外購買的，如《非洲探險記》、《無人島探》、《北極的怪獸》和《試探愛情》、《母與子》等影片。在這些影片放映時，往往有臺灣辯士作解說。一次放映《北極的怪獸》時，由林秋語擔任辯士，正進行中竟被日本警察阻止。警察指責說在放映到西藏時，林將西藏稱為「中國之屬土，竟被英國……好像和政治演說一樣」，要求「將說明順調些」，否則「中止」放映。[15] 足見日本多麼懼怕正義宣傳。1928年4月臺灣共產黨在上海成立。翌年臺灣共產黨糾正了協會的左傾路線，領導臺灣人民進行抗日鬥爭，但對電影業的作用不甚明顯。

大連處於日本監控下，首先在 1917 年至 1920 年，大連先後成立「中國翠華電影公司」、中日合資建起「大連電影株式會社」、「日華電光影戲合資公司」，既經營製片，又從事販賣、出租影片。1922 年在大連的「滿鐵」建起放映隊，巡迴放映影片，而且邊放映，邊透過電影廣播宣傳「侵略有理」。1929 年 5 月 31 日，「大連中國新生活影片公司」成立，既從事影片租賣，又銷售刊登世界和中國影訊、價格低廉的上海電影月報《銀幕》，還直接經營影戲院，如大連的上海大戲院。1931 年 5 月大連又成立起「中國琴書影片公司」，專營上海影片出租等業務。1932 年至 1936 年的 5 年間，一些日本電影攝製部門在大連成立了「滿洲電影攝製協會」、「小型電影聯盟協會」、「滿洲放映技術協會」以及「滿洲影片分配（發行）協會」等。這些組織，控制了大連及附近城市的電影業。

當時，大連各影院既放映中國風景短片，如 1921 年開始上映《上海全景》、《杭州高潮》、《印度風光》、《歐美勝景》等，又上映梅蘭芳的京劇《天女散花》、《春香鬧學》等，還上映過卓別林的喜劇影片和戰爭片《空中戰鬥》。1926 年還放映過胡蝶主演的《白蛇傳》。1928 年放映了一些思想混亂、藝術粗糙的反映小市民生活、愛情、倫理、道德方面的影片。如《孤兒救祖記》、《掛名夫妻》和《小情人》等；也有低級下流、不堪入目的調情表演，如《連環債》；還有據古典作品改編的影片《梁祝痛史》、《西廂記》、《賣油郎獨占花魁女》等。此外，放映不少武俠片，如《兩劍客》、《關東大俠》、《黑衣女俠》、《七劍十八俠》、《荒江女俠》等。

直到 1934 年以後，大連才放映許多由中國共產黨領導拍攝的進步影片《都會的早晨》、《漁光曲》、《桃李劫》、《大路》以及《新女性》、《十字街頭》、《女性的吶喊》等。當時的《泰東日報》發表了許多評論文章，[16] 對提高大連觀眾的覺悟，增強對國家、民族的信念起了很大作用。其中「為民生請命，為時代立言」的《漁光曲》放映時，引起轟動。《泰東日報》刊載了署名雁聲的影評《一闋＜漁光曲＞唱出了一幅流離慘變的生活》，評價很高。[17]

當時，大連也上映一些美、日兩國電影。但許多美國影片不是充滿兇殺、盜竊、恐怖、暴力、災難，就是離奇的色情故事片等。日本的影片遭到中國觀眾的冷落。從上述可見，臺灣、大連電影事業發展很快，大連放映許多共產黨領導拍攝的電影，但據現在所見資料，卻看不出臺灣共產黨在臺灣電影業發展方面造成的明顯作用。

面對電影業的發展，臺灣、大連的日本當局均加強了管理和審查。為了推行「皇民化」[18]，日本要改變臺灣社會生活、風俗習慣、心理活動，為此除推行差別教育外，竭力推銷日本影片，以便將日本的「國民精神」滲透到「島民生活的每一個細節中去」，[19] 而對進口影片嚴格審查。

外國影片在臺灣發行的總量，到 1926 年占影片的 60%，全是日本影片。其後 3 年日本影片竟占外國影片的 70%，1929 年超過 80%。1931 年日本挑起「九一八」事變後，日本影片逐漸下降，但到 1935 年仍占 63%，而大陸影片一再被控制進入，1935 年僅占 6%。如此局面，都是臺灣總督府對電影審查的結果。控制的辦法，是 1926 年頒佈「電影審查規則」，當外來影片到碼頭，由海關進行嚴格審查，再送警察局審查，凡是所謂「妨礙公共治安」或有傷「社會風俗之嫌」，一律剪除。1930 年，大陸片被剪掉 1252 米，1931 年大陸片與日本片雖僅為 1：7.8，仍被剪去 4600 米，[20] 致使影片支離破碎。1937 年中國全面抗戰開始後，臺灣總督府懼怕臺胞的反抗意識增強和舉起義旗，更視大陸影片為洪水猛獸，將電影審查規則修改為「禁止大陸影片輸入和上映」。如此，總督府仍如坐針氈，1941 年以後，仍嚴格控制大陸影片入臺。

臺灣民眾對日本影片採取抵制制度，其辦法之一就是不進放映日本片的電影院；其次就是臺灣片商不斷向總督府要求放寬大陸影片進入。在無計可施時，1942 年臺灣當局才批準大陸攝製的《木蘭從軍》、《西遊記》（動畫片），兩部帶有弘揚民族氣節的影片。為抵制進步電影，總督府改變策略，開始大量引入偽滿洲國「滿映」的影片，如愛情片《風潮》、鬼怪復仇片《冤魂復仇》、戰鬥片《黎明曙光》、警片《鐵血慧心》，以上 4 片除《風潮》為中國人周曉波編導，中國人擔任演員外，另 3 片皆為日本人編導、攝影，演員則以中國人為主，此外也放映大量「滿洲映畫協會」（「滿映」）[21] 的短片，如《雪的國界》、《新蒙古的沸騰》、《上海海軍特別陸戰隊》等，其內容不是宣傳「日滿協和」，就是「大東亞」政策，再不就是為軍國主義侵略戰爭辯護。

大連的電影業同樣受到審查。20 世紀的大連放映的電影多為日本片，其次是美國片，後來增加了「滿映」片。30 年代放映影片較多，僅 1934 年就有中外影片 157 部，美國的為 81 部，占總數的一半還多。其審查開始於 1925 年，由大連警察署保安系主審擬上映的影片。當年就禁止放映 34 卷、部份禁止放映的 531 卷，限制解說詞的 120 卷、修改解說詞的 88 卷。1934 年偽滿民政部實行電影統製法令，該法規定「關東州」及「滿洲」附屬地上映影片，也要由關東廳總務局保安科審查。1935 年 4 月 10 日，「關東局」單獨成立了「影片審

查所」，設於大連警察署內。凡符合日本國策、國情的影片發給「許可證」才能上映，而違反日本國策、國情的影片，一禁映，二刪剪。當年「影片審查所」刪剪所謂具有「宣傳共產主義思想」的 5 部、「反戰」的 1 部、「違反國家利益」的 4 部、「有損皇軍尊嚴」的 7 部、涉及「軍事洩密」的 3 部、「引導犯罪」的 35 部、「危害家庭生活」的 9 部、「有傷風化」的 80 部、「有害教育」的 36 部、「有損民族精神」的 3 部、「姦情」的 2 部和其他方面的 2 部，計 187 部，另被禁映的 3 部（「有損皇家尊嚴」、「有害教育」和「反對戰爭思想」的各 1 部）。[22]1937 年 12 月 1 日「影片審查所」易名為「關東廳影片審查所」，專事審查「關東州」內上映的影片。即使歐美影片也受到控制。1937 年 11 月 1 日，日本當局實行影片統治分配以後，美國設於大連的影片公司、分社、辦事處見無利可圖先後撤走，一度出現美國影片在大連影院銷聲匿跡的局面。對宣傳社會主義蘇聯的影片，當局以「防備北方的赤化」為名，嚴格限制引進、放映，1937 年大連影院再也未放映蘇聯影片。反之，日本的反共軸心法西斯國家德國和義大利的影片則充斥了大連的電影院。[23]

　　臺灣、大連的日本當局對中外電影的嚴格檢查、刪剪，一些稍有進步內容的影片被拒之門外；一些有某種傾向的場面遭到剪裁，觀眾看到的是些不連貫的故事。外國影片的減少，「引起喜歡西洋片的觀眾不滿」。[24]而宣傳日本帝國主義侵略戰爭的影片卻都塞入影院，毒害民眾。

## 三

　　日本霸佔臺灣和「租借」大連期間，統治者推行的都是殖民文化，以奴化中國人的思想意識，使之成為日本的「皇民」。為使電影成為鞏固殖民統治、擴大侵略的工具，日本除拍攝一般紀錄片、故事片外，加大力度拍攝宣揚日本「功德」片。

　　日本在臺灣拍攝宣揚日本統治的「功德」片，較有代表性的是 1934 年 6 月 12 日，日本的駐臺軍部和總督府投資 1.5 萬元邀「日映發聲映畫製作所」的導演、演員計 11 人到臺攝製有聲新聞紀錄片。其內容涵蓋統治、產業、教育、自然與居民、交通、通訊等。首先拍攝的是臺灣總督中川健藏（1932 年 5 月 27 日至 1938 年 9 月在任）和駐臺灣軍司令官松井石根中將 2 人在臺灣的活動。隨之拍攝了中日甲午戰爭時從遼東半島金州城調至臺灣的近衛師團長北白川宮能久（1948 年被孝仁天皇收為養子）[25]中將登陸的三貂角地帶。此外還拍攝了日本當局強制高山族遷入集中營的所謂「移民村」，日軍侵占澎湖列島馬公要港部司令的致辭場面。日本為進一步鞏固在臺灣的統治，1936 年開始還拍了

一些故事片。同年3月27日,「日活」公司攝影隊一行15人到臺灣拍攝以製糖業為背景的三角戀愛片,核心意圖是鼓吹日本人「開發」臺灣南部。為了煽動臺灣青年到大陸為日本賣命,殖民當局指令攝影隊將反映臺灣青年充當「軍俠」的話劇《榮譽軍夫》,改編成電影。

1941年12月太平洋戰爭爆發,日本利用電影大肆宣傳首相東條英機的「大東亞共榮圈」,鼓吹建立以日本為核心的「東亞新秩序」。其頗具代表性的是總督府為宣傳日本南進政策,出資與「日活」合作,於1942年拍攝了《海上的豪族》,影片導演、主演均為日本人,群眾演員為高山族人。1943年日本「松竹大船攝影所」拍攝了描寫高山族少女沙鴦在暴風雨中幫助出征的軍人,而自己失足溺水的《沙鴦之鐘》。《沙鴦之鐘》片名來源是少女死後,臺灣總督長谷川清(1940年11月27日至1944年12月在任)曾造一座刻有沙鴦名字的鐘送給她的家鄉作為紀念。該片真真假假,以達到感人、誘惑臺灣青年為侵略軍服務的企圖。

日本在臺灣的統治者不惜重金投資於電影,到1944年底,全臺灣島影劇院達159家。[26] 經營的目的是散佈侵略主張,奴化臺胞(雖臺胞看電影的人僅占3成,日本人占7成),為其侵略政策服務,充當戰爭炮灰。

日本當局引入大連的日本片或製作的影片,多為宣傳侵略戰爭的影片。前面提及的1904年日俄兩國在中國土地上廝殺時,美國記者攝製了《日俄戰爭》戰地紀錄片。雖然該片反映的是日俄兩國爭奪中國土地的戰爭,但是其中描述日軍軍威之處較多,日本侵略者感到揚眉吐氣,因而很快在大連上映。1921年10月11日,大連上映了日本攝製的《乃木將軍傳》(出征卷),宣揚乃木希典攜二子乃木聖典、乃木保典到大連地區與俄軍作戰,所表現出的「精忠報國」,效忠天皇的「神勇」。1931年「九·一八」事變爆發,日本大阪每日新聞社、朝日新聞社與「滿鐵」電影攝製所先後製作了戰地片《九·一八事變真相》、《滿蒙與日本》、《李頓卿調查團的動靜》和《滿洲建國的雄姿》,以及偽滿洲國建國的一系列儀式等紀錄片都在大連上映了。

1937年日本挑起盧溝橋事變,日本在擴大侵華戰爭中,朝日新聞社與「滿鐵」電影攝製所等分別派出十幾個隨軍攝製組到北京、上海等戰地攝影,拍攝的《北京》、《南京》、《聖戰》、《武漢之戰》等紀錄片,也很快拿到大連放映。藉以宣揚日本侵華的「輝煌戰績」。

1941年12月7日,日本襲擊珍珠港,太平洋戰爭開始,日本攝製的新聞片很快帶到大連上映。同期,帶有軍事侵略內容的影片,如《海軍轟炸隊》、《軍

國搖籃曲》、《後方的赤誠》、《夢中的鋼盔》、《拂曉的陸戰》、《向支那怒吼》和《五個偵察兵》等，無不是鼓吹戰爭，煽動民眾參戰，讚揚武士道精神，以為侵略戰爭服務的影片。大連還放映過日本東寶製片廠攝製的《夏威夷、馬里亞近海海戰》，以宣揚日本軍人「海軍大和魂精神」。1942年太平洋戰爭一週年時，大連還上映了宣傳日本國策的影片《東方和平之路》，該片所宣揚的是中國人要靠日本，「安分守己就可以過和平的生活」。[27] 這是更深層次的潛移默化的奴化中國人的說教。這種宣傳與說教直到1945年日本投降為止。

在日本統治臺灣50年、大連40年期間，日本在進行文化侵略期間，竊據電影事業大權——製作、放映、審查權，並利用電影肯定日本對外侵略「合理」，頌揚日軍「神勇」；對中國人採取歧視、汙蔑之能事，企圖使中國人「皇民化」，成為忠於「日本帝國」、效忠「日本天皇」的奴僕。在日本影業發跡於臺灣、大連之時，也受到兩地中國人的不同形式的抵制、反抗乃至鬥爭。在日本當局的高壓下，儘管這種鬥爭是十分有限的，可廣大民眾不斷有所覺悟，也不同程度地打擊了日本統治勢力。

（作者單位：吉林省社會科學院歷史研究所）

## 註釋：

[1] 參見陳飛寶編著：《臺灣電影史話》，中國電影出版社1988年版，第2頁。

[2] 有關臺灣歷史的綜合著述，如連橫所著《臺灣通史》（上、下冊），商務印書館1983年版，陳孔立主編之《臺灣歷史綱要》，九洲圖書出版社1996年版，以及王向遠著《日本對中國的文化侵略》，崑崙出版社2005年版等，均未涉及電影業。

[3] 參見近藤伊與吉的《滿洲電影成長經歷》，載《藝文》康德九年（1942年）八月號和《滿洲國電影政策及其進化史》，載《弘宣》半月刊第31號。

[4] 據大連市電影發行放映公司改編《電影誌》載《建國前大連電影業誌略》，《大連文化藝術史料》第四輯第81頁，但近藤伊與吉在《滿洲電影成長經歷》中卻說為1902年，見胡昶、古泉：《滿映——國策電影面面觀》，中華書局1990年版，第2頁。此說欠妥，因為1902年旅大尚為俄國所據，而且當時還未爆發日俄戰爭。

[5] 李振遠主編：《大連市誌·文化誌》，大連出版社2003年版，第231頁。

[6]《建國前大連電影業誌略》，《大連文化藝術史料》第四輯，第81頁。

[7]《建國前大連電影業誌略》，《大連文化藝術史料》第四輯，第81頁。

[8] 李振遠主編：《大連市誌·文化誌》，大連出版社2003年版，第231頁。

[9] 於植元、黃志正主編：《簡明大連辭典》，大連出版社1995年版，第822頁。

[10]《建國前大連電影業誌略》,《大連文化藝術史料》第四輯,第84頁。

[11]歷史學者對19世紀末至20世紀40年代以前大連地區的電影研究異常薄弱。1991、1999年遼寧人民出版社分別出版的顧明義等主編之《日本侵占旅大四十年史》、《大連近百年史》(上、下)、2008年社會科學文獻出版社出版的郭鐵椿、關捷主編的《日本殖民統治大連四十年史》(上、下),均記述了殖民教育、文化侵略,電影業的狀況闕如。

[12]李振遠:《大連文化解讀》,大連出版社2008年版,第172頁。

[13]蔡培火等:《臺灣民族運動史》,臺灣學海出版社1979年版,第317頁。

[14]《臺灣民報》1926年4月25日。

[15]《新民報》(臺灣)1926年11月21日。

[16]《泰東日報》1934年6月26日、1935年4月28日。

[17]古雅靜:《老大連文化剪影》,《大連文化藝術》2009年第一期。

[18]1936年9月2日任臺灣總督的小林躋造提出「皇民化、工業化、南進基地化」的口號,作為統治臺灣的三原則。見黃昭堂:《臺灣總督府》,臺灣前衛出版社1994年版,第170頁。而陳飛寶在《臺灣電影史話》中則認為「三原則」是1937年9月近衛(文麿)內閣在《國民精神總動員計劃》中提出的。見該書第26頁。

[19]陳碧笙:《臺灣地方史》,中國社會科學出版社1982年版,第277頁。

[20]陳飛寶:《臺灣電影史話》,中國電影出版社1988年12月版,第23頁。

[21]解學詩:《偽滿洲國史新編》,人民出版社2008年版,第610～611頁。

[22]《建國前大連電影業誌略》,《大連文化藝術史料》第四輯,第96頁。

[23]參見1937年《滿洲年鑑》。

[24]參見1937年《滿洲年鑑》。

[25]北白川宮能久(1847～1895),1895年5月29日登陸臺灣三貂角,隨之先後攻陷基隆、臺北、新竹、板橋、新埔等地,一路邊作戰,邊慘殺無辜,僅在新埔即殺平民260餘人。同年10月攻打臺南,行軍時北白川宮能久觸瘴毒病倒,11月4日授大將,11月5日,返東京斃命。見關捷等主編:《中日關係全史》(上),遼海出版社1999年版,第30頁。

[26]臺灣總督府編:《臺灣統治概要》,原書房1979年版,第68頁。

[27]《大連文化藝術史料》第四輯,大連市藝術研究所1988年(內部)版,第94頁。

# 「族」與「國」：李春生與清末民初的臺灣

陳建樾

　　清末民初，對於近代中國不啻為一個大時代開啟的轉折點。在歷史性大變動的時段，中國自古以來的族國觀念遭逢到有史以來最大的一次衝撞，這種衝撞深及社會底層的震撼力，不僅是疆域上的割地、經濟上的賠款，也是思想上的對峙與觀念上的撕裂。在這樣的背景下，幾乎所有的大政爭與大論戰都不得不圍繞著「族」與「國」這兩個概念展開，對這兩個的不同闡釋和由此而來的政治行動為後世的發展與演進打下了深深的鋪墊，以至於每每提及當代中國的時候都不得不以這樣或那樣的方式回望。這種回望，即便在身處大陸邊緣的臺灣，也是如此。

## 一、從洋務救國到媚日求榮：折射清末民初臺灣歷史光影的李春生

　　李春生，清道光十七年（1838年）1月12日生於福建廈門，其父李德聲以替人渡船為業，家境清貧。1843年中英《南京條約》和《五口通商章程》訂立後，廈門開埠，1844年《中美望廈條約》後英國基督教長老教會入華傳教，就在1844這一年，李春生隨父在基督教長老教會受洗入教，並與傳教士耳濡目染習得一口流利的英語。鹹豐五年（1857那年），李春生先後遊歷上海、香港、寧波、福州、潮州和臺灣的打狗、臺南，兩年後進入廈門英商怡記洋行（Elles&Co.）出任掌櫃；鹹豐8年（1861年）在廈門創設四達商行，後因太平軍入閩而陷入困頓直至倒閉，戰爭給李春生第一次帶來了深刻的印記。1864年春，太平天國侍王李世賢率太平軍經皖浙贛邊境長驅入閩，同年10月攻入漳州城；天京陷落後，太平軍以漳州為中心在華南盤桓多達兩年之久，直至1865年8月23日李世賢被部將汪海洋刺殺，這時候李春生年僅23歲。1865年，27歲的李春生經怡記洋行老闆介紹，渡海赴臺擔任寶順洋行總辦[1]。清同治八年（1869年），李春生以兩船21萬斤的「臺灣茶」銷往紐約，大獲好評，李春生由此成為臺灣茶葉巨頭。同治三年，馬偕到臺灣淡水宣教與寶順洋行老闆約翰・杜特相識，李春生也由此結識馬偕。

　　1874年2月，日本透過《臺灣番地處分要略》並設立臺灣事務局，陸軍中將西鄉從道遂組織3000人的「臺灣生番探險隊」在4月率艦隊在琅橋登陸臺灣，5月借琉球人被殺挑起牡丹社事件。在牡丹社事件前後，李春生在香港《中外新報》上先後發表《臺事》七篇，李春生也由此介入政事。

對於牡丹社事件（1875 年）前的臺灣，清政府的治臺方針可歸納為「以防臺而治臺」；牡丹社事件後，由於意識到「亂自外至」，清政府迅即把治臺方略調整為「以防外患而治臺」，並積極在臺灣島內推行以洋務為核心的臺灣經營戰略；也就是在這一年，李春生開始出任清政府洋藥釐金總局監察委員兼臺灣茶葉顧問；1878 年，李春生和板橋林本源家族的林維源被臺北縣知府陳星聚任命為臺北城建築委員，李春生的李家由此與板橋林家成為臺北兩大首富望族。擔任臺灣欽差的沈葆楨早在江西巡撫任內的 1865 年就認識到「查外洋之輪捷於中國之郵遞，一切公事，已形掣肘，若再聽其設立電線，則千里之遙，詢息可通，更難保不於新聞紙中造謠言，以駭視聽」；[2] 時任江蘇總督的洋務運動領軍人物李鴻章也說「銅線鐵路斷不可不行於中國」[3] 職是之故，沈葆楨赴臺後立即呈請清廷在臺敷設電線，在建設和經費上規定「因辦理臺灣緊要事件，是以自福州至閩江口設立電線，專為往來便捷，均由中國官為經理，一切費用亦由中國官發給」；丁日昌出任臺灣巡撫後透過考察認識到「……臺灣系屬海外，與內地情形迥然不同」，鐵路為「將來之所不能不設」。[4] 據丁日昌的籌劃，「從前山極北之雞籠起，至極南之恆春止，計程約在千里」的縱貫鐵路，建設經費至少需要二百萬兩，但清政府「由指定的關口洋稅中提撥四成中的四分之一，以及指定省份釐金的二分之一，交由丁日昌兌收」的關稅提成也不過每年 40 餘萬兩，[5] 經費短缺嚴重難以為繼，丁日昌曾經試圖拜請李鴻章向外國銀行貸款補貼經費不足，但最終因利息過高而作罷。1887 年劉銘傳在臺灣建省後奏請清政府批準以官督商辦的洋務模式在臺灣修建鐵路：「分省伊始，極宜講求生聚以廣招徠，現在貿易未開，內山貨物難以出運，非造鐵路不足以繁商務，鼓舞新機……若能就基隆開修車路以達臺南，可以使全臺商務繁興」。[6]

在「商股觀望不前」的情況下，臺北板橋林家和李春生的大稻埕李家積極參與因而頗得劉銘傳的青睞和嘉許，李春生因此在 1889 年擔任臺灣鐵道敷設委員，並因協助籌劃有功得敘五品同知。而在此之前，劉銘傳為在臺推行洋務之初，李春生還在 1885 年出任臺北府土地丈量委員。丈量土地在今日並不是多大的事情，但在推行洋務之初的臺灣卻有「以臺灣土地之財供臺灣本地之用」、保障地方財政平衡，兼及改變土地權屬製度、加速臺灣土地近代化的一系列功用。[7]

在籌辦洋務的同時，李春生還利用自己半官半商的特殊身份為臺灣涉外商務糾紛的排解穿針引線並提供意見。根據臺灣「中研院」近史所的統計，臺灣洋務運動期間中外商務交涉案件中，對英事件占到總數的 90%，寶順、德記、怡記三家洋行交涉案又占去整個商務交涉案件一半以上，而寶順和怡記又都是

李春生曾經供職過的英商洋行；[8] 李春生在這些居間工作在華洋之間頗具信望，因而有「番勢李仔春」的稱號，這些都為李家在臺灣洋務運動中快速成長為與板橋林家比肩的臺灣首富奠定了堅實的政商基礎與人脈關係。1890 年，李春生與林維源創設蠶桑局並任副總辦，但遭劉銘傳以「擅離章程」為由革職，[9] 李春生由此被清廷排擠出臺灣政界。

1895 年中日《馬關條約》簽訂，日軍遂派遣軍隊登臺實施殖民統治。6 月，李春生與辜顯榮應「眾人之託」手持白旗請日軍進入臺北城「維持秩序」；同年 8 月，向臺灣總督府申請在臺灣各地建立保良局以保護「良民」，親任總局長。1896 年，李春生獲得臺灣總督府頒授的「單日旭日章」，敘勳六等；同年隨臺灣總督樺山資紀赴日考察，其孫隨行並在日留學，「此為臺人留日之嚆矢」。1897 年，李春生在臺灣創設「維新公會」並親任會長，獲頒臺灣總督府「臺灣紳士」獎章；1898 年，出任臺灣總督府「蕃情研究會」調查委員；1899 年，出任「日本赤十字社」臺北支部商議員、「大日本武德會」臺北縣地方委員。1901 年，擔任臺北大橋大稻埕長老教會長老、臺灣舊慣調查會事務；1902 年，進入日本在臺灣殖民知府，擔任臺北廳參事，獲日本赤十字社感謝狀；1906 年，出任「大日本武德會」特別會員、「帝國義勇艦隊」建設臺灣地方委員並獲頒功章；1907 年，獲頒「帝國義勇艦隊」三等功勞章；1913 年，為日本天皇生日和祝賀日本軍警「討伐山蕃成功」先後捐款；1923 年，獲日本裕仁天皇太子頒賜勳五等；1924 年李春生去世，與其惺惺相惜的辜顯榮專門撰寫《李春生先生弔文》以為緬懷。

李春生一生經歷了臺灣歷史上最為重大的歷史變革時期，從變法求富到贊襄洋務、從保臺愛國到棄地遺民、從保教納降到驥附東遊、從在野輸捐到登堂入室，李春生的一生折射出清季臺灣歷史大動盪、大論戰和大變動中的迷離光影。

這些迷離多變的光影色彩一直到當下的臺灣還在間或閃現：1992 年，臺大歷史系教授黃俊傑在臺北一個扶輪社社區做演講時針對坊間所見的李春生著作進行評論後，恰遇李春生的曾孫李超然，李春生的其他著作才得以面世；1993 年 2 月，吳文星在「近代中國歷史人物學術研討會」上發表專論李春生的論文；3 月，黃俊傑、李明輝、古偉瀛等五人在臺灣「中國文哲研究所」召開由臺灣基督教長老教會資助的「李春生思想研討會」；1995 年，李明輝主編的《李春生的思想與時代》交由正中書局出版；1997 年，李黃臏出版《臺灣第一思想家李春生》；2002 年，陳俊宏出版《李春生的思想與日本觀感》；2004 年，五

卷本的《李春生著作集》在臺出版,《臺灣文學評論》也特別推出「李春生專輯」。也就是在這樣的一個「歷史重建與再現」過程當中,借由獨派學者的大力宣揚,李春生在死去整整七十年之後,終於在臺灣幽然復活並被尊為「臺灣第一思想家」。

## 二、從族與國的爭議到國與族的整合:李春生思想嬗變的時代大背景

儘管孟子曾指出「諸侯之寶三:土地、人民、政事」,[10] 但這個與近代西方民族國家觀念極其近似的國家觀念並沒有改變中國古代的國家觀。根據王爾敏的研究,「以『中國』表一定地域者,古籍文字所載,實早在周初,閱《尚書・梓材》:『皇天既付中國民,越厥疆土,於先王』。其意義範圍,甚為明顯。以中國表同一血緣同一文化族類所居之領域者,當不至晚過春秋時代……是以『中國』之名稱,在秦漢統一之前,實早已代表地球上一定之界域,為同血緣同文化之諸夏民族所居,並同時自然地充分地顯示出來。」[11] 但這樣一個中國的觀念尚沒有主權的觀念,也沒有脫離開以文化和種族界定中國的觀念;一直到近代以前的中國,族與國這兩個概念基本上是疊合、雜糅且難分彼此的:「中國者,聰明睿知所居也,萬物財用之所聚也,聖賢之所教也,仁義之所施也,詩書禮樂之所用也,異敏技藝之所試也,遠方之所觀赴也,蠻夷之所義行也」;[12]「春秋之所謂內外,其標準為文德非種族」,「吾國人民腦袋中充滿者,乃『天下』思想而非民族思想」;[13]「中國可以退為夷狄,夷狄可以進為中國,專以禮教為標準,而無有親疏之列……華之所以為華,以文化言可決知也。故欲知中華民族為何等民族,則於其民族命名之傾,而已含定義於其中」,「一民族與一民族之區別,別於文化。中華雲者,以華夷別文化之高下也。即此以言,則中華之名詞,不僅非一地域之國名,亦且非一血統之種名,乃為一文化之族名」;[14]「在秦漢統一以前,『中國』一詞所共喻之定義已十分明確,那就是主要指稱諸夏之列邦,並包括其所活動之全部領域。至於此一稱謂之實際含義,則充分顯示民族文化一統觀念。諸夏列邦之冠以『中國』之統稱,主要在表明同一族類之性質與同一文化教養之兩大特色。因為實際上自遠古以來並無政治統一之事實,而族類之混同,則已構成一致同血緣之龐大族群,在當時則稱為諸夏。同時文化之人和與同化,也已構成一致之觀念意識、生活習慣與語言文字與社會結構,在當時則形容為中國。所以『中國』稱謂之形成,實際顯示出當時中華族類全體之民族與文化統一觀念」。[15] 羅志田認為「中國古代的國土觀本以帶向心性的文化取向為特徵」;[16] 而根據王柯的研究,「中國

傳統的民族思想中,缺乏國家與主權的意識,它以文化的標準區別民族的屬性,並把多民族的構成作為決定王朝國家的政治構造和地域構造的基本要因」;[17]「中國人對於外來者的態度充滿了矛盾。一方面,一種文化普濟主義的主張使得精英們斷言野蠻人能夠被漢化,或被文化和氣候的有利影響轉變。另一方面,當他們的文化優越感受到威脅時,精英們便訴諸人性類型的差異以驅逐野蠻人,並封閉國門,以免除外在世界的邪惡影響。」[18]

　　文化總是訴諸人群及其活動的空間,列斐伏爾認為「只有當社會關係在空間中得以表達時,這些關係才能夠存在:它們把自身透射到空間中,在空間中固化,在此過程中也就出生了空間本身」,[19] 這在馮客看來,「每一種文明都有一種種族主義的世界幻象,在其中外來者被約簡為易於把握的空間單位」,[20] 這個關於「孰為正統」的「易於把握的空間單位」在古代中國通常被處理為以文化統合的「天下觀」,在近代西方則被視為「民族國家」:以政治觀念史的角度來看,古代中國的天下觀基本上是以種族主義而非民族主義來看待和處理各種「非我族類」的,也正是在這個意義上,馮友蘭認為「人們或許說中國人缺乏民族主義,但是我認為這正是要害,中國人缺乏民族主義是因為他們慣於從天下即世界的範圍來看問題」;[21] 而在西方國家主權觀念下,中國人觀念中的「天下」則通常被理解為民族國家的場域,蠻夷、「異種」也隨之被處理為民族;經由這樣一個轉換的過程在近代中國的呈現,於是就成為一個從「天下」嬗遞為「國家」的過渡性階段。[22]

　　以文化為整合工具,固然造就了多民族「共治一爐」的中國,但只要少數民族入主中原便會引起「孰為正統」的合法性爭議,因此這種爭議在現代民族國家的場域下總是會上升到文化與種族之間的糾結與纏鬥,這在作為中華文化主體的漢人看來則是對「蠻夷」的漢化:「諸侯用夷禮,則夷之;進於中國,則中國之」,[23] 而在「蠻夷」那裡則不得不用漢人所揭櫫的文化為自己的異族身份進行辯護:雍正就在《大義覺迷錄》當中聲稱「本朝之為滿洲,猶中國之有籍貫」,在滿族學人心中也是「我中國,神明之裔也,堯舜之遺也」。[24] 但在事實上,一直到光緒,清帝依然「專諭滿大臣」:「本朝君臨漢土,漢人雖悉為臣僕,而究非同族,今雖有漢人為大臣,然不過用以羈縻之而已。我子孫須時時省記此意,不可輕授漢人以大權,但可使供奔走之役而已」。[25] 迨至清末,這樣一種「內緊外鬆」的民族政策在西學東漸和列強瓜分豆剖之下,逐漸上升並進入到激烈的族與國撕裂狀態並愈演愈烈。

1894 年的甲午海戰與 1895 年的乙未割臺，實為近代中國最慘痛的時段。梁啟超就此指出：「吾國四千餘年大夢之喚醒，實自甲午戰敗割臺灣償二百兆以後始也」；[26] 康有為也痛楚地認識到：「非經甲午之役，割臺償款，創巨痛深，未有肯翻然而改者。」[27] 而「甲午喪師，舉國震動，年少氣盛之士，疾首扼腕言『維新變法』」，[28] 也成為志士仁人的共同觀念：變，如何變、怎樣變和變為何，都由此成為清末社會政治思潮的核心議題；而在另一方面，西方式的民族主義也在甲午戰爭之後才逐漸興起，並取代近代傳統的族類思想或文化民族主義，成為支配 20 世紀中國歷史發展最重要的意識形態。[29]

　　以康梁為首的一派認為應該顛倒道器、重釋體用。有別於洋務派的「做而不述」，梁啟超針對洋務派的作為大加撻伐：「中國自同治後，所謂變法者，若練兵也，開礦也，通商也，交涉之有總署使館也，皆昔人所謂改革者也」；「……不變其本，不易其俗，不定其規模，不籌其全局，而已然若前此之支節節以變之，……則於中國之弱亡之稍有救乎？吾知其必不能也。」[30] 譚嗣同更指出洋務圖強之不可能的根本性癥結在於「中國今日之人心風俗，政治制度，無一可逼數於夷狄，何嘗有一毫所謂夏者？即求列於夷狄，猶不可得，乃雲變夷乎？」[31] 康有為則進一步認為，「今天下言變者，曰鐵路、曰礦務、曰學堂、曰商務，非不然也。然若是者，變事而已，非變法也。變一事者，微特偏端不舉，即使能王，亦於救國之大體無成，……周公思兼三王，孔子損益四代，乃為變法」；「故臣以為不變則已，若決欲變法，勢當全變」，「故今欲變法，請皇上統籌全局，商定政體，自百司庶政，用人外交，並草具綱領條目，然後渙汗大號，乃與施行。本末並舉，首尾無缺，治具畢張，乃收成效。」[32]

　　應該說，康梁等維新派的上述變法圖強思想，與李提摩太為代表的西方傳教士的影響不無關係。1894 年，由李提摩太口譯、蔡爾康筆錄的《泰西新史攬要》在《萬國公報》上連載；1895 年由廣學會出版單行本。李提摩太在該書的序言中就明確地提出：「（中國）每有邊警，償銀割地，天實為之，謂之何哉？重以前患甫熄，後變迭乘而又加甚焉，沿至今日，竟不能敵一蕞爾之日本，嗚呼！誰之咎歟？」[33] 根據李提摩太的回憶錄所記，《泰西新史攬要》出版後受到國人極大的關注，僅在杭州一個城市就有不少於六個盜版本，在西安甚至能高於定價三倍出售，定價為兩元一套的《泰西新史攬要》「在全國流通的盜版書的總價值肯定能達到一百萬元」；此外，李提摩太還將此書分別寄給了「一些督撫大員」，李鴻章、張之洞等人收到贈書後先後約見李提摩太並晤談多次；康有為領導的強學會在拜見李鴻章時，也建議將連載《泰西新史攬要》的《萬國公報》「闢為政府機關報，按期發行。發行量為一萬份」；1895 年 10 月，

康有為在倫敦教會駐北京辦事處對李提摩太說「他信仰在我們出版物中所啟示的上帝那父親般的愛，以及不同民族間兄弟一樣的情意。他希望在追求中國復興的工作中與我們相互合作。」[34]

「以皇上統籌全局，商定政體……乃受成效」，康梁的這一主張基本上還是試圖維繫封建皇權的「萬世一系」，但更多的志士則直接把變法與國體和政體勾連起來，並在「光復族國」的要求中將保皇黨人試圖彌合的族與國關係對峙並撕裂開來：「今日之漢種，無所謂國也。彼白人之視我也則曰支那。支那之國何在矣，而彼之所謂支那國者則清國也。夫清國雲者，一家之私號，一族之私名也，而以吾漢種冒之乎！」[35]「中國者，吾黃帝子孫之國，非白種之國也。土地者，吾國人之土地，非滿洲之土地也。然而今日之中國，為白種之國矣，為滿洲之土地矣」；[36]「中國者，中國人之中國也，孰為中國人，漢種是也。」[37]

將族與國切割開來並撕裂開去的基本邏輯，首先是依據西方民族主義理念將國民細分為統治民族與被統治的民族兩個對峙的部份，進而透過不認同滿族入主的中國是自己的祖國來表達自己的主體性，其次是透過歷史的建構和解說將族國與祖國切割，由此引入異族統治的觀念並建構自己的合法性；再次是將割地賠款等外侮歸結為統治民族的族國對歷史祖國的羞辱，以顯示出革命的急迫性；最後構建出「透過革命脫離異族的族國以構建本族的族國進而光復祖國」的全套邏輯。這套革命邏輯的核心理念就是「採納了一套西方的概念架構，這一架構在文化和種族之間作了明確的區分，二者在被用作貶低外來集團的尺度時，分別與種族中心主義和種族主義相對應」。[38]而這個邏輯的構建原點，在張灝看來，就是轉型時代的漢族知識分子「對歷史記憶做一番重新組合與建構的結果」：「所有中國人，因為彼此之間存在著一些根源性的聯繫，形成一種生命共同體；這根源性的聯繫，首先是指所有中國人像一個大家庭一樣，來自共同的祖先，因此自稱黃帝子孫或炎黃子孫，由共同的鄉土——中原散居各處，因此使用共同的文字，遵守共同的生活習慣與行為準則，而且這個族源也開啟了一個綿延不斷的歷史文化傳承，透過一連串典型的歷史人物與事跡，一直貫穿到現代的中國人，使得他們有共同的記憶。」[39]

就筆者所見，關於這套革命邏輯的最早的完整呈現，始於在1903年發表的《民族主義之教育》，這篇「據日本高材世雄所論而增益之」的反滿文章指出：

「故國民雲者，以國家為民族之範圍；以國家為民族之範圍，則在一方以維護本民族之權力為主義，在一方以吸集他民族之權力為主義。凡異民族之被吸集者，必受同化力；受同化力者，必失其原有之位置，而被抑揚高下與異族

之政府之下,漸失其種而混同於他族國民者,不必其為同一種族之詞也。是故國民之與民族雲者,其意義所包含絕異」;「『那取勇』(民族)者,謂具有同一致言語、同一致習慣,而一特殊之性質區別於殊種之民族,專指人類之集合者言之⋯⋯是故民族建國者,以種族為立國之根據地。以種族為立國根據地者,則但與本民族相提攜,而不能與異民族相提攜,與本民族相固著,而不能與異民族相固著。必能與本民族相提攜、相固著,而後可以伸張本民族之權力」;「夫以神明之貴冑,而受制於塞外之異族,此支那民族祖宗以來之隱恨也。以四萬萬人之繁夥,而受制於八百萬之少數,此支那民族沒齒不復之大辱也。彼其割讓支那之土地,揮霍支那之權利,而不惜者,以種族之故,支那之志士,禁錮支那之學界而不之悔者,以種族不同之故。今日不革命,不足以乞彼族之憐,今日不革命,不足以弭彼族之怒。革命亦亡,不革命亦亡。不革命則為被人掠得之奴隸,殉不知誰何之主人而亡;革命則為獨立自主之國民,殉民族全體之福利而亡。殉奴隸之名義而亡者,固無面目以立於天下;殉民族主義而亡者,其精神終流衍於社會而不可剿絕。夫恢復以往之權利者,支那民族天職之所當為;推刃九世仇讎者,支那民族前人之所樂許」。[40]

這樣的革命邏輯,在清末民初的時政論述中幾乎是比比皆是,而在提倡「革命必剖清人種」的鄒容那裡則表述得更具有鼓動性:

「中國者,中國人之中國也,非滿人所得而固有也」;「吾同胞今日所謂政府、所謂皇帝者,即吾疇昔之所謂曰夷,曰蠻,曰戎,曰狄,曰匈奴,曰韃靼。其部落居於山海關之外,本與我皇帝神明之子孫不同種族也。其文字與我不同,其語言與我不同,其衣服與我不同。逞其兇殘淫殺之威,乘我中國流寇之亂,闖入中原,盤踞上方,驅策漢人,以坐食其福。故禍至則漢人受之,福至則滿人享之⋯⋯故今日強者,亦滿人強耳,與我漢人無與焉;故今日富也,亦滿人富耳,與我漢人無與焉」;「吾正告我同胞曰:昔之禹貢九州島,今日之十八省,是非我皇漢民族,嫡親同胞,生於斯,長於斯,聚國族與斯之地乎?黃帝之子孫,神明之冑裔,是非我皇漢民族,嫡親同胞之名譽乎?中國華夏,蠻夷戎狄,是非我皇漢民族嫡親同胞區分人種之大經乎?滿洲人與我不通婚姻,我猶是清清白白黃帝之子孫也」;「中國之一塊土,為我始祖黃帝所遺,子子孫孫,綿綿延延,生於斯,長於斯,衣食於斯,當共守其勿替。有染指與我中國,侵占我皇漢民族之一切權利者,吾同胞當不惜生命,共逐之,以復我權利。」章太炎在鄒容的《革命軍》做序時也特意地強調指出「革命」的意義:「同族相代,謂之革命,異族攙切,謂之滅亡;改制同族,謂之革命,驅逐異族,謂之光復。今中國既滅亡於逆胡,所當謀者,光復也,非革命雲爾。容之署斯名,何哉?

諒以其所規畫，不僅驅逐異族而已，雖政教、學術、禮俗、材性，猶有當革命者焉，故大言之曰革命也」;[41]「吾所謂革命者，非革命也，曰光復也。光復中國之種族也，光復中國之州郡也，光復中國之政權也。[42]」

依據「對歷史記憶做一番重新組合與建構」，使得民族主義「既是一種意識形態又是一種將一個民族和一個主權國家融入到一種至關重要的內在價值體系並進而成功地鼓動整個民族或大部份人口的政治意志的政治運動」。因而民族主義由此改變了古代中國俯視異族或異邦並冠之以「犬字旁」或直呼為「蠻戎夷狄」的天下觀念，而代之以平視的民族主義觀念：「民族身份是一個連續不斷區分『敵人』和『朋友』的社會構建過程，……民族身份……並不依賴任何客觀的語言或文化差異，而立足於主觀的差異體驗。」[43]鄒容、章太炎如此，孫中山也是如此：「滿胡以異種入主中原，則招撫與人民之隔膜尤甚。當入寇之初，屠戮動以全城，搜殺長稱旬日，漢族蒙禍之大，自古未有若斯之酷也；山澤遺民，復仇之念，至今未灰」;[44]「驅除篡權的外來人（指滿族統治者——原注），從而使中國成為中國人的中國[45]」；「吾輩所謂滿洲政府，蓋與支那政府有別。支那今日固無政府，而兩者界說實不能混，如直以滿洲政府當之，則是法律上誤定之名詞耳」;[46]「民族主義，並非是遇著不同種族的人，便要排斥他，是不許那不同種族的人，來奪我民族的政權，因為我們漢人有政權才是有國，假如政權被不同種族的人把持，那就雖是有國，卻已經不是我漢人的國了」；「民族革命的緣故，是不甘心滿洲人滅我們的國，主我們的政，定要撲滅他的政府，光復我們民族的國家。」[47]由此可見，《民族主義之教育》和《革命軍》在1903年掀起了近代中國民族主義和排滿的滔天巨浪並被孫中山吸收入民族主義思想當中：根據臺灣學者張玉法的統計，這一年中與排滿相關的論述占到總數的15%～20%左右，在《江蘇》雜誌上更占到30.4%。[48]也就是從這時起，「民族主義在二十世紀的中國，不是屬於某一個特定的政治運動，或者特定的思想學派，而是到處瀰漫的思想氣息」。[49]有趣的是，這兩篇提出反滿革命全套理論的檄文，一篇根據日本學者「增益之」，一篇則是國內仁人志士的著述，由此多多少少地可以透射出清末民初這場討論與西方近代民族國家觀念的關聯性和思想武器的掌握度。

民國的肇建，見證了孫中山關於徹底推翻皇權、光復中華思想的勝利，同時也標示著清末思想論爭的一個階段性結果的呈現：這既是清末思想討論的在行動上的一個自然結果，同時也是民初思想討論的起點，而這兩個階段思想論戰中一個貫穿性的核心，就是近代中國的「族」與「國」孰者為先以及如何再度整合的問題。考慮到在推翻滿人統治、光復中華之後，撕裂族與國的革命邏

輯就失去了整合多民族國家的能量。有鑑於此孫中山在民國建立後也立即宣布「國家之本，在於人民。合漢、滿、蒙、回、藏諸地為一國，如合漢、滿、蒙、回、藏諸族為一人，是曰民族之統一」；[50]「今滿清政府已去，共和政體已成，民族、民權之兩大綱已達目的，今後吾人之所急宜進行者，即民生主義」；[51]「辛亥以後，滿洲宰制政策既已摧毀無餘，則國內諸民族宜可的平等之結合，國民黨之民族主義所要求者即在於此」；「國民黨敢鄭重宣言，承認中國以內各民族之自決權，於反對帝國主義及軍閥之革命獲得勝利以後，當組織自由統一的（各民族自由聯合的）中華民國」。[52]由此可見，清末民初革命黨人所有的革命和建設邏輯，在於透過族與國的撕裂以推翻異族對祖國的統治、透過革命實現國家的光復，再透過漢族為主導的族與國的再整合來實現國家與民族的復興。

從清末開始的變法維新到民國肇建，中國大陸思想界的這場大討論的核心議題逐漸從變法圖強轉移到推翻清朝皇權的「驅逐韃虜，恢復中華」；換言之，這場討論的焦點議題逐漸從「外辱」轉移為「內侮」，這個轉移表示著越來越多的志士仁人在這場討論中逐漸趨向透過重構族國以圖自強。而身處「閩臺僻地」的李春生雖然在變法維新時代就積極參與討論，但卻因乙未割臺而沒有由始至終地參加下去，這在客觀上也使得變身為「棄地遺民」的他逐漸走上了一條與大陸志士仁人迥然不同的道路。

## 三、從「求富求變」到「以天道爭」：李春生關於族與國的切割與漢奸邏輯

早在赴臺之初，李春生就注意到了臺灣物產的富饒和臺灣之於中國的重要意義：「臺灣本屬吾國連之島，俗稱海外版圖，胡足為重。唯識者謂此島險要地利，設或自立門戶，亦足於海內稱雄。該島山明水秀，雨水綿續，氣候溫和，風土宜人，乃天造地利。沿海港道隨處深淺，不但堪資守禦，且可戰守自如。……至山傑地靈，土產饒裕，非僅足供本國之用，外此亦可任憑販運他售，恆享出口無疆之利也。地為三分，東居野番者二，峰巒斬岩，悉未開墾。西居華人者一，地多平原。耕作雖勤其若地廣人稀，每為凶番乘間截殺。南路盛暑，通商二口，曰打狗曰安平，產糖油鹽米芝麻等類。北路溫和，四季多雨，通商二口，曰基隆曰淡水，土產青靛茶葉樟腦煤炭糖油苧麻硫磺百草木料磺油獐鹿熊豹，奇禽異鳥間亦有之。」[53]「臺灣僻處南五省之東，隔洋僅數百里，孤懸海外，縱橫富麗，甲一巨省。雖然孤島懸遠，險要地利，識者以謂東南七省半壁屏藩。以形勢而論，枕橫閩浙各口，貫通西北二洋，為東南七省咽喉重地。其利害也，有若唇齒之關，得之，藉以振國威、保疆宇；失之，不但辱國體、

資敵勢,且沿海七省因其戕,水師一帶受其制,外侮一動,內患鼓惑。臺灣一島,關係中華全局,自宜加意保守,萬勿疏疎忽輕視。」[54]恰如連雅堂所言,「雖居而盱衡時局」的李春生,這一見地無疑是慧眼獨具「至今猶矍鑠也」。[55]

與此同時,李春生對臺灣的開發特別是在原住民地區的開發也十分關注。1875年2月,他在《中外新報》上建議清廷「於閩省漳、泉二郡設局租舟,曉諭廣招窮鄉貧民……前赴後山之岐崍、埤南等處,使其自行開墾力田,由淺而深;要地之處設防保護,彈壓刁民,恩威並施。善法招撫,則後山一代生番可期指日肅清」[56];「臺灣膏腴……生育蕃衍,四散謀生,眾寡勢成,生番不招自撫,路徑不闢而開。數十年後,猶恐今日之山前不能及也。」[57]1876年丁日昌採納李春生建議後,李春生於次年再度指出在原住民地區撫墾的好處:「一則杜土人負隅作亂,剿辦屢耗浩費;二則免吾民於各交界輒遭生番殺戮;三則拔內民出苦入勝;四則唐番和睦,土產地利倍蓰湧旺;五則臺灣衝要為沿海七省咽喉,洋船必遊之徑,波浪滔天,涯岸陡壁,往來舟舶難保無遭風失水之虞,全島既通,人知服化,遇有危難航客,自能勉勵搭救,永免乘危劫戮,致干藉口逞兇之憂」。[58]儘管深知這些劫掠原住民的政策並不人道,但他還是辯解說「依招工之法,施擒放之術,斷無不樂歸仁化,即使餘氛未盡,無難以毒攻毒。」[59]

在牡丹社事件之初,對日人對臺灣的野心還是十分警惕,並對日本並無多少好感:「日本侵臺一役,違約背盟,謀吾屬土,虐吾黎民,靡吾經費,辱吾國體,凡有血氣者,莫不痛恨切齒,共圖報復」。[60]在另一方面,李春生也把原住民視為招致日本侵臺的禍首元兇:「自臺灣生番頑化,殺害琉球數命,殆累中日兵戎相見」。[61]

但面對日本的「輕啟兵端,背盟侵土」,李春生卻主張對日「慰以好言」來息事寧人:「為今之計,極宜咨請總署飭令日本公使,止用其兵,慰以好言。一面在後山沿海一帶有口岸者,處所甚多,設立營汛,駐紮防兵,保衛遭風洋船,乘便招撫生番歸化,俾全島肅通。」在日本攻占牡丹社之後,李春生仍指望列強調停、酬以錢款以苟全偏安:「為今之計,極宜多調精兵勁旅,東渡以保守疆界;一面諮請總署,邀集列邦公使,阻止日本添兵;並請其遵照公法,在京調處,或酬以微款,稍補今番用兵經費,務使全師退出,不留餘種;倘其事不諧,亦止宜請公等派員赴臺定界,以杜將來混爭,殘害吾民,藉期作苟安之計。至於戎衣相見,恐非吾國之利也」。在李春生看來,主和不是投降而是權宜之計:「竊謂兵釁之啟,冤連禍結,誠國家之大不幸也。唯能洞悉時勢,

深知利害者，固能為國主和，以固大局。……臺灣一島，本屬難資保衛，況沿海七省口岸門戶所在，殊費籌防，臨敵備武，毋乃晚乎！是主於和者出於勢也。……職事而言和者，無非暫作緩兵，以維持大局。一旦籌備成效，何難驅敵出境」；「總之，眼前萬不可悯然開兵釁……余願吾朝廣施仁政，恭納天道，檄傳各值省遴選奇才，革除陋俗，開礦以取利，禁言以蘇民，練精兵，修武備，添戰艦，習水；至於天文、地理、化學、氣機，與夫利國益民之電線。新報等藝，望速延請西士，藉資教習，以冀變通一新，富強指日俾敵人畏威，拱手北面。毋區執古法舊制，以貽國誤民。」[62]

在主張對日議和以求緩兵變法之餘，李春生還反思了日本富國強兵與維新變法的關聯性：「日本徬徨奮修，莫不首務其要。傾廟毀佛，夫豈無因？人才之培育也，幾無邑無西學之設；耳目之長也，幾無郡無日報之行；呼吸之靈也，電線鐵路間亦行之。因是而西人忌之，謂其有幾艘舟艦、數萬雄兵，足以動人起敬，蓋深佩其不久將有無限雄才，出為問世。但使一朝得志，機有可乘，誰敢保其無一飛沖天之一日乎？」此外，李春生還認為，「蓋國強而困於財用者，將必妄生殘念，謀諸其鄰。始或殷勤告貸，繼而藉端覬覦，終而強橫侵奪。無他，勢之使然也。誠如是，能不為富而鄰於強者危之。為琉球與高麗計者，猶當先機提防，毋固守成法，坐待日本之浸大」。[63]

同是維新變法，中日卻為何此為魚肉彼為刀俎？這是清末民初論戰中一個核心的議題。討論的結果，保皇派傾心於君主立憲西體中用，革命派則主張驅逐韃虜、創建共和。而偏處僻地、孤懸海外的李春生則發展出另外一套思考：在《變通首務教化》一文當中，李春生認為西方列強近代以來的發展最終還是要歸因於基督教這個「天道」的內在驅動：「泰西列邦侵乎富強，莫不以天道為崇旨，是知昊天罔極，上帝公義，耶穌慈悲，天堂地獄賞罰不爽，自然欽守寅畏，正直誠肯」；[64]「夫當日西人僻處萬里之海隅，千百年前猶如蠻似蟻，一旦被化，尚知智足以取人，不足以勝天。乃受法耶穌，尊崇天道，本於是以圖治者，恆先天而後智，故人多果敢，攻無不克，戰無不勝。蓋天作前鋒，有戰必誓，道為後隊，無往不傳。因是阿美利加為之跨，阿非利加為之並，印度緬甸為之掠，澳大利亞為之奪；此外，東西群島、南洋諸邦，其能倖存，而無為歐之吞噬者，其亦鮮矣。……乃若日本之知機者，能驟然而棄佛，決然而崇天，甚至變偶像鑄銅錢，改佛殿為禱室。無怪國雖小，亦足以自強。」[65]李春生歸納總結說：「天下萬國，各有政教，亦各有神道。蓋無神道，不但不能為政教，亦不能資吏治。何則？政無神不能治，教無神不能化，故曰聖神功化，此萬世不易之道也。」[66]

以此觀念來反觀中國，李春生認為中國的詩書禮教「徒託空言，無法教人歸於誠懇孚信」：「六經四子史鑑律例，考其書中道理，不過僅資修身齊家，佐君治國，足供人道之用；至於生身救世，導人宗天，是書則未見之也」；[67]「見今日之中國成一大詐局矣！父子且不免爾虞我詐，矧兄弟親戚、夫婦朋友，又孰不藉倫常為口實，貧而譎者輒思逞蠻抵賴，以期挾制覬覦，坐享倫常便利；富而狡者不得不計謀狡兔三窟，窖地藏金，以防架誣波累、明欺暗算之煩苦。若夫中人之誠樸者，非任人魚肉，安有太平日子可過！」基於這樣一個對中國社會的道德評判，李春生認為：「中國不欲富強則已，中國而欲富強，非兼修政教，則難以致力。欲兼修政教，非並講神道，則無以為功。欲並講神道，以純修教而致富強，非合當世諸大國，並崇獨一真神，則不但不能臻富強，而並通商保險、公法裨益亦皆不能與沾也」；[68]「方今天下之言耶穌者，無一不為富強鼎盛之雄國；恥言耶穌者，亦無一不為窮削辱之小邦。豈非冥冥中，固有主宰存焉！」[69]由此可見，李春生的族國觀念與同時代的志士仁人相比，顯然是十分淡薄的，也正因如此，李春生在成為「棄地遺民」之際並無「文化祖國」與「新附皇民」之間的族與國的撕裂之痛，其間雖有「唯是新恩雖厚，舊義難忘」的些許忸怩的惺惺，但更多的則是「自願改裝入籍」的欣欣然。

14歲就隨父受洗入教的李春生從小就生活在半殖民地氛圍濃厚的通商口岸廈門，中華文化對他的浸潤並不深厚，基督教的教義和養成不僅沖淡了李春生原本並不濃郁的中華文化的教化，他的買辦經歷又使得李春生有天然的利益驅動，這就使得李春生在清末這個「有生之大變局」中看到的不是滿清的族國與漢人祖國之間的對峙與衝突，而是一個與自身財產利益緊密相關的「變」：作為島內知名且國內小有聲望的「臺北名士」，李春生在1893年的《萬國公報》上撰文說「今日者，史前勢徒，有生之大變局，雲泥之相去也。起古之聖賢質之以時勢，吾知其未有不謂當變也。」[70]在思考這個變局的時候，李春生更多的是基於基督教教義的思考，這種思考的基本路徑就是追隨強勢而遠離族與國的交戰，從下面的文字中我們可以清晰地看到，李春生對大陸上志士仁人痛徹心扉的滿人「奪國之恨」和沒齒難忘的「族國淪落」並沒有太多的感覺：「三代所謂聖帝明王幾無一不為夷狄。史稱自黃帝至禹，皆同姓而異其國號者。書雲：舜為東夷，文王為西夷。武王、周公、孔子皆稱聖人之後，豈能免為夷狄之子孫者乎？……哀哉！利令智昏，而並夷夏二字，又磨礪不清，況欲求其辨識，經線有南北，緯道無東西，得乎？所以今之富強，而處天下之邊者，教必以順天者存之道，神必專誠昭事上帝，政亦必以仁愛和平為治，斯皆行中國三代之政教者，而人反謗其為夷狄。」[71]正緣於此，李春生試圖超脫國家與民族

的場域去找尋求富求變道路,而在這個探求過程中,基督教的影響使得原本就受中華文化薰陶不深的李春生發生了巨大的思想轉折。

《天演論》對近代中國的影響恰如胡適所言,「中國屢敗之後,在庚子辛醜大恥辱之後,這個『優勝劣敗,適者生存』的公式確是一種當頭棒喝,給了無數人一種絕大的刺激」[72]但受洗入教的李春生卻對《天演論》不以為然,當然,這也是當時西方基督宗教的主流觀念。在李春生看來,世間萬物之多樣神奇並非是進化而來,而是存在著「天道」:「造化所以蘊奧,多在於不可思議;人之所習者,多在於又可思議。所以天道與人道格格不相入者,其在斯乎!」[73]「創造天地萬物,確有真宰。……所謂造化,是上帝能無所憑藉依賴,自無生有;所謂原理,是上帝是使寓於萬物,以運動變化,使萬物生生不息;所謂人事,是稟上帝所予靈明,或循原理為格化」;[74]「元質自然能變物,何以幸與不幸之離奇,有若是之差別?又似甚極聰明睿智者,不然,何有雌必有雄,有牝亦有牡,有男亦有女,儼若一造化元宰之施為?若是者,胡不仍存造物主名義,而別立一無五官四肢、無神通感覺之自然,以為造化之代表黃粱夢境籲!亦可謂庸人自擾者矣。」[75]「達爾文、斯賓塞、赫胥黎之三子匪唯挺其武斷,集厥大成,而尤盡蛇添足,變本加厲,若者曰自由平等、物競天擇、優勝劣敗、強存弱亡,諸凡此皆為誨人反道背德,誣民惑世之怪學;乃更栩為能破壞前人野蠻之學界,特造文明進化之新學,恥也!」[76]

在這樣的獨尊基督一神的邏輯之下,李春生把西方和日本的強盛和科技進步歸結為尊奉基督教的直接後果,把中國向列強的割地賠款視為反對基督教的自然結果:「歷盡五百年,至於今日,傳教所至,凡知天意、識神機、歡迎接納者,隨在美公德、普慈善,化行俗美,民精國富。夫以區區數百年之短時期,能致遍歐洲大陸諸野蠻地,一變而為文明極樂之世界,豈非耶穌教神權臂易之由造乎?他若日本一島國,因其不敢效支那頑冥強項,大施抗阻困逐之技,而亦享有耶穌教之餘澤,故能南收琉球、臺灣諸群島,北擅朝鮮、滿洲諸政權。斯不過論新教臂易之現史,不得連類及之。時至今日,凡與是教為敵,若東西羅馬及天主、回回之舊教者,凌替衰敗,幾於岌岌不能終日。洎其他抗而不接、阻而不納,若斐洲、印度與夫南洋群島者,亦未有不為此新教國鞭笞駕馭、奴隸臣妾」;[77]「蓋日本地卑國小,人寡財促,此天下所共知者,唯差強在政寬俗厚,任民敬信耶穌,昭事上帝。若清國者,地大物阜,民繁財富,勝於東洋十倍,亦天下所共見者。差短,在政殘民頑,肆皇天於弗尚,君民一心,驅逐聖教,此所以敗也。幸而未及淪胥以亡者,是上帝恩施特別,使其將知悔也」;[78]「雖曰日本尚屬異邦,然究其憲法,宗教自由,且其間居顯要之奉基督教者,

亦實繁有徒。天假其手以懲悍俄，亦理固其所也。其視夫支那之受鞭笞、被抑制者，詎非因鬧教抗教自取耶？」[79]

正是基於這樣一個邏輯，李春生逐漸遠離了自己的民族身份和族國歸屬：「但生同中國，念切父母墳墓，無奈冒死以天道爭」[80]；還是正緣於此，李春生對「漢奸」之說大不以為然：「有一冒昧正行者，必群起而攻，謂其背義違俗，毀其謂漢奸洋犬……噫！愚甚為不解也！能辨是非、分黑白者，則詆謂漢奸洋犬，然則古之哲人君子，何一不因是而稱聖賢，乃獨今之能辨是非分黑白者，必人而毀之，不亦冤乎？其真欲世道暗無天日哉？愚謂所謂漢奸者，非必一定待其遞軍信，通敵情也。若夫不知黑白不辨是非，一味壅蔽政府，貽誤大局，及喪師辱國者，亦漢奸之與也。其所謂洋犬者，亦非必專指致就洋館、受西聘者，若夫遇敵垂頭，逢仇氣短者，何一能免哉？」[81] 還是基於這樣一個邏輯，李春生對伯夷叔齊不食周粟之事也大不以為然：「夫伯夷叔齊，孤竹君之二子也。不守父命，是不孝也。棄位而逃，是不忠也。幸而陷其可繼之弟，蹈僭奪之名，是不義也。不幸而國破家亡，流離失所，是不仁也。不孝、不忠、不義、不仁，加又扣馬諫阻人之為善，且又採薇作歌。誓不食粟，餓且及死，是怨也。五者之間，不免居其三四，又所以教天下，尚得謂仁賢之無怨者乎？……因是而知夷齊之行，不但無以稱於當時，而亦不足以示於後世。」[82] 在構建了這樣一個漢奸邏輯之後，李春生就斷然地拋棄了「文化祖國」和「漢人族國」，安然地從中國的「棄地遺民」搖身一變而成為「皇民精英」了，而臺灣總督府「凡治臺之事關於民情者，悉以諮之」[83]。

在輸誠納降之後，李春生對日本文化及其殖民行動的艷羨和對族國文化的棄絕在言語的讚美和行動上的逢迎溢於言表、隨處可見。在臺北開門揖盜之後，李春生在前往松山途中將詹振率偷襲日軍軍需轉運站、擊斃日軍 20 餘人的錫口戰場遺蹟指為「匪患」：「車經錫口，瞥見被兵房屋，焚毀將半，慘淡情景，目擊心傷，於是深恨土匪，種禍害人之不淺也」。[84] 在他統帥全家子孫跟隨日本駐臺首任總督樺山資紀大將赴日遊歷的日本游記中，李春生把日本這個殖民地宗主國描寫為：

「水秀山明，勝於描幅，加之風恬浪靜，一塵不驚，……極遊目騁，懷之賞至，是始信蓬萊佳境，造化天然，隨在無非名勝，若夫山重水復，秀麗宜人者，尤倍勝畫圖，此所謂道不了萬紫千紅，看不盡五光十色者，其在有天然爛漫之形勝，不肖點綴陪襯之工力也」；「今者設身此地，又疑為黃粱夢境，或誤入桃源。故騁游至是，猶當為蜃樓海市，鏡花水月，不敢信以為真」，「然最奇

者，盜賊強梁之習，幾乎絕無僅有，民情之厚也，道不拾遺，則其他鑽穴鼠偷，亦幾不禁而絕矣，夫豈三代之風，堯舜之俗，有過是哉？！」[85]

在阿諛「兄姐」般的日本殖民者「恍如聖使」的同時，李春生在附驥東遊的日記中還將日本稱之為「吾國」、「吾帝國」和「吾日本」，將日本政府稱之為「吾政府」，並時時不忘辱罵自己的祖國：「目下臺灣割地，佔領成交。又蒙樺山公錯愛，得以驥附東遊，藉睹諸兄姐尊顏，恍然如親聖使」；「……吾政府臨民之寬，教皆自主，若夫耶穌傳者，更有暗中扶持之勢，此所以小而大勝者，顯有上帝既助之力，非弱清國之怙惡不悛，唆動焚殺，致啟天怒，至於喪師辱國。」[86]

在確立對臺灣殖民統治之後，日本殖民者對於中華文化的剪滅始終須臾不忘，同時把宣揚日本文化作為重要的同化手段。1901年，臺灣總督府民政長官就針對留髮、纏足等體現「祖國意識」的現象指出「移風易俗乃關乎民心歸向之施政方針之大者。」在「附驥東遊」之時，遇見日人因中國人腦後的辮子訾罵為「唱唱保」（日語：豬尾奴）的時候，李春生則頓足捶胸、感慨萬千地把日人的侮辱歧視推究到清廷身上：「嗚呼！可以人而不知變通從權，自甘固執陋俗，苟且偷安，至於喪師辱國，割地求和，而累數百兆生民，共玷『唱唱保』之臭名……不亦哀哉！」當李春生率領子孫親友「割髮換裝」之後，則頓然感覺「自是雖知身非歐西族類，然英俠之氣，勃然流露，已非昔時屑弱佝僂之比」；[87]不獨如此，李春生還為自己開脫辯解說「予素喜西制，償慕改裝效顰，以為利便，奈格於清俗，不肯權變為憾。今者國既喪師獻馘，身為棄地遺民……因是決意斷辮改妝」，[88]「扮日本古制，闊其佩裾，高其屐齒，馳隨孔道，自以為榮，雖任傾跌顛僕，至於傷殘，亦所甘心。」[89]但根據1902年的《臺灣民報》的報導，「以李春生、辜顯榮為首之斷髮辮者僅二十八名。」有鑑於此，日本總督府在1911年臺灣「毅然實行斷髮」：「為一國之子民必服從一國之政令。日本帝國之君民向來皆結髮。當明治維新之制仿效西歐之時，天皇陛下親剪結髮，隨之舉國傚法，遂成風俗。……如今臺灣改隸，昔為清國子民而辮髮者既為日本國民自須從日本之俗。辮髮為清之俗，剪髮為日本之俗。」[90]

獨尊基督教的「天道」，使得李春生對自己的祖國和族國都蕩然無牽掛了：站在基督教和日本的立場上，他悲天憫人地教導祖國「自今以往，支那而不願有國則已，若其尚期中興有為，宜其步吾帝國，取法維新」；[91]「故眼前莫論為清為漢，救族救國，不但首務速行納教，以迓天和，更須默助邦人之奉教者，自立門戶，推行是教，以服強敵之心，折衝無形，戰勝不兵，莫過是也。」[92]

「族」與「國」：李春生與清末民初的臺灣

針對中國大陸的驅滿光復的皇漢民族主義言論，李春生認為：「世之評判家，憤慨中國之敗，由於不變，苟中國不及早以耶穌神聖之道，奉為宗教，雖任莫論如何智巧，取法維新，即舉歐美二洲軍火利器，移布中國，亦無濟也。況又無時無日，而不陰謀逐漸，不亡胡可得哉？」[93]「若中國今日之忙維新為急務者，乃太阿倒持，起手則從事建孔廟，興紀年，外觀甚善，若究其底，無非重樹教幟為異日釁端。名曰保教，實則與義和團所謀無異。以若所為，微特無補維新，萬一禍變再來，其慘必有甚焉」；[94]「支那之國教，乃合黃帝之多神，孔子之教育，雜湊而成。但人民之謹奉宗教，乃由迷信，非屈於理。論教育之理，實不足範圍此迷信之眾，故所謂孔教中人，皆不過陽頂孔教之名，孔子之學說，僅系書生之夢想，一日未見諸施行。」[95]至於孫中山等流亡海外的志士仁人，李春生則勸降說：「海外之士，睹支那垂危慘狀，何嘗無痛心疾首，謀為贊襄扶救。奈何其生於（對基督教）不懼之國，習於不懼之教，所任亦為不懼之職，而乃一渡華海，頓失其剛毅正直之念。……噫吁嘻！自救既難，望救亦自不易。從是觀之，支那欲不垂滅，其可得哉？」[96]

1903年，章士釗在《漢奸辨》一文中指出：「中國漢初，始防邊患。北鄙諸胡，日漸交通。或與之和親，或與之構兵。由是漢人之名，漢奸之號創焉。漢人為漢奸者有之，外人稱漢人為漢奸者，亦有之。積自二千年來，傳至今日，漢奸名號，未有定評。故往往有視愛同類為漢奸者，涇渭不分，殊甚痛嘆！所謂真漢奸者，助異種害同種之謂也。」[97]另據王柯的考證[98]，漢奸一詞的流行始於清代：努爾哈赤曾說「中國中之漢人、蒙古，並他族類雜處於此，其或逃、或叛、或為盜賊、為奸宄者，其嚴查之。……若群心怠慢，察之不嚴，奸人伺間而起，國之亂也由此」；[99]而體現民族共同體意義的「漢奸」一詞最早出現於康熙中期，田雯在其所撰《古歡堂集》的《黔書》中寫道：「苗盜之患，起於漢奸。或為之發縱指示於中，或為之補救彌縫於外，黨援既植，心膽斯張，跋扈飛揚而不可複製」；[100]到清末民初的思想討論中，漢奸被賦予漢人族國的含意：「甲午以後，虜廷不絕如線，而康梁以痛哭流涕之妄態，倡偽維新之論，保皇之名。種族之歷史不通，國民之原理不曉，唯鰓鰓鼓其『開明專制』、『政治革命』之醜論，以作君王憐妾之宮怨詞，……」[101]可以看出，革命派之所以祭起討伐漢奸的大旗，就是為了建立一個與「漢族」一致的「國民」，而他們判斷「漢奸」的標準，始終沒有超越「種族」主義。換言之，他們認為，作為一個漢人，在處理與清朝的關係上，必須導入種族主義、民族主義的觀點，否則就是「漢奸」，就是「革命」的對象：「滿人之與政府相系者，為漢族所當排；若漢族為彼政府用，身為漢奸，則排之亦與滿人等。」[102]

「去者贐以之義,來者接之以道」,[103]這是日人中西牛郎給李春生在從「棄地遺民」轉向「新附皇民」那一刻的評價。李春生就是這樣徹底地將他的民族與國家切割開來,用殖民宗主國的「新恩」來唾棄祖國與族國的「舊義」,用基督教神的「天道」將自己的民族身份、國家身份與異族、異種、異邦的殖民宗主國勾連起來,由此完成了他從「棄地遺民」到「皇民精英」的身份轉換。「來時異族,歸去兄弟」,[104]這是李春生借用日人之口將自己拋棄祖國、擁抱異族的心境比附。由此可見,李春生在族與國的關係上切割的相當的決然和斷然,這顯示出他在文化認同、祖國認同和民族認同等諸方面與同時代的大陸志士仁人有著天壤雲泥的區別。

　　「在某種意義上,殖民帝國絕非獨自占有帝國,而是仰賴協力者獲取資源」,[105]這是韓國學者基於日本對朝鮮的殖民統治所得出的結論;而在日本殖民下的臺灣,李春生顯然扮演了一個「協力者」的角色。這樣一個「協力者」的角色,說到底就是出賣民族利益以自肥,「外面可以說李春生是時局變化中認同統治者,謀求自我利益的投機分子,而非認同臺灣人民,參與臺灣社會之奮鬥的人。」[106]以臺灣後續的歷史來反觀,正是因為李春生的族國切割邏輯恰恰與獨派人士的思想邏輯有著某種內在的心靈契合,所以才被獨派學者尊為「最有國際視野」、「卓見宏論無一不應今日」、「庶幾有雖百世可知之慨」的「臺灣第一思想家」。

## 四、從李春生到林茂生、蔣渭水:族與國撕裂後的臺灣與祖國大陸的關聯性

　　1838～1924年,李春生的一生恰好與清末民初的歷史時段相對應。在這樣一個歷史進程中,經由族與國的討論與行動,中國大陸經歷了一個將滿族一族的族國撕裂並再整合為「五族共和」的新族國的歷程;而臺灣則經歷了一個將滿族一族的族國撕裂並再殖民為日本皇民的族國殖民地的過程。在這個過程中,兩岸各自萌生了祖國和血緣相同但結果相異的族類群體,前者是多元一體的中華民族,後者則是始終與祖國(中國)和殖民宗主國(日本)糾纏不清的臺灣人。在一些臺灣學者看來,兩岸「這兩個不同的政治場以其不同的特質,分別誘發了兩個發展軌跡和關懷議題都不同的民族主義」[107],但從起點、焦點和可期的歸宿來看,兩岸的民族主義又不得不糾結在一起而成為大中國民族主義的一個組成部份,這不僅在李春生身上可以清晰地觀察到,即便在日本在臺殖民政府的官方記述中也可以明白地看到:

「臺灣人的民族意識之根本起源乃系於他們原是屬於漢民族的系統，本來漢民族經常都在誇耀他們有五千年傳統的民族文化，這種民族意識可以說是牢不可破的。

臺灣人固然是屬於這個漢民族的系統，改隸雖然已經過了四十餘年，但是現在還保持著以往的風俗習慣信仰，這種漢民族的意識似乎不易擺脫，蓋其故鄉福建、廣東與臺灣，僅一水之隔，且交通來往也極頻繁，這些華南地方，臺灣人的觀念，平素視之為父祖墳墓之地，思慕不已，因而視中國為祖國的感情，不易擺脫，這是難以否認的事實。改隸後，我方統治臺灣方針，即以此基本事實為基礎，對這些新附人民，尊奉聖旨，本諸一視同仁，平等無差別，俾沐浴皇恩；歷代當局亦常以此為本旨，努力於撫育指導。邇來，臺灣人在我統治下，所享有的惠澤極大，然而部份的臺灣人仍然無視這些事實，故意加以曲解，反而高喊不平不滿，以致發起很多的不幸事件。臺灣社會運動也以這些不平不滿做為一大原因而興起的。我們倘若詳細檢討此間的情形，除了固陋的、潛在的這些民族意識之外，實難找出任何原因，同時在觀察臺灣社會運動時，民族意識問題實具有極重要的意義。」[108]

在日本殖民臺灣之初的1896年1月，首任臺灣總督樺山資紀就發表了對臺固有宮廟寺院「尊崇保護」的諭告，要求「須注意不得濫為損傷舊慣，尤其破毀靈像，散亂神器禮具等行為，絕不容許肆意妄為」。這種「舊慣溫存」宗教政策，正如臺灣《菩提常青》雜誌社社長嚴正宗所指出的那樣，這「並不是對臺灣舊有宗教的『尊重』，而是以日本本國的利益為最優先的考慮」，其真實目的在於「一切都以安定人心為主」。[109]

一俟殖民大局穩定，臺灣總督府就開始在教化的層面對自明鄭以來已經穩固發展38年的中華文化進行封殺和毀禁：在1899年7月以「府令第五九號」頒行的《舊慣社寺廟宇等建立廢合令》當中，全面賦予日據官府掌控宗教祭祀場所的廢棄、新建、修葺與合併的審核之權；1900年日本政府內務省發表「官幣大社臺灣神社建設之件」，其後又在臺灣各地興建官幣中社和國幣小社；這個作為「臺灣守護神」的神社在1903年底建成後，臺灣總督府旋即在1905和1906年先後頒佈《有關神社寺院及本島舊慣寺廟所屬財產處分之件》和《本島舊慣寺廟等含有齋堂及神明會之件》，對「舊慣社寺廟宇」予以限制，同時規定官幣臺灣神社在例祭時全臺放假一天，「路遙不能親臨者，則就地舉行遙祭」；1934年，臺灣總督府以「府令文社第五〇四號」確立在臺灣每一街莊（即鄉鎮）各建一所神社的方針，並要求將神社置於地方教化中心，同時還通令要求各個

家庭供奉神宮大麻；到1938年臺灣總督府乾脆在「佛寺整理」的旗號下，強行將寺廟關閉或直接改為供奉日本佛教的「說教所」，其他佛教團體則被強行解散。[110]根據《重修臺灣省通誌》的記載，臺灣總督府在日據50年間先後頒佈宗教管理法規25部，[111]平均每兩年就頒佈一部，其對宗教的箝制之嚴厲、管理之細密由此可見一斑。經過如此周嚴的殖民法治過程，在臺灣的漢人地區一直存在的具有中華文化意義的宗教已經被日本殖民者摧毀殆盡，取而代之的則是深受日本軍國主義浸潤的日本佛教和基督教。

　　根據美國學者的研究，在日據臺灣之前，「構成臺灣全部人口的土著部族只占總人口的3%-4%，臺灣島在各方面已經中國化」。[112]因此，臺灣總督府自據臺之初就透過縮減直至全部停止漢語授課的辦法，以避免「臺灣支那化」和實現臺灣的「日本國民化」：「日本自1895年領臺後，以改造、同化臺灣本島人為終極目標，而表現在教育政策上的就是普及國語（日語）。從登陸臺灣那年就設立的『芝山巖學堂』起，到其後的『國語傳習所』，乃至專收臺灣人子弟的『公學校』，都是以傳授日語為第一目的」。由下表可見日本殖民者逐漸終止漢語教學的遞進過程，《臺灣民報》第154號曾經就此指出：「公學校用國語教授，是同化政策的表現，……可見公學校不是學校，簡直是人種變造所，是要將臺灣兒童變造日本兒童，不是要教他學問，啟發他的智識，僅僅是要使他變種，變做日本人種。所以知道公學校廢止漢文科或將漢文科改為隨意科的原因，並不是因為要減輕兒童的負擔，是要滅卻民族觀念，使兒童容易日本化的緣故」。[113]在這樣一種縮減漢文課程的語言同化政策下，掌握日語的臺灣人口比例在1937年4月底到1948年4月底的短短一年間就從37%陡然提升到60%。日本殖民者希望經由日語的推行切割臺灣人「保持對岸的語言和習慣」，使得臺人不再因為「使用本島話及隨著使用本島話而懷著思想祖國及懷念祖國的感情」，這在日本進步學者看來是「比任何血腥的彈壓，還要來的野蠻」：「由支配者給予的語言，被支配者若是使用，則變為奴隸的語言。語言不單是表現的工具，也是思維的工具。當作社會語言的日本話與當作血所流通的母國話之分開使用，是使思想或思考分裂成奴隸性與人性兩者，而致使格格不入。」[114]在1916年赴臺灣參觀「勸業共進會」並歷時17天周遊全島的國民政府官員汪洋，在《臺灣》一書當中也尖銳地揭露了日本在臺灣實行語言殖民的險惡用心：「予謂日人治臺，其他政策不足畏，此則根本政策，再二十年以後，無人知歷史所從來矣」。[115]

## 表一　日據時期臺灣公學校中漢文課程的縮減情況

| 實施時間 | 漢語教學課時縮減數量 | 法律依據 |
| --- | --- | --- |
| 1897年10月31日 | 國語傳習所乙科課程中增設漢文課 | 《國語傳習所規則中改正》 |
| 1897年8月16日 | 漢文併於讀書課中，每週12小時 | 《公學校規則》 |
| 1904年3月11日 | 將作文、讀書、習字等等各教科一併納入國語課，漢文課獨立為一科。每週漢文課改為5小時。 | 《公學校規則改正》 |
| 1907年2月26日 | 五~六學年的漢文課授課時數，縮短為每週4小時 | 《公學校規則中改正》 |
| 1912年11月28日 | 三~四學年的漢文課授課時數，由每週5小時縮短為4小時。 | 《公學校規則中改正》 |
| 1918年3月31日 | 「為減輕學生的負擔」，將漢文課的時間，一律縮短為每週2小時。 | 《公學校規則中改正》 |
| 1922年4月1日 | 所有漢文課改為每週2小時的「隨意科」（即選修），並得以視地方情勢，廢除漢文課 | 《台灣公立公學校規則》 |
| 1937年1月15日 | 「為徹底普及國語教育，以免喚起支那人心理」，台灣全島的公學校已經完全停止漢文課程 | 《公學校規則中改正》 |

資料來源：臺灣教育研究會《臺灣教育沿革誌》，1939年，轉引自王順隆《日治時期臺灣人「漢文教育」的時代意義》，《臺灣風物》第49卷第4期，1999年。

　　矢內原忠雄指出，「像住在臺灣的日本人，在日本有其本據一樣，臺灣人在中國有其故鄉、有其共通的語言及習慣。因此，日本的臺灣統治，是拿臺灣拉開中國而與日本相結合」。1920年，受洗於臺灣基督教長老教會、後任臺灣「皇民奉公會國民動員部」部長的林茂生，在10月31日即日本大正天皇壽誕的「天長節」這一天發表了《國民性涵養論》，他站在日本殖民者的立場上指責臺人不愛日本，是「國家觀念皆無之臺灣人」。應當指出的是，林茂生的這一言論其實脫胎於日本殖民者為了刻意地把臺人與祖國撕裂和切割開來而設計的治臺殖民政策：在1919年10月，日本殖民臺灣的首任文官總督田健治郎在

《施政方針》中就毫不掩飾地強調：「臺灣構成帝國領土的一部份，當然從屬於帝國憲法統治的版圖，……因此，其統治方針，概以此大精神為出發點，而從事各種設施與經營，使臺灣民眾成為純粹的帝國人民，忠誠於日本朝廷，且須予以教化與指導，使之涵養對於國家的義務觀念。」[116]針對林茂生的批評和指責，就讀於東京商科大學的吳三連在東京發行的《臺灣青年》上分別以中日兩種語言撰文指責林茂生「偏走歧路、背義忘恩」，「晏然不知恥」，並指出「孔子曰：大同；老子曰：無為而治；佛曰：極樂世界」；「有國家觀念而無種族觀念，最適合於今世，無所分乎國民、殖民土著人之別，對於國家權利義務與共之，道德風俗互相尊重，取長補短，文化遺被，熙熙攘攘，庶民子來，噫嘻！勖哉何族？有是也夫？曰：大漢民族古今歷史簡可證之也歟！」[117]在同一期上刊登的《樵文漫評》，也指責林茂生「木本水源，賣祖求榮」。在漢人的族國被日本殖民者撕裂的背景下，林茂生的文章顯然試圖將身為中華民族一部份的臺人與殖民宗主國重新整合起來，而吳三連則是站在「大漢民族」的立場上進行拒絕，他試圖以對漢人歷史的重構性解說把林茂生所欲的族與國整合限定在國民而非民族的層面上。在殖民地臺灣，強調臺灣人的國民身份並據此爭取政治權利的主張是臺灣知識分子一直努力實現的，這是一種在殖民暴力淫威下盡可能維護被殖民者政治權益並據此隱性地保護本民族文化的舉措，這種與殖民者不得已而為之的虛與委蛇一直貫穿到臺灣光復為止。從學理上說，吳三連的反駁並不有力，但卻是一個在無可奈何的情景下追求政治正確且「保種圖存」的曲折手段：「縱使在臺灣總督府的高壓下，很多真正的臺灣人，也勇於表達他們對林茂生的不齒。」[118]

　　針對日本殖民臺灣的一系列旨在剿滅中華文化的同化政策，林獻堂、蔣渭水等人在組織臺灣同化會、撤廢六三法爭議和臺灣議會請願運動中，不斷地用非暴力的溫和手段從改善臺人政治待遇的角度向日本殖民當局提出政治訴求，但都無一例外地遭到當局的取締和查禁，這使得臺人深刻認識到「有悠久之歷史，據特殊之民情、風俗、習慣，保持固有之思想與文化的現在三百四十萬漢民族，能否使其與日本大和民族，站在純然同一制度下，而加以統治，的確是不無疑問」。[119]從陳逢源、林呈祿、蔣渭水等「治警事件」當事人的法庭答辯文本中，可以清楚地看到日本殖民宗主國力圖構建的日本皇民族國與漢人族國觀念之間的尖銳對峙。

　　陳逢源、蔣渭水等人在《臺灣議會設置請願理由書》當中指出：「臺灣改隸以來，已經二十八星霜，臺灣之特殊民情習慣依然存在……在嚴格的意味，同化政策系對歷史、信念、民情、習慣迥異之臺灣悉如日本內地各府縣而統治

之，且施行內地社會所行之全部法令，務將臺灣人固有之特性消滅混合統一之。然抹殺民族之歷史，勢必使其盲從本國之思想習慣，如此不但不自然而且必至無視其發達所需要之社會要求。」[120]

代表日本殖民政府的檢察官三好一則聲稱：「日本的臺灣統治方針是『同化主義、延長主義』，內地人（即日本人）和本島人，由人類學骨相學看來，是同一種族，僅言語和風俗有差異而已。內地人的祖先和本島人，同是由南支那流來，內地人於文字、倫理、宗教、道德、思想等，皆和本島人相同，由此點看來，同化的意義大有價值」；「不喜和日本同化，就不是日本的優良國民，既不喜同化政策，此計宜離去臺灣。」[121]

有鑑於此，陳逢源在法庭答辯時反駁說：「文化有兩種性質：一曰世界的普遍性，二曰文化的特殊性。文化是不能強制的東西。制度的強制，文化的強制，都是有害無益，不但殖民地有所損失，對母國也沒有好處。所以強制只有增加對母國的反抗心而已。如要涵養忠君愛國的精神，非努力施行善政不可，單靠同化主義是不可能的」；「殖民政策的同化主義，是民族優越感和帝國主義的總和，是要以母國的制度和文化，強制施行於殖民地的」；「中華民族自五千年來，雖有同化他民族的歷史，但至今尚未被其他民族同化。這是中國歷史上數見不鮮的事實。若要排斥中華的文化，人民必起而反抗，所以若視漢民族如視琉球那般沒有文化和歷史的民族一樣就錯了。」[122]林呈祿答辯說：「現在臺灣島民的大部份，勿論怎樣說，都無法否定他們是中國的福建、廣東移住過來的歷史事實，這事實在戶籍上也有明白的記載」；「翻閱東西歷史，凡專制壓迫的暴政，其反動就是革命，滿清、帝俄、德國等就是例子」；「檢察官說：反對同化主義的人要離開臺灣，這是有失謹慎的『暴言』。」[123]蔡培火在答辯中則直截了當地指出：「原來意味所採用的同化主義是錯誤不可行的，尤其是檢察官的論告是出自極端民族優越感，是征服者的理論。」[124]蔣渭水則充滿感情地宣稱「以中華民族做日本國民的臺灣人」，「我要感謝神明，使我生為臺灣人。」[125]

由上述控辯記錄可以看出日本殖民統治下，臺灣知識分子關於族與國的辨識始終清醒明確，即便在非暴力抗爭的時候也沒有須臾偏離。這種與李春生決然不同的觀念，在《臺灣民報》記錄的蔣渭水現場答辯記錄中，體現得更為清晰精準：

「民族是人類學上的事實，必不能僅用口舌，便能抹消的。臺灣人不管怎樣豹變自在，做了日本國民，便隨即變成日本民族，臺灣人明白是中華民族即

漢人的事，不論什麼人都不能否認的事實。國民是對政治上、法理上看來的，民族是對血統的、歷史的、文化的區別，人種是對體格、顏貌、皮膚區別的。

民族中含有相同的血統關係，歷史的精神一致，文化的共通，言語習慣的共通，共同的情感等諸要素，現在世界上民族與國家的關係，有四種形態。

一、一民族一國民：獨逸、義大利。

二、不同民族同一國民：瑞西。

三、同民族異國民：米國。

四、一民族同化他民族：如滿人元人的同化於漢人，如生蕃的同化於臺人。

米國民是與英本國的民族怎樣起戰爭要求獨立呢，這就是表明，雖是同民族，若利害關係不一致時，也定能分離，如瑞西雖是異民族，因為利害關係一致，所以能做一國的國民，可以知道同化主義在國策上沒有絲毫否認價值，要使國內各民族利害休戚的一致，是第一要道哩⋯⋯

同化是自然的，不是人為的，是無為而成的，不是強制可成的，還不是兵力能做同化作用的。同化作用不是限在治者同化被治者，支配民族同化被支配民族，征服民族同化被征服民族，被治者也會同化治者，被支配民族也會同化支配民族，被征服民族也會同化征服民族。前者如生蕃之同化是治者同化被治者，諸是出其自然沒有行什麼人為的同化政策，他們自己竟要歡迎我們的文化，自己來吸取我們的文化，這自然的同化，才是真的同化。我常說臺灣當局好唱同化，須仿效臺人同化生蕃的同化法，才能成功，所以現在的臺人中，有多數的生蕃同化人混在，是明白的事實；後者如滿人元人，皆是入主中國做支配民族，而偏被漢族同化，這是被支配民族同化支配民族的實例，可知道同化的問題在文化的質和民族的數之關係：文化的質優秀就會同化劣文化的民族，數多就會同化少數民族，同化是全不在治者與被治者的地位關係啦。」[126]

比較而言，陳逢源、林呈祿、蔡培火和蔣渭水四個人的法庭答辯中，以陳逢源和蔣渭水的答辯最具學術性，陳逢源的答辯基本上從民族的文化角度展開，蔣渭水的答辯則更注重民族和同化等學理意義；如果再參考到三好的法庭指控，就可以發現關於民族的理論知識在1924年的臺灣已經為知識分子所熟知；其次，從上述答辯提及的西方國家名稱看來，這些關於民族的知識基本上都來自日本的轉譯，但這並不能歸結為日本殖民者在臺灣的殖民教育，而應該上溯到清末西學經由東洋在中國的傳播，獨逸（德國）、瑞西（瑞士）、米國（美國）等「西洋國名」和這些國家的民族情況以及民族文化和民族同化觀念在清末的

反滿時論中並不罕見;第三,如果要確切地指出一一對應的關係,蔣渭水的答辯與 1903 年汪精衛在《民報》第一期上發表的《民族的國民》有非常近似的觀念:

「嗚呼,滿洲入寇中國二百餘年,與我民族界限分明,未少渻也近者同化問題日益發生,此真我民族禍福所關,不容默爾。故先述民族同化之公例,次論滿族之果能與吾同化否,以告我民族。

民族雲者,人種學上之用語也,其定義甚繁今舉所信者,曰:民族者同氣類之繼續的人類群體也。茲析其義於左:

（一）同氣類之人類團體也。茲所雲氣類,其條件有六:一同血系（此最要件,然因移住婚姻,略減其例）,二同語言文字,三同住所（自然之地域）,四同習慣,五同宗教（近世宗教信仰自由,略減其例）,六同精神體質。此六者皆民族之要素也。

（二）繼續的人類團體也。民族之結合,必非偶然,其歷史上有相沿之共通關係,因而成不可破之共同團體,故能為永久的結合。偶然之聚散,非民族也。

國民雲者,法學上之用語也。自事實論以言,則國民者構成國家之分子也。蓋國家者團體也,而國民為其團體之單位,故曰國家之構成分子。自法律論言,則國民者有國法上之人格者也。自個人的方面觀之,則獨立自由,無所服從;自其對於國家的方面觀之,則以一部對於全部,而有權利義務,此國民真諦也。此唯立憲國之國民唯然。專制國則其國民奴隸而已,以其無國法上之人格也。

準是,則民族者自族類的方面言,國民者自政治的方面言,二者非同物也。而有一共通之問題焉,則同一之民族果必為同一之國民否,同一之國民必為同一之民族否是也。

解決此問題,有兩大例:

（一）以一民族為一國民……

（二）民族不同,同為國民。其類至繁,……先大別為二種:

（甲）以不同一之民族不加以變化而為同一國民者。其中復有二小別:（一）諸民族之語言,習慣各仍其舊,唯求政治上之一統,如瑞西是。此必諸民族勢力同等然後可行,否則有一跳樑,全體立散矣。（二）征服民族對於被征服民族,既以威力抑勒之,使不得脫國權之範圍,又予以劣等生活,俾不得

與己吾族,如古者埃及之於猶太,今者俄之於芬蘭、波蘭是也。然使被征服民族而有能力,必能奮而獨立,以張民族主義,如比利時之離荷蘭,希臘之離土耳其是。

　　(乙)合不同一之民族使同化為一民族以為一國民者。今欲問此為民族之善現象乎?抑惡現象乎?社會學者嘗言:凡民族必嚴種界,使常清而不雜者,其中將日弱而馴致於不足自存;廣進異種者,其社會將日即於盛強,而種界因之日泯。希臘邑社之制,即以嚴種界而衰微,羅馬肇立,亦以嚴種界而幾淪亡,其例顯也。是故民族之同化也,極遷變翕闢之一致,而其所由之軌,有可尋者,歸納得同化公例凡四。

　　第一例,以勢力同等之諸民族融化而成一新民族。

　　第二例,多數征服民族吸收被征服者而使之同化。

　　第三例,少數征服者以非常勢力吸收多數被征服者而使之同化。

　　第四例,少數征服者為多數被征服者所同化。

　　以上四例,通於古今。至於同化之方法,不外使生共同之關係。社會的生活之共同,政治社會的生活之共通,或由於引誘,或由於強迫,皆足納之於同化之域者也。

　　上之所述皆政治學社會學者所標之公例也。」[127]

　　由上述兩個文本的比較,可以看出蔣渭水的答辯和由此透射出的思想邏輯,基本上與汪精衛的思考差別不大:在1903年的中國大陸,滿族作為「少數征服者」試圖同化做為「多數被征服者」的漢族;而在1924年的臺灣,日人同樣作為「少數征服者」試圖同化作為「多數被征服者」的臺人。兩者唯一的不同,恐怕只是針對「少數征服者」的強制同化,大陸採取的是激烈到革命的策略,而在臺灣則採取的是溫和的非暴力的抵抗策略而已。蔣渭水等人這些答辯,在當時在日本殖民者武力威逼和律法恫嚇下的臺灣是極其勇敢和堅貞的,他們也無愧於志士仁人的稱謂,至於一些臺灣史學者關於「當代臺灣主體性的構建源於治警事件」[128]的論斷則有些附會牽強了:依據日本殖民當局的《警察沿革誌》和治警事件答辯特別是「以中華民族做日本國民的臺灣人」的論述來看,蔣渭水等人自始至終還是沒有將自己乃至整個臺灣人與中華民族切割開來,因此,將國民政府光復臺灣和推動中華文化復興運動比附為漢人對臺灣人的同化政策,顯然是基於自覺或不自覺的立論不正確所得出的結論。這,也從另一方面印證了黃連德在1980年代的「臺灣意識」討論中所持的觀點:「真正的

問題在於雙方對臺灣人民的歷史經驗有很不同的闡釋。」[129] 基於對歷史的不同闡釋，是民族主義特別是分離主義得以建構的一個基石，同時也是以一種民族主義反對另一種民族主義的基石。這也印證了克雷默的觀點：「民族主義的文本總是從其作者所生存的不斷變化的政治和文化語境生發出其視野和激情」。[130]

針對林茂生事件，尹章義曾經指出：「林茂生事件，具體反映了縱使在日本統治臺灣的時代，臺灣人也有兩種極端對立的價值觀。」[131] 但在清末民初以來的臺灣史上，島內關於族與國的撕裂、切割與整合動作一直存在，我們在李春生、林茂生、蔣渭水等人的身上都可以得到觀察。其實，這樣的一個觀察路徑一直可以延續到當代：這一問題的重要性和緊迫性，我們僅從獨派學者的著述中就可以一窺端倪：「總之，我們在對外追求臺灣主權的同時，更要對內進行『國家』的打造及『民族的塑造』的努力。在臺灣對外尚未取得獨立之前，雖然對外獨立是對內建構族國的必要條件，但是兩個工作在現階段並沒有線性的序列關係。也就是說，獨立運動與建國／塑族運動必須同時進行。」[132]

（作者單位：中國社會科學院民族學與人類研究所）

## 註釋：

[1] 寶順洋行又名顛地洋行（Dent&Co.），是 19 世紀中葉英國在中國的最主要的英商洋行，主要經營茶葉、生絲和鴉片；1823 年，英國人托馬斯·顛地（Thomas Dent）艾薩克丁（Sardinian）領事的身份來到廣州，並以合夥人的身份加入大衛蓀洋行（Davidson&Co.）。1824 年大衛蓀離開中國後，該洋行隨之改名為顛地洋行（Dent&Co.）。1831 年，托馬斯·顛地（Thomas Dent）離開，顛地洋行改由蘭斯祿·顛地（Lancelot Dent）掌管，後者因林則徐虎門禁煙而聞名於世。

[2]（臺灣）「中央研究院」近代史研究所編：《海防檔·丁·電線》第 57、58 號文暨附件，第 10 頁，（臺灣）藝文印書館，1957 年。

[3] 同上書，第 23 頁。

[4] 丁日昌：《福建巡撫奏統籌臺灣全局擬開辦鐵路、礦務請簡派熟悉工程大員駐臺督理摺》，臺灣銀行經濟研究室：《清季臺灣洋務史料》第 13～15 頁，《臺灣文獻叢刊》第 278 種；丁日昌：《海防條議》，葛士濬輯：《皇朝經世文續編》卷 101，第 11～16 頁，（臺灣）國風出版社，1964 年。

[5] 吳汝綸編：《李文忠公全集·朋僚函稿卷十九》，（臺灣）文海出版社，1956 年。

[6]《劉銘傳文集》第 202 頁，黃山書社，1997 年。

[7] 江炳：《臺灣天賦改革事業之研究》第 1 頁，臺灣研究叢刊第 105 種，臺灣銀行經濟研究室，1972 年。

[8] 莊樹華：《「中央研究院」近代史研究所檔案館藏外交檔案有關臺灣史料介紹——從總理衙門檔案看清季臺灣對外關係》，《近代中國史研究通訊》第 22 期，（臺灣）「中央研究院」近代史研究所，1996 年。

[9] 張季琳、古偉瀛：《李春生相關大事年表》，李明輝編：《李春生的思想與時代》第 258～309 頁，（臺灣）正中書房，1995 年。

[10]《孟子·盡心下》。

[11] 參見王爾敏：《「中國」名稱溯源及其近代詮釋》，王爾敏：《中國近代思想史論》第 372 頁，社會科學文獻出版社，2003 年。

[12]《戰國策·趙策二》。

[13] 張君勱：《中華民族復興之精神的基礎》，轉引自陳先初：《從民族意識之培養到民族國家之建立：張君勱關於中國問題的民族主義思考》，鄭大華、鄒小站主編：《中國近代史上的民族主義》第 203 頁，社會科學文獻出版社，2007 年。

[14] 楊度：《金鐵主義說》，劉晴波主編：《楊度集》第 374 頁，湖南人民出版社，1986 年。

[15] 王爾敏：《「中國」名稱溯源及其近代詮釋》，王爾敏：《中國近代思想史論》第 371～372 頁。

[16] 羅志田：《先秦的五服制與古代的先下中國觀》，羅志田：《民族主義與近代中國思想》第 33 頁，（臺灣）東大圖書股份有限公司，1998 年。

[17] 王柯：《民族與國家：中國多民族統一國家思想的系譜》第 288 頁，中國社會科學出版社，2001 年。

[18][英] 馮客著、楊立華譯：《近代中國之種族觀念》第 28 頁，江蘇人民出版社，1999 年。

[19] Henri Lefebvre：The Production of Space, pp.73，translated by Donald Nicholson-Smith, Blackwell Publisher Ltd, 1991.

[20]《近代中國之種族觀念》，第 7 頁。

[21] 馮友蘭：《中國哲學簡史》第 163 頁，北京大學出版社，1996 年。

[22][英] 列文森著、鄭大華、任菁譯：《儒教中國及其現代命運》第 87 頁，中國社會科學出版社，2000 年。

[23] 韓愈：《原道》。

[24] 壽富：《知恥學會後敘》，《時務報》第 40 冊，1897 年 9 月。

[25] 徐珂編：《清稗類鈔·種族類》,「上諭謂滿漢非同族」。

[26] 梁啟超：《戊戌政變記》卷一,《飲冰室合集·專集之一》第 87 頁,中華書局,1996 年。

[27] 康有為：《京師保國會第一集演說》,湯志鈞編：《康有為政論集》上冊第 238 頁,中華書局,1981 年。

[28] 梁啟超：《清代學術概論》,梁啟超著、朱維錚校註：《梁啟超論清學史二種》第 123 頁,復旦大學出版社,1985 年。

[29] 李國祁：《中國近代民族思想》,周陽山、楊肅獻編：《近代中國思想人物論：民族主義》第 31 頁,(臺灣) 時報出版有限公司,1981 年。另,關於 1895 年乙未割臺前後朝野的反應及其在近代中國史上的象徵意義,葛兆光教授有精專的研究,恕不贅述。葛兆光：《1895 年的中國：思想史上的象徵意義》,《開放時代》2001 年第 1 期。

[30]《戊戌政變記》卷三。

[31]《上歐陽中鵠書》,《譚嗣同全集》第 158 頁,中華書局,1981 年。

[32] 康有為：《敬謝天恩並統籌全局折》,《康有為政論集》上冊第 277、276 頁。

[33][英] 麥肯齊著,李提摩太、蔡爾康譯：《泰西新史攬要·譯本序》第 1 頁,上海書店出版社,2002 年。

[34][英] 李提摩太著,李憲堂、侯林莉譯：《親歷晚清四十五年——李提摩太回憶錄》第 210～221、233～234 頁,天津人民出版社,2005 年。

[35]《亡國篇》,《國民報》第 4 期,1901 年 8 月,張枬、王忍之編：《辛亥革命前十年間時論選集》第 1 捲上冊第 91 頁,生活·讀書·新知書店,1960 年。

[36] 薛錦紅：《二十世紀之中國》,《童子世界》第 25 期,1903 年,《辛亥革命前十年間時論選集》第 1 卷下冊第 528 頁。

[37] 願雲：《政客四論》,《浙江潮》第 7 期,1903 年,同上書第 504 頁。

[38]《近代中國之種族觀念》第 5 頁。

[39] 張灝：《關於中國近代史上民族主義的幾點省思》,張灝：《幽暗意識與民主傳統》第 171 頁,新星出版社,2006 年。關於黃帝與中國國族構建的深入研究,詳見沈松僑：《我以我血薦軒轅：黃帝神話與晚清的國族建構》,《臺灣社會研究季刊》第 28 期,1997 年 12 月；孫隆基：《清季民族主義與黃帝崇拜之發明》,《中國社會科學》2000 年第 3 期。

[40]《民族主義之教育》,《遊學譯編》第 10 期,1903 年 9 月,《辛亥革命前十年間時論選集》第 1 卷冊第 404～408 頁。

[41]鄒容：《革命軍》、章太炎：《序〈革命軍〉》，1903年，《辛亥革命前十年間時論選集》第1卷下冊第662～670、650頁。

[42]太炎（章炳麟）：《革命之道德》，《民報》第8期，1906年，同上書第2捲上冊第510頁。

[43]轉引自羅伊德·克雷默著、邱文平譯：《歷史敘事和民族主義的意義》，陳啟能、倪為國主編，陳垣執行主編：《歷史與當下》第二輯第18～19頁，上海三聯書店，2005年。

[44]逸仙（孫中山）：《支那保全分割合論》，《江蘇》第6期，1903年，同上書第1卷下冊第598～599頁。

[45]孫中山：《在檀香山正埠的演說》，1903年，《孫中山全集》第一卷第226頁，中華書局1981年。

[46]孫中山：《支那問題真解》，1904年，同上書第1卷第244頁。

[47]孫中山：《三民主義與中國前途》，1906年12月21日在東京《民報》創刊週年紀念會上的演說，同上書上卷第73～74頁，人民出版社，1965年。

[48]張玉法：《清季的革命團體》，轉引自王春霞：《「排滿」與民族主義》第6頁，社會科學文獻出版社，2005年。

[49]張灝：《關於中國近代史上民族主義的幾點省思》，張灝：《幽暗意識與民主傳統》第172頁。

[50]孫中山：《臨時大總統就職宣言》，1912年，同上書第1卷第82頁。

[51]孫中山：《提倡民生主義之真義》，1912年，同上書第1卷第92頁。

[52]孫中山：《中國國民黨第一次全國代表大會宣言》，1924年，同上書第1卷第525～526頁。

[53]李春生：《主津新集》卷一，第16頁，福州美華書局，1894年。

[54]同上書，卷一，第10頁。

[55]連橫：《臺灣通史》卷三十五，（臺灣）眾文圖書公司，1979年。

[56]《主津新集》，卷一，第17頁下。

[57]同上書，卷一，第18頁下～19頁上。

[58]李春生：《續論臺事其八》，《萬國公報》第10卷第460號，第130下。

[59]《主津新集》卷一，第28頁。

[60]同上書，卷一，第15頁。

[61]同上書，卷一，第55頁。

[62]《主津新集》，卷一，第10頁下、12頁上下、15頁上下、13頁上下。

[63] 同上書，第 55 頁下～56 頁上、第 28 頁上下。

[64] 同上書，卷四，第 47～48 頁。

[65] 同上書，卷一，第 69～70 頁。

[66] 同上書，卷四，第 36 頁下。

[67] 李春生：《論書有萬不可缺道有世所必宗》，轉引自黃俊杰：《李春生對天演論的批判及其思想史的定位——以＜天演論書後＞為中心》，李明輝編：《李春生的思想與時代》第 79 頁。

[68] 《主津新集》，卷四，第 36～39 頁。

[69] 同上書，卷三，第 31 頁上。

[70] 《萬國公報》第 13485 頁，轉引自王爾敏：《近代中國知識分子應變之自覺》，王爾敏：《中國近代思想史論》第 333 頁。

[71] 《主津新集》，卷二，第 87 頁。

[72] 胡適：《四十自述》第 49 頁，（臺灣）遠東圖書公司，1959 年。

[73] 李春生：《哲衡續編》第 121～122 頁，福州美華書局，1911 年。

[74] 李春生：《東西哲衡》第 14 頁，福州美華書局，1908 年。

[75] 同上書，第 16 頁。

[76] 同上書，第 116 頁。

[77] 同上書，第 112～113 頁。

[78] 《東遊六十四日隨筆》第 41 頁，福州美華書局活板，光緒二十二年（1896 年）；沈雲龍主編：《近代中國史料叢刊續編·第五十集》，（臺灣）文海出版社有限公司，1978 年。

[79] 《東西哲衡》，第 121 頁。

[80] 《主津新集》，卷一，第 71 頁。

[81] 同上書，卷二，第 87 頁。

[82] 同上書，卷四，第 22～23 頁。

[83] 張子文、郭啟傳等：《臺灣歷史人物小傳：明清暨日據時期》第 173～174 頁，（臺灣）「國家圖書館」，2003 年。

[84] 《東遊六十四日隨筆》第 1 頁。關於詹振與錫口之役，參見王國纂修：《臺北市誌·人物誌》第 89 頁；（臺灣）臺北市文獻會，1970 年；張子文、郭啟傳等：《臺灣歷史人物小傳：明清暨日據時期》第 646 頁，（臺灣）「國家圖書館」，2003 年。

[85] 同上書，第 3、8 頁。

[86] 同上書，第 41、47 頁。

[87] 同上書，第 4、16 頁。

[88] 同上書，第 9～10 頁。

[89] 李春生：《民教冤獄解》第 61 頁，福州美華書局，1903 年。

[90] 臺灣總督府警務局編、王洛林總監譯：《臺灣抗日運動史》卷一，第 1172、1171、1174 頁，（臺灣）海峽學術出版社，2000 年。

[91] 李春生：《民教冤獄解》，第 39 頁。

[92] 同上書，第 49 頁。

[93] 同上書，第 37 頁。

[94] 同上書，第 25 頁。

[95] 同上書，第 5 頁。

[96] 同上書，第 35～36 頁。

[97] 闕名：《漢奸辨》，鄭振鐸編：《晚清文選》下卷，第 468 頁，中國社會科學出版社，2002 年。因為此文被收入《章士釗全集》，故確定為章士釗所寫，王均熙輯：《章士釗全集》第一卷第 158 頁，文匯出版社，2000 年。

[98] 王柯：《「漢奸」：想像中的單一民族國家話語》，此處以下關於「漢奸」的史料和研究均來自王柯的研究，《二十一世紀》，2004 年 6 月號，總第 83 期。又，在 2008 年 1 月向王柯教授請益就教時，承蒙先生惠賜本文的中、日兩個文本，特此致謝。

[99]《大清太祖高皇帝實錄》卷八，六月丁亥。

[100]《景印文淵閣四庫全書》集部，別集類。

[101] 鋤非（劉道一）：《驅滿酋必先殺漢奸論》，《辛亥革命前十年間時論選集》第二卷，第 875 頁。

[102] 太炎（章炳麟）：《排滿平議》，1908 年，同上書第三卷第 51 頁。

[103][日] 中西牛郎：《泰東哲學家李公小傳》第 40 頁，臺灣日日新報社，1908 年。

[104]《東遊六十四日隨筆》第 84 頁。

[105][韓] 樸香枝：《帝國主義：神話與現實》，轉引自[日]並木真人：《朝鮮「殖民地近代性」、「殖民地公共性」和對日協力：殖民地政治史、社會史之前置性考察》，若林正丈、吳密察主編：《跨界的臺灣史研究——與東亞史的交錯》第 102 頁，（臺灣）播種者文化有限公司，2004 年。

[106] 陳南州：《臺灣基督長老教會的社會、政治倫理》第 75 頁，（臺灣）永望文化事業有限公司，1999 年。

[107]吳叡人：《臺灣非是臺灣人的臺灣不可：反殖民鬥爭與臺灣人民民族國家的論述 1919～1931》，林佳龍、鄭永年主編《民族主義與兩岸關係：哈佛大學東西方學者的對話》第 49 頁，（臺灣）新自然主義股份有限公司，2001 年。

[108]臺灣總督府警務局：《警察沿革誌·臺灣社會運動史》總序言，轉引自王小波：《民族精神寓於民族歷史之中：＜臺胞抗日文獻選編＞序》，王小波編：《臺胞抗日文獻選新編》第 XII～XIII 頁，（臺灣）海峽學術出版社，1998 年。

[109]嚴正宗：《戰後臺灣佛寺的轉型與發展—以南投地區佛寺齋堂為中心》，楊惠南、釋宏印編：《臺灣佛教學術研討會論文集》第 215 頁，（臺灣）佛教青年文教基金會，1996 年。

[110]黃靜嘉：《春帆樓下晚潮急—日本對臺灣的殖民統治及其影響》第 275～276、307～308 頁，商務印書館，2003 年。

[111]《重修臺灣省通誌》卷三，《住民志·宗教篇》第 8～10 頁，臺灣省文獻委員會，1992 年。

[112][美]安·約·格拉德著、陳文壽譯：《當代臺灣：一項關於日本熱帶殖民地經濟發展和戰略重要性之分析》，[美]安·約·格拉德著、陳文壽譯：《真相：日本殖民地時代之日本與朝鮮》第 49 頁，香港社會科學出版社有限公司，2006 年。

[113]轉引自王順隆：《日治時期臺灣人『漢文教育』的時代意義》，《臺灣風物》第 49 卷第 4 期，1999 年。

[114][日]西野英禮著、鄭欽仁摘譯：《殖民政策的傷痕——帝國主義時代日本人的臺灣觀》，鄭欽仁：《生死存亡年代的臺灣》第 94～95 頁，（臺灣）稻鄉出版社，1989 年。

[115]汪洋：《臺灣》第 188 頁，中華書局，1917 年。

[116][日]矢內原忠雄著、周憲文譯：《日本帝國主義下之臺灣》第 204、208 頁，（臺灣）海峽學術出版社，1999 年。

[117]吳三連：《呈文學士林茂生君》《臺灣青年》第二卷第五號，1921 年 6 月 15 日。

[118]尹章義：《臺灣人的日本觀：以日臺關係史為軸心所作的探索》，（臺灣）《歷史月刊》2001 年第 6 期。

[119]林呈祿：《六三法問題的歸著點》，《臺胞抗日文獻選新編》第 111 頁．

[120]《臺灣議會設置請願理由書》，同上書，第 116～126 頁。

[121]《臺灣議會期成同盟會治安警察法違反嫌疑的公判》，《臺灣民報》第 2 卷第 16 號，1924 年。

[122]《陳逢源的答辯》，《臺胞抗日文獻選新編》第 134～135 頁。

[123]《林呈祿的答辯》：同上書，第 139～140 頁。

[124]《蔡培火的答辯》，同上書，第149頁。

[125]《蔣渭水的答辯》，同上書，地147頁。

[126]蔣渭水語，轉引自《臺灣非是臺灣人的臺灣不可：反殖民鬥爭與臺灣人民民族國家的論述1919～1931》，林佳龍、鄭永年主編《民族主義與兩岸關係：哈佛大學東西方學者的對話》第70～72頁。

[127]精衛（汪兆銘）：《民族的國家》，《民報》第1期，1903年，《辛亥革命前十年時論選編》第2捲上冊第82～85頁。

[128]參見［日］若林正丈：《臺灣抗日運動史研究》，（日本）東京大學出版會，1978年；周婉窈：《日據時代的臺灣議會設置請願運動》，（臺灣）自立報系文化出版部，1989年；吳叡人：《臺灣非是臺灣人的臺灣不可：反殖民鬥爭與臺灣人民民族國家的論述1919～1931》。

[129]黃連德：《洗掉中國熱昏症的「科學」妝吧》，《臺灣年代》第1卷第6期第36頁，1984年3月。

[130]《歷史敘事和民族主義的意義》，《歷史與當下》第二輯第18頁。

[131]尹章義：《臺灣人的日本觀：以日臺關係史為軸心所作的探索》。

[132]施正鋒：《臺灣民族主義的解析——政治面向的三個競爭途徑》，施正鋒：《臺灣人的民族認同》第53～54頁，（臺灣）前衛出版社，2000年。

# 試論日本殖民者對臺灣婦女的「皇民化」塑造

胡澎

　　臺灣自1895年被日本納入殖民地體系直到1945年光復，有著長達50年的被殖民歷史。在殖民統治下，臺灣社會經歷了政治、經濟、文化、認同等多方面的變化和矛盾，特別是在日本軍國主義發動的14年侵略戰爭期間，臺灣民眾被要求作為日本的「皇民」為日本國「奉公」，為天皇盡忠。日據時期的臺灣婦女更是處於父權、殖民者、資本家的相互作用和壓迫之下，在經濟、教育、社會及家庭等方面均發生了急劇變化，特別是「九‧一八事變」後，隨著國民精神總動員運動以及皇民奉公運動的展開，臺灣戰時體制被構築起來，臺灣婦女或主動或被動地被殖民者主導的以「愛國婦人會」為代表的婦女團體所吸納，並被要求作為「皇國之女」進行各種「後方奉公」活動。本文將研究聚焦於日據時期的臺灣婦女，以臺灣「愛國婦人會」在戰爭中的活動為線索，來思考性別、殖民主義與民族認同等問題，並探討日本殖民者是如何對臺灣婦女進行「皇民化」塑造的。

## 一、「愛國婦人會」與日據時期的臺灣婦女

愛國婦人會是1901年在日本成立的、以軍事救援為主要活動內容的官方婦女團體，日本每次大規模地向海外派兵都是該婦女會跳躍性發展的臺階。日俄戰爭期間，愛國婦人會對前線陣亡者和戰爭中病死者的家屬、殘疾軍人和傷病軍人進行了醫療救護。「九‧一八事變」後，愛國婦人會的活動包括弔唁陣亡者、慰問傷病士兵、幫助生活困難的軍人家屬、迎送部隊並寄贈慰問品等。「九‧一八」事變後的第二年，愛國婦人會會員將近170萬人。[1]除日本本土外，愛國婦人會的勢力還擴展到了殖民地朝鮮、臺灣、滿洲、樺太（庫頁島）和南洋群島。不同歷史時期愛國婦人會的活動內容雖有調整，但「為皇國掃除後顧之憂」之宗旨卻始終未變，特別是在侵略戰爭期間，愛國婦人會將大量家庭主婦組織起來，積極服務於後方，開展了「後方奉公」等多項活動，對戰爭體制起了一定的支持和協助作用。

愛國婦人會臺灣分會成立於1904年，團體領導層是日本女性，會員是臺灣女性，多為臺灣社會名流的女眷，團體活動以殖民者當局為主導。1910年該會對臺灣總督府的山地討伐[2]進行了支援，20年代，愛國婦人會在「日臺婦女親善」上發揮了一定作用。「九‧一八事變」後，臺灣全島軍國主義思潮高漲，愛國婦人會臺灣分會也應時局的變化和殖民當局的要求，減少了社會福利方面的活動，加強軍事援助色彩，成為戰爭期間異常活躍的帶有濃厚殖民特徵和官方色彩的婦女團體。愛國婦人會透過在全島各地召開動員大會、廣泛發展會員，越來越多的臺灣婦女被發動起來，她們大量縫製「慰問袋」[3]和「千人針」[4]寄往在前線的日軍士兵，會員們還被號召在勞動力和精神上支持戰爭，並為戰爭募捐。

愛國婦人會臺灣支部是殖民當局舉辦各種活動的積極參與者。如，1933年2月11日，為慶祝日本建國紀念日（皇紀2593年），各地舉行了隆重的慶祝儀式。臺中市的慶祝大會就集中了15000人[5]，包括臺中大隊、中小公學校學生、各官衙、婦人會、町會等五十餘團體，會場飄揚著各種旗幟和日本國旗，人們高呼萬歲，場面極其熱烈。1933年6月1日，愛國婦人會臺灣支部升格為臺灣本部[6]，時任臺灣總督府平塚廣義總務長官[7]的夫人平塚茂子擔任本部長，團體的規則也有所修改。臺灣五州三廳行政區[8]，臺北州、新竹州、臺中州、臺南州、高雄州建立支部，花蓮港廳、臺東廳、澎湖廳開設分會。由此可見，愛國婦人會的勢力已遍佈臺灣各地。1937年盧溝橋事變後，愛國婦人會臺灣本部重視發揮市、街道、村莊中家庭婦女的主體性，活動更加基層化。同時，在

愛國子女團裡吸收青年女子和女學生加入，一些小學、公學校的高學年女生被作為愛國少女團被組織起來。

太平洋戰爭爆發後，日本殖民當局把徵集當地青年參加侵略戰爭當做主要任務。1943年實施陸海軍特別志願兵制，1945年實施徵兵制，臺灣青年被強徵入伍。這一時期，殖民當局獎勵各個州和郡為單位成立青年團、聯合會、處女會、保甲[9]婦女團等，高雄州採取措施獎勵女子青年團的成立，共成立了18個女子青年團，不但發展團員約700人，還制訂了新的女子青年團綱領。[10]這些婦女團體將地區街道的家庭主婦組織起來，配合時局多次召開演講會、講習會，還普及國語、協助戰時醫療救護、慰勞傷患士兵、分發配給、墾荒種菜等，進行了一系列的「後方奉公」活動，發揮了對臺灣婦女的思想統治和戰時動員的功能。

## 二、日據時期臺灣婦女的「近代化」與「被同化」

日據早期，殖民者就開始透過對臺灣女子的教育和同化政策，對其心理和精神進行塑造。

（一）臺灣婦女的「近代化」

1.「廢纏足」

明治時期，日本導入文明開化政策，積極學習西方的教育制度、科學技術及生活習俗，社會生活發生了深刻變化。日治初期，以臺灣總督府為主導，各種社會力量為輔，進行了對臺灣社會習俗、社會生活方式的改造，廢除了「臺灣三大陋習」的鴉片[11]、纏足、髮辮，又進行市區改造與推廣公共衛生。臺灣的社會生活在殖民當局「生活改善」、推進同化的各種活動中被染上了諸多日本色彩，也使得這一時期的臺灣歷史呈現出「近代化」與「同化」兩種特徵，即舊有的傳統文化被改造，陋習被消滅，新的習慣、生活方式逐漸生成。

臺灣婦女的近代化應從廢除纏足開始。日據臺灣之前，纏足風在臺灣上流社會比較盛行，「臺灣纏足習俗，原亦來自大陸。……嘉慶以後，海禁漸馳，內地人可攜眷來臺，而人口亦復增值，纏足隨之而成風氣」[12]。纏足是臺灣上流淑女的標示，也是女子嫁入名門望族的必備條件。臺灣總督府當初在推動放纏足運動時，考慮到遽然下令勢必引起臺灣人反感，不利於剛剛建立的殖民政權，因此，採取了漸進的方式。他們首先是透過學校教育和報紙雜誌進行宣傳，其次是讓臺灣士紳鼓動臺灣婦女放纏足，發揮了臺灣地方士紳的示範和推動作

試論日本殖民者對臺灣婦女的「皇民化」塑造

用。殖民當局主要是透過臺灣的知識分子、精英人士，傳達了殖民地化和近代化的政策，使得臺灣的近代化得以順利展開。

1899年末，「臺北天然足會」籌備成立，揭開了放纏足運動序幕。由於此習俗已沿襲多年並深深紮根於臺灣社會生活之中，五年的放足運動成效甚微。據當時戶口調查，到1905年10月，全省有纏足800666人，占女子總人口的56.9%。1911年，臺北參事夫人和區長夫人與臺灣上流社會婦女發起成立瞭解纏會。成立大會時，愛國婦人會的十幾位日本婦女和地方官數十人參加，盛況空前。三個月後會員就發展到1611人。[13]放纏足運動在1914年擴展至全臺灣，各地都成立瞭解纏會。1915年4月15日臺灣總督府發佈了禁止纏足令，強制臺灣人斷髮、放足。從此，纏足風氣大為改善並日漸式微。

臺灣總督府廢纏足不僅使臺灣女性在身體上擺脫了束縛和限制，還使臺灣女性一定程度從封建習俗下解脫出來，得以走出家門，接觸外部世界。同時，廢纏足也為臺灣女性接受近代化教育、走向社會打下了基礎。殖民當局對落後封建習俗的改革容易使臺灣婦女對殖民者出臺的政策產生認同。

2.「興女學」

受西方近代思想的影響，日本從明治早期便開始提倡女子教育，男女就學率逐漸接近。出於對日本民族未來的關注，傳統的以「賢妻良母」為目標的女子教育方針被重新賦予新意，即透過普及對女性的教育，使女性成為擔當教育重任的「良母」。日據臺灣時期，殖民當局希望透過對臺灣女子的教育來促進臺灣家庭的改變，從而使殖民統治得以順利實施。另外，殖民者也希望借女子教育在臺灣人家庭中普及日語和日本習俗，以此建立與臺灣精英層之間的穩定關係。

臺灣女子教育最初始於1897年臺灣總督府國語學校第一附屬學校女子部[14]，該校規則中明確寫道，「該校乃傳授本島女子手藝及普通學科之場所」，教學科目為「修身、國語（日語）、習字、裁縫、編織、花道及唱歌」，臺灣總督府國語學校第三附屬學校[15]的教育內容也同樣是重視國語和手藝，早期以臺灣人家庭中對女子教育比較歡迎的刺繡、裁縫等手藝傳授課程為主。女子學校的課程均為傳統儒教社會對婦女德行的要求和成為「賢妻良母」必備功課。從1910年開始，臺灣女子教育中國語教育的教學時間逐漸加重，成為教學時間最長的科目，而其他科目也是以日語來進行。女子教育的目的不僅僅是培養臺灣女子具備一定的知識和技能，還包括在臺灣女性身上培養日語能力和日本「國民精神」。1919年1月《臺灣教育令》出臺，該教育令的目的在於普及普

通教育、師範教育、職業教育、日語教育，培養忠良的國民，涵養其德行。該教育令允許設置針對臺灣女性的中等教育機關，即三年制的「女子高等普通學校」。1919年和1921年分別成立了彰化女子高等普通學校與臺南女子高等普通學校。1919年發佈的《臺灣公立女子高等普通學校規則》明確規定了要對臺灣女子教授日語，養成其國民的自覺，並使之勤勉於家務。臺灣的女子教育從重視手藝轉向了重視國語和普通學科，臺灣特徵漸弱，日本特色漸強。1922年，修改後的《臺灣教育令》頒佈，規定中等教育以上機構實施日臺共學。同年，女子高等學校教育方針的重點改為「養成國民道德」與「涵養婦德」，重視對女子德性的涵養、國語的訓練，將臺灣女性培養成為貞淑賢惠、慈愛溫良、勤儉家務的女性。

　　日據時期，臺灣的知識分子和精英從齊家治國的儒家觀點出發，也希望臺灣女子教育以新的賢妻良母為目標，這一近代教育觀與日本殖民者推行的女子教育政策產生某些契合。因此，當時的臺灣知識分子和精英對殖民當局的廢纏足、興女學表示歡迎，並予以積極協助。殖民者在臺灣施行的女子教育賦予了一部份臺灣女性受教育的權利，臺灣婦女的弱勢地位在就學等方面有所改善。因此，相當數量接受近代化殖民主義教育的臺灣女性對日本殖民者產生認同也就不奇怪了。

　　（二）日據時期臺灣女性的「被同化」

　　殖民當局從侵占臺灣的第一天起，就在臺灣設立總督府，推行同化政策。同化政策實質上是一種內地延長主義，即將臺灣視為日本內地的延長，其主要目的是從文化上、心理上泯滅被侵略國人民的民族意識、民族精神，將臺灣民眾培養成為效忠天皇的日本忠良之臣民。同化政策主要措施是推行差別教育、普及日語、涵養臺灣民眾對殖民地宗主國日本之義務觀念。殖民者希望透過「同化」政策來抹殺被殖民者臺灣民眾的民族性，將臺灣民眾變成下等日本人，而絕對不是「真正的日本人」。

　　日據時期，同化政策是以學校教育為主進行的，有著濃重的差別，體現在臺灣籍學生與日本籍學生的差別、臺灣籍男女兩性之間的差別、不同階層臺灣籍女子之間的差別。1896年，臺北設立國語學校，之後在全臺灣設立16所國語傳習所作為臺灣人初等教育機構。在初級教育階段，日本籍學童被重視和優待，讀的是「小學校」。中國兒童被歧視，就讀的是「公學校」和「國［日］語傳習所」，高山地區的原住民兒童則進「教育所」。這些學校教育資源不均衡，教學水平相差很大，但無論什麼學校，日語均為基本語言。1922年，新《臺灣

教育令》發佈，規定中等教育以上的教育機構日籍和臺灣籍學生共學。教育上在名義上平等，實際上好學校幾乎都是日本人，臺灣籍兒童很難進入。殖民者為防止中國人接受高等教育，從中等教育開始，對中國學生所學專業進行限制。高等教育主要由日本人獨占，除了醫學專門學校及臺南高等商業學校外，其他一切高等學校考試都在日本國內舉行。

日據時期，臺灣的日本籍和臺灣籍兒童的入學率有著明顯不同，如圖所示。

**日據時期臺、日籍兒童就學率比較**

| 年代 | 1904年 | 1909年 | 1914年 | 1920年 | 1925年 | 1930年 | 1935年 | 1940年 | 1944年 |
|---|---|---|---|---|---|---|---|---|---|
| 台籍 | 3.8% | 5.5% | 9.1% | 25.1% | 27.2% | 33.1% | 41.5% | 57.6% | 71.3% |
| 日籍 | 67.7% | 90.9% | 94.1% | 98.0% | 98.3% | 98.8% | 99.3% | 99.6% | 99.6% |

資料來源：臺灣省行政長官公署統計室《臺灣省51年來統計提要》，第1241頁。

日據時期，殖民當局對臺灣女子的教育方針也是不公平的，對臺灣女子的要求體現了其殖民性與性別的差別。最初的教育對象主要是臺灣上層社會的女性。初等教育的女生入學率低，中等教育以上以中上階層為主。高中女性教育費用昂貴，只有富家女子才有受教育的機會。臺灣女性一直到20世紀初，才有機會可以上女子高級中學及職業學校，進而成為教師、護士、助產士等。臺灣女性如果想要深造就得留學日本。殖民者希望透過教育首先讓臺灣女子學做一個賢妻良母，其次是做一個日本女人，包括語言、生活方式、服裝和禮儀上都要日本化，臺灣女子還要學習日本女子穿和服，在榻榻米上的正坐方式，吃飯、走路的方式。

明治維新後，日本已經擺脫了民族危機，走上了一條通往資本主義的道路，而當時中國大陸的殖民地化程度卻日益加深，民族危機空前嚴重。臺灣更是一個經濟落後和閉塞的島嶼，其近代化程度遠遠落後於日本。因此，一個西化的、近代化的殖民地宗主國很容易讓殖民地人民對其產生認同。臺灣人開始對日本殖民者帶來近代化的新文明、新文化有選擇地予以接納，而並非一味排斥。隨著殖民主義教育和殖民政策在臺灣的推行，臺灣婦女不得不以殖民者的話語方式來確認自我「身份」，在整個社會扭曲的文化氛圍中逐漸認同了走向近代化文明的日本，拒絕了封建落後的中國，從而完成了其精神世界和現實世界的被殖民化過程。

## 三、帶有鮮明殖民烙印的臺灣婦女解放思想

（一）殖民地臺灣女子教育的侷限

臺灣的殖民主義女子教育具有近代性和殖民性的雙重特徵。一方面普及發展女子教育，提高女童入學率，開啟了臺灣女性的近代化，另一方面，臺灣女子教育沒有跳出殖民主義的範疇和性別的藩籬，女子教育從始至終體現了殖民地宗主國男性對被殖民女性的要求，並強化了殖民統治。例如，日據早期，殖民者在廢纏足、推行女子教育時，雖標榜文明開化，然而，如果深入思考和探究，我們就不難發現，日據時期臺灣女子教育的目標侷限於「賢妻良母」和「齊家治國平天下」。殖民當局鼓勵臺灣女性接受教育，並不意味著鼓勵臺灣女性透過教育、掌握技能、走向社會、謀求自立。曾就讀於臺北女子高等普通學校的邱駕鴦女士回憶道：「日據時期雖然不曾阻止女性就學，但也不鼓勵婦女出頭。凡擁有學歷而外出就業的女性，她們的地位比同行男性低落。」陳愛珠女士回憶臺北第三高等女學校時說：「三高女最主要的教育目標是同化臺灣籍學生，也就是要訓練我們成為日本人，對他們的天皇陛下盡忠；其次是希望女學生將來做賢妻良母，因此較不注重科學方面的課程，也不鼓勵學生深造。當時臺灣的專門學校和臺北帝國大學不招收女生，有志深造的女學生得到日本才能念大學。」[16]

臺灣殖民地女子教育方針曾引起了一些臺灣知識分子的不滿，當時的《臺灣民報》上，經常能看到對殖民地女子教育的批判。[17]臺灣學者游鑑明也曾分析指出，「早期女子教育的內容強調插花、裁縫等課程，對女子學生如何教育使其成為賢妻良母的教育。中期到後期，家政等課程減少，教學內容重視近代化的家政管理，其本質依然是培養女學生成為具有婦德的賢妻良母。如此把女性作為附屬地位、不尊重女子獨立人格的教育觀念與日本國內的女子教育是同一條路線，沒有體現近代化。」[18]也有大陸研究者認為，「臺灣日據時期的上層女性知識分子的教育是按照塑造標準日本女人的模式來實施的，更重要的是，她們對傳統文化的保留遠遠勝於提倡民主和科學、強調反傳統的『五四』時期的女作家。因此，日據時期的臺灣婦女，多了些日本女性的溫文爾雅和中國傳統女性的婦道操守，卻少了些『五四』女性強烈的反叛意識。」

日據時期，一小部份臺灣女性透過接受殖民主義近代化教育，掌握了技能和學問，獲得職業，成為了新女性。大多數臺灣婦女接受了以近代化為包裝的殖民主義意識形態，對日本這個國家產生認同，以成為日本的「現代新國民」、日本式的新「賢妻良母」為人生目標。[19]

## （二）先天不足的臺灣婦女解放運動

日據時期臺灣的近代化是以日本殖民者和臺灣社會精英的互動得以完成的。1915年以後，臺灣幾乎不再有大規模的武力抗爭行動，20世紀20年代開始，臺灣島內的進步知識分子針對各種社會問題，提出改革理論，成立了不少政治社團、文化社團等社會團體。不少團體的政策中均有針對臺灣男女平等問題的內容，如社會改革和文化啟蒙團體——臺灣文化協會的章程中就有提倡女權思想、改良婚姻制度等對與婦女相關的內容。該會成立後發展很快，在各地建立了支部，舉辦各種講演會、講習會、文化活動，致力於新知識和新思想的介紹，以及推廣民主及民族自決的理念等，並為設置臺灣議會發起請願運動。1922到1926年間召開了約800回演講會，聽眾達到30萬人。[20] 這些社會運動為臺灣女性造成了思想啟蒙的作用。

20世紀20年代，一些文化協會、農民組合、工友協助會均先後增設婦女部。1925年臺灣第一個女性團體「彰化婦女共勵會」是由一群彰化知識階層女性所創設，入會資格十分自由，不限年齡與身份，成立後舉辦了許多大型演講會。但由於該會與臺灣文化協會關係密切，而被殖民當局採取盯梢政策。共勵會的歷史不長，對臺灣社會產生的影響也比較有限。另據《臺灣總督府警察沿革誌》記載，1926年7月成立的諸羅婦女協進會是臺灣文化協會下屬地區性婦女組織，創立當初會員僅30多名，後來發展到80多名。1927年末，改稱為「臺灣婦女協進會」。該會在召開懇談會、婦女問題演講會之外，實際開展的活動並不多。臺灣共產黨創始人謝雪紅對其評價為是「進步的，但不是戰鬥的群眾動員機關」、「小資產階級」的組織。

「九‧一八事變」前，臺灣婦女自主集結的團體多屬於地區性親睦交誼團體，如，臺北青年讀書會婦女部、宜蘭婦女讀書會、高雄婦女共勵會、臺南女青年會、臺北婦女革新會、臺中婦女親睦會、汐止女子風俗改良會等。還有一些女性團體把活動重點放在處理家務、縫紉和幼兒健康等家庭事務上。臺灣女子學習日本茶道、花卉栽培技藝和唱歌、跳舞。因此，總體上來看，日據時期臺灣沒有形成大規模的婦女解放運動，婦女自發成立的組織也比較少，婦女社會活動的參與率也不高。另外，總督府擔心臺灣民眾的民族意識覺醒，對一些社會團體始終密切監視，導致社會團體成長空間十分有限，自發成立的婦女團體更是難以生存。

臺灣的婦女解放運動從一開始就遇到了性別、民族、國家、殖民者的多重壓迫。因此，當20世紀20年代日本國內婦女參政權運動風起雲湧之際，臺灣

婦女解放運動則相對沉默和停滯，即便是較為活躍的彰化婦女共勵會也沒能提出婦女對政治的要求。因此，先天不足的臺灣婦女解放運動難以造成對臺灣婦女在兩性平等、經濟自立、民族認知等方面的思想啟蒙，更談不上帶領臺灣婦女開展一系列追求自身權力、反殖民和反封建的社會運動了。

（三）戰時體制下臺灣婦女解放的幻象

日據時期，臺灣女性在社會上的發展空間依然比較小，其職業分佈多為女醫生、女教員、女助產士，其餘多屬於勞力或下層服務業，平均收入較低。日據時期，日本人和臺灣人之間收入差異也較大。曾在日赤醫院工作過的尹喜妹回憶說：「日據時代過年也有獎金，但因種族歧視，我們都是加薪而不升級。日本人雖然設有『精勤獎』，作為資深員工的獎勵……事實上得到這類獎賞的臺灣人非常少」。[21] 曾在宜蘭女子公學校和臺北日新公學校等任職的陳愛珠女士也回憶道，「一般而言，日籍老師的薪水比臺灣老師高，我們初任教員時，他們的薪水就比我們多六成。」[22] 因此，日據時期，即便有不少臺灣婦女走向社會，但這只不過是婦女解放的一種幻象，殖民當局推廣教育的初衷是培養勞動者，對臺灣婦女實施的勞動動員，實施上沒有將女性帶入一個多元化的職業領域，其本質是殖民主義政策下臺灣婦女在職業領域被利用和壓迫。

隨著戰爭的擴大化，由臺灣婦女自發組成的團體很難生存。正如，臺灣學者游鑒明認為：「盧溝橋事變後，在戰時體制下，各種活動以強化皇道思想的軍國主義為中心，其『獨立自主』性越來越難於存在了。」[23] 自發的婦女團體的生長不良以及衰退，使得殖民體制下官方婦女團體因缺少制約而得以順利發展。

戰爭動員是國家鞏固政權的手段，「舉國一致」的戰爭體制需要女性的參與，正如伍爾夫那句名言：「一直以來，婦女被排除在締造戰爭的決定過程之外，但當戰事爆發，國家卻以民族大義之名，號召婦女支持。」臺灣婦女在被動員參與戰爭體制的架構中，被要求承襲傳統的性別分工模式，同時被殖民者塑造成「賢妻良母」，扮演著附屬性、工具性的角色。殖民地臺灣女性的國民化經驗與殖民宗主國日本女性的不同之處在於：日本女性希望透過參與戰時體制尋找作為女性國民與男性平等的共同享有權利的感覺，而臺灣女性透過參與戰時體制，希望獲得的是與作為殖民者的日本女性平等的對待，表達了臺灣女性對民族國家的嚮往和訴求。臺灣婦女追求男女平等和權利的過程是伴隨著近代民族／國家空間的想像的，然而，臺灣婦女對殖民體制、戰時體制的參與是不可

能給她們帶來「國民化」的,她們被「皇民化」的過程反而又強化了殖民主義、父權制對女性的制約和壓迫。

在14年侵略戰爭中,作為殖民地宗主國的日本婦女與被殖民的臺灣婦女,實際上都是犧牲品,是被利用的對象。在殖民暴力裡,「性」被賦予強烈的權利象徵意義,隨著戰爭的進展,臺灣女性身體也成了另一種殖民地,日本人在臺灣徵集「慰安婦」的歷史就證明了國家權力、殖民主義在臺灣女性身體以及臺灣女性生命史上所留下的深刻烙印。

## 四、「皇民化」運動對臺灣女性的精神塑造

「九‧一八事變」後,臺灣人的團體、報紙、雜誌都處於嚴密的監控之中,但體制內團體的活動卻得到了殖民當局的大力支持。盧溝橋事變後,日本殖民者為向臺灣民眾灌輸皇民化思想,進一步強化頭目勢力者會、家長會、婦女會、男女青年團、自治會、處女會、青年會、日語講習會等。據不完全統計,1937年臺灣有日語講習所176處,學生15985人;日語普及會21個,會員618人;頭目勢力者會86個,會員980人;家長會351個,會員23612人;婦女會84個,會員4276人;男女青年團372個,團員14175人,幾乎囊括了臺灣青壯年中堅人物和原住民部落中的名望人士。[24]

1937年開始的皇民化運動大致可分為前後兩個時期。1937～1940年為前期,稱為「國民精神總動員運動」時期,1941～1945年為後期,稱為「皇民奉公運動時期」。當戰爭在殖民國家日本與作為殖民地臺灣人的祖國中國之間發生時,日本殖民者強調了臺灣人作為日本帝國臣民的身份,要求臺灣人確立對時局的認識,擁護日本國策,體現日本精神,強化鄰保關係,教化臺灣兒童,支持其戰爭政策。1937年9月開展的國民精神總動員運動的中心內容為「從本島的特殊情況出發,將重點放在全體島民對國家的報恩感謝上,確立對時局的認識,強化國民意識,刷新社會風氣,強化後方後援,協助非常時期財政經濟政策,維持治安、衛生,振作島民精神。」運動期間,設立國民精神總動員強調周、國民精神振興周、國民精神總動員健康周、後方後援強化周等,還開展了諸如國民精神總動員金報國運動、國民身心鍛鍊運動等一系列運動。

1940年,法西斯軍國主義體制在日本佔據主導地位,1941年,臺灣總督府主導成立了「皇民奉公會」。皇民奉公會上自總督府,下至州、廳、市、郡、街、莊,均設有嚴密的組織,與總督府行政系統是完全重合的,有利於總督府自上而下地貫徹一系列思想及物質動員。設立皇民奉公會的真正目的是強制徵

用翻譯、軍夫,組織志願青年隊、高砂義勇隊、改日姓等,使臺灣民眾脫胎換骨,成為支持日本軍國主義侵略中國的「皇民」。作為皇民奉公會的外圍組織,還成立了諸如青年學生報國會、青年奉公會、女青年奉公會、報國挺身隊、勤行報國青年隊、女子增產隊、奉公壯年團、文學奉公隊等名目繁多的團體,甚至連宗教界人士也成立宗教護國團、佛教奉公會、佛教宣傳隊等。組織上的強化是後期皇民奉公運動的一大特色。隨著侵略戰爭的擴大化,殖民當局對臺灣婦女的統治也愈發嚴密。

殖民者開展的皇民化運動是為了讓臺灣人民背棄固有民族語言、傳統文化和民族歸屬感,成為日本殖民者和法西斯軍國主義的皇民,成為戰爭動員體制下的勞動力資源、大東亞戰爭的兵力補充。皇民化時期,臺灣家庭的生活方式急速日本化,如居住日本式的住宅,使用日本的風呂(澡盆)、便所、榻榻米,春節被廢除,按日本方式過新年,婦女必須穿和服,吃飯要吃日本料理;行禮要行日本90度的彎腰禮;婚禮和葬禮都要採用日本式。日本殖民當局後來還禁止中國人使用中國名字,僅在1941年,被迫改名的臺灣民眾就有7萬多人。另外,殖民當局還強迫臺灣民眾改變宗教信仰,強制其參拜神社。

臺灣婦女所面臨的同樣是強制動員以及皇民化運動的精神改造。1943年,為對應戰時體制,臺灣女子教育方針改變為培養「徹底至誠盡忠之精神」,「磨煉國語能力,在學校內外生活中練成皇國女子」。戰時殖民政府的政策中,傳統性別分工、婦女與家庭的緊密聯繫被再次強化,臺灣婦女被賦予擔負守護後方家庭的重責。

在戰時軍事動員下,所有事物冠以「皇」字,賦予其正當性。日本殖民者將日本國合法化為臺灣民眾的「國家」,於是,臺灣民眾也就成為了日本的「皇民」。日本要想打贏這場侵略戰爭需要日本婦女的支持,同樣也需要殖民地臺灣婦女的支持。臺灣婦女的「皇民化」過程是透過加入愛國婦人會等體制內婦女團體得以實現的。在對戰時體制進行支持的過程中,臺灣婦女走出了家門,獲得了一定程度的自我實現,因而感受到某種程度「被解放」的意味。這裡,婦女解放與「後方奉公」糾葛在一起,使日據時期臺灣婦女問題呈現多元和複雜性。然而,歸根結底,日據時期的臺灣婦女從始至終處於被殖民者利用的邊緣者角色,而從邊緣走向中心的必由之路只能是加入體制內婦女團體,從事「後方奉公」活動,這也就注定了殖民地時代臺灣婦女的悲劇性命運。

(作者單位:中國社會科學院日本研究所)

## 註釋：

[1] 千野陽一主編：《愛國·國防婦人運動資料集3》，日本圖書中心，1996年，第39頁。

[2] 日本殖民者入臺之後，為了確立和鞏固其統治地位、建立穩定的社會治安局面，對臺灣山地土著民族進行了一系列的武裝鎮壓和討伐。

[3] 慰問袋是日本婦女為慰問出征軍人、鼓舞士氣、解決其生活不便而縫製的小布包，裡面放的是一些日常生活用品。

[4] 甲午戰爭和日俄戰爭時期開始的一種習俗。由眾多婦女用紅絲線將硬幣縫到一塊長布上做護身符，據說用它圍在腰上可以刀槍不入、抵禦砲彈、化險為夷。

[5]《殖民地臺灣の日本女性生活史昭和編（上）》，田畑書店，2001年，第241頁。

[6] 同年7月30日發行的《臺灣愛國婦人會新報》第45號被作為「本部升格紀念」。

[7] 總務長官原名稱為民政長官，1918年改名為總務長官，該職務既是臺灣總督的左膀右臂，也是總督府各項政策的實際執行者。

[8] 日據初期的1895年，臺灣簡單劃分為臺北、臺灣、臺南三縣與澎湖廳。歷經數次變革，1920年為五州二廳制，即臺北州、新竹州、臺中州、臺南州、高雄州和臺東廳、花蓮廳。1926年，澎湖廳由高雄州分出，改為五州三廳。

[9] 日據時期，保甲制度是社會控制的重要工具。總督府制訂了《保甲條約》，規定每十戶為一甲、每十甲為一保，每個「甲」都設置「甲長」作為領導者；而「保」則設置「保正」，任期皆為兩年，沒有工資。

[10]《殖民地臺灣の日本女性生活史昭和編（上）》，田畑書店，2001年，第232頁。

[11] 當時，吸食鴉片是當時臺灣人的普遍社會現象，據統計，半數漢人有此習慣。

[12] 臺灣省文獻委員會：《臺灣省通誌稿》，捷幼出版社，1999年，第79頁。

[13] 石塚友子：《臺灣の女性にとっての近代と國家——彰化婦女共勵會の一年》，井行碧編著：《「日本」國家と女》，青弓社，2000年，第194頁。

[14] 該校是1919年以前，臺灣人女子接受中等教育的唯一一所公立學校。

[15] 日據時期以臺灣女性為主要對象的代表性女子教育機構，1922年改為臺北第三高等學校。

[16] 游鑑明：《走過兩個時代的臺灣職業婦女訪問記錄》，「中央研究院」近代史研究所出版，1994年，第261頁。

[17] 游鑑明：《走過兩個時代的臺灣職業婦女訪問記錄》，「中央研究院」近代史研究所出版，1994年，第89頁。

[18] 游鑒明：《日本統治時期における臺灣新女性のコロニアルとモダニティについて》，早川紀代等編《東アジアの國民國家形成とジェンダー——女性像めぐって》，青木書店，2007 年，第 368 頁。

[19] 吳笛：《日據時期臺灣女性作家自覺意識管窺》，世界華文文學論壇，2004。

[20] 石塚友子：《臺灣の女性にとっての近代と國家——彰化婦女共勵會の一年》，井行碧編著：《「日本」國家と女》，青弓社，2000 年，第 187 頁。

[21] 游鑒明：《走過兩個時代的臺灣職業婦女訪問記錄》，「中央研究院」近代史研究所出版，1994 年，第 31 頁。

[22] 同上，第 268 頁。

[23] 游鑒明：《日本統治時期における臺灣新女性のコロニアルとモダニティについて》，早川紀代等編《東アジアの國民國家形成とジェンダー——女性像めぐって》，青木書店，2007 年，第 369 頁。

[24] 島田昌勢：《臺灣國精運動的新開展》，《臺灣時報》昭和 14 年 9 月號。

# 「米糖相剋」與總督府米糖統治—日據後期臺灣殖民地農業之初探

王鍵

## 一、蓬萊米與「米糖相剋」——臺灣農業經濟的殖民地化

日本佔據臺灣初期，臺灣總督府即確立「工業日本、農業臺灣」的殖民經濟方針，將臺灣視為熱帶經濟作物及糧食生產基地。相對於日本本土，臺灣的面積太小，不能滿足日本對外移民的需要，在作為日本海域外圍屏障之餘，充其量只能滿足日本的農產品需求[1]。1868 年明治維新後，特別是在甲午戰爭及日俄戰爭之後，日本資本主義開始發達，逐漸由農業轉向工業國家、人口急速向都市集中，國內普通群眾生活也相對地改善，因此米穀消費量增加。但日本農業經濟趨於凋零、國產米供不應求、米價大幅攀升，日本國開始成為米穀輸入國。日本同時是一個砂糖消費量極大的國家，但本身卻基本不產糖，只有若干家以進口粗糖為原料進行精加工的糖廠。在 1895 年，日本全國砂糖消費量高達 300 萬石，其中有 80% 依賴進口[2]。從 1896 年到 1904 年，日本每年要花費將近 2200 萬元進口砂糖，這個金額就占了其貿易赤字的一半以上[3]。

為此，1895 年日本佔據臺灣之後，開始有計劃地透過關稅保護、資金補助、原料確保[4]及機械化生產等手段來扶植臺灣製糖業的發展。其實，在日據初期，

「米糖相剋」與總督府米糖統治—日據後期臺灣殖民地農業之初探

總督府最為關注的產業就是米糖產業。糖和米之所以如此重要，是基於日本國內經濟結構所致。如砂糖是因為 1911 年之前日本國際收支入不敷出，為減少進口外匯支出而勉力發展；米則是以日本國內糧食不足為其原動力[5]。這兩項農產及加工產品在臺灣近代經濟發展上扮演極其重要的角色，臺灣總督府在臺灣的資源調查及相關的基本設施投資幾乎都是以建立米糖經濟為目的[6]。因此在 1895 年佔據臺灣後，提出了將臺灣視為日本米糖供應地的「工業日本、農業臺灣」的殖民地農業論調。

臺灣學者吳田泉的《臺灣農業史》將日據時期臺灣殖民地農業發展過程分為四個階段，即：第一階段，糖業改良時期（1895～1911 年）；第二階段，再來米改良時期（1812～1925 年）；第三階段，蓬萊米發展時期（1926～1936 年）；第四階段，臺灣農業經營多角化（1937～1944 年）。其中第一、二、三階段構成日據前期，第四階段為日據後期[7]。另外，黃登忠、朝元照雄的《臺灣農業經濟論》也分作四個階段，但期限劃分與角度與吳田泉完全相異。即：「現狀認識與整頓時期」（1895～1909 年）、「在來米品種改良與米糖相剋時期」（1909～1924 年）、「蓬萊米的登場與臺灣米、日本米相剋時期」（1925～1939 年）與「戰時糧食管理強化時期」（1939～1945 年）[8]。

日本佔據臺灣後，大力發展米糖單一種植經濟是總督府殖民地經濟產業政策的重要特徵，但臺灣的「在來米」（島內原有的米種），產量低且不具有黏稠性，不合日本人口味，無法獎勵其擴大增產。在「蓬萊米」出現之前，臺灣稻米對日輸出一直低迷，1905 年以前臺米輸日不及臺米總產量的 8%[9]。至 1904～1905 年日俄戰爭期間，由於兒玉源太郎總督出任日軍總參謀長，並由臺灣緊急調集軍用大米而使臺米輸日有所增加，但一直到 1920 年代，臺米的生產及對日輸出才呈現明顯的進展。為改良島內低產稻種，總督府先後引進多批日本稻種在島內進行試種，但日本稻種極不適應臺灣的特殊地理和氣候，很難在臺灣推廣種植，這些因素使臺灣稻米的增產與輸出受到極大的限制。長期以來，臺灣島內固有的稻種較為繁雜，多為質量比較粗劣的在來米，在同一品種中，常常[10]混雜有紅米、烏米及稗，而且單位產量較低，營養含量也不高。為了提高稻米的質量和產量，盡快實現臺米增產的既定農業政策，1906 年總督府規定剔除紅米的種植，並從 1910 年開始限定島內稻米品種的種植數目，據臺南廳農會第一次米種改良事業成績報告：「第一次米種改良的限定數：第一季 181 種，中間種 85 種。第二季 219 種，共 485 種，比以前減 880 種。減少紅米的工作成績，也頗為顯著，大體已告別除，其後隨工作的繼續反覆，質量收量都見改進」[11]。

大陸部份

為實現既定之「農業臺灣」的殖民地戰略目標，臺灣總督府決定加強其既定之臺米增產策略，盡快提高臺灣本地稻米的質量和數量，以滿足大量且長期供應日本市場龐大需求的長遠目標。在總督府民政長官後藤新平的主持下，1903 年臺灣總督府設立農業試驗所，由日本國內招聘農業技術專家，開始研究培育適合日本人口味的優良稻米品種。1912 年，日本農業技師磯永吉、末永仁等來到臺灣總督府農業試驗所，開始從事對臺灣在來米的改良工作。在既有之新品種試種基礎上，再經過磯永吉、末永仁等十餘年的培育，又加上到馬來西亞、爪哇、印度等地考察取經，至 1922 年終於培養出一種適合日本人口味的名為「臺中 65 號」的新品種[12]。又經數年的試種後，新品種稻米終於獲得成功。1926 年 5 月 5 日，在臺北鐵路飯店舉辦之「臺灣米穀協會第十九次會議」上，在磯永吉所建議的「蓬萊米」、「新臺米」、「新高米」三個名字中，伊澤多喜男總督最終選定「蓬萊米」為新品種的名字[13]。自此以後，臺灣培育的新米或日本的種稻，均稱為「蓬萊米」[14]。隨著 1930 年嘉南大圳的完工，蓬萊米由北向南流行起來。因其單位價值較高，利潤高於在來米，種植面積迅速上升，在來米的種植面積則相應下降[15]。

按照以上臺灣殖民地農業的發展歷程，臺灣學者吳田泉將 1912 至 1925 年稱之為臺灣農業的「在來米改良」時期[16]。自 1922 年起，由於蓬萊米的培植成功並大量推廣，為臺灣稻米生產帶來劃時代的進展。在臺灣總督府的大力推廣和獎勵下，蓬萊米的播種面積持續擴大，從臺灣北部的高臺地，如大屯山、七星山向淡水、士林等平地推進，然後進入新竹、臺中，接著向臺南擴展。從種植面積來看，1922 年臺灣蓬萊米種植面積僅為 14 公頃，但到 1925 年增加為 68,697 公頃，1935 年更增加到 295,811 公頃，比 1922 年增加數百倍，占當時臺灣水稻種植總面積 678,629 公頃的 43.6%，使臺灣糖米競爭更加激烈。而輸日的蓬萊米也在 1934 年創下 721,000 公噸的最高紀錄。

另外，蓬萊米單面積產量確實比在來米（當地米種）高出 20%，價格亦比在來米高 5%～10%，由於大多運銷日本市場，種植獲益頗大，因此，蓬萊米的種植迅速普及全島，結果，稻米產量大增，1934 年，稻米產量突破 900 萬石，輸出增為 430 萬石，占 8%；1938 年，稻米產量達到高峰，年產量為 982 萬石，輸出高達 520 萬石，占 53%，其中，蓬萊米占輸出總量的 84%。蓬萊米除了更可口而獲得日本消費者的偏愛外，在生產方面又比原來的在來米能多收成 21%，價格上又是高出在來米 5 至 10%。加上總督府不遺餘力推行，以建設水利工程來增加灌溉面積、設立農事試驗場來改良品種、施行米穀檢查、改進肥料、設立農業倉庫來改進流通、驅逐害蟲、推進二期米作等等。因此蓬萊米

的種植乃迅速遍佈於全島，產量大增。當然其中大部份是運往日本。如此臺灣農業的發展政策由自 1910 年訂定的發展糖業為中心，增加稻作農業獎勵政策。

在蓬萊米未出現的 1910 年代時，臺灣產米不到 500 萬石，到了 1920 年代，蓬萊米普及化之後，稻米生產突飛猛進，產量最高時幾乎達一千萬石大關，同樣的土地產量增加一倍。輸出量也從原來的 23%，約 100 萬石；增加至 520 萬石、占稻米總量的 53%。同時，臺灣原有的單一稻米種植業出現大的結構變革，從 1910 年代的臺灣砂糖生產轉化成為米、糖二大農產品的商品化生產。同時，在總督府的政策扶持下，三井物產、三菱商事、加藤商會、杉原產業等日本四大商社幾乎壟斷了臺灣的米穀輸出，其輸出的數量佔據臺灣米穀輸出量的 90% 以上。1922 年後，蓬萊米出口量的增加，帶動臺灣整個米價水平上漲，由於米的價格逐漸超過甘蔗的收買價格，農民因為種米的收益較高，紛紛捨棄蔗糖改種稻米，造成蔗價水平的上漲。製糖會社的甘蔗原料收購受到價格上漲及供給不足的壓力日增[17]。

總督府大力推動臺灣當地在來米的改良，使臺灣稻米的生產逐漸商品化，其主要目的是為供應日本本國市場的優質稻米，以補充日本的糧食不足。由於輸出日本的稻米數量激增，形成島內米價上漲，造成低所得階層生活的困苦，總督府為了本島糧食的供應，遂於 1919 年公佈《米穀輸出限制令》，非經特準不得輸出。臺灣米穀輸日，在 1900 年只有 1,400 公噸，至 1925 年，增加為 355,000 公噸，占當年臺灣稻米產量之 38%[18]。

由於蓬萊米具有的經濟作物性質，由此造成 1920 年代中期起臺灣農業生產和對外貿易結構發生巨變，即由蔗糖單一經濟作物為中心的生產、貿易結構，轉變為以米、糖兩大經濟作物為中心的生產、貿易結構。總之，隨著蓬萊米的出現和普及，1920 年代中期以後臺灣的殖民經濟發生質的變化。米、糖之間具有競爭性，因而在 1930 年代發生「米糖相剋」的問題。

蓬萊米得以迅速推廣和發展的背景，除了臺灣總督府以威權專制大力推行外，還有幾點主要的客觀原因，第一，蓬萊米的收穫期恰好是日本國內青黃不接時期，因此，在價格方面處於有利地位。其次，對農民來講，種植蓬萊米比種植在來米（本土米）收益高，據臺灣總督府調查，每千斤蓬萊米比每千斤在來米（本土米）可多獲 3 元到 21 元的收益。再次，從收益上講，種植蓬萊米比種植甘蔗有利[19]。

隨著蓬萊米的種植成功和普及，臺產蓬萊米逐漸成為出口日本市場的主要米種。1926 年蓬萊米出口日本市場僅占總出口數量的 40.55%，以後逐年遞增，

1932 年為 66.20%，到 1938 年上升到 84.32%。相比之下，在來米（本土米）的出口數量卻大幅下跌，從 1926 年的 21.38%，1932 年的 10.22%，逐年減至 1938 年的 3.07%。蓬萊米已完全取代了在來米的地位。臺灣總督府推動蓬萊米栽培栽種面積，提高其產量並大力向日本出口，加強了把臺灣的稻米生產與日本的農業融為一體的傾向，使之成為日本農業的補充，從而加深了對日本經濟的依賴。

蓬萊米在島內的迅速普及，使得臺灣的殖民地單一農業（monoculture）發生很大的變化，從 1910 年代的砂糖生產轉化為米、糖二大農業的商品生產，這也是此時期臺灣總督府農業政策的最大特點。蓬萊米的成功培植，不僅在生產方面，在銷售流通領域也發生極大的變化。自 1929 年的世界經濟危機之後，蓬萊米的輸出即被以三井物產為首的日本壟斷財閥資本所操縱，三井財閥還在臺灣各地設置米穀倉庫和米穀檢查所，以便更有效地將掠奪來的臺灣農產品和優質稻米運往日本或輸出其他地區，以獲取暴利。所以，臺灣「米穀經濟最大的獲利者，乃是以臺灣本地的地主和少數日本米穀貿易商所組成的共生結構」[20]。如三井物產、三菱商事、加藤商事、衫原產業等四大米商獨占臺灣稻米輸出的 90% 以上[21]。

為全面控制臺灣稻米的收購及加工，在總督府及臺灣銀行的金融支持下，日本資本即以雄厚的資金實施購米代金的預先貸款制度來支配土著資本的土籠間[22]，再透過土籠間對農民發放高利貸而廣泛地控制著臺灣農村的稻米生產[23]。土籠間在收購農產品時，往往採取在耕作前提供農民現金貸款（為了要繳納地租及獲得生產資金）來壓低收買價格的手段[24]。可稱是一種高利貸資本。米穀的加工原本主要是由農家自行處理，隨著商品化的擴展，碾米的工作也逐漸脫離農民的掌握[25]。在 1914 年時，只有 16.89% 的臺米是由土籠間處理；及至 1933 年，土籠間已包辦 73.38% 的米穀[26]。相對臺灣糖業而言，以土籠間為代表的臺灣碾米業長期由土著資本控制。1932 年，島內 305 家碾米廠中，僅有 37 家（1.2%）為日資企業[27]。至 1939 年，日資控制的碾米廠增至 7%[28]。土籠間的存在強化了地主在交易中的優勢地位。這是因為米穀流透過程主要控制在「地主→碾米業者/中間商」此一部份。米農要生產稻米，就必須繳納地租和準備生產資金，因此地主往往在耕作前提提供農民現金貸款，在稻穀收割後，身兼碾米業者（土籠間）的地主就可用低價收購米穀，進行碾米、加工的工作。換句話說，「地主」同時也是「米穀的加工者」與「農民生產稻穀所需資金的放款者」，這種三位一體的結構有利於壓低米穀價格，所以以日本人為主的輸出商也樂觀其成，刻意地加以維護，以保持臺灣輸日米穀的價格優勢[29]。大約

從 1929 年到 1931 年，臺灣米穀的商品化率為 63.51%[30]。但因為米穀的販賣是集中在地主的手中，米穀的商品化與大量外銷，並不意味著殖民地生活水平的提升[31]，反而可能因為要種植外銷所需的蓬萊米，犧牲佃農所消費的在來米的種植。

### 表一　日據時期臺灣米糖生產及對日輸出量之變動

單位：千公噸

| 年度 | 稻米（糙米） 生產量 A | 輸日數量 B | B/A % | 砂糖 生產量 A | 輸日數量 B | B/A % | 輸日占總輸出% |
|---|---|---|---|---|---|---|---|
| 1900 | 307 | 1.4 | 0.5 | 27 | —— | —— | —— |
| 1905 | 622 | 90 | 14.5 | 50 | 34 | 68.0 | 95 |
| 1910 | 598 | 104 | 17.4 | 204 | 126 | 61.8 | 99 |
| 1915 | 684 | 122 | 17.8 | 208 | 136 | 65.4 | 100 |
| 1920 | 692 | 103 | 14.9 | 223 | 291 | 130.5 | 93 |
| 1925 | 920 | 355 | 38.6 | 480 | 428 | 89.2 | 94 |
| 1930 | 1,053 | 317 | 30.1 | 810 | 743 | 91.7 | 100 |
| 1935 | 1,303 | 642 | 966 | 661 | 68.4 | 100 | |
| 1940 | 1,129 | 408 | 36.1 | 1,133 | 1,154 | 101.9 | 88 |
| 1944 | 1,068 | 166 | 15.5 | 892 | 400 | 44.8 | 84 |

註：1/ 稻米系根據臺灣省糧食局編制：《臺灣糧食統計要覽》，1949 年。
2/ 砂糖系根據《臺灣糖業統計》編列，其中對日輸出量超過當年生產量者，即系包括前年庫存在內。
資料來源：吳田泉《臺灣農業史》，臺北，自立晚報社出版部，1993 年版，第 367 頁。

## 二、「米糖相剋」的博弈——攫取臺灣米糖資源的最大化

在「工業日本、農業臺灣」的殖民地政策導向下，臺灣總督府大力發展臺灣的米、糖經濟，到了 1925 年以後，發生「米糖相剋」問題。所謂的「米糖相剋」問題，表面上指的是日據時期臺灣最重要的稻米和蔗糖兩個部門衝突的問題：當兩個部門都要擴大生產時，就在耕地上形成了衝突—究竟是多種稻還是多種甘蔗，實際上是「糖業的利潤建立在米作部門的落後與不利的相對價格上」[32]，即由於日資糖業資本要擴大甘蔗種植面積而產生的，相剋的實質就是「臺灣農民的利益和日資糖業資本利潤衝突問題」[33]，「糖業資本考慮的是在尋求滿足必要的原來需求而擴張產量及耕地面積時如何減低成本的問題」[34]，從而反映

出臺灣農業的殖民地性質。日本學者川野重任認為蔗作與米作的「爭地」是造成「米糖相剋」的重要原因。他指出，在臺灣南部旱田區，商品作物甘蔗的入侵已達極限，故值得北上，進入以蓬萊米栽培為主的中北部水田區爭地。這就是「米糖相剋」的直接原因[35]。臺灣學者塗照彥則指出：作為殖民地的臺灣，米和糖的生產都服從宗主國日本的需要。日本本身不產糖，糖的進口是一個沉重的負擔，因此佔據臺灣以後就努力發展臺糖，臺糖最後占日本糖消費的90%左右。臺灣的稻米對日本雖然沒有臺糖重要，但臺米於每年青黃不接時輸日，對於抑制日本的米價是很重要的。20年代，日本在向帝國主義轉化的階段是非常需要低米價的。因此，「米糖相剋」並非殖民地臺灣本身的經濟問題，而應從日本帝國主義演化的高度來看待：當日本帝國主義要求殖民地臺灣同時生產更多的米和糖時，相剋就發生了[36]。塗照彥對此歸結到：「米糖相剋問題從現象上來看，……表現於糖米比價率的降低，其根本的決定因素，不外乎是土地所有關係」[37]。

同時，蓬萊米的培育成功，也是產生「米糖相剋」的一個重要原因，在以砂糖作為單一經濟商品的臺灣，由於糖業投資的不斷擴大，許多資本家開始進軍臺灣北部市場，因此嚴重影響到北部種稻的勢力範圍，而由於種植蓬萊米十分有利，島內開始大面積種植，對日出口也大幅度提高（參考表二）。以1915年至1935年的20年間日本每年從朝鮮進口稻米淨額自1,870千石上升至8,246千石，同時期從臺灣進口淨額則自636千石上升至4,054千石。由於來自臺灣、朝鮮等殖民地的進口米驟增，其進口淨額對日本本土米產量的比率也自1915年4%上升至1935年的25%[38]。

表二　日本國內米消費與供給（1915～1939）

| 年度 | 總消費 | 總產出 | 殖民地米淨輸入 ||
|---|---|---|---|---|
| | | | 台灣 | 韓國 |
| 1915 | 58,921 | 57,008 | 636 | 1,870 |
| 1920 | 62,318 | 60,809 | 637 | 1,641 |
| 1925 | 67,046 | 57,170 | 1,582 | 3,682 |
| 1930 | 68,910 | 59,558 | 2,178 | 5,089 |
| 1935 | 70,553 | 51,840 | 4,505 | 8,246 |
| 1939 | 79,320 | 65,869 | 3,957 | 5,583 |

註：蓬萊米 1 石（糙米）=238 斤；在來米 1 石（糙米）=233 斤；
日本米 1 石（糙米）=243 斤；韓國米 1 石（糙米）=240 斤。
資料來源：《經濟年鑑》各年版（東京：東洋經濟新報社）。

　　1925 年，臺灣糖產量為 480,000 公噸，其中 428,000 公噸（90%）被輸出到日本[39]。隨著蓬萊米的種植成功和產量提高，至 1925 年以後，臺灣稻米的生產擺脫了長期停滯的狀態，種植稻米的耕地面積和稻米產量不斷提高，而同時，種植甘蔗的耕地面積和產量隨之大跌，此時又趕上經濟危機，多家製糖企業倒閉，於是發生了「米糖相剋」問題。

　　「米糖相剋」問題產生的總背景，源自宗主國日本本身的需要，特別是一次世界大戰以後，日本工業化和城市化的發展迅速，對糧食的需求與日俱增，既要臺灣的砂糖，也要臺灣的稻米[40]。1918 年日本發生的米騷動集中地反映了糧食短缺問題。而來自臺灣、朝鮮等殖民地廉價的稻米，也有助於降低日本國內勞動成本。20 年代以前，臺灣主要是作為日本的糖業基地，相應的，在農業方面就透過擴大甘蔗種植面積來提高甘蔗總產量。正是這種背景下，蓬萊米於 1922 年在臺灣試驗成功並迅速向全島推廣，絕大部份輸出到日本，小部份為島內日本人享用。臺灣輸日稻米比朝鮮少，是因為它還要供應日本糖消費量的 80% 左右。在糖價大幅上漲時，日資企業獲得高額利潤，而蔗價不變，農民不能分享到糖價上漲的利益。根據總督府制訂的原料採取區域制度，農民必須將甘蔗賣給製糖企業，但農民也可以不種甘蔗而轉種水稻等農作物。在總督府的政策保護下，自 1905 年起，日資製糖會社漸次推行「米糖比價法」，即甘

蔗收購價格決定於米（或其他對抗性作物）的價格。米糖比價的字面含義似乎是要在米價與糖價之間尋求一個適當的比率[41]。其實不然，甘蔗收購價格與糖價之間的關係才是製糖會社關切所在[42]。總督府這項政策的設計目的，在於切斷蔗價與糖價間傳統的關聯，使蔗農無法分享製糖業在總督府特惠保護下的豐厚利潤[43]。這樣，在糖價大幅上漲時，日資製糖企業由於生產成本基本不變（蔗價佔據了製糖成本的大部份），可以獲得高額利潤。尤其在第一次世界大戰期間，糖價大漲，各大日資製糖企業獲利超出上年一倍以上。但是，由於蔗價並不決定糖價，農民並不能分享糖價上漲的利益[44]。因而，在蓬萊米試種成功並大量輸日以後，種植稻米的農戶得到切實好處，使得農戶偏向種植稻米，從而影響到甘蔗種植面積。蓬萊米開始輸出日本以後，其在日本市場的價格雖低於日本本地米價，但卻追隨日本米的價格波動，日本米價的穩定或上升，使種植蓬萊米的農戶收益增加，臺灣農民的生活也有所改善[45]。島內的在來米價格也隨之上升，米價的普遍上升使得農民更偏向種植稻米，而進一步影響到甘蔗種植面積，這就產生出「米糖相剋」的問題[46]。

　　在臺灣總督府的支持下，日本資本家尤其是日本製糖業大企業壓低農產品收購價格，使農民所獲收入有限。據統計，1931年佃農的地租支出額占農業經營費總額的41.66%。同樣以1931年為例，自耕農所得扣除各項負擔為571元，家庭開支為955元，赤字384元，自耕農赤字75元，佃農赤字175元。從農民家庭開支狀況看，飲食費占一半，交際費和婚葬費占15%左右，表明農家大部收入用於養家餬口，封建禮俗和鄉族活動在農村依然活躍。值得注意的是，教育費支出僅在1%左右，顯示農村教育事業仍處於不發達狀態。日據時代臺灣農民儘管生活水平相對有所提高，但充其量僅達到溫飽，半自耕農和佃農還要借助甘薯補主食不足。

　　造成臺灣稻米大幅增產還有兩個重要原因，一是由於日本農村的危機和米價的暴漲，1918年7月22日，日本富山縣發生「米騷動」[47]，震撼了整個日本社會，也促使臺灣總督府採取多種政策手段，加快臺灣稻米的增產幅度，以供應日本國內市場；二是臺灣嘉南大圳[48]的建成。嘉南大圳是當時日據時期臺灣最大的水利工程，自1920年開工，歷時十年，1930年竣工，總投資約5414萬日元（當時臺灣人均日工資為四角至六角），嘉南大圳的建成，使臺南一帶的旱田和甘蔗田多改種植稻米。這也是造成「米糖相剋」的重要原因之一[49]。

　　臺灣米市場的急劇擴大，與臺灣糖業的甘蔗作地發生極為尖銳的爭地問題，迫使臺灣糖業的發展停滯，對於剛在昭和經濟恐慌和世界經濟危機遭到重

創的臺灣糖業雪上加霜。各製糖會社紛紛擬定實施所謂的《米價比準法》，也就是米價越高，甘蔗收購價格隨之提高，企圖借此吸引農民繼續種植甘蔗，企圖壓制農民轉種稻米。不過，成效並不顯著[50]。另外，臺灣總督府也基於對日本本土提供稻米的戰略需求，也改變了以往對單一經濟作物的政策，積極鼓勵農民轉種稻米，這項政策的改變，使得臺灣農業的經營逐漸多角化，製糖會社也在米糖相剋的過程中，不再僅從事甘蔗栽種和砂糖生產，也被迫朝向多元化發展，投資經營糖業以外的其他行業，此亦成為日據後期臺灣糖業的特色，這是米糖相剋最重要的時代及歷史意義。

最初，日資製糖企業對待「米糖相剋」問題的對策是採取慣用的債務捆綁辦法，對境地困難的農戶發放生產和生活貸款，同時與他們簽訂合約，規定他們按製糖企業的要求種植甘蔗。但日資製糖企業認為這樣做尚不足以保證他們對甘蔗的需求，他們要求臺灣總督府行使威權，透過殖民地經濟政策進行強力幹預。推動總督府興建嘉南大圳、實現其利益最大化，就是日資製糖企業的「如意算盤」。

1918年9月，在臺灣總督府的請求下，日本內務省派遣原田貞介技監到臺灣，會同八田與一[51]技師對嘉南平原一帶進行灌溉計劃的實地勘察，重新評估該計劃的可行性。在兩人共同提出的報告中，八田與一首次提出其醞釀已久的想法，修改對以往官田溪灌溉七萬五千甲的計劃，欲將灌溉面積擴大到整個嘉南平原，總面積高達十五萬甲。八田與一的具體設想是「將嘉南平原劃分為二或三個部份，分年平均地給水」[52]。也就是所謂的「三年輪作給水制度」，即一年種水稻、一年種甘蔗、一年種雜糧[53]。臺灣總督府採納了八田與一的建議，遂在嘉南大圳灌區採取強制輪作制度，來保證蔗田面積，即每150甲為一個給水區，以下再分成三個區，夏天在第一區種稻，秋、冬在第二區種甘蔗，第三區種雜糧[54]。農民本來可以種二季水稻，卻被迫改種甘蔗。同時臺灣總督府硬性規定，將輸入砂糖加徵35%的附加稅，使糖價暴漲，提高甘蔗的價格，以刺激蔗農的生產積極性[55]。很顯然，這種三年輪種措施是限制各農戶所擁有的作物選擇權，強迫農家種一期的水稻和甘蔗。「透過輪流灌溉的水利政策，雖然可以暫時緩解米糖相剋的現象，但由於臺灣經濟帶有濃厚的殖民地特徵，是不可能從根本上解決問題的」[56]。不過也有人認為，「三年輪作制度」實際上限制了日資製糖會社根據市場決定蔗作地的選擇度[57]。

在「米糖相剋」的特殊背景下，日資製糖會社也被迫作出一定程度的調整與讓步[58]。僅以製糖會社而非農民的角度來看，製糖會社的利潤計算公式為：

製糖會社的利潤＝商品價格（糖價）—生產成本（蔗價等），由此可知，製糖會社若想提高利潤，一是提高糖價，二是壓低生產成本（透過壓低蔗價或提高生產力）等方式[59]。1905年，臺灣總督府為保證日資製糖會社有充足的原料，制訂《原料採取區域制度》，將全島劃分為四十多個原料採取區，一個區域內的甘蔗不可以運出區外，也不可以移作他用，而只能賣給該區域內的製糖會社。製糖會社成為甘蔗原料的獨買者，並因此享有指定價格的能力，但因為法律規定與自然條件使農民可自由選擇種植稻作與蔗作[60]。所以日資製糖會社在制訂其收購區域內的甘蔗價格時，不得不顧慮農民培育甘蔗的機會成本，亦即被放棄耕種的稻作之產值[61]。

1936年日本帝國議會透過《米穀自治法管理案》，要求日本、朝鮮、臺灣同時減產稻穀。隨後，臺灣總督府透過勸誘補貼轉作等的方法來勸誘農民放棄稻作，但在1937年「七七事變」以後，日本對臺灣稻米的軍需上升，日本農業歉收，情況發生驟然變化。以往總督府提倡減產稻田、轉作蔗田的政策驟然逆轉，又抑制生產轉為獎勵增產，1941年公佈《米穀生產獎勵規則》，並由各州（縣）廳隨著戰爭對軍需米需求的上升，「米糖相剋」問題才不被提起。

## 三、農業多角化——殖民地農業發展的一個歷程

1927年日本發生金融恐慌，經濟衰退導致日本國內供應過剩；1930年日本米穀大豐收造成米價暴跌，為保證日本本土的利益，日本更是嚴格抑制臺灣稻米的輸日數量。臺灣總督府自1933年起就開始採取一系列米穀控制措施；1932年7月在總督府殖產局內設置「米穀統治系」；同年8月8日，殖產局與日本農林省進行協商，研討米穀統治政策。農林省設立直屬的「米穀事務所」，企圖不經過總督府直接控制輸日米穀的買賣。10月11日，日本農林省與主管臺灣事務的日本拓殖務省達成協議，促使總督府在1934年、1935年施行米穀減產政策。11月1日，日本連同兩殖民地朝鮮、臺灣全面實施《米穀統製法》（法律第二十四號）；1934年3月，總督府又開始實施《臨時米穀移入調節法》。在《米穀統製法》頒佈並實施之後，針對米穀過剩之局面，臺灣總督府制訂出《米穀貯藏規則》，開始獎勵產業組合倉庫的興建[62]。不過，倉庫的興建趕不及米穀的生產。1934年，日本農相（農業部長）後藤文夫[63]提出《臨時米穀耕作面積減少案》（即減產案），受到臺灣總督及拓殖務省的共同反對，而未能實施[64]。1934年2月10日，齋藤實內閣制訂《臨時米穀調節法》，規定日本政府為調節外地米移入數量而購買外地米，經費由米穀需給調節特別會計進行，還將特別會計法的借入限度從7億元擴張至7億5千萬元。另外，專為購

買日本米而將特別會計法的借入限度擴張為三億元,一共為 11 億 5 千萬元。所以,為了米穀問題總共增加特別會計 4 億 5 千萬元[65]。該案若獲得透過,意味著日本政府收購過剩米穀的費用將大大增加。此舉引起日本國內的反對。透過對日本、朝鮮及臺灣三地米穀生產的成本計算看,發現 1933 年日本的生產成本為 22.15 元,朝鮮為 20.98 元,臺灣蓬萊米為 17.22 元的懸殊差距[66]。如此差距,更加促使日本政府實施遏止殖民地米傾銷的根本對策。1935 年 1 月,日本農林省正式向日本帝國議會提交《米穀自治管理法案》,主張減少臺灣輸日米穀 220 萬石[67]。經過多次修改後,1936 年 9 月 20 日,日本帝國議會透過《米穀自治管理法案》[68]。該《管理法案》要求日本、朝鮮、臺灣同時減產稻穀。隨後,臺灣總督府透過勸誘補貼轉作等的方法來勸誘農民放棄稻作。

為了日本本土的利益,臺灣總督府制訂抑制米穀的產業政策,透過對價格的控制來壓抑米作的成長。總督府採取如此破壞性的殖民地政策,其深層次原因有二:一是日本與臺灣面臨著 1930 年代初期的世界經濟危機,一方面,經濟危機使臺灣已經高度商品化的農業經濟面臨飽和,另一方面,日本資本主義的衰退使米穀供應出現過剩的問題,為了保護日本本國的農民,臺灣輸日米穀首先成為被犧牲的對象。二是 30 年代後日本開始實施擴張性的財政政策及出口政策,不但使臺灣承受了通貨膨脹的壓力,也使米穀經濟的既有優勢遭受打擊。從 1930 年到 1931 年,臺灣的「輸移入綜合物價指數」增長了 43.3%,而輸日米價卻大幅下跌,結果使臺灣和日本間的「貿易條件」(terms of trade,即每單位輸出品可交換的輸入品量)出現逆轉的情況,由 1930 年的 145.47% 降為 86.01%[69]。以上兩種情況相加的結果,使臺灣的地主和農民在 1930 年代初期逐漸陷入財務的困境中[70]。1932 年,日本政府農林省有意實施限制臺灣米穀的計劃時,立即在島內引發「臺灣米移入限制反對運動」[71]。

由表三可知,在臺灣輸出的商品中,主要為砂糖和稻米兩大類,特別是砂糖始終為臺灣輸日商品的最大宗品種。在 1929 年〜1932 年間,砂糖占臺灣輸日商品總數的 50% 以上,1933 年以後也長期維持著 40% 的高比例。而稻米的輸日量則隨著日本國內農業的興衰,波動比較大。

## 表三　臺灣對日本的輸出

（單位：十萬元）

| 年度 | 總額 | 稻米 | 香蕉 | 砂糖 | 鳳梨罐頭 | 酒精 | 帽子 | 礦石 |
|---|---|---|---|---|---|---|---|---|
| 1929年 | 2,387 | 493 | 84 | 1,426 | 44 | 35 | 62 | 38 |
| 1930年 | 2,186 | 387 | 84 | 1,419 | 35 | 26 | 30 | 48 |
| 1931年 | 2,014 | 411 | 83 | 1,205 | 42 | 31 | 47 | 46 |
| 1932年 | 2,227 | 631 | 70 | 1,217 | 52 | 30 | 22 | 50 |
| 1933年 | 2,307 | 646 | 79 | 1,186 | 48 | 55 | 26 | 61 |
| 1934年 | 2,794 | 1,018 | 81 | 1,223 | 45 | 70 | 39 | 75 |
| 1935年 | 3,142 | 1,055 | 95 | 1,460 | 73 | 68 | 30 | 98 |
| 1936年 | 3,589 | 1,243 | 106 | 1,635 | 59 | 56 | 24 | 150 |
| 1937年 | 4,103 | 1,262 | 117 | 1,890 | 76 | 74 | 33 | … |
| 1938年 | 4,201 | 1,267 | 129 | 1,776 | 85 | 97 | 30 | 173 |
| 1939年 | 5,097 | 1,253 | 165 | 2,293 | 112 | 165 | 38 | 149 |
| 1940年 | 4,593 | 843 | 256 | 1,856 | 104 | 144 | 47 | 182 |
| 1941年 | 3,798 | 707 | 178 | 1,565 | 37 | 132 | 33 | 150 |
| 1942年 | 4,196 | 762 | 110 | 1,845 | 62 | 147 | 29 | 154 |
| 1943年 | 2,927 | 660 | 54 | 975 | 22 | 160 | 56 | 176 |

資料來源：[日]松江清《近代日本貿易史》第二卷，東京，有斐閣，1963年版，第122頁。

　　隨著1931年「九一八事變」至1937年「七七事變」的爆發，臺灣漸次進入日據後期，臺灣殖民地經濟發展進入戰時經濟統治時期。為應付戰時軍事需要，總督府制訂並實施了一系列新的農業統治政策，致使臺灣島內固有的農業結構發生重大的改變，「各種特用作物迅速發展以供應軍需，更促使臺灣農業走向多角化」[72]。1933年，總督府以敕令第二百七十九號將日本《米穀統製法》部份條款（法律第二十四號，第七條、第八條、第九條及第十三條；附則第三項第四項之規定）施行於臺灣。總督府為了統治臺灣的經濟，統治臺灣的農業，於1938年開始實施《臺灣重要農作物增產十年計劃》，對臺灣的農業生產實施統治，鼓勵農民轉作經濟作物。1939年總督府頒佈《臺灣米穀輸出管理令》（律令第五號），設立米穀局，臺灣米穀的輸出由以往民間貿易商社經營，改由總督府直轄下的嚴格統治。由於日本國內稻米歉收，對臺灣稻米的需求驟增，臺灣總督府的米穀政策又由鼓勵轉作的措施改為加緊增產的措施。1941年，總督府頒佈《臺灣米穀等應急措施令》（律令第十一號）；1942年總督府又以敕令第五九九號將日本《食糧管理法》（法律第四十號）施行於臺灣。同年12月

太平洋戰爭爆發，1943 年總督府頒佈《臺灣糧食生產管理令》（律令第二十五號），進一步限制臺米的輸出[73]。同時總督府公佈《米穀生產獎勵規則》，而原轉作作物則當工業原料繼續獎勵生產。由於各種經濟作物都在獎勵之下，及造成臺灣農業的大量增產，根據農業年報的記載：臺灣農業生產指數以 1902 年為基期當 100，則 1935 年為 642,1939 年為 982,1944 年為 1392[74]。

在米糖競爭的過程中，臺灣的農業逐漸走向多角化的經營，特別是水果類的柑橘、鳳梨、香蕉及茶葉等農產品生產[75]。由於臺灣稻米大量出口日本，影響到日本國內的稻農利益。於是，為保護日本農民，總督府調整其農業政策，開始強制實施稻田轉作，決定減少稻田面積七萬公頃，並獎勵轉作。獎勵轉作的經濟作物有棉花、黃麻、苧麻、蓖麻、小麥、花生、菠蘿、香蕉、柑橘類、咖啡、可可亞、蔬菜類等，因此造成臺灣農業經營趨向多角化，而逐漸脫離農莊的生產方式[76]。另據統計，若以 1932 年為基期（100），與 1942 年的各種作物種植面積來比較，即稻作面積減少 7%（47,797 公頃），相反地除茶、大豆、落花生、香茅草之外，其餘作物種植面積都一律有成長，其中成長率較大的有亞麻（指數為 2755）、鳳梨纖維（2020）、小麥（1210）、棉花（1005）、煙草（763）、黃麻（534）、毒魚藤（Derris, 457）、大麥（322）、蔬菜種子（307）、瓊麻（282）、咖啡（223）。又以絕對面積言，即以黃麻、小麥、棉花、煙草、亞麻的成長較為重要。其他尚有玉蜀黍（184）、苧麻（160）、鳳梨（149）、甘蔗（147）、柑橘類（125）、香蕉（124）、甘薯（116）、樹薯（109）等，均有成長[77]。

## 四、戰時體制下的總督府米糖經濟政策——兼論日本統治經濟與農業

統治經濟的本質是國家壟斷。一般認為，統治經濟是戰時經濟的特點，但統治並非僅在戰爭爆發之後才採取的特殊手段。在臺灣殖民地農業經濟的演變過程中，臺灣總督府始終扮演著十分重要的角色，不論是各項殖民地農業經濟政策的制訂、對日資農業企業的扶植或是大型水利基礎設施的建設等，均由總督府以威權實施政策干預。實際上，早在 1924 年，臺灣總督府就在農業領域中設立了第一家統治經濟機構——臺灣青果株式會社，負責統合水果的出口。在其之下還設有「青果同業組合」及「聯合會」等組織，從生產、金融到輸出，完成一元化的控制[78]。

所謂「戰時統治經濟」,主要是指從 1937 年到 1945 年日本發動全面侵華戰爭及太平洋戰爭期間,在其國內及其海外殖民地推行的「強制性干預」和「管制」經濟的體制。臺灣總督府施行的戰時統治經濟完全依附於日本戰時統治經濟之下。日本戰時統治經濟是同時代國際社會政治經濟變動的產物。日本戰時統治經濟的形成有著深刻的國際、國內背景。19 世紀 80 年代,日本透過推行「松方財政」完成了一次經濟政策的轉變,之後進入所謂自由資本主義發展階段,並於 19 世紀末完成了以近代紡織業為代表的輕工業革命。但是,這個階段極為短暫,進入 20 世紀後,私人壟斷即財閥壟斷獲得急速發展。私人壟斷的弊端隨著經濟危機的頻繁爆發暴露無遺,至上世紀 20 年代末 30 年代初,「自由」但不可「放任」,必須對資本主義進行「修正」的觀點成為當時經濟思想的主流,而將這一思想付諸於實踐的主要是政府官僚和軍部,其手段是修正現行經濟制度,推行統治經濟[79]。

　　1936 年日本政府(廣田弘毅內閣[80])大藏大臣馬場瑛一宣稱日本已經進入準戰時經濟;1937 年 6 月日本政府(近衛文麿內閣[81])提出「財政三原則」(平衡國際開支、調整物資供需關係、擴充生產力),成為該時期統治經濟的根本原則。1937 年「七七事變」爆發,1937 年 8 月,新上任的臺灣軍司令官古莊干郎宣布臺灣進入「防衛的戰時體制」;9 月日本財界成立「經濟團體聯盟」;1937 年 10 月日本政府成立企劃院,負責制訂物資動員計劃;1941 年 8 月公佈《重要產業團體令》,規定所有產業必須全部參加統治會[82]。

　　臺灣殖民地農業經濟與日本本土經濟密切關聯,如上所述,1929 年 10 月,美國爆發嚴重的經濟危機。接著危機便襲擊了整個資本主義世界,成為第二次世界大戰前資本主義世界最嚴重、深刻的危機,後起的日本帝國主義當然也很快被捲入這場危機。日本的經濟危機首先表現為物價暴漲、對外貿易銳減、商品滯銷,工業生產急劇下降[83]。經濟危機對日本農業衝擊較大,農業經濟的主要物產——稻米價格大幅度下降。1930 年 4 月米價每石為 26.91 日元,1930 年 12 月降為 17.7 日元。雖然 1930 年稻米豐收,但因米價猛跌,造成所謂的「豐收饑饉」[84]。日本農業遭受重創,日本農民日益陷入貧困[85]。1929 年至 1931 年間,農產品價格下降 40% 以上,而同時期的化肥價格只下降 17% 左右。……農產品價格雖下降,但佃租和農民必須負擔的稅款及借款的利息依然如故。在壟斷資本和地主階級的雙重剝削下,農民債臺高築。1932 年日本農民負債總額達 47 億日元,每個農戶平均高達 837 日元,比 1914 年的平均每戶負債 135 日元,增加了 5 倍以上[86]。據 1932 年的統計,日本靜岡縣的佃農平均每戶年收入 515 日元,支出 622 日元,入不敷出,相差 107 日元[87]。經常遭受災害的

東北地區和北海道，農民更加貧窮，他們大半以野菜、穀糠充饑。據日本文部省調查，當時日本全國缺食兒童超過 20 萬人。其中北海道 10899 人，青森縣 6107 人，秋田縣 966 人，岩手縣 3539 人[88]。日本農業以及日本農民的此種困境，迫使日本政府開始調整其輸入臺米的即定政策，並直接影響至以米糖業為主的臺灣殖民地農業。

在戰爭條件下，日本農村勞動力不斷被徵入軍隊，或被軍需工廠徵用，使從事農業的人口直線下降。與此同時，肥料及農機具的供應也不斷減少，都招致農業生產量的下降，戰爭期間，農業綜合指數以 1939 年為最高。在肥料中，磷肥、鉀肥和氮肥的使用量分別以 1937、1938 和 1942 年為最高，此後趨於減少。在各種農副產品中，大米、生絲及畜產品等的生產均呈下降趨勢，導致農業綜合生產指數的下降。然而，為了推動戰爭，又不得不確保糧食的供給，從而採取了竭力增產糧食的政策，致力於改善不同地區的耕種情況，頒發增產獎金，以及推行機械與牲畜的共同使用等。自 1940 年起，更大幅度地增加從東南亞運入大米的數量。自 1941 年起，重點試驗對耕地的開墾與改良。至同年秋季，則開始對農作物的種植實行統治，限制桑、茶、煙草、薄荷、果樹、花卉等的種植，而重點擴大米、麥、薯類、大豆等糧食作物的種植。1943 年以後，從佔領地區輸入的大米日漸減少，為了準備應付進口大米來源斷絕的局面，除注意維持本國大米生產外，還增加了雜糧、薯類等代用品的種植[89]。

這樣，至少在 1930 年代初期，由於日本稻米大量過剩，對海外稻米的需求大幅減少，日本政府開始限制臺灣、朝鮮等殖民地所產稻米的對日輸出，以保護嚴重跌落的日本農業以及本國農民的利益。1933 年 11 月，日本政府頒佈《米穀統製法》（敕令二七九號），開始在日本國內及臺灣、朝鮮等地實施米穀統治政策。同時臺灣總督府也隨即制訂相關的具體執行措施，嚴厲限制臺米輸出日本本土，總督府米糖政策出現重大轉變。隨著臺米限制輸日政策的實施，臺灣殖民地農業經濟面臨著重大調整，「為發展日本經濟，以輸出工業品的代價，就是必須由海外輸入儘可能多的農產品。由此，以往臺灣農產品獨占有優先出口日本的優勢地位，將直接間接地受到了限制，面臨調整的局面。尤其是為了向日本工業品重要銷售地區的南支南洋發展，由這些國家進口更多的農產原料就成為必然」[90]。雖然限制臺米政策的施行，嚴重損害臺灣農業與農民的利益，但臺灣總督府一味順應日本政府的政策，而忽視臺灣農民的根本利益，引起臺灣民眾的強烈不滿。如前所述，林獻堂等人帶頭發起反對限制臺米輸日的運動，並多次赴日請願。

為尋求臺灣殖民地農業的新出路，在中川健藏總督與平塚廣義總務長官的主持下，1935 年臺灣總督府召開「熱帶產業調查會」，確定「保持臺灣與南支南洋地區更緊密的經濟關係」為未來臺灣經濟的發展方向。總督府隨後開始重新調整農業政策，強化對農業經濟的統治力度，計劃將以米糖經濟為主的臺灣農業經濟整合至配合日本的戰爭需要方面。多年來以稻穀和甘蔗為主的單一作物種植體制開始有所轉變。這一時期農業經濟統治的特點是臺灣拓殖株式會社和農業組合等組織在執行統治措施中發揮了很大的作用，臺灣總督府同時還強化了水利統治及米穀統治[91]。至此，戰時體制下臺灣總督府的農業經濟統治開始全面施行。

　　在 1930 年代，在臺灣總督府糖業政策[92]之推動下，三井、三菱、藤山三大財閥的資本進一步集中，將全島所有製糖企業及製糖廠合併於「臺灣製糖」、「日糖興業」（舊大日本製糖）、「明治製糖」（包括鹽水港製糖）三大直系製糖會社。為進一步擴大壟斷範圍，三大財閥還結成所謂的「康采恩」——糖業聯合會，對砂糖價格實施壟斷控制。三大財閥同時兼營土地開拓、水利灌溉、鐵路運輸、海上運輸、酒精製造、紙漿製造、食品加工、製鹽、乳業、化學工業等，以實現更為廣泛的企業壟斷[93]。

　　如表四所示，至 1943 年，日本三大財閥獨占著臺灣糖業，支配著廣大的臺灣農民，並透過製糖業，主宰整個的臺灣產業，被稱為「民間總督」而肆意支配、剝削臺灣人民[94]。

**表四　日本糖業資本的集中與獨占（1943 年）**

| 財閥系統 | 資本金 登記/1943年 | 授權/1942年 | 產糖 1939年 | 工廠數 (1943年) 甘蔗糖 | 甜菜糖 | 精製糖 | 酒精 |
|---|---|---|---|---|---|---|---|
| | 千元 | 千元 | 10万斤 | 所 | 所 | 所 | 所 |
| 三井系―台灣製糖 | 64200 | 44280 | 5479 | 14 | —— | 1 | 4 |
| 明治製糖 | 61200 | 45200 | 5137 | 8 | 2 | 2 | 7 |
| 三菱系：鹽水港製糖 | 60000 | 36937 | 2893 | 8 | —— | 1 | 2 |
| 藤山系―日糖興業（舊大日本製糖） | 96170 | 85083 | 5300 | 23 | —— | 2 | 6 |
| 計 | 281370* | 211500 | 18709** | 53 | 26 | 2 | 6 |

＊：281370 疑有疏錯，應為 281570（引者注）。
＊＊：18709 疑有疏錯，應為 18809（引者注）。
資料來源：東洋經濟新報社：《昭和產業史》第二編，東京，1950 年，第 406～407 頁。

轉引自涂照彥：《日本帝國主義下の臺灣》，東京，東京大學出版會，1975年版，第334頁。

1939年為日據時期臺灣糖業發展史上最旺盛的一年：1.蔗作面積16萬7千餘畝，占耕地面積的19%；2.蔗農14萬6千餘戶，占全農家戶數的30%，等於臺灣總戶口的5%；3.新式製糖廠共有49所；4.產糖量達23億6千餘萬斤（140萬公噸），等於日本佔據臺灣當初產量的50倍；5.產糖總值1億9千餘萬元，占工業總生產的48%；6.砂糖輸出達2億6千餘萬元，占總輸出的43%，運回日本本國的竟達120萬噸[95]。

於是，有學者據此推斷，1939年臺灣的工業生產已經超過農業生產，我們就所謂的「工業生產」增殖的內涵進行分析便可知，1939年臺灣甘蔗產量大增，以至砂糖產量從1938年1650萬擔增至1939年的2365萬擔，猛增了44%[96]。加上砂糖的市場價格上升，使得臺灣製糖業創下大幅生產的紀錄。這只是說明臺灣農產豐收，農產加工業的一時盛衰而已，很快，自1939年起，臺灣製糖業就開始逐步走向下坡，其產量及工業生產值逐漸下降。1935年10月，是日本佔據臺灣四十年的「始政紀念年」，臺灣總督府為應對戰爭準備階段的產業政策，由當時的中川健藏總督主持召開「熱帶產業調查會」，目的在於與南洋地區維持更密切的經濟關係，將臺灣發展為南洋、華南等地原料的加工基地，並依此目的來改善臺灣各種設施，以達到「工業臺灣、農業南洋」的戰略目標錄[97][98]。會議認為有兩個重點，對糖業有重大影響：其一，是砂糖列為可能輸出南洋、華南的商品重點之一，對於增產、質量改善、輸出補償制度之擴充、銷路的開闢等都有熱烈討論，然而軍方卻希望減產砂糖，並增產米糧以應付即將爆發的戰爭。其二，是酒精工業和蔗渣工業依舊列為振興工業的主要項目，其中就有無水酒精工業的開發，鑑於日本燃料之缺乏，利用華南、南洋及臺灣蜜糖及甘蔗等原料，從事無水酒精工業，以確保日本燃料國策[99]。

在戰時體制下對臺灣糖業有重大影響的還有兩項重大工程，即嘉南大圳與日月潭發電廠（第一發電所）的建成。嘉南大圳的完工雖然在一定程度上緩解了「米糖相剋」的危機，限制了臺灣糖業的發展，同時也成為推動總督府米糖產業新政策（臺灣糖業多元化）發展的契機。另外，建設嘉南大圳的重要目的之一即在增加濁水溪水量，配合日月潭發電廠的興建，而日月潭發電廠的電力提供，乃是臺灣戰時統治經濟得以施行的重要基礎。如表五所示，1935年臺灣糖業在臺灣經濟中的地位。

## 表五　臺灣糖業在臺灣經濟中的地位（1935年）

| 項別 | 金額① | 項別 | 金額② | ①/②（%） |
|---|---|---|---|---|
| 耕地面積(甲) | 856,755 | 蔗作面積 | 121,605 | 14.2 |
| 農家戶口(戶) | 411,981 | 蔗作戶數(新式製糖) | 126,808 | 30.8 |
| 農業生產額(千元) | 361,046 | 甘蔗生產額 | 55,223 | 15.3 |
| 工業生產額(千元) | 269,494 | 砂糖生產額 | 164,068 | 60.9 |
| 會社繳納資本額(千元) | 230,935 | 製糖會社九家繳納資本額 | 185,550 | 56.1* |
| 工業會社繳納資本額(千元) | 200,192 | 製糖會社九家繳納資本額 | 185,550 | 92.6 |
| 輸出額(千元) | 350,745 | 砂糖輸出額 | 151,533 | 43.2 |

\*56.1 疑有疏錯，應為 80.3（引者注）。
資料來源：[日]高橋龜吉《現代臺灣經濟論》，東京，千倉書房，1937年版，第202頁。

自1931年「九一八事變」前後，為使整個經濟適應其戰爭政策，日本政府採取一系列措施，加緊對國民經濟各部門的控制。1929年12月公佈了《產業合理化綱要》；1930年1月設置臨時產業審議會；6月又成立臨時產業管理局；1931年4月公佈了《重要產業統製法》、《工業協會法》及《出口協會法》等[100]。同年8月，日本政府又採取進一步控制經濟的措施，成立了由貴族院、眾議院議員和壟斷資本家聯合組成的統治委員會。透過上述新製法令和新設機構，把重要產業控制起來，強行在各部門組織卡特爾和托拉斯，將中小企業都置於壟斷資本控制之下[101]。日本國內開始實施經濟統治，其影響也涉及臺灣、朝鮮等殖民地經濟的運行。

1936年「二二六事件」之後，日本經濟全面軍事化。在日本海軍的推動下，1936年9月，小林躋造海軍大將（預備役）出任臺灣總督，表示著文官總督時代宣告結束。小林躋造總督上任後，標榜「工業化、皇民化、南進基地化」為臺灣總督府戰時體制下實施的核心政策，即將臺灣作為軍需品的生產基地和南進的補給基地。

基於本島農業開拓空間所限，進一步拓展農業的可能性有所下降。為推動總督府主導的南洋農業開發（此時總督府提出「工業臺灣、農業南洋」的口號），並發揮臺灣「南進基地」的作用，日本政府與臺灣總督府決意成立臺灣拓殖株式會社。1936年7月29日，日本政府公佈了《臺灣拓殖株式會社施行令》（敕令第二二八號）。按照《臺灣拓殖株式會社施行令》第五條規定，臺灣拓殖株式會社的主要經營內容如下：

臺灣拓殖株式會社施行令第五條

1. 拓殖之必要的農業、林業、水產業及水利業；

2. 拓殖之必要的土地（含有關土地之權利）徵購、經營及處分；

3. 從事委託形式之土地的經營與管理；

4. 拓殖之必要的資金供給；

5. 對於農業者、漁業者以及移民，供給其拓殖之必需物品、收購、加工或銷售其生產品；

6. 拓殖之必要的資金提供；

7. 以上各項事業之附屬事業；

8. 以上各項事業之外、拓殖之必要的事業[102]。

同年11月25日，小林躋造總督主持了臺灣拓殖株式會社的成立大會[103]；12月5日，臺灣拓殖株式會社正式開始營業[104]。在臺灣拓殖株式會社的股份中，臺灣總督府以一萬四千餘甲的「官有」土地為其投資資本（1500萬元）[105]，其餘為日本糖業聯合會以及三井、三菱等大財閥，臺灣拓殖株式會社成為總督府支配經濟活動的工具[106]。在臺灣總督府的威權支持下，臺灣拓殖株式會社迅速膨脹[107]。

臺灣拓殖株式會社成立後，拓展米糖等農作物產業是其重要的產業開拓目標，如在臺灣東部推進農業開墾、栽種熱帶作物[108]。1939年2月，日本海軍佔據海南島後，按照臺灣總督府的海外開拓規劃，臺灣拓殖株式會社成為協助日本海軍「開拓海南島農林、畜產產業」的最重要夥伴。曾任職臺灣拓殖株式會社的三明直之對此做了以下記述：

臺灣拓殖株式會社在海南島的主要事業是農林業。位於雷州半島對面、瓊州海峽南面的海南島，其土地面積十分遼闊，在1939年日本軍隊攻占海南島，將之置於自己的軍政統治之下的當時，島上的經濟發展尚很落後，完全是一個尚未開發的孤島。日本軍隊透過臺灣總督府命令臺灣拓殖株式會社從事海南島的農林業開發……臺灣拓殖株式會社從1939年3月起，受命的各項事業漸次展開，分別在海南島北端的海口和南端的榆林設立了分公司……臺灣總督府的技術官員相繼要求進入臺拓會社，大量農業、畜產業、林業、建築業及其他技術人員被派往海南島，同時，由見習社員剛剛升任技術助手、書記員的也在派遣之列。

（一）農林事業

1. 陵水農場。面積約 6 萬公頃。以約 1000 公頃水田為中心。還有蔬菜、黃麻、甘薯等旱田作物，還養蠶、養魚，栽培甘蔗，並且經營製糖工廠。

2. 三亞農場。面積約 1000 公頃。在種植水稻之外，還栽培蔬菜、煙草，機關內設碾米廠和各種交易事業。起初，農場土地面積的一半提供給「農業開拓」移民，隨著移民人數的增加，到 1944 年時，農場的全部土地都提供給移民使用。

3. 南橋農場。面積約 1500 公頃。有橡膠種植園 100 公頃。在丘陵地帶造林種植桐樹約 50 公頃，到 1943 年度，除了管理橡膠樹和桐樹以外，還栽植了竹子和其他一些熱帶果樹。

4. 三十笠分場。面積約 1600 公頃。栽植甘蔗，製糖工廠正在建設中。

5. 新村分場。面積約 4000 公頃。以水稻種植為主，也栽植蔬菜，從 1944 年起，著手栽培甘蔗約 180 公頃。

6. 馬嶺分場。面積約 2 萬公頃。在種植水稻以及各種蔬菜之外，還生產木炭、養蠶，並兼營農產品販賣。

7. 瓊山分場。面積較小，種植甘薯和蔬菜。

（二）畜產事業

藤橋牧場。面積約 2 萬公頃。進行大型家畜的牧養。

牛奶供應海口的需要。

鮮肉在海口設立業務所，在陵水、臨高、那大、澄邁、定安、嘉積等島內各地設立駐在所，從事鮮肉的配給。

皮革在海口、那大、陵水、臨高、定安、嘉積設立屠宰場，一併進行牲畜骨粉、骨膠的製造。由於畜皮用來加工製作鞋、包，所以該項事業以鞋業協會的名義進行。1943 年 8 月，海南畜產株式會社成立，資本金為 200 萬日元。在此之前，臺灣拓殖株式會社曾經向海南島畜產投資 154 萬日元，在新成立的海南畜產株式會社中，臺灣拓殖株式會社出資 94 萬日元，由後者對海南全島的畜產事業進行一元化的統一經營[109]。

在臺灣總督府的支持下，臺灣拓殖株式會社還以融資等金融手段等推動糖業資本向多角化方向發展。就此，臺灣日資糖業資本開始向糖業以外的領域發展。趁著日本對外戰爭的不斷擴大，糖業資本受惠於砂糖市場擴大，並且附隨

著發展了酒精、紙漿原料及酵母劑等相關商品的生產，並得以與軍需市場結合起來而不斷增產，使糖業資本有機會獲得巨額利益。糖業資本以其所獲取的巨額利潤為基礎，形成內部保留資本的累積增加，從而得以提高其自身的金融能力。糖業資本以自身的金融能力大幅提高為背景，具有既可與以臺灣銀行為中心的金融機構確保其相關獨立的能力；也可向傳統糖業部門以外的產業伸出觸角的能力[110]。臺灣拓殖株式會社對米糖產業的開拓，可理解為總督府殖民地農業政策的海外延伸。由表六可知，至1942年臺灣拓殖株式會社涉及農林產業的開拓狀況。

### 表六　臺灣拓殖株式會社拓殖投資關係表（1942年）

單位:千元,%

| 公司名稱 | 資本金 | 實繳資本金 | 台拓持股率 |
| --- | --- | --- | --- |
| 台灣棉花株式會社 | 3000 | 750 | 100 |
| 台灣野蠶株式會社 | 500 | 250 | 50 |
| 台灣丹寧興業株式會社 | 190 | 190 | 263 |
| 星規產業株式會社 | 1000 | 772 | 62 |
| 台灣畜產興業株式會社 | 5000 | 250 | 35 |
| 拓洋水產株式會社 | 2000 | 2000 | 50 |
| 南日本鹽業株式會社 | 10000 | 9300 | 30 |
| 台東興發株式會社 | 150 | 66 | 6.7 |

資料來源：日本企劃院研究會編《國策公司の本質と機能》，東京，1944年印行，第320頁。
轉引自塗照彥《日本帝國主義下の臺灣》，東京：東京大學出版會，1975年版，第348頁。

1937年「七七事變」後，臺灣總督府採用指定方式，分配各製糖會社生產總督府指定的軍需產品。1939年臺灣總督府頒佈《臺灣糖業令》（律令第六號），規定臺灣製糖業採取許可制，製糖會社的業務及財產受總督府的直接監督，臺灣糖業至此成為總督府直接掌控的產業，也成為向日本軍國主義提供戰爭軍費的「財源產業」。

隨著日本對外侵略戰爭的擴大，出於為長期戰爭做物資準備之考慮，1935年起日本政府開始推行計劃性的統治農業政策，有直接與間接兩大目標：直接目標為提供戰時糧食；間接目標是供應軍需工業部門人口所需糧食[111]。為確保實現以上兩大目標，日本政府開始推行「組合經濟」，以此引進資金與技術，並借此以行政權力強制性地要求農民必須繳納一定的稻穀量，來提高農業產量。臺灣的農業組合，可分為農會與產業組合，前者以改良農業技術為目的，後者

則掌控農村的金融活動與農產物生產銷售。產業組合在外貿上雖然是民間自治機關，但臺灣總督府卻透過行政、人事及財務等管道來間接支配。二戰末期，臺灣總督府則採取「計劃供出制」與「生產責任制」，在稻米種植之前先規定一定的供出量，在事後則對於「優良供出者」進行獎勵[112]。

1939年總督府公佈《戰時總動員法》，開始實施全方位的經濟統治。首先施行的是戰時米穀統治政策。上面論述過，臺灣米糖業在20年代出現了「米糖相剋」，為確保日資製糖會社的利益，臺灣總督府採取了限制臺灣稻米生產及米穀出口等措施，以緩解「米糖相剋」的危機。但很快就因為日本不斷擴大對外戰爭、對糧食的需求驟然提高而重新調整限制政策。

臺灣總督府為適應日本的國家利益，開始鼓勵米穀增產，臺灣總督府統治取代了市場機制[113]。隨著日本實施經濟統治，臺灣總督府也制訂實施了一系列控制米穀產業的政策措施，1933年7月，在總督府殖產局內設立「米穀統治系」；1933年11月1日，臺灣與朝鮮兩個海外殖民地連同日本本土全面實施《米穀統製法》（敕令第二七九號）；1934年3月又實行《臨時米穀移入調節法》[114]；1936年10月總督府設立米穀課，統治全島之米穀之生產、運銷等。1938年8月，日本農林省設立農林大臣直接管轄的「米穀事務所」，欲繞過臺灣總督府，由其直接控制臺灣輸日米穀的買賣[115]。

1938年4月，日本政府頒佈《國家總動員法》，成為其施行有關統治經濟及全面動員的根本大法，該法同時適用於臺灣，總督府依據該法制訂一系列經濟統製法規。作為日本內地的米價統治的一環，1939年5月，臺灣總督府發佈了《臺灣米穀移出管理令》（律令第五號）。《臺灣米穀出口管理令》規定：臺灣總督府將按公定價格強制收購出口稻米，根據與日本農林省達成的協議，由臺灣總督府在島內負責強行徵購臺灣稻米，再轉手販賣米穀的日本貿易商社。可以說，在《臺灣米穀出口管理令》頒佈實施之後，臺灣總督府才完全掌握「米穀出口的流程與數量」[116][117]。與此同時，臺灣總督府又制訂出《米穀配給統治令》，在島內實施米糧配給制度，強化對臺灣米穀的流通統治和實行米價公定價格制。同年7月，米穀課升格為米穀局。

1939年的《臺灣米穀移出管理令及輸出入實施管制》（律令第五號），規定由臺灣總督府直屬的「米穀納入組合」與「米穀配給組合」來統籌米穀的收購與分配。透過米穀的「價格統治」，臺灣總督府借此抑制在來米的（臺灣本地人食用）及鼓勵蓬萊米（銷往日本）的生產，以擴大對日米穀的輸出與島內消費米的減產。「配給制度」則將物資交由官方統籌運銷，並「配給於消費者」，

如此既可免除中間者囤積居奇，又可收平抑物價之效，唯殖民地人民中之本島人之受配給量，低於臺之日本內地人[118]。對於與米穀有密切關係的糖業，也在同年公佈了《臺灣糖業令》（律令第六號），制訂了收購甘蔗價格的許可制。此外，還頒佈了一系列有關農業關係的法令，如1939年頒佈《地租統治令》、1941年頒佈《臨時田地價格統治令》和《臺灣農林水利臨時調整令》等，對島內農業經濟進行更全面和直接的支配。結果，米穀出口的壟斷資本，和糖業資本的積累活動受到了很大的限制，但其中受到最大影響的是本地資本的地主和米商間，其積累基礎被大大地縮小了[119]。

1939年朝鮮大旱，輸日稻穀銳減；受戰爭之影響，日本國內稻米生產也趨於下跌，進入40年代後，其糧食危機日益嚴重。1937～1939年，日本本土有7100萬人，稻米消費量8000萬石左右。但此時日本國內稻米年產量為6500萬石以上，加上掠自朝鮮、臺灣等殖民地的1000餘萬石，供需大體平衡。

1939年10月，臺灣總督府頒佈《臺灣米穀移出管理法》（律令第五號）。按照該法規定，臺灣須每年向日本提供五百萬石稻米以接濟日本的米荒。臺灣總督府就是依據該法制訂出《米穀配給統治令》的。按照《米穀配給統治令》之規定：配給的數量為每人一日一合七勺（等於0.17升）[120]。自1939年起日本也開始控制消費，1940年制訂了對各種糧食品種的配給統治。在日本則為每人一日二合四勺（等於0.24升）[121]。

在日本基礎工業崩潰、農業嚴重歉收的嚴峻狀況下，日本國內遂爆發糧食危機。為強制徵購農民糧食，日本政府對城市居民施行糧食配給制，成人每日定量為300多克；乾菜和橡子麵也成為主食。為維繫戰爭體制，日本政府每年強行徵購的糧食，僅稻米就達3000餘萬石。其高峰的1942年近4000萬石，占總產量60%以上。此後稻米產量雖不斷下降，1935年已不足1942年的60%，但徵購量與總產量之比仍每年增長1%[122]。

至1944年，日本總人口增加至7440萬人，若仍然以1937～1939年平均消費水平計算，共需8200萬石。但1943年稻米生產不足6300萬石（這是1944年可供量，1944年當年產量則更低）。同時由於海上航線被切斷等原因，海外掠奪量降至480萬石，供需相差1400餘萬石，占需求量17%[123]。

在戰爭中，日本農業遭受重大破壞，耕地面積大量減少，1945年比1940年減少近80萬町步。稻米總產量從1940年的6896萬石減到1945年的5855萬石。由殖民地和佔領區掠奪來的稻米大量減少，由1941年的251萬噸銳減為1944年的87萬噸和1945年的26萬噸[124]。

## 表七　戰時糧食供應與消費狀況表（主要項目）

單位：（萬石）

| 年　代 | | 1937 | 1938 | 1939 | 1940 | 1941 | 1942 | 1943 | 1944 | 1945 |
|---|---|---|---|---|---|---|---|---|---|---|
| 供應 A | 前一年稻米產量 | 6734 | 6632 | 6587 | 6896 | 6087 | 5509 | 6678 | 6289 | 5856 |
| | 掠自海外的進口C | 1188 | 1527 | 981 | 1116 | 1510 | 1868 | 709 | 480 | 157 |
| | 代用糧食D | ─── | ─── | ─── | ─── | ─── | ─── | ─── | ─── | ─── |
| | 計E | 8705 | 8896 | 8450 | 8339 | 7980 | 8122 | 8079 | 8187 | 7626 |
| 消費 B | 農家消費 | 3038 | 3057 | 2946 | 3023 | 2622 | 2622 | 2681 | 2321 | 2127 |
| | 配給量 | 4851 | 4931 | 5021 | 4786 | 4551 | 5195 | 5060 | 5590 | 5205 |
| | 計F | 7954 | 8047 | 8044 | 7904 | 7273 | 7887 | 7818 | 7956 | 7355 |
| | E－F | 751 | 849 | 406 | 436 | 707 | 235 | 261 | 231 | 271 |
| | C/B% | 14.9 | 18.4 | 12.2 | 14.1 | 20.7 | 22.8 | 8.1 | 6.1 | 2.1 |
| | D/B% | ─── | ─── | ─── | ─── | ─── | 3.0 | 5.6 | 13.9 | 17.8 |

資料來源：[日]大內力：《農業史》，東京，東洋經濟新報社，1960年版，第261頁。

由表七可知，日本政府強施掠奪性糧食政策造成的嚴重後果。表中數字表明：（1）1940年以後稻米產量不斷下降，1943年以後掠自海外的進口量劇減，因此造成供給量的實際下降趨勢。（2）配給量在嚴格控制之下仍不斷增長，表明吃商品糧人口顯著增加。一是人口自然增長；二是從事軍工生產的勞動力增加，1939年至戰敗，軍工企業強制徵用男工累計160萬人；三是迅速擴軍，1937年至1945年8月，陸海軍人數由63萬猛增至719萬[125]。（3）在這個背景下仍能產生「餘額」，一方面因為代用糧比重越來越大，1944年已達14%（與前述缺糧推算額接近），折合1100餘萬石，大大超過231萬石的「餘額」；另一更主要原因是強迫農民降低消費，1944年比1938年減少四分之一[126]。

綜上所述，在戰爭條件下，日本農業與臺灣農業同樣遭受到重創。

我們再對臺灣米穀業以及米穀統治之過程做一整理如下：

1933年公佈《米穀統製法臺灣施行令》（敕令第二七九號）；1936年《米穀自治管理法》（敕令第三二五號）；1936年起，米穀統治機構為總督府殖產局米穀課（1936年10月～1939年7月）；

1938年臺灣米穀產量140萬噸，為日據時期之最高產量；

1939年2月公佈《臺灣米穀移出管理特別會計法》（法律第三十五號）；5月公佈《臺灣米穀移出管理令及輸出入實施管制》（律令第五號）；7月將

原殖產局米穀課升格為米穀局（1939年7月～1942年3月），10月公佈《米穀配給統治規則》；

1940年米穀產量減至112.8萬噸；

1941年12月公佈《臺灣米穀等應急措施令》（律令第十一號），該《措施令》規定：由總督府從事米穀以及「米穀以外的糧食、農產品以及加工品」的購買、配給、銷售，接受戰時統治管理；同月實施食米配給制度；

1942年6月公佈《食糧管理法臺灣施行令》（敕令五九九號）；11月米穀局改組為「食糧局」（1942年11月～1943年11月）；

1943年12月，將食糧局改稱為「食糧部」，並歸屬新設立之「農商局」管轄（1943年12月～1945年）。同月，公佈《臺灣食糧管理令》（律令第二十五號；同時廢止《臺灣米穀移出管理令》），成立臺灣「糧食營團」，以統籌辦理糧食的儲藏、配給。素有「米倉」之稱的臺灣，此時竟出現糧食嚴重短缺的險情[127]。

1943年米穀產量減少至106.8萬噸，1944年減少至63.8萬噸[128]。

## 結論

對於日據時期臺灣殖民地農業發展，戰後有臺灣學者給予了很高的評價，認為臺灣總督府引進改良品種，推廣新技術和新耕作法，為提高臺灣農業的生產和改善農民的生活創造了有利的條件。如臺灣學者邊裕淵在《日據時代臺灣經濟發展之分析》一文中稱：「在日本統治臺灣期間，雖然對臺灣人民之思想、政治、經濟加以壓迫，但其對臺灣農業之發展，的確有相當的貢獻，正因臺灣農業基礎良好，使得後來工業發展得以順利進行……臺灣之綠色革命早在1930年左右時就已成功，在那時臺灣農業生產所需基本條件，諸如土地開發、水利措施、品種改良等，在那時已達到相當高的水平」[129]。吳田泉的《臺灣農業史》亦認為：「臺灣農業在日本統治下的五十年間，雖時有興衰起伏的浮動，但一般說來，仍一直在擴大發展，至二次大戰前後已達到相當高的水準。例如，耕地面積最高曾達86萬餘公頃（1940年占土地總面積24%），水田面積52萬公頃（1939年占耕地面積62%），灌溉排水面積達54萬餘公頃（1944年占耕地面積68%），複種指數1931年至1933年平均達154%（日本133%），農作物商品化率1936年至1938年平均達74%（日本55%，朝鮮48%），農業生產總值在42年間約增加14倍（1902年100；1944年1392），而農業在臺灣各種產業生產總值中，每年約占六～七成左右」[130]。確實，日據時期臺灣殖民地農

業有著明顯的發展,從總產量來看,1900 年稻米產量為 307000 噸,1938 年上升為 1402000 噸,增長 357%,1944 年下降為 1068000 噸,但比 1900 年仍增長 248%。甘蔗產量,1902～1903 年為 409894741 千克,1938～1939 年為 12835395277 千克,為 1902～1903 年的 3131%。其他作物也表現出同樣的增長。稻米和甘蔗是日據期間臺灣最重要的農作物,它們構成了農業總產出中的絕大部份。它們的消長變化,基本上反映了農業生產的變化[131]。

但事實並非如此簡單,臺灣農業增產並不意味著臺灣民眾生活質量的改善與提高。日據時期臺灣殖民地農業的發展史完全是一部被日本統治者所壟斷、所榨取的近代殖民史。據 1942 年的調查顯示,在臺灣 630 萬的人口之中,農民占一半,約有 318.7 萬人。可見農業在日據時期占有重要地位。但是,臺灣農民的生產條件仍然低下、生活狀況遠遠沒有改善,依舊承擔著沉重的租稅負擔[132]。確實,臺灣稻米(主要是蓬萊米)多年豐收,但多輸出至日本,而島內民眾則多食廉價之進口糙米。周憲文的《臺灣經濟史》亦記載著:「……比較臺灣由安南購買南洋米,而以本地出產的蓬萊米賣給日本,尤有甚焉。我們絕不能以普通的商品交換之。這中間實含有多種特殊利潤的來源」[133]。簡言之,在日據時期較為發達之臺灣農業下,臺灣民眾卻過著絕對貧困的生活,這就是殖民地臺灣農業之實質。

(作者單位:中國社會科學院臺灣史研究中心)

# 註釋:

[1] 林鐘雄:《臺灣經驗一百年》,作者自刊,臺北,1998 年,第 10 頁。

[2][日]高橋龜吉:《現代臺灣經濟論》,東京,千倉書房,1937 年版,第 49 頁。

[3] 林繼文:《日本據臺末期(1930-1945)戰爭動員體系之研究》,臺北,稻鄉出版社,1996 年版,第 49 頁。

[4] 1905 年 6 月,總督府頒佈《製糖廠取締規則》,劃分出許多「原料採取區域」。規定各甘蔗產區不得將區內的甘蔗隨意對外出售,而是由區內的製糖廠包購;同時也規定不許將甘蔗用於其他用途(參閱《臺灣糖業一斑》,臺北:臺灣糖務局,1908 年,第 53～54 頁)。

[5][日]東嘉生:《臺灣經濟史概說》,載《臺灣經濟史二集》,惜余譯,臺北,臺灣銀行經濟研究室,1955 年印行,第 41 頁。

[6] 林鐘雄:《臺灣經驗一百年》,作者自刊,臺北,1998 年,第 11 頁。[日]矢內原忠雄則認為,日本割取臺灣,「缺乏來自資本的積極要求」。引自[日]矢內原忠雄:《帝國主義下の臺灣》(東京,岩波書店,1988 年版,第 10 頁)。臺灣

學者黃紹恆也認為，日據初期臺灣糖業是臺灣總督府「基於政治考慮而出發」。但是，日俄戰爭之後，日本國內資本的態度卻出現明顯改變，進而促使臺灣糖業形勢發生變動。參見黃紹恆：《從對糖業之投資看日俄戰爭前後臺灣人資本的動向》，載《臺灣社會研究季刊》，1996年7月，第23期。

[7] 吳田泉：《臺灣農業史》，臺北，自立晚報社文化出版部，1993年版，第360～373頁。

[8] 黃登忠、朝元照雄：《臺灣農業經濟論》，東京，稅務經理協會，2006年版，第3～17頁。

[9] 參閱周憲文：《臺灣經濟史》，臺北，開明書店，1980年印行，第648～651頁《歷年貨物別輸出地區價值表》。

[10] 參閱周憲文：《臺灣經濟史》，臺北，開明書店，1980年印行，第648～651頁《歷年貨物別輸出地區價值表》。

[11] 獻生：《日據時代臺灣米穀農業之技術開發》，載《臺灣經濟史七集》，臺灣研究叢刊第68種，臺北，臺灣銀行經濟研究室，1959年印行，第42頁。

[12] 實際上，自1895年臺灣總督府就設立農事試驗場開始引入日本稻米新品種，在島內進行試種，並漸次擴大試種範圍。1911年試種取得初步成果。種植面積逐漸擴大。參見黃登忠、朝元照雄：《臺灣農業經濟論》，東京，稅務經理協會，2006年版，第9～10頁。

[13] 《蓬萊米夜話——磯永吉話滄桑》，《臺灣農林》第8卷第5期，1954年5月1日，第13～17頁。

[14] 一般認為，磯永吉自此被稱為「蓬萊米之父」。「蓬萊」也含有日本之意，所以，也有人乾脆稱其為「日本米」。但也有人認為「蓬萊米」之發明並非磯永吉所為，而是末永仁，是他花費十餘年時間，才得以實現的（詳情可參閱末永仁：《臺灣米作談》，臺中州立農事試驗場，1938年印行。轉引自黃登忠、朝元照雄：《臺灣農業經濟論》，東京，稅務經理協會，2006年版，第10頁。在2008年11月7-8日由臺灣圖書館舉辦之《殖民與現代化：臺灣學研究國際學術研討會》上，針對臺灣「國史館」研究員歐素瑛之論文《從鬼稻到蓬萊米：磯永吉與臺灣稻作學的發展》，臺灣大學經濟系教授吳聰敏等臺灣學者再次提出同樣質問，堅持認為「蓬萊米」之發明者是末永仁，而非磯永吉——引者注）。

[15] 古慧雯、吳聰敏：《論『米糖相剋』》，載《經濟論文叢刊》24卷第2期，1996年6月，第175～176頁。

[16] 吳田泉：《臺灣農業史》，臺北，自立晚報社文化出版部，1993年版，第360～373頁。

[17] 邱士熒：《「嘉南大圳」與臺米的剝削：評八田與一》，臺北，日本綜合研究所 http：//www.japanresearch.org.tw/twhisoty-42.asp，2005 年 4 月 22 日。

[18] 臺灣省文獻委員會：《臺灣近代史》（經濟篇），南投，1995 年印行，第 133 頁。

[19] 林仁川、黃福才：《臺灣社會經濟史》，廈門大學出版社，2001 年版，第 133 頁。

[20] 林繼文：《日本據臺末期（1930-1945）戰爭動員體系之研究》，臺北，稻鄉出版社，1996 年版，第 55 頁。

[21] 臺灣總督府殖產局編印：《臺灣の米》，臺北，1938 年，第 58 頁。

[22] 所謂的土籠間，即兼營碾米業的本地地主資本形態，其在出租耕地收取佃租之同時，大量收購併囤積農民的米穀，進行精加工後投入市場出售。參見潘志奇：《臺灣之社會經濟》（《日據時代臺灣經濟之特徵》，臺灣研究叢刊第 53 種，臺北，臺灣銀行經濟研究室，1957 年，第 37 頁）。也有不少地主設立土籠間，處理自己透過實物租取得的稻穀，同時也接受佃農及鄰近村民委託代碾稻穀。有些土籠間還兼營雜貨店，提供民生用品、肥料、農具，與農民交換稻穀；同時，也不乏把這些商品當作預先貸款的一部份付給農民的情形。參見 [日] 甲本正信：《土籠間について》（《臺灣農事報》343，1935 年，第 11 頁）、[日] 根岸勉治：《垂直の米穀生產分化と土籠間階級》（《農業經濟研究》12（4），1936 年，第 62 頁）；「土籠間」可以稱為是一種高利貸資本。此外，所謂的「土籠間」，往往也就是地主本身所經營，更強化了其在交易中的優勢地位。1910 年代後，隨著米穀商品經濟的發達，「土籠間」漸出現專業化的趨勢，開始累積商業的資本。參見川野重任：《臺灣米穀經濟論》（東京，有斐閣，1941 年版，第 130～136 頁）。土籠間也可稱是臺灣農戶的「副業」，因其不過是附屬於商業及信貸的經濟活動，其本身並不構成重要的收入來源。參見 [日] 根岸勉治：《垂直の米穀生產分化と土籠間階級》（《農業經濟研究》12（4），1936 年，第 62 頁）；土籠間的利潤主要來自商業投機及高利貸利息，特別是出自手頭上老是欠缺現金以應付生活支出、稅金及耕作資金等緊迫壓力的貧農階層。與其稱呼較少工業家特性的土籠間為加工業者，不如視其為米穀交易仲介業者或高利貸資本。參見柯志明《米糖相剋—日本殖民主義下臺灣的發展與從屬》，臺北，群學出版有限公司，2003 年版，第 186 頁。

[23] 史明：《臺灣人四百年史》，臺北，蓬島文化公司，1980 年版，第 376 頁。

[24] 潘志奇：《臺灣之社會經濟》，《日據時代臺灣經濟之特徵》，臺灣研究叢刊第 53 種，臺北，臺灣銀行經濟研究室，1957 年版，第 37 頁。

[25] 柯志明《米糖相剋—日本殖民主義下臺灣的發展與從屬》，臺北，群學出版有限公司，2003 年版，第 184 頁。

[26] 臺灣總督府殖產局商工課編：《臺灣商工統計》，臺北，臺灣總督府殖產局商工課，1937 年，第 17 號，第 54～55 頁；[日] 根岸勉治：《垂直の米穀生產分

化と土籠間階級》，《農業經濟研究》12（4），1936年，第31頁；臺灣總督府米穀局編：《米穀要覽》，臺北，臺灣總督府米穀局，1935年印行，第7頁。

[27][日]根岸勉治：《日據時代臺灣之農產企業與米糖相剋關係》，載《臺灣經濟史七集》，張粵華譯，臺北，臺灣銀行經濟研究室，1959年印行，第67頁。

[28]然而，與同期的殖民地朝鮮相比，其碾米業的54%為日資企業控制（Mizoguhi and Yamamoto 1984：419。轉引自柯志明《米糖相剋—日本殖民主義下臺灣的發展與從屬》，臺北，群學出版有限公司，2003年版，第184頁）。

[29]塗照彥：《日本帝國主義下の臺灣》，東京，東京大學出版會，1975年版，第206頁。

[30]塗照彥：《日本帝國主義下の臺灣》，東京，東京大學出版會，1975年版，第198頁。

[31]林繼文：《日本據臺末期（1930-1945）戰爭動員體系之研究》，臺北，稻鄉出版社，1996年版，第54頁。

[32]柯志明：《日據臺灣殖民發展研究再思考》，載《臺灣史田野研究通訊》19989年第13期。

[33]周翔鶴：《日據時期（1922年以前）臺灣農家經濟與「米糖相剋」問題》，載《臺灣研究》1994年第2期。

[34]柯志明：《所謂的「米糖相剋」問題：以日據臺灣作為一個依附發展的例子》，載《臺灣風物》第40卷第2期。

[35][日]川野重任：《臺灣米穀經濟論》，東京，有斐閣，1941年版，第82～83頁。

[36]塗照彥：《日本帝國主義下の臺灣》，東京，東京大學出版會，1975年版，第105頁。

[37]塗照彥：《日本帝國主義下の臺灣》，東京，東京大學出版會，1975年版，第107頁。

[38]由於日本大量輸入殖民地進口米，造成對日本農業的重大衝擊，農業生產停滯，日本農民的收入也受到威脅。日本農產品的交易條件轉趨不利，日本農民的米作實質收入下降（Hayami and Ruttan, 1970：563,567-568。）轉引自柯志明《米糖相剋—日本殖民主義下臺灣的發展與從屬》，臺北，群學出版有限公司，2003年版，第163頁。

[39]臺灣省文獻委員會：《臺灣近代史》（經濟篇），南投，1995年印行，第134頁。

[40]日本五大城市東京、神戶、名古屋、大阪、門司消費了80%的臺灣輸日稻米。參見臺灣總督府米穀局編：《米穀要覽》（臺北：臺灣總督府米穀局，1939年，

第91頁）；僅東京一地市民消費的大米約有 1/3 至 1/4 來自臺灣。參見［日］川野重任：《臺灣米穀經濟論》，東京，有斐閣，1941 年版，第 152 頁。

[41] 參見張漢裕：《臺灣米糖比價之研究》，《臺灣銀行季刊》第 5 卷第 4 期，臺北，臺灣研究叢刊第 24 種，臺灣銀行，1953 年印行，第 1-9 頁。

[42] 參見張漢裕：《臺灣米糖比價之研究》，《臺灣銀行季刊》第 5 卷第 4 期，臺北，臺灣研究叢刊第 24 種，臺灣銀行，1953 年印行，第 1-9 頁。

[43]［日］信夫清三郎：《近代日本產業史序說》，東京，日本評論社，1942 年版，第 351 頁。張漢裕：《日據時代臺灣經濟之演變》，載《臺灣經濟史二集》，臺北，臺灣銀經濟研究室，1955 年印行，第 53 頁。

[44] 陳孔立：《臺灣歷史綱要》，北京，九州出版社，1997 年版，第 363 頁。

[45] 日本政府大量輸入殖民地稻米，雖然有助於壓低日本米價的上升，但損及日本農民的利益，遂引發日本農民的廣泛抗議，也造成 30 年代前期的政治不安定。參見［日］石川悌次郎：《臺灣米穀における專賣論》（東京，經濟情報出版社，1936 年版，第 7～11 頁）、［日］高橋龜吉：《臺灣現代經濟論》（東京，千倉書房，1937 年版，第 191～196 頁）。為因應國內的農業危機，日本政府以保證價格收購市場上過剩的日本米，提高米價以保障農民的收入。參見［日］高橋龜吉：《臺灣現代經濟論》（東京：千倉書房，1937 年版，第 195～198 頁）、總督府殖產局米穀課：《臺灣米穀關係例規》（臺北，臺灣總督府殖產局，1938 年，第 13～26 頁等）；提高日本米價的政策轉而鼓舞一般米價的上漲，誘引更多殖民地米進口參見［日］大間知治雄：《米穀管理と臺灣產業の新使命》（臺北，臺灣日日新報社，1939 年版，第 12～13 頁）、［日］高橋龜吉：《臺灣現代經濟論》（東京：千倉書房，1937 年版，第 199 頁）；日本米價的上漲最終還是延伸至進口市場，提高日本市場上殖民地米的價格，讓殖民地的米生產者多少得以分享日本米價保護政策的好處。隨著日臺間市場關係的擴大與單一化，蓬萊米價格與日本米價的波動日趨一致。……蓬萊米外銷促成米生產的進一步商品化。蓬萊米變成純外銷商品。參見柯志明：《米糖相剋—日本殖民主義下臺灣的發展與從屬》，臺北，群學出版有限公司，2003 年版，第 165 頁。

[46] 臺灣學者塗照彥認為：米糖相剋的意義不外是，原本日、臺資本勉強平衡的狀況由於日本本土經濟的變化而無法維持，本地資本藉機擴張反撲，造成日資逆退的局面。參見塗照彥：《日本帝國下臺灣經濟—研究蓄積再檢討》，東京，岩波書店，1972 年版，1972 年，第 812～815 頁。

[47] 1918 年 7 月，以日本富山縣魚津町漁家婦女拒絕外運糧食為導火線，日本現代史上第一次全國性的群眾自發反抗運動「米騷動」突然爆發，日本四分之三的地區先後發生搶米風潮，最終導致寺內正毅內閣於 1918 年 9 月 28 日被迫解散。

[48] 嘉南大圳也稱烏山頭水庫，為臺灣最大的人造湖，也是亞洲唯一的濕式土堰堤，總灌溉面積為 15 萬甲；灌溉範圍涵蓋今日的雲林、嘉義、臺南等地區，南北長 90 公里，東西寬約 20 公里。其主要工程是位於臺南縣官田鄉及六甲鄉的珊瑚潭。

[49] 參見郭雲萍：《日治時期『嘉南大圳』的發展—1920-1945》，載《臺灣史學會通訊》第 10 期，2000 年 5 月；陳鴻圖：《日治時期臺灣水利事業的建立與運作—以嘉南大圳為例》，載臺灣輔仁大學：《歷史學報》第 12 期，2001 年 6 月。

[50] 參見張漢裕：《臺灣米糖比價之研究》，載《臺灣銀行季刊》第 5 卷第 4 期，臺北，臺灣研究叢刊第 24 種，臺灣銀行經濟研究室，1953 年印行，第 1～9 頁。

[51] 八田與一：1910 年 7 月畢業於東京帝國大學工科大學土木科，同年 8 月來到臺灣，擔任臺灣總督府土木部技手。1914 年 3 月為總督府技師。1920 年 11 月轉任官佃溪埤圳組合（後改稱嘉南大圳組合）技師，烏山頭出張所長等，專門負責嘉南大圳的設計與建設工程等。1942 年 5 月 5 日，八田與一被軍部徵召赴菲律賓調查棉花灌溉，5 月 8 日在乘「大洋丸」赴菲律賓的途中，為美軍潛水艇發射魚雷擊沉而死亡，時年 56 歲（參見古川勝三：《嘉南大圳之父——八田與一傳》，臺北：前衛出版社，2005 年版，第 23-24 頁）。1934 年八田與一向總督府提出建設大甲溪發電站的建議；1935 年 8 月，八田與一還應福建省主席陳儀之邀，赴福建省調查並指導水利灌溉設施的建設。參見［日］古川勝三：《嘉南大圳之父——八田與一傳》，臺北，前衛出版社，2005 年版，第 243～244 頁。

[52] 賴青松編：《臺灣總督明石元二郎傳奇》，臺北，一橋出版社，1999 年版，第 201～202 頁。

[53] 據記載，八田與一的「三年輪作制構想」也是漸次形成的。當初在制訂興建嘉南大圳預算案時，鑑於對農業狀況的掌握不夠，遂聽取主管農業的總督府殖產局的意見。殖產局希望大圳灌溉區域能夠三年栽植甘蔗一次。而且由真室幸教技師處聽聞建設作為冬季供應甘蔗用水的蓄水庫，調查其水量，可以供應夏天水田一作需要的水量，所以他才會提出三年中種植水稻、甘蔗各一次，再加上中間作一次的供水方法。在最初的計劃上，是希望將 15 萬甲灌溉區域，利用水路系統，將給水區各劃分為 150 甲再分為三區輪流種植水稻、甘蔗及雜糧作物。參見陳文添：《八田與一在臺經歷和興建嘉南大圳問題》（《第四屆臺灣總督府檔案學術研討會論文集》，臺北：「國史館」臺灣文獻館，2006 年版，第 470 頁）、［日］古川勝三：《嘉南大圳之父——八田與一傳》，臺北，前衛出版社，2005 年版，第 93～95 頁。

[54] ［日］古川勝三：《嘉南大圳之父—八田與一傳》，臺北，前衛出版社，2005 年版，第 93～95 頁。

[55] 實際上，三年輪作制完全違背了農家傳統的耕作習慣，……三年一輪的作物轉換，影響到資金、勞力的頻繁變動；而單一的農作物風險大，收益無法有效掌控。

同一部落的農戶如果願意改變耕地分佈採行三年輪作農法，除非是農民價值觀的改變、戶口變化、租佃契約的變動、土地買賣等原因。參見降矢濤：《農耕地の各作物區への分佈狀況と是れが改善事業（嘉南大圳組合區域）》，載《臺灣の水利》第7卷第1期，1937年1月，第114～119頁。

[56]林仁川、黃福才：《臺灣社會經濟史》，廈門大學出版社，2001年版，第137頁。

[57][日]日本糖業協會：《近代日本糖業史》下卷，東京，勁草書屋，1997年版，第153頁。

[58]參見[日]日本糖業協會：《近代日本糖業史》下卷之第三章《臺灣における米蔗相剋問題》，東京，勁草書屋，1997年版，第153～166頁。

[59]瞿宛文：《對柯志明〈所謂的「米糖相剋」問題〉的一點意見》，載《臺灣社會研究》第2期，2000年9月。

[60]古慧雯、吳聰敏：《論『米糖相剋』》，載《經濟論文叢刊》第24卷第2期，1996年6月，第188頁。

[61]古慧雯、吳聰敏：《論『米糖相剋』》，載《經濟論文叢刊》第24卷第2期，1996年6月，第174頁。

[62]李力庸，《由「水竹居主人日記」看日治時期米穀的生產與流通》，載《水竹居主人日記學術研討會論文集》，臺中縣清水鎮，臺中縣文化局，2005年印行，第180～181頁。

[63]1926年9月22日至1928年6月26日，後藤文夫曾出任伊澤多喜男總督時期的總督府總務長官。

[64][日]石川悌次郎：《臺灣に於ける米穀專賣論》，東京，經濟情報社，1936年版，第21～22頁。

[65][日]石川悌次郎：《臺灣に於ける米穀專賣論》，東京，經濟情報社，1936年版，第22～23頁。

[66][日]石川悌次郎，《臺灣に於ける米穀專賣論》，東京，經濟情報社，1936年版，第23～24頁。

[67]林繼文：《日本據臺末期（1930-1945）戰爭動員體系之研究》，臺北，稻鄉出版社，1996年版，第56頁。

[68][日]石川悌次郎，《臺灣に於ける米穀專賣論》，東京，經濟情報社出版部，1936年版，第24～25頁。

[69][日]溝口敏三等：《舊日本殖民地經濟統計》，東京，東京經濟新報社，1988年版，第303頁。

[70] 林繼文：《日本據臺末期（1930-1945）戰爭動員體系之研究》，臺北，稻鄉出版社，1996 年版，第 57 頁。

[71] 林獻堂、黃純青等人作為臺灣自治聯盟的代表赴東京，與日本官方進行交涉（有關臺灣島內反對米穀輸日限制運動，參見蔡培火等：《臺灣民族運動史》，臺北，自立晚報社，1987 年版，第 542 頁；林繼文：《日本據臺末期（1930-1945）戰爭動員體系之研究》，臺北，稻鄉出版社，1996 年版，第 58 頁；李力庸《1930 年代米穀統治運動與臺灣的反對運動——（1932-1939）》，中國社會科學院臺灣史研究中心《林獻堂、蔣渭水—臺灣歷史人物及其時代學術研討會論文》，開封，2008 年。

[72] 臺灣省文獻委員會：《臺灣近代史》（經濟篇），南投：1995 年印行，第 134 頁。

[73] 臺灣總督府頒佈《臺灣糧食生產管理令》（律令第二十五號），對臺米輸出日本進行嚴格限制，因而對臺灣殖民地經濟發生嚴重影響。該法制訂的背景是防止日本國內米價的下落，為維護本國生產者的利益，而將恐慌之損失最後轉嫁於殖民地農民。參見黃靜嘉：《春帆樓下晚濤急——日本對臺灣的殖民統治及其影響》，北京，商務印書館，2003 年版，第 302 頁。

[74] 臺灣省文獻委員會：《臺灣近代史》（經濟篇），南投，1995 年印行，第 135 頁。

[75] 臺中、高雄、臺南為香蕉的主要產地，香蕉是臺灣重要的青果，日據前期，成立三大青果組合，1，臺中州青果同業組合，成立於 1915 年 12 月，最初名稱為中部臺灣青果物移出同業組合，1921 年改稱為臺灣臺灣青果物同業組合，後又改稱為臺中州青果同業組合；2，臺南州青果同業組合，成立於 1923 年 7 月，最初稱為臺灣南部果物同業組合，1927 年改稱為臺南州青果同業組合；3，高雄州青果同業組合，成立於 1924 年 5 月）。1925 年，總督府成立臺灣青果株式會社，辦理香蕉的對日出口。參見張勝彥：《臺灣開發史》，臺北，空中大學，1996 年版，第 232 頁。

[76] 臺灣省文獻委員會：《臺灣近代史》（經濟篇），南投，1995 年印行，第 134 頁。

[77] 吳田泉：《臺灣農業史》，臺北，自立晚報社文化出版部，1993 年版，第 368～369 頁。

[78] 此外，雖然總督府對於臺灣的重要產業（如製糖業）一向是採取許可制，但 30 年代之前仍是小工廠林立的局面。直到 30 年代，整個殖民地經濟才逐漸被置於一元化的統治之下。見林繼文：《日本據臺末期（1930-1945）戰爭動員體系之研究》，臺北，鄉出版社，1996 年版，第 100 頁註釋 9。

[79] 當 20 世紀的大門向世界敞開之際，資本主義的發展已經進入壟斷階段。壟斷的出現加劇了資本主義內在矛盾的激化，並進而引發了人類歷史上第一次世界大戰。戰後，資本主義國家內部的矛盾以及資本主義國家間的矛盾與其說沒有解決，毋寧說變得更加尖銳了。度過戰後相對穩定的十年，以 1929 年華爾街股市暴跌為

起點，第一次世界經濟危機爆發。大危機是資本主義矛盾激化的反映，同時也向傳統意義上的資本主義及其經濟體制提出了挑戰。即原有的體制正遇到難以克服的障礙，只有對其加以「修正」、變革乃至革命，才能找到人類社會及其經濟發展的新出路。對於這種「修正」、變革乃至革命的嘗試，不同的國家作出了不同的選擇，但從總體趨勢看各主要資本主義國家都毫無例外地透過對經濟的干預，加強了對壟斷資本的控制。大正後期至昭和初期即 20 世紀 20 年代至 30 年代中期的日本，就是處在這樣一個激烈動盪和充滿變數的時代。經過一個極其複雜、尖銳的內部調整過程，日本作出了如下選擇：政治體制方面否定政黨政治，實行軍事獨裁，變近代天皇立憲製為天皇法西斯體制；經濟體制方面否定放任，限制自由和競爭，變自由經濟體製為統治經濟體制；以此為基礎，在對外關係方面，放棄一貫奉行的對英美協調主義，轉而大肆推行亞洲門羅主義，開始了大規模的軍事擴張（有關日本戰時統治經濟體制的形成、演變過程，參見雷鳴：《日本戰時統治經濟研究》，北京，人民出版社，2007 年版；楊棟樑：《後髮型資本主義經濟政策研究》，北京，中華書局，2007 年版）。

[80] 廣田弘毅（1878-1948），甲級戰犯 1933 年任外務大臣，10 月發表了企圖吞併中國，將中國置於日本控制下的「廣田三原則」。1936 年出任內閣首相，1937 年初參與日本帝國主義發動侵華戰爭的決策，是發動對華全面侵略戰爭的主謀之一。由於其罪行嚴重，是被判處絞刑的 7 名甲級戰犯中唯一的文官。

[81] 近衛文麿（1891-1945）：日本近代資產階級政治家，曾任貴族院議長，1937 年 6 月首次出任日本首相，隨即發動侵華的「七·七事變」，1939 年 1 月辭職；1940 年 7 月 22 日，第二次出任首相，9 月簽訂日德意「三國軍事同盟條約」，1941 年 7 月 18 日，近衛文麿第三次組閣；同年 10 月下臺。1945 年 12 月 16 日，在盟軍發出逮捕令後，在家中服毒自殺。

[82][美] J·B·コーヘン：《戰時戰後的日本經濟》上卷，東京，岩波書店，1992 年版，第 39～44 頁。

[83][日] 今井則義：《日本的國家壟斷主義》，東京，合約出版社，1963 年版，第 134 頁。

[84][日] 大島清：《日本經濟危機史論》下卷，東京，東京大學出版會，1957 年版，第 363 頁。

[85] 日本此次經濟危機的重要特點是農業危機表現得特別嚴重。日本農業是處於地主、壟斷資本雙重壓榨下的半封建小農經濟，生產技術落後，生產力很低，危機四伏，矛盾本來很尖銳。這次危機爆發後，強化了的壟斷資本用壟斷價格、限制生產等辦法，儘量減少危機所造成的損失。但分散落後的農業經濟是無力抵抗的，因此農產品價格比工業品價格跌落得更為嚴重，形成巨大的剪刀差。結果使農業經濟長

期陷於危機之中。見吳廷：《日本史》，天津，南開大學出版社，2004年版，第666～667頁。

[86][日]大内力：《日本的歷史》第24卷，東京，中央公論社，1967年版，第197頁。

[87][日]藤原彰：《在鎮壓的風暴中》，《日本民眾的歷史》8，第282～283頁。

[88][日]藤原彰：《在鎮壓的風暴中》，《日本民眾的歷史》8，第282～283頁。

[89]由於推行了增加糧食生產的政策，所以直至1943和1944年，大米、蔬菜與麥、薯類的生產仍能分別維持在戰前的水平上。然而，農民基本上依然是在零碎分散的土地上耕作，由於勞動力、農機具與肥料的嚴重缺乏，導致大部份土地的生產率下降，土地荒廢的速度超過了開墾，使耕地的面積減少，農業生產急劇下跌。為了補充勞動力，甚至動員學生參加所謂「勤勞報國隊」、「食糧增產隊」等，從事農業生產，但這些非熟練勞力的投入並不能帶來糧食的增產。另一方面，農村的生產、流通組織則被進一步加強統治，為了完成定額，農民甚至不能維持足夠的口糧，而一般民眾的糧食配給日漸減少，更是在饑餓中迎來了戰敗。參見周啟乾：《日本近現代經濟簡史》，北京，崑崙出版社，2006年版，第331～332頁。

[90][日]高橋龜吉：《現代臺灣經濟論》，東京，千倉書房，1937年版，第28～29頁。

[91]林繼文：《日本據臺末期（1930-1945）戰爭動員體系之研究》，臺北，稻鄉出版社，1996年版，第114～123頁。

[92]為執行「南進政策」，並推動臺灣殖民地糖業發展的海外延伸，1930年11月，在石塚英藏總督及人見次郎總務長官的主導下，臺灣總督府召開「臨時產業調查會」，討論並制訂出臺灣產業設施及經營改善的一系列方針。在此次會議中，針對戰時體制下島內糖業發展的規劃是：除供應臺灣本島市場外，應確保日本內地的製糖業得以自給自足；隨著人口增加力圖增產；降低生產費；降低關稅；對抗外國砂糖，謀糖業獨立；進而實行糖業輸出；試驗機構統一併擴充；製糖業整頓合併；海外糖業調查，擴展銷路；糖業稅法修正改善。其中，蔗渣工業和酒精工業列為主要新興工業。

[93]史明：《臺灣人四百年史》，臺北，蓬島文化公司，1980年版，第361～362頁。

[94]史明：《臺灣人四百年史》，臺北，蓬島文化公司，1980年版，第363頁。

[95]日本大藏省編印：《昭和財政史》XV，東京，1960年，第32頁。

[96]臺灣總督府編印：《臺灣統治概要》，臺北，1945年，第290頁。

[97]塗照彥：《日本帝國主義下の臺灣》，東京，東京大學出版會，1975年版，第153頁。

[98] 日本外務省外交史料館藏：《臺灣總督府熱帶產業調查會》，收錄於《各國產業狀況報告雜纂》（檔號：A.1.3.1-3）。

[99] 日本糖業協會：《近代日本糖業史》下卷，東京，勁草書屋，1997年版。第308～310頁。

[100][日]日本歷史學研究會編：《太平洋戰爭史》第1卷，東京，青木書店，1974年版，第166頁。

[101] 托拉斯組織迅速增加，1929年為31個，1930年增至48個，1931年又增至73個。參見[日]楫西光速：《日本資本主義的沒落》第2卷，東京大學出版會，1964年版，第471頁。

[102]《臺灣拓殖株式會社文書》第26號，《臺拓設立委員會關係書類》，1936年，第2～3頁。

[103] 臺灣拓殖株式會社的人事權及運營權均為總督府嚴厲控制，1936年11月，小林躋造總督任命前三菱財閥（合資會社）理事加藤恭平為臺灣拓殖株式會社首任社長兼臺灣總督府評議會會員，前昭和製糖株式會社專務董事久宗董為副社長。參見大園市藏《臺灣人事態勢と事業界》（臺北，新時代臺灣支社，1942年，第143頁）；興南新聞社《臺灣人士鑑》（臺北，興南新聞社，1943年版，第77頁）；《役員與職員名單》（《臺灣拓殖株式會社文書》第371號，1939年7月1日）；[日]橋本白水《臺灣統治と其功勞者》，1930年（臺灣成文出版社1999年復刻本）印行，第34～44頁。

[104][日]野田經濟研究所：《戰時下の國策會社》，東京，野田經濟研究所，1940年，第294頁。

[105]《臺拓檔案影本》，V.170（《昭和13年參考資料》）。轉引自王世慶《臺灣拓殖株式會社之土地投資與經營——以總督府出資之社有地為中心》，《臺灣資本主義發展學術研討會論文》，臺北，2001年12月。

[106] 從表面上看，臺灣拓殖株式會社屬於「半官半民」性質的公司，但實際上其經營活動完全聽命於臺灣總督府，一切經營活動完全以配合與推動臺灣總督府殖民地政策為奉皋。臺灣拓殖株式會社的經營管理模式，完全依據臺灣總督府、臺灣銀行、臺灣電力株式會社等的「官營體制」。有關臺灣拓殖株式會社的經營管理模式，參閱《臺灣拓殖株式會社文書》第2523號，《會社經理統治令》，1949年—1941年版。臺灣總督不僅對臺灣拓殖株式會社的社長、副社長有任命權，還有向臺灣拓殖株式會社派遣「監理官」、由其對臺灣拓殖株式會社經營業務進行監視的權限。臺灣拓殖株式會社的社長、副社長必須貫徹總督的命令，以實施「國策」為第一要務。參見《臺灣拓殖株式會社文書》第26號，載《臺拓設立委員會關係書類》，1936年，第1～2頁。

[107] 除了臺灣拓殖會社之外，臺灣總督府還設立了以南洋為基地的「南洋拓殖會社」，與臺灣拓殖會社並稱為日本的兩大南方國策會社。參見林繼文：《日本據臺末期（1930-1945）戰爭動員體系之研究》，臺北，稻鄉出版社，1996年版，第176頁註釋12。

[108] 有關臺灣拓殖株式會社在臺灣東部的農業開發、以及熱帶作物種植等情況，參見林玉茹《國家與企業同構下的殖民地邊區開發：戰時「臺托」在東臺灣的農林栽培業》，載《臺灣史研究》第10卷第1期，2003年6月。

[109] 臺灣拓殖株式會社在海南島經營的其他事業還有：（3）移民事業；（4）交通事業；（5）製冰業；（6）建築事業；（7）伐木事業；（8）臺灣拓殖株式會社在海南島經營各種事業的投資，共約1000萬日元。參見[日]三日月直之：《臺灣拓殖株式會社とその時代》（東京，葦書房，1993年版，第472～474頁）。有關臺灣拓殖株式會社在海南島的開拓事業，還可參見鐘淑敏：《臺灣拓殖株式會社在海南島的事業之研究》，載《臺灣史研究》第12卷第1期，2005年6月）。

[110] 塗照彥：《日本帝國主義下の臺灣》，東京大學出版會，1975年版，第328頁。

[111] 邱士焱：《「嘉南大圳」與臺米的剝削：評八田與一》，臺北，日本綜合研究所 http://www.japanresearch.org.tw/twhisoty-42.asp，2005年4月22日。

[112] 邱士焱：《嘉南大圳」與臺米的剝削：評八田與一》，臺北，日本綜合研究所 http://www.japanresearch.org.tw/twhisoty-42.asp，2005年4月22日。

[113] 黃紹恆：《書評：柯志明〈米糖相剋〉（群學出版2003年）》，載《臺灣史研究》第10卷第2期，2001年12月，第135頁。

[114] 黃靜嘉：《春帆樓下晚濤急—日本對臺灣的殖民統治及其影響》，北京，商務印書館，2003年版，第427頁。

[115] 對於限制臺灣米穀輸日的問題，日本農林省與拓殖務省、臺灣總督府間的立場並不一致。臺灣總督府的立場是欲以低於市價的價格收購米穀，再以市價在日本市場賣出。農林省的立場則是維持價格的一元化。總督府之所以堅持差別價格，乃是因為企圖利用差價擴大財政收入，及擔心提高對米穀的收購價格將會導致其他農產品價格的連帶上漲。參見林繼文：《日本據臺末期（1930-1945）戰爭動員體系之研究》，臺北，稻鄉出版社，1996年版，第100頁註釋7。

[116] 1938年4月1日，日本政府正式頒佈《國家總動員法》，歷經多次修訂，共50條。該法規定：國家總動員的物質是指，所必需的武器、艦艇、彈藥及其他軍用物質；被服、糧食、醫藥品、醫療機械器具、車輛、馬匹、通信、土木建築用物資；照明、燃料及電力；及上述物質的生產、修理、配給、保存等所需的原料、材料、機械器具、裝置及他資產。國家總動員業務是指，總動員物質的生產、保管等業務；所必需的運輸及通信業務；金融、衛生、救護業務；教育訓練業務；試驗研

究、情報及宣傳業務；警備業務等。政府在戰時，在國家總動員上，遇有必要時，得依法徵用帝國臣民，使其從事總動員業務；令帝國臣民、法人以及其他團體，協助實行總動員業務；使用或徵用總動員物資；政府徵用之物，如不需要用時，自徵用起10年內得以標售，或使其原所有人或舊權利者，或其一般繼承人優先承購之；限制或禁止事業設備的新設、擴充、或改良；命令帝國臣民及使用或僱用帝國臣民者，申報有關帝國臣民之職業能力事項，並得檢查帝國臣民的職業能力。

[117] 李力庸：《1930年代米穀統治與臺灣的反對運動（1932-1939）》，中國社會科學院臺灣史研究中心《林獻堂、蔣渭水——臺灣歷史人物及其時代學術研討會論文》，開封，2008年。

[118] 黃靜嘉：《春帆樓下晚濤急—日本對臺灣的殖民統治及其影響》，北京，商務印書館，2003年版，原書第412～424頁。

[119] 翁嘉禧、謝惠怡：《日據末期臺灣的工業化及其影響》，中國社會科學院臺灣史研究中心《紀念臺灣光復60週年暨兩岸關係學術研討會論文》，長沙，2005年。

[120] 這一合七勺對於日本人及富有的臺灣人而言是太少量不足以填飽肚子的，但大多數臺灣民眾一直在挨餓的邊緣生存著，終年很少吃到白米飯。在實施配給制後，富者當然苦不堪言，但貧苦大眾無不笑逐顏開，真是令人啼笑皆非的一大悲喜劇。參見鐘孝上：《臺灣先民奮鬥史》（下），臺北，自立晚報社，1982年版，第324頁。

[121] 也有統計為一日二合三勺（330克）。至1945年7月，配給量又降至二合一勺（300克），其中一半以上是高粱、大豆、玉米麵。參見蔣立峰《論日本戰時農業政策》，載《日本史論文集》，瀋陽，遼寧人民出版社，1985年版，第259頁。

[122][日]加用信文主編：《日本農業基礎統計》，東京，農林水產業生產性向上會議，1958年版，第180頁。

[123][日]安藤良雄：《近代日本經濟史要覽》，東京大學出版會，1982年版，第5頁；[日]大內力：《農業史》，東京，東洋經濟新報社，1960年版，第261頁；日本一橋大學經濟研究所：《解說日本經濟統計》，東京，岩波書店，1961年版，第50、52頁。

[124] 參見吳廷：《日本史》，天津，南開大學出版社，2004年版，第786頁註釋119。

[125] 美國戰略調轟炸查團編印：《日本戰爭經濟的崩潰——戰略轟炸給日本戰爭經濟帶來的後果》，東京，日本評論社，1972年版，第175、179頁。另據安藤良雄的統計，1940-1944年日本工礦製造業勞動力增加134萬，其中男勞力100萬。參見[日]安藤良雄《近代日本經濟史要覽》，東京大學出版會，1982年版，第134頁。

[126] 還有一點非常重要，即 1949 年之前和 1941 年以後的農民消費量，出現了兩個截然不同的水準。這顯然是透過義務交售制強制徵購農民糧食的結果，也是侵略戰爭同時為害日本人民的一個反映。參見蔣立峰《論日本戰時農業政策》，載《日本史論文集》，瀋陽，遼寧人民出版社，1985 年版，第 261 頁。

[127] 黃靜嘉：《春帆樓下晚濤急—日本對臺灣的殖民統治及其影響》，北京，商務印書館，2003 年版，第 427 頁。

[128] 參見黃登忠、朝元照雄：《臺灣農業經濟論》，東京，稅務經理協會，2006 年版，第 14～15 頁；第 22～24 頁。

[129] 轉引自臺灣省文獻委員會：《臺灣近代史》（經濟篇），南投，1995 年印行，第 144 頁。

[130] 吳田泉：《臺灣農業史》，臺北，自立晚報社文化出版部，1993 年版，第 371 頁。

[131] 陳孔立：《臺灣歷史綱要》，北京，九州出版社，1997 年版，第 360 頁。

[132] 臺灣學者戚嘉林指出：就在日人在臺完成第二次農業革命，稻米產量飛躍成長的 1930 年代，臺灣平均每人每年稻米消費量卻因臺米饑餓輸日而劇減……根據臺灣總督府殖產局在臺所作的農家經濟調查，與米作農家消費生計費調查的兩次抽樣調查結果，1936-1937 年期農民每口主食消費食米量亦較 1931-1932 年期減少 7.6%，甘薯消費量卻增加 461.5%；1940 年在臺灣實施米糧配給，……與日本本土的日本人相較，1930 年代時日人平均每人每年可用稻米消費量卻是臺灣人的 1.6 倍。參見戚嘉林：《臺灣史》（增訂本），臺北，海峽學術出版社，2008 年版，第 298～299 頁。

[133] 周憲文：《臺灣經濟史》，臺北，開明書店，1980 年印行，第 751 頁。

# ▌臺共風雲—蔡孝乾紅白人生研究之二

杜繼東

　　蔡孝乾（1908-1982）是一位富有傳奇色彩的臺灣人。他少小離家赴大陸留學，參與新舊文學之爭，組建或參加多個臺灣左翼學生團體，是「臺灣學生中左傾之代表人物之一」[1]。臺灣共產黨成立時，他被缺席選舉為中央常委，兼管宣傳部，後因擅自離臺赴大陸而被謝雪紅等人開除黨籍。1932 年，他進入江西蘇區，主持「蘇區反帝總同盟」的工作，並隨紅軍長征，是走完長征路的唯一一個臺灣人。他在延安曾歷任「省蘇維埃政府」內務部長、敵工部長等職，是當時中共 53 位重要政治領袖之一。抗戰勝利後，他奉命潛返臺灣，擔任中共臺灣省工作委員會書記，是中共在臺最高領導人，後被捕變節，背叛了他 20

多年來一直追求的紅色事業。他變節後長期在臺灣情報局從事「匪情研究」工作，成為「白區」研究「赤匪」的「專家」。縱觀蔡氏一生，可謂跌宕起伏，五味雜陳，他的傳奇經歷令人驚嘆，他的人生起落令人感慨，而他由紅而白的巨變，更折射出國共兩黨鬥爭的殘酷性及個人在激盪的歷史洪流中的脆弱性和複雜性。關於他在上海留學時的情況，我已撰寫專文加以介紹。[2] 本文是蔡孝乾研究系列論文的第二篇，重點考察他參加臺灣共產黨前後的情況。

## 一、回臺參與文協改組

蔡孝乾於 1926 年 9 月 21 在臺灣彰化八卦山下寫成長文《駁芳園君的「中國改造論」》寄給《臺灣民報》以後不久，即返回上海大學繼續讀書。然而，國內政治風雲激盪，一向激進的上海大學很快就放不下一張安靜的書桌了。

1926 年 11 月初，由於北伐戰爭進展順利，上海戰雲密佈，上海大學「提前放了寒假」[3]，以迎接革命高潮的到來。為配合北伐軍的軍事行動，中共決定派 1925 年 7 月即成為黨員的翁澤生率領一支宣傳隊前赴閩南，到漳州地區「加強黨團組織的創建，開展革命活動」。交代任務的中共江浙區委書記羅亦農還轉達了中共中央領導人的意見：「在開展閩南革命活動的同時，如果條件許可，也可以派幾個人回臺灣開展工作。」宣傳隊的隊員有蔡孝乾、莊泗川、李曉峰和謝志堅（即翁澤生的妻子謝玉鵑）。[4]

翁澤生、蔡孝乾一行於 11 月上旬來到漳州，落腳於經營農場的彰化人李山火的辦事處：振成巷（當地人稱枕頭巷）16 號。李山火與翁澤生是遠房親戚，也認識蔡孝乾的父親，對他們的到來表示熱烈歡迎。李的辦事處離市中心不太遠，是一幢兩層樓，旁邊有一個平房做廚房。李山火在漳州南郊的圓山開辦了農場，因經營有方，積累了一定的資金，對臺灣來的同胞都給予慷慨接待。他的思想傾向於革命，一直從財力和物力上支持臺灣來的革命者。

翁澤生、蔡孝乾等人剛剛落腳，尚未開始工作，就收到了洪朝宗從臺灣寄來的求助信。原來，臺灣文化協會出現內部矛盾，以連溫卿、王敏川為首的左派感到勢單力孤，一面聯絡尚未參加協會的臺北無產青年團的青年入會，一面寫信要求翁澤生等人回臺助陣。翁澤生等人審時度勢，做出如下決定：（1）支持連溫卿、王敏川，與文協中的左派互相協力，促成文協向左的方向改組和發展；（2）到福州動員文協老資格理事蔡惠如回臺領導協會改選；（3）儘量動員臺北無產青年會及在其影響下的青年參加將於 1927 年 1 月 3 日舉行的文協會議的表決；（4）創建臺灣無產青年會，以「聯絡感情，增進體育活動」為名

義爭取合法存在，由高兩貴作公開的代表人物，由蔡孝乾作實際召集人；（5）大力發展組織成員，彰化由蔡孝乾負責，嘉義由莊泗川負責，臺北由洪朝宗負責；（6）蔡孝乾、莊泗川回臺灣開展活動。[5]

蔡孝乾和莊泗川領受任務後，到福州倉山請蔡惠如出山，一同返臺。但蔡惠如已厭倦文化協會的內部鬥爭，委婉拒絕了他們的請求。他們失望之餘，從福州乘船返回臺灣。他們返臺的具體時間不詳，翁佳音說是1927年初[6]，顯然不確。據蔡孝乾對斯諾講，他們是1926年12月回臺的。[7]此說比較準確，因為12月下旬蔡孝乾已在臺北參加社會活動了。從離校赴福建開始，蔡孝乾正式走上革命道路，投身於風雲激盪的社會實踐。1927年5月2日，上海大學被國民黨視為「赤色的大本營」、「搗亂機關」和「共產巢穴」，予以封閉[8]，蔡孝乾就再也無緣返回上海大學了。[9]

正如日臺當局觀察到的，留學中國的臺灣青年參加各種學生團體，「深入運動，再回臺灣時，則把其所研究、見聞的理論、戰術，散佈於社會，在臺灣社會運動的發展上，扮演重要的角色。」[10]蔡孝乾正是這樣一個留學生。他把自己在上海大學所學到的理論知識和實踐經驗運用於臺灣的社會活動，力求對臺灣文化協會的改組和發展有所影響。

1926年12月25日，臺灣無產青年會成立大會在臺北清心亭茶點鋪的樓上秘密舉行，蔡孝乾、洪朝宗、王萬得、高兩貴和白成枝等5人被推選為委員，召集人由蔡孝乾擔任。會議號召大家分頭發展會員，支持連溫卿、王敏川，促成文協的「左傾化」，爭取文協的領導權。[11]正如日本學者矢內原忠雄所指出的，他們「潛入文化協會，以陰謀的行動奪取文化協會幹部的地位，一九二七年一月修改會則，在委員制下嚴予統治，以『實現大眾文化』為綱領，使文化協會的組織及方向轉變為無產階級運動。」[12]

1927年1月3日，以連溫卿為首的左派將文化協會改組為「左傾」的組織，文協分裂，蔡孝乾、洪朝宗等人都非常高興。蔡孝乾於1月22日撰文指出，文協的改組「在臺灣文化運動上、解放運動上，劃了一個新時期。確實，臺灣的文化運動，由此次文化協會的改組，已經正式轉入第二期了」。他認為這次文協改組有5個特點：

（1）「宗旨改為促進實現大眾文化」：不論過去、現在還是未來，文化都是「大多數的大汗苦力所創造出來的」，然而「現在，文化差不多完全成了有閒階級的占有品。把這有閒階級占有的文化，解放為大眾的文化，便是現時代的要求」。文化協會把宗旨改為「促進實現大眾文化」，正是適應了這一「現

時代的潮流」。文化協會改組的「重大的意義，就是在乎這點」。文化協會的任務，在於「喚醒大眾，糾合大眾參加臺灣的文化運動、解放運動，並且使文化協會本身變成為大眾的所有品，使大眾努力實現大眾文化」。而要達成「實現大眾文化」的宗旨，就「必須和大多數的農工群眾及婦女接近，要和他們發（展）關係，領導他們參加臺灣的解放運動」。

（２）「採用委員制」：右派幹部極力主張採用理事制，但在一月二日的理事會上，「以十九票和十二票的對比，多數贊成委員會」，這足以證明「臺灣民眾的進步」和右派幹部的「錯誤」。

（３）「有嚴密的組織」：文化協會的組織本來是「極其散漫」的，除少數幹部以外，「其餘的會員差不多沒有活動」。原因在於原來的組織架構不好，原來的「組織是本部和支部的二級制」，最高決議機關是會員總會，而會員總共有1000多名，讓所有人到總會表決是不可能做到的。「新會則的最高決議機關是全島代表大會，其代表由會員每五名選舉一名」，總共可選出代表200餘名，這樣，全島代表大會的出席率一定比原來的會員總會的出席率高。文協改組後的組織架構如下：

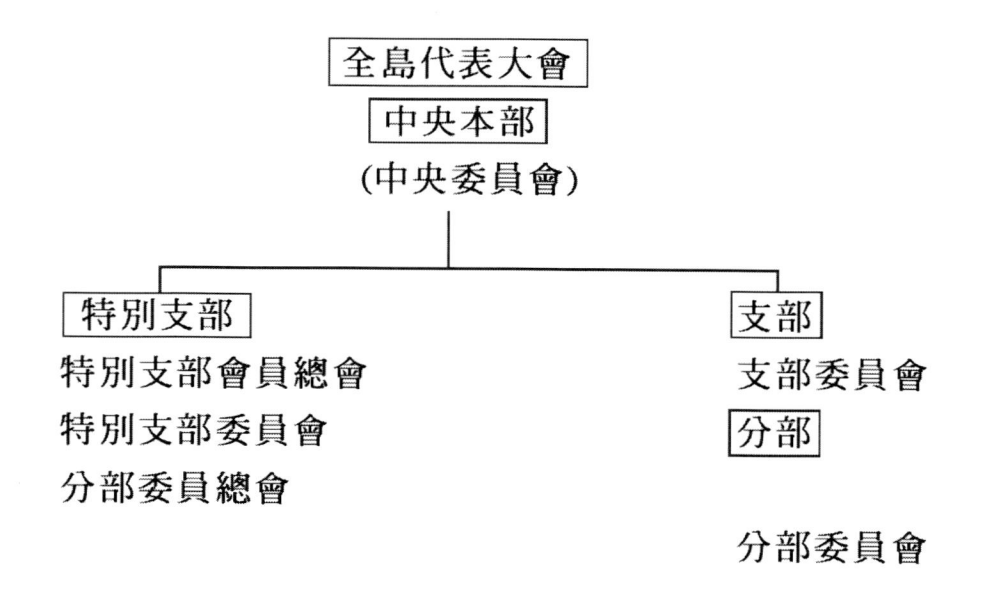

```
              全島代表大會
               中央本部
              （中央委員會）
                   |
       ┌───────────┴───────────┐
    特別支部                    支部
  特別支部會員總會          支部委員會
  特別支部委員會              分部
  分部委員總會
                            分部委員會
```

「支部是州內分部的聯合體。特別支部是設於各市及文化特別發達之地方，其資格與支部同，分部以郡為界限。」

（4）「有嚴整的紀律」：「一切的團體，須有嚴整的規〔紀〕律，才能實現其團體的完全的發展。不然，雖有嚴密的組織，各會員若沒有恪守嚴整的紀律，履行一切的決議，也是不行的。」如果沒有嚴整的紀律，「雖有正確的綱領，也是歸於空談的，雖有嚴密的組織，也是歸於流俗的，雖有廣大的會員，也是力微散漫的。」此次透過的新會則的第4、5、6條都是關於文協紀律的，雖然不能說「改組後的文協的紀律一定就很好，但是和過去的散漫的文協比較起來，卻有天壤之差」。

（5）「有統一的財政」：「團體的財政，好像團體的油」，有統一的財政，才能使其團體得以統一的運轉。此前文協的財政「非常混雜，中央有中央的經費，支部有支部的經費」。文協新會則第29條規定：「本會之財政以中央統一為原則，凡本部及分部、支部及特別支部各機關之經費，概由中央統治」。這使文協的財政統一起來了。

總之，「從各方面觀察起來，改組後的文化協會，不是像從前那樣散漫，而是整個的文化協會了」。[13]

蔡孝乾認為，1920年《臺灣青年》創刊以來臺灣思想界的轉換和民眾的覺醒是文化協會改組的外因。「思想落後的臺灣，自從大正九年七月《臺灣青年》刊發以來，才發見著『臺灣是臺灣人的臺灣』，才曉得講究『自新自強』之途。」《臺灣青年》的刊發時代，「可以說是臺灣思想界的黎明期」，打破了臺灣人的思想「隸屬於」日本統治者的局面，由此開始，「臺灣的思想界才有些生機了」。《臺灣青年》創刊以後，「臺灣的思想界雖沒有發生什麼大狂瀾，但是這中間，臺灣民眾之對於統治者的怒吼，對於御用紳士的攻擊（尤其是對於公益會）都是很有意義的記錄」。最近一兩年來，由於日本和臺灣經濟陷入困境，「臺灣的思想界也不得不動搖了」。臺灣出現的芭蕉爭議、蔗農爭議、土地爭議、竹林爭議等等，「都是臺灣農民受著經濟上的威脅而至開始爭鬥的表現」。其他如工人、青年、婦女方面，都有了相應的組織和相關的活動。「總之，無論在農民、在工人、在青年、在婦女，都漸漸覺醒起來」。這些形勢的總和，「都足以證明臺灣的思想界已入轉換期了」。陳芳園、許乃昌等人關於走資本主義和社會主義道路問題的論爭，也是「臺灣思想界轉換期中的特徵之一」。「有了思想界的轉換，才促成了文化協會的改組，同時有了文化協會的改組，才證明了臺灣思想界的有意義的轉換」。[14]

蔡孝乾還把文化協會的分裂與國際無產階級解放運動和民族解放運動聯繫起來。他指出，「現在歐洲各國，無論是無產階級的解放運動，或是民族解放

運動，都有發生左派和右派之分裂。在中國，如國民黨的左右派之分裂。在日本，如最近勞動農民黨的分裂。分裂的結果，都是促進其解放運動的展開。現在我們臺灣的解放運動，雖是寥微之聲，但還是能夠聽得（到）文化協會分裂的消息，這就是證明了臺灣的解放運動還是能夠展開的。」文協分裂後，「雖然缺少了幾個右派幹部的活動力」，但是原來「反對或不滿文協的進步的民眾」能夠加入進來，文協的工作「一定是能夠充分展開的」，這「從臺灣解放運動全體觀察起來，是進步的現象」。從文協本身來觀察，原來的文協「差不多是幾個幹部們所包辦，其餘的會員差不多沒有活動」，分裂後的文協「能夠得著大多數會員的協力」，所以用不著擔憂。總之，臺灣文化協會的分裂，「像支配階級的內部鬥爭，像無產階級陣營內的左右派之爭同樣，是必然的過程，絕對不會阻礙臺灣解放運動，反會促進臺灣解放運動的展開」。[15]

蔡孝乾對文化協會分裂的觀察和評論，在當時的臺灣是獨樹一幟的。不幸的是，日本殖民當局以他與臺灣黑色青年聯盟案有關聯而逮捕了他，致使《轉換期的文化運動》一文沒有寫完。

據日臺當局觀察，此後，文協內部又「因戰略見解的不同，產生了（以王敏川為代表的）上大派，與連溫卿所代表的非上大派兩種派別」。上大派是「具有上海留學經歷的一群人，其成員包括：蔡孝乾、翁澤生、莊春火、洪朝宗、蔡火旺、王萬得、陳玉瑛、潘欽信、周天啟、莊泗川、李曉芳等。非上大派則有：胡柳生、林清海、陳本生、陳總、黃白成枝、藍南山、林朝宗、林斐芳等」。[16]

關於「上大派」在文化協會內部的活動情況，因資料所限，目前尚不是很清楚。連溫卿對他們的評價似乎不高，他在晚年評論「上大派」時說，「這些人士多不親身實踐為其特色」，他們「只有意見而不實踐」。[17]陳芳明則籠統地指出：「一九二七年一月，以連溫卿、王敏川為首，以及在『上大派』青年為主幹的社會主義派，奪取了文協的領導權。」[18]關於「上大派」這一課題，仍有進一步研究的空間。

## 二、被捕入獄

據臺灣總督府警察沿革誌記載，1927 年 1 月 2 日，蔡孝乾與臺灣黑色青年聯盟會員王萬得、高兩貴、周天啟和陳等人在彰化陳金戀家匯合，商議以「臺灣無產青年會」名義組織各地無產青年團體和勞動組合，「在聯盟指導下宣傳主義並致力於實踐運動」，臺北由高兩貴負責，彰化由黃朝宗、陳、周天啟和蔡孝乾負責，嘉義由張棟負責。[19]

1927年1月31日，日臺警方當局通報，他們收集到臺北王詩琅、周和成及彰化吳滄洲三人於1926年12月23日左右郵寄給東京市勞動運動社近藤憲二的信，內稱在臺灣已組成「黑色青年聯盟」，且正在開展相關活動。同一天，警方在以高雄州鳳山街農民組合成員謝賴登「散發不當宣傳歌」為由，蒐集謝之住宅時，「發現有臺灣黑色青年聯盟的宣言書」。日臺當局由此確定，臺灣確實存在「黑色青年聯盟」的秘密組織，並「確定其關係者系臺北及彰化的無產青年一派人」。[20]

1927年2月1日，日臺當局對臺灣黑色青年聯盟「進行全面檢舉」，逮捕了包括蔡孝乾在內的44名「相關人員」。蔡孝乾此次被捕入獄，時間達8個月之久。10月，當局做出「預審終結決定」，檢方求刑的21人中有17人被法院免予起訴，這17人是：蔡孝乾、洪朝宗、蘇麗享、陳煥圭、陳新春、賴傳和、莊泗川、謝塗、張棟、謝賴登、黃白成枝、陳炳南、梁榮華、陳崁、陳金戀、周天啟、李友三。其餘4人於1928年2月2日被判處徒刑，他們是：小澤一（2年6個月）、王詩琅（1年6個月）、吳滄洲（1年6個月）和吳松谷（1年）。[21]

11月，蔡孝乾獲釋出獄。據斯諾記述，蔡孝乾在獄中未受太大折磨，且「獲准獨住一間牢房」，文化協會的人還「可以給他送食物」。[22]

## 三、缺席獲選臺共中委

蔡孝乾出獄後參與文協的工作，但具體做了些什麼，目前不得而知。可以肯定的一點是，他與翁澤生保持著密切聯繫。翁澤生從漳州返回上海後，接到中共江蘇省委的通知，要他協助籌建臺灣共產黨。1927年11月16日，翁澤生與受共產國際指派從蘇聯返滬籌建臺共的謝雪紅在上海會面，臺共建黨工作正式啟動。[23]透過翁澤生的介紹，謝雪紅認識了張茂良和林松水，並掌握了一些曾經加入中共或共青團的臺灣青年的情況，主要有當時在臺灣的蔡孝乾、林日高、洪朝宗、莊春火、李曉芳、莊泗川等。[24]

據謝雪紅說，在臺共籌備過程中，翁澤生對「蔡孝乾、洪朝宗、李曉芳等個人的歷史介紹都講得很好；尤其對蔡孝乾，說他在上大畢業回臺後領導文協的左派，被稱為『上大派』，並說蔡是在臺最有實際工作經驗的人。在翁的心目中可以做臺共中央委員的人是蔡孝乾、李曉芳、林木順、洪朝宗、林日高。」[25]

翁澤生為準備組黨，致信臺灣和廣州邀約同志。12月中旬，蔡孝乾和廣州的王萬得來到上海。蔡孝乾向翁澤生匯報了文協改組的情況，翁澤生則向他們介紹了臺灣共產黨的籌建工作，要蔡孝乾幫忙。但是，蔡孝乾未留在上海參與

建黨工作。此一時期，文化協會的王敏川等人正在籌辦新文協機關報《臺灣大眾時報》，請留學日本的蘇新擔任主編兼發行人，請蔡孝乾擔任記者。因蔡孝乾有事在身，翁澤生「只好請他回臺灣後聯繫洪朝宗、莊春火、林日高、莊泗川四個人，向他們傳達籌建臺共的事，要他們派一個人來上海參加籌備工作」。蔡答應照辦，並向翁澤生推薦了廈門的潘欽信。[26]

1928年3月25日，「株式會社臺灣大眾時報社」成立大會在臺中市料亭醉月樓舉行，共有23位認股的支持者參加會議，林碧梧掛名社長，其他人員為：編輯部主任：王敏川；記者：蔡孝乾、李曉芳、莊泗川；特約記者：翁水藻（即翁澤生，駐上海）、蘇新（駐東京）、楊貴、賴和；營業部主任：連溫卿。這份刊物「結合了所有知名的左派運動者」。[27]

1928年4月15日，臺灣共產黨成立大會在上海召開，出席者為林木順、謝雪紅、翁澤生、林日高、潘欽信、陳來旺、張茂良、中共代表彭榮（即瞿秋白）、朝鮮共產主義者代表呂運亨等9人。大會選出第一屆中央委員會，林木順、蔡孝乾、林日高、洪朝宗、莊春火當選為中央委員，謝雪紅、翁澤生為候補中央委員。據謝雪紅回憶，「林木順、蔡孝乾和林日高三人票數差不多，為最高。洪朝宗、莊春火次之」。翁澤生、謝雪紅得票較少，均為4票。謝雪紅認為，這一選舉結果與翁澤生有很大關係，因為翁在選舉前說：「中央委員——特別是主任委員——應該是能夠回臺領導工作的人。」在謝雪紅看來，由於此前就有關於謝雪紅已遭日臺當局通緝的傳言，所以，翁澤生這麼說，「言下之意是被敵人通緝而不能回臺的人，就不要選他為中央委員」。[28]而蘇新根據參加過會議的陳來旺的講述，對造成這一選舉結果的原因做出了另外一種解釋。蘇新說：「在選舉中央委員時，謝雪紅突然發難，她攻擊翁是無政府主義者，不能當選為中委。於是圍繞著這一問題，會上出現了爭執，並形成觀點對立的兩種觀點，由於雙方爭執不下，直接影響了雙方的得票，兩人都只當選為候補中委。」[29]綜合兩方面的說法，有一點可以肯定，即謝、翁在會上確實發生爭執（到底是誰先發難，已不重要），對選舉結果產生了直接影響。如無此風波，缺席會議的蔡孝乾等人或許不能「漁翁得利」，順利入選中委。

後來，謝雪紅對翁澤生、蔡孝乾、王萬得等人的惡感一直沒有消除，例如，1931年謝雪紅被日臺當局逮捕後，曾在法庭上承認臺灣共產黨犯了機會主義錯誤，並總結原因有如下5條：（1）無機會接受日本共產黨的指導；（2）將基礎置於知識分子上；（3）黨成立大會所決定的政策中有一部份不適合於實際情勢；（4）構成黨的黨員的政治生活貧乏；（5）無政府主義一派的不斷的陰謀。

[30]她還說,臺共成立時,「其構成分子並非無產階級出身者,大多數系脫離實際運動,到日本及支那留學的臺灣學生。固然當中亦不乏持有日本共產黨籍或中國共產黨籍者,但其訓練與認識的程度相當膚淺乃不爭的事實。尤其在黨成立的籌備會時期共事過的翁澤生、謝氏玉葉(即謝玉鵑——引者)、潘欽信、洪朝宗、蔡孝乾等原為無政府主義者,竟被推為中央委員。」[31]

1928年4月18日,臺共在上海法租界翁澤生家召開第一次中央委員會,出席會議的有林木順、林日高、翁澤生和謝雪紅。

會議選舉林木順、林日高、蔡孝乾為中央常委,林木順擔任書記長,兼管組織部,洪朝宗負責農民運動部,莊春火負責青年運動部,蔡孝乾負責宣傳煽動部,林日高負責婦女部。「預定潛入島內者」為林木順、林日高、潘欽信、謝玉葉。陳來旺和謝雪紅擔任東京特別支部及日本共產黨聯絡員,翁澤生在上海,擔任中國共產黨聯絡員。[32]

4月20日,林木順主持召開會議,對黨員在臺灣的工作做了如下安排:

臺北地方:林日高、楊金泉;礦山、鐵路:莊春火、洪朝宗;新竹地方:謝玉鵑;臺中地方:蔡孝乾(文協、農組)、張茂良;臺南地方:李曉芳、莊泗川;高雄地方(築港):潘欽信、劉守鴻。謝雪紅說:「當時因黨沒有經費,在分配工作時,都要考慮利用黨員本人的家鄉或社會關係的方便。」[33]會議還審查了組黨宣言書,宣稱「臺灣共產黨是以馬克思、列寧主義為武裝而行動的革命政黨,與世界各國的共產黨同樣是第三國際的支部,與其他任何政黨完全不同。而臺灣的共產黨同時也是臺灣工人階級中最勇敢、最有意識、最堅毅、最徹底的階級鬥爭的職業革命者所結合組織者。」[34]

4月22日,林日高乘船返臺,將臺共「政治大綱及其他諸綱領的內容,用澱粉寫在漢文小說的行間帶回」[35]。5月15日,林日高見到蔡孝乾、洪朝宗和莊春火三位缺席獲選的委員,向他們出示政治大綱等文件,並「告訴他們臺共成立的經過以及黨所採取的政策」[36]。林日高還讓蔡孝乾向李曉芳和莊泗川傳達建黨的消息。[37]

林日高走後的第3天,即4月25日,因發生上海讀書會事件,謝雪紅、張茂良、劉守鴻、楊金泉、林松水被逮捕,臺共建黨的相關文件也被搜走,剛剛成立10天的臺共遭到沉重打擊。5月17日,謝雪紅被押回臺灣,關進臺北州廳留置場。[38]

潘欽信、謝玉鵑回臺後,給島內黨員帶來上海讀書會事件的消息。他們回臺時,林木順曾對他們說:「這次意外事件估計對你們回島內會產生影響,萬一遇到緊急情況,你們可撤到廈門。」[39]5月19日,蔡孝乾等人秘密在臺北橋附近會合,交換有關讀書會事件的情況。他們認為黨的相關文件在上海「幾乎全部遭到扣押」,當局之搜索有擴大的趨勢,乃決議「暫時停止一切黨的活動,觀望經過情形」,在情況緊迫時「應各自採取適當行動自行逃避」。5月底,他們又在新莊郡三重埔淡水河邊「秘密交換情報,並協議應注意當局的動靜,有危險時可逃難到對岸支那等待機會」。[40]他們做出這樣的決定,與林木順的囑咐可能有一定的關係。

6月2日,謝雪紅因證據不足而被日臺當局釋放,居於臺中親戚家。幾天後,林日高從臺北到臺中見謝雪紅,兩人商量決定如下事項:

(1)按照臺共中央第一次委員會的決定展開工作;

(2)林日高提議謝雪紅補為正式中央委員,謝表示同意;

(3)由林日高負責召開第二屆中央委員會,討論領導機構的部份變動,傳達謝雪紅等人被捕的經過,以及對形勢的估計等。[41]

6月10日前後,臺共中央第二屆中央委員會在臺北大橋下淡水河畔召開,參加者有林日高、莊春火、蔡孝乾、洪朝宗4人。謝雪紅因剛出獄不久,目標太大,未到臺北參加會議。這次會議共開了兩個晚上,結果如下:

(1)林日高向大家報告謝雪紅等人被捕後的情形,「估計敵人不會再擴大逮捕,並傳達謝雪紅的意見說,希望大家必須按照第一次中委會的決定展開工作」。

(2)一致同意遞補謝雪紅為中央委員;

(3)一致推選林日高為中央委員會委員長。

「此時,未參加上海建黨籌備和成立大會的莊春火、蔡孝乾和洪朝宗都沒表示異議,願執行黨所分配的任務。」[42]

儘管會議做出繼續開展工作的決定,蔡孝乾等人也願意「執行黨所分配的任務」,但他們似乎沒有採取具體行動。在這方面,他們確實不如謝雪紅積極主動。因證據不足而獲釋的謝雪紅雖然受到日臺當局的監視,但仍然與農民組合的簡吉、趙港、楊春松、楊克培等人聯繫,指導農民運動,並做出了顯著成績。

## 四、為《臺灣大眾時報》撰稿

在這個非常時期,蔡孝乾公開做的事情就是為《臺灣大眾時報》撰稿。《臺灣大眾時報》是一份週刊,「兼有雜誌與報紙的風格,基調在宣傳社會主義。」[43] 蘇新回憶說:「《大眾時報》雖然是『文協』的機關報,但主要執筆人大多是當時『文協』裡面的共產主義者,如翁澤生(在上海)、蔡孝乾、李曉芳、莊泗川(以上三人在臺灣)等等。」[44] 陳芳明甚至認為,由於該報的「記者蔡孝乾、翁水藻(即翁澤生),分別為臺共的中常委與駐上海聯絡中共的成員,而總編輯蘇新,則在東京秘密加入臺共支部的組織」。因此,該報「在很大程度上可以說是臺共的喉舌」。[45]

《臺灣大眾時報》於1928年5月7日在東京發行創刊號,且於5月10日發行《五一紀念特別號》。該報「在各地組織秘密發送網,加強對同志的分送」。7月9日,該報發行第10號後停辦。[46] 關於停辦的原因,若林正丈認為是受到了當局的「嚴厲打壓」[47],而日臺當局則說是因王敏川「受到拘禁」,使該報「陷入經營困難而終致停頓」。[48]

在《臺灣大眾時報》的創刊詞中,王敏川分析了作為日本殖民地的臺灣面臨的嚴峻現實,然後指出,「臺灣的解放運動,也已順應了世界的潮流,由少數的紳士閥運動,而進展到大眾運動」。在這種形勢下,《臺灣大眾時報》的使命,就是「要立在大眾的面前,做了政治的指導者,須由各階級所發散的政治的不平,以大眾意識之觀點,抽出、批評、促進、糾合之,並且對於一切的惡劣政治,都儘量地暴露。」另外一個重要的使命是「要做大眾的組織者」,「就是要到民眾中去做工作,於宣傳主義之外,須要對那未組織的大眾,要極力使其團結起來,並且要有訓練,要有教育」,使大眾成為「極大的力量」。[49]

蔡孝乾翻譯了「舊勞農黨顧問」布施辰治對《臺灣大眾時報》的寄語,發表在創刊號上。布施辰治對臺灣民眾抱以深切的同情,他說:「這次臺灣文化協會新創刊瞭解放運動之武器的大眾時報,這從極端被奪了言論自由的臺灣同胞看起來,從全被壓迫民眾共同戰線的進出看起來,確實是很堪祝賀的事情。」布施辰治希望《臺灣大眾時報》「對於反動的支配階級之彈壓政治,須要徹底的暴露其何等慘虐的真相」,「在一般民眾面前,完成其解放之武器的使命」,並且「能夠突破發禁的彈壓」。[50]

1928年3月5日,蔡孝乾撰文對日本的普選制度進行了抨擊。1928年2月,日本施行普選制度,被「那些資產階級的御用新聞」稱讚為「光明的政治」,

被「那些眼花的小資產階級」稱讚為「是德謨克拉西的實現」。但蔡孝乾認為，日本「普選制的實施，不外是日本支配階級為要把持他們的權力，為要緩和被壓迫民眾的不滿不平，為要適合現在資本主義的現階段的一種欺瞞政策」。日本政府規定國民滿25歲者擁有選舉權（俄羅斯為18歲，德國為20歲，法國、英國、美國、義大利為21歲）；滿30歲以上者擁有被選舉權（俄羅斯為18歲，德國為20歲，英國、義大利為21歲，法國、美國為25歲）。這兩項在全世界都是最高的。候選保證金為「二千圓」，乃是「對於無產階級的致命的野蠻的規定。這樣的例（子）是全世界無，而獨日本有的」。加上居住時間的限制、投票日的選擇，婦女選舉權的缺失，以及其他一些限制，使得「那御用報紙所讚美的所謂『光明的政治』也就可想而知，而日本普通選舉制的馬腳也就完全暴露出來了」。蔡孝乾還對「那班所謂機會主義者、社會民主主義者和無產階級的叛徒」加以批評，指出他們「很得意地抱著民主主義的幻想，希望在資產階級民主主義的議會裡做那社會政策的事情，他們對於現代社會的腐敗是想要平和地、慢慢地改良改良。」蔡孝乾諷刺說：「改良主義者喲！議會在資產階級有革命性的時代，多多少少還能夠演些進步的職任，但是資產階級已陷於絕對反動的今日，那只是虛偽和欺瞞，無責任的喧嘩和議員間的把戲以外，還有什麼？」[51]

　　1928年4月9日，蔡孝乾以馬克思列寧主義的相關理論為據，撰文論述了無產階級革命與弱少民族解放運動之間的關係，探討了弱少民族紀念五一勞動節的意義。蔡孝乾首先指出，全世界工人階級在五一節的要求，並不僅僅限於8小時工作、8小時教育、8小時休息三點，他們有一個更大的要求，「那就是全世界的無產階級的解放。尤其是一九一七年的俄羅斯××（革命）以後，全世界的工人階級的要求更加具體化了。因此現在『五一』紀念的意義便擴大起來，同時弱少民族紀念『五一』的意義也隨之擴大起來了。」全世界弱少民族——「土耳其、波斯、埃及、中國、印度、朝鮮、××（臺灣）等等」——的共同追求是推翻帝國主義的殖民統治，解決民族問題，求得民族解放。而所有「立在戰線上的殖民地半殖民地民族都是宗主國內的無產階級的友軍」，「一切的宗主國內的戰鬥的無產階級都是立在戰線上的殖民地半殖民地民族的友軍」。這樣一來，全世界的無產階級和全世界的弱少民族就有了一個共同的敵人，那「就是國際××（帝國）主義。國際××（帝國）主義一方面支配自己國內（的）無產階級，一方面支配著殖民地半殖民地的弱少民族。國際××（帝國）主義不期然而然地使全世界的無產階級和全世界的弱少民族不得不互相握手！」蔡孝乾援引了列寧關於民族問題的相關論述，並結合當時的國際形

勢指出：「一方面是帝國主義戰爭，一方面是俄羅斯的十月××（革命），這樣的變化，必然的使民族問題由資產階級民主主義的一部份推行到世界無產階級××（革命）的一部份了。」蔡孝乾的結論是：「只有資本主義的××（滅亡）和全世界無產階級××（革命）的成功，民族問題才有完全解決的可能！」。[52]

　　日臺殖民當局對《臺灣大眾時報》創刊極感緊張，唯恐該報流入臺灣後造成對其殖民統治不利的影響，乃於 5 月 13 日發佈扣押令，內稱：「因創刊號有妨害治安，所以禁止公佈並押收。」當 5 月 17 日《臺灣大眾時報》創刊號運抵臺灣時，即被日臺殖民當局扣壓。王敏川和連溫卿「屢次到特務局去抗議、交涉」，當局才取消扣押令，但創刊號裡的所謂「不妥」文字，被當局剪掉了。創刊號 24 頁中，「被踐踏的地方共七處，三頁餘。被踐踏的本刊創刊號到讀者的手裡的時候，只是剝［剩］些骸骨罷了。」[53]

　　當局對《臺灣大眾時報》在島內的相關人員也進行監視和騷擾。據《臺灣大眾時報》報導，1928 年 6 月 8 日上午 9 時，當局出動大批警察，對文化協會臺北支部及連溫卿和蔡孝乾的住宅進行搜查。「問他們為什麼事情，他們也不答，把室內的東西翻弄一場，連床上也登起窺望。壁的隙間，他們也要如發現了什麼似的注視良久！」雖然搜查的結果是一無所獲，但警察為免遭譏笑，「不得不隨便拿了幾件如私人的寫真、友人問候的信。閒手隨便畫著英［文］字的字紙，都是他們這回搜查中的勝利品呢！官憲為避了民眾的惡感，故意說是什麼思想問題，無非是他們日常的故套！」[54]

　　這次搜查雖然有驚無險，但對蔡孝乾的影響可能比較大。之後不久，他就離臺避禍了。

## 五、被開除臺共黨籍

　　1928 年 8 月下旬的一個夜晚，蔡孝乾與潘欽信、謝玉鵑、洪朝宗在苗栗縣後龍港秘密乘船離開臺灣，避往福建。

　　關於此次離臺，蔡孝乾有兩種解釋：

　　（1）為了安全。他在晚年說：「1928 年秋，設在上海的『臺灣共產黨總部』遭受破壞，臺灣島內黨員的安全因而面臨威脅。」他們「唯恐波及臺灣島內組織，經會議決定，當將幾個重要幹部撤離臺灣」。[55]

（2）出於經濟原因。上海的翁澤生得知蔡孝乾等人避到福建後，曾到漳州質問蔡孝乾為什麼「跑到這裡來」，蔡無言以對，許久才說：「革命總不能餓肚子，總要生活嘛。」[56]

（3）遵照上級指示。翁澤生在廈門找到潘欽信和謝玉鵑，詢問他們離臺的原因，潘欽信說：「我們一回到島內，就不斷有人跟蹤，看來敵人已經發現了我們，根據林木順在上海臨別時的囑咐，我們就撤到廈門。」[57]

聯繫他們離臺前後的種種表現來看，經濟原因只是一個藉口，真實的原因是擔心被日臺殖民當局逮捕。據謝雪紅回憶，林日高在臺共一屆第三次中央委員會上曾說，有幾個黨員在一屆第二次中央委員會上雖「對開展工作計劃沒有異議，但隨後卻表現恐慌之至；尤其洪朝宗怕得要死，總覺得好像到哪裡都看到有人要來逮捕他」。[58] 遵照上級指示，也是自辯之言。林木順固然說過「萬一遇到緊急情況，你們可撤到廈門」的話，但是什麼樣的情況是「緊急情況」？由誰來確定？都是問題，所以在謝雪紅等人看來，蔡孝乾、洪朝宗、潘欽信、謝玉鵑難免臨陣脫逃之責。

8月下旬或9月上旬，謝雪紅、林日高和莊春火在臺北召開一屆第三次中央委員會，對於避往福建的蔡孝乾、洪朝宗、潘欽信、謝玉鵑「決議給予開除黨籍」的處分，並「提交日共中央批準」。會議還做出其他決議，如發展趙港、楊春松、楊克培等積極分子加入臺共；在臺北開一家書店，以「掩飾身份」，收容黨員，開展工作；以文化協會和農民組合為開展工作的重點等。會議決定由林日高赴東京向日共中央匯報。[59]

會後，林日高前往東京，見到從上海到東京的林木順。他們在向日共中央匯報工作時，「受到日共中央的嚴厲批評，說臺共成立沒幾天就被破壞很不應該」。[60]

接受日共中央的指令後，林木順指示林日高返回臺灣，「並將以澱粉書寫在雜誌的行間的指令書交付他」。[61]

林木順回到上海，把有關情況告訴翁澤生。翁澤生認為，開除蔡孝乾等4人的「臺共黨籍是不妥的」，因為他們是「按照組織的指示撤到廈門的」。而且，「洪、潘、謝經勸告又立即回臺，怎能這樣輕率地開除他們呢？」[62] 雖然翁澤生對開除蔡孝乾等人黨籍有不同看法，但因他不在臺灣，沒有發言權和決策權，難以改變這項決定。[63]

臺共風雲—蔡孝乾紅白人生研究之二

大陸部份

　　林日高於10月返回臺灣後，找到臺北的謝雪紅。經過一番準備，謝雪紅、林日高和莊春火於11月在謝的住處召開會議，做出如下決議：（1）「基於日本共產黨中央的指令」，增補謝雪紅為中央委員；（2）對因畏懼「檢舉而放棄工作」逃到福建的蔡孝乾等4人，「視為違反黨規的機會主義者」，予以除名；（3）吸收楊克培、楊春松為黨員；（4）以林日高為中央書記長兼組織部長，莊春火為勞動運動部長兼宣傳煽動部長，其餘工作概由謝雪紅負責。[64]

　　蔡孝乾從缺席獲選臺共中央常委，到被臺共中央開除黨籍，只有半年左右的時間，經歷了人生的一次大起大落。

## 六、流亡福建

　　蔡孝乾等4人離開臺灣後，先來到廈門。[65]之後，蔡孝乾獨自「來到漳州，寄寓於城內東半後街枕頭巷」。[66]這是李山火的辦事處，上次蔡孝乾到漳州時曾在這裡落過腳。蔡孝乾到漳州後化名楊明山，以免暴露自己的真實身份。當時駐守漳州的是國民黨軍獨立第四師，師長是張貞。經李山火介紹，蔡孝乾到張貞舉辦的「訓政人員講習所」當「經濟學教師」。當翁澤生特意來漳州詢問蔡孝乾以後有何打算時，蔡回答：「等過一段日子再說吧。我在漳州也可以繼續為臺共工作。」翁澤生從漳州返回廈門，對其他人說：「參加革命是自願的，我們不能勉強他。」何池認為，翁澤生的質問「在當時處在徬徨中的蔡孝乾心中產生了震動。他經過一段時間的思想鬥爭之後，在漳州繼續從事組織臺籍學生開展革命活動的工作。」[67]

　　1929年2月，蔡孝乾到石碼中學當教員。[68]後來又到龍溪女子中學教書。「為了生活」，他「還在詔安當過一個短時期的公路工程處臨時職員」。[69]

　　在此過程中，蔡孝乾沒有違背自己對翁澤生所作的「繼續為臺共工作」的承諾。按他自己的話說，他「流亡大陸，在廈門、漳州一帶，以公開職業掩護秘密身份，從事地下活動」。[70]蔡孝乾在廈門的時候，生活極其困難。1950年蔡在臺灣被捕後，報紙以很大的篇幅予以報導，陳虛谷邊看報紙邊對兒子陳逸雄感慨地說：「當年蔡孝乾被日本警察追捕逃亡廈門，從廈門寫信來訴說生活無著，求我援助。我的生活費，完全是你阿公（祖父）供給的，身邊哪有錢？所以向你阿公說明蔡孝乾求助的原委，你阿公給我一百圓，就把一百圓寄給他。」[71]

　　蔡孝乾的「主要任務是做臺灣居民工作，尤其是學生工作」。[72]1929年，臺灣青年蔣文來「因有共產黨員的嫌疑，經漳州第一師（應為第四師——引者）

187

軍法會議審判，將他拘禁」。10月5日，漳州的李山火、蔡孝乾、張炳煌等人「召集數十名」臺灣學生，「決定藉救援運動的機會組成救援團體」。此後，他們繼續進行宣傳活動，並成立漳州臺灣解放運動犧牲者救援會。1930年2月，為了募集資金和進行宣傳鼓動，李山火、蔡孝乾、張炳煌等人在上海臺灣青年團的援助下，在漳州舉辦救援臺灣解放運動犧牲者遊藝大會。2月初，他們向廈門和漳州附近各縣臺灣學生發出倡議書，並在漳州市內張貼傳單，把召開遊藝會計劃公開告知第四師師長張貞和公安會長張式，請他們和社會各界捐款，「經廣泛募集的結果得到百餘元」。2月9日，遊藝會正式開始。當天，他們印出《臺灣解放運動犧牲者救援大會特刊》約2000份，在漳州等地散發。特刊發表的文章包括：《日本最近對臺灣的暴壓政策》、《暴壓政策下的各階級民眾》、《島內各團體的鬥爭情勢》、《海外臺灣青年的活動情勢》。特刊還發表了一份《宣言》，內容如下：

　　國際帝國主義的根本已經動搖。

　　現在全世界弱小民族的革命運動已日漸熾熱。各帝國主義國家對弱小民族殖民地的彈壓也日益加重。因此，帝國主義國家與弱小民族間的鬥爭也日漸尖銳化。

　　最近世界弱小民族革命運動有印度的抗英、朝鮮的抗日、土耳其與摩洛哥的戰爭，這些戰爭都震驚了全地球的人類。我臺灣可說是個孤島，但在日本帝國主義鐵蹄的重壓下，民眾的革命鬥爭尚且不落人後。除了極少數的走狗、土豪、劣紳及反動分子外，四百萬臺灣民眾都是勇往邁進的鬥士。

　　過去的三十年間，我臺灣民眾反抗日本政府，因此遭到血淋淋的屠殺。如北埔事件、林杞埔、苗栗、西來庵事件等，期間的消息就無庸贅言。最近三、四年來，臺灣民眾英雄的戰鬥正如火如荼地進行。可是日本帝國主義更加肆無忌憚地凶暴鎮壓。臺灣革命民眾自一九二七年以來爆發的檢舉事件接連不斷。例如：

　　黑色青年事件（三十餘名）、鳳山農組（十餘名）、大寶農林（十餘名）、中壢農組（九十餘名，入獄二十餘名）、新竹事件（檢舉三百餘名，入獄百餘名）、上海臺灣共產黨事件（七名）、臺南塗糞事件（四十餘名）、高雄洋灰工人暴力事件（四十名）、臺中農組印刷事件（四百餘名，入獄二十餘名）、東京臺灣社會科學事件、第二次六‧一七事件等。

随著解放運動的犧牲者的增加，日本帝國主義對吾等犧牲者就越發施以慘無人道的毆打與拷問。另一方面又使入獄者的家族饑寒交迫、流離失守[所]。其慘狀真是莫可名狀。

漳廈的臺灣同胞組成救援臺灣解放運動犧牲者遊藝會，將募得的錢贈給入獄的同志及其家族。一方面藉以撫慰入獄的同志及其家族，另一方面則激勵解放戰線上的鬥士，進而鞏固革命勢力，為將來的革命鬥爭而努力。

革命的同胞們！同志們！第二次世界大戰將爆發，我等應團結起來打倒帝國主義。打倒日本帝國主義。

中臺的革命民眾團結起來！

全世界被壓迫的民族團結起來！

打倒國際帝國主義！

擁護中國革命！

臺灣獨立成功萬歲！

遊藝會在李山火的主持下進行。先由陳志輝發表演說，敘述臺灣革命運動的經過，陳述救援犧牲者的必要性。之後是音樂演奏、話劇表演和歌舞表演，話劇為獨幕劇《殖民魂》和《血濺竹林》。[73] 這些劇目以日本帝國主義壓迫臺灣人民和臺灣人民奮起反抗為內容，吸引不少觀眾前往觀看，收到了很好的宣傳效果。

蔡孝乾說，當時他「與中共組織只有橫的聯繫」，在工作上「直接受設在上海的臺共總部領導」。[74]

實際上，當時的臺共總部已不在上海，而在臺灣，與蔡孝乾經常聯繫的是上海的翁澤生。翁澤生對蔡孝乾始終抱有很高的期待，希望他回到革命團體中來。1930 年 10 月，廈門的潘欽信接到中共福建省委轉來的共產國際遠東局的指令，要潘欽信和蔡孝乾到上海，與翁澤生一起作為遠東局的聯絡小組成員，參與指導臺共改革事宜。這是翁澤生向中共中央推薦的結果。但是，「蔡孝乾在漳州有事離不開」，潘欽信於 11 月初抵達上海。[75] 此後，翁澤生和潘欽信等人深深介入臺共改革事宜，與謝雪紅產生嚴重分歧和激烈矛盾，而蔡孝乾則置身事外，繼續在福建活動。

1931 年 6 月，臺灣共產黨在島內的組織遭到日本殖民當局嚴重破壞，許多黨員被捕，黨的活動陷於停頓狀態。鑑於這種嚴峻形勢，中共中央和共產國際

遠東局指示上海的翁澤生重新物色和培養臺籍革命青年，重建臺灣黨組織。當時，日本領事館警務署逮捕了上海臺灣反帝同盟的許多骨幹成員，並把他們押解回臺灣，物色和培養青年的工作大受影響，翁澤生便把目光放到活躍在福建的臺籍熱血青年身上。

　　福建因離臺灣較近，臺灣留學生相對多一些，且大多是傾向革命的激進青年。他們先後成立了留集臺灣學生會、同文臺灣學生會等組織，與上海的臺灣學生互通聲氣，從事左翼運動。答應「繼續為臺共工作」的蔡孝乾在教書的同時，也撰寫論文，對這些學生團體的工作給予指導，施加影響。據警察沿革誌記載，上述兩個學生會及「漳州的留漳臺灣學生等直接受李山火、蔡孝乾、施玉善、張炳煌、潘爐、陳新春等人的指導，以及與上海的林木順、翁澤生等人聯絡而傾向共產主義」。1930 年 5 月 8 日，學生會幹部詹以昌、曹炯樸、王溪森等人給閩南各地中等以上學校發出倡議信，指出：「我等海外的臺灣青年身負特別重大的使命。要使日本帝國主義侵略下的殖民地民眾與受列強帝國主義侵略的漢民族自覺其使命的重要性，且與身負同一使命僑居中國的臺灣青年團結起來，努力達到我等偉大的歷史使命」。要完成這一使命，「首先是要組成一個團體」，即「組成久已荒廢的閩南學生聯合會」。[76]他們的倡議得到各校臺灣學生的熱烈響應。1930 年 6 月 9 日，閩南學生聯合會在廈門中學的禮堂秘密舉行成立大會，出席者除學生代表外，還有潘欽信、陳新春、盧丙丁等「指導者」。大會成立宣言呼籲「被壓迫的臺灣民眾及革命的中國民眾要共同起來與日本帝國主義做決死的鬥爭」。[77]

　　閩南學會聯合會成立以後，特別重視社會科學研究，在廈門等地開辦研究會，「致力於共產主義理論的研究」，化名楊明山的蔡孝乾撰寫的《新興經濟學》和《進化論》等小冊子成為研究班的教材。例如，1930 年 9 月，詹以昌負責的研究班，「利用每週的星期六下午在董文霖的住處，由侯朝宗主持講解楊明山著的新興經濟學及進化論」，會員有董文霖、高水生、鄭明顯、蔡大河、張梗、陳鑫堯、王燈財、陳坤成、蘇深淵、王太鑫等人。[78]

　　從 1931 年下半年起，蔡孝乾就不再教書了。[79]是年 6 月底，翁澤生和侯朝宗同赴漳州，找到蔡孝乾，向蔡傳達了中共中央和共產國際遠東局的指示，並向蔡瞭解漳廈一帶臺灣青年學生的活動情況及其中骨幹人員的情況，決定「在原來閩南學生聯合會和廈門反帝同盟的基礎上建立廈門反帝同盟臺灣分盟，以此做為聯絡臺灣在閩南學子的革命組織，從中培養革命青年」。[80]但是，不知什麼原因，蔡孝乾並沒有積極參與翁澤生等人的活動。

關於蔡孝乾與中共組織的「橫的聯繫」，我們目前所知甚少，只能從他的自述中尋到一點訊息：1932年4月24日紅軍佔領漳州後的第5天，「一個帶〔戴〕黑眼鏡的高個子青年」來到蔡的寓所，他是兩年前曾以「巡視員」身份與蔡「聯繫過的中共地下黨員李文堂」。[81] 蔡孝乾就是透過這個李文堂的引介，見到紅一軍團政治部主任羅榮桓，加入紅軍，從此開始了他的紅色人生之旅。

## 七、結語

自1926年12月中綴學業返回臺灣，到1932年4月在福建彰州參加紅軍，從校園正式進入社會的蔡孝乾初步品嚐到了人生的酸甜苦辣。他在這個時期的經歷極為豐富和複雜，起伏也非常之大：參與文協改組；身陷日本殖民當局的牢獄；缺席獲選臺灣共產黨中央常委；擔任《臺灣大眾時報》記者；流亡福建；被臺共開除黨籍；為生存而當教員、打短工等。他在短短的6年時間裡扮演了多種角色，並最終完成了一次極為重大的人生轉折——加入紅軍。

蔡孝乾與臺灣共產黨的關係是他此一時期最為重要的經歷，大有可議之處。

首先，蔡孝乾之參加臺共，或非完全出於自願，至少他的態度不是非常積極和主動。蔡孝乾雖然在寫文章時經常引用列寧的原話，並大談中國革命和無產階級革命的道理，但在組織上他似乎更接近臺灣文化協會的左派。1928年翁澤生在上海籌建臺共時，曾邀蔡孝乾一同工作，但是，蔡寧願回臺參與文協左派機關報《臺灣大眾時報》的籌備工作並擔任該報記者，而不願留在上海與翁澤生一起建黨。正因為如此，他對臺共的工作採取的似乎是消極應付的態度，自臺共建立到他與潘欽信等人避往大陸之間的4個月時間裡，他幾乎沒有為臺共承擔任何實際工作，更談不上對臺共的生存和發展做出貢獻了。當安全受到威脅時，他首先想到的是避禍；被臺共開除黨籍以後，他再也沒有嘗試過重新加入臺共。這些表現都說明，他之加入臺共可能是被動的，而非積極主動的。李曉芳和莊泗川的情況也值得一提。他們也在上海大學學習過，是文協左派中的活躍分子，與蔡孝乾關係密切。臺共建黨時，他們也未到上海，雖然被臺共指定負責臺南地方的工作，但似乎從來沒有為黨工作過。據謝雪紅推測，「當年林日高不認識李曉芳、莊泗川，現在想起來大概蔡孝乾沒有去向李、莊傳達建黨的消息，以至於他們就這樣和黨失去了聯繫。」[82] 這也從另外一個側面說明，蔡孝乾參加臺共的積極性不高，對臺共的工作缺乏熱情。謝雪紅開除蔡孝乾黨籍的決定，也許正中蔡孝乾的下懷，他後來再未積極回歸臺共，原因可能正在於此。

其次，蔡孝乾與洪朝宗、潘欽信、謝玉鵑流亡大陸，雖有林木順帶話於前，翁澤生辯解於後，但這一決定本身，確實體現了一部份知識分子黨員的脆弱性和動搖性，正如臺共首批黨員陳來旺在向日本共產黨中央委員會所作的報告中指出的：「由知識分子指導的黨，一個百分之百由知識分子組成的黨，在白色恐怖的襲擊下，就會引起機會主義的動搖……一聽到檢舉，就協議逃亡，競相放棄工作並逃往日本和中國。一受到壓制，知識分子的動搖性機會主義就在光天化日下暴露無遺；由此事實證明，由知識分子構成的黨是如何的無力！」[83]

如果說避往大陸尚可以安全受到威脅為理由的話，那麼蔡孝乾在大陸期間一直游離於臺共之外，就涉及共產黨的一個原則問題，即黨員應該嚴格遵守黨的紀律的問題。正如何池所言，蔡孝乾在面對翁澤生質問時為自己所作的辯解「說出了一種『無奈』，這種無奈一是經濟因素，二是政治環境。他雖然在漳州還可以『為臺共工作』，但幹革命是不能自己想怎樣就怎樣的自由主義，他的話反映出當時臺共一些成員思想上存在的這一問題，這也是臺灣黨組織後來出現種種問題的思想因素之一。」[84]

第三，蔡孝乾與臺共的關係儘管只有短短幾個月就結束了，但其影響卻極為深遠。因開除蔡孝乾等四人黨籍的決定是謝雪紅主導臺共做出的，曾引起一直對蔡孝乾期許甚高的翁澤生的不悅，謝雪紅則因蔡孝乾等人的流亡更加確信翁澤生、蔡孝乾等人是「無政府主義者」。這進一步加深了翁、謝之間在建黨初期就已存在的誤解和矛盾，是造成臺共內鬨的因素之一。1946年蔡孝乾重返臺灣領導中共地下組織，一直未與謝雪紅聯繫。[85]「二‧二八」事件爆發後，謝雪紅和楊克煌因遲遲得不到地下黨的指示，就在臺中建立武裝隊伍，進行武裝鬥爭。但蔡孝乾卻指示謝、楊把指揮權交給「二‧二八」事件處理委員會。這使他們頗為不滿。「二‧二八」事件被鎮壓後，謝、楊輾轉逃至大陸，成為臺灣民主自治同盟的主導人物，蔡孝乾則在1950年被捕變節。本來二人的矛盾應該就此結束，但自1950年代開始，謝雪紅與臺盟中「蔡系人馬」（如吳克泰、蔡子民、葉紀東、陳炳基、李偉光、徐萌山、江濃、蘇子蘅等）[86]的矛盾和鬥爭就一直未曾中斷。臺盟的內鬥雖有當時中國大陸政治運動的背景，但派系間的歷史糾葛也是不容忽視的重要因素。這些內鬥既嚴重影響了臺盟的發展，也傷害了在大陸的臺灣同鄉之間的感情，造成了長久難以彌合的心理鴻溝。

（作者單位：中國社會科學院近代史研究所）

## 註釋：

　　* 本文的寫作得益於 2007 年 9～10 月我在臺灣的研修活動，在此謹向邀我赴臺的政治大學歷史系和提供資助的中華發展基金表示衷心感謝。

[1] 謝國興：《中國往何處去：1930 年前後臺灣的左右論辯》，《近代史研究》2003 年第 2 期，第 54 頁注 4。

[2] 杜繼東：《留學上海——蔡孝乾紅白人生研究之一》，中國社會科學院臺灣史研究中心編：《林獻堂蔣渭水——臺灣歷史人物及其時代學術研討會論文集》，北京，臺海出版社 2009 年版。

[3] 何池：《翁澤生傳》，臺北，海峽學術出版社 2005 年版，第 96 頁。

[4] 1952 年 9 月 2 日謝志堅（已改名為葉綠雲）所寫回憶材料，轉引自何池《翁澤生傳》，第 97 頁。

[5] 王萬得：《王萬得回憶錄》，第 3 頁。原件藏臺盟中央資料室。轉引自何池《翁澤生傳》，第 113～114 頁。

[6] 翁佳音：《安享天年的「省工委會主委」——蔡孝乾》，張炎憲、李筱峰、莊永明編：《臺灣近代名人志》第 4 冊，臺北，自立晚報 1987 年版，第 276 頁。

[7] [美] 埃德加·斯諾著，奚博銓譯：《紅色中華散記（1936～1945）》，南京，江蘇人民出版社 1991 年版，第 119 頁。

[8] 上海市委黨史資料徵集委員會主編，王家貴、蔡錫瑤編著：《上海大學（一九二二～一九二七年）》，上海社會科學院出版社 1986 年版，第 49 頁。

[9] 陽翰笙說：「上海大學的學生無所謂畢業不畢業，我在那裡學習了兩年，是學習時間最長的，有的同志學習時間很短，黨的工作需要就調走了。」1935～1936 年，在上海工作的林鈞、丁丁、許德良、羊牧之、韓覺民等人曾「負責上海大學學生畢業登記、補發文憑的工作」，他們「搞這一登記的目的，主要是為了一個學歷，拿一個文憑，好找飯碗」。王家貴、蔡錫瑤編著：《上海大學（一九二二～一九二七年）》，第 82、99 頁。

[11] 王乃信等譯：《臺灣總督府警察沿革誌》（第二篇）領臺以後的治安狀況（中卷）《臺灣社會運動史（一九一三～一九三六）》第 1 冊《文化運動》，臺北，海峽學術出版社 2006 年版，第 233 頁。此書共有 5 冊，分別為第 1 冊《文化運動》；第 2 冊《政治運動》；第 3 冊《共產主義運動》；第 4 冊《無政府主義運動·民族革命運動·農民運動》；第 5 冊《勞動運動·右翼運動》。以下僅注《臺灣總督府警察沿革誌》加單冊名。

[11] 王萬得：《王萬得回憶錄》，第 3 頁。轉引自何池《翁澤生傳》，第 114～115 頁。

[12] [日] 矢內原忠雄著，周憲文譯：《日本帝國主義下之臺灣》，臺北，海峽學術出版社 2002 年版，第 216 頁。

[13] 蔡孝乾：《轉換期的文化運動》（一），《臺灣民報》第 142 號，1927 年 1 月 30 日，第 8～9 頁。

[14] 蔡孝乾：《轉換期的文化運動》（二），《臺灣民報》第 143 號，1927 年 2 月 6 日，第 10～11 頁。

[15] 蔡孝乾：《轉換期的文化運動》（三），《臺灣民報》第 144 號，1927 年 2 月 13 日，第 7～8 頁。

[16]《臺灣總督府警察沿革誌·文化運動》，第 331 頁。

[17] 連溫卿：《臺灣政治運動史》，臺北，稻鄉出版社 1988 年版，第 182 頁。

[18] 陳芳明：《謝雪紅評傳——落土不凋的雨夜花》，臺北，前衛出版社 1991 年版，第 101 頁。

[19]《臺灣總督府警察沿革誌：無政府主義運動·民族革命運動·農民運動》，第 19 頁。據藍博洲考證，嘉義的負責人張棟就是張梗，即後來大名鼎鼎的張志忠，《警察沿革誌》寫為張棟，「估計是手民誤植或張梗以大哥之名活動」。參見藍博洲：《孤墳下的歷史：張志忠及其妻兒》，《思想·5·轉型正義與記憶政治》，臺北，聯經出版事業股份有限公司 2007 年版，第 159 頁注 4。

[20]《臺灣總督府警察沿革誌：無政府主義運動·民族革命運動·農民運動》，第 19～20 頁。

[21]《臺灣總督府警察沿革誌：無政府主義運動·民族革命運動·農民運動》，第 20～21 頁。也有學者質疑臺灣黑色青年聯盟事件的真實性。例如，何池認為臺灣黑色青年聯盟根本不存在，此案的「緣起是由於一個日本青年小澤一想捉弄一下員警的惡作劇」，既「沒有具體組織，也沒有實際行動」，因而，此案是「日本人藉機藉故鎮壓臺灣革命的一齣鬧劇」。何池：《翁澤生傳》，第 116～117 頁。

[22] 埃德加·斯諾：《紅色中華散記（1936～1945）》，第 119 頁。

[23] 關於臺共建黨，相關研究成果很多，本文只敘述與蔡孝乾有關的史實。

[24] 何池：《翁澤生傳》，第 158 頁。

[25] 謝雪紅口述，楊克煌筆錄，楊翠華整理：《我的半生記·臺魂淚》（一），臺北，2004 年版，第 261 頁。

[26]《王萬得回憶錄》，第 4 頁，轉引自何池：《翁澤生傳》，第 161 頁。

[27] 陳芳明：《殖民地臺灣——左翼政治運動史論》，臺北，麥田出版·城邦文化事業股份有限公司 2006 年版，第 197 頁。

[28] 謝雪紅：《我的半生記·臺魂淚》（一），第 262、261 頁。

[29] 蘇新：《關於翁澤生的歷史材料》，1975年4月29日，轉引自何池《翁澤生傳》，第173頁。謝雪紅在回憶錄中說，「根據翁的介紹」，蔡孝乾、李曉芳和洪朝宗都是「受過無政府主義洗禮的」。參見謝雪紅《我的半生記·臺魂淚》（一），第261頁。

[30]《謝氏阿女於預審庭供述要旨》，《臺灣總督府警察沿革誌：共產主義運動》，第125頁。

[31]《謝氏阿女於預審庭供述要旨》，《臺灣總督府警察沿革誌：共產主義運動》，第126頁。

[32]《臺灣總督府警察沿革誌：共產主義運動》，第92～93頁。

[33] 謝雪紅：《我的半生記·臺魂淚》（一），第266頁。

[34]《臺灣共產黨組黨宣言書》，《臺灣總督府警察沿革誌：共產主義運動》，第95頁。簡炯仁認為，這「可能是謝與翁妥協的結果，由這一安排已顯示出民族支部內部矛盾派系問題的表面化」。參見簡炯仁《臺灣共產主義運動史》，臺北，前衛出版社1997年版，第84頁。

[35]《臺灣總督府警察沿革誌：共產主義運動》，第93頁。

[36] 盧修一：《日據時代臺灣共產黨史，1928～1932》，臺北，前衛出版社2006年版，第85頁。

[37] 謝雪紅：《我的半生記·臺魂淚》（一），第281頁。謝雪紅後來推測說：「當年林日高不認識李曉芳、莊泗川，現在想起來大概蔡孝乾沒有去向李、莊傳達建黨的消息，以至於他們就這樣和黨失去了聯繫。」同上書，第281頁。

[38] 謝雪紅：《我的半生記·臺魂淚》（一），第275～276頁。

[39] 何池：《翁澤生傳》，第190頁。

[40]《臺灣總督府警察沿革誌：共產主義運動》，第100頁。

[41] 謝雪紅：《我的半生記·臺魂淚》（一），第282頁。

[42] 謝雪紅：《我的半生記·臺魂淚》（一），第282～283頁。

[43] 葉藝藝：《蘇新與日據下的臺灣共產主義運動》，收入蘇新《未歸的臺共鬥魂——蘇新自傳與文集》，臺北，時報文化出版企業有限公司1993年版，第139頁。

[44] 蘇新：《關於翁澤生的歷史材料》，1975年4月29日，轉引自何池《翁澤生傳》，第215頁。

[45] 陳芳明：《殖民地臺灣——左翼政治運動史論》，第204頁。

[46]《臺灣總督府警察沿革誌：共產主義運動》，第300頁。

[47] 若林正丈著，臺灣史日文史料典籍研讀會譯：《臺灣抗日運動史研究》，臺北，播種者出版有限公司 2007 年版，第 284 頁注 88。

[48]《臺灣總督府警察沿革誌：共產主義運動》，第 300 頁。

[49] 敏：《創刊辭》，《臺灣大眾時報》創刊號，1928 年 5 月 7 日，第 2 頁。按：本文所引《臺灣大眾時報》上的材料，都是執教於臺灣輔仁大學的許毓良博士複印後提供的，在此謹對許博士表示衷心感謝。

[50] 布施辰治著，孝乾譯：《對於大眾時報之使命的希望》，《臺灣大眾時報》創刊號，1928 年 5 月 7 日，第 11 頁。

[51] 蔡孝乾：《日本普通選舉制度的批判》，《臺灣大眾時報》創刊號，1928 年 5 月 7 日，第 13～15 頁。

[52] 蔡孝乾：《弱少民族紀念「五一」的意義》，《臺灣大眾時報》五一紀念特別號，1928 年 5 月 10 日，第 6～9 頁。

[53]《本報創刊號被踐踏！請以大眾力量徹底的抗爭！》，《臺灣大眾時報》第 5 號，1928 年 5 月 10 日，第 10 頁。

[54]《文協臺北支部及連溫卿蔡孝乾兩氏住宅突受搜查。原是官憲高壓的新方法！》，《臺灣大眾時報》第 9 號，1928 年 7 月 2 日，第 9 頁。

[55] 蔡孝乾：《江西蘇區‧紅軍西竄回憶》，臺北，中共研究雜誌社 1970 年版，第 1、3 頁。此書曾由大中華出版社在香港出版，2002 年臺北的海峽學術出版社重新出版，書名改為《臺灣人的長征記錄：江西蘇區‧紅軍西竄回憶》。

[56] 何池：《翁澤生傳》，第 204 頁。

[57] 何池：《翁澤生傳》，第 203 頁。

[58] 謝雪紅：《我的半生記‧臺魂淚》（一），第 290 頁。

[59] 謝雪紅：《我的半生記‧臺魂淚》（一），第 290～291 頁。

[60] 何池：《翁澤生傳》，第 208 頁。

[61]《臺灣總督府警察沿革誌：共產主義運動》，第 107 頁。

[62] 何池：《翁澤生傳》，第 209 頁。

[63] 陳芳明認為，「開除蔡孝乾、謝玉葉等四人，終於結下了黨內部的恩怨。謝玉葉是翁澤生的妻子，經過這樣的開除，遠在上海的翁澤生自然難以接受，這引起後來謝雪紅與翁澤生之間的權力鬥爭。翁澤生後來利用島內的臺籍中共黨員向謝雪紅奪權，便是以此開除事件為張本。蔡孝乾也是因為這樣的開除，他與謝雪紅的恩怨，便一直延續到一九四七年的二二八事件。」（《謝雪紅評傳——落土不凋的雨夜花》，第 119 頁）按：謝玉葉當時已離開翁澤生，成為潘欽信的妻子。翁、謝之間的矛盾糾葛頗為複雜，尚需深入探討。

[64]《臺灣總督府警察沿革誌：共產主義運動》，第 107～108 頁。

[65]何池：《翁澤生傳》，第 207 頁。蔡孝乾曾告訴美國記者斯諾，他到廈門後「在臺灣黨的廈門支部工作」（埃德加·斯諾：《紅色中華散記（1936～1945）》，第 120 頁）。實際上，當時臺共在廈門並無支部。

[66]蔡孝乾：《江西蘇區·紅軍西竄回憶》，第 3 頁。

[67]何池：《翁澤生傳》，第 204～205 頁。

[68]埃德加·斯諾：《紅色中華散記（1936～1945）》，第 120 頁。

[69]蔡孝乾：《江西蘇區·紅軍西竄回憶》，第 3 頁。

[70]蔡孝乾：《江西蘇區·紅軍西竄回憶》，「小引」，第 1 頁。

[71]陳逸雄：《我所認識的陳虛谷——憶父親》，《陳虛谷作品集》下冊，彰化，彰化縣立文化中心 1997 年版，第 809 頁。

[72]蔡孝乾：《江西蘇區·紅軍西竄回憶》，第 11 頁。

[73]《臺灣總督府警察沿革誌：共產主義運動》，第 354～358 頁。另外參閱藍博洲《民族純血的脈動：日據時期臺灣學生運動（一九一三～一九四五）》，臺北，海峽學術出版社 2006 年版，第 276～280 頁。

[74]蔡孝乾：《江西蘇區·紅軍西竄回憶》，第 11 頁。

[75]何池：《翁澤生傳》，第 229～230 頁。

[76]《臺灣總督府警察沿革誌：共產主義運動》，第 359～361 頁。

[77]《臺灣總督府警察沿革誌：共產主義運動》，第 363 頁。

[78]《臺灣總督府警察沿革誌：共產主義運動》，第 372～373 頁。

[79]蔡孝乾：《江西蘇區·紅軍西竄回憶》第 11 頁。

[80]何池：《翁澤生傳》，第 270 頁。

[81]蔡孝乾：《江西蘇區·紅軍西竄回憶》，第 10 頁。據蔡孝乾介紹，李文堂是海南島人，海員工人出身，曾參加過 1924 年的省港大罷工，1930 年以巡視員名義到漳州活動，真實身份為「中華全國總工會中央蘇區執行委員會委員」（《江西蘇區·紅軍西竄回憶》，第 11 頁）。

[82]謝雪紅：《我的半生記·臺魂淚》（一），第 281 頁。

[83]陳來旺：《臺灣黨の組織行動方針及びその組織狀態》，轉引自盧修一《日據時代臺灣共產黨史（1928～1932）》，第 85～86 頁。

[84]何池：《翁澤生傳》，第 205 頁。

[85]楊克煌遺稿，楊翠華整理：《我的回憶·臺魂淚》（二），臺北，2005 年版，第 301 頁。

[86]陳芳明:《謝雪紅評傳——落土不凋的雨夜花》,第523頁。

# 日據臺灣時期鴉片漸禁政策確立原因再探析

李理

  日據臺灣五十年的鴉片專賣制度,是殖民地差別待遇的最明顯表現,也是日本自認為殖民統治中,最引以為自豪的一部份。在現存研究臺灣鴉片政策的論著1]中,一般都認為據臺之初,日本的方針及輿論都是斷禁,但由於臺灣民主國的創立及各地人民的強烈反抗,這種「斷禁」想法胎死腹中,半年後政府採用內務省衛生局長後藤新平所提出的漸禁政策,臺灣鴉片專賣制度得以最終確立。以這樣的論點看來,後藤新平及所提出的「意見書」,在其中起了關鍵性的作用。一份「意見書」就能促成了喧囂爭論不止的鴉片政策得以確立,似乎在論證上有些單薄,是否有其他的原因被研究者所忽視呢?本文僅就這些問題進行新的探討。

## 一、臺灣總督府與鴉片「漸禁政策」

  臺灣總督府是日本據臺後最高的統治機構,也是臺灣鴉片政策真正的執行者,故其在政策制訂中的作用,應是研究臺灣鴉片專賣制度的第一切入點。

  1.伊藤博文與現地執行者之間關於鴉片問題的分歧

  1895年4月10日,中日兩國在下關談判中,首次涉及臺灣鴉片吸食問題。日本首相伊藤博文以「日後領臺,必禁鴉片」[2]的承諾,不僅讓李鴻章無言反駁,亦因此獲得倫敦「反鴉片協會」的「頌德狀」,成為「現代的救世主」。[3]故在日本籌建總督府的5月份,臺灣鴉片問題,就成為內定總督府民政局局長水野邊的「日夜苦惱之源」。[4]

  5月10日,日本政府任命樺山資紀為臺灣總督。同時發出了伊藤博文的《給臺灣總督府的訓令案》,其中就臺灣鴉片問題,曾有特別的指示:「鴉片煙是新領土施政上的一大害物,在新政實施的同時,應依中國與各締盟國條約之明文,向臺灣島民公佈嚴禁鴉片煙之宗旨,然需明訂寬限期間,於道義上應予業者處理商品之緩衝期,且此事與英國商業有重大關係,不可不慎思遠謀。」[5]

  從接收「訓令」相關鴉片內容分析來看,伊藤認為鴉片是施政上的一個難題,處理的宗旨雖是嚴格禁止,但由於既有庫存鴉片,故應給予業者一個處理時間;另外從對外關係上考慮,也必須採取一個可行的措施。故筆者認為,以

伊藤博文為代表的日本政府，在條約取得臺灣之時，對臺灣鴉片將採取的政策是傾向於嚴禁，這一點似乎是毋庸置疑的。這一方面是由於日本自「安政條約」以來，一直嚴格禁止外國人輸入鴉片，也嚴格禁止日本人吸食鴉片，臺灣即為日本領地，當遵從慣例；另一方面，也因伊藤博文在下關談判時誇下了嚴禁的海口，並因受領「頌德狀」而名揚海外，如果失信，將有損於日本的國際形象。

但有一點非常值得玩味，現存檔於日本國立公文書館的《臺灣總督府ヘ訓令案ノ件》[6]之原件中，並沒有此項關於鴉片之內容。而在山邊健太郎編著的《現代史資料——臺灣（一）》及高濱三郎的《臺灣統治概史》中，收入了帶有嚴禁鴉片內容的「訓令案」；而《日本外交文書》第28卷第2冊、伊藤博文所編的《臺灣資料》（秘書類纂）、總督府編纂的《臺灣總督府警察沿革誌》及《原敬關係文書》等，所收入的「訓令案」都沒有鴉片的相關內容。[7]

日本學者山田豪一研究認為，之所以在最後刪除鴉片相關內容，是由於當時臺灣總督樺山資紀及民政局局長水野遵的進言。[8]筆者曾查閱「訓令案」原件，此「訓令案」雖發佈於5月10日，但在8日時曾在內閣進行討論，故推測可能是訓令案在閣議時，關於鴉片事項，有人提出反對意見。此推測在水野遵的《臺灣阿片處分》中得到證明，水野自述曾為鴉片問題的決定，而陷入了「臆病」。樺山也曾言：「阿片問題不是馬上就可以禁遏的，應尋求其它適當的辦法，這樣的難題，最好現在不要解釋為好。」[9]故在5月10日公佈的「訓令案」中刪除了此項相關內容。

「訓令案」中鴉片相關內容的刪除，意味著時已被任命為臺灣總督的樺山資紀及民政局局長水野遵，不認同或對伊藤的嚴禁政策有所疑惑，但一時又沒有更好的解決辦法，故主張先放置一段時間，再做考慮。如果此推斷成立的話，這表明當時伊藤首相，與即將成為實際統治者的樺山與水野等，在鴉片政策上存在著分歧，而伊藤尊重現地統治者樺山與水野的意見，才使「訓令」中的「鴉片煙之事」（第11項）與「外國宣教師」（第10項）這兩項內容，全部被刪除。

樺山及水野的做法，也自有其道理。他們早在領臺以前，就以「臺灣通」著稱。樺山與水野都曾在1874年日本出兵臺灣前後，曾親自到臺灣考查，對臺灣情況較為熟悉。特別是水野遵曾留學於清朝，對臺灣人鴉片的嗜好，及鴉片在財政上的意義，應當較為瞭解，故主張鴉片問題延後再做決定。

另外根據山田豪一的研究，記載鴉片事項的文書，主要在戰前廣為傳佈，但並沒有說明什麼原因。[10]筆者查閱了現藏於日本國立公文書館的《臺灣總督府警察沿革誌》[11]，及日本外務省存檔的《外交文書》第28卷的原檔，它們

的出版年限分別是戰前的 1938 年及 1943 年,而「沿革誌」及「外交文書」的影響,應當是遠遠大於諸如山邊等人編纂的資料集,故筆者認為山田豪一的說法,值得商榷。

2. 臺灣總督府初期的鴉片對策

日本在整個媾和談判中,採取的是秘密外交,故伊藤博文的禁煙豪言,只是在海外進行了報導,日本國內並不知曉。7 月時,由於三國干涉還遼,東京日日新報報導了臺灣鴉片相關內容,才引發了轟動一時的臺灣鴉片問題大討論。[12]

而水野遵到達臺灣後,馬上就著手對鴉片問題進行調查。日日新報報導的內容,即是源自於臺灣總督府在接收淡水、基隆兩海關後,開始進行的關稅收入調查。

7 月 8 日,東京日日新報的特派員石塚剛毅,以總督府的名義,在報上發表了《阿片問題》一文,就臺灣鴉片問題,拋出試探性的氣球:「現今臺灣鴉片的輸入,如果從國內法上探討,當然是必須禁止的,但如果從國際法的視角上考慮,獲得他國領土時,新的主權者,不能不受舊的主權者,其在領土上相關條約的羈絆,而能否馬上解脫,當然也是一個問題。故鴉片的輸入,依據舊慣,日後必須與各國商量,或者直接課以禁止的重稅,這是有識之士必須研究的問題。」[13]

石塚的鴉片相關報導,是以臺灣總督府的名義發表的。雖然報導沒有明確說明總督府究竟採取什麼政策,但試探性的放出以「禁止重稅」名目,允許鴉片輸入,以圖增加財政收入的意圖。而實際上,總督府確實默許著鴉片的輸入及吸食。「淡水海關公然徵收輸入稅,外商也販賣鴉片,本島人繼續製造吸食著鴉片。」[14]

隨後,在 7 月 12 日,石塚又在日日新報上,報導了淡水海關鴉片輸入情況。報導稱,日本在接收兩海關後,裝載著鴉片的英、德船「福爾摩沙號」及「ハイモツ號」首次駛入港口,雖然還不到一個月的時間,就有了十萬多元的收入。徵稅也在入港之後辦理,一旦鴉片收入倉庫,檢查重量後,一擔就要付海關稅 30 兩、釐金 80 兩,總計 110 兩,折算成當時的日本元為 165 日元,才明白這才是值得期待的財源![15]

12 日的報導，依然是以臺灣總督府的名義發表的。它以直接的形式，向日本內地報告臺灣鴉片的輸入正在繼續進行，並委婉地表明總督府，期以「禁止稅」的名義，增加財政的思路。

總督府民政局最初的工作，就是接收稅關及稅收的調查，在民政局內鴉片相關問題的研究調查，早在接收臺灣後就已經開始，故以稅收為前提的「禁止的重稅案」，逐漸成為總督府民政局的一個立案。此點從水野遵提交給日本政府的報告書《臺灣行政一斑》[16]中，可窺視出其中的端倪。

在這份報告書中，水野遵將臺灣舊政府的財源分為六個部份，其中最大一部份是關稅。下表為水野遵推算提出的清政府統治時期主要財政收入的統計概表（統治單位為「元」）：

| 關稅(含鴉片金) | 地租 | 釐金(官鹽利益金) | 官田小作料 | 樟腦窯稅 | 土地登記稅 | 合計歲入 |
|---|---|---|---|---|---|---|
| 1,608,696 | 828,785 | 959,596 | 47,937 | 450,000 | 450,000 | 4,345,014 |

*此表內容根據水野遵《臺灣行政一斑》之內容整理而成。參見《原敬關係文書》第六卷，第 266 頁。

根據上表分析來看，以鴉片輸入稅及釐金為主的關稅，占臺灣歲入的四分之一左右，實為清政府時期臺灣財政收入的關鍵。

下表為 1887-1992 年間鴉片輸入與收入在清政府財政中所占比例：

| 年 次 | 鴉片輸入量（斤） | 鴉片收入(單位:海關兩) 海關稅 | 釐金稅 | 總計① | 政府總收入② | ①/② |
|---|---|---|---|---|---|---|
| 1887 | 4,247,000 | 126,983 | 299,289 | 426,273 | 872,100 | 49% |
| 1888 | 4,642,000 | 139,339 | 371,566 | 510,906 | 1,002,590 | 51% |
| 1889 | 4,734,000 | 142,017 | 378,713 | 520,730 | 990,148 | 53% |
| 1890 | 5,042,000 | 151,452 | 403,804 | 555,258 | 1,045,247 | 53% |
| 1891 | 5,582,000 | 167,497 | 446,640 | 614,138 | 1,111,570 | 55% |
| 1892 | 5,141,000 | 154,522 | 412,061 | 566,585 | 1,079,101 | 53% |

*此表根據劉明修《臺灣統治與阿片問題》第 9 頁之附表整理而成。

從上表分析來看，鴉片在清政府統治下的臺灣財政收入中，實際上比水野遵估算的四分之一左右還要高，一般都占到二分之一左右，這說明清朝統治者主要靠鴉片收入來維持臺灣財政，故我們在批判日本的臺灣鴉片政策之時，更應當反思清政府的鴉片政策。

另外，總督府在關稅上的考慮是，「海關稅率，在輸入上，除鴉片外，與日本現行稅率相同，輸出上繼續施行現行稅目。」[17]當時臺灣海關茶的舊稅率是一擔3.85元，而日本現行稅率則是1.125元，如果按照日本稅率，茶的稅收將減少450,448元。而當時作為第二財源的釐金，由於各地釐金局的解散，其徵收基本已經廢止。雖然也可用製造稅來代替釐金，但短時期內難以完成。在兵荒馬亂之際，其地租的徵收、土地登記稅等，都不可能順利進行。如果不包含鴉片稅及釐金，即使忽略茶葉稅減少部份，1896年的臺灣財政預算，將欠虧2,073,868元（收入預算為4,215,000元），且這種狀況將持續數年，等地租的增征成為可能才能緩解。[18]

鴉片在臺灣財政收入中所占的比例，使初期軍費驟增，財政緊張的總督府，絕不可能輕言放棄鴉片的收入。特別是總督府在行政經費上的思路是，「決行行政經費的一部或全部，從本島的財源中取得。」[19]如果放棄鴉片的收入，在兵荒馬亂之時，臺灣的財政將幾乎全部依賴日本，這才是臺灣鴉片得以繼續存在的真正原因。

另外，關稅的一部份，必須以舊的稅率為標準，與外商協定臺灣特有的稅則。當時臺灣對外貿易的單品，主要以茶、砂糖、樟腦及鴉片等為主。1892年時，其輸出額為764萬元，輸入額為577萬元，這其中鴉片占輸入總額的40%。[20]這些貿易，幾乎都由在臺英商壟斷，故日本接收臺灣後，一直到南部的平定，依舊沿用清朝時期舊的關稅，以避免與在臺英商產生矛盾。

而英國駐日公使早就向日本方面表明，希望不要對鴉片採取嚴禁政策。英國駐日本公使佐藤拜會代理外務大臣西園寺公望時，曾引用「王立阿片調查委員會給英國議會的報告書」內容，委婉地表達了反對嚴禁吸食的立場：「鴉片不像酒精那樣有害，故不勸其禁止。」[21]故如果日本單方面禁止鴉片輸入，勢必引起與英等諸國產生矛盾甚至衝突。

透過以上分析，可以看出總督府現地統治者，最初在鴉片問題上就主張謹慎處理，特別是接收臺灣後的稅關調查，使總督府充分認識到鴉片收入在財政上的意義，其政策的考慮，必然是趨向採取確保財源的鴉片政策。水野遵曾明言「如何處理鴉片問題及茶的稅率，是關係到本島施政經費不可小視的稅源。」[22]在伊藤博文《臺灣資料》（秘書類纂）中，收錄了沒有署名的《關於輸入鴉片的意見》的建議書，及水野遵的《臺灣阿片處分》，都可證明此推論。

3. 水野遵「輸入禁止稅」漸禁鴉片政策

《關於輸入鴉片的意見》雖然沒有署名，但幾乎全部內容在水野遵的《臺灣阿片處分》中可找到，故筆者推測，此份意見書，可能就是水野遵提交給總督府的鴉片處理意見的立案。「意見書」大意如下：

第一，達到禁止吸食鴉片的方法有兩種：一種是輸入禁止令；一種是輸入禁止稅。前者直接過激，後者間接漸慢。禁止令是依據法律，目的是以期開始就使吸煙滅絕，但會引起走私相同需要數量的鴉片；禁止稅是依照法律以外的商價，以高價獲得生存必需的鴉片，使吸煙的範圍縮小，以期達到最終禁止。這兩種方法只是進度不同，但目的大同小異，美國實施禁止稅的結果，使吸煙範圍縮小，日本橫濱、神戶兩港禁止令的結果，是吸煙被滅絕，但禁止令必須是在中國人不占主流的土地上才會取得效果。

第二，禁止令是為擺脫惡習將必要份量的鴉片也停止，逼迫其一舉將幾十年的習慣改除，這在將來施政上恐造成民亂；禁止稅是一種形式上的變通，給予良民戒除的時間與機會，吸食者不覺得痛苦。

第三，如果仿效美國現行制度，一英鎊徵收10美元的禁止輸入稅，臺灣一斤可徵收20元的禁止稅，以1893年輸入468,500斤為例，其稅金可收益937萬元，況且輸入的數量遠不止生存所必需的數量，這樣即可得到巨額稅金，也可以用稅金來勸導達到禁止稅的目的，而禁止令沒有這個功能。

第四，鴉片輸入禁止稅的方案，是誘導臺灣人民進入率土之濱王化之門，漸次擺脫惡習，成為身心健康良民的唯一良方。今後至少需要二年左右的時間來熟悉本島的民情，進行必要準備，在時機成熟之時，再發佈禁止令也不遲。[23]

這份鴉片政策的最初立案，以禁止令與禁止稅，兩種方式來討論，但主張採取禁止稅方式。這雖與11月份赴東京時的方案有所差異，但實際內容基本相同。

11月時提交的議案，是總督府即決的「暫時採取漸禁政策」[24]後的提案。也許是水野遵在前案的基礎上，又徵集了總督府民政局人員的意見而形成，固其應當代表臺灣總督府的立場，其具體歸納為以下六點：

（1）以1897年5月8日臺灣住民決定去留之日為期，嚴禁鴉片；

（2）將此後七年定為嚴禁的期限；

（3）藉課徵禁止性重稅，以達嚴禁之目的；

（4）逐次遞減輸入斤量，以達嚴禁之目的；

（5）給予特定商人鴉片專賣特許，並向總督府繳納特許金，以期達到漸禁之目的；

（6）使鴉片成為總督府之專賣，來決行漸禁。[25]

議案雖有六條，但水野遵為代表的臺灣總督府，已經決定暫時採取第五、六項之「漸禁政策」。水野遵在《臺灣阿片處分》中的解釋為：「如第一項和第二項，設定禁止鴉片之期限，毫無道理地設定自即日起，二年或七年間等，終究是延後處分鴉片之時限，豈可得到實際的禁煙之效果？第三及第四之方法雖看似可行，但以當時之警力及兵力，能否防遏走私成為問題。如果不能防止走私，則此法依舊達不到禁止之目的。第五項為英殖民地所施之法，政府如果採取英國之策略，則其手續亦十分簡便，政府可收取多額稅金，且可防止走私。第六項為達成禁止目的最適當之法，除此以外別無良策。」[26]

透過水野對「六點提案」的解釋，顯示其本人及總督府方面，認為臺灣的鴉片政策，最好是採取「政府專賣的漸禁政策」[27]，且總督府內部決定「大致上暫採第六案，暫時實施漸禁政策」。非常值得注意的是，劉明修的專著《臺灣統治與鴉片問題》，並沒有闡明當時總督府已經決定暫時採取政府專賣的漸禁政策，特別是在引用這「六項」[28]時，不知是否有意為之，將第五點中之「以期達到漸禁之目的」，及第六點中的「以決行漸禁」之非常重要內容遺漏掉，筆者不敢貿然推測其用意，但覺得非常遺憾。

水野的提案是以關稅為主旨的「政府專賣漸禁政策」，這其中存在著很大的缺欠。這就是這個意見，是建立在臺灣復歸民政後，實行日本與各國的現行條約，即茶與砂糖等的關稅不變，而在條約上將阿片輸入款項除外，另將鴉片關稅大幅度提高，使臺灣的鴉片的關稅成為例外。如果要實施這個提案，就必然涉及修約問題，這對日本政府來說，不能不說是一個困難。因為日本剛剛在1894年7月16日簽訂了《日英通商航海條約》，廢除了領事裁判權，恢復了關稅自主。這個條約將在五年後的1899年7月開始實施，故在這之前是不可能再進行條約修訂交涉的。

另外，以關稅為主旨的鴉片專賣政策，是以國家機器來限制關稅，從而達到控制鴉片輸入的數量，最終達到漸禁之目的，對鴉片吸食者只有增加附加的鴉片稅，在吸食量等方面，沒有任何的約束，這意味著只要吸食者有能力購買鴉片，就終生可繼續吸食。這也是水野提案中一個致命傷。

1895年11月，水野遵帶此提案赴東京臺灣事務局，以求得到支持與允許。但「為了彌補財政收入的欠損，就允許癮者吸食鴉片的話，世論面前無法交待，因此水野就以如果現在禁止輸入，吸食者就會馬上發病」[29]為由，闡述了自己的臺灣鴉片政策。

　　水野所主張的臺灣鴉片「政府專賣漸禁政策」，不僅在臺灣事務局會議上，在日本帝國議會上也受到強烈的反對。「漸禁說無異懷冰投火般處於水深火熱中」，甚至被批評「貽害國家百年者，非君莫是。」[30]但水野遵並沒有屈服，反覆向臺灣事務局總裁伊藤博文稟申：「在臺灣是絕對難以實施斷禁的。因此，若無穩健的對應之策，臺灣的統治將陷入困境。」[31]甚至提出：「若政府猶以絕對嚴禁土民吸食鴉片為施政方針，則必生事端，於此情節下無法執行職務，只好請求準予辭任。」[32]

　　水野以辭職作為反對斷禁鴉片的做法，迫使伊藤不得不重新考慮臺灣的鴉片政策。他要求臺灣事務局各委員[33]重新考慮此事。正在伊藤為難之時，「進退維谷的臺灣事務局卻得到了救命的稻草，在12月14日，收到從內務省發來的後藤新平衛生局長的奇策」。[34]即是《關於臺灣島鴉片制度之意見》。[35]

## 二、後藤新平與「漸禁政策」的確立

　　當時，雖然臺灣事務局各委員反對水野的「政府專賣漸禁政策」，但時為衛生局長的後藤新平是贊同水野遵意見的。後藤新平在內務省的食堂，與各位高官聊天時，多次表達：「斷禁之論非常淺見，最好的辦法就是吸食的鴉片由政府來製造、專賣，將其收入充當衛生事業設施的資金。」[36]但後藤新平並沒有把自己的意見向上提交，這主要是因為當時的內相芳川顯正，曾因「相馬事件」與後藤之間有隔閡，故後藤採取先在內務省高官中表達，以「犬吠聞聲」的方式來尋求響應。[37]

　　當水野遵的「漸禁案」，備受日本各界質疑之時，某天芳川將後藤新平叫到自己的辦公室，說：「最近聽你屢在食堂議論臺灣鴉片政策，能否將意見提出書面報告。」[38]這樣，被稱為「暗夜中一盞明燈」的後藤新平臺灣鴉片「意見書」，便堂而皇之地登上了歷史的舞臺。而促成後藤提出「意見書」的，是當時的內相芳川顯正，此點在《後藤新平傳》中有詳細地敘述，由於後藤與芳川間的隔閡，後藤才採取了「遠吠之犬」的做法。[39][40]但劉明修在《臺灣統治與鴉片問題》中，卻將「芳川顯正」說成是「野村靖」[41]，不知道其出處為何？

後藤新平的「意見書」，開篇即言，鴉片煙對人體之害，自不贅言。日本能雄居於宇內之一要因，即於開國之初，早布禁制，令臣民得保全其健康，且此種禁制，至少曾有效防制彼等昧於商利擬蹂躪國民健康之企圖，亦使日本帝國在遠東為唯一勢力。

在後藤看來，對鴉片實施嚴禁，是日本強大的重要原因。故他批評清政府說：「令其國民陷入劣敗之原因，固不僅在鴉片之吸食，唯國法無力加以禁止，焉能不論其為令國民懶惰之一因？」[42]「如今臺灣將成為我新領之土，如對此勢力有所減損，豈非千載之遺憾？」[43]

如從後藤上述言論上看，在日本的新領土臺灣，嚴禁政策是必然的。這一方面是由於日本自開國以來的鴉片政策，另外也是顧及今後日本的內地，「據傳彌近軍役人夫等之間，不顧中國禁之嚴，私下試吸者，亦已日見增加，若一旦成為習癖，於不知不覺之間，將蔓延至日本內地，屆時唯恐其弊害終將不可自拔。故研訂其嚴禁之法，自屬當前之爭務也。」[44]

一般的研究都認為後藤並列陳述了「嚴禁論」與「漸禁論」二案，但資料顯示所謂的「嚴禁論」，只是說「此等弊害，為世人所周知，不容置疑，且嚴禁鴉片煙，則莫以此時為最宜，自不待言。此乃關於嚴禁鴉片煙之卑見之第一案也。」[45]緊接著就非常具體地敘述了八條反對嚴禁之異議者的意見：

（一）縱未禁止鴉片，並非即將導致人人吸嘗鴉片，以清國並非人人吸煙為證。

（二）在清國，富豪、強健者、勤勉者，亦不乏其人，故不必為防止國民之懶惰、疲憊而禁止吸食鴉片。

（三）鴉片並非僅試吸一次，就能上癮成為習癖，起初反應不覺愉快，致自動放棄者，不乏其人。

（四）清國人本身，提倡鴉片煙之弊害者，亦為數不少，凡略受教育者，均力行禁制，故任其自然，亦不致為害。

（五）如臺灣土民已染吸食之癮者，若立行嚴禁，則不僅對健康有大害，且有生命之危險。

（六）據土民老輩者自稱：鴉片煙之有害，實知之甚詳，夙願我子孫均應免除此惡習，成為健康之民。

（七）故對臺灣土民，嚴禁其吸食鴉片，將遇民情之極力反對，不僅有妨對帝國之心服，也將導致土匪之蜂起，故若要執行嚴禁，則非經常駐派二個師團以上之兵力，並犧牲數千之生命，甚至以兵力威壓，仍未必能達其目的。

（八）為推行一鴉片制度，竟需眾多之兵務與巨額經費，並需犧牲生命，更需連年危害島民之和平，則自擴領土謀殖民之觀點上言，殊非得宜之策也。[46]

但後藤卻有技巧地對反對者提出「暫緩實施不加過問」的觀點，進行了強烈的批判：「臺灣新附之領土，對其土民之惡習，欲加遂加以禁止，縱有如前論者所言，有其礙難之處，如採用姑息之威信，頗令人堪憂。」[47]

後藤還有意提到馬關談判時，伊藤博文的鴉片嚴禁之議，並言：「此言果可信，憑中國在東洋之威信，禁制手段，更不可等閒視之。」[48]此種說法從表面上看，顯示後藤新平是堅決反對那些「暫緩實施不加過問」的異議者，且重提伊藤之「斷禁說」，給首相之言一個正面回應，來表明自己傾向主張嚴禁政策。

狡點的伊藤又以假借他人之口的伎倆，婉約地批評了「嚴禁」與「放任」兩說，「復有議者曰：鴉片煙之不可不禁，自不待言，唯於今日，要以加急施，似甚有不妥。目前暫時付之不問，俟人心趨穩，亦不為遲。此言乃巧言誤事，即強辯弱行之輩，所常為之。」[49]

後藤以「批判的利器」，為闡述自己的想法鋪開了道路。後藤認為「合於時宜之禁止制度」應是：

（一）鴉片，可仿國內現行制度，統歸政府專賣，不準自由貿易買賣，故可納入衛生警察施行體系，在樹立政府威信上，亦可搶先一步。

（二）鴉片買賣，將仿效國內現行制度，於臺灣島內設置鴉片特許藥鋪，除藥用鴉片之外，不準買賣。

（三）有吸食鴉片不能戒除之癖者，系已罹患中毒症者，則唯有以毒攻毒，故依醫師之診斷，唯允中毒者，每年定期，由政府發給一定之通折，憑折隨時向鴉片特許藥鋪，購買吸食。若無醫師之地方，可由所轄警察署或鄉村公所，出據保證，交予通折，憑以購買，依實際設定適宜之方法，及不全之處置，並防可能產生之弊害，令其逐漸改習。

（四）據說鴉片進口稅年逾八十萬元，可見其需用量之巨，唯將其歸為政府專賣，寓禁止稅之意，加課比進口稅多三倍之價，在特許藥鋪，憑政府發放

之通折,售予其吸食者,則其需用者,必因之逐漸減少,且可有遏止青年子弟陷入此惡習之效,國庫並將增加一百六十萬元之收入。

(五)此一百六十萬元與向來之進口稅八十萬元合計時,將達二百四十萬元。如將此費用充用臺灣地方之殖民衛生之費,依所謂生存競爭之原理,實踐了以毒攻毒之自然法則,將危害健康之禍源,改為增加國民福祉之手段。

(六)至於青年兒童,當前急務應從教育上著手,令其瞭解吸食鴉片之害,故應在各小學課本上、在教學上力求灌輸此種精神。設有小學之各村落,應從該二百四十萬元中,配置適當之村醫,如在未開化時期之村落,令村醫分但小學教員之權宜,此辦法亦屬可行。

(七)從殖民衛生上言,於各縣之下設置醫院或村醫,行急救之功德,為令人民體會厚德之良方,故醫院之設置,極其需要,何況有其財源。[50]

後來研究者所謂的「漸禁論」,實際上後藤自己是冠以「適宜之禁止制」。後藤一再強調「嚴禁」窒礙難行。稱如果臺民「鴉片之驟然遭禁,生存之快事亦全般喪失矣,與其置餘生於長久痛苦中,不若即刻速死為快。」[51]認為「如果嚴禁臺灣島民吸食鴉片,將遭民情極大反抗,有礙其心服帝國之統治,終將導致土匪蜂起。是以,若欲嚴禁之,須常駐兩個師團的兵力,犧牲數千之性命,否則即便藉兵力施以威壓,亦不能達到其目的。」[52]

從後藤對「嚴禁」的論述來看,其本人認為嚴禁固然為一種禁止鴉片的方法,但吸食者餘生痛苦,有失人道。這與水野遵的說法顯然是相互呼應的,但後藤將實施嚴禁的困難描述為「常駐兩個師團,犧牲數千人性命,亦不能達到其目的」,來說明嚴禁政策將使日本政府付出的代價。這不僅聲援了水野遵的說法,也明確地向那些主張嚴禁論的人士表達,在臺灣根本無法實施嚴禁政策,更為其「適宜之禁止制」的論證奠定了基礎。

後藤的臺灣鴉片政策,是以「衛生警察體系」為中心的「禁止制度」。它以「禁止」之名,掩飾了其「漸禁」的目的。特別是它仿效了日本國內即行鴉片制度,故不與國內相關法律相悖逆。這種「最適宜的禁止制度」,即圓了伊藤博文的斷禁說,更超越了「水野提案」中所謂七年的限制。特別是將鴉片專賣的實施,歸屬「衛生警察體系」,即可以避免單純以進口稅形式帶來的諸多不便,還解決了未將吸食者收入管制之限的窘境,更使得鴉片的巨額財政收入得以堂而皇之收入囊中。後藤提案的妙處還在於,本質上就是「漸禁政策」,但卻冠以「禁止制度」,故與水野遵所明言的關稅為中心的「政府專賣的漸禁

政策」相比，自是更加圓滑，也容易被接受。此立案也讓人窺見後藤在政治上的韜略，這為其以後在臺灣殖民地統治上的建樹奠定了基礎，故《後藤新平》傳評價說：「造就（先生）自內務行政轉進統治臺灣殖民行政之機緣，成為使先生身列日本殖民政治家首位之要因。」[53]

至於後藤的提案與水野遵的具體關係，目前沒有資料證明兩人有直接的接觸。但後藤的漸禁政策及提案，是水野在臺灣事務局及議會上受到強烈質疑與批判後，故間接影響一定是有的。另外，從「星崗茶寮」，由水野遵、後藤新平、石黑忠真及醫學界的數人，為加藤尚志舉行赴任臺灣總督府製藥所所長的歡送會來看，他們「鴉片」理念相同，相互通氣是不言而喻的。這也是理解石黑支持後藤見解的一個視角。

在後藤新平提出意見書兩天后，12月16日，軍醫總監石黑忠真，亦向臺灣事務局提交了「新領地臺灣之鴉片意見」[54]，以聲援後藤的提案。

石黑忠真在文章強調，自己雖是鴉片嚴禁說的篤信者，但由於臺灣情況特殊，萬一嚴禁法不能實行之時，得頒佈「鴉片專賣法」，特別是要制訂「鴉片煙取締管理法」；另外，官方應設置鴉片製造所，以嚴明鴉片原料的出處；同時讓可依賴的醫師，對鴉片吸食者進行調查，對於那些癮者給予鴉片吸食特別牌照，由鴉片批發所進行批售，由零售店賣給這些特許吸食者。另外，要設置鴉片警察，專門執司鴉片相關警察事項，包括管理吸食鴉片者、非吸煙者、鴉片批發及零售店、鴉片的輸入、鴉片的密造等。[55]

石黑忠真在「意見」書中，還將自己的相關鴉片政策，解釋成為如果嚴禁不能實施，不得已才會實施的政策。他也強調這種政策性的鴉片專賣制度，不需要政府的財政補貼，以三百萬元的鴉片稅即可解決，時間長度大約為三十年。[56]

石黑忠真的「意見」與後藤相比，並沒有什麼新意，但他以日本軍醫界實際負責人的身份，闡述了在臺灣嚴禁可能行不通，必須實施鴉片專賣政策。這從不同的側面，聲援了後藤新平。從《後藤新平》傳中，可以看出石黑與後藤兩個人，早在「相馬事件」及「檢疫」中就已經成為人生至交，故筆者推測，石黑的聲援絕不是單純的，也許其後有後藤的影子。

另外劉明修在《臺灣統治與鴉片問題》中，將後藤新平的提案，說成是當時著名的「鴉片事項調查書」為憑據，筆者認為這也值得商榷。[57] 因為鷹崎倉三提交「調查書」的具體日期，為1896年8月5日[58]，遠遠晚於後藤的提案

達八個月之久。即使是後藤提出的具體的「關於臺灣島施行鴉片制度意見書」，其提交的日期是在 1896 年 3 月 23 日[59]，亦早於「調查書」五個月。筆者認為，根據水野遵在《臺灣阿片處分》的記載，內務省衛生局加藤尚志曾向水野遵提出嚴禁鴉片的意見書「阿片之事」，其中曾提出將「藥用鴉片與日本一樣，由政府專賣。」[60]的主張，故推測也許後藤的鴉片專賣思想，受其影響也未可知。

2 月 3 日，伊藤博文將後藤新平的「意見」書，送達到日本內閣，12 日，內閣決定採用後藤提出的「第二案」。[61] 15 日，伊藤正式通知樺山資紀，在臺灣全島，鴉片實施「漸禁政策」。[62]其後，後藤在 3 月 23 日又提出《關於臺灣島施行鴉片制度意見書》[63]，將臺灣鴉片實施的具體意見提出。該意見書分為前文、鴉片行政機關、鴉片警察施行方法、鴉片財政、附言五個部份，就鴉片相關官制、定額的配置、鴉片收入的用途、告喻的大意、特許吸食者的許可及許可簿樣本等，進行了詳細的說明，為臺灣鴉片制度的實施奠定了基礎。

1897 年 1 月 21 日，總督府以律令第二號發佈「臺灣阿片令」，4 月 1 日，漸次在臺灣全島實施。這樣，自馬關條約以來的臺灣鴉片問題，終於塵埃落定。

另外，後藤意見書第一項「鴉片行政機關」中，曾言「並非定要附設製藥所不可。據聞設製藥所已成定案，茲不再贅言。」[64]據此，筆者推斷，總督府儘管在鴉片問題上遇到各種困難，但採取「漸禁政策」之意，從來沒有動搖過，故早就著手進行鴉片煙的生產系統準備。而《臺灣總督府製藥所第一年報》中也證明，實際早在 1896 年 2 月 12 日時，總督府就已經命令其僱員就鴉片製造所費用預算等進行調查。[65]這些資料顯示，在日本內閣接受後藤建議之前，臺灣總督府就已經著手實施「漸禁政策」。這也再次證明臺灣總督府在制訂臺灣鴉片制度中的作用。

## 三、最後防線的突破——臺灣財政預算的透過

1897 年 1 月 21 日頒佈的「阿片令」，是臺灣鴉片制度實施的法源。它是以律令的方式發佈。而該律令的法源則是《有關應施行於臺灣法令之法律》（俗稱「六三法」）[66]。由於「六三法」最大的特點就是委任立法，即由其構建的律令立法制度，可以使臺灣總督，在臺灣這塊區域內，得以自行制訂法律並督促其被執行，不受日本帝國議會的牽制。這也就是說，臺灣總督府以律令方式制訂的鴉片相關政策，不需要受日本帝國議會的審議。這使得臺灣的鴉片政策，在日本的反對聲浪中得以確立。但這並不意味著在日本國內諸行政機構中，沒有機關有能力阻止其實施。1896 年臺灣由軍政轉加民政後，日本的會計法實施

於臺灣，使臺灣的財政亦需依照程序，將預算與決算交付帝國議會協贊審議。[67] 如果總督府向帝國議會提出的鴉片相關預案，遭到議會否決的話，那麼總督府的鴉片政策將胎死於腹中。但後藤新平的臺灣鴉片相關提案，實際上「是相當受財政當局所歡迎」。[68]

當時財政部主計局預算決算課長阪谷芳郎，曾在帝國議會上次憶說，「我在領臺之初，就與今內務大臣後藤男爵及其他人商量過，贊成漸禁主義。」[69] 阪谷作為負責日本政府預決算編成責任者，當然清楚地知道鴉片收入對總督府財政的意義。而1896年日本財政部關於臺灣部份的「收入預算案」，就是阪谷根據清朝時期鴉片的舊稅關統計做成的。下表為1896年臺灣歲入各項收入預算：

| 科　目 | 預算金額（日元） | 科　目 | 預算金額（日元） |
| --- | --- | --- | --- |
| 鴉片批發收入 | 3,557,827,000 | 稅關雜收入 | 22,088,000 |
| 地租 | 879,086,997 | 官有物批發收入 | 20,000,000 |
| 郵政電信收入 | 520,173,350 | 船稅 | 20,000,000 |
| 樟腦稅 | 395,470,000 | 官吏遺族扶助法納金 | 10,028,340 |
| 輸入稅 | 380,595,951 | 車稅 | 5,000,000 |
| 製茶稅 | 208,750,000 | 官有地出租金 | 5,000,000 |
| 輸出稅 | 141,512,765 | 製藍稅 | 4,500,000 |
| 製糖稅 | 126,245,000 | 懲罰及沒收金 | 2,000,000 |
| 製船費納金 | 100,283,400 | 辦償金 | 600,000 |
| 登記稅 | 100,000,000 | 諸特許及手續費 | 500,000 |
| 官有地租 | 70,000,000 | 雜入 | 300,000 |
| 醫院收入 | 59,275,000 |  |  |
| 砂金監札料 | 50,000,000 | 總計 | 6,682,236,603 |

註：此表根據 JACAR：A06031501500《臺灣總督府統計書第1回明治30年》整理而成。

從上表分析來看，日本預計1896年臺灣的收入總額為6,682,236,603日元，其中鴉片的收入就有3,557,827,000日元，占52%強。而阪谷的這個預算案，是根據臺灣清政府時期鴉片關稅的一半來統計的，且是在鴉片購入價格高漲以前的價格，即一斤6元左右作為基準來計算的，鴉片的購入量為27～28萬斤，購買費用小計166萬元，如果每斤以13元賣出的話，鴉片批發即可獲得3,557,000元。[70] 儘管阪谷對鴉片專賣預算的方法過於簡單，致使財政省及加藤尚志在預算審議之前都非常恐慌。[71]

而阪谷所編列的日本財政省有關臺灣諸費用的財政支出，主要有兩大項。第一項為臺灣諸費，總計6,031,000,000日元，其中包括民政費、稅關費、通信費、製藥所費、機密費等；另外還有臺灣事業費4,697,000,000日元。這樣財政省在1896年總計在臺灣經營上將出資10,729,000,000日元。[72]

比照當年日本財政省關於臺灣的財政支出，即可看出，即使是此種計算方式，日本依然需要補助臺灣4,000,000,000日元左右。該年度日本補助臺灣的財政中，有1,854,000,000元是用於製藥所費用的，也就是用於鴉片的研發及生產。

日本預算委員會，就臺灣財政歲出入的政府說明有兩點，其中之一就是如何對付在野黨的「斷禁論」；其二就是給予重要的鴉片專賣預算追加說明，並強調占臺灣歲入過半的專賣預算，現在已經不能更改。[73]

在3月16日眾議院預算委員會總會的答辯會上，在野進步黨的江藤新作首先登壇反對臺灣預算案中的製藥所費用，另外，中村佑八、尾崎行雄等人，也主張將製藥所的費用全額刪除。

江藤認為：「此項製藥所費用應全額刪除，原因並不在於製藥所費用本身，而是它所帶來的影響，及相關事項非常重大。依此項目費來看，政府以日本國法嚴禁的鴉片，加上一些限制，即可在臺灣吸食的政策已經確定。這個問題如何決定，是關係到鴉片先在日本國的一部份，開始公開許可的大問題，所以決不能小看這一問題。」[74]

另外，江藤認為鴉片的政策，關係到日本的臺灣經營戰略。他一針見血地質問：「以今天政府的所為來看，在臺灣販賣鴉片，並以販賣鴉片所得的三百幾十萬元作為收入的考慮，是將臺灣作為日本營利的土地，來謀取利益。」[75]。

水野遵則剛復自用頑固地堅持「斷禁就死人」的說法，言辭強烈地反駁說：「如果廢止鴉片，就會死人，吸食一定的鴉片，能保全人的生命。」「如果實施嚴禁，就是不關照臺灣總督府。」[76]

江藤甚至提出：「如果嚴禁就會死人，那就讓他們死了算了，不然就讓他們返回支那中國，像這樣的人早死也沒有什麼不好，若因此而返回支那，我看倒是件好事情。」[77]

水野遵回應說：「諸君說的雖然好聽，但用什麼樣的方法來嚴禁呢？我們當事者是最苦的，就是不想要痛苦了，才提出這樣的預算案來，因此鴉片的事情就不要再講了。」這樣水野遵輕鬆就讓對方無話可說。

由於有比鴉片更重要的議題需要審議，鴉片問題就此被帶過。這樣能夠左右阻止臺灣鴉片政策的最後一道防線也被突破。

　　值得注意的是，1896 年被帝國議會審議透過的臺灣歲入為 6,682,236,603 元、歲出 10,825,701,005 元。歲入預算中，鴉片專賣收入高達 3,557,827,000 元。但由於鴉片專賣制度延遲實施，使鴉片收入基本落空。結果該年度的實際歲入僅有 2,711,822,663 元，而當年實際歲出是 10,696,868,678 元。[78] 這樣日本中央政府當年補助臺灣金額高達 694 多萬元。[79]

　　臺灣的補貼費用，加重了日本中央政府的財政負擔。特別是 1896 年前後，由於擴張陸海空軍、設立鋼鐵廠等，使日本歲出膨脹顯著。該年度日本中央財政結算出現了 9,260 多萬元的缺額。日本政府為了減輕財政壓力，緊急出臺了「臺灣總督府特別會計法案」[80]。法案除了規定臺灣財政獨立之外，還授予臺灣總督財政權，以促成臺灣財政的獨立。也正是這個法案，使臺灣的歲出入預算，可以不再受日本帝國議會的審議，鴉片相關提案的最後一道防線這就這樣崩裂了。

　　儘管這樣，由於初期各地反抗不斷。總督府的統治遇到了重重困難，內部官界所謂「疑獄事件」頻繁發生，引發的「高野孟矩法院長非職事件」，又導致了「日本帝國憲法是否適用於臺灣」的爭議。[81] 這些致使當時的乃木總督心裡產生了抱怨，覺得日本佔領臺灣，「就像一位叫化子討到一匹馬，既不會騎，又會被馬踢」[82]，實在是塊燙手的山芋，於是他產生了將臺灣出賣的想法。1897 年春，乃木利用回國之機，向當時的日本首相松方正義及軍政界要人，建議將臺灣賣給英國，這樣既可甩掉這個包袱，又可獲得巨資。但當時英國佔領的殖民地很多，對購買臺灣不感興趣，而法國人卻有此意向，雙方經過討價還價，初步確定臺灣的售價為 1,500 萬法郎。

　　1898 年，伊藤博文重新成為日本首相，乃木重提臺灣出賣之事，陸軍大臣兒玉源太郎堅決反對，認為臺灣系日本南部的屏障，軍事價值甚大，如果將臺灣賣給他國，不利於日本的遠期發展。至於乃木提到的臺灣治理問題，他認為主要是由於管理官員的無能造成的，自己願意前往臺灣。兒玉還表示願與伊藤博文立下軍令狀，發誓要治理好臺灣。這樣伊藤博文就任命兒玉為第四任臺灣總督，乃木希典被迫於 2 月辭職。[83]

　　1898 年 2 月 26 日，兒玉源太郎繼任臺灣總督。他以穩定社會治安，開拓臺灣財源為第一優先政策。他啟用後藤新平任民政局局長，主要原因就與後藤提出的鴉片專賣制度有著密切的關聯。[84]

臺灣的鴉片政策自實施以來，並沒有達到總督府理想的目的。總督府自 1897 年 4 月 1 日起，在各地逐步推行鴉片令，並網羅吸食者，但僅有 95,449 人登記。這與鴉片事項調查書估計的十七萬人差距甚大，也沒有達到製藥所長加藤尚志的十五萬人的估計數量。1897 年 9 月時，加藤的估算為：「本制度迄今實施的區域之人口達五十萬左右，相當全臺灣人口的五分之一，其中吸食鴉片人口約三萬人……若以此比例推算……不出最初預計之十五萬之吸食者。」「若今後吸食者確定為十五萬，則一年三百六十萬元的收益並非難事。」[85]

雖然加藤的預算收益遠高於後藤的預計，但並沒有真正落實。1897 年臺灣的鴉片煙膏實際收入，僅有 1,539,776.034 元，鴉片的專賣收入，也僅有 1,640,213.276 元。[86] 故兒玉與後藤在 1898 年度預算時，提出「臺灣財政二十年計劃」，推出欲使臺灣財政在 1909 年以後完全獨立自給的計劃。[87] 這個計劃的法源即是「臺灣總督府特別會計法案」。

後藤新平到任後，馬上改善特許手續費的徵收事項，並先後五次延長吸食者登記的期限，最終在 1909 年 9 月底網羅到 169,064 人，終於達到鴉片事項調查書中的十七萬人的數量。但後藤並沒有就此罷手，又先後三次網羅吸食者。下表為後藤新平繼任後四次網羅吸食者統計表：

| 回　　數 | 年　　代 | 人　　數 |
| --- | --- | --- |
| 第一回 | 1897年4月──1900年9月 | 169,064 |
| 第二回 | 1902年1月──1902年2月 | 5,187 |
| 第三回 | 1904年10月──1905年3月 | 30,543 |
| 第四回 | 1908年1月──1908年3月 | 15,863 |
| 合計 | | 220,657 |

註：此表轉引自劉明修著，李明峻譯，《臺灣統治與鴉片問題》，第 60 頁。

後藤新平繼任後的四次網羅，促使臺灣鴉片專賣制度全面實施起來，也使鴉片收入逐年增加，成為總督府財政的重要支柱。下表為鴉片特許吸食人數、各年製造煙膏的價格、鴉片專賣收入的對比表：

# 日據臺灣時期鴉片漸禁政策確立原因再探析

| 年　限 | 特許吸食者人數計 | 各年煙膏價格計 | 各年鴉片專賣收入計 |
| --- | --- | --- | --- |
| 1897 | 54,597 | 1,539,776.034 | 1,640,213.276 |
| 1898 | 95,449 | 3,438,834.167 | 3,467,334.089 |
| 1899 | 130,962 | 4,222,224.170 | 4,249,577.595 |
| 1900 | 169,064 | 4,234,843.005 | 4,234,979.565 |
| 1901 | 157,619 | 2,804,141.340 | 2,804,894.264 |
| 1902 | 143,492 | 3,008,386.015 | 3,008,488.015 |
| 1903 | 132,903 | 3,619,217.020 | 3,620,335.900 |
| 1904 | 137,952 | 3,714,211.405 | 3,714,012.995 |
| 1905 | 130,476 | 4,206,524.255 | 4,205,830.595 |
| 1906 | 121,330 | 4,395,496.505 | 4,433,862.705 |
| 1907 | 113,165 | 4,461,485.595 | 4,468,514.730 |
| 1908 | 119,991 | 4,614,871.765 | 4,611,913.620 |
| 1909 | 109,955 | 4,671,282.035 | 4,667,399（元）以下同 |
| 1910 | 98,987 | 4,844,533.755 | 4,674,343 |
| 1911 | 92,975 | 5,501,448.595 | 5,501,548 |
| 1912 | 87,371 | 5,262,605.795 | 5,262,685 |
| 1913 | 82,128 | 5,289,495.310 | 5,289,595 |
| 1914 | 76,995 | 5,226,437.580 | 5,226,496 |
| 1915 | 71,715 | 5,676,874.602 | 5,870,408 |
| 1916 | 66,847 | 6,159,450.486 | 7,132,520 |
| 1917 | 62,317 | 6,694,998.660 | 7,970,107 |
| 1918 | 55,772 | 6,650,764.281 | 8,105,278 |
| 1919 | 543,65 | 6,947,322.249 | 7,641,654 |
| 1920 | 49,013 | 6,721,647.660 | 6,719,958 |
| 1921 | 45,832 | 6,001,680.510 | 7,533,625 |
| 1922 | 42,923 | 5,449,345.440 | 6,440,441 |

註：此表根據日本國立公文書館所藏《臺灣總督府統治書》第1～25回之鴉片、財政相關內容整理而成。具體檔號為 A06031501500、A06031501600、A06031501700、A06031501800、A06031501900、A06031502000、A06031502100、A06031502200、A06031502300、A06031502400、A06031502500、A06031502600、A06031502700、A06031502800、A06031502900、A06031503000、A06031503100、A06031503200、

大陸部份

A06031503300、A06031500100、A06031500200、A06031500300、A06031500400、A06031500500、A06031500600。從第十三回統計書（A06031502700）開始，鴉片收入以元為單位。

根據上表分析來看，自後藤新平繼任臺灣總督府民政長官後，臺灣的鴉片專賣收益每年遞增，鴉片專賣已經成為日本殖民者的重要財政手段之一。特別是進入大正之後，總督府將鴉片煙膏秘密外銷，同時生產粗製嗎啡，使得臺灣鴉片收入更上一層樓。

## 結語

綜上所述，在日據臺灣初期鴉片漸禁政策確立過程中，以水野遵為代表的臺灣總督府所起的作用是不可忽視的。總督府成立後，臺灣鴉片貿易繼續秘密地進行著，水野提出的以稅收為基礎的「鴉片漸禁政策」，雖然沒有被日本政府所採納，但如果沒有以水野遵為代表的臺灣總督府的堅持，後藤新平的「漸禁政策」或許不可能那麼快就被接受。後代研究者之所以忽視了水野遵及當時總督府的作用，筆者推測原因是多方面的。從水野遵之方面來看，可能是因為水野於1897年升任日本拓殖務省次官（次長），離開了臺灣民政長官之職，且於1900年逝世。而從後藤新平方面考慮，首先，臺灣鴉片採取的漸禁政策，是由後藤提案正式確立的；其次，後藤在鴉片漸禁政策實施過程中，起了非常關鍵的作用；第三，後藤於1898年隨兒玉赴臺灣任職後，實際上行使著總督的權力，他透過推行各種新政，至1905年時，使臺灣實現了經濟獨立，總督府不再向日本政府申請行政輔助金，且臺灣蔗糖、稅收等收入，還充實了日本的國庫；第四，1906年後藤獲男爵後，於同年11月3日被天皇任命為滿鐵首任總裁，並於任內確立了以大連為中心的滿鐵發展事業；第五，由於後藤在臺灣及滿洲的政績，於1922年被封子爵，1927年晉伯爵；第六，八十年代初美國學者高伊哥的《後藤新平——臺灣現代化的奠基者》發表後，以邱永漢、王育德等為代表的臺灣主體意識研究者，更是推崇後藤新平對臺灣的貢獻。以上種種原因，都是造成後來研究者，在研究臺灣鴉片制度確立過程中，「尊後攘水」的原因。另外，日本帝國議會，本可以成為阻止臺灣鴉片政策確立實施的最後防線，但由於其從經濟上考慮，使得「漸禁政策」沒有受到阻截就順利透過，這也是日本的臺灣鴉片漸禁政策，是從經濟上考慮的最好的證據。特別是「總督府特別會計法案」的頒佈，更使得臺灣鴉片政策，可以沒有任何障礙隨心所欲地施行，總督府也如同鴉片癮者一樣，陷入貪圖利潤收益的「樂園」，使臺灣成為日本「財政及經濟上最富價值之殖民地」。[88]

（作者單位：中國社會科學院臺灣史研究中心）

## 註釋：

[1] 目前關於日據臺灣時期總督府鴉片政策的研究專著，在臺灣方面只有劉明修的《臺灣統治與鴉片問題》，碩士論文有三篇，即為《日本殖民體制下的臺灣鴉片政策》（張文義，中國文化大學日本研究所，1987年）、《日據時期臺灣鴉片漸禁政策之研究（1895年～1930年）》（陳進盛，臺灣大學政治學研究所，1988年）、《日據時期臺灣鴉片問題之探討》（城戶口康成，東海大學歷史學研究所，1992年）等。

[2][日]《日清講和條約締結一件/會見要錄》，日本國立公文書館藏檔（JACAR）：B06150073000。

[3][日]水野遵，《臺灣阿片處分》，發行者：水野遵，明治31年，第1頁。此資料承蒙在日友人車長勇先生幫助收集，特此表示感謝！

[4][日]水野遵，《臺灣阿片處分》，第1頁。

[5][日]山邊健太郎編，《現代史資料——臺灣》（一），みすず書房，1971年，第X頁面。

[6][日]《臺灣總督府へ訓令案ノ件》，JACAR：A03023062200。

[7][日]《現代史資料——臺灣》（一）の第xii～x頁、高浜三郎，《臺灣統治概史》（新行社，昭和11年）

の第28～34頁、《日本外交文書》第28卷第22冊（日本國際連合協會，昭和28年）第553～556頁、伊藤博文編の《臺灣資料》（秘書類纂，原書房，昭和45年）第434～439頁；《臺灣總督府警察沿革誌》第二卷（南天書局，1995年復刻）第27～29頁；《原敬關係文書》第六卷，（日本放送出版協會），第208～211頁。

[8][日]山田豪一，《臺灣阿片專　史序說》，《社會科學研究》第38卷第1號，早稻田大學　亞細亞太平洋研究中心，1992年8月31日，第35頁。

[9][日]水野遵，《臺灣阿片處分》，第22頁。

[10][日]山田豪一，《臺灣阿片專　史序說》，第49頁。

[11][日]《臺灣總督府警察沿革誌第2編。領臺以後の治安狀況（上卷）》，JACAR：A05020352000。

[12][日]山田豪一，《臺灣阿片專　史序說》，第35～36頁。

[13][日]《臺灣通信第15信》，《東京日日新報》，明治28年7月18日。

[14][日]水野遵，《臺灣阿片處分》，第7頁。

[15][日]《臺灣通信第15信》，《東京日日新報》，明治28年7月18日。

[16][日]《臺灣行政一斑》,《原敬關係文書》第六卷,第 261～289 頁。

[17][日]《海關稅協定ニ關スル意見》,伊藤博文,《秘書類纂臺灣資料》,第 200 頁。

[18][日]水野遵,《臺灣行政一斑》,《原敬關係文書》第六卷,第 271 頁。

[19][日]《海關稅協定ニ關スル意見》,伊藤博文,《秘書類纂臺灣資料》,第 200 頁。

[20][日]山田豪一,《臺灣阿片專 一年目の成績》,《社會科學研究》第 42 卷第 1 號,早稻田大學社旗科學研究所,1996 年 7 月 30 日,第 142 頁。

[21][日]長岡祥三譯,《アーネスト.サトウ公使日記 1》,新人物往來社,1989 年,第 49 頁。

[22][日]水野遵,《臺灣行政一斑》,《原敬關係文書》第六卷,第 268 頁。

[23][日]《輸入阿片始末ニ關する意見》,伊藤博文,《秘書類纂臺灣資料》,第 196～199 頁。

[24][日]水野遵,《臺灣阿片處分》,第 22 頁。

[25][日]鶴見佑輔《後藤新平》第一卷,後藤新平伯傳編委會,昭和十二年,第 876 頁。

[26][日]水野遵,《臺灣阿片處分》,明治三十一年,第 24 頁。

[27][日]鶴見輔《後藤新平》第一卷,第 877 頁。

[28]劉明修著,李明峻譯,《臺灣統治與鴉片問題》,前衛出版社,2008 年,第 59～60 頁。

[29][日]山田豪一,《臺灣阿片專 一年目の成績》,第 142 頁。

[30][日]水野遵,《臺灣阿片處分》,第 29 頁。

[31][日]鶴見輔,《後藤新平》第一卷,第 879 頁。

[32][日]宿利重一,《兒玉源太郎》,國際日本協會,昭和十八年,第 324 頁。

[33]當時臺灣事務局的委員為:「治民部委員:末松謙澄;財務部委員:田尻稻次郎;外務部委員:原敬;軍事部委員:兒玉源太郎、山本權兵衛;交通部委員:田健治郎;總務部委員:伊東巳代治。」參見:《臺灣事務局各部委員氏名通知付事務局經費支出請求計算書》,《原敬關係文書》第六卷,第 212 頁。

[34][日]山田豪一,《臺灣阿片專 一年目の成績》,第 145 頁。

[35][日]《臺灣島阿片制度ニ關スル件》,JACAR：A04010019600。

[36][日]鶴見輔,《後藤新平》第一卷,第 878 頁。

[37][日]鶴見輔,《後藤新平》第一卷,第 878～879 頁。

[38][日]鶴見輔，《後藤新平》第一卷，第879頁。
[39][日]鶴見輔，《後藤新平》第一卷，第879頁。
[40][日]鶴見輔，《後藤新平》第一卷，第879頁。
[41]劉明修著，李明峻譯，《臺灣統治與鴉片問題》，第62頁。
[42][日]《臺灣島阿片制度ニ關スル件》，JACAR：A04010019600。
[43][日]《臺灣島阿片制度ニ關スル件》，JACAR：A04010019600。
[44][日]《臺灣島阿片制度ニ關スル件》，JACAR：A04010019600。
[45][日]《臺灣島阿片制度ニ關スル件》，JACAR：A04010019600。
[46][日]《臺灣島阿片制度ニ關スル件》，JACAR：A04010019600。
[47][日]《臺灣島阿片制度ニ關スル件》，JACAR：A04010019600。
[48][日]《臺灣島阿片制度ニ關スル件》，JACAR：A04010019600。
[49][日]《臺灣島阿片制度ニ關スル件》，JACAR：A04010019600。
[50][日]《臺灣島阿片制度ニ關スル件》，JACAR：A04010019600。
[51][日]《臺灣島阿片制度ニ關スル件》，JACAR：A04010019600。
[52][日]《臺灣島阿片制度ニ關スル件》，JACAR：A04010019600。
[53][日]鶴見輔，《後藤新平》第一卷，第872頁。
[54][日]石黑忠真，《新領地臺灣における阿片意見》，伊藤博文，《秘書類纂臺灣資料》，原書房，昭和45年，第62～67頁。
[55][日]石黑忠真，《新領地臺灣における阿片意見》，第64～65頁。
[56][日]石黑忠真，《新領地臺灣における阿片意見》，第65頁。
[57]劉明修著，李明峻譯，《臺灣統治與鴉片問題》，第49、50、62頁。
[58]《日據初期之鴉片政策》第一冊，臺灣省文獻委員會，1978年，第48～172頁。
[59]《日據初期之鴉片政策》第一冊，第20頁。
[60][日]水野遵，《臺灣阿片處分》，第13頁。
[61][日]《臺灣島阿片制度ニ關スル件》，JACAR：A04010019600。
[62][日]《臺灣阿片行政施行狀況明治29～40年》，JACAR：A06032550800。
[63][日]鶴見佑輔，《後藤新平》第一卷，第886～894頁。
[64][日]鶴見輔，《後藤新平》第一卷，第887頁。
[65][日]臺灣總督府製藥所，《臺灣總督府製藥所第一年報》，明治31年，第4頁。

[66] 第一條：臺灣總督得發佈在其管轄區域內具有法律效力之命令。第二條：前條之命令須取得臺灣總督府評議會之議決，經拓殖務大臣提請敕裁。臺灣總督府評議會之組織以敕令定之。第三條：於臨時緊急狀況下，臺灣總督得不經前條第一項之程序，而徑為發佈第一條之命令。第四條：依前條所發佈之命令，須於發佈後立即提請敕裁，並向臺灣總督府評議會報告。不獲敕裁核可時，總督須立刻公佈該命令於將來不具效力。第五條：現行法律或將來發佈之法律，其全部或一部份須於臺灣施行者，以敕令定之。第六條：此法律有效期為三年。參《臺灣ニ施行スヘキ法令ニ關スル件ヲ定ム》，JACAR：A01200843100。

[67][日]《御署名原本·明治二十九年·勅令第百六十七號·會計法ヲ臺灣ニ施行ス》，JACAR：A03020240799。

[68][日] 山田豪一，《臺灣阿片專 一年目の成績》，第146頁。

[69][日]《第40回帝國議會·貴族院議事錄·大正6.12.27-7.3.26》，JACAR：A07050016700。

[70][日]《第9回帝國議會·貴族院議事錄·明治28.12.28-29.3.28》，JACAR：A07050004100。

[71][日] 山田豪一，《臺灣阿片專 一年目の成績》，第155頁。

[72][日]《議會志》第三卷，大日本帝國議會志刊行會，昭和2年，第1378頁。

[73][日] 山田豪一，《臺灣阿片專 一年目の成績》，第155頁。

[74][日]《第9回帝國議會·貴族院議事錄·明治28.12.28～明治29.3.28》，JACAR：A07050004300。

[75][日]《第9回帝國議會·貴族院議事錄·明治28.12.28～明治29.3.28》，JACAR：A07050004300。

[76][日]《第9回帝國議會·貴族院議事錄·明治28.12.28～明治29.3.28》，JACAR：A07050004300。

[77][日]《第9回帝國議會·貴族院議事錄·明治28.12.28～明治29.3.28》，JACAR：A07050004300。

[78][日]《臺灣總督府統計書第1回明治30年》，JACAR：A06031501500。

[79][日] 大藏省，《明治大正財政史》第19卷，財政經濟學會，昭和15年，第917頁。

[80][日]《御署名原本·明治三十年·法律第二號·臺灣總督府特別會計法》，JACAR：A03020269300。

[81] 日本佔領臺灣之初的總督府官吏非常腐敗，瀆職事件即官界的「大疑獄事件」頻繁發生。大的疑獄事件就有第一次疑獄事件、第二次疑獄事件、第三次疑獄事件

和鳳山縣疑獄事件等。當時臺灣的法院實施高等法院、覆審法院和地方法院三審級制度，高野孟矩時任高等法院的院長。他毫不留情地把臺灣官界裡的貪官一一揭發出來，使包括敕任官在內的十幾名高官被逮捕，致使民政局局長水野遵被免職。高野被召入京，松方首相勸其辭職。高野拒絕了勸告而被處分「非職」。高野以日本憲法第五十八條第二項規定司法官的升遷進退都有明文保障為由，認為「非職」處分為不當之舉，把「非職」辭令書退回，並回到臺灣向乃木提交了歸任書。乃木卻以「足下乃是非職處分者，毋需再服勤務」為由，將歸任書駁回。高野仍然到法院上班，因此總督府派警察把高野逐出法院，支持高野的臺北地方法院院長山田藤三郎，新竹地方法院院長戶口茂裡等，受牽連也被迫辭職，這就是震驚朝野的所謂「高野孟矩事件」。由此事件所顯露出來的法官身份保障問題，導致了有關「在臺灣是否適用日本帝國憲法」的論爭。參見：《疑獄事件の頻發びに高野法院長非職事件》，《臺灣總督府警察沿革誌》（第一編），第 190～203 頁；黃昭堂：《臺灣總督府》，自由時代出版社，1889 年，第 81～82 頁。

[82]《乃木希典》，http：//zh.wikipedia.org/wiki/。

[83]《殖民失敗欲甩包袱日本曾陰謀將臺灣賣給英法》，http：//news.xinhuanet.com/world/2005-09/09/content_3467271_1.htm。

[84][日] 鶴見佑輔，《後藤新平》第二卷，第 15～17 頁。

[85][日] 加藤尚志，《臺灣ニ於ケル阿片》，第 13～14、33 頁，轉引片劉明修著，李明峻譯，《臺灣統治與鴉片問題》，第 95 頁。

[86][日]《臺灣總督府統計書第 4 回明治 33 年》，JACAR：A06031501800。

[87][日] 井出季和太，《臺灣統治誌》，臺灣日本新報社，昭和 12 年，第 368～369 頁。

[88][日] 矢內原忠雄，《帝國主義下の臺灣》，1988 年復刊，第 188 頁。

# 陳儀對日據下臺灣的考察及研究

褚靜濤

　　日本在臺灣推行殖民統治的 50 年裡，祖國人民沒有忘記臺灣，盡其所能，展開了對日據下臺灣的調查與研究工作。由於任福建省政府主席，復籌劃收復臺灣工作，陳儀組織人力，展開對臺灣諸多層面的研究。思想決定行動。陳儀治臺以嚴重挫折告終。探討二二八事件的根源，不能就事論事，必須分析陳儀對臺灣問題的認知。為此，筆者從故紙維中，找出大量資料，據此探討陳儀對日據下臺灣研究的得失。

## 一、陳體誠考察

1883年5月,陳儀出生於浙江紹興。1902年,他考上官費,東渡日本留學。1917年,陳儀再渡日本,入陸軍大學,為中國留日陸大第一期學生。北伐軍起,陳儀任職南京國民政府,擔任軍工署署長,赴歐洲考察,眼界大開。閩臺一水之隔,西進福建是日本大陸政策的組成部份。陳儀在日本軍政界有豐沛的人脈,蔣介石看中他對日交往的能力與經驗,1934年2月任命陳儀為福建省政府主席,以因應駐臺日軍可能西進福建。

年屆五十的陳儀,已到了知天命之年。留學、從政、經商、帶兵、辦實業,經驗豐富,履歷完整,為官清廉,具有強烈的政治理念。國民政府高官中極少具備如此資質。出任地方大員,他正想落實平生抱負。

福建遍佈山地,糧食不能自給,出產的茶葉、瓷器等遠銷海外,曾經是中國東南富庶的省份。隨著印度茶葉、歐洲機制瓷的成長,以對外貿易賴以生存的福建經濟一落千丈,交通閉塞,生產落後,教育不發達,特別是閩西地區,充滿貧窮。要想保持福建的長治久安,必須改進政治,發展經濟。

1895年日本侵占臺灣時,臺灣的經濟規模不及福建。但是,日本殖民者經過近40年的經營,福建已被臺灣遠遠拋在後邊。要想使福建擺脫戰亂與貧困,最直接的一面鏡子就是臺灣。陳儀有感於福建經濟的凋敝,渴望取鑒日本治臺的經驗。在他的促成下,由福建省政府建設廳廳長陳體誠帶隊的「考察臺灣實業團」於1934年11月13日至28日,對臺灣進行大規模的考察。

考察團抵高雄,途經臺北、臺南、恆春、屏東、嘉義、阿里山、日月潭電站、臺北、基隆,返廈門,駐臺11日,參觀水利、水電、營林、自來水、洋灰工程、冷藏、製材、製鹽、製茶、製糖工廠,農事試驗場、畜牧場、林場、茶山、柑橘園、農業學校、農業傳習所、農業倉庫組合及檢查所、初級及高級工業學校、專賣局,及其他各學校機關等。返閩後考察團編成《臺灣考察報告》,約22萬字,分21章,涉及米稻、甘蔗、製糖、園藝、茶葉、林業、水利、農林機關、漁牧、電氣事業、鐵道、專賣、土地整理、財政、警政、教育、衛生,以及麻風病治療、鴉片等。

臺灣產業發展的過程、方法、步驟,可以為福建振興產業提供路徑。福建與臺灣一衣帶水,自然環境相同,農作物相似,臺灣經營各種產業的方法,可以給福建提供借鑒。站在學習與借鑒的立場,陳體誠一行感慨「臺灣之幅員只為福建四分之一強,其發達之區為吾州之西部,面積不及吾閩興泉漳三屬各縣

之大，氣候相若，土壤相似，而其生產能力竟超吾閩六倍以上，只米糖二項，一年所產值價日金二萬五千萬圓，足抵吾閩全省三年生產而有餘。」他們總結臺灣經濟迅速發展的經驗，歸結為四條，一是農業繁榮。欲使農業生產「合理化」，第一尚試驗研究、第二要推廣蕃殖。

二是統治經濟。臺灣的統治經濟相當成功，考察團認為，關鍵在於臺灣總督府對經濟活動的控制。臺灣總督府檢查各種生產，如米穀、甘蔗、芭蕉、鳳梨、植物苗及肥料等，非經政府檢查不能任意輸出或輸入。全島的交通事業，如鐵道、公路、郵政、電報均歸政府交通局經營。全島的森林十分之八為官有。鴉片、食鹽、樟腦、煙及酒由政府統治，設局專賣。專賣收入「（年四千數百萬圓）占政府歲入三分之一，而約為正當租稅收入之三倍也」。考察團讚歎「一切事業均化零為整，趨於統一。專賣品統一於專賣局，鐵道公路郵電統一於交通局，農業試驗研究統一於中央研究所，森林統一於營林所，生產管理統一於殖產局。」

三是強有力的政府。考察團發現，「臺灣總督府對於人民之力量不言而喻。故其一切生產事業，均無不在政府統治之下。」如農會會長由地方官兼任，工商組合由政府派員參加。對比臺灣總督府與大陸的省政府，考察團指出，「臺灣總督府除軍權外，有統治全島之權，一切法令雖經其內地政府敕令公佈，但均系因地制宜，由總督府擬訂者。高等法院亦隸於總督之下，故立法、司法、行政三權並不分立，政治上之運用如手之使臂，臂之使指。」臺灣總督的職權遠超大陸的省政府主席。臺灣總督府之內有「總督官房（如省政府之秘書處）、內務局（如民政廳）、文教局（如教育廳）、財務局（如財政廳）、殖產局（如實業廳）、警務局（專司警察）。而法院交通局（專司鐵路郵電道路）、專賣局、稅關、中央研究所，及各高等學校等，則均為總督府之附屬機關。」其不同於大陸省政府組織在於：1.各局的附屬機關甚少，重要附屬機關均直隸總督府，稅關不屬財務局，學校不屬文教局，道路不直轄於內務局。2.內務局專司土地、土木、水利、氣候、地質等事，警務局專司保安、衛生、警察，交通局因有直接事業，不在總督府內。考察團認為，「此種制度，雖難盡適用於吾國各省，而在一島內事權之統一，職責之分明，則非吾國各省所能望其項背也。」

四是公營事業，保證充沛的財源。「臺灣總督府之歲入歲出預算，每年在一萬萬圓以上」，歲入中，「官營事業收入如鐵路、郵電、森林等等，約占百分之五十，專賣事業收入占百分之三十以上，其他租稅收入之中，土地稅（田賦在內）約一千五百萬圓」，可見「政府經營建設事業，及統治或專賣事業之

重要」。政府加強對農業的補貼，其歲出預算中，「農業獎勵、補助、試驗、研究經費，年占四百五十餘萬圓」。[1]

這四條經驗，不無見地。以農業來說，大陸各地小農經濟占主導地位，一家一戶為單位，農民缺乏技術，農業產量低。要想改變福建落後的農業狀況，必須改良品種，推廣先進技術，方可提高單位面積，增加產量，優化品種。單靠農民個人解決不了問題，必須由政府強勢介入，建立農業科學研究機構，推廣新品種，對農業加以扶助、補貼。

1927年南京國民政府建立後，開始發展公營企業。借鑑蘇聯計劃經濟成功的經驗與美英等國自由經濟失敗的教訓，國民黨高層對統治經濟抱有期待。整體上看，在1930年代初，公營企業在經濟中的比重偏低，特別是在落後的福建，公營企業很少。要使福建擺脫貧難，可由政府操控經濟活動，避免過剩經濟，而非任由民間資本發展，走經濟危機的老路。

民國的省政府制度頗為混亂。南京國民政府為加強中央對地方的控制，嚴格限制省政府的機構設置與行政職能，省政府主席及各廳處必須對行政院各部會負責，權力較小，處處受到掣肘，也無權干預民間的經濟活動，即使想推行統治經濟，也沒有制度上的保障。要提高施政效率，省政府各廳處應對省政府主席負責，而非對行政院各部會負責，省政府各廳處的權責應根據具體事務設定。

政府要想扶助農業，要想發展經濟，要想改善民眾生活，必須有大筆資金。中央政府不會予以補助，對民眾加稅會增加他們的負擔，最好的辦法就是政府發展公營企業，保證財源。

陳儀通讀報告，對考察團的成績予以高度肯定，「感謝臺灣官民之指導盛情」，讚許四條經驗，準備「擇其適合於閩省者，次第見諸實行」。[2]

日本在臺灣的殖民統治有其技術上、制度上足資借鑑的一面。以福建省政府效率之低、經濟之落後、民眾生活之困苦，對比臺灣的施政效率之高、經濟之發達、農業之發展，考察團的經驗總結與陳儀的擇善而從無可厚非。但是，必須注意到，日本殖民者在臺灣建立獨裁統治，臺灣總督操奪生殺大權，實行警察政治，在高壓下臺灣人民敢怒不敢言；經濟上的公營經濟嚴重壓抑了臺籍資本的成長，臺籍資產階級很少獲得發展產業的機會，只能仰日本財閥的鼻息，苟延殘喘；經濟上的統治與專營加劇了臺灣人民的負擔，他們強烈反對專賣。

無視日本殖民者對臺灣人民殘酷剝削與壓榨的一面，也就看不到臺灣總督府所謂的效率與成功本質上是反動的。

陳體誠考察是福建省政府組織的第一次對臺灣大規模調查與研究，其成果顯而易見，但它只看到臺灣總督府，看不到臺灣人民；只顧及效率與財富，忽視臺灣人民的真實感受。考察團的盲點影響了陳儀對臺灣的認識。

## 二、陳儀赴臺實地考察

陳儀注重調查研究，經常告誡部屬：「建設工作最要緊的，就是調查。以前有許多事情，往往怕麻煩，不去調查，馬馬虎虎的著手去做。那知一做，就告失敗，其原因就由於當初對於所做的事，根本沒有認識清楚。以後無論什麼事情，在未做以前，都要詳細調查。」[3]

現代博覽會是產品展示的窗口，也是訊息交流的場所，可以廣開眼界，建立聯絡管道。陳儀認為，「縱觀一國產業如何，不難推想其文化之程度，一般人多以為博覽會之目的在獎進產業，實則並具有文化的表現與傳播之作用，因此博覽會如能精詳參觀，對於獲取新知，增進文化，裨益當亦不少。」日本人為紀念「始政四十週年」，舉辦博覽會。聞此訊，陳儀希望「本省各實業團體，及文化機關，能有多數人前往參觀」，來瞭解臺灣經濟發展的步驟、方法、技術。[4] 經陳儀的動員，福建省政府及縣市紛紛派人赴臺參觀博覽會，送去福建名特優產品參展。

1935年10月10日，臺灣博覽會開幕。百聞不如一見。應臺灣總督府之邀，21日下午3時，陳儀偕顧問李擇一、委員林知淵、秘書處第二科科長陳宏聲、秘書沈銘訓、統計室主任杜俊東等十餘人，由福州馬江，乘逸仙號軍艦渡臺。一區行政督察專員王伯秋，奉派赴臺參觀博覽會，並考察臺灣地方自治及工商業，隨團出發。[5]

陳儀一行赴臺，遇臺風。22日晨6時余，入基隆港。臺灣總督派員來接，抵基隆，乘火車，10時抵臺北，下榻中華總領事館。辜顯榮在宅設宴為陳儀洗塵。午後，陳儀訪臺灣總督中川健藏及各機關長官。23日，由中華民國駐臺北領事館郭彝民總領事陪同，陳儀赴博覽會第一會場參觀。場設臺北市公會堂一圓，下午參觀第二會場，場設臺北市新公園。[6]

24日，陳儀繼續參觀第一會場，復至南方館，參觀福州、廈門、汕頭、廣東、香港、澳門等地特產，又至福建省特產館。下午，他接見旅臺華僑團體代表。夜10時半，乘火車赴中南部考察。25日上午8時，陳儀抵高雄，登壽山，

俯瞰海港。下山，參觀博覽會高雄市的觀光館。11時赴臺南州，午抵州署。下午2時半，陳儀視察嘉南大圳水利工程。其耗費巨大，所排之水足供灌溉全臺農作物三分之二。[7]陳儀感慨萬千。

26日，陳儀參觀日月潭水電站，並游日月潭。下午抵臺中。27日晨，陳儀游臺中城，復乘火車去臺北。28日，應林本源後裔林熊祥、林熊光、林柏壽邀請，陳儀參加茶會。[8]

陳儀參觀博覽會，以政務繁重，未能久留，於10月28日下午4時，偕顧問李擇一等，乘原艦由基隆啟程回閩。29日回福州。前渡臺隨員為12人，尚有8人分組留臺考察政治、經濟及其他各項建設事業。[9]陳儀是日據50年中，國民政府赴臺考察的最高官員。

要想瞭解臺灣，光靠書本知識遠遠不夠。陳儀身體力行，赴臺考察，由北及南，來去匆匆，獲得了臺灣的感性認識。臺灣總督之權威、機構設置之完備、施政效率之高、經濟之發展、統治之嚴密、水利工程之宏大、農業改良之進步，都給他留下了深刻印象。相較於福建的民窮財盡，他不得不嘆服日人在臺灣的成功處。李擇一解釋了此行原委：「陳主席此次赴臺參觀博覽會，其動機或基於治閩兩年，地方雖日見安定，但生產建設尚未達到理想時期，閩臺相隔一水，地質氣候與民眾生活，完全相同，而農工事業發達程度，幾不可以道理計，其原因所在，有待於親歷其境，藉資借鏡。」[10]

## 三、李時霖考察

陳儀透過赴臺實地考察，與日本駐福州總領事、廈門總領事的頻繁往來，以及部屬李擇一等人多次往返閩臺間，獲得了大量第一手資料，增強了借鑑臺灣經濟發展經驗的信心。僅加強福建省政府與臺灣總督府間的聯繫尚不足，陳儀督促地方縣市政府赴臺考察，瞭解臺灣地方發展的實際情況。

奉福建省政府之命，1936年12月1日，廈門市長李時霖率晉江縣長張斯麟、福清縣長毛應章、惠安縣長林鴻輝、永定縣長鐘干丞等11人，赴臺灣考察。2日，考察團抵基隆港，途經臺北、臺中、臺南，13日自基隆返程，14日抵廈門。考察團編成《臺灣考察報告》，約8萬字，內容包括臺灣的衛生事業及其行政、鴉片制度的沿革及概要、農林、考察臺灣農村經濟之感想、農會之組織及其任務、水利及灌溉、交通、電氣、經濟狀況、地租、糖業、臺灣的透視，附錄《考察日記》。

李時霖等人屬地方縣市官員，考察的重點在臺灣的工業與農業，而非臺灣總督府的行政架構。這與陳體誠的考察有不同處。實地考察臺灣農業的成就，考察團認為，臺灣農業的發展得力於幾條經驗。一是生產技術化，相較而言，「吾閩產業，非不豐腴，徒以墨守成法，產品窳敗，失卻時代性，消費者將莫過而問焉」，故「生產低落」，要「增進農村生產，首在注意產品之合理化，期以科學的頭腦，以藝術的方法，為質的方面之改良，量的方面之繁殖，庶能為物質之競爭，否則農產市場之排擠，衰落情形將有不堪以道裡計者」。二是出產的統治管理，「全部國民經濟之推進，尤須賴於政府之統治，如生產過剩所不可避免之經濟恐慌，影響於農村殊巨，而農產市場之獲得，及保護傾銷之政策，要皆為生產發展之必要關鍵」，故「生產統治，足以調節生產之過剩」。三是納稅負擔，「出產稅之輕重，有關於產品價格至巨。政府保護農村生產，自應以減低出產稅率為第一要件」，而「環顧吾閩，一物之微，出產有稅，銷場有稅，透過有稅，附加有稅，名目繁多，以農產品未經改良，已不足與世界市場競爭，而益之以科稅過重，產價驟增，生產何能不敗」。四是生產之獎勵，「改良生產，首重獎勵，以政府之力量，補助農村，則農村經濟不致竭蹶不振」，而福建動盪不安，「人民救死不瞻，安有餘力投資生產，固有產品，將無以保持，曷足以言改良」。考察團建議，「以農民貸款，發展農業生產，補助購種經費，以改良品種，產品競賽之獎勵等等，要在擇其需要，審別事宜，而隨時掖進之，庶於增進生產，或有裨乎。」[11]

李時霖等人在農業生產方面的考察之詳細，建議之可行，超過了陳體誠的考察。陳儀通讀考察報告，頗為讚賞。他指出，「今歲（1937年）為閩省之經濟建設年。此後施政中心，實以經濟建設為先務。唯茲事體大，不有借鏡，難期推行盡利。臺灣與閩帶水相望，不特氣候地理同也，即在經濟建設過程中，如農林水利交通衛生諸端，亦復什九相似。取彼成規，供我參考，期收事半功倍之效也。」[12]

在陳儀的推動與組織下，福建省政府對臺灣進行了大規模、多門類的考察，獲得了極其豐富而珍貴的感性認知。臺灣總督府對福建省政府派員來考察持歡迎態度，贈送大量資料，並派人陪同參觀，以此彰顯日本治臺的業績，考察團無法瞭解臺灣總督府的暴政與欺壓人民的一面。由於來去匆匆，考察團為日治臺的表面現象所迷惑，未傾聽到臺灣人民的真實呼聲，對日本殖民統治的殘暴性沒有充分的揭露。

當然，陳儀亦非不知日本在臺灣殖民統治的殘暴性。談到福建民眾的困苦，他坦承，「我們現在的物質生活，或且不及殖民地如爪哇新加坡等地人民生活的好，但精神生活自由得多，愉快得多。」他以臺灣人為例，指出「他們精神上的痛苦厲害極了，愈有知識，愈感痛苦」，因為「他們無論受過多麼深的教育，擁有多麼富的財產，但一遇到日籍警察，只好俯首帖耳，畏之如虎。」對臺灣總督府的歧視教育、差別待遇，陳儀予以揭露，在臺灣「所有地位較高的工作，臺灣人向來沒有插足的機會。據聞臺灣政府裡面，僅有兩個課長以及幾個課員若干技士是臺灣籍，其餘都是日本人。這種被壓迫情形，真令人痛心。」他感慨，「統治臺灣的，向來比較的算是日本有見識的第一流人物，於壓迫臺人之中，還要顧到點假面子。」其他殖民地人民的精神之痛苦，就更不用說了。[13]

臺灣總督府的行政效率，經濟上的統治政策，農業的技術改良等等，都給陳儀留下深刻的印象。陳儀認為，福建要想走上新生之路，必須洗心革面，借鑑臺灣的政治體制與經濟發展模式，即在政治制度上實行一元化領導，建立現代省政制度，加強省政府的權力，特別是省主席的權威；推行統治計劃，以政府權力來興辦實業，建立公營企業，限制私人資本的成長；推行農業的技術改良，發展現代農業，扶助農民。

陳儀在福建施政長達八年，其新政涉及政治、經濟、教育、文化等諸多層面，主要有兩個方面，一是省政府的改革，二是統治經濟。

在政治上，陳儀推行集權制，實行省政府各廳處合署辦公，各廳處對省主席直接負責，對於一切措施，非管即統，權力之大，超過其他省的省主席。所有措施全以省令行之，各廳處無單獨對外行文的資格，即使一個科員書記的任免，必由省府秘書行之。這種強化省政府權力的做法有助於提高施政效率，得到蔣介石的首肯。但省主席權力過大，易造成地方割據，引起行政院各部會的反彈。

閩人具有長期的自由經濟傳統，特別在閩南一帶，人人喜歡做老闆，個體經濟發達，卻不易做大、做強。為了發展經濟，厚積財源，陳儀在福建設立公營銀行，發展公營經濟，推行糧食公沽，加強政府對經濟的管制。日軍在福建沿海一帶登陸，打亂了陳儀建設福建的計劃。統治經濟的出發點甚善，但遏止了民間的經濟活力，擴大了操作者的權力，加上沒有相應的措施配合，民間未蒙其利，反受其害。陳儀的統治經濟政策，特別是糧食公沽招致各方反對，嚴重損害了民間資本家的利益，被指為「與民爭利」。

他山之石，可以攻錯。陳儀取鑒臺灣經驗，推崇臺灣總督府和統治經濟。在沒有得到中央政府授權前，陳儀擅自探索省政改革，實際上把自己推到中央政府官員的對立面；不顧資本家的反對，陳儀強制推行統治經濟，將自己置於地方士紳的對立面。陳儀不去反思臺灣總督府和統治經濟的缺陷，堅信自己政策的正確性，錯在無中央政府的授權，得不到地方人士的配合。

陳儀不是昏庸的舊官僚，想有所作為。他及其隨員對日據下臺灣的研究代表了當時大陸對臺灣的認識水準與程度。福州淪陷，作為全省軍政長官的陳儀失地有責，不得不向國民政府自請處分。1941年9月，陳儀離開福建。同年底，他到重慶就任行政院秘書長，與國家總動員會議主任。至此，他與臺灣的情緣本應了斷。

## 四、編譯資料

《開羅宣言》發表後，國民政府開始籌劃臺灣的收復工作。國防最高委員會轄下的中央設計局以規劃收復失地為中心任務，由熊式輝主持。他與陳儀同是日本陸大出身，皆屬政學系巨頭。蔣介石對陳儀的軍事學識、行政才幹一向器重。1944年3月中旬，蔣介石在中央設計局內成立臺灣調查委員會（下簡稱「臺調會」），作為研究收復臺灣工作的職能機構，任命陳儀為主任委員。[14] 陳儀能夠獲此重任，主要在於他有8年福建省主席的履歷，曾赴臺考察，是國民黨高層官員中少有的「日本通」、「臺灣通」。

收復臺灣的第一步是研究臺灣，資料十分重要。臺調會成立之初，各項資料極為缺乏，而「實地調查因交通太不便，無從著手」。在成立的第一次委員會議上，陳儀等人討論了蒐集資料的方案，並發動了廣泛的渠道進行蒐集。

1944年5月，臺調會函請中央設計局各處組室，供給參考資料，還設法在福建向私人借用。5月底運到臺灣法令統計報告等15部，11月底運到各種法規統計資料20餘冊。收到臺灣最近官報及報紙多份。1945年3月，駐美大使館以臺灣資料一部，攝成影片寄外交部轉送臺調會。6月，又送來新資料影片4部。臺籍志士不斷來渝，陳述近年臺灣實況，供臺調會參考。

臺調會對資料分門別類，加以整理，編輯刊行。1944年7月，「臺灣概況」第一分冊《日本統治下的臺灣行政制度》編成，又編成《臺灣交通》，經油印分送設計局各組處參考。在臺灣行政幹部訓練班開課以前，先後編齊教育、財政、社會事業、衛生、戶政、貿易、警察制度、專賣事業、金融9種概況。同時，聘請專家編譯的工業、糖業、電氣煤氣及自來水、農業、水產、林業、礦

業、水利 8 種，陸續脫稿。「臺灣概況」共計 19 種，40 餘萬字，由中訓團印訂，還編印百萬分之一臺灣地圖，連同「臺灣概況」送給臺干班學員修學之用，並分送各機關參考。

1944 年底，臺調會將全部臺灣法規，分為行政、司法、教育、財務、金融、工商交通、農礦漁牧 7 大類，聘請專家分別主持，擇要翻譯，共計 150 萬字，由中訓團印成 43 冊，供臺灣幹部訓練班學員及各機關參考。[15]

臺調會經濟拮据，陳儀等人只能用粗糙的土紙印刷這批資料彙編，每種刊行不過百冊，目前保存下來的所剩無幾。中央設計局保存一套，後經輾轉，現存南京圖書館古籍部，基本完好無損。筆者現就所見，作一簡介。

《日本戰時統治制度》（上下冊），臺灣行政幹部訓練班 1945 年 3 月編印，中央訓練團臺灣行政幹部訓練班參考資料。上卷為日本統治會的理論，共 10 節，包括經濟新體制與統治會，統治會的時代背景，重要產業團體令的解釋，金融統治團體令的解釋，產業統治會與金融統治會的關聯，統治會的指定，日本閣議關於統治會的決定，統治會的將來，統治會第二次指定的意義，職權委讓的實施。下卷為統治會的內容，共 16 節，涉及煤炭、貿易、礦山、精密機械、汽車、車輛、產業機械、電氣機械、金屬工業、鐵道軌道、洋灰、造船統治會，及第二次指定的統治會，倉庫業的統治，金融統治團體。對日本戰時統治經濟作了詳細的敘述。

臺調會編《日本統治下的臺灣行政制度》，中央訓練團 1944 年 10 月印，中央訓練團臺灣幹部訓練班參考資料。分 5 章，包括淪陷前之行政制度、臺灣總督府、地方行政區域及地方行政機構、地方團體、官兵，約 15000 字。最新材料用至 1943 年，列出圖表，對總督府及州廳制度、文官制度與人事政策作了簡明扼要的敘述。

臺灣總督的權限主要有：「一、總理臺灣一切政務。臺灣之政務，原則上均委任於總督，然在組織法規定須受內閣總理大臣之監督，薦任以上官員之進退獎懲，亦須經由內閣總理大臣之上奏後決定。二、發佈律令及總督府令。一八九六年公佈之第六十三號法律（簡稱六三法）第一條規定臺灣總督在其管轄區域內，得發佈與法律同效力之命令稱為律令，根據本條法律，總督已成為臺灣之無上權威，頗遭議會反對，經過數次之爭論，乃於一九二一年（大正十年）縮小其範圍，限於『臺灣特殊事件而有必要之時』，得以臺灣總督之命令規定之，又根據組織法第五條總督依其職權或特別之委任，得發佈總督府令附處一年以下之徒刑、監禁或拘留及二百元以下罰金之罰則。三、總督維持安寧

秩序認有必要時，得向管轄區內之陸海軍司令請求兵力之使用。四、指揮總督所轄之官廳及總督部下之官吏。」[16]

《日本統治下的臺灣警察制度》，中央訓練團臺灣行政幹部訓練班參考資料，中央訓練團1945年1月印。涉及警察制度之沿革，警察組織，警察之教養，警察之任用，警察之勤務，臺灣警察監督制度，警察之賞罰，警察之給與，消防，警察經費，警察共濟組合，附有圖表。

《日本統治下的臺灣戶政概要》，中央訓練團1944年12月印。介紹了臺灣戶政概要，涉及沿革，戶籍事務之掌理與監督，戶口調查簿，戶口異動登記之申請，外勤警察官戶口調查之勤務，及附錄。

《日本統治下的臺灣教育》，中央訓練團1944年10月印。介紹了臺灣教育情況，涉及沿革及學制，幼兒教育及小學教育，中等教育，職業教育，師範教育，大學教育與專門教育，中央研究所，社會教育，教育費，出版物，附有圖表。

《日本統治下的臺灣礦業》，中央訓練團1944年10月印。介紹了臺灣礦業，涉及沿革，主要礦產，總督府對於礦業的設施，主要礦業，石材及雜礦，附有圖表。

《日本統治下的臺灣財政》，中央訓練團1944年12月印。介紹了臺灣財政，涉及歲計，租稅，專賣，附有圖表。

《日本統治下的臺灣金融》，中央訓練團1945年3月印。共6章，包括幣制，銀行，存款與放款，資金運用與利息，銀行匯兌，其他之金融機關。材料用至1941年，附大量圖表。

《日本統治下的臺灣糖業》，中央訓練團1945年2月印。譯自《臺灣事情》，但「製糖工程」一節譯自武內貞義著《臺灣》一書，共5節，包括糖業設施，甘蔗農業，砂糖工業，製糖工業，糖業概況，附有圖表。

《日本統治下的臺灣農業》，中央訓練團1944年12月印。介紹了臺灣農業，資料主要譯自武內貞義的《臺灣》，涉及臺灣農業之進步，特殊土壤，米作，果實類，蔬菜類，落花生，豆類，麥類，芝麻，煙草，纖維植物，染料植物，藥用植物，畜產，家禽，養蠶，農業實施，附有圖表。

《日本統治下的臺灣水利》，中央訓練團 1945 年 3 月印。譯自武內貞義的《臺灣》，包括灌溉事業之沿革，官設埤圳，公共埤圳，水利組合，嘉南大圳，河川工事，附有圖表。

《日本統治下的臺灣水產》，中央訓練團 1945 年 3 月印。譯自武內貞義的《臺灣》，共 9 節，包括概說，水產設施，主要魚族之分佈狀態，水產業，水產製造業，製鹽業，養殖業，水產業商號、魚市及水產貿易，水產業之將來，附有圖表。

《日本統治下的臺灣林業》，中央訓練團 1944 年 12 月印。譯自武內貞義的《臺灣》，共 10 節，包括概論，主要樹種，林務行政，造林事業，林產物之公賣及林野整理事業，官營砍伐事業，樟腦製造事業，薪炭料，木材之輸出與輸入，臺灣林業之將來，附有圖表。

《日本統治下的臺灣社會事業》，中央訓練團 1944 年 10 月印。共 4 章，包括緒言，慈善救護，社會改良，保護與教化。

《日本統治下的臺灣衛生》，中央訓練團 1944 年 12 月印。共 8 章，包括概況，衛生機關，防疫，主要地方病，毒蛇與狂犬，鴉片行政，保健，公共衛生費，附有圖表。

資料彙編有《日本統治下的臺灣人事法規》，臺灣行政幹部訓練班 1945 年 5 月編印。《日本統治下的臺灣財政金融法規輯要——租稅》，臺灣行政幹部訓練班 1945 年 1 月編印。《日本統治下的臺灣工商交通法規輯要》（第一輯），臺灣行政幹部訓練班 1945 年 2 月印。《日本統治下的臺灣畜產法規輯要——地方財政》，臺灣行政幹部訓練班 1945 年 2 月印。《日本統治下的臺灣財政金融法規輯要——地方財政》，臺灣行政幹部訓練班 1945 年 1 月印。《日本統治下的臺灣財政金融法規輯要——會計》，臺灣行政幹部訓練班 1945 年 2 月印。《日本統治下的臺灣民政法規輯要——合作》，臺灣行政幹部訓練班 1945 年 2 月印。《日本統治下的臺灣林野法規輯要》（上下冊），臺灣行政幹部訓練班 1945 年 3 月印。

在不到一年的時間裡，臺調會靠有限的人手，編譯出這批資料，可見工作之勤與用力之深。這批資料涉及日據下臺灣的政治、經濟、文化等各個方面，是大陸對日據下臺灣所編輯的最完整的一部資料性工具書，代表了當時大陸對臺灣情況瞭解的廣度與深度。今日看，其仍然是我們瞭解日據下臺灣的重要資料。

因無法赴臺實地考察,臺調會蒐集資料,透過這些書本上的知識來瞭解臺灣的政治制度、經濟發展情況。這些日文資料出於日人之手,美化日本對臺灣的殖民統治。太平洋戰爭爆發後,臺灣的新情況、新法規,特別是皇民化運動,資料甚缺。臺調會翻譯這些舊資料,無法瞭解臺灣社會的新動向、新變化。陳儀等人研究這些紙面上的東西,推介日本殖民統治的制度設計、行政效率、經濟設施、法律法規,卻對廣大臺胞未做充分調查與研究,臺灣社會各階級的組成、利益等,更是一頭霧水。這是陳儀等人編譯資料時最大的缺陷。這種只重視制度效率、技術層面、物產財富,忽視階級構成、人心期盼的調查,是國民黨政權規劃收復失地的一個通病。顯然,陳儀等人對臺灣的瞭解十分片面,失之於膚淺。

## 五、論日本統治臺灣

在組織編譯資料的同時,陳儀反思日本治臺政策。1945年初,他在中訓團臺幹班對學員講日本統治臺灣的經過,後結集刊行,包括引言、統治的目的、統治的過程、統治的工具、統治的方法、統治的短處、統治的長處,約3萬字。該書反映了陳儀對日據下臺灣的認識水準。

陳儀對比了臺灣總督府與中國省政府,指出臺灣總督府的組織不同於中國的省政府,一是「中國建設廳主管交通、農、工,而臺灣則分為交通、農商、工礦」。二是「警察無論名為警察本署,警務部,警務局,但始終有一單獨機構」。三是「專賣單獨設局」。四是「土木、國土、糧食三者,都曾單獨設過局。特別是土木局,佔領臺灣後即設立」。陳儀認為,臺灣總督府的各局、各部,「不同於現在各廳處,略等於省長制的各廳處。不過總督權限之大,絕非中國的省主席所能比擬。」比較臺灣與大陸的地方制度,陳儀指出,臺灣的地方制度完全是官治制度,自州、廳、市至街莊,行政負責人皆由政府任命。中國的縣與鄉鎮完全是自治體。這是兩者完全不同的地方。縱觀臺灣的行政架構,陳儀認為,其「是十足的專制型,離憲政的組織太遠了」。

臺灣總督府的「高級人員由日本人擔任。領導者必須日本人」。陳儀推斷,「日本人任公務員的,半數大約是有的,大約是二萬人。」從這一點,「完全可以證明日本人主奴的心理,就是臺灣人為奴,日本人為主。」如法院方面,臺灣人不得任裁判長。對於在臺灣服務的日本人,待遇比較特別,加俸、津貼、遺族撫養金、恤金等,都比日本本國優厚。這是日本政府獎勵日本人到臺灣做官的一種方法。陳儀對臺灣總督府的人事歧視政策予以譴責,也擔心,日本人

撤走後，中國收復臺灣，「這樣多的（二萬人）公務員，接收時如何去補充，那是頗成問題的。」[17]

臺灣是中國的一個省，收復後當然要施行中華民國的法規制度。但若把大陸那一套低效落後的東西弄到臺灣去，會使臺灣政治混亂、經濟破敗。為了保證臺灣的穩定與繁榮，陳儀等人堅持臺灣的特殊性，要建立臺灣特殊省制，反對把內地的省政府制度照搬到臺灣。日本殖民臺灣，其動機、目的都違反了三民主義，其管理方法則可借鑑。陳儀主張，「要詳細考查，要切實研究，不要有成見，以為他是帝國主義的產物，應全盤推翻。也不要有偏見，見了他的一方面的發展，以為他很有成績，過分地稱讚。我們必須檢討好壞，明辨是非。」

收復臺灣以後，必須消滅殖民主義，實行三民主義。在政治方面，陳儀指出，「臺灣沒有根本法，即沒有憲法。日本的憲法，實際不適用於臺灣，因此，臺灣是總督總裁製，是日本政府獨裁製。人民的權利義務，沒有法令的根據，人民的自由，沒有法律的保障。」因此，收復臺灣後第一件大事，「在中華民國憲法未頒佈以前，把約法實施於臺灣，依據法令，保障人民的自由。務使臺灣人民，由奴隸的殖民地位，變為獨立自由的人民地位。」

在經濟方面，「臺灣現在的農、工方面的生產，較諸過去，總算有相當進步了。但是生產的利益，多數為日本地主，資本家掠奪去，多數臺灣人不過得點微薄的工資。而且生產的目的，純然為賺錢，並不顧及臺人的生活，自然更說不上民生主義。所以生產雖有進步，但分配極不平均，消費極不充足。」因此，收復臺灣以後，「生產自然必須力謀發展，但同時必須注意分配問題與消費問題。要分配平均，必須實行平均地權，節制資本及發展國家資本。許多大地主的土地，要收歸公有，許多重要產業，要收回公營，一方面要提高一般人民的生活程度，衣食住行，務使滿足需要而不匱乏。」

文化方面，要「徹底剷除過去不平等的教育制度，凡是臺人，受教育的機會，完全均等。對於高等教育，不但使一切臺人，均有機會受教育。而且須充分發展。」應在臺灣就地取材，「必須在十年二十年以內，對於高等教育，在質與量兩方面充分發展，以造就許多人才，否則臺灣的一切工作，因為人員的關係，不但發展很難，維持都不易吧。必須剷除日化教育，「使學生學習國語，使學生瞭解中華民族的歷史，使學生發展國家思想，與民族意識。」[18]

顯然，陳儀對日本在臺灣殖民統治的獨裁性、奴役性、殘暴性有了一定的認識。他主張解放臺胞，把三民主義應用於臺灣，也是正確的。但在新舊交接的階段，陳儀反對遽然改制，以免無所適從。臺灣經濟設施，除特殊情形外，

陳儀主張，以保持為第一步，改良發展為第二步，非萬不得已，不輕易變更。他比喻，「同樣的一只船，可以往南，亦可以往北，雖然南北是背道而馳，事業等也多如是。同是一種大企業，在資本主義的國家，是少數資本家的發財工具。如果依照民生主義，歸為國營，其利益就為全體人民所共享了。」

由於長期接受日本的文化教育，陳儀習慣於行政命令，對集權主義推崇備至，鄙視西方的自由民主制度，指責其使中國一盤散沙。日本在政治、經濟、軍事上的成就強化了他的成見。他對日本在臺灣殖民統治的長處從內心深處予以肯定。他總結，日本統治臺灣有幾個特點，一是「一元的機構」，「臺灣的政治機構，因為沒有政權機關，沒有立法等機關，所以變成獨裁。但行政機構，卻是一元化的。在全島中，總督府是最高的機關，沒有和他同等，並立的機關。日本政府要有所命令，須經過總督。」二是「積極的態度」，「臺灣的各種設施，從這些方面看，五十年來，不能不說有進步。」如交通、水利、電力、農業、衛生、教育等，內地任何一省不及。三是「守法的習慣」。四是「科學的利用」，包括利用科學的方法、利用科學的結果。科學的治事方法，「是事前有調查，有研究，有計劃，事後有檢討，有考核，有恆性，有毅力。」如米糖的改良、日月潭水電工程、嘉南大圳水利工程、石油礦的開採等，「事前都是請專門家去調查，去研究，去設計」。陳儀強調，「以上的四條件，是不能因噎廢食而輕易廢棄的」。[19]

日本殖民臺灣 50 年，在殘酷剝削壓迫臺灣人民的同時，引進了現代資本主義制度，不能說一無是處，在制度層面、技術層面有可資借鑑處。例如，在推行警察政治的過程中，建立現代司法體系，依法辦事，公務員廉潔高效；從事生產建設，一定要事先規劃，科學研究，量力而行。但是，臺灣人民對臺灣總督府的獨裁統治從未停止反抗，陳儀只看到臺灣總督府的集權效率，大加讚賞，這與臺灣人民廢棄獨裁統治、實行民主政治是背道而馳的。臺灣的財富是臺灣人民血汗的結晶，日本殖民者透過經濟統治、專賣等方式巧取豪奪，據為己有，臺灣人民一直反對經濟統治、專賣制度。陳儀想借助日本殖民者現有的政治體制、經濟制度，來發展臺灣經濟，其本意是取之於民、用之於民，卻不自覺地將自己置於臺灣人民的對立面。

半殖民地半封建的中國，先進的中國人反對帝國主義的侵略，卻要保存其中合理的成分；要摒棄自身傳統中落後的東西，對已經現代化的設施，則必須努力學習借鑑。如何在破壞中繼承、在變革中學習，實在難以區隔拿捏。

陳儀為人剛愎自用。在臺調會編譯的資料中有這樣一段話，「組合的議事是多數表決，但眾議輒有眾愚之慮，聖僧一人亦較一千愚僧的有益於國家。眾議可貴，而更可貴的還是有見識、有學問的指導者的意見，國家的機密無法對全國民公開的時候，只要一個正直的指導就可以引導全部行業者前進，於此必須由多數表決進步到指導者原理。」[20]陳儀就是秉持這樣的理念為人處世，規劃復臺大計，雖說敢想敢為，亦有固執己見之議，缺乏從善如流的雅量。

　　決策決定成敗。在國民黨高層官員中，陳儀對日據下臺灣的認識走在他人的前面。他想將三民主義施行於臺灣，變日本的殖民地為祖國的寶島，使臺胞當家做主。至於臺灣總督府的政治制度、行政效率、法制觀念、技術改良等等，則當盡力繼承善用，決不能把大陸那一套落後、低效的東西搬到臺灣，去坑害臺胞。這樣的思路是正確的，也暴露出片面與草率。

　　在福建省主席任內，為了發展地方經濟，陳儀開展對日據下臺灣研究，采拿來主義，管用就行，屬於閩臺區域交流的層次。他將臺灣總督府成功的一套施之於福建，面對的是福建民眾，與臺灣人民隔著一條海峽，有不妥處也不會傷害到廣大臺胞。在臺調會主委任內，為了收復臺灣，陳儀受中央政府指派，開展對日據下臺灣的研究，面對的應是臺灣廣大人民，而非仍侷限於臺灣總督府的制度層面與技術層面，其研究成果直接決定收復臺灣的大政方針，關係收復臺灣的成敗。而陳儀卻沒有調整思路與立場，延續了福建任內對臺灣研究的關注點，注重對臺灣「物」的研究，而忽視對臺灣「人」的研究；注重對臺灣總督府制度的繼承，而忽視改革與創造。

　　收復失地，首重收復人心。廣大臺胞反對日本殖民者的獨裁統治，希望實行民主政治；廣大臺胞渴望發展自由資本主義經濟，累積財富，反對經濟統治與壓榨。他們希望借助祖國的力量，來實現他們政治上當家做主、經濟上翻身的願望，而非由祖國政府派人來維持日據時期那一套舊制度。陳儀雖曾赴臺考察，與臺灣民間沒有直接聯繫。他不知道臺胞所思所想，所期所盼，憑著主觀願望，認為只要延續日本殖民統治的有用之處，推行公營經濟，就維護了廣大臺胞的利益。這是陳儀認識臺灣的最大盲點，不久便給自己帶來無法擺脫的困擾。

　　綜上所述，陳儀是大陸日據下臺灣研究的組織者與實踐者。他及其隨員對日據下臺灣的研究代表了當時大陸臺灣研究的水準。陳儀取鑒臺灣經驗，在政治上推行省政改革，經濟上發展統治經濟，加強閩臺交流與合作。陳儀不但是「日本通」，也成為「臺灣通」。應蔣介石之邀，陳儀主持臺調會，編譯資料。

由於對臺灣問題長期觀察，陳儀辨析日據下臺灣的利弊，有獨到處，亦有盲點。臺調會蒐集的資料，多從日本人編寫的書中摘譯過來，這些資料注重臺灣總督府的制度層面與技術層面，忽視臺灣民眾。陳儀只注重研究臺灣的「物」，忽視研究臺灣的「人」，試圖維持臺灣總督府的行政架構與統治經濟，與臺胞的迫切需要隔著很深的鴻溝。

（作者單位：中國社會科學院近代史研究所）

## 註釋：

[1]《總論》，陳體誠等著《臺灣考察報告》，福建省建設廳1935年，第18～26頁。

[2]《陳儀序》，陳體誠等著《臺灣考察報告》，第1～2頁。

[3]《1935年4月15日在縣政人員訓練所區政班訓話》，福建省政府秘書處公報室編《陳主席言論集》，福建省政府秘書處公報室1938年1月，第34頁。

[4]福州《福建民報》1935年8月18日第七版。

[5]福州《福建民報》1935年10月22日第六版。

[6]《陳主席考察臺灣記》，福州《福建民報》1935年10月30日第七版。

[7]《陳主席考察臺灣記》，福州《福建民報》1935年10月31日第六版。

[8]《陳主席考察臺灣記》，福州《福建民報》1935年11月2日第六版。

[9]福州《福建民報》1935年10月30日第六版。

[10]《陳主席考察臺灣記》，福州《福建民報》1935年11月1日第六版。

[11]《李時霖序》，李時霖等編《臺灣考察報告》，廈門市政府秘書處1937年6月，第28頁。

[12]《陳主席序》，李時霖等編《臺灣考察報告》，第1頁。

[13]《1938年1月8日參加民教師訓所畢業典禮訓話》，福建省政府秘書處公報室編《陳主席抗戰言論集》，福建省政府秘書處公報室，1938年12月，第60頁。

[14]《臺調會工作大事記》，陳鳴鐘、陳興唐主編《臺灣光復和光復後五年省情》（上），南京出版社1989年，第4頁。

[15]《臺灣調查委員會一年來工作狀況》，張瑞成編《光復臺灣之籌劃與受降接收》，臺北，近代中國出版社1990年，第144～147頁。

[16]中央設計局臺灣調查委員會編：《日本統治下的臺灣行政制度》，中央訓練團1944年10月，第11～12頁。

[17]陳儀著：《日本統治臺灣的經過》，重慶，臺灣行政幹部訓練班1945年3月，第33～36頁。

[18]《日本統治臺灣的經過》,第 46～48 頁。

[19]《日本統治臺灣的經過》,第 50～55 頁。

[20]臺灣行政幹部訓練班編:《日本戰時統治制度》(上下冊),臺灣行政幹部訓練班 1945 年 3 月,第 2 頁。

# 臺灣部份

## ▍日據殖民在臺近代化本質及其影響

戚嘉林

近二十年來，臺灣分離主義者執政，為推廣其「去中國化」的「臺獨」史觀，乃不遺餘力地建構日據時期『日本統治肯定論』。例如稱『馬關條約是臺灣命運的轉折點，透過日本帝國統治，臺灣展開近代化建設與發展』[1]，或稱『回顧過去，臺灣的近、現代化之所以能成功，日人不惜生命地支持、奉獻，居功厥偉』[2]，其間亦有發自內心地稱『我們讀歷史時，必須站到公平而客觀的立場加以批評，絕不可有如教科書所說的『日本人榨取了臺灣人』這樣單方向思考法』[3]。至於現今臺灣歷史學界，甚至有論者不但從界定勾勒『近代化』『現代化』的理論建構，片面肯定日據時期日本對臺灣『現代化』的貢獻，還更進一步地淡化祖國晚清在臺推動近代化的努力，並畫龍點睛地視臺灣先賢懷慕的中國大陸『祖國』為『敵國』[4]。

這對不久前僅是上個世紀，先人曾遭大肆屠殺與壓榨的被殖民者，是不可思議的！在臺灣，歷史學界對日據歷史詮釋，不乏欲藉肯定日人治臺並同步地『去中國化』，從而建構『臺灣國』主體意識的『臺灣史觀』。此一史觀正潛移默化地在改變許多臺灣居民及其下一代，對日據臺灣歷史本質上的錯誤認知。

在近代史上，有關近現代化的動態發展過程，主要是以經濟發展運行之基礎建設、農業化與工業化為動力，帶動整個社會的近代化，故筆者以此為主軸，論證日據殖民時期臺灣近代化的本質。

## 一、工業日本、農業臺灣與壓榨臺灣

在論證片面肯定日本殖民統治對臺灣現代化的貢獻前，吾人先客觀檢視日人在臺施政。日人據臺五十年，歧視壓榨臺人無所不用其極，唯從未想到有朝一日會因戰敗而將臺灣歸還中國，故也將臺灣視為『帝國』的一部份，以其強大國力及先進科技，慘淡經營此一『新領的殖民地』。日人在臺的建設，其目的在充分利用臺灣壓榨臺灣，非為臺灣人民謀福利，但日人戰敗離去，其在臺的軟硬件近代建設成果，也就留在臺灣。此外，臺灣是否工業化取決於日本帝國發展的需要與設計。對日人而言，臺灣殖民地對日本的貢獻，主要是提供日

本工業化後所短缺的糧食，日本靠從臺灣輸入廉價的米糖，平抑物價，壓低工資，以加速累積資本與擴充工業。因此，在『工業日本、農業臺灣、壓榨臺灣』的政策下，在臺灣發展米糖的單一耕作（monoculture）農產品，末期因南進軍事需要，為便於提供日軍的軍需補給品，乃在臺灣推動軍需補給工業。因此，日人在臺曾從事水利、電力、交通等方面的建設，以提高壓榨效率。

臺灣在日據末期 1940 年代初，基礎建設的鐵路營業里程為 900 公里，公路里程達 18,000 公里，發電裝置容量高達 317,288 千瓦（發電所 34 處）；在農業方面，日人在臺興建桃園大圳、歷時十年（1916～1925）、灌溉面積 2.2 萬甲，嘉南大圳亦歷時十年（1920～1930）、灌溉面積約 15 萬甲。1927 年時臺灣灌溉排水面積占耕地總面積之比率達 47.4%[5]，另並改良稻作品種，增加耕地面積。1930 年代臺灣農地開始大量施用化學肥料，完成近代農業的綠色革命。1939 年時臺灣農業人口佔當時臺灣總人口的比例首次低於 50%。高雄與基隆南北兩港，港內面積分別為 1.55 和 0.95 平方公里，均可泊萬噸船艘。

## 二、基礎建設本質艱辛

如果僅視前述的基礎建設，也的確如李登輝所言『日人不惜生命地支援、奉獻，居功厥偉』。以電力事業中日月潭第一水力發電工程的興建為例，日人於 1919 年 8 月成立『臺灣電力株式會社』（今『臺灣電力公司』前身），旋積極致力於建造日月潭第一水力發電所，唯時停時興，1928 年決定再行續工，1931 年底正式復工，並於 1934 年 7 月竣工，先後歷時十五個寒暑。期間，日人曾克服種種惡劣自然環境，包括瘧疾、黑水病、恙蟲等疾疫侵襲，施工鐵路更是僅靠臺車及小電車為運輸工具，終於完成臺灣電力史上劃時代的巨大工程。

基礎建設本質艱辛，我們中國人建設臺灣也很艱辛，只是遭蓄意『淡化』遺忘。例如早在 1874 年中國在臺開闢北路（蘇澳至花蓮港北岸長約 115 公里、續延至吳全城）、中路（自南投竹山橫貫中央山脈至璞石閣長約 150 公里）與南路（鳳山至卑南約 105 公里、射寮至卑南約 120 公里）三條貫穿臺灣東西的道路。當時北路蘇澳至奇萊，疊嶂叢林，素皆人跡不到，登高以眺東澳，其間大濁水、大小清水一帶，峭壁插雲，陡趾浸海，怒濤上擊，炫目驚心。吳全城（花蓮壽豐）該處初闢，叢莽積霧，天日蔽虧，一交夏令，疫氣流行，兵勇染病甚眾。南路崑崙坳至諸地葛，荒險異常，上崖懸升，下壑窨墜，山皆北向，日光不到，古木慘碧，陰風怒號，勇丁相顧失色。當時開路所經之地，皆為重山峻嶺的原始森林，故開路者深入窮荒，披斬荊棘，艱辛異常。據統計，僅是 1874 年 12 月至 1875 年 5 月的半年間，因衝犯瘴癘病故與御番狙擊陣亡傷故者就約

二千人左右,亦即為執行國家開闢山區道路,建設臺灣,許多丁勇官兵都為臺灣犧牲並埋骨臺灣。但在『去中國化』的政治正確下,他們的事蹟未能依比例原則地被肯定。

## 三、日人近代農業建設的壓榨本質

關於對日人在臺從事近現代化建設的顛倒正義價值頌揚,嘉南大圳可說是經典案例。李登輝更稱讚『工程師八田與一從大正九年(1920)起花費了十年間建嘉南大圳,在廣闊的嘉南平原建立偉大的水庫及大大小小的水道,肥沃了近十五萬公頃的土地,而使近百萬人的農家生活豐裕起來』[6]。奇美董事長許文龍完全不提日人千里迢迢侵略臺灣,對臺灣農業造成空前浩劫的破壞一事,但對日人興建嘉南大圳推崇備至。[7] 日本據臺初期,曾遭遇臺地漢人的長期激烈抵抗,日人除在1895年動員其正規軍攻佔全島外,並於1896～1902的七年間,以軍警憲對臺地漢人抗日行動,展開大規模殘酷徹底地鎮壓與血腥屠殺,當時某些鎮市及相當區域的農村均招致空前破壞,1900年時臺灣約有44.4%的耕地荒蕪[8]。例如1902年時,也就是日軍在今雲林縣斗六地區展開大規模無差別血腥大屠殺(1896)的六年後,該地仍舊荒殘,居民離散,甚至有數莊人煙絕滅,土地無論肥沃與否,均榛莽滿目,田園荒廢,行人矚望亂後悲慘情景,轉夕不勝鼻酸[9]。日據初期對臺灣農村的巨大破壞,約費時十年方告恢復,逐年穩定。

如果歷史是膚淺地僅就工程技術面敘述嘉南大圳的興建,極易使人誤解日本殖民政府厚我良多,但只要稍試深入分析,就知日人狠毒的一面。因為臺灣於日據初期仍處於戰爭亂世的年代,其相關統計數據數據,一則可能較難確實,另則非屬正常年代之數據;故本文以日據初期農村恢復穩定的1911～1915年期相關數據及其平均值為指數基期,進行比較分析。據統計,就日據時期臺米輸日量占臺米年產總量的平均值而言,1921～1925年間已達26.4%,往後與日俱增,1936～1938年間則高達50.5%,1939～1940年間亦達40.3%。就臺灣平均每人每年稻米消費量而言,1920年代前期(1921～1925)較十年前(1911～1915)減少6.4%,然而甘薯消費量卻增加16.2%;嘉南大圳完工後的1931～1935年間,較二十年前(1911～1915)減少16.0%,但甘藷消費量卻增加33.9%;1936～1938年間減少23.1%,甘藷消費量卻增加38.1%;[10] 另據日本銀行1966年所出版的日本經濟百年統計Hundred-Year Statistics of the Japanese Economy,前述臺灣平均每人每年可用稻米消費量,1910年代時為130公斤,1930年代減至100公斤,也是減少23.1%。[11]

日據時期，1936～1938年間與1911～1915年間相較，農業現代化的結果、臺米總產量增加2.07倍、人口僅增加1.57倍，亦即臺灣米糧增產遠高於人口成長的情況下，臺灣人卻因臺米大肆輸日，需大幅減少米食，而大幅增食甘藷果腹；如果臺米是依市場經濟自由買賣輸出，臺農豈不家家富裕，怎會淪落到甘藷消費量較日據初期增加38.1%的慘境。或云斯時臺人稻米消費量大幅減少，那是否有可能是因肉類等食品的大幅消費增加而減少食米的消費。經查日據時期日人統計之歷年牛和豬家畜屠宰數，並將之除以歷年人口數，發現同樣以1911～1915年期各年數據之平均值為指數基期，每千人每年牛隻屠宰指數居然也是與日俱減，嘉南大圳建成後的1930年代（1931～1940），平均每千人每年牛隻屠宰指數較1911～1915年期下降50.3%，同期豬隻屠宰指數增加2.5%。換言之，如果說清末日據初期臺灣人消費牛肉之指數為100，那嘉南大圳建成後如果全臺人民生活水平改善提高，則牛肉消費指數應大幅增加，豈有大幅減少之理。此外，上述數據是一平均值，要知1940年時的在臺日人已增至34.6萬人，較1911～1915年期平均的12.9萬人增加2.7倍，這些佔當時臺灣總人口5.7%的日本人，他們在臺灣是屬統治階級而過著統治階層的生活。1930年代日本本土日本人的平均每人每年可用稻米消費量，是臺灣人的1.6倍。[12]合理推論，是時在臺日人食米肉類等消費量也必遠高於臺灣本地人。換言之，如果加權扣除這些在臺日人的牛豬肉類消費量，臺灣同胞的肉類消費量是減少的。至於緊接著的戰爭年代，則是進入饑饉年代，例如1943年時，每千人每年牛隻屠宰指數僅是1911～1915年期的23.8%，豬隻是1911～1915年期的55.0%。[13]

此外，就產業利潤的比較而言，桃園大圳興建工程費774萬圓，嘉南大圳工程費5,412萬圓，二者合計雖達6,186萬圓。但1920年全臺排名前五大的日人製糖公司（臺灣製糖、大日本製糖、明治製糖、鹽水港製糖、東洋製糖），其當年總利潤卻高達7,600萬圓。換言之，單是日人在臺排名前五大製糖公司（此前五大日人製糖公司1915年時的糖產占該年全臺糖產的76.1%）的一年總利潤，即為桃園大圳與嘉南大圳兩工程費合計的1.2倍[14]。這種單一產業數家公司的天大巨額利潤是獲自對臺灣蔗農的殘酷壓榨與剝削，在近代任何國家均是難以想像的。

## 四、日人近代工業建設的殖民本質

日據時代，日本在臺完成近代農業的綠色革命，為增加生產，日人竭力提倡使用肥料，1938年臺灣稻作化學肥料使用量平均每年高達38.9萬公噸[15]，

但日人卻不願在臺灣建立農業所需的非高科技的化學肥料工業，亦即實行使臺灣化學肥料需依賴日本供應的策略。故日據末期臺灣化肥工業僅有『臺灣肥料株式會社』、『臺灣電化株式會社』與『臺灣有機合成株式會社』三家化肥工廠，生產規模甚小，1936～1940年間臺灣化肥產量平均每年僅約3萬公噸[16]，僅及當時臺灣所需化肥使用量的7.7%，其餘全需仰賴自日本進口。

此外，日據期間日人以臺灣為其紡織品之消費市場，1935～1938年間臺灣紡織品產值僅能供應本島需求量的12.4%，其餘均需仰賴進口（自日本進口布帛、布帛製品、衣類及其附屬品、絲縷、繩索及其材料[17]）。然而，即使是如此小的自製比重，臺灣紡織產品內涵並非與人民衣著相關的棉紡織品，而是以織制麻袋為大宗，用以包裝糖、米，俾將糖、米運往日本。一般人可能不瞭解，與人民衣著相關的棉紡織工業，二次大戰前日本棉紡工業技術雄視東亞，1936～1938年間日本棉織品的輸出量占全世界總輸出量的38.9%，較紡織先進的英國還多，斯時日本棉紡錠高達1,188萬錠[18]。直至1941年日本才在臺灣設立第一家棉紡廠『臺灣紡績株式會社』，於1942年開始建廠安裝機器。日本投降前，運抵臺灣的紡錠總計2.9萬錠[19]，僅及日本本土紡錠的0.0025%。

前述對與人民生活息息相關的化肥簡易工業技術，日人都不願在臺設立工廠，更遑論技術含量較高的棉紡織工業，直至統治臺灣46年後才因南侵戰爭的需要，方在臺設廠。然而，臺灣被日人統治五十年，紡錠僅及日本本土0.0025%的比例，這就是殖民地悲歌的最佳寫照。

另一方面，1941年時日本國勢鼎盛，擁有航空母艦10艘、戰艦10艘、巡洋艦38艘、驅逐艦112艘、潛水艇65艘、飛機約2,400架[20]。當時日本工業科技如此之高，但所有這些戰艦、潛艇、飛機等，沒有一樣是在臺灣設廠製造的，即使是汽車、火車頭、摩托車等次級工業產品，也沒有一樣是在臺灣設廠自製的，因為臺灣是殖民地。

但是貧窮落後的祖國，早在推動現代化之初的1885年，就在臺北設立機器局（兵工廠）。1890年代初，還請德國軍人Capt.Piorkowski押運德國最新式的後膛槍抵臺，另並在臺北興建槍子廠，添造廠房、爐房、庫房暨洋藥廠，起造合藥、礦藥、碎藥、壓藥、綿藥、光藥、烘藥、藥庫各房，據稱該機器局規模大於杭州同期同型工廠。祖國在臺灣設立與內地同等級工業技術的兵工廠，因為祖國視臺灣子民是同胞，而非殖民地人民。

## 五、日人近代教育歧視的殖民本質

在教育方面,日本殖民政府也是對臺灣同胞極盡歧視之能事。例如小學教育,日人佔據臺灣四十年後 1936 年的學校兒童就學率僅 43.8%[21],但因 1937 年 7 月 7 日蘆溝橋事變,中日爆發全面戰爭。日人推行同化臺灣人的皇民化政策,小林躋造總督於 1939 年稱『培養皇國民的素質,應在施政上從各方面進行,然其首要者在於教育,而教育又以初等教育為根本,當此支那事變(七七事變)爆發之際,本島居民已重新自覺為皇民,並希望其子弟成為善良有為之(日本)國民,……。為達成此一任務,必須培養島民之基本素質。今日我確信統治臺灣的要項,是對本島實施初等教育義務制,讓島民接受初等教育的下一代國民,對中國體有明確的認識,從而培養他們有順應新時代的能力』[22]。故日人大力發展小學教育,1940 年增至 57.6%[23],1943 年驟增至 65.8%[24]。

此外,日據時期日本人學童與臺灣漢人學童就讀的小學校是分臺灣學童念的是『公學校』,日本學童念的是『小學校』。日人在臺學童就學率早在 1914 年就高達 94.1%,1920 年更增至 98.0%。[25]

『小學校』的預算、師資等均優於『公學校』,日童就讀的小學校課程與日本國內相同,臺童就讀的公學校課程則系殖民地當局刻意所改編,二者不僅在程度上有很大差別,且在內容上亦截然不同。例如在小學校課程中,對於日本名人故事的敘述,多半著重在其力爭上游,最後出人頭地成為社會各階層領導人物的奮鬥過程。但在公學校課程中,對同一名人故事的敘述,則偏重於其人誠實忠順與家人和睦相處,終於被上級賞識提拔,或強調其人在實業方面的貢獻,絕不提及其成為政治上的領導者。亦即臺童就讀的公學校課程,旨在配合約化政策的實行,使臺人成為服從勤勉的日本臣民,而非造就有能力的臺灣領導者,其教育宗旨與日童就讀的小學校迥然不同[26]。

至於臺人子弟就讀的中等教育,1914 年,臺籍小學畢業生共 3,699 人,僅 1,381 人報考醫學校及國語學校師範部乙科及其日語部,唯錄取 237 人[27],亦即日人據臺二十年,仍不願設立可供臺人子弟小學畢業後,接受初高中教育的學校。面對日人的愚民教育政策,臺灣名人林烈堂、林獻堂、辜顯榮、林熊征、蔡蓮舫等人乃於 1912 年起請於當道,發起捐款興辦招收臺人子弟的私立普通中學,並於募得經費及取得校地後向臺灣總督府申請設校[28]。對臺灣士紳前述要求,日本中央政府法制局認為倘予臺人抽象教育,則助長臺人提升文明意識,昂進其自覺之心,橫溢其不平之念,致使統治困難,故不但反對提高臺人的教

育水平,甚至主張有所抑制,並建議臺人教育應以產業技能教育為主,低度普通教育為從[29]。

日人於1915年2月公佈『臺灣公立中學校官制』,唯在審議該官制時,日本政府仍強調『應儘量避免注入抽象之知識,以傳授有關生業之簡易知識技能為主旨』。1915年5月,日人在臺設立『公立臺中中學校』,招收修完四年公學校教育,年滿13歲以上的臺籍學生,授以四年初中程度的普通教育,該校於1919年改為臺中高等普通學校,1922年改為州立臺中第一中學[30]。

1919年1月,當時供353.8萬臺人子弟小學畢業後升學的學校僅有11所(其中師範學校及醫學專門學校尚兼收日籍學生),反觀專供僅約15.3萬在臺日籍人子弟小學畢業後,升學的學校卻有10所(不包括前述兼收日籍學生的師範學校及醫學專門學校)[31]。茲以日人據臺四十三年後的1938年為例,當時全臺公私立男子中學校共14所,同年報考中學校的臺籍生為5,248人,錄取724人,錄取率僅13.8%,但報考中學校的日籍生僅1,925人,卻錄取1,266人。錄取高達65.8%,是臺籍生錄取率的4.8倍。同年報告工業職業學校、商業職業學校與農業職業學校者均亦然,日籍考生錄取率分別為臺籍考生錄取率的6.2倍、4.7倍及4.3倍[32]。1944年,日人據臺已49年,臺籍學生占中學校在校學生總數的比例僅47.7%,日籍學生比例高達52.0%,然而當時在臺日人僅占全臺人口總數的6.0%[33]。

上述種種統計數據,又一次印證日人在日臺共學的幌子下,如何經由差別歧視化的小學教育與技術性的升學考試方式,巧妙地大肆剝奪臺胞子弟接受中學教育的機會,及維護在臺日人子弟升學的機會。

大學教育亦然,日人於統治臺灣三十三年後的1928年方在臺灣成立臺北帝國大學[34],其首屆入學新生共60人,其中臺籍學生僅6人、餘為日籍學生。此一不公平歧視現象,直至日據末期亦然。例如1943年,臺北帝大學生計454人,其中日籍學生384人,臺籍學生69人(僅占學生總數之15.2%),是年臺籍學生就讀農學部與理學部各1人,文政學部3人、醫學部則多達64人,就讀文、理、農等部的學生中,則98.1%系日籍學生[35]。

臺籍學生就讀臺北帝國大學之所以會產生如此歧視的懸殊差別機會,主要是臺籍學生從小學升大學的過程中,在每一階段均備受不平等的差別歧視待遇,例如前述小學教育階段中,公學校與小學校的不平等差別歧視,致使臺籍小學生畢業後升學機會大幅減少。對於嚮往大學教育的臺籍學生,日本殖民當局則

早在臺北高等學校及臺大預科的入學階段，即採取十分歧視的不平等錄取方式，予臺籍學生不公平的歧視入學限制[36]。

## 六、日人在臺近代建設之影響

　　日人在臺之近代建設，影響戰後臺灣深遠。1940 年代初，由於戰爭的影響，臺灣物資短缺物價飛漲，故日本殖民政府早在 1941 年時就已在臺灣實施物資配給制度。1942 年 8 月以後，更進一步地將幼兒、孩童、青少年、成人、老年等分級，就油、鹽、糖、火柴、味素、豬肉、食米等實施非常嚴格的配給；與此同時，美軍自 1943 年 11 月至 1945 年 8 月止，對臺灣重要工廠、電力設施、港口及交通樞紐等實施持續長達一年八個月的大轟炸。1945 年與 1941 年相較，發電量減少 65.5%、汽油減產 66.4%、煤減產 72.7%、水泥減產 62.5%、肥料過磷酸鈣減產 97.7%。[37]

　　因此，隨著戰事的惡化，當時臺灣物資極度匱乏，各種配給不足。以米糧為例，1944 年時每人每月的米糧配給，最多僅能維持二十天左右。當時因米糧配給不足餬口，通常三餐只能食得湯湯水水的稀粥，後來連稀粥都吃不到，僅靠蕃薯簽勉強度日。1945 年全臺產米僅 63.9 萬公噸、不及豐收時期的一半，如果以當時全臺全年消費量須 88.6 萬公噸計，不足量高達 24.6 萬公噸[38]。據臺五十年的日本殖民官僚菁英，控管全臺工農生產情形，他們對當時臺灣米糧及各項物資的極度嚴重短缺情形，當然瞭如指掌。這也是為什麼日本人統治臺灣時，無論如何也要殘酷地傾全力實施包括糧食在內的嚴格物資配給與物價管制，以防止臺灣經濟崩潰。但就在應將臺灣歸還中國前的九月上旬，臺灣總督府啟動離臺前最後一擊的經濟戰，居然連續頒佈命令，解散臺灣纖維製品、臺灣更生物資、臺灣橡膠製品、臺灣皮革、臺灣雜貨、臺灣紙文具統治等各會社，廢止鮮魚、乾魚、蔬菜、牛乳、藥品、水泥、玻璃、金屬、木材、木炭等各項配給統治規則[39]。故陳儀抵臺一個月後的十二月初，不但立即禁止米穀釀酒製粉，臺北市也又開始配給食米[40]，但為時已晚。就臺灣整體社會而言，只要稍加時日，必致原已極度缺糧的情形，更是急遽地加速惡化。

　　此時，戰前日人不允臺灣建立化學肥料工業的政策負面影響立即凸顯出來，因為臺灣早在 1930 年代即已完成近代的農業綠色革命，稻作生產極度依賴肥料。但在日人的殖民政策下，臺灣化肥 92.3% 依賴日本進口，戰後日本肥料輸入之途中斷，致使 1946 年稻作生產仍大幅減產。

陳儀長官公署最終仍無法解決因肥料極度缺乏導致米糧大幅歉收所形成的饑荒問題，終至二二八事件前糧食極度匱乏，糧價飛漲至臺人難以想像的地步。對當時的全島臺灣人而言，無論物價飛漲的原因為何？無論日人實施的是米糧配給不足的配給制度，實施的是如何嚴酷的物價統治，唯就其現實生活體驗而言，日據時代確未有過物價如此飛漲與大糧荒之事，其導致臺民對陳儀當局及祖國的強烈失望與不滿，甚至憎惡是可想見的，故陳儀實在陷入日本殖民官僚離臺前所設下農業框架經濟與最後一擊經濟戰的絕境，終致釀成二二八事變。

　　日人在臺建設本質是工業日本、農業臺灣和壓榨臺灣。雖說日人在建設本質是為更多的壓榨，為母國輸送最大利益，但為了提高治理效率，也因而完成了相當的基礎建設。因日人當時是以其先進國力的標準，故基礎建設也局部有成。

　　以經濟發展前提所需的電力為例，日人先後歷時十五個寒暑，完成臺灣電力史上劃時代巨大工程的日月潭水力發電所。日據末期，臺灣輸電系統分為東西兩系，西部平原設 154,000 伏的一次輸電線路，貫通南北，長 370 公里，聯接於此幹線者，有一次變電所 7 個，降低電壓至 66,000 伏、33,000 伏及 11,000 伏等，再由二次輸電線路供給電流至分佈各地的二次變電所。東部規模較小，輸電最高電壓僅 66,000 伏。此外，尤其是日人投降前夕仍有數項規模宏大艱巨的發電工程正在進行，例如烏來、天輪、立霧、霧社等，其中烏來日人已完成 95%、天輪則完成約 70% 的土木工程。因此臺灣光復後，國府在臺半個世紀的電力事業發展，可說是立足於日人在臺電力事業的原有規模上繼續發展，為日後臺灣經濟發展提供豐富的廉價電力。

## 七、日據殖民臺灣近代化的本質意義

　　日據時期在臺灣近代化過程的歷史意義，如果依臺灣各個族群的不同歷史經驗，可能有不同的解釋；如果依宏觀（Macro）與微觀（Micro）角度的不同，也就是從整個民族歷史的高度分析，與僅從個人經驗的角度分析，也可能有不同的詮釋；進一步來說，同樣是從相同族群的個人角度回首歷史，也因族群菁英與一般大眾，其各自掌握歷史訊息多寡不同，而可能有不同的觀點。

　　但無論以何種多元之角度思考，站在以人為本的立場，均不應偏離普世公義價值─即『正義原則』。就日據時期而言，日本殖民當局與其統治的臺灣人間的關係，吾人無法迴避其間屠殺與被屠殺、歧視與被歧視、壓迫與被壓迫的斑斑血淚『正義』歷史關係。如果不提被屠殺、被歧視與被掠奪的本質，僅從

日人基礎建設的表象，美化感念屠殺掠奪壓迫者，這種不符『正義原則』思考的史觀，很難透過歷史的考驗，也很難理直氣壯地為人們所接受，並且徒為屠殺掠奪壓迫者所竊笑，當然，也很難贏得對方菁英份子的真誠尊敬。

百年漫長的近代化歷程，期間關於日人在臺的殖民建設，從技術層面來說，吾人應承認其局部有成，並為日後國府發展經濟奠下堅實基礎，但那是因戰敗離臺不得已而留下，並非善意對中國的援助建設。另一方面，依比例原則，吾人不應蓄意抹煞日人在臺近代建設的本質是殘酷掠奪與壓榨。以本文所述臺灣大宗農產米、糖的生產悲慘結果，可知日據時期日人在臺是以近代國家機器，透過法律、警政、行政、金融、新聞管制等公權力，結合巨額現代資本入侵，構成嚴密的殖民地剝削體系，強奪豪取壓榨臺灣人民，從而攫取天大的巨額利潤。在教育方面，日人不但小學、中學、高中各階段歧視臺人極甚，尤其是大學教育，五十年統治只落得臺北帝大僅有臺籍學生 69 人，就算規模稍大的托兒所也不止招收 69 人，簡易科技的化肥 92.3% 需仰賴日本進口，紡錠僅及日本本土的 0.0025%，這與日本在臺五十年間壓榨的天大巨額利潤，完全不成比例。

因此，唯有經由嚴謹堅實的基礎學術研究，秉持公義價值，方有能力透析日人在臺殖民統治的殘酷真相、程度與本質，這是二十一世紀初新世代海峽兩岸中國人的責任。

（作者單位：佛光大學）

## 註釋：

[1] 薛化元，《馬關條約臺灣命運轉折點》，《玉山週報》，2009 年 5 月 20 日，第 5 頁。

[2] 李登輝日文原著、蕭志強漢譯，《武士道》解題，臺北：前衛出版社，2004 年 2 月，第 93 頁。

[3] 許文龍，《臺灣的歷史》，黃越宏，《觀念——許文龍和他的奇美王國》，臺北：商周文化公司，1996 年 5 月，第 378 頁。

[4] 陳君愷，《臺灣的近代化蛻變——日治時期的時代特色及其歷史意義》，林麗月主編，《近代國家的應變與圖新》，臺北：唐山出版社，第 329～351 頁。

[5] 川原重仁著、林英彥譯，《日據時代臺灣米穀經濟論》，《研叢》（102），1969 年 12 月，第 22 頁。

[6] 陳華坎，《送給李登輝的桂冠裡藏著日人的驕傲》，《新新聞》，384 期，1994 年 7 月 17～23 日，第 88～89 頁。

[7]許文龍,《臺灣的歷史》,黃越宏,《觀念——許文龍和他的奇美王國》,臺北:商周文化公司,1996年5月,第377～378頁。

[8]根據日本官方總督府之統計,1900年時臺灣耕地面積已從1898年的40.2萬公頃降至34.7萬公頃,隨後四五年則快速增加,其速率直至1904～1906年方呈穩定,而徘徊在62.5萬至63.4萬公頃之間,如果將此視為經戰亂後復耕之土地面積,則1900年之耕地面積僅及1905年之55.6%,亦即約44.4%耕地荒蕪。資料來源:臺灣省51年來統計提要,臺灣省行政長官公署統計室編印,民國35年12月,第516頁。

[9]江丙坤,《臺灣田賦改革事業之研究》,《研叢》(108),第103～104頁,見《第4回事業報告》,第27頁。

[10]戚嘉林,《臺灣史》,自刊,第1379頁。

[11]Samuel P.S.Economic Development of Taiwan, Yale University Press, 1978.p.96. 原見 Bank of Japan, Hundred-Year Statistics of the Japanese Economy(Tokyo.1966), pp.354～355。

[12]Samuel P.S.Economic Development of Taiwan, Yale University Press, 1978.p.96. 原見 Bank of Japan, Hundred-Year Statistics of the Japanese Economy(Tokyo.1966), pp.354～355。

[13]作者依據周憲文,《日據時代臺灣之畜產經濟》,《臺灣銀行季刊》,9(4):75-76:85.及臺灣省五十一年來統計提要,第76～77頁之數據計算。

[14]塗照彥、李明俊漢譯,《日本帝國主義下的臺灣》,臺北:人間出版社,1992年,pp.292:300.原引自臺灣總督府殖產局,《臺灣產業年報》,第11頁,1915年,第260～264頁及臺灣糖業聯合會,制《糖會社要覽》,1933年,pp.1:15:29:43:175。

[15]李登輝,《臺灣農工部門間之資本流通》,《臺灣研究叢刊》第106種(以下簡稱研叢),第73頁數據源見臺灣省糧食局。

[16]湯吉元,《臺灣之肥料工業》,《臺灣之工業論集》卷二,《研叢》(66):64。

[17]張宗漢,《光復前臺灣之工業化》,臺北:聯經出版社,1980年5月,第164頁。

[18]林邦充,《臺灣棉紡織工業發展之研究》,《臺灣銀行季刊》,20(2):77。

[19]黃東之,《臺灣之紡織工業》,《研叢》(41):64。

[20]服部卓四郎著、軍事譯粹社中譯,《大東亞戰爭全史》,臺北:軍事譯粹社,1978年3月,第148～149頁。

[21] 臺灣省行政長官公署統計室,《臺灣省五十一年來統計提要》,臺北:臺灣省行政長官公署統計室,1946年12月,第1241頁。

[22] 何義麟,《皇民化期間之學校教育》,《臺灣風物》,36(4),第53頁見李園會,《日本統治下にずける臺灣初等教育の研究》(自刊1981),第1776頁。

[23] 井出季太和著,郭輝編譯,《日據下之臺政》(原名:臺灣治績誌),臺北:海峽學術出版社,2003年11月,第42頁。

[24] 鄭梅淑,《日據時期臺灣公學校之研究》,東海大學歷史研究所碩士論文,臺北:1988年6月,第136頁原引自1938~1942年臺灣總督府統計書,1943年臺灣學事一覽表。

[25] 臺灣省行政長官公署統計室,《臺灣省五十一年來統計提要》,臺北:臺灣省行政長官公署統計室,1946年12月,第1242頁。

[26] 黃秀政,《評介鶴見著日據下的臺灣殖民教育》,臺灣史研考會,第271~272頁。

[27]a.吳文星,《日據時期臺灣師範教育之研究》,《國立臺灣師範歷史研究所專刊》(8),第98頁。b.游鑑明,《日據時期臺灣的女子教育》,《國立臺灣師範歷史研究所專刊》(20),第291頁。

[28]a.李獻璋著,向陽譯,《日本治臺年代的林獻堂》,《自立晚報》,1994年4月26日,第19版,原見臺中私立中學創立紀念碑。b.吳密察,《從日本殖民地教育學制發展看臺北帝國大學設立》,《臺灣近代史研究》,臺北:稻鄉出版社,1990年5月,第158頁原見若林正文,《總督府政治上臺灣土著地主資產階級―公立臺中中學校設立問題》(1912~1095),《アジア研究》,第29卷第4號。

[29] 吳密察,《從日本殖民地教育學制發展看臺北帝國大學設立》,《臺灣近代史研究》,第158~160頁原見內閣總理大臣大隈重信宛法制局長高橋作衛意見書,《公文類聚》大正4年(1915《臺灣公立中學校今ラ定ム》)(請求番號:ZA-11-類1206)所收。

[30]a.吳密察,《從日本殖民地教育學制發展看臺北帝國大學設立》,臺灣近代史研究,第163頁。b.張正昌,《林獻堂與臺灣民族運動》,第76頁。

[31]a.游鑑明,《日據時期臺灣的女子教育》,《臺灣師範大學歷史研究所專刊》(20),第45頁。b.臺灣省行政長官公署統計室,《臺灣省五十一年來統計提要》,臺北:臺灣省行政長官公署統計室,1946年12月,第76~77頁。

[32] 王詩琅,《日本殖民地體制下之臺灣》,第55~56頁。

[33] 臺灣省行政長官公署統計室,《臺灣省五十一年來統計提要》,臺北:臺灣省行政長官公署統計室,1946年12月,pp.7677:1222。

[34]黃得時,《從臺北帝國大學設立到國立臺灣大學現況》,《臺灣文獻》,26(4)與26(1),第229～230頁。

[35]臺灣省行政長官公署統計室,《臺灣省五十一年來統計提要》,臺北:臺灣省行政長官公署統計室,1946年12月,pp.76～77:1214-1215。

[36]黃得時,《從臺北帝國大學設立到國立臺灣大學現況》,《臺灣文獻》,26(4)與26(1),第236頁。

[37]戚嘉林,《臺灣史》,臺北:自刊,1998年8月三版,第2244～2247頁本文未註明出處地方,請參閱原著。

[38]糧食局,《臺灣光復後之糧政措施》,《臺灣銀行季刊》,創刊號,臺北:臺灣銀行金融研究室編,1947年6月,第211頁。

[39]臺灣銀行金融研究室,《臺灣光復後之經濟日誌》,《臺灣銀行季刊》,創刊號,臺北:臺灣銀行金融研究室編,1947年6月,第229頁。

[40]臺灣銀行金融研究室,《臺灣光復後之經濟日誌》,《臺灣銀行季刊》,創刊號,臺北:臺灣銀行金融研究室編,1947年6月,第229頁。

# ▌日據時期的清代臺灣史研究回顧～以臺北帝大文政學部研究年報與光復初期臺灣島內發行的雜誌為例

許毓良

## 一、前言

　　臺灣史研究的開啟,並成為一個重要的學門,是為1895年日本統治臺灣後才出現。日據時期的臺灣史研究,大致上可以分為四個階段:其一,1895至1900年個人研究時期。代表人物是受聘為政府機關僱員,來到臺灣從事田野調查,並在學術期刊發表的伊能嘉矩(1867～1925)、鳥居龍藏(1870～1953)、森醜之助(1877～1926)。其二,1901至1922臨時臺灣舊慣調查會研究時期。臺灣總督府鑑於為有效推行殖民政策,必須先瞭解漢人與少數民族的風俗習慣,遂成立該會做為重要的調查機構。雖然調查會在1919年解散,但發行的出版品卻持續到1922年才結束。而重要的研究成果包括:《臺灣私法》、《清國行政法》、原住民調查報告書等巨冊。其三,1922至1928年史料編纂委員會時期。該會跟臨時臺灣舊慣調查會一樣,皆屬於總督府任務編組的組織。目的在於蒐集臺灣的外國人著作、政府保存的文書、耆宿的見聞等。雖然委員會也在1928年解散,但是旋改製成史料編纂會繼續運作到1933年。

重要研究成果為翻譯荷治時期的《巴達維雅城日誌》、《臺灣史料稿本》等。其四，1928 至 1945 年臺北帝國大學時期。該校對臺灣史研究，主要由文政學部史學科負責。[1]

這過程中以第四階段最值得注意，因為臺灣史首次成為高等教育—大學的研究課程。此時臺灣史不僅成為一個研究學門，還必須培養研究人才，充實研究陣容。然而臺北帝大的臺灣史研究，除了少部份涉及法律學或經濟學，例如：臺灣貨幣使用、六三法，會提及日據初期的歷史外。[2] 其他的研究年代，所做的都不是『日據臺灣史』，而是二十世紀以前的歷史——荷領（1624～1661）、鄭氏（1662～1683）、清代（1684～1895）。這些歷史分期中，如果以臺北帝大最重要的出版品—臺北帝國大學文政學部研究年報為例，清代所累積的成果最豐碩，無疑也是重點研究項目。

1928 年臺北帝國大學設立，要到六年之後，也就是 1934 年文政學部（文法學院）才開始發行學報，向外公開學術成就。不過該學部下設四科——史學、哲學、文學、政學科，各科都有各自領域的學報。日後雖名為『臺北帝國大學文政學部研究年報』，但其實是四科學研究究年報的合集。當然這四科學研究究年報，彼此終止發行的時間也不一樣，例如：史學科發行七輯（1934.5～1941.8）、哲學科發行十輯（1934.5～1944.12）、政學科發行九輯（1934.5～1944.3）、文學科發行五輯（1934.5～1941.7）。[3] 有趣的是臺北帝大十七年的研究成果（1928～1945），在臺灣光復之後有無被延續下來？

作者從去年開始即關注日據末期與光復初期的歷史研究，蓋因於時代的轉折，從歷史洪流來看雖然短暫，但對後世的影響卻極為深遠。1945 至 1949 年的臺灣，一切事務都百廢待舉。雖然臺北帝國大學被接收後，改制為臺灣大學；但校務運作還不能及時上軌道，自然也沒有歷史學報的印行。所以要瞭解臺北帝大的臺灣史研究，特別是清代臺灣史研究，有無被繼續重視，從當時臺灣大學文學院歷史系學報來看是不可能。幸好同一時期臺灣社會出版的雜誌亦多（參閱注 1），同時刊登出不少清代臺灣史研究的文章。雖然這些文章從今日審查的標準來說（例如：附註使用、史料來源等），都還不能算是學術專文。但是透過對它們的解讀，可以對這段轉折的歷史，討論出帶有延續性或斷裂性。

## 二、1928～1945 年臺北帝國大學對清代臺灣史研究

1928 年臺北帝國大學成立後，成為臺灣教育史上的第一所大學。而對於臺灣史的研究，就由文政學部的四個科——史學、政學、哲學、文學科來負責。

下表一是這四個科，在研究年報所發表關於清代臺灣史的成果。從內容上看史學科（編號 1、5、6、11、14），以及政學科（編號 4、7、8、9、15），分別發表 5 篇文章為最多。其次是哲學科的 4 篇（編號 2、3、12、13），最後才是文學科的 1 篇（編號 10）。再從時間上來看，1934 年四個科創刊之初，是整個文政學部，對於清代臺灣史研究最多產的一年，總共有 4 篇文章。但日後就逐年遞減，例如：1935、1936 年分別還有 3 篇文章，可是到了 1937、1938、1939、1940、1941 都只剩下一篇。不過以史學、政學、哲學、文學科，來作為清代臺灣史議題討論，這樣的分類還是嫌過於粗糙。因此本文依照當代歷史學的標準，把這 15 篇文章分成四類—涉外關係史、原住民研究、經濟史與其他。以期能在日據末到光復初的學術史上，整理出脈絡性的發展。

## 表一　臺北帝國大學文政學部研究年報的清代臺灣史研究

| 編號 | 年代 | 作者 | 文章篇名 | 期刊名稱 | 頁數 |
|---|---|---|---|---|---|
| 1 | 昭和九年五月(1934.5) | 莊司萬太郎 | 米國人の臺灣占領計劃 | 臺北帝國大學文政學部史學科研究年報第一輯(復刊本編號1) | 361～427(67頁) |
| 2 | 昭和九年五月(1934.5) | 飯沼龍遠 力丸慈圓 藤澤 | 高砂族の形態の記憶と種族的特色とに就て | 臺北帝國大學文政學部哲學科研究年報第一輯(復刊本編號7) | 81～119(39頁) |
| 3 | 昭和九年五月(1934.5) | 岡田謙 | 首狩の原理 | 臺北帝國大學文政學部哲學科研究年報第一輯(復刊本編號7) | 121～179(59頁) |
| 4 | 昭和九年五月(1934.5) | 東嘉生 | 清朝治下臺灣の土地所有形態 | 臺北帝國大學文政學部政學科研究年報第一輯(復刊本編號15) | 562～630(59頁) |
| 5 | 昭和十年六月(1935.6) | 莊司萬太郎 | 明治七年征臺の役に於けるルジャンドル將軍の活躍 | 臺北帝國大學文政學部史學科研究年報第二輯(復刊本編號2) | 335～389(55頁) |
| 6 | 昭和十年六月(1935.6) | 宮本延人 | 臺灣パイワン族に行はれる五年祭に就て | 臺北帝國大學文政學部史學科研究年報第二輯(復刊本編號2) | 391～419(29頁) |
| 7 | 昭和十年八月(1935.8) | 北山富久二郎 | 臺灣に於ける秤量貨幣制と我が幣制政策—『銀地金を流通せしむる金本位制』 | 臺北帝國大學文政學部政學科研究年報第二輯(復刊本編號16) | 3～283(281頁) |

| 8 | 昭和十一年十一月(1936.11) | 坂義彥 | 祭祀公業の基本問題 | 臺北帝國大學文政學部政學科研究年報第三輯第一部法律政治篇(復刊本編號17) | 485～793(309頁) |
|---|---|---|---|---|---|
| 9 | 昭和十一年十一月(1936.11) | 東嘉生 | 清朝治下臺灣の貿易と外國商業資本 | 臺北帝國大學文政學部政學科研究年報第三輯第二部經濟篇(復刊本編號18) | 315～395(81頁) |
| 10 | 昭和十一年十一月(1936.11) | 吳守禮 | 陳恭甫先生父子年譜附著述考略 | 臺北帝國大學文政學部文學科研究年報第三輯(復刊本編號27) | 107～202(96頁) |
| 11 | 昭和十二年十月(1937.10) | 松元盛長 | 鴉片戰爭と臺灣の獄 | 臺北帝國大學文政學部史學科研究年報第四輯(復刊本編號4) | 441～562(122頁) |
| 12 | 昭和十三年九月(1938.9) | 岡田謙 | 原始家族：ブヌン族の家族生活 | 臺北帝國大學文政學部哲學科研究年報第五輯(復刊本編號11) | 57～124(68頁) |
| 13 | 昭和十四年十二月(1939.12) | 藤澤 | 高砂族の行動特性：パイワンとルカイ | 臺北帝國大學文政學部哲學科研究年報第六輯(復刊本編號12) | 311～420(110頁) |
| 14 | 昭和十五年十月(1940.10) | ── | 華夷變態目錄 | 臺北帝國大學文政學部史學科研究年報第六輯(復刊本編號6) | 185～265(81頁) |
| 15 | 昭和十六年八月(1941.8) | 東嘉生 | 清朝治下臺灣の地代關係 | 臺北帝國大學文政學部政學科研究年報第七輯經濟篇(復刊本編號22) | 127～176(50頁) |

### 1. 涉外關係史

1840年鴉片戰爭爆發後，逾一甲子時間列強勢力接踵而至。臺灣在鴉片戰爭期間也受到英艦的入侵，並與守軍展開戰鬥。臺北帝大史學科最早對這段歷史感興趣者是松元盛長（表一編號11）。1928年臺北帝大成立後，史學科陸續開設六個講座—國史學（日本史）、東洋史（中國與朝鮮史）、南洋史（東南亞史）、西洋史（歐美史）、土俗人種學（臺灣史）、地理學講座。松元盛長旋考入成為第一屆的學生。1931年松元畢業，其大學畢業論文題目為《四書に見えたる人格思想》（四書中的人格思想）。從此題目上來看，松元研究領域應屬於東洋思想史的範疇。但是隨後留校任用，卻是在地理學講座擔任副手。

[4] 松元在臺北帝大日後的發展，仍在 1935、1936 年的年報上，看到掛名『副手』。[5] 直到 1937 年松元盛長撰寫《鴉片戰爭と臺灣の獄》（鴉片戰爭與臺灣鎮道之獄），投稿至第四期的《文政學部史學科年報》，研究功力才展現出來。[6]

這篇文章估計有近 6 萬字之多，全文除了緒言、結語外，分成十段，目次如下：

一、閩浙總督鄧廷楨の臺灣防備策

二、臺灣鎮道の處置

三、閩浙總督顏伯燾と廈門失守

四、道光二十一年第一回英船 Nerbudda 號事件

五、道光二十一年第二回英船擊退事件

六、道光二十二年第三回英船 Ann 號事件

七、道光二十二年第四回草烏匪船事件

九、同事件に關する中英外交々涉

十、臺灣鎮道の責任問題

鴉片戰爭時期，事實上英軍曾派出小隊登陸臺灣。原來 1841 年 9 月中旬，英軍挾著初陷廈門餘威，派出一艘英艦游弋基隆，不料被守軍用巨礮轟沉。所以同年 10 月，英方再派出一艦前往基隆，聲稱要索回之前被俘的英軍。這艘英艦強行駛入岸邊，並調派部隊上岸與守軍展開戰鬥。不過英軍人數過少，加上守軍據守山頭不易仰攻，遂放棄戰鬥退出基隆。1842 年 3 月又有一艘英船，在今臺中縣大甲鎮外海擱淺，船上人員全被俘獲。這前後兩次在臺被俘的英軍，總共有 139 名（另有病死 36 名），全在 1842 年 6 月於臺灣府城（今臺南市），奉道光皇帝聖諭處決。不料同年 8 月中英簽訂南京條約時，英方執意要追究在殺害這些英俘的『元兇』。雖然處決英俘是道光皇帝下令，但罪責反而由臺灣鎮總兵官達洪阿、臺灣道姚瑩承擔，史稱臺灣鎮道之獄。

松元盛長這篇論文，最大的貢獻是凸顯了鴉片戰爭中，臺灣重創英軍的戰果，以及事後反遭冤獄的過程。這是同一時期中國與日本學界很少注意到的個案，也是對這場戰爭研究難得的佳作。而松元之能夠進行深入地討論，所運用的史料頗值得注意。例如：官方史料的籌辦夷務始末、清史稿、東華錄、澎湖

廳誌；私人史料的《國朝柔遠記》、《治臺必告錄》、《東溟文集》、《中復堂全集》、《撫夷日記》、《臺灣文化誌》；外文史料的美籍海關 H.B.Morse 著《The International Relations of the Chinese Empire》、E.C.Bridgman 著跟基督教傳教有關的《Chinese Repository》。[7] 這些資料在今日看來，或許可以在任何一間圖書館唾手可得。但二十世紀中期的臺灣，能夠收集這些資料誠屬不易。更重要的是以一位日本學者的身份，松元可以克服中文古文的困難，正確解讀史料的原意，可見臺北帝大史學科教育之嚴謹。

無獨有偶地在此單位中，也有一人的際遇跟松元類似，那就是 1930 年進入臺北帝大史學科任教的莊司萬太郎。莊司甫擔任教職頭銜是講師，而且是當時史學科西洋史講座中，唯一的授課老師，所開課名為『西洋史概說』。[8] 不過莊司的聘期只到 1934 年，來年西洋史講座改聘菅原憲助教授。[9] 菅原研究領域是德、法、美國的歷史，然他在臺北帝大任教階段，沒有在《研究年報》發表過任何一篇臺灣史的文章。[10] 莊司萬太郎在離職前後—1934、1935，分別在創刊號，以及第二期的《文政學部史學科年報》，發表 19 世紀美國與臺灣的研究（表一編號 1、5）。不過當莊司離職之後，也沒有他的任何訊息。[11]

莊司的兩篇文章，第一篇名為《米國人の臺灣佔領計劃》（美國人的臺灣佔領計劃），字數計有 3 萬字之多，全文分成四段，目次如下：

一、ペリ‐司令官及びハリス總領事の臺灣に對する企圖

二、パ‐カ‐公使の臺灣佔領の建策

三、ベル提督の南蕃討伐

四、ルジャンドル領事の努力

ペリ—司令官即是 1854 強迫日本開港的美國東印度艦隊司令官培裡（MathewC. Perry, 1794～1858），ハリス是 1855 年美國駐日本總領事哈里斯（Townsend Harris, 1804～1878）。特別是哈里斯對臺灣十分感興趣，他在未擔任美國駐日總領事前，原本是被任命駐中國寧波的領事（沒有就任），可見得他對東亞情勢的瞭解，於是他大膽建議美國政府直接『購買』臺灣。跟哈里斯有同樣看法的培裡，也主張在臺灣北部建立美國的海軍『基地』。原因是基隆盛產煤礦，比起原本計劃要佔領琉球充當基地的條件優越得多。パ‐カ‐公使就是 1855 年美國駐華公使伯駕（Peter Parker, 1804～1888）。早在 1847 年以前，伯駕已成為美國駐華的代辦。既是眼科醫師，也是基督教傳教士的柏駕，活動的地方以廣州、香港為主。1850 年代以後，已成為東亞重要航線之一

的臺灣周邊海域,卻因海難大增而困擾西方國家。1851 年美國政府曾訓令伯駕,來臺灣調查這些失事的美籍船隻與船員。他認為有效解決層出不窮海難糾紛的辦法,就是『佔領』臺灣的南部與東部(番界以東之地)。可是 1858 年天津條約、1860 年北京條約,已經規定臺灣必須開港通商。如果美國真的實行對臺灣的佔領,對包括英國在內的西方列強來說,有貿易上的不良影響。再加上 1861～1865 年美國爆發南北戰爭,無暇顧及在東亞領土擴張的計劃。故衡量利弊得失後,美國終究沒有付諸行動。

　　ベル提督則是美國亞細亞艦隊司令官貝爾(Henry H.Bell, 1808～1868)將軍。1860 年以後美國對臺灣的興趣,集中在商務帶來的經濟利益。可是臺灣沿海多船難,並屢次造成人員與金錢損失的情況,時至開港以後還是沒有解決。1867 年 3 月ロ-ヴァ-號事件(Rover,羅妹號事件)發生,同年 6 月貝爾率領 2 艘軍艦,以及約 180 名海軍陸戰隊趕往南臺灣,並在恆春半島登陸與原住民爆發戰鬥。這場軍事行動,美軍因苦於叢林道路不熟、烈日曝曬,加上原住民不時的伏擊,遂失敗收場。ル・ジャンドル領事就是美國駐廈門領事李仙德(也譯為李讓禮 Charles William Le Gendre, 1830～1899)。他鑑於美軍在恆春無功而返,知道要以外交方式,解決這起事件。同年 9 月李仙德與臺灣鎮總兵官劉明燈,率領兵役前往恆春。李仙德趁此大好機會,沿途調查當地的民番風俗、繪製地圖。最後與原住民大頭目卓杞篤達成協議,日後遇有海難者,當地民番會盡力協助,才結束這場風波。[12]

　　莊司的這篇文章,也是當時的佳作。不過他所使用的史料,屬於中文官方檔案的部份極少,僅有東華續錄、同治朝籌辦夷務始末而已。主要是以日文與英文資料為多。前者包括:臺北帝大首任校長幣原坦著《臺灣の硫黃石炭探檢に關する文獻內容》、朝鮮京城帝大教授田保橋潔著的《近代日本外國關係史》、京都帝大教授矢野仁一(1872～1970)著《近世支那外交史》、外務省外交顧問齋藤良衛的《近世東洋外交史序說》、《大日本古文書幕末關係文書》等。後者包括美國教會史學者 Francis Lister Hawks(1798～1866)著《Narrative of the Expedition of an American Squadron to the China Seas and Japan》、美國駐臺領事禮密臣(John Wheeler Davidson)著《The Island of Formosa, Past and Present》、M.E.Cosenza 編輯《Complete Journal of Townsend Harris》、美國國務卿 John W.Foster 著《American Diplomacy in the Orient》等。重要的是莊司已經找到日本近代史與清末臺灣史,在歷史發展上共同的重要事件—明治七年征臺の役(1874 年牡丹社事件)。而串連起這個事件的人物,即是李仙德。所以他在第二篇文章,即以李仙德為中心,完整地交代這場事件的

始末,成為學界的第一人(這場事件的重要性,以日本近代史而言,是 1868 年明治維新以來首次出兵海外;以中國近代史來說,是洋務運動中海防與塞防爭論的開始;以臺灣史來說,是治臺政策改變並進行開山撫番的時刻)。[13]

2. 原住民研究

臺北帝大文政學報在清代臺灣史議題中,所刊登對原住民研究的文章最多,總共有 5 篇(表一編號 2、3、6、12、13)。而且該議題的討論,還不是史學科學者貢獻最多,反而是哲學科——社會科學。在哲學科學研究究年報第一期內容中,有 2 篇文章與 4 名學者同時投稿(表一編號 2、3)。

第一篇文章《高砂族の形態の記憶と種族的特色とに就て》(原住民的圖像記憶與種族特色),為飯沼龍遠、力丸慈圓、藤澤 所作。1928 年臺北帝大文政學部設立後,飯沼龍遠教授即任教於哲學科,開設課程為心理學概論、心理學實驗、特殊講義(知覺の諸問題),以及在醫學專門部開設心理學,直到 1940 年為止。[14] 二次大戰結束以後,飯沼教授回到日本,並在 1949 至 1952 年擔任(佛教日蓮宗)立正大學校長。[15]

力丸慈圓助教授,也是與飯沼一樣在哲學科任教。開設課程是特殊講義(最近心理學の諸問題)、心理學實驗、心理學概論。1940 年飯沼教授離職後,力丸升任教授,直到 1945 年為止。[16] 藤澤 是臺北帝大哲學科設立後,首屆招收的學生,畢業後留校擔任助手。在助手階段,藤澤完成兩篇重要論文——一是《高砂族の行動特性:パイワンとルカイ》(原住民的行為特性:排灣族與魯凱族/表一編號 13)、另一是刊登在 1940 年《心理學研究》文章,《テストによる民族の智慧》(測驗所表現出的民族智慧)。1940 年如同力丸助教授,升任一級的待遇成為教授,藤澤也升任一級成為助教授。可是力丸、藤澤在二戰結束後,並沒有像飯沼教授繼續從事研究,反而消失在日本學術界(或 於戰爭?)。[17]

在《高砂族の形態の記憶と種族的特色とに就て》文章中(舊日文『形態』為德文外來語的ゲシュタルト,意思為圖像概念),三位作者先闡述所謂的高砂族,就是臺灣的蕃族,並且可以分成八族—タイヤル(泰雅族)、サイシャット(賽夏族)、アミ(阿美族)、ポイワン(排灣族)、ブヌン(布農族)、ツォ-(鄒族)、熟蕃(平埔族)、ヤミ(達悟族)。不過在採樣上,他們並沒有對這八族進行普查,而僅調查臺北州蘇澳郡、羅東郡的泰雅族(今宜蘭縣南澳鄉與大同鄉),高雄州潮州郡(今高雄縣來義鄉)的排灣族、臺中州新高郡(南投縣信義鄉)的布農族。受調查的孩童,平均是 12 歲。以記憶力而言,為排灣

族孩童最佳、其次是泰雅族，最後是布農族。在圖像偏好上，泰雅族喜歡線條波折、圖形交叉、線條貫穿的構圖，排灣族喜好三角形的構圖，布農族喜歡對稱性的構圖。[18]

第二篇文章《高砂族の行動特性：パイワンとルカイ》（臺灣少數民族的行為特性：排灣族與魯凱族），此為藤澤　一人的力作。全文約 4 萬字，另有 35 個表格與 14 張圖標。魯凱族與排灣族在社會組織上相似，日據時期被視為同一族群。但在風俗上魯凱族是重男輕女，排灣族男女平等；喪葬上魯凱族是一人一墓，排灣族是一家一墓（今臺灣已劃分為二個族群）。藤澤的研究目的主要是想瞭解，排灣族與魯凱族接受日本近五十年的統治，在教育的改變下，有無影響日常的作息活動。[19]

第三篇文章為《狩の原理》（馘首的規則），作者是文政學部哲學科講師岡田謙。如同前述提到的學者一樣，岡田也是在 1928 年臺北帝大設立後，就前去任教。當時他開設的課程為社會學概論，1938 再受理農學部（理農學院）邀請，開設農村社會學課程，直到 1941 年為止。[20] 二戰結束以後，岡田回到日本被東京文理大學聘為教授（1949 改稱東京教育大學，1973 年改制再稱為筑波大學）[21]，現可找到二本重要代表作為《民族學》、《未開社會の研究》。[22]

本篇文章約 3 萬字，除了序言與結語之外，內容主要有二節——インドネシアに於ける首狩、臺灣ツォウ族に於ける首狩。事實上岡田在序言中，亦提及 1910 年代早期臺灣史學者對獵人頭的研究，如：臺灣總督府二位專長人類學的聘僱人員伊能嘉矩（1867～1925）、森醜之助（1877～1926）、京都帝國大學法學教授岡松參太郎（1871～1921）。然而這些先行研究，只整理出少數民族馘首習俗的特徵，但未有整理出馘首的規則。甚至於伊能嘉矩還認為，臺灣原住民各族的馘首風俗，是找不到一致性的規則。不過岡田謙認為馘首既然是一種群體的行為，以社會學的角度就一定可以找得到規則，故以印度尼西亞的原住民來跟臺灣作對照。結果整理出幾點規則：其一，馘首在團體中是一件誇耀武勇的事，因為跟各族擴張勢力有關。其二，沒有馘首的男子，不容易找到婚配的對象，對於日後子孫繁衍會有困難。其三，復仇之用。其四，讓自己的保護靈有活力，不會受到惡靈的侵擾。其五，作戰的戰利品。[23]

第四篇文章《原始家族：ブヌン族の家族生活》（原始家庭：布農族的家庭生活），也是逾 3 萬字的力作。岡田謙把研究的焦點放在布農族身上，其目次內容如下：

（一）序言

（二）社會組織

（1）氏族組織（2）地域集團祭祀集團

（三）家族構成

（1）構成樣式（2）婚姻離婚其の他

（四）家族機能

（1）經濟生活

（A）財產（B）生業

（2）宗教及び教育

（五）結語

　　岡田謙在進行田野調查時，主要是採訪布農族的五大族群—卓社蕃（今南投縣仁愛鄉法治、中正、萬豐村）、卡社蕃（今南投縣信義鄉地利、雙龍、潭南村）、丹蕃（今南投縣信義鄉地利、雙龍、花蓮縣萬榮鄉馬遠村）、巒蕃（今南投縣信義鄉望嘉、豐丘村、花蓮縣卓溪鄉）、郡蕃（今南投縣信義鄉明德、羅娜、東埔村、臺東縣海端鄉、延平鄉、高雄縣茂林鄉萬山村）。透過他的研究，瞭解布農族家庭成員的構成，以父系血緣為主。不過家庭內的家長權並不發達，諸大事都採合議的方式決定。共同居住在一起的家庭，所有成員必須要參與經濟、宗教的活動，以維繫向心力。[24]

　　第五篇文章《臺灣パイワン族に行はれる五年祭に就て》（臺灣排灣族舉行的五年祭），作者是文政學部史學科助手宮本延人（1901～1988）。1928年宮本從慶應義塾大學史學科畢業後，同年前往新成立的臺北帝國大學文政學部土俗人種學教室擔任助手。1931年改調史學科地理學講座助手，直到1945年日本戰敗為止。[25] 1946年宮本受聘為臺灣大學歷史系教授，二年後才離職返回日本。1949年再受聘為東海大學教授，直到1972年才退休。[26] 日據時期宮本對臺灣少數民族研究頗豐。雖然在研究年報的投稿僅有一篇，當在史學科擔任助手期間，跟隨移川子之藏教授（1884～1947），前往今新竹山區研究賽夏族時拍攝16釐米的紀錄片非常珍貴。[27] 另外1930年宮本在移川教授的主持下，也在今屏東縣恆春鎮墾丁參與臺灣史上首次學術性的考古挖掘工作。[28] 這篇排灣族五年祭的文章，主要是想從民族學、宗教學、社會學上來考察；以及討論排灣族各聚落遷徙過程，對於五年祭儀式變化有何關係。[29]

　　3.經濟史

清代臺灣經濟史研究的文章，在臺北帝大文政學部研究年報共有4篇（表一編號4、7、9、15）。在這當中卻有3篇文章，皆由政學科助教授東嘉生完成，可謂一時的人才。1931年東嘉生從臺北帝大政學科畢業後，即留校擔任助手。不料升任助教授後，在1943年從日本返回臺灣途中，其搭乘輪船在東海被美軍潛艇擊沉殞命。不過他的研究成果，在臺灣光復後還是受到重視。1945年隨著陳儀來臺接收，爾後擔任臺灣大學法學院院長，旋又轉任臺灣銀行經濟史研究室的周憲文（1908～1989），曾在1980年代把這3篇文章翻譯成中文。[30]

首篇文章《清朝治下臺灣の土地所有形態》（清朝統治下臺灣土地地權形態）。全文逾3萬字，這篇文章的重要性在於是日據時期，首次研究荷據、鄭氏、清代臺灣土地地權史之作。特別是東嘉生使用的資料，非常值得注意，都是日據初期總督府對臺灣最早的調查報告。包括：1900年《臨時臺灣土地調查局清賦一斑》、1901年《臺灣舊慣制度一斑》、1904年《大租取調書附屬參考書》、1905年《調查經濟資料報告》與《臺灣土地慣行一斑》、1906年《臨時臺灣舊慣調查會第二回報告書》、1910年《臺灣私法並附錄參考書》、1914年的《清國行政法》、1920年《臨時臺灣舊慣調查會蕃族調查報告書》、1921年《臺灣總督府蕃族調查會蕃族調查報告書》與《臺灣總督府蕃族調查會蕃族慣習研究》。[31]

第二篇文章《清朝治下臺灣の貿易と外國商業資本》（清朝統治下臺灣的貿易與外國商業資本）。全文超過近4萬字，跟上一篇文章一樣，都是開創性十足的研究成果。不過本篇文章討論的是1858、1860年，臺灣因天津條約與北京條約開港前後，外國資本來臺貿易，造成商品出口與交易方式重大改變的歷史。特別是在史料的運用上，當時東嘉生還無法使用清末臺灣海關報告書。他對於清末臺灣海關進出口商品數據的討論，全都仰賴美國駐臺領事禮密臣（John Wheeler Davidson）著《The Island of Formosa, Past and Present》所附資料。並再佐以部份中文史料，如：《彰化縣誌》、《臺灣縣誌》、《淡水廳誌》；以及日文資料，如：《臺灣私法》、《法院月報》。不過此舉仍能對清末在臺六大洋行—Dodd&Co.（寶順洋行）、Tait&Co.（德記洋行）、Brown&Co.（水陸洋行）、Boyd&Co.（和記洋行）、Jardine.Matheton&Co.（義和洋行／今也翻譯為怡和洋行）、Case&Co.（嘉士洋行），作出細緻地討論，顯示臺北帝大對人才訓練的嚴謹。[32]

第三篇文章《清朝治下臺灣の地代關係》（清朝統治下臺灣的地租關係）。全文超過逾2萬字，亦可以說是《清朝治下臺灣の土地所有形態》的『續篇』。

事實上在《土地所有形態》一文中，東嘉生已經把清代臺灣地權型態的種類作一整理，包括：莊園、官莊、屯田、隆恩田等。可是當他在進行細部研究時，卻發覺為數眾多的莊園，都普遍存在『一田二主』的租佃關係。故在清代臺灣開發史過程中，一塊田地所有權與使用權分開的研究，東嘉生的大作可謂最早的作品。[33]

第四篇文章《臺灣に於ける秤量貨幣制と我が幣制政策—銀地金を流通せしむる金本位制》（關於臺灣的秤量貨幣制與中國幣制政策—流通銀元的金本位制），作者為北山久二郎。北山的背景現已很難詳查。不過根據他的自述，本篇是受到東京帝國大學經濟學部教授山崎覺次郎（1868～1945），研究銀行貨幣的啟發而作。本文字數約 27 萬字，可謂跟一本專書差不多。整個內容分為前篇、後篇，前篇是討論清代的貨幣流通與種類，後篇才是討論日據時期的貨幣政策。經過北山的整理，清代在臺灣流通的貨幣，除了跟大陸各省一樣也使用銀錠（馬蹄銀）、製錢之外，也使用臺灣官府自鑄銀元（老公銀、劍秤銀、如意銀）、外國銀元（荷蘭、墨西哥、香港、西班牙、美國、法屬安南、日本）、鈜仔銀（小額銀貨，多從廣東與香港流入）、紙幣（臺灣民主國的臺南官銀票）、外國銅錢（安南錢、琉球錢、日本錢、朝鮮錢）。[34]

4. 其他

其他部份共有三篇文章，除了一篇是屬於社會史領域的成果外，其餘二篇都是史料介紹。前者是臺北帝大文政學部政學科專攻民法的坂義彥助教授，在1936 年所著〈祭祀公業の基本問題〉（祭祀公業的基本問題）。全文有近 30 萬字，跟北山一樣都是一本『擲地有聲』的論文。祭祀公業就是族產、祀產、義田、蒸嘗，此等在朝鮮、法屬印度支那、暹羅、印度等地方也很常見。早期對臺灣祭祀公業有研究的學者，以曾任臺灣總督府官房調查課的經濟學博士井出季和太[35]，以及臺灣總督府高等法院上告部判官，同時兼任臺北帝大文政學部政學科講師　齒松平（1885～1941）最重要。[36]不過坂義彥所使用的史料有獨到之處，包括：1905 年《臺灣土地慣行一斑》、1906 年《臨時臺灣舊慣調查會第二、第三回報告書》、1909 年臺灣覆審法院判例、高雄州潮州郡內埔莊鐘郭郎所藏古文書、曾任基隆市尹桑原政夫所藏古文書等。有趣的是坂義彥雖然進行全臺祭祀公業管理方式的整理，但在討論焦點特別注意臺中州員林郡（今彰化縣員林鎮、大村鄉、社頭鄉、田中鎮、埔心鄉、永靖鄉、二水鄉、溪湖鎮、埔鹽鄉）。事實上以今彰化縣為例，就有上千個祭祀公業，可見得從清

代到日據，臺灣社會對成立祭祀公業之熱衷。[37]1923年總督府在臺灣實施民法後，也承認祭祀公業準用民法法人之規定。[38]

在史料介紹方面，1936年臺北帝大文政學部文學科副手吳守禮（1909～2005）的文章—《陳恭甫先生父子年譜附著述考略》，最值得留意。吳守禮是臺灣光復以後，研究臺語文學最重要的學者。1930年考入臺北帝大文政學部文學科，師從專攻語言學的小川尚義教授（1869～1947），以及考證學專家神田喜一郎教授（1897～1984）。[39]1933年吳守禮畢業後，留校擔任神田教授的副手。1938年在神田教授推薦下，東渡日本京都東方文化研究所任職。1943年臺北帝大成立南方人文研究所，吳守禮再從日本返臺任職。1945年臺灣光復，臺北帝大改製為國立臺灣大學，吳守禮受聘為文學院中國文學系副教授，1973年以教授身份退休。[40]1934至1944年，臺北帝國大學文政學部研究年報四科的投稿文章，總共有156篇之多。吳守禮的撰文是臺灣人被刊登在研究年報，僅有2篇的其中之一（另一篇為哲學科的助手洪耀勳，洪氏畢業於東京大學，曾前往北京大學任教，1949年返臺受聘至臺灣大學哲學系任教）[41]，更是臺北帝大所培養優秀的本土人才。

陳恭甫先生即是清末福建知名文人陳壽祺，嘉慶四年（1799）陳氏考上進士後，出任國史館總纂。道光二年（1822）丁母憂返閩，道光九年（1829）受閩浙總督孫爾準之邀請，擔任《福建通誌》總纂。由於當時臺灣府屬於福建省管轄，陳壽祺總纂的這部《福建通誌》，記載許多臺灣史的資料。而吳守禮編寫陳壽祺的年譜並考證他的著作，有利於後世讀者對《福建通誌》編修過程的瞭解。[42]

最後一篇是《華夷變態目錄》，此書書名『華』指的是明朝之意，『夷』指的是清朝之意，『變態』指的是改朝換代之意。因此該書就是十七世紀日本人眼中『明末清初』的歷史變遷。由於這段發展，跟早期的臺灣史有密切關係，故是一本相當重要的史料。臺北帝大文政學部史學科公開時，並沒有標明作者，也沒有註明是何人編輯，推測可能是私人收藏（今臺大圖書館所藏華夷變態目錄，並不是臺北帝大遺留下來）。而書中內容涉及到臺灣之事，即鄭氏祖孫四代—鄭芝龍、（鄭）朱成功、鄭經、鄭克塽，以及臺灣船裝載蔗糖前往日本販賣的記錄。[43]

## 三、光復初期（1945～1949）的清代臺灣史研究

光復初期的研究者，如何看代清代臺灣的歷史？當時接收官員之一，之後也成為臺灣歷史學界重要學者的沈雲龍（1910～1987），他的一段看法可以作為代表，如下：

> 荷蘭人未佔據臺灣以前，國人皆視臺灣為荒郊，孤峙海外，不屑經營。以致公私文書及歷史記載，有關臺灣者絕鮮。唯在滿清統治其中，有識者漸知海疆國防之重要。其關理臺、治臺之歷史資料，散見於章奏、方誌、文集、札記者，頗為不少。惜乎淪陷日本五十年，時間較長，國人健忘。對於先賢經營臺灣之珍貴文獻，類多不甚重視。際茲臺灣光復之始，筆者有鑑於此，就平素閱讀所得，輯成臺灣關係文獻若干篇，並以作者小史冠諸每篇之首，以明其人其時、其事其文。無不對臺灣有重要之關係，或可為今日談治理臺灣及關心國防者之一助也。[44]

從上述的引文中，可以得知三件事情。其一，日據時期臺灣與大陸脫離半個世紀，大陸對臺灣的情況已經很陌生，遑論對臺灣史的瞭解。即便臺灣曾經被清帝國統治過，也留下不少中文史料，但學界多未注意，故有重新認識之必要。其二，研究清代臺灣史與日據臺灣史不同。對於後者，當時研究者著重是殖民統治成果的介紹，不注重史料的解讀。可是對於前者，認識的重點反而是史料的解讀。並且鑑於篇幅太多，常以『連載』的方式處理，成為認識清代臺灣史的一大特色。其三，研究清代臺灣史的目的，原來是作為光復後治理臺灣的重要參考，這一點也是跟研究日據臺灣史的目的相同。也因為如此，沈氏在《臺灣月刊》中，連續以六期的版面，刊載當時清代臺灣史文獻。這些史料以現今標準來看，也是相當重要頗值得一述。

1. 史料介紹

首先，康熙朝施琅（1621～1696）的《論臺灣棄留利害疏》。1683年9月施琅率師擊敗鄭氏的軍隊，並來到臺灣接受鄭克塽的出降。可是康熙皇帝對於是否要把臺灣，納入清帝國的版圖舉棋不定。當時朝臣大多反對把臺灣併入，施琅聞訊遂上疏文，條陳臺灣海防地位的重要，力勸康熙必須把臺灣納入版圖。經過九個月的思考，康熙終於採納施琅的建議。

其次，康熙朝藍鼎元（1680～1733）的《平臺紀略總論》。平臺紀略為一部書，描寫福建文人藍鼎元與族親藍廷珍，率兵渡臺平定朱一貴事件的經過。

書中亦收錄藍鼎元對臺灣善後的建議,原因是他親身經歷臺灣各處,記錄當地社會的情況。成為瞭解十八世紀初的臺灣,最好的史料。[45]

其三,康熙朝藍廷珍(1664～1729)的《與滿保論劃界遷民書》。南澳鎮總兵官藍廷珍在朱案爆發時,奉閩浙總督覺羅滿保(1673～1725)之命,率師來臺平亂。事平滿保本欲下令,恐臺灣內山易於藏奸,遂強迫居住在山中的百姓遷徙。藍廷珍以居民安土重遷,茲事體大勸阻。折中後滿保打消此念,改以在山中出入要道立石示禁,成為十八世紀中葉臺灣修築番界的嚆矢。[46]

其四,康熙朝陳夢林(1664～1739)的《臺灣兵防總論》。陳夢林為福建知名文人,可惜鄉試屢次不第。1714年受聘來臺纂修《諸羅縣誌》,志成受到佳評。然而修志其間,陳氏親歷臺灣各處,眼見文恬武嬉,治臺無當,深感憂之。於是撰文強調大甲溪以北兵防的重要,以及改進的良方。只可惜清廷未予採納,數年之後有朱一貴事件的發生。[47]

其五,乾隆朝吳士功(?～1765)的《題準臺民搬眷過臺疏》。清代臺灣的移民政政,長期在搬眷或攜眷的爭議中更迭。1760年福建巡撫吳士功題準,由單身渡臺改為搬眷,對十八世紀臺灣的開發有相當的幫助。此外在這篇疏言中,還提到當時很難得見到的偷渡與人口記錄。這是少見清代臺灣社會史的重要資料。[48]

其六,嘉慶朝楊廷理(1747～1813)的《議開臺灣後山噶瑪蘭即蛤仔難節略》。十八世紀末以前臺灣受限於番界的限制,開墾的地區僅止於西部平原。1796年吳沙(1731～1798)其實已經違反番界的規定。不過經過十餘年的開墾,蘭陽平原已經成為阡陌。復加上海盜的侵擾,清廷考慮是否需把噶瑪蘭納入版圖。此時臺灣知府楊廷理極力贊成,最終以設廳、設立通判的方式治理之。[49]

除了上述單篇的文獻之外,清代臺灣方誌的史料價值,在光復初期也為人所注意。方誌的作用為何?時論認為有二──提供當地人對特殊情形的研究,以及提供編纂國史的資料。[50]當時對於臺灣方誌的研究,以臺灣省圖書館為主力。不過發表的文章都是翻譯日據時期,臺灣總督府圖書館末代館長山中樵(1882～1947)的作品為多。山中樵對於清代臺灣方誌的分類有三──府誌、縣誌、廳誌。在府誌方面,他提到臺灣的第一部府誌,為1696年臺廈道高拱乾纂修的《臺灣府誌》。[51]第二部府誌提議的續修者,本為鳳山知縣宋永清,但是1706至1710年續修期間未成,宋氏升調為直隸省延慶知州。遺留的工作,即由臺灣知府周元文負責;志成,亦以周氏之名列為總纂。1721年朱一貴事件

爆發,新付梓的《臺灣府誌》刻版與刷本同時散佚。此後長時期都沒有發現這部著作,直到二十世紀在日本東京圖書館臺灣關係本調查中,發現宮內省圖書館有這部方誌的存在。特別加以翻印,帶回臺灣總督府圖書館典藏才公之於世。[52] 第三部府誌是在 1741 年,由臺灣道劉良璧負責纂修。山中樵認為該版本比前二個版本還佳,原因是劉志大量引用,康熙時期編修《福建通誌》臺灣府的內容,所以體材顯得整齊而內容充實。[53] 第四部府誌是在 1745 年,由巡臺滿御史六十七與漢御史範鹹共同編纂。此二人認為劉良璧版本的內容,規制事宜尚未洽備,遂有重修的必要。一年後新志脫稿,列為十二綱—封域、規制、職官、賦役、典禮、學校、武備、人物、風俗、物產、雜記、藝文。可說是府誌中體例最完善之一部,此後新修、重修之地方誌,均以此為規範。[54] 第五部府誌為 1760 年,由臺灣道覺羅四明與臺灣知府余文儀纂修。該志以範鹹的《臺灣府誌》為版本續修,不過在 1764 年成稿後,始終未能付梓。原因在於總纂余文儀一路升官,由臺灣道、福建按察使、福建布政使,最後累官至福建巡撫。1771 年閩撫余文儀至臺灣巡視,想起先前未成之臺灣府誌,三年後遂請閩浙總督鐘音作序刊刻。本志是臺灣最後一部府誌,1872 年臺灣府學教授楊承藩、訓導魏肇基又校訂舊版再刊。[55]

至於縣廳誌方面,包括諸羅、鳳山、臺灣、彰化四縣,以及噶瑪蘭、淡水、澎湖三廳誌而言。諸羅縣誌在 1717 年成書,此為臺灣史第一部縣誌。據傳諸羅縣誌也曾在乾隆時重修,但重修本已失傳。[56] 鳳山縣誌在 1719 年成書,主事者是鳳山知縣李丕煜。日據與光復以後的研究者,一致認為原書已經散佚,連書中十卷六十五目的目次也不可得。不過 1764 年鳳山縣誌有重修本,本來該志也在流傳過程中散佚。幸好日據時期蒐集時,幸運得到二部才又公之於世。臺灣縣誌總共有三個版本,一是 1720 年由海防同知兼臺灣知縣王禮編纂,但越二年遭逢朱一貴之變,該誌在臺散佚。二是 1751 年由海防同知魯鼎梅纂修,它的特點是附圖刻板雕飾相當細緻,總計有全圖、澎湖輿圖、臺灣八景圖。三是 1807 年由北路海防理番同知兼臺灣知縣薛志亮續修,1850 年該版本曾經由縣教諭薛錫熊與黃生應重刊,可惜後者失傳。[57]

噶瑪蘭廳誌起稿於 1832 年,由仰山書院講席陳淑均擔任總纂。該誌完稿後,陳氏不急於刊刻,反而在 1840 年先帶至鹿港校稿。最後 1852 年才在噶瑪蘭廳通判董正官主持下付梓。由於成書時間較晚,日據時期蒐羅較易。淡水廳誌未修前,竹塹進士鄭用錫(1788～1858)已作廳誌稿四卷。1867 年淡水廳同知嚴金清再作續稿十四卷。嚴氏之後由陳培桂接任,接續工作在 1871 年把淡水廳誌完稿付梓。可是刊成書後,隨即有林豪撰著《淡水廳誌訂謬一卷》,

對該志大加駁斥。原來嚴氏續稿的工作,即由林豪完成。但是陳培桂在付梓前,擅改林豪文稿內容甚多。就事論事陳志錯誤之處甚多,加以指責者非林豪一人而已。澎湖廳誌成書最遲,1884年纂修者林豪已完成廳誌稿本,不過未急於刊刻,而暫存臺南海東書院。1892年臺灣省開通誌局,徵稿於澎湖;澎湖廳通判潘文鳳禮聘林豪至澎,才在原有廳稿上增修付梓。光復初期的看法,皆認為清代臺灣縣廳誌,對於新設恆春、臺北、苗栗、雲林、花蓮等地無修志之人,以至於當地文獻湮沒無存,實令人猶有餘痛(其實尚有恆春縣誌、雲林縣採訪冊、苗栗縣誌與臺東州採訪冊)。[58]然而日據時期總督府在蒐集文獻,還是有件工作值得一提,即是重金購買《臺灣通誌》稿本。原來通誌局開始編修省志時,未料及三年後臺灣將割讓予日本。於是1895年接收之際,有人趁亂把稿本攜往廈門。總督府聞訊後洽購,藏於總督府之內;總督府圖書館成立後,特別謄錄一部作為善本收藏。所以接收後的臺灣省行政長官公署圖書館,總共典藏二部《臺灣通誌》稿本。[59]最後在其他散見的史料上,文學詩篇的公開也值得注意。當時所披露者,為清末游臺文人劉家謀(?～1853)及其《海音詩》。[60]

2. 開發史

臺灣的發現與命名,在光復初期已有人討論。一些看法認為,中國古代所稱的瀛洲,指的就是臺灣;方壺指的就是澎湖;或是岱員為臺灣。再者,《後漢書‧東夷傳》提到東鯷,也被推論是臺灣,都還需要考證。當時認為臺灣被漢人發現,最早是在隋代。[61]《隋書‧陳稜傳》記載隋代發現臺灣情形頗詳,同時也留下臺灣最早的地名—流求。之後,《元史‧瑠求傳》,或《明史‧雞籠列傳》都提到跟臺灣相關的史實。至於『臺灣』一名,最早何時出現,其研究可以看得出日據與光復初期的斷層。雖然臺北帝國大學首任校長幣原坦(1870～1953),已經考證出可能跟臺南安平附近的臺窩灣族(Tayouan)有關[62];但此研究成果,在光復後沒有馬上承接。所以研究者只能再從中文史料去找答案,有謂《明史‧流球列傳》,有謂荷蘭人命名,有謂海盜顏思齊佔據北港,有謂閩南方言『埋冤』的諧音。[63]至於小地名的討論,也在當時引起注意。甚至於對於地名的起源,已經做到七種分類—基於自然、勝蹟與建築物、拓殖與建置、移民籍貫、高山族語的訛轉、歐洲人的稱呼、日本地名的移用。[64]

農墾或區域開發方面,對於前者來說,甘蔗的栽培與蔗糖的販賣,實為討論的重點。[65]清代臺灣蔗糖主要銷售至江浙、日本,其貨色分為二類:一為青糖,品質佳者曰出類,次為上門,再次為中門。二為白糖,品質佳者曰頭文件,次為二檔,再次為三檔。另外,有人轉引《臺灣通史》清末蔗糖出口的數據,

可知該書在光復初期,中文所著臺灣史書籍中的地位。[66] 由於貿易買賣需要貨幣,因此當時也有人撰文討論清代臺灣的貨幣。有趣的是十七世紀,臺灣曾被荷蘭、西班牙殖民的經驗,所以在銀兩(元寶)、銅錢之外,還有荷、西的銀幣。再者,隨著臺灣商人海外貿易對象的增加,包括:日本、墨西哥、越南、美國、印度、秘魯、葡萄牙、暹羅銀元,以及香港圓都曾在臺灣市面流通。[67]

對於後者來說,臺北開發記略可謂光復初期,最先研究的區域史課題。可是對於清初臺北開發的大功臣—陳賴章,到底是一個人?還是一個墾號?卻認為他是人名而陳述錯誤。不過對於臺北開墾的關鍵,取決於河運,則是一個重要的觀點。並且還介紹臺北各祖籍別的分佈,使得對區域史的研究做到更細緻的討論。[68] 無獨有偶地對於全島的開拓,已有人嘗試討論。在看法上鄭氏與清代是連在一起討論。[69] 至於全島祖籍別的分佈,當時還為未有重要的研究論文問世;當時僅止於翻譯日據時期總督府的統計數據,以及粗淺的介紹。[70]

在土地制度上,很難得的是光復初期的討論,辨明臺灣重要農墾制之一—結首制的起源,非從十七世紀荷蘭人統治時期開始,而是十九世紀發明於宜蘭。這是日據時期學者平山勳所做的正確考證,並且在光復初期仍被延續下去。[71] 另外的四篇文章,也讓人有耳目一新的感覺。其一是從世耕契約來探討臺灣的租佃關係[72];其二與三是對於大、小租戶,永佃權與劉銘傳清賦事業的探討[73];其四是乾隆年間中部大地主—林爽文,及其抗清失敗後被沒收的土地。[74]

### 3. 其他

清代臺灣史人物方面,若按事件先後順序,首先被提及者為利馬竇(MatteoRicci,1552～1610)。此人是明末來華的義大利籍耶穌會傳教士,原本跟臺灣史無直接關係,但是清代臺灣方誌記載的『星野』之說,據傳出自利馬竇之手,遂引起一番考證。[75] 其次是諸羅縣通事吳鳳(1699～1766)。當時對於吳鳳的描述有兩大特徵,一為年輕英秀的青年,二為以自己身命做犧牲的『義人』。[76] 再次是臺灣民變領袖人物朱一貴(1690～1722)。此人在康熙末年發動起義,可是有人懷疑朱一貴非在第一時間領導,遂有一篇光復後少見考證民變過程的文章。[77] 其四是乾隆年間知名文人趙翼(1727～1814)。趙翼沒有來過臺灣,但在乾隆末年林爽文事件時,擔任閩浙總督李侍堯的幕賓。事平後趙翼親撰《平定臺灣述略》,主張將彰化縣城遷移鹿港,殊堪注目。[78] 其五是臺灣首任巡撫劉銘傳(1836～1896)。劉銘傳在歷史的地位,當時的看法都以清末平定太平天國與捻亂為重。光復後重視臺灣史的認識,發現這位疆吏的確有大書特書的必要,遂出現治臺時期考證的文章。[79]

清末洋務史方面，臺灣建省所鋪設的鐵路，可謂洋務項目中唯一被討論的議題。當時鐵路的路線，預定從臺南直通臺北，並連接到基隆。1887年巡撫劉銘傳設立臺灣鐵路商務總局，管理其事。又創辦臺北機器局，於製作兵器外，兼制鐵路枕木。劉銘傳去職後，繼任者為邵友濂（1840～1901）。他對鐵路工程不感興趣，奏準將新竹以南鐵路停止興築。1893年基隆至新竹的鐵路全線通車，其間分設十六站，客車來回每日三次。但是乘客中途可以喚止停車，所以行車時刻無法準時。[80]再者，清末的涉外關係也被人所注意。荷蘭與臺灣為早期殖民地的關係，英國與臺灣為鴉片戰爭時發生鎮道之獄事件，法國與臺灣的關係是中法戰爭進行的主戰場之一，日本與臺灣的關係，先是1874年發生的牡丹社事件，後有1895年甲午戰爭澎湖戰役。[81]

臺灣民俗討論方面，臺灣的婚俗是受到重視的議題。雖然日本殖民階段的末期，所推行皇民化運動，曾經強迫訂婚、結婚要採取日本式（前往神社）。但是得到的效果不大，大部份還是採用傳統婚姻禮俗。依據父母之命、媒妁之言而結婚。[82]不過臺灣光復以後，中華民國的民法取代日本民法，受過教育的青年男女，知道法律賦予他們婚姻自主的權力。可是在追求婚姻自主的同時，年輕人常和守舊的家長衝突，失去家庭的和諧。[83]另外，對於皮猴（影）戲的討論也很有趣。根據考證臺灣的皮猴戲是從印度尼西亞爪哇Wajang Poerwa，經由華南傳來臺灣。不過也有臺灣的高山族，自古就發明皮猴戲的說法。[84]傀儡戲的討論則認為，它的起源地是中國。傳入臺灣的時間雖不可考，但是傀儡戲不是給民眾觀賞，而是演給神鬼看的。原因是只有寺廟落成、發生火災之後，發生吊死或溺斃事件的現場，才會請傀儡戲班上演。[85]不過最值得注意的是日據時期跟杜聰明（1893～1986）齊名，也取得京都帝國大學醫學博士的賴尚和（1899～1967）。日據在杜聰明的推薦下，賴尚和出任臺北樂生療養院醫師；光復後他又進入臺灣大學熱帶醫學研究所癩研究室任職，成為臺灣麻風病治療的權威。賴尚和以他多年研究所得，對民間治療痲瘋病的藥方提出考證。結果發現這些治癩箴言，如：清心、寡慾、戒口、早治非無稽之談。可惜的是民間藥方雖認識到預防的重要，卻沒有預防醫學的知識。[86]

最後是為其他議題的討論，例如：討論佛教在臺灣的歷史，並認為臺灣史上最古老的佛寺，為今臺南市的開元寺。清初開元寺第一代主持志中和尚，從泉州承天寺來臺弘法。不久他將寺務教給高徒福宗和尚，自己面壁打坐三年，成為清代臺灣少數的高僧。[87]再者，亦有對臺灣虱目魚養殖的考證。清初臺灣方誌記載，都有『塭』的記錄。『塭』不管是引入海水或湧水，水質一定是鹹水或半鹹水。所以清代可以在（半）鹹水養殖的魚類，僅有虱目魚與烏仔魚二

種。然而烏仔魚的養殖技術，可能在清代還未成熟。所以臺灣最早的沿海養殖漁業，就是從虱目魚開始。[83]另外，對於清代臺灣行政區域的考證，也有人開始進行。唯內容較為簡單，僅表列而已。[89]不過最重要的文章，還是光復之初，甫進入臺大法律系任教的戴炎輝教授（1909～1992），利用《淡新檔案》，對清代臺灣社會史進行研究。[90]

## 四、結語

　　透過上述，可知本文對於 1928 至 1945 年，臺北帝國大學文政學部的清代臺灣史研究，有一輪廓式的整理。事實上這僅是《研究年報》可以看得到的 15 篇『研究』成果而已。如果以『教學』成果而論，那文政學部的累積絕不止如此。特別是史學科學研究究年報，在 1941 年太平洋戰爭爆發以前，該科師生的教學成果記載甚詳。它包括五項：其一，土俗人種學標本室的成立，以及南方土俗學會的舉辦。該標本室成立的目的，主要是蒐集臺灣少數民族的土俗品、考古遺址出土的文物，少部份也典藏菲律賓、新幾內亞與福建省　族的文物。[91]在這個標本室運作之下，從 1929 年開始至 1937 為止，總共舉行 35 回的南方土俗學會演講。除了第 29 回為沖繩の旅行談、第 31 回（菲）比律賓の山と海、第 34 回比律賓ザンバレスニグラデ族調查報告豫報之外，可說都是臺灣少數民族相關題目。[92]

　　其二，1936 年臺灣史料調查室的設立。該調查室是繼土俗人種學標本室之後，所成立的第二個研究室。蒐集的史料包括：原住民、西班牙與荷蘭時代、鄭氏時代、清代、日據時期，臺灣與其他國家有關的資料，以及舉辦島內史蹟調查活動。[93]而整個調查室的運作，有史學科教職員、畢業學生、在學學生，總共 17 名。1936、1937 年所得到的調查成果十分豐碩，計有現地調查 18 回，採集拓本 120 餘件，史料性質攝影照片 600 多張。其調查區域先以臺北、新竹、臺中州為主（今宜蘭、臺北縣、臺北市、基隆市、桃園縣、新竹縣、新竹市、苗栗縣、臺中縣、臺中市、南投縣、彰化縣），1938 年計劃再以臺南、高雄州為主（今雲林縣、嘉義縣、嘉義市、臺南縣、臺南市、高雄縣、高雄市、屏東縣）。[94]不過從 1938 年以後，因中日戰爭爆發之故，野外調查的地方開始受到侷限。因此大肚溪以南之地（臺中州的調查僅到今臺中縣北部的大甲鎮），原本計劃的臺南州與高雄州就沒有前往調查。取而代之的是對（宜蘭）蘭陽平原、（臺北）新店溪與（桃園）大嵙崁溪、桃園臺地、（臺北）觀音山山腳進行調查。[95]當然，史學科的臺灣史料蒐集與調查成果，也對外公開展覽。例如：1936 年 10 月 9、

10日,土俗人種學教室與標本室共同陳列這些成果,吸引許多公家機關、學校與民間人士前來參觀。[96]

其三,歷史讀書會的成立。事實上臺北帝大文政學部史學科,不止只有研究臺灣史而已,也研究日本史、中國史、朝鮮史、東南亞史與西洋史。所以由學生自發性組織的讀書會,每次報告或演講的題目,也不限定只有臺灣史。不過從1930年到1936年,總共舉辦30回的讀書會次數中,跟臺灣史相關者有5次,占比例的1/6。它們的題目為第1回淡水史話、第2回臺灣蕃人の喪服の期間、第8回埔里社の話、第18回村上(直次郎)教授指導基隆社寮島の史蹟見學、第21回澎湖島に於ける紅毛城址。[97]

其四,史學科畢業論文題目。臺北帝大文政學部史學科學研究究年報,並沒有把歷屆畢業論文都登載上去。不過從1930至1941年當中,總共有26本學士論文,其作者與臺灣史論文題目如表二。結果發現史學科畢業學生專攻臺灣史者,僅有6人,占研究年報有記錄畢業人數比例的1/4左右。非常值得注意的是研究早期臺灣史(荷領、鄭氏)的學生很多,總共有5位(表二編號1-5),但研究清代臺灣史的學生僅有1位(編號6)。

**表二 1930至1941年臺北帝大文政學部史學科的臺灣史畢業論文**

| 編號 | 年度 | 作 者 | 題 目 |
|---|---|---|---|
| 1 | 1930 | 柯設偕(清末在北臺灣傳播基督教,最重要的一位牧師馬偕[Geogre Leslie Mackay,1844~1901]的外孫)[98] | 臺灣の名稱の歷史的並に地理的考察及び古代漢民族の臺灣に關する知識の變遷(臺灣名稱與地理考察,以及古代漢民族關於臺灣知識的變遷) |
| 2 | 1932 | 山村光敏 | 十七世紀に於ける臺灣經由の南洋貿易(十七世紀經由臺灣到南洋的貿易) |
| 3 | 1934 | 速水家彥 | 鄭成功の臺灣攻略と其后の對荷蘭人交涉(鄭成功的臺灣攻略與之后對荷蘭人的交涉) |
| 4 | | 中村孝志(1910~1994,二戰結束以后受聘回日本天理大學擔任教授)[99] | 臺灣に於ける西荷蘭兩國人の教化事業(西班牙、荷蘭人在臺灣的教化事業) |
| 5 | 1936 | 齋藤悌亮 | 鄭成功の臺灣攻略(鄭成功的臺灣攻略) |
| 6 | 1941 | 高添多喜男 | 清朝に於ける臺灣の荒政に就て(清朝的臺灣賑政) |

資料來源:

1. 臺北帝國大學史學科-》匯報「-第一輯-1934年5月-第460‖461頁。
2. 臺北帝國大學史學科-》匯報「-第二輯-1935年6月-第425頁。
3. 臺北帝國大學史學科-》匯報「-》臺北帝國大學文政學部史學科學研究究年報（復刊本編號6「-第七輯-1942年8月-第253頁）。

其五，臺北帝大文政學部史學科與日本學界交流。如果說史學科有『名師』坐鎮任教的話，那無非是土俗人種學講座的移川子之藏教授（1884～1947），以及南洋史講座的岩生成一教授（1900～1988）。前者在1936年以《臺灣高砂族系統所屬の研究》（臺灣原住民系統所屬的研究），得到帝國學士院賞的榮譽[100]；後者在1941年以《南洋日本町の研究》（日本在東南亞——交趾、柬埔寨、暹羅、呂宋的僑居地研究），也得到帝國學士院賞的榮譽。[101] 另外，日本學術協會也曾移師來臺灣開過講演會。1934年12月24、25日該會第四部的人文科學部講演會，就假臺北帝大文政學部史學科土俗學教室舉行。而發表的文章，除了1篇涉及沖繩之外，其餘6篇都是關於臺灣少數民族的研究。[102]

綜合臺北帝大對清代臺灣史研究與教學的內容，到了1945年以後到底有無傳承下去？表三是這兩個階段的清代臺灣史議題研究的歸納，從內容上來看，日據末到光復初的發展中，似乎沒有什麼研究的傳承。唯一有一致性的研究議題，就是涉外關係史。

### 表三　日據末、光復初期清代臺灣史議題研究的比較

| 編號 | 臺北帝大文政學部史學科年報刊登清代臺灣史研究議題(1928～1945) | | 光復初期臺灣島內發行雜誌刊登清代臺灣史議題(1945～1949) | |
|---|---|---|---|---|
| 1 | 涉外關係(鴉片戰爭與臺灣鎮道之獄、美國人的臺灣占領、明治七年征臺之役) | | 史料介紹 | 清代治臺方策之論 |
|   |   |   |   | 清代臺灣方志 |
| 2 | 原住民研究(泰雅族、布農族、排灣族、魯凱族、鄒族) | | 開發史(地名、農墾、貨幣、區域、祖籍別) | |
| 3 | 經濟史(清代臺灣土地地權、清末外國資本與臺灣、清代臺灣地租、貨幣) | | 人物史(利瑪竇、吳鳳、朱一貴、趙翼、劉銘傳) | |
| 4 | 其他 | 社會史(祭祀公業) | 其他 | 洋務運動史(臺灣鐵路) |
|   |   | 史料介紹(陳恭甫先生父子年譜、華夷變態目錄) |   | 涉外關係史(鴉片戰爭的鎮道之獄、中法戰爭、甲午戰爭) |
|   |   |   |   | 民俗(婚俗、皮影戲、痲瘋病偏方) |
|   |   |   |   | 佛教史(臺南開元寺與志中和尚) |
|   |   |   |   | 漁業史(虱目魚養殖) |
|   |   |   |   | 社會史(淡新檔案) |

臺北帝大研究年報對涉外關係史的討論，議題有三——1840年鴉片戰爭、1867年羅妹號事件與1874年牡丹社事件。光復後除了重提鴉片戰爭之外，又新討論中法戰爭、甲午戰爭對臺灣的影響，在研究脈絡上可謂有延續性的發展。至於對清代臺灣貨幣種類的討論，二個時期的研究成果有重疊性。不過還是以臺北帝大研究年報的成果較為重要，因為作者北山富久二郎不僅研究貨幣，還討論清代臺灣貨幣步入日據以後，如何被臺灣銀行所發行的貨幣來取代，實為經濟史的上乘之作。

光復以後對清代臺灣史討論的議題，看似比日據還要多，但從內容篇幅與引用史料來看，其實都是淺論而已。會有這樣的結果，肇因於二個主要的因素。其一，來臺接收並對清代臺灣史有興趣的人不懂日文，而當時的臺灣人不懂中文。所以對前者來說，他們看不懂日文研究的成果，只能先選擇中文史料來介紹。如沈雲龍把清代治臺方策與方誌，刊登在《臺灣月刊》上，期待引起重視臺灣史之人的共鳴。不過如此一來，使得跟這些史料同樣有價值，甚至於還有過之的日據初期對清末臺灣漢人舊慣、土地與原住民的調查資料（見上文東嘉生教授著作），在光復之初即遭到學界的輕忽殊為可惜。對於後者來說，日據時期所培養的本土人才，如：吳守禮、柯設偕、戴炎輝、賴尚和等，也要經過一段中文學習與運用的過程，才能適應新改變的環境。重要的是在1945至1949年，他們雖在大學找到教職，但並沒有被特別的倚重。出現一個時代轉折中，學術研究最不願意見到的斷層現象。

其二，來臺接收的學者，在當時整個中國學術界中，還不算是最優秀的陣容。以歷史學為例，截至1945年為止，全中國各大學設有歷史系或史地系的學校，總共有45所之多。[103]當時明史的重要學者，有如：研究鄭成功的余宗信、研究南明魯王的包遵彭（？～1970）、南明史大師柳亞子（1887～1958），以及明史大師陳垣（1880～1971）、徐中舒（1898～1991）、梁方仲（1908～1970）、吳　　（1909～1969）、方豪（1910～1980）、傅衣凌（1911～1988）等。清史重要學者亦有如：研究太平天國的王鐘麒（1890～1975）、簡又文（1896～1978）、郭廷以（1904～1975），同時研究太平天國、綠營兵制、湘淮軍制與天地會的羅爾綱（1901～1997），研究社會經濟的梁嘉彬（1911～1995），研究中國近代史的範文瀾（1893～1969）與蔣廷黻（1895～1965），以及一人之力撰寫清代通史的蕭一山（1902～1978）。[104]再以民族學為例，當時重要的學者，有如曾調查臺灣少數民族的林惠祥（1901～1958）、調查湘西苗族的凌純聲（1895～1965）、調查浙江畬族的芮逸夫（1897～1991）、調查廣東瑤人的楊成志（1902～1991）、調查海南島黎

族的王興瑞（？～1977）、調查廣西瑤人的費孝通（1910～2005）與衛惠林等。[105]

　　由於光復初期缺乏學院派的學者研究清代臺灣史，故在1945至1949年臺灣島內雜誌發表討論該領域的文章，其水平大概僅止於臺北帝大文政學部史學科學生自組讀書會研讀的程度。當然日據時代非常重視的臺灣少數民族研究，也因為來臺者沒有人研究民族學或人類學，遂在光復初期找不到學術等級的文章。這樣的情況要到1949年以後，上述所提及的學者，例如：包遵彭、方豪、郭廷以、梁嘉彬、蔣廷黻、蕭一山、凌純聲、芮逸夫、楊成志、衛惠林等來到臺灣，才開始針對清代臺灣史與原住民進行學術性的研究。不過這些學者所使用的資料，都是同年運到臺灣的北京故宮，或者『中央研究院』史語所典藏的明清檔案，這跟日據時代早已累積的成果無關。簡言之，日據時代臺北帝大文政學部研究年報，已被深藏於臺大圖書館書庫的角落中。直到1975年中國民俗學會理事長（曾任北京大學教授）婁子匡，重新整理排版印刷，才讓這部重要的著作重見天日。然而東嘉生教授所使用的日據初期臺灣調查資料，『出土』的時間就更晚。要到1990年代以後臺灣學界開始重視日據臺灣史研究，才在大筆經費的挹注下，重新整理與解讀。不過，這又是另一段學術史的事情了。

（作者單位；輔仁大學）

## 註釋：

[1] 參閱許毓良，《光復初期的日據臺灣史研究（1945～1949）——以臺灣島內發行的雜誌為例》，河南開封，中國社會科學院臺灣史研究中心主辦，林獻堂、蔣渭水—臺灣歷史人物及其時代學術研討會，2008年8月31日～9月4日。

[2] 北山富久二郎，《臺灣に於ける秤量貨幣制と我が幣制政策——銀地金を流通せしむる金本位制》，《臺北帝國大學文政學部政學科學研究究年報（復刊本編號16）》，第二輯，1935年8月，第3～283頁；中村哲，《六三問題》，《臺北帝國大學文政學部政學科學研究究年報（復刊本編號22）》，第七輯，1941年8月，第201～253頁。

[3] 本文所使用臺北帝國大學文政學部研究年報作為史料，主要是摘自婁子匡校纂，《景印期刊五十種之第二十種——臺北帝國大學研究年報》（臺北：東方文化書局復刊，1975年）。不過為便於討論的方便，腳註所引書目若涉及臺北帝國大學研究年報，將簡單地寫上復刊本的編號，以節省篇幅。

[4] 臺北帝國大學史學科，》匯報「，《臺北帝國大學文政學部史學科學研究究年報（復刊本編號1）》，第一輯，1934年5月，第460～461頁。

[5] 臺北帝國大學史學科，《彙報》，《臺北帝國大學文政學部史學科學研究究年報（復刊本編號2）》，第二輯，1935年6月，第425頁；臺北帝國大學史學科，《彙報》，《臺北帝國大學文政學部史學科學研究究年報（復刊本編號3）》，第三輯，1936年9月，第383頁。

[6] 遺憾的是日後文政學部研究年報再也沒有松元盛長的消息，作者利用日本Yahoo檢索此人的訊息也毫無所得，或許在二戰結束以後，松元回到國內也沒有往學術界發展（或　於戰爭？）。

[7] 松元盛長，《鴉片戰爭と臺灣の獄》，《臺北帝國大學文政學部史學科學研究究年報（復刊本編號4）》，第四輯，1937年10月，第441～562頁。

[8] 臺北帝國大學史學科，《彙報》，第一輯，1934年5月，第452頁。

[9] 臺北帝國大學史學科，《彙報》，第二輯，1935年6月，第421頁、425頁；臺北帝國大學史學科，《彙報》，第三輯，1936年9月，第374頁、376頁。

[10] 本文在日本舊書店網站檢索到他的一本著作，菅原憲，《獨逸に於ける猶太人問題の研究》（東京：日本評論社，1941年）；參閱五萬堂書店 http://gomando.jimbou.net/。

[11] 本文在日本舊書店網站檢索到他的一本著作，莊司萬太郎，《最近世外交講話》（東京：東都書籍，1941年）；參閱天牛書店，http://www.tengyu-syoten.co.jp/shop。

[12] 莊司萬太郎，《米國人の臺灣佔領計劃》，《臺北帝國大學文政學部史學科學研究究年報（復刊本編號1）》，第一輯，1934年5月，第361～427頁。

[13] 莊司萬太郎，《明治七年征臺の役に於けるルジャンドル將軍の活躍》，《臺北帝國大學文政學部史學科學研究究年報（復刊本編號2）》，第二輯，1935年6月，第335～389頁。

[14] 臺北帝國大學哲學科，《彙報》，《臺北帝國大學文政學部哲學科學研究究年報（復刊本編號8）》，第二輯，1935年6月，第363～364頁；臺北帝國大學哲學科，《彙報》，《臺北帝國大學文政學部哲學科學研究究年報（復刊本編號9）》，第三輯，1936年9月，第523～524頁；臺北帝國大學哲學科，《彙報》，《臺北帝國大學文政學部哲學科學研究究年報（復刊本編號13）》，第八輯，1942年5月，第281頁。

[15] 立正大學歷代學長，http://www.ris.ac.jp/guidance/about/history.html。

[16] 臺北帝國大學哲學科，《彙報》，第二輯，1935年6月，第363～364頁；臺北帝國大學哲學科，《彙報》，《臺北帝國大學文政學部哲學科學研究究年報（復刊本編號13）》，第九輯，1943年8月，第285頁。

[17] 臺北帝國大學哲學科，《彙報》，《臺北帝國大學文政學部哲學科學研究究年報（復刊本編號12）》，第七輯，1941年3月，第221頁；臺北帝國大學哲學科，《彙報》，第九輯，1943年8月，第285頁。

[18] 飯沼龍遠、力丸慈圓、藤澤　，《高砂族の形態と記憶と種族的特色とに就て》，《臺北帝國大學文政學部哲學科學研究究年報（復刊本編號7）》，第一輯，1934年5月，第81～119頁。

[19] 藤澤　，《高砂族の行動特性：パイワンとルカイ》，《臺北帝國大學文政學部哲學科學研究究年報（復刊本編號12）》，第六輯，1939年12月，第311～420頁。

[20] 臺北帝國大學哲學科，《彙報》，第二輯，1935年6月，第364頁；臺北帝國大學哲學科，《彙報》，《臺北帝國大學文政學部哲學科學研究究年報（復刊本編號12）》，第六輯，1939年12月，第432頁；臺北帝國大學哲學科，《彙報》，《臺北帝國大學文政學部哲學科學研究究年報（復刊本編號13）》，第八輯，1942年5月，第283頁。

[21] 有賀喜左衛門略年譜 http：//faculty.human.mie-u.ac.jp/～mukasa/ari-life.htm。

[22] 岡田謙，《民族學》（東京：朝日新聞社，1947年）；岡田謙，《未開社會の研究》（東京：弘文堂，1948年）；參閱ポラーノ文庫，http：//www.interq.or.jp/classic/polano/moku2/h2zin.html。

[23] 岡田謙，《首狩の原理》，《臺北帝國大學文政學部哲學科學研究究年報（復刊本編號7）》，第一輯，1934年5月，第121～179頁。

[24] 岡田謙，《原始家族：ブヌン族の家族生活》，《臺北帝國大學文政學部哲學科學研究究年報（復刊本編號11）》，第五輯，1938年5月，第57～124頁。

[25] 臺北帝國大學史學科，《彙報》，第一輯，1934年5月，第461頁。

[26] 宮本延人，《臺灣の原住民族—回想．私の民族學調查》（東京：六興出版，1985年9月），第238頁。

[27] 臺灣電影筆記，http：//movie.cca.gov.tw/Festivals/Content.asp。

[28] 考古學習網，http：//archae.nmp.gov.tw/index.aspx。

[29] 宮本延人，《臺灣パイワン族に行はれる五年祭に就て》，《臺北帝國大學文政學部史學科學研究究年報（復刊本編號2）》，第二輯，1935年6月，第391～419頁。

[30] 東嘉生著，周憲文譯，《臺灣經濟史概說》（臺北：海峽學術出版社，2000年5月）。

[31] 東嘉生，《清朝治下臺灣の土地所有形態》，《臺北帝國大學文政學部政學科學研究究年報（復刊本編號 15）》，第一輯，1934 年 5 月，第 562～630 頁。

[32] 東嘉生，《清朝治下臺灣の貿易と外國商業資本》，《臺北帝國大學文政學部政學科學研究究年報（復刊本編號 18）》，第三輯第二部經濟篇，1936 年 11 月，第 315～395 頁。

[33] 東嘉生，《清朝治下臺灣の地代關係》，《臺北帝國大學文政學部政學科學研究究年報（復刊本編號 22）》，第七輯經濟篇，1941 年 8 月，第 127～176 頁。

[34] 北山富久二郎，《臺灣に於ける秤量貨幣制と我が幣制政策―銀地金を流通せしむる金本位制》，《臺北帝國大學文政學部政學科學研究究年報（復刊本編號 16）》，第二輯，1935 年 8 月，第 3～283 頁。

[35] 梶山文庫，http：//www.hawaii.edu/asiaref/japan/special/kajiyamachina/China2.htm；近藤康男文庫目錄，http：//www.ruralnet.or.jp/nbklib/list/071kondou/k10/09.html。

[36] 宮崎孝治郎，《冒序》，《臺北帝國大學文政學部政學科學研究究年報（復刊本編號 23）》，第八輯私法篇，1943 年 5 月，第 1～2 頁。

[37] 彰化新聞，http：//www.im.tv/vlog/personal/2553439/5856109。

[38] 坂義彥，《祭祀公業の基本問題》，《臺北帝國大學文政學部政學科學研究究年報（復刊本編號 17）》，第三輯第一部法律政治篇，1936 年 11 月，第 485～793 頁。

[39] 張寶三，《神田喜一郎先生傳》，http：//homepage.ntu.edu.tw/～chinlit/ch/html/MA3d004.htm。

[40]《臺語天地——吳守禮教授生平事略》，http：//olddoc.tmu.edu.tw/chiaushin/prof-shouliwu.htm。

[41] 秦賢次，《臺灣舊雜誌覆刻系列：新臺灣》導言，http：//www.twcenter.org.tw/a02/a02_09/；誠品網絡書店—與 DNA 共舞的大師洪伯文博士 http：//www.eslite.com/product.aspx.pgid=。

[42] 陳壽祺，《陳恭甫先生父子年譜附著述考略》，《臺北帝國大學文政學部文學科學研究究年報（復刊本編號 27）》，第三輯，1936 年 11 月，第 107～202 頁。

[43] 佚名，《華夷變態目錄》，《臺北帝國大學文政學部史學科學研究究年報（復刊本編號 6）》，第六輯，1940 年 10 月，第 185～265 頁。

[44] 耕農，《臺灣關係文獻》，《臺灣月刊》，創刊號，1946 年 10 月，第 59 頁。

[45] 耕農，《臺灣關係文獻》，《臺灣月刊》，創刊號，1946 年 10 月，第 59～62 頁。

[46] 耕農,《臺灣關係文獻（續）》,《臺灣月刊》,第 2 期,1946 年 11 月,第 70～73 頁。

[47] 耕農,《臺灣關係文獻（續）》,《臺灣月刊》,第 3/4 期合刊,1947 年 1 月,第 98～101 頁。

[48] 耕農,《臺灣關係文獻（續）》,《臺灣月刊》,第 5 期,1947 年 2 月,第 73～74 頁。

[49] 耕農,《臺灣關係文獻（續）》,《臺灣月刊》,第 6 期,1947 年 4 月,第 94～98 頁。

[50] 林曙光,《修志在臺灣》,《臺灣文化》,第 3 卷第 8 期,1948 年 10 月,第 13～14 頁。

[51] 山中樵作,周炳鑫特譯,《臺灣的官撰地方誌》,《圖書月刊》,創刊號,1946 年 8 月,第 7～8 頁。

[52] 山中樵作,周炳鑫特譯,《臺灣的官撰地方誌（二續）》,《圖書月刊》,第 1 卷第 2 期,1946 年 9 月,第 3～4 頁。

[53] 山中樵作,周炳鑫特譯,《臺灣的官撰地方誌（二續）》,《圖書月刊》,第 1 卷第 3 期,1946 年 10 月,第 14～15 頁。

[54] 山中樵作,周炳鑫特譯,《臺灣的官撰地方誌（三續）》,《圖書月刊》,第 1 卷第 4 期,1946 年 11 月,第 8～9 頁。

[55] 山中樵作,周炳鑫特譯,《臺灣的官撰地方誌（四續）》,《圖書月刊》,第 1 卷第 5 期,1946 年 12 月,第 10～11 頁。

[56] 黃德福,《臺灣的官撰縣廳誌)》,《圖書月刊》,第 2 卷第 5 期,1947 年 5 月,第 5 頁。

[57] 黃德福,《臺灣的官撰縣廳誌（續）》,《圖書月刊》,第 2 卷第 6 期,1947 年 6 月,第 3～5 頁。

[58] 黃德福,《臺灣的官撰縣廳誌（續完）》,《圖書月刊》,第 2 卷第 7 期,1947 年 7 月,第 4～5 頁。

[59] 黃德福,《臺灣通誌》,《圖書月刊》,第 2 卷第 9 期,1947 年 9 月,第 4 頁。

[60] 劉海音著,陳鏇厚修稿,《海音詩》,《新風》,創刊號,1945 年 11 月,第 14～15 頁。

[61] 吳承燕,《臺灣地名及行政區域沿革》,《臺灣省通誌館館刊》,第 1 卷第 2 期,1948 年 11 月,第 16～18 頁。

[62] 幣原坦著,李蒼降譯,〈臺灣名稱考〉,《臺灣省通誌館館刊》,創刊號,1948 年 10 月,第 30～33 頁。

[63] 允恭，《臺灣的發現與命名》，《臺灣月刊》，第 2 期，1946 年 11 月，第 50～54 頁。

[64] 林曙光，《臺灣地名考》，《臺灣學生》，第 2 卷第 6 期，1948 年 4 月，第 32～34 頁。

[65] 徐方干，《清代臺灣之糖業》，《臺灣糖業季刊》，第 1 卷第 2 期，1948 年 1 月，第 219～230 頁。

[66] 乃藩，《臺糖雜識（一）》，《臺糖通訊》，第 1 卷第 5 期，1947 年 6 月 11 日，第 19 頁；乃藩，《臺糖雜識（四）》，《臺糖通訊》，第 1 卷第 8 期，1947 年 7 月 11 日，第 23 頁；乃藩，《臺糖雜識（六）》，《臺糖通訊》，第 1 卷第 10 期，1947 年 8 月 1 日，第 24 頁。

[67] 謝國城，《臺灣貨幣考（上）—日本領臺以前的臺灣幣制》，《臺灣省通誌館館刊》，第 1 卷第 2 號，1948 年 11 月，第 10～14 頁。

[68] 施教堂，《臺北開發記略》，《臺灣省通誌館館刊》，創刊號，1948 年 10 月，第 37～38 頁。

[69] 孫萬枝，《臺灣的開拓與其土地制度（中）》，《臺灣省通誌館館刊》，第 1 卷第 3 號，1948 年 12 月，第 10～15 頁。

[70] 吳南生，《臺灣省在籍漢民族鄉貫別調查》，《臺灣省通誌館館刊》，創刊號，1948 年 10 月，第 47～48 頁。

[71] 孫萬枝，《臺灣的開拓與其土地制度》，《臺灣省通誌館館刊》，第 1 卷第 2 號，1948 年 11 月，第 14～16 頁。

[72] 本志資料室，《本省過去的贌耕契約（上）》，《臺灣農業：農林綜合輔導月刊》，第 2 卷第 7/8 號，1948 年 7 月，第 15～17 頁。

[73] 林朝卿，《臺灣之土地制度》，《臺灣農業：農林綜合輔導月刊》，第 2 卷紀念號，1948 年 5 月，第 7～11 頁；吳田泉，《從臺灣土地制度論到『三七五』限租問題》，《臺灣農林月刊》，第 3 卷第 4 期，1949 年 5 月，第 13～21 頁。

[74] 張文環，《林爽文與大里莊的土地問題》，《政經報》，第 1 卷第 5 號，1945 年 12 月 25 日，第 13～15 頁。

[75] 方豪，《臺灣方誌中的利馬竇》，《臺灣文化》，第 5 卷第 2 期，1949 年 10 月，第 1～20 頁。

[76] 美純，《被蕃人馘首的青年—吳鳳》，《臺灣月刊》，創刊號，1946 年 10 月，第 62、69～71 頁。

[77] 林荊南，《鴨母王革命史略考》，《臺灣文化》，第 1 卷第 3 期，1946 年 12 月，第 9～11 頁。

[78] 黃得時，《趙甌北與臺灣》，《臺灣文化》，第 2 卷第 9 期，1947 年 12 月，第 8～9 頁。

[79] 金登，《劉銘傳治臺考》，《正氣月刊》，第 1 卷第 2 期，1946 年 11 月，第 18～22 頁。

[80] 蔡子錚，《臺灣鐵道創造史（一）》，《路工》，第 1 卷第 4 期，1948 年 2 月，第 14～15 頁；林秉東節譯，《劉銘傳與臺灣鐵路》，《路工月刊》，新 1 卷第 1 期，1949 年 1 月，第 8～9 頁；東之，《中國的第一條鐵路》，《路工月刊》，新 1 卷第 6 期，1949 年 6 月，第 15～16 頁。

[81] 非久，《甲午之役》，《新臺灣》，創刊號，1946 年 2 月 15 日，第 9 頁；蔡挺中，《日本初期對臺交涉經過》，《臺灣學生》，第 1 卷第 3 期，1947 年 7 月，第 15～16 頁；沈雲龍，《臺灣國際關係史略》，《臺灣月刊》，第 3/4 期，1947 年 1 月，第 70～75 頁；沈雲龍，《臺灣國際關係史略（續）》，《臺灣月刊》，第 5 期，1947 年 2 月，第 41～48 頁。

[82] 韻，《臺灣婚俗》，《臺灣之聲》，第 2 卷第 7 期，1947 年 7 月，第 16～18 頁。

[83] 魏守岳，《臺灣人民婚嫁的主婚權問題》，《臺灣新社會月刊》，第 1 卷第 4 期，1948 年 5 月，第 10～11 頁。

[84] 呂訴上，《臺灣皮猴戲（上）》，《臺灣營造界》，第 4 號，1947 年 8 月，第 19 頁；呂訴上，《皮猴戲的沿革與臺灣》，《臺灣文化》，第 3 卷第 7 期，1948 年 9 月，第 19～21、32 頁。

[85] 呂訴上，《臺灣傀儡戲和它的『祭煞』》，《臺灣文化》，第 1 卷第 3 期，1946 年 12 月，第 12～15 頁。

[86] 賴尚和，《臺灣民間治癩法考》，《臺灣科學》，第 3 卷第 2 號，1949 年 7 月，第 62～64 頁。

[87] 普信，《佛教在臺灣》，《臺灣佛教》，第 2 卷第 7 號，1948 年 7 月，第 17 頁。

[88] 陳騰鴻，《本省虱目魚養殖沿革》，《臺中農訊》，第 1 卷第 3 期，1947 年 10 月，第 2 頁。

[89] 賴熾昌，《明鄭及滿清時代臺灣行政考》，《臺灣省通誌館館刊》，第 1 卷第 3 號，1948 年 12 月，第 19～23 頁。

[90] 戴炎輝，《清代臺灣族長的選充》，《臺灣文化》，第 3 卷第 6 期，1948 年 8 月，第 14～16 頁。

[91] 臺北帝國大學史學科，《彙報》，第一輯，1934 年 5 月，第 455 頁。

[92] 臺北帝國大學史學科，《匯報》，第二輯，1935年6月，第423～424頁；臺北帝國大學史學科，《匯報》，第三輯，1936年9月，第382頁；臺北帝國大學史學科，《匯報》，第四輯，1937年10月，第581～582頁。

[93] 臺北帝國大學史學科，《匯報》，第三輯，1936年9月，第382～383頁。

[94] 臺北帝國大學史學科，《匯報》，第四輯，1937年10月，第566～567頁。

[95] 臺北帝國大學史學科，《匯報》，《臺北帝國大學文政學部史學科學研究究年報（復刊本編號5）》，第五輯，1938年12月，第433頁。

[96] 臺北帝國大學史學科，《匯報》，第四輯，1937年10月，第578頁。

[97] 臺北帝國大學史學科，《匯報》，第一輯，1934年5月，第457～459頁。

[98] 真理大學校史館 http：//www.au.edu.tw/mackay/antiquity/AUP000065.htm。

[99] 十七世紀西班牙人在臺灣的佈教 http：//www.laijohn.com/works/work7-5.htm。

[100] 臺北帝國大學史學科，《匯報》，第三輯，1936年9月，第375頁。

[101] 臺北帝國大學史學科，《匯報》，第七輯，1942年8月，第252頁。

[102] 臺北帝國大學史學科，《匯報》，第二輯，1935年6月，第424頁。

[103] 中華民國史學術志編纂委員會，《中華民國史學術志（初稿）》（臺北：『國史館』，1996年6月），第81～88頁。

[104] 歷史研究編輯部編，《『歷史研究』五十年論文選—20世紀中國歷史學回顧（下）》（北京：社會科學文獻出版社，2005年7月），第1101～1111、1152～1169頁。

[105] 陳奇祿，《中國民族學研究的回顧與前瞻》，《民族與文化》（臺北：黎明文化事業，1982年7月），第115～119頁。

# 從《臺灣神社與宗教》管窺日據時代臺灣佛教

卓遵宏徐一智

## 一、前言

　　史料是研究歷史的基礎，唯運用史料之前，必須深入瞭解該史料的特點。目前臺灣佛教史已成為臺灣史學界與一般佛教信徒共同矚目的議題。20～30年前，臺灣史學界罕對佛教史置喙；近20年來，逐漸有研究生從學位論文的撰寫，到畢業後繼續研究，至今已蔚然成風。一般綜合大學哲學、歷史、中文研究所，以致佛學院研究生，甚至成熟學者與學問僧都相當熱衷投入，成果頗為豐碩。而近30年來，臺灣佛教隨著經濟、社會與文教事業的發展，及政治

的開放,當代佛教逐步脫穎而出,由成長而茁壯,至今已呈現前所未有的興盛氣象。粗略估計,佛教徒占總人口超過3分之1;換言之,以今日臺灣人口約23,000,000計,佛教約有8,000,000信徒。[1]有如此眾多眼光注視的議題,因而深入探討相關史料,是有其必要性。此次學術研討會主題為『臺灣殖民地史』,謹試以日據晚期臺灣總督府文教局出版的《臺灣に於ける神社及宗教》(中譯為《在臺灣之神社及宗教》,略譯名之為:《臺灣神社與宗教》,以下蓋以此略譯名或用『本書』敘述),這份刊物作為本文探討中心。此宗教調查報告書,是目前探索、研究日據時期臺灣神社、宗教與佛教狀況的重要史料,故有必要先對它加以深入探討。

《臺灣神社與宗教》是目前探索、研究日據時期臺灣之宗教政策、佛教、神社與民間信仰等的一份非常重要史料。蔡錦堂《日據時期臺灣之宗教政策》、《日本帝國主義下の臺灣宗教政策》及陳玲蓉《日據時期神道統治下的臺灣宗教政策》等專書、學術論文都充分使用此份史料,[2]而獲得可觀的研究成果。本書是屬於殖民地政府為施政需要而編纂的宗教調查報告書,其內容每隨著時代的變化做若干的更改,所以呈現的史料各有其階段性特點,值得加以探索,惜目前尚未見到學術性探討其特點與侷限。由於筆者兩近年來專注於佛教史料之蒐集(含口述歷史)與史實的研究,因本書內容有相當部份是跟佛教有關,而至今學者仍罕用於研究佛教史上,故本論文嘗試將以本書來管窺日據時期臺灣佛教的概況與演變。全文擬區分為四個部份:一、編撰背景與經過;二、作者的生平與思想;三、章節安排與佛教部份內容;四、日據時期臺灣佛教的演變等四方面,來剖析該書呈現之臺灣佛教的部份面相。管窺的視野與筆者兩對當時臺灣佛教之認知均極其有限,謹擬借此拋磚引玉,祈請在座先進不吝賜教。

## 二、本書編撰背景與經過

筆者在臺灣僅蒐集到的本書4個版本:計昭和9(公元1934、民國23)年、14年、16年與18年等。[3]但此4個版本中,並無前言或後記說明成書之背景及編撰過程。至於二手數據,也只有蔡錦堂在〈臺灣分館館藏宗教史料及其利用〉一文中,對它有簡明的介紹,雲:

『……(臺北中央圖書館臺灣)分館館藏之《臺灣に於ける神社及宗教》(1939版》、《臺灣に於ける神社及宗教》(1943版》,……均是研究日統治臺灣時期宗教,特別是神道方面不可缺少的重要史料。……(該書)一九三九年與一九四三年版中,各列有至當年度為止之神社與宗教等資料、……(書中)有關神社與宗教的資料各占一半,神社方面詳列了各神社之……等;

宗教方面亦羅列全島主要寺院教會之所屬宗派，所在地、……信徒人數等資料。另外從一九三九年及一九四三年版之資料數字變動情形加以比較研究，可以幫助我們對統治最動盪時期，神社與宗教變動狀況的瞭解。……一九四三年版，另外附有『參考法規與』與『諸統計表』等二部份，……（為）統治末期之重要史料。[4]）

　　以上引文很清楚說明本書是瞭解、研究臺灣日據時期宗教史不可或缺的史料。統治者編纂之目的固重在其中特別重視之神社，但亦兼及其他各民俗宗教資料的蒐集整理。文中已點出該史料的價值，雖未述及成書的過程，但可由此出發，來討論成書背景與編撰的過程。

　　筆者目前找到本書最早的版本為昭和9年本，而當時的佛教期刊-《南瀛佛教》於正文或在每一期之結尾《雜報》中，皆不時刊載臺灣總督府所做的宗教調查結果。其中大部份是統計數字，如11卷2號（昭和8年2月出版）起，連續5期刊登與本書（昭和9年版）內容幾乎一樣，只是《臺灣に於ける宗教の概要》中的神社資料被刪除。[5]由於該期刊大部份會刊總總督府宗教調查報告的慣例，昭和8年以前卻未見登載類似本書的內容報告。故由該期刊歷來登載的宗教調查報告，保守推估至少昭和8年已有本書之出版，之前則無從推估。唯留日臺僧林德林於《臺灣佛教改革前提（三）》中卻云：

　　『昭和六年，臺灣總督府文教局社會課刊行關於『在臺灣之神社及宗教』小冊子，就佛教一節之中有這樣記述。翻譯臺語起來，即要之，本島人僧侶中，還是無學問的人們居大多數，……』。[6]

　　由此則本書之出版年限，或可上溯到昭和6（1931）年。

　　1894（清光緒20）年中日甲午戰爭，清廷敗績，將臺灣割讓給日本，自1895年至1945年止，日本統治臺灣前後51年。日軍來臺接收，日本佛教各宗即伴隨軍事的擴張，積極在臺傳教。唯初期仍以在臺的日本人為佈教對象，此表示臺灣人與日本人間尚有隔閡鴻溝。1915（大正4年）臺南余清芳借西來庵齋堂，發起抗日義舉，建國號為『大明慈悲國』。[7]西來庵事件轟轟烈烈的展開，使統治者驚覺事態嚴重，且與宗教信仰不可分離，謂：『對於本島人之……宗教信念的深厚，實出意料之外，不僅關乎社會福利公安甚大，往往奸黠之徒乘之利用其迷信，是否是統治上不能忽視的呢？故……適當的措施是必要的，[8]』就此展開宗教調查，其中最為人熟悉的是臺灣總督府社寺課課長丸井圭治郎在1919年3月完成《臺灣宗教調查報告書》（第一卷）。隨後又成立南瀛佛教會，希冀結合全島佛教各宗派於一堂，標榜提升臺灣僧侶的素質與地位，

啟發臺灣民眾之真信仰；並發行機關雜誌《南瀛佛教會會報》，後改為《南瀛佛教》、[9]《臺灣佛教》。《南瀛佛教》提供對佛教與齋教等方面具有研究或關心者一個發表園地；但其刊登之前，必先經社寺課長與文教局長審閱核準才刊登，[10]故此雜誌實可視為代表官方立場，也因此總督府凡有效調查報告便刊登其上（參考本文末附錄一）。

附錄一中，可見昭和8年《南瀛佛教》刊登之《臺灣に於ける宗教の概要》和昭和9年版本書之宗教部份內容是一樣，而由此可推知本書具有刊載總督府例行性宗教調查報告的屬性。但此種神社與宗教調查並重之報告，於昭和9年之後，又有昭和14年、16年、18年等版本，故此問題實堪玩味；由附錄一可以得知，在刊登昭和8年《臺灣に於ける宗教の概要》以後，登載於《南瀛佛教》上之宗教調查報告，內容便與以往年版不盡相同，以前只簡單調查各祠廟、齋堂、神明會、教務所、說教師、信徒、齋友、道士與僧侶等數目及變動狀況；但此後則不僅調查頻率高，幾乎每年皆有調查數據，調查規模亦大，例如有《全島祭神一覽》和《神佛會一覽》等調查報告產生，同時調查項目也變得較特殊。如昭和5（1930）年於《宗教大勢》中，調查神社與社的狀況，及神宮大麻之頒佈；後期調查則擴及各教派之教化團體與社會事業團體。此令人直覺，政府欲掌控各宗教、宗派，且強調宗教必對國家有所助益，實代表政府掌控力又進一步。[11]

由附錄二中可推知，政府於大正4年至10年間與昭和8年至17年間，頻做宗教調查，[12]其中可與登載於《南瀛佛教》上之宗教調查資料相左證，得知昭和8、9年以降，殖民當局似已形成宗教調查的慣例。歷來的宗教調查，誠如前述大正年間以丸井圭治郎最為著名，他是為防範臺灣人藉宗教倡亂，而進行的宗教調查之主導者。昭和年代民間學者則屬旅臺日人增田福太郎較為有名，他從1929年以來的調查成果有：《臺灣本島人の宗教》、《臺灣の宗教》與《民族信仰を中心として―東亞法秩序序說》中之《南島寺廟探訪記》等作品。[13]由《民族信仰を中心として―東亞法秩序序說》之前言得知，此書編撰旨在讓殖民主導者明了臺灣人的思想與生活，冀有助於大東亞共榮圈的建立。[14]在《臺灣の宗教》中，更開闢專章，討論皇國精神和臺灣宗教的關係。[15]如此再再顯示，昭和年間尤其是昭和8年以後，日本在臺當局和學者所關心的重點，乃在於皇民化運動與二次大戰有關問題的討論。

本書昭和14、16、18年等3個版本，書後都附有神社的相關參考法規，如『縣社以下神社創立、移轉、廢止、合併相關要件』等。再加上1930年代

後期，日本政府借內外地一體的名義，在臺灣進行大規模人力、物力的徵集。此外，也推行一連串的教化運動與皇民化運動等，[16] 這些運動旨在同化臺灣人成日本忠貞之『皇國臣民』，協助日本作戰，因此強調日本『國家神道』乃是重要的措施。據此乃積極在全島各地營建神社。

《南瀛佛教》中的宗教調查資料可知：日據末期臺灣的宗教調查，加入了神社變動資料及神宮大麻之頒佈狀況。全面調查全島各廟祀神，並強調各宗派對人民教化之功能；再考察此時日本政府較以往不同，大量出版宗教調查報告與有關之宗教出版品，以當時中日正進行苦戰，皇民化運動正推行等線索可推知，一系列之本書乃是臺灣總督府欲配合神社進駐臺灣，而對積極建造神社等措施的評估報告，用供施政借鑑及反省改進之參考。

## 三、本書作者的生平與思想

史家常謂『知人論事』，僅知成書年代、編纂背景與經過仍有不足，影響史料最大的往往是史料的修纂人；不知史料出於何人之手，就難詳知該史料的可信度。[17] 本書未註明修纂者姓名，只標出臺灣總督府文教局社會課發行。一向殖民政府對思想控制總是頗為嚴厲，連雜誌刊出文章，都必經審查核可後才可刊行，故臺灣總督府必請與政府關係良好，而又研究有成或有聲望者執筆。從觀昭和年間，對宗教政策、臺灣神社與宗教等有研究者，當推李添春及增田福太郎兩人。增田雖是臺灣宗教研究者，於1929年更擔任宗教調查主任；但其偏向以人類學或氣候學等環境因素，來瞭解臺灣人的宗教信仰，也介紹臺灣宗教狀況與中日宗教比較，如《南島寺廟探訪記》、《臺灣の溫潤的風土と其の宗教》等，[18] 文中主張以同理心、尊敬態度與民族性來理解臺灣人的思想與信仰；所持觀點，與本書表現出來的觀點，如配合皇民化運動輔翼神社進駐，是大異其趣。而李添春之論文多集中在臺灣宗教（尤其是齊教）和明末以後佛教發展的研究，如《齊教概說》、《臺灣宗教概說》和《三教思想と臺灣宗教》等；[19] 故由此推斷李氏應是承受總督府之命，為撰寫本書的初稿作者，況且李氏曾於1929年接受文教局社會課囑託，同增田調查全島的宗教，又有《本島佛教事情一班》刊行，而增田1939年出版的《臺灣の宗教》，書中齊教部份，都取自李氏之《本島佛教事情一班》；[20] 且據《敬慎》5卷1號《後記》中，記載李氏至少任職文教局社寺系系員至昭和6年；[21] 而在《敬慎》5卷2號更記載李氏在昭和6年擔任臺灣神職會書記。[22] 所以筆者認為依學識及專長，加上昭和6年李氏也是《南瀛佛教》的主編，[23] 以及比較本書和李氏之相關文章，

發現兩者文句或觀點,皆表現出極為相似。[24] 所以李氏應是本書最初撰寫人,就此而言,李氏的生平與思想便需作適度探討。

李氏於1899(清光緒25)年出生在臺灣高雄縣美濃鎮,父親育有3子1女,排行老么。家中世代為農,家境不富,小時為人牧牛,11歲不幸染赤痢,臥病床一年無藥可治,幾臨死亡。據李氏回憶錄言:「因為我生病太久,父親……向觀音菩薩請願說:『假如這孫子能治好病的話,將給菩薩當弟子。』於是,在我病癒之後,他就命我吃早齋,其後初一和十五吃素,或是三、六、九日素食……」。[25] 病癒後即吃早齋信佛;12歲(1909年)入私塾,13歲進公學校就讀;至15歲輟學,從基隆月眉山靈泉寺德修法師誦讀佛經。以此因緣,更認識善慧與德融法師等臺灣佛教界重要領導僧侶,經此兩人安排,一生遂與佛教結下不解之緣。

16歲皈依靈泉寺住持德融為僧,法號普現。後經善慧的安排下,進入臺北曹洞宗佛教中學林唸書。在李氏回憶錄中言:「靈泉寺的開山祖師善慧上人來了一封信,信上說:『老在鄉間,就如鮮花插在牛糞上似的,為了創辦(佛教)中學林(今臺北泰北中學前身),即刻北上。』接到這封命令書,為遵師命到臺北東門街的觀音禪堂報到,……第二年舉行開學典禮,……」[26] 畢業後,得德融資助,前往日本多良中學就讀;大正11年(1922年)進曹洞宗大學,為預科1年級;大正13年入駒澤大學佛教系;昭和4年(1929年),大學畢業,畢業論文為《臺灣在家三派之佛教》,並以此論文獲頒永松獎。[27]

李氏畢業返臺,日本曹洞宗派其擔任花蓮佈教師,兼玉蓮寺住持;後經由德融介紹,進總督府文教局社會課工作。職位為「臺灣宗教調查事務囑託」,回憶錄中言:『我則(大學)畢業後到臺灣總督府文教局工作,說實在的這是由我師父沈德融師的幫忙才進去工作,因為當時師父……跟宗教關係的社寺股股長松崎先生很熟,就介紹我跟他認識。』[28] 幫宗教調查主任增田,進行全島宗教調查;後轉任臺灣大學理農學部助手,又任《南瀛佛教》會刊主編,[29] 從此李氏漸成佛教界名人。

1945(昭和20)年8月日本投降時,李氏已升任教授,參與接收臺灣大學的事務,在此前後30多年,皆奉獻心力於臺大。1951(民國40)年10月,偕中國佛教會會長章嘉活佛、李子寬和印順法師等,至日本參加第二次世界佛教徒會議。[30] 1959年又與演培法師等,至日本參加佛陀2,500年紀念誕辰大會。[31] 1964年辭臺大教職,陸續擔任臺北泰北中學校長、主持臺中順天堂醫院、受聘為基隆佛教居士林林長、臺灣佛教雜誌主編等職務。[32]

由以上事跡可知，李氏和臺日佛教界關係均良好，常參加佛教界的重大活動；且是一位解行並重的修行人，佛門禪修工夫對他處世有著莫大幫助。嘗言：『進入佛門後得到了不少修養，特別是從坐禪中所獲得的定力，對我的為人處世有莫大的幫助。』，又言：「我現在正在寫回憶錄，年齡已是八十四歲，並且還患了狹心症和腦充血之後，也是坐禪的功效吧！」，[33]除行門功夫外，他為當時有名的佛教學者，他對中國和臺灣佛教的發展皆有精闢的見解。此可從其回憶錄中《我的佛教觀》，得知其主要觀點如下：

　　（一）佛教傳入中國，起重大變化，把敬天思想與佛教思想配合，此是不合理的。因為在中國上古時代，皇帝祭上天的玉皇大帝時，必先齋戒沐浴，不吃肉食，七天七夜在一室內祈禱，不判罪、不和女人同房，把身體弄乾淨才可向神祭拜。李氏認為這是一種他力教，然而佛教是自力教，不承認神的存在，佛教的禪宗實行素食，把儒家思想放在佛教思想裡，他認為此是令人費解之事。

　　（二）佛教是把一切萬物看成心的變化，所以說『萬法歸一』，可是如果問一歸於何處？大部份的中國人會指天，言人的靈魂是從天降下，人死去三魂歸天，七魄入地。李氏認為佛教主張無我，不承認常一主宰的我，所以兩者是不相同，中國人實不應把這些混合起來談。

　　（三）中國佛教修行方法只有坐禪和唸佛，但在日本，除了這二門以外，還有稱題一門。李氏認為此是因為在中國和臺灣沒有日蓮宗的關係；另外，中國坐禪是以面對面對坐，他認為應行面壁坐禪，如此效果較好。

　　（四）關於戒律方面，李添春認為中國屬於大乘佛教，但戒律則以小乘為主，此是很矛盾。故必須加以改善，而當時臺灣佛教界有僧侶受日本佛教的影響，有人讚成僧侶可以娶親，他亦認為不必死守獨身，而自欺欺人。[34]

　　由《我的佛教觀》所提出的幾個觀點，可知其對中國和臺灣佛教均十分瞭解，且有自己獨特的看法。他認為中國和臺灣佛教在教義和戒律上，都需要調整；他對佛教發展有使命感，認為欲對中國佛教做戒律、教義和修行方法等改革，必須先從臺灣佛教徒開始，再擴及中國各地，此種立場亦影響到他所撰述的《臺灣神社及宗教》。[35]

　　總之，李氏是個努力精進解行並重的學者，曾發表許多佛學研究論文，甚至戰後官方主編之《臺灣省通誌稿‧宗教篇》亦出於其手。[36]由此可見，不論是殖民政府或遷臺後的臺灣省政府，都不能不借助這位對臺灣佛教有深入研究與體認的學者。

## 四、本書章節安排與佛教部份內容

目前筆者收集的 4 個版本，其中以 18 年版本最為完整。故先就目錄，觀其章節安排：

第一節 神社

第二節 神社及社一覽表

一、神社

二、社

三、攝末社

《附》遙拜所

第三節 宗教 上、改隷前からの宗教

一、舊慣に依る宗教

二、神佛又は祖先を祭祀する團體

三、巫覡術士

四、基督教

下、改隷後に傳來したる宗教

一、本島に於ける神道、佛教、基督教の統轄事務所

二、全島主要寺院教會

三、祠廟及神明會

第四節 參考法規

一、神社

二、宗教

第五節 諸統計表[37]

雖然本書與時代俱進而調整書中的章節安排，例如昭和 9 年版即無「本島に於ける神道、佛教、基督教の統轄事務所」、「全島主要寺院教會」、「參考法規」和「諸統計表」等章節，就連「神社及社」一節亦比 18 年版的「神社及社」簡略甚多。[38] 14 年版除了無「本島に於ける神道、佛教、基督教の統

轄事務所」與「全島主要寺院教會」兩節外，其他章節皆與18年版的相同。[39]由此現象可知，當時日本在臺當局，不斷進行臺灣宗教調查，隨著調查成果的累積，而不斷增補章節項目，各書的統計數字亦隨之有所變化，總督府對臺灣宗教調查，可謂是一項持續且不厭其煩之工作。本書第三節宗教，分「上、改隸前からの宗教」和「下、改隸後に傳來したる宗教」來論述臺灣宗教狀況。改隸（日本統治）前宗教的部份，「佛教」和「齋教」兩節都與佛教有關，[40]茲略述其內容如下：[41]

在《佛教》一節，認為中國佛教於漢.明帝永平13（公元70）年傳入後，隨即在中國流布，到隋唐（601～908）已達極盛，至明末（1644）以後，呈現衰微狀態，此時信仰為禪淨合一的混合教。而臺灣佛教亦承襲此時期佛教樣態，佛寺設有禪堂，但後堂或側房往往又安置阿彌陀佛，平時參禪又唸佛，朝時課誦楞嚴神咒和般若心經等；暮時課誦阿彌陀經和西方發願文等，此即人稱朝禪暮淨。另外，書中又認為臺灣佛教與福建省福州鼓山湧泉寺及怡山長慶寺關係密切，本島僧侶多往求戒，雖有往大陸求戒、學法的僧侶，但依然認為，本島僧侶無學識者眾多，社會地位皆低。[42]

於「齋教」一節，則認為齋教是佛教一派，是由明朝禪宗變胎而來，教義一般和佛教無異，但多少滲入儒、道的義理，信徒持事嚴謹，能守戒律，並茹素，相互間以齋友相稱。臺灣齋教分成：先天、龍華和金幢三派，先天派於鹹豐11年（1861年），董昌成在臺南創報恩堂傳入臺灣，儒家思想混入較多，信徒持戒最嚴，齋友階級為師位、十地、頂航、保恩、證恩、引恩、天恩、執事和眾生等；龍華派由魚商蔡文舉於臺南創立慎德堂傳入臺灣，此派最富世間色彩，齋友人數最多，階級分成空空、太空、清熙、四偈、大引、小引、三乘、大乘、小乘等九品；金幢派則是蔡阿公傳入臺灣，教義多混入道教思想，齋友階級分為上恩、叔公、管前、本管、首領、船頭、會首、護法和眾生。以上三教雖在教義和階級上有些歧異，但亦有相同之處，如以信奉觀音菩薩和釋迦牟尼為主，早時課誦《金剛經》，晚時課誦《阿彌陀經》等。[43]

改隸後傳來的宗教部份，「佛教」一節首先闡述內地（日本）佛教是由從軍佈教師傳入臺灣，本為慰問日本軍人與軍屬，平定臺灣後，各宗派佈教師遂駐臺開教，佈教對象漸擴及本島人（臺灣人）。但明治32、33年後（1899、1900年後），各宗本山因為經濟困難，佈教對象又再以內地人為主，漸漸地忽略對本島人的傳教，對此日本在臺當局感到遺憾；其次，書中又調查當時在臺灣傳教的日本佛教各宗派，計有：真宗大谷派……曹洞宗、臨濟宗、淨土宗……

日蓮宗、真言宗、天臺宗、法華宗和華嚴宗等 8 宗 12 派，當中以曹洞宗和臨濟宗發展最佳。各宗為佈教經營的事業，有：曹洞宗臺北中學校、淨土宗私立臺南商業學院、真言宗臺北護國十善會附屬寄宿舍及宿泊所、臨濟宗財團法人佛教慈愛醫院、臨濟宗慈愛簡易國語講習所、臨濟宗佛教專修道場、真宗本願寺派基隆愛護舍（免囚保護所）、真宗本願寺派中尊寺附屬授產部、真宗大谷派幼兒園等。最後，認定日本佛教各宗傳入臺灣，對臺灣佛教界不論於佛學研究、修行方法，及佛教給社會印象或戒律上，都有提升作用。[44]

　　總而言之，本書關於佛教部份內容的陳述，可看出兩個特點：一、書中認為齋教是佛教的一派，另外，尤其對先天、龍華和金幢三派之傳入臺灣歷程、教義和齋友階級的詳細論述可知，除了原本李添春對齋教的認知外，當時日本在臺當局也應認為對齋教需詳加調查，[45] 在累積一定調查成果下，才有書中通論性的敘述；二、書裡認為臺灣佛教乃承襲明末清初佛教樣態，是屬於禪淨合一的混合教，雖然有些臺灣僧侶渡海至鼓山湧泉寺和怡山長慶寺求法與求戒，但無學識僧侶仍占大多數，佛教僧侶社會地位也因此低下。此狀況直至日本佛教傳入後，受他們的影響，臺灣佛教界才展開義理研究、成立南瀛佛教會等措施與組織，於日本佛教宗派領導下，臺灣佛教和僧侶的社會地位才漸提升。[46] 言下之意，其贊同臺灣佛教日本化，似乎讓人感覺到，佛教改革即為臺灣佛教的日本化而已。以上乃是本書對佛教有關部份的內容概述。

　　令人遺憾的是總督府費盡心力從事調查、編輯、出版的本書，卻呈現出臺面上的信仰指標，對更多數民間沉默無言的傳統信仰現象與實情，卻著墨不多。順便一提，截至目前整個臺灣佛教史仍相類似，不論史料或研究成果都如冰山一角，看到的少，更廣泛的史事面像還未完全揭開。可喜的是到今日，臺灣佛教界已轉變傳統保守作風，無論寺院或僧尼多數有很高意願，願協助學者建立史料或闡揚史實。有興趣的朋友，盡興一同來墾拓此園地。

## 五、書中呈現日據時期臺灣佛教的演變

　　本書 4 個版本都分改隸前後來討論臺灣佛教和齋教。先簡略述說：中國佛教在東漢傳入後，直接跳入明清時代，論此（明清）時代的佛教屬禪淨調和之混和教，而臺灣佛教也是此種形態，即是朝禪暮淨；宗派則傳自閩南，屬禪宗，亦以《阿彌陀佛經》、《金剛經》、《楞嚴經》等經典為主，而行唸佛。接下來又論述，雖然臺灣佛教傳自閩南，但僧侶社會地位低，無學識者多。改隸後因許多僧人留日，回臺後繼續研究教理，內地（日本）宗派派佈教師來臺傳教，後各派又積極競相來臺設立機構，辦講習會及學校、惠民醫院，國語講習

所，進而有南瀛佛教會的成立，糾合眾教徒，使佛教事業日起有功，逐漸向榮，教徒地位也因此提升，以上是佛教部份。書中齋教部份，則先論述齋教具三教（儒、釋、道）合一思想，再敘述其食菜（素食）主義與嚴謹戒律；次則分述龍華、金幢、先天等 3 派之發展與傳教至臺灣的歷史，及介紹各派內部的階級。[47]

　　本書所呈現整個日據時期佛教的思想特色，雖然有略古詳今之現象，仍可一窺當時的輪廓，茲分述如下：

　　（一）本書 4 個版本實僅 2 種文本，因此只取最初的昭和 9 年版和最晚的 18 年版做比較，即能看出其間演進變，如：

　　1. 昭和 9 年版

　　『本島僧侶、齋友及佛教信者等，糾合成立南瀛佛教會，並發行機關雜誌，計劃舉行講習會，其中舉行婦女講習會 17 次，講習員 300 餘人，來自全島熱心佈教傳道者。』

　　昭和 18 年版

　　『本島僧侶、齋友及佛教信者等，糾合成立南瀛佛教會，……機關報發行，並主辦講習會，其中婦女講習會 19 次，講習員 450 人，來自全島熱心佈教傳道者。』[48]

　　2. 昭和 9 年版

　　『金幢派階級區分為：上恩師、恩師、首領、護法、眾生五級。』

　　昭和 18 年版

　　『金幢派階級區分為：上恩師、叔公、管前、本管、首領、船頭、會首、護法、眾生等九分法。』[49]

　　3. 昭和 9 年版

　　『現行本島佈教乃有真宗本院寺派、真宗大谷派、真宗木邊派、曹洞宗、臨濟宗、淨土宗……天臺宗、法華宗、華嚴宗等七宗十二派。』

　　昭和 18 年版

　　『現行本島佈教乃有真宗本院寺派、真宗大谷派、真宗木邊派、曹洞宗、臨濟宗、淨土宗……天臺宗、法華宗、華嚴宗等八宗十二派。』[50]

從《臺灣神社與宗教》管窺日據時代臺灣佛教

臺灣部份

　　兩種版本比較後，大部份文句皆相同，所列出相異部份，則多因為時間的演變，島內佛教狀況不同，而略加修改而已。如講習會次數、參與人數和日本在臺佛教派別等。不然就是因為隨時間與研究的累積，更加瞭解島內狀況而做的修改，如齋（異質佛）教中金幢派的階級區分等。

　　（二）本書是日據末期皇民化運動時的產物，主要為檢討神社進駐狀況而做的調查，因此神社才是討論的重點；然而也從中可反映出皇民化的一些宗教現象，並因而連出討論日本佛教傳入臺灣的奇特論點。其論點是惋惜未貫徹對臺灣人佈教。本書昭和9年版言：『（初）各宗相競在島內各地設佈教所，在兵馬倥傯之間，忍受許多的不便與困難而從事佈教。』，[51]另外昭和18年版言：『當時各宗本山皆設置臨時局，令其專門從事慰問出征軍人及其軍屬，戡定土匪逐漸就緒，乃於新領土策畫佈教。……回顧當時狀況，內地人渡臺者尚少，因而佈教的對像是以本島人為對象，……在兵馬倥傯之間忍受許多的不便和困難，還是百般努力佈教。』[52]又云：『明治三十二、三年開始，各宗本山因經濟上的困難而改變其方針，以至節儉佈教費的支出或中止，在臺佈教師在此不得已，產生獨自經營的必要，因為這樣其傳道也不知何時，傾向以內地人為本位，而且內地人的渡臺者漸增，忙於經營其佛事法要，終於演變到忽略本島人的佈教，此種事情實在非常令人不堪且遺憾。』[53]

　　由於昭和6（1931）年「九一八」事變爆發，昭和8（1933年）後中日由零星衝突漸次進入戰爭如火如荼局面，1937年殖民政府展開皇民化運動，對本島寺廟採取強硬整理態度，且積極期望同化臺灣人，1941年太平洋戰爭爆發，此後總督府對臺的同化政策更趨積極。4月成立『皇民奉公會』，上自總督府，下至各級地方機關，全面推行皇民化運動；對改造臺灣宗教與風俗更趨勢洶洶，強制要將所有的民間寺廟、齋堂一律改為神社，而僧眾的服裝及一切法式、儀軌至此更加日化。[54]

　　本書討論日本佛教傳入臺灣的奇特論點，可由先後行文中：『忍受許多不便與困難而從事佈教』，『在兵馬倥傯之間，忍受許多不便和困難，還是百般努力佈教』及『忽略本島人的佈教……非常令人不堪且遺憾』。[55]反映出日本在臺當局多麼渴望同化臺灣人，而以未能完全同化臺人感到莫大遺憾。另外，在昭和18年版之《全島主要寺院教會與佛教》裡所列寺院，與曾景來在《南瀛佛教》七卷第八號之《提案一則》所舉之全島有名之大寺院相對照，除靈泉寺、凌雲禪寺和法華寺外，雷音、龍山、圓通、圓光、靈隱、淨業、開善、元光、法雲、寶覺、開元、竹溪和東山等寺皆未列於上。[56]此或許因為在實行皇民化運動，

293

日本在臺當局大舉組織、調訓臺籍僧尼和相關佛教人士，欲使臺灣佛教日本化；且更有臺籍僧尼精英 20 人以上被提升為領導，[57] 故在表中，大都只列舉日人所屬寺廟及少許附屬於日本佛教之寺院。

由此亦可隱約窺知臺灣佛教因有日本佛教之庇護，只要向日本化靠攏，即有生存空間；其他道教、齋教、民間信仰也只得披上日僧服飾，陽奉陰違苟延殘喘，這是佛教的幸運，也是佛教界借他山之石以改革維新得的良機。

（三）1938 年皇民化時期即推行『寺廟整理活動』，朝向寺廟整合、拆毀等打破迷信陋習，整理臺灣民間信仰之寺廟，迫其朝向日本化。又開始進行『社』的整理，和在街莊亦可設攝末社；1943 年起又推行『一街莊一社』的建造神社運動。配合神社進駐，在『國有神社』下，又推出『家有神棚』，以奉祀有神宮大麻的神棚，作為家庭精神生活中心。[58] 企圖以神社作為社會教化中心，用以取代傳統寺廟所扮演居民精神生活中心的傳統功能。[59] 蓄意借此排擠其他民間宗教（含佛教）的生存與發展。總之，期望以日本國家神道取代臺灣人傳統信仰，培養臺灣人成『皇國臣民』。這些陰謀意圖透過指令，均可在昭和 18 年版『參考法規』中，找到相關的條文；而『神宮大麻』頒佈狀況，則見於『諸統計表』部份。此部份詳參蔡錦堂《臺灣分館館藏宗教史料及利用》，在此就不贅論。[60]

## 六、結論

宗教生活為現代人生活中的重要成分，當今有相當多數臺灣人民信佛教，佛教史因而不容忽視，欲探究臺灣佛教史，當先溯源日據時期的臺灣佛教，本書即為瞭解日據時期臺灣佛教的合適入門史料。『知人而後論事』，討論本書之前，理宜先探索該書初撰者李添春的一生。李氏是日據時期臺灣的佛教人物之尖峰代表，由其生平亦可略悉當時臺灣佛教的部份情況。當時一般人欲進入佛教圈仍賴特殊際遇，他經兩位著名法師：善慧的安排，才可由佛教中學林一路唸到駒澤大學畢業；又在德融的幫忙下，進入總督府文教局工作，開始他的宗教調查工作，對臺灣佛教更方便全盤深入認識，最終成為臺灣佛教界的達人、名人。

此外李氏更因自身努力不懈，才有其後的成就，故其回憶錄說：

『我在學中決心不被誘惑，……我覺得學生就該像學生，為了求學，應當有雖死也在所不惜的決心，……到了社會上工作時，我努力的方向是，工作的時候要全心全意地工作，以完成任務』。[61] 由此可知，他是個有毅力、有決心

的人。此處世態度有助他在佛教研究和修為上的傑出表現。李氏進入文教局負責臺灣宗教調查工作，因此由他編纂《臺灣神社及宗教》應是順理成章，再由臺灣當局隨各年宗教調查資料來編修定稿。本書因屬於政府宗教調查報告，所以基本上，他是站在統治者的立場陳述，例如書中極力讚揚日本傳來的佛教各派，對南瀛佛教會也有很高的評價。此正如詹京斯（Keith Jenkins）於《歷史的再思考》中言：『歷史是一種移動的、有問題的論述，……實際上，通常與一系列任何時刻都存在的權力基礎相對應，……建構並散佈各種歷史的意義。』[62] 在殖民時期統治者的威權，絕對高高在上，不容挑戰；因此難免需以統治者的立場撰述。

　　本書關於於佛教的敘述，實依日本當局（權力基礎）的態度左右，亦隨時代政策的轉變而做更改。[63] 也因此本書只能管窺浮出臺面政府注意的表象，廣泛的民間佛教信仰與實情，仍待其他數據彌補。[64] 然而整體檢視本書，尚可得到下列幾點認識：

　　（一）本書是臺灣總督府例行性定期宗教調查報告的呈現，其中有關佛教部份，既可以反映總督府的宗教政策與立場，亦可概觀佛教演變展的部份實情。

　　（二）自1915年西來庵抗日事件後，總督府驚覺信仰力量不可忽視，而改變原對宗教採取溫存的態度（1895～1914），始進行全島宗教調查。及1930年代後期，中日全面大戰與太平洋戰爭爆發，日本先勝後衰，為消弭臺灣人的民族意識，遂推行一連串所謂教化運動、寺廟整理運動、皇民化運動等。這些運動只旨在以日本國家神道取代臺灣人傳統信仰，培養臺灣人成忠貞之『皇國臣民』，進而切斷臺灣對祖國民族情結，協助日本打勝二次世界大戰。

　　（三）由本書不斷增補章節項目可知：總督府宗教政策不時演變，宗教調查報告內容便隨著不斷擴大。初期大都是簡單調查各寺廟、齋堂與僧侶等數目及變動狀況；後則調查頻率屢次提高，調查規模與項目亦不時增大，如所屬宗派、……信徒人數等資料。後期調查甚至擴及各教派之教化團體、教化與社會事業團體，令人直覺目的在掌控全臺各宗派系，且越來越嚴密。

　　（四）臺灣佛教原承襲明清時期佛教樣態，呈現衰微狀態，主要信仰為禪淨合一的混合教。一般佛寺中設有禪堂，但後堂或側房往往又安置阿彌陀佛，平時參禪又唸佛，或稱朝禪暮淨。臺灣佛教與福建省福州鼓山湧泉寺及怡山長慶寺關係密切，本島僧侶多往學法求戒；但依然無學識者眾多，社會地位低落。此情況要至日據後期才漸改觀。

（五）日本佛教是由從軍佈教師隨日本軍登臺而傳入臺灣，本為慰問日本軍人與軍屬。臺灣平定後，日本各宗派佈教對象漸擴及臺灣人。本書中記當時在臺灣傳教的日本佛教計有：真宗、曹洞宗、臨濟宗、淨土宗……等8宗12派。各宗為佈教經營的事業頗多，以曹洞宗和臨濟宗發展最佳。且認定日本佛教各宗傳入臺灣，對臺灣佛教界不論於佛學研究、修行方法，及佛教給社會印象或戒律上，都有提升作用。

（六）臺灣佛教僧侶原本社會地位低下，直至日本佛教傳入，各派積極在臺設立機構，辦講習會、學校、醫院與國語講習所，臺灣佛教界素質才提升，進而展開研究佛教義理，且有南瀛佛教會的組織成立，使佛教各項事業欣欣向榮，僧侶與教徒地位也因此水漲船高。因而認為臺灣佛教日本化是值得肯定，甚至誤導人視臺灣佛教的改革即為日本化而已。

（七）本書是日據晚期進行皇民化運動時的產物，重點在檢討神社進駐後的狀況，唯同時也反映出皇民化的一些內容，連帶討論日本佛教傳入臺灣的情況。其中令人印象深刻的是：常見惋惜未貫徹對臺灣人佈教，此反映日據末期皇民化運動時，日本當局多麼渴望同化臺灣人，而以未能完全同化臺人感到莫大隱憂與遺憾。

## 附錄一：《南瀛佛教》刊登的宗教調查報告書

| 年　　代 | 篇　　名 | 出　　處 | 內　　容 |
|---|---|---|---|
| 大正15年/1926 | 臺灣之宗教狀況 | 南瀛佛教會會報 Vol.4, No.4 | 對祠廟、齋堂、神明會、教務所、信徒、齋友、道士及僧侶等變動之調查大多是簡單數據排比 |
| 昭和2年/1927 | 臺灣宗教情報(一)(二) | 南瀛佛教Vol.5, No.4 | |
| 昭和2年/1927 | 臺灣宗教情報(一)(二) | 南瀛佛教Vol.6, No.1 | |
| 昭和3年/1928 | 臺灣宗教情報 | 南瀛佛教Vol.6, No.4 | |
| 昭和5年/1930 | 臺灣宗教大勢 | 南瀛佛教Vol.8, No.10 | |

續表

臺灣部份

| 昭和8年/1933 | 臺灣に於ける宗教の概要(一) | 南瀛佛教Vol.11, No.2 | 調查規模大且仔細，除了前述調查內容，又加入神社資料、神宮大麻資料和各宗派教化及社會事業的調查 |
|---|---|---|---|
| 昭和8年/1933 | 臺灣に於ける宗教の概要(二) | 南瀛佛教Vol.11, No.3 | |
| 昭和8年/1933 | 臺灣に於ける宗教の概要(三) | 南瀛佛教Vol.11, No.4 | |
| 昭和8年/1933 | 臺灣に於ける宗教の概要(四) | 南瀛佛教Vol.11, No.5 | |
| 昭和8年/1933 | 臺灣に於ける宗教の概要(五) | 南瀛佛教Vol.11, No.6 | |
| 昭和9年/1934 | 臺灣宗教現況統計 | 南瀛佛教Vol.11, No.8 | |
| 昭和10年/1935 | 寺廟祭神一覽 | 南瀛佛教Vol.13, No.2 | |
| 昭和10年/1935 | 寺廟祭神一覽 | 南瀛佛教Vol.13, No.3 | |
| 昭和11年/1936 | 寺廟祭神一覽 | 南瀛佛教Vol.14, No.4 | |
| 昭和11年/1936 | 寺廟祭神一覽 | 南瀛佛教Vol.14, No.6 | |
| 昭和11年/1936 | 寺廟祭神一覽 | 南瀛佛教Vol.14, No.7 | |
| 昭和11年/1936 | 寺廟祭神一覽 | 南瀛佛教Vol.14, No.11 | |
| 昭和11年/1936 | 寺廟祭神一覽 | 南瀛佛教Vol.14, No.12 | |
| 昭和12年/1937 | 昭和十一年度神宮大麻頒布實數調 | 南瀛佛教Vol.15, No.3 | |
| 昭和12年/1937 | 寺廟祭神一覽 | 南瀛佛教Vol.15, No.4 | |
| 昭和12年/1937 | 寺廟祭神一覽 | 南瀛佛教Vol.15, No.6 | |
| 昭和12年/1937 | 寺廟祭神調 | 南瀛佛教Vol.15, No.7 | |
| 昭和12年/1937 | 寺廟祭神調 | 南瀛佛教Vol.15, No.8 | |
| 昭和12年/1937 | 寺廟祭神調 | 南瀛佛教Vol.15, No.9 | |
| 昭和12年/1937 | 寺廟祭神調 | 南瀛佛教Vol.15, No.10 | |
| 昭和12年/1937 | 寺廟祭神調 | 南瀛佛教Vol.15, No.12 | |
| 昭和14年/1939 | 神佛會一覽 | 南瀛佛教Vol.17, No.2 | |
| 昭和14年/1939 | 神佛會一覽 | 南瀛佛教Vol.17, No.3 | |
| 昭和14年/1939 | 神佛會一覽 | 南瀛佛教Vol.17, No.5 | |
| 昭和14年/1939 | 臺灣宗教統計表 | 南瀛佛教Vol.17, No.10 | |
| 昭和15年/1940 | 佛教統計資料 | 南瀛佛教Vol.18, No.2 | |
| 昭和15年/1940 | 宗教統計資料 | 南瀛佛教Vol.18, No.3 | |
| 昭和15年/1940 | 宗教統計 | 南瀛佛教Vol.19, No.11 | |

資料來源：《南瀛佛教「卷4號4」大正15年4月＊至卷19號11》昭和15年11月。

## 附錄二：日據時代政府出版的宗教調查報告書

| 年　代 | 作　者（出版者） | 書　名 |
| --- | --- | --- |
| 明治35年 | 臺南廳 | 南部臺灣志、第八編佛教 |
| 明治40年 | n.a. | 斗六廳、西螺堡祠齋堂臺帳 |
| 明治41年 | 臺灣慣習研究會 | 臺灣慣習紀事 |
| 大正4年 | 丸井圭治郎 | 習に依る臺灣宗教概要 |
| 大正4年 | 臺北廳 | 臺北廳社寺廟宇に關する調查 |
| 大正4年 | 臺南廳 | 臺南寺廟調查書 |
| 大正4年 | 臺灣總督府國語學校校友會 | 臺灣人の俗說迷信 |
| 大正4年 | 桃園廳 | 桃園廳寺廟調查書 |
| 大正4年 | 新竹廳 | 新竹廳寺廟調查書 |
| 大正4年 | 南投廳 | 南投廳寺廟調查書 |
| 大正4年 | 南投廳 | 南投廳社寺廟に關する取調書 |
| 大正4年 | 嘉義廳 | 嘉義廳社寺廟に關する取調書 |
| 大正6年 | 臺灣總督府民政部 | 宗教調に關する記載例 |
| 大正6年 | 臨時臺灣舊慣調查會 | 臺灣舊慣調查會事業報告 |
| 大正7年 | 丸井圭治郎 | 臺灣宗教 |
| 大正7年 | 丸井圭治郎 | 臺灣の佛教 |
| 大正8年 | 臺灣總督府 | 臺灣宗教調查報告書第一卷 |
| 大正11年 | 相良吉哉 | 臺南州祠廟名鑑 |
| 大正14年 | 鹿港街役場 | 鹿港街役場寺廟之部－寺廟臺帳 |
| 大正14年 | 臺南廳 | 臺南廳社寺廟宇に關する取調書 |
| 大正14年 | 高雄州教育課 | 高雄州學事一覽附社寺概覽 |
| 大正年間 | 臺北廳 | 臺北廳社寺廟宇に關する取調書 |
| 大正年間 | 桃園廳 | 桃園廳社寺廟宇に關する取調書 |
| 大正年間 | 新竹廳 | 新竹廳社寺廟宇に關する取調書 |
| 昭和5年 | 增田福太郎 | 本島宗教運動一班 |
| 昭和8年 | 臺灣宗教社寺刊行會 | 臺灣社寺宗教要覽臺北州の卷 |
| 昭和8年 | 臺灣宗教社寺刊行會 | 臺北州下に關する社寺教會要覽 |
| 昭和8年 | 相良吉哉 | 臺南州寺廟臺帳簡冊 |
| 昭和9年 | 臺灣總督府社會課 | 臺灣に關する神社及宗教 |
| 昭和9年 | 村上玉吉 | 南部臺灣志第七篇宗教 |
| 昭和10年 | 高雄州教育課 | 高雄州學事一覽附社寺概覽 |
| 昭和11年 | 臺灣總督府 | 現行臺灣社志法令類纂 |

臺灣部份

從《臺灣神社與宗教》管窺日據時代臺灣佛教

| 昭和11年 | 臺灣總督府法務課 | 祭祀公業調 |
| --- | --- | --- |
| 昭和12年 | 增田福太郎 | 臺灣本島人の宗教 |
| 昭和13年 | 高雄州教育課 | 高雄州學事一覽附社寺概覽 |
| 昭和13年 | 中壢郡祭祀聯盟 | 郡下に於ける寺廟整理に就て |
| 昭和13年 | 曾景來 | 臺灣宗教と迷信陋習 |
| 昭和14年 | 增田福太郎 | 臺灣の宗教 |
| 昭和14年 | 臺中州 | 臺中州宗教關係調查 |
| 昭和14年 | 臺灣總督府社會課 | 臺灣に於ける神社及宗教 |
| 昭和15年 | 高雄州教育課 | 高雄州學事一覽附社寺概覽 |
| 昭和16年 | 高雄州教育課 | 高雄州學事一覽附社寺概覽 |
| 昭和16年 | 臺灣總督府 | 社寺宗教、社會教育及社會事業ニ關する法令集 |
| 昭和16年 | 臺灣總督府社會課 | 臺灣に於する神社及宗教 |
| 昭和17年 | 宮崎直勝 | 寺廟神の升天 |
| 昭和17年 | 臺中州 | 臺中州宗教關係調查 |
| 昭和17年 | 石　錐 | 臺南市寺廟臺帳 |
| 昭和17年 | 西田豐明 | 臺南市の寺廟現狀 |
| 昭和18年 | 臺灣總督府文教局 | 臺灣の寺廟問題——習慣信仰改善に關する調查報告第四 |
| 昭和18年 | 臺灣總督府社會課 | 臺灣に關する神社及宗教 |
| 昭和年間 | 新竹州大溪郡 | 新竹州大溪郡大溪街寺廟臺帳 |
| 昭和年間 | 臺中州 | 臺中州寺廟臺帳 |

資料來源：林美容《臺灣民間信仰研究書目》

（作者單位：國史館 臺灣聖母醫護管理專科學校）

## 註釋：

[1] 臺灣佛教到20世紀末，已發展至空前的興盛氣象；但佛教徒人數到目前為止，仍沒有精確的統計。一般粗略地說，可依昭慧法師轉述2000年5月19日，新當選『總統』的陳水扁於接見包括其本人在內的佛教界代表50人，說：當今臺灣有百分之90以上的宗教人口，其中佛教徒就占百分之40以上（昭慧法師，《當代臺灣佛教的榮景與隱憂》（上），《弘誓》，64期（2003年8月），第19頁）。以當時臺灣人口約23,000,000計，則佛教徒應有8,280,000，這是相當高的比例。相形之下，基督宗教（包括基督新教和天主教）大約是百分之3.5，此消彼長之勢，非常明顯。

299

[2]見蔡錦堂，《日據時期臺灣之宗教政策》，《臺灣風物》，42卷4期，1992年，第126～130頁；《日本帝國主義下之臺灣宗教政策》，（東京：同成社，1994年）。陳玲蓉，《日據時期神道統治下的臺灣宗教政策》（臺北：自立晚報，1992年）。

[3]臺灣總督府社會課，《臺灣に於ける神社及宗教》（臺北：總督府文教局，分別於昭和9、14、16、18年）。目前此4版本書典藏於臺北「中央圖書館」臺灣分館。

[4]蔡錦堂，《臺灣分館館藏宗教史料及利用》，「中央圖書館」臺灣分館編，《館藏與臺灣史研究論文發表研討會彙編》（臺北：「中央圖書館臺灣分館」，1994年），第243～244頁。

[5]社會，《臺灣に於ける宗教の概要》，《南瀛佛教》，11卷2期，第36～37頁。

[6]林德林，《臺灣佛教改革前提（三）》，《南瀛佛教》，11卷9期，第5頁。

[7]黃昭堂著，黃英哲譯，《臺灣總督府》（臺北：出版社，1994年），第107頁。

[8]臺灣總督府編，《臺灣總督府事務成績提要》（大正8年度），轉引自蔡錦堂《日本帝國主義下臺灣の宗教政策》，第54～55頁。

[9]蔡錦堂，《臺灣分館館藏宗教史料及利用》，第244～246頁。

[10]參考江燦騰，《日據初期臺灣佛教史研究演講錄》，《臺灣佛教百年史之研究》（臺北：南天出版社，1996年），第109～121頁。

[11]參考林美容，《臺灣民間信仰研究書目》（臺北：「中研院」民族所，1997年）。和「中央圖書館」臺灣分館，《日文臺灣數據目錄》（臺北：「中央圖書館」臺灣分館，1980年）。中有關日本在臺政府出版之有關宗教專書為主。

[12]前者即受西來庵事件的影響；後者乃因戰事需要而配合皇民化運動所作的措施。

[13]蔡錦堂，《臺灣分館館藏宗教史料及其利用》，第238～239頁。

[14]增田福太郎，《民族信仰を中心として——東亞法秩序序說》（東京：ダリセモンド社，昭和17年；臺北：南天書局，1996年重印），第1～3頁。

[15]增田福太郎，《臺灣の宗教》（東京：養賢堂，昭和14年），第209～234頁。

[16]蔡錦堂，《日據末期臺灣人宗教信仰之變遷—以『家庭正廳改善運動』為中心》，《史聯雜誌》，期19（1991年），第37頁。

[17]杜維運，《史學方法論》（臺北：三民書局，1991年），第162～163頁。

[18]增田福太郎，《附錄》，《南島寺廟探訪記》，《民族信仰を中心として——東亞法秩序序說》，第189～309頁；《臺灣の溫潤の風土と其の宗教》，《南瀛佛教》，第14卷第1期（1936年），第4～8頁。李添春與增田福太郎任職於總督府狀況，參見臺灣總督府編，《臺灣總督府及所屬官署職員錄》（臺北：臺灣總督府，昭和6），第106頁。有關增田福太郎與臺灣關可參考：『中央研究院』民

族學研究所編,《增田福太郎與臺灣研究紀念研討會論文集》(臺北:『中央研究院』民族學研究所,2003年),第1～103頁。

[19] 李添春,《齋教概說》,《南瀛佛教》,卷9期1(1931年),第61～71頁。李添春,《臺灣宗教概說》,《南瀛佛教》,第十三卷,9、10期(1935),第16～23頁,第3～8頁。李添春,《三教思想と臺灣宗教》,《南瀛佛教》,9卷7期(1931年),第9～15頁。李添春,《本島人の靈魂觀》,《社會事業の友》,15期(1930年),第45～46頁。李添春,《臺灣住民之家神及其對神的觀念》,《臺灣風物》,18卷2期(1968年),第9～14頁。李添春,《臺灣佛教の特質》,《南瀛佛教》,18卷8、9期,第8～17頁;9期,第13～21頁。

[20] 江燦騰,《臺灣佛教百年史之研究》,第73頁。關於總督府文武職員可參考:臺灣經世新報社編,《臺灣大年表》(臺北:南天書局,1994年),第77～186頁。

[21] 臺灣神職會,《後記》,《敬慎》,5卷1期(昭和6年),第34頁。

[22] 臺灣神職會,《役員名簿》,《敬慎》,5卷2期(昭和6),第52頁。

[23] 李添春,《李添春教授回憶錄》(臺北:陳國政、李弘生、楊運註銷版,1984年),第52～53頁。林普易,《臺灣宗教沿革誌·下編》,《臺灣佛教》,4卷2期(1950年),第36頁。

[24] 書中諸多觀點亦和李添春:《齋教概說》、《臺灣宗教概說》、《三教思想の臺灣宗教》、《本島人の靈魂觀》、《臺灣住民之家神及其對神的觀念》、《臺灣佛教の特質》等文的觀點相同。另可參考第16頁。

[25] 李添春,《李添春教授回憶錄》,第48頁。

[26] 李添春,《李添春教授回憶錄》,第50～52頁。

[27] 李添春,《大學時代》,《李添春教授回憶錄》,第47～52頁。李添春尚有許多詩作傳世,其作品大都被保存於禪慧法師編,《李添春教授詩歌集》,《臺灣佛教詩對拾遺》(臺北:三慧講堂,1990年),第108～119頁。另參於凌波,《現代佛教人物辭典》,第507頁。

[28] 李添春,《李添春教授回憶錄》,第63頁。

[29] 李添春,《李添春教授回憶錄》,第49～53頁。

[30] 李添春,《李添春教授回憶錄》,第58～59頁:唯就其他史料顯示,代表中並無李添春,姑且存疑。

[31] 李添春,《李添春教授回憶錄》,第58～60頁。

[32] 李添春,《社會服務》,《李添春教授回憶錄》,第52～53頁;於凌波,《現代佛教人物辭典》,第507頁。

[33] 李添春,《李添春教授回憶錄》,第55、74頁。

[34] 皆見李添春,《李添春教授回憶錄》,第 72～74 頁。

[35] 李添春,《李添春教授回憶錄》,第 73～74 頁。李添春認為中國和臺灣佛教必須改革的立場,除了影響到他所撰述的宗教調查報告書外,其認為要如何改革,此可參考本論文第肆節和第伍節。

[36] 同注 17。李添春至國民政府遷臺,仍是臺灣省文獻委員會編《臺灣省通誌稿·宗教篇》的執筆者,見《臺灣省通誌稿·宗教篇》(臺北:1957 年),第 1～259 頁。

[37] 臺灣總督社會課,《臺灣に於ける神社及宗教》(臺北:總督府文教局,昭和 18 年)。參考其目次部份(無頁碼)。

[38] 臺灣總督府社會課,《臺灣に於ける神社及宗教》(臺北:總督府文教局,昭和 9 年),第 5 頁,24～25 頁,30 頁。

[39] 臺灣總督府社會課,《臺灣に於ける神社及宗教》(昭和 14 年),第 47 頁。

[40] 臺灣總督府社會課,《目次》,《臺灣に於ける神社及宗教》(昭和 18 年),(缺頁碼)。

[41]《臺灣に於ける神社及宗教》昭和 9 年版與 14 年版除了統計數字外,其文句是一樣;昭和 16 年版與 18 年版除了統計數字字外,其文句也是一樣。故以下統計數字中內容,乃依據昭和 9 年與 18 年版來做分析。

[42] 臺灣總督府社會課,《臺灣に於ける神社及宗教》(昭和 9 年),第 11～12 頁。(昭和 18 年),第 41～42 頁。

[43] 臺灣總督府社會課,《臺灣に於ける神社及宗教》(昭和 9 年),第 12～13 頁。臺灣總督府社會課,《臺灣に於ける神社及宗教》(昭和 18 年),第 42～44 頁。

[44] 臺灣總督府社會課,《臺灣に於ける神社及宗教》(昭和 9 年),第 23～24 頁。臺灣總督府社會課,《臺灣に於ける神社及宗教》(昭和 18 年),第 58～59 頁。

[45] 例如《臺灣に於ける神社及宗教》昭和 9 年版敘述金幢派齊友階級為上恩師、恩師、首領、護法、眾生 5 級。而昭和 18 年版則改為上恩師、叔公、管前、本管、首領、船頭、會首、護法、眾生等 9 分法。臺灣總督府社會課,《臺灣に於ける神社及宗教》(昭和 18 年),第 43 頁。《臺灣に於ける神社及宗教》(昭和 9 年),第 13 頁。

[46] 臺灣總督府社會課,《臺灣に於ける神社及宗教》(昭和 18 年),第 42 頁。《臺灣に於ける神社及宗教》(昭和 9 年),第 12 頁。

[47] 參見臺灣總督府社會課,《臺灣に於ける神社及宗教》(昭和 18 年),第 41～44,58～59 頁。《臺灣に於ける神社及宗教》(昭和 9 年),第 11～13,23～24 頁。

[48] 臺灣總督府社會課，《臺灣に於ける神社及宗教》（昭和 18 年），第 42 頁。《臺灣に於ける神社及宗教》

（昭和 9 年），第 12 頁。

[49] 臺灣總督府社會課，《臺灣に於ける神社及宗教》，昭和 18 年版，第 43 頁。《臺灣に於ける神社及宗教》，昭和 9 年版，第 13 頁。

[50] 臺灣總督府社會課，《臺灣に於ける神社及宗教》，昭和 18 年版，第 58 頁。《臺灣に於ける神社及宗教》，昭和 9 年版，第 23 頁。據今人之研究，總計日據時期來臺的宗派有：禪宗（曹洞宗、臨濟宗妙心寺派）、淨土宗（淨土宗、西山深草派）、真宗（本願寺派、大穀派、木邊派）、真言宗（高野派、醍醐派）、華嚴宗、天臺宗、日蓮宗、法華宗（願本法華宗、本門法華宗）等，共達 8 宗 14 派參見松金公正，《植民地時期臺灣における日本仏教寺院及び說教所の設立と展開》，《臺灣史研究》，16，第 19 頁。

[51] 臺灣總督府社會課，《臺灣に於ける神社及宗教》（昭和 9 年版），第 23 頁。

[52] 臺灣總督府社會課，《臺灣に於ける神社及宗教》（昭和 18 年版），第 58～59 頁。

[53] 臺灣總督府社會課，《臺灣に於ける神社及宗教》（昭和 18 年版），第 58～59 頁。

[54] 中村元，《中國佛教發展史》（臺北：天華出版社，1993 年）第 1058 頁。除此之外，還由郡守等地方官聯合民間的士紳，出來倡言廢止民間祠廟。影響所及自不在話下，許多道廟被破壞、神像被燒毀。但在佛教方面，因長期以來，一些寺院早已成為日本佛教的佈教所；一些寺廟也委曲求全，陸續歸屬日本的各個宗派，佛教寺廟因此並沒有受到太大的整頓，但是僧眾的服裝及一切法式、儀軌卻更加被日化了。

[55] 臺灣總督府社會課，《臺灣に於ける神社及宗教》（昭和 18 年版），第 58～59 頁。

[56] 曾景來，《提案一則》，《南瀛佛教》，卷 10 期 8（昭和 7 年 8 月），第 54～56 頁。臺灣總督府社會課，《臺灣に於ける神社及宗教》（昭和 18 年版），第 62～63 頁。

[57] 江燦騰，《臺灣佛教百年史之研究》，第 247～249 頁。

[58] 蔡錦堂，《日據末期臺灣人宗教信仰之變遷——以『家庭正廳改善運動』為中心》，第 211～224 頁。皇民化運動下，日本在臺政府對臺灣寺廟的整理，可參考寺廟調查的執行者宮本延人回憶錄《我的臺灣紀行》。宮本延人口述，宋文薰等翻譯，《我的臺灣紀行》（臺北：南天書局，1998 年）第 181～190 頁。寺廟調查

成果為：臺灣總督府文教局編，《臺灣の寺廟問題》（臺北：臺灣總督府文教局，昭和18年），第1～84頁。而繼李添春為社會課囑託，負責宗教調查事務者是曾景來，參見臺灣總督府編，《臺灣總督府及所屬官署職員錄》（臺北：臺灣總督府，昭和9、10年），第107頁，第112頁。宗教調查報告書參考曾景來，《臺灣的迷信與陋習》（臺北：武陵出版社，1994年），第1～43頁。

[59] 蔡錦堂，《日本據臺末期神社建造——以『一街莊一社』政策為中心》，《淡江史學》，第4期，1992年，第211～224頁。

[60] 蔡錦堂，《臺灣分館館藏宗教史料及利用》，「中央圖書館」臺灣分館編，《館藏與臺灣史研究論文發表研討會彙編》（臺北：「中央圖書館」臺灣分館，1994年），第243～246頁。

[61] 李添春，《李添春教授回憶錄》，第56頁。

[62] KeithJenkins著，盧建榮譯，《歷史的再思考》（臺北：麥田出版社，1995年），第87～88頁。

[63] 李添春除了在日本時代撰有《臺灣に於ける神社及宗教》外，於國民黨當局遷臺後，又為《臺灣省通誌稿》撰述《宗教篇》，同作者，內容論點頗堪玩味。

[64] 筆者自本世紀初即著手從事佛教人物的口述歷史工作，幸好得到服務機構「國史館」之認可，且獲得幾位佛教徒同仁通力合作，至今已有部份成果陸續問世。為時雖晚些，許多老成已凋謝，然而多少補救些；尤令人興奮的是「國史館」在臺灣層級頗高，過去都很超然，有其一定的公信力，因而目前已獲得更多教界、學界的認同與響應。

# 日據時期的蘭嶼

陳文添

## 一、前言

有關臺灣本島和今蘭嶼島（以下以舊有名稱紅頭嶼稱之）的往來關係，就文獻記載所見，日本學者伊能嘉矩認為在康熙六十一年出版，由巡臺御史黃叔璥所著《臺海使槎錄》中的《番俗六考》這一篇內即有在臺灣的中國人航行抵達該島嶼[1]，準備和島上原住民進行貿易，因利害衝突導致兩者之間的來往中斷[2]。另外在乾隆年間成書之《海國聞見錄》，伊能嘉矩似乎誤認該書將紅頭嶼記載為呂宋這大島中之一屬島。而約略在同時出版的《臺灣府誌》，則將之附記在琅𤩝番族條項之下。就文獻上的證據而言，要將紅頭嶼視為臺灣之一屬島仍有其不足之處。及至1871年發生牡丹社事件，引發臺灣番地領域問題，

清廷認為紅頭嶼有將之歸入臺灣屬島的必要。光緒三（1877）年3月，命令恆春撫墾委員周有基等20餘人赴紅頭嶼實地勘查，回來後將此島歸屬恆春縣管轄，但也只是在地圖上標明名稱、位置，並未設立各項教化措施建立領土主權標幟，作出實際進行統治的事實[3]。

在18年之後，臺灣及其附屬島嶼因清廷『甲午戰爭』戰敗之故，被割讓給日本。時為菲律賓殖民母國的西班牙，為防止日本勢力南下，並杜絕臺灣、菲律賓之間的領土疆界紛爭，意欲進行由兩國發表臺菲領土境界宣言。交涉進行之中，日本海軍省水路部發現紅頭嶼並未在所有外國海圖中皆列為臺灣屬島，日本外務當局有必要明確將紅頭嶼列為臺灣屬島，免遭外國覬覦。兩國也因之確曾發表確定臺灣、菲律賓境界的宣言。另外臺灣統治當局也必然須有具體施政措施，建立統治紅頭嶼的事實。基於上述觀點，乃自日本近年來提供戰前官方檔案數據的亞洲歷史數據中心，以及臺灣總督府檔案中尋找相關數據，瞭解其間經過，除了探尋明治時期日本中央政府對於領土的確實取得，抱持何種態度外，也對當時面對財政情況不佳，須急切解決臺灣西部各地此起彼落的抗日運動、原住民為亂、軍警不和的臺灣總督府，如何符合中央的政策需要，以進行調查，進而行使實際的施政加以探討，就整項事實經過彙整成為本篇文章。

## 二、日西兩國對臺菲領土疆界之交涉

依據先前日本亞洲歷史數據中心公佈的明治28（1895）年西班牙和日本交涉臺灣、菲律賓疆界的內閣史料顯示[4]，首先提出要求交涉的是西班牙代理駐日公使喬生·卡羅（Jose Caro），他銜本國政府命令，於1895年6月7日致函代理日本外務大臣的西園寺公望，請求會見，經西園寺公望於10日覆函在12日會面，該代理公使說明西班牙政府恭喜日本戰勝取得臺灣、澎湖群島，未來希望繼續日西兩國間的良好關係，避免所有可能會引發傷害兩國關係的困難因素。所以西班牙政府希望日本能明確表示：日本並未有將在太平洋巴士海峽中央線以南及在東南方島嶼列為本國所有的意願，將來亦未有此意圖。對於西班牙代理公使的告知事項，西園寺公望代理外相樣也以外交辭令回答，日本方面也和西班牙政府相同，希望全面維持兩國良好關係，也和西國相同，希望避免在領土境界問題上，兩國間有所誤解。日本政府應不致會不同意將西國要求事項以宣言形式發佈，但是希望西國政府對於在巴士海峽北方及東北方的太平洋上島嶼也能夠作相同宣言。

經查日本是在1895年4月17日和清廷簽署結束兩國戰爭狀態的條約，5月8日兩國在今山東煙臺完成條約換文手續，法理上臺澎已為日本領土。但是

在兩國條約簽署、換文這段期間，發生俄德法三國干涉交還遼東半島事件，日本原本還想擁有遼東半島上的金州廳，但因帝俄的堅持，復以日本軍力不足抗衡三國，終於在 5 月 6 日覆文屈服。同月 9 日干涉還遼的三國回文表示滿意，事件才告落幕。5 月 30 日外交主事人員外務大臣陸奧宗光因肺疾請假，6 月 5 日由文部大臣西園寺公望臨時代理外務大臣，而外務次官林董則更早在 5 月 21 日離職，轉由原敬擔任。面臨外務大臣及次官的更動，以及三國干涉歸還遼東半島事件處理才剛結束，日本方面應不願再生事端，西班牙政府選擇由兩國發表宣言宣示臺菲境界以避免日後發生爭端的時機確屬恰當。[5]

而在日本方面，外務省將西班牙有意發表臺灣、菲律賓間境界宣言通知掌管海圖製作、海上保安、海上測量業務之海軍省水路部後，海軍省水路部長肝付兼行在 6 月 21 日回函西園寺，表達對紅頭嶼列為臺灣附屬島嶼仍有值得疑慮之處，希望西園寺善加處理。

原函為：

敬啟者：

先前您所提及之地圖一節，依您陳述在臺灣東南方面的離島『波特多巴哥』島，在以前已送交之支那海水路志卷之二附錄第 86 頁處，已以漢字命名紅頭嶼。在興德勒（按：人名）之水路志註明並非呂宋屬島而是臺灣附屬島嶼。唯在英國海軍的水路志內則既不屬呂宋亦非屬臺灣屬島，完全是獨立性島嶼。亦即現在只閱覽支那海水路志附錄中刊載的內容，它敘明島上土人並非支那式人種，而似乎像是一種蠻族。自然就位置上而言，當然應該是臺灣所屬島嶼，唯在大清一統志上卻漏載此島，此乃是有些許須擔憂之處，特函告知敬請知悉。

6 月 21 日

水路部長肝付兼行

臨時外務大臣西園寺公望鈞啟

依據此函內容，可知在清廷將紅頭嶼列入版圖後，只有為外國人興德勒所編的水路志註明紅頭嶼是臺灣屬島而已。海洋大國英國所編水路志則並未寫明紅頭嶼是呂宋或臺灣的屬島，而讓水路部長肝付兼行擔心的是清廷所編的大清一統志中根本就未刊載紅頭嶼，這時距離周有基等人抵達紅頭嶼進行調查已經有 18 年之久了，清廷內部竟有如此令人難以置信的疏忽，不過也或許該書仍未及更新所致。日本方面為確保紅頭嶼，外務省先命令駐西班牙代理公使和西班牙政府協商宣言中加入西班牙國無意取得巴士海峽中央北部及東北部島嶼的條

文，對此西國政府並無異議。因此在明治 28 年 7 月 16 日先由外務省製作宣言書案文，由代理外務大臣報伊藤博文總理大臣請在內閣會議中透過案文，再準備交換兩國宣言書，內閣會議在無異議情況下透過。

明治 28 年 7 月 18 日，伊藤博文總理大臣上奏以：有關西太平洋中日西兩國版圖境界宣言書，謹上奏恭請聖裁併請交付樞密院審議。上奏原稿內容的附件宣言書是：

日本國皇帝陛下之政府及西班牙國皇帝陛下之政府，皆希望增進兩國間現有良好友誼，相信明確化在西太平洋中兩國版圖之所有權，有助達成上述兩國之希望，故由得到兩國政府授權之……（人名），協議決定下列宣言：

第一、宣言以透過巴士海峽可航行海面中央之緯度並行線作為西太平洋日本國及西班牙國版圖境界線。

第二、西班牙政府宣言不以在該境界線北方及東北方島嶼為其所有地。

第三、日本國政府宣言不以該境界線南方及東南方島嶼作為本國所有地。

年○月○日於東京記名製作宣言書二份。

所附之宣言書內容即為外務省所製作之原案，而之所以必須移交樞密院審議，系因為依據明治 21（1888）年 4 月以敕令第 22 號公佈之樞密院官制，明訂該院為重要國務之諮詢機關，為天皇在行政、司法業務方面的最高顧問，但不得干預施政。在其職掌項目中明訂和列國交涉之條約及約定事項，都須交付樞密院提供諮詢意見。樞密院是在召開會議後，將諮詢意見上奏天皇。另外依據該院事務規程規定，依天皇敕令送來之諮詢事項，須先由議長交付書記官長審查，及製作報告院會會議事項。因之在 7 月 26 日樞密院書記官長平田東助即將審查後的報告上陳樞密院議長黑田清隆：

謹審查諮詢之有關在西太平洋日西兩國版圖境界宣言書案，查本次臺灣歸屬中國所有，為預防將來該島和菲律賓島之間疆界的紛爭，因為西班牙希望以巴士海峽可航行海面中央之緯度並行線作為兩國之疆界，我政府欲共同與之發表宣言，認定全案皆屬妥當。

如此全案乃進入委員會內進行審查，這時候海軍省肝付兼行水路部長亦本於業務職掌立場，於 7 月 29 日致函送交樞密院書記官，表示現階段各國之間對於太平洋海域雖有南太平洋、北太平洋之稱呼，但是仍未見東太平洋、西太平洋的名稱，認為使用西太平洋的名稱不妥，因之在委員會上，將外務省原案

之西太平洋修改為太平洋西部，其他則照外務省原案透過，修改案文的關鍵性信函譯文如下：

敬啟者：

區分太平洋系以赤道為中間界線，有南北太平洋的名稱，此雖已屬世界普遍性的稱呼，但仍未見區分東西太平洋的慣常稱呼。在英國水路志上區分在太平洋諸島嶼，系以『西部諸島』、『中部諸島』、『東部諸島』的名稱稱之。海圖上則區分為東北部、東南部、西北部、西南部，圖和志的區分相異。此次新使用西太平洋的境界線，是將海圖上的東北部、東南部稱作東部，西北部、西南部稱為西部罷了，然而這原本也只是顯現太平洋之概略而已，特回答如右文。

28 年 7 月 29 日

肝付水路部長

樞密院書記官啟

在委員會議決定修改西太平洋為太平洋西部後，7 月 30 日夜晚，在黑田清隆樞密院議長主持下，召開將此議案徑付二讀的審查會，可能是爭議極少，只有開會必需的最少數人員顧問官 10 名出席，其他包括所有皇族代表 6 人及伊藤博文首相以及 9 名大臣都未出列席，審查會無異議透過修正案，同日樞密院將修正經過上奏天皇及通知伊藤博文首相。同日亦召開內閣會議透過上奏樞密院透過的日本、西班牙兩國境界宣言書，翌日天皇即行核可。日本決定的日西兩國版圖境界宣言書原稿內容為：

日本國皇帝陛下之政府及西班牙國皇帝陛下之政府，皆希望增進兩國間現有良好友誼，相信明確化在太平洋西部兩國版圖之所有權，有助達成上述兩國之希望，故由得到兩國政府授權之……（人名），協議決定下列宣言：

第一、宣言以透過巴士海峽可航行海面中央之緯度並行線作為太平洋西部日本國及西班牙國版圖境界線。

第二、西班牙政府宣言不以在該境界線北方及東北方島嶼為其所有地。

第三、日本國政府宣言不以該境界線南方及東南方島嶼作為本國所有地。

1895 年 8 月 7 日於東京記名製作宣言書二份。

日本和西班牙是在8月7日由西園寺代理外務大臣和西班牙特命全權公使完成簽署、換文的手續，同日在通報伊藤博文首相的同時，也立即辦理上奏天皇已完成宣言書換文的手續。接下來是由外務省通知駐法、英、俄、美、德、奧匈、義大利、荷蘭、清廷、朝鮮諸國公使，並且由外務省提供內閣印刷局日西兩國共同發表宣言書刊登公報原稿，在8月17日刊登官報，整件外交交涉事件才告落幕。

### 三、總督府派員赴紅頭嶼作實地調查

在日本中央和西班牙駐日外交部門間的交涉結束約1年4個月後，在中央監督臺灣總督府、北海道各項政務的拓殖務大臣高島鞆之助發函乃木希典臺灣總督，表示已和西班牙政府完成臺灣、西國所屬菲律賓間領土方面的交涉，就國家立場而言，須進行紅頭嶼群島的實地調查，以實地確定取得這些島嶼的權限，同時也須掌握島民的狀況。本函是以訓令發出[6]：

訓第201號

貴管轄區域之紅頭嶼，系分散巴士海峽中之群島，位居和西班牙領有地相接壤的地位。在去年8月7日中國已和西班牙國協議決定發表相關宣言。近來有個人計劃到該島探險，因此此時有必要進行該島嶼的實際調查，對島民發出諭告文，以舉出列為帝國領土之事實，希派遣船艦及官員作實地調查，並立即報告其實際狀況。

訓令如右文。

明治29年12月26日

拓殖務大臣子爵高島鞆之助印

臺灣總督男爵乃木希典鈞啟

而在收到此函之前明治29年9月，東京府士族姓上田者，提出探險的申請，可能就是總督府檔案內的上田毅門，此時總督府必須作是否許可的決定。而在明治30年之初，總督府民政、軍務兩局局長聯名簽報乃木總督[7]：

有關實地調查紅頭嶼一節，為實現拓殖務大臣訓令意旨，擬裝備汽船一艘，搭載適當人員赴該島及附近諸島從事探險，可否？請核示。

附啟：前項若決定可行，探險人員由民政、軍務兩局必要單位中選擇適當人員命令之。因警備等需搭載相當數目士官兵，唯使用之汽船預定使用海軍專用船福井丸，該船應於二月中旬航抵基隆。

本聯名簽獲採用，2月上旬即發出出差人員的名單，但是此次實地赴紅頭嶼等島的調查，在開始階段就並不順利，先是預定在明治30（1897）年2月出發進行調查，卻因為預備使用大阪商船株式會社的福井丸須駛向澎湖島，出發時間必須延遲到3月中旬。而原本期待臺南縣廳能找到瞭解該地方的領航人員，但卻未找到人選，後來只能由臺東支廳長[8]派遣翻譯人員並請該支廳派出一位職員同行而已。至於獲派參與調查業務的人員[9]，包括府內軍務局課員少佐菊池主及所率軍隊，以及由佐野友三郎率領的文官隊伍包括內務部、殖產部、財務部、臨時土木部的人員在內，還有一位是民政局技師成田安輝，屬較特殊人物，並不歸屬佐野氏指揮，而是獨自進行後述有無可適合日本內地人作為殖民地等的調查。另外還有意欲瞭解各該島島嶼狀況，以及各項調查成果的民間人士申請獲準同行人員，還有有意進行產業調查以及有醫學經驗的人士、職司報導的記者，都是福井丸此行的乘客。但總督府事先已決定不准此行人員藉任何理由在調查結束後續留島上。

所有的人員都是在明治30（1897）年3月10日離開臺北赴基隆搭乘福井丸離港，在12日到達火燒島（即今綠島），14日離此島，15日抵達紅頭嶼，一直停留到19號，在20日回到基隆港，21日登陸整理行李搬運貨物，22日才回到臺北。另外，依總督府所發出差命令書寫明『赴紅頭嶼等2島及火燒島進行實地調查』，可能原先計劃調查範圍尚包括在紅頭嶼東南方的小紅頭嶼，卻因行程緊迫而未果行。此一調查團的行程概要，依佐野友三郎出差報告書中提出的旅行日誌可以相當程度瞭解其具體做法：

3月10日和成田技師同行，率領民政局員及同意其搭便船者由臺北出發抵達基隆，同日上福井丸翌11日由基隆出帆。

3月12日拂曉時分抵達火燒島，上午10時上陸。以島上人士陳令之家為本部，成田技師率搭便船者若干名從事山林等的調查。萱場技手也率同若干搭便船者，從事農、漁業的調查。職和其他人留守本部，在陳令家中請耆老集合，等待菊池少佐諭示彼等完畢，發給諭告文後，恭讀天皇撫育臺灣人民之勅語，告知聖旨的優渥並諭知臺灣總督府施政方針，由聘任人員栗村氏翻譯，彼等皆謹慎傾聽，及至發給國旗、太陽曆、撫番物品時，彼等皆滿臉喜色，儀式完畢後，職對彼等作了調查，本日一行住宿此處民居。

3月13日成田技師及萱場技手等從事調查，情況如上一日。職停留本部調查上一日未聽清楚事項，其他人員前往公館及南寮，之後職亦巡視南寮。本日預定下午搭船以天候惡劣福井丸避難南港，故續留島上。

3月14日拂曉見福井丸船影，上午10時乘船，下午1時半起航。

3月15日拂曉抵達紅頭嶼，於福井灣下錨，上午8時上陸，紮營菊池村。

3月16日上午7時集合村民，以言語不通，未能以語言諭示，乃權宜將文告貼於適當處所後，給與撫番用品，後離村往海岸巡視，約半里有小部落，然該部落系小部落只有23戶，且因接近菊池村，已於菊池村處給與撫番物品，因而乃繼續前行，約3里有一部落再行1里又有1部落。如先前貼出諭告文及給與撫番物品。兩村村民較前村更有感謝之意。

下午4時取道舊行路徑就回程，日沒後抵露營地。

3月17日上午7時自菊池村啟程，沿西海岸就巡視之途，行約2里有一部落，再行2里有一部落，又再行約600公尺再有一部落，本日露宿此村，而貼諭告文，給與撫番物品三部落皆相同。

3月18日上午7時啟程，橫越山區有一部落，是乃前天巡視之最後部落，乃由先前同一路程回菊池村。

3月19日上午10時乘船，下午2時45分起錨出發。

3月20日下午6時入基隆港。

3月21日上午9時上陸，為整理貨物留此處。

3月22日回總督府。

在調查團回歸總督府後，各員陸續提出出差報告書[10]，特選其中較具代表性的兩篇出差報告作比較。佐野友三郎的報告可分為火燒島、紅頭嶼兩大部份，內容因和其他民政官員提出之調查報告多有重複之處，所以應該是以部下之報告為基礎，再添加己身實地作調查所得而製作之出差報告書。依其內容顯示，最早到火燒島的是福州人陳品先，他驅走在該島的蕃族，嘗試在此島定居，但並未成功。之後在小琉球從事開墾的泉州人曾開勝邀集同志30人移居此地，其子孫就定居在島上。而之前被陳品先驅逐的蕃族則轉到紅頭嶼居住，佐野氏對此處居民印象極佳。

但是對於紅頭嶼的調查，因為語言幾乎都不相通，對於人種方面，也只寫出酷似卑南地方的阿美族人，也指出所使用的語言混入相當多的馬來語。在此島嶼上的居民，和臺灣本島上原住民不同，既不在臉上刺青，也無飲酒、吸煙的習慣，體格雖屬強健，但並未持有武器之類的物品。農業方面主要栽種作為主食的水芋也從事漁撈作業，但並不對外進行交易，島上人民對於外人的警戒心極強，但並未見到他們有攻擊性。佐野氏認為只要依據此處人民的喜好加以徐徐誘導，則不管統治者是誰，他們都會歸順服從，就保持作為新版圖的觀點而言，應該施以適切的統治政策。

另一篇就是成田安輝提出的報告書，成田安輝是鹿兒島縣人，先進入東京陸軍幼年學校後，著進入陸軍士官學校（相當於中國陸軍官校），以生病之故，未畢業即中途退學，參與有東亞魯濱遜之稱的田中鶴吉引進美國式鹽田製作食鹽的計劃，在明治19（1886）年為研究製鹽方法赴小笠原群島，來年為相同目的赴美國，竟而進入在阿拉斯加的美國公司服務，曾因設在上海的東亞同文書院前身日清貿易研究所的邀請回日本，1891年再到美國，在舊金山設立販賣日本國內植物的帝國植物商會。

另外，在此處成田也接受日本珍田舍巳領事之請，處理在愛達荷（Idao）華州日本人之間的紛爭事件，監督在美國聯合太平洋鐵路公司工作的日本籍勞工，也接受日本政府委託，從事在愛荷華州移民的調查。在日本取得臺灣的第2年即1896年年初回國，4月由總督府殖產部長押川則吉報請任命為民政局技師，主要從事容納日本內地移民土地的調查，故在此次也奉派從事紅頭嶼諸島的調查。依據其過去輝煌的經歷，民政局有意讓其獨自進行調查，並不歸屬此行文官領導人佐野友三郎節制。而此行所提出的報告書也最為豐富、具體，並且添附了色彩鮮艷的蝴蝶、島上家屋、用具、里程數及海流等等手繪圖，而且報告提出日期顯示回府後八日就提出這份圖文並茂的紀錄。因為殖產部擬稿送文書課時是5月14日，當中在殖產部門就約耗時45天，不唯如此，文書課上呈後到乃木總督閱畢時已在6月11日了，可見成田氏意見書在府內實在頗受重視[11]。

至有關紅頭嶼統治及殖產上成田安輝意見書是在明治30年4月6日由成田氏提報民政局局長水野遵[12]，原標題為『紅頭嶼統治私見』，是成田氏提出對紅頭嶼如何進行統治的意見書，包括設置統機構的性質、經費以及全島行政區域如何劃分諸項目，另一件則為紅頭嶼殖產上的意見，介紹當時島上諸產物以及經營所需年數等事項。

首先成田安輝認為紅頭嶼應可設立類同辦務署[13]，從事蕃民撫育業務兼掌理移民等其他事項，文中他陳述其理由：

紅頭嶼蕃人恰如熟蕃一般，性格溫順，且幾乎未擁有可稱之為武器之物，故不須和臺灣本島一般，設立對生蕃人從事撫育及專門從事拓殖業務之撫墾署[14]。然而紅頭嶼蕃人仍未確知該島歸屬中國，嶼司除須讓島民知曉，同時須讓其享有歸我所有之德澤，誘導、發展彼等特有美術上的伎倆。嶼司也要一併統治墾地、殖民及其他原因來島上的內地人民，而在這遠隔孤島，輕罪判決應已足運用，須賦予這方面警察審判的權限。

須注意事項

（一）紅頭嶼蕃人未擁有武器，彼等並不在山上狩獵維持生計，專事水田之耕作及海上捕魚，是以不須擁有武器。交給懦怯者武器，是極為恐怖之舉動，故不如禁止給與武器。

（二）勿讓島民和臺灣人或支那人進行貿易，此係為防止欺騙島上人員及武器之走私。

（三）紅頭嶼上並無臺灣人，今後應只允許取得官方許可臺灣人始能來島，但不準移居，以保護我移居人民繁榮發展。

（四）須隨時備置可往返小紅頭嶼或東港間之小蒸汽船或戎克船。

（五）紅頭嶼辦公署位置找南根村或佐野村附近適合土地興建，在施政上、地理位置上可得方便性。

另外第六點則是紅頭嶼辦公廳舍職員及經費的預估數，估計辦公廳須有嶼司（官名）1名、庶務及會計人員各2名、警察人員4名（警部1名、巡查3名）、僱員5名、在地人村長6名。第一年經費因須興建辦公廳及宿舍，故須13906圓餘之經費，但自第2年起，約10506圓餘即已足夠。至於從事各項島內殖產事業的經營，成田氏認為可以以15年為期，最初的5年為創業期，可進行播種、移植等作業，接下年的5年是栽培期，最後的5年才是收穫期，亦即投下資金到回收至少需要耗費10年以上的時間，而且其生產量因為島嶼面積不大，收穫量應亦不能和澎湖島相提並論。

## 四、對紅頭嶼的政策措施

儘管依據總督府檔案中成田安輝報告書的處理方式顯示[15]，總督府頗有意實行有實效性的統治方式。但是眾所周知，這時因為日本本國財政窘迫，被迫削減在臺灣殖民地經營所需的經費，根本上就限制了整體的臺灣統治政策。

在明治 28（1895）年 10 月，日本由前面提及訓令乃木希典總督調查紅頭嶼之拓殖務大臣高島鞆之助，當時擔任臺灣副總督，率領南進軍攻下臺南，完成了臺灣本島的軍事佔領，但是各地抗日隊伍仍層出不窮，困擾統治當局。而且各項統治機構的建立，實也刻不容緩，此種軍事費的增加及機構的新設，在在都使得臺灣財政支出增加，雖然總督府引進大藏省人才[16]及新設財務局等，但歲入仍遠遠不及歲出。對此日本中央實行的解決辦法是儘量減少預算書上的財政赤字，在臺灣實施特別會計制度，只有民政費用才從特別會計下支出，其他陸海軍費用則由本國陸海軍省預算辦理支出。但饒是如此，從明治29（1896）年度起，即需國庫補助 694 萬圓，才敷歲出之所需，翌 30 年度略降為約 596 萬圓，但是因為甲午戰爭之後，日本為了擴充陸海軍，以及戰後的不景氣，大藏省大幅縮減對臺灣總督府的國庫補助經費，引起總督府內的極大震撼，甚至發生學務部長伊澤修二掛冠求去及攻擊水野遵民政局局長的風波[17]。在未來經費不容樂觀的情況下，儘管最初有意採納成田安輝調查治理火燒島、紅頭嶼的意見，最終也不得不向現實情勢妥協。茲就此行歸來，並由各員提出相關報告之後，總督府對紅頭嶼實行何種措施？依據總督府公文類纂的記錄，敘述如下。

在佐野友三郎、成田安輝一行人從紅頭嶼回到總督府後，明治 30（1897）年 4 月，宮內大臣土方久元來函感謝總督府獻上天皇、皇后紅頭嶼椰子 20 顆，很明顯的應該是此調查行程帶回的島上產物。這年 5 月 27 日增設新竹、嘉義、鳳山三縣及宜蘭、臺東二廳。9 月總督府內務部因為已完成紅頭嶼、火燒島兩島的探險工作，大體知悉兩島的概況，而在同一時期總督府已對在今宜蘭縣下的龜山島作了調查，宜蘭廳長西鄉菊次郎並報請將該島列為頭城辦務署管轄區域。總督府為進行實際且有效的紅頭嶼行政管理，乃函請臺東廳提報處理意見。當時的臺東新廳長是注 8 處提及之日本治臺時，早期對『理蕃』事業功績卓著的相良長綱，可能是該廳對於該島掌握訊息不足，未能立即作覆。因之總督府乃自行作了決定，原本最初似乎擬如成田安輝意見在此地設立約略等同辦務署的機構，但因經費未如預期及考慮紅頭嶼全為熟蕃並無漢人，故暫不屬辦務署管轄，而火燒島全為漢人，故劃歸卑南辦務署管轄，並分別以明治 30 年的府令第 56 號及 57 號加以公佈[18]。

更到了這年 11 月，因恐日本內地商人為取得巨大利益會冒險乘戎克船前往火燒島，因而臺東廳長相良長綱請求總督府仿照當時對出入蕃地須事先取得撫墾署長許可之成例加以管制。總督府在 11 月 14 日以府令第 58 號，規定前往火燒島、紅頭嶼皆須事先取得臺東廳之許可，否則將處以 25 日以內的監禁或 25 圓以內的罰金[19]。

到了次年，相良長綱廳長以臺東廳本身亦實際瞭解火燒島、紅頭嶼各項情況，並且設置二島確為日本領土的標幟，總督府乃命令每年都給與巨款補助以設立命令航線的大阪商船株式會社派船開航到紅頭嶼，由廳內中村雄助書記官等人在明治 31 年 6 月實地調查並設立領土標幟後才返回，回來後相良廳長在 7 月報告總督府，認為紅頭嶼上有待建設的各項統治設施確有許多，但鑑於財政方面的因素，在現階段只能利用臺東廳經費，在一年內派出汽船二、三次由官員到島上視察人情風俗、查察人心之動向而已。而相良臺東廳長所稱之到島上的官員，應該是以警察人員為主要對象。

到了明治 36（1903）年元月，紅頭嶼島上才正式設立警察官吏派出所，從事所謂理蕃事業[20]。但是很諷刺的是就在這年 10 月發生島民對遭遇船難美國人施加暴行掠奪物品的國際事件[21]，總督府不唯須派沿岸航海定期船救助美國人，且要求派出軍艦進行搜索，並且為根絕日後再發生類似事件，命令臺東廳長編組警察隊伍進行懲戒，逮捕島民監禁，事平之後，增設一處警察派出所。相良廳長為啟發、感化島上兒童，上書建議須進行學校教育。但此處的教育並非正規學校教育，而是由警察人員在業務空檔時間，對島上人員施以教育，日後漸次發展之後，始建校舍，請派正式教育施教。如此實行非正式教育情況，一直到大正末期都並無太太變化。

## 五、感想

甲午戰爭的結果，日本取得勝利。先前居於東亞中心勢力的清廷，不可避免地走向沒落一途。然物必自腐而後蟲生，外國對清、日兩國的觀感應該是截然不同的。西班牙王國自 1570 年代即取得大部份的菲律賓群島作為殖民地，對於清廷於 1683 年起將臺灣收入版圖，二百餘年之間根本無意和清廷協商菲律賓和臺灣之間的疆界問題。但是在日本於甲午戰爭戰勝取得臺灣及其附屬島嶼未滿 3 個月，臺灣總督府仍為臺灣西半部層出不窮的反抗事件搞得焦頭爛額之時，在東京的西班牙公使館即恐懼日本借勢南下，趕緊要求兩國簽訂臺灣、菲律賓間的境界線。日本的海軍省水路部也立刻發現紅頭嶼作為臺灣的屬島本

身仍有其不完備之處，因為日西兩國對決定臺菲境界線並無不同意見及重要的利害衝突，故除了樞密院曾作了文字的修正外，一切都得以順利進行。

但不容置疑的，因日西兩國的此一宣言，才讓紅頭嶼即今日的蘭嶼確實的變成臺灣的屬島，雖然在日西簽訂此一宣言書的18年前，清廷確實曾經派員調查過紅頭嶼，並且也將此島嶼劃歸恆春縣管轄。但實則只是在地圖上標示出名稱位置而已，仍為清廷政教措施所不及之地。因為並無統治之事實，而且未建立為清廷版圖之標幟，若他國有心，該島雖為清廷先發現，還是會發生領土的爭議。以和日治時期的臺灣相關事件為例，因為新南群島即約略等同後日的南沙群島，乃地處南海的要衝，素為日本海軍所覬覦，日本外交文書[22]雖也承認此處為中國人先到達之地，但是日本仍然藉口大正年間有日本企業曾在此地開挖磷礦作為根據，根本不顧中國方面的反應，也排除法國政府的抗議，悍然於昭和14（1939）年3月30日，由臺灣總督府以府令第31號修改州廳之位置、管轄區域及郡市名稱位置及管轄區域，將新南群島劃歸高雄市管轄，同日高雄州亦發佈告示公告新南群島的大字、小字（即區段）並規定相關警察該管轄區作配合[23]。在次日日本中央外務省亦對此事作了發表。此事件因系在中日發生武裝衝突之後，中國已有多處領土落入日本手中，且歐陸局勢緊張，並未引起太大迴響。姑不論日本此種作法有多少可議論之處，但是在戰前取得領土權除了是新發現土地之外，一國有將之列為領土的意圖，以及實際進行有實效的統治都是必需的要件[24]。

唯依據現存大正、昭和時期數據顯示，總督府對紅頭嶼的施政並不多，只曾在大正3年10月以府令第66將紅頭嶼、小紅頭嶼排除在一般行政區域之內，將之視為蕃地[25]。迄昭和6年也只設有紅頭嶼警察官吏駐在所，內駐巡查3名。而有關島民子弟的教育，也只有由警察人員從事教育工作的紅頭嶼教育所而已，連警務局人員都為島民太過溫和，導致總督府給與的政教設施太少而感到不平。在日治前期武官總督時期，並未有任何一位總督踏上紅頭嶼。一直到首任文官總督田健治郎及之後的伊澤多喜男當政時，才曾登上此島視察十餘分鐘即行離去。到最後一任文官總督中川健藏時期，則曾於昭和8（1933）年8月17日，乘坐軍艦五十鈴號抵此島視察半天，隔日再到火燒島觀察後離去。當時的紅頭嶼有7社372戶1702人，之後由警務當局研擬計劃要制訂頭目、有勢力人員會議規則，預備將島上各社納入管制及充實教育設施，確立成人教育體制、開鑿道路、獎勵農耕、畜牧、林業等，唯似也止於紙上作業[26][27]。另外，在大正末期航空器日趨發達，日本陸軍省、海軍省、遞信省協商結果，原則上臺灣本土不允許外國飛機飛越，只允許飛越紅頭嶼、火燒島上空而已[28]。而隨著日

本統治末期軍事方面的需要，也曾在紅頭嶼野銀部落，即今日行政院退除役官兵輔導委員會所屬在該島的永興農場，建設了一條飛行跑道，以支持航空作戰[29]。

　　最後我認為有必要提到的是總督府派遣調查人員成田安輝的後來經歷，在完成紅頭嶼調查後的明治30（1897）年10月，即因外務省請其進行西藏的調查，故申請離職，總督府還特別晉升一級俸後離職[30]。之後他到中國大陸的上海，再入重慶轉成都，曾嘗試由此處進行入西藏調查的工作，但失敗了，乃改回上海進入印度加爾各答再由大吉嶺進入西藏拉薩。是繼日人河口慧海之後第二位入藏的日本人。此行經費全由日本外務省機密費支出，考慮派他赴藏時的外務大臣是西德二郎，曾於明治20年離開駐帝俄公使一職返國時，特意申請取道中亞，親眼目睹帝俄勢力進中亞時的情況[31]。之所以派遣成田安輝入藏，應該是外務省要瞭解之後俄國勢力進入西藏以及和英國勢力對峙的情形。但成田安輝此行隨行人員寺本婉雅是曾在1892年單騎橫越西伯利亞，後來在1895年6月率領憲兵攻下淡水港，時在陸軍參謀本部任職的福島安正給予經費支助的人員，成田此行應該也帶有軍事方面的色彩。在成田安輝停留蜀地未能入藏之前，他對於紅頭嶼一直未能忘懷，明治32年上書兒玉總督反對保留紅頭嶼現狀的政策，認為應誘導走向文明。可惜在大正4（1915）年他客死奉天之前都未能見及總督府大力建設紅頭嶼的情況出現[32]。

　　最後提出者是明治30（1897）年3月赴紅頭嶼進行調查時所搭乘的福井丸後來的命運。在1904年2月日俄戰爭發生後不久，日本海軍因為帝俄太平洋艦隊在旅順要塞掩護之下並不急於出港作戰，為此，日方乃研擬將老舊船舶自沉於航道，以阻止俄艦出港的封鎖旅順港計劃，前後有三次進行封鎖航道的作戰行動。福井丸最後的行動是參加明治37（1904）年3月27日第二次封鎖航道作戰，福井丸並未沉沒在預定位置上，作戰並未成功。但福井丸沉沒之前該船指揮官廣瀨武夫中佐，曾三次上下即將沉沒的福井丸盡力尋找部下，在返回小艇時被砲彈擊中殉職後，變成日俄戰役的『軍神』之一[33]。

（作者單位：國史館 文獻館）

## 註釋：

[1]此段出處見伊能嘉矩編《臺灣番政誌》（臺北：古亭書屋復刻版，1973年3月），第262～263頁，但伊能將「番俗六考」稱是一本書有誤。

[2]同註1.262頁記載該島產金，以代鐵之用雲雲，似不符實際情況。

[3] 林熊祥編《蘭嶼入我版圖之沿革》（臺灣省文獻委員會，1958年）即附有清光緒5年臺灣輿圖一大張。

[4] 亞洲歷史數據中心是在1995年8月，當時的日本首相村山富市為紀念二次大戰結束50週年，命令檢討設立亞洲歷史數據中心。經專家協商後，決定該組織是廣泛、不偏頗蒐集日本和亞洲鄰近諸國間的近現代史料，並提供國內外研究人員的利用的機構。現在該機構主要提供的數據是由國立公文書館、外交史料館、防衛省防衛研究所圖書館保存，經完成數字化作業的戰前亞洲歷史數據，其數量仍在陸續增加之中。除檔案目錄之外，亦有製作後設數據。本文所利用者系以『領土』、『西班牙』、『紅頭嶼』作關鍵詞檢索所得之檔案數據。另亦利用《日本外交文書》第28卷第1冊第292～300頁。

[5] 俄德法三國干涉還遼經過見《近代日本綜合年表》（日本：岩波書店，2001年版），第143～144頁。

[6] 臺灣總督府檔案中之《臺灣總督府公文類纂》，為日治時期最重要的臺灣總督府統治關係檔案。原並無流水號，而是以各年永久保存、15年保存第幾卷方式留存，明治35年之前的檔案還有甲種永久保存及乙種永久保存的區別。到本館前身省文獻會時期才增加了各卷流水號。配合數字化檢索需要，本文亦使用流水號，不作年度卷號之區分。本件見《臺灣總督府公文類纂》第148卷第7件（紅頭嶼外一島狀況覆命）《臺灣總督府公文類纂》。

[7] 見《臺灣總督府公文類纂》第148卷第7件（紅頭嶼外一島狀況覆命）佐野友三郎等人提出之視察報告書（覆命書）亦附於本件內。

[8] 當時的臺東支廳長是相良長綱，他是鹿兒島藩士，曾參加維新戰役，擔任陸軍大尉，後轉往官界發展。來臺之前曾兼任沖繩縣師範學校校長，教導沖繩人日本人化，卓有績效。來臺後軍政期間擔任恆春出張所長，復行民政後，改為恆春支廳長，之後兼任臺東支廳長、恆春撫墾署長、恆春國語傳習所長。任內取得潘文杰氏協助，故在總督府早期『理蕃』事業上，留有諸多業績，最早原住民教育機構即由他爭取設立。明治30（1897）年5月27日，為首任臺東廳長，轄區甚廣包括後來的花蓮港廳在內，有關紅頭嶼早期實行諸措施及明治37（1904）年年初率警察隊討伐島民，都是在其任內發生之事，但於1904年3月17日，因氣喘病並發肺炎引發心臟麻痺死於任內。

[9] 赴紅頭嶼出差命令見《臺灣總督府公文類纂》第148卷第1件《紅頭嶼外二島出張員へ命令事項》。

[10] 如注7所述，各派出人員出差報告書除成田安輝報告書外，皆附於《臺灣總督府公文類纂》第148卷第7件《紅頭嶼外一島狀況覆命》。

[11] 成田安輝在來臺灣前的經歷見日本中京大學和國史館臺灣文獻館合作編輯 2005 年 3 月出版之《日本領有初期の臺灣—臺灣總督府文書が語る原像》，第 456 頁。

[12]《臺灣總督府公文類纂》第 148 卷第 6 件《紅頭嶼施政ニ關スル成田技師意見》。

[13] 辦務署是明治 30（1897）年 5 月臺灣分 6 縣 3 廳時期，在縣、廳之下設立主要由警察人員掌政之行政機構，明治 34（1901）年 11 月臺灣改行 20 廳制時才遭廢止，總督府檔案寫成『辨』字。

[14] 撫墾署是明治 29（1896）年 3 月到 31 年 3 月在臺灣少數民族居住區設立之機構。

[15] 在成田安輝技師意見書的經費區分欄上方，曾寫有編列預算可列入雜給、雜費項下，唯為便於一覽，登載於俸給處，可知總督府原有意為紅頭嶼行政之需編列預算。

[16] 如中村是公、祝辰巳二人都是總督府和大藏省交涉任用的人員，見《臺灣總督府公文類纂》第 119 卷第 22 件及 35 件。

[17] 明治 30（1897）年 4 月，亦即成田氏等人提出覆命書、意見書後不久，總督府學務部長伊澤修二不滿自己和國會議員協商完畢，但水野遵不提出設立公學校預算，致未能設計劃中之公學校，乃憤而上書乃木總督，以仍不獲採納，故掛冠求去。

[18]《臺灣總督府公文類纂》第 123 卷第 14 件（紅頭嶼及火燒島ヲ臺東亭管轄ニ編入）。

[19]《臺灣總督府公文類纂》第 136 卷第 29 件（火燒島紅頭嶼ニ渡航スル者ハ許可ヲ受クヘシ）府令第 58 號。

[20] 昭和 6 年生き物趣味の會在東京發行，稻葉直通、瀨川孝吉所著《紅頭嶼》，第 35～36 頁。

[21] 依據《理蕃志稿》及《公文類纂》第 4814 卷第 3 件顯示，此次事件起因系美國帆船卞加明‧錫奧號於明治 36（1903）年 8 月新加坡啟航，目的地是上海。10 月航抵鵝鑾鼻外海遇臺風，船體進水未能航行。船長以下 22 人分乘 3 艘小艇，後來有一艘沉沒，人員再分別乘上他二小艇，航行途中分散，一艘飄抵鵝鑾鼻，一艘飄流到紅頭嶼，前者被警察人員救起，後者被島上人民發現，遭暴行且衣服、所持物品被掠奪，小艇人員有 4 人溺死、3 人行蹤不明，只 5 人被總督府派出的沿岸定期船及軍艦救起。為懲罰島民命臺東相良廳長編組警察隊討伐，總督府並派高級警官隨行，於 1904 年 1 月 28 日晨行動，包圍搜索蕃人家屋，逮捕 10 人並扣押武器也燒毀住家。在 29 日回卑南，被逮捕人員監禁於臺東廳內，曾是軍官也是教育人員出身的相良長綱臺東廳長，率警察隊伍出征，因有宿疾已無體力上陸，只能留在船上，事件終結後的 1904 年 3 月 17 日病故。

[22] 見日本外交文書《各國領土發見及歸屬關雜件ノ南支那海諸礁島歸屬關ノ新南群島關第 1 卷及第 2 卷》。

[23] 新南群島歸高雄市管轄見《臺灣總督府事務成績提要》第 45 編之第 195 頁及昭和 14 年 3 月 30 日高雄州報號外。

[24] 昭和 12 年 11 月日本東京岩波書店出版《岩波法律學小辭典》，第 1131～1132 頁。

[25] 見《臺灣總督府公文類纂》大正 3 年總總號 5751 號第 14 件（廳位置及管轄區域中改正〈臺東廳〉）。

[26]《理蕃之友》召和 9 年 7 月號（ヤミの王王國紅頭嶼）上篇。

[27]《理蕃之友》昭和 8 年 9 月號（中川總督の蕃地巡視）及（紅頭嶼の橫顏）。

[28] 亞洲歷史數據中心以紅頭嶼作為關鍵詞所得數據。

[29] 鐘堅著，麥田出版社出版《臺灣航空決戰》第 60 頁。

[30] 見《臺灣總督府公文類纂》第 231 卷第 15 件《技師成田安輝升級及非職》。

[31] 有關西德二郎中亞地區以及河口慧海入西藏之調查報告，見日本東京株式會社ゆまに書房昭和 63 年出版，明治シルクロード探檢紀行文集成共 21 卷之第 3、4 卷西德二郎所撰《中亞細亞紀事》上下卷及該集成中第 14、15 卷由河口慧海所撰《西藏旅行記》上下卷。諸多不同人的探檢報告文，顯示日本這民族尋求對外發展及不畏難、不怕險的風氣。

[32] 成田安輝在四川上陳兒玉總督文見大正 7 年臺灣總督府警察本署編《理蕃紙稿》卷 1，第 256～258 頁。

[33]《圖說明治人物事典：政治家、軍人、言論人》湯本一編著，2000 年 2 月日本東京紀伊國屋書屋發行，第 496～497 頁。

# 日據時期臺灣總督府圖書館館藏臺灣數據探析

張圍東

## 一、沿革

臺灣僻處東疆，在短短三百年間，治權屢易，歷經荷蘭、西班牙、明鄭、清治至日治，兵燹頻繁，致使圖籍散失。迨至日治臺灣之後，即著手進行殖民化的教育政策，配合當時的政治、經濟而實施各項教育措施；同時，為了使教育事業能夠普及，乃又極力推行社會教育，以達成其殖民統治的目的。

臺灣總督府圖書館前身繫 1901 年（明治 34 年）1 月創設的『私立臺灣文庫』。該庫原設於『淡水館』（原登瀛書院）。迨至 1906 年（明治 39 年）臺北市區改建，拆毀淡水館，於同年 8 月 16 日文庫閉館停止開放，其藏書全部移交東洋協會臺灣支部保管。

1912 年（大正 1 年），東洋協會臺灣支部，建議臺灣總督府設立官立圖書館；同年 5 月 6 日，臺灣支部總會決議籌組『臺灣文庫開設實行委員會』，由東洋協會臺灣支部長內田就『臺灣文庫開設委員會』所提議決，建議臺灣總督府設立官立圖書館，於 1914 年（大正 3 年）正式編列圖書館建設費，於同年 4 月 13 日公佈『臺灣總督府圖書館官制』[1]。

同年 11 月 2 日，假臺北城外艋舺（即今萬華）祖師廟（原國語學校的一部）內設置臨時辦公室，1915 年（大正 4 年）3 月 5 日，公佈『臺灣總督府圖書館規則』。同年 6 月 12 日，公佈『臺灣總督府圖書館館長職務規程』；1915 年（大正 4 年）6 月 14 日，館址自艋舺祖師廟遷移至城內書院町舊樂透局內（即今寶慶路與博愛路口之博愛大樓）。同年 6 月 30 日，制訂『圖書館處務細則』；7 月 17 日，制訂『圖書館細則』；於 8 月 9 日正式開館。

總督府圖書館基本圖書，乃承原臺灣文庫藏書，復加淡水館、學租財團、臺灣縱貫鐵路開通紀念圖書、內田文庫、後藤文庫等藏書，並獲隈本繁吉、角源泉、栗田武、松元卓爾諸富著稱。

總督府圖書館自 1914 年（大正 3 年）4 月至 1945 年（昭和 20 年）8 月止，經營凡三十一年；歷經五任館長，1914 年（大正 3 年）8 月 6 日，由總督府視學官隈本繁吉為初任館長，在職一年十個月，在其任職內，聘請帝國圖書館（東京市，原稱上野圖書館）司書官太田為三郎任『總督府圖書館事務囑託』，協助籌備圖書館開館事宜；1916 年（大正 5 年）5 月 16 日，由太田為三郎為第二任專任館長，在職六年；1921 年（大正 10 年）7 月 8 日，由日本石川縣立圖書館館長並河直廣為第三任館長，在職七年；1927 年（昭和 2 年）7 月 9 日，由總督府視學官若槻道隆為第四任館長，係為代理館長，在職二個月；最後由日本新潟縣立圖書館館長山中樵，於 1927 年（昭和 2 年）8 月 30 日為第五任館長，在職十九年。

1937 年，中日戰爭爆發後，總督府圖書館為了協助戰爭，於 1937 至 1943 年（昭和 12 年至昭和 18 年）間捐募雜誌勞軍外，別無其他的發展，不久因中日戰爭擴大為第二次世界大戰，戰火延及臺灣，1944 年（昭和 19 年，民國 33 年）2 月，總督府圖書館遂把圖書疏散於郊外之新店青潭、大龍峒保安

宮、龍山國校、中和莊南勢角簡大厝等處，1945 年（昭和 20 年，民國 34 年）5 月，總督府圖書館終於在盟機轟炸之下，毀於戰火[2]。

## 二、資料來源

臺灣總督府圖書館對於臺灣數據採用五項原則：

（一）當時的資料，無論報章雜誌、單行本，凡是有關臺灣的，不論內容如何，一律收藏。

（二）日治臺灣以後的數據。

（三）清治時代的數據。

（四）明鄭時代的數據。

（五）荷蘭、西班牙時代的資料[3]。

其中收藏最多而且最珍貴的是清治時代的數據。

在山中樵時代，特別注意鄉土資料之蒐集，其史料的內容分為：

（一）印刷記錄

1.屬於鄉土志料之印刷記錄：包括著者是鄉土人，在鄉土出版的資料，報紙及連續性出版品、公共資料、例議會、法律及市等有關數據，商業數據、劇場、映畫、演藝館及音樂會等簡介、海報資料。

2.有關鄉土的印刷記錄：包含地誌、歷史、傳記（有關鄉土人）、公共資料（即議會、法律等）、小說、詩（即在鄉土的地方演劇方式等）、報紙及連續性刊行的參考出版品。

（二）手寫記錄：市街莊等的手寫記錄，是鄉土史料最重要的數據，其中包括教學記錄、鄉公所的記錄、私人商業記錄、寫本（原稿）筆記等。

（三）繪畫記錄：繪畫的資料代表鄉土色彩最濃厚，也最能表現出鄉土數據的特點，其中包括：描寫物、印刷物、寫真類、地圖類。

（四）雕刻記錄：雕刻也具有鄉土的特色，其中包括鄉土的印章、飾章、貨幣、私鑄貨幣等[4]。

臺灣總督府圖書館館藏臺灣數據源有四：

（一）『臺灣文庫』藏書：該文庫成立於 1901 年（明治 34 年）1 月，設於臺北『淡水館』（原登瀛書院）內，1907 年（明治 40 年）停辦。其藏書多得自募捐，日治初期，來臺日人勤於搜訪中國書籍，尤刻意搜求有關臺灣資料，本文庫所藏圖書，為日人蒐集的具體成果，內有不少珍本。如雍正修《福建通誌》清乾隆 2 年原刻本、乾隆修《福建續志》清乾隆 33 年原刻本，皆系日人草場之郎寄贈[5]。

（二）『臺灣總督府』藏書：日人據臺以後，為殖民統治的需要，對於清修臺灣方誌、採訪冊、清人有關臺灣的著述及中文線裝書，蒐集不遺餘力，對於有關西文臺灣數據，亦多方搜求。如清光緒 20 年修《臺灣通誌》，系清稿本四十卷，此志是割臺後被攜內渡，至光緒 33 年，由日人駐福州領事，以日圓一百五十元購得；又如清光緒 18 年，林豪重修的《澎湖廳誌》清稿本十五卷，亦為該府所藏。又其所保存的《臺灣日日新報》全套，是早期者自日本帝國圖書館移來，其所藏不少抄本，是僱人在各地圖書館一頁一頁借找的[6]。

（三）『臨時臺灣舊慣調查會』藏書：日人據臺之後，為統治臺灣，積極調查

臺灣之風俗習慣，臺灣總督府於 1901 年（明治 34 年）10 月，公佈『臨時臺灣舊慣調查會規則』，並成立該會。該調查會自 1901 年（明治 34 年）10 月開始，到 1919 年（大正 8 年）關閉，維持了十八年之久。該會深入民間，調查足跡遍踏全島，搜得不少稀見之數據，或覓得原本、或據以傳抄，如清光緒二十年輯《鳳山縣採訪冊》、《雲林縣採訪冊》而據以傳抄。

該會對於各類調查報告成果有：《臺灣私法》、《清國行政法》、《臺灣蕃族慣習研究》及《調查經濟資料報告》。另有大正 2 年至 10 年之《舊慣調查會第一部蕃族調查報告書》、大正 4 年至 11 年之《臨時臺灣舊慣調查會第一部蕃族慣習調查報告書》。該調查會在 1919 年（大正 8 年）解散，為了繼續刊行上述報告書，另外設置『臺灣蕃族調查會』，且刊行《臺灣蕃族圖譜》二卷及《臺灣蕃族志》第一卷，此外亦有部份稿本如未曾印行之《臺灣形勢概要》[7]。

（四）『臺灣總督府圖書館』藏書：該館設館以來，以蒐集臺灣資料列為採訪重點，1915 至 1926 年（大正 4 年至 15 年），曾積極就公私所藏之清修志書與清人著作商傳抄，如《臺灣通誌》清稿本、《噶瑪蘭誌略》抄本、《臺灣採訪冊》原本、《重修鳳山縣誌》刻本、《諸羅縣誌》刻本等，各傳抄一部。又如曾派抄手抄回彰化吳德功的全部著作《彰化節孝冊》等六部。迨至山中樵

於 1927 年（昭和 2 年）8 月，出任館長以後，除繼續傳抄工作，如據日本帝國圖書館、宮內省圖書寮藏本影寫周元文《重修臺灣府誌》、劉良璧《重修福建臺灣府誌》、康熙修《福建通誌》（臺灣府系事），又勤訪島內藏書家與文士，或商請割愛，或商借傳抄，如黃清淵曾親寫所著《茅港尾紀略》一冊贈藏。此外，山中樵更透過舊書店代為蒐集，其眼線廣佈，訊息靈通，曾留下不少與人爭購圖書的書林佳話[8]；且對於日治以後有關臺灣的著作及官方出版品，無論單行本或報紙雜誌的單篇，有見必收，鉅細靡遺。

## 三、資料內容

總督府圖書館收藏臺灣文獻資料，約 4,500 餘種、10,070 餘冊，其中包括荷蘭、西班牙據臺文獻；明鄭治臺文獻；清治臺文獻；日人據臺文獻。在中文臺灣數據的搜藏約有 300 種、1,000 餘冊，其中以清修方誌、採訪冊最為齊全；就館藏數量而言，雖藏量不多；然就質而言，則頗有可稱。在日文臺灣資料的收藏約有 4,000 餘種、15,000 餘冊，其中有珍貴的未印行的稿本、抄本，亦有官方的原始文件及雜誌、報紙，其中以官方出版品搜藏較全，坊間出版品亦少有遺漏，就出版數量而言，約有 80% 以上，論量不為不豐。在西文臺灣資料的搜藏約有 150 種、280 餘冊，其中以史地方面的書籍最為重要，凡 1945 年以前出版的專書，大都有搜藏，其中仍不乏珍貴的版本，除少數有重印本或譯本而流通較廣外，余多絕版，該館所藏原木；多為罕見本，亦頗珍貴。

（一）中文數據：館藏中文數據，多屬清治臺灣時期的數據，另有少數的日治臺灣時期的漢文著述與有關明鄭時代的資料。藏書內容主要有方誌、採訪冊、輿圖、雜記、紀事、公牘、文集、傳記、族譜、游記、詩文別集等，其中清修方誌，採訪冊收藏特別齊全[9]。

《臺南府恆春縣簡明總括圖冊》，清光緒年間繪原稿本，系土地清冊。

《澎湖廳誌》十四卷，（清）林豪重修光緒 20 年刊本。

《赤嵌集》四卷，（清）孫元衡撰清康熙年間刻本。

《乾隆平定臺灣得勝圖》十二幅，清刊銅版。

《康熙福建通誌抄錄》不分卷，據清康熙刻本影抄本。

《臺灣通誌》四十卷，（清）薛紹元纂清光緒 20 年修，原稿本、另一部傳抄原稿本。

《石井本宗族譜》（延平郡王鄭氏系譜），影抄本。

《臺灣採訪冊》（不分卷）（清）陳國瑛等采輯，清道光 9 年 10 月至 10 年 8 月間采輯未刊有抄本傳世。

《彰化節孝冊》、《施案紀略》、《戴案紀略》、《讓臺記》、《瑞桃齋文稿、詩稿、詩話》、《觀光日記》，系彰化吳德功著述，抄本。

《六十七兩采風圖》（清）六十七繪彩色繪本。

《臺灣番社圖》（清）黃叔繪抄本。

《鄭氏關係文書》，手抄本。

以上所列之重要臺灣數據，其中《乾隆平定臺灣得勝圖》以巨額在北平購買，另外《臺灣通誌》以 150 日圓自廈門購得，足以顯示對臺灣數據之重視。

（二）日文資料：總督府圖書館庋藏日文臺灣資料，除少數系輯錄自清代數據外，余皆為日本據臺時期以及日本內地所編纂的書籍與數據。

就內容而言，館藏包括書目、宗教、教育、文學、語言、經濟、土地、財稅、法制、風俗、氣象、地質、人類學、動物、植物、礦物、古生物、醫藥、土木、水利、交通、軍事、藝術、產業等各類資料；其數據性質，包括施政記錄、統計數據、檔案、史料、調查報告、會議記錄、專書、論文、期刊、報紙。其中有珍貴的未印行的稿本、抄本，亦有列為管制的『秘』本；有印量甚少的油印本，亦有官方的原始文件；有官方的公報、官報、年鑑，亦有業務計劃檔案，甚至旅遊的宣傳品、寫真集、街莊與地形圖，真可謂包羅萬象，琳瑯滿目[10]。

《臺灣形勢概要》六篇，臨時臺灣舊慣調查會編，明治 35 年原稿本。

《寺廟調查書》（臺北廳、新竹廳、桃園廳、南投廳、嘉義廳、臺南廳），大正 4 年調查，原稿本。

《臺灣總督府陸軍幕僚歷史草案》十卷，臺灣總督府陸軍幕僚編抄本。

《臺灣堡圖》，臨時臺灣土地調查局編，明治 37 年調製，大正 10 年 10 月訂正，臺灣日日新報社出版。

《臺灣蕃族圖譜》二卷，臨時臺灣舊慣調查會編，大正 7 年 3 月發行。

《臺灣總督府民政事務成績提要》四十八篇，臺灣總督府編，明治 30 年至昭和 19 年印行，秘本。

《臺灣總督府及所屬機關職員錄》，臺灣總督府編，明治 31 年至昭和 19 年，臺灣日日新報社版本。日本內閣印刷局版本，自明治 22 年至昭和 17 年。

《臺灣總督府府報、官報》，總督府民政局總督官房文書課編纂，明治 29 年至昭和 20 年，排印本。

《臺灣日日新報》，明治 31 年 1 月至昭和 19 年 3 月，該報社發行。

總督府圖書館藏書內容除上述資料外，另外尤對地圖與寫真集特別重視，茲就這兩項加以說明：

1. 地圖類：總督府圖書館庋藏地圖，包含地形圖、市街莊圖、里程表或圖，其中尤以地形圖最為重要，更具有參考價值；如《開拓使舊藏臺灣地圖》、大正 15 年的《二萬五千分之一臺灣地形圖》、大正 2 年至 11 年的《五萬分之一臺灣地形圖》、大正 2 年《五十萬分之一臺灣蕃地圖》、昭和 3 年《蕃地地形圖》、明治 34 年《改正臺北市街全圖》、《臺北廳大加蚋堡大安莊地圖》、明治 30 年《臺北大稻埕艋舺平面圖》、明治 37 年《臺灣總督府管內各廳里程圖》、《十萬分之一臺北州管內里程圖》、昭和十一年《臺灣臺北州蕃地里程表》、《新竹州蕃地里程表》、《臺南州蕃地里程表》、《高雄州蕃地里程表》、《花蓮港廳蕃地里程表》、《臺東廳蕃地里程表》等[11]。

2. 寫真類：總督府圖書館庋藏寫真集，內容包含臺灣全島著名之山川、城市、廳廨、廟寺、人物及物產工業風俗等，如明治 41 年《臺灣寫真帖》，大正 4 年《記念臺灣寫真帖》、《臺灣寫真帖》、《臺灣古寫真帖》、《臺灣寫真大觀》，昭和 7 年《臺灣的展望》，昭和 3 年《臺灣的事情寫真帖》，昭和 9 年《臺灣教材寫真集》，明治 32 年《臺灣名所寫真帖》，明治 36 年《臺灣名勝風俗寫真帖》，昭和 6 年《臺灣介紹最新寫真集》，大正 3 年《北部臺灣寫真帖》、《南部臺灣寫真帖》，大正 7 年《兒玉總督在臺紀念寫真帖》，昭和 6 年《臺北市京町改築記念寫真帖》、《臺灣總督府圖書館寫真帖》等[12]。

（三）西文資料：總督府圖書館庋藏西文臺灣資料，也相當的豐富[13]。

十七世紀印行的專書有：

Verhaal. Van de verovering van't Eylant Formosa, 1661.

敘述鄭成功驅荷記載之數據。

Herport Van Bern, A. Eine Kurtze Ost-Indianische ReissBeschreibung, darinnen vieler Ost-Indianischen Insulen vnd Landtschafften Gelegenheit, der Einwohneren Sitten vnd wilden Thieren Besschaffenheit, sampt etlichen nachdenklichen Beyagerungen vnd Schlachten, zwischen der Hollandischen Ost-Indianischen Compagney einer seits, vnd etlicher Ost-Indianischen Konigen vnd portugesischen Kriges-Volckeren ander seits, beschehen, sonderlich der chinesischen Beyagerung vnd Eroberung der Insul Formosa.1669.

《東印度旅遊見聞》德文本，內容載述鄭成功擊退荷蘭人的史實，除此之外，作者對於當時臺灣人文風土也表達了十分敏銳的觀察力，是研究十世紀有關臺灣事實記載最為詳盡之數據；另外總督府圖書館也藏有 1670 年於荷蘭的阿姆斯特丹出版的荷文本。

Bort, B Borts Voyagie, Naer de Kuste van China en Formosa.-Amsterdam-. 1670

《航海記》敘述荷蘭人重新佔領基隆有關史實。

Montanus, A. Atlas Chinensis：being a second part of a relation of remarkable passages in two embassies from the East-India company of the United provinces, to the Viceroy Sing-lamong（靖南王）and General Taising Lipovi, and to Konchi（康熙）Emperor of China and East-Tartary.With a relation of the Netherlanders Assisting the Tartary against Coxinga（國姓爺）and the Chinese fleet, who till then were Masters of the Sea.-London-.1671.

敘述清、荷聯軍對付明鄭之有關史事之經過。

C. E.S.『t verwaerloosde Formosa, of waerachtig verhael, hoedanigh door verwaerloosing der Nederlanders in OostIndien, het Eylant Formosa, van den Chinesen Mandoryn, ende Zeerover Coxinga, overrompelt, vermeestert.ende ontweldight is geworden.-Amsterdam-.1675

C. E.S. 即當時鄭成功克臺時的荷蘭臺灣長官 Cogett 之別署。《被遺忘之臺灣》藏有 1675 年於阿姆斯特丹出版之原本，是一部重要的史料，頗為珍貴。

十八世紀出版有關臺灣的專書有：

Nomsz, J. Anthonius Hambroek, of de belegering van Formoza'-Amsterdam-.1775.

以臺灣為題材之劇本，是荷文本。

十九世紀出版的專書有：

Klaproth, H. J.Description de l Ile de Formose, Phrases en Formosan, Vocabulaire Formsan.-Paris-.1824.

《臺灣志》系法文本。

Happart, G. Dictionary of the Favorland Dialect of the Formosan Language.Written in 1650.Tr.by W.H.Medhurst.Batavia.1840.

臺灣高砂族語之一『Farorland』語辭典。

Campbell, W. An Account of Missionary Success in the Island of Formosa. Published in London 1650 and reprinted London.1889.2 vol.

《臺灣佈教史》，初版刊行 1650 年於倫敦，爾後 1889 年再版。

第 1 冊十九世紀在南部傳教的記載。

第 2 冊 Campbell 本身在南部的傳教。

Machay, G. L.From Far Formosa：The Island, Its People and Missions.-New York.1896.

《臺灣佈教志》。

Imbault-Huart, C. Les sauvages de Formosa.-Paris.1896

《臺灣蕃民志》。

二十世紀出版之著作有：

Campbell, W. Formosa under the Dutch Described from Contemporary Records, with Explanatory Notes and a Bibliography of the Island.-London.1903

《荷蘭人統治下之臺灣》。

Davidson, J. W.The Island of Formosa, Past and Present：History, People, Resources, and Commercial Prospects.-London.1903.

《臺灣志》。

Alvarez, J. M.Descripcion geografica de la isla de Formosa.-Madrid.1915

描述臺灣地理之西班牙文本。

Hayata, B. Icones plantarum Formosanarum nec non et contributions ad floram Formosanam, or icones of the plants of Formosa, and materials for a flora of island.

Vol. 1-10-Taihoku.1911～1921

日本著名學者早田文藏所著的巨著《臺灣植物圖譜臺灣植物誌料》十卷。

Yamamoto, Y. Supplementa Iconum Plantarum Formosanarum.Part 1-5.-Taihoku.1925～1932

早田文藏的弟子山本由松所著《續臺灣植物圖譜臺灣植物誌料》五卷。

在西文臺灣資料中，有不少珍貴史料，是研究臺灣時期的重要資料。在上述所列資料中，仍以十九世紀的臺灣資料較多，但十七、十八世紀的數據，雖然不多，最具參考價值。

## 四、資料特色

一、中文數據

多為清治時期的志書與文集，以編纂成書且已刊行的數據為主。就庋藏中文數據的數量而言，藏量不多，然就性質而言，則頗有可稱；館藏清稿本多達 14 種，抄本中罕傳本或屬孤本亦有近 30 種，而原刻本中如《澎湖廳誌》、《重修鳳山縣誌》等，傳本頗少。清修臺灣方誌、館藏清稿本、原刻本、影抄本、抄本集於一館，其中尤以《康熙福建通誌抄錄》乃清領臺灣後，所修的第一部系有臺灣府事的志書，系學術界所艷稱的蔣毓英《臺灣府誌》的底本，又《澎湖廳誌》十五卷本、係為其後《澎湖廳誌》十四卷刻本重編所依據的底本，此兩部志書特具有版本價值。總督府圖書館所藏的抄本中，凡為該館自行傳抄者，其中多半為士林潘光櫸氏所抄，潘氏書法剛峻，筆跡工整，且於書眉附有校記，實為抄本中善本，此為該館庋藏中文臺灣數據的一大特色。

二、日文資料

多為日治時期的出版品，就現存資料而言，館藏的政府公報、統計資料、街莊概況、報紙，略有所缺，唯該館所藏的未印稿本、抄本及油印 80 餘種中，多半為孤本，此為館藏的特色之一。另外，官方出版品及坊間出版物，皆甚具參考利用之價值。

三、西文資料

皆系排印本，凡 1945 年以前所出版的專書，該館大多藏有，在西文有關臺灣專書中，仍不乏珍貴的珍本，如1675年所出版的《被遺忘的臺灣》（C.E.S.』t verruaerloosde Formosa）荷蘭文原本，及何柏（Herport）的《東印度旅遊見聞》

1669 年之德文原本,即屬極為難得已見的版本,其餘十八、十九世紀及二十世紀初葉所印行的荷、德、法、英文書籍,除少數有重印本或譯本而流通較廣外,其餘多絕版,該館所藏原本,多為罕見本,亦頗為珍貴。

## 五、資料整理與數字化

一、資料整理

自 1958 年起開始整理,依其堪用程度,分批循環進行修補裝訂作業。並將館藏日文臺灣舊籍製作影印複本,以方便各界學者專家借閱參考,兼及妥善保存原書。另先後編印書本式目錄,提供學術界參考使用。

1.《臺灣文獻數據目錄》,1958 年。本目錄系依日據時期臺灣總督府圖書館所藏書刊為主,計分中文、日文、西文三部份。

2.《日文臺灣數據目錄》,1980 年。本目錄以臺灣光復以前的舊藏為限,包含叢書、單行本、期刊、小冊子、抽印本、單篇論文等。

3.《西文臺灣數據目錄》,1976 年。本目錄包括圖書、期刊論文、小冊子、地圖等。一般圖書有討論臺灣者,亦予裁篇別出。按分類排列,書後附有著者索引。

4.《臺灣文獻書目解題》,自 1987 年 4 月起,設《特藏資料編纂委員會》,邀聘館外臺灣史研究之專家學者參與,自 1987 年 11 月底起《臺灣文獻書目解題》陸續出版,至民國 87 年 1 月全部出版,全套 20 冊,計有方誌類 9 冊、傳記類 4 冊、公報類 2 冊、地圖類 3 冊、族譜類 1 冊、語言類 1 冊,為利用臺灣文獻最重要之參考工具書。

5.《館藏數據微縮目錄》,1995 年 10 月出版。本目錄之數據以收藏臺灣數據為主,計有 1990 種。如《臺灣日日新報》、《臺灣新報》、《臺灣教育會雜誌》、《臺灣時報》、地圖及地圖集、臺灣各州廳市報、古文書、臺灣總督府府報、官報等,以利典藏及廣為流傳。

二、資料數字化

為發揮館藏特色、提高典藏數據之使用率、強化臺灣研究的深度和廣度,自 2007 年起獲教育部補助辦理『日文臺灣數據數字典藏計劃』,將館藏珍貴日文臺灣資料數字化,並建置日治時期臺灣文獻全文影像系統。目前已數字化

之數據種類有『圖書』、『期刊』、『輿圖』三大類，透過網絡提供大眾查詢並可實時在線取得所需數據之數字內容，提升服務質量與研究效益。

1. 日治時期圖書全文影像系統（http：//stfb.ntl.edu.tw）

『日治時期圖書全文影像系統』收錄許多重要圖書，例如《臺灣史料稿本》為臺灣總督府史料編纂委員會編纂完成之打字油印稿本，採編年體，自1895年至1919年逐月逐日編纂臺灣總督府重要施政紀要，並收錄《改隸前支那史料》、《臺灣史料雜纂》、《巴達維亞城日記》及《司令官雷爾生日記》（《司令官コルネレスライエルヤンの日誌》）等史料，乃是研究臺灣史不可或缺的基本資料。其他圖書主要為概要、綜論性及調查報告書等珍貴資料，目前約有3,700本圖書可在線檢索，並瀏覽全文圖像文件。

2. 日治時期期刊全文影像系統（http：//stfj.ntl.edu.tw）

『日治時期期刊全文影像系統』包含各類期刊，目前在線可查詢瀏覽的有《臺灣教育會雜誌》（後易名《臺灣教育》）、《臺灣建築會志》、《臺灣警察協會雜誌》（後易名《臺灣警察時報》）、《臺灣通信協會雜誌》（後易名《臺灣遞信協會雜誌》）、《內外情報》、《臺中州教育》、《敬慎》、《新臺灣》、《臺灣產業雜誌》、《臺灣の水利》、《臺灣醫事雜誌》、《臺灣礦業會報》、《實業之臺灣》、《臺灣の山林》、《臺灣婦人界》、《高山國》、《臺灣文藝》、《木瓜》、《蕃情研究會志》、《臺灣經濟雜誌》、《蕃界》、《綠珊瑚》、《臺灣農友會會報》等共22種。

3. 日治時期臺灣地圖數據庫（http：//192.192.13.178/cgi-bin/gfb3/graph.cgi？o=dgraph）

本系統收錄以日治時期臺灣地圖為主，該地圖數據庫已建置700余幅，內容可分為：

（1）單張地圖：有以臺灣全島繪製地圖如『最新實測臺灣全島地圖』、『新高堂編臺灣地圖』等，及單一地方城市或街市的地圖如『改正臺北全圖』、『花蓮港廳管內圖』、『臺東管內里程圖』等。

（2）堡圖：指將莊圖的官治行政境界及自治行政境界，如堡、裡、鄉、澳和街、莊、社鄉等悉數描繪於圖上。本館目前典藏明治37年由臨時臺灣土地調查局制『臺灣堡圖』，及大正10年訂正『臺灣堡圖』兩類。

（3）蕃地地形圖：大正至昭和年間由民政部警察本署負責調製，為對『番人』統治而進行山地調查所繪製之地形圖。

（4）臺灣地形圖：大正及昭和年間，由大日本帝國陸地測量部負責針對各地調製地形圖。

（5）功能型地圖：『臺北飛行場位置平面圖』、『臺灣鐵道線路圖』、『臺灣東部及油田圖』、『高雄州下水利組合分區圖』、『桃園水道位置圖』等。

# 六、資料研究與出版

一、資料研究

總督府圖書館所搜藏之臺灣文獻資料稀見本，深受國內外大學及學術界重視，深具學術研究參考價值，諸如臺灣地方誌、臺灣史料稿本、臺灣堡圖、臺灣總督府府報官報、各州廳縣市報、各州廳市統計資料、臺灣日日新報、臺灣時報、臺法月報、臺灣教育會雜誌、臺灣警察協會雜誌、臺灣農事報等，皆系最具研究價值之珍貴史料。

為了充分利用館藏臺灣史料，能與學術研究相結合，特再擬定《臺灣分館特藏資料研究補助計劃》及《博、碩士論文研究補助計劃》，以期優秀的研究人員出版其著作貢獻於社會，讓學術普及於民間，讓國人分享研究成果，並藉以推動研究風氣。

國外各大學暨學術機構，對於臺灣資料的蒐集交換工作，甚為積極，譬如日本中京大學社會科學研究所，利用總督府圖書館收藏之臺灣史料綱文為底本，並引用臺灣史料稿本及相關史料，出版復刻本《臺灣史料綱文》三卷，另外尚有日本琉球大學及財團法人臺灣協會、美國史丹福大學等機構，皆對總督府圖書館之臺灣史料，有極高度的興趣，積極的從事數據交換的工作，以達到學術研究的目的。

反觀國內為應研究參考的需要，臺灣銀行經濟研究室將館藏清治時期的中文臺灣數據，除了宗教書籍、教科書、日人漢文詩集外，其餘大部份皆已編入《臺灣文獻叢刊》（簡稱文叢本）中，共計309種；然《文叢本》多系原本抄錄付梓，以供學者研究參考，對於學界之貢獻，是無法估量的。另外美國亞洲學會中文研究數據中心，協助臺北成文出版社，將館藏臺灣府縣地書等約有100餘部，影印出版《中國地方誌叢書》。另外日治時期的施政記錄及通記臺灣類似志書體裁的專書，列為《中國方誌叢書》的《臺灣地區》第二期中，多

系該館收藏的日文臺灣數據,使臺灣文獻數據能夠廣為學者利用,以從事學術研究。綜觀國內外各研究機構的積極作為,足以顯示總督府圖書館搜藏臺灣文獻數據對學術研究上,甚具參考價值的珍貴史料。

近年來,臺灣的研究,尤其對日治臺灣時期之各項研究,漸為學界所重視,致使總督府圖書館館藏臺灣史料也發揮其利用的價值,國內學者及各大學研究生以日治臺灣為範圍,積極撰寫論著專文的為數甚多,分別從歷史、教育、宗教、人類考古民俗、地理、建築、人口、經濟、政治等方面探討日治臺灣的史事,各有其相當之貢獻。此外,日本學者和留學生亦紛來臺灣,從事有關的臺灣研究,因而致使館藏臺灣史料之學術研究擴展新的領域。

二、資料出版

為了館藏的利用與流通,特擬定『館藏書刊借印出版管理辦法』,近年來,國內外機構為研究,並借印臺灣書刊情形如下:

1. 日本國沖繩縣南西印刷出版社申請借印《國語研究會會報》、《臺灣教育會雜誌》及《臺灣教育》等 129 冊,以促進中琉雙方學術文化交流。

2. 遠流出版公司為重刊《臺灣堡圖》借印館藏臺灣古地圖 85 種。

3. 嘉義香光尼僧團伽耶山文教基金會為研究臺灣早期佛教發展情形,借用館藏《南瀛佛教會會報》、《南瀛佛教》及《臺灣佛教》等 15 冊,加以複製研究使用。

4. 臺灣分館珍藏之六十七《兩采風圖合卷》,現已成為研究及瞭解平埔族生活和臺灣相關物產的佐證資料,臺灣分館為使珍貴圖籍得以廣為流傳、方便使用,乃將描寫生活部份的《番社采風圖》及描寫物產部份的《臺海采風圖》加以合刊重印。

5. 臺灣特藏舊籍《日、漢文臺灣日日新報》縮影數據業經五南圖書公司完成重印發行,供圖書館界參考。除提供服務更廣域讀者服務群參考利用外,亦提供讀者另一項參考工具書本式媒體的選擇。

6. 館藏臺灣數據廣受研究者的重視與大量使用,為開發利用光盤技術輔助研究者查找數據,漢珍訊息系統公司乃來函申請借用 1,000 多種圖書,製作『臺灣數據影像光盤數據庫』。

7. 日本株式會社龍溪書舍借用《臺灣教育事情》昭和 12 年等 81 冊,出版《日本殖民地教育政策史料集成(臺灣篇)》94 卷 298 冊。

8.日本株式會ゆまに書房借用《顏國年君小傳》1冊，出版《植民地帝國人物叢書：臺灣篇2》12冊。

9.文聽閣圖書有限公司借用出版《涉濤集》、《東遊六十四日隨筆》、《六亭文集》、《內自訟齋文集》等15冊。

10.YUMANI書房借用出版《臺灣總督府臨時情報部部報第412號》全13卷暨別卷共14冊。

11.漢珍數字圖書館股份有限公司借用漢文臺灣日日新報之微捲出版影像電子版。

12.大鐸訊息公司借用《臺灣時報》（1919年以前）出版數字數據庫產品。

13.商鼎文化出版社借用苗蠻畫冊（3冊之2冊：第1與第2冊）出版畫冊及宣傳相關贈品。

14.日本國九留米大學借用《蕃人讀本篇纂趣意書》（1冊）出版《蕃人讀本》300冊。

15.日本國久留米大學借用《臺灣教科用書國民讀本》、《公學校用國民讀本》（共24冊）並出版。

16.南天書局借用《日治時代公學校教科書》42卷並出版。

17.日本科學書院借用臺灣二萬五千分之一地圖共120張並出版。

18.宗青圖書公司借用《臺灣時報》（明治42年創刊號至昭和22年3月止）並出版光盤版。

19.日本國琉球南西印刷出版部借用《國語研究會會報》、《臺灣教育會雜誌》、《臺灣教育》（共129冊）並出版。

（作者單位：國家圖書館 特藏組）

## 註釋：

[1]《臺灣總督府圖書館官制》，臺灣總督府府報第473號，大正3年4月23日，第106頁。

[2]山中樵，《臺灣かち：總督府圖書館の創業》，圖書館雜誌第22年第12號（總號109），東京：日本圖書館協會，昭和3年12月，第291頁。

[3]劉金狗、黃得時，《臺北圖書館滄桑談》，圖書館學刊第 2 期，臺北：臺大圖書館學會印行，1972 年 6 月，第 98 頁。

[4]谷川福次郎，《鄉土史料の取扱に就いて》，《臺灣教育》，圖書館教育特輯號，臺北：臺灣教育會，昭和 10 年 1 月 1 日，第 62～67 頁。

[5]高志彬，《「中央圖書館」臺灣分館特藏漢學資料介紹》，《臺灣地區漢學資源選介》，臺北：漢學研究中心，1988 年 11 月，第 207～208,221～222 頁。參閱國立中央圖書館臺灣分館藏總督府圖書館圖書彙整而成。

[6]高志彬，《「中央圖書館」臺灣分館特藏漢學資料介紹》，《臺灣地區漢學資源選介》，臺北：漢學研究中心，1988 年 11 月，第 207～208,221～222 頁。參閱「中央圖書館」臺灣分館藏總督府圖書館圖書彙整而成。

[7]山根幸夫著、吳密察譯，《臨時臺灣舊慣調查會的成果》，《臺灣風物》第 32 卷第 1 期，臺北：臺灣風物雜誌社，1982 年 3 月，第 24～29 頁。

[8]山中樵非常熱心蒐集臺灣資料，曾有一段很動人的事實：東京有某舊書店把剛印好的舊書目錄寄一冊給某君（黃得時），同時也寄一冊給山中館長，當時某君發見該目錄裡面著錄一部有關臺灣資料的抄本，這部抄本一向沒有人知道的，某君喜不自禁，怕被別人買去，立即打電報給東京那家書店表示要買，那知道山中樵也同日打電報去，只較某君的電報遲了半個小時而已。照理講，因為某君的電報先到，所以應該賣給某君，但那家書店卻打電報給山中館長，要他直接與某君商量，山中館長接電報之後，立刻親自到某君家中商請將該書讓與圖書館。從這點小事情，可以看出山中館長對於收集臺灣數據，多麼積極而熱心。

[9]「中央圖書館」臺灣分館特藏資料編纂委員會編，《臺灣文獻書目解題》，地圖類（一），臺北：該館印行，1992 年 3 月，第 23～32、167～181、223～230 頁。

[10]《臺灣文獻書目解題》，方誌類（一），1987 年 11 月，第 25～40、87～110 頁。

[11]《臺灣文獻書目解題》，方誌類（四），1988 年 6 月，第 232～256 頁。

[12]臺灣省立臺北圖書館編，《臺灣文獻數據目錄：中文部》，臺北：臺灣省文獻委員會，1958 年 6 月，第 1～16 頁。

[13]「中央圖書館」臺灣分館編，線裝書目錄，臺北：該館印行，1991 年 6 月，第 309～210 頁。臺灣總督府圖書館編，臺灣關係數據展觀目錄—和漢書之部，臺北：該館印行，昭和 4 年 9 月，第 1～35 頁。

## 參考文獻

　　一、圖書部份

1. 山中正編著，《木山人山中樵の追想—圖書館と共に36年》，（東京：編者印行，昭和54年9月），第225頁。
2. 昌少驚撰，《臺灣圖書館》，（臺北：臺灣省立臺北圖書館，民國37年7月），第157頁。
3. 張圍東著，《走進臺灣日治時代：總督府圖書館》（臺北市：臺灣古籍，2006年1月），第281頁。
4.「中央圖書館」臺灣分館特藏編委會編，《臺灣文獻書目解題》（臺北：該館印行，1987年～1993年1月），全15冊。
5.「中央圖書館」臺灣分館編，《日文臺灣數據目錄》，（臺北：該館印行，1980年6月），第422頁。
6.「中央圖書館」臺灣分館編，《西文臺灣數據目錄》，（臺北：該館印行，1976年3月），第173頁。
7. 臺灣省立臺北圖書館編，《臺灣文獻數據目錄》，（臺北：臺灣省文獻委員會印行，1958年6月），第172頁。
8. 臺灣總督府圖書館編，《大正7～11、昭和1～17年度臺灣總督府圖書館一覽表》，（臺北：該館印行），全12冊。
9. 臺灣總督府圖書館編，《臺灣總督府圖書館案內》，（臺北：該館印行，大正12年4月），全1冊。
10. 臺灣總督府圖書館編，《創立十週年臺灣總督府圖書館一覽》，（臺北：該館印行，大正15年8月），第44頁。
11. 臺灣總督府圖書館編，《開館二十週年紀念臺灣總督府圖書館要覽》，（臺北：該館印行，昭和10年8月），第43頁。
12. 臺灣總督府圖書館編輯，《臺灣總督府圖書館寫真帖》，未刊本。

　　二、期刊報紙部份

1. 山中樵著、周炳鑫譯，《臺灣的官撰方誌》，《圖書月刊》第1卷第1期～5期，民國35年8月～12月。
2. 山根幸夫著、吳密察譯，《臨時臺灣舊慣調查會的成果》，《臺灣風物》第32卷1期，1982年3月，第23～53頁。
3. 王潔宇，《臺灣省立臺北圖書館史》，《臺灣省立臺北圖書館館刊》第2期，1965年9月，第1～64頁。
4. 高志彬，《「中央圖書館」臺灣分館特藏漢學資料介紹》，《臺灣地區漢學資源選介》，1988年11月，頁205～224。

5. 袁金書，《本館珍藏的幾種臺灣文獻》，《臺灣省立臺北圖書館館刊》第 4 期，1971 年 12 月 1 日，第 2～33 頁。

6. 郭水潭，《臺北圖書館小志》，《臺北文物》第 5 卷 1 期，1956 年 4 月，第 112～125 頁。

7. 黃德福撰，《本館所藏善本書介紹》，《圖書月刊》第 2 卷 1～4 期，臺北：臺灣省圖書館印行，民國 36 年 2 月～4 月。

8. 黃德福撰，《臺灣的官撰縣廳誌》，《圖書月刊》第 2 卷 6～7 期，民國 36 年 6 月～7 月。

9. 黃德福撰，《臺灣通誌善本介紹》，《圖書月刊》第 2 卷 9 期，民國 36 年 9 月 15 日，第 4 頁。

10. 劉金狗、黃得時，《臺北圖書館滄桑談》，《臺大圖書館學刊》第 2 期，1972 年 6 月，第 94～106 頁。

11. 鄭恆雄，《「中央圖書館」臺灣分館珍藏研究資料及特色》，《幼獅學志》，第 13 卷 1 期，1976 年 11 月 1 日，第 184～190 頁。

12. 山中樵，《臺灣から（二）總督府圖書の創業》，《圖書館雜誌》第 22 年 12 號，昭和 3 年 12 月，第 290～292 頁。

13. 木母浮浪，《臺灣の圖書蒐集》，《臺灣時報》第 64 號，大正 4 年 1 月，第 33～39 頁。

14. 市村榮，《清朝官撰臺灣府縣誌類》，《圖書館雜誌》第 114～115 號，昭和 4 年 5～6 月。

15. 谷川福次郎，《鄉土史料の取扱に就いて》，《臺灣教育》新年號，昭和 10 年 1 月，第 62～72 頁。

16. 春山行夫著，《總督府圖書館と文獻》，《臺灣風物誌》，東京：生活社，昭和 17 年 7 月，第 97～110 頁。

17. 《乾隆平定臺灣得勝圖》，《臺灣日日新報》，第 13221 號，昭和 12 年 1 月 15 日，第 4 版。

# 日治時期臺灣的漏籍問題

王學新

## 一、前言

　　1895 年馬關條約訂定後，臺灣歸於日本管轄，而原本居住於臺灣之住民（尤其是清國人）又應如何處置？根據馬關條約第五條第一項：『本約批准互換之後限二年之內，日本準中國讓與地方人民願遷居讓與地方之外者，任便變賣所有產業，退去界外。但限滿之後尚未遷徙者，酌宜視為日本臣民。』其中『酌宜』之語意不清，但日文原文為『日本國ノ都合ニヨリ』，即隨日本國方便之意。

　　1896 年 8 月 29 日代理總督水野遵擬向拓殖務大臣高島鞆之助提出有關臺灣住民之國民身份令之律令案，其內容如下。[1]

| 第一條 | 本令內稱臺灣住民者，為明治二十八年五月八日以前於臺灣島及澎湖群島內有一定住所者。 |
|---|---|
| 第二條 | 至明治三十年五月八日以前未離開到臺灣總督府管轄區域以外之臺灣住民，根據馬關條約第五條第一項，為日本帝國臣民。但遭臺灣總督否認者不在此限。 |
| 第三條 | 家長不被賦予日本帝國臣民之身分者，其家族亦無日本帝國臣民之身分。 |
| 第四條 | 臺灣住民目前雖未住於臺灣總督府管轄區域內者，而欲取得日本帝國臣民之身分者，得於第二條之期限內，經由地方廳，向臺灣總督提出申請。 |
| 第五條 | 對於被賦予日本帝國臣民身分者，發給日本帝國臣民證。 |

　　依照其理由書所言，『根據馬關條約第五條第一項，明顯的即使在條約交換後，臺灣住民仍被視為清國臣民，而並非被視為日本國臣民。至明治三十年五月八日，日本國有隨其方便，而視其為以及不視其為日本國臣民之自由。故若欲給予臺灣住民日本國臣民之身份時，就必須以更有法律效力之臺灣總督之命令來明示不可。此為必須制訂有關臺灣住民之國民身份令之緣故。』[2] 此律令案雖遭否決，但根據 1897 年 2 月 22 日經總理大臣松方正義指令謂『有關臺灣住民國籍處分案不需要以具有法律效力之命令或行政命令來規定，』[3] 即意味著總督府有隨其統治之方便隨意賦予或不賦予臺灣住民日本國籍之自由。

　　根據上述理由書，制訂第一條之目的為『賦與臺灣住民之定義』。所謂『臺灣住民』，即是馬關『條約締結當時及其以前居住於其地方之人民。至於要有一定之住所者，是因為以往本島並非如中國一般具備戶籍制度，於未經調查以前，只能以有無住所來判別。』[4]

第二條之理由書有『本條之精神為所有住民皆為日本國臣民。僅對於有土匪嫌疑者、妨害治安者等人，若賦予其日本國臣民身份將明顯不利者，則應有必要不賦予其日本國臣民身份。故特別加以但書。而於但書卻有隨意記載否認者，此為實際上無法明白列出不能獲得日本國臣民身份者之條件，且於政略上不得其宜所致。』[5]

又根據第四條理由書，『依照馬關條約第五條第一項，臺灣住民於明治三十年五月八日以前有離去之自由，而因一時避難或商務而渡航清國內地者，與以離開臺灣之意思而渡華者，實際上無法區別，故為無離開意思而渡華者之方便計，而設本條，以補足第二條。』[6]

因此，於此身份令可知，總督府判別臺灣人與清國人之主要基準如下：

（1）明治二十八年五月八日以前居住於臺灣之住民，且經過二年考慮期限仍未離開臺灣者。

（2）於兩年考慮期間內因事而暫離臺灣之臺灣住民須預先提出申請。

（3）隨總督府政略考慮而定。

前兩項可謂客觀判斷基準，後一項為主觀判斷基準。但若當調查資料不完全或人民不諳或不配合法令時，則前兩項客觀判斷基準就不再穩固，而有以主觀的政略考慮推翻前兩項客觀基準的可能性，此為日後問題滋生的主要原因。因此本文所要探討的課題就是漏籍問題發生的原因與演變，以及總督府以何種政略考慮來看待這些被割讓領土的原本住民。

## 二、戶口調查事業的展開—臺灣住民身份之確認

唯如上述，為決定誰為『臺灣住民』，就必須於二年考慮期限內進行精細調查，否則無從分辨清國人與臺灣住民。日本領臺後曾嘗試進行調查，但成效不佳。[7] 而隨著考慮期限之逼近，其緊迫性愈來愈密切。1896年8月1日總督訓令第85號發佈《臺灣住民戶籍調查規則》[8] 同時亦發佈告示第八號。內有『今本總督特飭憲兵隊以及警察官等編制戶籍，使其作為確認為本島住民之憑證。』[9] 由此可知日治初期戶口調查之主要目的即在於辨別該人是否為臺灣住民。

於是，憲兵與警察分區合作進行，憲兵分隊長、分隊副長、警察署長、分署長自1896年9月至同年12月31日止令其部下屬員對其所轄街莊內各戶調查其戶主、家族之姓名、年齡、家族關係等。（第一條）各戶另頁登記，每一街莊編纂成一冊，由所轄憲兵警察主管保管，（第三條）各戶實地調查完畢，

整理戶籍簿妥當後，憲兵警察經上級應於五日內提報民政局局長。（第五條）並規定各主管應隨時巡視管區，於戶籍異動時加除，但至少六個月巡視一次。（第六條）加除完畢時，須於戶籍簿封面記載年月日，並簽名蓋章。

但此次調查由於人民依舊忌諱疑慮頗深，且婦女藏匿，故難以完成精密調查。[10]

1897 年 5 月實施六縣三廳制，並於縣廳下設辦務署，6 月 23 日以府令第 26 號訂定辦務署處理事項，其中包括戶籍事項。[11] 故將以往憲兵、警察調查並管理之戶籍簿移交給辦務署。但由於辦務署員人數不足，以致依舊未能進行完善整理。雖令街莊長提報戶籍異動，但當時文盲遍地，民情未開，[12] 故異動申報與調查皆能免則免，而呈現被動的敷衍現象。[13] 甚至有些縣廳認為戶口調查為警察之本業，而拒絕將戶籍簿移交給辦務署，並仍用警察來掌理戶籍。[14] 且當時負統治之責的警察極須要得知管區內人民之姓名、戶口等資料，故經辦務署長會議討論後，決定另置戶口調查簿。1899 年各縣自行制訂並公佈戶口調查規則。[15]

原本總督府擬實施戶籍法，1898 年經地方長官會議諮詢，而開始訂定戶籍法規草案，但極不順利。而此時日本已訂定完整之戶籍法，但不能適用於臺灣，故而產生問題。1900 年召開辦務署長會議討論，但仍毫無進展。[16]

1901 年實施廢縣置廳之官制改正，廢辦務署後，辦務署處理之事務多移至廳之總務課，以致總務課保管戶籍簿，而警務課處理戶口調查簿。由於戶口未臻詳實，因此各廳皆積極整理戶口簿，如臺北廳令街莊長作成戶口簿，先讓其與實際情況相對照，再與廳之戶籍簿相對照。並督促保甲役員加緊申報異動，以致成效逐漸良好。[17]

但由於各地戶籍處理規程不一，以致調查次數、方法及調查簿樣式皆有不同，而有統一之必要。故總督府於 1903 年 5 月 20 日以訓令第 104 號公佈《戶口調查規程》，[18] 為日後全島戶口調查作準備。

1905 年 5 月 29 日，以敕令第 170 號，公佈《臨時臺戶口調查部之組織章程》。6 月 8 日以訓令第 132 號，制訂《戶口事務取扱規程》，並以府令第 39 號發佈將於 10 月 1 日凌晨起三天實施第一次臺灣臨時戶口調查。調查內容包括現住者之身份、身體狀態、職業異動、品行、生計狀況等，於是掌握住臺灣的人口動態與基本數據。[19]

1905年12月26日臺灣總督兒玉發佈諭告第三號：『茲查本島現下形勢，其於詳察戶口之變遷，闡明民庶之實態，實賴警察之戶口調查尤為得宜。本總督相機制宜，頒行戶口章程。所有地方各廳造備之戶籍同時廢銷，爾後當以警察之戶口調查簿以征戶口之遷移。』[20]同時總督府以府令第93號頒佈《戶口章程》，改正以往之戶口規則，並自1906年1月15日起實施。在此以前，總督府便已發給各地方廳新戶口調查簿用紙，並廢除原戶籍簿，且令各廳重謄。[21]此後戶口調查簿取代戶籍簿，成為人民具有臺灣住民身份之憑證。由於新戶口調查簿與從前所備置之戶口調查簿相差懸殊，故各地皆重新改制。[22]

臺灣的戶口規則為本籍主義加上現住主義。即將本島人之主要住所稱為『本居』，不論是否現住，於本居地之戶口調查簿內記載家族全體，且即使並非家族成員，亦以同居者之名義記於該家之戶口調查簿之末尾。因此除了以家為單位記載家族全員之關係外，亦依照現住主義而有戶口調查簿之功用。自然該戶口規則之目的並非如戶籍法一般用來確認公證身份關係，其戶口調查簿僅是警察的帳簿而已，但由於當時臺灣並無戶籍，因此戶口調查簿抄本也具有證明身份之用途。[23]且當有異動時則不僅申報而已，警察亦須實地調查後才能確定，故正確性高於戶籍事務單位。[24]

原本廳保存之戶籍簿已明令廢棄，並將戶口事務並歸警察官掌理，故街莊長與戶籍簿之間已毫無關係。但是街莊長與人民於各種事務上皆有直接之關係，若不能詳細瞭解其管區內人民之狀態，將難以執行其職務。如分攤賦稅等。又如公證人規則，亦載有應給人之證明，但若不參考舊戶籍簿，將易生舛錯。而鹽水港廳於1906年1月19日發出訓令謂街莊長得酌情備其所轄街莊戶籍簿及寄留簿，但其簿式與記載法可循舊例。街莊長每年一次以上，得請求以所管戶籍簿與寄留簿與警察官所管戶口調查簿或戶口調查副簿彼此對勘，而此時警察官吏務必與以方便。[25]可知在戶口規則實施後，某些地方街莊尚沿用以往各廳所用之戶籍簿及寄留簿等名目。以致如後述，當查證某漏籍者是否為臺灣住民時，除戶口調查簿外，亦須參考舊戶籍簿、寄留簿、保甲紀錄等。是以該戶籍簿等仍舊保存下來，以供查證臺灣住民身份。

## 三、漏籍問題的出現

如上所述，1900年前後警察製作的戶口調查簿與辦務署的戶籍簿兩者所載資料不同，由於當時警察僅是調查現住者，到各戶家內將調查簿上的人名與現住者相比對而已。[26]而戶籍簿僅有申報才處理，因此常不明異動情形。戶口調

查簿雖根據警察之實地戶口調查,但以現住情況為主,而忽略其原籍關係以及外出不在者。由於皆不完整,以致漏籍者後日陸續發現。

譬如以新竹地區而言,

二十九年、三十年(1896、1897年)以前戶籍多漏,固不待言。歷年來屢經政府戶籍調查,宜可無漏,而調查時有僻處遐陬,不知報明而漏者,有調查時主人外出不及報造而漏者。前猶糊塗。茲聞在地紳先生高論謂不登戶籍不但有事到官,十分難為,抑且境地不可居。觀於新入籍者可鑒。而漏籍者聞之,遂皆具稟請求補造。計竹為此稟者共有六七戶。[27]

1902年4月以來臺北廳各街莊役場的書記依序被叫至主務課作戶口調查之練習,比對戶籍簿。於5月25日已結束,結果發現本島當地人民整個家族完全漏籍者有數十件,僅登記戶主而有兩三名家人漏編入戶籍者有二千四五百件以上。此為街莊役場一向不將戶籍調查視為重點,遷徙時幾乎放任不顧所致。[28]

甚至據說各廳為準備1905年10月1日之臨時戶口調查,而竟然發現有十五萬名漏籍者,尤以在中部地方,有八百戶大村落隱於深山之中,此往皆不知。[29]

臺灣人民以往婚姻、出生、死亡等皆無申報之習慣,以致臺帳記錄多有缺漏。[30]但經過努力後,至1903年人民逐漸有『為了要受到日本政府之保護,就必須要登錄於戶籍簿,才能證明自己是日本國民』這樣的觀念,且於結婚時,亦會先調查對方究竟是有籍還是無籍。[31]到大正(1912年)以後,無籍者幾乎沒法找到工作,而窮於生計。[32]可想而知,該人工資勢必被壓得很低。

即至日治十年後,臺灣人始瞭解戶籍之意義,於1905年10月1日之臨時戶口調查之際,大多數人皆靜坐在家等待警察臨檢,恐懼失去國籍。

一時遠客於外者。殆無不歸家。故旅行者絕少。而來客宿泊者。其數極稀。實平日所不曾見之狀況。如在臺北。彼行商、力役、車伕等。皆俟調查明白。始敢外出。在大稻埕港。所繫留船舶。其船伕舵師等。亦於調查之際。皆歸其家。只剩空船而已。又中部汽車往還。在初一日。不曾見有本島人附乘。既如是。在初一日調查之際。本島人不敢自由行動。[33]

以致有些工程深受影響。[34]但如後述陳登仙等29案例,仍有懵懂不知或畏避調查而遺漏之人。[35]

另一個漏籍問題就是有清國人假冒臺灣人入籍,再取得旅券(護照)回清。

日治時期臺灣的漏籍問題

臺灣部份

　　日治初期臺灣居民若要前往大陸，須依照《清國人臺灣上陸條例》第六條之規定申請護照，即《清國渡航證明書》，回臺時亦須繳還。申請書上須註明渡航人原籍、住址、姓名、職業、年齡，以及同行家人之職業、姓名、年齡、渡航之目的等。[36] 但當時臺灣尚未進行完整的戶口調查，以致對岸常有偷渡來臺變更為臺籍者，且籍民之間就經常發生旅券被盜用及變造，[37] 甚至有賄賂官吏之事。如1908年3月7日廈門領事館事務代理佐野一郎致總督府謂：

　　明治三十一（1898）年以來至三十六、七（1903～1904）年間，以經商等名義向本館請求發給渡臺證明書，於調查後認為無不妥者發給證明書，但僅僅於一兩週後，其便成為臺灣籍民，攜帶旅券返鄉。或於本地清國人中無賴之徒，或由於經商失敗產生巨額負債而進退維谷者，為逃避清國官員之干涉，或免除償還負債而渡臺，不至數日，忽而成為臺灣籍民，攜帶旅券請求登錄者往往有之。本館調查其入籍由來，……似乎是向當時之保甲或街長或其他當局者贈與一些賄賂，才得到旅券。甚至有寄送自己的照片以通信方式獲得旅券者，可想而知當時弊害有多嚴重。[38]

　　事實上1899年雖由廳長許可始能登錄於戶口調查簿，但以往此事皆委託辨務署長來審核，故難保無寬貸舞弊之事。據說當時臺灣每年約有數萬名漏籍者入籍。[39] 而難免成為清國人入籍的方便管道，尤以日本戰勝俄國後更是如此：

　　廈門東西兩本願寺。邇來清民皈依佛教者。如水趨壑。源源而來。而渡臺入籍者則尤眾。聞去（1905年9月）二十六日。大仁丸自廈開帆時。內儎清國民赴臺營謀入籍者。有數百名之多。[40]

　　且除清國人外，亦有南洋之人報稱漏籍者。[41] 可知問題之嚴重性。

　　1905年臺灣完成戶口調查後，至此始能確實掌握臺灣人戶籍的真偽。1906年10月以府令第86號訂定臺灣《外國旅券規則》，其中規定『本島人若未攜帶依照此規則發給之旅券時，不得渡航外國。』並規定違反該條者，『處以罰金或拘留、科費之制裁』。完成戶口調查後，廈門領事菊池義郎認為『持有明治40（1907）年3月以前總督府所發給之旅券者，大致會先照會臺灣總督府，請求調查有無國籍，於接到確實為在籍者之回答後，始當成確實的籍民來處理。即該年月以前之旅券持有者在某點上，被視為無旅券者。』[42] 至此似乎多少彌補一些假旅券的缺口。

## 四、總督府對漏籍者申請入籍案的處理方式

　　1898年10月28日總督內訓第49號『有關臺灣住民戶籍處理案』。

343

臺灣住民於明治30（1897）年5月8日以前離開本島者，近來往往有希望成為帝國臣民者，而此事多少有些可斟酌之餘地，故於調查其事情後，限於認定無不妥者，可當成是漏籍者來特別處理。[43]

　　原本依照國民身份令第四條之規定，於1897年5月8日以前離開臺灣而未申請者，將喪失臺灣住民的身份，但此時申請復歸本島籍的人增多，而總督府認為『此畢竟是欽慕帝國德政及過度思念故里所致』，[44]因而開啟以漏籍之名目申請入臺灣籍之方便法門。但問題也隨之逐漸浮現。

　　1899年12月22日總督發佈內訓第63號飭令該類案件以後應由地方長官親自處理，進行嚴密調查後，迅速處分結案。[45]

　　而同日民政長官以民縣第1172號飭令各地方長官：

　　去年十月以內訓第49號許可漏編戶籍之本島人入籍，僅是一時臨機之便宜處分而已，並非無期限許可，使本島人之國籍永遠存在於不確定狀態之意，此乃毋庸置疑。但既已經過一年以上，至今仍有持續申請入籍者。且聽聞於申請者之中，往往有利用日本臣民之國籍，或企圖逃避釐金稅，或為了工作上之方便，或避免借錢之罰責，而虛構不實之事情以提出申請者。此難保不會在國際上造成不良影響。故擬於適當時機不再許可此入籍案。[46]

　　並飭令調查依照第49號內訓而入籍者之情形。結果共104戶、365人。[47]但此僅是有案可考者，如上節所述，下級官員巡查私相授受者應不在少數。

　　1900年5月8日總督以內訓第31號致各縣知事廳長：

　　去年12月曾以內訓第63號密飭臺灣住民編入國籍事宜，唯今後於需要上述編入之情形時，應向本總督稟議後處理。[48]

　　民政長官亦於同日以民縣第405號飭令各縣知事廳長表示對於臺灣住民編入國籍之處分案，今後應依據內訓第31號先向臺灣總督稟議後處理，先進行充分調查，且須通知對岸帝國領事，儘量進行迅速且無遺漏的調查。[49]可知問題並未改善，只得將監督的層級升高至總督。

　　但此後以漏籍之名義提出申請案依舊不斷，且疑義叢生。[50]1901年2月6日民政長官以民縣第143號致各地方長官有關戶籍漏編之處理事宜。

　　漏編戶籍之處理事宜已於32（1899）年12月內訓第六三號及民縣第一一七二號通知在案，但至今陸續有人提出申請，幾乎毫無止期。故煩請處理申請案件至本年五月為止。[51]

即至 1901 年 5 月止，應為處理漏籍申請案之最終期限。

但民政長官卻又於 1901 年 3 月 9 日以民縣第 303 號發文致各地方長官有關漏編戶籍者入籍申請書事宜。『依照明治 33（1900）年 5 月內訓第 31 號提出之申請書中，往往有不完全之點，於調查上有不少不便之處。故今後請對附件事項進行詳細調查後附上調查書。』[52] 且申請人在清國等地時，向該地之帝國領事提出申請時亦須接受調查，並將其情形（若有證明書則附上）記載於申請書內。調查事項如下：

（1）入籍者之住址、職業、姓名及年齡。

（2）入籍者並非戶長時，戶長之住址、職業、姓名及其戶長與將入籍者之家族關係。

（3）戶長將入籍時，其家族中若有於本島有籍者時，其姓名及本籍地。

（4）移居本島之年度以及以後之住址、職業，若有轉籍或轉業時，要各自記入其各次之住址、職業。

（5）離開本島之年月日及漏編入戶籍之事由。

（6）居留外國期間之住址、職業及戶長或僱主之住址、姓名，於變更住址或職業時，也要記載其各次之住址及職業。

（7）回臺灣之年月日及其後之住址。

（8）於臺灣所擁有之資產及將來要從事之職業。

（9）當事人之性格、習性及教育程度。

（備考）除上述各項外，請記入擬入籍之地番號、地名。

如此一來，光是調查就須花費不少時間，亦即該年 5 月亦不可能成為最後期限了。

至 1905 年 10 月 1 日臨時戶口調查之後，戶口數據已大致完備，但以漏籍來申請入籍之案件仍舊不斷，且其中有不少是清國人之虛偽申報。故 1906 年 8 月 16 日代理民政長官以民警第 2086 號飭 20 廳長：漏籍者於設定本居地而編入戶口時，應準照 1901 年 3 月民縣第 303 號文，附上調查書，並獲得警察本署長之同意。[53]

1907 年 5 月民政長官又以民警第 1669 號通知各廳長『漏載於戶口調查簿之處理辦法』。其中表示除依照 1906 年 8 月 16 日民警第 2086 號文嚴密調查外，

於『記入調查結果時,應簡單表示是依據何人(記入住址職業)之供述或何種物證,並一一明示其依據之出處。』[54]

但隨著戶口事務整理工作之進展,所發現之漏籍案件愈來愈多,主管單位不勝其煩。1910 年 6 月 14 日民政長官又以民內第 4218 號廢止前民警第 1669 號文,並改正 1901 年民縣第 303 號之調查事項如下:

(1)當事人之現住址、職業、姓名及出生年月日

(2)當事人之戶口編入地

(3)當事人之父母、兄弟姊妹或嫡出子若有本島籍者,其本居地、姓名為何?

(4)當事人申請以家族身份編入戶口時,其戶主之本居地、姓名、與其家族關係為何?

(5)當事人之出生地及經歷。

(6)當事人於明治二十八年五月八日至同三十年五月八日期間之住所,以及居住其他各地期間及當時之職業。

(7)離開本島之年月日及滯留外國期間之住所、職業,若有轉居轉業等情形時,其各自之住所、職業。

(8)回臺灣之年月日及其以後之住所。

(9)漏編入戶口之理由。

(10)當事人之資產及將來要從事之事業。(資產要區別在本島之資產及在外國之資產,且要區別土地與其他財產。)

(11)當事人之素行、教育程度。

(12)其他可供參考之事項。

(13)所轄廳長認定為本島人之理由。

此外又必須添附如下之證據文件。

(1)當事人之請願書或申報書。

(2)當事人之陳述書。

(3)若有符合調查事項第(3)者,附上該人之戶口調查簿謄本一份。

（4）若有符合調查事項第（4）者，附上戶主之承諾書及其戶口調查簿謄本一份。

（5）有關調查事項第（6）之證人（包括戶主及其他參考人）之筆錄或證明書

（6）文件證明（除了舊戶籍簿、舊戶口調查簿、保正之來泊者名簿、保正之戶口調查簿等文件以外，亦包含私人間之契約書等）及其抄本（注意：抄本要記載其文件所有者之住所、姓名，提出該文件時，警察官吏要親眼見到其原件，確認其抄本與原件正確無誤後，再記載認證之年月日、場所及官吏姓名、及蓋章。）

（7）其他可供參考之物證。[55]

此後，總督府處理漏籍者申請入籍案益加綿密且嚴厲，並採取親友訪談筆錄及各種物證，甚至包括父母牌位抄本、契約書等，可信度可謂相當高。但即使在具有極為可信的客觀憑證之情況下，總督府仍會基於某種『政略考慮』，出人意表的採用主觀的判斷基準，以下即為一明顯例子。

## 五、總督府處理陳登仙等 29 名漏籍者案之理念

1910 年 8 至 12 月總督府再度令各地方廳調查有無漏籍者，並予以入籍之恩典。[56]當時各廳呈報漏籍案件中，被認為是素行不良者 16 件、前科三次以上者 27 件、入獄者 31 件，合計 74 件。最後剩下 29 名特殊案例，總督府認為須慎重處理。[57]

除謹慎調查該等人是否為臺灣住民之證據外，1912 年 11 月 15 日警察本署長以內警第 3147 號之 1 照會臺北、嘉義、臺南、阿緱廳長調查戶口編入者與親人間關係案。

左記人員欲編入戶口，先前已申報在案。於進行精細調查後，認為並無取得臺灣籍民身份之明確證據，故若承認其編入戶口將遭外界非議。但若當事人之父母或兄弟姊妹等親人現仍健在時，一旦否認編入戶口，或許會對其親人極為不利，若如此將會再斟酌其方法。故請告知貴廳意見。[58]

各廳回報意見，除一案外，多半表示其親人並無不利之情形。故 1913 年 2 月 1 日警察本署長以本保第 92 號飭令臺北、桃園、臺中、新竹、嘉義、臺南、阿緱等七廳長：附件陳仙登等 29 名皆有前科，犯案甚至多達七、八案以上，危

害本島治安不少,且其擁有臺灣住民身份之證據並不確實,故以為並非是可承認編入戶口者。而令其『以清國人之名義讓其寄留,視時機送還清國。』[59]

而該文件上貼有保安課之浮籤:『本文件有屢次閱覽之必要,故請注意勿與其他文件混編一起。』[60]此表示這些密議人物已另案列管,準備『視時機送還清國。』

而實際上,該等人多半皆有些共同點。如出生於臺灣,且未曾離開臺灣,由於年少時失去父母之愛或成為養子而與養家關係不好,故而離家,四處漂泊,無學歷資產,只得靠苦力過日子。由於無一定住所,當警察來調查時皆不在,即使有本居地,但家人亦不知須為其申報,所以成為漏籍者。且因無籍,而無人願意僱用,以致難找到固定工作,遂常以竊盜為生,最後淪為罪犯。事實上當時一旦入獄,將難以重新做人。因為出獄後,即使該人真心悔悟,亦由於不能自由旅行,又必須時常接受警察官臨檢,麻煩多事,故不論何人皆避諱之,而不欲僱用,或不敢保領。且當時有監視刑,若無人作保,則難以出獄,只得滯留獄中受刑,無異於加重刑期。故只得與獄中同囚相習,逐漸成為累犯。[61]

且該等人至明治末年皆不知要申報戶口,設定本居地,否則將喪失日本國籍一事。而發現彼等為漏籍者,皆為入監調查及警察臨檢時始知。如1910年10月28日打狗支廳戶口主簿詢問漏籍者王李約:

問:你曾否申報戶口?

答:不曾申報。

問:你何時知道沒有本居地?

答:本年九月左右。

問:你從未依照保甲規程進行申報嗎?

答:未曾申報。

問:你怎知自己沒有本居地?

答:警察官於實地調查戶口時,這次才發現我是無本居者。故由大竹里芩雅寮莊一五一番地陳看提出本居地申請書。[62]

1910年10月26日漏籍者簡課提出『本人陳述書』,內有:

本人至今由於無一定住所而成為漏籍者。於鳳山街土名縣口番號不詳之王添處從事苦力。漏籍者由於此次有入籍之恩典,而依照本管區警察官之指示,

請求出生地赤崁莊土名赤崁一三六番地之戶主簡放同意以同居人之名義入籍，由於是同祖先之親戚關係，而獲得簡放之承諾。[63]

又如警察詢問漏籍者陳標：

問：本島內無本居地者即非日本人，你知道這件事嗎？

答：我什麼都不知道。[64]

該等 29 人已經地方廳嚴密調查，詢問親友鄰居後記錄口供，並抄錄戶口調查簿、除戶簿，甚至父母親牌位等，而證實確為臺灣住民之漏籍者。但即使在如此確鑿之客觀證據下，卻敵不過總督府的主觀判斷，即前述第三項判別基準－隨政略考慮而定，而恣意認定彼等為『清國人』，暫時『讓其寄留，視時機送還清國。』[65]

於國民身份令第二條之理由書可知至 1897 年 5 月 8 日後，臺灣人是否被視為日本國臣民，將隨日本國之方便。雖然基本上會將所有住民皆視為日本國臣民，但不包括那些明顯對日本不利者。由於這些人無法一一羅列，因此才以政略考慮而預留下取捨空間。唯考察陳登仙等 29 人之案例，多以竊盜犯及密吸鴉片為主，此多由於失業貧窮所致，顯然非危害社會治安之危險人物，似乎根本犯不著動用『政略考慮』來破壞法令程序。但其實這樣的思維一直充斥於日治時期在臺官員的腦裡而難以改變。

有名的例子就是 1924 年 8 月 1 日於臺灣議會期成同盟會涉嫌違反治安警察法之公審上，檢察官長三好一八論告中有『不喜和日本同化，就不是日本的優良國民，既不喜同化政策，此際宜離去臺灣。』[66]

此話遭到臺人嚴厲駁斥，如蔣渭水所言：

憲法第二十二條明載著：『日本臣民於法律範圍內，有居住及轉居的自由。』我們已經做了日本的國民了，在日本的國內應該得有自由居住和自由轉遷權嗎？這憲法上明明白白地所保障的，怎麼那個區區的官吏，便敢發這追放的口氣來呢！……現在日本籍的臺人是既經做了三十年的日本百姓了。而今臺灣人的政治運動就是要促政府改善政治上的弊端，可說是一種愛國的行動了。這國民的政治運動，乃是個國民的權利，也是國民的義務啦！怎麼樣對這政治運動的臺灣人宣告退去的壞話呢！這句話實在是『非同小可』的呀！以身食國家之祿，對人民說這話，實在難免無責咧！聽說島內各地方的不理解的警官，還是常常弄這個壞話，使內臺人感情反離，這影響於行政上實在太大了！[67]

不只如此，在皇民化時期，臺人只要對『奉公』稍微露出不情願的態度時，就會被日人斥責為『非國民』、『清國奴』、『滾回支那去』，這些都是與對待陳登仙等人案例相同的邏輯。

## 六、結論

由上可知，臺灣割讓給日本後，表面上臺灣人皆被視為『天皇的赤子』，但實際上卻仍隱藏著『隨日本國方便』這樣恣意的政略考慮，此如此思維貫穿於整個日治時期。

但若吾人再深入追尋該思維背後的緣由時，則又有兩層意義。

第一是對於犯罪者的排斥。由於保甲制度採取連坐法的制裁，因此鄰里對於『素行不良者』皆有警惕之心，深恐連累到自己，所以會產生排擠，因此前述陳登仙等28人案中，親友幾乎無人認為他們不能入籍對自己會有什麼不利。連親人都如此，可想而知鄰里之人更會如此。以浮浪無業之人而言，除一部份成為警察的手下外，[68]多被排擠在街莊之外，或被捕捉至浮浪者收容所。[69]且於徵召保甲民為防蕃隘勇時，由於無人敢冒生命危險，因此多由各保指名『好事無恆產者』[70]或外地旅人，[71]再由巡查挑選後，送入深山。

第二則似乎出於對大陸政策的考慮。日本有所謂的『大陸浪人』，他們常適時的在大陸製造亂源，與日軍配合以協助侵略。如甲午戰爭、日俄戰爭、朝鮮問題、廈門事件、九一八事變等時期，皆少不了浪人的影子。

而大正年間，正是總督府欲積極往華南發展的時候，且廈門的臺灣黑幫亦於辛亥革命後獨霸廈門黑社會，由於其行徑乖張，擾亂治安，形同匪類，故被當地報紙稱為『臺匪』。[72]這種情形也被洋人記錄下來。根據1913年11月19日廈門海關的英國官員給北京的半官函中便指出，『一場新的革命運動正在醞釀，福建省將成為該運動的特別基地，而廈門是爆發點之一；臺灣無賴將會被找來或就在本地徵集。』[73]

在這種情況下，臺灣總督府卻否認一些犯罪者的國籍，並專案處理，準備『視時機送還清國』。其動機頗令人質疑。或許總督府僅是為了臺灣島內治安之考慮，但若將『不良份子』秘密送往對岸，即使並非出自『浪人謀略』，也是出自『與鄰為壑』之心態，如此『政略考慮』確實也會給殖民統治帶來不小的潛在利益。

（作者單位：國史館 文獻館）

**註釋：**

[1] 公文類纂 V00061\A001\013。

[2] 公文類纂 V00061\A001\008-009。

[3] JACAR：A01200865300。

[4] 公文類纂 V00061\A001\008-009。

[5] 公文類纂 V00061\A001\008-009。

[6] 公文類纂 V00061\A001\008-009。

[7] 鷲巢敦哉：《臺灣警察四十年史話》，臺北：作者發行，1938年，第222～223頁。

[8] 公文類纂 V00061\A027。

[9] 公文類纂 V00061\A027\162。

[10] 鷲巢敦哉：《臺灣警察四十年史話》，臺北：作者發行，1938年，第224頁。

[11] 公文類纂 V00135\A013，V00322\A022。

[12] 鷲巢敦哉：《臺灣警察四十年史話》，臺北：作者發行，1938年，第227頁。

[13] 《戶籍編成に就て》，《臺灣日日新報》1899年12月9日，版次2。

[14] 公文類纂 V00322\A022。

[15] 鷲巢敦哉：《臺灣警察四十年史話》，臺北：作者發行，1938年，第227頁。

[16] 鷲巢敦哉：《臺灣警察四十年史話》，臺北：作者發行，1938年，第228頁。

[17] 鷲巢敦哉：《臺灣警察四十年史話》，臺北：作者發行，1938年，第228頁。

[18] 公文類纂 V00854\A002。

[19] 公文類纂 V01059\A004，V01116\A006-007。

[20] 漢文臺灣日日新報 1905-12-28，版次4。

[21] 公文類纂 V04841\A006-007。

[22] 《大甲鎖聞》，漢文《臺灣日日新報》1906年1月25日，雜報，版次6。

[23] 畓中市藏，《臺灣戶口制度大要》，東京：松華堂，1936年三版，第8頁。

[24] 鷲巢敦哉：《臺灣警察四十年史話》，臺北：作者發行，1938年，第230頁。

[25] 《街莊長與戶口簿》，漢文《臺灣日日新報》1906年2月4日，雜報，版次2。

[26] 《警察の戶口調查に就て》，《臺灣日日新報》1898年11月2日，版次2。

[27] 《漏籍補造》，《臺灣日日新報》1901年6月21日，日刊，版次3。

[28] 《戶口調查と街莊役場》，《臺灣日日新報》1902年6月5日，日刊，版次2。

[29] 《發見十五萬人口》，漢文《臺灣日日新報》1905年9月30日，雜報，版次2。

[30]《基隆廳の戶籍整理》，臺灣日日新報 1902 年 8 月 8 日，日刊，版次 2。

[31] 鷲巢敦哉：《臺灣警察四十年史話》，臺北：作者發行，1938 年，第 229 頁。

[32] 公文類纂 V05594\A001\106-107。

[33]《全島戶口調查狀況》，漢文《臺灣日日新報》1905 年 10 月 4 日，雜報，版次 2。

[34]《戶口調查與人民移動》，漢文《臺灣日日新報》1905 年 9 月 30 日，雜報，版次 3。

[35]《全島戶口調查狀況》，漢文《臺灣日日新報》1905 年 10 月 4 日，雜報，版次 2。

[36] 公文類纂 V09676\A008，《臺灣住民一時清國ヘ渡航ノ件（告示第八號）》。

[37] 公文類纂 V01063\A026，《土人陳端ナル者身上ニ關シ廈門領事ヨリ照會並清國人本島渡航者取留手續在清帝國領事ニ通牒ノ件》。

[38]《外務省記錄》3-8-7-0-18。

[39] 鷲巢敦哉：《臺灣警察四十年史話》，臺北：作者發行，1938 年，第 228 頁。

[40]《近悅遠來》。漢文《臺灣日日新報》1905 年 10 月 10 日，雜報，版次 3。

[41]《入籍須知》，漢文《臺灣日日新報》1907 年 09 月 24 日，雜報，版次 5。

[42] 公文類纂 V06203\A005。

[43] 公文類纂 V00585\A020\087，V00248\A039\427。

[44] 公文類纂 V00248\A039\424。

[45] 公文類纂 V00585\A020\085。

[46] 公文類纂 V00585\A020\086。

[47] 公文類纂 V00476\A023。臺北縣 76 戶、241 人，臺南縣 23 戶、108 人，臺中縣 5 戶、16 人。

[48] 公文類纂 V04883\A032\305。

[49] 公文類纂 V04883\A032\306。

[50] 公文類纂 V00585\A021\088。

[51] 公文類纂 V00585\A020\084。

[52] 公文類纂 V00585\A022\092。

[53] 公文類纂 V04883\A032\303-304。

[54] 公文類纂 V05595\A003\127。

[55] 公文類纂 V05263\A022。

[56] 公文類纂 V05596\A010\279。

[57] 公文類纂 V05596\A011\297-298。

[58]公文類纂 V05596\A011。

[59]公文類纂 V05594\A001\008。

[60]公文類纂 V05594\A001\007。

[61]《監視之有弊害》,漢文《臺灣日日新報》1905 年 10 月 24 日,雜報,版次 3。

[62]公文類纂 V05595\A004。

[63]公文類纂 V05595\A005\183。

[64]公文類纂 V05596\A006。

[65]公文類纂 V05594\A001\008。

[66]《臺灣民報》第二卷第十六號,1924 年 9 月 1 日,第 3 頁。

[67]蔣渭水,《這句話非同小可!》,《臺灣民報》第二卷第十八號,1924 年 9 月 21 日,第 10 頁。

[68]《臺灣警官態度(八)》,《臺灣日日新報》,1928 年 2 月 26 日,版次 4。

[69]張麗俊著,許雪姬、洪秋芬、李毓嵐編纂、解說,《水竹居主人日記》(二),『中央研究院』近代史研究所,2001 年 8 月,第 97 頁。

[70]《水竹居主人日記》(三),第 194,215 頁。

[71]《保甲派勇》,漢文《臺灣日日新報》1907 年 5 月 31 日,雜報,版次 5。

[72]外務省記錄 3-3-8-0-10-2,《大正十二年排斥日貨一件南支狀況》。

[73]戴一峰主編,《廈門海關歷史檔案選編(1911〜1949)》(廈門,廈門大學出版社,1997 年 12 月)第一輯,第 18 頁。

# ▌20 世紀 30 年代臺灣對華南的水泥輸出貿易

陳慈玉 蕭明禮

## 一、前言

　　二十世紀上半葉是近代東亞經濟圈巨變的時期,此時的日本完成了輕工業產品的進口替代並逐漸轉型至發展重化工業。而 20 世紀 30 年代由於九一八事變,日本進佔中國東北並進入戰時體制,且受經濟大恐慌後區域經濟圈概念影響,以國家權力逐步將中國大陸、東南亞收編進日圓經濟圈內。故從 20 世紀 30 年代中期開始將臺灣發展為對華南、東南亞貿易的中繼站,因此臺灣不僅邁入工業化階段,許多任務業產品也向島外輸出。特別是 1934 年日月潭發電廠

完成後，吸引不少日本財閥資本在臺投資電氣化學工業，並以東南亞的資源為原料進行加工，再將半成品運回日本國內。[1]

　　針對日治晚期臺灣工業化與對外貿易的部份，自 20 世紀 90 年代以來學界已有相當豐富的論著出現。但大多偏重於臺灣與中國東北（即偽滿洲國）、日本本土間的化學肥料、食品加工品等方面的貿易，卻很少人注意到 20 世紀 30 年代水泥輸出入貿易額占當時臺灣對外貿易總額的第 6 位。同時，歷來有關臺灣水泥工業的研究中，多以戰後的發展為其主題。其間若有提及戰前水泥工業者，如 20 世紀 50 年代臺灣銀行經濟研究室編著的《臺灣之工業論集》卷二，《臺灣之水泥工業（二）》一文中，也僅以 1915 年日本淺野水泥株式會社在高雄設廠之後，由於生產能力不足實際需求，以致『消費日增，仍須進口供應』一語帶過[2]。正因為研究的相對缺乏，使從戰後以來的學界研究，大多將臺灣水泥正式開始海外出口的時期推定在 20 世紀 40 年代晚期至 20 世紀 50 年代，[3]並影響至今[4]。但實際上如果回顧當時統計資料，將會發現至少從 20 世紀初開始，臺灣生產的水泥已經開始對外輸出，到了 20 世紀 30 年代中期，福建、廣東與香港已成為臺灣水泥重要的輸出市場，顯示臺灣水泥外銷具有歷史的延續性。

　　透過以上的歷史脈絡，將不免產生以下疑問：促成日治晚期臺灣對外水泥貿易發展的動力為何？既然橫亙整個日治時期，臺灣本身水泥產量一直處於不足狀態，那為何 20 世紀 30 年代能有餘力將水泥輸出至華南地區？再者，由歷史延續性的角度觀之，戰後臺灣水泥出口的背景因素與區域分佈，又和日治時期的水泥輸出有何本質上的異同？因此，本文試圖透過中日文史料之爬網與比對，以釐清自 1931 年九一八事變之後，到 1937 年中日戰爭爆發之前，這段日本開始強化對外經濟侵略，導致其經濟體制完全為軍事需求所支配的時期，影響臺灣對外水泥輸出區域分佈的因素。

## 二、日治時期臺灣水泥工業的建立

　　本節將概述日本水泥資本在臺設廠投資以及建立營銷管道的經過。

　　1.淺野水泥的創立

　　在 20 世紀 30 年代晚期之前，淺野水泥株式會社所投資的高雄工廠是臺灣僅有的近代化水泥工廠。淺野水泥株式會社的歷史可追溯至 1883 年 4 月，由煤炭業者淺野總一郎收購原工部省直營之深川水泥工廠而來。淺野水泥工廠成立後，立即展開技術改良與生產擴充，並趁著當時日本各地建築、鐵路建設的

熱潮，帶動了企業的規模擴張。[5] 到了第一次世界大戰期間，拜戰時好景氣之賜使該會社邁入飛躍性成長，當臺灣、川崎工廠在 1917 年正式啟用時，淺野水泥的總產量激增為 44 萬噸（約 257 萬桶）[6]，至此淺野水泥已成為日本最大的水泥企業。[7] 並將投資領域延伸至海運、礦場、煉鋼、造船、電力，以及鐵路事業等部份，也與安田財閥、乃至臺灣銀行建立金融往來之關係，形成緊密的財閥資本網絡。[8]

2. 淺野水泥在臺設廠經過

淺野水泥在臺經營的緣由，與甲午戰爭後，日本在臺進行一連串港口、鐵路、下水道等『殖民地基礎工程』，以及製糖會社工廠設施的興建，使本島產生了大量的水泥需求密不可分。由於本島水泥銷路的暢旺，故淺野水泥在 1908 年正式在臺北市開設出張所（辦事處）[9]。

有鑑於臺灣島內各項開發事業的進展，水泥需要量勢必更為增加，自 1909 年起，淺野水泥開始進行臺灣島內水泥工廠建設的準備事宜。1915 年 8 月，淺野水泥臺灣工廠才正式動工，並於 1917 年竣工，這也是臺灣第一座近代化生產的水泥工廠。完工時的淺野水泥臺灣廠主要採用原石燒成法，月產量為水泥 24,000 桶。到 1926 年為止，淺野水泥臺灣廠又陸續增添各項設備，以提升生產效率、擴充其產能。基本上，由於臺灣分廠的設立，使得淺野水泥獲得了向華南發展的重要基地。[10]

## 表1　1917～1937年間淺野水泥臺灣廠生產量與銷售量表

單位：噸，金額：圓

| 年份 | 臺灣廠生產量：（A） | 臺灣支店銷售量：（B） | 銷售/生產比：（C）=（A）/（B） |
|---|---|---|---|
| 1917 | 10,185 | 788 | 7.74% |
| 1918 | 32,950 | 28,690 | 87.07% |
| 1919 | 34,726 | 39,440 | 113.57% |
| 1920 | 47,822 | 48,681 | 101.80% |
| 1921 | 63,898 | 57,889 | 90.60% |
| 1922 | 98,312 | 64,038 | 65.14% |
| 1923 | 107,449 | 59,134 | 55.03% |
| 1924 | 113,374 | 46,289 | 40.83% |
| 1925 | 95,895 | 58,688 | 61.20% |
| 1926 | 127,060 | 70,015 | 55.10% |
| 1927 | 127,487 | 93,540 | 73.37% |
| 1928 | 118,330 | 105,390 | 89.06% |
| 1929 | 127,869 | 118,992 | 93.06% |
| 1930 | 121,247 | 109,178 | 90.05% |
| 1931 | 126,056 | 89,848 | 71.28% |
| 1932 | 112,280 | 136,632 | 121.69% |
| 1933 | 143,339 | 162,280 | 113.21% |
| 1934 | 141,335 | 136,086 | 96.29% |
| 1935 | 145,549 | 129,837 | 89.21% |
| 1936 | 143,076 | 152,628 | 106.68% |
| 1937 | 146,283 | 185,757 | 126.98% |

資料來源：和田壽次郎《淺野セメンド沿革史》

　　20世紀20年代中期臺灣島內的水泥銷售額持續呈現增長的趨勢，據統計1924年至1927年的三年間，水泥聯合會[11]在臺灣島內的銷售額從343,676桶增加為686,698桶，成長率幾達200%。其中，淺野水泥的銷售額的成長率為略高於全島總成長率，達209%，而在此期間總銷售量占總生產量比重的平均值則為79.64%。[12] 由於當時本島水泥需求增加頗為迅速，再加上淺野水泥有意打開日本水泥在華南、香港等地的銷售市場。因此從1929年5月起，淺野水泥開始第二工廠的新建工程。翌年隨著第二工廠的完工，舊有的第一工廠也開始進行擴建工程，該工程於1931年7月完成。據試運轉完成後的估計，兩者合計產量比之前增加了約一萬噸左右。但是當擴建工程完成後，由於水泥聯合

會透過了提高產量限制的決議,使得淺野水泥臺灣第一工廠從 1932 年 1 月起被迫終止運轉,[13] 這對日後臺灣水泥在島內外的運銷產生一定影響。總之,經過以上的建設,20 世紀 30 年代初期之淺野水泥高雄廠不但是臺灣唯一現代化的水泥工廠,其經營動向也和日本資本主義在東亞的擴張有密切關係。

## 三、戰前臺灣水泥產品的輸出

從表 2 可以看出,除了 1922～1927 年間由於日本本土公共工程建設及關東大地震災後重建所需之外,臺灣水泥的輸出量一直小於輸入量。但 1928～1936 年間,[14] 臺灣水泥的輸出數量卻發生劇烈變動,因此接著將繼續探討影響當時水泥輸出的因素。

1. 影響 20 世紀 30 年代臺灣水泥輸出的因素

據南滿洲鐵道株式會社之調查,20 世紀 20、30 年代中國華南地區的水泥製造廠僅有位在廣東之西村士敏土(即 cement 之中文音譯)廠,[15] 其年產量為 45 萬桶。[16]

另外,在英國殖民地香港還有一間名為青洲英泥(一作坭)公司的水泥企業,[17] 該公司在香港及澳門均有設廠,其產量較高,達每年 120 萬桶,[18] 但因福建境內缺乏大型水泥廠,同時西村士敏土廠與青州英泥公司之產能也不能滿足華南地區廣大的市場需求,故需要從華中等地進口水泥。[20] 在此背景下,促成了臺灣水泥往福建、廣東等地區出口的動力。

## 表2　1917～1937年間臺灣水泥輸出入總量表

數量單位：斤，價格單位：圓

| 年份 | 輸出 數量 | 輸出 價值 | 輸入 數量 | 輸入 價值 |
|---|---|---|---|---|
| 1917 | 824,119 | 19,022 | 51,514,764 | 1,307,250 |
| 1918 | —— | —— | 12,120,605 | 406,444 |
| 1919 | 1,201,956 | 33,900 | 21,908,737 | 585,114 |
| 1920 | 4,373,888 | 192,934 | 35,825,232 | 1,424,764 |
| 1921 | 11,910,389 | 275,950 | 48,294,636 | 1,421,677 |
| 1922 | 72,377,962 | 1,843,148 | 16,748,557 | 429,147 |
| 1923 | 63,438,387 | 1,679,173 | 31,595,469 | 890,683 |
| 1924 | 123,551,027 | 2,781,841 | 28,980,488 | 644,972 |
| 1925 | 67,896,054 | 1,443,245 | 30,094,779 | 633,129 |
| 1926 | 91,055,091 | 1,962,606 | 25,032,906 | 528,200 |
| 1927 | 55,968,023 | 1,068,603 | 39,261,229 | 727,464 |

續表

| | | | | |
|---|---|---|---|---|
| 1928 | 41,297,775 | 779,313 | 62,458,079 | 1,137,704 |
| 1929 | 27,794,829 | 522,681 | 77,413,777 | 1,439,398 |
| 1930 | 43,148,983 | 679,531 | 108,075,407 | 1,633,197 |
| 1931 | 54,560,284 | 829,632 | 79,193,534 | 1,084,890 |
| 1932 | 15,990,871 | 245,541 | 103,844,762 | 1,495,309 |
| 1933 | 16,150,207 | 137,426 | 159,185,874 | 2,369,365 |
| 1934 | 42,737,523 | 328,690 | 159,372,361 | 2,385,483 |
| 1935 | 53,067,747 | 523,207 | 149,762,104 | 3,356,667 |
| 1936 | 16,186 | 229,716 | 180,963 | 3,698,711 |
| 1937 | 9,715 | 114,534 | 207,100 | 4,191,546 |

注：1/ 本表的輸出數據不僅包含臺灣輸往至大陸關內。東北。香港 - 亦包括臺灣輸出至東南亞的水泥數量。至於輸入部份 - 則包含日本國內。朝鮮殖民地 - 或是日本以外國家。地區）如關東州生產之水泥 - 即所有由臺灣輸出與所有輸入至臺灣的水泥數量。
2/ 一日斤等於一台斤 - 又等於 0.599 公斤。
3/ 自 1936 年起數量單位改為噸。
資料來源：臺灣總督府民政部財務局稅務課《臺灣貿易年表》大正6年至昭和12年，臺北；同編者 -1918-1938。

20 世紀 30 年代臺灣對華南的水泥輸出貿易

臺灣部份

　　1929 年的世界經濟不景氣，不僅導致了日本國內經濟衰退，影響所及，臺灣本島的水泥生產也遭逢波及。據統計，1930 年淺野水泥臺灣廠的生產量比前一年衰退 5.18%。事實上，由於經濟不景氣的影響，日本本土水泥產業面臨生產過剩的問題，再加上日本國內各水泥廠商削價競爭，更進一步的導致了水泥價格的暴跌。最後，為了打開生產過剩的困境，只得將水泥製品往殖民地傾銷，結果使臺灣也陷入水泥供過於求的處境之中。為瞭解決此一問題，除了水泥聯合會執行生產限額政策之外，另一個處理的手段，即為打開外銷市場，將多餘的臺灣水泥往島外輸出。[20] 既然日本本土早已經生產過剩，因此地理位置相近的中國華南地區是適合的銷售區域。結果 1930 年的輸出量比前一年逆勢增加 15,350,399 斤，達 43,009,319 斤，增幅高達 56%。[21]

　　至於 1931 年至 1937 年間，臺灣水泥往日本以外地區的整體輸出量部份。由表 2 顯示，1931 至 1937 年間臺灣水泥輸出量呈現先下降後上升的走勢，特別是景氣最惡化的 1932 年，全年輸出量僅有 15,990,871 斤。1933 年，輸出量雖略有回升，但由於降價銷售，導致總輸出金額還比前一年減少，僅有 137,426 圓。直到 1934 年以後，水泥輸出量才大幅開始回升，隨後於 1935 年達到 53,067,747 斤的高峰。但值得注意的是，其後水泥輸出量又再度下滑，1936 年銳減超過 50%，至中日戰爭爆發時的 1937 年，受到戰事影響，輸出量又跌回 1933 年的水平。由此可知，臺灣水泥對外輸出的原因，基本上正如矢內原忠雄在其著名的《日本帝國主義下之臺灣》[22] 中，針對日本糖業資本主義進行砂糖輸出擴張現象之研究所指出的，都是在臺灣藉由工業化投資的發展以累積資本，待出現生產過剩現象後，不得不開拓海外市場以銷售商品的必然過程。[23] 不過，日治晚期臺灣水泥輸出的基本因素，和劉進慶等研究者認為 20 世紀 60 年代臺灣水泥輸出原因是受到島內水泥生產過剩，為找尋市場而向香港、東南亞傾銷；[24] 或是所謂戰後臺灣本島水泥資本為了維持 20 世紀 50 年代高獲利率，而藉由改良生產技術、擴大外銷而開始水泥輸出的論點有所差異。[25] 首先，日治時期臺灣水泥業在尚不能滿足島內的階段即向外輸出，與戰後臺灣水泥產業直到 20 世紀 50 年代晚期產能得以滿足自給需求後才開始大規模外銷的情況不同。其次，戰後臺灣水泥資本畢竟擁有一定程度的自主性，[26] 而非純依附於美、日等國際資本。但日治時期臺灣的水泥產業，本質上就是日本資本對外投資的一部份，一旦面臨殖民母國水泥資本對殖民地傾銷產品時，就只得向外尋找新的市場，故顯示了臺灣水泥產業資本流動上的從屬性與被動性。

表 3-1　1931～1937 年間臺灣水泥銷往中國大陸各港口數量表

數量單位：斤，價格單位：圓

|  | 廈門 | | 汕頭 | | 福州 | | 溫州 | | 廣東 | | 青島 | | 合計 | |
|---|---|---|---|---|---|---|---|---|---|---|---|---|---|---|
|  | 數量 | 價值 | 數量 | 價值 | 數量 | 價值 | 數量 | 價值 | 數量 | 價值 | 數量 | 價值 | 數量 | 價值 |
| 1931 | 13,326,764 | 201,501 | 4,930,476 | 75,164 | 1,931,978 | 27,576 | 30,746 | 329 | 6,611,707 | 98,950 |  |  | 26,831,671 | 403,520 |
| 1932 | 3,727,743 | 56,500 | ........ | ........ | 2,123,448 | 29,871 | 59,606 | 609 | 94,500 | 1,450 |  |  | 6,099,797 | 88,430 |
| 1933 | 3,375,881 | 35,316 | ........ | ........ | 1,877,263 | 18,075 | 4,165 | 45 | ........ | ........ | ........ | ........ | 5,257,309 | 53,436 |
| 1934 | 7,865,349 | 60,683 | 715,446 | 5,386 | 4,493,011 | 38,668 | 124,167 | 1,194 | ........ | ........ | 495,834 | 2,608 | 13,693,807 | 108,539 |
| 1935 | 4,344,500 | 31,473 | 910,416 | 7,734 | 1,395,165 | 11,517 | 100,084 | 949 |  |  |  |  | 6,750,165 | 51,673 |
| 1936 | 152 | 1,661 | 31 | 475 |  |  | 19 | 299 |  |  |  |  | 202 | 2,435 |
| 1937 |  |  |  |  |  |  | 0.1 | 3 |  |  |  |  | 0.1 | 3 |

注：1/ 該表僅包含國民政府統治區、偽滿洲國、關東州及香港，不含東南亞與沖繩之出口數字。
2/ 一日斤等於一台斤‐又等於 0.599 公斤。
3/ 自 1936 年起數量單位改為噸。
資料來源：同上注。

表 3-2　1931～1937 年間臺灣水泥銷往中國大陸各港口數量表（續）

數量單位：斤，價格單位：圓

| 偽滿洲國 | | 關東州 | | 香港 | | 總計 | |
|---|---|---|---|---|---|---|---|
| 數量 | 價值 | 數量 | 價值 | 數量 | 價值 | 數量 | 價值 |
| ........ | ........ | ........ | ........ | 27,521,944 | 422,596 | 54,353,615 | 4,459,116 |
| ........ | ........ | ........ | ........ | 8,411,730 | 130,500 | 14,511,527 | 218,930 |
| ........ | ........ | ........ | ........ | 9,851,499 | 67,090 | 15,108,808 | 120,526 |
| ........ | ........ | 8,666,667 | 104,000 | 19,348,343 | 99,761 | 41,708,817 | 312,300 |
|  |  | 23,217,916 | 254,514 | 23,099,666 | 143,590 | 53,067,747 | 449,777 |
|  |  | 4,000 | 80,000 | 10,316 | 110,998 | 14,518 | 193,433 |
| 0.1 | 5 | ........ | ........ | 8,846 | 95,370 | 8,846.2 | 95,378 |

注：1/ 該表僅包含國民政府統治區、偽滿洲國、關東州及香港，不含東南亞與沖繩之出口數字。
2/ 一日斤等於一台斤‐又等於 0.599 公斤。
3/ 自 1936 年起數量單位改為噸。
資料來源：同上注。

　　2. 臺灣水泥在華南銷售的區域分佈

由統計資料可知，20 世紀 30 年代期間，臺灣水泥的輸出地區主要為中國大陸的華南地區，特別是福建、廣東兩地，以及當時為英國殖民地的香港。以下將依據表 3 的數據，針對華南的五處通商口岸，以及英屬殖民地香港，論述臺灣水泥在當地的運銷量變動：

（1）廈門

從 1920 年代開始，由於廈門及周邊的漳州、泉州地區現代化建設的進行，帶動了水泥進口量的增加。[27]1931 年廈門地區的臺灣水泥進口量為 13,326,764 斤，但次年即受到經濟不景氣、抵制日貨運動，以及當年 4、5 月間廈門附近共黨活動影響，使得出口量較前一年大幅下跌，直到 1934 年才開始恢復成長。不過 1935 年臺灣出口至廈門水泥數量再度減少，其原因應與 1935 年後地產價值下跌，[28] 致使需求減少有關。

（2）福州

1932 年雖然亦受到共黨活動，以及經濟大恐慌、抵制日貨等因素影響，[29] 但臺灣水泥進口量卻比前一年略有上升，不過整體來說福州的臺灣水泥進口量在 1931 至 1933 年間大約都維持在 200 萬台斤上下，也要到 1934 年時才有明顯的回升。

（3）廣東（主要為珠江三角洲及廣東西部）

20 世紀 30 年代初期臺灣水泥出口至廣東的原因與 1930 年間廣州市內各項建設事業及房屋建築需求孔急有關。由於廣東本身水泥廠產能無法滿足市場需求，故進口水泥數量增加，[30] 連帶使得 1930、1931 年間臺灣水泥出口至廣東的數量大增。但 1932 年以後，即因為九一八事變抵制日貨運動的影響，運銷量迅速下跌。其後，臺灣水泥的出口又受到廣東政府的關稅政策限制而遭到更大的打擊。1933 年 5 月，廣東海關修正海關進口稅則，將水泥進口稅率提高一倍之多，[31] 而次年 5 月又開徵外國水泥進口附加稅，以充當廣州中山大學建設經費，以及長途電話線架設工程費用。[32] 同時，又因為廣州的西村士敏土廠設備擴充、產量增加等因素影響，進口水泥均難以與當地產品競爭。以在華南與臺灣水泥競爭的澳門青洲英泥廠為例，光是該廠由澳門經拱北海關進入廣東境內的水泥數量，到了 1935 年，便銳減至只剩 254,424 台斤（152,400 公斤），顯示廣東政府減少洋貨進口的政策，確實影響了外地水泥的進口。[33] 既然有地緣優勢的港澳水泥廠所受的打擊即已如此嚴重，距離廣東市場更遠、運銷成本較香港、澳門產水泥更高的臺灣水泥，自然從 1933 年起於廣東市場絕跡。

## （4）汕頭

位處廣東東部與福建交界的汕頭地區，臺灣水泥在1931年的出口量為4,930,476台斤，僅次於廈門、廣東，為華南地區第三位。但次年也由於抵制日貨運動、關稅政策限制等前述的因素影響，導致臺灣水泥停止對當地的出口。不過，頗為有趣的是雖然廣東政府也在當地實行水泥專賣及進口限制政策，[34]但由於臺灣—汕頭間水泥海運費用相對低廉，故1934年以後臺灣再度對當地出口水泥，直到1937年中日戰爭爆發前夕才再告終止。

## （5）香港

因地理位置、經濟發展上的高度相連，臺灣水泥出口至香港後亦多轉口至廣東地區，故其出口量在1932年受到經濟不景氣以及當地的抵制日貨運動影響而巨幅衰退了67.2%，僅有8,411,730台斤。至1933年開始略有恢復，而1934年時較前一年激增了196.4%，並於1935年達到出口量23,099,666斤的最高紀錄。但自1936年起，臺灣對香港的水泥出口量又開始下滑，當年出口量僅剩14,518噸或17,196,772斤，至1937年時復減為8,846噸、14,746,282台斤。

## （6）溫州

位在浙江的溫州亦值得一提，原本日治時期臺灣—華南間的指定航線並未以溫州為定期停靠港，但根據中國海關報告顯示，當地常有由臺灣出發的汽艇與小型輪船停泊貿易，故也有部份水泥銷往當地。但1932年，溫州當地也發生激烈的排日運動，[35]雖然臺灣出口至溫州水泥的數量略有增加，但次年即暴跌至僅有4千多台斤。1934年後當地的臺灣水泥進口量雖迅速回升至10萬台斤以上，不過整體來說水泥占溫州當地進口日貨比重甚低，在臺灣水泥對華南出口中亦屬較為次要之地區。

# 四、戰前臺灣水泥產品的輸入

除了淺野水泥會社之外，另一間日治時期臺灣水泥進口貿易上扮演重要地位的企業，則為小野田水泥製造株式會社。該會社成立於1881年5月，由日本山口縣士族笠井順八在該縣的厚狹郡小野田町所創立。[36]到了甲午戰爭之後，小野田水泥也開始將經營的觸角伸往新佔領的殖民地。最初該社銷往臺灣的水泥是透過大阪地區的貿易商人進行交易，直到1898年8月，小野田水泥才與臺北的賀田金三郎商店簽訂販賣契約，正式開啟大量對臺銷售水泥。其後，又逢基隆港建設等大型工程需求，而又陸續獲得水泥銷售的訂單。[37]故從明治

時代以來，臺灣的進口水泥便為小野田水泥與前述之淺野水泥這兩家企業所壟斷。

至於 20 世紀 30 年代日本企業生產之水泥移入臺灣部份，從表 2 中 1931 年至 1937 年間整體輸入額（含日本國內貿易及海外貿易部份）的變動則呈現與輸出部門截然相反的面貌，從 1930 年開始，水泥總輸入量即不斷維持增長的趨勢一直持續到中日戰爭爆發為止。但進一步將日本國內貿易與海外貿易的輸入額個別加以分析，卻又反映了某些不同的指標性意義。

**表 4　1931～1937 年間關東州輸入臺灣水泥額**

數量單位：斤，價格單位：圓

| 年份 | 數量 | 價值 |
| --- | --- | --- |
| 1930 | 13,677,302 | 206,631 |
| 1931 | 8,625,888 | 107,795 |
| 1932 | 18,852,199 | 254,038 |
| 1933 | 4,990,278 | 67,010 |
| 1934 | ——— | ——— |
| 1935 | 17,107,391 | 206,203 |
| 1936 | 68,140 | 1,279,066 |
| 1937 | 10,605 | 201,651 |

注：1/1934 年無水泥輸入。
2/ 一日斤等於一台斤 - 又等於 0.599 公斤。
3/ 自 1936 年起數量單位改為噸。
資料來源：同上注。

1. 自海外的進口

在海外進口部份，本島的海外進口水泥均為關東州的大連小野田水泥工廠所生產。就整體進口量的變動而言，故如表 4 所示，1930 年時，由於受到經濟大恐慌及嘉南大圳完工，以及小野田會社為調節運銷關係，將大連水泥廠部份產品改為出口至華南、東南亞地區的影響，導致關東州銷往臺灣本島的水泥量遽減。該年度的水泥進口衰退幅度高達 56%。[38] 到了 1931 年，因景氣的持續惡化，島內土木工程在總督府緊縮工程開支，再加上前一年水泥販賣協會協議減少輸出的影響下，由關東州進口的水泥量較 1930 年衰退率達 37%。[39] 雖自 1932 年期間，由於臺灣本島與大連之間輪船班次增加，導致運費下降有利當地產品進口，以及當年度臺灣本島水泥需求略有回覆的挹注，輸入量一度出現 120% 的暴增性成長率。[40] 但這僅僅只是暫時性的現象，到了 1933 年之後，進

口水泥隨即因為關東州及滿洲當地工程需求增加消化大量產能，以致輸出至臺灣的數量遽減，該年度衰退幅度竟達到74%之多。[41] 此外，1934年之後，因滿洲工業化開發政策的推動，促使小野田水泥大連廠將運銷重心轉而放置在滿洲境內，使得當年度完全沒有由關東州進口之水泥。[42] 可說是海外進口水泥的最低潮階段。

不過從1935年起海外水泥進口貿易又告恢復，這是由於滿洲國境內水泥工廠陸續竣工，滿足了滿洲當地的市場需要，故小野田水泥大連廠又將銷售重點轉回臺灣。因此，當年度的海外水泥進口量約略回覆到1932年的水平。至於1936年間由大連進口的水泥數量達到歷史新高，總數為前一年的6.2倍之多。其原因與1935年臺灣中部大地震後，各項重建工程積極展開，以及20世紀30年代中期臺灣工業化政策下，島內工廠建設的工程需求激增有關。另一方面，則由於位於朝鮮的宇部水泥株式會社新廠完成，更進一步的加重了朝鮮、滿洲地區水泥產量過剩的問題，[43] 在這樣的背景之下，日本水泥企業自然將大量朝鮮水泥傾銷至尚有需求空間的臺灣島內。

### 表 5　1930～1937 年間日本產水泥銷往臺灣數量表

數量單位：斤，價格單位：圓

| | 東京 | | 橫濱 | | 大阪 | | 神戶 | | 廣島 | | 下關 | | 門司 | | 三角 | | 津久見 | | 八幡 | | 若松 | | 朝鮮 | | 鎮南浦 | | 其他 | | 合計 | |
|---|---|---|---|---|---|---|---|---|---|---|---|---|---|---|---|---|---|---|---|---|---|---|---|---|---|---|---|---|
| | 數量 | 價值 | 數量 | 價值 | 數量 | 價值 | 數量 | 價值 | 數量 | 價值 | 數量 | 價值 | 數量 | 價值 | 數量 | 價值 | 數量 | 價值 | 數量 | 價值 | 數量 | 價值 | 數量 | 價值 | 數量 | 價值 | 數量 | 價值 | 數量 | 價值 |
| 1930 | 161,344 | 1,550 | | | 493,019 | 9,856 | 9,597 | | 333 | | | | 6,485,265 | 92,879 | 32,145,572 | 537,037 | 9,280,895 | 130,808 | 10,739,920 | 153,450 | 6,096,500 | 80,434 | 850,000 | 8,976 | | | 16,222,055 | 205,033 | 11,973,938 | 206,210 | 94,398,105 | 1,426,566 |
| 1931 | 709,046 | 12,938 | 17,708 | 250 | 332,717 | 4,889 | 1,144 | | 15 | | | | 6,967,152 | 95,988 | 9,370,267 | 123,667 | | | | | 8,772,045 | 129,281 | | | | | 44,397,564 | 610,067 | 70,567,646 | 977,095 |
| 1932 | 1,702,899 | 32,920 | | | 60,635 | 1,950 | 95,449 | 1,273 | | | | | 8,025,235 | 114,948 | 21,890,630 | 324,797 | | | | | | | | | | | 53,217,715 | 765,383 | 84,902,563 | 1,241,271 |
| 1933 | 4,983,140 | 138,496 | 25,000 | 600 | 54,199 | 2,054 | 37,673 | 1,308 | 4,700 | 120 | 5,302,450 | 129,626 | 39,348,870 | 997,815 | | | | | | | | | | | | | 42,576,600 | 1,032,336 | 92,322,692 | 2,302,355 |
| 1934 | 2,875,944 | 77,466 | | | 489,240 | 12,583 | 312,097 | 7,692 | | | 2,549,900 | 62,756 | 40,057,815 | 1,026,420 | | | | | | | | | | | | | 49,319,300 | 1,198,566 | 95,604,296 | 2,385,483 |
| 1935 | 926,263 | 23,052 | | | 3,393,650 | 82,143 | 11,900 | 926 | | | 2,997,050 | 71,190 | 43,761,590 | 1,051,026 | | | | | | | 1,400,000 | 32,160 | | | | | 80,164,260 | 1,889,967 | 132,654,713 | 3,150,464 |
| 1936 | 394 | 8,655 | | | 2,046 | 43,055 | 91 | | 2,794 | | | | 141,571 | 31,880 | 679,515 | 023 | | | | | | | | | 2,300 | 49,800 | 69,906 | 1,494,438 | 112,823 | 2,419,645 |
| 1937 | | | | | 4,389 | 88,618 | 1,090 | 22,440 | | | 7,214 | 149,178 | 81,525 | 1,668,586 | | | | | | | 1,500 | 30,000 | | | | | 100,777 | 2,031,073 | 196,495 | 3,989,895 |

注：2/ 一日斤等於一台斤 - 又等於 0.599 公斤。
2/ 自 1936 年起數量單位改為噸。
資料來源：同上註。

### 2. 來自日本的水泥出口

　　在日本對臺灣所出口的水泥部份，如表 5 所示，1930 年至 1937 年間，從日本進口水泥數量雖然也曾於 1931 年出現衰退，但恢復的速度較海外進口來得迅速，自 1932 年後，其流入數量呈持續性的成長，僅 1936 年減少。再進一步分析各年度由日本移入之水泥數量變動情形，首先在 1930 年時，受到前一年經濟不景氣影響，日本國內各水泥企業紛紛被迫減產，但該年度水泥價格仍由每桶 3.6 圓跌落至 10 月的 2.85 圓，顯見經濟大恐慌之初日本國內水泥產銷過剩的嚴重。是故，日本本土水泥業界為瞭解決國內水泥供過於求的問題，持續將水泥傾銷至臺灣。特別是小野田水泥會社，由於前述產銷方針的調節，

而以其朝鮮工廠產品彌補大連工廠產品出口至華南後之不足，故在不景氣下，1930 年由日本國內（含朝鮮）進口至臺灣的水泥量反而大幅攀升，[44]較 1929 年增加 100.16%。但 1931 年，由於日本本土水泥業者為緩和業界激烈競爭而持續執行生產限制率協議，再加上本年度臺灣島內公共工程建設減少，以及前一年進口額過多，島內尚有大量庫存需要消化等因素之下，[45]本年度水泥日本銷往臺灣的水泥數額較前一年銳減 32%。

至於 1932 年以後，隨著日本政府內需救濟政策在年底初具成效，日本本土的水泥產銷過剩問題稍有緩解。同時，由於臺灣工業化政策的展開，帶動了日月潭電廠工程，以及島內各公共工程的積極進行，該年度臺灣島內的水泥消費量較前一年激增約 30% 左右，這給予了島外水泥進口的良好機會。即便是受到小野田水泥大連廠，以及淺野水泥高雄廠受制於華南抵制日貨運動而將部份產品轉為內銷，但日本進口水泥數量依舊成長 21%。[46]1933 年，因日月潭工程持續進展，導致淺野水泥高雄廠產能供不應求的刺激，當年日本輸往臺灣的水泥數量比前一年暴增 81%。[47]

值得注意的是 1934 年底時，由於聯合會內部小野田等大型水泥企業與其他後進中型水泥業者間對於設備投資、市場競爭的激烈化，以致小野田會社於當年 11 月中宣布退出水泥聯合會。雖然日本政府依據《重要產業統製法第二條》對日本本土水泥業者執行禁止增產的限制性措施。但小野田在滿洲、朝鮮的工廠不受此一政策限制，以及各中小水泥業者持續增產，使得日本國內仍舊存在水泥生產過剩的現象，[48]也迫使日本國產水泥持續傾銷臺灣。再加上 1935 年後，臺灣島內的交通與工業建設，以及 1935 年臺中大地震後的災後重建工程等諸多需求。當年度日本國內進口水泥數量增加為 132,655 噸，增長幅度高達 39%。[49]

但 1936 年度日本水泥的進口量在持續 5 年的成長後首度出現衰退，事實上當年臺灣島內如地震災後重建、工廠、機場等建設工程的水泥需求仍頗為殷切，之所以水泥進口量減少，還是與日本大型水泥資本的產銷動向有關。當前述滿洲國境內水泥工廠的陸續完成後，使得小野田水泥大連廠在滿洲的銷路遭到阻斷，只得將剩餘水泥改銷往臺灣，並藉著自身資本與營銷的優勢，使得其他中小型水泥企業的產品無法在臺競爭。在日本本土產品被驅逐的情形下，1936 年度的日本水泥進口量減少 15%。[50]不過上述趨勢在次年時由於水泥區域販賣制的確立，使關東州水泥進口量再度減少，連帶降低了日本本土水泥銷往臺灣時的競爭，故 1937 年度日本水泥進口量又成長 74%。[51]

總之，經由以上的分析，可知自日治中期以後，促進臺灣水泥輸出入貿易的動力有二：一為日本水泥產業資本的推力，由於日本本土水泥產業生產過於飽和，為了傾銷過剩產品，以小野田會社為主水泥企業，在臺灣展開了可稱為運銷型水泥資本的經營形態。亦即透過本身產銷體制，將臺灣整合進以中國大陸東北地區、日本九州島島為一體的區域銷售網之中，將當地的水泥銷往臺灣。此外，以淺野水泥會社為代表的企業，則發展出另一種直接投資型的經營方式。此即著眼於臺灣的地理條件，而在臺直接設廠投資，製造產品營銷當地以節省運輸成本的模式。

另一種影響臺灣水泥貿易的動能即為華南市場的拉力：由於中國大陸東南沿海省份現代化水泥工廠產量不足，使得臺灣得以透過地利之便，將本島生產的水泥銷往廣東、福建甚至浙江各省，從而促進了臺灣水泥的對外出口。用更廣闊的角度來說，由於臺灣市場規模也有一定的限度，前述日本水泥資本的兩種投資模式本身即存在先天上的衝突，故日本本土水泥傾銷臺灣時，臺灣當地的水泥產業必然要再向外移動，以尋找過剩產品的銷售空間，故臺灣水泥在 20 世紀 30 年代向華南輸出，可說是以上兩種作用力相互影響的結果。

## 五、結論：多重的區域經濟圈交易模式

從本文的分析，可以更清楚地認識到「九一八」事變後至中日戰爭爆發之前，臺灣對外水泥貿易的過程及其特質，以及其中的商品與資本流動關係，更呈現出這段時間東亞區域貿易活絡而多元的現象。當時臺灣產水泥輸出，是受到日本國內水泥資本生產過剩，需要利用殖民地作為產品市場的內在推力，以及華南地區本身市場需求的外部拉力相互作用影響。但這種狀況實與當時中國經濟的發展息息相關，那就是 1910 年代以來，隨著中國工業化的進展，不僅完成了民生必需品的進口替代，並且國民政府中央或是地方政府（以本文的例子是 1931 年後與南京中央政府處於對立狀態的廣東政府），更試圖透過關稅保護的手段來維護發展中的民族工業。因此發生了 1920 年代晚期至 20 世紀 30 年代期間日本與中國之間激烈的經濟競爭。而 20 世紀 30 年代後開始成為南進政策跳板的臺灣，雖然一方面有著地利之便，但也不可避免的必須面對中國抵制日貨運動的衝擊。兩相交錯，卻使位處日本與中華經濟圈交界的福建、廣東沿海，產生了複雜的貿易變動。基本上，在中日戰爭爆發前夕，華南地區固然是日本在臺水泥資本重要的外銷市場，但卻是在日本本土水泥傾銷至臺灣所導致的供過於求的現象下，在臺的日本水泥資本家，冒著與中國官方保護之當地水泥業者競爭的風險而從事出口經營。再者，理應為純水泥出口地區的關東

州，卻也從原為其銷售市場的臺灣進口水泥。這些現象則反映了在一般習見的日本區域經濟圈模式之外，像淺野、小野田水泥這些日本重化工業資本另外又創造了一種以自己的市場、經營區為分界，而非學界所常用，以官方劃分的殖民地邊界為界線的模型。另一方面，從臺灣水泥在華南面臨激烈競爭這點來看，20世紀30年代日本帝國經濟圈對外擴張的過程中，其實遭遇的反抗可能遠超乎後世想像。要之，隨著日本對外擴張的腳步，20世紀30年代臺灣與中國大陸的貿易已逐步修正日治初期在殖民政府刻意壓制下，著重於臺日貿易的路線。只是此時已屬於日本經濟圈一環的臺灣，要如何與中國經濟圈內其他區域建立貿易聯繫，似乎並非易事。

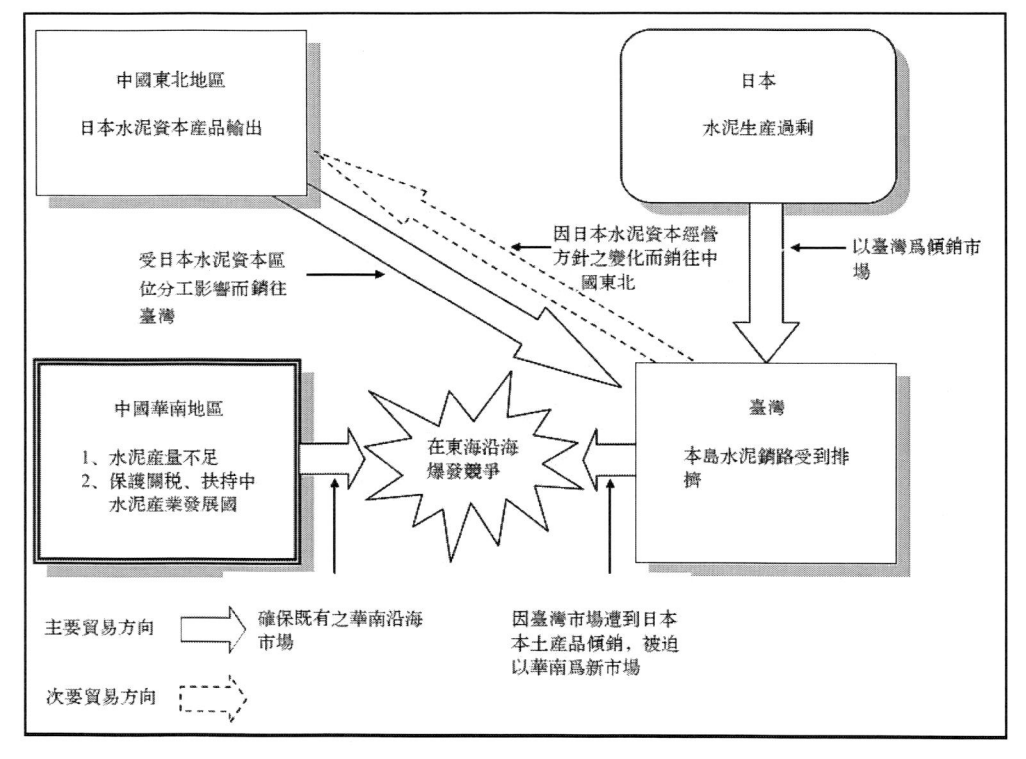

圖1　20世紀30年代臺灣水泥貿易關係圖。
資料來源：作者繪製。

（作者單位：中央研究院 近代史研究所 臺灣大學歷史學研究所）

## 註釋：

[1] 陳慈玉，《初論日本南進政策下臺灣與東南亞的經濟關係》，《東南亞研究論文系列》，No.10（臺北：『中央研究院』，1997），第 22 ～ 25 頁。

[2] 葉仲伯，《臺灣之水泥工業（二）》，《臺灣之工業論集》，卷 2（臺北：臺灣銀行經濟研究室，1958），第 50 頁。

[3] 葉仲伯，《臺灣之水泥工葉（二）》，《臺灣之工業論集》，卷 2，第 50 頁；湊照宏，《臺灣セメント產業における寡占體制の形成》，收錄於佐藤幸人編，《臺灣の企業と產業》，（東京：アジア經濟研究所，2008），第 281 ～ 318 頁。該文則根據中國工程師學會所編的《臺灣工業復興史》（臺北：中國工程師學會，1958），第 334 ～ 337 頁之記載，謂 1948 年臺灣開始有少數水泥外銷。

[4] 舉其要者，如吳榮發之《淺野水泥高雄廠的發展（1917 ～ 1945 年）》，《高市文獻》，18 卷 3 期（2005 年 9 月）第 1 ～ 26 頁，是近年唯一較為詳盡研究日治時期臺灣水泥產業發展之專文，但對於該廠水泥產品的外銷情況仍語焉不詳。

[5] 和田壽次郎，《淺野セメント沿革史》（東京：淺野セメント株式會社，1940），第 97 ～ 111、129 頁。

[6] 明治 34 年（1901）年以前每桶為 180 公斤，其後每桶改為約 170 公斤。和田壽次郎，《淺野セメント沿革史》，附表第二。

[7] 和田壽次郎，《淺野セメント沿革史》，第 192 ～ 196、277 ～ 278 頁。

[8] 高橋龜吉，《日本財閥の解剖》（東京：中央公論社，1930），第 240 ～ 243、250 ～ 256 頁。

[9] 和田壽次郎，《淺野セメント沿革史》，第 591 ～ 593 頁。

[10] 和田壽次郎，《淺野セメント沿革史》，第 327 ～ 334 頁。

[11] 水泥聯合會是為挽救一次大戰後水泥滯銷經營不振的日本水泥業界，於 1924 年 10 月所組成的卡特爾組織，其主要任務在協議生產限制，以維持市場的價格穩定。井田幸治，《小野田セメント造株式會社財閥五十年史》（東京：小野田セメント造株式會社，1931），第 448 ～ 449 頁、第 737 ～ 378 頁；和田壽次郎，《淺野セメント沿革史》，第 387 ～ 388 頁；橋本壽朗，《大恐慌時期の日本資本主義》（東京：東京大學出版會，1984），第 340、348 ～ 351 頁。

[12] 和田壽次郎，《淺野セメント沿革史》，第 11 頁。

[13] 和田壽次郎，《淺野セメント沿革史》，第 411 ～ 415 頁。

[14] 1923 年關東大地震發生後，因淺野水泥東京、川崎兩廠受震災波及被迫停工，加上災區重建的需要，淺野水泥乃積極將門司、臺灣等分廠的產品輸往東京地區。和田壽次郎，《淺野セメント沿革史》，第 383 ～ 384 頁。

[15] 廣東西村士敏土廠的前身為廣東巡撫岑春煊於 1906 年以資本 154 萬元創立之官辦企業廣東士敏土廠。1921 年,改為招商承辦,直到 1927 年又由廣東省建設廳收回接辦。1928 年,廣東省政府在廣州市的西村建立水泥新廠,並於 1932 年 4 月完成第一條生產線。1933 年 7 月原有之廣東士敏土廠併入廣東西村士敏土廠,並改名為廣東西村士敏土廠河南分廠,1935 年河南分廠因設備陳舊而停止運轉。王燕謀,《中國水泥發展史》(北京:中國建材工業出版社,2005),第 80～83 頁;陳歆文,《中國近代化學工業史(1860～1949)》(北京:化學工業出版社,2006),第 169 頁。

[16] 南滿洲鐵道株式會社產業部,《北支那經濟縱觀》(東京:日本評論社,1938),第 390 頁。

[17] 青州英泥於 1886 年由英國律師 G.Ewens 在澳門創立,次年亦於香港設廠。王燕謀,《中國水泥發展史》,第 37～47 頁。

[18] 南滿洲鐵道株式會社產業部,《北支那經濟縱觀》,第 390 頁。

[19] 許滌新、吳承明主編,《舊民主主義革命時期的中國資本主義》,《中國資本主義發展史》第二卷(北京:人民出版社,1990),第 886 頁;南滿洲鐵道株式會社產業部,《北支那經濟縱觀》(東京:同編者,1938),第 389～390 頁。

[20] 臺灣總督府稅關,《昭和五年臺灣貿易概覽》(臺北:臺灣總督府稅關,1931),第 110～111 頁。

[21] 臺灣總督府稅關,《昭和五年臺灣貿易概覽》,第 111 頁。

[22] 矢內原忠雄著、周憲文譯,《日本帝國主義下之臺灣》(臺北:海峽學術出版社,1999)。

[23] 矢內原忠雄著、周憲文譯,《日本帝國主義下之臺灣》,第 70、74、144～145 頁。

[24] 劉進慶、塗照彥、隅谷三喜男著,雷慧英等譯,《臺灣之經濟:典型 NIES 之成就與問題》,第 109～110 頁。

[25] 湊照宏,《臺灣セメント產業における寡占體制の形成》,《臺灣の企業と產業》,第 282～283 頁、第 305～314 頁。

[26] 劉進慶、塗照彥、隅谷三喜男著,雷慧英等譯,《臺灣之經濟:典型 NIES 之成就與問題》,第 111 頁。瞿宛文,《戰後臺灣經濟成長原因之回顧:論殖民統治之影響及其他》,《臺灣社會研究季刊》,期 65(2007 年 3 月),第 1～34 頁。

[27] 海關稅務司侯禮威,《海關十年報告之五(1922～1931)》,1931 年,轉引自廈門市誌編纂委員會、廈門海關誌編委會,《近代廈門社會經濟概況》(廈門:鷺江出版社,1990),第 387 頁。

[28] 中國第二歷史檔案館、中國海關總署辦公廳編,《中國舊海關史料（1859～1948）》,118 冊（北京：京華出版社,2001）,第 118 頁之 305 頁。

[29] 上海總稅務司編,《民國二十一年海關中外貿易統計年刊 卷一貿易報告》,《中華民國海關華洋貿易總冊》中華民國二十一年（臺北：『國史館』史料處,1982 年重印）,第 41～44 頁。

[30] 上海總稅務司編,《中華民國海關華洋貿易總冊》,中華民國十九年上卷（報告書及統計輯要）（臺北：『國史館』史料處,1982 年重印）,第 50 頁。

[31] 中國第二歷史檔案館、中國海關總署辦公廳編,《中國舊海關史料（1859～1948）》,第 114 冊（北京：京華出版社,2001）,第 114 頁之 157 頁。

[32] 臺灣總督府殖產局商工課,《臺灣ノ外國貿易（下）》,熱帶產業調查書第 25 冊（臺北：臺灣總督府殖產局商工課,1935）,第 13 頁。

[33] 原單位為公擔,即 100 公斤。中國第二歷史檔案館、中國海關總署辦公廳編,《中國舊海關史料（1859～1948）》,118 冊,第 118 頁之 294～118 之 295 頁。

[34] 中國第二歷史檔案館、中國海關總署辦公廳編,《中國舊海關史料（1859～1948）》,118 冊,118 頁之 303 頁。

[35] 上海總稅務司編,《民國二十一年海關中外貿易統計年刊 卷一貿易報告》,《中華民國海關華洋貿易總冊》,中華民國二十一年,第 45 頁。

[36] 井田幸治,《小野田セメント造株式會社創業五十年史》,第 1～3 頁。

[37] 井田幸治,《小野田セメント造株式會社創業五十年史》,第 226 頁。

[38] 臺灣總督府稅關,《昭和五年臺灣貿易概覽》,第 156 頁。

[39] 臺灣總督府稅關,《昭和六年臺灣貿易概覽》（臺北：臺灣總督府稅關,1932）,第 146 頁。

[40] 臺灣總督府稅關,《昭和七年臺灣貿易概覽》（臺北：臺灣總督府稅關,1933）,第 144 頁。

[41] 臺灣總督府稅關,《昭和八年臺灣貿易概覽》（臺北：臺灣總督府稅關,1934）,第 143 頁。

[42] 臺灣總督府稅關,《昭和九年臺灣貿易概覽》（臺北：臺灣總督府稅關,1935）,第 160 頁。

[43] 臺灣總督府稅關,《昭和十年及十一年臺灣貿易概覽》（臺北：臺灣總督府稅關,1937）,第 194～195 頁。

[44] 臺灣總督府稅關,《昭和五年臺灣貿易概覽》,第 298～299 頁。

[45] 臺灣總督府稅關,《昭和六年臺灣貿易概覽》,第 285～286 頁。

[46] 臺灣總督府稅關，《昭和七年臺灣貿易概覽》，第 288 頁。
[47] 臺灣總督府稅關，《昭和八年臺灣貿易概覽》，第 290 頁。
[48] 橋本壽朗，《大恐慌時期の日本資本主義》，第 346～351 頁。
[49] 臺灣總督府稅關，《昭和十年及十一年臺灣貿易概覽》，第 386 頁。
[50] 臺灣總督府稅關，《昭和十年及十一年臺灣貿易概覽》，第 387 頁。
[51] 臺灣總督府稅關，《昭和十二年及十三年臺灣貿易概覽》（臺北：臺灣總督府稅關，1939），第 341～342 頁。

# 第一回高砂義勇隊出發前夕的臺灣～1940 年日軍南進的系譜

傅琪貽

本文探討法律層級上的臺灣高砂義勇隊，以及臺灣在日軍南進基地上的設計。

## 一、《國家總動員法》與『皇民奉公會』

《國家總動員法》是適用於要徵用日本統治下的『帝國臣民』以及其下的協助團體[1]。該法公佈之後先後適用於日本，再延用於朝鮮、臺灣、樺太（庫頁島）等日本統治下的殖民地[2]。該法乃是戰時動員的法源，依照該法可建構法西斯『統治』全體主義體體制，是發揮戰爭上最有效率的法源[3]。1938 年 4 月 1 日公佈《國家總動員法》（共五十條）後，接著 5 月 4 日即以敕令第 316 號公佈該法施用於朝鮮、臺灣及樺太（庫頁島）。然日本與殖民地這三地，在公佈法令日期上有約一個月的差距，但是該法實施的日期竟然是同一天的 5 月 5 日。

《國家總動員法》是為戰勝目標，實踐舉國一致的全體國民運動所訂定的皇民化運動的法源。根據該法第一條說明其立法的精神，是在『戰時（包含準戰時期的『事變』）』期間，為達成『國防目的』，且最有效率的發揮國家所有的力量，統籌運用人力與物力資源。其中『戰時（包含準戰時期的『事變』）』，是指未宣戰而陷入長期泥濘戰，如稱為『支那事變』的對華作戰。該法第二、第三條提到有關總動員物資與總動員業務共各列九個項目，範圍包括軍用到民用的一切[4]。第四條規定的是國家必要時可徵用『帝國臣民』從事總動員的各項業務。第五條規定乃適用於『帝國臣民』、『帝國法人及其他團

體』，是規定國家、地方公共團體或政府所指定者要執行總動員業務時有協助的義務。

總之，盧溝橋事件後所實施的《國家總動員法》適用的對象，是全『帝國臣民』。因此，法令上屬於日本國內的法律卻相差一個月後就從『內地』延長適用到『外地』，也是從『日本人』延伸到『殖民地人』身上，所以該法適用範圍擴延於『內地』與『外地』的所有『帝國臣民』。可說，《國家總動員法》是日本完全地把國家至上主義貫徹至所有『帝國臣民』身上，是讓所有軍國主義統治下的人民失卻一切自由，全然被屈服於國家戰爭命令之下。

那麼，如果國家要發動總動員令時，會出現如何的局面呢。

適用《國家總動員法》可分為『戰時』與『平戰時』。例如：看『勞務』項目，則出現兩種不同的實況與運作。在『平戰時』所做的首要任務，是把國民的職業、技術等『登錄』與『檢查』後加以整理成冊，以備妥國家所需『勞務』供需調整上的基礎數據。因此，一旦發生『戰時』狀況，為軍需上的考慮得需要『勞務』時，國家對國民有權課予國防義務，使其從事所要的各種徵用業務，並採取使用、僱用、解僱等方面的必要措施。當然，這些被徵用者也照樣被適用全民皆兵的『兵役法』，非得隨時要充任兵源。然『戰時』情況出現且發動軍事總動員時，在各領域中必然會出現勞力供需上的不足。特別是軍方所需勞務力激增時，國家發揮『統治』力量而積極介入各管理層次，因此立即著手勞務力供需方面所需之必要調整。其他如物資、設施、公司行號等的事業、資金、物價、報社及出版物等，皆詳加受到相關該法細節規定。其中，還規定國家違法時的處分及國民受到損害時的『政府補償』等特別條款[5]。

『外地』，如在臺灣地區實施《國家總動員法》時，由臺灣總督負責統轄[6]。因此，1941年7月9日皇民奉公會於總督府正廳召開發起人會議時，由第十八任臺灣總督長谷川清兼任總裁，由本間雅晴臺灣軍司令官、山本馬公要港部司令官（後由高雄警備府司令官擔任）等軍方代表擔任顧問，官民124人出任為委員。因此，臺灣總督府管轄內的中央到地方縣市所有行政機構，因成立推動島內的大政翼贊運動團體『皇民奉公會』而形同運作該組織的方便工具[7]。換言之，《國家總動員法》實施之後的臺灣，陷入了只為日本推動戰爭而盡全力協助的體系之中。

『皇民奉公會』是標榜文武官民為舉國一致、建立國防國家體制、徹底貫徹皇國精神的組織，且該皇民奉公運動實現訓練、增產、皇民生活等三大目的。

1、訓練

主要是對青年男子加以組織性的『皇民練成』訓練，成為將來推動實施徵兵制時扮演挺身指導者的任務。如於 1942 年度在該會訓練部下全島設『青年練成所』487 所、受訓者共 3 萬 3,022 人，1943 年度則增設到 1,634 所、受訓者達 20 萬 9,274 人。然官方不放過成人與女子的勞力。皇民奉公會訓練部，於 1942 年度時成人『皇民練成』訓練則達 263 次 2 萬 1,565 人受訓，1943 年度則更高達 2,764 次 30 萬 4,019 人[8]。男子重點在於軍事教練，女子則在於勤勞就業的美德與國防急救訓練。另有關皇民奉公會承辦的拓南人才訓練部份，設立『海洋訓練隊』『拓南工業戰士訓練所』、『拓南農業戰士訓練所』等，專門吸收學有專精的優秀青年。於 1943 年度共培養出 1,190 人，幾乎全以『軍屬』身份，被派遣到南洋前線或佔領區[9]。又於 1942 年度招募『俘虜監視員』，從 8,193 人當中錄取 2,414 人。其中包含『高砂族』[10]。根據『國家總動員法』第四條，1939 年 7 月 8 日頒佈敕令第 451 條《國民徵用令》（共 26 條），規定適用於有專業的職業能力證明者的被『徵用』。其第 24 條適用為日本『內地』，第 25 條適用範圍為『外地』朝鮮、臺灣、樺太及南洋群島[11]。可見隨著戰爭面擴大，日軍所需『個人』專業人才的短缺，提早出現了。

2、增產

對島內農林、水產、礦工業等產業勞動部門加以組織，為推動擴充國防所需的糧食及其他重要物資的增產，以及規劃民生用品的配給。於是產業奉公會、商業奉公會的組織成立，一切為軍國『滅私奉公』。其中，糧食增產極為重要。1943 年時一方面加強配給，另一方面為求增加單位面積產量，推廣正條密植、深耕、品種選定、自給肥料等，還要動用『高砂族保留地』與公司企業等土地，並利用學生、婦女勞力的動員，以擴充農業生產力[12]。

3、皇民生活的實現

把六百萬的臺灣島民組織成為五萬七千個各式各樣的『常會』會員，即每當月一日的『興亞奉公日』開常會時，依照統一的儀禮模式舉行開幕式，如遙拜宮城、遙拜皇大神宮、奉唱國歌、祈禱、朗頌訓令與發誓文後，才能進入傳達、報告、懇談、協議、體驗發表、唱日本歌等當日議題。透過如此由上而下強力推動日常性的『皇民練成』，才可加速創造出以『臺灣一家』為目的的廣大『帝國臣民』。經過這些日常性的『皇民練成』後，期望在臺日本人與『本島人』[13]一致對國家產生堅定的『必勝信念』。

另根據《國家總動員法》第五條，1941年11月22日頒佈敕令第995號《國民勤勞報國協力令》（共17條），凡是『帝國臣民』14歲到40歲的男子、14歲到20歲的女子，以及其他『志願』協力者，可組織『國民勤勞報國隊』的團隊組織，從事協助總動員業務。其中第2條適用於日本『內地』，第16條適用範圍為朝鮮、臺灣、樺太及南洋群島。可見日本國內的《國家總動員法》延伸適用到『外地』後，要利用團隊性的『勞務』動員時，已經不需要在法規上區分『內地』與『外地』，只要同一法規內附加一條適用『外地』的款項就可以適用。然《國民勤勞報國協力令》竟然適用範圍還延伸到日本尚未佔領的『南洋群島』[14]。12月1日臺灣總督府發佈府令第130號《國民勤勞報國協力令施行規則》（共20條）時，其中還規定在學學生的組織性動員[15]。由此可見，當時『勞務』吃緊的情況相當嚴重，連在學學童到大學生都當做『勞務』管理的對象。

## 二、『蕃地』的『皇民奉公會』

然1941年7月9日『平地』皇民奉公會在臺灣總督府內成立時，官方要動用『高砂族保留地』來完成增產的目的，但是把『高砂族』排除之外。理由是『高砂族』的皇民化運動要列入特別的項目，不與漢人的皇民化組織目的區分，不等同視。

根據1941年5月29、30日兩天在臺灣總督府警務局召開的『全島理蕃事務協調會議』時，就決定把『蕃地』化為特例區域來處理，是主要由1939年4月以來日警在部落中所扶植的『高砂族自助會』的組織正需要持續訓練，所以不以皇民奉公會方式推動實質『高砂族』的皇民化運動。當天在會中決定重要協調事項共兩個：（1）變更『蕃社名』為日本式，（2）為徵用『高砂族』勞力問題；除此之外，另有七個指示事項：（1）在『蕃地』實施非常時期對策，（2）皇民奉公會與自助會的運作方式，（3）『高砂族自助會』的運用，（4）非常時期的糧食增產，（5）指導青年，（6）保護『高砂族』的嬰幼兒，（7）醫務屬托僱員的相關薪俸；注意事項共十六項：（1）勵行『蕃情』通報，（2）『理蕃』事務的調整，（3）『高砂族』的變更姓名，（4）勵行遵守報告期限，（5）實施授產指導項目的制訂，（6）相關撫育預算的要求，（7）相關蕃人與平地人的調查項目，（8）增產苧麻，（9）玉　藤葛的增產，（10）教育者的指導，（11）獎勵體育，（12）防止移住地的瘧疾，（13）防止蕃地的傳染病，（14）醫務人員的配置與教養，（15）醫療器具的保存與維護，（16）有關交易的情報[16]。

從此瞭解到『理蕃』警察人員平時暗中所關注的項目，可歸納為，警察的維持治安與各種情報的收集，加強各種層級的訓練，軍需植物的增產，以及醫療健康等，是以部落為基本單位強化日警的掌控權。其政策背後，有隨著日軍增強對華戰爭規模而原本任職在部落的警察被徵召入伍，離開『蕃地』，頻繁引發治安上的隱憂。加上自1932年以來極力推行『蕃社集團移住』政策後，原部落組織喪失原貌而得官方積極介入重組，加上下山後的疾病與生活適應成為重點施政。『高砂族自助會』的運用，成為所謂戰時『理蕃』警察所依靠且扶持的基層自治體建立運動。

『高砂族自助會』是依照1939年春，官方所頒佈的『自助會標準』的命令，先於10月1日在臺中州成立，接著11月3日在新竹州內17社完成設立一級規模的自助會。一級的標準是包含教育、產業、經濟、生活改善等全領域的皇民化、全盤日式生活化為目標的團體[17]。臺中州內成立的自助會，一級的零，二級的共17社，三級的共19社，總共成立36社。其中霧社事件後裔的集團移住部落『川中島社』、『巴朗社』、『櫻社』為屬於二級的。另在新竹州內成立一級的17社，二級的35社，三級的17社，總共成立69社[18]。1940年時被選為優良團體的羅東與新竹大溪郡與臺中州東勢的3所自助會，與其他如青年會、家長會、頭目勢力者會共30個團體一起受到表揚[19]。

《理蕃之友》第一百十七號頭版刊載齋藤生著《蕃地的皇民奉公運動》一文，清楚說明『蕃地』皇民化運動是要求『公益優先』、『滅私奉公』、『臣道實踐』的意義，說；

> 臺灣的皇民奉公運動是日本內地的大政翼贊運動。其根本的目的是為推行戰爭確立高度國防國家體制，也是臣道實現的大政翼贊運動。我大日本帝國是土地、人、物、精神等一切，發祥為天皇、歸一為天皇的以皇室為中心的一大家族國家。故其國民相信其一切如自己的生活、工作、身體等全獻給君國，在日常生活中努力實現為國出力、成為國家所需之血肉。[20]

當局所規劃的『高砂族』皇民化運動，的確與『平地』漢人有很大的差異性。為什麼能與『平地』漢人切割？且還能給『高砂族』直接移植『臣道』的宣傳？

這由當時警務局長土屋一郎於1940年間曾親自考察後所表達的感想《理蕃機構的綜合性性格與教育》一文，可以引證。他認為日據初期以來『蕃地』是由日本警察一手包辦形成『理蕃機構的綜合性性質』，因此如今已經能發揮出其中的綜合性『妙味』。『蕃地』中出現密集性聚落，是以警察駐在所為中心，

已經形成『高砂族』大人與小孩混為一體的『村落學校』的模式。加上，因村落人與警察之間日常接觸頻繁，且一切部落運作由日本警察的指導為主要意見，故『高砂族』對『內地人（日本人）』已經有絕對的信賴與尊敬。因此『高砂族』除了有學力不足的缺點外，其他皇民化運動上已有非常有利推動『政教一元』的好條件[21]。換言之，在日本『理蕃』當局的眼中，1940年的『高砂族』已經訓練成具備了日常生活上的『皇民』化基礎，所以當局認為只要延續著過去『理蕃』警察一手掌控的統治方式，即可達到『高砂族』加速的『皇民化』。這種優勢的條件，不在『平地』漢人的地方。

然而，對『理蕃』當局來說，運用各部落『高砂族自助會』來推行『皇民奉公運動』，只不過是當前暫訂的過渡性替代措施。真正能發動『蕃地的皇民奉公』運動，仍舊要等待第一回『高砂義勇隊』的出發，如此才能具備完整的條件。

## 三、『南進基地』臺灣的設計

1939年9月1日歐戰爆發，9月23日大本營發佈命令設立支那派遣軍總司令，於10月1日開始啟動指揮部。日本藉此美國無暇兼顧東亞之際，為確保國防上所需的重要資源，特別是為獵獲印度尼西亞石油，發動『南方戰爭』，同時在東南亞方面也發動切斷英美『援蔣』活動。然日軍也生怕隨著戰爭面擴大，陷入兩面作戰，不希望與美國發生直接的武力衝突，所以以和平的外交與『急襲』的武力兩種手段巧妙運用下，欲完成佔領南方資源。如何早日脫困對華泥濘戰爭，日軍開啟了新的『南方戰爭』，欲切斷援蔣路線以求早日屈服重慶的抗日陣容，但這反而使日軍更深深地陷於無法收拾的全面敗戰態勢。

『南方戰爭』本來就不在日本陸軍傳統『南進』與『北進』的戰略構想內。因此，1940年5月日軍開始著手籌備『南方戰爭』時，連『蘭印』荷屬印度尼西亞的『兵要地誌』也沒有製作好。然日軍於1940年初敢做出貿然出兵南洋的決定，主要是此時歐戰德義破竹戰勝英法，而預估歐戰在近期內終將由德義獲勝結束，對局勢判斷傾向於應有利於德義日三國發展有關。此時日本從消極轉換為積極用兵戰略。依照日本陸軍的構想，適逢歐戰開打期間，在東南亞尚未形成美與英澳南太平洋政經戰合作圈之前，日軍先下手迅速完成佔領石油產地以求持久戰，但當時海軍卻以英美不分離的觀點，對開啟南方戰表示悲觀，認為此舉必會有對美開戰的決心不可，然日軍只能維持一年的戰鬥力。

其實，當時日本的野心是想藉此歐戰機會將英美勢力從東南亞完全驅除而後取代，稱霸成亞洲盟主。因此在1940年國策決定新建『大東亞共榮圈』時，將其亞洲新秩序的勢力範圍，從原先的日滿華三個東亞的經濟共同圈構想，再擴大到所謂的『南方諸地區[22]』，涵蓋整個亞洲甚至印度。

7月26日第二屆近衛內閣決定『基本國策要綱』，27日大本營政府聯絡會議決定，為徹底解決『南方問題』，不惜對美動武的戰爭方案[23]。7月28日日軍進駐南部法屬印度，正式表態在東南亞地帶取代歐美勢力。在對美外交上日本也開始轉趨於強硬不妥協的態度，對日本來說，發動太平洋戰爭是勢在必行。

9月22日、23日日軍進駐北部法屬越南，27日締結德義日三國同盟。在此美軍強化菲律賓的防衛形成強烈的對峙時刻，臺灣成為日本進攻菲律賓戰略上最重要的『南進基地』。

臺灣加速成為南進基地的過程中，日軍方曾在1940年末特派一組人馬，對臺詳加評估，並加以研擬。11月上旬由陸軍省主任課員組成的『臺灣派遣班』抵達臺灣，接著12月大本營在臺灣軍司令部內成立『臺灣軍研究部』。

『臺灣派遣班』是由軍務局課員大槻章中佐（中校）為首，對臺進行南方作戰研究與籌備基地的作業。根據該班成員瀨島龍三大尉（上尉）於12月16日歸國後向參謀本部所提出的報告，認為臺灣是在南方作戰上有重要的基地價值，特別是對菲律賓作戰基地價值很高。綜合歸納瀨島龍三的報告；

（1）臺灣的價值是在船舶、兵站、情報上的基地，及通信上的中繼站。

（2）在給水與給煤能力上的評估，本來基隆就有供應50萬噸的給水與給煤能力，但高雄有先天性嚴重缺乏給水與給煤的能力。所以在航運設計上要往新加坡的話，在法屬印度支那（中南半島）的camu ranh灣非得設立給水與給煤供應站，另外，在帛琉也需要設立一處送往印度尼西亞的物資補給站。

（3）高雄港正在進行海軍基地的建設，倉庫等新建築也在翌（1941）年3、4月間完工。獨立工兵第28聯隊（船舶工兵）於11月25日可完畢編成，預定於翌年3、4月間抵達安平。

（4）預定翌年4月前得在南臺灣集結完成五個師團之一會戰所需的補給物資。這是即將展開的對荷屬印度尼西亞與對美屬菲律賓作戰所需之物資。

第一回高砂義勇隊出發前夕的臺灣～1940年日軍南進的系譜

臺灣部份

（5）翌年3月前在臺增加兩臺2k無線與5k無線中繼站，目的是強化東京與荷屬印度尼西亞之間的無線通信功能。

（6）關於南方情報基地需求上，在臺北已有參謀本部第18班的情報機構，以及特情機關的派出所。

（7）在菲律賓作戰基地的功能上，還需要強化機場與其附屬設施。航空作戰資材，早已先前運送完成。屏東的氣象分派機關，非得要增強的必要性。

（8）防衛臺灣的議題上，目前正積極研究高雄與周邊地帶的防衛。[24]

瀨島在報告時，另外提到作戰準備上今後所遇到的難題。如徵用上、陸海軍間的調整、船舶艤裝兵裝的要員、材料的整備、對淺海的掃海、船舶砲兵與高射炮、船舶輸送司令部勤務員的培養等各種問題[25]。

然以上所列第三項的有關高雄港倉庫、營舍、碼頭等新建工程，是用『皇民練成』之名，動用臺灣總督府文教局管理的『勤行報國青年隊』高雄訓練所隊員[26]。該隊於1940年3月28日在高雄成立當時，只收了各地方州廳推薦來的漢人青年，但後來在臺北、臺中、花蓮港等地再增設訓練所時收錄了若干名的『高砂族』青年[27]。根據1942年4月14日《臺灣日日新報》報導，過去1941年一年間共舉辦培訓『勤行報國青年隊』13次3,555人。這些人在島內擔任『皇民奉公會』的皇民化運動推手者，後被調到南洋前線時擔任『勞務奉公團』的小隊長或班長，從事軍中的搬運工等苦力角色[28]。瀨島在報告裡表示，1940年底的臺灣島內，是為在短短半年之內趕緊打造『南方基地』，而由軍方接管臺灣總督府一切資源的實際局面。

另在臺灣軍司令部內所設的『臺灣軍研究部』，由林義秀大佐、辻政信中佐等包含主計軍醫共20位將校來組成。參謀總長發給的業務命令期限為翌年3月，要求相關各種部隊的戰鬥法與軍中勤務、兵器、經理、給養、衛生、防疫以及軍情、兵要地理等方面作具體的研究、調查、實驗。根據其業務適用對象範圍，是『荷屬印度尼西亞、英屬馬來西亞、英屬沙巴、比島（菲律賓）、法屬印度支那（越南）、泰國、緬甸』，這乃是日軍即將要進攻的『南方』概念地點[29]。其中為南方作戰，特別編組約1萬1,000輛的汽車部隊，這相當於23萬人、5萬馬匹的軍人個人裝備與部隊裝備，預計於1940年底整備完畢。『臺灣軍研究部』是針對汽車在熱帶的臺灣做實驗。因南方戰爭是海戰、空戰。隸屬於陸軍第一飛行集團則接到中央的命令，要協助『臺灣軍研究部』在臺熱帶飛行的研究。海軍方面，由第三航空隊飛行長柴田武雄少佐，在臺做研究、訓

練，實驗零式戰鬥機飛行持續力的提高，為能臺灣直飛到馬尼拉完成轟炸任務後，又飛回臺灣基地的航戰設計[30][31]。當時，在臺『臺灣軍研究部』使用的機場，為屏東、恆春、嘉義及臺中等地。總之，當時為南方作戰相關的各種準備，如包含衣服、腳踏車、主食、軍票、衛生器材等，預定一切於1941年3、4月間完成[32]。

那麼，當時日軍所規劃的『南方作戰』部隊，其規模到底有多少？

其實，在1940年度時，日軍尚未明確規劃所謂的『南方作戰』具體方針，這是因為當時尚未確定具體南方總合作戰計劃。

10月12日陸軍省發佈，第5師團擬派到蘭印或馬來方面而事先集結到上海；22日近衛師團集結到汕頭，另將原臺灣混成旅團升格編成為『第48師團』調派到海南島。以上第5師團、近衛師團以及第48師團，依照11月30日的軍令，從原先的馬匹編制全改為汽車化編制[33]。原在廣東的第18師團也被指定為『南方作戰預備兵團』，而與近衛師團、第48師團同時開始操練南方熱帶地區的登陸作戰[34]。1941年3、4月間則以『ロ（ro）計畫』，舉行大規模的陸海軍連合軍事演習。

第18任臺灣總督長谷川清海軍大將於1940年11月27日上任以來，主張『臺灣全島要塞化』、『航空母艦化』，是完全反映軍方要臺灣作南進基地的作為。1941年4月1日在臺實施『國民學校制度』，是廢除小學校、公學校之分，同時日本、朝鮮、臺灣等一律實施該制度。這是廢除內地、外地之分而同時培養出統一模式的『皇國民』集體訓練。此時的『教育』不是針對個人智慧、知識的啟發為目的，而是透過學校團體性的訓練，就是『練成』的過程，把朝鮮、臺灣等『外地』被殖民者，強制洗腦成『我已經變成有大和魂的日本人』的『皇民化』教育。唯『高砂族』的『教育所』這回不被改制，仍舊由警察兼教師的方式推行『皇民化』教育，但另在6月間的『蕃地教育事務商談會』時，製作教科書則儘量使用與國民學校相同的指示[35]。4月19日長谷川總督又擔任臺灣＜皇民奉公會＞總裁，於是全臺灣改造為『日本人化』的運動，由官方主導而強力推行。此時長谷川總督打聽到泰雅族少女因背著出征的教育所老師行李而不慎掉落激流滅頂的不幸事件之後，大力宣傳此『高砂族愛國少女』saung的故事。4月14日長谷川總督在總督府召見riyhen社青年團代表，表揚並贈送一個鐘[36]。於是『高砂族』雖然在平地『皇民奉公會』成立時排除在外，但另以更為激情的方式，被炒熱，在10月間印刷1,040份的『saung之鐘』圖書書，並於翌年1月間發放給各『高砂族』部落[37]。

根據軍方 1941 年度陸軍兵力動員計劃，總計 230 萬人、53 師團[38] 是計劃書上的可動用的兵力。其中，預計在南方作戰使用最多的是 12 個師團，即第 2、第 16、第 48、第 55、第 56 的師團。其中第 55、56 師團是 1940 年夏季編組，預定於 41 年春季完成[39]。於是軍方以代號『ロ（ro）號作戰』在 1941 年 3、4 月間於長江沿海舟山群島、北九州一帶，舉行大規模的登陸作戰演習，並於 2 月到 5 月間在中國沿海地區做包括阻擾登陸的特殊訓練[40]。然陸軍方面的困境是，在 1941 年間仍舊『保留中國戰場上的 72 萬餘的兵力』，面臨著無法縮減的窘境。加上歐洲局勢瞬息萬變，不像日方所預測那樣發展，陸海軍要執行既定的 1941 年度計畫，困難度高。海軍方面於 1941 年 4 月才敲定該年度計畫。海軍難從南方作戰規劃初期就預測對美戰陣無法避免，但因軍需物資短缺，算出最多打兩年的把握，所以主張用速戰速決的『奇襲』對付美國艦隊，在其尚未進入南太平洋之前要阻擋[41]。隨著海軍南方戰爭研究的進展，發現跳國菲律賓就不能影印尼而逐漸轉向『先比島（菲律賓）後蘭印（印尼）』的構想[42]。然而，陸軍是以佔領南方要點為主的作戰法[43]，與海軍的從頭就有對美戰爭的想法不同，顯然在日軍對南方作戰構想上也有陸海軍之間既存的差異性。

1941 年 6 月 25 日大本營政府聯絡會議，為確保石油做了重大的決定。這是把『南方諸國』視為日本帝國的生命圈，而日本是為建設『大東亞共榮圈』，確保擴充『自存自衛』的國防資源，不排除用武力進軍『法屬中南半島南部』，迅速達到佔領該地的目的，而日軍為此也不排除對英美開戰[44]。7 月 28 日日軍第 23 軍進軍『法屬中南半島南部』時，原駐紮在海南島的臺灣第一步兵聯隊趕赴參加[45]。當時日方最怕美國對日採取禁運石油的措施，因此假如日方取得能支配生產石油的地區，就不受美國的威脅，因此出產石油的『南方諸國』成為日本帝國的生命圈，而日軍佔領『法屬中南半島南部』也成為日本要走上戰敗命運的不歸路最直接的原因。7 月 26 日第二屆近衛內閣決定『基本策要綱』，27 日大本營政府聯絡會議決定，為徹底解決『南方問題』不惜對美動武的戰爭方案。7 月 28 日日軍進駐南部法屬印度（中南半島），正式表態在東南亞地帶取代歐美勢力。在對美外交上日本也開始轉趨強硬不妥協的態度，對日本來說發動太平洋戰爭是勢在必行。[46]

9 月 22 日、23 日日軍進駐北部法屬越南，27 日締結德義日三國同盟。

9 月 6 日天皇親臨的御前會議更進一步決定，10 月下旬為目標完成發動『南方戰』就是『對美宣戰』。參謀總長杉山一向天皇報告，冬季北方沒有作戰時可展開為期五個月的南方戰，如此在調兵等動員上大有方便之處。依照參

謀總長的說法，翌年 3 月前該完成『南方諸國』的佔領[47]。杉山參謀長曾發動盧溝橋事變時也向天皇保證，只要三個月就使蔣介石的抗戰政府會垮臺的『一擊論』，似乎又套在『南方戰』上，可見陸軍對海洋的戰爭乃為耗資源戰一事，特別是對美開戰的重大意義與後果，根本不瞭解或缺乏概念。

根據陸軍南方兵站的計劃，臺灣、帛琉、海南島是南方兵站地，預定 10 月底前要集結十個師團份的軍需品，其中五個師團份已經發送完畢，約 12 月底就完成就緒。石油供應因 8 月 1 日遭受美國對日石油禁運的報復，故日軍方面緊急採取措施，已於 8 月間在沙巴的 Miri 地方開始鑽探石油，並把全軍的燃料供應，除南方戰以外，減少 3 成。日本石油公司則為南方戰而特編『特設資源獲得隊』的同時，開發代用燃料如人造石油等，由軍政部主導[48]。

10 月 8 日代號『あ（a）號作戰』的南方戰上奏，且受到天皇認可，9 日起軍方開始著手臨時編組。11 月 6 日任命南方軍總司令由陸軍大將寺內壽一出任，第 14 軍司令官則由臺灣軍司令官陸軍中將本間雅晴出任。

1941 年的臺灣，已經名副其實扮演著日本『南方基地』的角色。

11 月中臺灣島內已儲備了五個師團份的彈藥。第 48 師團主力在臺灣，其一部份在海南島，依 11 月 15 日新定戰鬥序列排定為隸屬於第 14 軍，所以海南島的部隊立刻趕回臺灣會合於原師團主力。此時第 48 師團先遣部隊田中、管野兩個支隊已在高雄乘船，正準備出發到菲律賓。第 65 旅團也被列入第 14 軍，於 11 月中從廣島出發，月底時已抵達基隆，後分駐到臺北、臺中、嘉義等地，為菲律賓作戰加強訓練。另外第 16 師團，其先遣部隊三浦、木村支隊於 11 月 20 日前往帛琉，其師團主力也於 25 日赴奄美大島，準備加入菲律賓戰場[49]。第 14 軍司令官本間雅晴於 11 月 21 日回臺正式就任。

菲律賓作戰代號為『M 作戰』，臺灣又是重要航空基地。陸軍第五飛行集團原部屬在北『滿洲』，於 11 月中旬起從空海兩途分批抵達集結於臺灣南部，約於月底完成後改隸屬於南方軍總司令之下。第五飛行集團抵達之後，飛行第 50 戰隊（戰鬥）集結在佳東、飛行第 8 戰隊（司偵、輕爆）在屏東、飛行第 16 戰隊（輕爆）在恆春、飛行第 14 戰隊（重爆）在嘉義。第 83 獨立飛行隊集結在臺中，獨立飛行第 52 中隊（軍偵）則在屏東[50]。另外，海軍方面是因原部屬在臺灣的零式戰鬥機轉用到馬來西亞戰區，所以為補缺，於 11 月 15 日從關東軍抽調飛行第 24 戰隊（戰鬥）到南臺灣[51]。依照 11 月 15 日的戰鬥序列，隸屬轉換而調動部隊共 460 隊，其中預定因〈南方作戰〉而準備的共 12 個師團與 2 個飛行集團[52]。

日方雖從 9 月開始積極部屬『南方作戰』，但表面上透過媒體偽裝做『欺敵』模樣，而放風聲說要正準備攻打『昆明 - 緬甸』，但另一方面對美外交交涉也持續維持到 11 月底。於是 12 月 8 日發動珍珠港空襲的同時，『南方戰』也能馬上開打。12 月 10 日同一天，日軍在馬來西亞海域襲擊英國戰艦兩艘，又佔領香港，登陸菲律賓北部的同時，又佔領關島，可以說初戰戰果豐收，士氣大增。其實日方清楚瞭解美日國力差距顯著，且日本沒有能力屈服美國，但只想趁歐戰德國優勢時，趕緊佔領『南方諸國』歐屬殖民地，由日本來取而代之，完成支配石油等資源的目的。既然『南方作戰』定位為資源作戰，重視佔領地行政，因此日軍戰都還沒開打就有陸軍與海軍之間達成各自瓜分佔領地『軍政』擔任區的協定。如香港、菲律賓、英屬馬來西亞、Sumatera 半島、爪哇島、英屬沙巴等新佔領區由陸軍來實施軍政，海軍則要掌控荷屬沙巴、Serebes、Moluccas、Kepulauan Sula、Bismarck Archipelago、Solomon 等各諸島及新幾內亞、關島的軍政權[53]。

總之，1940 年 11 月起日軍中央直接介入臺灣，把臺灣在短短的一年時間內迅速改造成實質擁有軍事攻擊能力上的『南進基地』，在 12 月 8 日日軍偷襲珍珠港而開打太平洋戰爭，殖民地臺灣也立刻被捲入戰爭的風暴中。

## 四、『特別志願兵』機制的運用與動員

1941 年 6 月 20 日，臺灣總督府發表『翌（1942）年度起在臺實施陸軍特別志願兵制度』。21 日在臺北新公園盛大舉行『實施志願兵制度之感謝式』，接著 27 日再次舉辦『祝賀式』時，當局安排『高砂族』代表 27 名參與該活動。臺灣島內正熱烈響應志願兵制度時，時機剛好與日軍入侵法屬南印（中南半島）的時刻。

臺灣總督府警務局理蕃課發行的『理蕃之友』，是霧社事件後為中央與地方的『理蕃』當局溝通方便而發行的刊物，也是政令倡導的工具。根據『理蕃之友』昭和 16（1941）年 9 月第 117 號，其中報導『皇民奉公運動』的同時，使用大幅篇幅專論『愛國少女 Sayun 的鐘』煽動為軍人犧牲的愛國情操，以及『志願兵制度實施之後到 7 月底前已經有了一千三百餘名高砂族志願』[54]的消息。

『特別志願兵』不同於一般日軍正規『兵役法』系統的『志願兵』，如當上憲兵、飛行兵、軍樂兵、看護兵、主計兵等，是適用於未滿 17 歲徵兵年齡之前因申請入軍籍的日本國民身上[55]。因此，臺灣總督府所公佈的『志願兵』被

383

冠上『特別』字的,是適用於無日本國民『戶籍』的『帝國臣民』,也就是只適用於『殖民地』的男子身上。本來軍方提出『陸軍特別志願兵』的動機,是『滿洲事變(柳條溝事變)』之後為促進殖民地朝鮮與日本更加形成『內鮮一體』的皇民化融合政策並對對朝鮮強化戰爭動員的體制,於 1938 年 2 月由陸軍大臣杉山提案[56],3 月 28 日敕令第 95 號公佈《陸軍特別志願兵令》(共 5 條),所以先行實施於朝鮮的 17 歲以上男子身上。這幾乎是《國家總動員法》同一個時間上搭配到發佈的法規。後來鑑於『南方戰』的開打需求,於 1942 年 2 月 23 日軍方提案修改《陸軍特別志願兵令》之第五條中補上『適用於臺灣』字,並且同附『臺灣總督府陸軍兵志願者訓練所官制』,定於 4 月 1 日施行。於是 3 月 10 日在臺實施的《陸軍特別志願兵令》時,府令第 36 號《臺灣總督府陸軍兵志願者訓練所規程》(共 33 條)也同時公佈。朝鮮與臺灣的差異,是朝鮮除了實施『志願兵』制以外,早已另定依敕令第 36 號『有關朝鮮軍人之件』,朝鮮人藉此法令有機會當上將校之類的軍官[57]。

那麼,僅適用於殖民地 17 歲以上男子的《陸軍特別志願兵令》(共 5 條),到底是怎麼規定的呢?

《陸軍特別志願兵令》其第 1 條,明文規定凡是有其條件者依照個人『志願』服兵役,則接受陸軍大臣所規定的篩選後,被編入現役或第一補充兵。那時,比照兵役法所規定的現役或第一補充兵相同。再則每年其被編入現役或第一補充兵的人數,第 2 條規定是由陸軍大臣經天皇裁可確定,且完成編入程序時陸軍大臣向天皇上奏其情況。第 3 條規定,處於補充兵役、國民兵役或完成兵役者,因遇到戰時或事變時,依其個人的『志願』被編入陸軍部隊。這些人員,仍依照陸軍大臣所規定的篩選程序後可被編入,其中如原有軍階者可賦予相同的階級。第 4 條是針對處於後備兵、預備兵者,如被編入陸軍部隊服役至解除日時,其身份乃以比照被兵役召集者相同。第五條是,以上事務陸軍大臣命朝鮮者由道知事、警察署長,臺灣者由州知事、廳長、郡守、市長、支廳長,負責擔任其第一條規定之一部份事務[58]。由此可見,《陸軍特別志願兵令》的母法是日本國內的《兵役法》,也可以說是把適用於日本人的服兵役的義務,延伸到殖民地人民的身上,亦即名為『志願兵』其實是以法律上的內地延長主義,藉此完成『皇國民』化。而且這種名為依個人的『志願』願意當『志願兵』,其實是從現役、補充兵、國民兵、後備兵、預備兵等 17 歲男子如當上了『兵役』生涯,從此就一輩子受到國家兵源的牽制,國家就從此絕不放過他的生命,隨時會被動員到死。可見,這種『特別志願兵』實施的意義,是為殖民地『帝國臣民』即將實施全民皆兵的『徵兵制』的開端。

那麼，怎麼招募『特別志願兵』，怎麼訓練？

根據 1942 年修改的陸軍省令第 10 號『陸軍特別志願兵令施行規則』（共 8 條），臺灣軍司令官在每年 1 月 10 日以前向陸軍大臣提出該年度編入的人數與入營部隊等的意見，後陸相通達給臺灣軍司令官確定的結果。志願者於 2 月 10 日以前向自己所屬本籍地的如郡守、市長、支廳長提出申請書。郡守、市長、支廳長收到申請書之後，只把預定報考臺灣總督府陸軍兵志願者訓練所生的數據，送上到州知事、廳長。州知事、廳長再把這些資料於 4 月 20 日前送到臺灣軍司令官。因為臺灣沒有『戶籍抄本』，所以用『戶口抄本』或類似可準用的官方發行文件即可[59]。

再者，被挑選有報考資格者的名單送到臺灣軍司令官之後，依照『臺灣總督府陸軍兵志願者訓練所規程』先對報考者做兩種考試；（1）身體檢查，（2）『國語』（譯解、作文、聽寫）、『國史』、算數的學科考試篩選後，訓練所所長把錄取者的名單公告在『臺灣總督府報』上，同時通知書給本人。因兵種有 6 月入所的前期『現役』與 12 月入所的後期『第一補充兵』兩種，因此接受現役訓練者收到《現役兵證書》，接受第一補充兵訓練者則收到《第一補充兵證書》。在此訓練 6 個月期間，接受訓育科、普通學科、術科、部隊教練，學生集體住在所內宿舍，除了衣服是借用之外，學費、糧食是公家供應，學生因個人理由不得退所[60]。

實際作業，是陸軍兵志願者訓練所所長，於前年 12 月間公告有關招募要項及其他必要的事項，才開始採取著手[61]。1942 年度時，1 月 16 日臺灣總督府情報部發表該訓練所『生徒募集要綱』，2 月 1 日起接受申請書。然而實際法規 3 月 10 日才公告，所以一有此消息傳開，就不分漢人或『高砂族』紛紛報名表示願當『志願兵』。1941 年 6 月 20 日發表後 7 月底之前，『高砂族』就有 1,349 人報名，其中 40 人以血書表明堅定的意志，女子也有 538 人[62]，到 1942 年 7 月時已達到 5,000 人『志願』[63]。3 月 13 日時全島『志願兵』志願者竟然突破 42 萬 1,000 人[64]。集聚產生這麼龐大的『志願者』數字，應從東條英機陸相於 1 月 19 日表明在臺實施『志願兵』制之情況而酌量何時施行『徵兵制』的談話[65]，而迫使對在臺官員產生鼓舞的動力，向殖民地人民賣力鼓吹『當兵真好』的結果，如此解釋應該較為妥當。

1942 年 6 月 10 日錄取 1,020 人[66]，7 月 10 日前期生 508 人入位於臺北六張犁的陸軍兵志願者訓練所[67]，17 日舉辦盛大的開所式，訓練期間還到位於新竹竹北的湖口演習所受軍事訓練 2 個月，12 月 20 日結業。根據《臺

灣日日新報》1942年12月19日、20日報導，受訓結束的501人用『若櫻（wakazakura）』來形容，在修業式時長谷川總督、安藤臺灣軍司令官等莅臨發給修業證，其中也有人受到總督獎、優良獎、篤行獎。12月20日退所。後期生500名則於1943年1月20日入所[68]。

雖然『高砂族』踴躍響應『陸軍特別志願兵』，但是依照辦法考上就要經過層層關卡，其中學科考試是個最大難題。1942年度招募時，最後過關被留下來的人數不明，但是臺北州共有23名『高砂族』應考，分別文山3名、羅東6名、蘇澳14名。根據他們23名的成績單，『口頭試問』成績普遍的好，90分以上者有9名、80分以上者有7名、70分以上者有2名、60分以上者5名，60分以下是零，平均分數是82.00分；但學科部份普遍不好，90分以上者1名、80分者零、70分者2名、60分以上者1名、不及格的50分以上者有7名、40分以上者有5名、未滿40分者有7名，平均分數是47.21分。『口頭試問』23名全高分及格，但筆試學科60分及格者只有4個人（這4個人恰好全是蘇澳人）[69]。對『理蕃』當局來說，這是一件重要需要的改革項目，不得不加強『高砂族』的教育所教育。但另一方面，乾脆就在1943年度『陸軍特別志願兵』名額中另設『高砂族』募集500名，與漢人名額分開，以配合軍方『南方戰』的需求。

然而，菲律賓戰役於1942年12月開打的結果，遇到美軍堅固的要塞與險惡的熱帶性原始森林的『地形』關係，戰局陷入困境。2月間軍方在部落中發佈招募『伐木工』軍夫消息後，警察叫部落的青年們踴躍『志願』從軍。這就是後來的『第一回高砂義勇隊』的原型。

## 五、結論

盧溝橋事變之後，『理蕃』當局對『高砂族』的指導方針起了明顯的變化。過去以保護的名目，實為採取警察高壓統治的強制性撫育措施。然而，隨著對華軍事活動的升高與軍事面的擴大，原任職在部落的『理蕃』警察也得被徵召離開部落。官方為此特地設計『愛國少女Sayun的鐘』等為軍人犧牲愛國情操的報恩故事，或響應愛國捐獻，增產報國，愛國儲蓄等社會教化的全體主義運動，因此一方面藉此煽動『高砂族』的皇民化，另一方面欲鞏固『蕃地』的治安與國防產業的發展。部落以自助會以及其他如青年團等自治團體為中心，形成輔助日警的統治。當時的口號是『自力更生』，其實是部落所需要的各種費用盡可能自理負擔的意思，甚至於是出自於內心的愛國情操而願意自己縮衣『節米』[70]也得要支援日軍。

然殖民地臺灣的皇民化運動，其法源在超越一般法律層級的《國家總動員法》。公佈該法的時間，雖然殖民『母國』日本與『外地』臺灣、朝鮮、庫頁島相差一個月，但是真正的實施日期，完全是同時間執行。當時臺灣『高砂族』的總人口約15萬多，在總人口中占約3%，『蕃地』高山區約1萬6156平方米，占4.5%。官方對歷年來的『理蕃』成就相當滿意。因此1940年成立臺灣皇民奉公會時，將『蕃地』、『高砂族』隔離於漢人『平地』，維持原有的部落警察為單位組織來強化皇民化。

1941年《臺灣志願兵制度》是皇民化的另一個高潮。官方藉此更為煽動『志願』從軍，其最終目的為全民皆兵的『徵兵制度』實施在臺灣等殖民地，以完成日本『內地』化。然而，因日軍開打對美菲律賓戰爭，陷入困境。問題是當地的嚴峻的地勢與熱帶大森林，阻礙了日軍。於是1941年臺灣總督府在部落中推行招募『伐木工』軍夫，警察叫部落的青年們踴躍『志願』從軍。這就是後來所通稱的『高砂義勇隊』。他們是軍中位階最低的『軍夫』，是領取算天數的廉價苦力工，其中沒有任何的保障。在《兵役法》等任何相關的法律上，也沒有一條可適用的。從法律的層次上，他們是純粹幫助日軍的『志願』愛國者。他們更不是所謂的正規系統的『志願兵』，也不是純應用在殖民地的合格『特別志願兵』。

（作者單位：國立政治大學）

## 註釋：

[1] 在此所指的『團體』乃是國家、地方公共團體或政府指定的業者所做的總動員業務。

[2] 臺灣總督府編纂《臺灣法令輯覽》第七輯，第三章國家總動員，（帝國地方行政學會，1941年），第256頁。

[3] 1937年蘆溝橋事件後軍方先應用於1920年所發佈的律令第23號『臺灣徵發令』其第12條，於9月

間徵用臺灣漢人軍夫共850人，隨軍從基隆港於12日13日分批出發。

[4] 動員物資為，軍用的兵器、艦隊、彈藥等，衣服、糧食飲料及飼料，醫藥衛生用品，運送用的車馬船飛機等，通信，土木建材照明用品，燃料電力以及各項原料等；業務範圍為，動員物資的生產、修理、配給、輸出入以及保管、運輸、通訊、金融、衛生救護、教育訓練、試驗研究、情報宣傳、警備等。

[5] 關於《政府補償》條款，為求補償額的公正，規定經由官民代表所組成的總動員補償委員會議做決定。臺灣總督府編纂《臺灣法令輯覽》第七輯，第一章兵役召集，第 256～261 頁。

[6] 1939 年 9 月 30 日敕令第 672 號《國家總動員法等施行之有關統轄之件》（共 2 條），（《臺灣法令輯覽》第七輯，第三章，第 261 頁）。

[7] 如運用組織上，總裁下中央設本部（由臺灣總督府總務長官擔任部長）、地方州廳設支部（支部長由地方首長當任），又在市支會下設區會、街莊分會下設部落會，最基層的組織為一甲十戶為單位的『奉公班』，是以舊保甲為基礎改編的。

[8] 上杉允彥，《皇民奉公會（2）──殖民地臺灣的大政翼贊會》（高千穗論叢，1988 年），第 74～75 頁。

[9] 上杉允彥，《皇民奉公會（2）──殖民地臺灣的大政翼贊會》，第 81～83 頁。

[10] 上杉允彥，《皇民奉公會（2）──殖民地臺灣的大政翼贊會》，第 65 頁。

[11]《臺灣法令輯覽》第七輯，第一章，第 276 頁之 82～276 之 104。

[12]《皇民奉公會（2）──殖民地臺灣的大政翼贊會》，第 60 頁。

[13]『本島人』是法定用語。根據 1943 年 2 月臺灣戶口規則修改時，把『高砂族』列入臺灣『本島人』中的『先住民』。因此在此所指的『本島人』是臺灣漢人而已。

[14]《臺灣法令輯覽》第七輯，第一章，第 278 頁之 46 之 1～278 之 47。

[15]《臺灣法令輯覽》第七輯，第一章，第 278 頁之 47～278 之 53。

[16]《理蕃之友》1941 年 6 月號，第 2 頁。

[17]《理蕃之友》1939 年 12 月號，第 8 頁。

[18]《理蕃之友》1939 年 12 月號，第 8 頁。

[19]《理蕃之友》1940 年 7 月號，第 8 頁。

[20]《理蕃之友》1941 年 9 月號，第 1～2 頁。

[21]《理蕃之友》1940 年 9 月號，第 3～4 頁。

[22] 此時的『南方』範圍，是印度以東到澳洲、新西蘭以北的南洋方面，但要規劃進攻的是馬來、蘭印、菲律賓、香港。

[23] 防衛廳防衛研修所戰史室《大本營陸軍部 2》（朝雲出版社，1973 年）第 55～65 頁。

[24]《大本營陸軍部 2》，第 147～148 頁。

[25]《大本營陸軍部 2》，第 148 頁。

[26]《勤行報國青年隊》，《臺灣日日新報》1942 年 4 月 14 日。

[27]《理蕃之友》1941 年 11 月 119 號，第 9 頁。

[28]《勤行報國青年隊》,《臺灣日日新報》1942 年 4 月 14 日。

[29]《大本營陸軍部 2》,第 149～150 頁。

[30]《大本營陸軍部 2》,第 150 頁。

[31]《大本營陸軍部 2》,第 489 頁。

[32]《大本營陸軍部 2》,第 153 頁。

[33]《大本營陸軍部 2》,第 146 頁。

[34]《大本營陸軍部 2》,第 146～147 頁。

[35]《理蕃之友》,1941 年 7 月號,第 3 頁。

[36]《理蕃之友》1941 年 5 月號,第 3 頁。

[37]《皇民奉公會（2）——殖民地臺灣的大政翼贊會》,第 175 頁。

[38] 戰時能使用的兵力,1937 年時有 30 個師團、38 年有 31 個、39 年有 35 個、40 年有 45 個、41 年有 53 個,這是因在 41 年時一師團原以四為單位的改編為三單位（步兵三個聯隊）,增加不少的機動效率。(《大本營陸軍部 2》,第 154 頁。)

[39]《大本營陸軍部 2》,第 154 頁。

[40]《大本營陸軍部 2》,第 224 頁。

[41]《大本營陸軍部 2》,第 162 頁。

[42]《大本營陸軍部 2》,第 381～382 頁。

[43] 陸軍在意的事,是如何打斷英美支持重慶的蔣第 65 旅團政府。故以打斷英美由緬甸陸路支持蔣路線,視為結束『支那事變』的關鍵。當時緬甸的鈴木大佐『南機關』對緬甸滲透成功,讓陸軍中央對『南方戰』開打,抱著很大的期待

[44]《大本營陸軍部 2》,第 292 頁。

[45]《大本營陸軍部 2》,第 333 頁。

[46] 防衛廳防衛研修所戰史室《大本營陸軍部 2》（朝雲出版社,1973 年）,第 55～65 頁。

[47]《大本營陸軍部 2》,第 430 頁。

[48]《大本營陸軍部 2》,第 455 頁。

[49]《大本營陸軍部 2》,第 658 頁。

[50]《大本營陸軍部 2》,第 626～627 頁。

[51]《大本營陸軍部 2》,第 632 頁。

[52]《大本營陸軍部 2》,第 608 頁。

[53]《大本營陸軍部 2》,第 653 頁。

[54]《理蕃之友》,1941 年 9 月號,第 117 號,第 10 頁。

[55] 參照敕令第 291 號《陸軍志願兵令》(共 24 條) 第一章第 3 條。

[56] 陸普第 552 號《陸軍特別志願兵令案ニ關スル件》於 2 月 16 日陸相向近衛首相提案,經 21 日內閣會議,22 日裁可,25 日公佈。(參照日本アジア資料センター公文)

[57] 參照日本アジア資料センター公文。

[58]《臺灣法令輯覽》第七輯,第一章,第 224 頁之 6。

[59]《臺灣法令輯覽》第七輯,第一章,第 224 頁之 7～8。

[60]《臺灣法令輯覽》第七輯,第一章,第 224 頁之 11～15。

[61] 訓令第 21 號《臺灣總督府陸軍兵志願者訓練所生土銓衡手續規程》第 1 條(《臺灣法令輯覽》,第七輯,第一章,第 224 頁之 15～18)。

[62]《理蕃之友》1941 年 9 月,第 10 頁。

[63]《理蕃之友》,1942 年 7 月,第 2 頁。

[64]《臺灣日日新報》1942 年 3 月 13 日。

[65]《臺灣警察時報》第 316 號 1942 年 3 月。

[66]《臺灣警察時報》第 320 號,1942 年 7 月。

[67]《臺灣日日新報》15364 號 1942 年 12 月 12 日。

[68]《臺灣日日新報》15383 號,1942 年 12 月 31 日。

[69]《臺灣警察時報》第 320 號,1942 年 7 月。

[70]《理蕃之友》1941 年 6 月,第 6 頁。

# 從參拜靖國神社風波談臺灣在後殖民時代的主體性迷思

李功勤

## 一、前言

　　後殖民理論(The Postcolonial Theory)是 20 世紀 70 年代,由許多第三世界學者所發展出來的一套從政治、社會、文化、經濟、知識等各層面分析中,檢視殖民地與殖民母國之間的互動及影響的理論,從而探討獨立後新興國家的主體性。尤其重要的是一些曾經在歐、美受高等教育,躋身學術文化高級菁英

的第三世界學者，他們希望自身歸屬及價值觀，能藉由他們所鋪陳架構的後殖民理論達成一個目的，那就是釐清『我是誰』的概念。

後殖民理論著名的學者如法農（Frantz Fanon）的著作《黑皮膚，白面具》（Black Skin, White Masks）[1]對殖民地的土著不得不以殖民者的語言及文化來樹立自己的身份，從一開始便形成內在的分歧與合成現象，有深入及系統的分析。薩依德（Edward Said）的《東方主義》則強調所謂西方人眼中的東方，其實是被虛構出來而非實際的東方本質。《東方主義》的急切目標是要暴露，在西方以物質與政治使非西方世界屈從的漫長過程歷史裡，西方知識系統與再現系統涉入其中的程度。綜究而論，西方所有有關東方的論述都被那股支配東方領土與民族的意志所決定。薩依德認為，殖民領域裡的知識追求不可能是『非關利害』的。第一，因為這種追求是建立在一個不平等的文化關係上，第二，因為這種知識，無論是關於被殖民者的語言、風俗或宗教的知識，一貫都被拿去為殖民行政服務[2]。

在薩依德巨著《文化與帝國主義》[3]一書，讀者可經由作者的總體批判，進而瞭解西方世界的帝國主義，尤其對文化帝國主義（Culture Imperialism）的霸權心態與支配他族的優越感有淋漓盡致的描述，但對亞洲在二戰前唯一實行帝國主義的國家—日本，與其殖民地—臺灣，在文化依附、認同影響等方面的討論，則不多見。

日本統治臺灣51年，除暴力手段之外，其對殖民統治的政策與歐洲的法國頗為類似，都以『同化』政策作為收編殖民地『認同』及『效忠』的最終手段。法國於殖民時代曾在法裔移民最多的阿爾及利亞（Algeria），培養一支親法的回教殖民部隊—Harki（由阿拉伯文『軍事行動』的 Harka 而來），與爭取獨立的游擊隊歷經殘酷征戰。阿爾及利亞獨立後，這支 Harki 只有極少數人透過法國政府『忠誠』考核得以移居法國，直到幾年前才獲得與法國退伍軍人相同的薪俸待遇，但由於 Harki 的歷史背景，使得不論左派或右派政府都曾經刻意忽略他們的存在，以遮掩其曾經殖民之羞愧。

而日本，則從不檢討殖民侵略的歷史與國民總體反省及悔過[4]。相較於法國的 Harki，臺灣也曾經有一批皇民世代，依然繼承日本軍國思想，對南京大屠殺、臺籍日本兵賠償及慰安婦等問題，採取與侵略者及殖民者相同的否定與輕蔑態度[5]。參拜靖國神社事件，應該不是單純的認同日本，而是政治因素占重要成分[6]，令人感慨的是今日德國，對猶太受難者道歉與賠償不遺餘力，而法國政府也終於正視殖民部隊—Harki 的存在，並給予賠償道歉。但直到今天，日

本政府對侵略戰爭中的臺灣人、大陸人、慰安婦、臺籍日本兵,從未給予正式道歉和賠償。而臺灣由皇民世代所領導的政黨卻選擇參拜供奉二次大戰 A 級戰犯的靖國神社,他們的行為正突顯殖民時代所灌輸的文化帝國主義,不但支配且影響某些人價值觀和歷史歸屬,並且產生隔代遺傳的現象。

## 二、參拜風波

藉由薩依德的分析,我們不難理解臺灣從李登輝到杜正勝之流的同心圓史觀,其最核心的價值就是皇民史觀,其次才是虛有其表的臺灣主體性建立,充分反應當年日本殖民臺灣的皇民化教育之卓越,以及這批帝國的思想特工們成功複製皇民的新世代。而其最好的論證,就是 2005 年臺灣團結聯盟參拜靖國神社事件,以及當時教育部長杜正勝發言表達支持所引發的連串風波。相對於歐美學術界研究後殖民論述的熱潮[7],臺灣學界針對日本殖民臺灣所帶來的民族認同混淆及嚮往軍國主義價值觀的皇民階級有深入研究的學者,首推已過世的戴國輝教授,至於黃春明先生在完成大作《莎喲哪啦再見》之後,痛心的指責臺灣中大和魂之毒太深了[8]。但就臺灣普遍學界研究領域而言,臺灣在後殖民理論的研究上不但不足,且被藍綠政治色彩所分割、支配,其所造成的最直接影響,就是基本道德及正確史觀的淪喪,其中最顯著的例子,就是 2005 年 4 月 4 日,臺聯黨主席蘇進強和多名成員,前往位於東京千代田區的靖國神社參拜,成為首位參拜靖國神社的臺灣政黨黨魁。蘇進強說他是以『臺灣人』及臺灣『本土政黨』的立場,對二次大戰期間被日軍徵召陣亡而被奉祀在神社內約兩萬八千名臺灣英靈及為國犧牲的日本人表示敬意。

蘇進強談話在臺灣引發藍綠(臺聯除外)和各界一片躂伐,主要關鍵在於靖國神社內供奉日本在二戰結束後,經由遠東國際軍事法庭所判決的『A 級戰犯』問題,蘇進強認為,『勝者為王,敗者為寇』並非正確的史觀而是勝利者的傲慢。他指出,事實上,戰敗國的犧牲者往往比勝利者更值得肯定。勝利者眼中的『A 級戰犯』,卻可能是戰敗國國民眼中的『A 級英雄』。不論 A 級、B 級、C 級,對日本國民而言都是英雄,我們都應尊重日本國民的感受[9]。此番談話在臺灣內部引發政壇上不分藍綠(臺聯除外)一片躂伐,民進黨「立委」王世堅批評這是『認賊作父』,林濁水也批評臺聯此舉使臺灣在二戰期間,被同樣遭受日本軍國主義侵略的東南亞國家恥笑及鄙視。

日本靖國神社成立於 1986 年(明治二年),原名『東京招魂社』,是為了替明治維新內戰時代為新政府犧牲的官兵『招魂』。根據靖國神社數據顯示,為日本政府犧牲的日人. 還包括日本殖民外拓期間派軍隊鎮壓臺灣(例如牡丹

社事件、及其後日本佔領臺灣五十年間遭反抗軍殺害者）及二戰期間發動侵略戰爭死亡的日軍。因此，靖國神社供奉的大多數日軍亡靈，都是因明治維新後，加入歐洲新帝國主義所發動的外拓及侵略戰爭而死亡者，這種背景再加上神社奉祀 A 級戰犯問題，使靖國神社蒙上一層不道德也不名譽的色彩。

目前亞洲各國（尤其大陸與韓國）對日本首相參拜靖國神社最反對的部份，就是其中也奉祀著在戰後被東京、南京及亞洲各地軍事法庭判處死刑的『A 級（甲級）戰犯』，認為這些戰犯是罪惡重大者，不應被日本領導者祭拜，要求分祀或是停止參拜。而日本 A 級戰犯被合祀於靖國神社也有一段秘辛，1948 年東條英機等被處以絞刑後，有一個秘密團體在戰犯辯護律師協助下，把七個戰犯骨灰盒偷弄出來，以『殉國七士』葬在愛知縣幡豆郡的三根山，並與靖國神社的領導機關密謀合祭二戰戰犯，決定算過了佛教所說『三十三次忌日』之後，再行合祭。從 1945 年算，1978 年正好是 33 年，於是在當年，首先將兩千餘名 B、C 級戰犯的靈位迎入靖國神社，再於 10 月 17 日秋祭時，正式將東條英機等十四名 A 級戰犯的靈位以『昭和殉國者』的名義送入了靖國神社[10]。而後鈴木善幸首相，連續三年，雖以私人身份，卻帶領全體閣員去靖國神社參拜，從此之後就引發許多爭議，原本日本天皇也會到靖國神社參拜，但自從合祭 A 級戰犯後，為避免爭議，日本天皇已不再參拜此處。而從鈴木首相以降，只有首相村山富市努力透過『非戰決議』，而於 1995 年 8 月 15 日為日本第二次世界大戰之作為道歉，受到國際肯定。2000 年 8 月 6 日，日相森喜朗參加廣島原爆紀念會，並表明不再參拜靖國神社[11]。小泉純一郎上臺後，大演兩手策略，2001 年 8 月 13 日參拜靖國神社，15 日承認日本是第二次世界大戰的加害者，他是第一位表明對亞洲各國帶來痛苦的首相，但他的支持率立刻下降 15%。因此，小泉又分別於 2002 年到 2004 年，連續三次參拜靖國神社，並於 2004 年 8 月 15 日參拜靖國神社之後，宣布日本自衛隊是在伊拉克實際參戰，且將於五年內廢除憲法第九條永不建軍、參戰的規定。而 2005 年是日本戰敗六十週年，有希望進入聯合國安理會，全世界都在注意小泉會以什麼方式參拜靖國神社，因為日本首相參拜方式，已被認為是日本軍國主義的指標[12]。日本在二戰之後，國民對二戰帶給亞洲人民的苦難始終沒有形成一股深沉的反省性格，從首相參拜到教科書扭曲日本侵略歷史，正反映日本這個國家欠缺靈魂救贖的集體性格，相較於日耳曼民族對二次大戰懺悔，從國家元首至今仍不時到猶太墓碑前下跪，以及在公共論壇討論有關納粹種種暴行，仍然天天在電視上播放，並在各地建造、追悼納粹受害者紀念碑，長期賠償猶太受害者和被迫的猶太勞工，歸還戰

前搜括的戰利品，最重要的，在歷史教材裡，記下並強調：這段歷史永遠不該再重複發生。

## 三、美國誤導歷史

對照來看，大和民族其實自身也正是後殖民理論中所論述的陷入欠缺主體性思考的迷思（Myth），因為，二戰結束後六十年來，日本從來沒有正視過自己的過去，究其原因，日本在十九世紀明治維新後．福澤諭吉倡導『脫亞入歐』理論，政府與民間從政治制度到生活習俗無不盡力模仿歐洲，最後也加入『新帝國主義俱樂部』，終於導致二戰的發生。戰後，因為美國需要拉攏日本圍堵蘇聯的政策考慮，由麥克阿瑟一手操控的遠東國際軍事法庭（IMTFE，下文簡稱東京審判），與德國的紐倫堡法庭有相當程度的不同，例如紐倫堡審判有判決缺席（德戰犯 Bomann 未能逮捕歸案，但法庭以缺席審判，判處其絞刑，此人下落迄今不明），而在東京審判中，被告都是東京被羈押的戰犯，而且親自到庭受審，另一個不同之處在於紐倫堡起訴書控告 22 名德國 A 級戰犯之外，尚要求法庭在審訊過程中，審查若干重要的納粹組織或機關，法庭並宣布其為『犯罪組織』，但東京審判中完全沒有這種情形發生，東京審判的起訴書中，所控告的純粹是被告個人，並未控告他們所主持或參加的團體或組織，而法庭也只是判定被告的罪責，無權宣布任何團體或組織為『犯罪團體』[13]。以下茲將東京審判中，判處 A 級戰犯的名單、罪行、科刑等列表供參考[14]。

### 表一　東京審判判處 A 級戰犯一覽表

| 姓名 | 戰時職級 | 犯罪種類 | 科刑 |
| --- | --- | --- | --- |
| 荒木貞夫 | 陸相<br>文相 | 第一類　破壞和平罪<br>第一條　十八年間一貫爲控制東亞及太平洋的陰謀<br>第二十七條　對華實行侵略戰爭 | 無期徒刑 |
| 土肥原賢二 | 滿洲特務機關長<br>教育總監 | 第一類　破壞和平罪<br>第一條　十八年間一貫爲控制東亞及太平洋的陰謀<br>第二十七條　對華實行侵略戰爭<br>第二十九條　對美實行侵略戰爭<br>第三十一條　對英實行侵略戰爭<br>第三十二條　對荷蘭實行侵略戰爭<br>第三十五條　製造張鼓峯事件<br>第三十六條　製造諾門罕事件<br>第三類　違反戰爭法規慣例及違反人道之犯罪<br>第五十四條　明令准許違約行爲 | 絞刑 |

續表

| | | | |
|---|---|---|---|
| 橋本欣五郎 | 砲兵連隊長 | 第一類 破壞和平罪<br>第一條 十八年間一貫爲控制東亞及太平洋的陰謀<br>第二十七條 對華實行侵略戰爭 | 無期徒刑 |
| 畑俊六 | 陸相<br>教育總監 | 第一類 破壞和平罪<br>第一條 十八年間一貫爲控制東亞及太平洋的陰謀<br>第二十七條 對華實行侵略戰爭<br>第二十九條 對美實行侵略戰爭<br>第三十二條 對荷蘭實行侵略戰爭<br>第三類 違反戰爭法規慣例及違反人道之犯罪<br>第五十五條 怠於防止違約行爲 | 無期徒刑 |
| 平沼騏一郎 | 樞密院長<br>首相 | 第一類 破壞和平罪<br>第一條 十八年間一貫爲控制東亞及太平洋的陰謀<br>第二十七條 對華實行侵略戰爭<br>第二十九條 對美實行侵略戰爭<br>第三十一條 對英實行侵略戰爭<br>第三十二條 對荷蘭實行侵略戰爭第三十六條製造諾門罕事件 | 無期徒刑 |
| 廣田弘毅 | 外相<br>首相 | 第一類 破壞和平罪<br>第一條 十八年間一貫爲控制東亞及太平洋的陰謀<br>第二十七條 對華實行侵略戰爭<br>第三類 違反爭爭法規慣例及違反人道之犯罪<br>第五十五條 怠於防止違約行爲 | 絞刑 |
| 星野直樹 | 內閣書記長 | 第一類 破壞和平罪<br>第一條 十八年間一貫爲控制東亞及太平洋的陰謀<br>第二十七條 對華實行侵略戰爭<br>第二十九條 對美實行侵略戰爭<br>第三十一條 對英實行侵略戰爭<br>第三十二條 對荷蘭實行侵略戰爭 | 無期徒刑 |
| 坂垣征四郎 | 關東軍參謀長<br>陸相<br>朝鮮軍司令 | 第一類 破壞和平罪<br>第一條 十八年間一貫爲控制東亞及太平洋的陰謀<br>第二十七條 對華實行侵略戰爭<br>第二十九條 對美實行侵略戰爭<br>第三十一條 對英實行侵略戰爭<br>第三十二條 對荷蘭實行侵略戰爭<br>第三十五條 製造張鼓峯事件<br>第三十六條 製造諾門罕事件<br>第三類 違反戰爭法規慣例及違反人道之犯罪<br>第五十四條 命令准許違約行爲 | 絞刑 |

續表

| 賀屋興宣（缺席） | 大藏大臣 | 第一類 破壞和平罪<br>第一條 十八年間一貫爲控制東亞及太平洋的陰謀<br>第二十七條 對華實行侵略戰爭<br>第二十九條 對美實行侵略戰爭<br>第三十一條 對英實行侵略戰爭<br>第三十二條 對荷蘭實行侵略戰爭 | 無期徒刑 |
|---|---|---|---|
| 木戶幸一 | 內大臣 | 第一類 破壞和平罪<br>第一條 十八年間一貫爲控制東亞及太平洋的陰謀<br>第二十七條 對華實行侵略戰爭<br>第二十九條 對美實行侵略戰爭<br>第三十一條 對英實行侵略戰爭<br>第三十二條 對荷蘭實行侵略戰爭 | 無期徒刑 |
| 木村兵太郎 | 關東軍參謀長<br>緬甸派遣軍司令官 | 第一類 破壞和平罪<br>第一條 十八年間一貫爲控制東亞及太平洋的陰謀<br>第二十七條 對華實行侵略戰爭<br>第二十九條 對美實行侵略戰爭<br>第三十一條 對英實行侵略戰爭<br>第三十二條 對荷蘭實行侵略戰爭<br>第三類 違反戰爭法規慣例及違反人道之犯罪<br>第五十四條 命令准許違約行爲<br>第五十五條 怠於防止違約行爲 | 絞刑 |
| 小磯國昭 | 首相 | 第一類 破壞和平罪<br>第一條 十八年間一貫爲控制東亞及太平洋的陰謀<br>第二十七條 對華實行侵略戰爭<br>第二十九條 對美實行侵略戰爭<br>第三十一條 對英實行侵略戰爭<br>第三十二條 對荷蘭實行侵略戰爭<br>第三類 違反戰爭法規慣例及違反人道之犯罪<br>第五十五條 怠於防止違約行爲 | 無期徒刑 |
| 松井石根 | 華中方面最高指揮官 | 第三類 違反戰爭法規慣例及違反人道之犯罪<br>第五十五條 怠於防止違約行爲 | 絞刑 |
| 南次郎 | 關東軍司令官<br>樞密院顧問官 | 第一類 破壞和平罪<br>第一條 十八年間一貫爲控制東亞及太平洋的陰謀<br>第二十七條 對華實行侵略戰爭 | 無期徒刑 |

續表

| | | | |
|---|---|---|---|
| 武藤章 | 陸軍省軍務局長<br>菲律賓第十四方面軍參謀長 | 第一類 破壞和平罪<br>第一條 十八年間一貫爲控制東亞及太平洋的陰謀<br>第二十七條 對華實行侵略戰爭<br>第二十九條 對美實行侵略戰爭<br>第三十一條 對英實行侵略戰爭<br>第三十二條 對荷蘭實行侵略戰爭<br>第三類 違反戰爭法規慣例及違反人道之犯罪<br>第五十四條 命令准許違約行爲<br>第五十五條 怠於防止違約行爲 | 絞刑 |
| 岡敬純 | 軍務局長 | 第一類 破壞和平罪<br>第一條 十八年間一貫爲控制東亞及太平洋的陰謀<br>第二十七條 對華實行侵略戰爭<br>第二十九條 對美實行侵略戰爭<br>第三十一條 對英實行侵略戰爭<br>第三十二條 對荷蘭實行侵略戰爭 | 無期徒刑 |
| 大島浩 | 駐德大使 | 第一類 破壞和平罪<br>第一條 十八年間一貫爲控制東亞及太平洋的陰謀 | 無期徒刑 |
| 佐藤賢了 | 軍務局長 | 第一類 破壞和平罪<br>第一條 十八年間一貫爲控制東亞及太平洋的陰謀<br>第二十七條 對華實行侵略戰爭<br>第二十九條 對美實行侵略戰爭<br>第三十一條 對英實行侵略戰爭<br>第三十二條 對荷蘭實行侵略戰爭 | 無期徒刑 |
| 重光葵 | 外相 | 第一類 破壞和平罪<br>第一條 十八年間一貫爲控制東亞及太平洋的陰謀<br>第二十七條 對華實行侵略戰爭<br>第二十九條 對美實行侵略戰爭<br>第三十一條 對英實行侵略戰爭<br>第三十二條 對荷蘭實行侵略戰爭<br>第三類 違反戰爭法規慣例及違反人道之犯罪<br>第五十五條 怠於防止違約行爲 | 有期徒刑七年 |
| 島田繁太郎 | 海相<br>海軍軍令部長 | 第一類 破壞和平罪<br>第一條 十八年間一貫爲控制東亞及太平洋的陰謀<br>第二十七條 對華實行侵略戰爭<br>第二十九條 對美實行侵略戰爭<br>第三十一條 對英實行侵略戰爭<br>第三十二條 對荷蘭實行侵略戰爭 | 無期徒刑 |

續表

| 白馬敏夫(缺席) | 駐義大使 | 第一類 破壞和平罪<br>第一條 十八年間一貫爲控制東亞及太平洋的陰謀 | 無期徒刑 |
| --- | --- | --- | --- |
| 鈴木貞一 | 國務相、企畫院總裁 | 第一類 破壞和平罪<br>第一條 十八年間一貫爲控制東亞及太平洋的陰謀<br>第二十七條 對華實行侵略戰爭<br>第二十九條 對美實行侵略戰爭<br>第三十一條 對英實行侵略戰爭<br>第三十二條 對荷蘭實行侵略戰爭 | 無期徒刑 |
| 東鄉茂德 | 外相 | 第一類 破壞和平罪<br>第一條 十八年間一貫爲控制東亞及太平洋的陰謀<br>第二十七條 對華實行侵略戰爭<br>第二十九條 對美實行侵略戰爭<br>第三十一條 對英實行侵略戰爭<br>第三十二條 對荷蘭實行侵略戰爭 | 有期徒刑二十年 |
| 東條英機 | 關東軍參謀長<br>陸相<br>首相 | 第一類 破壞和平罪<br>第一條 十八年間一貫爲控制東亞及太平洋的陰謀<br>第二十七條 對華實行侵略戰爭<br>第二十九條 對美實行侵略戰爭<br>第三十一條 對英實行侵略戰爭<br>第三十二條 對荷蘭實行侵略戰爭<br>第三十三條 對法實行侵略戰爭<br>第三類 違反戰爭法規慣例及違反人道之犯罪<br>第五十四條命令准許違約行爲 | 絞刑 |
| 梅津美治郎 | 關東軍司令官<br>參謀總長 | 第一類 破壞和平罪<br>第一條 十八年間一貫爲控制東亞及太平洋的陰謀<br>第二十七條 對華實行侵略戰爭<br>第二十九條 對美實行侵略戰爭<br>第三十一條 對英實行侵略戰爭<br>第三十二條對 荷蘭實行侵略戰爭 | 無期徒刑 |

　　東京審判是紐倫堡審判之外的另一個重要審判，對像是日本 A 級戰犯；但因為整個軍事審判由美國所操控，基於美蘇冷戰及國際情勢變化的考慮，沒有追究日本天皇的戰爭責任，為了接收人體試驗數據，竟然也免除了細菌戰戰犯的罪責，導致東京審判在飽受各界爭議及批評的狀況下落幕。美國排除天皇為戰犯這樣的行為，被公認是美國學界研究日本近代史泰的麻省理工學院歷史學教授約翰陶爾（John Dower）分析，這對日本民主政治及國民心理健康都是一大打擊，同時也剝奪了日本人民本諸良心，公開辯論戰爭責任的機會[15]。現任教於東京一橋大學的赫伯特‧畢克斯（Herbert P.Bix）也指出，裕仁不認錯，日本人民怎麼會認錯，陶爾進而分析，在東京大審期間，麥帥總部下令任何人不得

對外界透露有關731細菌部隊和慰安婦的實情,因此陶爾及畢克斯都一致強調,由於美國的縱容和曲意維護,導致日本戰後在政治、文化與心理上的不健全,產生一種只會掩飾錯誤,卻不敢面對錯誤的心理[16]。換言之,日本在19與20世紀分別受到歐美文化及政治介入影響下,民族主體性在『脫亞入歐』論的魔咒中,始終無法拋開『黃皮膚,白面具』的悲哀,更因為東京審判將戰爭責任只涵蓋到戰犯個人,解除了軍國主義加諸於大和民族的原罪枷鎖及靈魂救贖的迫切性,因此,也是日本這國家始終無法得到國際社會尊敬及肯定的重要原因[17]。

## 四、主體性與認同的混淆

在這次臺聯主席參拜靖國神社所引發的爭議中,其實正反映出臺灣在戰後成長的新皇民階級,繼承老皇民世代的軍國主義史觀和缺乏反省的心態,並且與日本新軍國主義世代隔海唱和。以作者個人的立場而言,悼念臺籍日本兵的舉動並無不妥,他們其中大部份是在不情願及被迫下,離鄉背井而客死異域,我個人的姻親家族就有兩位長輩在1945年被徵召至南洋作戰,至今論及當年戰爭的殘酷和慶幸得以生還之喜悅,都教人辛酸不已,更何況無數陣亡同胞之痛;但是前往合祭日本二戰A級戰犯的靖國神社參拜,則是錯誤的舉動,更何況在臺灣新竹縣北埔鄉濟化宮早於1982年,就由當時濟化宮董事長詹清河赴日交涉和辦祭禮,迎回三萬多名二戰時戰死的臺籍日本兵亡靈,其中李登輝胞兄岩里武則(李登欽)的牌位也在其中,這點甚至是「教育部長」杜正勝都有所不知,才會在「立院」答覆立委質詢時,合理化臺聯參拜靖國神社的舉動(另在臺中寶覺寺也有奉祀臺籍兵亡靈)。

至於在二戰期間的臺籍兵之中,也有26位被列為戰犯而處以死刑,在已公佈的名單中,有董長雄、鐘有吉、黃來金、林石藏、彭錦良等人供奉在日本靖國神社之中,審判他們的有英國、澳洲、美國、中國等軍事法庭,處死的地點則有南洋、大陸、臺北等,唯多數被處死者的地址、數據,至今仍查不出來[18]。至於他們的犯行有部份是因為槍殺俘虜,而遭盟軍國際審判庭處死,當時倖存的臺籍戰犯柯景星、周慶豐則是被派往北婆羅洲的古晉當盟軍俘虜營的監視員,因為掌摑以及槍殺俘虜,分別被澳洲國際審判庭判處15年及10年有期徒刑[19]。

臺籍日本兵的補償問題,1987年9月,日本政府依據立法於國會透過《關於臺籍日本兵軍屬的戰死者遺族及重傷者與遺族的弔慰金支付法案》。迄1991年底,核定約2萬8千人,每人家屬一律接受弔慰金200萬日圓的支付;但是,

這只不過是弔慰金而非正式的補償，相對的是，日本人遺族每月則可領日本政府發放的 30 萬日圓補償，換言之，一年就有 360 萬日圓補償[20]。弔慰金與補償金在法律上的定位亦有所不同，補償金的前提是人民因為國家行為而產生損害，而由國家就其損害的範圍內，給予金錢補償為主，回覆原狀為副的行為。因此臺籍兵的悲哀不論在發放金額總數，法律上認定等，都同樣受到日本政府的歧視[21]，尤有甚者，臺灣慰安婦求償更遭日本法院駁回，而這些人道及社會正義等問題，才是臺灣政府及民間所該正視並持續聲討交涉的方向才對，而不是任由極少數皇民來踐踏多數追求正義、公理的臺灣人尊嚴[22]。

日本這個國家在二戰的慘痛教訓之中並沒有獲得深刻的省思，整個民族活在一個由美國所虛構的免除天皇及軍國主義罪行的無罪情境中，在歷史教學中，藉由扭曲、淡化或刻意刪除內容等，使戰後的日本新世代無從面對歷史，學習其中珍貴的教訓、反省和價值觀的重建[23]。而臺灣一小群在戰後出生的新皇民世代，也竟然隔海繼承日本這種喪失民族主體性的價值觀，而形成『臺灣皮膚，日本面具』的荒謬。

回顧臺灣在日本殖民時代，由於漢文化所形成的文化價值、生活習慣與宗教信仰等，在臺灣社會早已奠定深厚基礎；當日本採用歧視性殖民政策打壓臺人尊嚴之際，更難以完成『同化』政策。但對成長於 20 世紀 30 年代的臺灣人，尤其職業集中在政府部門、知識分子、學生等階層而言，皇民化影響和國族認同的轉變，是可辯證的事實。

臺灣鄉土文學作家黃春明，就以 1945 年日本宣布投降，其祖父的喜悅及父親的悲傷對比，來突顯臺灣社會的認同變遷[24]。1945 年，臺灣光復重歸中國，曾經在日本殖民時代占有優勢地位的皇民與士紳階級，喪失了政治與文化（日文）庇蔭，逐漸累積對國民政府『恨意』。1947 年的二二八事件，在都會地區的動亂，除了顯示統治階級嚴重失策，導致民心喪失之外，也像徵皇民與仕紳階級隱藏恨意的公開與表面化[25]。而在二二八事件之後，本地民眾對大陸同胞的疏離與仇恨造成臺灣社會對所謂『祖國』的認同及效忠上混淆，面對認同及效忠的自我混淆，也是當時臺籍菁英的悲哀，「臺獨」理論家王育德在參加東京大學研討會時，還不斷提到『臺灣光復』的字眼。黃昭堂則在參加東大中國同學會，舉辦有關後藤新平治臺事跡時，儼然以日本人口吻。不斷聲稱那些抗日同胞為『土匪』，經人提醒才恍然更改用詞。因此，戴國輝教授早就主張臺灣應該及早建立自身的主體性思考[26]。

1949 年，國民政府在臺灣開始實施一系列的『土地改革』，雖然成功的結合農民階級，奠定政權基礎；但是經濟利益損失，進一步疏離臺籍菁英和政府之間關係，連抗日領袖林獻堂都避居老死於日本[27]，可見文化認同中，經濟與政治的因素是多麼的強烈。隨著國民政府鞏固臺灣統治，皇民文化似已根絕；但在本土政權建立後，皇民思想配合反中政策，竟然成為本土化理論的核心價值。直到靖國神社事件結束，兩岸關係恢復平穩，在交流開放隨著「大三通」更趨積極之際，臺灣與日本關係雖仍密切，但已經不再帶有『精神依附』的殖民情結，這在後殖民時代建立民族主體性方面，無疑是徹底袪除殖民情結的最好時機了[28]。

（作者單位：世新大學）

## 註釋：

[1] 弗朗茲‧法農（Frantz Fanon）著、陳瑞樺譯，《黑皮膚，白面具》（臺北：心靈工坊文化公司，2005 年）。

[2] 對照薩依德理論，在小林善紀著、賴青松、蕭志強譯，《臺灣論》（臺北：前衛出版，2001 年）中，指稱日本當年統治臺灣是『世界上最有良心的統治』，而這個觀念也受到李登輝的肯定。李在漫畫裡說：『如果臺灣沒有成為日本的領土的話，則現在的臺灣會是比海南島更糟糕的地方。』書中類似訪談引起部份學者的批判。請參閱《聯合報》（臺北），2001 年 1 月 29 日，4 版。

[3] 薩依德（Edward Said）著、蔡源林譯，《文化與帝國主義》（臺北：立緒文化，2001 年）。

[4] 『日本放送協會』（NHK）於 2009 年 4 月 5 日播放殖民史節目，在節目中指出，日本為了成為『一等國』，在統治臺灣時代以武力鎮壓臺灣反抗勢力，還將臺灣的少數民族帶到博覽會『展示』，藉以誇耀統治的成功。另外，節目中也說日本實施皇民化運動，剝奪臺灣人的民族性。結果有 8391 名日本人認為精神受到傷害，將向東京地方法院提出集體訴訟，其中也包括『日本李登輝之友會』等在內。前『總統府國策顧問』金美齡也對《週刊新潮》說：「只能以『偏頗的節目』一語來形容，日本未曾跳脫自己是加害者的自虐史觀。」請參閱《聯合報》（臺北），2009 年 6 月 25 日，A15 版

[5] 請參閱李功勤，《中華民國發展史》（臺北：幼獅文化，2004 年 10 月），第 9、331、397 頁之註釋，內文記載李登輝對相關事件的態度，及民進黨和日本右派的『李登輝情結』。另可參閱日本右派作家小林善紀以漫畫呈現他心目中的日本帝國主義精神，至今唯一保存的聖地——臺灣及李登輝等人的訪談，見《臺灣論》，賴青松、蕭志強譯（臺北：前衛出版，2001 年）。

[6] 臺灣反國民黨人士,習藉日本的進步來諷刺國民黨治理臺灣與共產黨治理大陸的落後,一方面作為政治抗爭的理論,另一方面也貶抑大中國主義或中華文化。但無形中,戀日情結及媚日心態也反映在政治上,李登輝時代對於釣魚島主權問題就保持緘默。而今日,馬英九政府對日本態度就強硬的多,日本駐臺代表齋藤正樹由於『臺灣地位未定論』造成臺日關係緊張,『總統府』日前表示,未來我政府有高度政治意義的人,『都不會再會見齋藤』。請參閱《中時電子報》(臺北),2009年7月23日。

[7] 巴特‧摩爾吉爾伯特(Bart Moore-Gilbert)著、彭淮棟譯,《後殖民理論》(臺北:聯經出版公司,2005年)。

[8] 黃春明,《莎喲哪啦再見》(臺北:皇冠出版社,2000年)。

[9] 參閱《中國時報》(臺北),2005年4月5日,A1版。

[10] 請參閱王智新,《解密靖國神社》(廣東:廣東人民出版社,2005年8月,第一版),第120～122頁。

[11] 在小泉之前參拜靖國神社的首相有:吉田茂(1951年)、三木武夫(1973年)、福田赳夫(1978年)、大平正芳(1979年)、鈴木善幸(1980年)、中曾根康弘(1983年)、橋本龍太郎(1996年)等。見王智新,《前揭書》,第1～6頁。

[12] 日本大阪高等法院於2005年9月就首相小泉純一郎參拜靖國神社的訴訟案件作出二審判決,認定小泉參拜行為『相當於憲法中有關政教分離原則所禁止的宗教活動』,系屬公務行為,因而違反憲法。但與一審同樣,大阪高等法院駁回了包括臺灣少數民族等188名原告的相關賠償要求,而這次大阪高院判決並無法阻止小泉再度參拜靖國神社,唯有日本最高法院有權就涉及憲法問題,作出具約束力的判決。請參閱《中國時報》(臺北),2005年10月1日。

[13] 梅汝璈,《遠東國際軍事法庭》(北京:法律出版社,1988年)。

[14] 上海市虹口區檔案館主編,《東京審判》,(上海:上海書店出版社,2007年6月1日)。

[15] 請參閱陶爾經典作品《擁抱戰敗——二次大戰之後的日本》,轉載於《中國時報》(臺北),2001年5月6日,第10版。

[16] 畢克斯(Herbert P.Bix)著、林添貴譯,《裕仁天皇與當代日本的形成》(臺北:時報出版,2002年2月25日)。

[17] 1945年12月,盟軍最高統帥部共指定了前日本首相東條英機在內的110名前日本領導人為A級戰爭嫌疑犯,除了判刑的25人之外,1948年12月24日,麥克阿瑟下令將囚禁的A級戰犯全部釋放。日本國內也發動大規模請願運動,要求將判死刑戰犯減刑、在國外戰犯回國、在國內戰犯釋放等三項要求。大陸於1954年釋放了在押的日本戰犯,1955年日本眾議院透過《關於戰犯釋放問題決議案》。

從1956年到1957年，所有A、B、C級戰犯全部釋放。可參閱王智新，《前揭書》，第173～174頁。林博文，《日軍國主義不死美難辭其咎》，《中國時報》（臺北），2001年5月6日，第10版。

[18] 參閱《自由時報》（臺北），2004年10月28日，第20版。

[19] 參閱《自由時報》（臺北），2004年11月16日。

[20] 參閱《聯合報》（臺北），2005年4月10日，A10版。

[21] 日本國會在1963年透過了《對戰爭傷殘病者特別護援法》，把A級戰犯東條英機等已經死亡的戰犯確定為「公務死亡」（因公殉職），向他們的遺族發放撫卹金。請參閱王智新，《前揭書》，第174頁。

[22] 繼臺灣地區、韓國的慰安婦向日本政府求償失敗之後，日本最高法院也於2007年4月27日，宣告駁回中國大陸慰安婦求償請求，日本最高法院指1972年的《日中聯合聲明》中，中華人民共和國已經放棄了中國人的個人索賠請求權，所以原告不能行使索賠權。請參閱《聯合報》（臺北），2007年4月28日，A20版。

[23] 前東京大學教授小崛桂一郎在《裕仁天皇》一書中，承認日本大多數國民其實並不否認天皇有戰爭責任，但由於他們還是支持天皇及天皇制度，所以僅有少數人想去追究天皇的責任。轉引自《中國時報》（臺北），2002年4月20日，第14版。

[24] 黃春明認為『皇民文學』依當時臺灣人口比例而言不算什麼，但成功的『皇民化運動』和『皇民文化』，才是可怕的事。對於許多經過太平洋戰爭的臺灣人來說，那個時代是生命中最強烈時刻，因此變成他們共同的鄉愁和記憶。請參閱《聯合報》（臺北），1998年12月27日，第4版。

[25] 有關1947年臺灣『二二八事件』的原因探討，可參考李功勤，＜從史學『明鏡說』評論有關二二八事件的五本著述＞，收錄於黃瑞祺、羅曉南主編《人文社會科學的邏輯》〈臺北：松慧文化出版公司，2005年6月〉，第131～164頁。

[26] 戴國輝，《中國時報》（臺北），1991年12月10日、11日，第31版。

[27] 蔡培火在《獻堂先生年譜校閱後誌》一文中，認為林獻堂晚年寓居日本最主要的原因是『在臺灣政

治上不無寂寞之感』，收錄於葉榮鐘編《林獻堂先生紀念集卷二年譜》（臺北：林獻堂先生紀念集編纂委員會）。而曾任林獻堂秘書的葉榮鐘則認為其離臺出走，與國民政府推行土地改革政策有密切關聯。請參閱葉榮鐘，《臺灣省光復前後的回憶》，《臺灣人物群像》（臺北：時報出版公司，1995年），第180頁。

[28] 2007年5月2日，直屬韓國總統府的韓國『親日反民族行為人財產調查委員會』決定沒收9名在日本殖民朝鮮半島時期與日本人合作的親日『韓奸』財產。這九人

包括李烷溶、宋秉俊、權忠鉉、李炳吉、閔泳輝、權泰煥、李載極等。他們因為與日本殖民政府合作，獲得日本贈與財產及貴族頭銜。根據韓國 2005 年制訂的一項特別法，該委員會公佈了 452 名與日本殖民政府合作的『親日派』名單。當局 2 日決定沒收的土地，估計價值達 36 億韓元（約臺幣 1 億 3 千萬元）。土地所有人可提出法律訴訟抗辯。韓國在盧武鉉總統上臺之後，大張旗鼓展開清查『韓奸』的行動，並在 2004 年促成國會透過《日占時期親日行為真相查明特別法》，允許調查殖民時期日偽軍中校以上階級和警察、憲兵的『反民族』行為。相關新聞請參閱《聯合報》（臺北），2007 年 5 月 3 日，A20 版。

## 參考文獻

1. 王曉波，《李繼承後藤新平置臺灣人何地》，《聯合報》（臺北），2007 年 6 月 2 日。

2. 陶爾，《擁抱戰敗—二次大戰之後的日本》，《中國時報》（臺北），2001 年 5 月 6 日，第 10 版。

3. 林博文，《日軍國主義不死美難辭其咎》，《中國時報》〈臺北〉，2001 年 5 月 6 日，第 10 版。

4. 黃春明，《聯合報》（臺北），1998 年 12 月 27 日，第 4 版。

5. 戴國煇，《中國時報》（臺北），1991 年 12 月 10 日、11 日，第 31 版。

6. 李功勤（2005），《從史學『明鏡說』評論有關二二八事件的五本著述》，收錄於黃瑞祺、羅曉南主編《人文社會科學的邏輯》，臺北：松慧文化出版公司。

7. 蔡培火，《獻堂先生年譜校閱後誌》，收錄於葉榮鐘編《林獻堂先生紀念集卷二年譜》，臺北：林獻堂先生紀念集編纂委員會。

8. 葉榮鐘（1995），《臺灣省光復前後的回憶》，《臺灣人物群像》，臺北：時報出版公司。

9. 《中時電子報》（臺北），2009 年 7 月。

10. 《中國時報》（臺北），2001 年 5 月～2005 年 10 月。

11. 《自由時報》（臺北），2004 年 10 月～11 月。

12. 《聯合報》（臺北），1998 年 12 月～2009 年 6 月。

13. 弗朗茲・法農（Frantz Fanon）（2005），《黑皮膚，白面具》，臺北：心靈工坊文化公司。

14. 薩依德（Edward Said）（2001），《文化與帝國主義》，臺北：立緒文化。

15. 巴特・摩爾・吉爾伯特（Bart Moore-Gilbert）（2005），《後殖民理論》，臺北：聯經出版公司。

16. 畢克斯（Herbert P.Bix）（2002），《裕仁天皇與當代日本的形成》，臺北：時報出版。
17. 小林善紀（2001），《臺灣論》，臺北：前衛出版。
18. 李功勤（2004），《中華民國發展史》，臺北：幼獅文化。
19. 黃春明（2000），《莎喲哪啦再見》，臺北：皇冠出版社。
20. 王智新（2005），《解密靖國神社》，廣東：廣東人民出版社。
21. 梅汝璈（1988），《遠東國際軍事法庭》，北京：法律出版社。
22. 上海市虹口區檔案館主編（2007），《東京審判》，上海：上海書店出版社。

# ▍日本統治末期臺灣工業技術人才養成～臺南與東北的交會

高淑媛

## 一、近代技術移轉的複雜性與學校教育

近代技術移轉，主要由西歐、美國等，向亞、非等世界流動，而且，在流動初期，這些地區幾乎皆籠罩在殖民統治或帝國主義國家的威脅之下，因而近代技術移轉，所牽涉到的問題，比起早期美國、德國自主性地由英國吸收技術的過程，更為非常複雜，所面對的難題與效果也很不一樣。

在技術移轉過程中，較有共識的是學校提供的技術教育，為近代技術移轉的重要中介者，也是農業社會工業化的重要手段。

以臺灣而言，1931年，在教育體制內，在屬於中等教育程度的臺北工業學校之外，屬於專科教育的臺南高等工業學校正式招生後，技術人才的培養體系更加充實，至戰爭期間的1943年，臺北帝國大學工學院開始招生後，出現相當完整的體系。這些學校，在戰爭結束後繼續存續，扮演培養各種不同程度技術人才的角色，畢業後投入就業市場，對臺灣的經濟發展，有相當程度的貢獻。

然而當深入瞭解日本殖民統治時期，這些學校所培育的技術人才與臺灣經濟發展的關係時，卻發現：接受專科以上教育的被殖民統治者，也就是當時臺灣出身的畢業生，很少有機會進入日本資本家在臺灣所設立的大型公司，也就是在臺灣接受專門工業技術的人才，在臺灣並不容易找到可以學以致用、累積技術的機會。

實際上，這並不是臺灣的特殊現象，應該說是帝國主義時代的普遍現象。如討論印度在殖民統治期間，英國人在印度投資經營的事業，並不願意僱用印度技術者，主要理由是不願提供被殖民統治者學習經營方法、製造技術等實務經驗的機會，避免製造自己的競爭者；反而是德國人，則很熱意提供受過高等技術教育的印度人，實習、磨煉實務的機會，因為德國人視這些印度人為日後的顧客。[1] 對不同國籍的資本家而言，依其視被殖民統治者為競爭者、顧客等的思考點不同，採取不同的行為模式。

1934 年，臺南高等工業學校送出第一屆畢業生時，世界仍處在經濟大恐慌的不景氣之中，就業狀況相當嚴荷，日籍畢業生也有無法順利就業者。換言之，對 1934 年的臺籍畢業生而言，面臨雙重的就業難關，一是大環境的不景氣，一是臺灣內部工作機會的差別待遇。在此時，提供臺籍畢業生機會者，為『滿洲國』。1932 年，日本在中國東北成立的『滿洲國』後，在日本的支持下加緊建設的腳步，需要人才，提供了許多的就業機會，臺灣也受惠。

臺南高等工業學校自第一位畢業生傅慶騰在 1934 年進入滿洲電業，至今已經過了四分之三世紀。在大約 75 年前，自位處熱帶的臺南港都，接受了專業技術訓練後，在什麼樣的因緣下，渡過重重大海，千里迢迢地到位處溫、寒帶的大連、東北就職？是本文主要探討的問題。

## 二、臺南—滿洲的歷史淵源

臺南高等工業學校第 1～11 屆畢業生中，可以找到曾赴滿洲就業或升學者，有 61 名，其中有 5 名升學，1 名到哈爾濱工業大學任教，3 名在滿洲國政府及關係機構任職，1 名在軍方的奉天造兵所之外，有 51 名在民間企業任職。換言之，以高工業技術教育為本位的臺南高等工業學校，畢業生多數投入民間企業，在滿洲也不例外。

在民間企業任職的畢業生，如果以族群來看，可以看到相當有趣的現象。以臺籍而言，總計 22 名中，入滿洲電信電話株式會社者有 12 名、滿洲電業股份有限公司有 7 名，相當集中，且幾乎都是電氣科的畢業生。日籍 29 名中，也是以電氣科為主，計 18 名，但集中程度不如臺籍，而且就業的地方也較多元化，包括昭和製鋼所 8 名、滿洲礦業開發株式會社 6 名、滿洲電業股份有限公司 5 名、滿鐵 3 名等，相對較分散。

日治時期，在殖民統治的差別待遇下，臺籍學生的入學比率，約占 20%，電氣科的臺籍畢業生，到滿洲就業的比率相對地高於日本籍，而且集中於電力

以及電信，有很重要的意義。近代社會的生活與經濟，電力占很重要的地位，但在日本統治時期，臺灣最大的電力公司——臺灣電力株式會社，接納臺籍入社任職，最早的記錄，是自京都帝國大學電氣科畢業的朱江淮，1930 年入社，但是，社方派任的工作，為推廣用電，雖然他是電力專業，並未讓他插手技術方面的工作。電信也是，總督府也不願意用電氣科畢業的臺籍生負責電信業務，因而這兩個相當專業的領域，在日本戰敗，1947 年 4 月，戰後被國民政府留用的日籍技術人員，在二二八事件之後大量解任，送還日本之後，設備運轉、維修等技術方面的人才，勢必出現困難。在這時候，延續電力、電信業務繼續運作的技術者中，臺南高等工業學校的畢業生之功勞，有目共睹，其中自滿洲、中國回臺灣的相關技術人員，扮演重要角色。換言之，臺籍電力、電信方面的技術人才，在早期，離開學校之後，提供實務訓練的重要據點，即為滿洲。

第一位將位於臺南的工業技術學校，與滿洲產生聯結的畢業生，為電氣科的傅慶騰。

1931 年，第一屆即考上臺南高等工業學校電氣科的傅慶騰，在校時即透過科主任的人際網絡，到過滿洲。因電氣科長長濱重麿原本任職於旅順工業大學，透過這層因緣，南滿鐵道、撫順煤礦以及南滿州電業等有許多幹部，是長濱教授的學生。第一屆的傅慶騰，原本就計劃畢業後帶著家人赴滿洲，因而在 1933 年暑假，即在長濱教授推薦下，到南滿州鐵道撫順發電所實習約一個月時，認識了岡雄一郎所長。岡雄所長是 1913 年 12 月由旅順工業大學前身的旅順學堂畢業生，這一個月，幸運得到岡所長關於火力發電電技術的啟發指導。之後，也成為臺南高等工業第一位順利地考上南滿洲電氣株式會社的畢業生。南滿洲電氣於 1934 年 11 月，在政府主導下，併入日滿合辦的滿洲電業股份有限公司。
[2]

## 三、今景彥與長濱重

傅慶騰順利架構起臺南—滿洲的關係，受到科主任長濱重麿的照顧，而聘任長濱重麿出任臺南高等工業學校的電氣科長，乃是今景彥。由於最早被聘任為創校委員的今景彥，完成創校任務後即離開臺灣，並未出任校長，因而很少被提起，但事實上，創校時的三科主任人選，與今景彥關係密切。

1929 年 4 月 1 日，開始正式籌備創校，最早即任命今景彥為囑託，負責創設事務，一個月的待遇為 450 圓的高薪。今景彥於明治 3 年出生於秋田，師範學校畢業後，在小學擔任教職期間，秋田縣廳賞識其才幹，推薦入東京高等

工業學校進修，1895 年畢業後即投身實業教育，擔任過東京府立職工學校校長，並於 1911 年出任南滿洲工業學校校長，並曾負責大連市立商工學校創校事務，並曾出國兩次，經驗豐富，1922～1925 年間，出任南滿洲工業專門學校校長兼工業學校校長，薪資為 415 圓。[3] 在經歷上，今景彥有擔任日本國內實業學校校長的豐富經歷，並且在中國東北日本的勢力圈內擔任校長等職，對殖民地工業學校的情形也有豐富經歷，而且，在大連時與擔任滿鐵裁的川村竹治總督相識，當臺灣決定設立高等工業學校時，托文部省代找校長人選，文部省推舉今景彥，總督府乃高薪聘請其擔任創立臺南高等工業學校的重要工作，也有聘任今景彥為首任校長的計劃。[4] 總督府用高於資深工業專門學校校長的待遇，禮遇今景彥，請其負責創校事務。

今景彥在日本工業教育界相當資深，且在，以其豐富的工業教育經驗，在 1903 年，即提出其著作，認為工業教育需要培養設計者，進行工業創始、改良以及技術移轉的同時，也是施工者，必需動手做，以進行生產、改良。工科大學、高等工業學校是培養設計者的學校。在選定科目時，需要由殖產的角度，調查當地工業技術、經濟狀況，以及從事技術工作者的現狀等等，與設立地點的產業配合等，相當重視工業教育與工業界實際需求的互動。[5] 今景彥抱持著為了日本將來的心情，建設新學校，4 月渡臺，會同總督府官員選定臺南的校地後，5 月，即回日本，拜託日本工業教育界的元老，幫忙物色適合臺灣的三科科長，最早決定者為電氣科，機械、應化兩科也大致於 10 月決定。科長決定後，各科師資陣容，將由科長負責選任，同時，並在選任之後，自 1929 年 12 月開始，陸續派遣新任科長赴歐美實地研究調查，在 1931 年開校前回國。[6]

然而籌備期間，臺灣總督更迭，上山滿之進繼任後，校長人選亦有變化。1930 年 1 月 8 日，任命 7 名創立委員，即今景彥、杉本良、江藤昌之、井手薰、加福均三、官森谷一等，主要由臺灣總督府官員組成，日後出任第一任校長若槻道隆亦自此時開始參與。七位委員共同負責興建校舍、聘用職員，以及選擇、配置學科等重要事項。[7] 1931 年 1 月 15 日，學校官制正式實施的同時，第一批人事亦正式公佈，如下表，首任校長為若槻道隆；今景彥亦於同日解職，結束其與臺灣的短暫關係。然而來自中國東北的今景彥，為臺南高等工業帶來的重要影響，為選擇了長濱重麿為電氣科長，在歷史港流中，意外地為臺南與東北，牽上了一條關係網絡。[8]

電氣科的長濱重麿教授，乃 1885 年出生於福岡，1909 年自東京帝國大學電氣工學科畢業，1911 年出任旅順工科學堂教授，1914 年公費派赴美，1 年

後取得哈佛大學工學碩士學位，之後又轉赴英國，回國後繼續在旅順任教，1922年辭職，進入東邦電力株式會社擔任技術課長。[9] 長濱重麿原任教於旅順工業大學。透過這層因緣，讓臺南高工的臺籍畢業生多了滿洲這一處就業管道。而且，在學校裡接受科學理論之外，重視實習，也鍛鍊實力，可以在就業後展現，獲上司肯定。

長濱教授的關係之外，將臺南與東北聯結的另一重要客觀力量，為當時正好是滿洲建國這樣的歷史情境，需要各種人才投入，也提供了許多具有吸引力的機會。在20世紀30年代，臺灣人到東北者相當多，多數是醫生，或到滿洲習醫，在這之中，臺南高等工業學校畢業生到滿洲者，則以出任技術工作為主，獨樹一格，也參與了滿洲許多的近代化建設。

## 四、高工畢業生在滿洲的電力建設參與

傅慶騰自1934年入社後，一開始，並不被認可，而是以『工手』的身份僱用，在公司內的位階，以及薪水，並未比照日本的高等工業學校畢業生處理，但是，傅慶騰願意以實力，證明臺灣人，以及臺南高等工業學校畢業生的實力，仍實在做事，展現實力，在半年內即取得上司認可，同時也替同學、學弟們開啟了僱用機會。直到1946年離開，總計在滿洲前後13年中，曾參與大連市甘子井火力發電所的鍋爐建設，正式發揮所長是自1935年開始負責哈爾濱市馬家溝火力發電所增設工程之德國製發電機的安裝工作，除了專業之外，為語文能力。日文好之外，在學校裡所學的德文，在此時發揮功能，與德國西門子公司通信、看圖面等，溝通無礙。傅慶騰為客家人，廣東話、北京話亦會一些，且曾因剛入社時被視為臺灣少數民族，分派到工地現場與滿洲當地工人共同作業，亦學會與工人溝通的語言，乃扮演重要角色，而且，在1945年戰爭結束後，並成為阜新發電所的實際領導人，見證了俄羅斯進入東北拆運重要設備搶運回國的行動。[10]

同時，臺南高等工業畢業校友間，互相引介工作機會、在工作上合作、互相照顧的風氣，也在一開始就出現。如1934年11月，滿洲電業股份有限公司成立時需要人才，傅慶騰介紹同班同學黃榮泰入社。黃榮泰在入社後，分配到工務部建設課，1935年1月參與大連甘井子發電所建設，擔任微粉汽罐建設的請負立會及記錄員，4月甘井子工程完工後，進行沙河口天川發電所工程的準備工作，6月，隨技術部移轉到新京本社，之後的半年，到哈爾濱發電所負責汽罐建設工程，1936年開始參與新京發電所工程等的準備工作，9月起，負

責工場的煙突等製作工程。1945 年日本戰敗，蘇聯軍進入吉林的豐滿水力發電廠，黃榮泰為保衛發電廠繼續運轉發電，不幸被蘇聯兵開槍打死。[11]

基本上，當時進入滿洲電業的 7 位臺籍畢業生中，戰後平安回臺者 5 名，其中 4 名進入臺灣電力公司，在日本技術者走後，以其在東北所累積的實務經驗，接下技術傳承的棒子，成為臺灣電力發展的重要幕後功臣。同樣的現象，也出現在通訊業方面。

## 五、電話通訊

由於在臺灣，總督府並未提供臺籍參與電話、電報等通訊技術的工作機會，進入滿洲電信電話株式會社的這 12 名臺籍畢業生，對戰後臺灣的電信事業，即中華電信技術的延續，乃相當重要。

中華電信改組為民營之前，稱為『交通部電信總局』，在臺灣的主要設備，為接收自臺灣總督府的電信相關設施，亦是在臺灣「交通部」開放電信民營之前，臺灣唯一的電信機構。

臺南高等工業學校與滿洲電電的關係，主要由電氣工學科第 3 屆畢業生陳永祥開啟。陳永祥唸到二年級時，就因差別待遇問題，為了個人前景，決定離開臺灣，正好滿洲電電到臺灣招攬人才，乃於 1936 年到福岡考試，錄取後，一畢業就離開臺灣，並成為公司裡第一個臺灣人。當時滿洲國建立不久，為了加強與日本本土的聯絡，正努力建設通訊設備，陳永祥的專長為長途電話技術之設備裝置，以及維修。在滿洲電電，臺灣人視同日本人，也有 7 成津貼，待遇相當不錯。回臺灣後在電信局服務，在臺北機務控制段做段長（1948 年 7 月），從事關於載波工務段。段長的職務告一段落後，我就轉任到電信總局做工程師，之後再到電信管理局任副總工程師（1967 年 4 月）、總工程師（1970 年 7 月），在升到副局長，爾後調到臺北長途電信局任局長（1978 年 8 月），最後在轉任電信總局副總局長，以副總局長的職位退休，時為 1981 年年底。[12]

繼陳永祥之後進入滿洲電信電話者多。如 6 電林含鈴，1939 年 1 月畢業後，進入滿洲電電，戰後回臺入中華電信，臺灣的電話自動化，為林含鈴一手設計。11 屆畢業的陳震武，戰後亦入中華電信。在滿洲電信就業，所累積的技術，戰後回到臺灣，因緣際會下，填補不少日籍技術人才離開後的技術斷層，在戰後臺灣肩負起技術傳承的任務，同時也繼續保持與日本的技術交流。

## 六、小結

　　為什麼臺南高等工業學校電氣科的臺籍畢業生赴滿洲，並且在電力、電信這兩個公司任職者特別多？由上述分析，可以找到幾個原因：

　　人的關係。臺南高工電氣工學科的首任科長長濱重麿在來臺任職前，在旅順工科大學任教十餘年，其所教學生許多進入滿洲電業任職，因而長濱和滿洲電業有密切關係。

　　滿洲是日本的新建設地，公司內部尚未建立嚴密的學閥體系，也讓位於臺南的學校，以及臺籍畢業生，參加滿洲的公司招考時，相對地比較可以用實力取勝，較容易被錄取。因為滿洲為新開發的地方，需要大量技術人才，光靠日本人是不夠的，較不會拒絕任用臺灣人。值得注意的是，願意接受殖民地人民者，為新設的滿洲電信、滿洲電業—主要因為新會社裡尚未建立日本社會裡的學閥結構，提供新的學校—臺南高等工業，以及被殖民統治者機會。

　　薪水待遇也比在臺灣任職好。在滿洲，臺灣人被認定為日本人，和日本人一樣有薪水加給，因而收入比在臺灣擔任同樣工作，更為優厚。

　　臺灣人進入公司後，一有機會就介紹同學或學弟來任職，如傅慶騰介紹同學黃榮泰等。

　　這樣的交流，雖然有不少歷史的偶然，卻具有深刻意義。在當下，提供接受高等技術教育，在自己母國內找不到就業機會的臺灣人，一個工作機會，解決現實地生活問題，同時，並讓臺灣人有機會參與日本在中國東北的建設。而且，這些與公共設施相關的，正是臺灣無法提供給本土技術者空間的業種，因而經歷 75 年後的現在，當我們拉大歷史視野，則是告訴我們，在東北的就業機會，讓他們有機會在比較沒有差別待遇的情境下，被賦予與教育程度相當的工作責任，有機會累積技術，且在戰爭結束，政治版圖重新改組，在臺灣的日本技術者回到日本之後，以在東北累積的技術，繼續在臺灣發揮功能。從這角度而言，東北對臺灣經濟，透過日本殖民統治，出現聯結，且也有其貢獻。

　　附錄 1 臺南高工與滿洲日籍畢業生

日本統治末期臺灣工業技術人才養成～臺南與東北的交會

臺灣部份

| 姓名 | 畢業年 | 級科別 | 就職先/1941 |
|---|---|---|---|
| 富樫正次 | 1935年3月 | 電工02 | 11富山縣電氣局/滿洲電業股份有限公司 |
| 木村茂 | 1936年3月 | 電工03 | 南滿洲鐵道株式會社 |
| 鈴木鶴夫 | 1938年3月 | 電工05 | 滿洲電業股份有限公司 |
| 仲吉良誠 | 1939年3月 | 電工06 | 滿洲國經濟部權度檢定所 |
| 岩田乙彥 | 1939年3月 | 電工06 | 昭和製鋼所 |
| 川村雄也 | 1939年3月 | 電工06 | 昭和製鋼所 |
| 中江員雄 | 1939年3月 | 電工06 | 滿洲礦業開發株式會社 |
| 堀秀男 | 1939年3月 | 電工06 | 南滿洲鐵道株式會社 |
| 西浦敏男 | 1940年3月 | 電工07 | 滿洲電業股份有限公司 |
| 末村常雄 | 1940年3月 | 電工07 | 滿洲電信電話株式會社 |
| 藤田直之 | 1940年3月 | 電工07 | 滿洲礦業開發株式會社 |
| 真崎己三夫 | 1940年3月 | 電工07 | 昭和製鋼所 |
| 賀須屋重雄 | 1941年3月 | 電工08 | 鴨綠江水力發電 |
| 雜賀重雄 | 1941年3月 | 電工08 | 滿洲製礦株式會社 |
| 福山如璋 | 1941年3月 | 電工08 | 昭和製鋼所 |
| 森島榮一 | 1941年12月 | 電工09 | 旅順工科大學電氣工學科 |
| 久保孝 | 1942年9月 | 電工10 | 滿洲電信電話株式會社 |
| 福山茂雄 | 1942年9月 | 電工10 | 滿洲電業股份有限公司 |
| 山本一雄 | 1942年9月 | 電工10 | 滿洲特殊鐵礦株式會社 |
| 森成 | 1943年9月 | 電工11 | 滿洲電業股份有限公司 |
| 伊集院謙三 | 1934年3月 | 機工01 | 本溪湖煤鐵公司 |
| 橫林紀久夫 | 1934年3月 | 機工01 | 滿洲礦業開發株式會社 |
| 北村吉四郎 | 1935年3月 | 機工02 | 滿洲礦業開發株式會社 |
| 犬童孝英 | 1936年3月 | 機工03 | 16小倉陸軍造兵廠/奉天造兵所 |
| 竹內一夫 | 1938年3月 | 機工05 | 昭和製鋼所 |
| 加藤鐵雄 | 1939年3月 | 機工06 | 南滿洲鐵道株式會社 |
| 杉中喬 | 1939年3月 | 機工06 | 昭和製鋼所 |
| 中村一生 | 1940年3月 | 機工07 | 滿洲礦業開發株式會社 |
| 古賀哲明 | 1940年3月 | 機工07 | 滿洲帝國國務院產業部 |
| 岸本肇 | 1941年3月 | 機工08 | 滿洲礦業開發株式會社 |
| 清水義男 | 1942年9月 | 機工10 | 旅順工大學生 |
| 山田敏夫 | 1938年3月 | 應化05 | 旅順工科大學 |
| 石川和雄 | 1938年3月 | 應化05 | 昭和製鋼所 |
| 草川博 | 1939年3月 | 應化06 | 昭和製鋼所 |
| 佐藤達 | 1939年3月 | 應化06 | 日滿商事株式會社 |
| 是枝兼藏 | 1940年3月 | 應化07 | 旅順工科大學應用化學科 |
| 浦入實 | 1943年9月 | 應化11 | 旅順工大應化科學生 |

413

## 附錄 2 臺南高工與滿洲臺籍畢業生

| 姓名 | 畢業年 | 級科別 | 就職先/1941 |
|---|---|---|---|
| 黃榮泰 | 1934年3月 | 電工01 | 滿洲電業股份有限公司 |
| 傅慶騰 | 1934年3月 | 電工01 | 滿洲電業股份有限公司 |
| 方欽章 | 1934年3月 | 電工01 | 滿洲電信電話株式會社 |
| 曾昌興 | 1935年3月 | 電工02 | 滿洲電信電話株式會社 |
| 陳永祥 | 1936年3月 | 電工03 | 滿洲電信電話株式會社 |
| 徐應勛 | 1937年3月 | 電工04 | 滿洲電信電話株式會社 |
| 林有丁 | 1937年3月 | 電工04 | 滿洲電信電話株式會社 |
| 潘國慶 | 1937年3月 | 電工04 | 滿洲電業股份有限公司 |
| 施其華 | 1938年3月 | 電工05 | 滿洲電信電話株式會社 |
| 周漢陽 | 1938年3月 | 電工05 | 滿洲電業股份有限公司 |
| 徐晉海 | 1938年3月 | 電工05 | 滿洲電信電話株式會社 |
| 吳登貴 | 1939年3月 | 電工06 | 滿洲電業股份有限公司 |
| 鄭清奇 | 1939年3月 | 電工06 | 滿洲電信電話株式會社 |
| 洪玉輝 | 1939年3月 | 電工06 | 滿洲電信電話株式會社 |
| 林含鈴 | 1939年3月 | 電工06 | 滿洲電信電話株式會社 |
| 王立財 | 1941年3月 | 電工08 | 滿洲電業股份有限公司 |
| 蔡謀泉 | 1941年3月 | 電工08 | 滿洲電信電話株式會社 |
| 林料總 | 1941年3月 | 電工08 | 滿洲電信電話株式會社 |
| 葉萬發 | 1934年3月 | 機工01 | 10山場工作所(神戶)/16興亞工務所(滿洲)17新興鐵工所 |
| 宋賢清 | 1935年3月 | 機工02 | 滿洲電業股份有限公司 |
| 王銘勛 | 1937年3月 | 機工04 | 哈爾濱工業大學助教授 |
| 郭教 | 1934年3月 | 應化01 | 滿蒙殖產/16滿州礦業開發株式會社 |
| 楊藏岳 | 1939年3月 | 應化06 | 大陸科學院電氣化學研究室(新京) |
| 胡珠照 | 1941年3月 | 應化08 | 滿州電化工業株式會社 |

（作者單位：國立成功大學）

## 註釋：

[1]The tentacles of progress：technology transfer in the age of imperialism, 1850～1940/Daniel R.Headrick.New York：Oxford University Press, 1988.

[2]傅慶騰《傅慶騰回憶錄》，許雪姬訪問；許雪姬等紀錄，《日治時期在『滿洲』的臺灣人》（臺北：『中央研究院』近代史研究所，2002年），第551～556頁。

[3]《今景彥（囑託；月手當）》（1929年4月1日），《臺灣總督府公文類纂》，編號：10221-6；《創立臺南高等工業委員長決定今氏》，《臺灣日日新報》夕刊，1929年4月6日，4版。

[4]《無絃琴》，《臺灣日日新報》，1929年4月9日，夕刊1版。

[5] 今景彥，《工業教育》（東京：金港堂，明治 37 年 6 月刊），第 1～27 頁。

[6] 首先注意到今景彥的重要性者，為機械系謝爾昌編寫《成大機械系六十年史》之時。《臺南高工には電氣機械應用化學を置き各科三十名生徒は六年度から募集 創立委員長今景彥氏談》，《臺灣日日新報》，1929 年 5 月 9 日，夕刊 2 版；〈臺南高工の三科長本月中に人選決定〉，《臺灣日日新報》，1929 年 10 月 11 日，2 版。

[7]《杉本良（外六名）高等工業學校創校委員ヲ命ス》（1930 年 1 月），《臺灣總督府公文類纂》，編號：10059-4。

[8]《今景彥（解職）》（1931 年 1 月），《臺灣總督府公文類纂》，10228-6。

[9]《長濱重麿任臺北高等商業學校教授、俸給》，《臺灣總督府公文類纂》，10059-51。

[10] 傅慶騰，《傅慶騰回憶錄》，許雪姬訪問；許雪姬等紀錄，《日治時期在『滿洲』的臺灣人》（臺北：『中央研究院』近代史研究所，2002 年），第 556～569 頁。

[11] 黃榮泰，《渡滿以來》，臺南高等工業學校校友會編，《龍舌蘭第 3 號》，第 106～107 頁。

[12] 陳永祥，《陳永祥先生訪問紀錄》，許雪姬訪問；許雪姬等紀錄，《日治時期在『滿洲』的臺灣人》（臺北：『中央研究院』近代史研究所，2002 年），第 487 頁。

# 科技與社會～以臺灣日月潭水力發電工程為例（1919-1934*）

林蘭芳

## 一、前言

　　科技文明應用於人類生活，不但改變人的作息，也大大地影響了週遭的環境；人和自然的交互作用，產生了社會大眾習以為常的人為自然，或稱為準自然。本文希望以電力事業的例子，來看科技、自然與社會的連環關係。

　　電力的歷史在人類文明中並不算長遠，但電的發現卻徹底改變了人的生活和世界。科學家在 19 世紀下半發現自然界中電、磁的現象，經由不同的科學家的鑽研，瞭解『電』的特性，技術者把電應用為照明和動力來源，使人類文明進入電力時代以迄於今。

　　發電方式有火力、水力、核能、風力、潮汐等，都是轉換自然界的物質成為電能，而為人所利用。早期發電以火力為主，1875 年開始發展的電力能源，

到二十世紀初進入水力發電。臺灣的電力事業主要在日本統治時期發展，日本從 1905 年開始發展水力發電，經過約二十年的時間，水力發電已占近四分之三的發電量，其餘四分之一主要是火力發電。1895 年日本開始統治臺灣，1903 年日本殖民政府最早在臺灣設立水力發電廠，兩年後完工供電於臺北市街。

　　1919 年臺灣總督府設立臺灣電力株式會社（以下簡稱臺電），集官方、民間資本創造大型水力發電工程，選中臺灣中部群山中的日月潭為工程地點，希望藉由水力這種『白煤』，提供『農業臺灣』轉型為『工業臺灣』的動力來源，作為臺灣殖產興業的基礎工程。但是，日月潭水力發電工程計劃從 1919 年提出，至 1934 年完工，經歷十五年時光。主要因為殖民政府為籌建當時此一龐大的水力發電建設，需要諸多資金，以應付土木、電機、機械、堰堤等綜合性工程，間有資金不足，故工程歷經兩度停工。

　　此一個案十五年間的發展，呈現出科技和社會交融的過程。除了電力在動力上發揮的作用之外，本文也想瞭解這項工程對開發地區的影響，尤其是日月潭地區。本文主要分成三小節，首先說明工程運輸線設立後，對促進日月潭觀光的效用；其次專論停工、復工間諸多設計案的變遷，以瞭解科技如何改變日月潭，使之成為 20 世紀 30 年代臺灣的心臟；最後闡述工程完工對日月潭水社居民的影響，並觀察日月潭新的空間利用所具備的社會意義。

## 二、工程運輸線與日月潭觀光

　　1919 年 8 月臺灣電力株式會社成立，同時著手日月潭水力發電工事。日月潭位處臺灣中心，坐落在群山裡，因此工程的重要準備工作是交通的開發：首先建設北山坑發電所，這是工程的動力據點；其次修築二水、門牌潭間的鐵道（長 20 哩 6 分），以輸送材料。從掘鑿隧道開始，打破了日月潭亙古以來的靜寂。[1]

　　日月潭水力發電工程的內容，是將濁水溪上游的溪水，經由穿山開鑿的隧道引進日月潭，再透過高水位流入低水位的發電廠，以高低水力落差來發電。由於日月潭三面環山，三座山是天然的堰堤，只要建造另一面水社、頭社的堰堤，就形成四面包夾的山中水庫。

　　日月潭工程的規劃曾經過長久的測量、調查，以及各項草案的修訂。最早提出的是 1918 年 11 月 20 日臺灣總督府民政部土木局的〈日月潭水力電氣工事計劃大要〉，主要內容有五項，包括工程調查細部內容：[2]

（一）調查雨量、濁水溪流量、溪內固形物，其數字根據是 1917 年 6 月到 1918 年 6 月之間的數據。

（二）概算施工後日月潭的貯水量和水面面積。日月潭集水面積約 1 萬里，海拔約 2 千 4 百尺，其水面面積約 593 甲，在計劃中建水社、頭社兩堰堤，滿水時可提高水面 75 尺，有效貯水量可達 57 億 4 千 7 百萬立方尺。為減少土砂，也概算日月潭貯水池土砂沉積速度，設計建造沉澱池於司馬按附近，以電氣機械力排除土砂沉澱。

（三）建築水路。導水路最大每秒 1,850 立方尺，總長 5 里 6 町 15 間（合約 20,316.9 公尺），其大部份為隧道，從日月潭水槽至水路，全部水壓隧道總長 33 間（合約 60 公尺）。

（四）發電量。計劃第一發電所完成水車軸最大出力為 13 萬馬力，得以送電至臺灣全島北中南部，最大約 8 萬 KW，平均為 5 萬 6 千 KW。將來電力需要增加，可建設第二發電所，兩所發電所最大出力為 18 萬馬力，最大為 11 萬 4,500KW，平均 8 萬 KW。

（五）新舊交通動線，亦即工事用材料輸送及動力。輸送路幹線使用輕便鐵道、輕便軌道、鐵索道，二八水和湳仔間利用原有明治製糖會社線，司馬按和東埔間利用臺灣製糖會社線。其餘皆為新規劃的路線，如東埔武界和姊妹原間，就得建設鐵索道，湳仔—發電所—水社—司馬按—東埔之間，全部得建設新的路線。至於其他的運送支線，全部是新規劃的路線，建成輕便軌道。各工事所需動力，計劃利用南港溪之水，籌建得 2 千 5 百至 3 千馬力的電力（即北山坑發電所）。

上述計劃經過土木、地質專家參與及確認。日本內務府技監工學博士原田貞介於 1918 年 8 月 11 日至 9 月 5 日來臺視察，提出〈有關日月潭水力電氣事業並官佃溪埤圳工事計劃之意見〉。他指出日月潭水力電氣事業計劃大體適切，但建議實地地質調查。[3] 因應地質調查之要求，東京帝國大學理科大學教授神田小虎於 1919 年 1 月提出他的調查報告，他認為日月潭湖畔的岩石主要屬第三紀的砂岩和頁岩，東岸導水隧道出口多少呈板狀。總的來說，地質有益工事進行。頭社堰堤預定地及排水口、於吐水盛土工事不會有危險。超越拔社埔之鞍部 700 尺，此鞍部之北多岩石，其南雖然勘查困難，但見露出砂岩，從山頂至少到 150 尺以下不會有漏水之虞。濁水溪部份可見古生代岩和第三紀岩石，地質上亦無可憂慮。再者，不論是日月潭水壓隧道或是第二期工事隧道，在地質上別無可注意之事，工事用發電預定地亦然。[4]

上述計劃在先期調查經專家確定後逐步推行。依當時負責興建的技師堀見末子的回憶，日月潭水力發電工程進行的步驟，是先著手日月潭全區域水源地的測量，其次興建工事用的北山坑水力發電工事，發電量約 2,000 馬力（約 1,500KW）。繼之，開始準備位於全工區中央的司馬按建築部（建設部）本部和宿舍。[5]

工程本部所在的司馬按，因為預計最盛時期會有 1 千人居住，所以有作水道的必要。1919 年 12 月堀見末子和莊野卷治技師帶著兩名工人探查水源，原先進入森林中，未見半滴水，再更深入內山，發現了寬 10 尺、高 50 尺的瀑布。堀見就地設計，兩個月後建成直徑 6 尺、深 8 尺的無底水泥井，以直徑 3 吋的鐵管由此處將水引流到平地的水泥大貯水池，解決司馬按的供水問題。在司馬按下方的魚池部落，住有數百戶人家，是物資集散地，也有警察分室，相當熱鬧。該地向來缺水，都是收集雨水使用，當司馬按的水道完成後，臺電分水給魚池居民使用，居民都非常高興。[6]同時也設立建設部，陸續完成本部事務室、宿舍數棟、醫院、學校、郵局、請願巡查宿舍、俱樂部、附屬工場、製材所、炭燒窯等。工事人員和工人都相繼住進司馬按，承包人的事務所、宿舍，商人的店鋪也都陸續設立。[7] 約於 1920 年底完工。

以司馬按為中心，聯絡各工事現場的電氣鐵道工事，於 1921 年完工，同年 3 月成為營業線，該線總長 30 哩，從縱貫鐵道的二八水車站分歧出來，經集集到外車埕發電所附近的水裡坑，以半噸重的火車來搬運工事用材料。此線不僅大大提升工事效率，也有助於從沿線到南投和埔里社的交通。[8]

綜合說來，日月潭水力發電工程 1922 年停工前的建設狀況如下：司馬按建設本部完成，水道、工事用的電話、水力電氣、電氣鐵道也都已完工，空中索道已做了近 9 成。數條數千尺水路隧道著手開鑿，或從兩頭，或從兩頭外中途的側坑開始掘鑿，而隧道之掘鑿全數使用電氣鑿岩機。連結隧道的水路也已做出來或開始著手。發電所的工事也積極進行中。發電所所用的大鐵管工事也已著手，發電所的基礎工事也已積極進行中，預購所訂的發電機也已裝貨上路。此外，北從臺北和基隆，南到高雄和屏東的大送電線路建設也已著手。[9]

1922 年日月潭水力發電工程因經費問題第一次停工，在工事上停頓了，但對當地社會，包括交通、觀光、經貿都有影響。由於建設電廠所需交通道路設施已完工，住民及旅客也可以依這個路線進出日月潭。據臺電理事，也是工程師的大越大藏所稱，1921 年 11 月間，日月潭從二水至外車埕約二十里之鐵道線工事完成，可以將興建工程材料運到日月潭，並擬兼辦旅客，電車由二水

科技與社會～以臺灣日月潭水力發電工程為例（1919-1934*）

莊到埔里社約四十哩，敷設鐵條及電車線，1921年度預計由輕鐵運送發電所材料。[10] 臺電社長高木友枝社長也指出，火車開通後，沿線居民大為便利，從二水運物資入埔里，從外車埕利用臺車或火車運輸來回迅速，商品因運輸之便，得以便宜一成五左右。[11]

工程本預定五年後的1924年完工，但1922年時因資金不足宣告暫停。尚未停工時的1921年，大越大藏描繪完工後日月潭的美麗風光：潭面將升高75尺，珠仔山沒入水中；涵碧樓左方之無名山可作為第二珠仔山，保持該地風景，為臺灣避暑的好地方；將來『本島大學』，若建設於該地，為遠離俗界之絕好場所，而『歸化蕃』亦在附近，不失為日月潭之一名物。[12] 這是說明，完工後日月潭觀光價值所在的立基點。

停工後的工程，臺電雖曾努力復工，但因遭逢1923年9月的關東大地震，政府無法撥付工程費用，1926年第二度停工。工程停擺，但是日月潭的美使它不寂寞，加上運輸工程材料的交通路線發揮載客功能，使日月潭的觀光成為可能。

1927年的報導指出，日月潭為山中湖泊，湖水由日潭與月潭相接，水社大山投影於湖面，白雲徘徊紫山上，在臺灣盛暑裡泛舟潭中，走上珠仔島，實是避暑聖地。如何抵達日月潭？只消從縱貫線換火車、臺車，搭乘約12里，就可以在2,400尺的山上見到日月潭，聽觀『蕃家』杵聲之歌舞。所以論者指出，夏日時臺北官民實可以移住此處，使之成為山上都市；當水電工程完備後，就以電力支持種種文明。所以，日月潭不只是東洋的，也是世界的名勝樂土。[13]

在硬體交通設備為後盾的物質條件下，《臺灣日日新報》於1927年票選出日月潭為臺灣八景之一，[14] 更帶動前來日月潭的觀光的熱潮。從當時報導來看，日月潭加霧社、日月潭與阿里山，這兩組相配合的觀光景點為人所喜愛。1927年，臺灣的產業組合大會舉辦日月潭、霧社觀光團，申請加入者有238人，但因臺車運送和住宿地方不足，所以只能有100人參加。[15] 1929年2月3日，英國大使由臺中州勸業課長陪同，從嘉義搭火車到二水驛轉乘外車埕線到日月潭視察。[16]

往日月潭的觀光人潮在1930年決定工程復工後，更是絡繹不絕，涵碧樓連日大客滿。[17] 在1934年6月30日日月潭完工前，前來日月潭旅遊休閒的人不少，團體前來的更多。

臺灣部份

419

1931年12月，嘉義新高阿里山案內社募集阿里山、日月潭旅行團。[18]1933年8月，臺灣日日新報社舉辦，由臺北市實業家所組成的日月潭及霧社埔里方面觀光團。[19]1934年3月新高新報大甲支局，號召阿里山賞櫻、日月潭名勝地觀光。[20]除了報社外，還有其他的單位，如1934年2月竹山郡勸農會，全部職員赴霧社、日月潭等處視察，當日來回。[21]1934年3月鐵道部的沙鹿驛主辦日月潭視察團，團員20名以上，旅費一名5圓70錢。[22]

以上的例子，都可以看到交通便利對觀光所發揮的影響力，而這些交通路線，實是日月潭水力發電工程的附帶建設。

## 三、工程再興所形塑的準自然

日月潭水力發電工程從1919年推動，經1922、1926年兩度停工，直到1930借得美國外債再度興工。臺灣電力株式會社社長松木幹一郎於1930年2月10日召開的會議上指出，日月潭水電工程是科學精粹的表徵，有關水力大電源的建設，往往是人類對自然威力的反抗，換言之是征服自然，以人工作成更進一步的準自然。在造化與人類對峙的時刻，人類非以最嚴肅的心情面對不可。亦即持守和自然對峙的心情，盡人智之最善，以發揮科學之精粹。[23]

以嚴肅心情面對自然，就是精細的科學調查，有效的可行性計劃，最後落實計劃的技術施工，才會形成以人工做成的準自然。日月潭水力發電工程計劃，在曲折延宕的十五年之間，經過多次修改，的計劃多次修改，呈現面對自然時謹慎、與時俱進的技術修正。

## 一、工程計劃及其變更

日月潭工事於1926年12月二度停工後，臺電就一直推動該工程復工運動。但因當時的生野駒常交通局長極力反對、阻止，直到生野局長於1927年轉任日本內地之後，總督府內部的日月潭問題之空氣為之一變，再度著手再興運動。而關於日月潭工事之設計，再請電氣事業方面的專家鑑定。[24]

臺電於1928年敦請電氣界權威Stone&Webster Co.來鑑定原先的工程設計，該公司派遣建設部副部長（一說副社長）W.N.Patten和土木技師Leeve及電氣技師Wood共3人，於1928年3月5日來臺對日月潭發電計劃作全盤技術檢討。他們在留臺50天之後，於同年4月20日[25]提出報告：『導上游之水貯水，並為調節水量，利用日月潭之一般計劃，是合理且實際的計劃』。Patten等人提出之報告，變更了部份設計，主張多使用機械施工，更應基於日月潭地勢、

地質加以調查、測量,以完成對日月潭工事最善、有利之設計。報告大要分成『技術的計劃』和『工事施工法』兩大部份。[26]

1.『技術的計劃』

(1)工事的全盤設計:經詳細研究結果,利用貯水和水量調節的一般計劃,得到的結論是本工事是合理且實際的計劃,但考察日月潭之貯水量和使用水量,應增加適切的程度,底部封閉有其必要,無論如何堰堤高度和提高湖面水位之限度得有堅實之設計。最高、最低水位之差為85呎(約合25.9公尺),以在維持發電所適當調節的範圍內。

(2)流量(濁水溪):為應得之流量紀錄,不能只限於短期間之內的數據,此等紀錄未顯示水量不足,比此等流量為低的平未流量是可以想像的,所以節減門牌潭發電所全負荷力,待日月潭工事完成後,會社的火力、水力綜合發電所可補充3萬KW以上。

(3)誘水堰堤及取入口:貴社技師所選定的濁水溪誘水堰堤及取入口地點,從所要落差基礎條件和建設上之方便來看,相信是唯一適當的地點。

(4)沉澱物:濁水溪平時出水即含有多量的沉澱物,因此除去此一沉澱物的問題得慎重考慮,相信能解決至無損於日月潭貯水價值的程度。

(5)一般的設計:水力電氣及送電、配電所使用的所有機械,購買時得適合特殊狀態及地點,因此研究也是基於貴社技師設計的一般計劃。關於水力工事建設之設計,在報告書上詳細記述且附圖說明提出幾項提案,但以此等圖面不過是一個提議,今後的研究和技術探究的結果,完全要靠現場的測量和基礎條件的調查,設計或地點有所變更時都必要注意此點。

2.『工事施工法』

關於隧道及其他主要建造物的興建,就工費調查和工程研究結果,在貴社設計中來推定,可以增加機械力的使用。

工程表中,完成本工事所需時間,如多少使用建設用機械及變更部份建造物之設計,結果在實質上,可減少材料處理量並減低運輸設備負擔,基此提案三年施工期已甚充分。經本調查研究,貴社提出示意草圖和預估額,以對總構造物數量做充分計算,對地震災害未有任何考慮,面對此種可能的發生的災害有慎重考慮之必要,故得斟酌全建造物中之設計事項,提案徵求適當的此中權威專家之意見。

Stone&Webster Co. 公司的調查報告指出注意地震的因素，對於臺電技師提出以門牌潭餘水興建第二發電所未表反對，只稱未加以研究。臺灣總督府指出，對該公司提出之建議，在設計大要上並無變更，至於其所提出的細部變更計劃，再經臺電技師審議後，變更工事設計包括改善沈砂池設備、提高取入口堰堤加大導水路坡度、變更於吐水方式兩堰堤調低 10 尺（約 3.03 公尺）、變電所改成屋外式、三年半工期縮短一年，共可節約 700 萬圓的工事費。[27] 此次的修正，也作成設立第二發電所之腹案，於門牌潭發電所放水口下游地點，得落差 470 尺（約 142.4 公尺），可發電 4 萬 5 千 KW。[28]

　　1929 年 3 月 25 日臺電顧問工學博士永井專三（同時擔任宇治川水力電氣株式會社取締役、電力調查會委員）和京都大學教授高橋，來到臺灣實地調查日月潭水力發電工程計劃，他們停留一週的時間。經由先前參看會社提出的設計圖樣和相關文書，加上實地調查，永井專三顧問認為，為引用濁水溪上游的水建造 5 里餘（約合 19.6 公里）的水路，將現在水位提高成 85 尺（約 25.8 公尺）作一大貯水池是合理的，而且建設發電量 10 萬 KW 的發電所，並無特別的技術缺陷。也應馬上著手工事材料搬運，設立事務所、宿舍、病院等的準備工事，尚須改良施工初期已建設好的構造物，並應從事測量調查，以期萬全。[29]

　　1930 年 3 月日本第 56 回議會透過臺電向美國支借外債的元利保證，但貴族院提出的三項附帶條件：1 有關日月潭工事全盤的實施設計，2 依前項估定全部工事費預算額，3 工事完成後之事業經營計劃。[30] 此外，臺灣總督府對臺電也有再調查之命令，所以日月潭水力發電工程施工前非得先從基本調查出發不可。也因此，松木幹一郎網羅在水力電氣工事上有實地經驗的學者、技術者，執行綿密的調查，對過去的設計做了修正。[31]

　　參與調查的專家有地質方面的工學博士平林武、水力方面的工學博士中山秀三郎、構造方面的工學博士物部長穗、電氣方面的宮口竹雄（郡馬水電會社取締役），以及水力方面的遞信技師野口寅之助。參與調查的技術者，土木方面主要是臺電之建設部長新井榮吉（原任大井川電力會社取締役技師長）、建設所長石井林次郎（原任郡馬水電會社土木課長）、臺電主任技術者後藤曠二（原任東京市政調查會參事）、顧問宮口竹雄。[32]

　　首先從事基礎調查。為期計劃之安全，調查流域內森林狀態、河川流況、土砂流出狀況，1930 年 3 月由新竹州土木課長久布白兼治為隊長，一行 11 名外尚包括警官數名編成調查隊，費時約一個月，親自踏勘河川流域內實況，針對地質、水量、降雨量、流水流量及濁度等提出報告，主要重點：[33]

山地崩壞狀態，乃溪水混濁之因。

森林狀態—集水區域約 50% 是森林，其餘為草生地、原住民農耕地、斷崖地及崩壞地。原住民農耕地綿亙流域內相當廣大的範圍，因為原住民習慣在急峻的山腰上火耕，助長山腰崩壞。

地質調查部份。1. 集水地域的地質，多由粘板岩構成。2. 工事地域一般地質，乃依臺灣總督府殖產局大江技師之調查。3. 分區地域調查：武界、過坑、司馬按、水社。4. 土木工作物和地質：武界堰堤、放水路、取水口、第 1 號隧道、第 2 號隧道、第 3 號隧道、第 4 號隧道、第 5 號隧道、第 6～8 號隧道、水壓隧道（第 9～12 號隧道）、水社堰堤、頭社堰堤、鐵管路。

1930 年基礎調查完成後又對工事計劃再加調查，總共花費 7 個月的時間。根據新井榮吉指出，專家如技術者所提出和以前計劃不同之處有三：一是貯水池水深由 80 尺（或為 85 尺之誤）向下修正為 60 尺，因為地形關係 80 尺之貯水過於危險，經過平林武地質博士調查，60 尺才是安全的，所以就決定為 60 尺，並提高 10 尺作為貯水池圍牆，所以工事就作成 70 尺。二是水路選擇地點蜿蜒山麓，如果碰到地震會有維持上的危險，所以深入內山的斷面積和水量都變小。這兩點無人反對，但是第三點，取入口從姊妹原改成武界，就碰到強烈的反對。1930 年調查前的原案是，在從姊妹原上升二里水路，其下就建造 160 尺堰堤，就當時的堰堤技術建造而言甚為危險，所以將之修正為從武界取水。此一設計由『日本土木學者第一人』之稱的中山秀三郎博士背書，又加上前已提及各個專家的支持，所以松木社長不顧他人強烈反對而採用專家的看法。[34]

以專家技術者提案為基礎向臺灣總督提出再調查計劃，經審查認為適切後，經過臺灣總督向拓務大臣稟議之手續，1930 年 10 月 31 日解除凍結之命令，同時決定援助外債募集。[35]

1930 年 9 月提出的〈再調日月潭水力電氣事業計劃要目說明書〉，修正之處在於：日月潭貯水池最大貯水量 66 億立方尺之計劃減成 44 億立方尺，減少取入水量、縮小水路斷面、貯水池有效水深從 85 尺改為 60 尺，發電所最大發電量 10 萬 KW 平均發電 6 萬 5 千 KW，改為 5 萬 6 千 KW。[36] 這個修正案就成了 1931 年興工的根基。

茲將 1919 年最初立案和 1931 年的定案相比較，列如表 1。

## 表1　1919年及1931年日月潭水力發電工程計劃差異表

| 名稱 | 1919年計劃 | 1931年計劃 | 備注 |
|---|---|---|---|
| 河川 | 濁水溪 | | |
| 取入口 | 濁水溪上游姐妹原 | 濁水溪上游武界 | |
| 取入口堰堤高 | | 平水面上26尺（約7.9公尺） | |
| 取入口堰堤高 | | 平水面上26尺（約7.9公尺） | |
| 取入口堰堤 | | 羅林庫壩 | |
| 最大取入水量 | 2,000個 | 1,450個 | |
| 水路距離 | （約19845公尺） | | |
| 貯水池 | 利用日月潭設水社及頭社堰堤，提高水面85尺，貯水量爲66億立方尺 | | |
| 發電所 | 臺中州新高郡門牌潭 | | |
| 使用水量 | 最大1400個平均900個 | | |
| 有效落差 | 1085尺（約328.8公尺） | 1100尺（約333.3公尺） | 增加15尺（約4.5公尺） |
| 發電量 | 93,100KW | 100,000KW | |
| 送電線路距離 | 225哩 | 新設附帶二次送線路 | |
| 變電所 | 高雄州高雄市三塊厝　臺北州臺北市大安 | 臺北、高雄、嘉義、豐原 | 後來豐原改爲霧峰 |
| 所需工事費 | 4800萬圓 | 4859萬圓 | 後減爲4191萬圓 |

續表

| | | | |
|---|---|---|---|
| 沈砂池 | | 1個所總長180間（約327公尺） | |
| 日月潭有效水深 | | 60尺（約18.2公尺） | |
| 日月潭有效水量 | | 44億立方尺 | |
| 工事年度 | 1919～1923 | 1929～1932 | 真正施工期爲1931年至1934年 |

資料來源：臺灣總督府交通局遞信部《臺灣の動力資源》1935年9月3日 - 第37∥41頁。
說明：由數據源第37∥41頁之敘述製表而成，並附加備註欄説明。

表1所示,如交通局遞信部囑託森忠藏所說,1931年再度復工的工事計劃,大體沿襲當初選定的地點、預定之水路及發電所位置,但經過一連串的調查、測量、計劃的總修正,才成為定案。

## 二、工程施工

復工計劃定案後的工程施工,雖然在臺灣的業者曾提出全由臺灣業者全包工程之策。[37] 但是,臺電決定日本的土木承包商亦可加入,所以從濁水溪上游取入口到終端發電所放水口之各承包者施工狀況,列如表2。

### 表2  日月潭水力發電工程各工區承包者工事及金額表

| 工區 | 承包者 | 負責工事 | 承包金額（圓） | 備注 |
|---|---|---|---|---|
| 第一工區 武界 | 鹿島組 | 武界堰堤、洪水路取入口及一、二號隧道至東武嶺下中央 | 2,076,000 | 第1次標即得標 |
| 第二工區 水頭谷 | 大林組[日] | 二號隧道中央到四號隧道中央 | 747,000 | 第1次標即得標 |
| 第三工區 過坑 | 鹿島組 | 四號隧道中央到五號中央隧道 | 644,300 | 隨意契約第1、第2次最低標 |
| 第四工區 巴支欄 | 臺灣今道組 | 五號中央隧道至開渠 | 394,700 | 第1次標即得標 |
| 第五工區 司馬按 | 臺灣高石組 | 二號暗渠至日月潭下 | 289,700 | 第1次標價格為倒數第2和最低標今道組商議決定 |
| 第六工區 日月潭水社 | 鐵道工業株式會社[日] | 水社、頭社二堰堤及水壓隧道之一部分 | 1,696,000 | 第2次標得標 |
| 第七工區 門牌潭 | 大倉土木株式會社 | 水壓隧道一部分、鐵管路及放水路 | 1,398,700 | 隨意契約第1、第2次最低標 |
| 承包總金額 | | | 7,246,400 | |

資料來源：
1/ 森忠藏《日月潭水力電氣工事施工に就て》臺灣電氣協會會報「第6號」昭和9年1934年11月第39‖40頁。
2/ 藤崎濟之助《臺灣電力株式會社沿革史》臺北；該會社 - 昭和12年1937年3月13日第574‖575頁。

從表2中可以得知屬日本內地的承包商有大林和鐵道工業株式會社2家,其餘4家為在臺灣的日本承包商,鹿島組負責兩個工區。臺電社長松木幹一郎曾指出,臺灣電力株式會社成立後即銳意促進計劃著手動工準備,1922年5月,

略已完成準備工事,但因停工而中止。1931年6月外債順利借支之後,開始準備各種工作,1931年10月1日著手日月潭水力發電工程,全區分成七個工區,以工期三年締結承包合約,工費總額4,000萬圓,後因工事順利進行,工期縮短3個月,工費結省200餘萬圓,1934年6月30日實行水路通水試驗、發電試行運轉等,7月30日將從日月潭發電之電力配電至全臺各地,達成臺灣官民多年來之宿願。[38]

日月潭水力發電工程完工時,臺電主任技術者後藤曠二的《工事報告》,就重點工程作了報告:

1. 武界堰堤:在濁水溪上游原住民所在地武界,橫斷溪流,在河床上建造160尺的水泥堰堤,將其上部做成可動式堰堤,完成使得20萬個洪水流下的設備。此為貯水堰堤上游,形成延長約5哩的湖水,濁水在此處完全沉澱為清水,被收入水路中。

2. 水路:從武界取入口到日月潭的水路,大部份是高寬各15尺的隧道,其坡度為1200分之1,最大通水量,每秒1450千方公尺。

3. 水社及頭社堰堤:在是日月潭周圍低地的水社及頭社兩處築堰堤,利用水深將水面上升60尺(約18.2公尺),湖水貯水容量擴大成44億5800萬立方尺,依此在豐水期貯水以調整枯水期不足之水量,以達成一年所定之發電量。

水社堰堤乃橫斷水尾溪而建造,堰堤中央有鋼筋水泥所造之心壁,在地表上高約百尺,延長1200尺(1尺約0.303公尺,合約363.6公尺),天端幅有20尺,其兩側坡度為4成。頭社堰堤在地表上高有63尺,延長550尺,兩側坡度為3成,構造比照水社堰堤。

4. 水壓隧道:從日月潭至發電所的水壓隧道延長約2哩,為內徑13尺5吋(約4.1公尺)的鋼筋水泥圓形隧道。

5. 發電所:發電所設於水裡溪畔門牌潭,設備各2萬KW發電機5臺,利用1,100尺落差—最大1495個,平均833個的水量,發出最大10萬KW,平均5萬8千KW的電力。

6. 送電線路及變電所:送電線路縱橫全臺南北,北部線路延長120哩,從日月潭發電所到臺北,南部線路延長約百里達於高雄。南北送電電壓皆為15萬4千伏特。而變電所設於臺北、高雄、霧峰、嘉義4所,往各方面配電。

日月潭工事從當初起工到 1934 年 6 月底竣工，已歷 15 年。當時臺電主任技術者後藤曠二認為，這是以總督府及地方官民熱誠指導為後援，臺電從業人員和工程承包者獻身努力而完成。[39]

日月潭水力發電工程重點有二，一為關於電氣事務，一為關於土木事務，且以土木事務占大部份，電氣工作物全在工場內組裝，土木工作物則有過半或全部沒於地中或水中，是工事初期及中期之基礎工事。[40]在整個日月潭水力發電工程中，電信局官員森忠藏特別提出來的工程有三：一是武界水泥重力式堰堤及放水路，著重於防洪，特選材料。二是日月潭水社及頭社堰堤，著重於防震，壁心加水密性鋼筋水泥。三是水壓隧道，該隧道如漏水則發電中止且難於修理，故依地質和內壓力使用鋼筋水泥，全線並以約 90 封度的壓力注入灰泥汁。[41]1933 年 2 月 22 日報導，日月潭南部送電線電塔千餘座，即日月潭第一發電所至高雄間已完工，於是臺北、高雄間送電得以聯絡。[42]

實地施工時，雖然曾持慎重態度想敦請美國一流的承包商來負責，但最後還是完全選擇日本和臺灣一流的承包商六家，讓日本技術者努力競爭。據稱，日月潭水力發電工程，在設計、施工和實際工事費支出上，都收到全日本最優秀的結果。[43]所支出的 4 千萬工事費，包括：日月潭水力發電工事費 2000 萬圓、總關係費 200 萬圓、土木工事費 1600 萬圓，發電所工事費 200 萬圓。該工程開工時，正是 1931 年財界最不景氣之時，以水力工事費加上利息來計算，最大發電量 1KW 需費 450 圓之標準，和日本內地已建設的水力發電相比毫不遜色。在工費節約上，會社技術擔任者在不景氣時代極力節約人事費，而且儘量活用十數年前購入之工事用各種運搬用的機械器具，且指導督勵老江湖的承包商，故比預定完工時間提早三個月。[44]

## 三、工程完工的社會面影響

日月潭水電工程完工後，提供臺灣工業所需動力資源，被譽為臺灣工業化的推手，[45]在精米業、礦山、製糖等各項產業中扮演重要角色。本小節所稱『社會面』影響，不在電線輸送到臺灣各地的動力影響，而是限縮在日月潭本身所發揮的影響。其中最為重要的是，工程完工後，水社部落舊家園深沉潭底，成為無法重返的故鄉，而擴大潭面面積的日月潭，則在發揮水力發電的功用之外，成為國內外人士皆常親炙的風景勝地，更勝以往。

一、水社部落的遷村與墳塋移葬

日月潭水力發電工程對興建，水社部落遷徙問題的討論，發生於方動工時的1919年，1931年再度興工時，以及1934年6月正式完工前。

從1919臺灣準備興建日月潭水電工程開始，由於未來潭面升高，勢必迫使散居日月潭附近的三部落約130戶的臺灣人、二十戶蕃人一部落移住他處。漢人耕地有120甲，南投廳當局大致經過研究調查，結果臺電得付出相當的搬遷費，以方面關收耕地，並約略內地移住地。[46]

就在臺電進駐日月潭後，原住民就面臨不同的文化標準和行事準則。1924年8月30日的報導，指出該月20日新高郡蕃地密刺社一名蕃丁和蕃婦，私自前往水社化蕃部落，在日月潭東岸竹林盜筍，結果受罰。[47]

就在快完工前的1934年4月19日，水社部落計258戶，對臺電提出之各種要求，由臺中州努力幹旋，在清水地方課長、堀高等課長出差到現場，命令當地住民蓋印。至4月25日署名完了者有236戶，其中頑強拒絕署印者，有日本內地人四戶，臺灣人一戶。[48]除支付補償金外，可以在1934年9月10日遷徙清楚者，則交付若干獎勵金。[49]

對於日月潭水力發電工事區域內沒入水中土地、其他工事必要土地，對居民補償等事，根據臺電對工程用地和補償費之調查，潭水淹沒地主要為水社居民的居住地。1934年7月日月潭水力發電工程完工前，水社戶口數為170戶，人口1,242人。[50]這些人包括漢人和原住民，漢人被遷徙至臺中州員林郡田莊字大新，原住民被遷徙至臺中州新高郡蕃地拔社埔。會社所購買的水社土地面積為151甲餘，包括田、旱田、建築物土地等；用地及其他補償為403,740.86圓，這部份包括土地、家屋、墓地及其他；其他水尾溪水社沒水道路及武界上游等之外的雜項補償計230,596圓。會社付出的補償費合共634,336.86圓。[51]

上述《臺灣電力株式會社沿革史》記載之戶數和人口數，與報紙報導的數目有差距，何以有不同的數據，或許報紙之記載尚是未定案的情況。報載水社部落民1,394人，戶數182戶，田有214甲7分5厘。土地價格補償方面，依1934年左右的估價，以九則田2,100圓、十則田1,800圓、十二則田1,300圓來計算，直接先由國庫支出24萬1,471圓46錢的代金；對住民補償方面，182戶須8萬5,214圓47錢，約定先支付半額4萬2,705圓24錢的現金，所餘半額於轉住他處時支付；在轉住的住屋方面，遷徙戶新住所的所有權已從1932年1月開始移轉登記，約定對在官有地上建屋的39戶支付5,378圓的慰問金，又依原住民之希望，會社以3萬2,750圓24錢買下被升高的潭水所淹

沒區域外為了移住而無法耕作的田地 20 甲 1 分。在買收的房屋方面，新高郡魚池莊水社於 1932 年 3 月 17 日提出『家屋使用申請』，內容如下：

希望臺電所提供之家屋可免費使用，但（1）不為增建改建；（2）不為轉貸；（3）臺電何時需要可直接交出；（4）直接交出家屋時，不另要求已決定的房屋買受代金半額和移住補償以外的任何費用。[52]

由於日月潭水力發電工程較預定時間提早 3 個月完工，致使水社居民得提前於 1934 年的 5 月 15 日離開原住地移住他處，水社居民提出希望獲得的補償金內容如次：

1. 要求移住費之理由—我等水社部民追隨祖先傳下來原住地的風土、氣候，如今得移住水土不服的地點，至少應有如下的補償：

移轉費一人 23 圓，包含衣服和家具搬運費；新家屋建築未完成前須支付之房租，平均 3 個月期間一人為 6 圓；會社鐵道、索道免費提供移住者搬運家具。

2. 地上物賠償—如不賠償果樹、竹木之價值，至少希望賠償此等移植搬運過程枯死之損失。

3. 墳墓[53]改葬費—日月潭為我等祖先定住，花費許多犧牲勞苦而開墾之地，也死在這塊土地上，如果我等非移住他處不可，當然我等祖先墳墓也得移轉，所以墳墓之改葬費，一座至少 200 圓以上，平均一座要求賠償 21 圓。

4. 移轉後的安住費—此回我等部落民之移住實非本意，須移住於不習慣之地，至少二、三年間無法獲得確實的生活之資，要求一年之間最少補助 46 圓。

5. 湖上的漁業權賠償—不認可會社僅賠償 2,700 圓。漁業是居民生活資源，對漁民之漁具、船筏等，吾等當然主張要求相當之賠償。[54]

諸種購買田地、賠償費用，是彌補水社居民失去家園和重啟生活之資。在日月潭被選為水力發電工程的貯水池時，犧牲少數人利益以換取眾人之利益，就成為諸多公共建設中無奈的法則。

二、風景勝地

除了日月潭原有的潭光山色，加上人為準自然的電氣事業設施，更增加日月潭的吸引力。日月潭復工後，1931 年 4 月表南投道路（外部道路）開始建造，從集集經水里坑，出日月潭，透過魚池、烏牛欄到埔里，四月間一部份道路造成。[55]而在日月潭水電工程完後翌年，臺中州籌備在日月潭開鑿『一週自動車

路」（即環潭的汽車道），按六、七月漲水期實地調查。[56] 這應該就是後來的環潭公路之原初構想。

　　日月潭水電工程完工後，臺中州立日月潭林間學校於 1935 年 1 月 10 日落成。此校擇地於日月潭湖畔，從 1934 年 9 月 8 日興工，經費一萬三千四百餘圓（校舍部系臺電捐款），同年 12 月 20 日完工，計有宿舍四棟、外有講堂、食堂、浴室、炊事場、管理人宿舍等，總坪數為 291 坪，收容人員四百名，稱全臺林間學校最雄大者。落成式後十日起三天，開國語講習所長磋商會，出席講習員系州轄各市郡視學及教化指導員四十五名。[57]

　　這個林間學校，在皇民化運動期間，往往召開國民精神文化講習會。如 1938 年 8 月 7 日進行一週左右的講習會，對像是臺中州下小學校、公學校校長、實業補習學校校長四十名，進行訓練。[58] 另外，尚可見到皇民化時期，青年道場常在日月潭召開舉行。

　　完工後的日月潭，潭面上升 60 尺，在科技的創造下，日月潭成為更大的山中湖泊。1934 年 6 月 30 日日月潭水力發電工程完工後，除了南北電網連接全臺西部，成為臺灣工業動力的心臟外，其湖光山色美景讓來日月潭觀光者絡繹不絕。一直到 1937 年七七事變之前，旅客除了臺灣本身各地教育會或是保甲聯合會，以『視察』之名行觀光之實，來日月潭考察之外，更多來自臺灣境外的旅客。

　　根據報導，1935 年 1 月 12 日，朝鮮時實京城日報社長，一行二十七人之視察團，7 日到臺中，8 日赴日月潭。[59] 同月 13 日，有來自中國的僧侶慧雲到日月潭，撰詩《日月潭雜詠》七絕十首，刊登於《臺灣日日新報》。茲摘錄數首：

1. 乘興探奇趁曉晴，輕車直入萬重坑。絕危　下從容過，時有溪風送我行。
2. 萬仞峰頭夕照頹，清潭縹碧畫圖開。果然風物非人境，不負聞名渡海來。
8. 荒村蕃女自成群，衣著無殊眼色分。最愛杵音初寂後，蠻喉清脆透重雲。
9. 蕃族生涯日月長，鳥音人語水雲鄉。相逢莫問今何世，漢魏隋唐俱渺茫。

[60]

　　《臺灣日日新報》報導，1935 年 1 月 29 日，朝鮮王族李王垠殿下巡視完高雄、澎湖後，來到中部。先抵水里坑車站，乘自動車（汽車）向水社取水塔，視察水力電氣事業後，乘蒸汽艇遊覽湖上，於當日下午四時半左右，抵水社御泊所，聽庭前杵歌。入夜看臺電日月潭工事活動寫真（電影）。[61]

1935年3月7日,駐日中國武官蕭叔宣中將來臺,由張振漢副領事陪同赴高屏等地視察,11日遊日月潭,同地一宿後12日北返搭船轉東京任地。[62]

1937年3月,福建省臺灣考察新聞記者團一行來臺考察。20日早上出臺南到嘉義視察營林所,之後從縱貫線二水車站轉乘自動車上山到日月潭,夜宿涵碧樓。當日間,以臺灣新聞社為中心,舉辦官民歡迎會。[63]

東久邇宮殿下,1937年6月11日到日月潭,就浮島、化番、堰堤落口附近電力發生量、紅茶試驗等詳加詢問。[64]

頭山滿在1938年6月來臺二周,到日月潭清遊。[65]1939年1月,則是日本窒素社長野口遵來臺避寒旅行,6日到臺灣,12、13日離臺。[66]

在1937年七七事變後,臺灣境外到日月潭的觀光多屬日本帝國勢力圈內的人士。

## 四、結論

本文以臺灣日月潭水力發電工程的個案,討論二十世紀1910年至20世紀30年代臺灣科技與社會的互動關係。日月潭早在清代就是文人雅士稱頌的美景,但隨著日月潭水力發電工程的進行,潭面擴大,交通更為便捷,加上媒體對於科技建設的報導,自然與人力的相互作用,帶來了更多的觀光人潮。

科技改變了社會,日月潭工程的電力透過電線、電塔,傳到臺灣南北,供給住家及營業能源;配合工程而興建的交通路線網,成為運貨、載客兩宜的便利工具,也為日月潭帶來了旅客,既參觀水力發電工程,也同時享受湖光山色,成為科技與社會交融的例證。科技也改變了自然,日本科學家和技術者調查日月潭附近山勢、地質、溪流、雨量,以技術更動、改變自然以為人所用。水力建設帶來的電力嘉惠了臺灣工業動力,但也因公共建設而犧牲當地的原住民。

因興建日月潭水力發電工程而遷村的水社住民,從記載來看,有稱為化蕃的邵族人、漢人,以及少數日本人,像是一個小型的族群融合社會。雖然臺電已對他們補償經費,但歷經七十餘年,當邵族人重提這段失去家園的歷史,對於傳統文化與生活方式及祖居地被剝奪,仍有深長的遺憾。家園永沉潭底的心情,可能不是享受電力文明的人所能體會,這大概也是科技發展與社會的一個難解的問題。

(作者單位:國立暨南國際大學)

## 註釋：

[1] 林炳炎，《臺灣經驗的開端：臺灣電力株式會社發展史》（臺北：臺灣電力株式會社數據中心，1997），第 77 頁。

[2] 臺灣總督府民政部土木局，《日月潭水力電氣工事計劃大要》（臺北：該局，大正 7 年（1918）11 月 20 日），第 1～37 頁。

[3] 臺灣總督府土木局編，《內務府技監工學博士—日月潭水力電氣事業並官佃溪埤圳工事計書ニ關スル意見》（臺北：該局，大正 7 年（1918）9 月），第 1～4 頁。

[4] 臺灣總督府土木局編，《東京帝國大學理科大學教授理學博士神田小虎—日月潭水力電氣工事及官佃溪埤圳工事ニ關スル地質調查第一報》（臺北：該局，大正 8 年（1919）1 月 10 日），第 1～12 頁。

[5] 堀見末子著、向山寬夫編，《堀見末子土木技師—臺灣土木の功勞者》（八王子：堀見愛子，1990），第 420 頁。

[6] 堀見末子著、向山寬夫編，《堀見末子土木技師—臺灣土木の功勞者》，第 425～426 頁。

[7] 堀見末子著、向山寬夫編，《堀見末子土木技師—臺灣土木の功勞者》，第 426～427 頁。

[8] 堀見末子著、向山寬夫編，《堀見末子土木技師—臺灣土木の功勞者》，第 433 頁。

[9] 堀見末子著、向山寬夫編，《堀見末子土木技師—臺灣土木の功勞者》，第 434 頁。

[10]《日月潭工事著進》，《臺灣日日新報》，1921 年 11 月 18 日，第 5 版。

[11]《日月潭の工事と從事員の勞動狀態高木電力社長の談》，《臺灣日日新報》，第 7 版。

[12]《日月潭工事著進》，《臺灣日日新報》，1921 年 11 月 18 日，第 5 版。

[13]《臺灣八景候の補地日月潭》，《臺灣日日新報》，1927 年 7 月 7 日，第 2 版。

[14] 臺灣八景為淡水、新店、角板山、日月潭、霧社、阿里山、鵝鑾鼻、太魯閣。《ウアルカム》，《臺灣日日新報》，1927 年 7 月 20 日，第 2 版。

[15]《日月潭觀光團申入者多數》，《臺灣日日新報》，1927 年 10 月 15 日，第 4 版。

[16]《英大使日月潭へ》，《臺灣日日新報》，1929 年 2 月 3 日，第 5 版。

[17]《白勢（黎吉）總長赴日月潭詳觀工事現場》，《臺灣日日新報》1931 年 7 月 10 日，第 4 版。

[18]《阿里山日月潭旅行團募集》,《臺灣日日新報》,1931年12月18日,第2版。
[19]《日月潭霧社觀光團今夜出發》,《臺灣日日新報》,1933年8月12日,第1版。
[20]《大甲募觀覽團》,《臺灣日日新報》,1934年3月21日,第4版。
[21]《竹山霧社觀察》,《臺灣日日新報》,1934年2月20日,第4版。
[22]《沙鹿視察團發》,《臺灣日日新報》,1934年3月25日,第4版。
[23]松木幹一郎傳記編纂會,《松木幹一郎》(東京:該編纂會,昭和16年(1940)9月21日),第182～183頁。
[24]太田肥洲編,《臺灣を支配人物すると產業史》(昭和15年(1940)年版)(臺北:成文出版社,1999),第216頁。
[25]一說4月21日提出報告。
[26]橋本白水,《臺灣の事業界と人物》(臺北:南國出版協會,昭和3年(1928)7月10日),第212～216頁。見同著,成文出版社,1999年6月版。
[27]臺灣總督府,《日月潭水力電氣工事再興計劃概要》(昭和3年(1928)9月20日),無第數。
[28]臺灣總督府,《再調日月潭水力電氣事業計劃要目說明書》(昭和5年(1930)9月),無第數。
[29]永井專三,《永井顧問聲明書》(昭和4年(1929)4月5日),無第數。
[30]藤崎濟之助,《臺灣電力株式會社沿革史》(臺北:臺灣電力株式會社,昭和12年(1937)3月13日),第313頁。
[31]松木幹一郎傳記編纂會,《松木幹一郎》,第183頁。
[32]松木幹一郎傳記編纂會,《松木幹一郎》,第184頁。
[33]藤崎濟之助,《臺灣電力株式會社沿革史》,第423～484頁。
[34]松木幹一郎傳記編纂會,《松木幹一郎》,第244頁。
[35]藤崎濟之助,《臺灣電力株式會社沿革史》,第313～314頁。
[36]臺灣總督府,《再調日月潭水力電氣事業計劃要目說明書》(昭和5年(1930)9月),無第數。
[37]松木幹一郎傳記編纂會,《松木幹一郎》,第250頁。
[38]松木幹一郎,《日月潭水電工事竣工祝賀式—式辭》,《臺灣電氣協會會報》第6號(昭和9年(1934)11月),第2、3頁。
[39]後藤曠二,《日月潭水電工事竣工祝賀式—工事報告》,《臺灣電氣協會會報》第6號,第3、4頁。

[40] 森忠藏，《日月潭水力電氣工事施工に就て》，《臺灣電氣協會會報》第6號（昭和9年（1934）11月），第37頁。

[41] 森忠藏，《日月潭水力電氣工事施工に就て》，《臺灣電氣協會會報》第6號，第38頁。

[42]《南部送電線電塔千餘座北高間得聯絡》，《臺灣日日新報》，1933年2月22日，第4版夕刊。

[43] 森忠藏，《日月潭水力電氣工事施工に就て》，《臺灣電氣協會會報》第6號，第37～38頁。

[44] 森忠藏，《日月潭水力電氣工事施工に就て》，《臺灣電氣協會會報》第6號，第40頁。

[45] 林蘭芳，《工業化的推手—日治時期臺灣的電力事業》（臺北：政治大學歷史學系研究部博士論文，2003）。

[46]《全村移住問題日月潭水電に關し》，《臺灣日日新報》，1919年11月16日，第7版。

[47]《蕃人盜筍受罰》，《臺灣日日新報社》，1924年8月30日，第4版。

[48]《水社承諾遷從頑強拒絕僅有五戶》，《臺灣日日新報》，1934年7月27日，第4版夕刊。

[49]《水社民遷從至九月完了者欲付獎金》，《臺灣日日新報》，1934年4月28日，第4版夕刊。

[50] 報紙記載，水社的化蕃社（邵族）戶數27戶，男47人，女36人。一記者，《竣工近き—日月潭工事見聞記（三）：杵歌のしらべは忘れられない》，未附報紙名稱及年月日，『楊肇嘉日月潭工事剪報輯』。吳三連史料基金會藏。

[51] 藤崎濟之助，《臺灣電力株式會社沿革史》，第502～503頁。

[52] 一記者，《竣工近き—日月潭工事見聞記（二）：水社部落移住は充分に補償すべし》，未附報紙名稱及年月日，『楊肇嘉日月潭工事剪報輯』。

[53] 根據新高郡警察之報告，在沒水區的墳墓有365座，沒水區外有471座，計836座。《10萬キロ大動力の本源—日月潭水電工事家屋買收と見舞金墓地の處置と漁業權》，未附報紙名稱及年月日，『楊肇嘉日月潭工事剪報輯』。

[54] 一記者，《竣工近き—日月潭工事見聞記（二）：水社部落移住は充分に補償すべし》，未附報紙名稱及年月日，『楊肇嘉日月潭工事剪報輯』。

[55]《表南投道路一部造成》，《臺灣日日新報》，1931年4月2日，第4版夕刊。

[56]《臺中州籌向日月潭開鑿一週自動車路》，《臺灣日日新報》，1935年4月11日，第8版。

[57]《日月潭林間學校十日落成盛況投工費萬三千四百圓》,《臺灣日日新報》,1935年1月12日,第4版;《十日起三天開國講所長磋商會議》,《臺灣日日新報》,1935年1月12日,第4版。

[58]《國民精神文化講習會》,《臺灣日日新報》,1938年8月7日,第5版。

[59]《臺中視察團來》,《臺灣日日新報》,1935年1月12日,第4版。

[60]《詩壇:日月潭雜詠—中華僧慧雲》,《臺灣日日新報》,1935年1月13日,第8版。

[61]《殿下視察日月潭遊覽湖上聽杵歌》,《臺灣日日新報》,1935年1月30日,第8版。

[62]《蕭駐日武官游日月潭按十三日歸京》,《臺灣日日新報》,1935年3月12日,第4版。

[63]《福建記者團きのふ日月潭へ夜は涵碧樓で歡迎會》,《臺灣日日新報》,1937年3月21日,第11版。

[64]《二水電話》,《臺灣日日新報》,1937年6月12日,第2版。

[65]《彰化電話》,《臺灣日日新報》,1938年6月2日,第5版。

[66]《注目をひく日窒野口社長の來臺》,《臺灣日日新報》,1939年1月28日,第2版。

# 準軍人的養成～日治時期臺灣中等學校的軍事訓練

鄭政誠

## 一、前言

　　日人鑑於臺人武裝抗日之猛烈,生怕武器一旦交付臺人手中則亂事難平,故臺人子弟一直到二次大戰末期方有服兵役之規定,是以在中等學校學科中雖有強化體能之『體操』課程,卻始終無單獨軍事課程之規劃。然至1925年起,由於『宇垣軍縮』的改革,日本政府為避免職業軍人遭裁軍後變成浮浪者,打擊到日本帝國軍人的士氣與形象,遂發佈《陸軍現役將校學校配屬令》,將資遣的現役軍人分配到日本國內及殖民地中等以上學校服務,教授學生軍事課程,是以臺灣各中等以上學校也開始出現軍訓教官。

　　為配合將校配屬令的頒佈,日本文部省旋即在中等以上學校增設『教練科』,藉此呼應。另原屬社團或應為體育課程性質之『武道』(含劍道、柔道等)一科,亦被日人強化成軍事操練科目。是以基本教練、空砲彈軍事操練(包

含演習、模擬戰、持槍戰鬥教練)、軍隊參觀活動、行軍與荷槍馬拉松賽跑等已在中日戰爭前成為中等以上學生的重要學習活動。進入到戰時體制，舉凡參觀軍事基地、舉行軍事防空演習、參加軍隊軍旗祭、舉辦日軍在華軍事行動成果專題演講、實施實彈射擊比賽等，更是不勝枚舉。此外，還有志願兵與學生兵的徵募、訓練與動員等，是以此時的軍事訓練與軍事動員可謂已全面推展。

從日治時期中等以上各學校之老照片、成績單、校友會會志、畢業紀念冊中，已發現軍事課程與訓練已是重要的學習項目；而從校友回憶性的自傳、小說及口述訪談中，亦發現不少校友對求學時之回憶，除描繪自身求學情景、學校發展概況、臺灣風土民情外，最令彼等印象深刻者亦多是『教練』、『武道』二科中的身體訓練、軍事訓練與戰時動員，顯然身體規訓與戰爭情境仍是許多校友記憶中最難抹滅者。

到底日人在臺灣如何透過此等軍事化課程強化國家對個人的身體控制？現役軍人配屬至中等以上校園後，在軍事教育上扮演何種角色？與正規教育有何折衝？而除各種軍事與身體訓練的實踐外，此等活動與訓練對中學生又產生何種影響？為此，本文乃利用各中等學校內部刊行物，兼及小說、校友回憶口述資料，另閱覽當時教育制度法規、報紙與總督府檔案及職員錄等，並參酌時人論述與相關研究，藉此解析上述課題。

## 二、中學軍事訓練課程的緣起

日人據臺後，由於臺日雙方的語言差異，加以『殖產興業』所需之初級技術人員的養成，因此在初等教育部份設公學校，強調臺人子弟對日語的學習，以達同化之目的。至於中等教育則以職業教育為主要依歸，初期僅設修業一至三年不等之農、林、糖、工業講習所，供青年男子就讀，至1919年《臺灣教育令》頒佈後，方設立修業三至四年不等的農業、農林與商業學校數所，供公學校六年級以上學生就讀。至1937年，隨中日戰爭爆發，為盡速補給戰力，擴充戰備基礎，在『工業臺灣』的政策下，總督府又在各大城市內增設工業學校。終日治時期，臺灣實業學校共有27所，其創立時間與校名可參閱下表1所示：

### 表1　日治時期臺灣實業學校一覽表

| 創校時間 | 校名 | 創校時間 | 校名 |
|---|---|---|---|
| 1912 | 臺北工業學校 | 1939 | 臺南農業學校 |
| 1917 | 臺北商業學校 | | 彰化商業學校 |
| 1919 | 嘉義農林學校 | 1940 | 花蓮港工業學校 |
| | 臺中商業學校 | | 新竹商業學校 |
| 1926 | 宜蘭農林學校 | 1941 | 花蓮港農林學校 |
| 1928 | 屏東農業學校 | | 臺南工業學校 |
| 1936 | 臺北第二商業學校 | 1942 | 高雄工業學校 |
| 1937 | 臺中農業學校 | 1943 | 員林農業學校 |
| | 高雄商業學校 | | 基隆水產學校 |
| | 開南工業學校（私立） | | |
| | 開南商業學校（私立） | 1944 | 彰化工業學校 |
| 1938 | 桃園農業學校 | | 新竹工業學校 |
| | 臺中工業學校 | | 新竹農業學校 |
| | 嘉義商業學校 | | 嘉義工業學校 |

資料來源：臺灣教育會編《臺灣教育沿革誌（下）》臺北；古亭書屋復刻本-1973年，第911‖912頁；蘇曉倩《身體與教育～以日治時期臺灣實業學校的身體規訓為例》1919‖1945 南投；暨南國際大學歷史學研究所碩士論文-2004年5月第160頁。

　　而為強化農林產業發展所需人員，總督府除設立各農、林、工業學校外，在公學校內亦設有修業一至二年的『實業科』，供公學校畢業生就讀。至1919年臺灣教育令頒佈後，原在公學校所設立之實業科被改稱簡易實業學校；1922年新臺灣教育令頒佈後，總督府除比照日本國內在臺灣設立各類職業學校外，亦將原簡易實業學校改稱為實業補習學校，並不斷增校，是以迄1944年止，臺灣各地已設立90所以招收臺人子弟為主之實業補習學校。[1]

　　另屬於中等教育者還有中學校，但由於差別待遇所限，日人並不喜臺人子弟接受高等教育，是以普通中學並非日人在臺的主要教育施策，[2]然隨日人在臺統治漸上軌道，來臺日人漸增，其子弟就學與升學多成問題，為此，總督府乃於1898年以府令第8號頒佈國語學校第四附屬學校規程中改正，在該校內增設『尋常中學科』，自此開啟臺灣的普通中學教育。[3]此後，因國語學校改制與日本國內法規的修訂，原為國語學校第四附屬學校的『尋常中學科』又被改編成國語學校中學部，[4]雖然該校以招收日人子弟為主，但仍有部份臺人子弟可以享有入學許可。

尋常中學科自獨立為中學部後，由於課程、學制與日本國內相同，故吸引不少日人子弟就讀。然因國語學校為教育臺人子弟之機構，考慮到臺日人的『差異性』問題，總督府遂於1907年5月，以『管理及訓練上不便』為名，依勅令第206號制訂臺灣總督府中學校官制。至此，國語學校中學部乃正式單獨成為總督府中學校。[5][6] 原本全臺僅此一所的中學校，後考慮到南臺灣日人子弟的就學需求，是以至1914年5月，總督府又於臺南新設中學校，[7] 不過，仍是以招收日人子弟為主。

隨公學校畢業的臺人子弟日增，全島仍無一所供臺人子弟升學就讀之中學校，是以臺中在霧峰林家林獻堂（1881～1956）等人的奔走下，終於在1915年成立第一所專供臺人子弟就讀之臺中中學校；至於臺北也在北部臺籍士紳的努力下，在1922年4月設立一所專供臺人子弟就讀的臺北第二中學校。[8][9] 至1920年，由於地方制度改正，全島區分五州二廳，中學校也於1921年新學期開始改由各州管理，[10] 翌年，又因新臺灣教育令之頒佈，全島中學以上學校開放日臺共學。此後臺灣各大都市陸續增設中學校，另私立中學校如淡水中學校與臺北中學校等也相繼設立。至1938年，臺灣各地已設有15所中學校（見下表2），雖然中學校已陸續增設，但僧多粥少，入學競爭仍十分激烈。

## 表2　日治時期臺灣中學校一覽表

| 校名 | 校址 | 創校時間 |
| --- | --- | --- |
| 臺北第一中學校 | 臺北州臺北市龍口町 | 1907.5.20 |
| 臺北第二中學校 | 臺北州臺北市幸町 | 1922.4.1 |
| 臺北第三中學校 | 臺北州臺北市大安字十二甲 | 1937.4.1 |
| 基隆中學校 | 臺北州基隆郡七堵莊八堵 | 1927.4.1 |
| 新竹中學校 | 新竹州新竹市赤土崎 | 1922.4.1 |
| 臺中第一中學校 | 臺中州臺中市新高町 | 1919.4.1 |
| 臺中第二中學校 | 臺中州臺中市頂橋子頭 | 1922.4.1 |
| 臺南第一中學校 | 臺南州臺南市三分子 | 1914.5.1 |
| 臺南第二中學校 | 臺南州臺南市竹園町 | 1922.4.1 |
| 嘉義中學校 | 臺南州嘉義市山子頂 | 1924.4.1 |
| 高雄中學校 | 高雄州高雄市三塊厝 | 1922.4.1 |
| 屏東中學校 | 高雄州屏東市北町 | 1938.4.1 |
| 花蓮港中學校 | 花蓮港廳花蓮港郡花蓮港街米崙 | 1937.10.1 |
| 私立淡水中學校 | 臺北州淡水郡淡水街 | 1938.4.11 |
| 私立臺北中學校 | 臺北州七星郡士林街 | 1938.9.21 |

資料來源：臺灣教育會編《臺灣教育沿革誌（下）》第 809 ‖ 810 頁。

　　雖然中學校與實業學校性質不同，但皆屬男子就讀之中等教育機構，且在富國強民與『體位向上』（增強體能）的政策下，軍事課程也在此等學校中被強化開來。舉 1922 年 4 月 1 日頒佈的公立中學校規則為例，總督府仿日本文部省於 1901 年 3 月 5 日所頒佈之中學校令施行規則，將中學校學科訂為修身、國語及漢文、外國語、歷史、地理、數學、博物、物理及化學、法制及經濟、圖畫、唱歌及體操科，[11]另可因應臺灣現實狀況增設『實業科』，至於『臺灣語』則被設定為隨意科（選修科）。[12]

　　在此等科目中，若要論及與軍事教育相關者則僅有『體操』一科較有關聯。據同年度的中學校規則所示，體操科『以均衡身體各部發展，培養強健身體、靈敏動作、快活剛毅及堅忍持久之精神，並養成守規律之習慣為主旨。體操教授教練及體操，需讓學生知悉運動生理之大要，並得以增加擊劍及柔道課程。』[13]由於體操課含有以國家教育力量行學生身體規訓之實，舉凡立正、敬禮、各種行進、轉法等項目與要求，均與軍人的基本教練相雷同，是以如謝仕淵研究所提，日人在臺實施的體操其實是從『普通體操』轉換至『兵式體操』。[14]據 1885 年日本『兵士體操及輕體操教員養成要領』所示，所謂兵式體操是指未經

訓練的士兵至中隊進行演習、柔軟演習、器械體操及活用槍術等，[15]當然也包含整頓、行進與步調等活動。[16]更何況中學體操科另含有教練部份，而所謂『教練』亦是『兵式體操』的改稱。即由於此等課程的強化，是以畢業於臺北一中的日籍校友，多稱其母校校規十分嚴格，無論在服裝、姿勢、規律、禮儀、學習、訓育與鍛鍊上均有所本，故可稱得上是迷你版的陸軍士官學校。[17]無獨有偶，畢業於宜蘭中學校的林平泉也回憶道：『進（宜蘭）中學後實在很辛苦，上課的種種方式和訓練，就跟軍校沒兩樣。』[18]雖然中等學校的體操科已有軍事課程的雛形，但真正將軍事教育置入到課程中還是要等到1925年的《陸軍現役將校學校配屬令》頒佈後，方有較大變化。

關於校園配屬『將校』（戰鬥科軍官）政策的頒佈乃因是年宇垣一成（1868～1956）大將擔任日本陸軍大臣，實施大規模裁軍改革所致。日本政府怕此『宇垣軍縮』讓遭裁軍後的職業軍人變成攤販或流浪漢，打擊到帝國軍人的士氣與形象，因而頒佈該法。依配屬令規定，中等學校以上校園開始配屬現役將校，教授學生軍事課程，稱之為『軍事教練』。就配置而言，基本上大學配屬將校，高等學校與專門學校則配屬大佐或中佐，至於中學則配置少佐或大尉。[19]不過至1930年，隨日本強化軍備，將校資格降低，中等學校實際配屬經常只是準尉級而已。雖然降級配置，然每年陸軍省仍會派遣高級將校為校閱官，對各校教練科訓練成果實施校閱。[20]

隨該政策的頒佈，中等學校體操科除陸續增加相撲、柔道、游泳等項目外，在舊有教練一項更增加具有高度軍事教育性質的『野外演習』，而為實施該項科目，體操科在每週教學時數外又依訓令所示，增加數小時以利施展。[21]由於校方配合總督府政策作為，是以在1926年5月1日時，總督府即以訓令第35號頒佈中學校以上各種學校之『教練教授要目』，其中有關中等學校各學年度應施行之軍事教練內容，可參閱下表3所示：

### 表3　1926年中學校教練教授要目

| 教材＼學年 | 第一學年 | 第二學年 | 第三學年 | 第四學年 | 第五學年 |
|---|---|---|---|---|---|
| 各個教練 | 徒手基本教練 | 同左 | 同左 | 持槍基本教練 | 同左 |
| 部隊教練 | 徒手分隊教練<br>徒手小隊教練 | 徒手分隊教練<br>徒手小隊教練<br>徒手中隊教練 | 同左 | 持槍分隊教練<br>持槍小隊教練<br>持槍中隊教練 | 同左 |
| 射擊 | ─ | ─ | 預備演習 | 預備演習<br>狹窄射擊 | 預備演習<br>狹窄射擊<br>實彈射擊 |
| 指揮法 | ─ | 助教、助手之動作<br>分隊長之動作<br>小隊長之動作 | 同左 | 助教、助手之動作<br>分隊長之動作<br>小隊長之動作<br>中隊長之動作 | 同左 |
| 陣中勤務 | 搜索、警戒，特別是步哨、斥侯等（單兵）通信之傳遞法，特別是傳令、聯絡兵之傳遞等宿營給養，特別是露營、幕營、架營、野外炊事等 | 同左 | 同左 | 搜索、警戒，特別是步哨、斥侯等（部隊）宿營給養，特別是露營、幕營、架營、野外炊事等 | 同左 |

續表

| 旗信號 | 手旗信號 | 手旗信號<br>單旗信號 | 單旗信號 | ─ | ─ |
|---|---|---|---|---|---|
| 距離測量 | 步測、目測 | 同左 | 同左 | 音響測量<br>器械測量 | 同左 |
| 測圖 | 地形地物表示法<br>地圖判讀 | 同左 | 寫景圖<br>要圖<br>剖面圖<br>路上測圖 | 寫景圖<br>要圖<br>剖面圖<br>路上測圖<br>略測圖 | 略測圖 |
| 軍事講話 | 各兵種、職能及戰鬥一般之要領，軍隊主治，軍隊教育，各種兵器的機能與概要，築城軍事交通之概念、國防、帝國軍制，列國軍事之趨勢，兵器軍用器械之趨勢及概要等 |||||
| 其他 | 武器取用入手之保存法、衛生及急救法、結繩、手榴彈投擲法 |||||

資料來源：《臺灣總督府公文類纂－教練教授要目改正ノ件》-7392冊-文號14，1930年1月1日。

　　據上表3所示，中等學校的教練科目內容有各個（單兵）教練、部隊教練、射擊、指揮法、陣中勤務、旗信號、距離測量、測圖、軍事講話、戰史及其他等，低年級學生主要施行基本教練，但漸至高年級，課程內容不但加深加多，亦有持槍教練課程與實彈射擊。另由於教練科已增列野外演習部份，是以中等學校每週教練科上課時數，一至三年級為每週二小時，四、五年級則增至三小時，至於野外演習時間，一、二年級每年需有四天，三至五年級則增至五天。[22]而據嘉義農林學校日籍校友北村嘉一的回憶，謂當時除校內外之軍事操練外，每年暑假都還會有一個星期的時間到臺南白河陸軍習廠舍接受軍事訓練。[23]由此可知，隨將校配屬政策與總督府對體操科中教練科目的強化，軍事教育在臺灣中等學校可謂已積極展開。

　　另一方面，由於軍人開始入駐校園，學校該如何作為？各中學校校長們亦有一番討論，據《臺灣時報》的記載，在將校配屬校園政策頒佈後翌年底，即1926年11月22日，在臺北醫學專門學校講堂曾召開全國中學校長會議，共包含臺灣島內9位及日本國內147位之全國中學校長參加，該次會議有兩大議案，其中第二案即是由臺灣的中學校長所提如何使學校教練更為有效之方案，在經過各委員提出不同陳述與意見交換後，該會共做出四項決議，即（一）一

校配屬將校的比例應配合學級數而定，若僅有配屬將校一人者，則建議配置所需之附屬下士人數。（二）中等學校的教練教材需更簡單，且應盡速公佈教授細目。（三）加速處理現用槍支（一人一挺）及附屬品之配給等事。（四）彈藥需由官方供給，且需補助演習費及其他費用。[24]

要之，隨1926年校園軍事教官的配置，中等學校的學生們開始接受嚴格的軍事訓練課程，被尊稱為臺灣史懷哲（Albert Schweitzer, 1875～1965）的陳五福（1918～1998）醫師曾指出日治時期臺灣的中等教育是採取斯巴達的教育方式，透過嚴格設計的管理制度，進行人格與思想上的改造，藉以符合國家統治需要。[25]而軍事教育的灌輸，除鍛鍊學生身心，涵養團體的觀念，使其成為國民中堅之資質並增進國防能力外，[26]無疑地，也是一種符合國家統治需要的人格、思想與身體的改造方式。

## 三、太平洋戰爭前的軍事訓練

日人對中等教育機構採取嚴密的控管制度，其目的就是要讓學生過軍隊般的生活，藉此培養樸實之生活態度與刻苦耐勞之精神。[27]對日籍學生而言，由於有服兵役之義務，故在中等教育階段的軍事訓練也有預備軍人養成之目的，至於臺籍生，雖然全面徵兵制在1945年才實施，但隨中日戰爭的爆發，無論是皇國民的養成、國防能力的增進，乃至於兵員的補充，也成為校園內需強化軍事訓練之因。

在中等學校的軍事教育中，無論是靜態的參觀或動態的演練皆俱，舉最早成立的臺北一中為例，雖然該校主要招收日籍子弟，但據校友柯德三的統計，臺北一中每年度招收四班，一班有50名，共200名新生，唯其中仍有臺人5名。[28]顯見雖有招生名額的差別待遇，但也看出日臺共學的情況。在1926年將校配屬令頒佈前，該校學生已在各種動、靜態的軍事活動中操練及演出，如1907年12月14日，參加臺灣守備步兵第一聯隊於臺北三板橋舉行之軍旗授予式；[29]1909年5月6日，參加在臺北武德會廣場為戰死與殉難日軍所舉行之招魂祭；[30]1910年11月14日，至臺北火車站迎接討伐原住民歸還之軍隊。[31]

另有關真槍實彈的武器操練也不乏，如1907年10月9日，臺北一中四、五年級的學生便至臺北郊外六張犁地區舉行空砲彈軍事操練（包含演習、模擬戰、持槍戰鬥教練等）。當時即便在日本國內的中等學校，體操課仍多以實施兵式體操為主，所以在殖民地臺灣的中學校還能舉行持槍戰鬥教練可說絕無僅

有。此外，校外打靶也不虞，如 1907 年 11 月 23 日，臺北一中四、五年級學生便至臺北近郊和尚州（今臺北縣三重、蘆洲市一帶）附近舉行射擊演習。[32]

至於以臺籍生為主之中等學校實施情況如何？據嘉義農林學校校友陳金定的回憶，謂在中日戰爭爆發前幾年，日本政府即開始推動軍事訓練，首先由軍隊指派軍事教官入駐校園，此後每年都會舉辦閱兵典禮，由臺南步兵第二聯隊負責校閱，操兵時間長達一個月。[34]在長達一個月的軍事校閱中，可推論校閱項目必當十分繁瑣，在上述 1926 年中學校教練教授要目中，已可清楚得知中學生的軍事教練包含有單兵徒手基本教練、持槍基本教練、刺槍術、手榴彈投擲、射擊、搜索、警戒、打旗號等，顯然這些內容都應該是當時臺籍學生時常操練的部份。

進入到 20 世紀 30 年代，隨九一八事變的爆發，中日衝突日益升高，日本國家主義與軍國主義氣氛更增，中學生參與校園內外軍事活動更顯頻繁，如參加奉獻軍機儀式、祭祀日本軍功將領、追悼參戰陣亡校友、參觀軍事基地、舉行防空演習、參加軍隊軍旗祭、舉辦日軍在華軍事行動成果專題演講、實施實彈射擊比賽等，不一而足，可謂敵情教育與愛國教育的加強。[34]1933 年入學的臺中一中校友林寶樹就曾回憶說當時進入到所謂戰時體制時代，軍事課程年年加強，有一年一度擴大規模的軍事演習，想起來那時真是精神緊張，不勝負荷。[35]

戰時體制下的中學校園確實如林寶樹所言，就靜態的軍事活動而言，如戰情之演講便時常舉辦：1937 年七七事變爆發後，臺北一中應屆畢業生原計劃至中國東北畢業旅行者不但取消，還需在暑假期間至建功神社祭拜，並聆聽由駐校教官步兵少佐上條保廣以『日支事變的現況』為題之專題演講。同年 9 月 1 日，第二學期始業式時，渡邊節治校長還特別說明支那事變之經過，並勉勵全校師生『振作校風，勵行尊師，以自主自律的國士氣魄涵養促進學生的自覺。』自此，該校生活更深受軍事影響，每天朝會後均需進行閱兵及分列式，軍事訓練比以往更加落實。[36]

而據臺北一中臺籍校友李玉虎的回憶，也說自 1937 年 9 月的第二學期開始，校內氣氛大變，除軍事教練正課外，如有風吹草動學生就需全副武裝荷槍、吹小喇叭，行軍往臺灣神社參拜。凡所經過之處，道路兩側之住民與路人皆駐足觀看彼等堂堂整齊，步伐響亮之英姿。此外，還有夜間行軍，畢業前也曾至湖口軍事營地訓練一星期等，[37]總之，有數不完之訓練。

臺籍學生面對如此頻繁的軍事訓練卻無負擔兵役之義務，日人如此作為到底所圖為何？據黃金麟的研究，謂如此戰鬥體的構化可讓學校變成軍國民的製造場所，學校變成有效的訓練基地，以配合要塞化作戰的需要。[38] 不過，蘇曉倩依桃園農業學校校友邱創基的口述，卻更進一步指出，進入到20世紀30年代後期，軍事課程的目的就是要儲備未來對外侵略的軍力，文曰：

> 戰爭開始時，大家都準備要到海外去發展，因為這是日本國家政策……因為日本人的政策是發動大東亞戰爭，一切要先有準備，要先訓練好學生，等學生進入部隊才不用再訓練，所以開始學校軍事化工作，在學校進行軍事教育，實行精神鍛鍊和團體精神的養成。[39]

為求軍力的塑造與齊一精神，外在表現即是軍國民教育制服之規定。1936年3月14日，總督府下令將中等學校制服改為國防色，即卡其色，同年4月1日起入學新生便開始穿著，此種具軍國民教育色彩的制服也成為戰後臺灣大多數中小學生的標準制服。當時官方報紙《臺灣日日新報》曾報導：

> 鑑於國內外非常時局，統治國民被服以圖國防之完璧，之前由臺灣軍及總督府所提倡之國民服裝統治運動，由臺北市開始而實施於全島中學校。臺北市方面由臺北一中先開始，先由一年級新生200名在28日一起著國防色制服，新制服為帶有黑味色，青褐色折襟，類同軍服衣帽式樣相同顏色，而為求保留一中傳統，仍置放紅色三條線居中，由學校當局委託陸軍製衣廠內的被服協會處理，來年將全部更換。其他如臺北商業、工業學校目前也正在製作中。[40]

隨戰局逆勢發展，自1943年起，總督府更規定中等學校以上學生需穿著繫有鞋帶的鞋子，並綁上綁腿的戰鬥服裝扮。學生被要求穿制服，打綁腿此種景象，即使強調自由學風的臺大預科或臺北高校也不可倖免。[41] 據臺北一中校友李玉虎的回憶，謂當時學校以培養文武人才為教育目的，生活要樸實剛強，實施軍事訓練加以鍛鍊之，但學生必須依規定戴學生帽，穿制服及黑皮鞋，腳要捲腳絆（打綁腿），每日要穿此正式服裝上學。[42]

有了國防卡其色的制服與綁腿後，接下來的各種軍事操練便隨之上場，其中如教練查閱、行軍、國防體育競賽、軍事對抗等，也充分展現中學生所需接受的軍事訓練與身體磨煉。就教練查閱而言，由於此舉不僅是軍事教育成果的檢驗，也是軍方企圖展現日本帝國完成大東亞共榮圈實力的展示場，是以日方相當重視。舉1938年11月宜蘭農林學校教練查閱為例，活動一開始即為閱兵分列式，接著進行各年級的各類教練演示，像五年級的學生就有陣地攻擊、戰鬥教練等，演練過程彷彿實戰景況，所以連列席觀賞的地方首長都讚歎不已。[43]

鐘肇政以自身背景所寫的長篇小說《八角塔下》，也曾提到為推行軍國主義，中等學校所實施的教練課，每年都舉辦軍訓總檢閱，以考核教練成果。而在檢閱完畢後會由軍方派來的高級官員直接公佈成績，分為『優秀』、『優良』、『良好』、『可』等四個等級，即使多屬臺人就讀的教會學校——私立淡水中學校亦不可倖免。在該小說中，鐘肇政如此述說：

　　配屬將校來後，我們也要接受一年一次的『查閱』了，那就是教練成績的一種檢閱。為了那一天，我們足足準備了整整三個月，全校上下都為這而奔忙。我們的項目是戰鬥教練，每週三堂的教練課時，只要不是下雨，我們便被驅遣到高爾夫球場去操練。因時局緊張起來，高爾夫球已經沒有人打了，草也長長了，那麼寬敞的草原，處處又有起伏的斜坡，正式最恰當的操練場地，於是我們就苦了，匍匐前進、奔跑、衝刺，每堂課都要都要使大家弄得精疲力竭，喘不過氣來。[44]

　　讓學生喘不過氣的當然不只這些，長行軍也是一大考驗，如臺北一中臺籍校友林彥卿的自傳就提到，當時該校訂有往返臺北淡水間的行軍活動，三年級以上的學生要荷三八式步槍前進，若途中有體弱同學倒下需代為荷槍。之前另有行軍往返烏來者，五年級學生所攜的步槍內更需裝填實彈。[45]而為強調國民精神之重要性，非僅白天行軍，夜間行軍亦是臺北一中學生的軍事訓練，據《臺灣日日新報》所載，1937年11月5日晚間11時，渡邊節治校長與該校約千名學生，從學校出發往八堵車站實施夜間強行軍，從八堵到貢寮車站則利用火車，但從貢寮車站到澳底的北白川宮能久親王（1847～1895）登陸紀念碑則又實施行軍。[46]

　　關於行軍一事，嘉義農林學校第23屆畢業校友劉新科也曾回憶到：『（某次）野外演習要到中埔附近的溪埔地，有一次天色很晚了，為了趕路日本籍教官就叫大家由吊橋透過，吊橋可以同時通行人數是有限定的，橋只是利用繩子綁在兩邊樹上而已，當時有五、六十個人要一起透過，後來橋斷了，相當驚險。』[47]同屆校友曾水池則回憶說：『在某次行軍訓練時，從嘉農走到大林糖廠，只給一罐米酒頭容量的水而已，途中不能補給水，中間僅休息吃便當，到目的地後再折回嘉農，肩上還多加兩塊磚頭，那種訓練真的很辛苦。』[48]

　　中等學校的軍事教練除各校自行演練外，總督府為了檢視各校學生戰鬥力的精進與否與發揮競爭精神，也常舉辦聯合型的軍事操演活動，如自1934年開始，臺北州就持續舉辦中等學校學生聯合射擊大會，每年一月中旬在臺北三張犁陸軍射擊場舉行。參加學校為臺北州下各中等學校，包括臺北一中、臺北

高等學校、臺北工業學校、第二師範學校等約 11 所學校,每校共有 30 名射手。[49] 該射擊比賽也是由各校教練科教官選出在教練課程中射擊成績最優秀者,進行指導與訓練。射擊比賽採臥姿進行,標靶距離 200 公尺,在兩分鐘內射擊五發後,採計成績。[50]

此外,還有跨校性的國防體育競賽活動,如 1938 年 9 月 26 日《臺灣日日新報》報導,臺北市內中等學校武裝競技,其中手榴彈投擲組團體第一名為積分 439 分之臺北第二師範學校,第二名為臺北一中,第三名為臺北第一師範學校。另 1600 公尺全全副武裝團體競走,依然由臺北第二師範學校以 63 分奪魁,第一師範與臺北二中則分居二、三名。[51]

而各校軍事教練的演練成果,有時也會讓民眾參觀,如 1939 年臺北一中的畢業紀念冊中就發現,該校在學校操場內舉行實兵演習,還有噴著煙霧的裝甲車在進行爆破演練。[52] 而據 1939 年 10 月 30 日《臺灣日日新報》報導,謂當天(10 月 29 日)是臺北一中的第 27 屆運動會,其中由五年級學生進行模擬戰,有飛機丟擲炸彈,學生投擲手榴彈,最後還出現坦克,這讓在場觀眾如同親臨實戰般感到興奮。[53]

至於教練科課程的最終曲,則是由校內教官帶領學生進行為期數天的軍事對抗,通常以高年級的四、五年級生為主。隨戰爭更趨白熱,這種演習更加嚴格,1939 年 12 月更以紀念配屬將校即將實施 15 週年為由,擴大舉辦全島學生聯合演習,為期三天,北部學生也南下到臺中平原參與該次擴大演習。[54]

## 四、戰爭時期的軍事訓練與動員

1941 年 12 月因太平洋戰爭爆發,戰局更為緊張,日本一方面為補充兵員,另一方面也為防止盟軍的轟炸攻擊,臺灣總督府遂於 1942 年 1 月 3 日以訓令第 1 號發佈『學徒奉公隊規程』,將中等以上學校的所有教職員與學生編入學徒奉公隊,參與國防訓練、糧食增產以及其他各種勞務工作。[55] 而在學校的學制部份,也因應時局大幅調整,首先總督府在 1942 年 1 月 21 日依勒令第 36 號制訂中等學校令,強調『八紘一宇』的軍國民精神,將中學校修業年限由五年縮為四年,並於當年 4 月 1 日實施。至於課程部份也有大幅度更動,為配合戰時狀況,強化糧食增產、戰技及國防防空訓練,規定一年內需動員三分之一的時間從事以上活動,學生忙於軍事訓練與生產勞動,學習時間大受影響。而其中在軍事教練上最顯著的改變即是將原有學習科目『體操科』更名為『體煉科』,可見軍事規訓的急迫與重要性。

據 1942 年 5 月中等學校教練教授要目規則修正所示，體煉科以增進學生軍事基礎教練，培養至誠盡忠之精神，進行身心一體之實踐鍛鍊，藉此增進國防之能力。為達此目的需依綱要執行，其內容則為：（一）為透徹國體本意，遵照國民皆兵的真義，應該陶冶重視禮節、服從之習性，並培養節操、廉恥之精神，孕育樸質剛健氣度，規律節制、責任觀念、堅忍持久，闊達敢為和協同團結等德行；（二）鍛鍊精力十足、鞏固意志、強健身體；（三）培養身為皇國臣民應具有之軍事基礎能力。[56]至於教練科的教材內容共區分八項，計有教練、部隊教練、射擊、禮式、指揮法及教育法、陣中勤務、補助教材、軍事等。相關內容可參閱下表 4 所列：

## 表4　1942年中等學校教練科教材分配及進度表

| 教材 | 要項 | 細目 | 內容 |
|---|---|---|---|
| 單兵教練 | 基本 | 徒手 | 立姿；稍息；左（右）轉；半面左（右）轉；向後轉；行進間各種動作 |
| | | 步槍 | 立姿；左（右）轉、半面左（右）轉、向後轉；肩槍、持槍；行進、停止；上（下）刺刀；（子彈）裝填、退出；射擊、跪射、臥射 |
| | | 輕機槍 | 立姿；左（右）轉、半面左（右）轉、後后轉；肩槍、持槍；行進、停止；上（下）刺刀；（子彈）裝填、退匣；射擊、跪射、臥射 |
| | | 榴彈炮 | 立姿；射擊；跪射、臥射 |
| | | 步槍 | 射擊、運動、運動和射擊之聯繫；手榴彈投擲；突擊 |
| | | 輕機槍 | 射擊、運動、運動和射擊之聯繫 |
| | | 榴彈炮 | 射擊、運動、運動和射擊之聯繫 |
| 部隊教練 | 密集 | 分（小、中）隊 | 編成及隊形；集合、解散；整頓、行進、停止；方向變換；隊形變換、架槍、取槍 |
| | 戰鬥 | 分隊（一般及榴彈炮） | 散開；運動；射擊；突擊；陣內攻擊 |
| | | 小（中）隊 | 戰鬥前進；展開；運動及射擊；突擊；陣內攻擊 |
| 射擊 | | | 射擊預習；狹窄處的步槍射擊；基本射擊 |
| 敬禮儀式 | | | 個別敬禮；部隊敬禮；閱兵、分列 |
| 指揮法及教育法 | | | 分隊長；小隊長；助教、助手 |
| 陣中勤務 | 聯絡 | | 傳令；傳令兵 |
| | 搜索 | | 偵察 |
| | 警戒 | | 行軍間的警戒；駐軍間的警戒 |
| | 行軍 | | 行軍實施要領；行軍力的養成 |
| | 其他 | | 炊事；帳篷使用法；宿營；輸送 |
| 補助教材 | 戰場運動 | | 跑步與快走；快跑；跳高、跳遠；打擊、搬運；手榴彈投擲；穿越障礙 |
| | 刺槍術 | | 基本動作；應用教育 |
| | 方位判定、地圖利用 | | 步量法；目測；方位判定；地圖利用；略圖製成 |
| | 防毒與急救法 | | 防毒法；止血法；繃帶法；人工呼吸法 |
| | 兵器使用保存及維修 | | 三八式步兵槍及附屬器械；三零年式槍劍；三零年式步槍；槍刀及喇叭；其他兵器材 |

| 講授 | 軍事 | 教練目的與訓練要綱；各課目與訓練要旨；實施教練演習之必要事項 |
|---|---|---|
| | 軍事常識 | 國防意義；皇國軍制；學校教練及青年學校教練；軍隊生活；各部隊職能及戰鬥一般要領；國土防衛；主要兵器概要；築城與軍事交通概要；主要戰役；靖國神社與御府等 |

資料來源：臺灣總督府《臺灣總督府官報-號31》1942年5月9日 第38‖45頁。

面對因太平洋戰爭而起的校園軍訓強化，1941年入學的臺中一中校友李有仁曾深刻回憶到：

在昭和16年（1941）12月8日早晨五點半，學校令全體師生集合併由舍監主任五十川先生宣布日本飛機偷襲美國珍珠港的消息，從此以後學生的生活都完全改變，學校開始採取軍隊化的教育，除了上課之外對於軍事訓練及體能方面尤其注重，每天都餓著肚子在操場上猛訓練。[57]

而1942年就讀私立臺北中學校的林振永也記得自中學二年級開始就得接受嚴格的軍事訓練，加強夜間演習，也有現役軍官來學校指導，放學後全校學生都要留下來接受軍事訓練和聽精神訓話，每天放學前要從學校跑步至臺灣神社再返回。整個學校的生活越來越緊張，有如軍隊生活一般，學校功課都排在一邊，只有軍事訓練要緊。[58]

此時學校的軍事操練已然比太平洋戰爭前更加緊湊與嚴苛，且更加注重軍人的威儀，如行軍時學生帶槍，校旗為前鋒，校長還要帶著指揮刀跟著校旗走。[59]

學生上下學遇到老師時需以齊步走，向左右看等動作向老師敬禮。更誇張的像新竹商業學校校長今井壽男，還規定該校學生在上下課期間均需肩扛七尺長的木槍。[60]

而在1944年4月於戰爭烽火下成立的新竹工業學校，學生更是可憐，在學時的記憶就僅是軍事訓練、躲空襲、義務勞動、打造番刀和開墾農園。該校第一屆畢業生楊熾浩曾回憶，學校厲行軍事化教育時，第一次行軍到新埔時還可邊走邊完戰鬥遊戲，但第二次行軍到苗栗頭份時，就需個個全副武裝，穿軍服、帶軍帽、打綁腿，還背著裝有飯盒、毯子等物的背包。這群十四、五歲的青少年分為南北二軍，南軍是通勤生搭火車到竹南站會合。北軍是住在新竹市

區的學生所組成,從學校出發,經寶山、頭份到珊珠湖,兩軍在珊珠湖展開南北軍廝殺大會戰。隔天南北二軍還有模有樣的參加閱兵典禮。[61]

面對各種軍訓內容的強化及對其他科目學習的限縮,嘉義農林學校校友邱創基也曾說分明,謂:

每週部隊會派現役軍人來巡視教官是否有測底訓練學生,看老師對於學生的團體生活是否有教好,以及教練課有沒有訓練步兵小隊作戰,打靶。四年級時就停掉英文課,主要是為配合戰爭需要建機場,將原本英文科的時間拿來上軍事訓練。每天在學校裡的靶場打靶,三、四、五年級還要到新竹、臺北參加聯合演習。[62]

關於聯合演習之情況,臺中商業學校校友林榮華亦曾細緻回憶:

聯合演習是臺中中等學校要到臺中附近,一邊從豐原前進,一邊從彰化前進,各自以不同顏色代表不同的軍隊,模擬戰爭實際狀況。有飛機丟炸彈,好像身處真的戰場。(教官會)告訴每個人在站崗哨時要注意的事項,目標在什麼地方,不在什麼地方,兩個目標一定要有重疊處,不可有空隙。也就是每個人站的地方不能有漏空,可以重迭,但不可以有死角之處。有實際的作戰經驗,以後就可以直接上戰場,像學弟們在當學徒兵時遇到聯軍的大型飛機,並不會感到害怕,大型飛機高高的,要轟炸什麼地方,趕緊離開就可以,最怕的是看不到的小型飛機。戰場上的狀況在學生時代就已經經歷過、訓練過,到了戰場上砲彈打過來,沒有被打死,你就停留在那邊,因為敵軍不會再打第二顆砲彈,學校都有訓練學生求生的原則。[63]

從上述防空訓練的教導上,可知學生對空防能力當有一定程度的瞭解,另一方面,如此的訓練法則,面對戰爭急迫的兵員補充,無疑也大大縮短新訓的時程。

至於在規訓、灌輸學生軍事訓練中扮演最重要角色的軍訓教官,其功能與地位如何?似也值得一提。前述臺灣文學大家鐘肇政在類同描繪其中學時代生活的小說《八角塔下》中即曾描繪過配屬將校,謂一般公立學校是早就有配屬將校的,至於他所就讀的私立淡水中學校,由於多是臺灣子弟所就讀者,故配置較晚。配屬將校有權頒發教練合格證,憑這一紙證明,將來被徵入營服役時,可以申請『幹部候補生』的資格,若『幹部候補生』及格便是一名現役將校(軍官)了。[64]

從鍾肇政的記述中，可知軍訓教官對學生未來的部隊生涯影響甚大，但因戰爭的影響，面對各種嚴苛的軍事教練，恐怕學生對教官都不會心存好感，是以鍾肇政在另部小說作品《插天山之歌》中便說：

　　日人接管後，校長派來了。首先第一個改革是遣走原有教師，聘來新教官，實施軍事教練與武道教育。那教練的教官，有如凶神惡煞，用拳頭鞋尖來管教這些大孩子們，武道教官則用竹刀來猛揍。自由的空氣，一下子就消失無蹤。[65]

　　曾就讀基隆中學校的陳五福醫生也曾提到，學校最凶悍可怕的就是軍事訓練教官，他的命令絕對要服從，否則就有苦頭吃了。回想起這種比入伍訓練還更無理的鍛鍊，還一直讓他心有餘悸。[66]畢業於宜蘭農林學校的楊東漢也說：當時有一位安川教官，常罵學生『清國奴』，會有歧視臺灣人的心態出現。[67]嘉義農林學校第22屆畢業校友陳寶德則曾回憶說，在他四年級時，某日軍訓課被留置在學校整理槍械，但因延誤搭車返家時間，沒想到背地裡罵教官幾句卻被聽見，除當場遭痛罵責罰外，並被解除級長（班長）職務，導師也無法挽救。[68]可見軍訓教官在校園影響力之大。

　　隨戰爭愈趨白熱，學校更是以軍事為主，從此軍事教練為主，課業為輔，因而造成軍人主導校園，軍事教官地位大大提升。學校老師間也以軍階來劃分等級，即使資深老師但因軍階不高，仍得服從軍階較高的資淺老師。[69]此外，非僅是退役軍人擔任學校教官，現役軍人也直接分配到學校教導戰鬥任務，是以鍾肇政回想看到校內軍事教官米村中尉，在校長宣布新任式時，竟鄭重其事地親自指揮學生並向新任的羽矢少尉敬禮，當時還感覺莫名其妙。事後才知現役軍人的地位在當時僅次於校長，且還可在校園差遣退役的配屬將校，[70]權力之大由此可見一斑。

　　隨戰事逆轉與日軍部隊的大量損耗，原本無兵役的義務臺灣民眾也開始遭軍事動員，且對象漸及於青年學生。臺北一中校友林彥卿醫師曾回憶自己在中學三年級時（1943年），某日老師率領全校臺籍學生到臺北公會堂（今中山堂）聽演講，演講內容為臺灣人和內地人一樣可以成為優秀的皇軍，現在就立刻棄筆執槍從軍，演講後還放映有關聖戰的新聞紀錄片。[71]

　　透過學校的宣傳與教育力量，確實有不少中等學校學生志願從軍，[72]至於未從軍者，前述臺灣總督府已於1942年1月3日頒佈《學徒奉公隊規程》，學生多被編組為防衛召集待命，接受軍事訓練。時為臺北一中學生的日人城後佑二事後曾追憶到，謂從1944年第二學期開始，臺北一中的課程約有一半為體鍊科，之後在6月時約有三週時間進入到高雄海兵團，接受海軍體操、手旗

信號與摩司電報密碼等訓練。至 7 月，與一年級生至蘇澳接受海洋訓練。在動員部份，除在宜蘭進行飛機廠整修外，二年生主要工作為市內警備工作。[73]

另同為臺北一中校友的林彥卿醫師則曾回憶道：他在 1945 在 3 月底被徵召為學生兵，屯駐於觀音山，被編入對抗戰車的部隊，名為『荒川隊』。[74]當時屯駐在觀音山中，裝備只有兩座對戰車炮，是明治時代的產物，士兵所用者則是每扣一次扳機即需填發一次子彈之三八式步槍，如此落後武器根本無法與美國的卡賓槍對抗。[75]

雖然日軍的武器落後，但面對美軍可能的登陸臺灣，學徒兵還是要堅強以對，臺中一中校友林榮渠就曾提到，在升上四年級後，全校學生被編製為學徒兵，駐守在清水國小地區部海防之陣，每天都在山腰掘壕洞，準備與登陸之美軍作一次肉搏戰。[76]第 10 期的畢業校友陳逸雄也說：『我們幾乎每天都上山挖塹壕，據說是要準備迎擊美軍登陸。』[77]雖然明知學徒兵無法與美軍正規部隊對抗，但挖壕溝、佈海防的體能與精神教育，中學生還是被日人要求徹底執行。

面對終日學徒動員的疲倦與苦悶，加上在求學時對日本老師嚴格管教的深感痛惡，所以有些學生在擔任學徒兵時也會故意作弄日人一番。如畢業於宜蘭中學校的範裔川就回憶，在四年級當學徒兵時，看到值日同學將內褲放到湯裡洗，然後再端給指揮團的日本團長喝。[78]

要之，日人在戰時體制下對中學生所實施的軍事訓練，其目的除培養忠良臣民與灌輸愛國思想外，最重要者即是使中學生能成為日本母國對外發動戰爭的協力者，並共同擔負起戰爭責任。由於此時學校教育在極端國家主義政策的主導下，並透過嚴格軍事管理，是以在精神上多能培養學生愛國精神及報國意念，在體能上則加強鍛鍊學生身體，致力學生體位向上。宜蘭中學畢業校友李英茂曾表示，日本精神教育非常成功，當時同學在嚴苛軍事訓練中昏倒，醒來第一件事就是唱日本國歌。[79]同為宜蘭中學的校友林清池也表示，雖然在戰時無法讀很多書，但日治時期的教育所塑造的模已經打好，因此大家在日後皆努力充實自我並成為臺灣菁英。[80]

## 五、結語

日治時期臺人原無服兵役之義務，此或可成為『好男不當兵，好鐵不打釘』俗諺之明證。唯從日治時期中等以上學校校刊、校友會誌、畢業紀念冊、口述訪談等材料中發現，日人早已在中等學校強化臺人子弟的軍事訓練，尤其自

1925 年後，由於日本政府發佈『陸軍現役將校學校配屬令』，校園軍事化的情況愈趨明顯，被資遣的現役軍人到中等以上學校擔任教官，教授學生軍事訓練課程，是以臺灣的中學生也開始接受到正規軍事教育。

中學生在軍國主義的教育政策下，除被灌輸忠君愛國的思想外，還被迫接受嚴格的軍事訓練，舉凡基本教練、部隊教練、射擊、指揮法、陣中勤務、旗信號、距離測量、測圖、軍事講話、戰史等校內學科，或行軍、戰鬥教練、實彈射擊等野外訓練，均讓學生留下深刻的印象與影響。此後隨中日戰爭爆發，尤其至 1943 年，隨盟軍空襲轟炸日增，戰事日益吃緊，在戰爭動員體制下，學生經常處在軍事訓練與勤勞奉仕的狀態中，學校多遭停課，學生學習也幾乎完全中斷。

要之，日人透過各種軍事活動的舉辦、操練與課程鋪排，加上現役軍人至各中等學校內主導，可謂大大增強國家機器對中學生個人的身體控制。中日戰爭爆發後，原本無兵役義務的臺灣學生卻急遽地被迫接受嚴格的軍訓訓練，在各種接近新兵訓練的軍事教育中，除讓這些中學生習得軍事作戰和軍事防衛的技藝而成為日常的知識與動作外，在完全複製軍隊操練的情況下，無疑也縮短日本戰時急迫新血兵員的訓練時間。另一方面，也由於學校對這些『準軍人』要求紀律、整齊與嚴肅性，因此學生對於國家軍人形象的認定，也從此與『儀容整齊』、『秩序井然』畫上等號。

（作者單位：國立中央大學）

## 註釋：

[1] 吳文星，《日治時期臺灣的教育與社會流動》，《臺灣文獻》，51 卷 2 期（2000 年 6 月），第 165 頁。

[2] 向山寬夫編，《臺灣臺北州立臺北第一中學校の沿革（年表）》（東京：八光印刷株式會社發行，1991 年 7 月），第 2 頁；臺灣教育會編，《臺灣教育沿革誌》（下）（臺北：臺北：古亭書屋復刻本，1973 年），第 728 頁。

[3] 臺灣教育會編，《臺灣教育沿革誌》（下），第 727～728 頁。

[4] 文部省，《學制八十年史》（東京：文部省，1954 年 3 月），第 822～823 頁；臺灣教育會編，《臺灣教育沿革誌》（下），第 728 頁；蔡平里，《紅樓殘夢之十三——女大十八變》，《建中校友》，25 期（1997 年 12 月），5 版。

[5] 臺灣教育會編，《臺灣教育沿革誌》（下），第 729～730 頁。

[6]佐藤源治,《臺灣教育の進展》(臺北:臺灣出版文化株式會社,1943年7月),第91頁。

[7]吉野秀公,《臺灣教育史》(臺北:臺灣日日新報社,1927年10月),第335頁。

[8]有關臺中中學校的研究可參閱朱佩琪,《臺籍菁英搖籃——臺中一中》(臺北:向日葵文化,2005年5月)。

[9]張豐隆、周志宇、黃春木,《建中簡史》,收錄於趙臺生主編,《建中世紀》(臺北:臺北市立建國中學,1997年12月),第27頁。

[10]向山寬夫編,《臺灣臺北州立臺北第一中學校の沿革(年表)》,第24頁;臺灣教育會編,《臺灣教育沿革誌》(下),第767頁。

[11]文部省,《學制八十年史》,第827〜828第。

[12]臺灣教育會編,《臺灣教育沿革誌》(下),第774頁。

[13]臺灣教育會編,《臺灣教育沿革誌》(下),第777頁。

[14]謝仕淵,《殖民主義與體育——日治前期(1895〜1922)臺灣公學校體操科之研究》(中壢:中央大學歷史研究所碩士論文,2002年6月),第15、48〜49、176〜177頁。

[15]能勢修一,《明治時期學校體育史の研究——學校體操確立の過程》(東京:不昧堂,1995年2月),第121〜122頁。

[16]遠藤芳信,《近代日本軍隊教育史研究》(東京:青木書店,1994年12月),第99〜100頁。

[17]臺北州立臺北第一中學校卒業五十週年紀念文集編輯委員會,《濃綠匂ふ常夏の》(橫濱:三麗會,1987年),『前言』。

[18]林惠玉編,《宜蘭耆老談日治下的軍事與教育》(宜蘭:宜蘭縣立文化中心,1996年2月),第317頁。

[19]寺田近雄著、廖為智譯,《日本軍隊用語集》(臺北:麥田出版社,1999年6月),第160〜161頁。

[20]向山寬夫編,《臺灣臺北州立臺北第一中學校の沿革(年表)》,第30頁。

[21]臺灣教育會編,《臺灣教育沿革誌》(下),第787、798頁。

[22]《臺灣總督府公文類纂》,『教練教授要目改正ノ件』冊7392,文號14(1930年1月1日)。

[23]《北村嘉一口述歷史》,收錄於李明仁主編,《嘉大口述歷史——日治時代》(嘉義:國立嘉義大學臺灣文化研究中心,2008年8月),第70頁。

[24]《全國中學校長會議》,《臺灣時報》(1926年12月),第37頁。

[25] 張文義，《回首來時路——陳五福醫師回憶錄》（臺北：財團法人吳三連臺灣史料基金會，1996年8月），第58頁。

[26] 《臺北州立臺中第一中學校要覽》（臺中：臺北州立臺中第一中學校，1938年），第27～29頁。

[27] 朱佩琪，《臺籍菁英搖籃——臺中一中》，第97頁。

[28] 柯德三，《母國は日本、祖國は臺灣》（東京：星雲社，2005年8月），第128頁。

[29] 向山寬夫編，《臺灣臺北州立臺北第一中學校の沿革（年表）》，第6頁。

[30] 向山寬夫編，《臺灣臺北州立臺北第一中學校の沿革（年表）》，第10頁。

[31] 向山寬夫編，《臺灣臺北州立臺北第一中學校の沿革（年表）》，第12頁。

[32] 向山寬夫編，《臺灣臺北州立臺北第一中學校の沿革（年表）》，第6頁。

[33] 中華嘉義大學校友會編，《嘉農口述歷史（二）》（嘉義：中華嘉義大學校友會，2002年），第19頁。

[34] 張豐隆、周志宇、黃春木，《建中簡史》，收錄於趙臺生主編，《建中世紀》，第28頁。

[35] 林寶樹，《二十期生之回憶》，《臺中一中第三十期畢業四十週年紀念冊》（臺中：臺中一中校友會，1989年），第212頁。

[36] 向山寬夫編，《臺灣臺北州立臺北第一中學校の沿革（年表）》，第50頁。

[37] 李玉虎，《回憶‧遭遇‧命運》，收錄於趙臺生主編，《建中世紀》，第301～302頁。

[38] 黃金麟，《戰爭、身體、現代性：近代臺灣的軍事治理與身體1895～2005》（臺北：聯經出版公司，2009年1月），第102頁。

[39] 蘇曉倩，《身體與教育——以日治時期臺灣實業學校的身體規訓為例（1919～1945）》（南投：暨南國際大學歷史學研究所碩士論文，2004年5月），第112頁。

[40] 《制服を國防色に臺北一中が制訂先づ一年生たげ、來年は全部國防色時代來る》，《臺灣日日新報》，號12941（1936年4月8日），11版。

[41] 鄭麗玲，《帝國大學在殖民地的建立與發展——以臺北帝國大學為中心》（國立臺灣師範大學歷史研究所博士論文，2002年6月），第184頁。

[42] 李玉虎，《回憶‧遭遇‧命運》，收錄於趙臺生主編，《建中世紀》，第301頁。

[43] 《宜蘭農林查閱》，《臺灣日日新報》，號13901（1938年11月29日），5版。

[44] 鐘肇政，《八角塔下》（臺北：草根出版事業公司，1998年4月），第349頁。

[45] 林彥卿，《無情的山地》（臺北：作者出版，2003年2月），第110頁。

[46]《臺北一中の夜間行軍》,《臺灣日日新報》,號 13516(1937 年 11 月 7 日),2 版。

[47]《劉新科、吳坤榕先生口述歷史》,收錄李明仁主編,《嘉大口述歷史——日治時代》,第 148 頁。

[48]《曾水池、陳明賢先生口述歷史》,收錄李明仁主編,《嘉大口述歷史——日治時代》,第 138 ~ 139 頁。

[49]臺北工業學校校友會雜誌部編,《會志》,號 16(1937 年 3 月),第 60;號 17(1938 年 3 月),第 91 頁。

[50]鄭麗玲,《現代武士?——日治末期中等學校的教練科與武道科》,『皇民化與臺灣(1937 ~ 1945)』臺日學術研討會宣讀論文(臺南:長榮大學臺灣研究所主辦,2006 年 5 月 13 日),第 4 頁。

[51]《臺北市內中等學校武裝競技》,《臺灣日日新報》,號 13837(1938 年 9 月 26 日),8 版。

[52]張豐隆、周志宇、黃春木,《建中簡史》,收錄於趙臺生主編,《建中世紀》,第 29 ~ 30 頁。

[53]《臺北一中運動會》,《臺灣日日新報》,號 14233(1939 年 10 月 30 日),版 3。

[54]臺北工業學校校友會雜誌部編,《會志》,號 19(1940 年 3 月),第 68 頁。

[55]佐藤源治,《臺灣教育の進展》,第 182 ~ 186 頁。

[56]臺灣總督府,《臺灣總督府官報》,號 31(1942 年 5 月 9 日),第 37 頁。

[57]李有仁,《在校求學時之生活回憶》,收錄於臺中一中校友會編,《臺中一中八十年史》(臺中:臺中一中校友會,1995 年),第 231 頁。

[58]林振永,《我的一生——人生紀行》(臺北:作者出版,1999 年 6 月),第 85 頁。

[59]莊水旺,《六十年的回憶》,收錄於彰化高級商業職業學校編,《彰商六十週年校慶特刊》(彰化:臺灣省立彰化高級商業職業學校,1995 年),第 101 頁。

[60]潘國正,《天皇陛下の赤子——新竹人・日本兵・戰爭經驗》(新竹:新竹市立文化中心,1997 年 3 月),第 80 頁。

[61]潘國正,《天皇陛下の赤子——新竹人・日本兵・戰爭經驗》,第 192 ~ 193 頁。

[62]轉引自蘇曉倩,《身體與教育——以日治時期臺灣實業學校的身體規訓為例(1919 ~ 1945)》,第 112 頁。

[63]轉引自黃金麟,《戰爭、身體、現代性:近代臺灣的軍事治理與身體 1895 ~ 2005》,第 103 ~ 104 頁。

[64] 鐘肇政，《八角塔下》，第 346 頁。

[65] 鐘肇政，《插天山之歌》（臺北：遠景出版事業公司，2005 年 2 月），第 33 頁。

[66] 曹永洋，《陳五福傳》（臺北：前衛出版社，2001 年 1 月），第 24 頁。

[67] 潘國正，《天皇陛下の赤子——新竹人・日本兵・戰爭經驗》，第 273 頁。

[68] 嘉義農業專科學校校友會編，《嘉農口述歷史》（嘉義：嘉義農業專科學校，1993 年），第 167～168 頁。

[69] 朱佩琪，《臺籍菁英搖籃——臺中一中》，第 131～132 頁。

[70] 鐘肇政，《八角塔下》，第 348 頁。

[71] 林彥卿，《無情的山地》，第 101 頁。

[72] 關於日治末期戰爭動員學界已有不少論述，在此不贅。可參閱周婉窈，《海行兮的年代——日本殖民統治末期臺灣史論集》（臺北；允晨文化公司，2003 年 2 月）內各專文。

[73] 城後佑二，《思出》，收錄於臺北一中三十九期卒業生五十週年紀念志編輯委員會編，《蒼榕》（光印刷株式會社，1994 年 10 月），第 10 頁。

[74] 林彥卿，《無情的山地》，第 119 頁。

[75] 林彥卿，《無情的山地》，第 429 頁。

[76] 林榮渠，《希望》，收錄於臺中一中校友會編，《臺中一中校友通訊》，11 期（1996 年），第 16 頁。

[77] 陳逸雄，《八十年來的世界，八十年來的臺灣與一中》，收錄於臺中一中校友會編，《臺中一中校友通訊》，10 期（1995 年），第 60 頁。

[78] 林惠玉編，《宜蘭耆老談日治下的軍事與教育》，第 328 頁。

[79] 林惠玉編，《宜蘭耆老談日治下的軍事與教育》，第 323 頁。

[80] 林惠玉編，《宜蘭耆老談日治下的軍事與教育》，第 325 頁。

# 臺灣共產黨人張志忠

藍博洲

## 一、一座孤墳與一則檔案

在嘉義新港通往雲林北港的縣道公路旁有一處雜亂無章、蔓草叢生的墓地。墓地裡頭安靜地坐落著一個矮小而不起眼的紅磚砌成的墳墓。這座立於

臺灣共產黨人張志忠　　臺灣部份

1968年（丁未）的墳塚，墓碑上頭的刻字顯示：死者祖先的原鄉來自福建詔安；內葬逝者張公梗、季氏澦夫婦附男楊揚。

幾十年來，沒有人會注意到這一家三口的簡陋墳墓；更沒有人想到，這座尋常的墳墓竟然埋藏著一段不為人知的傳奇而悲壯的臺灣近現代史，以及被黑暗的歷史侵奪的一家三口的悲劇。

故事要從張梗講起。

問題是，張梗是誰？

張梗，就是『二二八事件』期間在嘉義地區組織、領導臺灣自治聯軍戰鬥的張志忠的本名。

1991年12月31日，李敖出版社翻印了國家安全局的機密文件《歷年辦理匪案彙編》第一、二輯，其中，第一輯第十二頁的一則檔案記載了臺灣光復以後，中共在臺灣地下黨的組織、活動與潰敗過程：

1945年8月，抗日戰爭結束，日本殖民地臺灣回歸中國。為了開展日後的臺灣工作，中共中央派任臺籍幹部蔡孝乾為臺灣省工作委員會書記；9月，蔡孝乾由延安出發，間道潛行三個月，於12月抵達江蘇淮安，向華東局書記張鼎丞，組織部長曾山，洽調來臺幹部。1946年2月，蔡孝乾率領張志忠等幹部，分批到滬，與華東局駐滬人員會商，並學習一個月；同年4月，張志忠率領首批幹部，先由上海搭船潛入基隆。

事實上，中共在臺灣的地下黨組織、活動與潰敗，恰恰是從張志忠抵達臺灣而展開，並以張志忠的犧牲為結束的長達八年的『新民主主義革命』的鬥爭史。[1]

## 二、貧農子弟

1910年（明治43年）11月26日，張梗生於日據下臺灣臺南州新巷莊新巷267番地（今嘉義縣新港鄉福德村）的赤貧農家；父親張禮，『在溪邊種菜維生』，母親張林氏廳；上有大姊、大哥張棟（駛牛車為業），下有兩個妹妹及幼弟張再添（小名豆芽菜）。

據新港鄉民陳秀　說，張梗在新巷公學校（第二十回）就學時，『不太讀書，整天在玩，卻總是第一名，用錢很省儉。……畢業後，到合隆商號工作。後來偷渡到中國大陸去，他跑去大陸後，日本人抓他媽媽在街上跪，說張梗去

459

大陸的路費是她提供的。」[2] 對此，張再添說，以他們家當時的經濟條件來說，他母親不太可能有辦法拿錢給張梗去大陸；他認為，因為新港鄉的前清秀才林維朝（1868～1934）非常疼惜張梗，所以有可能是得到他的資助。

總之，張梗到了大陸，並且進入廈門的集美中學就讀。

## 三、參與兩岸的反日帝運動

1924 年，由於受到當時中國學生運動日漸蓬勃的影響，以集美中學的翁澤生（臺北市人）等人為主的在廈門的臺灣學生，於 4 月 25 日及 26 日兩天，召開了閩南臺灣學生聯合會的成立大會。從此以後，閩南臺灣學生聯合會就一直在閩南一帶持續著活潑的反日運動。同年五月，閩南臺灣學生聯合會又創設共鳴社，籌劃刊行該會的機關刊物《共鳴》雜誌；張梗不但參加了該會，並且與嘉義籍的莊泗川共同主持《共鳴》雜誌的編務。[3]

嗣後，閩南臺灣學生聯合會卻因為學生離散與情勢變遷而變得有名無實。

1925 年後，原本就和大陸方面的學生聯合會有所聯繫並共同活動的部份成員，和上海臺灣學生聯合會取得聯絡，並且在共產主義運動的影響下，準備策動閩南臺灣學生聯合會的再起；然而，它還沒有進展到確立組織的地步，就因為種種主客觀的因素而消失無形了。

就在閩南地區臺灣學生的反日運動處於低潮的這段期間，張梗曾經一度回到臺灣，並在故鄉嘉義地區從事運動。

1925 年 11 月 27 日，臺灣島內最早的無政府主義團體『臺灣黑色青年聯盟』成立，主要成員包括後來成為臺共領導幹部的王萬得、蔡孝乾等人；1926 年 12 月，為了擴大「黑聯」及無產青年會的組織，王萬得等人展開一次全島演講旅行，並於 5 日晚上來到張梗的家鄉——嘉義地區；6 日，他們在北港集合文化協會系統的青年演講，並分發《告青年》與《革命的研究》等小冊子；8 日晚上，在樸子進行戶外演講；9 日在東石演講。基於地緣關係，張梗應該參與了這幾場演講活動。也因此，當 1927 年 1 月 2 日，王萬得、蔡孝乾等人在彰化倡組『臺灣無產青年會』時，張梗也被推舉為嘉義地方的負責人。然而，2 月 1 日，日警當局即全面檢舉『臺灣黑色青年聯盟』，逮捕了包括張梗在內的 44 名有關人員；同年 10 月，豫審終結，張梗等十七人判決豫審免訴，王詩琅等其他四人於來年二月公判。[4]

## 四、回臺重建臺灣共產黨

　　1927年，無論是臺灣島內、祖國大陸或是殖民母國日本的政治經濟形勢都有巨大的變動。

　　首先是島內的文化協會因為『民族運動』與『階級鬥爭』的路線不同而演變為左右分裂。其次，3月有日本的金融大恐慌。4月12日，蔣介石在上海清共。11月，日共渡邊政之輔由莫斯科帶回『臺灣建黨』指令及佐野學的『日共臺灣民族支部』政治綱領，臺灣共產黨的建黨工作，進入實踐的階段。1928年3月15日，日共遭到檢舉破壞；儘管如此，4月15日，臺共還是在中共的協助下，以『日本共產黨臺灣民族支部』的名義，在上海成立。

　　1929年年底，具有中共與臺共黨員身份的上海臺灣青年團領導者翁澤生，為了在全中國的臺灣學生間廣泛地擴大臺灣青年團的組織，特別派遣幹部侯朝宗等人南下廈門，聯絡在當地活動的潘欽信、詹以昌等人，設置社會科學研究會，聯合各學校的臺灣學生會進行「左傾」的指導。這樣，閩南地區的臺灣學生又再度集結起來，開展潑辣的反帝運動。

　　1930年6月9日，以『團結被壓迫的臺灣民眾與革命的中國民眾，共同起來與日本帝國主義進行鬥爭』為目的的閩南臺灣學生聯合會，在廈門中學的禮堂秘密舉行成立儀式。此時，張梗也回到閩南；除了參加該會之外，並於同年九月參與了由侯朝宗擔任講師的共產主義理論學習班。[5]

　　1930年12月，瞿秋白接見翁澤生，轉達第三國際東方局對謝雪紅領導的臺共的『機會主義』錯誤路線，並任命翁澤生、潘欽信（化名黃長川）與蔡孝乾（化名楊明山）三人，作為國際代表小組，成立對臺指導部；12月20日，臺共黨員陳德興由上海帶回東方局指令，但遭到謝雪紅拒絕；王萬得與蘇新等成員則遵奉東方局指令，於1931年1月27日另外成立『臺共改革同盟』；3月20日，翁澤生又命李清奇帶回東方局《致臺灣共產主義者》函（原文是日文，翁翻譯成中文），臺共據此於5月31日至6月2日在臺北觀音山召開臨時二大，並開除謝雪紅等一派的黨籍。

　　另一方面，以臺共黨員趙港被捕的3月24日為始，日本當局針對臺共黨員展開了全面性的檢舉，謝雪紅、王萬得、潘欽信、蘇新等領導幹部陸續被捕；臺共組織遭到全面破壞。

　　為了重建臺共組織，翁澤生於5月份從上海來到廈門，同時指派具有共青團與中國革命互濟會（赤色救援國際的中國支部）身份的集美中學學生王燈財

（臺中豐原人，今名王碧光），在廈門負責訓練臺灣青年，準備以後回臺再建臺共黨組。

就在這段期間，從集美中學轉到漳州八中就讀的張梗來到廈門，找王燈財，並向他表示，準備回臺，參加實際工作。此後，張梗就與王燈財住在一起；然後又透過侯朝宗介紹，加入了『中國革命互濟會』；再透過王燈財介紹，加入共青團。王燈財認為，張梗的年紀比一般學生大，又有回臺工作的決心，於是讓他『升大學』（入黨），並參加廈門市委黨的訓練班。當王燈財把張梗的情況向翁澤生報告以後，翁澤生很欣慰，並且在親自同張梗談話後決定派他回臺重建臺共黨組。

張梗回臺後，隨即寫了一封信給王燈財，向組織報平安；王燈財於是把信交給黨組織，再由組織轉交給在上海的翁澤生。以後，張梗跟黨組織的聯絡就由翁澤生另外安排。[6]

## 五、在保釋中逃回大陸的傳奇

據日本警察廳檔案所載，張梗回臺以後卻因為受到『上海臺灣反帝同盟』檢舉事件的牽連而被捕。

1931年4月，『上海臺灣反帝同盟』在臺共領導幹部翁澤生、林木順等人指導下成立。同年7月，以盟員陳炳譽與董文霖（據王燈財說他是廈門共青團負責人）兩人被捕為線索，一直到1932年7月8日為止，日警當局陸續逮捕了63名上海臺灣反帝同盟的『關係者』。張梗顯然也在這波大檢舉中被捕，並於1933年6月29日移送檢察局；最後，在『保釋中逃走』。[7]

關於張梗的被捕與逃走，有幾種傳奇的說法，至今仍留傳在他的故鄉新港與老同志之間。

首先，王燈財認為，張梗之所以能在『保釋中逃走』，是因為他辦了『假自首』的緣故！『如果他是真自首的話，』王燈財說：『他和我的關係應該會暴露才對。』但是，事實是，張梗『只暴露廈門的臺灣學生運動，黨的身份都沒暴露』。

張梗的同鄉則說，張梗被捕後即在獄中開始裝瘋，鬧得日本當局束手無策，只好將他遣送新巷（今新港），責令當地巡查與壯丁輪流看管監視。返鄉以後，張梗經常跑到離家不遠的舊學校（今新港農會），時而狂癲亂嘯，時而喃喃自語，甚至於抓起地面的狗屎、雞屎，往嘴裡吞……這樣，新港鄉親都因為張梗

的癲狂感到憐憫與嘆息！而負責監看的巡查與壯丁也在十幾天後稍為鬆懈。張梗就這樣突然失蹤！後來，基隆海關查獲一封張梗從天津寄發的報平安的家書，這才證實張梗已經偷渡大陸。[8]

張梗偷渡大陸以後的行蹤，也有幾種不同的說法。

首先，是張志忠的妻子季澐的說法。她在1946年11月11日從嘉義寄回江蘇南通的家書中，就她與楊春霖（張志忠當時的化名）的結婚日期，向父母稟報時，提到他逃離臺灣以後的行蹤。季澐在信上說：『春霖提議是十月二十五日臺省光復紀念日，原因是當年離家，從日本逃往大連，大連至青島，處於日本警察監視之下，是九死一生。十年未和家中通訊，他母親逢年過節都哭哭啼啼紀念他，全家以為他被秘密處死，如今光復安然歸來，所以光復紀念日是最合式（適）的一天。』

其次，國民黨調查局的內部『機密』數據則說，張梗『日據時代化名為鹿某，後在中共匪區改名為張志忠，曾在抗大受訓，並在劉伯承部工作過』。[9] 另外又說他『加入十八集團軍』。[10]

最後，前八路軍129師冀南軍區敵工部部長張茂林則說，1939年，有一個延安抗大畢業、化名張光熙的臺灣青年，從延安來到八路軍129師冀南軍區敵工部日軍工作科擔任幹事。張茂林與張光熙為敵工部懂日文的兩人。他說，印象中，張光熙的身材較高，長臉，膚色較黑；業務能力較強，個性頑強，不怕困苦，話不多，是個正派人物。張光熙曾經向他談過，他從臺灣回到上海時，因為與組織失去聯繫，曾經四處流浪過一段時日。

張光熙在冀南軍區敵工部從事對敵宣傳的工作，曾經帶『在華日本人反戰同盟』成員秋山良照，到敵人的碉堡下喊話。1943年，張茂林離開冀南軍區，調到太行山區；他說，從此以後就沒再見過張光熙。1945年5月，當張茂林調回冀南軍區司令部時，他聽人家說，張光熙已經與蔡前一同派回臺灣了。[11]

『抗戰勝利後』，1942年在冀南軍區與張光熙一同從事敵工工作的黃景深也說：『張光熙要離開時告訴我，他將經由香港回去臺灣……』[12]

臺灣光復後曾經與張志忠密切來往的臺灣地下黨人吳克泰說，冀南軍區的司令員為陳再道，政委為宋任窮；管轄範圍，北為德州至石家莊，東為德州至黃河，西至津浦路，司令部在南宮威縣一帶；是一個鞏固的根據地，也是新四軍與延安之間必經之地，劉少奇從蘇北迴延安時經過此地，同理，由延安出來

至新四軍的蔡孝乾也必定經過這裡。所以,他認為,張光熙『此人為張志忠無疑』。[13]

## 六、領導二二八的武裝鬥爭

吳克泰說,1946 年 4 月,張志忠率領首批幹部入臺以後,首先到彰化永靖找集美同學王天強,然後到臺北找老臺共林梁才,開展地下組織。六月,完成組建工作,赴上海匯報工作,並與季澐偕同回臺。

嘉義商工專修學校畢業,抗戰時期在上海某公司任職,勝利後偶然與張志忠同船返鄉,二二八事件期間由張志忠直接領導的黃文輝也說,『張志忠一到臺灣便四處探勘地形,曾與謝雪紅商定,一旦發生武裝暴動,便將隊伍撤入埔里、阿里山、太平頂壽山地 [ 帶 ] 建立游擊基地。』[14]

安全局的機密文件記載:

1946 年 7 月,蔡孝乾回臺,臺灣省工作委員會正式成立;張志忠擔任委員兼武工部長,領導海山、桃園、新竹等地區工作。然而,一直到 1947 年二二八事件爆發,當時臺灣省工作委員會僅有黨員七十餘人。[15]

儘管如此,回臺以後便『積極準備建立游擊基地』,並且『在工農中發展黨員』,又『有實戰的豐富經驗』的張志忠,在事件爆發後立即透過他在嘉義電臺職員中建立的一個以黃文輝為核心的外圍組織,把嘉南地區自發的武裝群眾組織起來,統籌指揮。其中,臺南地區由舊農組的李媽兜負責,斗六地區由『臺灣游擊戰』創始人之一的陳篡地負責,嘉義地區由許分負責,組成『臺灣民主(自治)聯軍』。在行動中,所有聯軍成員都佩有賴象與許分訂製的識別挽章。各地民軍之間互相沒有橫的聯繫,張志忠則透過聯絡人謝富與省工委書記蔡孝乾聯絡。[16]

安全局機密文件載稱:李媽兜,臺南人,於 1946 年由崔志信介紹與張志忠而加入共黨。同年 11 月成立臺南市工委會,自任書記,陳福星、陳文山則分任市委。張志忠並介紹李媽兜與省委書記蔡孝乾相識。……李的組織深入鄉鎮基層,主要行政幹部大部為其吸收……。[17]

陳篡地,雲林縣斗六鎮人,1933 年畢業於日本大阪高等醫學專門學校,並因加入日本共產黨,被捕兩次,在大阪坐牢兩年,1935 年始被釋放。抗戰末期,當過日本海軍軍醫一年。一直在斗六鎮經營眼科醫院,約 10 年之久。1952 年 12 月 25 日《中央日報》第三版,以《反省的結論》為題,刊載了他的自首談話。

他說：「不幸的『二二八』事件發生時，我為了感情衝動，並沒有考慮到不幸的後果及共匪的陰謀擾亂，起而參加。」

3月4日早上，在臺灣民主（自治）聯軍各部隊大規模的進攻下，『嘉義市的軍、黨、政各機關，以及水道、電力、電報、廣播電臺、鐵路交通，均掌握在人民手中』。其後，『經三晝夜激戰，蔣軍終於把（紅毛碑）軍械庫炸毀，全部退到飛機場。⋯⋯於是，嘉義飛機場的攻防戰開始了』。[18]

許分說，張志忠和舊農組領導人簡吉也一起前去進攻飛機場。

簡吉，高雄鳳山人，臺南師範畢業。安全局機密文件記載：簡吉於日據時代，即已參加臺共組織，且曾發動農民運動，任臺共農民組合中央委員長，被日本政府先後逮捕多次，禁錮十餘年。臺灣光復後，為政府工作，擔任三民主義青年團高雄分團書記，新竹桃園水利協會理事，臺灣革命先烈救援會總幹事等職。1946年9月，由『臺灣省工委會武工部長』張志忠，持書記蔡孝乾之介函往晤（蔡與簡系遠在『臺共農民組合』時相識），於是簡吉之『叛國思想復熾』，遂與張志忠開始聯絡，並協助其建立嘉義、臺南等地區群眾工作，『二二八』事件發生時，又幫同張志忠組織『自治聯軍』。[19]

3月5日，『過午時分，由臺北飛來一架飛機，向蔣軍陣地投擲相當數量的彈藥和糧食。蔣軍⋯⋯立即⋯⋯突圍衝出，向人民軍開火』。[20]

由於情勢對人民軍不利，張志忠於是『寫信向蔡孝乾呼援，希望從臺中開飛機去嘉義助陣』；因為當時『火車全都停駛』了，張志忠於是要求一個『在嘉義鐵路局機關庫的火車駕駛員』，『特別開火車』到臺中，要他把這一封信交給楊逵，然後由楊逵『轉交給蔡孝乾』。[21]

從各種相關的史料記載來看，顯然，楊逵並沒有收到這封信；張志忠所盼望的飛機也沒有開到嘉義『助陣』。

儘管如此，「在雙方混戰當中，市面（卻）忽（然）發現數量卡車，滿載著武裝青年，卡車兩旁大書特書著「臺灣民主（自治）聯軍」，到處粉碎蔣軍，於是人民軍士氣大振。在六、七、八三日的混戰中，嘉義一切男女學生都出動協助「民主（自治）聯軍」，男的參加戰鬥，女的編成救護隊，救護負傷者。蔣軍看見全體市民的英勇抗戰，再退入飛機場，堅守不出。十二日下午，大批蔣軍空運到嘉義，從此以後，便是蔣軍的大逮捕，大屠殺。」[22]

## 七、謝雪紅渴望他來臺中指揮戰鬥

　　除了張志忠領導的『臺灣民主（自治）聯軍』在嘉義地區的戰鬥之外，「二二八」期間比較具有代表性的武裝鬥爭，就是舊臺共謝雪紅所領導的臺中『二七部隊』了。

　　安全局的機密文件說：「匪黨在『二二八』事件中，所領導之臺中謝雪紅部，及嘉義之張志忠部，因無聯絡配合，又互存依賴心理，各自為戰，致遭全部覆沒。而軍事幹部缺乏，部隊未經政治教育，工農群眾毫無鬥爭經驗，均屬失敗之主要因素。」[23]

　　事實果真是這樣嗎？如果不是的話，那麼，張志忠和謝雪紅之間的關係又是如何呢？

　　前『二七部隊』重要幹部古瑞雲說：

　　『3月4日，一度鳥獸散的[臺中]處委會委員們，重新集合，再次掛起牌子，他們企圖控制人民武裝，邀請謝[雪紅]加入處委會當委員，同時設作戰部[或『武裝部』？]，任命吳振武為部長，謝為參謀。』然而，謝雪紅『無實戰經驗』，因此『苦於無力指揮迅速擴大的大部隊』。就在這個時候，『她所盼望的張志忠來了。儘管蔡孝乾不承認謝為中共黨員，謝卻自以為加入了黨，並願置身於張志忠領導之下。謝渴望他來臺中指揮戰鬥，但張已在嘉義紮根，無法脫身。對處委會，謝原想不理，可是張勸她與之合作。理由是處委會中有一些人有聲望，有影響力。可借助他們的社會地位籌糧籌款。她同意張的規勸，參加了處委會』。

　　到了3月6日，「有人向謝傳話，說：『昨晚，吳振武擦洗手槍時，不慎走火打傷了自己的腿。』……從此不見吳的人影。……事至於此，謝、楊『克煌』與張志忠商量決定，挑選最精良隊伍集中起來編成基幹隊伍，並命名為『二七部隊』。……他們還商定，一旦蔣軍反撲，就將『二七部隊』和自治聯軍分別撤入埔里和竹山。……他們還計劃在條件成熟時，召集全島各地武裝隊伍首領來『二七部隊』組成聯合指揮部。」

　　古瑞雲認為：『謝、楊的意圖（或許也是張志忠的意圖）是：建立全島性的人民軍，進而建立自治聯合政府，以既成事實逼迫蔣家王朝承認。』而且「他們的策略正與三月八日中共中央對臺廣播（後於三月二十日以《臺灣自治運動》為題，發表於延安《解放日報》）相符。該文說：『……組織基幹的正規自治軍，

掌握在最忠心最堅決最有能力的革命者的手裡。……要迅速在蔣軍鞭長莫及的地方，派出重要的領導人員和大批幹部，去建立自治運動的根據地……』」[24]

3月14日，陳篡地率領民軍在斗六街與蔣軍展開小規模的市街戰，因寡不敵眾，於是將部隊帶往小梅山中，展開另一場游擊戰。3月16日，退據埔里的『二七部隊』因為『武器彈藥無法補給，又兩路受敵，不能與別地方友軍聯絡，故決議暫行化整為零，退到小梅地方，再度合流，繼續鬥爭』。[25]

據張志忠的左右手之一的許分說，張志忠後來也將民軍帶入山去，與陳篡地會合；由於當時他們都使用假名，所以也沒多少人知道『許分』和『張志忠』。

中南部地區的「二二八」武裝鬥爭，就這樣告一段落了。

## 八、奪取西螺派出所的武裝

事件後的1947年4月18日，陳儀發佈『二二八事變首謀叛亂在逃主犯名冊』，除呈報國防部外，並下令憲四團加緊通緝歸案。[26] 其中包括與省工委有直接間接關聯的謝雪紅、林日高、林梁材、王萬得、潘欽信、蘇新、陳篡地等。顯然，在事件中一直以化名活動的張志忠，身份並沒有暴露。

『6月，臺北工委林梁材因私藏8麻袋武器遭國民黨通緝，轉移到嘉義郊區隱蔽』；1988年11月25日，林梁材的妻子柯秀英於致張志忠夫人季澐之弟季鑫泉函寫道：『我在自己的家中收到給林梁材同志明信片，估計是張志忠同志寄來的。寄信人的落款姓氏，經常更動，署吳或署周不定。他們以明信片中的暗號進行聯絡，名信片是由我交給四弟再轉交林梁材同志的。』

柯秀英透露：『47年那年，天氣還很熱的時候，曾由我領張志忠同志，到彰化農村我三叔公家的菜園子，挖取十枝手槍（原是我們埋藏的），他用麻袋裝後再由我領他出村。』

那麼，張志忠挖取這些手槍的用途何在呢？

安全局的機密文件透露：9月間，『自治聯軍搶劫嘉義縣番路鄉菜公店合作社資金，及搶奪雲林縣西螺警察所武器』，案發後，張志忠在老臺共張溜（化名老夫）引導下逃亡，張溜『併負責代為處理及保管搶獲之槍彈』。[27]

根據許分的敘述，具體的情況大致是這樣的：

『事變後，我在臺中軍法處被關了十四天。』許分說：「回來後，我知道張志忠因為臺北的地下工作人員在走路，急需軍火。而當時，我們的口號是：

『我們的火藥庫在敵人的手上！』因此，當我聽說西螺地區的民眾對西螺分局警察貪汙、歪哥的作風，普遍感到不滿與反感時，我立即找他商量，並擬定搶奪西螺派出所武器的計劃；進行前，我專程到臺北接他。7月21日晚上，張志忠就以『長腳仔』的綽號率領17個武裝人民去包圍西螺分局（我只動員人去，本身沒去）；激戰結果，分局的警察都被縛，並繳出機槍數架。後來，警察的大批援軍趕來，發生了一場市街戰；在戰鬥中，一個原本是一家木屐店師傅，綽號『唐老闆』的同志，因為車胎被射破，來不及跑而被捕；後來因為熬不住嚴酷的刑求，而把參加者都講了出來，由於他並不認識張志忠，只知道『長腳仔』，所以就說領導人是許分。後來，過去與我同團體的人，為了保護張志忠，一旦被捕以後就把張志忠的事情統統推給我。」

許分又說，當張志忠和許分得到這個情報後，立即安排其他人和自己都疏散。

## 九、香港會議前後的工作

安全局的機密文件記載：

從『二二八事件』到1948年6月『香港會議』期間，臺灣省工作委員會的組織工作有較大的發展，黨員人數也從原先的七十餘名，增加到四百人左右（『二二八』的死傷逃亡不在此內）。[28]

這段期間，張志忠所負責的『武裝活動』方面，也有了更開闊的發展。

首先，在1948年『二二八』週年紀念日的前2天，張志忠領導系統下的群眾黃培奕與石聰金，在桃園到鶯歌下坡路段前2公里處的山邊駁崁上書寫標語：『毋忘228，⋯⋯血債血還；記住228，臺灣青年起來⋯⋯』。張志忠看了這標語，非常滿意。其後，張志忠就以黃培奕為細胞，發展出鶯歌一帶的組織。[29]

5月，張志忠前往竹山，與李漢堂、施部生、呂煥章等黨員，洽商籌組地下武裝組織之事；最後決議眾人分任『中部武裝委員會』委員，成立地下黨『武裝工作隊』。張志忠並供給李漢堂手槍五枝、手榴彈二十餘枚、卡賓槍一支、軍用地圖一份。[30]

6月，張志忠前往香港，參加『臺灣工作幹部會議』。

據情治機構調查，從『香港會議』一直到1949年底為止，臺灣省工作委員會的組織增強，包括三個全省性的『工委』，專做學運、工運及高山族工作；

實際發展了一千三百名黨員，群眾兩千餘名；全省總計有 17 個『市（區）工委』及 205 個支部，以及近 10 個『武裝基地』。[31]

在安全局的機密文件中，我們可以看到的關於張志忠的組織活動，至少如下：

（一）1949 年夏天，張志忠面示北部負責人陳福星『將臺北縣海山區（鶯歌、樹林、三峽三個鎮），桃園縣大溪、龍潭（地）區，新竹縣關西、新埔、竹東（地）區，苗栗縣大湖（地）區，各地黨的組織積極整頓，進行深入隱蔽之群眾運動，挑選積極分子，策動進入山區，設法購買槍彈藥，編組小型武工隊，開展地下武裝活動，逐步壯大，擴展成為游擊根據地，然後始能做到裡應外合，配合解放軍之攻臺』等語。10 月，張志忠、陳福星進入海山區鶯歌鎮之烏塗窟山區，召集上述各地區幹部，開辦『集體訓練班』，並以五千元交與『海山桃園地區負責人』黃培奕向地方駐軍『不肖』官兵購買槍彈，計購得步槍一枝，短槍十五支，⋯⋯全部武器除一部份短槍由陳福星先後分交新竹、苗栗兩縣山區各逃亡幹部佩用外，所剩武器則交由黃培奕負責組成『武工隊』，建立『烏塗窟基地』，形成『游擊根據地』之雛形。到了冬天，張志忠、陳福星二人又在烏塗窟附近之十三份山區開辦第二次幹部集體學習會，參加者有黃培奕、林元枝、簡國賢等二十人，著重研究臺灣山鄉地形及游擊戰術。[32]

（二）7 月，師範學院學生自治會理事林希鵬因『四六事件』身份暴露逃亡，由張志忠移交陳福星領導，開展桃園至新竹鐵路以西海岸地帶工作。[33]

（三）8 月下旬，基隆光明報事件發生，張志忠領導的中壢義民中學教師黎明華（先後吸收張旺、姚錦、宋增勛、範新戊、周耀旋等桃園、中壢一帶青年參加組織，建立中壢、楊梅兩個支部）因『基隆市委會』被破而逃，並將『中壢支部書記』姚錦交由張志忠領導；張除了把姚錦交給在竹東林場的殷啟輝之外，並將黎明華交由老洪，帶到三灣地區。[34]

『後來，張志忠指示我，召集竹南地區幹部』，1994 年 11 月 9 日，黎明華先生在臺北市重慶南路金池塘咖啡室接受採訪時告訴我。『於 12 月下旬，在神桌山做了一個星期的學習班。』

以上所舉，只是安全局所載關於張志忠組織活動的部份內容而已，基於當年地下工作的保密需要，我們相信，張志忠仍有許多工作內容是我們所無法全面理解的。

## 十、被捕

　　據安全局機密文件所載，1949年8月下旬，國防部保密局透過偵破『基隆市委會』組織，獲得『臺灣省工委會』秘密組織之線索，經綜合分析後，隨即展開嚴密偵查，並於10月31日下午六點，首先在高雄市，逮捕『臺灣省工委會副秘書長』陳澤民；接著又於1950年1月29日，在臺北市將『臺灣省工委會書記』蔡孝乾逮捕；然後再根據供詞逮捕另外兩名『省委』洪幼樵與張志忠。[35]

　　然而，提供調查局『中上級保防幹部參考研究之用』的《臺共叛亂史》一書，對於張志忠與蔡孝乾的被捕經過，卻有不同的說法。

　　作者郭干輝說，臺北『國府治安情報機關』在破『基隆市工委支部』時，偵悉『省工委』的最高負責人為蔡孝乾，於是加緊深入窮追『省工委』之秘密組織；後來，他們『運用』已經被捕的基隆中學圖書館管理員戴芷芳，『予以政治說服，又供出了臺北市前大同中學女教員季澐與老鄭（蔡孝乾之化名）建立有組織上的關係』。

　　臺北『國府治安情報機關』「於是，根據此一線索，再著手追查，始悉季澐已離開大同中學，賦閒暫住在臺北市衡陽街8號生春藥號內，乃派『工作同志』秘密監視季的動靜，結果，發現季有丈夫叫楊春霖，但查核戶籍，戶長仍是季澐，楊反為家屬，楊本身又交遊廣闊，情形非常可疑，經不斷的跟蹤守候，確認嫌疑重大，乃決定於三十八年（1949年）的除夕開始行動，將楊某加以逮捕，……隨即將他的妻子季澐加以逮捕」。[36]

　　1950年9月15日，季澐從軍法處看守所寫給姒娌『芬姐』的信中提到：『我是去年12月31日晚離家』的。這樣看來，關於張志忠被捕的上述兩種說法，應該以郭干輝的說法比較接近事實才對。

　　5月13日，「國防部」總政治部主任蔣經國氏在政府發言人（沈昌煥）中外記者會上宣布共黨『臺灣省工作委員會秘密組織』破獲經過。5月14日，臺北《中央日報》除了詳細刊載蔣經國的談話內容之外，並且註銷蔡孝乾、張志忠、洪幼樵與陳澤民等四名『匪首』的照片與『親筆簽名』的《聯名告全省中共黨員書》。

　　如果張志忠的確在這份『轉向』的聯名文告上頭簽了字的話，那麼，他就和蔡孝乾等三人一樣，成為一個為世人所不齒的叛變的共產黨人了！但是，當蔡孝乾等三人苟活下來以後，張志忠卻以最後的坦然赴死，向歷史證明他的清白與堅持！

## 十一、妻子季澐先被槍決

1950年9月2日，季澐與兒子楊揚（1947年6月4日出生）被移送到軍法處看守所第45號押房；9月5日，法官答應讓楊揚回嘉義，季澐也寫報告，請求批準；9月14日，張志忠託人帶口信給季澐，表示他『人很健康』；9月15日，季澐寫第一封家信給姻娌『芬姐』。

9月25日，季澐在寫給『芬姐』的第三封家書稍稍透露了一點張志忠在獄中的情況：

『起初八個月和他爸爸在一處，天天散步時，小羊［楊揚的乳名］可以給他爸爸抱，我從小門裡偷看到。……這兒有筆，每天寫字、看書，只是不好寫信給他爸爸，我下次請求法官，送幾件衣服去不知道肯不肯。……』

10月3日季澐在給『芬姐』的信中提到，9月27日，小叔張再添坐夜車來接小羊回新港。她在信中強調：『是真的，他爸爸很好，認識他的人都說他人好，只是因為事情沒有清楚，沒有到軍法處來……』。

10月30日午，季澐在給小叔再添的信中特別交代：『家中爸爸媽媽年紀太大了，現在知道小羊爸爸和我坐籠子，一定日夜不安，心中難受，請你好言安慰兩位老人，說我們不是流氓小偷犯，不過是思想成問題的政治犯，不要什麼緊，小羊爸爸是個比較有地位的省委，大家對他很客氣，在那裡吃三頓，每頓都是白米飯，吃得很飽，還有散步、洗澡，從前還每天抱小羊散步呢！』接著，她又給芬姐寫信，安慰她說：『我是沒有什麼事的，不過因為小孩的爸爸事情大，陪他坐籠子，等判決，看是個什麼結果。』

從此以後，季澐就不再有任何一封信從軍法處看守所寄出。11月19日，臺北各大報刊載了包括季澐在內的『六匪諜處決』的消息；報導說：

省保安司令部昨（十八）日清晨六時在本市馬場町刑場槍決男匪諜四名，女匪諜二名。

女匪諜季澐，二十九歲，江蘇南通人，無業。……專門負責刺探政府高級人員行動情報。[37]

季澐犧牲以後，張再添夫婦始終沒有接到她的槍決通知。因此，一直到現在，人們仍然不知她埋骨何方。

## 十二、最後的鬥爭

張志忠被捕後的 1951 年 1 月，原本屬於他的領導系統的，以陳福星為首之北部黨組的地下黨人們，便開始重整省委組織；最後，由陳福星、黃培奕、林元枝、周慎源（原師院學生自治會主席）組織『臨時領導機構』於烏塗窟，並於 1951 年春，深入牛角山，形成另一新基地。[38]

同年五月，以陳福星為中心之北部黨組已設法與中共中央取得聯繫，接到所謂中共中央『一九五〇年四月指示』，密定「採取『合法性』、『社會性』、『地方性』之鬥爭方式，將主力轉入鄉村山區，並選擇有利地形建立武裝基地，俟機結成游擊武力，擴大成為游擊根據地，以配合『匪軍』進攻……」。陳福星領導之『重整後省委會』所屬各地黨組織之一切活動，於是都根據此一指示而進行，並且在『無數溪川沼澤與綿密之森林所組成之縱深地形』的『西部平原以東丘陵地帶』，建立『游擊武裝基地』。[39]

為了逮捕這些『武裝的殘匪』，情治機構於是以種種嚴厲的酷刑，逼迫張志忠供出一些線索。然而，據許多曾經與張志忠同時關押的倖存的五十年代政治受難人說，張志忠不但始終堅持到底，絕不出賣同志和組織，而且總是向剛入獄的難友大聲喊道：

『早講早死，晚講晚死，不講不死。』

也許，這就是張志忠遲遲沒有被槍決的理由吧！

1951 年 2 月間，北部海山區黨組織全部被摧毀。[40]

6 月 1 日，臺灣省情報委員會、臺灣省保安司令部、臺灣省調查處三單位組成『特種聯合小組』，專門偵辦『重整後臺灣省委組織』。[41]

8 月，『重整後省委會』主力被迫從桃園、新竹，轉移至苗栗地區。[42]

1952 年 4 月，『重整後省委會』領導幹部蕭道應、曾永賢及陳福星（老洪）等人，分別在 24 日、25 日、26 日三天，在三義魚藤坪基地被捕；『重整後省委會』的領導機構徹底瓦解。[43]

8 月，調查局針對臺北縣山區的『殘匪』，成立『肅奸工作項目小組』。[44]

1953 年春天，調查局開始展開所謂的『肅清殘匪工作』，首先在元月上旬釐定所謂『肅清殘匪計劃』，動員『新生小組』及『自首人員示範小組優秀自首自新份子』，陳福星、劉興炎等二十人，配合『專任工作同志』，組成『肅

殘工作隊』，運用政治方式，爭取『逃匪』家屬與地方人士之真誠合作，斷絕『逃匪』之經濟供應，摧毀其群眾據點，迫使其生活陷於絕境，而以達到策動該等『逃匪』投案自首為目的。2月10日，以陳福星為主之策反小組，首先在彰化二水，說服黃培奕出來『自首』。接著，黃培奕又於3月4日策反『牛角山基地』所有幹部出來『自首』。5月17日，國防部核準此一『自首案』。[45]

在苗栗地區，首先是孫阿泉與鐘二郎於3月中旬，出來『自首』；並供出與劉雲輝會面時地。3月17日，劉雲輝出來自首；並交出謝裕發與羅吉月。5月17日，國防部核準劉雲輝等五人之『自首案』。[46]

其後，在苗栗一帶山區流亡的地下黨人，不得不陸陸續續地出來『自首』！

12月14日，流亡在大安溪出海口附近農村的石聰金被捕。

『陳福星在十三份被破後拍拍屁股就自己跑回來苗栗地區，同時還將苗栗的基地封鎖住，不讓其他人來』；石聰金被捕後曾經與張志忠同房，他沉痛地向張志忠報告：『到最後，黃培奕等鶯歌所有的黨員都自首了！陳福星在鶯歌的組織也全都自首了。……』

『唉！』張志忠聽了以後感慨地搖頭說：『我錯了！』然後他跟石聰金說：『這些人裡頭，唯一有流血的就是蕭道應啦！你出去後要和蕭道應多聯絡、聯合。』

石聰金被捕以後，與張志忠有關的地下黨人大體已經被『肅清』了；此時，對國民黨來說，始終拒絕投降的張志忠的生命，也已經沒有存活的必要了。

臨死之前，張志忠的表現不但讓其他難友感到敬佩，而且也贏得了劊子手國民黨難得的尊敬。日據時期的臺灣民眾黨秘書長陳其昌原在軍法處東區的樓下押房，後來移到樓上，恰好與張志忠同房。張志忠看到他，就安慰他說：『石聰金來這沒幾個鐘頭就調走了！你的事情我很清楚，我也告訴石聰金，你的事情不要談！』後來，張志忠又和陳其昌談到家裡的情形，並且提到要寫信給親戚，交代如何安排孩子。

『我每天等著他們來槍斃我！』張志忠說。

陳其昌看到，張志忠每天一早起來，總是如常地唱著《赤旗歌》或《國際歌》來鼓舞其他難友；並且仍然安靜地閱讀獄中只能看到的共產主義批判之類的書。他心裡頭敬佩地想道：

這個人，說不定明天就要槍斃了，怎麼今天還看得下書啊！

幾天後，陳其昌調往西區押房。透過西區押房的小窗口，他可以清楚看到法庭的情形。他算了算，一個月不到就有五十個難友被判死刑，他就沒有勇氣再算下去了！慶幸的是，他還沒看到張志忠！[47]

然而，1954年3月16日下午2點，享年45歲的張志忠還是被槍決了。兩天後（18日）的下午5點，他的屍體於臺北市公設火葬場火化。[48]然後由弟弟張再添帶回新港家鄉安葬。

## 十三、楊揚之死

季澐與張志忠先後被槍決後，關於楊揚及其妹妹的下落，卻一直有著這樣那樣不符實際的傳說。

首先，『以前在警察機關做事』的新港鄉民林玉鏡說：

『他[張梗]被抓到後，要槍斃，兩個孩子在大陸。他要求見孩子一面，後來共產黨才把孩子送到香港，又送回臺灣來，交給張梗的弟弟，帶去給他們父母看。張梗的兒子五歲時從大陸送過來的，後來就跟著阿叔過活。當時是政府沒注意才讓他們進來的。來了後住在新港，戶口不知道怎樣去報的，變成說是他阿叔從海口分來的，我想那時大概有共產黨在幫他們的。他們夫婦被槍斃後，孩子變成附匪家屬，從小學起就很反抗。無父無母，住在叔父家，就很不願讀書。他兒子的老師蘇某就說：『你不讀書是要像你父親做共產黨嗎？』給他買簿子、鉛筆等，鼓勵他讀書。該上學時他不去上學，去養鴨；他不上課，但考試都會，所以還是讓他畢業。畢業後去學做布袋戲，沒時間讀書，但他還是考上新港中學初中部。初中畢業後不知他去哪裡。後來他去當兵，長官一天到晚找他麻煩，晚上十二點、兩三點，叫他起來讀三民主義，一直到他受不了，有一次放假出來，就在一間旅社自殺了。』[49]

新港鄉民林玉鏡所說的內容，凡是劃線的部份都可說是道聽途說的傳說，不是事實。其他部份，雖然離事實不遠，但基本上也還只是傳說。

其次，是自稱於1950年『2月7日深夜』，在臺北新公園附近的中西大藥房二樓逮捕張志忠的『白色恐怖』執行者——保密局老特務谷正文的說法：

『楊楊[揚]陪伴父母親在看守所內度過了大約一年的光陰，直到張志忠、季雲[澐]被由李元簇手擬的懲治叛亂條例的第二條第一項（所謂的二條一）執行槍決才離開看守所，經由保密局一位同事收養監護……

『楊楊［揚］在同事家中，是一個不愛讀書、很不聽話的小孩，這樣的結果使得收養他的同事大失所望，他曾不只一次向我抱怨楊楊［揚］偷竊、逃學和頂嘴，⋯⋯。

『小學畢業後，楊楊［揚］沒有升學，有一天，他偷了錢蹺家。大約兩個月後，⋯⋯在臺中火車站前面⋯⋯心不甘情不願地被領回保密局。楊楊［揚］表示不願再回監護人那裡，因此，我替他安排到保密局汽車保養單位擔任修車學徒，我認為不久的將來必是汽車的時代，楊楊［揚］既不肯讀書，學得一手修車技術，也足夠使他安身立命。可惜，事情的演變並沒有如此樂觀，修車技術尚未學到，楊楊［揚］已經從單位裡的士兵那裡學得了一身惡習，抽煙、喝酒、賭博⋯⋯

『十六歲那年，楊楊［揚］學會了嫖妓，賭膽也變大了，這使得他欠下了一筆債務，汽車保養廠裡的阿兵哥要不到錢的時候，每以拳腳相向。

「艱難的處境逼使他不得不祭出最後一件法寶———一封密函———那是張志忠夫婦臨刑前不久，替他縫在衣領內的，他們交代他：『⋯⋯這封信很重要，平常不要拿出來，要是有一天你遇上了什麼很大的困難再把它打開，拿去找劉啟光伯伯。』」

於是，谷正文繼續說道，為了償還債務，楊揚就憑著這封密函，先後向劉啟光訛索了五百元與三千元；第三次，他又要了五千元，但那封密函也被劉啟光搶走，撕碎。

『楊楊［揚］失去法寶之後，』谷正文說：『曾經戒賭曾經戒賭數月，最後卻仍舊經不起誘惑，一夜豪賭，又欠下了一筆巨款。⋯⋯在萬念俱灰的情況下，他逐漸萌生了輕生的念頭。有一回，他寫信給自己最景仰的作家柏楊，希望獲得一些啟發，尋得一條坦途。不過，柏楊除了在回信裡勸他安分向上之外，對於他燃眉的困境也是愛莫能助，於是他選擇在修車廠裡上吊自殺。⋯⋯他沒有留下遺書，但警方卻在他衣袋裡找到一封柏楊的回信。不久之後，柏楊將楊楊［揚］的故事，寫成一則感人的報導，在報紙上公開發表。大部份讀者都深受感動，認為它是一篇難得的佳作⋯⋯』[50]

恰恰是同一個老特務谷正文，當年曾經對他『到臺灣第一次捉的匪諜臺大的政治系學生許遠東、戴傳禮等四人』說：『我因為怕自己還有一點人性，所以早上起床從來不洗臉，也不刷牙。』可四十幾年後，同一個老特務竟而在晚年的回憶錄中大言不慚地搖身一變為自稱慈祥的『谷叔叔』了。問題是，老特

務這段『歷史證言』果真是歷史的事實嗎？如果是的話，我們要問問『此公』，究竟是什麼原因讓你突然『良心』發現了呢？如果不是的話，我們更要問，事隔多年之後，為什麼你還要虛構這段情節呢？[51]

歷史的諷刺與荒謬，恐怕莫過於此吧！因為，人們無法理解的是：作為人所共知的『狠毒』（毛人鳳語）的白色恐怖加害者的保密局特務，怎麼會突然大發善心，收養那些受害者的孤兒呢？

事實顯然並不是老特務所說的那樣。

事實是，1950年9月27日，張再添坐夜車到臺北軍法處看守所，把楊揚接回新港之後，楊揚和小他三歲的妹妹張素梅就在新港老家，跟著叔叔張再添一起生活。

『小揚新港國校畢業後還繼續讀初中。』張再添說：『初中畢業後，他就不願繼續升學，出去做事。他一直認為，我對他的管教對他是一種束縛，所以總是反抗。後來，他不知怎麼又跟那些坐牢出來的阿姨們聯絡上；我覺得那是最大的錯誤！因為這些阿姨們太疼惜他，對他太寵了，不敢管教他，也就讓他養成依賴的心理。』

對此，張再添所說的『阿姨們』之一的五十年代白色恐怖受難人許金玉女士說：

『小揚在龍泉當兵的時候，透過難友劉玲玲的介紹，放假的時候常常來屏東找我們，吃飯、洗衣服。我先生辜金良以前就跟張志忠有關係，所以我們對他就特別的照顧。他聰明，做事乾淨利落。後來他想躲開辛苦的操練，去做文書工作，就漸漸掉入圈套。有一次，他向我們透露，他蓋了印，寫了什麼切結書，要被派去大陸作情報工作。我和老辜及劉玲玲就和他商談，勸他絕對不可以去！老辜邊說邊哭！他知道問題嚴重了，可不知怎麼甩開問題，很痛苦。後來，他就沒再來找我們。不知多久以後，人家告訴我，柏楊在一篇雜文裡頭有談到小揚的事，說他在艋舺一家旅社自殺了；自殺前留了遺書給柏楊。』[52]

許金玉和谷正文所說柏楊寫的雜文或報導，是1968年元月26、27、28日，在《自立晚報》『挑燈雜記』專欄，連續發表的題為《楊揚之死》、《心情沉重》和《一時想不開》等三篇短文；透過這三篇雜文，柏楊詳述了楊揚在臺北市長沙街二段星光旅社自殺事件的處理經過與個人感想。

楊揚在留給柏楊的遺書上白紙黑字寫道：

柏老：

以你老的盍［蓋］世聰明，大約不難想像，我是誰了吧！現請你馬上轉告華銀［華南銀行］那個劉啟光小子，當年在夏［廈］門的朋友的孩子自殺。吾父自被執法以來，該小子從未到過我家，料想為我花一點錢也不感到心疼才對罷！

以往，感謝你的鼓勵，特此為謝！吾父為張志忠，除了要劉董事長為我火葬，別無他事。

獎券兩張，請柏老核對。

楊楊（思中）上

柏楊在文章中寫道，楊揚是他的讀者，去年［1967年］十月間，曾經寫了一封信給他；通訊處是：『屏東縣枋寮鄉加祿村會社路二十五號之二』。在信上，楊揚說，他是江蘇南通人，自幼隨父來臺；然後問了柏楊兩個問題：一、是不是沒有同父母兄弟或父母已死的人可免服兵役？二、如現役中，有右列事項，是否可申請退役？要如何辦理？

柏楊對兵役問題一竅不通，當即回信建議楊揚：一、直接向臺灣省政府新聞處去信請教，蓋新聞處有一個『省政信箱』，辦理的有色有形，是國民與政府間溝通的最有效機構。他們會很耐心的一一答覆。二、當兵不但是義務，也是權利，更是光榮，一個年輕人要受得了苦才算英雄，否則只能算是狗熊，同時不能太憤世嫉俗。

柏楊想著：遺書中說到『感謝你的鼓勵』，大概就是指第二點而言吧。

除了留給柏楊的遺書之外，楊揚還有一封留給叔叔張再添的遺書：

叔叔：

我不知應向您說些什麼，事已至此，不必為我婉［惋］惜，多我一個，於事何補呢？是不是應高興我這樣的決［抉］擇，自此以後，您又可少掉一宗煩腦［惱］了。很多事要說，但都說不出，如您要留下回憶的話，附上膠卷一張，不要的話敬請毀掉罷！祝我完成願望！

「我閉目沉『思中』國的一切，我熱愛它」

混蛋的傢伙

楊揚上

張再添接到部隊通知楊揚自殺的消息之後,隨即於元月二日上午趕到臺北殯儀館,處理善後。元月三日,楊揚在殯儀館火化。張再添又像當年一樣,抱著楊揚的骨灰罈,回到新港老家,把他附葬在父親張志忠與母親季澐(衣冠塚)的墓穴裡頭。

1993年12月22日,歷經多年的探聽尋訪之後,我終於在許金玉與辜金良夫婦的陪同下,找到了蟄居嘉義市區的張再添先生,並且在他的帶領之下驅車前往那座寂寞的墳塚,向張志忠、季澐與楊揚祭拜致意。

『我知道,小揚十二萬分不願意去當國民黨的兵;而他在部隊也常常受到欺負。』張再添在墳前告訴我們。『我認為,這應該是他自殺的原因吧!』

午後四點鐘左右的冬陽暖暖地照著荒涼的墳地,風吹過來,這裡那裡的雜樹與恣意生長著的茂密的雜草於是隨風搖擺。

『小揚的妹妹素梅是在馬偕醫院出生的,大約差三歲,』張再添似乎是在向兄長的同志交代,繼續感傷地說:『我們夫婦一共養六、七個小孩,她算是衛生習慣最好的,可她卻在高雄工專畢業之後,不幸得了大腸癌,前後動了三次手術,還是於二十六歲那年過世。』

風繼續吹著。

我看到許金玉與辜金良夫婦不約而同地掏出手巾,擦拭著眼睛。

火紅的落日已經掛在遙遠的西邊田野的地平在線了。

『時候不早了,該走了吧!』張再添提醒兩位老人家,然後他又回頭望瞭望映照著夕陽餘暉的墓碑,感慨萬千地說:『一個一生為臺灣人民謀求幸福的民族民主運動的鬥士,就這樣長埋地下,永遠被人們所忽視竟至遺忘了。』

## 結語

尊敬的讀者朋友們,關於張志忠的傳奇及其妻兒季澐與楊揚的悲劇故事,我只能講到這裡。當你們耐心地讀到這裡,我相信你們一定對這一家三口的命運有一定的看法。

然而,不管你們是同情、尊敬或是敵視,我知道,在海峽分斷、民族分裂的不正常歷史條理下,張志忠與季澐的歷史仍然要長久被湮滅。儘管如此,我卻更加相信,就像魯迅在紀念左聯五烈士犧牲的《為了忘卻的紀念》一文所說,只要我把它記錄下來,『將來總會有記起他們,再說他們的時候』吧!

歷史的是非就留給後人評說，我們就這樣結束這個故事吧！

（作者單位：中國統一聯盟）

## 註釋：

[1]張再添口述，1993年12月22日，嘉義市張宅。以下張再添證言皆同，不另作注。

[2]張炎憲等採訪記錄：《嘉雲平野二二八》（臺北：臺灣史料中心，1995年2月一版一刷），第231頁。

[3]《警察沿革誌——臺灣社會運動史‧第一冊文化運動》中譯版（臺北：創造出版社，1989年），第131頁。

[4]前引《臺灣社會運動史‧第四冊無政府主義運動》第18～21頁。原載名字是『張棟』，估計為手民誤植或張梗以大哥之名活動。

[5]前引《臺灣社會運動史‧第三冊共產主義運動》，第372～373頁。

[6]王碧光口述，1993年6月7日，北京王宅。以下王碧光證言皆同，不另作注。

[7]前引《臺灣社會運動史‧第三冊共產主義運動》，第350與381頁。

[8]鄭坤霖《此生死而無悔的張志忠》，未刊稿。

[9]郭乾輝《臺共叛亂史》（中央委員會第六組印國民黨『保防參考叢書之一』，1954年4月），第57頁。

[10]1950年5月14日臺北《中央日報》。

[11]張茂林，大連人，早稻田大學畢業，新中國成立後擔任六機部部長，改名張有軒。張有軒口述，1993年6月10日，北京張宅。

[12]黃景深口述，1993年6月8日，北京黃宅。

[13]吳克泰致筆者函，2000年7月6日。

[14]古瑞雲《臺中的風雷》（臺北：人間出版社，1990年9月初版），第35頁。

[15]前引《安全局機密文件》第一輯，第12、18頁。

[16]前引古瑞雲《臺中的風雷》，第53頁。許分口述，1993年1月6日，臺北市許宅；以下許分證言皆同，不另作注。

[17]前引《安全局機密文件》第一輯，第135、137頁。

[18]蘇新《憤怒的臺灣》（臺北：時報出版社，1993年初版），第133頁。

[19]前引《安全局機密文件》第二輯，第72頁。

[20]前引蘇新《憤怒的臺灣》，第133頁。

[21]《楊逵口述：二二八事件前後》，收錄於葉藝藝《證言2.28》（臺北：人間出版社），第19頁。

[22] 前引蘇新《憤怒的臺灣》，第133頁。

[23] 前引《安全局機密文件》第一輯，第18頁。

[24] 前引古瑞雲《臺中的風雷》，第53～56頁。

[25] 前引蘇新《憤怒的臺灣》，第134、132頁。

[26] 臺灣省警備總司令部檔案，案犯處理（三），第55～56頁；轉引自「『行政院』研究二二八事件小組」《『二二八事件』研究報告》（臺北：時報出版，1994年2月20日初版一刷），第285頁。

[27] 前引《安全局機密文件》第二輯，第303頁。

[28] 前引《安全局機密文件》第一輯，第18頁。

[29] 石聰金口述，1987年10月14日，苗栗苑裡石宅。以下石聰金證言皆同，不另作注。

[30] 前引《安全局機密文件》第二輯，第334～341頁。

[31] 中共問題原始數據編輯委員會編《中共的特務活動原始數據彙編——附錄伍，中共特務對臺工作》（香港：阿爾泰出版社，1984年1月），第332頁。

[32] 前引《安全局機密文件》第二輯，第393～394頁。

[33] 前引《安全局機密文件》第二輯，第207頁。

[34] 前引《安全局機密文件》第二輯，第207頁。

[35] 前引《安全局機密文件》第二輯，第5頁。

[36] 前引郭乾輝《臺共叛亂史》，第56頁。

[37] 1950年11月19日《臺灣新生報》。

[38] 前引《安全局機密文件》第二輯，第394頁。

[39] 前引《安全局機密文件》第二輯，第205及394頁。

[40] 前引《安全局機密文件》第二輯，第392頁。

[41] 前引《安全局機密文件》第二輯，第211頁。

[42] 前引《安全局機密文件》第二輯，第214頁。

[43] 前引《安全局機密文件》第二輯，第217頁。

[44] 前引《安全局機密文件》第二輯，第394頁。

[45] 前引《安全局機密文件》第二輯，第396～397及406頁。

[46] 前引《安全局機密文件》第二輯，第386～391頁。

[47] 陳其昌口述證言，1987年3月9日，臺北市陳宅。

[48] 臺北市『市衛火字第0321號』火葬許可證。

[49] 前引張炎憲等採訪記錄《嘉雲平野二二八》，第 271 頁。
[50] 谷正文《白色恐怖秘密檔案》（臺北：獨家出版社，1995 年 9 月），第 122～127 頁。
[51] 戴傳李口述證言，1990 年 5 月 30 日，臺北市戴宅。
[52] 許金玉口述證言，1995 年 12 月 14 日，屏東許宅。

# ▍在中國東北的臺灣人（1908～1945）

許雪姬

### 前言：我為何要研究在『滿洲』的臺灣人

　　研究『滿洲國』的歷史是相當沉重的壓力，在中國方面有來自民族主義、反殖民主義下統一的研究口徑；在日本方面則又分為『皇國史觀』和『自虐史觀』兩種不同的視野；作為曾被殖民的臺灣人，又是如何看待這一時期的歷史？

　　臺灣人雖是漢人，但在『滿洲國』存在的 1932～1945 年間卻是法定的日本籍，這一短短 14 年的歷史原本可以視而不見，然而臺灣人在『滿洲國』的活動，是臺灣人島外活動的一部份，仍然影響著戰後臺灣史，[1] 卻不能不加以研究。

　　有關這個主題向來較少人研究，主要在史料欠缺與立場的問題。雖然在茶葉和貿易方面有許賢瑤和林滿紅等人的相關研究，但有關人員的流動則尚少著墨。

　　我之所以研究在『滿洲』的臺灣人：一則是我在進行二二八、白色恐怖的研究時，發現不少有『滿洲經驗』者牽涉在內，引起我繼續追索的興趣；而觀諸文獻，戰後由東北迴臺的就有 5,000 人左右（高於戰時在陪都重慶跟隨國民黨的百餘人），而這些在『滿洲國』的人以中級官員、技術人員、醫生為多，其素質平均優於在福州、廈門的臺灣籍民。

　　當然還有一重要的因素，我的堂姑丈吳振輝到哈爾濱，任職於滿洲鐵道株式會社，其妻許淑蘋即我堂姑，是位牙醫，因難產死於該地，我堂伯公申請護照前往奔喪的數據以及寄回來的信都還保存著。何以臺灣人必須前往風土、氣候、語言都和臺灣完全不同的地方？到底是為什麼？他們在中國東北又從事什麼樣的工作？在尚未進入主題前，有必要先釐清以下幾個名詞。[2]

## 一、何謂『滿洲』、『關東州』、『滿洲國』？

　　『滿洲』即今中國東北過去的通稱，本文中亦將使用此一地理、歷史名詞描述『滿洲』，及在今東北所建立的『滿洲國』。

　　關東指山海關以東。『關東州』則是基於日俄戰爭勝利所訂的樸次茅斯條約，日本繼承了俄國向清朝租借旅順、大連25年之約至1923年（1915年日本對中國提出21條要求將期限延長至99年，即至1997年為止），為了管理租借地，日人於1906年設置關東都督府，有軍事指揮權，由陸軍大將或中將任都督。1919年改設為關東廳，關東廳長官為文官。1934年為因應日本侵略滿洲的需要，再置關東軍司令。然而隨著二次大戰後日本投降，旅順、大連卻被蘇聯接收，直到1950年2月，才基於中俄友好同盟條約還給中國。[3]

　　關東州除管轄旅順、大連，還有重大的職責即保護南滿洲鐵道及監督南滿鐵道的業務，亦即日本除取得旅順、大連外，也自蘇聯取得哈爾濱以南鐵道的興修權，為了保護鐵路，除駐兵外，並規定鐵路左右兩邊建設與鐵路保護（1公里15人）的土地歸日本管轄，以確保鐵路行車安全，這些地方稱附屬地，但附屬地在1937年12月1日起即交由『滿洲國』來管理。

　　臺灣人在日治時期是日本籍，因此只到關東州不需要護照，但要到『滿洲國』必須申請護照，目前日本外交史料館還保存臺灣人申請護照的資料。

　　至於『滿洲國』成立於1932年3月1日，「年號」大同，「國都」新京（長春），這是一個在日本卵翼下的「國家」，一方面宣傳五族協和，由滿、日、鮮、蒙、漢五族合組國家，施行王道政治，一方面卻在關東軍嚴密的控制下，利用遜清皇帝溥儀欲恢復大清故土的信念及一批清朝遺老的復闢思想來建國，『滿洲國』前後存在了14年。

　　1934年3月1日『滿洲國』改為帝國，年號康德，溥儀由執政改稱皇帝，婉容為帝后（避免和日本天皇之妻皇后混淆）。其領土包括今中國東北及山海關以外的熱河，原設16省2市，即奉天、吉林、龍江、濱江、熱河、錦州、安東、三江、間島、通化、牡丹江、黑河、興安東、西、南、北省，哈爾濱、新京2市，而後改為19省1市，亦有20多個國家予以承認。[4]

　　1945年8月9日蘇聯兵分四路攻入滿洲並予佔領，關東軍令溥儀等退到通化再赴日。日本於8月15日投降，翌日溥儀在通化宣告『滿洲國』正式結束，溥儀及一干『滿洲國』重要官員（不論滿、日）均被蘇聯於瀋陽機場逮捕，

1950 年 8 月,這批俘虜交還給中華人民共和國,直到 1957 年 1 月溥儀才被釋放。[5]

由於『滿洲國』是日本在中國土地製造出來的政權,因此中華人民共和國一向稱之為『偽滿』,而對另一汪精衛政權則稱為『汪偽』,以示歷史大義。

## 二、臺灣人眼中的滿洲印象

日本是島國,人口又多,對鄰近地大物博的中國欣羨之餘,早有攻取的野心。十九世紀就有佐藤信淵其人,在他的《宇內混同秘策》中就說『……當今世界萬國之中,皇國最易攻取之地,非支那國的滿洲莫屬……』;吉田松陰在其《幽室文庫》中也說明日本應『……乘間墾蝦夷,收琉球,取朝鮮,拉滿洲,壓支那,臨印度,以張進取之勢,以固退守之基。』對滿洲早有覬覦之心。福澤諭吉甚至有將日本的太陽旗儘早在北京城迎著晨風飄揚,四百餘州的全圖盡在文明的陽光普照之下,『此等快事,我輩翹首以盼……』之說法。[6]

日本佔領滿洲、北京即在實行其大亞細亞主義論,將亞洲合併,作為抵抗西洋的前提。又將滿蒙說成是日本生命線,這些言論在甲午戰爭日本戰勝清朝並與蘇聯爭奪滿洲時,已埋下日本要佔領滿洲作為抗俄的基地之動機。

日本人透過弘報部(即為宣傳部)的宣傳及不斷地洗腦,使到滿洲去在當時的日本成為一種流行,滿洲成了文人、報界謳歌的新天地。臺灣總督府也以教科書來推廣,加上『滿洲國』將臺灣人視同日本籍,甚且在其最高學府建國大學(1938 年設立),每年給臺灣人 3 個名額,[7]這對飽受差別待遇的臺灣人而言,具有相當大的吸引力。

其實臺灣人到牛莊的紀錄,早在清代的臺灣方誌中已有記載,到此地做生意對臺灣人而言並不陌生,更何況在關東州時期臺灣醫生在 1908 年已到營口同仁會醫院任職,那就是謝唐山。[8]而緊接著是臺中潭子謝道隆(丘逢甲表哥)畢業於臺灣總督府醫學校的兩個兒子謝秋涫、[9]謝秋濤[10]也前往行醫。

這些人返鄉所述說的滿洲狀況,也成為臺灣人瞭解滿洲的管道之一,有人特地到滿洲看看並作報導,刊在《臺灣新民報》或書中,更加深對滿洲的好印象,如謝春木在《臺灣人は斯く觀る》、《臺灣民報》第 295 號即報導醫生梁宰(新化人,梁道之弟)在滿洲的發展,並表示會幫忙同業在滿洲立足。[11]

1933 年臺灣人黃竹堂出版的《新興滿洲國見聞錄》,不僅報導滿洲的人情、風物,還由大連、旅順、瀋陽一路到新京,專門報導當地臺灣人的現況,其中

包括在『滿洲國』建國時任「外交部總長」的謝介石（新竹人）。[12]當1935年謝介石以第一任『滿洲國』駐日大使（之前設公使）的身份回臺主持『臺灣始政四十週年紀念博覽會』的『滿洲日』（10月27日）時,[13]對長期被統治、出頭無望的臺灣人而言，見到臺灣總督對謝介石高規格的接待，不禁興起『有為者亦若是』之感,[15]紛紛前往滿洲。當時根本沒有人想到這是到『偽滿』工作，戰後會面臨被視為漢奸或戰犯的審判。

1932年以前臺灣人到滿洲，必須到日本搭關釜聯機，但該年的航路卻出現了高雄天津線及高雄朝鮮線，天津線自高雄、基隆可以經福州、上海、青島到大連，一年航行30次，船為福建丸、盛京丸、長沙丸；朝鮮線則航向仁川，而在大連登陸，由岩手丸、第二養老丸航行，每艘船大約可載客100名,[16]大概要3天才能抵達。車費為32圓，當時為一票到底制，亦即從臺中出發到新京，可搭臺鐵、換船，到滿洲後再坐南滿鐵道，交通還算方便。當時南滿鐵路最快者為『亞細亞號』。

## 三、臺灣人到滿洲求職求學

臺灣人到滿洲最主要是求職與求學。在日本統治下臺灣人受差別待遇，同工不同酬，以教員而言，日籍教員比臺灣人多六成加俸，又有家族津貼，兩項合計，日本人的薪水約是臺灣人的一倍以上。

然而更多的情況是臺灣人找不到好的職業。以高等文官考試而言，日治時期透過此考試也不過百來人（有人考過行政科、司法兩科），以司法科及格者而論，以當律師為多，即使當檢事、判事，也以在日本為多，較少派遣回臺;[17]即使當通譯或考上普通考試，要升到判任官談何容易;[18]就是大學畢業者也無法在臺求職。以郭松根為例，他畢業於臺灣總督府醫學專門學校，而後又赴法、日取得醫學、理學博士，卻未能在臺任教職，而必須到新京醫科大學執教;[19]臺灣第一個留美博士林茂生，返臺在臺南工業學校任教，也只能教英語、德語。

反觀日本剛佔領的滿洲，正需大量的人才前往協助經營，而且『滿洲國』除有其高等文官考試外，又設大同學院作為訓練養成官僚的機構，遂成為正苦於無出路，又沒有太多語言障礙的臺灣人之選項。

臺灣人到滿洲任職最早的是1908年，但其高潮期在1932年『滿洲國』成立後，前往者的職業以醫生最多，其次為在各級政府的公務人員，如前所談及的謝介石外；又如新京工業大學有林朝棨、黃春木兩位教授；在全滿最高研究單位大陸科學院的林耀堂、何芳陔、楊藏岳、翁通楹等人；也有進入滿洲映畫

當技師及到各地去放映的工作人員；在滿洲中央銀行服務的吳金川、興業銀行服務的高湯盤；也有進入滿鐵服務的楊基振、張星賢、柯子彰、吳振輝、林乃信等，戰後這些人回臺都能在職場上發揮『滿洲經驗』。

　　至於求學，臺灣缺少高等教育場所，1928年臺灣才設立臺北帝國大學，仍以培養日籍學生為主，而臺北帝大未成立前，只有臺北醫學校、國語學校，但醫學校畢業生只能在臺灣執業，不能在海外或日本（或日本勢力圈）內開業，且每年招收的人數有限；工業方面也只有臺北工業學校和臺南工業學校，為了讓子弟受到中高等教育的栽培，臺灣的父母只好將子女送往日本或中國就讀。

　　在日本學費貴、學校有限，但較不受差別待遇；而中國大陸學校多，學費低，亦吸引臺灣學生，但日本不承認這些人的學歷，因此畢業後往往留在中國發展。

　　介於日本、中國之間還有一種學校也是臺灣學生最愛，那就是日本在其勢力圈（包括中國、朝鮮）所辦的學校，『滿洲國』的滿洲醫科大學、旅順工科大學，均不輸日本內地的一流大學，其他如新京、哈爾濱醫科大學等，雖只具專門學校的水平，但因有獎學金且較易投考，因此求學也成為臺灣人到滿洲的原因之一。以滿洲醫科大學本科和專門部來說，臺灣人前後有100多人就學，至少有半數在畢業後留在當地行醫，口碑不錯。

　　建國大學（1938年設）每年給臺灣3個名額，截至『滿洲國』崩壞止，共有30多名就學生，因修業期限6年，畢業的人不多。由於這是為培養執行關東軍政策的大學，戰後的學歷不被國府承認，有人回臺再重考大學。[20] 新京法政大學也是臺灣學生嚮往的學校，當時臺北帝大雖有文政學部，但沒有法律系，要進入司法體系或考律師都必須赴日就讀。

　　新京工業大學也是臺北、臺南兩工業學校畢業生嚮往深造的學校，畢業後即直接投入『滿洲國』的建設，每有獨當一面的機會。畢業於臺北工業學校土木科的林永倉，1939年入新京工業大學就讀，1942年畢業，入大同學院訓練後到滿洲國交通部土木總局牡丹江工程處任職，專在『滿』、蘇國境線建設道路和橋樑。[21]

　　除了求學、求職外，也有對日本人在臺統治不滿，遂遁入滿洲，如簡仁南醫生，原是臺灣文化協會一員，[22] 彭華英也參加過臺灣民眾黨，到滿洲電信電話會社當社長秘書。[23] 亦有利用就讀建國大學的機會積極抗日者，一九四〇年進入建國大學的呂芳魁，臺北板橋人，臺北二中畢業，在學中參加建大學生地

下進步組織，組織讀書研討會，一九四三年春，他被徵召入伍，到日本陸軍士官學校砲兵科學習，翌年五月逃回中國，而後到共軍抗日晉察冀革命根據地，[24]改名李子秀。戰後他任砲兵團軍事教員，教授大砲及反坦克技術，卻不幸在一九四六年二月十三日上課時剖拆反坦克地雷時被炸犧牲。死時二十八歲。[25]一九八四年當局為他在張家口烈士陵園立碑紀念。[26]

　　日籍在臺、在滿官員也往往有『人才周流』的現象，[27]有臺灣經驗的日本官員常援引臺灣人進入『滿洲國』成為重要幫手，也是臺人到『滿洲國』的原因，如曾任臺灣銀行理事的山成喬六，他前往滿洲中央銀行擔任副總裁時，即招攬吳金川、蕭秀淮、高湯盤等人入行。在滿洲開設醫院缺乏人手，而回臺招募者，如簡仁南的醫院需人管理 X 光室，就將妻弟盧崑山請去幫忙，後來盧畢業於哈爾濱醫科大學，[28]這樣的現象也可稱之為連鎖移民。

## 四、在『滿洲國』外交部任職的臺灣人

　　自 1932 年至 1937 年，謝介石約五年多的時間活躍於『滿洲國』外交界，歷任第一任外交部總長、第一任駐日大使，儘管外交部的實權掌握在次長日本人大橋忠一手中，但他多少能左右該部的用人。按『滿洲國』外交部屬國務院管轄，外交部設總長（帝政後改為大臣），次長，下有四司：通商司、政務司、宣化司、總務司，另設北滿特派員、駐日本『滿洲國』公館大使、駐武市（海蘭泡）領事館領事、副領事、駐赤塔領事、駐新義州領事。然因滿洲國實無外交可言，後來就改為外務局、外交局。[29]

　　外交部最先設在謝介石公館，位在新京的附屬地，佔地約 200 坪，是幢二樓的洋房，而後遷到國務院新建廳舍（現今白求恩醫院）。[30]以下簡介幾個在外交部工作的臺灣人：

　　外交部政務司歐美科科長林景仁：板橋林家的一員，一生未受正式教育，但有傲人的詩才，精通日、英、法三國語文的能力，在臺灣、爪哇經商失敗後，1931 年任豫陝晉邊區綏靖督辦公署上校參議，1932 年『滿洲國』設立，被謝介石任命為外交部事務官，後升任政務司任歐美科科長，負責接待來自歐美之投資者，並譯有法人巴勵所著的《極東舞臺滿洲國，1644～1932》，1940 年逝於新京。[31]

　　外交部駐汪政權濟南總領事吳左金：苗栗苑裡人，明治大學法學科專門部畢業，透過『滿洲國』外交部考試，先在部內任職員，1934 年派駐朝鮮新義州

副領事，1935 年調回外交部，三年後升課長，1943 年升駐汪政權濟南總領事。戰後被以漢奸的身份審判，入獄 297 天後，於 1947 年 1 月返臺。[32]

駐泰國公使館一等書記楊蘭洲：臺南人，東京商科大學畢業，因其兄楊燧人在大連行醫，1932 年到『滿洲國』。先在法制局任職，而後到實業部商業科，再轉經濟部工務局工業科任科長，1941 年任『滿洲國』駐泰國公使館一等書記官（當時的公使為鄭孝胥次子鄭禹）。戰後首任哈爾濱行政處長，1947 年 5 月回臺後，出任臺北市政府工務局局長。[33]

駐『中華民國』通商代表部高等官黃清塗：基隆人，明治大學政經學部畢業。1935 年溥儀訪日時，曾到團員下榻處拜訪隨行的謝介石，而後任『滿洲國』派駐北京（華北政務委員）通商代表部高等官試補，兼任大使館高等官試補，派在駐『中華民國』大使館辦事。翌年改任外務局事務官，1945 年升任外交局事務官。[34] 戰後在臺北市政府工商課服務，之後任第一任臺北市松山區區長，再調任延平區長迄亡故。[35]

外交部秘書朱叔河：大甲人，父朱麗。日本立命館大學畢業，即到『滿洲國』外交部任秘書，曾於 1933 年奉謝介石之命赴霧峰遊說林獻堂到『滿洲國』投資。[36]

外交部政務司事務官張建侯：日本早稻田大學法科畢業，先往吉林任交涉署通譯官，歷經外交部屬官，再升任政務司事務官，後轉任入稅務監督署、濱江稅務監督署事務官。[37]

外交部秘書謝喆生：謝介石之子，為薦六的秘書官，在 1935 年溥儀赴日答謝帝制時的隨從人員，戰後回臺。[38]

科長王溫石：謝介石妻王香禪之弟，戰後滯留北京，而後回臺。[39]

外交部駐日商務官楊松：曾任林獻堂通譯，後任滿洲國駐大阪辦事處商務官，但 1935 年大阪辦事處撤銷。[40]

外務局參事山本永清（李永清）：新竹人，高等學校教員檢定合格，1934 年大同學院畢業，在滿洲國外務局政務處大連辦事處工作。[41]

外交局調查司二科李水清：1939 年到滿洲建國大學就讀，畢業後進入大同學院，[42] 以外交部高等官試補的身份在外交部調查司二科工作，不久辭職，擔任協和會棋盤山主任，1946 年 4 月返臺。

外交部特約醫生黃子正、黃樹奎：黃子正據說畢業於臺北醫專，唯查證困難；黃樹奎畢業於東京醫學專門學校。兩人曾合作在上海開醫院，1931年因上海事件，醫院毀於炮火，由於黃子正的父親黃煙篆與謝介石私交甚篤，乃介紹黃子正到長春開大同醫院。[43]『滿洲國』成立後大同醫院成為外交部特約醫院，黃子正又被推介成為溥儀私人醫生，大同醫院遂交由黃樹奎經營。1935年謝介石被任命為滿洲國第一任駐日大使時，黃樹奎以外交部特約醫生的身份隨行，一直到謝卸任。

## 五、在滿洲的臺灣醫生

由於滿洲幅員廣大，二十世紀初期，公共衛生觀念未普及，時有傳染病發生，如肺癌、鼠疫、霍亂、回歸熱、波狀熱、阿米巴痢疾等，加上風土病如甲狀腺腫、カシベック氏病（四肢各關節腫脹畸形，五歲前後發病，導致身體發育停止，因而被稱為侏儒的不少），[44]但滿洲的醫生有多少呢？以1935年『滿洲國』的調查結果來看，那時西醫有2,497人，漢醫有10,317人，共12,814人，每1萬人僅有西醫0.8人，漢醫3.3人，可見滿洲西醫的嚴重不足。到1937年雖稍有改善，[45]但滿洲本地培養的醫生仍然不多，因此給臺灣醫生很大的空間。

臺灣總督府醫學校成立於1898年，學制5年，即公學校畢業後再讀預科1年、本科4年，理論上其醫學課程訓練進約略等於中學程度，故畢業後到府立醫院任職時，其醫師資格稱為『臺灣醫學得業士』，僅能當囑託與僱員，而不能在臺灣以外的地區行醫，因此醫學校的畢業生往往選擇回到地方開業。

1918年醫學校為日本子弟附設醫學專門部，1919年改製為日臺共學的醫學專門學校，爾後的畢業生才能稱為『臺灣醫學士』，但仍不具備到日本開業的資格。1936年臺北帝大醫學部成立，畢業生取得『醫學士』學位，要在日本統治範圍內開業才不再受到限制。[46]當日本勢力逐漸往滿洲、華北、南洋發展時，臺灣醫生遂應當地華人、甚至日人對醫生的需求而漸向海外發展。

關東州在1905年成立時，先是以日本1901年1月頒佈的『醫師取締規則』為準，後『滿洲國』於1933年8月1日公佈『醫師法』，凡取得關東州廳長官或內務大臣的執照，並經醫師公會承認，才得在關東州地區開業。而『滿洲國』的醫師法則於1936年11月公佈，翌年實施。[47]

前曾言及臺灣人醫生不具有海外開業的資格，之所以能到『滿洲國』、關東州執業，乃因臺灣醫學校校長高木友枝認為臺灣醫學校培養的學生值得信賴

與尊敬。他透過總督府與馬來聯邦政府、英領新加坡政府、關東州都督和民政長官交涉，以方便臺灣人行醫。[48]

在關東州方面，當時民政長官白仁武，只同意比照在大連民政署轄區內開業的謝秋涫，以限定執業、區域為限，但一經申請可再核發許可。而依1937年的『醫師法』，在該法實施前已得官方認可的西醫術診療者『視為依本法已受醫師之認許者』，為臺灣醫生開啟了赴滿洲國執業的管道。[49]

據本人目前蒐集的資料統計，曾在『滿洲國』行醫的臺人共217位，其中大半畢業自滿洲醫科大學，[50] 其次是新京醫科大學、滿洲開拓醫學校。『滿洲國』為臺灣培養了120多位醫生，更因此而得到這些醫生的回饋。

此外，自臺灣總督府醫學校（包括專門學校、帝大醫學部）畢業的有27人，畢業自日本公私立醫科大學的有40位，畢業自朝鮮京城醫學校（專門學校）有3人，還有12位牙醫，與藥學科的畢業生。[51]

這些醫生中有3位是女性，一是袁碧霞，畢業於京城齒科醫專，服務於父親袁錦昌在新京開設的錦昌醫院；[52] 二是柯明點，畢業於東京女子醫學專門學校，在大連博愛醫院產婦人科服務；三是謝久子，畢業於滿洲醫科大學專門部，專攻婦產科，在父親謝秋涫開設於新京的百川醫院服務。其中有兩對夫妻檔，即劉建止和謝久子，游高石和袁碧霞。

最早到滿洲的謝唐山醫師：謝是臺北醫學校第三屆畢業生，1908年應關東州等地日本官衙及團體的招聘，且經臺灣總督府許可而前往大隈重信經營的營口同仁醫院服務，謝在營口服務1年9個月即辭職回臺，是紀錄中所見最早到滿洲的臺灣醫生。

開業最成功的孟天成博愛醫院：臺東人，和謝唐山是臺北醫學校同學，1907年受聘為解剖學講師，成為該校第一位臺灣人教師。1914年受滿鐵大連醫院院長尾見熏之邀，前往滿鐵大連醫院就職，1917年在當地自行開業，由於醫術高明，因此就診者絡繹。1917年改建醫院，成為當地僅次於滿鐵醫院者，而後一面再設分院，一面招募臺灣醫生前往加入，以加強醫生陣容，醫院已成綜合醫院。此外他還設立博愛產婦女學堂，為滿洲、山東、上海等地培養數百名助產士。他自己也從事黑熱病的研究，指出其中間宿主為狗，使黑熱病防治能更進一步。1937年取得日本醫學博士學位，[53] 1949年後仍留在當地，醫院被充公，個人調到中國人民解放軍215醫院擔任院長。[54]

新化人梁宰的天生醫院：臺南新化人，畢業於臺灣總督府醫學校第十一屆（1912），1914年赴滿洲，先在滿鐵醫院磨煉，繼而選擇撫順，開業天生醫院，為廣大的中國煤礦工人看病，由於醫德良好，能體恤病人，因此遇到馬賊卻能化險為夷。[55] 在他的天生醫院中聘請其侄梁炳元、梁成、梁松文、婿林昌德、侄婿羅福岳，及其他親戚，而後其侄婿楊澄海、侄梁華夫婦到鞍山開設天生醫院，儼然是撫順天生醫院的分院，梁宰並赴滿洲醫科大學研究，於1938年得到博士學位。[56]

最年輕的院長李晏：彰化芬園人，臺灣總督府醫學校第十八屆（1919年）畢業，畢業後到東京北里研究所細菌科為學員兼秦佐八郎教授的助手，而後以臨時防疫醫的身份到東三省防疫處工作，再回東京開辦《東亞醫學雜誌》，不久到哈爾濱防疫研究所任細菌部長，旋被拔擢為滿洲裡醫院院長，該院有五六十名醫員，這時他還未滿30歲。1927年張作霖將李晏派遣到巴黎大學熱帶病專修科任學員，1928到1931年在巴黎巴斯得醫學研究所時，被任命為國際聯盟醫學部的觀察員，因而得以遊學歐洲各國的研究機關。李晏自巴黎回來後，即到南京國民政府衛生署任技正，接著到上海雷斯德醫學研究所任血清股主任，1934年取得日本慶應義塾大學的博士學位，此時已改為中華民國籍。1967年逝世於上海。[57]

榮獲科學『盛京賞』的醫生謝秋濤與王洛：盛京時報社在其創社三十週年紀念日時設置『盛京賞』，每年取科學、文學、體育得獎人士各1名。1939年第四屆科學盛京獎頒給謝秋濤，[58] 1941年的科學盛京賞頒給了王洛。[59]

謝秋濤，臺中潭子人，臺北醫學校第十一屆畢業，旋入東京傳染病研究所，而後到滿洲。他得獎的事由是1932年5月在奉天省公署衛生科長任內，從事醫事衛生行政，除了增進民眾保健之外，還到滿洲醫科大學研究室做關於『曲』的研究，及民間臟器療法。一生致力於公衛，1945年4月1日他被任命為國立醫科大學教授，派充奉天醫科大學附屬醫院長，[60] 戰後回臺。

王洛畢業於滿洲醫科大學，後在該校法醫學教室任副手8年，1937年登錄為滿洲國醫師，後任奉天警察廳衛生科保健股長，1941年到日本國立公眾衛生院研究，翌年回新京任厚生部技正。他的研究成果『關於血液中特異沈降性物質各種吸引性所吸引之現象』對法醫學和血清學頗有貢獻。此外，他也研究當時滿洲國的法定傳染病，是第一個從事法醫學的臺灣醫生。此外對血清學、防疫行政都有貢獻。[61]

## 結論

　　臺灣人到滿洲國的經驗，是臺灣人島外活動的一環。本文說明研究此一主題的原因在於，有滿洲經驗的臺灣人，受到戰後的漢奸、戰犯審判的影響，噤聲不言過去，然而在滿洲臺灣人的歷史卻是臺灣史中不能缺少的一環；再加上研究『二二八』、白色恐怖時期，也發現不乏滿洲經驗者的介入，就連我的親戚也曾經到那雖是冰天雪地，卻又充滿機會的『滿洲國』。

　　臺灣人之所以會到滿洲，和滿洲曾為日本控制的勢力範圍，關係很大，『滿洲國』在日本卵翼下建立後，需要各方面的人才，[62]此外臺灣人在臺求學、求職機會少，因此滿洲成為臺灣人發展的新天地。

　　以最保守的估計，到過滿洲的臺灣人前後至少有 5,000 人。他們在國務院外交部（國務廳外交局）及醫界人數最多，在教界、法界、政界、工業界的人數也不少，有異於在華南一帶部份作惡的『臺灣籍民』。

　　在滿洲的臺灣人均有中上的素質，亦未被當地人所排斥或成為治安的死角，因而在日本戰敗回臺後，亦能發揮在滿洲的經驗所長，投入戰後臺灣的建設。

　　臺灣人在政界以謝介石外交部總長最為知名，在醫界則以孟天成在大連開設的博愛醫院（僅次於滿鐵醫院）為最大，在教界則以新京醫科大學郭松根教授（雙科博士）最受矚目，而哈爾濱工科大學副教授王銘勳，在齒輪學方面的造詣受到日本學術界重視。[63]這些臺灣菁英在中國東北的歷史上確實占有一席地位，值得再進一步研究。

（作者單位：中央研究院 臺灣史研究所）

## 註釋：

[1] 許雪姬，《日治時期臺灣人的海外活動――在『滿洲』的臺灣醫生》，《臺灣史研究》，11（2），2004 年 12 月，第 64 頁。

[2] J.2.2.0 J13-7，旅 112，昭和 12.7～12.9,491，許氏淑蘋。是年以『結婚』為由向日本外務省申請護照。

[3] 日本近現代史辭典編輯委員會，《日本近現代史辭典》（東京：東洋經濟新報社，1990），第 122～123 頁。

[4] 裡見甫編，《諸外國關の一年》，《滿洲國現勢》（新京：滿洲國通信社，1936），第76頁；A, 6,2, 03滿洲國承認問題一件，第15號（日本外交史料館史料）。

[5] 戴朋久，《皇帝出獄》（北京：解放軍出版社，1990），第8頁。

[6] 王向遠，《日本對中國的文化侵略——學者、文化人的侵華戰爭》（北京：崑崙出版社，2005），第6～58頁。

[7]《滿洲國政府公報》，第1538號，康德6年（1939）6月2日，第87～88頁，《依左列要項招募康德七年前期入學生》，推薦機關包括道府縣及樺太廳（庫頁島）、朝鮮總督府、臺灣總督府、駐滿日本帝國大使館、『滿洲國』各省及特別市、駐日滿洲帝國大使館、協和會中央本部。

[8] 臺灣新民報，《臺灣人士鑑》（臺北：臺灣新民報社，1934），第86頁。

[9]《盛京時報》，第4466號，民國19年9月30日，第4版。

[10] 內尾直昌，《滿洲國名士錄》（東京：株式會社人事興信所，1934，第10版），第89頁。

[11] 謝春木，《新興中國見聞記》，收於氏著，《臺灣人は斯く觀る》（東京：龍溪書舍，1974；影印昭和5年版），第163～168頁。

[12] 黃竹堂，《新興滿洲國見聞記》（臺北：『新興滿洲國見聞記』發行所，1933）。

[13] 鹿也光雄編，《始政四十週年紀念臺灣博覽會志》（臺北：始政四十週年記念臺灣博覽會，1939），第371～373頁。

[14] 許雪姬訪問、吳美慧紀錄，《謝報先生訪問紀錄》，《口述歷史》，5期，1994，第196頁。

[15] 陳運棟編，《臺灣兩大閥閱一代名媛的毀滅》，收入氏編《內外公館史話》（臺北：出版社不詳，1994），第164～165頁。

[16] 曾汪洋，《臺灣交通史》（臺北：臺灣銀行，1955），第30頁。

[17] 曾文亮、王泰升，《被併吞的滋味：戰後初期臺灣在地法律人的處境與遭遇》，《臺灣史研究》，14（2），2007.6，第93～96頁。

[18] 蔡志文，《日據時期『文官普通考試』之研究》（臺中：中興大學歷史學研究所碩士論文，1996）。

[19] 許及訓，《醫界怪傑郭松根》，《旁觀雜誌》，3,1952，第26～27頁。

[20] 許雪姬，《滿洲經驗與白色恐怖—『滿洲建大等案』的實與虛》，收入氏所編，《『戒嚴時期政治案件』專題研討會論文暨口述歷史紀錄》（臺北：戒嚴時期不當叛亂暨匪諜審判案件補償基金會，2003），第7～10頁。

[21] 許雪姬訪問、王美雪紀錄，《林永倉先生訪問紀錄》，收入氏所著，《日治時期在『滿洲』的臺灣人》（臺北：「中研院」近史所，2004），第347～358頁。

[22] 王詩琅譯，《臺灣社會運動史——文化活動》（臺北：稻鄉出版社，1988），第285頁；郭瑋，《大連地區建國前的臺灣人及其組織狀況》，《大連文史資料》，6期，1989，第67～74頁。

[23] J, 2,2，J13-7 旅 108.63421.7.727 彭華英旅券資料；013.81/4212（35.4～36.12）《彭華英等戰犯審理案》。

[24] 中華全國臺灣同胞聯誼會，《臺灣同胞抗日五十年紀實》（北京：中國婦女出版社，1998），第576～579頁。

[25]《子弟兵》，1946年2月26日，第2張，《砲兵團優秀教員李子秀同志犧牲》。

[26] 張家口人民市政府，《李子秀烈士紀念碑》，1984年9月1日。

[27] 山室信一，《植民帝國・日本の稱成と滿洲國：統治形式の遷移と統治人才の周流》，收入ピーター・ドウス（Peter Duus）、小林英夫編，《帝國という幻想：『大東亞共榮圈』の思想と現實》（東京：青木書局），第155～202頁。

[28] 盧崑山，《七十回憶》（臺南：自刊本，不著年代），第62頁。

[29] 今村俊三等，《滿洲國人杰紹介號》（東京：日支問題研究會發行，1935），第70頁，《滿洲國政府組織要覽》。

[30] 黃竹堂，《新興滿洲國見聞記》，第90頁。

[31] 中國歷史博物館編、勞祖德整理，《鄭孝胥日記》，五冊（北京：中華書局，2000），第2433、2838、2860、2479、2789頁。

[32] 中西利八，《滿華職員錄》（東京：滿蒙資料協會，1942），第13頁。

[33] 許雪姬訪問，吳美慧、曾金蘭紀錄，《楊蘭洲先生訪問紀錄》，《口述歷史》，5，第143～160頁。

[34]《滿洲國政府公報》，第2336號，1942年2月26日，第314頁；2841號，1943年10月20日，第437、474頁。

[35] 許雪姬訪問、王美雪紀錄，《黃陳波雲女士訪問紀錄》，收入《日治時期在『滿洲』的臺灣人》，第281～290頁。

[36] 林獻堂著，許雪姬、周婉窈編，《灌園先生日記（五）一九三二年》（臺北：『中央研究院』臺灣史研究所籌備處、『中央研究院』近代史研究所，2003），第429頁，1932年10月21日。

[37] 中西利八，《滿華職員錄》，第174頁。

[38] L, 1.3.0 2-6-1，東亞局外秘第1144號，昭和10年5月1日，《滿洲國皇帝ノ陛下御動靜並警衛間等ニ關スル件》，別記（二），『滿洲國皇帝』升下扈從官略歷。

[39]許雪姬訪問、鄭鳳凰紀錄，《許長卿先生訪問紀錄》，收入《日治時期在『滿洲』的臺灣人》，第599頁。

[40]M.2.50 3-43，在本邦各國外交官領事官及領員動靜關雜纂：滿洲國ノ部，外發秘第2071號，《駐滿洲國大使往來ニ關スル件》五。

[41]中西利八，《滿華職員錄》，第13～14頁。

[42]米澤久子編，《大同學院同窓會名簿》（東京：該會，1998），第128頁。

[43]不著撰人，《卒業生の活躍狀況を語る座談會》，收於桑原俊一郎編，《あきら第52號彰化第一公學校創立四十週年紀念》（彰化：彰化第一公學校，1938），第81頁；許雪姬訪問、蔡說麗紀錄，《黃洪瓊英女士訪問記錄》，《口述歷史》，5期，第234頁。

[44]滿洲國史編纂刊行會，《滿洲國史》（東京：財團法人滿蒙同胞援護會，1971），第1200頁，『各論』。

[45]滿洲國史編纂刊行會，《滿洲國史》，第1190頁；滿洲事情案內所，《滿洲帝國概覽》（滿洲：滿洲事情案內所，1942），第130頁。

[46]範燕秋，《從臺灣總督府檔案看日治時期臺灣的公共衛生》，收於國史館編著，《臺灣史料的蒐集與運用研討會論文集》（新店：『國史館』，2000），第151～197頁。

[47]《滿洲國政府公報》，1936年8、9月，第111～112頁；1937年1月，第83～87頁。

[48]《臺灣總督府公文類纂》，大正元年（1912）十五年保存，3卷3門10類，『醫學校醫師資格具申』。

[49]《臺灣總督府公文類纂》，大正元年（1912）十五年保存，3卷3門10類，『醫學校醫師資格ノ義ニ體照會』。

[50]可參閱滿洲醫科大學編，《滿洲醫科大學一覽》（奉天：該大學，1941），第140～198頁。

[51]許雪姬，《日治時期臺灣人的海外活動——在『滿洲』的臺灣醫生》，《臺灣史研究》，11（2），2004.12，第67頁，『在滿洲的臺灣醫生表』。

[52]《居住長春臺灣省民名簿》，1946年1月28日，藏南京中國第二檔案館。

[53]黑田源次，《滿洲醫科大學二十五年史》（奉天：滿洲醫科大學，1938），第212、463、481～2、494頁。

[54]王河盛等纂修，《臺東縣史·人物篇》（臺東：臺東縣政府，2001），第75頁。

[55]謝春木，《臺灣人は斯く觀る》（東京：龍溪書舍，1974），第163～168頁。

[56] 許雪姬訪問、蔡說麗紀錄，《梁金蘭、梁育明姊弟訪問紀錄》，《口述歷史》，5 期，1994，第 308～309 頁。

[57] 李元白（李晏），《參加革命前後主要經歷》（包括學習），1958 年 9 月 11 日填。佺李定山提供。

[58]《盛京時報》，第 10616 號，1939 年 10 月 31 日，晚刊，第 2 版。

[59]《盛京時報》，第 10307 號，1941 年 10 月 17 日，綜合版，第 1 頁。

[60]《滿洲國政府公報》，第 3234 號，1945 年 4 月 2 日，第 18～19 頁；5 月 25 日，第 361 頁。

[61]《盛京時報》，第 11321 號，1941 年 11 月 1 日，第 5 版，（上）。

[62] 蔡慧玉，〈日治時期臺灣行政官僚的形塑：日本帝國的文官考試制度‧人才流動和殖民行政〉，《臺灣史研究》，14（4），2007 年 12 月，第 31 頁。

[63]《瀋陽高等院校教育工技彙編》，由其女王光華女士提供數據，謹表謝意。

# 試論後藤新平與伊澤多喜男～從專賣局與鴉片事件談起

鐘淑敏

## 一、前言

　　後藤新平與伊澤多喜男，兩人之間有何值得比較之處？明治維新之前的 1857 年，出生於『朝敵藩』的後藤新平，自醫人的醫師出發，努力朝向『醫國』的上醫之路邁進。而小他十餘歲的伊澤多喜男，則是出生於 1869 年的長野縣，儘管出身貧賤，但由於有長兄伊澤修二這位提倡音樂教育、矯正口吃教育家的栽培，學習生涯一路順遂，1895 年自帝國大學法科大學畢業，理所當然的躋身內務官僚行列，踏出『立身出世』的第一步。

　　儘管出身背景與賴以出人頭地的憑藉不同，但兩人在資歷上卻有些關聯。一是二人皆有殖民地行政之經驗，一是兩人都曾擔任過東京市長，並且都是被視為政壇『惑星』[1] 的人物。然而，兩人在百年之後卻有極大的差別。日本國內對於後藤新平的研究，幾度造成風潮，自其生前被稱為『站在人氣之燒點』[2]，至其 1929 年過世後以至今日，頂帶著『一世之風雲兒』[3]『科學之政治家』[4]『日本之羅針盤』[5]『時代的先覺者』[6] 等各種頭銜的光環，甚至受到受其殖民的殖民地臺灣人之讚美，造神運動至今方興未艾。相對的，伊澤多喜男不但在日本幾乎為人所遺忘，連在臺灣的殖民地史研究中也極少被提及。

然而，在兩人經歷的交集上，卻可以發現許多有趣之處，而將此交集放在殖民史或者日本近代政治史的脈絡時，究竟具有何種意義？本文的目的，即是透過此二人於殖民行政上施政之比較，重新探討兩人在臺灣史上的定位。

## 二、專賣局與鴉片事件

所謂『鴉片事件』是指1925年臺灣總督府檢察當局以違反『臺灣鴉片令』的罪名，起訴星製藥社長星一、原星製藥臺灣辦事處監督木村謙吉、運送業者（山陰運輸株式會社）關戶信次三人之事。此事件最後雖然在翌年的第三審中被判罪名不成立，不過並沒有否定檢察官起訴的事實。關於星製藥會社與鴉片事件關係，本人已有論文討論，[7] 此處不再贅述檢察官起訴內容，僅略述事件之背景與大要。

臺灣總督府在後藤新平的建議下，對於鴉片吸引問題採取所謂的『漸禁政策』，設立『製藥所』以供給癮者鴉片煙膏。在此制度下，主要是委託三井物產、三美路商會（Samuel）自印度、波斯、土耳其等地購買生鴉片土，運回臺灣專賣局所屬的製藥所精製。星製藥與臺灣鴉片的關係始於1915年。由於1914第一次世界大戰的爆發，使得原來仰賴歐洲、特別是英國的嗎啡一時短缺，致使日本市場價格高漲，醫藥界因而陷入恐慌。對此，製藥界便將目光轉注臺灣的粗製鴉片，透過政黨、官界的力量爭相求取此製造嗎啡的原料。在眾多的競爭當中，星一在後藤新平的奧援下，不但促使專賣局將生鴉片的產地自印度轉到波斯、土耳其，同時也獲準購買製藥所製造後所餘粗製的嗎啡。更有甚者，星製藥甚至升到與三井物產、三美路商會同格，獲得為專賣局購買生鴉片的特權。星一之子星新一在為報父仇而作的《人民は弱し官吏は強し》一書中，寫到『賀來佐賀太郎對星一的提案表示歡迎，同意加以檢討而採用。不用說，促使這個提案得以施行的當然是後藤新平的助言。臺灣的一切都是基於後藤新平時代的方針及計劃而進行的，而賀來正是這個系統的主流人物』。[8] 明白的敘述後藤新平的介入，使得專賣局在採購上作重大的改變。星製藥所涉及的鴉片事件，便是在星一自鳴得意的日本、美國、土耳其三角運銷、決算聯盟下，購買超過數量的鴉片而產生的。[9]

1919年到1922年間，星製藥會社共購入3,518箱生鴉片，其中繳納給臺灣總督府專賣局的有1,622箱，日本內務省實驗所的有379箱，關東都督府民政署的209箱，青島日本佔領地下的民政署1箱。此外，有243箱名義上是賣給獲得海參崴政府許可的戴祖文、中澤松男等人，實際上有許多是藉此而經中國人之手轉運到大連、上海等地。由於國際鴉片條約禁止將鴉片輸入中國，這

種迂迴轉進的做法，既可達到輸入的目的，同時可以避免日本政府遭到譴責。[10]引發鴉片事件問題的，是自橫濱保稅倉庫移到基隆的 1,057 箱。

　　星製藥『鴉片事件』之所以成為注目的焦點，其原因與日本國內政局有密切關聯。第一，憲政黨內閣為打擊對手，正以『人事一新』為名掃除舊勢力，星一與鈴木商店的金子直吉一向被視為後藤新平的金庫，為打擊加藤高明首相長久以來的政敵後藤新平，鴉片事件正提供了良好機會。第二，1921 年左右星一因另外的瀆職事件而被傳訊前後，關東州的鴉片特許商宏濟善堂有一大筆資金去向不明，而據說這筆資金被用來捐獻給政友會。因此事件的關係，大連的民政署長中野有光與拓殖局長古賀廉造都遭起訴，引發世人對鴉片的關心4。[11]第三，在調查的過程中賀來佐賀太郎是否與鴉片的秘密買賣有關的謠言滿天飛，由於賀來既曾任專賣局長、臺灣總督府總務長官，又是日本參加日內瓦國際鴉片會議的代表，這一傳言立即引發國際的重視。第四，與加藤高明首相一起在貴族院『苦節十年』的伊澤多喜男，就任臺灣總督後即表示要對總督府的人事大行更革，特別是『後藤色彩』最為濃厚的專賣局，嚴厲的檢舉瀆職事件。星一所牽涉的『鴉片事件』，正是在這種情況下被舉發的。星製藥的鴉片問題絕非單純的偶發事件，事情之所以被揭發與憲政黨的政策有密切關聯。如果伊澤多喜男總督沒有厲行一掃專賣局積弊的措施，以星製藥與婦人會、專賣局間的密切關係而言，事件被暴露的可能性極低。星製藥與婦人會的關係，星製藥會社的董事安樂榮治作了極清楚的說明。安樂是星一自留美時代以來的親友，他表示：『臺灣總督府的高等官之握有公司的股票，始於明治 45 年本公司募股以來，至今在股東名冊上仍然有其家屬的名字』。星製藥之所以獲得鴉片方面的特許，固然是後藤新平之斡旋，然而由專賣局官員與星製藥的密切關係來看，特權的獲得毋寧是自然的。甚且，在星一爭取獲得總督府的嗎啡原料前，以專賣局高等官的夫人們為會員的『臺灣婦人慈善會』從星製藥獲得 3,200 股（總額 3 萬圓），而專賣局的高等官也有 20 餘名列名於股東名冊。星一在與專賣局官員、與後藤新平派系密切的關係下獲致莫大利益的同時，無可避免的引起同業的側目。在 1918 年召開的第 41 回帝國議會中，憲政會議員便為婦人慈善會持有星製藥股份一事質問列席的下村宏民政長官。其後，婦人慈善會及總督府的高官們才不敢列名於股東名冊上，而改以家族名義持股。[12]

　　與專賣局及星製藥之間的曖昧關係遭到暴露的同時，專賣局關係的臺灣製腦會社也遭到大舉搜索。伊澤多喜男於 1925 年 11 月 30 日寫給下村宏的書信中，談到『有對於製腦會社改革之事加以惡評者，正所謂盜賊威猛，令人驚愕。改革前之經費與改革後之經費相較，一年約節省二十萬圓，亦即過去總經費的

約二成五左右是被濫費的,其亂脈誠為可驚。特別是重役以雜費、旅費等名目濫用經費,占其絕大部份。專賣局關係的不正事件愈益層出不窮,愈益嚴重,除令人驚愕不已外無他。」[13]製腦會社在此次的震盪下,逼使三村三平與河村徹兩名重役去職,經營陣容為之一變。

伊澤多喜男對於專賣局人事更迭的決心,在他決定是否就任東京市長時也成為話題。1926年6月25日,東京市議會在憲政會系的『革新會』運作下,選出伊澤多喜男為市長第一候補人選,繼中村是公之後擔任東京市長。伊澤是以靜養為由返日,卻在現任總督職位上,被推選為東京市長。對於此推舉,不僅臺灣方面大驚,伊澤本人也遲遲不肯答覆是否接受。內閣考慮臺灣總督繼任人選時,在閣僚們儘量不要有局長級官員的異動,以免引起殖民地官民之不安的考慮下,決定由貴族院議員上山滿之進繼任。

自6月25日被推選為第一候補人選後,伊澤一直遲遲未答覆是否就任市長。新聞報導逐漸感到不耐,並且愈發惡言。如《讀賣新聞》報導,其實伊澤是對臺灣有所依戀,為了後任人選而猶豫不決,絕非因生病之故。因為內閣相關人士的後任人選為上山滿之進,而上山有浪人岡實等乾兒子,使得伊澤不敢掉以輕心,因此放出石原健三將繼任總督的風聲。[14]到了7月11日,批評得愈加嚴厲,謂伊澤一直拖延答覆期限的做法,讓推舉其為東京市長的革新會也產生怨言,甚至有一說是伊澤於臺灣評價不佳,為此不得不辭職;但是因他在臺灣大力的施行『後藤征伐』(征討後藤新平派系),怕一離職使得後藤派的人物更根深蒂固,因此必須遙控臺灣人事。於是託病而滯留東京,透過三木武吉運作革新會支持其當選市長,而後再藉由臺灣民政長官後藤文夫交涉由貴族院議員石原健三繼任臺灣總督。[15]

不管伊澤真意為何,專賣局『不正事件』與政黨鬥爭關係密切的報導,在日本內地的輿論中,早已甚囂塵上。在他終於承諾接受東京市長職位後,《讀賣新聞》評論他:伊澤多喜男為明治28年東京帝大法科畢,同期的有濱口雄幸、菅原通敬、勝田主計、西久保弘道、小野塚喜平次、下岡忠治等人,世間稱為『二十八組』。伊澤可以說是『教育的行政家』,短小精悍,對於所相信的不論付出多少犧牲也會勇往邁進。出任愛媛縣及新潟縣知事時,都顛覆了政友會的政治地盤。因此在大正三年(1914)大隈重信組閣時,為答謝其瓦解政友會勢力有功,被任命為警視總監,是現今憲政會的大功臣。[16]為了實現所信,勇於與既存勢力對抗的意志力,的確在臺灣的施政上也顯現出來。

## 三、殖民行政之比較

　　1924年9月憲政黨的加藤高明一就任首相職位，便將與他一起在貴族院『苦節十年』的伊澤多喜男送上臺灣總督的寶座，迫使內田嘉吉總督讓位。伊澤一就任總督便造成極大震撼，一是總督的統治政策宣言，一是加藤內閣迫於關東大地震後的財政壓力，宣布施行的行政改革。伊澤對總督府內的高官訓示：『統治的對象非十五萬內地人，而是三百數十萬的本島住民』，究竟是『非十五萬內地人』，或者是之後《臺灣日日新報》為安撫而訂正的『非僅十五萬內地人』，這項宣言都引起在臺日本人社會極大的反彈。《臺灣經世新報》甚至批判伊澤所揭示的治臺根本方針為『給我們日本國民的心理最深刻、反動的衝擊，我們永遠不可忘卻這一大侮辱』。[17] 而伊澤總督則放言『我輩為臺灣總督，而非內地人總督』，[18] 自東京出發之際於車站的談話，以及到任後所發表的談話，都一再重申臺灣統治的對象，是三百萬的『本島人』。[19] 而對於臺灣人的政治運動，『伊澤臺灣總督十九日未明，乘商船蓬萊丸抵門司，總督在船中與往訪記者曰，赴任後約兩星期視察島內，深感臺灣為日本唯一之寶庫，可為者尚多。臺灣在精神物質兩方面，頗為有望，譬如教育、宗教思想之精神的方面，農業、林產物之物質的方面皆然，是等雖無財源，亦應開拓者。故雖在財政緊縮之時，亦有不得不為之者。最近在臺灣之思想界，雖有可杞憂者，然信比內地反為平穩，其為政治運動者，尚未深知，不能言之云云。』[20]

　　伊澤時常藉著媒體，對臺灣人釋放善意，他提到要傾聽一般老百姓的『無聲之聲』，多年之後他仍引以為自豪。1941年，樞密顧問官伊澤多喜男於故鄉長野縣的縣廳內講演時，提到赴任之初，召集總督府敕任官、奏任官，做了『見其無形，聽其無聲』之訓示，認為真正的農民心聲與所謂的農民之心聲不見得一致，只有傾聽真正農民的聲音，才能施行親切的政治。而臺灣農民的聲音更因為言語不通而無法下情上達，因此官民必須比在日本內地更親切。[21] 不過，這種本來就應該有的政治姿態，卻受到日本人的質疑，而御用臺灣人也對此表示不安。臺灣總督田健治郎日記中，記載著『朝，赤石定藏來云將赴臺灣，告別且語新總督對日日新報、其他實業界褊頗猜疑之行動不甚少，蓋褊狹之所致，到底非統治一方之材也，寬話而去。』[22] 及『赤石定藏自臺灣歸，伴細君來訪，寬話伊澤總督新政，使內臺人抱怨嗟之真相。』[23] 御用士紳辜顯榮也向前民政長官後藤新平表態：『伊澤總督今回於大阪朝日新聞發表個人意見，對於臺灣文化協會微露同情之論調而為隱約抑揚之詞旨。夫以堂堂主腦之督憲，一擊一笑民具爾瞻，而故為此游移之論說，使民心淆惑，實於全島治安頗深影響。』『林

獻堂輩乘機崛起,始則煽惑內地留學生及中部人士而為議會請願之先鋒,四處講演,煽惑無智愚民,致學校風潮時起,靡有寧歲。顯榮早以諸人舉動,實恐貽害於一般之良民。故於去年創立臺灣公益會,糾集同志力闢其謬妄,荷蒙各方面贊成方有端緒,略舉效績何意執政變更,遂成瓦解。』[24]

　　伊澤的另一項既定政策為行政、財政的『兩政改革』。伊澤就任之初,既有黨派立場大舉進行高等官之所謂『獵官』人事異動,又因配合日本舉國的緊縮財政,不得不有相應的改革。在阿部滂財務局長與鼓包美參事官的主事下,進行財政與行政上之整理。『其整理眼目,似不深在地方廳,而多在督府內,即局課廢合,事業費延緩。一、會計統一。一、土木局廢止。一、內務局各課統一整理。一、改法務部為官房一課。初亦有廢參事官之議,而今實有難廢事情。故此整理,不在人件費,而在事業費。要之,督府且據案與政府交涉,未可謂有所決也雲。』[25]結果使得高等官 71 名,判任官 735 名,合計 806 名的因之而退職。[26]

　　伊澤總督對於退職官員的處置,為優遇退官者取得土地的政策,以及創設『臺灣拓殖會社』的構想。對此,《臺灣民報》分別發表『對於臺灣的退官者還有特別優遇的必要嗎』及『居中取利的機關』以批評時政。指出『拓殖會社的立案,宛然是為著內地資本家的便宜,政府以五萬甲一打算其大部份必是用已開墾的土地出資,且會社缺損的時候,政府要擔保一定的配當,我們要細思一番,政府所擔保的配當結局是誰要負擔呢?現在五萬甲的官租地所出色,每年編入政府財政,充作歲出費用,此去全部歸屬拓殖會社,會社不過要納多少地租而已,政府財政必然減收,由是人民負擔加重絕不能免的』。[27]退職官員土地放領的優惠政策未能落實,反使得臺灣農民運動愈益激烈。大正 14(1925)年 6 月間,伊澤似乎即感受到總督一職的壓力,因此在返臺之前與其好友幣原喜重郎會談時,已經談到不要使殖民地長官之進退受內閣更迭之影響之事。幣原表示此主張純為理想,但是若『如同貴案般施行的話,果真能期待上述理想的貫徹?而是要依據後任者之選定而論,其後任者與內閣之更迭同時表明進退之立場。關於殖民地行政,要得到內閣完全的信任,卻又要尋求在一般政治上的立場與現內閣全然無關者擔任殖民地長官,於目前的情況下實在至難。若真要強求,結果除了當做壁龕的裝飾品外絕無他用。並且這也不免成為老兄您進退流言百出的原因,我且憂慮此甚至將連累至現內閣。』[28]

　　作為一位行政官僚,伊澤多喜男在臺灣顯然沒有發揮他出任五縣的縣知事時所展現的鐵腕,在退官優惠及臺灣拓殖都未見其成果,伊澤便離開臺灣任地,

此後並且從未再到臺灣。儘管如此,《臺灣日日新報》報導伊澤當退官之際,寄附『內臺融合資金五千圓』。其處分方法,後藤文夫總務長官於二十日下午三時,招集內臺人及官廳一邊有力者十五名於官邸協議處分。[29]

　　離開臺灣總督職位後的伊澤多喜男,反而與臺灣的民族運動互動更頻繁,成為林獻堂、蔡培火、楊肇嘉、吳三連等民族運動者,最常引為奧援的日本人政治家。在林獻堂的灌園日記及楊肇嘉回憶錄中,都留下豐富的資料。而在伊澤多喜男的書信集中,也可找到不少訊息。如1937年9月,伊澤多喜男將蔡培火所著之《東亞の子かく思ふ》一書分贈給其東京帝大法學部同學幣原喜重郎,幣原一讀之後表示其論旨有頗多值得傾聽之處,其中或有對於歐美之偏見,也有對於日支之所以阻隔,其原因一半在於南京政府這種不夠審慎之論調者,然而可以窺見其追求國際正義的熱情,故為會心之所至。[30]1941年4月3日伊澤致長谷川清總督的信件中,也表達了對於臺政之關心。信中指出:齋藤長官歸臺前曾經來訪,關於臺灣統治之大體方針談論了一個多小時,對於具體的事實也列舉了許多,跟我之前對您所提出的意見基本上相同,讓我覺得安心又滿足。其後,綜合內臺人之書信及來訪時所表示的意見,可知某個時代不當的差別觀念以及焦躁強壓的同化政策之類的,正慢慢的加以改正,真有漫長的霖雨之後終於放晴之感。在此方針下長久盡力的話,相信臺灣將名副其實的完全成為帝國的領土,本島人成為陛下無比的忠良之臣民之期日可待。當然,這與歐洲各國對於殖民地以榨取為目的的做法,完全大異其趣。[31] 由此看來,揭示總督是『臺灣人』的總督,而非內地人的總督之理念,並不是伊澤一時之興起,而是其終身貫徹之信念。

　　相對而言,『統治治績』一再被稱道的後藤新平,在民政長官任內的確有許多具體的政績,包括土地、舊慣調查以及築港、縱貫鐵道等措施,早已被一再傳頌,造就了後藤神話。與伊澤相較,後藤在施政之初也遇到相當頑固之政敵,最著名的是『學友會』與『利民協會』,分別是由通漢語的通譯們,以及以『訴訟代言人』為主體的日本人所組成。關於學友會,陳培豐將他放在『國體論』的脈絡下討論;至於利民協會,吳密察則探討『臺灣民報』集團於東京之遊說活動。對於這兩個團體的具體活動,雖然還可以做更細部的探討,在此僅先止於提示。明治32(1899)年5月18日《臺灣日日新報》第311號社論『通譯の罪惡』,指責原來應該只擔負機械任務的通譯,卻超越通譯『言語媒介者、傳話機、信號旗』的角色,反而自稱為『通譯政治家』『通譯事業家』。自認為『征清戰爭是通譯之功』,『臺灣之政治為通譯政治』,其實是煽動愚民之運動,蠱惑土豪以逞其貪慾,位於官民之間以占奇利,成為臺灣官民之間

臺灣部份

501

下情上達之阻礙。[32]對於《臺灣日日新報》以社論批判通譯一事,據說有發起『全島通譯同盟罷業』之對抗行動,認為臺灣日日是總督府機關報,之所以攻擊通譯,背後一定是後藤民政長官的操控。[33]於是於1899年5月21日舉行臨時大會,主導人物為退職判官瀧野種孝、總督府翻譯官草場謹三郎、谷信近、鉅鹿赫太郎,總督府海軍幕僚部的岡田晉太郎,以及武藤百智、竹多津明治等人。[34]兩者對立的情況似乎一觸即發,然而,實際上除了上書與上京進行遊說活動外,實際上並沒有惹起更大風波,反而不久『學友會』的活動便沈寂下去。至於『利民協會』,於明治33(1900)年2月11日天長節時集會,由中村啟次郎、荻原孝三郎、蓑和藤治郎、後藤傳策及其他訴訟代言人發起成立,其後於4月8日發行《臺灣民報》。[35]『利民協會』與後藤新平之間關係未曾改善,因此,明治35(1902)年6月,臺灣辯護士會將彈劾後藤長官書提交兒玉總督。[36]不論是在乃木總督時受到重用,甚至被評為『通譯政治』的『通譯』一職,[37]或者是因為反對『訴訟代言人』與『辯護士』之資格差別待遇的『利民協會』,基本上是利害之爭,或者部份與國權論者結合,而攻擊總督府施政。與伊澤總督時期反對總督表態重視臺灣人而掀起的風波,在性質上有極大差異。

　　明治34(1901)年11月9日的官制改革的結果,在總督府內設置警察本署、總務局、財務局、通信局、殖產局、土木局,並且廢止舊來的三縣及各辦務署,改設24廳。11月11日總督府任命警視總長以下各局長及各廳長。之後,民政長官後藤新平不止一次的對各官衙發佈官紀振肅之訓誡,並且裁汰了1080名敕任以下官員。究竟裁汰人數多少,又是哪些人遭到裁汰,目前尚未能掌握具體情況。不過依據鶴見佑輔的《後藤新平》傳所載,退職人員成為商船會社的主要載客,從臺灣到門司港的船舶,每船都載運數十到數百個被免官員。[38]此時期《臺灣日日新報》時常呼籲應接納『適合居住於臺灣的內地人』;而反對總督府施政的,甚至遭到驅逐的命運。退官人員的比較,尚待日後發掘研究。

　　最後要比較的是關於後藤新平派系的形成與發展。對於後藤之人脈以及與其他非後藤派系之爭鬥情形,居臺數十年的民間重量級人士三好德三郎有極長期的觀察。三好德三郎於明治32(1899)年4月來臺,至昭和14(1939)年死去止,居臺40年。對於三好德三郎在臺的地位,學者認為可以分成四個階段,一是明治32至大正4(1915)年,即兒玉源太郎與佐久間左馬太總督時期,此時三好為名氣日漸為臺北周知時期。其二是安東貞美、明石元二郎兩總督的大正4年至8(1919)年時,三好為與總督府有距離時期。第三是田健治郎總督至南弘總督的文官總督時期(1919~1932),此時三好為功成名就無可取代的時期,被尊為『民間總督』『民敕』。第四則為晚年時期,相當於中川健藏

總督與小林躋造總督（1932～1939）時，是三好德三郎整理周邊事宜的時期。[39] 由於他是在官、民之間都極有地位的人士，他的觀察應該具有參考價值。三好德三郎指出：明治 43（1910）年 7 月 29 日，於苗圃（今植物園）舉行送別會，約 1500 名參加，場面盛大。因為對大島久滿次民政長官辭職一事，全島民眾多有惋惜之意。又明治 41 年大島久滿次就任民政長官時，據說守屋善兵衛（臺日社長）、荒井泰治兩人有反對之意。待大島離職時，便散播許多無聊之謠言，並大肆宣傳。亦即後藤派的守屋善兵衛、荒井泰治等人，在後藤新平離臺後首次與其他派系人士的爭鬥。[40] 在大島離職之後，由於同為後藤派系的宮尾舜治與長尾半平僵持不下，民政長官改由內田嘉吉出線，不過內田仍然被視為後藤系。臺灣的後藤新平人脈非常強固，在後藤離臺之後也繼續綿延成為主流派。及至安東貞美總督時期，吃冷飯的人所累積的不滿情緒，便集中在大正 4 年 12 月自愛知縣內務部長轉任臺灣總督府警視總長的湯地幸平周邊，集成一大反彈勢力。[41] 這股對立到大正 6（1917）年 6 月爆發『不正談合事件』，對臺灣政財兩界都造成極度震撼。而前述伊澤總督所對抗的，便是如此長期積累下來的後藤人脈。

## 四、代結語

引領最近一波後藤新平熱的御廚貴，在閱覽原敬與後藤新平兩人日記後，以『政黨運營型』及『project 型』作為兩人的對比。御廚貴認為自臺灣經營、滿鐵總裁至返日後的鐵道國有化，後藤針對個別計劃有其相應的對應方式，並且獲得相當大的成功。由於後藤不需營運政黨，沒有組織的辛勞也不需應付組織內部，因此可以專心對應計劃，超越政黨。相對的，後藤也需要一個堅強的後援者如兒玉源太郎、寺內正毅等。[42] 當支持者不在時，後藤也無法施展其行政長才。相對的，被稱為『憲政會的寵兒』的伊澤多喜男，其政治生涯特別值得注目的是，作為一位議會政治家，終生立於廟堂之上，比任何人都愛政黨，卻又始終不入政黨。[43] 在不公開加入政黨，卻又以影武者的形態成為政治黑幕的情況下，其『政治臭』使得他與朝鮮總督一職擦身而過，在東京市長任內也僅三月便去職，完全無法施展其行政能力。

與歷代長官都有接觸的三好德三郎，對個人之評論常有獨到之處。他認為：『伊澤這個人，其實是富理解力，剛直又有趣、親切的人，要之，讓他成為我方的話頗為有利，萬一變成敵人，實在是個強敵。又一旦信任某人時，不論旁人說什麼都不會失去信任，同時也很照顧人，實在是個韌性很強的人』[44]，指出伊澤之所以能夠成為影武者、政治黑幕的道理。本文即嘗試透過此二人於殖

民行政上政策與施政之比較，重新探討兩人在臺灣史上的定位，以作為殖民地史研究之一環。

（作者單位：中央研究院 臺灣史研究所）

## 註釋：

[1] 惑星，原是行星，引為前途不可限量之人。

[2] 鈴木春一、小田大泉，《人氣の燒點に立てる後藤新平伯》（東京：復興社，1923）。

[3] 岡本瓊二，《一世の風雲兒後藤新平》（東京：第一出版協會，1929）。

[4] 信夫清三郎，《後藤新平—科學的政治家の生涯》（東京：博文館，1941）。

[5] 山岡淳一郎，《後藤新平—日本の羅針盤となった男》（東京：草思社，2007）。

[6] 御廚貴編，《時代の先覺者—後藤新平（1857～1929）》（東京：藤原書店，2004）。

[7] 鐘淑敏，《臺灣總督府的對岸政策與鴉片問題》，收於臺灣省文獻委員會整理組編，《臺灣文獻史料整理研究學術研討會論文集》（南投：臺灣省文獻委員會，2000），第223～254頁。

[8] 星新一，《人民は弱し官吏は強し》（東京，新潮社，1978），第29頁。

[9] 星製藥株式會社，《阿片事件顛末》（東京，1926，）第210頁。

[10]《阿片事件の真相》（《臺灣と南支南洋パンフレット》26，（東京，拓殖通信社，1926），第7頁。

[11] 有關關東州鴉片事件的暴露及其與關東州當局、日本國內政壇的關係，參看多田井喜生，《秘史阿片が支えた日本の大陸侵攻—埋もれた記錄でたどる阿片商人の足跡》《新潮45》（1992年5月號，東京，新潮社），第195～202頁。

[12] 東京朝日新聞，《新聞集錄大正史》第九卷1921年8月8日（東京：大正出版，1978），第274頁。

[13] 大西呂比志等編，《伊澤多喜男關係文書》（東京：芙蓉書房，2000），第58～59頁。

[14]《讀賣新聞》1926.7.11朝刊2面『去つた臺灣に勢力扶殖の陋策諾否の回答を延ばした伊澤氏政府部內にさへ惡評』。

[15]《讀賣新聞》1926.7.11朝刊2面『去つた臺灣に勢力扶殖の陋策諾否の回答を延ばした伊澤氏政府部內にさへ惡評』

[16]《讀賣新聞》1926.6.26 朝刊 2 面『剛直で多趣味な伊澤新東京市長三津ヶ濱事件の摘發一躍その名を賣る』

[17]《臺灣經世新報》大正 14 年 1 月 18 日『讀總督訓示』，收入蓑和米南《米南文集》（臺北，1928），第 547 頁。

[18] 伊澤多喜男傳記編纂委員會編，《伊澤多喜男》（羽田書店，東京，1951），第 151 頁。

[19] 伊澤多喜男傳記編纂委員會編，《伊澤多喜男》，第 150 頁。

[20]《臺灣日日新報》，1924.11.21（五版）『伊澤總督車中談』。

[21] 大西呂比志等編，《伊澤多喜男關係文書》（東京：芙蓉書房，2000），第 544 頁。

[22]《田健治郎日記》，大正 14 年 3 月 31 日。

[23]《田健治郎日記》，大正 14 年 5 月 17 日。

[24]《後藤新平文書》34-60-11，大正 13 年 11 月 30 日辜顯榮致後藤新平書信。

[25]《臺灣日日新報》，大正 13 年 11 月 3 日（四版）『督府整理案脫稿從此當與中央政府折衝』。

[26]《臺灣日日新報》，大正 13 年 12 月 9 日（二版）『定員の整理人數』

[27]《臺灣民報》第 84 號，1925.12.20。

[28] 大西呂比志等編，《伊澤多喜男關係文書》，第 265 頁。

[29]《臺灣日日新報》1926.10.21，（四版）『內臺融合資金處分協議』。

[30] 大西呂比志等編，《伊澤多喜男關係文書》，第 267～268 頁。

[31] 大西呂比志等編，《伊澤多喜男關係文書》，第 84 頁。

[32]《臺灣日日新報》明治 32 年 5 月 18 日，（一版），『通譯の罪惡』。

[33]《臺灣日日新報》明治 32 年 5 月 23 日，（二版），『學友會の臨時總會』

[34]《臺灣日日新報》明治 32 年 5 月 23 日，（二版），『學友會の臨時總會』。

[35] 利民協會所發行之《臺灣民報》，於明治 37 年 5 月結束。

[36] 波形昭一編，《民間總督三好德三郎と辻利茶鋪》，（東京：日本圖書，2002），第 81 頁。

[37] 竹越與三郎指出乃木總督重用通譯，於總督府內設通譯一職，《臺灣統治誌》（東京：1905），第 29 頁。

[38] 鶴見佑輔，《後藤新平》第二卷（東京：勁草書房，1965），第 74 頁。

[39] 波形昭一編，《民間總督三好德三郎と辻利茶鋪》，第 297 頁。

[40] 波形昭一編，《民間總督三好德三郎と辻利茶鋪》，第 115 頁。

[41] 波形昭一編，《民間總督三好德三郎と辻利茶鋪》，第 301 頁。

[42] 御廚貴，《後藤新平から考える日本の政治—政黨型政治とプロジェクト型政治》《天皇と政治》（東京：藤原書店，2006），第 92～104 頁。

[43] 伊澤多喜男傳記編纂委員會編，《伊澤多喜男傳》，第 6 頁。

[44] 波形昭一編，《民間總督三好德三郎と辻利茶鋪》，第 188～189 頁。

# 臺灣總督府樟腦專賣政策與霧峰林家 *

黃富三 黃頌文

## 導言

　　樟腦是晚清臺灣的重要出口品，1895 年日本領臺後，發現當時樟腦的產銷，由外商結合臺灣紳商聯合控制，而霧峰林家在山區與長腦業有舉足輕的地位，因此不斷研擬對策，實行一連串措施，終於在 1899 年實施專賣制度，取得掌控權。筆者曾發表一文《霧峰林家與晚清臺灣山區之開發：樟腦業初探》，探討霧峰林家在山區之發展與樟腦業上所扮演的角色，[1] 本文即延續此一研究，探討日治初期臺灣總督府之樟腦政策與霧峰林家之關係。

　　關於總督府之樟腦政策，以往已經有不少研究成果，如程大學、陳小沖、鐘淑敏、張麗芬、黃紹恆、林欣宜、王興安、林聖蓉等人之作品。[2] 這些作品雖非針對林家之研究，自有其限制，但極有助於筆者對相關問題之瞭解。至於霧峰林家之角色，筆者在 1993 年發表《日本領臺與霧峰林家之肆應：以林朝棟為中心》一文，已經略有著墨。[3] 其他相關作品，如 Harry Jerome Lamley，吳文星對士紳之響應有相當深入的探討。本文即在此基礎上，進一步論述日治初期臺灣總督府之樟腦政策與霧峰林家之關係。等，[4]

　　至於本文使用之數據，主要取自臺灣總督府檔案、《臺灣日日新報》、《臺灣樟腦專賣志》[5] 等。本文分三部份論述：日治初期臺灣總督府之樟腦政策與霧峰林家、臺灣總督府之實施樟腦專賣政策與霧峰林家、霧峰林家對專賣政策之回應。

# 日治初期臺灣總督府之樟腦政策與霧峰林家

霧峰林家在晚清開山撫番新政中扮演政策推手與執行的要角,成為山區最強力的家族,並掌控相當大的樟腦產銷權,因此總督府之樟腦政策與林家之權益息息相關。

一、霧峰林家與清代樟腦事業;林朝棟。林文欽

十九世紀後半葉,清廷對臺灣統治由消極轉向積極,經濟上亦因開港而走向開放貿易,因此經濟發展由平原轉向山區,產品由米、糖擴至樟腦、茶葉。開山撫番是劉銘傳新政中的重要政策,霧峰林家實扮演推手與執行的要角。首先,在光緒十二年(1886)劉銘傳推行的開山撫番政策中,林朝棟扮演主動提出與積極執行的角色。在政治方面,他由此立大功,獲得獎賞,並解除林文明案後之林家危機;[6] 在經濟方面,十九世紀開港後,重要產業由平原的米糖轉向山區的茶、樟腦,他參與撫番工作,可獲大利。

林朝棟在山區開發之角色極為重要,原因是他擁有三種官職:『辦理中路營務處』、『統領棟字等營』、『辦理中路撫墾』,即掌握糧餉、兵力、拓墾許可等權。此種三合一之職權發揮互補與乘數效用,使他成為中部山區開發的主導者。

劉銘傳為掌握樟腦利益,其政策分專賣期與開放期,而林朝棟於公、於私均扮演要角。在專賣期(1887～1891),公的方面,林朝棟不但與林維源主動建議實施專賣政策,而且負責中路樟腦產銷之管理,包括維護山區治安與平亂,以及山區樟腦緝私工作。私的方面,他可能一度擔任樟腦承包商。在樟腦開放期(1891～1895),林朝棟之公的角色依舊,但任務略有調整。他除了繼續維持山區治安與平亂任務外,亦負責樟腦產銷之管理,尤其是查報腦商、腦戶、腦灶之異動的查報工作,以作為徵收防費或釐金之依據。在私的角色方面,他進一步設立腦館、行棧,積極參與樟腦的產銷工作。由此可見,林朝棟所領導的霧峰林家是晚清臺灣山區最有勢力的家族,同時也是樟腦業的重要經營者。其細節請參考拙文《霧峰林家與晚清臺灣山區之開發:樟腦業初探》,不贅。[7]

二、日治初年官紳之妥協合作;林家之妥協策略與林紹堂之角色

1895年,清廷雖將臺灣割讓予日本,但臺人不服,極力反抗,烽火遍地,如何使其順服是一大問題。

初期，總督府採取剿撫兼施、恩威並重之策。一方面日人派重兵征臺，對反抗者嚴酷鎮壓，一方面對士紳採取籠絡手段，尤其對效力者不惜優予獎賞，辜顯榮、李春生是代表性例子。林家乃中部望族，在山區有極大勢力與重大樟腦利益，亦需防其對抗。

　　相對地，面對異民族之統治，林家如何因應亦是一大挑戰。林家在晚清代受官方倚重之二大地方領袖之一，享有政治、經濟利益，自不樂見日本領臺，然而現實情勢所逼，必須及時做出適當對策，以減輕家族生存之衝擊。大致上，林朝棟等身為清朝官員，必須遵命內渡大陸，但也留一部份族人在臺。原因是臺灣是林家發跡、經營之地，累積龐大家產與社會資源，並繁衍眾多族人，豈能輕易全拋。臺灣既是割讓地，林家自無法亦無力對抗新政權，因此不能不與現實妥協，甚至必要時與日人合作，以維護家族權益。[8]

　　光緒21年（1895年）5月15日，唐景崧內渡後，臺局大亂，中部地方官紛紛逃離，林朝棟在16日，命其正室楊水萍先率家眷，由汴子頭內渡避難。[9] 19日，他先至省城（今臺中市）領次月餉，發予兵勇，列隊從熟徑至海濱內渡，府、縣官員亦隨之而離臺。[10] 5月19日（6月10日），林朝棟帶勇北上至後隴，聞唐景崧已內渡，而日軍已至桃仔園，乃收兵新竹，不久即內渡，長居大陸。[11]

　　由於林朝棟擁有能戰之鄉勇，未曾抵抗即行內渡，頗引起物議。有曰朝棟弟某人曾引日軍入臺中，以保家產與報私怨。[12] 又有人毀謗林朝棟接受日軍一百元而返唐山；也有人用泥土塑朝棟像加以凌辱。[13] 據稱林朝棟離臺內渡時，告誡堂弟林紹堂（文明次子朝選）毋生事，因此，日軍南下時，林家既未領軍抵抗，亦不捐助兵餉。[14] 日人甚至有報告稱，林朝棟曾派人赴某師司令部，請求歸順，並獻納武器；日軍佔領彰化時，又來履行前約，表明永遠歸順之意。[15] 又據傳，其後日軍駐屯阿罩霧，首先騷擾林家，而林家的因應是『婦女亦不許避』，[16] 真相如何待考。

　　由於清時社會治安不佳，戰亂期間盜匪往往趁機胡作非為，臺灣一般紳民認為既已割讓，為保鄉、保身家，多有迎接日軍以求早日恢復秩序之事。[17] 林家派人與日軍洽商，以早日恢復秩序，並非空穴來風。

　　林家《族譜》自承，清廷下詔割臺後，官員多內渡，地方治安迅速惡化，林文欽曾派鄉勇巡邏各地，保護行旅居住安全，免除盜賊之患。[18] 林紹堂於明治三十年（1897）39歲時，出任臺中縣參事，於其十一月所提出之『履曆書』中陳述稱：

『(林紹堂)……兼營栳業(按,即樟腦業)。至光緒二十一年,值全臺割讓我帝國。紹堂心擔民艱,志存擇木,遂遣葛竹軒往臺北近衛師團司令部通款。』[19]

可見林紹堂確曾經派林家幕僚葛竹軒至臺北與日軍接觸,表示順從之意。按,葛竹軒乃林朝棟開山撫番時期之重要幕僚。至日軍南下抵達臺中、彰化時,林紹堂亦以地方士紳身份配合協助。『履曆書』稱:

『及王師至臺中,紹堂即勸導貓羅東西堡各莊民監國旗恭迎我軍,並獻軍裝、槍炮、子藥計六百餘擔。王師駐彰,缺乏糧草,紹堂即倡首助糧,並勸喻附近三十餘莊人民量力解輸糧米。』[20]

可見林紹堂確實表現恭順、協助的誠意。

『履曆書』中又稱:

『斯時政府規模未定,內山土番趁機蠢動,戕害良民,大妨栳務。紹堂因國計民瘼所繫,於是先自備糧餉,雇隘丁四百名,向近衛師團司令部稟領證牌,飭林榮泰管督分守沿山扼要,於是居民日集,栳務日興。』[21]

可見林紹堂主動向近衛師團司令部稟領證牌,自費僱用隘丁四百名,防衛沿山產腦地區。很明顯,其中最重要的考慮是保護其樟腦利益。

日本領臺之次年,光緒二十二年(1896)5月22日、23日,北投(含草屯鎮)居民憤於日軍之屠殺,乃群聚欲進攻臺中縣治大墩,各姓響應。此當即是1896年6月至7月之雲林抗日事件,由柯鐵、簡義所領導。[22] 據稱林文欽、林紹堂欲從中攔阻,但迫於勢眾難阻,紹堂乃勸告知他們延至次日再攻。但23日晚,攻大墩者因逢大雨,火攻未成,眾乃散歸。[23]《族譜》亦稱光緒22年6月,土匪猝發,襲南投、攻臺中,鄰近莊人亦蠢蠢欲動,林文欽遣人諭止。[24]『履曆書』稱:

『明治二十九年六月間,雲林、南北投土匪跳樑,紹堂即雇精細善行之人,分途偵探匪情,時刻報官,並親到各莊,嚴立莊規,約束子弟,以靖地方。迨埔里社亂,又飭林榮泰督率隘丁,幫助我軍剿滅土匪,克復城隍祠。』[25]

由上可知,明治二十九年(1896年)六月間,雲林、南北投抗日軍起事時,林紹堂確曾效勞,協助維持治安。

隨後,林紹堂又有數次奉獻之舉而獲獎賞。『履曆書』稱:

『觀光內地，入觀皇都，是年十二月七日，敘勳六等，受單光旭日章。仝是年，內地水災，紹堂聞報，即倡義捐金賑恤。本三十年四月間，臺中創立赤十字社，紹堂亦倡義納金，列為社員，並協贊社事。又仝年月，蒙恩錫予紳章。現屆十一月三日，更蒙恩以捐助盲啞學校，頒賜御木杯一枚。』[26]

由於上述之勞績，林紹堂除獲得勳六等獎外，明治三十年（1897年）十一月二十六日，臺中縣知事村上義雄呈報總督，連同其他吳鸞旂、林振芳、蕭富吉、陳培甲共五位中部士紳，授予臺中縣參事之職，月手當（月津貼）四拾圓。十二月十一日呈報內閣總理松方正義，再於十二月二十三日奏準。[27] 不過，不久他就稱病辭去此職，[28] 真正原因為何，待考。無論如何，林氏族人至少在形式上已接受日人之對臺統治權。

日人也對順從之豪強，除了獎賞外，對其既有之得權益亦做某種程度的承認。林朝棟在劉銘傳時代即擁有中部山林與樟腦之特權，乃林家財富之重要來源，而其下轄有隘勇營，維持番界之安全。日人領臺後，由於尚無力兼顧山區事務，故僅發佈管理規章與稅則，如1895年10月31日，發佈官有林野及樟腦製造業取締規則。[29] 如其他大都維持舊慣，且主要針對外商，參看下節。

由上可見，林家權益暫時不受影響。但總督府不斷加強對樟腦業的規範，對山區之控制亦步步逼緊，其策略是，一方面承認林傢私人武力之存在，即其隘勇可以繼續存在，但一方面逐步將其納入政府管轄之下。1896年，臺中縣政府諭示林紹堂，其所自置之中部隘勇線隘勇，自10月1日起，需接受臺中縣知縣指揮。具體辦法辦法如下：

1. 林紹堂、廣泰成、劉宏才麾下之隘勇隘丁歸屬於臺中縣知縣統轄，從事蕃界警察工作。

2. 當面臨非常情形或事變而認為必要時，即使在戒嚴令宣告以前，第二旅團長得隨時使用隘丁。

3. 隘勇隘丁之人數依照現在之人數，每月津貼估計在二千圓以內，得由警察費下挪支，但挪支辦法應再陳報。

4. 兵器彈藥依必要情形由軍務局支給。

5. 撫墾署官吏於執行行政事務上有所必要，而欲使用隘勇時，應向縣知事申請。但當事態緊急而不得已時，可於使用後立即辦理前項手續。

6. 縣知事應調查隘勇隘丁人數及其監督辦法，以及其所有武器彈藥後，向總督陳報，並通知第二旅團長。[30]

據上，林紹堂、廣泰成、劉宏才麾下之隘勇、隘丁歸屬於臺中縣知縣統轄。

不過，臺中縣經調查後，只準保留有林紹堂麾下之隘勇。理由有二，一是林紹堂麾下之隘勇屬於官隘，自清國時代就屬於政府官方統轄，並有補給糧餉等；二是接收時，近衛師團令林紹堂按以往組織編制，防禦生蕃保護樟腦業。然而，廣泰成之70餘名隘丁屬於黃南球商號之下，傭使隘丁者劉宏方，均屬於民隘，因而臺中縣知事不必保留。[31] 最後，總督府核定保留林紹堂之隘勇，[32] 可見當局對林家較為寬容。

至於歸屬臺中縣知縣管轄的林紹堂隘勇，自1896年10月1日起支給月津貼2,000圓。其管理辦法如下：[33]

1. 於非常時期或事變之際，當認為有必要時，即使在戒嚴令宣告之前，第二旅團長將會隨時使用隘勇，故應服從其命令。

2. 撫墾署於行政執行上必要時會使用隘勇，故應服從其命令。

3. 隘勇之編制員額為四百名。

4. 應於此際申報隘勇之住址、職業、姓名、年齡。但以後每當異動時都必須陳報。

5. 隘勇則依照以往之方法監督，不可使其做出輕率暴戾之事。但應於此際申報以往監督之方法。

6. 需要槍械彈藥時應經由本廳向軍務局申請。[34]

由上可見，總督府解散清代所有隘丁，只容許林紹堂之400名隘勇續存，並撥每月2000圓公款支應。其主因當是其於接收時之輸誠效勞，加以酬謝籠絡。何況，又將其納入政府體制下聽命調遣，在初期公權力不足時，藉此可鞏固對山區的控制，可說是兩全之策。而就林家而言，其妥協策略至少有暫時性的成果，即維持山區權益。

林朝棟與林文欽在清代原本即有林合號從事拓墾與樟腦事業，此時繼續營業，由林紹堂承繼林朝棟。如1896年2月28日，由『林合記事：林允卿（林文欽）、林紹堂』具名，向臺中縣申請開墾貓羅東堡內之地，其他族人亦有同類申請案。[35] 但林文欽於1900年去世後，當由林獻堂繼承。[36]

另外，林紹堂亦組織近代式公司，以便在殖民政府下經營樟腦業。他與日人與日人藤田、住友兩會社合組『臺阪公司』，從事熬腦業。唯此項合資企業不甚成功，而於 1898 年 9 月 13 日宣告倒閉。[37] 其細節有待進一步查考。

## 臺灣總督府之實施樟腦專賣政策與霧峰林家

日本領臺後，對樟腦權益極為重視，因而與當時控制臺灣樟腦產銷之外商有衝突。總督府不斷修法規範，最後在 1899 年實施專賣，全面控制。另外，新政權對林家之樟腦利益衝擊亦大，但因初期統治尚未鞏固，先採取籠絡策略，隨後逐步嚴密控制，終至實施專賣政策，壟斷樟腦之產銷權益，林家逐漸淡出樟腦業。

一、總督府改變樟腦政策之背景；對抗外商 - 控制臺人

19 世紀臺灣與日本是主要樟腦產地，而臺灣是最大產地，如能控制總督府即控制世界市場。然而，當時外商控制樟腦之產銷，有礙國家權益，極思驅逐其勢力。然而，日本受制於既有條約之約束，大致上，總督府修法箝制外商，外人抗議，中央政府出面協商，擺脫列強之干預，乃不斷有外交上之折衝。

總督府不斷公佈並修正樟腦產銷法規，其基本政策是否定外商之樟腦製造權，只許購買。重要法規如下：

1895 年 10 月 31 日，發佈官有林野及樟腦製造業取締規則。[38]

1896 年 2 月 23 日，將日本帝國與各國的現行條約施行於本島；依照帝國的關稅徵收樟腦輸出稅。

3 月 5 日，發佈樟腦稅則，樟腦稅每百斤十圓由地方廳徵收，稅則施行日期於 4 月 1 日後各地方官訂定；發佈樟腦稅則施行細則；發佈總督府撫墾署官制。

5 月 23 日，劃定撫墾署名稱、位置、轄區；外國人以通行券等同去內地買入已納稅樟腦證明，許可往開港輸出。

6 月 1 日，製腦業取締事務移交撫墾署管理；發佈樟腦製造業取締細則，開放民木製腦。

9 月 21 日，發佈臺灣官有森林原野及產物特別處分令；林紹堂管理的中部隘勇線，核發每月兩千圓，作為防備警護。

10月8日，發佈官有森林原野產物買賣規則；由大偎外務大臣向英、德兩國大使告知外國人樟腦營業處分的期限，以一年的緩衝與業務整理為期，期滿一切依照現行條約；在來式腦灶一份以內地式腦灶一個來換算。[39]

1897年，8月29日，發佈樟腦油稅則，由地方廳徵收樟腦油每百斤三圓。

9月1日，發佈樟腦油稅則施行細則；閣議放寬本島人、外國人的樟腦營業許可，由總督府依照納稅與否，許可樟腦的買賣輸出。[40]

在執行新法過程中，總督府與外商有相當劇烈的衝突。一方面總督府為控制世界市場，眼見外商控制樟腦之產銷，極思驅逐其勢力。但日本中央政府基於外交利害之考慮，加上受制於既有條約之約束，必須採取較有彈性之務實策略，乃不斷有外交上之折衝。

英國與德國是二大勢力，1895～1896年之估計，幾乎掌握雲林、埔里社全部與苗栗之半數腦灶。但是總督府根據『官有林野及樟腦製造業取締規則』，否認外商在臺灣的樟腦經營資格，多次沒收外商的樟腦，引起英國與德國之抗議與外交糾紛。[41] 其中與德國之糾紛最嚴重，例如，德籍東興洋行（Mannuch）在1896年3月，被雲林出張所以私製樟腦為由，扣押20箱樟腦，並且拘提店主江傳發。同年四月間，公泰洋行一共320箱的樟腦，也遭到憲兵的扣押。對於德商的樟腦遭到扣押一事，德國駐淡水領事館便多次向臺灣總督府提出抗議，要求歸還樟腦。德國公使更親往外務省手交抗議書，抗議總督府對於樟腦事件的處理。[42]

不過，總督府基本政策未變，即只準外商有購買權，只是實施時間延緩而已，最後甚至施行專賣。

二、總督府之實施樟腦專賣政策

1898年6月，總督府進一步發佈律令，擬改樟腦為專賣事業，以控制產銷。[43] 3月：松田茂太郎、總督兒玉源太郎、民政長官後藤新平建議在臺灣施行樟腦專賣制。據松田茂太郎提出『臺灣樟腦專賣私見』。[44]

1897年，世界需求量為400萬至500萬斤，臺灣生產約700萬斤，日本約200萬斤，共計900萬斤，超過需求約二倍；其中日本生產50萬斤，其餘是由臺灣運至日本的再製樟腦，由於過剩導致價格低落；但如臺灣限制在300萬斤，可形成150萬斤樟腦油，製成75萬斤再製樟腦，加上日本之50萬斤，共約425萬斤，可保持產銷之平衡，並控制價格。[45]

1899年2月25日,內閣會議終於決定樟腦專賣制施行一事,由內務次官通知兒玉源總督。6月9日,總督府內特設樟腦專賣施行調查委員會,總督訓示知事廳長有關私製腦及樟木濫伐取締事。6月10日發佈臺灣樟腦局官制、臺灣樟腦局職員官等俸給令發佈、臺灣樟腦局事務官特別任用令發佈。6月22日,發佈臺灣樟腦及樟腦油專賣規則、臺灣樟腦及樟腦油製造規則發佈。訂定基隆、淡水二港為樟腦、樟腦油輸出港,首次訂定粗製樟腦、樟腦油收納賠償金。6月23日,劃定臺灣樟腦局的名稱、位置、轄區。[46] 從此樟腦之產銷全歸樟腦局掌管,此後又陸續公佈相關法令,以徹底執行政令。重要者如下:

1899年7月8日,發佈。

17日,書記早川嘉儀任新竹樟腦局長,書記平賀義夫任林杞埔樟腦局長;28日書記鈴木伊十任苗栗樟腦局長,書記白尾國芳任羅東樟腦局長;此月臺北樟腦工場起工;此月各國的新條約實施。

8月1日,事務官有田正盛任臺北樟腦局長,技師小西成章任臺中樟腦局長;4日各樟腦局各別訂定樟腦油賣渡價格公告,但樟腦油被全部神戶再製業者妨害臺灣樟腦專賣事業的範圍,須負起再製樟腦價格訂定的義務。

9月7日,總督府歸順匪徒陳秋菊外六名的腦灶及製腦器具由總督府收買,同月16日由這些人租用作為製腦保證;20日,與小松楠彌締結樟腦油賣渡契約;22日,臺灣貿易株式會社臺北支店副支配人大島次郎締樟腦油賣渡契約。

10月10日,訂定樟腦油引渡手續,10月13日賣渡開始;14日,臺北樟腦局文山堡試制所開設;30日,對臺中縣林杞埔街曾君定,交付林杞埔臺中間樟腦運搬請負命令書。[47]

本年,亦撥專賣費中的營林費,交由殖產局主管實行官行造林計劃,以平衡森林資源。[48]

總督府設臺灣樟腦局執行任務三年後,收益大增,可見其政策是相當成功的。[49]

## 霧峰林家對樟腦專賣政策之回應

在日本統治下,林家政治上難以發展,自然轉向經濟另求出路。不論在臺灣或大陸,樟腦業依然是林家重要的選擇。然而林家在二地之發展均受到挫折,終至退出樟腦業。

## 一、臺灣霧峰林家之淡出樟腦業

林朝棟身在大陸,仍心掛臺灣家族權益,先後派其子林子佩、季商、瑞騰入籍,以承管巨大家業。林子佩死後,由季商、瑞騰接替,其中季商之角色特別值得注意。如他在臺中大街設有『合昌商會』,1900年9月,他自上海歸來,又加以整修,以期提高獲利。[50] 1901年5月間,林朝棟又聘請福州人葛宇寬來臺,以輔佐林季商,經營事業。[51] 按,葛宇寬,系葛世鑒之字,福州人,光緒十九年(1893)恩科舉人,為林朝棟重要幕僚葛竹軒之族弟。1895年冬,受聘於林時甫(林維源),處理板橋林本源家務,1898年歸福州。1901年11月,林朝棟以腦務一事會見於福州,情意投洽,因而聘往臺中輔佐林季商,並於12月5日抵臺。不過葛世鑒素有痰疾,來年(1902)病發,亡於臺中。[52]

由於總督府統治逐漸鞏固,對山區之控制日益增強,林家勢力逐漸被取代。1899年總督府實施專賣政策後,為強化統治與增進山地資源的利用,將隘勇線逐步向內山推進。[53] 為因應樟腦專賣,1900年2月,追加預算以強化隘勇制,各地樟腦局規劃蕃界警備區域,並調整隘勇人數。如臺北樟腦局部署240名,臺中樟腦局增加隘勇25人等。[54] 3月20日,核定於臺北、臺中兩縣下配置隘勇445人,但有些地方又隨需要有增減。如臺中縣轄之民設隘勇由於實施樟腦專賣制而須增加補助費,而臺北縣、宜蘭廳轄現有警丁及壯丁則於本月廢止;另外,屬於民設之隘勇應改稱為隘丁等。[55]

林家之隘勇雖已納入政府體制內,繼續存在,但在1901年臺中縣改製為廳後,林紹堂轄下之原林朝棟二營隘勇,縮減為一營,負責保護水底寮至埔里社間之製腦業者。[56] 而且,在1902年後之『討蕃事業』中,隘勇、隘丁多被動員起來執行任務,如1902年之討伐南勢蕃稍來社,林家所統轄之隘勇亦聽候差遣。由此可見,[57] 林家之隘勇人數減半,而主導權亦萎縮,在山區勢力幾乎已被總督府取代。

1904年林朝棟去世後,其子林季商與其他林姓族人亦投身於工商業之發展,包括樟腦業。如1905年,林季商、林烈堂、林資彬、林獻堂等族人創設『嘉義製腦組合』,以發展阿里山之製腦業。[58] 但結果如何,待考。無論如何,在專賣制度下,臺人不易分一杯羹,林家遂逐漸淡出樟腦業,轉向其他產業。

## 二、林朝棟在福建之樟腦業

林朝棟內渡後,有意在福建另創樟腦業,但過程坎坷,發展不順。

光緒23年（1897），他曾被清廷召見二次，奉詔赴南洋大臣劉坤一處，統領棟軍防衛江蘇海州。1898年移居上海，1899年方獲召見，諭發往南洋大臣劉坤一差遣委用，並交軍機處存記；統棟軍守海州。[59][60]可知林朝棟在大陸並未取得新職。林朝棟在海州日夜訓練新募之棟軍，因積勞導致舊疾復發，於光緒二十六年（1900）3月請假銷差，前往廈門就醫。[61]又，據稱林朝棟因與鹿傳霖不合，乃辭職回廈門，經營樟腦業。[62]按，鹿傳霖曾在光緒六年至七年間任福建按察使，[63]二人不和，可能與林文明訟案有關。

　　光緒二十七年（1901），林朝棟投下巨資，獲閩浙總督許可，成為福建樟腦專利包辦之腦務局總裁。為此他寓居廈門籌劃，首先在漳州府屬各處著手，並於7月間開辦。[64]開始時，聲勢浩大，臺灣紳商紛紛投刺求見，希圖參與此一事業。但朝棟不敢輕諾，8月間，派人攜專函至臺，著舊部陳杰夫速赴閩就任腦務局督辦，因陳氏在經貿方面與朝棟性情最相投。[65]查，陳杰夫（陳杰夫），為林紀堂妻陳苓之兄，負責棟軍後路轉運局，在臺北管理棟軍經費的後勤，熟知腦務。[66]

　　臺灣總督府專賣局對林朝棟之發展腦業頗為注意。考其因是總督府專賣局欲控制世界市場，深恐其影響世界樟腦供應量與價格。

　　1901年8月，專賣局事務官小川真一特地赴閩視察。他由漳平縣起程，出龍岩州，經連江、羅源二縣，抵福安縣，再由山路回福州。他提出一視察報告，認為林朝棟之樟腦事業前景不樂觀，其所列舉理由如下：

　　『（一）福建樟樹分佈不如臺灣之茂密：樹木中，松占六分，杉占二分，其他雜木占二分，樟木僅占雜木中之四分之一。換言之，樟木僅占樹木中之百分之五，甚為零散，取得不易。

　　（二）樟木所在地所有權屬民有，須以相當價格買入。

　　（三）樟木之蓄腦分可能不高。

　　（四）資本：樟腦公司資本額定為十萬圓，當前只募集半數而已，資本不足。』[67]

　　小川真一氏又指出，林朝棟只因福建有樟木，未經深入調查，即設樟腦公司，可能耗費多而收利少；前有英人在三都之地熬腦，但業務甚征。[68]

　　的確，林朝棟開辦樟腦業後，遭遇重重困難。首先是陳杰夫並未應允赴任協助。[69]第二是福建之腦工、腦師極為缺乏。他屢次僱員至延平、建陽、邵武

各府及龍岩州、安溪縣屬之深山窮谷視察,但福建熟悉樟腦者寥寥無幾。[70]1901年7月間,林朝棟派女婿吳某至臺招募腦工、腦師,並許以優厚條件,即腦工之一切費用由其負責,因此不少舊日從事樟腦業者紛紛西渡。[71]查,林朝棟長女婿系吳蔭槐,字榮培,艋舺下崁人,日人領臺後改名傳經。[72]1901年7月,林朝棟亦致函苗栗黃南球,請其代為招募熟悉大灶製熬之腦丁數十人,以供指揮。[73]他於廈門設『裕本公司』,以經營買賣。[74]

林朝棟首先在平和縣製腦,先築六灶,因缺技工,乃托堂弟林紹堂在臺募集。[75]然而,腦務不振,1901年11月初,已發現樟樹產腦不多,只好裁汰人力,並減少月俸,因而腦工紛紛求去。林朝棟頗灰心,決定再支撐數月,如仍無起色,即概行停止。[76]他以為腦務不振原因是,一者所用非人,二者腦局督辦是他的少弟希堂(當是熙堂或輯堂之誤),倚仗兄勢,專圖混占,致腦山人眾不服。因此,在11月初,派公子季商(即祖密)專程來臺。[77]但不知成行否。

1901年12月初,又有富商黃清笙亦擬辦樟腦,並設『建盛洋行』於廈門。據黃氏之調查,林朝棟之『裕本公司』創辦五個月來,僅熬腦二百餘斤。查其原因有三:(1)樹價每擔只訂二元,又信當地人迷風水,樹主不願賣樟樹;(2)所定腦價太低,腦工無利,多辭退工職,自行與本地人合作,設灶熬腦;(3)所用之人均系官場中人,只賴威逼恐嚇手段,不知聯結輿情與當地人和好;(4)『自抬身價,自專利權』,致與各地紳民無法交融,人心不服,不願與之買賣。因此,黃氏以為只要糾正以上缺失,以福建樟腦質量之佳,一定較裕本公司經營得好。[78]又據1902年3月初消息,林朝棟弟初設局於漳平縣時,與當地一極有影響力之巨紳因買杉木問題相衝突,該紳乃勸令鄉民不賣樹予腦局。[79]

總之,林朝棟在福建經營樟腦事業亦歸於失敗,可謂徒勞無功。1903～1905年(光緒29～31年),福建當局擬仿臺灣總督府所行之專賣制,聘日人愛久澤直哉為技師,規劃樟腦產銷工作;但中日雙方利害衝突激烈,糾紛不絕,最後仍以解約收場。[80]

## 結語

日治初期臺灣總督府之樟腦政策與霧峰林家有相當密切之關係。由於霧峰林家與晚清臺灣山區之開發扮演要角,領臺初期總督府必須謹慎對應,不激起反抗,又需納入管轄之下。

1895～1899年間,總督府採取驅逐外商勢力、懷柔林家之策略。一方面企圖取消外商在清代享有之自由產銷權,雖未完全成功,但已將外商之經營權

縮小。一方面容許林家繼續在山區擁有特權,包括林紹堂之私有隘丁,只是將其納入政府管轄之下,即由臺中縣支付薪餉而聽從其指揮調度。

1899年,總督府進一步實施專賣,並控制樟腦之產銷,因此外商優勢完全驅逐,最多僅能採購有限的樟腦。再者,林家在山區之勢力也逐步消失,二營隘勇縮編為一營。林家也組織公司,企圖經營樟腦業,但一者規模小,二者缺少清代之特權,難以與日資與官資競爭,因此逐漸淡出樟腦業,轉營其他產業。

另外,內度之林朝棟曾在福建企圖另建一樟腦王國,而總督府深恐有礙其對世界市場之控制,派員觀察。不過,經營失利,美夢成空,總督府心中之憂消除。1903～1905年,福建當局實行臺灣總督府之專賣制,聘日人愛久澤直哉為技師,但中日雙方糾紛不絕而解約收場,因此總督府得以實現其控制世界樟腦市場之目的。

由此可見,總督府之樟腦政策一直與林家有直接與間接的關係,專賣政策之實施象徵林家之山區勢力與樟腦利益已完全為總督府所掌控了。

## 樟腦大事記

| 時間 | 重要記事 |
| --- | --- |
| 1725年(雍正三年) | 閩浙總督覺羅滿保奏請臺灣製腦特許制度。 |
| 1825年(道光五年) | 艋舺設置軍工廠與軍工館,內山所煎樟腦悉數由該館買收。 |
| 1839年(道光十八年) | 英國船停泊於基隆、淡水秘密進行鴉片、樟腦交易。 |
| 1855年(咸豐五年) | 美國船長與臺南官員簽訂公然樟腦買賣契約。 |
| 1856年(咸豐六年) | 臺灣樟腦輸出達一百萬斤。 |
| 1863年(同治二年) | 道臺陳方伯(陳懋烈)公布嚴禁私製的專賣制度。以臺灣道的資金改組軍工料館,樟腦館為小館,設置於新竹、後龍、大甲等地,專賣樟腦的買收。 |
| 1866年(同治五年) | 安平的英國領事提議專賣廢止。 |
| 1868年(同治七年) | Elles商會的樟腦(約六千元)在梧棲被官府扣押,英國領事請求派遣軍艦,引發安平炮擊事件。 |
| 1869年(同治八年) | 締結樟腦條約。 |
| 1875年(光緒元年) | 生番獵人頭嚴重,腦寮多荒廢,樟腦產額減少至七十萬餘斤。 |

续表

| | |
|---|---|
| 1876年（光緒二年） | 番害漸減，樟腦產額漸增。 |
| 1883年（光緒九年） | 樟腦一擔收57%的釐金。 |
| 1884年（光緒十年） | 漢番衝突甚劇，南北番界的衝突呈現前所未有的慘況。 |
| 1885年（光緒十一年） | 前年的漢番衝突使得樟腦輸出僅三擔而已。 |
| 1887年（光緒十三年） | 劉銘傳公布樟腦專賣制，於臺灣設置樟腦硫磺局，並於各地設置分局。 |
| 1890年（光緒十六年） | 官府樟腦價格定為一擔三十元。十一月樟腦專賣制廢止。 |
| 1891年（光緒十七年） | 樟腦專賣制廢止後，官府公告課徵樟腦每擔十八元的稅，作為番界守備隊防費，此舉遭外商反抗於是内山駐軍撤退。此年腦務官制改正。此年禁止商人出入製腦地方購買樟腦，限制於北部三角涌、大料崁，以及中部集集、梧棲四個地點交易，此舉遭外商抗議而於年底撤廢。此年官府允許製腦業者的申請，規定腦灶一份每月徵收防費八元，作為配置製腦地方新軍隊的經費。 |
| 1895年（明治二十八年） | 5月10日：(1) 各地釐金局改課徵腦灶防費制度，為徵收一擔付四弗。(2) 樟腦徵稅依照清政府的關稅率，每百斤徵收一圓十五錢五釐。10月31日：官有林野及樟腦製造業取締規則發布。 |
| 1896年（明治二十九年） | 2月23日：(1) 日本帝國與各國的現行條約施行於本島。(2) 依照帝國的關稅徵收樟腦輸出稅。<br>3月5日：(1) 樟腦稅則發布，樟腦稅每百斤十圓由地方廳徵收，稅則施行日期於4月1日後各地方官訂定。(2) 樟腦稅則施行細則發布。(3) 總督府撫墾署官制發布。<br>5月23日：(1) 撫墾署名稱、位置、轄區劃定。(2) 外國人以通行券等同去内地買入已納稅樟腦證明，許可往開港輸出。<br>6月1日：(1) 製腦業取締事務移交撫墾署管理。(2) 樟腦製造業取締細則發布，開放民木製腦。<br>9月21日：(1) 臺灣官有森林原野及產物特別處分令發布。(2) 此月林紹堂管理的中部隘勇線，核發每月兩千圓，作為防備警護。<br>10月8日：(1) 官有森林原野產物買賣規則發布。(2) 由大隈外務大臣向英、德兩國大使告知外國人樟腦營業處分的期限，以一年的緩衝與業務整理為期，期滿一切依照現行條約。(3) 在來式腦灶一份以内地式腦灶一個來換算。 |
| 1897年（明治三十年） | 8月29日：樟腦油稅則發布，由地方廳徵收樟腦油每百斤三圓。<br>9月1日：(1) 樟腦油稅則施行細則發布。(2) 閣議放寬本島人、外國人的樟腦營業許可，由總督府依照納稅與否，許可樟腦的買賣輸出。 |
| 1898年（明治三十一年） | 3月：松田茂太郎、總督兒玉源太郎、民政長官後藤新平建議在臺灣施行樟腦專賣制。<br>9月：松田茂太郎在神戸提出關於臺灣樟腦專賣的意見書。 |

續表

| 1899年（明治三十二年） | 1月：就業腦灶數三千左右，此月關於樟腦專賣制施行，附記外國人關係向內務大臣稟議。<br>2月25日：閣議決定樟腦專賣制施行一事，由內務次官通知兒玉總督。<br>6月9日：（1）總督府內特設樟腦專賣施行調查委員會。（2）同日私製腦及樟木濫伐取締方，由總督訓示知事廳長。（3）10日臺灣樟腦局官制發布。（4）同日臺灣樟腦局職員官等俸給令發布。（5）同日臺灣樟腦局事務官特別任用令發布。（6）22日臺灣樟腦及樟腦油專賣規則發布。（7）同日臺灣樟腦及樟腦油製造規則發布。（8）同日訂定基隆、淡水二港爲樟腦、樟腦油輸出港。（9）同日首次訂定粗製樟腦、樟腦油收納賠償金。（10）23日畫定臺灣樟腦局的名稱、位置、轄區。（11）此月製腦用材價格訂定開始。<br>7月8日：（1）臺灣樟腦及樟腦油專賣規則施行細則發布。（2）17日書記早川嘉儀任新竹樟腦局長，書記平賀義夫任林杞埔樟腦局長。（3）28日書記鈴木伊十任苗栗樟腦局長，書記白尾國芳任羅東樟腦局長。（4）此月臺北樟腦工場起工。（5）此月各國的新條約實施。<br>8月1日：（1）事務官有田正盛任臺北樟腦局長，技師小西成章任臺中樟腦局長。（2）4日各樟腦局個別訂定樟腦油賣渡價格公告，但樟腦油被全部神戶再製業者妨害臺灣樟腦專賣事業的範圍，須負起再製樟腦價格訂定的義務。<br>9月7日：（1）總督府歸順匪徒陳秋菊外六名的腦灶及製腦器具由總督府收買，同月16日由這些人租用作爲製腦保證。（2）20日與小松楠彌締結樟腦油賣渡契約。（3）22日臺灣貿易株式會社臺北支店副支配人大島次郎締樟腦油賣渡契約。<br>10月10日：（1）訂定樟腦油引渡手續，10月13日賣渡開始。（2）14日臺北樟腦局文山堡試製所開設。（3）30日對臺中縣林杞埔樟腦局轄內曾君定交付林杞埔臺中間樟腦運搬請負命令書。<br>此年：在專賣費中的營林費，由殖產局主管下實行官行造林計畫。 |

資料來源：《臺灣樟腦專賣志》第 89 ‖ 96 頁。

（作者單位：中央研究院 臺灣史研究所）

## 註釋：

＊本文之順利完成，應感謝助理陳志豪、楊森豪及黃頌文之協助。

簡稱：文叢：『臺灣文獻叢刊』，乃臺北臺灣銀行經濟研究室出版之系列史料。

[1] 黃富三，《霧峰林家與晚清臺灣山區之開發：樟腦業初探》，廈門，廈門大學臺灣研究院主辦，『臺灣社會經濟史研討會』，2009.6.12～13。

[2] 程大學，《臺日樟腦政策史研究》（大阪：市立大阪大學大學院博士論文，平成七年）。

陳小沖，《日本南進政策中的臺灣》（廈門：廈門大學出版社，1990）。

鐘淑敏，《明治末期臺灣總督府的對岸經營─以樟腦事業為例》，《臺灣風物》（臺北：第四十三卷第三期，1993），第 197～230 頁。

張麗芬，《日本統治下的臺灣樟腦業，1895～1919》（臺南：成功大學歷史語言研究所，碩士論文，民國 84 年，1995）。

黃紹恆，《日治初期的樟腦問題與不平等條約》，《臺灣文獻史料整理研究學術研討會論文集》（南投：臺灣省文獻委員會編印，2000）。

林欣宜，《樟腦產業下的地方社會與國家─以南庄地區為例》（臺北：臺灣大學歷史學研究所碩士論文，1999）。

王興安，《殖民統治與地方菁英─以新竹、苗栗地區為中心，1895～1935》（臺北：國立臺灣大學歷史學研究所碩士論文，1999）。

林聖蓉，《從番界政策看臺中東勢的拓墾與族群互動，1761～1901》（臺北：國立臺灣大學文學院歷史學系碩士論文，2008）。

[3] 黃富三，《日本領臺與霧峰林家之肆應─以林朝棟為中心》，《日據時期臺灣史國際學術研討會論文集》（臺北：臺灣大學歷史系，1993.6）。

[4] Harry Jerome Lamley，《The Taiwan Literati&Early Japanese Rule, 1895～1915》（Seattle：University Of Washington, 1964）。

吳文星，《日治時期臺灣的社會領導階層》（臺北：五南出版社，2008 新版，原《日據時期臺灣社會領導階層之研究》）

[5]《臺灣樟腦專賣誌》（臺北：臺灣總督府史料編纂委員會，1924）。

[6] 1870 年，閩臺官員誣林文明叛變並就地正法於彰化縣公堂，此後林家展開京控，但審訊卻始終無明確結果，也因此影響林家之前途。參拙著《霧峰林家的中挫》（臺北：自立晚報文化出版部，1992）

[7] 參考黃富三，《霧峰林家與晚清臺灣山區之開發：樟腦業初探》，廈門，廈門大學臺灣研究院主辦，『臺灣社會經濟史研討會』，2009.6.12～13。

[8] 黃富三，《日本領臺與霧峰林家之肆應─以林朝棟為中心》，《日據時期臺灣史國際學術研討會論文集》（臺北：臺灣大學歷史系，1993.6），第 92 頁。

[9] 鄭喜夫，《林朝棟傳》（臺中：臺灣省文獻委員會，1979 年），第 110 頁，第 115 頁。

[10] 洪棄生，《瀛海偕亡記》（文叢第 59 種，臺北：臺灣銀行經濟研究室，1959 年），第 5 頁。

[11]（a）鄭喜夫，《林朝棟傳》，第 110。（b）吳德功，《割臺記》（文叢第 57 種，臺北：臺灣銀行經濟研究室，1959 年），第 42～43 頁。

[12] 易順鼎，前引書，第 25。

[13] 翁佳音，《府城教會報所見日本占臺前後歷史像》，《臺灣風物》，41 卷 3 期（1991,10），第 90 頁。

[14] 洪棄生，《瀛海偕亡記》，第 31 頁。

[15] 《平臺紀》，貳，《臺灣史料稿本》，卷四，第 130～2 頁。

[16] 洪棄生，前引書，第 31 頁。

[17] H.J.Lamley，前引書，第 215 頁。

[18] 《林文欽家傳》，《臺灣霧峰林氏族譜》（文叢第 298 種），第 114 頁。

[19] 明治三十年十一月二十六日，『臺中縣知事村上義雄縣參事御任命ノ義二付上由』，《臺灣總督府公文類纂》，明治 31,00332，卅二二十八，親承一二七二□。

[20] 明治三十年十一月二十六日，『臺中縣知事村上義雄縣參事御任命ノ義二付上由』，《臺灣總督府公文類纂》，明治 31,00332，卅二二十八，親承一二七二□。

[21] 明治三十年十一月二十六日，『臺中縣知事村上義雄縣參事御任命ノ義二付上由』，《臺灣總督府公文類纂》，明治 31,00332，卅二二十八，親承一二七二□。

[22] 參考《雲林、六甲等抗日事件關係檔案》（臺中：臺灣省文獻委員會，1978），第 3～5 頁。

[23] 洪棄生，前引書，第 31 頁。

[24] 《族譜》，第 114 頁。

[25] 明治三十年十一月二十六日，『臺中縣知事村上義雄縣參事御任命ノ義二付上由』，《臺灣總督府公文類纂》，明治 31,00332，卅二二十八，親承一二七二□。

[26] 明治三十年十一月二十六日，『臺中縣知事村上義雄縣參事御任命ノ義二付上由』，《臺灣總督府公文類纂》，明治 31,00332，卅二二十八，親承一二七二□。

[27] 明治三十年十一月二十六日，『臺中縣知事村上義雄縣參事御任命ノ義二付上由』，《臺灣總督府公文類纂》，明治 31,00332，卅二二十八，親承一二七二□。

[28] 明治三十二年一月十日，『林紹堂依原臺中縣參事ヲ免ス』，《臺灣總督府公文類纂》，451 冊 17 號，永久進退保存。

[29] 《官有林野及樟腦製造業取締規則》，日令第 26 號，1895 年 10 月 31 日發佈參見《臺灣樟腦專賣誌》，第 92；『官有林野及樟腦製造業取締規則』，《臺灣總督府公文類纂》8 冊 1 號，甲種永久保存。

[30] 王學新（編譯），《日據時期竹苗地區原住民史料彙編與研究》，第 1234 頁。

[31] 王學新（編譯），《日據時期竹苗地區原住民史料彙編與研究》，第 1238～1239 頁。

[32] 王學新（編譯），《日據時期竹苗地區原住民史料彙編與研究》，第 1244～1245 頁。《林紹堂外二名〔廣泰成、劉宏方〕ノ配下ニ屬スル隘通隘丁傭使方法內訓中改正ノ件（前一括）》，《臺灣總督府公文類纂》94 冊 7 號，乙進永久保存。

[33] 王學新（編譯），《日據時期竹苗地區原住民史料彙編與研究》，第 1247 頁。《隘勇監督ニ關スル臺中縣報告》，《臺灣總督府公文類纂》94 冊 9 號，乙進永久保存。

[34] 王學新（編譯），《日據時期竹苗地區原住民史料彙編與研究》，第 1247 頁。《隘勇監督ニ關スル臺中縣報告》，《臺灣總督府公文類纂》94 冊 9 號，乙進永久保存。

[35] 《臺灣總督府公文類纂》，明治 34 年，乙種永久保存，拓 1909 號，『開墾地引渡願進達ニ付稟申』。

[36] 黃富三，《林獻堂傳》（南投：國史館臺灣文獻館，2004），第 14 頁；第 18 頁。

[37] 《臺灣日日新報》，明治 31 年 9 月 13 日，第 3 頁，『公司解散』。

[38] 《官有林野及樟腦製造業取締規則》，日令第 26 號，1895 年 10 月 31 日發佈，參見《臺灣樟腦專賣誌》，第 92 頁；『官有林野及樟腦製造業取締規則』，《臺灣總督府公文類纂》8 冊 1 號，甲種永久保存。

[39] 《臺灣樟腦專賣誌》，第 89～96 頁。

[40] 《臺灣樟腦專賣誌》，第 89～96 頁。

[41] 黃紹恆，《日治初期的樟腦問題與不平等條約》，（臺灣文獻史料整理研究學術研討會）（臺灣文獻委員會，2000.11），第 210 頁。引自臺灣總督府民政部殖產課，《臺灣總督府民政部殖產報文》（臺北：臺灣總督府，1898），第 1 卷第 2 冊，明治二十九年五月。

[42] 以上參考黃紹恆，《日治初期的樟腦問題與不平等條約》，第 210～212 頁。引自明治二十八年四月二十九日，『獨商樟腦輸出ノ件ニ付處分方軍務局ヨリ報告』，《臺灣總督府公文類》，乙進永久保存，29 冊 32 號。

[43] 竹越與三郎，《臺灣統治誌》（東京博文館，明治 38 年 9 月），第 287 頁。

[44] 《臺灣樟腦專賣誌》，第 89～96 頁。

[45] 參張麗芬，《日本統治下的臺灣樟腦業，1895～1919》，第 46 頁。引自東鄉實、佐藤四郎，《臺灣殖民發達史》（臺北：晃文館，1916），第 383 頁。

[46] 《臺灣樟腦專賣誌》，第 89～96 頁。

[47] 《臺灣樟腦專賣誌》，第 89～96 頁。

[48] 《臺灣樟腦專賣誌》，第 89～96 頁。

[49] 竹越與三郎，《臺灣統治誌》，第 289 頁；第 292 頁。

[50]《臺灣日日新報》,明治33年9月9日,第6頁,『商會重整』。

[51]《臺灣日日新報》,明治34年5月14日,第4頁。

[52]《臺灣日日新報》,明治34年12月6日,第四版。《臺灣日日新報》,明治35年8月23日,第四版。

[53]參《臺中廳理蕃史》,第150～199頁。

[54]王學新(編譯),《日據時期竹苗地區原住民史料彙編與研究》,第1266～1273頁。《隘勇增設ニ關スル設計等臺北、臺中縣及樟腦局へ通達》,《臺灣總督府公文類纂》537冊15號,永久保存(追加)。

[55]王學新(編譯),《日據時期竹苗地區原住民史料彙編與研究》,第1274～1287頁。《隘勇設置及警丁廢止等ニ關スル件(內訓第二一號、內訓第二二號、內訓第二三號)》,《臺灣總督府公文類纂》537冊16號,永久保存(追加)。

[56]《臺中廳理蕃史》,第150頁。

[57]《臺中廳理蕃史》,第140頁。

[58]《臺灣日日新報》,明治38年3月29日,第4頁,『嘉義製腦事業』。

[59]《臺灣霧峰林氏族譜》,第120頁。

[60]《臺灣日日新報》,明治36年6月20日,『軼事補錄』。又,明治36年6月21日,『林氏哀啟』。

[61]《臺灣日日新報》,明治36年6月21日,『林氏哀啟』。

[62]《臺灣霧峰林氏族譜》,第120頁。

[63]《清德宗實錄選輯》(文叢193),第77頁。

[64](a)《臺灣日日新報》,明治34年7月20日,第3。(b)同上,明治34年7月20日,第4頁。(c)同上,明治34年12月8日,第6頁。

[65]《臺灣日日新報》,明治34年7月20日,第4頁。

[66]《林朝棟文書》,編號109、186、310。

[67]《臺灣日日新報》,明治34年8月28日。

[68]《臺灣日日新報》,明治34年8月28日。

[69]《臺灣日日新報》,明治34年11月9日,第4頁。

[70]《臺灣日日新報》,明治34年7月20日,第3頁。

[71]《臺灣日日新報》,明治34年7月14日,第3頁。

[72]參吳春暉,《吳蔭槐其人其事》,《臺北文物》8卷1期(1959.4)第39～41頁;鄭喜夫,《林朝棟傳》,第132頁。吳蔭槐與其弟蔭棠曾經劉銘傳召見面試,大受劉銘傳讚賞。後林朝棟愛其才,經楊克彰、李秉鈞做媒,嫁以長女林蘭芬。1895

年內渡泉州，後仍回臺，並與友人共同經營米行、當鋪、油漆等生意。第一次世界大戰結束後，與人組設券行，成為艋舺巨富，後股券不景氣致家產頃蕩，後招學生於龍山寺教夜學維生。

[73]《臺灣日日新報》，明治 34 年 7 月 20 日，第 3 頁。
[74]《臺灣日日新報》，明治 34 年 7 月 20 日，第 6 頁。
[75]《臺灣日日新報》，明治 34 年 8 月 28 日。
[76]《臺灣日日新報》，明治 34 年 11 月 7 日，第 3 頁。
[77]《臺灣日日新報》，明治 34 年 11 月 9 日，第 4 頁。
[78]《臺灣日日新報》，明治 34 年 12 月 8 日，第 6 頁，『樟腦調查』。
[79]《臺灣日日新報》，明治 34 年 3 月 9 日，第 6 頁，『漳平腦務』。
[80]（a）細節參閱陳小沖，〈日本南進中的臺灣——以福建官腦局案為中心之個案分析〉，廈門大學臺灣研究所臺灣歷史研究主編，《臺灣史學術交流論文集》（廈門大學出版社，1990）。（b）日本外務省文書，『福建腦務交涉』中有詳細之福建腦務之報告。

# 日據時期臺灣與東北地區煤礦業之發展～以基隆與撫順煤礦為例

翁嘉禧 王林楠

## 一、前言

日本在明治維新之後，大力推行殖產興業和對外擴張的國策，為滿足工業不斷發展的需求，在大規模開採本國煤炭資源的同時，開始積極謀求海外煤礦的開拓。

十九世紀末起，日本透過中日甲午戰爭、日俄戰爭相繼得到了臺灣和東北地區開採煤礦的利權，並趁民國初期政局混亂之機，以投資和貸款等多種方式來進一步染指華北地區的煤礦資源。這種長期大規模的投資開發，對當地煤礦業的發展產生了較為深遠的影響。特別是臺灣和東北地區，都曾經歷過日本殖民統治，相比其他地區，兩者區內的煤礦業長期在日本的控制經營之下，烙印頗深，更能完整的體現日本控制開發煤礦業的體系脈絡及產生的影響。

對於近代臺灣與東北煤礦業發展之研究，回顧相關文獻，包括陳慈玉《日本在華煤業投資四十年》（2004）、《日據時期臺灣煤礦業的發展》（1993）、

《撫順煤礦的發展（1907～1931）》（1996），臺灣省文獻委員會《臺灣省通誌》〈卷四‧經濟誌‧礦業篇〉（1980），解學詩，《滿鐵史資料》〈卷四‧煤鐵篇〉（1987）等，對近代臺灣和東北兩地煤礦的發展作了較為精彩細緻的論述。

　　本文選取基隆和撫順這兩個在日本殖民體系內扮演著重要角色的煤礦作為研究對象，蒐集相關史料數據，採取個案研究等研究方法，透過回顧兩者在日據時期的發展軌跡，從煤炭業自身及其市場體系分佈的角度，分析日據時期臺灣與東北兩地煤礦業發展之特點；並初步對日本於兩地區煤礦業在開發經營方式，以及它們同日本在經濟層面上的關係進行對比；同時，也希冀能對近代臺灣與東北地區煤礦業的研究有所增補。

## 二、基隆煤礦——『執區內之牛耳』

　　日據時代之前，臺灣基隆附近的煤礦便已有所發展，因基隆地處航海要衝，很早便有英、美、西等國航海者勘察煤炭埋藏情形，當地傳統煤炭採掘業也初具規模。1870年時基隆煤礦業已開掘的煤窯有92處。[1]到了十九世紀中後，基隆更以建立了近代中國第一個以西法採煤的煤礦而聞名。後因管理不善、戰亂破壞等因終歸衰敗。日據時代的到來，讓基隆乃至整個臺灣的煤礦業進入了一個特殊的發展時期，毫無疑問，日本的資本和煤礦業發展過程中積累的技術和經驗，都是臺灣煤礦業在近代崛起不可或缺的因素。

　　一、曲折中的緩慢發展

　　1. 初期的停滯徘徊

　　在日本佔領初期，煤礦業發展緩慢，甚至不及清代水平，產生這種情況的原因是多方面的，如資本不足，技術落後等，但主要還是對臺灣煤礦業的價值認識不足和政策制訂不當引起的。殖民者認為臺灣煤礦資源薄弱，產量少，無法開展像日本國內那樣的大規模機械開採，且省內工商業尚不發達，未形成有規模的需求市場，況且殖民者的注意力正集中於基隆、瑞芳等地區的金礦資源上，對煤礦業便採取自由放任政策，所以基隆煤礦業基本延續了前清的格局。

## 表一　日據時期臺灣歷年煤炭生產與需求量表（1895～1945）

單位：千噸

| 年代 | 產量 | 需求消費 ||||| 
|---|---|---|---|---|---|---|
| | | 總量 | 外銷 || 省內 ||
| | | | 日本 | 其他 | 本地 | 輪船 |
| 1895 | 10 | ― | ― | ― | ― | ― |
| 1896 | 14 | 6 | ― | ― | ― | ― |
| 1897 | 20 | 17 | ― | 7 | ― | 10 |
| 1898 | 60 | 15 | ― | ― | ― | ― |
| 1899 | 50 | 18 | ― | 18 | ― | ― |
| 1900 | 42 | ― | ― | ― | ― | ― |
| 1901 | 64 | | | | | |
| 1902 | 96 | | | | | |
| 1903 | 80 | | | | | |
| 1904 | 82 | | | | | |
| 1905 | 94 | 104 | ― | 29 | ― | 74 |
| 1906 | 102 | 155 | ― | 33 | ― | 121 |
| 1907 | 134 | | | | | |
| 1908 | 154 | | | | | |
| 1909 | 181 | | | | | |
| 1910 | 229 | | | | | |
| 1911 | 252 | | | | | |
| 1912 | 276 | 419 | ― | 29 | 249 | 140 |
| 1913 | 319 | 466 | ― | 22 | 279 | 165 |
| 1914 | 342 | 526 | 1 | 42 | 275 | 208 |
| 1915 | 379 | 524 | ― | 37 | 278 | 209 |
| 1916 | 517 | 511 | 10 | 78 | 266 | 156 |
| 1917 | 673 | 767 | 15 | 252 | 344 | 155 |
| 1918 | 801 | 820 | 8 | 282 | 376 | 153 |
| 1919 | 1,086 | 1,184 | 57 | 477 | 404 | 244 |
| 1920 | 1,139 | 1,258 | 90 | 458 | 487 | 222 |
| 1921 | 1,029 | 1,322 | 56 | 454 | 499 | 311 |
| 1922 | 1,347 | 1,375 | 188 | 468 | 518 | 199 |
| 1923 | 1,444 | 1,473 | 181 | 484 | 519 | 288 |
| 1924 | 1,506 | 1,685 | 198 | 673 | 485 | 328 |
| 1925 | 1,704 | 1,780 | 189 | 700 | 526 | 363 |

| 1926 | 1,794 | 1,881 | 136 | 753 | 608 | 382 |
| 1927 | 1,857 | 1,752 | 129 | 560 | 782 | 280 |
| 1928 | 1,583 | 1,397 | 79 | 364 | 657 | 295 |
| 1929 | 1,530 | 1,608 | 42 | 346 | 715 | 504 |
| 1930 | 1,598 | 1,520 | 41 | 342 | 640 | 496 |
| 1931 | 1,421 | 1,419 | 64 | 309 | 597 | 447 |
| 1932 | 1,354 | 1,407 | 61 | 170 | 622 | 552 |
| 1933 | 1,533 | 1,584 | 146 | 186 | 658 | 592 |
| 1934 | 1,520 | 1,570 | 105 | 162 | 681 | 621 |
| 1935 | 1,596 | 1,706 | 81 | 147 | 701 | 776 |
| 1936 | 1,743 | 1,976 | 114 | 127 | 895 | 840 |
| 1937 | 1,953 | 2,269 | 270 | 137 | 858 | 1,003 |
| 1938 | 2,198 | 2,369 | 439 | 147 | 885 | 896 |
| 1939 | 2,618 | 2,667 | 276 | 291 | 1,105 | 994 |
| 1940 | 2,841 | 2,706 | 284 | 383 | 1,169 | 869 |
| 1941 | 2,853 | 2,617 | 86 | 392 | 1,452 | 687 |
| 1942 | 2,356 | 2,519 | 146 | 269 | 1,755 | 349 |
| 1943 | 2,237 | 2,312 | 37 | 297 | 1,623 | 355 |
| 1944 | 1,913 | 1,941 | ------ | 134 | 1,426 | 380 |
| 1945 | 794 | 745 | ------ | 39 | 675 | 30 |

資料來源：楊選堂《臺灣之燃料資源》第 25～27 頁。
臺灣礦業史編纂委員會《臺灣礦業史》第 6 頁、第 113 頁。

　　此時的日本尚處在帝國主義初期，殖民經驗尚不豐富，甲午戰爭幾乎耗盡國力，國內政局不穩，內閣交替頻繁，暫無餘力進行大規模資本活動，允許本地人開發可謂權宜之計。為了防止私採濫掘和亂設礦區圖利，除了清代已經劃定開採的礦區外，禁止私自開礦設區，並於 1896 年頒佈的礦業規則細則加以嚴格的限制和管理。不想此舉在客觀上卻掣肘了臺灣煤礦業的發展，為配合剛剛頒行的《六三法案》吸引當地人加入日本國籍，細則明確規定『經營礦業只限於日本國民為之』，[2] 此時的臺灣抗日運動風起雲湧，『各地不肯屈服之愛國志士，紛紛抗敵，日人僅能在臺北城中，平時不敢越雷池，乃不能顧及偏僻之煤礦地帶，所以煤礦之改善或煤炭增產，並不能按照理想。』[3] 無法提供安定的投資環境。當地業者對此多有顧及和反感，因此反應消極，法令公佈當年基隆地區只有一個礦區獲準開採，直到 1898 年合法經營的礦區也只有七個而已。

1897年日本國內煤價暴漲,並開始著手對基隆附近煤田做勘探調查,此一利好消息激起了各方面對臺煤的極大興趣,總督府當年受理開礦申請多達102件,但年終總產量接近兩萬噸,只及清朝時期的平均水平,[4](清代最高年產量為47000噸),就當時情況而言,礦場規模的限制和採煤機械使用的不普及是造成產量無法大幅提升的主要原因。煤礦業是一個以規模效益為主的產業,縱觀整個近代煤礦業的發展歷程,無論是生產技術層面還是運銷層面的進步,總是圍繞著規模和產量這個主題,卷揚機和大功率水泵等大型機械的應用被認為是一個煤礦現代化的主要特徵,原因就在於兩者的應用能夠在技術層面實現更大面積更深層煤礦資源的開採,所以一定規模是煤礦使用機械採煤和邁向現代化的前提條件。

然而礦業細則中第八條卻明確規定,『總督府準許礦業權時,應先訂定限期繳納一百圓以上三萬圓以下之保證金』。[5] 此項規定的初衷是為了認定投資者的投資能力,防止投機分子亂占礦區圖利,不想卻增加了投資者的風險係數,後者為減少風險係數大都選取煤層露頭附近埋藏淺顯的地區,儘量縮小礦區面積,並採用傳統貍掘法進行開採以減少成本投資,結果導致小礦區星羅棋布,礦界糾紛和和越界開採的爭執事件不斷發生,無法擴大規模來消化龐大投資,遲滯了先進方法和技術機械方面的引進和應用。規模限制和技術落後依舊互為因果,延緩著臺灣煤礦業的發展。

2. 內需拉動下的平穩前行

20世紀初,臺灣煤礦業開始出現新的發展契機。誠如表一所示,臺灣煤炭產量歷史上首次達到了10萬噸,但就此前幾年產量來看,這實際上是一種累進過程,並非突破,之前歷年產量都有逐步增加,1905年煤炭產量已經突破9萬噸。筆者認為這實際是臺灣社會在經歷最初混亂動盪之後逐步穩定下來的自然發展。相比之下,更應該引起重視是煤炭需求量的迅速提升,到了1906年,供需之間出現了明顯的缺口,在產量突破10萬噸大關的同時,煤炭需求總量達到15萬噸,其中島內占78%,達到12萬噸。自此後直到第一次世界大戰爆發,島內的需求一直在煤炭市場中佔據著主導地位。[6]

兒玉源太郎上任後改變對臺策略,在採取鎮壓和保甲制等一系列鐵腕手段穩定社會秩序的同時,由民政部長後藤新平主持大力興建港口鐵路等基礎設施,推農業產業化,實行對鴉片、蔗糖、樟腦等產業的專賣制度,逐步化臺灣為日本的原料產地。1899成立臺灣銀行,透過發行紙幣和辦理日本企業在臺灣貸款業務,為日系資本打開方便之門,一時間,島內出現了諸多如食鹽、製糖、造紙、

磚窯等加工業產業，擴大了對煤炭的需求量，更多的實業者開始關注和涉足煤礦業的發展，被譽為臺灣五大家族之一，後來雄踞煤礦業的基隆顏家就是在這種背景下於1904年申請三瓜子、瑞芳煤礦的開採權。[7]開始致力於煤礦業經營的。

投資環境的改善和市場需求的擴大無疑鼓勵了煤礦投資者的信心，雖然面臨諸多阻礙因素而略顯緩慢，但臺灣煤礦業還是進入發展軌道。首先，1906年以後逐步擴大了對機械採煤設備的使用。雖然效果不佳，但臺灣煤礦業一直沒有放棄這方面的嘗試，習慣上秋山義一的田寮港口煤礦被認為是臺灣斜坑開採和機械開採通風設備使用的開始。1906年，總督府將原來由海軍所管的四角亭一帶的煤礦，交由荒井泰治開採經營，並從日本九州島島購置舊機械設備，並開鑿大斜坑，造成了臺灣開鑿斜坑採煤的風潮，[8]此後煤礦平均面積逐步增加，為大規模機械設備的使用提供了可能。[9]

1908年縱觀鐵路的修築整合了島內市場，鐵路與現代化煤礦的關係可謂相輔相成，十分密切。鐵路是連接產地和市場之間的紐帶，臺灣煤炭主要分佈在以基隆、臺北為中心的北部地區，而以煤炭為燃料的製糖業主要分佈在南部，之前南部的需求大多依賴進口煤炭，在縱貫鐵路修建完畢後，雖然一度因為北部煤炭生產技術落後、成本過高，依舊仰賴來自日本和撫順的煤炭[10]，但流通渠道的通暢已經為北部煤炭銷售到南部，進而統合整個島內市場奠定了基礎。而鐵路運行本身就需要大量煤炭作為燃料，其鋪設所經之地的居民，中小型工業，甚至是手工作坊都會借助這一便利條件，成為煤炭的用戶。這就擴展了煤炭市場。而基隆港、高雄港口的興建在帶來更多遠洋船舶對煤炭消費的同時，也為日後臺煤輸出到周邊國際市場提供了便捷條件。於是從產地到島內市場再到國際市場，逐步形成了一個多層次的市場體系的輪廓。

## 二、產業統合與現代化之路

1900～20世紀30年代前後是臺灣煤礦業發展重要時期，國際局勢第一次成為影響臺灣煤礦業發展的重要因素，以基隆顏家為代表的本土人士在與日系資本的折衝合作中，共同推動著臺灣煤礦業的現代化步伐。

1.折衝中的現代化之路

1910年代之後的臺灣煤礦業進入了一個持續的快速發展階段，如表一所示，同初期單純內需拉動的情形有所不同，需求結構發生了巨大的變化。一方面島內需求因為以蔗糖業為龍頭的產業群的快速發展以及海運事業的發展導致

煤炭需求的持續增長，供需間到 1915 年仍有十數萬噸缺口，對於當時年產總產量三十幾萬噸的臺灣煤礦業而言，的確存在一個繼續提升的空間。另一方面，國際和地區局勢變化提供了廣闊的出口市場，煤炭出口比重逐年增加，1920 年前後達到總銷售量的 45% 左右。第一次世界大戰爆發後，東南沿海等地主要港口市場均感煤炭供應不足，歐洲主要煤炭生產國因戰爭影響，產量銳減，無力保持在這些地區市場份額，據統計，直到 1920 年，這些地區的煤炭需求缺額已達到 250 萬噸左右[11]，為地理位置相鄰的臺灣煤礦業的崛起提供了機會和市場。

三井、藤田等大型財團的投資刺激了這一時期臺灣煤礦業的迅速發展，而客觀環境的改善也讓本土資本活躍起來，最具代表的『五大家族』中的基隆顏家，透過投資經營、承包、合作等形式的折衝博弈，最終完成了對基隆地區煤礦的整合，並確立了在臺灣煤礦業界的一枝獨大的地位，被後世稱為『炭王金剛』。1919 年，臺煤產銷量首次突破百萬噸大關。這一時期臺灣煤礦業的發展具有了更為鮮明的現代因素和特徵，總結起來當有如下三點：

第一，礦區面積的擴大。1906 年總督府重新修訂《礦業規則》，對礦區面積做了具體規定：『以直線劃定而以地面所畫界線之垂下示限，每一礦區面積限定三萬坪以上』[12]1912 年這一標準又提升到 115000 坪。1918 年成立基隆碳礦株式會社之時，基隆地區所開煤礦幾乎遍佈整個基隆周邊 11 個煤田，18 個含煤代，再加上桃園、新竹、苗栗等地煤礦，礦區數量增至 113 個，總面積達到 3 千萬坪[13]，其中僅顏雲年、顏國年兄弟所屬基隆、頂雙溪間，經三貂嶺、平溪鄉橫跨文山郡十八重溪的礦區就有 1480 萬坪[14]。礦區規模的擴大為吸收大規模資金，使用大型機械進行大規模採掘做好了前提準備。

第二，機械設備的引進和採掘方法的進步。採掘和運輸技術此是影響規模和成本的重要因素。考慮到此時臺灣電力產業仍不發達，機械化雖有普及，但當時大多數煤礦採用蒸汽動力的卷揚機與水泵。採掘方法上體現了經營者的靈活和實用性，考慮到現實條件和成本問題，除四角亭煤田內一些礦坑採用長壁法掘進外，大部份都會因地制宜的選擇殘柱法或將兩者混合使用[15]其中值得一提的便是從日本學成回臺的陳明，他在崁腳煤礦瑪鏈坑實現臺灣歷史上第一次海底採煤，並結合所學創製了適合臺灣的地壓長壁採煤法。[16]，二十年代末到三十年代初，在顏國年等人的大力提倡下，臺灣各項水電、火電事業始有大規模的發展，[17] 各煤礦才開始大規模使用電動力大功率的生產機械，適合深層機械化採掘的長壁法才進一步的推廣開。

運輸技術上值得一提的便是由顏家承包的石底煤礦廠，因地處東北部的山丘地帶，煤炭及勞工和機械設備的交通運輸一度成為掣肘其發展的主要原因。待宜蘭鐵路通車後，顏雲年排除萬難，投資 330 多萬元，與 1921 年完成了連接石底三貂嶺之間的八公里鐵路，後又延連至武丹、頂雙溪，將整個東北部煤礦連為一體，激活了石底煤礦的生產能力，產量由 1919 年的 5,705 噸增長到 1922 年的 137,996 噸，占全省煤炭產量比例也從 0.5% 提高至 10.2%。[18]。

第三，從個體到會社的統合。第一次世界大戰爆發，全世界範圍內能源礦產價格的上漲，導致日系財團投資經營臺灣煤礦業的一個重要動力，『時以大戰影響，經濟提升，三井、三菱、大倉諸商社在臺競爭販煤』。而早年退出臺煤市場的藤田組也『重組在臺投資與再重估石底炭田開發諸價值』，並與當年成立資產達三千萬元的『藤田礦業株式會社』，荒村寬治也在四角亭煤礦基礎上成立『臺灣碳礦株式會社』。[19] 1918 年是臺灣煤礦業發展史上重要的一年，『臺灣以炭礦會社設立風行，礦山業再受日政府注重』，[20] 這時的臺灣煤礦業仍屬自由競爭，雖然日系財團早有代行日本『國家意志』的功能，但總督府尚採取自由產銷的態度，再加上以顏家為代表的礦業人士的努力爭取，臺灣煤礦仍在這種產業重組中持續發展。臺陽礦業株式會社和基隆碳礦株式會社的成立幾乎統合了整個基隆地區的煤礦業，兩者產量占到整個臺煤產量的三分之二，其中基隆炭礦株式會社旗下煤礦產量就占到了 50% 以上，確立了在臺灣煤礦業中執牛耳的地位。

2. 統治的建立與戰時的維持

1928 年國內的排日運動及隨後的世界性經濟衰退，給臺煤輸出以相當重挫，產銷停滯不前。1933 年日本因東北問題退出國聯，國際環境惡化，之後又撕毀《限制海軍軍備條約》，仿效德國大力擴充軍事及航海工業。為將臺灣建成南進基地，在臺灣大肆擴建工業體系，加緊掠奪臺灣各種資源資源。於是在經歷了短暫的衰退後，臺煤產銷量開始恢復，機械化程度迅速提升，煤炭流通銷售渠道逐步被剝離控制，最終被納入到日本經濟統治體系內。

實際上二十年代前後日系財團大興整合之風，島內煤礦業競爭升級，臺灣煤礦業就出現了一些震盪波動，再加上外來撫順煤的衝擊[21]和外部市場的萎縮，除了如顏家這樣同日系資本保持密切聯繫的本地資本外，諸多小型煤礦或廢礦停產，或勉強支撐。從表一所示，從 1928 年到 1931 年，臺煤產量直線下降 20 多萬噸，同時，對外銷售量也縮減了近 50%。進入三十年代後，日本軍國

主義大肆擴充軍事及航海工業，煤炭需求量激增，直接導致價格起伏不定，供需失衡，打亂了剛剛重組的臺灣煤礦產業的市場秩序。

為了穩定價格，平衡供需。在殖民政府的鼓勵之下，島內煤礦業界發起成立協調產銷的機構組織，『臺灣炭業組合』，『石炭商組合』，『臺灣石炭株式會社』，『臺灣石炭統治會社』。特別是『石炭商組合』成立後，管制協調供需關係，提高產煤品質，穩定價格，並積極開拓新的市場，[22]臺灣煤礦業得以繼續發展，產銷量在其成立後得到發展，特別是在其銷售結構中輸入日本的臺煤總量從1932年的61,830噸上升到1940年的28,4703噸，在外銷煤的比例也從26%上升到42%，1938年這一比例更是達到75%。

隨著戰爭形勢的日益擴大，殖民政府強化『公權力』，逐步將國家意志滲入這些組織當中，特別是1941年仿照『日本石炭株式會社』模式成立『臺灣石炭株式會社』後，將臺灣煤業金融和煤業配給事宜全部統合其中[23]，並旋即解散了作為資本入股者之一的『石炭商組合』[24]，此後，臺灣煤炭的生產流通完全由『臺灣石炭株式會社』控制，並由總督府頒佈《石炭配給統治規則》予以法規上的確認。然而這一措施並沒有解決煤炭供需矛盾。1944年《臺灣石炭配給統治令》頒佈後隨即『臺灣石炭統治會社』，並置於總督府的直接控制之下，進一步加強產業統治，進一步簡化銷售系統。但隨著戰局的深入『戰區之不利，物資之缺乏，波及及臺灣』，[25]物資設備的缺乏和戰爭帶來的破壞和動盪，特別是盟軍的轟炸讓臺灣煤礦業陷入癱瘓狀態，並隨著日本在太平洋地區霸權的終結而進入沉寂，等待新時代的到來。

## 三、撫順煤礦——『東亞煤都』

撫順煤礦位於遼東半島瀋陽以東約70里處，所處地勢平坦，交通便利，渾河支流將整個礦區一分為二，其煤炭儲量只占整個東北區域的5%左右，[26]但卻以先進的技術和巨額的產銷量稱雄於東亞地區，其『規模宏備，為東亞之首。』[27]素有『煤都』之稱。

一、重點經營下的迅速崛起

撫順煤礦歷史由來已久，『自遼金以降，即有土人採取為薪，以供燒製陶器之用』。[28]至明清兩代，多因地處邊塞、有礙風水之說而遭封禁。1905年日俄戰爭時，日軍以華人經營之撫順煤礦有俄資入股為由強占[29]，並在隨後的《樸茨茅此條約》中規定：『俄國政府允將由長春（寬城子）至旅順口之鐵路及一切支路，並在該地方鐵道內所屬之一切權力財產，以及在該處鐵道內附屬

之一切煤礦，或為鐵道利益起見所經營之一切煤礦，不受補償，且以清國政府允許者，均移讓於日本政府。」[31] 其後，日方趁清末政局動盪，先後強迫簽訂了《中日新約》、《滿洲五案件條約》強迫中國當局接受撫順、煙臺煤礦佔領之事實。

1. 規模、技術的迅速提升

1906 年，日本政府以政令召集三井、三菱等大型財團組建股份制的『國策公司』——『南滿鐵道株式會社』（下文中簡稱『滿鐵』），這個財團利益和政府『國策』相結合的特殊公司成立之初在日本大藏、外務等省的指示下將撫順煤礦作為經營重點，『礦業尤應注意撫順及煙臺之煤礦。』

針對當時撫順煤礦只有楊柏堡、千金寨及老虎臺三處老式斜井以土法開採，生產效率極低『每日產量三百噸耳。』[32]『滿鐵』方面積極採取措施，在恢復生產的基礎上制訂發展計劃，大幅擴張礦區規模、引進機械設備，改良採掘技術。

## 表二　撫順煤炭年產量與年銷售量對比圖

單位：千噸

| 年度 | 產量 | 銷售量 | 區外輸出量 總計 | 區外輸出量 日本 | 區內銷售量 總計 | 區內銷售量 社用 |
|---|---|---|---|---|---|---|
| 1911 | 1,343 | 1,064 | 244 | 55 | 755 | 357 |
| 1912 | 1,470 | 1,548 | 568 | 112 | 848 | 372 |
| 1913 | 2,185 | 2,377 | 1,231 | 388 | 963 | 469 |
| 1914 | 2,147 | 2,280 | 1,005 | 360 | 1,056 | 517 |
| 1915 | 2,169 | 2,102 | 742 | 122 | 1,172 | 550 |
| 1916 | 2,040 | 2,376 | 939 | 179 | 1,255 | 540 |
| 1917 | 2,576 | 2,567 | 773 | 148 | 1,633 | 842 |
| 1918 | 2,602 | 2,720 | 737 | 159 | 1,847 | 921 |
| 1919 | 2,929 | 2,868 | 554 | 114 | 2,230 | 1,205 |
| 1920 | 3,130 | 2,624 | 499 | 63 | 1,939 | 1,117 |
| 1921 | 2,738 | 3,463 | 957 | 287 | 2,075 | 1,077 |
| 1922 | 3,784 | 5,290 | 1,854 | 909 | 2,691 | 1,581 |
| 1923 | 4,883 | 5,192 | 1,919 | 921 | 2,592 | 1,174 |
| 1924 | 5,504 | 5,807 | 2,383 | 1,170 | 2,830 | 1,371 |
| 1925 | 5,671 | 6,212 | 2,611 | 1,239 | 2,871 | 1,360 |
| 1926 | 6,092 | 6,991 | 3,181 | 1,447 | 3,186 | 1,516 |
| 1927 | 7,541 | 7,475 | 3,388 | 1,693 | 3,385 | 1,566 |
| 1928 | 6,556 | 7,961 | 3,619 | 1,849 | 3,630 | 1,627 |
| 1929 | 6,676 | 7,332 | 3,783 | 1,887 | 3,666 | 1,743 |
| 1930 | 6,716 | 6,867 | 3,636 | 1,708 | 3,295 | 1,696 |
| 1931 | 5,996 | 6,133 | 3,723 | 1,811 | 2,894 | 1,520 |
| 1932 | 7,032 | 7,411 | 3,176 | 1,789 | 3,450 | 1,511 |
| 1933 | 8,646 | 8,476 | 3,537 | 2,388 | 4,070 | 1,306 |
| 1934 | 9,422 | 9,087 | 3,665 | 2,724 | 4,565 | 1,358 |

| 1935 | 9,257 | 9,564 | 3,077 | 2,388 | 5,608 | 1,570 |
|---|---|---|---|---|---|---|
| 1936 | 9,593 | 9,288 | 2,705 | 2,048 | 5,731 | 1,874 |
| 1937 | 9,530 | 9,710 | 2,341 | 1,713 | 6,549 | 2,220 |
| 1938 | 9,139 | 9,312 | 1,442 | 959 | 7,090 | 2,589 |
| 1939 | 8,922 | 8,766 | 937 | 722 | 7,281 | 3,082 |
| 1940 | 7,268 | 7,253 | 721 | 546 | 6,128 | 2,732 |
| 1941 | 6,706 | 6,516 | 828 | 667 | 5,314 | 2,533 |
| 1942 | 6,359 | 6,071 | 757 | 621 | 5,066 | 2,554 |
| 1943 | 5,372 | 5,370 | 649 | 587 | 4,620 | 2,275 |

資料來源：1/ 滿鐵經濟調查會編《滿洲經濟年報》1933 年 第 557 頁。
2/ 侯德封《第五次中國礦業紀要》1935 年 第 598 ‖ 599 頁。
3/ 撫順炭礦統計年報 - 大連；南滿鐵道株式會社 -1942 年 - 第 132 頁、1943 年 第 14 ‖ 15 頁。

　　早在 1906 年，滿鐵就聘請松田武一郎制訂撫順煤礦一期工程計劃，總預算為 920 萬元，首先是著手開發千金寨及楊柏堡附近大山、東鄉煤井，資金投入預計為 510 萬元，占第一期投入的 56%，並建立撫順煤礦的第一個發電所——大山發電所。到 1911 年，兩煤井已開始出煤，發電所也完工並正式發電，這就為礦內購置的採掘機、卷揚機、水泵等的大型的機械提供了動力，到 1912 年第一期工程完工後，這幾個煤井的日出煤量便達到 5,000 噸，[33] 撫順煤礦的年產量也達到了百萬噸之上。日後，『滿鐵』以此為基礎分別建立了大山採炭所和東鄉採炭所。

　　1911 年，在第一期工程收尾的情況下，『滿鐵』開始緊鑼密鼓的計劃第二期工程，負責人米倉清族依據撫順煤田煤層頗厚之事實，決定採用注沙添坑採煤法代替的殘柱採煤法，加深了煤層的開採深度，提高了單個煤井的產量和出煤量；技術上著手建立利用劣質煤煤氣發電的蒙特煤氣發電廠，擴建大山發電所二期工程，在此基礎上在全礦內實現電氣化代替蒸汽化，大量使用大型電動掘進機和排水泵，並開始修建和延長礦內的運煤鐵路，期內萬屋達、龍鳳坎等煤井相繼建成，撫順煤礦產量達到了 257 萬噸，[34] 並初步具備了近代機械化煤場的雛形。

## 表三　二十年代中後期撫順露天煤場年產量與歷年撫順煤礦總產量對比圖

單位：千噸

| 年份 | 露天煤場 | 撫順煤礦 | 所占百分比（%） |
|---|---|---|---|
| 1921 | 608 | 2,738 | 22.2 |
| 1922 | 1,200 | 3,784 | 31.7 |
| 1923 | 1,804 | 4,883 | 36.9 |
| 1924 | 1,936 | 5,504 | 35.1 |
| 1925 | 2,352 | 5,671 | 41.5 |
| 1926 | 3,028 | 6,092 | 49.7 |
| 1927 | 3,125 | 7,541 | 41.4 |
| 1928 | 3,467 | 6,556 | 52.8 |
| 1929 | 4,006 | 6,676 | 60.0 |
| 1930 | 4,014 | 6,716 | 59.8 |
| 1931 | 3,540 | 5,996 | 59.0 |

資料來源：1/ 虞和寅《撫順煤礦報告》北京；農商部礦政司 -1926 年 - 第 230 頁。
2/《撫順煤礦統計年報》第一編 - 大連；南滿鐵道株式會社 -1942 年 - 第 5 頁。
注：《撫順煤礦調查報告》中計量單位為英噸 -1 英噸約為 1.016 噸。

表中數據兩者有衝突者以《撫順煤礦統計年報》為準。

2. 露天煤礦的開發建設

撫順煤田的煤層為西厚東薄的楔子行分佈，西部煤層厚達 130 米，具有埋藏淺易開發、速度快成本低的優點，因此『滿鐵』在第二期工程中投入重金對這一地區進行了開發，先後建立四處大型露天礦，並首次採用機械鐵鏟挖煤，大幅度提高了出煤效率，成為撫順煤礦的重要組成部份。如表三所示，從 1921 年到 1931 年的十年間，隨著露天煤礦的逐步擴大完善，其產量在撫順煤礦總產量中的比例持續上升，特別是二十年代中後期，煤礦業伴隨世界性經濟衰退而萎縮之時，撫順露天煤礦卻以低成本，高效率的產煤量超過總產量的 50%，三十年代初，這一比例一度達到 60%，成為這一時期撫順煤礦產量持續攀升的重要因素。

正因為對露天煤礦價值的充分認識，『滿鐵』不遺餘力的擴大規模，更有甚者，1925 年『滿鐵』透過各種手段強買當時新市街的土地，將此處的街道全部遷移到永安臺一帶，隨後改變楊柏堡河的南北流向，使其向西轉入古城子河，整個工程持續到 1939 年，『滿鐵』將古城子 1 號、2 號露天煤場與東岡子、楊

柏堡、大南山等所有露天煤場均連為一體，完成了這一浩大的工程，形成中國第一大露天採煤場。[35]這種為了採煤而人為的水土改變給當地的水土生態和民生造成了巨大的損害，在近代東北的煤炭資源開發史上是絕無僅有的，『滿鐵』和日本對於撫順煤礦及其露天煤礦的重視程度可見一斑。

持續的投入和擴張使得撫順煤礦生產能力迅速提高，從當時撫順煤礦各項投資比例來看，用於開拓生產的開坑和機械構買兩項資金便達到全部資金的60%。[36]截止到『九一八事變』爆發之前，撫順煤礦共開煤礦14處，其中露天煤場4處，煤井10處，基本完成了對撫順煤田的開發，年產量也如圖三所示穩定在650萬噸左右。

（二）無出其右的市場地位

1.東北區域市場的壟斷

從表二中可以看出，撫順煤礦的產銷量一直保持持續上升的勢頭，即使在二十年代世界經濟不景氣的狀態下，也幾乎沒受到什麼影響，這一方面當然是『滿鐵』持續的投資開發的結果，特別是露天煤礦的建立保證了二十年代後的產量上升趨勢。另一方面，撫順煤礦利用自身特殊的政治經濟優勢建立起多元化市場體系保證了穩定銷量，『各重銷路之數目無甚大出入』，『可見該礦銷路之穩定矣。』[37]而同一時期的東北大部份由中國人所控制的煤礦還大多還未脫離土法經營的範圍，年產十萬噸以上的屈指可數，並因交通、成本等多方面因素，銷售市場被限制煤礦附近的周邊地區。

東北地區一直是撫順煤的主要銷售市場，主要包括『滿鐵』社用炭和東北內銷兩個部份，所謂的社用炭就是用於『滿鐵』在東北地區投資的鐵路和工業等各項產業上的煤炭。因為撫順煤礦是由以現代煤礦的模式進行專業規劃的，所以同時建設了一批包括發電廠在內相應的煤炭副產品利用和加工部門；包括『滿鐵』在內的日資企業分佈在東北鐵路沿線大中城市的工業產業體系（如鞍山、本溪煉鐵廠等）以及密佈東北的鐵路交通體系都煤炭有著巨大的需求；隨著東北殖民化和日本掠奪商品原材料程度的加劇，撫順周邊的大連、安東等港口的日漸成為進出口貿易大港，越來越多的大噸位商船所需燃料也成為撫順煤炭的一大銷售途徑，一度占撫順煤礦銷售額的11%。[38]龐大的殖民產業體係為撫順煤礦提供了龐大的消費群體，1907年銷售煤炭206,573噸，其中社用炭148,062噸，比例高達71.6%.1908年銷售煤炭共450,101噸，其中社用炭就達到280,012噸比例高達62.2%。[39]在發動全面侵華戰爭之前，這一比例一直穩定在20%～25%之間。

相對關內，東北的冬季持續時間長、氣溫低，特別是北部地區自然氣候十分惡劣，采暖燃料成為人們日常生活不可缺少的一部份，近代日、俄等國的殖民產業貿易的發展，在鐵路沿線出現了如哈爾濱、大連、長春等諸多人口密集的大中型城市，這些城市中的生活和采暖用煤就形成了一個市場群。撫順煤礦乘鐵路之便利，由三井物產株式會社在各大城市設立辦事處和儲煤廠直接辦理售煤業務，並以此為基點輻射城市周圍地區市場，[40] 以 1925 年為例，當年吉、黑兩省自身消費額則達到 614,000 噸，而煤產量只有 316,000 噸，需要輸入 299,000 噸煤炭，這其中撫順煤炭的達到 168,000 噸，占總輸入量的 56%，單就城市煤炭銷售比例更高，哈爾濱 1925 年共消費煤炭 170,439 噸，占這一地區煤炭消費量的 53.6%，其中撫順產煤炭就占 131,000 噸，占哈爾濱當年煤炭消費量的 76.8%。[41] 三十年代初，單采暖用煤一項撫順煤礦的銷量以逾百萬噸，1936 年更是達到空前的 211 萬噸，占當年銷售量的 22.7%，[42] 幾乎與滿鐵社用持平，更是占東北當年採暖總耗煤量 269 萬噸的 78.4%。[43] 對區內煤炭市場已經成壟斷之勢。

2. 重心的確立與衰敗

撫順煤的輸出一直受到時局和日本政策變化的影響。受到世界範圍經濟衰退影響，加之二十年代後期興起的排日運動，特別是 1928 年東北易幟，對日本在區內的政治經濟擴張產生巨大威脅。同時，區內中資煤礦如北票、八道壕、鶴崗、穆棱河煤礦等的產銷量都有大幅度提升，雖然撫順煤在東北的銷售依舊處於『無出其右』的位置，但因此在區內市場的開拓和銷量的提升也進入了緩慢時期。對外輸出，特別是對日本輸出的快速增長成了這一時期撫順煤礦繼續發展的主要動力。

日本政府和商界一直重視撫順煤礦的發展，撫順煤也被其稱為『東洋的標準煤』，並曾計劃，以日產萬噸，年產三百萬噸的速度進行開採，以此次計算撫順煤礦可持續三百年為『社會財源』、『帝國寶庫』[44] 如表二所示，1922 年的撫順煤輸出量為 185 萬噸，比 1921 年 95 萬噸增長了近一倍。其中對日輸出量更是從 28 萬噸增至 90 萬噸，增長了三倍多。1923 年，『滿鐵』聯合三井、三菱等財團成立撫順煤炭販賣會社，自主制訂銷售政策，並享受對日本國內、臺灣包銷撫順煤的權利，撫順煤的對日銷售進入了一個高峰時期。[45]。據統計，在 1934 年進入經濟統治軌道之前，在整個二十年代的中後期，撫順煤一直占日本進口煤總數的 60%～70%，其低廉的成本和價格甚至一度給日本國內煤礦業造成巨大壓力，在諸方協調後，輸出額度被限定在 200 萬噸左右。[46] 無論在

中國境內，還是在東亞地區，撫順煤礦都已經成為一個煤炭生產中心，『煤都』之稱當之無愧。

『九一八』事變後撫順煤礦發展進入過渡轉型期，隨著事變後局勢的逐步穩定和偽『滿洲國』的建立，中日關係進一步惡化，日本本土進入總動員時期，開始執行所謂臨時總動員計劃將全日本的工廠、礦山和工廠統歸於政府的『管理、使用、收用』之下。[47]1934年，『一業一社』運動中成立的『滿洲炭礦株式會社』（以下簡稱『滿炭』）統合東北大部份煤礦。

但此時年產量已逾900萬噸的撫順煤礦卻被保留在『滿鐵』產業體系內，輸出量開始呈現急劇的下降趨勢，至1939年的輸出總額為93萬噸，僅為1934年輸出額的25.4%，其中對日煤炭輸出額為72萬噸，激減至原輸出量的三分之一左右。

對日輸出銳減實際上是撫順煤礦面臨諸多困境之一，進入戰時統治時期後撫順煤礦一直在各種不利因素的影響下持續著煤炭生產和銷售活動。隨著戰局擴大，日本逐漸確立了全力發展以軍事重工業為核心的所謂日滿產業構成大轉型，特別是拋出所謂《滿洲產業開發五年計劃》之後，一方面戰爭的持續使得對撫順煤礦的增長的要求越發強烈，而另一方面，以鋼鐵為核心的軍需產業體系的膨脹使得『滿鐵』的投資範圍如同日本的戰線一樣越拉越長，無法保證像戰前一樣對撫順煤礦的重點投資扶持，特別是被用於礦井開發的鋼鐵、水泥等材料的嚴重匱乏，影響了礦井的掘進速度和產量增長。[48]

為保證產量，撫順煤礦吞併周邊煤礦，在原有的煙臺、南昌煤礦基礎上，先後兼併了蛟河煤礦、延吉老頭溝煤礦、富錦煤礦，並在器材、勞動力嚴重不足的情況下推行強行採煤的政策，這些舉措在保持了產量的同時承擔生產成本逐年提高的惡性循環。1934年到1938年間，撫順煤礦產量勉強保持在950萬噸上下，此時『滿炭』體系下如阜新、鶴崗等煤礦雖然產量急劇增加，依舊不能望其項背。但同時，撫順煤每噸的成本也從2.1元上漲到6.8元。[49]即使承擔如此代價，撫順煤礦依舊沒有能繼續保持住增長的勢頭，隨著戰爭的不斷擴大，特別是1940年美國的貿易禁運，掐斷了日本在石油、機械等戰略物資的進口渠道，撫順煤礦的生產情況繼續惡化，煤炭產量一路下滑至1922年水平，隨後太平洋戰爭爆發，戰局惡化，陷於空前孤立的日本已經無力支撐滿洲產業體系，撫順煤礦無可避免的衰落下去。

## 四、結論

　　近代臺灣和東北地區煤礦業，因應日本殖民政策的變化而經歷了一段頗為相似的發展軌跡：二十世紀前期，特別是第一次世界大戰爆發後，日本大力建設本國工業和海外拓殖事業，煤炭需求量迅速提升，兩地煤礦業隨之有一段快速的發展時期，產業規模和技術水平都有提升，並在周邊煤炭市場佔據了相當份額；三十年代以後，全面抗戰爆發，為滿足戰爭需要，兩地煤礦業相繼歸入統治經濟體系，成為日本戰爭機器的組成部份。但同時，日本對臺灣和東北兩地煤礦業的管理、投資、經營的方式上又有很多差異，並造成兩地煤礦業在近代發展之鮮明特色，因受篇幅及資料所限，僅做扼要描述：

　　一、日本總督府對臺灣煤礦業基本採取的是比較放任自由發展的態度，以米、糖等農作物為主要掠奪對象的日本殖民者，只希望臺灣煤礦業能夠滿足島內產業需求，剩餘則外銷華南和東南沿海地區，這就為以基隆嚴家為代表的本地煤業資本的發展提供了空間。而在東北，煤炭一開始日本掠奪的重要目標，『滿鐵』第一任總裁後藤新平在《滿鐵總裁就任情由書》中強調開發煤礦是經營滿洲、北據俄國，使其『不敢與我亂啟戰端』的重要保證之一，[50] 以『滿鐵』為首的日系資本利用政治經濟上的優勢侵吞煤礦、壟斷市場、打壓當地煤業資本的生存空間便成了以『滿鐵』為首的日系資本掠奪東北煤炭資源的主要方式。

　　二、臺灣煤礦業一直具有資本多元化的特徵。在區內局勢穩定後，總督府採取頒佈相關法令積極鼓勵和引導財團及個人進行投資，自負盈虧，在吸引日資的同時，也為本地煤業資本的成長提供了較為寬鬆的發展空間，因此，出現了基隆嚴家這樣的本地煤業巨頭。即使在第一次世界大戰爆發後，以三井為代表的日系財團在區內大興煤礦業整合之風，但面對本地資本也被迫走上了合作之路。即使在三十年代以後進入產業統治時期，日系資本最終沒能確立在臺灣煤礦業中的壟斷地位。反觀日本對東北煤礦的投資，既有經濟層面掠奪資源和利益之目的，更有透過經濟擴張加強對東北控制之戰略考慮，因此，對撫順煤礦的投資從一開始便不是一種單純的經濟行為。體現日本『國策』意志的『滿鐵』公司以大型現代化煤礦的標準規劃開發撫順煤礦，致力於引進先進機械技術，擴大礦區，提高產量，並在區內率先完成了煤礦的現代化，並出逐步完善了煤礦相關宿舍、醫院、子弟學校等後備設施，更重要的是借助滿鐵在東北的鐵路體系和龐大產業群的擴張，實現了對區內煤炭市場的壟斷態勢。撫順煤礦已不單單是一個煤炭的採掘的生產機構，更成為日本在東北實行殖民擴張這一『國策』的堅實基礎和有力工具。

三、日本的經營開發，特別經濟統治體系後的政策，對臺灣和東北兩地煤礦業以後的發展產生了很大影響。日本在戰爭末期為控制調節煤炭產銷量而建立的由政府對煤礦業的行政指導和監督管理的模式，及由此出現的煤礦業對政府較為嚴重的依存關係，二戰結束後，國民政府成立的『臺灣省石炭調整委員會』，主要功能仍是控制和調節供需平衡，基本延續了日據後期統治機構的功能和角色。而東北在戰爭末期由於蘇軍大舉入境，日據時期的煤礦業的機械設備被蘇軍作為戰利品洗劫一空，生產能力受到很大損失，但在統治經濟時期形成的以遼東半島撫順煤礦為重心的煤礦產業格局被保留下來，在 1949 年之後東北工業基地的建設中，煤礦業的恢復和發展基本延續了日據時期形成的這一產業格局。

（作者單位：國立中山大學 中國於亞太區域研究所）

## 註釋：

[1][清]陳培桂等編，《淡水廳誌》，卷四《賦稅志·關權·煤場》，清代臺灣方誌叢刊第 28 冊，臺北：『行政院』文化建設委員會，2006 年，第 30～31 頁。

[2][日]井出季和太郭輝編譯：《日據下之臺政》第一冊，臺北：臺灣省文獻委員會，1956 年，第 172 頁。

[3]林興仁等修纂，《臺北縣誌》，卷 21，《礦業誌》，臺北：成文出版社，1983 年，第 4115 頁。

[4]Davidson, J.W 著蔡啟恆譯，《臺灣之過去與現在》，《臺灣研究叢刊》第 107 種，臺北：經聯，1972 年，第 341～342 頁。

[5]臺灣省文獻委員會，《臺灣總督府檔案中譯本（第十一輯）》，臺北：臺灣省文獻委員會，第 921～924 頁。

[6]基隆市政府編印，《基隆煤礦史》，基隆：基隆市政府，1999 年，第 92 頁。

[7]長濱實編，《顏國年君小傳》，基隆：基隆尚友會，1939 年，第 13 頁。

[8]林興仁等修纂，《臺北縣誌》，卷 21，《礦業誌》，臺北：成文出版社，1983 年，第 4116 頁。

[9]陳慈玉，《日據時期臺灣煤礦業的發展》，《日據時期臺灣史國際學術研討會論文集》，臺北：臺灣大學，1993 年，第 390～391 頁。

[10]臺灣銀行經濟研究室，《日劇時代臺灣經濟史》第二冊，臺北：臺灣銀行經濟研究室，1958 年，第 180。

[11]陳慈玉，前引文，1993 年，第 433 頁。

[12]臺灣總督府殖產局礦務課,《臺灣礦業法令譯解》,臺北:臺灣總督府殖產局礦務課,1915年,第1。

[13]陳慈玉,前引文,1996年,第394頁。

[14]陳慈玉,《日本殖民時代的基隆顏家與臺灣煤礦業》,《近世家族與政治比較歷史論文集》下冊,臺北:『中央研究院』近代史研究所,1992年6月,第632頁。

[15]基隆市政府編印,前引文,第110～113頁。

[16]基隆市政府編印,前引文,第123頁。

[17]長濱實編,前引文,第58～60頁。

[18]唐羽撰,《臺陽公司八十年誌》,臺北:臺陽股份有限公司,1999年,第27～29頁。

[19]唐羽撰,前引文,第22～23頁。

[20]唐羽撰,前引文,第24頁。

[21]侯德封,《第三中國礦業紀要》,北京:實業部地質調查所國立北平研究院地質學研究所聯合刊行,1929年,第195～196頁。

[22]布施優子,《日治時期山本炭礦之研究》,臺北:淡江大學歷史研究所碩士論文,2003,第83～84頁。

[23]臺灣經濟年報刊行會編,《臺灣經濟年報》第一輯,東京:國際日本協會,1941,第229頁,第491頁。

[24]臺灣礦業會志修志委員會,《臺灣礦業會誌》,臺北:『中華民國』礦業協進會,1991,第488頁。

[25]唐羽撰,前引文,第49頁。

[26]截至1990年,煤礦累計探明儲量約在13億噸左右,占已知東北煤炭儲量的5%左右。見《中國礦床發現史‧遼寧卷》編委會,《中國礦床發現史‧遼寧卷》,北京:地質出版社,1996年,第170頁。

[27]侯德封,《五次全國礦業紀要》,北京:實業部地質調查所國立北平研究院地質學研究所聯合刊行,1935年,第598頁。

[28]王樹楠、吳廷燮等纂,《奉天通誌‧實業誌四》(礦業)上,卷116,瀋陽:東北文史叢書編輯委員會,1983年1月,第2644頁。

[29]解學詩,《滿鐵史資料》第四卷,第1冊,北京:中華書局,1987年8月,第24頁。

[30]祁仍奚,《滿鐵問題》,《近代中國史料叢刊三編第二十八輯》,臺北:文海出版社,1987年,第6～7頁。

[31] 祁仍奚，前引文，第 24 頁。

[32] 王樹楠、吳廷燮等纂，前引文，第 2644 頁。

[33] 虞和寅，《撫順煤炭報告》，北京：農商部礦政司，1926 年，第 25 頁。

[34] 滿洲日日新聞社，《滿鐵十年史》，1919 年，第 490～492 頁。

[35][日] 滿史會著東北淪陷十四年史遼寧編寫組譯，《滿洲開發四十年史》，瀋陽：東北淪陷十四年史遼寧編寫組 1988 年，第 625 頁。

[36] 虞和寅，前引文 33,1926 年，第 240～241 頁。

[37] 侯德封，前引文 21,1929 年，第 195～196 頁。

[38] 侯德封，前引文 21,1929 年，1929 年，第 195 頁。

[39] 南滿鐵道株式會社，《明治四十一年度統計年報》，大連：南滿鐵道株式會社，1908 年 12 月，第 295 頁。

[40] 滿洲日日新聞社，前引文，第 612～613 頁。

[41] 侯德封，前引文，1929 年，第 261～264 頁。

[42] 南滿鐵道株式會社，《滿鐵第三次十年史》，南滿鐵道株式會社，1937 年，第 1992～1994 頁。

[43] 滿鐵調查部，《社業調查匯報》，南滿鐵道株式會社，1941 年 11 月，第一號，第 9 頁。

[44] 滿洲日日新聞社，前引文，第 490 頁。

[45] 南滿鐵道株式會社，《第六十四回帝國議會說明資料》，第 419～421 頁；解學詩，《滿鐵史資料》，第四卷（煤鐵篇），第一冊，中華書局，1987 年，第 241～242 頁。

[46] 滿鐵經濟調查會，《滿洲的礦業》，大連，南滿鐵道株式會社，1933 年，第 207 頁。

[47] 陳慈玉，前引文，2004 年，第 50 頁。

[48] 解學詩，前引文，第 400～403 頁。

[49] 《撫順炭礦統計年報》，大連：南滿鐵道株式會社，1942 年，第 6 頁。

[50] 資料來源，中日關係論壇，中國社會科學院中日歷史研究中心。網址：http://www.cass.net.cn/zhuanti/chn_jpn/show_News.asp?id=18167。

## 參考文獻

1. 王樹楠、吳廷燮等，《奉天通誌·實業志四》〈礦業〉上，卷 116，瀋陽：東北文史叢書編輯委員會，1983 年。

## 臺灣部份

2. Davidson, J.W 著蔡啟恆譯,《臺灣之過去與現在》,《臺灣研究叢刊》第 107 種,臺北:經聯,1972 年。

3. 井出季和太,郭輝編譯:《日據下之臺政》第一冊,臺北:臺灣省文獻委員會,1956 年。

4. 林興仁等修纂,《臺北縣誌》,卷 21,〈礦業誌〉,臺北:成文出版社,1983 年。

5. 臺灣省文獻委員會,《臺灣總督府檔案中譯本(第十一輯)》,臺北:臺灣省文獻委員會。

6. 布施優子,《日治時期山本炭礦之研究》,臺灣:淡江大學歷史研究所碩士論文,2003 年。

7. 長濱實編,《顏國年君小傳》,基隆:基隆尚友會,1939 年。

8. 臺灣銀行經濟研究室,《日劇時代臺灣經濟史》第二冊,臺北:臺灣銀行經濟研究室,1958 年。

9. 臺灣總督府殖產局礦務課,《臺灣礦業法譯解》,臺北:臺灣總督府殖產局礦務課,1915 年。

10. 基隆市政府編印,《基隆煤礦史》,基隆:基隆市政府,1999 年。

11. 陳慈玉,《日據時期臺灣煤礦業的發展》,《日據時期臺灣史國際學術研討會論文集》,臺北:臺灣大學,1993 年 6 月。

12. 陳慈玉,《日本殖民時代的基隆顏家與臺灣煤礦業》,《近世家族與政治比較歷史論文集》下冊,臺北:『中央研究院』近代史研究所,1992 年 6 月。

13. 唐羽撰,《臺陽公司八十年誌》,臺北:臺陽股份有限公司,1999 年。

14. 侯德封,《第三中國礦業紀要》,北京:實業部地質調查所國立北平研究院地質學研究所聯合刊行,1929 年。

15. 侯德封,《五次中國礦業紀要》,北京:實業部地質調查所國立北平研究院地質學研究所聯合刊行,1935 年。

16. 臺灣經濟年報刊行會編,《臺灣經濟年報》第一輯,東京:國際日本協會。

17. 臺灣礦業會志修志委員會,《臺灣礦業會誌》,臺北:『中華民國』礦業協進會,1991 年。

18. 《中國礦床發現史·遼寧卷》編委會,《中國礦床發現史·遼寧卷》,北京:地質出版社,1996 年。

19. 陳培桂等編,《淡水廳誌》,卷四<賦稅志·關權·煤場>,清代臺灣方誌叢刊第 28 冊,臺北:『行政院』文化建設委員會,2006 年。

20. 解學詩,《滿鐵史資料》第四卷,全 4 冊,北京:中華書局,1987 年 8 月。

21. 祁仍奚，《滿鐵問題》，《近代中國史料叢刊三編第二十八輯》，臺北：文海出版社，1987年。
22. 虞和寅，《撫順煤炭報告》，北京：農商部礦政司，1926年。
23. 滿洲日日新聞社，《滿鐵十年史》，大連：滿洲日日新聞社，1919年。
24. 滿史會編東北淪陷十四年史遼寧編寫組譯，《滿洲開發四十年史》，瀋陽：東北淪陷十四年史遼寧編寫組 1988年。
25. 南滿鐵道株式會社，《明治四十一年度統計年報》，大連：南滿鐵道株式會社，1908年。
26. 南滿鐵道株式會社，《滿鐵第三次十年史》，大連：南滿鐵道株式會社，1937年.。
27. 滿鐵調查部，《社業調查彙報》，大連：南滿鐵道株式會社，1941年11月，第一號。
28. 滿鐵經濟調查會，《滿洲的礦業》，大連，南滿鐵道株式會社，1933年。

# 日本部份

## 殖民地時期真宗大谷派在臺灣佈教的演變～臺北別院落成的象徵意義

松金公正

### 一、前言

　　過去，筆者曾經以在日本殖民地時期，「來到臺灣後的日本佛教各宗派如何展開佈教活動」為主題，針對曹洞宗[1]、臨濟宗妙心寺派[2]、淨土宗[3]等主要對象，加以分析探討。在先行研究的考察中，認為在統治殖民地的過程裡，佛教勢力的佈教活動在對殖民地人民的「同化」、「教化」，以及「皇民化[4]」等方面扮演了重要角色。筆者進行此一探討，目的之一即在掌握各項佈教具體內容，藉此對佛教勢力的佈教活動加以重新定位。

　　關於日本佛教在臺灣的佈教活動，過去一般分析如下，（1）以居住在臺灣的內地人（日本人）為主，基本上未能吸引本島人（臺灣本土人民）成為信徒。（2）與殖民地統治有密切關聯，在「同化」、「教化」、「皇民化」上達成某種任務。（3）二次大戰後因佈教使撤離臺灣，佈教活動也隨之中斷。

　　但是，若撇開這些事情與佈教活動之間的關連不談，在逐一分析各項事例之後，種種複雜且重要的現象，便會漸趨明朗。

　　比方說，在日本開始殖民地統治當時，各宗派均以教化臺灣本島人民為目標。但是，在日本統治殖民地50年期間，對於多數宗派而言，對本島人民佈教一事未必總是受到重視[5]。再者，在一開始統治殖民地時，所謂重視對本島人佈教的方針，並非由日本方面的本山宗務當局等來主導，亦即決定過程並非「上意下達」；當時各宗派以從軍佈教的延伸形式來到臺灣，由從事佈教的僧侶們向本山提出報告或呈報，以「由下向上」的方式提出佈教方針，而後再形成宗派在整體佈教策略上的具體成果[6]。另外，在教化本島人民的過程中占有重要地位的社會事業方面，並非一開始即設有既定模式，而是再三嘗試並修正錯誤，然後逐步推動實施的[7]。至於教育事業方面，以當時環境而言未必能獲得本山宗務當局或是宗議會的全面性支持，在經營上經常遭遇困難[8]。

在瞭解上述事況之後，筆者心中不禁有所疑問，日本佛教各宗派的佈教活動或是佈教過程中的種種活動，究竟在「同化」、「教化」，以及「皇民化」的過程中，是否在統治殖民地一事上總是扮演重要角色呢？

想要釐清相關問題點，有必要瞭解日本的佛教勢力與臺灣殖民地統治機構之間的關聯性。另外，如同下一章節所述，在日本佛教的東亞佈教過程中，被認為與國家權力和殖民地統治之間關係最為密切的是淨土真宗，尤其是真宗大谷派（以下簡稱大谷派），因此針對大谷派加以考察有其重要性。只不過，到目前為止關於大谷派在臺灣的活動並未獲得充分考察與探討。再者，筆者本身過去對於大谷派也未進行分析研究。

因此，本文以大谷派在臺灣的佈教活動為核心，進行以下分析探討。首先，參考先行研究的考察結果，整理出大谷派在臺灣的佈教活動在研究上的意義。接著，列舉出殖民地時期大谷派在臺灣推動的佈教活動，歸納出其特色。

## 二、大谷派的臺灣佈教史研究

### 1. 大谷派的海外佈教史研究

針對真宗大谷派在日本以外地方的佈教，相關先行研究甚多，如佐藤三郎[9]、小島勝[10]、木場明志[11]、高橋勝[12]、江森一郎[13]、北西弘[14]、菱木政晴[15]等，但與臺灣相關者則相對較少[16]。這些先行研究在考察上，均以大谷派在朝鮮半島和中國大陸的佈教活動以及教育事業的推廣為主軸。

在各先行研究當中，探討最為細膩、且連同戰爭責任的問題在內透過多重觀點來考察者，首推木場明志[17]。木場在分析大谷派對中國東北地區的佈教之後，針對國家（日本）與大谷派之間的關係表示，「在真宗大谷派在中國東北部的開教事業中，近代日本國家大陸政策的推動占有重要地位」[18]，他並指出「在日本軍的軍事鎮壓之後，日本的商工人士與其家族即與利權結合併前往定居，軍中雜勤人員、商工人士、家屬便成為佈教對象，而部份在該地工作的中國人與朝鮮人也成了安撫的對象」[19]。

另外，木場認為「在亞洲的「開教[20]」事業的依據與準則，是政府或軍部所推行的大陸政策下，主張擴張國權與發揚國威的亞洲侵略行為。開教事業符合國家利益，在推動上有時甚至領導國家利益」[21]，另一方面他也指出「在亞洲的諸多地區，在從事「開教」事業的人們的經營下，對於各地區的歷史社會、教育與文化動向造成重大的影響，隨時都形成新改變」[22]。關於此一探討的意義，木場認為「亞洲從前近代進入近代時，亞洲「開教」曾經一度配合大

日本帝國時代的侵略行為，但此事卻被認為不值得探討，我試圖對「開教」過程進行動態上的掌握，藉此強調不探討此事之錯誤」[23]。另外，在《宗報》等大谷派發行的雜誌再版時，所附加的別卷「宗門近代史の檢證（宗門近代史的檢證）」中所收錄的「開教 - 國威擴張に對應した海外開教事業 -（開教 - 配合擴張國威的海外開教事業 -）」一文中也提到「就敗戰前的海外開教來看，擴張教線的輝煌偉業下，實有從事開教者之千辛萬苦；以配合侵略亞洲一語將其抹殺，其中實另含諸多情由」[24]。

可以推知，此種立場若放在被佈教的亞洲諸國與地區是有令人難以接受的部份。但是，持有此一看法者並非僅木場一人，藤井健志也指出「在追究戰爭責任的相關研究當中，傾向只提及佛教教團與戰爭有關的一面。雖然此一傾向本是理所當然，但是佛教在戰前的海外佈教其實十分多元化，關於此點也應加以思考才是」[25]。對於各宗派在戰前的海外佈教活動若略加考察，便容易陷入一種相反的立場，而讚美先人的努力或遠大志向，或是在現代觀點下對戰爭責任下評斷；相對的，首先應調查各宗派在當時究竟有何作為，可惜講究此種觀點的立場在過去的海外佈教研究中略顯欠缺，這種觀點是解讀近代日本的一種指標，也是重新理解各宗派海外佈教的基礎作業，對此筆者亦深有同感。

2. 研究大谷派臺灣佈教史的意義

本文以上先對大谷派在臺灣佈教的相關先行研究略作描述，這麼做的用意何在？這是因為如同藤井所指出的，在海外佈教的整體研究當中，確實呈現一種傾向 - 與臺灣相關的研究較少[26]。而其中關於大谷派在臺灣佈教活動的研究，幾乎從未被觸及。

最明顯的例子，應該就是上述「宗門近代史の檢證（宗門近代史的檢證）」中，由木場所撰寫的關於海外佈教的論述了[27]。該書中回顧了大正時期之前大谷派在各領域的活動。其中回顧的對象之一是佈教活動的地理範圍，木場雖然認為「要縮小範圍為對亞洲的海外開教」[28]，但是實際上書中所論及者僅中國、以及朝鮮，要藉此書完全掌握在臺灣佈教的完整情況是非常困難的。

另外，菱木的《解放の宗教へ（解放的宗教）》一書中所收錄的文章《日本佛教による植民地佈教—東西本願寺教團の場合》（日本佛教的殖民地佈教——以東西本願寺教團為例）的第 2 章的標題為「朝鮮佈教、滿洲佈教、臺灣佈教」[29]。乍看之下臺灣似乎包含其中，但是實際上幾乎不見關於臺灣佈教的具體描述[30]。另外在該書中，不論是被評價為「對真宗大谷派到一九三一年為止的殖民佈教有概略描述」[31]-由都築淳所撰寫的「大正期大谷派「海外開教」

の問題（大正時期大谷派「海外開教」的問題）」[32]，或是「昭和初期大谷派「海外開教」的問題（昭和初期大谷派「海外開教」的問題）」[33]，在內容中引用臺灣佈教相關資料的記述均非常少。

　　究其原因之一，可能是在《本山事務報告》、《常葉》、《宗報》等宗門相關史料中，有關臺灣的記述和其他地區相比本就較少。因此，從史料中較難以看出大谷派在戰前對臺灣佈教的積極態度。如同前面所提及，針對日本佛教各宗派在亞洲的佈教活動，研究的重點明顯呈現一種傾向，不是追究教團的戰爭責任或戰爭犯罪，就是彰顯那些不會遭到批判的佈教先人們的苦難。因此很自然的，從事研究的多是宗門內部的研究者，而宗門內部所保留的史料就成了研究時的主要分析對象。結果，往往因此以為臺灣相關史料數量極少，考察活動也較不蓬勃。另一方面，參考臺灣所保留的資料來研究日本佛教在臺灣的佈教活動，這件事一直以來幾乎不曾被日本的研究者提及。在中國東北等地方，研究者提出的許多研究，使用的資料都是一些包含實地調查在內的當地史料[34]，或許在臺灣也應該以同樣方法來收集史料才對。

　　因此本文的參考對像有二類，一是日本方面保留的《本山事務報告》、《常葉》、《宗報》等宗門發行的雜誌，一是臺灣方面保留的臺灣總督府文書等行政文書，本文將綜合二者以進行考察。至於考察的時間範圍，則是自大谷派開始在臺灣佈教起，直到大谷派的佈教根據地臺北別院成立、並建立臺北別院的主殿為止。在這一段時間內，究竟大谷派進行了哪些佈教相關活動？又因此形成大谷派與其他宗派之間的何種差異？本文將以相關的問題探討為核心，闡明大谷派在臺灣佈教過程的特色，並進一步考察各時期劃分的可能性。

　　3.大谷派在臺灣佈教的量性分析

　　1）大谷派臺北別院

　　西門町是臺北地區年輕人聚集的鬧區。在日本殖民地時期，舊臺北城內處處可見殖民地統治機構，萬華地區則是臺灣本島人自古居住之地，而西門町的地理位置恰在兩地中間，餐飲店等商業設施聚集。現在，本區也常見日本觀光客到訪，但卻鮮少人知道，在殖民地時期這附近存在真言宗、淨土真宗本願寺派、真宗大谷派、日蓮宗等諸多日本佛教的宗教設施。例如，在西門町有一座名叫「獅子林商業大廈」的大樓，該大樓周邊就是大谷派在臺灣佈教的根據地 - 臺北別院（照片1）當時的興建地點。

照片1 真宗大谷派臺北別院本堂＜1936（昭和11）年11月7日，遷佛遷座式＞

出處：《南瀛佛教》15-1，南瀛佛教會，1937（昭和12）年1月1日。

　　此建築物在戰後由中華民國政府接收並繼續使用，因此戰後的臺灣人民對此建築物仍有印象。此段過程在他篇論述中另有探討[35]，這是當時臺灣唯一一座被稱為「純印度式」[36]的寺院，大谷派能夠興建如此雄偉建築，其勢力之大不得而知。以下首先將針對大谷派在殖民地時期所興建的寺院與說教所的數量，以及獲得的信徒人數等的變化情況來加以探討。

2) 寺院‑說教所的設置與大谷派教線的盛衰

　　以下表1「1898（明治31）年～1942（明治17）年，大谷派所屬寺院、教務所、說教所數的變化」，以及表2「1898（明治31）年～1942（明治17）年，大谷派與本願寺派所屬信徒人數的變化」，系參考「臺灣總督府統計書」[37]之數據，針對大谷派在臺灣所興建的寺院與說教所等的數量以及獲得的信徒人數，將1898（明治31）年至1942（昭和17）年間各年度的增減情形歸納成表格。雖然這些僅為統計書上的數據記錄，未必完全符合事實，但仍可從中掌握大致上的傾向。以下將根據這些數據來加以探討。

表1　1898（明治31）年～1942（明治17）年，大谷派所屬寺院、教務所、說教所數的變化

|  | 寺院 | 設立地 | 教務所 | 説教所 | 設立地 | 住持 | 布教師 |
|---|---|---|---|---|---|---|---|
| 1898(明治31)年 | － |  | 8 | 22 | 不詳 | － | 11 |
| 1899(明治32)年 | － |  | 3 | 16 | 不詳 | － | 11 |
| 1900(明治33)年 | － |  | 1 | 15 | 不詳 | － | 9 |
| 1901(明治34)年 | － |  | 4 | 17 | 不詳 | － | 26注2 |
| 1902(明治35)年 | － |  | 1 | 15 | 不詳 | － | 22注2 |
| 1903(明治36)年 | 0 |  | 0 | 6 | 不詳 | 0 | 5 |
| 1904(明治37)年 | 0 |  | 0 | 5 | 不詳 | 0 | 4 |
| 1905(明治38)年 | 0 |  | 0 | 5 | 不詳 | 0 | 6 |
| 1906(明治39)年 | 0 |  | 0 | 4 | 不詳 | 0 | 4 |
| 1907(明治40)年 | 0 |  | 0 | 4 | 不詳 | 0 | 5 |
| 1908(明治41)年 | 0 |  | 0 | 3 | 北、宜、南各1 | 0 | 5 |
| 1909(明治42)年 | 0 |  | 0 | 3 | 北、宜、南各1 | 0 | 5 |
| 1910(明治43)年 | 0 |  | 0 | 3 | 北、宜、南各1 | 0 | 5 |
| 1911(明治44)年 | 0 |  | 0 | 3 | 北、宜、南各1 | 0 | 5 |
| 1912(明治45)年 | 0 |  | 0 | 3 | 北、宜、南各1 | 0 | 5 |
| 1913(大正2)年 | 0 |  | 0 | 3 | 北、宜、南各1 | 0 | 5 |
| 1914(大正3)年 | 0 |  | 0 | 3 | 北、宜、南各1 | 0 | 3 |
| 1915(大正4)年 | 0 |  | 0 | 3 | 北、宜、南各1 | 0 | 5 |
| 1916(大正5)年 | 0 |  | 0 | 3 | 北、宜、南各1 | 0 | 4 |
| 1917(大正6)年 | 0 |  | 0 | 3 | 北、宜、南各1 | 0 | 4 |
| 1918(大正7)年 | 0 |  | 0 | 3 | 北、宜、南各1 | 0 | 3 |
| 1919(大正8)年 | 0 |  | 0 | 3 | 北、宜、南各1 | 0 | 4 |

| | | | | | | | |
|---|---|---|---|---|---|---|---|
| 1920(大正9)年 | 0 | | 0 | 3 | 北、宜、南各1 | 0 | 4 |
| 1921(大正10)年 | 1 | 北1 | 0 | 2 | 宜、南各1 | 3 | 2 |
| 1922(大正11)年 | 2 | 北、宜各1 | 0 | 1 | 南1 | 5 | 1 |
| 1923(大正12)年 | 2 | 北、宜各1 | 0 | 1 | 南1 | 6 | 1 |
| 1924(大正13)年 | 2 | 北、宜各1 | 0 | 2 | 中、南各1 | 6 | 2 |
| 1925(大正14)年 | 2 | 北、宜各1 | 0 | 2 | 中、南各1 | 5 | 2 |
| 1926(大正15)年 | 2 | 北、宜各1 | 0 | 4 | 竹、中、南、高各1 | 6 | 4 |
| 1927(昭和2)年 | 2 | 北、宜各1 | 0 | 5 | 竹、中、南各1、高2 | 6 | 6 |
| 1928(昭和3)年 | 2 | 北、宜各1 | 0 | 5 | 竹、中、南各1、高2 | 7 | 5 |
| 1929(昭和4)年 | 2 | 北、宜各1 | 0 | 6 | 北、竹、中、南各1、高2 | 8 | 5 |
| 1930(昭和5)年 | 2 | 北、宜各1 | 0 | 6 | 北、竹、中、南各1、高2 | 8 | 5 |
| 1931(昭和6)年 | 2 | 北、宜各1 | 0 | 7 | 北、竹、中各1、南、高各2 | 9 | 6 |
| 1932(昭和7)年 | 2 | 北、宜各1 | 0 | 7 | 北、竹、中各1、南、高各2 | 10 | 6 |
| 1933(昭和8)年 | 2 | 北、宜各1 | 0 | 8 | 竹、中各1、北、南、高各2 | 10 | 8 |
| 1934(昭和9)年 | 2 | 北、宜各1 | 0 | 8 | 中各1、北、南、高各2 | 10 | 8 |
| 1935(昭和10)年 | 2 | 北、宜各1 | 0 | 8 | 竹、中各1、北、南、高各2 | 12 | 8 |
| 1936(昭和11)年 | 2 | 北、宜各1 | 0 | 9 | 中1、北、竹、南、高各2 | 12 | 8 |
| 1937(昭和12)年 | 4 | 北、宜、金、高各1 | 0 | 10 | 高1、北、竹、南各2、中3 | 11 | 12 |
| 1938(昭和13)年 | 5 | 北、宜、金、中、高各1 | 0 | 9 | 高1、北、竹、中、南2 | 13 | 11 |
| 1939(昭和14)年 | 5 | 北、宜、金、中、高各1 | 0 | 11 | 高、花各1、北、竹、南各2、中3 | 12 | 13 |
| 1940(昭和15)年 | 5 | 北、宜、金、中、高各1 | 0 | 12 | 高、花各1、北、南各2、竹、中3 | 14 | 12 |
| 1941(昭和16)年 | 5 | 北、宜、金、中、高各1 | 0 | 12 | 高、花各1、北、南各2、竹、中3 | 28 | 12 |
| 1942(昭和17)年 | 5 | 北、宜、金、中、高各1 | 0 | 13 | 高、花各1、北、南各2、竹3、中4 | 80 | 16 |

資料來源：各年度《臺灣總督府統計書》臺灣總督府官房調查課

註：1/ 有關《臺灣總督府統計書》現存資料為「第一統計書」1897（明治30）年份至第四十六統計書。但是由於「第一統計書」中並無寺院與說教所的相關統計 - 因此上表採用「第二統計書」以後之數據。

2/1901（明治34）∥1902（明治35）年的統計中 - 大谷派與本願寺派合稱為「真宗」。

3/ 設立地欄內地名簡稱的全名如下 - 北：臺北 - 宜：宜蘭 - 金：金瓜石 - 竹：新竹 - 中：臺中 - 南：臺南 - 高：高雄 - 花：花蓮。另外 - 僅憑「統計書」中所記載每一地區的設立數字統計仍有部份設立地無法確認，因此另外參考《臺灣寺院名簿》（真宗大谷派組織部提供）。

表2 1898（明治31）年～1942（明治17）年大谷派與本願寺派所屬信徒人數的變化

| | 大谷派信徒人數 ||||| 本願寺派信徒人數 |||||
|---|---|---|---|---|---|---|---|---|---|---|
| | 內地人 | 朝鮮人 | 本島人 | 外國人 | 合計 | 內地人 | 朝鮮人 | 本島人 | 外國人 | 合計 |
| 1898(明治31)年 | 579 | — | 11,768 | — | 12,347 | 1,780 | — | 8,260 | — | 10,040 |
| 1899(明治32)年 | 758 | — | 7,029 | — | 7,787 | 2,848 | — | 7,569 | — | 10,417 |
| 1900(明治33)年 | 1,546 | — | 7,707 | — | 9,253 | 2,096 | — | 9,544 | — | 11,640 |
| 1901(明治34)年 | 6,194 | — | 45,424 | — | 51,618 | 6,194 | — | 45,424 | — | 51,618注2 |
| 1902(明治35)年 | 6,231 | — | 39,776 | — | 46,007 | 6,231 | — | 39,776 | — | 46,007注2 |
| 1903(明治36)年 | 1,426 | — | 3,577 | — | 5,003 | 2,485 | — | 16,899 | — | 19,384 |
| 1904(明治37)年 | 838 | — | 500 | — | 1,338 | 4,779 | — | 8,996 | — | 13,775 |
| 1905(明治38)年 | 525 | — | 500 | — | 1,025 | 4,235 | — | 791 | — | 5,026 |
| 1906(明治39)年 | 651 | — | 504 | — | 1,155 | 5,784 | — | 1,008 | — | 6,792 |
| 1907(明治40)年 | 624 | — | 504 | — | 1,128 | 7,283 | — | 993 | — | 8,276 |
| 1908(明治41)年 | 624 | — | 504 | — | 1,128 | 8,048 | — | 631 | — | 8,679 |
| 1909(明治42)年 | 988 | — | 504 | — | 1,492 | 8,298 | — | 1,092 | — | 9,390 |
| 1910(明治43)年 | 1,313 | — | 525 | — | 1,838 | 7,783 | — | 1,168 | — | 8,951 |
| 1911(明治44)年 | 1,942 | — | 483 | — | 2,425 | 10,270 | — | 2,039 | — | 12,309 |
| 1912(明治45)年 | 2,325 | — | 596 | — | 2,921 | 12,999 | — | 2,241 | — | 15,240 |
| 1913(大正2)年 | 2,090 | — | 623 | — | 2,713 | 14,238 | — | 2,143 | — | 16,381 |
| 1914(大正3)年 | 1,643 | — | 613 | — | 2,256 | 15,682 | — | 2,072 | — | 17,754 |
| 1915(大正4)年 | 1,053 | — | 603 | — | 1,656 | 17,050 | — | 4,001 | — | 21,051 |
| 1916(大正5)年 | 2,615 | — | 50 | 1 | 2,666 | 22,112 | — | 1,615 | 0 | 23,727 |
| 1917(大正6)年 | 2,778 | — | 200 | 1 | 2,979 | 17,616 | — | 884 | 1 | 18,501 |
| 1918(大正7)年 | 2,940 | — | 200 | 0 | 3,140 | 16,760 | — | 749 | 0 | 17,509 |
| 1919(大正8)年 | 4,655 | — | 200 | 0 | 4,855 | 19,557 | — | 1,497 | 0 | 21,054 |
| 1920(大正9)年 | 5,340 | — | 359 | 0 | 5,699 | 12,179 | — | 1,683 | 0 | 13,862 |
| 1921(大正10)年 | 2,770 | — | 85 | 0 | 2,855 | 12,159 | — | 1,631 | 0 | 13,790 |
| 1922(大正11)年 | 2,758 | — | 57 | 0 | 2,815 | 10,934 | — | 2,922 | 0 | 13,856 |
| 1923(大正12)年 | 5,208 | — | 362 | 0 | 5,570 | 28,585 | — | 4,292 | 0 | 32,877 |
| 寺院 | 2,390 | — | 300 | 0 | 2,690 | 16,248 | — | 1,857 | 0 | 18,105 |
| 說教所 | 2,818 | — | 62 | 0 | 2,880 | 12,337 | — | 2,435 | 0 | 14,772 |
| 1924(大正13)年 | 6,924 | — | 417 | 0 | 7,341 | 25,174 | — | 6,032 | 0 | 31,206 |
| 寺院 | 2,990 | — | 350 | 0 | 3,340 | 11,661 | — | 1,395 | 0 | 13,056 |
| 說教所 | 3,934 | — | 67 | 0 | 4,001 | 13,513 | — | 4,637 | 0 | 18,150 |
| 1925(大正14)年 | 6,338 | — | 367 | 0 | 6,705 | 24,149 | — | 5,424 | 0 | 29,573 |
| 寺院 | 3,000 | — | 300 | 0 | 3,300 | 10,870 | — | 1,840 | 0 | 12,710 |
| 說教所 | 3,338 | — | 67 | 0 | 3,405 | 13,279 | — | 3,584 | 0 | 16,863 |

| | | | | | | | | | |
|---|---|---|---|---|---|---|---|---|---|
| 1926(大正15)年 | 6,727 | — | 324 | 0 | 7,051 | 26,457 | — | 6,154 | 0 | 32,611 |
| 寺院 | 2,431 | — | 252 | 0 | 2,683 | 11,822 | — | 1,847 | 0 | 13,669 |
| 説教所 | 4,296 | — | 72 | 0 | 4,368 | 14,635 | — | 4,307 | 0 | 18,942 |
| 1927(昭和2)年 | 8,724 | — | 370 | 0 | 9,094 | 28,958 | — | 3,440 | 0 | 32,398 |
| 寺院 | 3,940 | — | 303 | 0 | 4,243 | 16,080 | — | 2,417 | 0 | 18,497 |
| 説教所 | 4,784 | — | 67 | 0 | 4,851 | 12,878 | — | 1,023 | 0 | 13,901 |
| 1928(昭和3)年 | 9,354 | — | 380 | 0 | 9,734 | 28,651 | — | 4,468 | 0 | 33,119 |
| 寺院 | 3,938 | — | 303 | 0 | 4,241 | 15,695 | — | 3,337 | 0 | 19,032 |
| 説教所 | 5,416 | — | 77 | 0 | 5,493 | 12,956 | — | 1,131 | 0 | 14,087 |
| 1929(昭和4)年 | 10,303 | — | 414 | 0 | 10,717 | 31,491 | — | 4,757 | 0 | 36,248 |
| 寺院 | 4,226 | — | 328 | 0 | 4,554 | 16,640 | — | 3,523 | 0 | 20,163 |
| 説教所 | 6,077 | — | 86 | 0 | 6,163 | 14,851 | — | 1,234 | 0 | 16,085 |
| 1930(昭和5)年 | 12,034 | — | 429 | 0 | 12,463 | 33,016 | — | 6,599 | 0 | 39,615 |
| 寺院 | 4,322 | — | 353 | 0 | 4,675 | 18,128 | — | 4,926 | 0 | 23,054 |
| 説教所 | 7,712 | — | 76 | 0 | 7,788 | 14,888 | — | 1,673 | 0 | 16,561 |
| 1931(昭和6)年 | 12,776 | — | 430 | 0 | 13,206 | 31,243 | — | 3,963 | 0 | 35,206 |
| 寺院 | 4,324 | — | 354 | 0 | 4,678 | 16,277 | — | 2,270 | 0 | 18,547 |
| 説教所 | 8,452 | — | 76 | 0 | 8,528 | 14,966 | — | 1,693 | 0 | 16,659 |
| 1932(昭和7)年 | 13,534 | 2 | 433 | 0 | 13,969 | 33,973 | | 4,876 | 0 | 38,849 |
| 寺院 | 4,329 | 0 | 354 | 0 | 4,683 | 18,366 | | 3,081 | 0 | 21,447 |
| 説教所 | 9,205 | 2 | 79 | 0 | 9,286 | 15,607 | | 1,795 | 0 | 17,402 |
| 1933(昭和8)年 | 14,371 | 2 | 445 | 0 | 14,818 | 33,916 | | 5,498 | 0 | 39,414 |
| 寺院 | 4,339 | 0 | 359 | 0 | 4,698 | 18,128 | | 3,685 | 0 | 21,813 |
| 説教所 | 10,032 | 2 | 86 | 0 | 10,120 | 15,788 | | 1,813 | 0 | 17,601 |
| 1934(昭和9)年 | 15,882 | 0 | 444 | 0 | 16,326 | 34,250 | | 5,676 | 6 | 39,932 |
| 寺院 | 5,840 | 0 | 350 | 0 | 6,190 | 15,043 | | 3,443 | 0 | 18,486 |
| 説教所 | 10,042 | 0 | 94 | 0 | 10,136 | 19,207 | | 2,233 | 6 | 21,446 |
| 1935(昭和10)年 | 16,069 | 1 | 244 | 0 | 16,314 | 26,690 | — | 5,341 | 8 | 32,039 |
| 寺院 | 5,996 | 0 | 145 | 0 | 6,141 | 15,980 | — | 3,554 | 0 | 19,534 |
| 説教所 | 10,073 | 1 | 99 | 0 | 10,173 | 10,710 | — | 1,787 | 8 | 12,505 |
| 1936(昭和11)年 | 14,181 | 0 | 446 | 0 | 14,627 | 36,927 | 2 | 4,178 | 8 | 41,115 |
| 寺院 | 5,900 | 0 | 115 | 0 | 6,015 | 24,997 | 0 | 3,126 | 0 | 28,123 |
| 説教所 | 8,281 | 0 | 331 | 0 | 8,612 | 11,930 | 2 | 1,052 | 8 | 12,992 |
| 1937(昭和12)年 | 20,545 | 1 | 16,306 | 0 | 36,852 | 42,912 | 32 | 4,346 | 0 | 47,290 |
| 寺院 | 10,529 | 1 | 14,668 | 0 | 25,198 | 30,705 | 0 | 3,458 | 0 | 34,163 |
| 説教所 | 10,016 | 0 | 1,638 | 0 | 11,654 | 12,207 | 32 | 888 | 0 | 13,127 |

資料來源：各年度《臺灣總督府統計書》臺灣總督府官房調查課。

註：2/有關《臺灣總督府統計書》- 現存資料為「第一統計書」1897（明治30）年份至「第四十六統計書」1942（昭和17）年份。但是由於「第一統計書」中並無寺院與說教所的相關統計 - 因此上表採用「第二統計書」以後之數據。
2/1901（明治34）‖ 1902（明治35）年的統計中 - 大谷派與本願寺派合稱為「真宗」。

**圖表 1　寺院數的變化（大谷派、本願寺派、全宗派）**

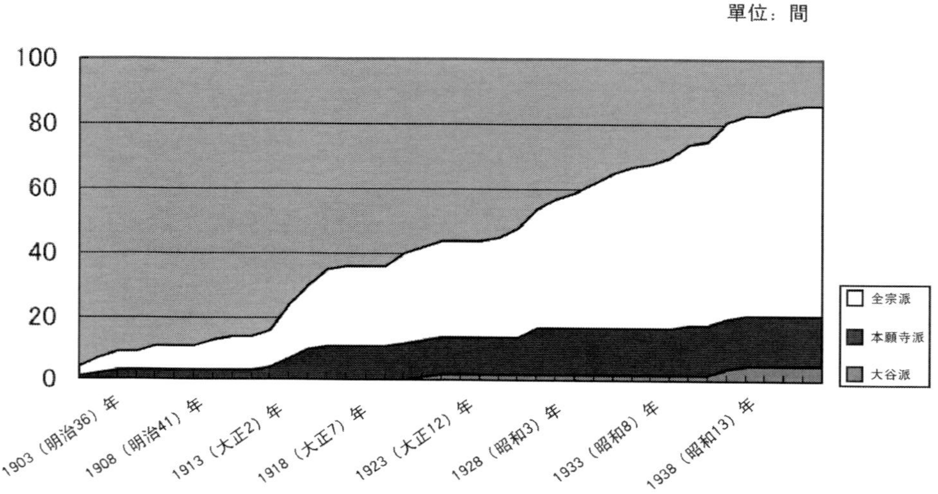


資料來源：各年度《臺灣總督府統計書》臺灣總督府官房調查課

圖表 1 與圖表 2 是根據「統計書」之資料，將其他宗派、大谷派、與本願寺派的寺院數和說教所數的變化透過圖表來表示[38]。在圖表中，與大谷派同樣積極在海外佈教、同屬淨土真宗的本願寺派的統計資料也一併列入，這麼做是為了對本願寺派與大谷派的佈教活動進行數量上的比較，藉此明確掌握在淨土真宗的整體臺灣佈教活動中大谷派的相對規模佔比。

首先，從表 1 與圖表 1 來看，大谷派寺院首次被記載於官方數據「統計書」中是 1921（大正 10）年。其他宗派例如本願寺派、曹洞宗、真言宗、淨土宗等，或是在日清戰爭時期即有行動、或是不久即有僧侶跟隨軍隊派遣來臺，早就與臺灣佈教產生淵源，在殖民地統治初始即已展開佈教活動。相較之下，大谷派開始活動的時間相對較晚[39]。之後，大谷派陸續在 1922（大正 11）年建立 1 間、1937（昭和 12）年建立 2 間、1938（昭和 13）年建立 1 間，總共擁有 5 間寺院。另外，根據《臺灣寺院名簿》[40] 與《真宗大谷派寺院教會名簿》[41]，可以確定直到日本戰敗之前，大谷派在臺灣成立的寺院有臺北別院、蘭陽寺（宜蘭說教

殖民地時期真宗大谷派在臺灣佈教的演變～臺北別院落成的象徵意義

所)、高雄別院(顯德寺)、金瓜石寺、本觀寺(臺中)等5間,與統計資料相符。

另一方面,從圖表2可以窺知在殖民地統治初始時,大谷派積極成立說教所的情形。只不過,在1903(明治36)年說教所的數量急速減少,到了1908(明治41)年僅剩3間。

圖表2　說教所數的變化(大谷派、本願寺派、全宗派)

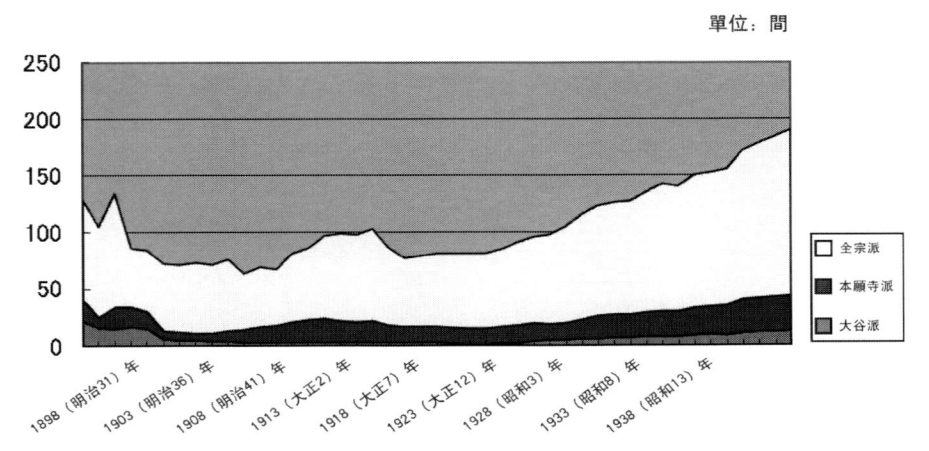

單位:間

資料來源：各年度《臺灣總督府統計書》臺灣總督府官房調查課
註：1901(明治34)‖1902(明治35)年的統計中-大谷派與本願寺派合稱為「真宗」,因此表2將這二年的說教所數視為大谷派所屬。

如同前述,大谷派在建立寺院上比其他宗派起步晚,直到大正末期的說教所數都未有明顯增加(圖表2),但是參考《臺灣寺院名簿》和表1,可以瞭解從大正末期直到昭和初期,大谷派先是在桃園與臺中,而後在基隆、高雄、屏東等地成立說教所,逐步向各地擴增。一直到日本於1935(昭和10)年戰敗為止的10年間,大谷派的說教所已擴及臺灣全島。根據表1,在1935(昭和10)年大谷派僅有2間寺院與8間說教所,但是到了1942(昭和17)年,已增加至5間寺院與13間說教所。再者,根據《真宗大谷派寺院教會名簿》[42]的資料,大谷派在1945(昭和20)年時所擁有的寺院與說教所(佈教所)的總數已達25間,亦即在10年間增加了15間。大谷派在日本戰敗之前所成立的寺院與佈教所,約有60%都是在這段期間成立的。尤其是在臺中港附近地區,像是大甲、清水、沙山、梧棲等地都相繼成立說教所[43]。只不過,雖然在數量

上確實有所增加,但是與本願寺等其他宗派相比,大谷派所屬寺院與說教所的數量,仍然不算多(圖表1、圖表2)。

另外,圖1的地圖代表自1898(明治31)年至1943(昭和18)年間,大谷派的寺院與佈教所(說教所)在臺灣的成立情形[44]。從這份數據中可以看出,一直到大正末期為止,大谷派的教線並未有明顯擴大。另外,除了1935(昭和10)年以後於臺中沿海地區所成立的佈教所之外,其他佈教所的成立地點幾乎都是日本人聚居的都市地區,看不出有向本島人居住地區大舉擴展的行動。

**圖1　大谷派的寺院與說教所(1898～1943年)〔◎寺院、○說教所〕**

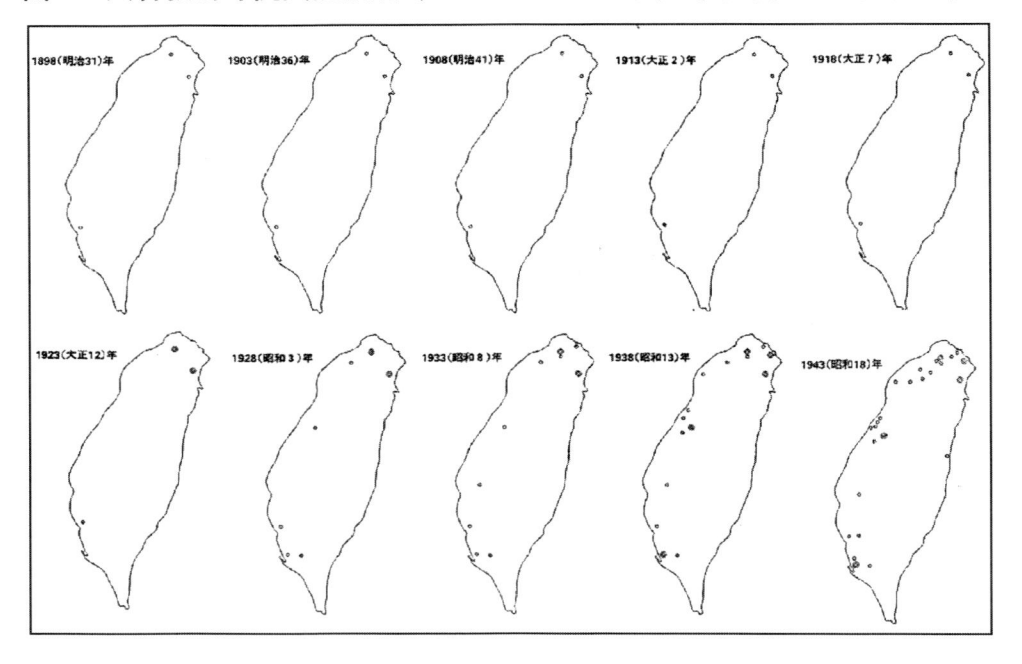

## 三、信徒人數的變化

圖表3～5是參考「統計書」的資料,將全部宗派,大谷派、本願寺派的信徒總數、內地人信徒數,以及本島人信徒數的變化情形繪成圖表[45]。另外,圖表6與圖表7的信徒組成(內地人、本島人、朝鮮人、外國人)也是參考「統計書」所繪成。

吸引信徒加入是經營寺院所不可或缺的。因為信徒人數的多寡直接影響興建寺院或說教所時的捐獻金額，甚至可說是寺院經營成功與否的關鍵。那麼，大谷派究竟吸引了多少信徒加入呢？

就圖表3可以看出，從剛開始殖民地統治的1898（明治31）年到1900（明治33）年，在日本佛教勢力所獲得的整體信徒人數當中，大谷派信徒的占比相當高，但後來便逐漸減少[46]。

另外，從表2以及圖表6、7來看，可以知道自1916（大正5）年之後，內地人成為了大谷派的主要信徒。在過去，一直到1903（明治36）年為止，本島人信徒比內地人信徒來得多，約占整體信徒數的70%～90%。後來到了1904（明治37）年，內地人信徒人數開始凌駕本島人信徒，一直到1915（大正4）年為止，本島人信徒人數在整體信徒人數中的占比，始終在不到20%將近50%之間游移。但是，在1916（大正5）年，本島人信徒的占比銳減至1.9%，後來一直到1937（昭和12）年之前，占比不曾再高於10%。在1937（昭和12）年和1938（昭和13）年這兩年，本島人的占比分別激增至44.2%與46.4%，但是在1939（昭和14）年又減至8.4%，之後便一直在20%以下。[47]

相對的，大谷派的信徒人數則有增加，從1915（大正4）年到1920（大正9）年，僅僅5年間就增加了3.4倍[48]。

在「臺灣全臺寺院齋堂名蹟寶鑑」[49]中，記載著「至大正九年，深感土地狹窄，故購入現地移築本堂」，這句話或許能說明當時信徒人數增加的情形。由於在統計書中並未記載從1921（大正10）～1922（大正11）年間的寺院所屬信徒人數故無法得知，因此也難以提出與前後時期的人數進行單純比較。但是從圖表4與圖表6可以看出，大谷派的信徒人數雖然曾經一度減少，但仍然呈現增加的傾向。除了殖民地統治初始時期，大谷派的信徒人數在建立新本堂之後，亦即1929（昭和4）年首次突破1萬人，自1937（昭和12）年以後，僅內地人信徒數便約有2萬人左右；另外，在內地人信徒人數方面，就日本佛教各宗派來比較，其地位僅次於淨土真宗本願寺派（圖表4）。

**圖表 3　信徒人數的變化（大谷派、本願寺派、全宗派）**

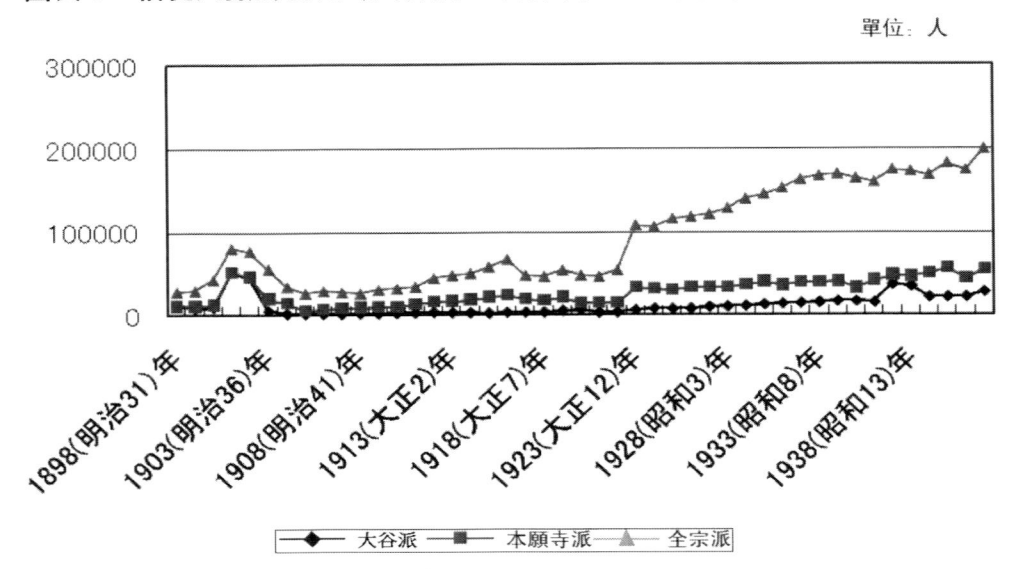

單位：人

資料來源：各年度《臺灣總督府統計書》臺灣總督府官房調查課＊
註：1901（明治34）‖1902（明治35）年的統計中，大谷派與本願寺派合稱為「真宗」，因此圖表中大谷派與本願寺派均以「真宗」的數量來表示。

**圖表 4　內地人信徒數的變化（大谷派、本願寺派、全部宗派）**

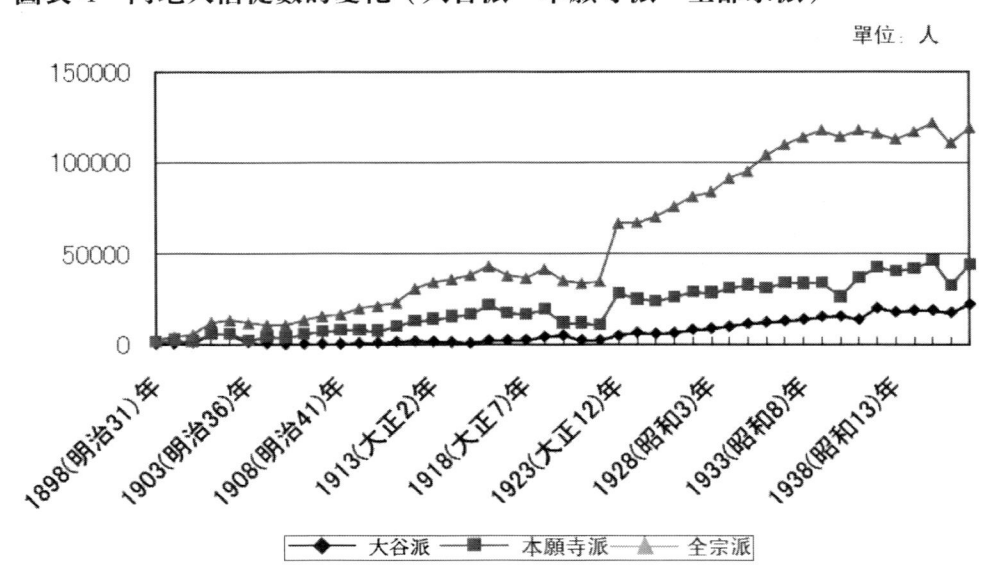

單位：人

資料來源：各年度《臺灣總督府統計書》臺灣總督府官房調查課＊
註：1901（明治34）‖1902（明治35）年的統計中 - 大谷派與本願寺派合稱為「真宗」。

殖民地時期真宗大谷派在臺灣佈教的演變～臺北別院落成的象徵意義

日本部份

**圖表 5　本島人信者的變化（大谷派、本願寺派、全部宗派）**

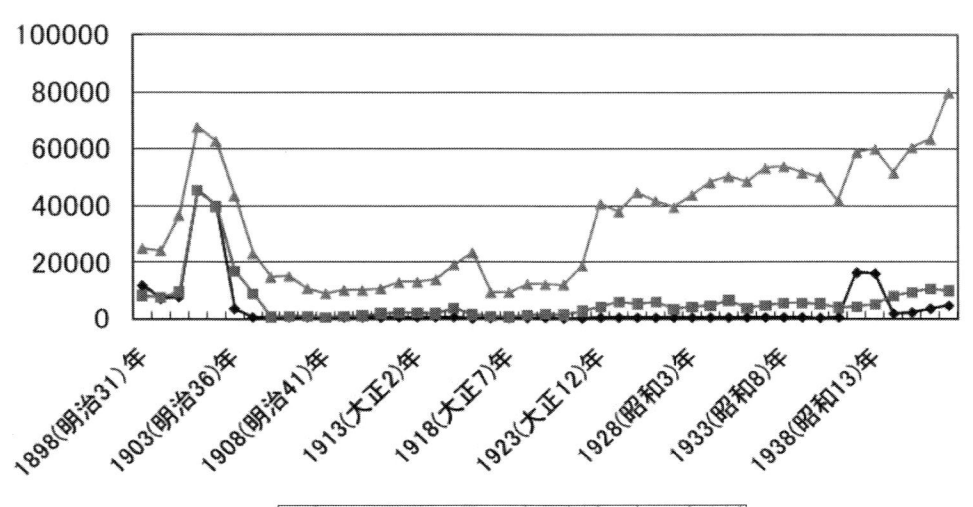

單位：人

資料來源：各年度《臺灣總督府統計書》臺灣總督府官房調查課＊
註：1901（明治 34）‖ 1902（明治 35）年的統計中 - 大谷派與本願寺派合稱為「真宗」，因此圖表中大谷派與本願寺派均以「真宗」的數量來表示。

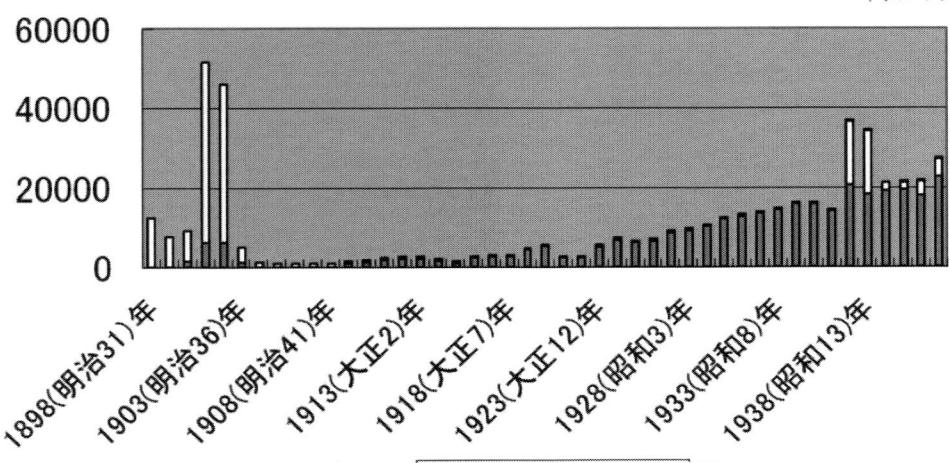

**圖表 6　大谷派信者數變化（內地人、本島人、朝鮮人、外國人的占比）**

單位：人

資料來源：各年度《臺灣總督府統計書》臺灣總督府官房調查課＊
註：1901（明治 34）‖ 1902（明治 35）年的統計中 - 大谷派與本願寺派合稱為「真宗」，本圖表則直接將其視為大谷派信徒數來計算。

561

## 圖表7　內地人、本島人、朝鮮人、外國人，在大谷派信徒總數中的占比

單位：人

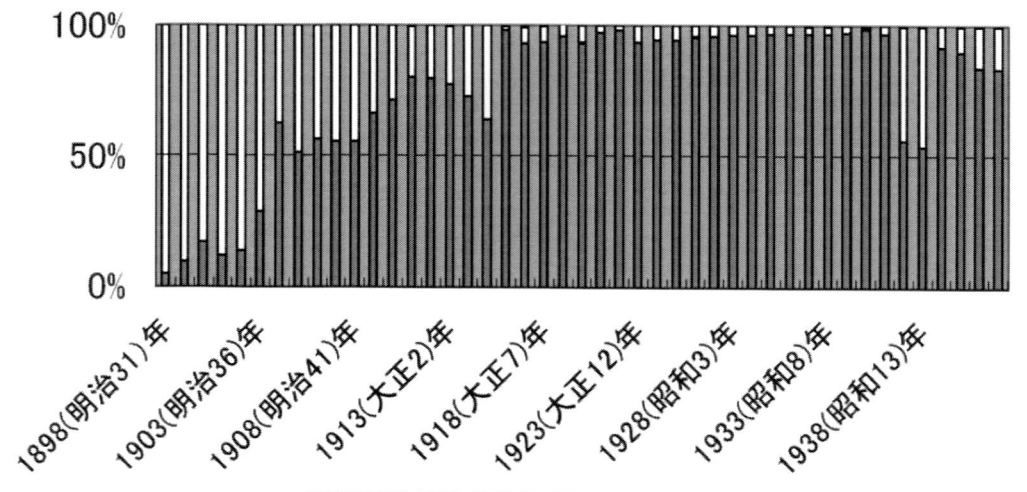

[圖表：1898（明治31）年～1938（昭和13）年間內地人、本島人、朝鮮人、外國人在大谷派信徒總數中的占比堆疊長條圖]

資料來源：各年度《臺灣總督府統計書》臺灣總督府官房調查課
註：1901（明治34）∥1902（明治35）年的統計中，大谷派與本願寺派合稱為「真宗」，本圖表則直接將其視為大谷派信徒數來計算。

　　藉由上述信徒方面的統計分析，關於大谷派獲得信徒的經過可以歸納如下。在殖民地統治初始時期，大谷派成功吸引諸多本島人信徒，但是，這些本島人並未就此成為大谷派忠實信徒，在1904（明治37）年的大谷派信徒總數里，本島人的占比開始減少。到了1916（大正5）年，所獲得信徒的主要對象轉換成內地人，大正時期的佈教活動已確定以內地人為核心，內地人信徒數也逐漸增加。到了1937（昭和12）年～1938（昭和13）年正式推行皇民化運動時，大谷派的整體信徒中，本島人的占比一度快速增加逼近半數（圖表5），但不久又回覆到原本以內地人為主的信徒結構了（圖表7）。

　　也就是說，雖然一般認為大谷派在臺灣的佈教活動，一開始即以本島人為對象，但事實上，除了後來皇民化時期之外，大谷派以本島人為對象的佈教活動幾無推動，而是將重點放在對內地人的佈教活動上。於是，在日本來臺的各宗派當中，大谷派成功吸引了內地人信徒，成果僅次於本願寺派。

　　以下圖表8中的6個派圖，是在日本佛教各宗派所獲得的信徒總數中，大谷派與本願寺派的信徒人數的占比變化。本文前面也略有提及，在1898（明治31）年時，大谷派的占比超過40%，但後來卻降至10%以下。相對之下，本

殖民地時期真宗大谷派在臺灣佈教的演變～臺北別院落成的象徵意義

願寺派則一直維持在25%以上。雖然，大谷派在1938（昭和13）年再度超過10%，但日本在臺灣的殖民地統治卻也就此進入尾聲。

**圖表8　日本佛教各宗派的信者總數中，大谷派與本願寺派的信徒人數占比的變化。**

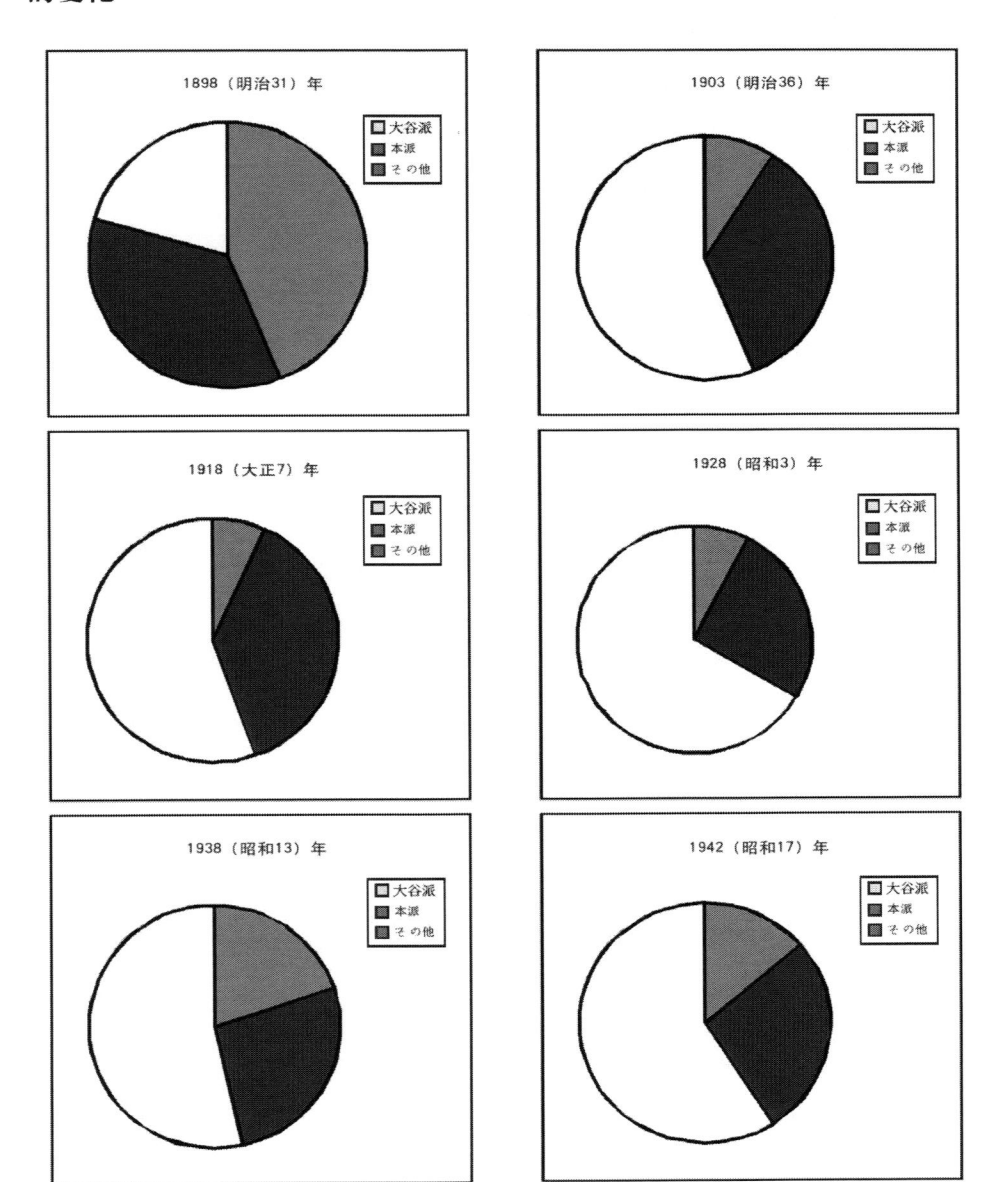

資料來源：各年度《臺灣總督府統計書》臺灣總督府官房調查課

以上觀察了大谷派在臺灣「擴張教線」的概況。從中可以瞭解大谷派並非領先其他宗派興建或設立寺院與說教所，也並非積極地吸引信徒加入。並且，就統計資料來看，大谷派獲得官方認可的佈教設施的設立地區也相當有限，難以看出大谷派在當時具有將佈教活動推廣到整個臺灣的企圖。另外，在興建寺院方面，大谷派也落後於本願寺等其他宗派；至於吸引信徒一事，在殖民地統治初始時期，雖然大谷派曾經積極在臺灣佈教，一度成果可觀，但是那些本島人信徒並未就此成為大谷派的忠實「教徒」。一直到大正時期，內地人與本島人的信徒數都未有明顯增加，後來大谷派的佈教對象也逐漸轉成內地人。並且，一直到大正末期才終於看出大谷派成功地增加了內地人信徒的人數。如上所述，至少到大正時期為止，大谷派在佈教上的態度趨向消極，其中究竟有什麼原因呢？

下一章，將觀察從殖民地統治初始直到大正時期，大谷派在臺灣佈教活動的變遷，以探討上述問題點。

## 四、自殖民地統治初始至臺北別院成立期間，大谷派在臺灣佈教活動的演變[50]

1. 自出張佈教至成立臺北寺務出張所

大谷派在臺灣興建了前述照片 1 中的大寺院，那麼大谷派是如何展開臺灣佈教的呢？

根據《臺灣全臺寺院齋堂名蹟寶鑑》[51]的資料，在「真宗大谷派本願寺臺北別院」的創立沿革欄中寫著「明治二十八年四月於大稻埕創設佈教所」，在創立年月日一欄中寫的是「明治二十八年四月」。另外，在《臺灣寺院名簿》[52]中，在臺北別院的沿革上寫的是「始於明治28年，從軍吏□□□於千秋街之民屋設立二處本山寺務出張所」。

但是，在該年 4 月 17 日馬關條約成立，5 月 8 日交換批準書，臺灣與澎湖列島正式成為日本領土。北白川宮率領近衛師團登陸臺灣是該年 5 月底的事，因此若說大谷派在此時期即在臺北成立佈教所，應該不太可能。當時，實際從軍來臺的特派佈教使有松江賢哲與伊藤大惠等人，分別從澎湖島登陸，但是從當時軍隊所頒發的從軍感謝狀中可以得知[53]，他們並未在臺北成立寺務出張所。因此，大谷派在臺灣的佈教活動，其實連初步展開的時期都未有明確論述。

諸多研究者在參考日本殖民地時期的臺灣佛教史基本文獻時，經常引用江木生的《佛教各宗の臺灣傳來と變遷及現勢（佛教各宗的臺灣傳來與變遷及現勢）》[54]，本文在此也援引之。該文獻中記載大谷派「晚於前述諸派，於明治三十年七月傳入。首任從軍佈教使大山慶哉於大稻埕千秋街（現永樂町一丁目）成立說教所開始佈教」。此外，在《臺北廳誌》[55]中，記載著「真宗大谷派於明治三十年八月開始在大稻埕千秋街佈教」。另外，在 1897（明治 30）年 7 月 29 日的《臺灣新報》中，記載了「東本願寺」（大谷派）在大稻埕千秋街成立說教場，且自隔月起由負責佈教的大山慶哉以臺灣本地人與內地人信徒為對象，定期進行傳教。

此外，在《教報》[56]的《在臺中各宗派の現況（在臺各宗派現況）》一文中，寫道「東本願寺現正籌募臺灣開教經費……於明年派遣佈教師至臺灣，於各地興建別院，計劃大力宏揚教法」，由此可見此時尚未派遣在臺灣教使。並且，不論是設立於 1896（明治 29）年 5 月 10 日的佛教會館的講師[57]（曹洞宗、淨土宗、真言宗、真宗本願寺派），或是 6 月 21 日所成立的臺灣開教同盟的發起人[58]（淨土宗、真言宗、真宗本願寺派），二者都不見大谷派僧侶列名。

另外，在同年 10 月 14 日，除了真言宗派遣至臺灣的小山佑全以外，包括淨土宗、淨土真宗本願寺派、曹洞宗、日蓮宗等各派佈教使對總督府提出「官屬寺宮廟賜予各宗派之儀式相關建議」。當時寺廟屬於官方所有並未使用於原本用途上，如今這些寺廟將賜予各宗派，各宗派也提出要求希望將寺廟作為宗教設施。不過，此一文獻中同樣不見大谷派佈教使的名字[59]。在臺各宗派共同提出的建議中未見任一大谷派代表，此事實在令人難以想像，因此在 1896（明治 29）年當時，大谷派應該尚未派遣臺北在勤佈教使才對。

那麼，是否大谷派對於臺灣佈教並不感興趣，也缺乏派遣佈教使的意願呢？在決定臺灣歸日本所有後的 1895（明治 28）年 5 月 16 日，在門跡的「御直命」演說中提到，「臺灣與澎湖島終成我日本領土……過去雖不曾聽聞澎湖島之名……仍應擴張佈教路線」[60]。另外，在同年 11 月 29 日的演說中也提到，「為時代所需之淨土真宗，務必於臺灣與澎湖島各地推展佈教活動」[61]。雖然文中表示過去不曾聽過澎湖島的名字，字裡行間似乎對臺灣與澎湖的興趣不高，但是可以確定一點，基本上大谷派已認知在臺灣佈教的必要性。

接著從《宗門開教年表》[62]以及《本山事務報告》來看，在上述第一起演說的隔天亦即 5 月 17 日，前釜山別院輪番[63]、擁有海外佈教經驗的太田佑慶被任命為臺灣島兼澎湖列島佈教主任[64]。太田並且於 25 日兼任朝鮮支那兩國

佈教主任[65]。太田是以代理門跡的慰問使身份,與特派佈教使佐佐木圓慰和本田良覲共同前來臺灣,其目的是要舉行喪禮與追悼法會,並處理遺體的火葬與埋葬事宜[66]。從太田於 11 月 2 日、佐佐木於 19 日返回東京[67]一事可以得知,此時並未設有常駐佈教使來負責佈教,只能算是暫時性的出差停留。然而,在 1896(明治 29)年 8 月 1 日,有來自臺灣的王志唐與紀晴波二人,為了加入門徒而攜帶誓約書造訪本山,此事也被記載於《本山事務報告》中[68],由此看來,佈教活動似乎略有成果。同年 11 月 14 日,大山慶哉[69]與松江賢哲被派遣至臺灣[70],其主要目的與太田當時相同,都是以出差形式到臺灣進行視察與佈教。

　　後來在 1897(明治 30)年 4 月 27 日,上述佈教形式出現了轉變,當時大山與松江奉命派遣到臺灣,分別成為臺北在勤與臺南在勤[71]。於是,大谷派佈教使常駐臺灣,臺灣的佈教活動也就此正式展開。並且,為了管理臺灣與澎湖列島的各項教學事務,於 6 月 25 日成立了臺北寺務出張所[72]。在同一天,東京事務出張所的所長和田圓什也被任命為首任臺北寺務出張所所長[73]。8 月 31 日又成立了臺北說教場[74],在 10 月 1 日的通達「告達乙第四十號」中,將「教區及教務所位置」的「第二十五教區」規定為「臺灣」[75]。12 月 18 日,決定在臺灣設置佈教掛[76],並制訂臺灣寺務出張所職制[77]。於是,到了 1897(明治 30)年底,大谷派對於臺灣佈教終於建立明確的基本架構。

　　也就是說,在殖民地統治初始的最早階段,其他宗派在日清戰爭或是日本派遣軍隊赴臺灣期間即有從軍佈教使隨行,直接在臺灣展開佈教活動,當日本開始統治殖民地之後,這些宗派立即在臺灣進行常駐佈教;相對之下,過去在中國與朝鮮半島等地擁有豐富海外佈教經驗的大谷派所取的策略則是,將曾赴海外佈教者以出差形式派至臺灣。因此,大谷派在臺灣的常駐佈教,起步也就略晚於其他宗派了。

　　2. 取得末寺帶動教線擴張

　　上面已說明 1896(明治 29)年大山慶哉被派遣到臺北一事。不過,當時大山所做的並非僅只於視察而已。儘管當時大谷派尚未正式在臺灣設有常駐佈教使,卻已有積極動作,試圖將臺灣本土寺廟編入大谷派的末寺。

　　比方說,聖王廟、湄洲宮、普濟寺、平和廟等提出請求希望能夠歸大谷派來管理;臺南的開隆宮、岳帝廟、城隍廟,以及嘉義的城隍廟、媽宮城的大媽祖宮等的住持也提出申請希望成為大谷派的末寺僧侶。這些申請文件都被大山

帶回日本呈交給本山[78]。並且，將上述聖王廟、湄洲宮、普濟寺、平和廟交由大谷派來管理一事，向嘉義縣知事提出呈報的也是大山[79]。

於是，一直到總督府在1898（明治31）年5月18日頒佈「內訓第十八號關於禁止將本島本土廟宇等編入內地寺院之末寺一事[80]」之前，上述取得末寺的動作一直持續進行。總督府對於禁止編入末寺一事提出了以下看法，從中可以瞭解臺灣本土寺廟在被編入末寺時，其實並未充分理解日本佛教的教義與禮儀。

近日內地各寺院呈報，已將本島廟宇編入末寺，但陸續察覺本島廟宇所祭祀者多為賢君與功臣。本島廟宇是否真為寺院，非僅毫無根據，即使將其稱作末寺，亦僅記載為某寺末寺。然而，本島傳統廟宇另有作法，多未具備寺院之形式。故不禁認為此乃從事佈教者之競爭所導致，且多有不妥之處。因此，於制訂適當法令之前，將右列廟宇編入末寺之儀式應予禁止。[81]本內訓案尚請遵守。

有關日本佛教將臺灣本土寺廟編入末寺的事例，從現存的《臺灣總督府公文類纂》中可以確定的有47件，其中大谷派占了18件[82]。大山之所以試圖將臺灣各地的本土寺廟納入大谷派的末寺，有幾個可能的理由。這些理由可以從大谷派如何運用成為末寺的寺廟來推測得知。

根據大山的報告，自1897（明治30）年8月成立臺北說教場以來，加入大谷派成為門徒者有1,540餘戶，信徒人數約達8,000人[83]。大山向縣知事呈報已發出歸屬證並編入末寺的廟宇共有14間，而且勤山寺、大眾廟、賜福宮、湧蓮寺、三山國王廟、寶藏岩、祖師廟、景福宮、仁海宮、五穀廟、甘泉寺等寺廟也得到各負責事務署的核準，可以作為說教會場，每個月約有1次可以派遣人員前往進行說教。也就是說，除了使用寺廟的土地與建築物之外，在向信仰這些本土寺廟的本島人說教時，這些「末寺」其實也提供了最佳場所。

大山以上述方式透過末寺來致力擴大大谷派的勢力。成果之一就是在4月10日大山為了參加慧燈大師四百週年忌的法事，率領臺灣末寺代開隆宮住持以及11名門徒自基隆出發，於4月15日前往本山禮拜。在參觀本山時，有相關記載指出大山以「支那語」為同行者解說，可見得當時大山已能夠用臺灣當地語言來進行某種程度的佈教[84]。

3. 臺北寺務出張所扮演的角色

和田圓什早就被任命為臺北事務出張所的所長，但直到 1898（明治 31）年 1 月 11 日才與佈教使本多文雄、佈教掛加藤廣海、佈教掛廣岡荷織一同出發，於 1 月 18 日抵達臺北[85]。和田圓什從被任命一直到渡海來臺，期間約經過半年。自此之後，負責統籌大谷派在臺灣佈教活動的人物，終於正式常駐臺灣。

　　和田寺務所長抵達之後，從 1 月 25 日至 28 日在臺北說教場舉行報恩講。據報告指出，當時本島人也參加了報恩講，並有約 100 人做出捐獻，整個過程非常成功[86]。

　　然後，和田又與大山一同自 2 月 4 日起，前往新竹、臺中、嘉義、臺南、鳳山、澎湖島等地視察。就其他宗派的例子來看，佈教負責人的視察結果可能影響在臺灣佈教時的執行策略，那麼大谷派又是如何呢？在和田視察各地之後，他也提出了報告，有關今後在佈教上的注意事項以及方策，在「常葉」上有所刊載[87][88]。

　　首先，大山指出佈教使的年紀若是過於年輕，則不論如何辯才無礙、頭頭是道，往往難以令臺灣人信服。因此，他認為佈教使最好選派中年以上者來擔任。第二點是，在佈教上熟習當地語言雖是必須，但大山提出意見表示語言應該要到當地學習[89]。此外，他還提出另一個意見，認為政治家應與宗教合作，臺灣全島的普通教育應完全交由宗教家負責，並且應該讓宗教家兼任醫師[90]。只不過，這些意見究竟有多少能獲得本山的採納呢？像淨土宗那樣「由下而上」的制訂佈教策略過程，在此一階段的大谷派裡則尚未看到。

　　和田結束臺灣視察之後，於 3 月 1 日回國[91]。於是，大谷派又出現當地負責人不在的情形，但是，與和田一同來臺的本多、加藤、廣岡則於 2 月 17 日分別被任命為臺南、臺北，以及鳳山的說教場在勤[92]。雖然三人分散各地，但仍留在臺灣，於是大谷派常駐佈教的觸角也延伸至各地方[93]。其中，廣岡於 5 月 15 日在鳳山佈教場設立了語學學校。另外，本多等多位渡海來臺的佈教使，也開始在宗門發行的雜誌「常葉」上，投稿撰述在臺灣的視察情形與經驗[94]，許多有關臺灣的報導都刊載於雜誌中。另外，「常葉」也介紹了木全義順等例子，他在嘉義不需他人翻譯，每個月舉行 2 次的說教活動。像這些大谷派在臺灣各地的佈教情形，也都出現在「常葉」中[95]。

　　大谷派以臺灣事務出張所為核心在臺灣推動佈教的體制於 1898（明治 31）年上半年大致完成，可算是一種全島性組織。從表 3 來看，其整體組織若包含清國廈門說教場在內的話，一共有事務出張所 1 處、說教場 10 處、僧侶總共 20 人。可見大谷派絕非僅限定在臺北，而是隨著佈教活動在臺灣各地發展

其事業。另外，到此一時期為止，被認為已歸屬大谷派的臺灣本土寺院共計 40 間，和 1897（明治 30 年）底相比，增加了 15 間[96]。

表 3　1898（明治 31）年上半年的大谷派臺灣佈教實況一覽[97]

| 名稱 | 錄事 | 布教使 | 布教掛 | 番僧 | 總數 |
|---|---|---|---|---|---|
| 臺灣事務出張所 | 2 | — | 4 | — | 6 |
| 臺北說教場 | — | 1 | 1 | 1 | 3 |
| 臺南說教場 | — | 1 | 1 | — | 2 |
| 安平說教場 | — | — | 1 | — | 1 |
| 新竹說教場 | — | — | 1 | — | 1 |
| 鳳山說教場 | — | — | 1 | — | 1 |
| 宜蘭說教場 | — | — | 1 | — | 1 |
| 阿公店說教場 | — | — | 1 | 1 | 2 |
| 彰化說教場 | — | — | 1 | — | 1 |
| 嘉義說教場 | — | — | 1 | — | 1 |
| 清國廈門說教場 | — | — | 1 | — | 1 |
| 合計 | 2 | 2 | 14 | 2 | 20 |

註：不含大谷瑩誠一行人。

　　也就是說，末寺的編入過去被視為擴大教勢的指標，但後來遭總督府府禁止，不過，在此同時自日本派遣來臺的佈教使們則開始在臺灣各地擴大佈教。並且如同表3所示，以臺北的寺務出張所為核心的說教場，在各個地點的分佈上相對較平均地包含了整個臺灣。由此可見，此種事務體系在當時應該發揮了某種程度的有效作用。另外，在表3中也將「清國廈門說教場」列入，如同下一節所提到的，對大谷派而言，自殖民地統治初始時期起，就應該將臺灣與清朝南方二者共同看待[98]，事實上在調度各地佈教使時，往來臺灣與清朝南方的情形頗為常見，和其他宗派相比，這一點可說是大谷派的特色之一。

　　4. 從臺灣佈教摸索臺灣布南清佈教的新可能性

　　在和田離任、1899（明治32）年1月6日石川馨繼任臺灣事務出張所所長[99]之後，大谷派以臺灣事務出張所為核心、建立起的全島佈教體制仍然持續強化。至於通曉臺灣當地語言、一直在臺灣佈教活動中扮演重要角色的大山，則於1月26日出任臺灣寺務出張所勤務[100]，成為名副其實的大谷派臺灣佈教的核心人物之一。

此外，新任佈教使也相繼渡海來臺。根據「宗報」的資料，在 1899（明治 32）年就有以下人等獲得任命。木本香林（臺灣寺務出張所）、永田純雄（臺灣寺務出張所）、山內等（臺灣開教用掛）、石森教一（臺灣佈教掛）、富田存證（臺灣佈教掛）、小笠原大賢（臺灣佈教掛）、葦名慶一郎（臺灣開教用掛）、小谷臺潤（臺灣開教用掛）、寺島一之（臺灣佈教掛）、吉崎靈淳（臺灣佈教掛）、岡本幸雄（臺灣佈教掛）、信國堅城（臺灣開教用掛）、橘亨（臺灣開教用掛）、市村堅正（臺灣開教用掛）、大城義讓（臺灣佈教掛）。

雖然人才日益充足，但從日本來到臺灣就任的佈教使，卻也對於臺北說教場在設備上的欠缺表示不滿意，例如「對其不足唯感驚訝」[101]、「應於保持本願寺威嚴之範圍內，建立適宜外觀」[102] 等。

臺北說教場應該要成為整體臺灣佈教的中心，於是由岡本覺亮帶頭擬定了新建計劃。1899（明治 32）年 9 月 8 日，在臺北城內府前街 2 丁目 27 番設立佈教處一事獲得許可[103]。9 月 17 日，設有內地式臨時本堂的臺北說教場舉行落成與遷佛法會[104]。

在確立涵蓋全島的佈教體制、諸多人才的加入，以及建立全新的內地式臨時本堂之後，大谷派又出現了一次轉變。1900（明治 33）年 4 月 5 日，大谷瑩誠（能淨院連枝）被任命為臺灣兼清國兩廣主教，成為大谷派在臺灣佈教的最高階人物。由此人員的安排可以看出大谷派本山對於在臺灣佈教一事是何等重視。就預算來看，1900（明治 33）年度的臺灣佈教費約 9,452 日圓，比 6,657 日圓的韓國佈教費還要多，至於清國佈教費則高達 10,985 日圓，在教團內所獲得的重視程度可見一斑[105][106]。

1900（明治 33）年 5 月 19 日，公佈了以下「臺灣及清國福建兩廣佈教事務規則」，並自 6 月 1 日起開始施行新規則，原本的臺灣事務出張所於 5 月 31 日廢除[107]。於是，在大谷派的全面支持下，此時的臺灣佈教活動呈現更上一層樓的面貌。

告達第十一號

臺灣及清國福建兩廣佈教事務規則制訂如左

第一條為處理臺灣及清國福建兩廣佈教事務，應設置監督及監理。

監督一職為親授，輔佐主教監督佈教事務

監理一職為稟授，受監督指揮處理佈教事務

第二條於臺灣北部與南部及福建兩廣各設監理一人，其駐留地與所轄區域如左所示，若監理遇缺，則其職務由監督臨時兼任之。

臺灣北部監理

臺北駐留

臺北縣一帶

臺中縣一部份

宜蘭廳一帶

臺東廳一帶

臺灣南部監理

臺南駐留

臺南縣一帶

臺中縣一部份

澎湖島廳一帶

福建監理

廈門駐留

清國福建省一帶

兩廣監理

廣東駐留

清國廣東省一帶

清國廣西省一帶

第三條監理應於監督之指揮下，每年巡視其所轄區域一次以上，以監查佈教是否確實，若有意見則應透過監督向主教或佈教局長提出。

第四條監理應每年二次各於一月及七月，提出其所轄區域內之佈教實況，並透過監督向主教及佈教局長提出報告。

第五條監理應於監督之指揮下，每年前往主教駐留地會見，協商相關事務並制訂來年度佈教費預算案，並經主教認可後透過監督向佈教局長提出。

附則

本規則自明治三十三年六月一日起施行

在此規則修訂之後，原任臺灣寺務所長的石川馨於 6 月 2 日成為臺灣及清國兩廣佈教監督[108]。另外，大山慶哉成為臺灣南部佈教監理與臺南說教場在勤，而原為臺北佈教場在勤的佈教使佐野即悟則成為臺灣北部佈教監理與臺北說教場在勤[109]。

在進入上述新體制的期間，臺灣及清國福建兩廣主教大谷瑩誠自 5 月 16 日起至 6 月 6 日止，展開臺灣全島巡迴佈教。其目的在於「臺灣開教之必要性已無須多言，在臺開教需以某地為開教根據地，此為在臺開教之首要問題。過去以臺北為根據地並未見成效，故此次巡視臺灣全島，以尋求適當之地點」[110]。可見這次視察是為了突破教勢僵局，尋求新的佈教根據地。雖然巡迴過程交通艱難，但是仍順利完成，並且決定將主教由臺北移至彰化。只不過，僅半年之後，大谷瑩誠便於 12 月 7 日辭去職務。

上述修訂規則一事，究竟對大谷派帶來何種影響？1901（明治 34）年 6 月 10 日，彰化學堂從臺中遷移至泉州一事，即是最佳例子。過去的臺灣事務出張所雖然將廈門納入其管轄，不過仍以屬於日本殖民地的臺灣為主要的佈教對象；相對之下，在「臺灣及清國福建兩廣佈教事務規則」中，則將佈教權問題[111]大相逕庭的臺灣與清朝南方（福建、兩廣），均視為主要佈教對象。如同前面所提的，此種佈教區分究竟是基於何種認知所下的決定呢？是否和其他宗派一樣，都是因為在臺灣與清朝南方從事佈教活動的僧侶們提出了建議呢？其實，若是從與和田等人的視察之間的關聯性來考慮，這種可能性並不高。想要釐清此一問題，有必要探討大谷派對於中國佈教與臺灣佈教二者的定位，這也是今後的課題。

## 五、地方政廳對佈教使的批評與評價

在大谷瑩誠辭職之後，大谷派在臺灣的佈教活動出現何種改變呢？可惜的是，在「宗報」等大谷派宗門史料中，有關當時臺灣佈教的報導甚少，僅參考這些資料實在難以掌握佈教活動的實際情況。於是，筆者另行參考宗門以外的史料，尋找其中是否存在大谷派在臺灣佈教的相關記載。結果，所蒐集到的有限史料裡，在《臺灣總督府公文類纂》中記載了自 1901（明治 34）年至 1903（明治 36）年間，各地方長官向總督府提出的各地宗教調查報告書，從中應能推測出大谷派在此一期間的佈教狀況。

在「明治三十二年訓令第二百二十號第十項」中規定各地方長官有執行宗教相關事項調查之義務，但由於調查執行不夠徹底落實，於是在1900（明治33）年11月27日的「民縣第一一八八號」中又特別加以規定，針對「佈教師之增減」、「佈教師之姓名與其品行」，以及「各佈教之狀況」，由民政長官向各地方長官發佈通達，要求當時務必於每個月底提出報告。上述宗教調查報告書，就是此時各地方長官所提出的回覆報告[112]。後來，在1901（明治34）年報告次數改為一年に3次，在1907（明治40）年改為一年2次，在1909（明治42）年改為一年1次，最後在1912（明治45）年才廢除此種報告制度，改為在「年報行政事務及管內概況」中提出報告即可[113]。

由於佈教使的姓名或是所屬宗派的記載中錯誤甚多，不禁令人對於當時地方官廳所進行的宗教調查的正確性存疑[114]。但是，此一時期的臺灣的宗門相關史料較少，而這些史料中記錄了當時被派遣到臺灣的日本佛教各宗派僧侶的活動情形，因此仍可藉由其中記述來與宗門史料相對照，以探討當時佈教使所處的情況。另外，也可藉由這些史料來瞭解當時殖民地統治機構對於日本佛教的佈教活動給予何種評價，因此仍然是非常值得一看的史料[115]。以下，將就臺北、彰化、臺南、宜蘭等提出報告書的地區，觀察其教線變遷的情形。

在臺北方面，報告書中提到曾於1900（明治33）年11月擔任臺北在勤的大谷派佈教使[116]者，有佐野即悟、大山慶哉、菅沼覺圓等人，其中並記載這些人在景尾、新店、臺北等地設立說教場，每個月在固定的日子進行說教。只不過，根據前面提到的宗門史料來看，大山在6月成為臺灣南部佈教監理，被任命為臺南說教場在勤。若從他於同年12月解除在勤職務來看，11月時他應該還是臺南在勤的身份，因此史料記載和事實略有出入。另外，根據後來的報告資料，1901（明治34）年8月的在勤佈教使有佐野即悟、加藤廣海、立石等人，當時吸引加入的內地人信徒有500人、本島人信徒有5,913人。另外，在12月的報告中，佈教使有佐野即悟等2人。可見得，在臺北的佈教活動雖然未必是大規模，但仍然持續進行某種程度的佈教活動。

另外，在報告中也提到臺北周邊地區的佈教活動進行得並不順利。根據1901（明治34）年12月為止的調查結果，當時的深坑佈教使是加藤廣海，可知道當時加藤從臺北被派遣到深坑。當時在景尾有10名信徒，新店有53名信徒，於每月1日與15日進行說教。只不過，在1902（明治35）年4月的報告中提到，那時的佈教活動和上一期相比衰退不振。並且，在1903（明治36）

年 4 月，未向地方政廳提出報告即逕自暫停佈教，到了 8 月加藤才終於提出報告表示將停止佈教，佈教活動也因此停止。

　　彰化在大谷瑩誠前往視察之後，被定位為佈教的根據地，在 1900（明治 33）年 11 月的報告中寫著「本宗以此為根據地，以漸向全島佈教為目的」[117]，指出大谷派將彰化視為佈教根據地的事實，這一點和大谷瑩誠的視察結果是吻合的。只不過，在報告書並未特別提及大谷瑩誠，只報告了當時的駐在佈教使千田靜諦的佈教活動。報告中提到，千田每個月分別對本島人男性、本島人女性、以及內地人各進行 2 次、總計 6 次的說教，每次聽眾都不下於 40 人，盛況可見一斑。另外，在彰化以外的地方，也強調其佈教成果，例如在大肚、員林、北、鹿港、白沙坑等地進行出張佈教，吸引約 3,000 名信徒加入。另外也提到誠摯的宗教態度以及社會貢獻等多方面的佈教活動，例如在彰化學堂教育本島人子弟，以及提供藥物給窮苦人民等。

　　關於臺灣中部的埔里，報告書中提及在 1900（明治 33）年 11 月時擔任佈教使的是村井義明。其中也提到為了「堅定品行」，集結了內地人與人島人雙方的信仰。而且，埔里地區除了漢族以外，還住著澳斯楚尼西亞系的原住民，村井當時正為了今後能對原住民進行佈教而學習原住民語言。由此看來在埔里的佈教活動似乎進行得相當順利，但是 1901（明治 34）年 8 月的報告也提到，由於村井義明後來轉調臺南，在埔里的佈教活動也因此出現變化。報告中指出，新任佈教使市村堅正出入酒樓，同行者亦品行不端，並且疏於佈教，因此說教場並未有信徒加入。後來，在同年 12 月與 1902（明治 35）年 4 月的報告中也特別提到市村的行為不檢，對佈教不用心，嚴詞批評他未能獲得任何信徒。

　　同樣的，在臺灣南部的主要都市臺南方面，在 1900（明治 33）年 11 月的報告中也有嚴厲批評，特別是針對安平的宮尾秀與臺南的石森教一。大谷派於 1897（明治 30）年 6 月在臺南、鳳山、安平，10 月在嘉義，1898（明治 31）年 10 月在恆春成立說教場，這是大谷派在臺南地區佈教活動的開端。當時還成立了大谷學校，大舉擴張佈教範圍，一度獲得諸多信徒的加入，但是後來由於佈教人員更替頻仍，導致無法獲得當地人民的信賴，所以報告書中提到，除了恆春之外，臺灣南部的其他地方幾乎沒有信徒。報告中尤其提到宮尾因為沈迷酒色引來非議，因而流失信徒。至於石森，則被認為不是適當的佈教使人選。而恆春的立石雖然較具熱誠，但也欠缺作為宗教家的風采與態度，難以令人信服。報告書中提到，後來大山慶哉從臺北來到臺南，擔任主任並嘗試重新佈教，在 12 月的報告中記載，大山接著重振大谷學校，教授內地人漢學、指導本地人

國語（日語），試圖藉此挽回大谷派的教勢。只不過，到了1901（明治34）年8月，大谷派的勢力幾乎瀕臨滅絕。另有報告提到村井義明也於此時來到臺南，希望力挽狂瀾，可惜在12月的報告中也指出成效不彰。

至於東海岸的宜蘭，報告書中提到1900（明治33）年11月的佈教使是木本升。並且記載著木本升每個月舉行1次的法話會，由於他不懂當地語言，所以使用本山寄來的書籍（漢文）來佈教。在1901（明治34）年12月的報告中提到，在未向官方呈報的情形下佈教使即不見蹤影一事；而1903（明治36）年4月的報告中也記錄著每月7次出張說教的情形，以及信徒只有內地人140名。由於欠缺佈教熱誠，也難以與其他宗派競爭。在8月底的報告中也指出，本島人信徒有鄙視僧侶的傾向，這一點成了佈教時的障礙。其中也提到，信徒只有120名內地人，可見其佈教活動同樣是以內地人為主。

在其他地區方面，1901（明治34）年8月的報告中提到，新化地區的佈教使加來亨既品行端正又熱心佈教，頗獲好評。另外，1901（明治34）年12月的報告中提到，嘉義地區的佈教使信國堅城為人「溫厚篤實」、「素行端正」，雖然他的前一任佈教使素行不端、留下債務離開臺灣，導致名譽受損，但所幸信國堅誠的努力而逐漸恢復風評，因此給予高度評價。報告中也記載，信國堅誠於每月14日與27日對內地人說教，於農曆每月1日與15日對本島人說教。只不過，新化與嘉義兩地後來都未見報告指出佈教有明顯進展。在1902（明治35）年12月的報告中提到，鳳山的真宗大谷派說教所是由佈教使信國堅城在鳳山市區的中和街所成立的，但其實該地方並無佈教使居住，只是有名無實，而且沒有信徒加入，呈現衰落景象。

如上所述，雖然大谷派的教線曾經一度擴及臺灣各地方，不過在臺北以外的地區，一直都是仰賴佈教使的個人能力來個別推動佈教。雖然在佈教時使用了本山寄來的漢文譯本的佈教書籍，但並未有整體組織上的作為。後來，受到佈教使前往派駐地的交通問題、佈教使本身的性格，以及佈教使的品行問題等的影響，使得佈教活動不見進展，也難吸引信徒加入。另外，對於那些「品行不良」的佈教使，各地方政廳都提出了極為嚴厲的評價。

## 六、蘭陽寺與臺北別院的成立

〔蘭陽寺〕

如同前一節所述，大谷派在臺灣的教線雖然曾經一度擴張，但是自1902（明治35）年之後逐漸縮小，從明治末期到大正初年，僅剩臺北、宜蘭、臺南等地還可見到佈教活動。

其中，進入大正年間之後，在宜蘭地區有了新作為[118]。在1919（大正8）年7月23日，由「總代」佐藤德治與二宮卯一，以及佈教使加藤廣海共同向宜蘭廳提出了「募款許可申請」[119]。目的是為了募集費用，以便將設立於1901（明治34）年的佈教所改成寺院，當時的募款金額是10,500日圓，其中已獲得信徒捐獻7,518.66日圓。對於此一申請，宜蘭廳的回覆是「非僅建立寺院之意志堅定，此事實乃官民長年之所望，然因諸緣由，而苦無良機」。一般認為這是自1917（大正6）年以後，在官方、民間，以及信徒的充分考慮下所提出的申請。至於寺號方面，在1919（大正8）年9月10日將名稱決定為蘭陽寺[120]。所以，大谷派在臺灣的佈教活動中，宜蘭可說是最早擁有正式寺號的地方。

大谷派在這之前曾經一度幾乎無法推動佈教，後來卻甚至得以擁有正式寺號，原因之一應該是鎖定內地人為主要的佈教對象。

〔臺北別院〕

如同前述，大谷派在臺灣成立的說教所（佈教所）當中，最早升格為寺院的是位於宜蘭的蘭陽寺。緊接其後推動寺院升格的，則是臺北。

首先，在1921（大正10）年4月25日，大谷派本山同意將寺號改稱為大谷派本願寺臺北別院，並且由長等珠琴擔任別院管理負責人的輪番一職，於是大谷派也向臺灣總督提出「建立寺院之許可申請」[121]。理由是，「為暫時增加信徒數，故建立新寺院」[122]。後來在1921（大正10）年5月7日，終於獲得建立寺院的許可。在宗門方面，則早於3月20日將臺北佈教所升格為臺北別院，由三山元樹出任首任輪番。或許這項人事任命與前述大谷派本山同意由長等珠琴擔任輪番一事似乎有所矛盾，但其實三山並非在被任命後即刻前往臺灣，而是大谷派在向總督府提出建立寺院之許可申請的前一天，也就是5月6日才動身出發。

後來，芳原政信於1926（大正15）年9月出任輪番，並且在他的主持下，新本堂於1928（昭和3）年11月落成，但卻在2年後的1930（昭和5）年12月的一場火災中燒毀。不過，之後大谷派仍然致力建立寺院，在來年4月出任輪番一職的木下萬溪的主持下，先於1932（昭和7）年興建了庫裡（廚房、住持居室），後來又在1935（昭和10）年7月舉行上樑儀式、再於1936（昭和

11）年11月舉行入佛遷座儀式，這時所興建的就是前述照片1中在當時被稱為「純印度式」的本堂[123]。該建築物之概要如下所示[124]。

［大谷派臺北別院本堂概要］

（1）所在地：臺北市壽町2丁目

（2）樣式：中古印度教式

鐵骨、鐵筋、混凝土造，耐震、耐火、耐風、防蟻害

（3）1樓：273.2坪、入口、大廳、大小會議室、納骨堂、貴賓室、同食堂、配膳室、會客室、和室3、事務室、廁所、倉庫等

（4）2階：245.8坪、本堂內部為純日本佛教寺院風格，禮佛室一部份鋪設榻榻米、其餘設有座椅（400張）。

（5）工程：1934（昭和9）年9月開工，1936（昭和11）年10月31日竣工，

工程費用275,000日圓（東京松井組，實費精算）

（6）賜樹：參道兩側有久邇宮、伏見宮兩殿下所賜之樹。

（7）信徒、職員：信徒1100

職員輪番、補番各1人，在勤10人，駐在1人，會計1人。

## 結語

本文以上針對大谷派在臺灣佈教的變遷，以殖民地統治初始到大正時期（具體來說為設立臺北別院作為在臺灣佈教的根據地）這段期間為對象，進行了探討。

首先，本文針對寺院與說教所的設置數量以及信徒人數的變化進行了量性分析。從中可以瞭解，大谷派在臺灣的佈教活動，最早是以本島人為主要佈教對象，但是自大正時期開始，逐漸轉變為以內地人為主要對象。另外，和本願寺派相比，大谷派在明治末期到大正時期這段期間，並未能確實擴大教線。雖然，從大正末期到昭和初期這段期間，大谷派逐漸增加信徒人數並擴大教線，但這種變化其實與佈教對象轉向內地人有關。像大谷派和本願寺派這種以移居殖民地或外國的日本人為主要佈教對象的情形，在中國和朝鮮也可見類似傾向。這些宗派在海外的佈教不被稱為「開教」，而被認為是仰賴日本人移民為捐款

來源，這也是之所以被稱為「追教」的原因[125]。此種情形也同樣發生在臺灣。另外，大谷派在臺灣設立的寺院數、說教所數，以及信徒人數等，和中國與朝鮮相比之下仍屬小規模。再者，與其他宗派相比，大谷派也並未特別積極的在臺灣展開佈教。

本文接著又探討了一直到臺北別院成立為止的這段期間，大谷派在臺灣佈教的歷史過程。從中可以發現多種事象，足以代表大谷派在臺灣佈教的特色。本文以下將根據大谷派在臺灣佈教的特色，將其在臺灣的佈教活動劃分為 5 個時期。

第一期是準備期，以出張佈教的方式開始在臺灣佈教一直到成立臺灣寺務出張所為止；第二期是確立期，以臺灣寺務出張所為核心，在臺灣各地設立說教場，建立臺灣全島的佈教體制；第三期是展開期，依據「臺灣及清國福建兩廣佈教事務規則」，試圖結合臺灣佈教與清朝南方佈教，規劃新佈教區。第四期是縮小期，在新佈教區的佈教活動進展遲緩，所設立的佈教所數與獲得的信徒人數均陷入停頓；第五期是再生期，重視內地人為佈教對象，重新建構佈教基礎。

對許多宗派而言，最早至海外佈教的經驗是在臺灣，相對之外，大谷派則得以將過去在中國與朝鮮所獲得的經驗發揮在臺灣。大谷派之所以挑選前釜山別院輪番的太田佑慶作為第一位派遣赴臺者，想必是仔細考慮之後的決定。但是，相對於多數宗派以延續從軍佈教的形態在臺灣展開佈教，大谷派則採取所謂「慎重」的態度，結果起步便較晚，對於擴大教線來說，反而造成不利。

雖然起步較晚，不過大谷派仍然採取常駐佈教的做法、設立臺灣寺務出張所、派遣佈教使在全臺灣展開佈教。這段期間，大谷派所重視的是對臺灣人民的佈教與教化。為了達成此一目的，大谷派所採取的策略是取得末寺，以確保施行佈教與教化的場所。這正是在佈教活動起步較晚的情形下，大谷派為了挽回劣勢所採取的動作。

雖然大谷派在取得末寺上達到一定成果，但後來總督府卻禁止各宗派取得末寺，大谷派只得重新思考在臺灣各地佈教的新方法。當然，由於此一階段的主要佈教對像是臺灣本島人，因此大谷派採取的做法是以臺北的寺務出張所為核心，將從日本派遣來臺的佈教使派遣至臺灣各地，以便建立據點、擴大佈教區域。

所以，在臺灣島內的佈教體制尚未完全確立的情形下，本山便已提出推動佈教的新方向性。那就是由大谷瑩誠出任臺灣兼清國福建兩廣主教並渡海來臺。這或許可以說是一種新嘗試，將福建兩廣的佈教與臺灣佈教結合為一，在對清朝佈教與對臺灣佈教之間建立關聯性，藉此形成一種新結構。只不過，當初的企圖未能如願，佈教管理與指揮系統無法充分發揮功能，在臺灣各地的佈教全仰賴佈教使的個人資質，並且進展不順。最後，在臺灣的教線也逐漸縮小。

　　不過，教線縮小在接下來的期間卻發揮正面效果。進入大正時期之後，大谷派將佈教對象鎖定為內地人，以他們為獲得捐獻的對象，並以那段期間內競爭宗派較少的地區或是內地人聚集的都市為佈教據點。同時，在信徒的金錢資助之下，首先於1919（大正8）年在宜蘭成立蘭陽寺，然後於1921（大正10）年又成立了臺北別院。大谷派並且建構了一套再生過程，以上述寺院為根據地，著眼於接下來的教線擴張。而再生過程所獲得的成果，就是興建於臺北別院、於1928（昭和3）年11月落成的本堂。

　　只不過，本堂落成僅僅2年，就在1930（昭和5）年的一場大火中燒毀了，於是只得重建新本堂。新本堂於1936（昭和11）年舉行入佛儀式，但啟用不到10年時間日本便戰敗了，於是新本堂被中華民國政府接收，成為警備總司令部保安處。結果，這座本堂作為保安處的時間比做為寺院的時間還要長。而對於這座後來成為保安處的建築物，臺灣人民仍然繼續稱之為「東本願寺」[126]。看到此種過程變化，不禁令人感受到一件事，那就是大谷派臺北別院的建築物在戰前與戰後一直存在，而其中所代表的意義與形象則隨著時代而改變與新生。在這種情況下，大谷派在臺灣的佈教活動與其他地區相比規模是大是小？大谷派在海外的佈教活動中臺灣佈教是否具有代表性？這些問題其實都已不重要。不論規模大或小、具不具有代表性，真宗大谷派臺北別院的建築物本身，就是臺灣人所接觸到唯一的大谷派、就是真宗、甚至就是「日本」的佛教。

　　如同本文開頭所說的，大谷派相當知名的一點是，它領先其他宗派，率先前往中國與朝鮮展開佈教。因此，大谷派在中國與朝鮮的佈教活動，就被認為是在協助殖民地統治機構實行皇民化與宗教統治，並且被牽扯進佛教的戰爭責任中。但是相對之下，我們不得不承認事實上大谷派在殖民地臺灣的佈教活動非常消極。究竟大谷派以何種形象存在於臺灣的歷史中？或許，唯有找出此一問題的答案，才能夠釐清佛教在殖民地所扮演的角色與某種程度上的責任。

　　當然，要解決上述問題，僅是分析大谷派在戰前的歷史是不夠的，還必須探討戰後的臺北別院才行。關於此點，請容日後撰稿另述。

## 附記

　　本文自《真宗大谷派による臺灣佈教の變遷 - 植民地統治開始直後から臺北別院の成立までの時期を中心に》（《アジア・アフラカ言語文化研究》第 71 號、東京外國語大學アジア・アフラカ言語文化研究所），加以增刪、修正而成。

（作者單位：日本宇都宮大學）

## 註釋：

[1] 松金 2000.

[2] 松金 2001.

[3] 松金 2002a、松金 2002b.

[4] 昭和 10（1935）年代在臺灣推行的政策。尤其是以使用日語為主軸，試圖藉由落實普通教育、更改姓名、參拜神社等，來同化臺灣人、使其日本化。從事臺灣之國家神道相關研究的蔡錦堂指出，「在昭和 10 年代，以天皇為最高點來強化國民精神涵養、亦即在「皇民化」時期，與改造國民精神息息相關的強調國家神道，以及控制本土宗教的宗教政策問題等等，此類相關研究為全面理解該時期的統治政策——皇民化政策所不可或缺的。」（蔡 1994：5），他並且以研究殖民地神道史的立場，強調皇民化與殖民地宗教政策的緊密性。另外，研究佛教之戰爭責任的菱木政晴也指出，「教團原本並未傳佈其本義的親鸞的佛教，但是仍然對於推動皇民化政策、扮演與殖民地及佔領地區的本地統治階層之間的橋樑，以及宣撫工作等，具有極大貢獻。」（菱木 1998：131），他並認為牽扯佛教勢力的宗教政策與皇民化之間有密切結合。確實，分析國家神道是理解皇民化政策時所不可或缺的，只不過，在佛教方面，即使真如菱木所指出一般，日本佛教勢力對於皇民化政策有所協助與貢獻，但是此種協助與貢獻是否與統治政策產生直接聯結，仍需進一步深入探討才是。

[5] 松金 1998：26-30.

[6] 松金 2002b：106-107.

[7] 松金 1999b：6-29. 按：本稿為筆者於 1999 年 3 月 5、6 日，在臺北「中央研究院」民族學研究所所舉辦的中型研討會「宗教傳統與社會實踐」上提出報告時，會場所發放的小冊子內容。

[8] 松金 2003：267-282. 與松金 2004：70-85. 按：在松金 2003 中，針對 1916 年至 1928 年的曹洞宗教育事業經費變遷加以考察；在松金 2004 中，則將年代範圍擴大至 1915 年至 1937 年，經潤飾與修改後並翻譯為中文版。

[9] 佐藤 1963、1964.

[10] 小島・木場 1992 等。小島主要針對本願寺派進行考察。

[11] 木場 1987a、1987b，木場・桂華 1988，木場 1990a、1991、1992、1995、2000、2003 等，另有多部論述。

[12] 高橋 1987.

[13] 江森・孫 1994.

[14] 北西 1994.

[15] 菱木政晴以佛教之戰爭責任的觀點，針對教團對戰爭的協助與海外佈教等的關係多有批判。大谷派的相關主要研究，有菱木 1993、1998 等。

[16] 藤井健志指出，關於日本佛教在東亞佈教活動的研究資料中，以中國和朝鮮半島為對象地區的研究較多，而以中國東北部或臺灣為對象地區的研究則較少（藤井 2000：50）。另外，在藤井 1999 中對於日本佛教的東亞佈教史研究有概略描述。與臺灣有關的大谷派佈教活動的相關研究中，佐藤三郎在探討廈門事件時指出，「深切體認到一點，想要掌握臺灣就必須對福建省保持特別堅定的立場」（佐藤 1963：232），他提到當時的臺灣與福建之間的關係，並分析了廈門東本願寺佈教所在火災中燒毀的問題，但對於大谷派在臺灣的佈教活動並未加以探討。

[17] 除專題研究論文之外，木場明志也在宗門所發行雜誌「真宗」上，記述了海外佈教研究到目前為止的過程以及問題點（木場 1990b），該篇文章後又收錄於「宗門近代史的檢證」中（木場 2003）。另外，關於大谷派在臺灣佈教活動中的做法等，他也在以中日甲午戰爭為核心的考察中有所提及（木場 1995）。

[18] 小島・木場 1992：128（原載、木場 1991：99）.

[19] 小島・木場 1992：129-129（原載、木場 1991：99）.

[20] 所謂「開教」，小島認為「指的是將日本佛教的教誨與教義，推廣至尚未普及的地區」（小島・木場 1992：7），不過就宗門史的立場而言，多稱海外佈教一事為「開教」。木場認為「開教」的定義是「對在外國的日本僑民與當地外國人的佈教」（木場：2003：133），其根據來自 1906 年 8 月 25 日製定的「海外開教條規」（《宗報》56、本山文書課、1906 年 8 月 30 日、告達第十三號）的第 1 條「海外開教之目的，係為向居留外國之帝國臣民或外國人民宣揚本宗二諦之教義，使其得享今世與來世之福報。」，木場認為因此條例之制訂，「定義終於明確」（木場 2003：133）。關於開教一詞的定義以及其中隱含的問題點，除筆者曾提出若干陳述（松金 1999a：192-194）之外，也有許多研究者提出探討，但是有關大谷派之部份，仍以小島・木場（1992：7-8）、木場（2003：133）較具參考價值。本文中除引用他文或必須特別強調處之外，均以「海外佈教」或「佈教」等二字眼來表示。

[21] 小島・木場 1992：321.另外,該書「後記」（321-323）為木場所撰寫。

[22] 小島・木場 1992：321.另外,該書「後記」（321-323）為木場所撰寫。

[23] 小島・木場 1992：321.另外,該書「後記」（321-323）為木場所撰寫。

[24] 木場 2003：134.

[25] 藤井 2000：54.

[26] 藤井 2000：50.

[27] 真宗大谷派宗務所出版部 2003、木場 2003.

[28] 木場 2003：133.

[29] 菱木 1998：138.

[30] 菱木 1998：138-143. 按：本稿為重新刊載之版本,原文以《東西本願寺教團の植民地佈教（東西本願寺教團的殖民地佈教）》（菱木 1994）為題,收錄於《岩波講座近代日本と植民地（岩波講座近代日本與殖民地）》4《統合と支配の論理（統合與支配的論理）》（岩波書店,1993,157-175）中。本稿首次刊載時的第 2 章標題為《朝鮮と滿洲への佈教（對朝鮮與滿洲的佈教）》（164-167）,其中小節標題為「1 朝鮮佈教」、「2 滿洲佈教」,內容以皇民化的觀點等來探討大谷派在朝鮮與滿州地區的佈教活動。但是,當後來本稿又以《日本滿教による植民地佈教（日本佛教的殖民地佈教）》為題,重新刊載於《解放の宗教へ（解放的宗教）》一書中時,第 2 章的標題則改為「朝鮮佈教、滿州佈教、臺灣佈教）」。不過,兩稿除字句修正之外,在內容上幾乎相同。

[31] 菱木 1998：140（原載,菱木 1993：166）.

[32] 都築：1986.本稿為刊登於真宗大谷派教學研究所編《特集資料・真宗と國家 II 1912～1926＜大正期篇＞（特集資料・真宗與國家 II 1912～1926＜大正期篇＞）》（《教化研究》92.93,真宗大谷派宗務所,1986）中的「概觀」著述之一。另外,都築在正文中表示他「鎖定『中國・朝鮮』,翻閱各筆資料考察大正時期大谷派的『海外開教』」（都築 1986：316）,可以感受到都築的企圖與菱木所描述的「殖民地佈教的概觀」之間,存在些許差異。

[33] 都築：1988.真宗大谷派教學研究所 1986：669-683.

[34] 木場 2005.木場為此類研究者的代表性人物,獲得「平成 13 年度～平成 16 年度科學研究費補助金（基盤研究（B）-(1)）」的《植民地期中國東北地域における宗教の總合的研究》（殖民地時期中國東北地區宗教的綜合研究）即以 1932～1945 年的中國東北地區為對象,分析當時進入該地區的日本各宗教與當地本土宗教的動向,研究目的在於探討該地區宗教的整體面貌,該研究以前所未有的

大規模進行實地調查,藉此收集相關資料。該研究課題的相關論述,已出版者為木場 2002a、木場 2002b 等,今後可望再提出更豐富的研究成果。

[35] 松金 2006.

[36] 江木生《佛教各宗の臺灣傳來と變遷及現勢》(佛教各宗的臺灣傳來與變遷及現勢)(《臺灣佛化》1-1:14-19,臺灣佛化青年會,1937),18 頁。

[37] 臺灣總督府官房調查課。以下簡稱「統計書」,相關細節請參照表 1、表 2 的注記。

[38] 有關本願寺派以及其他宗派的寺院與說教所數,參考松金 1998:21-26。

[39] 寺院數統計首次出現在「統計書」中為 1903 年,但事實上本願寺派、臨濟宗妙心寺派,以及日蓮宗均早在 1903 年以前即擁有寺院。另外,曹洞宗在 1904 年、淨土宗在 1907 年、真言宗在 1910 年,即首次出現寺院數的統計資料(松金 1998:25)。

[40] 1943 年之後所設立的寺院和說教所(佈教所)資料在『統計書』中雖未記載,但已記錄在《臺灣寺院名簿》(真宗大谷派組織部提供,編集年份不詳)中。另外,此處所謂「佈教所」係指大谷派在各地設立的佈教據點,不過若是後來獲得總督府等官方機構的承認,並列入「統計書」中,則記錄為「說教所」;至於大谷派本身所使用的名稱為「佈教所」或「佈教場」。上述史料為大谷派所編寫,因此採用「佈教所」一詞。本文以下若採用大谷派所編寫之史料,即稱為「說教所(佈教所)」,若採用總督府之史料,則稱為「說教所」。

[41]《真宗大谷派寺院教會名簿》(大谷大學,1947)中記載有 1949 年 10 月 1 日當時的寺院與說教所(佈教所)資料。此資料雖是戰後再重新編纂出版,其中仍設有「附國外」(344～351)的項目,在「臺灣開教區」(347 頁)中也記載 25 間寺院與說教所(佈教所)的名稱。由於實質上的佈教活動,隨著日本戰敗而結束(松金 2006),因此可知直到殖民地末期為止,大谷派設立了數據中所記載的寺院與佈教所。

[42]《真宗大谷派寺院教會名簿》(大谷大學,1947)中記載有 1949 年 10 月 1 日當時的寺院與說教所(佈教所)資料。此資料雖是戰後再重新編纂出版,其中仍設有「附國外」(344～351)的項目,在「臺灣開教區」(347 頁)中也記載 25 間寺院與說教所(佈教所)的名稱。由於實質上的佈教活動,隨著日本戰敗而結束(松金 2006),因此可知直到殖民地末期為止,大谷派設立了數據中所記載的寺院與佈教所。

[43]《真宗大谷派寺院教會名簿》(大谷大學,1947)中記載有 1949 年 10 月 1 日當時的寺院與說教所(佈教所)資料。此資料雖是戰後再重新編纂出版,其中仍設有「附國外」(344～351)的項目,在「臺灣開教區」(347 頁)中也記載 25 間

寺院與說教所（佈教所）的名稱。由於實質上的佈教活動，隨著日本戰敗而結束（松金 2006），因此可知直到殖民地末期為止，大谷派設立了數據中所記載的寺院與佈教所。

[44] 圖 1 主要的參考依據為前述《臺灣寺院名簿》與《真宗大谷派寺院教會名簿》等。另外，部份所在地不明的寺院或佈教所，則未將其標入地圖中。

[45] 有關大谷派與本願寺派的信徒人數請參考表 2。另外，有關全部宗派以及其他宗派的信徒人數，請參考松金 1998：26-29。

[46] 自 1898 年到 1900 年間，在日本佛教所獲得的信徒總數當中，大谷派的占比分別是，1898 年 43.9%、1899 年 26.8%、1900 年 21.8%，但是在 1903 年則驟降至 9.0%、1904 年為 3.9%。另外，在 1901 年～1902 年間，從圖表 7 看來大谷派的占比仍高。但是，由於統計書中在這 2 年期間將大谷派與本願寺派合稱「真宗」，並無法判斷大谷派與本願寺派究竟孰多孰少，因此在此不列入討論。

[47] 從 1916 年至 1936 年為止，在大谷派的整體信徒人數中，本島人信徒的占比超過 5% 者，只有 1917 年、1918 年、1920 年、1923 年、1924 年、1925 年等 6 次。

[48] 1915 年的信徒人數為 1,656 人，其中內地人信徒有 1,053 人、本島人信徒有 603 人。到了 1920 年，內地人為 5,340 人、本島人為 359 人，總計增加至 5,699 人。

[49] 《臺灣全臺寺院齋堂名蹟寶鑑》（徐壽編著，國清寫真館，1932）。

[50] 文末表 3「真宗大谷派臺灣佈教關係年表」為彙整大谷派在臺灣的主要佈教活動之年表。參考數據為《本山事務報告》（真宗大谷派本願寺寺務所文書科）、《常葉》（常葉社）、《宗報》（真宗大谷派本願寺寺務所文書科）等真宗大谷派公報，以及《宗門開教年表》（真宗大谷派宗務所組織部，1969）、木場 1995 等。

[51] 同前注 51。

[52] 1943 年之後所設立的寺院和說教所（佈教所）資料在「統計書」中雖未記載，但已記錄在《臺灣寺院名簿》（真宗大谷派組織部提供，編集年份不詳）中。另外，此處所謂「佈教所」係指大谷派在各地設立的佈教據點，不過若是後來獲得總督府等官方機構的承認，並列入『統計書』中，則記錄為「說教所」；至於大谷派本身所使用的名稱為「佈教所」或「佈教場」。上述史料為大谷派所編寫，因此採用「佈教所」一詞。本文以下若採用大谷派所編寫之史料，即稱為「說教所（佈教所）」，若採用總督府之史料，則稱為「說教所」。

[53] 《本山事務報告》19,1895 年 4 月 29 日，第 3 頁。參照木場 1995：135。

[54] 刊載於《臺灣佛化》1-1（臺灣佛化青年會，1937），第 14～19 頁。另外，在《南瀛佛教》15-2（南瀛佛教會，1937），第 15～20 頁中亦以《內地佛教の臺灣傳來と其現勢（內地佛教的臺灣傳來與其現勢）》為題，刊載相同內容之文章，此部

份獲得多數先行研究的引用,但出版日期為《臺灣佛化》是1月5日、《南瀛佛教》是2月1日,《臺灣佛化》發行時間約早1個月。

[55]《臺北廳誌》(臺北廳編,1919年),第207頁。

[56]《教報》1(大日本臺灣佛教會,1896),第41頁。

[57]《臺灣新報》1896年6月17日,3版。

[58]《淨土教報》259,1986年7月25日,第5頁。

[59]《臺灣總督府公文類纂》第178冊第2文書。按:數據中記載為「佈教師」。

[60]《本山事務報告》20,1895年5月26日,第11頁。

[61]《本山事務報告》26,1895年11月30日,第11頁。

[62]《宗門開教年表》(真宗大谷派宗務所組織部,1969),第14頁。

[63] 別院的管理與營運負責人。

[64]《本山事務報告》20,1895年5月26日,第5頁。

[65] 同前注64。

[66]《本山事務報告》號外,1895年9月1日,第2頁。

[67]《本山事務報告》26,1895年11月30日,第8頁。

[68]《本山事務報告》35,1896年8月25日,第12頁。

[69] 關於大山的名字,史料中記載不一,有「哉」、「成」以及「城」等寫法。在臺灣總督府公文類纂中有大山本人向嘉義縣知事提出的呈報文件(《臺灣總督府公文類纂》第9758冊第10文書),其中記載為「哉」,故本文均統一以「哉」字表記。

[70]《本山事務報告》38,1896年11月30日,第7頁。

[71]《本山事務報告》44,1897年5月8日,第10頁。

[72]「告達乙第二十九號於臺灣臺北縣設置寺務出張所,以管理臺灣與澎湖列島之各項教學事務」,《本山事務報告》46,1897年7月30日,1頁。按:在《宗門開教年表》中所記載設置寺務出張所的日期為4月23日。

[73]《本山事務報告》46,1897年7月30日,第5頁。

[74]《宗門開教年表》(真宗大谷派宗務所組織部,1969),第15頁。

[75]《常葉》1,1897年10月11日,第27頁。

[76]「告達乙第五十八號」,《常葉》8附錄「宗報」,1897年12月25日,第2頁。

[77]「告達乙第五十九號」,《常葉》8附錄「宗報」,1897年12月25日,第2～3頁。

[78]《本山事務報告》44,1897年5月8日,第10頁。

[79]《臺灣總督府公文類纂》第 9758 冊第 10 文書。

[80]《臺灣總督府公文類纂》第 248 冊第 41 文書。

[81]《臺灣總督府公文類纂》第 248 冊第 41 文書。

[82] 有關《臺灣總督府公文類纂》中日本佛教將臺灣本土寺廟編入末寺的概況，在溫國良 2001 中有詳細介紹。另一方面，擁有大谷派方面可確認的歸屬證的寺廟全部共 30 間以上，因此必須瞭解一點，目前在《臺灣總督府公文類纂》中可確認臺灣本土寺廟與內地寺院之間的本末關係者，其實不過是一部份。

[83]《常葉》10,1898 年 1 月 15 日，第 38 頁。

[84]《常葉》20,1898 年 4 月 28 日，第 36 頁。

[85]《常葉》12,1898 年 2 月 5 日，第 33 頁。

[86]《常葉》14,1898 年 2 月 25 日，第 32 頁。

[87]《臺灣巡視概況》,《常葉》19,1898 年 4 月 20 日，第 46〜49 頁。

[88]《臺地教報》,《常葉》19,1898 年 4 月 20 日。上面記載道「真宗大谷派本願寺所派遣之人周遊全島，詳查風俗民情並回報，聽取主要意見後，知其宗教家之觀察極具成果，左列為其概要」，由此可知該文章為聽取和田等人的視察概要後所寫。

[89]《臺灣佈教に就て（關於臺灣佈教）》,《常葉》19,1898 年 4 月 20 日，第 49 頁。

[90]《臺地教報》,《常葉》19,1898 年 4 月 20 日。上面記載道「真宗大谷派本願寺所派遣之人周遊全島，詳查風俗民情並回報，聽取主要意見後，知其宗教家之觀察極具成果，左列為其概要」，由此可知該文章為聽取和田等人的視察概要後所寫。

[91]《常葉》15,1898 年 3 月 5 日，第 33 頁。

[92]《常葉》14 附錄「宗報」,1898 年 2 月 25 日，第 3 頁。「佈教使在勤」,《常葉》13,1898 年 2 月 15 日，第 35 頁。

[93]《鳳山教報》,《常葉》27,1898 年 7 月 5 日，第 37〜39 頁。

[94] 本多文雄《南翔記》（第一）,《常葉》23,1898 年 5 月 25 日，第 1〜5 頁。本多文雄《南翔記》（第二）,《常葉》31,1898 年 8 月 15 日，第 1〜7 頁。菅沼覺圓《臺灣紀行之一》,《常葉》29,1898 年 7 月 25 日，第 43〜44 頁。山田哲司《臺灣の記》（臺灣之記）,《常葉》33,1898 年 9 月 7 日，第 26〜28 頁。

[95]《佈教使木全義順師》,《常葉》13,1898 年 2 月 15 日，35 頁。

[96]《臺灣教況》,《宗報》1,1898 年 10 月 23 日，第 10〜12 頁。

[97] 同前注 96，系筆者根據「臺灣佈教實況一覽」所作成。

[98] 佐藤 1963.

[99]《宗報》5 附錄，1899 年 2 月 15 日，第 11 頁。

[100]《宗報》5附錄,1899年2月15日,第14頁。

[101]本多文雄《南翔記》(第二),《常葉》31,1898年8月15日,第5頁。

[102]本多文雄《南翔記》(第二),《常葉》31,1898年8月15日,第6頁。

[103]《臺灣總督府公文類纂》第6965冊第25文書。

[104]《宗報》14,1899年11月14日,第15〜16頁。

[105]《宗報》22附錄,1900年5月5日,14頁。在「告達十一號」(《宗報》24附錄,1900年2月25日,第1〜2頁)等史料中,未出現「福建」一詞,但有可能是「臺灣兼清國福建兩廣主教」。

[106]《宗報》17附錄,1899年12月27日,第3頁。

[107]「告達十號」、「告達十一號」,《宗報》24附錄,1900年6月25日,第1〜2頁。

[108]《宗報》24附錄,1900年6月25日,第5頁。按:史料中記載為「臺灣及清國兩廣佈教監督」,並未加入「福建」一詞,但根據石川獲任命時的「臺灣及清國福建兩廣佈教事務規定」來看,有可能為「臺灣及清國福建兩廣佈教監督」。

[109]《宗報》24附錄,1900年6月25日,第5〜6頁。

[110]《連枝の巡教(連枝之巡教)》,《宗報》27,1900年10月5日,15頁。

[111]佐藤1964.

[112]《臺灣總督府公文類纂》第4609冊第4文書。

[113]《臺灣總督府公文類纂》第4901冊第15文書,第4984冊第15文書,第5251冊第11文書,第5455冊第8文書。

[114]由於是地方官廳所作成的行政報告,因此,除了對宗教事項的理解不足之外,也因為延遲呈報或其他理由,而有佈教使姓名或佈教地點等的錯誤記載,以及誤認各佈教使所屬宗派的情形。所以,在使用時必須多加注意。參照松金2002a,2002b。

[115]有關調查的概要與頻率,請參照溫國良1999。本節所依據之史料如下所示,其中未寫明各部份的出處。《臺灣總督府公文類纂》第4644冊第26〜31文書。同第4681冊第14〜15文書。同第4741冊第6、8、9文書。同第4742冊1、3文書。

[116]在宗門資料中寫為「佈教使」,而總督府等行政機關的資料中則多寫為「佈教師」。本文除引用的部份之外,全部統一寫為「佈教使」。

[117]《臺灣總督府公文類纂》第4644冊第26文書。

[118]有關宜蘭地區的佛教發展與變化,詳見闞正宗2004。

[119]《臺灣總督府公文類纂》第 6814 冊 22 文書。

[120]《宗門開教年表》（真宗大谷派宗務所組織部，1969），第 62 頁。

[121]《臺灣總督府公文類纂》第 6965 冊 25 文書。

[122] 同前注 121。「寺院建立願進達ニ付副申（轉呈申請建立寺院副申）」（臺北州知事），1921 年 5 月 18 日，內教社第 219 號。

[123] 有關建立新本堂之細節，參考木下萬溪《遷仏遷座法要を迎へて（遷佛遷座法事之舉行）》，高木俊昌「新築本堂竣工に至るまでを回顧して（回顧興建新本堂之經過）」（《ひかり（佛光）》43「遷佛法要紀念號」，大谷青年會，1936 年 11 月 5 日，第 3～4 頁、第 11～12 頁）。

[124]《南瀛佛教》15-1，南瀛佛教會，1937 年 1 月 1 日。

[125] 小島勝指出「世人大多認為戰前的海外開教並非真正開教，不過是『追教』罷了」（小島‧木場 1992：7）。戰前的海外佈教，大多是為滿足移居或滯留海外的日本人之需求，而派遣開教使前往各自宗派信徒較多之地區，跟隨在當地從事佛事、教育、或福利事業之本國人，因此大多被稱為「追教」。另外，在戰爭期間又代表佈教是要「追隨」日本的國家戰爭，因此也被稱為「追教」。但是小島接著又表示，「從戰前日本佛教或是開教使在海外的行為軌跡來看，此一說法確實可行。但是，海外佈教活動是否從頭至尾都僅止於『追教』呢？這其實另有討論的空間」（小島‧木場 1992：8），可見小島對於以「追教」一詞來概括整個戰前的海外佈教活動，是持疑問態度的。

[126] 國防部史政檔案「東本願寺房地處理案」（33243,33244,33245）國防部史政編譯室圖書數據室藏。

參考文獻

1. 江森一郎‧孫傳釗 1994《戰時下の東本願寺大陸佈教とその教育事業の意味と實際-主として「真宗」所載記事による-》《金澤大學教育學部紀要（教育科學編）》43：189-207，金澤大學教育學部。

2. 溫國良，1999，《日據初期日本宗教在臺佈教概況-以總督府民政部調查為中心-》《臺灣文獻》50-2：211-231，臺灣省文獻委員會。

3. 溫國良，2001《日治初期日臺宗派訂約始末》，《臺灣總督府公文類纂宗教法規史料彙編（明治二十八年至昭和二十年）》《總督府檔案專題翻譯（十二）宗教系列之三》283-297，臺灣省文獻委員會。

4. 闞正宗，2004，《蘭陽地區齋教與佛教的發展及轉型》，《臺灣佛寺的信仰與文化》228-271，博揚文化事業有限公司（原載 2001《蘭陽地區佛教與齋教的發展及轉型》《宜蘭文獻雜誌》49：3-47）。

## 日本部份

5. 北西弘,1994,《明治初期における東本願寺の中國開教》,《佛教大學總合研究所紀要》1：331-349,佛教大學綜合研究所。

6. 木場明志,1987a,《明治期における東本願寺の中國佈教について》,《印度學佛教學研究》35（2）：324-326,日本印度學佛教學會。

7. 木場明志,1987b,《明治期對外戰爭に對する佛教の役割-真宗兩本願寺派を例として-》池田英俊編《論集日本佛教史》8《明治時代》247-267,雄山閣。

8. 木場明志,桂華淳祥,1987《東本願寺中國佈教史の基礎的研究》,《真宗總合研究所研究紀要》5：1-48,大谷大學真宗綜合研究所。重新收錄於小島・木場1992。

9. 木場明志,1990a,《東本願寺中國佈教における教育事業》《真宗研究》34：141-154,真宗連合學會。

10. 木場明志,1991,《真宗大谷派による中國東北部（滿洲）開教事業についての覺え書き》,《大谷大學研究年報》42：49-103,大谷學會。重新收錄於小島・木場1992。

11. 木場明志,1992,《真宗大谷派朝鮮佈教と朝鮮の近代化》,《大谷大學史學論究》5：22-47,大谷大學文學部史學科。

12. 木場明志,1995,《日清戰後における真宗大谷派アジア活動の急展開-「本山事務報告」「常葉」「宗報」の記事から》《真宗總合研究所研究紀要》12：127-140,大谷大學真宗綜合研究所。

13. 木場明志,2000,《真宗と海外佈教》《現代日本と佛教》第II卷《國家と佛教-自由な信仰を求めて》236-241,平凡社。

14. 木場明志,2002a,《滿州國の傳教》,《思想》943：190-205,岩波書店。

15. 木場明志,2002b,《偽滿州國》首都新京の日本仏教による滿洲傳教組織化の模索-1935年（康德2年）の樣相》,《大谷學報》81（4）：1-11,大谷學會。

16. 木場明志,2003,《開教-國威擴張に對應した海外開教事業-》《宗門近代史の檢討》(《宗報》等機關志復刻版別卷)131-165,真宗大谷派宗務所出版部(原載1990b《開教-國威擴張に對應した海外開教事業(1)、(2)、(3)》《真宗》1034：14-20、1035：10-19、1037：28-33,大谷派本願寺)。

17. 木場明志,2005,《植民地期中國東北地域における宗教の總合的研究》平成13年度～平成16年度科學研究費補助金(基盤研究(B)-(1))研究成果報告書。

18. 小島勝・木場明志,1992,《アジアの開教と教育》,法藏館。

19. 蔡錦堂,1994,《日本帝國主義下臺灣の宗教政策》,同成社。

20. 佐藤三郎，1963，《明治三三年の廈門事件に關する考察 - 近代日中交涉史上の一齣として -》《山形大學紀要》（人文科學）5（2）：231-280，山形大學。

21. 佐藤三郎，1964，《中國における日本仏教の佈教權をめぐって - 近代日中交涉史上の一齣として -》，《山形大學紀要》（人文科學）5（4）：433-486，山形大學。

22. 真宗大谷派宗務所出版部，2003，《宗門近代史の檢證》（《宗報》等機關志復刻版別卷），真宗大谷派宗務所出版部。

23. 高橋勝，1987，《明治期における朝鮮開教と宗教政策 - 特に真宗大谷派を中心に -》《佛教史研究》24：34-56，龍谷大學佛教史研究會。重新收錄於小島・木場1992。

24. 都築淳，1986，《大正期大谷派《海外開教》の問題》，《教化研究》92・93：306-317，真宗大谷派宗務所。

25. 都築淳，1988，《昭和初期大谷派《海外開教》の問題》，《教化研究》95・96：669-683，真宗大谷派宗務所。

26. 菱木政晴，1993，《淨土真宗の戰爭責任》，岩波書店。

27. 菱木政晴，1998，《日本佛教による植民地佈教 - 東西本願寺教團の場合 -》，《解放の宗教へ》129-153，綠風出版（原載1993《東西本願寺教團の植民地佈教》大江志乃夫等編《岩波講座近代日本と植民地》4《統合と支配の論理》157-175，岩波書店）。

28. 藤井健志，1999，《錄前における佛教の東アジア佈教 - 研究史の再檢討》《近代佛教》6：8-32，日本近代佛教史研究會。

29. 藤井健志，2000，《仏教の海外佈教に關する研究》《現代日本と仏教》第II卷《國家と仏教 - 自由な信仰を求めて》45-55，平凡社。

30. 松金公正，1998，《植民地時期臺灣における日本佛教寺院及び說教所の設立と展開》《臺灣史研究》16：18-33，臺灣史研究會。

31. 松金公正，1999a，《日據時期日本佛教之臺灣佈教 - 以寺院數及信徒人數的演變為考察中心》《圓光佛學學報》3：191-221，圓光佛學研究所。

32. 松金公正，1999b，《日據時期日本佛教在臺灣推行之《社會事業》（1895-1937）》，《宗教傳統與社會實踐》中型研討會報告論文1-37，《中央研究院》民族學研究所。

33. 松金公正，2000，《曹洞宗佈教師による臺灣佛教調查と《臺灣島佈教規程》の制訂 - 佐々木珍龍《從軍　夢遊談》を中心に -》《比較文化史研究》2：45-68，比較文化史研究會。

34. 松金公正，2001，《日本植民統治期における妙心寺派臺灣佈教の變遷-臨濟護國禪寺建立の占める位置-》，《宇都宮大學國際學部研究論集》12：137-162，宇都宮大學國際學部。
35. 松金公正，2002a，《日本植民地初期臺灣における淨土宗佈教方針の策定過程（上）》，《宇都宮大學國際學部研究論集》13：213-232，宇都宮大學國際學部。
36. 松金公正，2002b，《日本植民地初期臺灣における淨土宗佈教方針の策定過程（下）》，《宇都宮大學國際學部研究論集》14：87-109，宇都宮大學國際學部。
37. 松金公正，2003，《植民地期臺灣における曹洞宗の教育事業とその限界-宗立學校移轉と普通教育化の示すもの-》，臺灣史研究部會編《臺灣の近代と日本》259-289，中京大學社會科學研究所。
38. 松金公正，2004，《殖民地時期日本佛教對於臺灣佛教「近代化」的追求與摸索-以曹洞宗宗立學校為例-》，《臺灣文獻》55（3）：63-92，「國史館」臺灣文獻館。
39. 松金公正，2006，《真宗大谷派臺北別院の「戰後」臺灣における日本仏教へのイメ-ジ形成に關する一考察》五十嵐真子‧三尾裕子編《戰後臺灣における〈日本〉-植民地經驗の連續‧變貌。利用》251-287，風響社。

# 戰後初期在日臺灣人的國籍變更問題～以澀谷事件的考察為中心

阿部由理香

## 一、前言

　　在近代國際關係中，如欲確定「國家」的形態，則須嚴格確定其領土範圍，隨之也必然需要確定構成該國家的「國民」。「國籍」乃是一國之人民與其歸屬「國家」之法律上的聯繫。換言之，近代社會的「人民」系以「國籍」表明歸屬於某一特定國家。此「國籍」喪失與否，除出生、死亡、個人意志外，也因各種不同的原因而發生。戰爭所造成的部份領土歸屬變更，亦為主要原因之一。

　　1895年（明治28年）4月17日，日本與清國締結「日清講和條約」（即所謂《馬關條約》），5月8日批準成立。根據日本方面的提案，條約第五條中列了一項規定，承認賦予臺灣居民國籍選擇權（optional right）。這是臺灣歷史中，首次出現的近代國籍概念。

1945年8月15日，日本二次世界大戰戰敗投降，決定了臺灣離開日本殖民統治，臺灣人民面臨了變更「國籍」的問題。然而，到底臺灣人的國籍何時變更？8月15日或9月2日，10月25日或其他日期？成為哪國人？另外，當時旅外的臺灣人，譬如臺灣籍民、臺籍日本兵（有戰後補償、被判BC級戰犯等的問題）或在海外定居等等，當時到底如何定位，看待呢？

這方面的研究，目前有湯熙勇的《恢復國籍的爭議：戰後旅外臺灣人的復籍問題（1945～1947）》、[1]何義麟的《戰後臺灣人之國籍變更與國家認同─以澀谷事件之考察為中心》[2]等研究。以上兩個研究主要探討有關臺灣人的國籍變更問題或臺灣人歸屬意識（identity）的變化。其中湯熙勇的研究，主要利用中華民國政府外交部的檔案，涵蓋的範圍也不只是日本，還包括戰前臺灣人足跡所至的亞洲地區，譬如菲律賓、印度尼西亞、新加坡等，探討的內容也涵蓋著旅外臺灣人的涵括範圍以及人數估計、國籍確定、國籍恢復過程，美、英、荷政府的反應以及國籍復籍爭議對旅外臺灣人的影響等很豐富，但缺了日本或盟軍總部（以下簡稱GHQ：General Headquarters）史料方面的分析。

本文的報告範圍，因此限定於以戰後初期在日臺灣人為中心，主要利用GHQ或日本外務省等日本方面的資料來探討當時在日本社會裡的臺灣人法律地位及其變化。

## 二、戰爭結束期中華民國政府的基本方針與政策

若擬探討戰後臺灣人的國籍應視為中華民國或日本，不管臺灣人在臺灣島內或外，必須要有一個法律上的規定。如於中國地區，戰後國民政府將中國戰區分為16個受降區，方面軍分別負責解除日軍部隊的武裝及投降事宜時，臺灣人的歸屬問題會涉及當地的臺灣人安置和財產處理方式。然而中華民國政府尚未有一個明確的規定，因此各地方面軍打電請陸軍總部指示，陸軍總司令隨即電詢行政院，再行政院交內政部及外交部處理。1945年11月23日，經過內政部及外交部獲得共識後；次日，中華民國國民政府行政院公告：「查臺灣光復，臺灣人民為中國國民……」。不過此公告並不周知，因此於1946年1月12日，再度以「節參字第零三九七號訓令」公佈「臺灣同胞國籍恢復令」[3]溯自1945年10月25日起臺灣人民的國籍一律恢復為「中華民國」。該訓令的內容為：

查臺灣人民，原系中國國民，以受敵人侵略，致喪失國籍。茲國土重光，其原有中國國籍之人民，自三十四年十月二十五日起，應即一律恢復中國國籍。

也就是，從 1945 年 10 月 25 日起，臺灣人的國籍，自動轉換成中華民國國籍。

## 三、戰後初期 GHQ 的基本方針與政策[4]

1945 年 9 月 2 日，日本與同盟國正式簽署了投降書，日本失去了國家獨立主權，GHQ 開始間接佔領統治日本。雖然日本政府的各級單位依然存在，但必須接受 GHQ 的指揮。GHQ 開始佔領日本時，上百萬的外國人（包括明治維新以後納入日本國土的朝鮮人、臺灣人以及琉球人）居留在日本。由於日本突然宣布戰敗，導致與國外的交通也被阻斷，這些外國人一時無法決定自己的去留。因此 GHQ 的工作首先便是負責管理這些外國人，並協助有意願者返回到他們的家鄉（homes）或母國（homelands）。

為了有效地將這些外國人返回，GHQ 以將外國人依照法律地位分成五類，第一是 GHQ 軍人、其眷屬與同盟國國民（United Nations nationals），又稱為戰勝國民；第二是德國、義太利等軸心國國民，又稱為敵性國民（enemy nationals）；第三是瑞士等中立國國民（neutrals）；第四是無國籍的人；第五為朝鮮人（Koreans）、臺灣人（Formosans）以及琉球人（Ryukyuans）。其中第五類的朝鮮人（Koreans）及臺灣人（Formosans），占了當時在日外國人的最大比率，高達 95%。因此，GHQ 佔領政策中，如何決定他們的去留是燃眉之急。

根據 1945 年 11 月 8 日文書 JCS- 第 18 號，[5]GHQ 的基本方針是：朝鮮人（Koreans）、臺灣人（Formosans）只要沒有軍事上的問題不會視同「日本人」；但由於他們的身份曾經為「日本臣民」（having being Japanese Subjects），所以與其他外國人的待遇也不同，稱為「解放人民」（Liberated peoples）。而且 GHQ 認為其中一部份人曾支持過日本軍隊或參加戰爭，因此有必要時可以將他們視為敵性國人。[6] 由此可知 1945 年，GHQ 的基本方針並未將臺灣人民視同為戰敗國民的「日本人」——這會涉及 BC 級戰犯的問題——也沒有視同為戰勝國民的「中華民國人」。

## 四、在日臺灣人的國籍

如前所述，戰後不久 GHQ 將臺灣人的地位定位為「解放人民」。但一般的在日臺灣人卻認為自己已經變成戰勝國國民中華民國人，[7]尤其於 1946 年 1 月 12 日以「節參字第零三九七號訓令」公佈「臺灣同胞國籍恢復令」之後，部份臺灣人積極地要求第一類戰勝國國民的待遇，不受日本法或日本政府的管理。

因為如果能夠被視為戰勝國國民，在物資不足的日本社會裡可以享受食料配給的優先權或社會福利，在交通混亂不便的狀態裡也可以享受搭乘佔領軍專用的火車車廂等優惠，同時也不需要接受日本法律或司法方面的約束等等。當時的國民政府也支持他們的主張，並日本華僑社會（中國華僑）也支持臺灣人。

當時的日本社會，在舊權威崩毀、新秩序尚未建立的情況下，陷於一種無法無天無秩序的狀態。而且有一部份臺灣人，因為食料不足偷竊或對之前的殖民地統治抱著報仇之心亂打日本人，也有部份的人利用戰勝國國民的待遇，在黑市（日文：暗市）與日本人搶生意爭地盤，經常發生小衝突，使得兩者之間產生一觸即發的情況[8]。

## 一、在外臺僑國籍處理辦法

那麼實際上中華民國國民政府依據何種規定如何看待海外臺灣人？國民政府行政院於 1946 年 1 月 12 日公佈，自 1945 年 10 月 25 日起臺灣人恢復中華民國國籍之後，接著 1946 年 2 月 5 日，外交部再以訓令向各駐外大使館將臺灣人民恢復國籍一事分別照會各駐華大使館：

「……準內政部公函，略以臺灣人民之僑居外國著一可由中國駐外使館或領館同知駐在國政府知照，並依一般有關處理華僑法令辦理等由……」[9]

從此訓令得知，當時的國民政府將僑居臺灣人民的地位當做華僑看待並非直接承認為中華民國人。因此據此訓令也無法立刻處理臺灣人的地位與待遇，是因為當時的臺灣人並沒有擁有證明文件，以證明他的中華民國國籍。又於 1946 年 6 月 22 日，國府鑑於處理旅外臺灣人待遇之必要[10]，正式公佈「在外臺僑國籍處理辦法」，共有六款。其辦法重點為：

1）旅外臺灣人亦自 1945 年 10 月 25 日恢復中華民國國籍（第一款）；

2）採取登記方法，並需有華僑二人為保證，發給登記證，其效力如同護照（第二款）；

3）臺灣人取得僑民身份後，其待遇與一般華僑完全相同，其在日本，朝鮮境內者，並應享受與其他盟國僑民同等之待遇（第五款）。

4）不願意恢復中華民國國籍者在 1946 年 12 月 31 日前必須向當地大公使館、領事館或駐外代表提申請（第三款）。[11]

從以上國籍處理辦法來看,在日臺灣人若有二名華僑保證人,可以如願取得中華民國籍,且有僑民的待遇,並有選擇國籍的自由。[12]

有關「在外臺僑國籍處理辦法」的內容,國民政府外交部除了電告駐外大使館外,並照會各國駐華大使館。至於 GHQ 方面,於 1946 年 7 月 12 日透過外交管道方得知該辦法的公佈。[13] 這就表示對公佈「在外臺僑國籍處理辦法」一事,國民政府與 GHQ 之間沒有事先洽談。又對 GHQ 佔領統治下的日本政府而言,該辦法會導致增加管理臺灣人的困難度。因為一旦臺灣人正式取得中華民國國籍,就意味著在日本的臺灣人可以正式享受戰勝國國民的待遇,亦即日本的警察權不及於臺灣人,即在一般的情況下日本的警察不能逮捕臺灣人,或必要時必須有 GHQ 的陪同或支持。許淑真指出:由於 GHQ 擔憂若承認將在日臺灣人及在日朝鮮人為戰勝國國民,會導致維持日本社會秩序的困難,因此 GHQ 採取很消極的態度承認在日臺灣人以及在日朝鮮人為戰勝國國民。[14]

至於駐日國民政府代表團對臺灣人的認識,代表團團長朱世明等對部份人員對在日臺灣人的行為感到困惑,因為雖然駐日國民政府代表團需要站在保護臺灣人之立場,但一方面目睹部份臺灣人的行為承認他們的行為不能饒恕。[15]

## 二、澀谷事件[16]

在這種社會背景之下,1946 年 7 月 19 日發生了所謂的「澀谷事件」。事件發生當時的日本社會,特別是在東京或大阪等大城市,由於爭取黑市地盤利益或取締黑市的必要,部份臺灣人與日本人或警察之間原本就處於一觸即發的緊張狀態,再加上國府發佈的國籍處理辦法強化了部份臺灣人特權意識,大約 1946 年初,部份日本人與部份臺灣人的小衝突日益增加。

該事件的導火線是在同年 6 月 16 日新橋車站前的黑市,當保鏢的日本黑社會組織為了顧好地盤與擺攤子的臺灣人之間發生衝突,結果臺灣人被趕出去新橋黑市。[17] 7 月 19 日,心生不滿的臺灣人,在新橋華僑總會與中華民國駐日代表團討論這個事件。駐日代表團為了保護臺灣人攤販的安全,以卡車將他們載送回到東京郊區的居留地,在經過澀谷警察署前時,與嚴正警戒中的警察官隊發生了槍擊衝突。根據 GHQ 與日本警察的資料,當場有一名日本警察與兩名臺灣人死亡、十幾名受輕重傷、被逮捕的臺灣人有 41 名[18]。由於臺灣人的特殊地位,因此臺灣人被送到 GHQ 軍事法庭審理(開庭期間為 9 月 30 日-12 月 10 日,一位代表中國代表團——Chinese Mission——的團員亦參加審理)。被逮捕的臺灣人全部為以「觸犯侵害佔領目的之行為」[19] 被起訴,其審理的結

果是：3 名證據不足釋放、2 名無罪、1 名被判為 3 年禁錮刑、其他 35 名都被判為 2 年的禁錮刑。後來經 GHQ 最高司令官的再審[20]，最後的結果是在 36 名被判刑之中 1 名被釋放，其他全被驅逐返臺。這就是所謂的「澀谷事件」。[21]

## 三、「澀谷事件」與在日臺灣人法律上的地位

雖然澀谷事件的當事人是日本警察與黑市臺灣人攤販，但是從結果來看，戰爭結束到該事件發生之前，對於顧慮日本社會的治安而一直想要取締將外國人（95% 為舊殖民地者）納入管理的日本警察來說，雖然失去了刑事裁判權，但是在處理事情當中，獲得 GHQ 的全面性支持，確立了取締非法臺灣人的正當性，這意義重大。

但是更重要的是，這件事情對於在日臺灣人的法律上地位帶來了嚴重的影響。澀谷事件發生後，中華民國駐日代表團受到臺灣社會的輿論以及在日臺灣人的壓力，駐日代表團顧問沈覲鼎與 GHQ 及日本政府積極交涉。交涉的焦點於締結和平條約之前能否明確地確定臺灣人的身份。最後遲至 1947 年 2 月 25 日，才達成將在日臺灣人視同為「華僑」之協議，[22]對於 1946 年 12 月 31 日之際，居留於日本的所有臺灣人，採用登記制度，完成登記的臺灣人主要在刑事裁判權等之上，享有視同僑民的待遇。[23]而未登記為中華民國國民者，則被推定為拒絕擁有中國民國國籍。但即使未登記，代表團與 GHQ 之間亦有共識，仍可以於簽訂和平條約時，方才確定他或她的國籍歸屬。[24]在 GHQ 佔領統治下的日本，因為施行登記中華民國國籍的制度，臺灣人的地位問題暫時告了一段落。

至於國民政府與 GHQ 方面的交涉過程，很多部份尚未清楚，更需要進一步的史料的發掘。也論者指出，也許當時的 GHQ 提出的對日賠償案是關鍵。依據殷燕軍的研究[25]，國民政府對「ボーレー對日賠償使節團」提出的賠償案非常不滿。筆者認為有可能國民政府與 GHQ 尤其是美國政府之間也許有互相不信任等的原因存在。有待查明。

## 四、外國人登錄令

澀谷事件不僅確定在日臺灣人的法律地位，亦影響到戰後日本外國人管理政策。如前所述，戰後居留日本的外國人當中，95% 是舊殖民地國的人民。因此，戰後日本的外國人管理政策，實際上是針對舊殖民地國的人民。1947 年 4 月 2 日 GHQ 發出「外國人入境與登錄法」之指令後，日本在 5 月 2 日，以勅令 206 號公佈「外國人登錄法」。這項法令的第 11 條規定，臺灣人與朝鮮人是外

國人。此外,「外國人登錄令施行規則」第 10 條明定,內務大臣所認定的臺灣人是:

GHQ 與其眷屬除外,領有中華民國駐日代表部登錄證明書之臺灣出身者[26]。從這裡可以看出,澀谷事件後的外交協議所發生的影響。

但是,在此值得注意的是,如果需要登記的臺灣人是領有中華民國駐日代表部登錄證明書之臺灣出身者,那麼,沒有駐日代表部登錄證明書的臺灣出身者,反而不需要辦外國人登記。根據當時日本政府的見解是,有駐日代表部登錄證明書的臺灣人可以視為中華民國國籍者,沒有者就視為「舊日本人」,在締結和平條約之後,他或她的方能取得中華民國國籍的身份。[27]

## 結語

如上所述,戰後在日臺灣人的法律地位是「澀谷事件」之前後,透過 GHQ、中、日三者之間外交交涉而確立的。雖然嚴格來說,中華民國代表團並不能正確的代表臺灣人民,不過當時臺灣人,尤其是在臺灣以外的地方,對於中華民國尚未產生國家認同的質疑,因此這項外交協議也能成立。

戰後的臺灣,從日本殖民地統治解放出來以迄到現在,國家認同一直是相當的複雜。對於在日臺灣人的法律地位,協議所達成的結果,並不完成站在臺灣人的立場,甚至可以說,有相當多的部份,GHQ 與日本政府只圓治安管理方便,不顧臺灣人的人權,當然也有小部份的原因也得歸咎於臺灣人自己。之後,從南洋等地區所謂的日籍臺灣兵回來時的待遇,或 BC 級戰犯的問題浮上臺面,可是每一次都無法取得完全的權益。筆者認為,如果能從各個角度能夠解讀戰後初期的國籍變更問題,答案也許就呼之欲出了。

筆者在這篇報告裡,大部份根據 GHQ 的史料展開分析,還沒仔細解讀日本政府、日本社會輿論、臺灣社會輿論等資料,所以目前能夠知道的部份恐怕只是片面性的。不過,就目前所知道的範圍而言,筆者認為,雖然在前言所說:「國籍」乃是一國人民與其所歸屬之「國家」在法律上的聯繫,但這些並不表示,「國家」會完全顧慮國民的人權或尊嚴,保護其國民。這是在世界各國考慮自身國家的利益,並確立了國家之間力量的平衡之後,才有可能存在的。

(作者單位:國立臺灣大學)

## 註釋：

[1] 湯熙勇，《恢復國籍的爭議：戰後旅外臺灣人的復籍問題1945～1947》，《人文及社會科學集刊，第十七期第二期》，臺北：「中央研究院」人文社會科學中心，2005年。

[2] 何義麟，《戰後臺灣人之國籍變更與國家認同——以澀谷事件之考察中心》，《2001年度財團法人交流協會日臺交流センター歷史研究者交流事業報告書》，第1195～1206頁。

[3] 這款訓令公佈之前，在旅外臺灣人似乎有開始被迫害等等的情事，譬如在中國的地方政府就曾採用迫害臺灣人權利的法令，如1945年11月公佈的「上海區處理敵偽產業審議委員會」訂定「朝鮮臺灣人財產處理辦法」。該法規定沒收臺灣人和朝鮮人的所有財產，除非能提出過去未曾協助日本軍的證據。私有財產才準予歸還。1946年1月12日，臺灣的《臺灣新生報》社論以「確定臺灣同跑的身份」為題展開嚴厲的批判。參照：何義麟，《戰後臺灣人之國籍變更與國家認同——以澀谷事件之考察中心》，第1199頁。

[4] 筆者使用的主要史料是：松元邦彥譯，《GHQ日本佔領史16外國人の取り插い》，（東京：日本圖書センター，1996年），系將盟軍總部編纂的一篇英文論文《History of the Non-Military Activities of the occupation of Japan》復刻本《日本佔領GHQ正史全55卷》（日本圖書センター，1990年）一書譯成日文，並有譯者附註。從這本的記載得以竊知當時GHQ佔領政策。在此主要參考的是：第15,19～26,43～55,77～95,99～115,122～141頁。

[5] 相關資料根據洪仁淑在其日本一橋大學的社會學博士論文中提示是1945年9月26日做成的「SFE128」。（上網查詢日期2009年12月22日）http：//www.soc.hit-u.ac.jp/research/thesis/doctor/?choice=exam&thesisID=42。

[6] 根據史料「日本佔領及び管理のための連合國最高司令官に對する降伏後における初期の基本指令」1945年11月1日：……限於軍事上安全允許的範圍內，將臺灣人以及朝鮮人可以為解放人民待遇。彼等不包含在本指令所指的「日本人」，然而彼等仍然是日本國民，因此有必要時可以將他們視為敵性國人。參照外務省特別數據課編《日本佔領及び管理重要文書集朝鮮人、臺灣人、琉球人關係》（外務省、1950年）第10頁。

[7] 於1946年1月12日，「行政院」以「節參字第零三九七號訓令」公佈訓令，「自1945年10月25日起臺灣人恢復中華民國國籍」一事。其內容為「查臺灣人民，原系中國國民，以受敵人侵略，致喪失國籍。茲國土重光，其原有中國國籍之人民，自三十四年十月二十五日起，應即一律恢復中國國籍」。

[8] 邱永漢，《わが青春の臺灣わが青春の香港》，（東京：中央公論社，1994年）第68～69頁；吳火獅，《臺灣の獅子》第228～229頁，（東京：芙蓉書房出版，1999年）；吳月娥，《ある臺灣人女性の自分史》，（東京：芙蓉書房出版，1999年）第86頁等的著作也介紹當時的情況。

[9] 外交部檔案民國35年2月5日發，《案名：臺灣人民恢復國籍》：林歲德著、楊鴻儒譯，《我的抗日天命》，（臺北：前衛出版社，1996年）第104頁。

[10] 這款辦法公佈之前，也曾有旅外臺灣人被迫害的情事發生，中國的地方政府訂定迫害臺灣人權利的法令，如1945年11月公佈的「上海區處理敵偽產業審議委員會」訂定「朝鮮臺灣人財產處理辦法」。該法規定：沒收臺灣人和朝鮮人的所有財產，除非能提出過去不曾協助日本軍的證據。私有財產才準予歸還。此舉似乎有應付抗議之聲的可能。

[11] 「外交部」檔案民國35年6月22日發，《案名：臺灣人民恢復國籍》。

[12] 發明泡麵而出名的安藤百福先生（原吳百福），在他的著作裡談到當時的情形：「當時自我認同上，我自己認為是日本人，但是考慮經濟上等的利益，我倒選擇中華民國籍。後來又改為日本籍……」《奇想天外の發想》（東京：講談社，1983年）第96頁。

[13] 松元邦彥譯，《GHQ日本佔領史16 外國人の取り插い》，第84頁。

[14] 許淑真，《第二次大戰後在日臺灣出身者的國籍取得について》安井三吉編『近百年日中關係の史的展開と阪神華僑』，科學研究費告書，神戶大學國際文化學部，1997年。

[15] 沈觀鼎，《對日往事追記》（27）《傳記文學》第二十七卷第六期，第77～82頁。

[16] 事件的真相尚未確定，GHQ，國民政府，日本政府，在日臺灣人等的見解皆不同。

[17] 東京新橋車站附近是在東京地區內黑市最密集地區之一。很多臺灣人與日本人，為了搶地盤，常常發生小衝突。當時在黑市擺攤子的臺灣人與華僑總會有來往。並且新橋與澀谷地區黑市擺攤子者似乎都一致或有密切的勢力關係。在澀谷地區僑民開始在黑市擺攤子是戰爭結束不久，就是在11月左右的事情。華僑總會也設立在澀谷，在澀谷黑市也有幾個攤子。因有蓋了違法建築物或販賣被禁止物品等理由，總是與澀谷警察有了衝突。有時為了報復取締，華僑總會毆打澀谷警察等小衝突也發生。因此在華僑總會與澀谷警察之間，早有彼此視為眼中釘之狀態。

[18] 松元邦彥譯，《GHQ日本佔領史16 外國人の取り插い》，第123頁；另有別的人數字，參閱林歲德著、楊鴻儒譯，《我的抗日天命》第105～110頁。

[19] 1946年6月12日公佈《妨害聯合國佔領目的之行為的除法等相關勅令》。

[20] 根據何義麟，《戰後臺灣人之國籍變更與國家認同》，第 7 頁，再審日期為 1947 年 2 月。

[21] 日本警察是否有起訴，筆者目前尚未找出資料，但根據何義麟《戰後臺灣人之國籍變更與國家認同》第 8 頁指出，日籍警察官獲判無罪，則有被起訴但判無罪。也有論著，如果問日籍警察官的罪行，這責任會涉及 GHQ，因此不問罪。這些都有待求證。

[22] 外務省《日本佔領及び管理重要文書集第二卷》外務省發行、1949 年（《日本佔領重要文書第二卷》）（日本圖書センター 1987 年復刻）第 61～69 頁。

[23] 關於刑事裁判權，1946 年 2 月 19 日，GHQ 通告，以後對盟軍國國民、法人及其他團體，日本的法院不能行使刑事裁判權，不過這則通告實際上只是通告，接受審理的法院是佔領軍裁判所而已。參照：松元邦彥，《GHQ 日本佔領史 16 外國人の取り插い》，第 99～115 頁。

[24] 依據法律第 147 號（1950 年 7 月 1 日生效，官報 1950 年 5 月 4 日〔號外〕），參照松元邦彥，《GHQ 日本佔領史 16 外國人の取り插い》第 84,88 頁。

[25] 殷燕軍，《中日戰爭賠償問題》（東京：御茶ノ水書房，1996 年）。

[26] 畑野勇等《外國人の法的地位》，第 77～90 頁。

[27]《日本華僑留學生運動史》第 248～249 頁。

## 參考文獻

1. 江川英文、山田鐐一、早田芳郎，《國籍法第三版》，東京：有斐閣，1997。

2. 王泰升，《臺灣法的斷裂與連續》，臺北：元照出版，2002 年。

3. 王泰升，《臺灣人民的「國籍」認同——究竟我是哪一國人或哪裡的人》《東南視域中的國籍、移民與認同》，臺北：臺灣大學出版中心，2005 年。

4. 何義麟，《二二八事件 -「臺灣人」形成のエスノポリティクス》，（東京：東京大學出版會，2003）。

5. 何義麟，《戰後臺灣人之國籍變更與國家認同 - 以澀谷事件之考察中心》，《2001 年度財團法人交流協會日臺交流センター歷史研究者交流事業報告書》，第 1195～1209 頁。

6. 邱永漢，《わが青春の臺灣わが青春の香港》，東京：中央公論社，1994 年。

7. 淑真，《第二次大戰後在日臺灣出身者の國籍取得について》，安井三吉編《近百年日中關係の史的展開と阪神華僑》，科學研究費告書，神戶大學國際文化學部，1997 年。

8. 吳月娥，《ある臺灣人女性の自分史》，東京：芙蓉書房出版，1999 年。

9. 吳火獅，《臺灣の獅子》，東京：芙蓉書房出版，1999 年。
10. 陳昭如，《性別與國民身份—臺灣女性主義法律史的考察》，《臺灣大學法學論叢》第三十五卷第四期（臺灣：臺灣大學法律學院出版，2006），第 1 ～ 104 頁。
11. 湯熙勇，《恢復國籍的爭議：戰後旅外臺灣人的復籍問題 1945 ～ 1947》，《人文及社會科學集刊，第十七期第二期》，臺北：「中央研究院」人文社會科學中心，2005 年。
12. 日本華僑華人研究會，《日本華僑留學生運動史》，埼玉：日本僑報社，2004 年。
13. 畑野勇等，《外國人の法的地位》，東京：信山社，2000。
14. 福永美知子，《心果つるまで - 日本の戰犯にされた四人の臺灣のお友だち》，東京：文藝社，2002 年。
15. 林歲德著，楊鴻儒譯，《我の抗日天命》，東京：社會評論社，1994 年。
16. 林歲德著，楊鴻儒譯，《我的抗日天命》，臺北：前衛出版社，1996 年。
17. 外務省公開文書《臺灣人に對する法權問題》，《リール A》0107 コマ 672-676》。
18. 松本邦彥譯，《GHQ 日本佔領史 16 外國人の取り插い》，東京：日本圖書センター，1996 年。
19. 《臺灣省政府檔案史料彙編——臺灣省行政長官公署時期（二）》，臺北：「國史館」，1998.6。

# 二次大戰前後的臺灣人

阿部賢介

## 一、前言

　　臺灣歷史中，快速的政權轉換是其明顯的特徵之一。尤其在臺灣近現代史上，從清朝政權到日本殖民地政權，再轉換到國民黨政權，竟在短短的一百年之中發生。對如此頻繁的政權變動，臺灣人展現了各種反應。1895 年 5 月臺灣被割讓時，「臺灣民主國」成立即是典型的例子。第二次世界大戰結束時，臺灣狀況較甲午戰後更加錯綜複雜。

　　1945 年 8 月 15 日，日本政府播送玉音廣播公佈接受波茨坦宣言，無條件投降[1]。雖然此後日軍在臺灣不再從事任何軍事行為，但依然存在著臺灣總督府機構，形式上掌控著臺灣，臺灣社會尚未脫離日本殖民地機構之統治。在中國重慶由蔣介石所領導的國民政府，則基於 1943 年 12 月 1 日發表之開羅宣言，

於 1944 年 4 月 17 成立了「臺灣調查委員會」，展開收復臺灣之籌備工作，並於 1945 年 3 月 14 日公佈「臺灣接管計劃綱要」。雖然中國方面極早便著手籌備收復臺灣之計劃，然而正式接收臺灣卻是在日本投降兩個多月後的 10 月 25 日。如此一來，1945 年 8 月 15 日到 10 月 25 日之間，吳濁流所謂的「政治真空期」中，臺灣人在此政權轉換期抱持什麼樣的態度？當時臺灣人有什麼樣的反應、言論與行動？無疑是十分引人興味的問題。

依照常理來看，經過日本五十年統治及第二次世界大戰，戰後初期臺灣如果出現混亂狀況，並非不可理解。一方面乃因戰爭本身所引發之社會蕩亂，無論官員、軍人、老百姓或者男女老幼，富人窮者都對於將來生活忐忑不安、治安惡化以及經濟崩潰使大眾惶惶不定，而不顧一切地找尋保身之路，戰爭剛結束的社會不安狀況，是在所難免；另一方面，臺灣人內心是否在這歷史重要轉變時刻找尋未來政治的生路？他們的心理對日本統治依依不捨？還是對已經隔離半世紀以上的「祖國」的期待？臺灣人戰後對「光復」究竟是欣然歡迎、還是猶疑抗拒？這種心理波動與認同掙扎，使得第二次世界大戰結束後的臺灣情況更加繁雜，難以一概而論。

在此時期發生一場耐人尋味的時間，即為「辜振甫臺灣獨立事件」。雖然日後臺灣省警備司令部軍事法庭斷定其為日軍在背後煽動的結果，但事實真相仍然不清。又，雖然已宣布無條件投降，但在臺灣總督府行政當局與軍隊尚且存在的情況下，臺灣人與戰敗的日本人之間呈現出怎樣的互動消長關係？臺灣人是否有過怎樣的報復行動或同情表現？臺灣人是否表現他們歡迎祖國的熱情？而日本戰敗投降、國府接收前約百日的時空中，臺灣人的動向，與陳儀政府接收後統治的成敗，又具有怎樣的連續性或斷裂性？從戰後到二二八事件之間，臺灣人的政治認同是否出現變化？這些，都是值得去探索、梳理與討論的重要議題。

過去臺灣近現代史研究中，對於這段政權轉換的真空期並未給予太多注目。多數研究在描述戰後的政權轉換時，著重描述臺灣人對脫離日本殖民地支配、回到祖國懷裡感到歡喜，瘋狂地歡迎從中國大陸來臺接收的國民黨官員及中國軍隊。更多研究略過這段政治真空期，直接探討 1945 年 10 月 25 日後陳儀政府在臺灣的施政，以迄 1947 年二二八事件爆發。即使提及上述「辜振甫臺灣獨立事件」，過去的研究均以警備司令部的判決書為依據認為日軍煽動的事件，未加更進一步處理。針對該時期的既有研究，據筆者所知，有蘇瑤崇主編的《最後的臺灣總督府——1944～1946 終戰資料集》[2]與《臺灣終戰事

務處理數據集》[3]的數據集以及同作者論文《＜最後的臺灣總督府＞資料集介紹——兼論1945～1946年臺灣現代史的幾個重要問題》[4]與《「終戰」到「光復」期間臺灣政治與社會變化》，[5]及曾健民的《1945破曉時刻的臺灣—八月十五日後激動的一百天》等。[6]《最後的臺灣總督府——1944～1946終戰資料集》，收編鈴木茂夫先生[7]為其著作《臺灣處分1945年》[8]而蒐集之數據，包括日本官方數據如臺灣總督府警務局所記錄之1945年8月15日終戰前後臺灣社會狀況，以及在臺日本人與臺灣人動向文件。蘇瑤崇所編的另一本數據集《臺灣終戰事務處理數據集》[9]，收錄了臺灣協會、防衛省防衛研究所圖書館，以及外務省外交史料館所藏之數據。該書大幅補充鈴木氏提供予作者之資料，更進一步展現終戰時期臺灣社會狀況，其中也有不少記載臺灣人、中國人與日本人之間的特殊關係，一方面緊張，另一方面親睦。

曾健民《1945破曉時刻的臺灣八月十五日後激動的一百天》及《臺灣一九四六‧動盪的曙光二二八前的臺灣》[10]。但是該書雖附主要參考文獻，文中卻未附註解，因此文中除了表明文獻來源之外，無法追溯其正確性，無法視為學術作品。

本文目的是，針對過去較少探討的戰爭結束不久的臺灣社會以及臺灣人的動態進行討論，彌補臺灣史的「真空期」。

## 二、終戰結束後的臺灣社會

1945年8月14日日本政府決定接受盟軍的波茨坦宣言，於翌日正午透過廣播，即「玉音放送」宣告戰爭的結束。雖然並非全在臺民眾能當場收聽「玉音放送」，[11]之後透過報紙、[12]口傳等方式，臺灣島上的民眾漸漸得知日本降服以及戰爭結束的事實。那麼戰爭的結束對臺灣社會帶來什麼樣的影響，戰爭結束不久的臺灣社會屬於什麼樣的狀況。在本章以分別於治安、經濟、衛生的問題探討當時的臺灣社會。

一、治安問題～最切身的恐懼

戰爭結束後，無論名望富翁或一般庶民都關心到的便是治安問題。因為日製時期警察制度羅網密集，警察威信普及到每一個村莊的角落，尤其在戰時體制下，特別高等警察及憲兵隊加強對臺灣人的嚴厲監視，島內的犯罪率因此下降許多。[13]在戰爭結束後，雖然臺灣總督府的警察系統仍然持續運作，但是日本的戰敗代表了日本警察將喪失原有的威信，臺灣人已不再害怕警察的權力，甚至日治時期作為日本殖民統治最末端，也是最接近民眾的警察人員，反而成

為臺灣人首要報復的目標。毋庸贅言，其他未具有防備能力的在臺日人，亦立即強烈感受到臺灣人在五十年殖民統治下累積的憤怒。

戰爭結束後不久的1945年8月下旬至9月初旬，屢屢發生對日本人恐嚇、毆打、強盜等一般性事件，但是後來亦發生組織性殺害日本人的未遂事件、掠奪軍用品等日本官方所有物品或擅自採伐官有林等事件，以及其他對日本人、臺灣人的警察人員復仇行為。[14] 此外，當時臺中的部份破落戶想要報復農民組合幹部莊萬生等人在日治時期苛刻的統治，最後由林獻堂出面率該農民組合幹部在各個場合表示歉意，成功化解臺灣人之間的仇恨。[15] 亦有原住民趁社會混亂狀況，殺害漢人之謠言。[16] 島內整體的社會狀況，當然又不只是臺灣人對日本人或臺灣人之間的治安問題，亦有日軍搶奪地方人士財產，以及日本人散發檄文事件等由日本人主犯的事件。[17] 另外，亦有戰爭結束後登陸臺灣的外國部隊（中國、美國、英國）向婦女施暴的事件。[18]

就綜觀而言，當時臺灣的社會可算平靜狀態，治安狀況未陷入混亂狀態，[19] 但實際上無論是一般臺灣人民或是已經喪失統治威信的臺灣總督府，均警覺到不久後將會陷入混亂的可能性，因此林獻堂在戰爭結束翌日採取的行動便是與臺中州知事清水七郎、石橋警察部長、宮ケ崎憲兵隊長商議治安維持事宜。[20] 此後林獻堂積極地與日方官員及臺灣領導階層討論成立「治安維持會」的議題，亦支持成立自警團等自衛團體。當時在全臺灣紛紛成立自發性的自衛團體。[21] 其中除了「三民主義青年團」兼顧治安維持之外，也有以地方人士為中心組成的自警團等團體。

臺灣總督府及管轄臺灣的第十方面軍亦顧慮到戰爭結束後的治安，臺灣總督府警務局於戰爭結束前的8月13日便發佈了遭遇緊急狀態時的措施方針[22]，因應社會不安的狀態，在警務局及各州警察部新設警備課，在各廳警務課新設警備系，並在各州廳新設或增加特別警備隊，以增強集團警備力，隸屬於警備課，以強化治安警備力。[23] 此外，臺灣憲兵隊亦為了防止破壞及暴力行動，企圖擴大其組織規模。由全第十方面軍中選出少壯有為者擔任警備任務，將戰爭結束時有1,100名的憲兵隊隊員激增到17,000名。[24] 但是後來因情勢變化而取消此項構想。[25]

由上述可知，戰爭結束後雖然臺灣總督府的警察威信逐漸低落，臺灣社會上發生具有報復性的暴行、強盜，或登陸臺灣的外國部隊強暴婦女等事件，但是因為臺灣民間人士及日方官員高度關切治安維持的問題，採取組成自衛團體或加強警備力的措施，因此在這個時期並未發生重大的叛亂事件或暴力事件。

不過就當時的情況而言，島內無論是臺灣人或日本人，對未來的生活皆抱持著相當不安的情緒。

## 二、經濟問題～惡性通貨膨脹

經濟問題誠如治安問題，也是戰爭結束後人民十分關切的議題，經濟問題不但干涉到確保財產的問題，更切身的考慮是能否順利度過每一天的日常生活。而且一旦經濟發生問題將更容易引發社會動盪，因此戰爭結束後臺灣總督府立刻採取行動。

臺灣總督府為了安定臺灣金融秩序，於1945年8月15日發佈了「戰局ノ急轉ニ伴フ金融措置ニ關スル件」，接著8月18日又發佈了「戰局ノ急轉ニ伴フ島民生活ノ保持ニ關スル件」，事先訂下原則與做好準備，以應付特殊狀況，[26]試圖儘可能地抑制因提領銀行存款及物價飆漲而發生的社會混亂。在臺灣總督府的努力下，成功地避免經濟恐慌的發生。

但是蘇瑤崇指出，自從10月初以葛敬恩為主任的「前進指揮所」進駐臺灣開始「間接統治」，有至10月25日臺灣省行政長官公署直接統治之後，臺灣的經濟惡化，並陷入混亂，物價開始暴漲。[27]蘇瑤崇透過《臺灣物價統計月報》的分析，指出戰爭結束後的8、9月臺北市的主要物價多呈現下降情形。然而在10月後，物價卻開始一路躍升。作者將其原因歸納為新政府對臺灣統治，採取了「殖民政策」及無計劃性的經濟政策。[28]關於戰爭結束後的通貨膨脹及物價暴漲的問題，部份經濟史學者指出，其因素有公營企業獨占、軍事財政、超額發行貨幣、與大陸的貿易等。其中超額發行貨幣的原因被認為是因應低效率的公營事業及軍事財政所導致。[29]確實很有可能在臺灣省行政長官公署完成接收日產工作而開始經營公營事業之後，由上述因素引起了惡劣通貨膨脹，但是戰爭結束後通貨膨脹的原因，亦有可能日治時期便已經被埋伏。

表1是臺灣銀行發行銀行券的統計，由此不期發現，臺灣銀行發行的貨幣量，自從爆發日中戰爭以來，不斷地增加。尤其1943年至1944年於短短的一年間增加了69%，1944年至1945年5月的5個月間激增了116%。雖然戰爭結束後的三個月及1946年1～3月的增加率亦異常偏高，但是就銀行券發行的增加率而言，通貨膨脹的傾向，在戰爭結束前便已可見。

## 表1　臺灣銀行發行銀行券金額

單位：臺幣千元[30]

| 年份 | 最高 | 平均 | 最低 | 平均增減比 |
|---|---|---|---|---|
| 1937 | 114,942 | 83,569 | 67,189 |  |
| 1938 | 142,948 | 110,853 | 94,484 | 32.65% |
| 1939 | 173,986 | 143,069 | 124,008 | 29.06% |
| 1940 | 205,404 | 175,016 | 156,806 | 22.33% |
| 1941 | 255,696 | 199,472 | 179,842 | 13.97% |
| 1942 | 293,165 | 247,290 | 228,462 | 23.97% |

| 1943 | 416,018 | 317,201 | 272,272 | 28.27% |
|---|---|---|---|---|
| 1944 | 796,080 | 536,238 | 401,424 | 69.06% |
| 1945/5 | 1,207,064 | 1,156,493 | 1,114,635 | 115.67% |
| 1945/6 | 1,313,753 | 1,251,076 | 1,208,701 | 8.18% |
| 1945/7 | 1,401,828 | 1,360,614 | 1,313,753 | 8.76% |
| 1945/8 | 1,651,738 | 1,500,026 | 1,402,640 | 10.25% |
| 1945/9 | 2,285,014 | 2,027,904 | 1,669,222 | 35.19% |
| 1945/10 | 2,897,873 | 2,661,889 | 2,255,701 | 31.26% |
| 1945/11 | 2,908,246 | 2,813,010 | 2,635,336 | 05.68% |
| 1945/12 | 2,561,396 | 2,293,520 | 2,200,627 | −18.47% |
| 1946/1 | 2,456,126 | 2,352,158 | 2,307,100 | 2.87% |
| 1946/2 | 2,561,253 | 2,506,611 | 2,457,739 | 6.24% |
| 1946/3 | 2,635,012 | 2,589,535 | 2,567,102 | 103.31% |
| 1946/4 | 2,756,699 | 2,858,616 | 2,614,715 | 102.67% |

資料出處：《大藏省管理局》附錄終戰前後の臺灣に關する資料。[31]

此外，分析表2各銀行的存款與放款金額便發現，早在戰爭結束前，銀行放出金額便已經開始偏多的趨勢。除了1944年之外，日治時期放出金額均是正數，尤其太平洋戰爭開始的1941年前後，放出金額將近100,000千圓。相反地戰爭結束後的11月開始，放出金額轉成負數。由此可知，在市場流通的貨幣量，於戰爭結束前便逐漸增加，並且其趨勢一直至戰爭結束後的10月才平息。

## 表2 各銀行存款儲金及放款金額

單位：臺幣千元

| 年份 | 存款（a） | 放款（b） | 放出金（b−a） |
|---|---|---|---|
| 1937 | 186,890 | 300,533 | 113,643 |
| 1938 | 249,168 | 307,066 | 57,898 |
| 1939 | 321,193 | 362,420 | 41,227 |
| 1940 | 361,877 | 457,649 | 95,772 |
| 1941 | 420,625 | 518,479 | 97,854 |
| 1942 | 522,425 | 612,275 | 89,850 |
| 1943 | 630,231 | 722,849 | 92,618 |
| 1944 | 924,250 | 913,270 | −10,980 |
| 1945/7 | 1,066,004 | 1,103,281 | 37,277 |
| 1945/8 | 1,116,860 | 1,135,867 | 19,007 |
| 1945/9 | 1,232,290 | 1,373,984 | 141,694 |
| 1945/10 | 1,152,859 | 1,689,900 | 537,041 |
| 1945/11 | 1,901,565 | 1,794,378 | −107,187 |

| 1945/12 | 2,485,485 | 1,826,732 | −658,753 |
| 1946/1 | 2,557,355 | 2,173,039 | −384,316 |
| 1946/2 | 2,796,475 | 2,448,393 | −348,082 |
| 1946/3 | 2,964,798 | 2,639,904 | −324,894 |
| 1946/4 | 3,203,934 | 2,961,020 | −242,914 |

資料出處：《大藏省管理局》附錄終戰前後の臺灣に關する資料[32]。

為何在戰爭末期，臺灣銀行需要發行超量貨幣？其實其原因與國民政府統治下發生的通貨膨脹因素十分類似。到了戰爭末期，日軍判斷盟軍會登陸臺灣，臺灣軍為了將臺灣要塞化，需要大量的臨時軍事費。因此臺灣銀行不得不發行大量的銀行券。[33]

雖然戰爭結束後的通貨膨脹問題，以往研究指出是由於國民政府統治政策的各種錯誤所導致，但是超額貨幣發行的因素，其實亦有自日治時期延續下來的部份。因此，筆者認為針對戰爭結束後的經濟問題，亦必須考慮到日治後期經濟現象的延續，而非斷裂地看待與分析。

## 三、臺灣人戰爭結束前後的認同

（一）戰爭時期

首先探討臺灣人在二次大戰結束之前，對戰爭結束後的臺灣如何設想、想像。經過1920～30年代一連串的政治運動及其挫折，加上受到皇民化運動的壓力，到了日治末期臺灣知識分子似乎停止從事政治運動，較少看見活躍的臺灣民族論述。

以1942年4月6日中途島海戰的潰敗為轉折點，二次大戰的局勢漸漸傾向對日本不利的局勢，臺灣亦難逃戰爭的波及。雖然臺灣本島未如沖繩變成陸上戰鬥的戰場，但是早於1943年4月在報紙上看見「空襲必至」（必有敵軍空襲）的警句，同年後半年便開始美軍對臺灣島的空襲。[34]另一方面，以美英蘇中為中心的聯合國，一邊進行軍事行動，一邊思考戰爭結束後的戰後處理及世界勢力的再編制，開始互相交涉。其中1943年11月公佈的《開羅宣言》[35]牽涉到臺灣戰後的處理問題。在當時施行言論管制的臺灣，雖然報紙報導英美中領袖在開羅會晤，但內容只圍繞在討論英美中的企圖，以及批評其公報內容鄙視日本，卻未介紹該公報內容包含戰爭結束後將臺灣歸還中國之一事，因此當時居住在臺灣的臺灣人可能幾乎無法得知中華民國在戰爭結束前便依據《開羅宣言》著手收復臺灣的事實。[36]

在如此缺乏國際時局訊息的狀況下，臺灣人對戰局趨勢及戰爭結束後的臺灣處境是如何思考、預設。作為臺灣領導階層的領袖林獻堂亦在戰時體制的壓迫下，其思想及態度傾向於配合日本當局之政策，[37]同時憂慮當前的生活困境，[38]較少見到對二次大戰後的期望與預設。相對於林獻堂的態度，吳新榮在激烈的戰時體制下，仍然透過有限的訊息，試圖設想戰爭的趨勢及戰爭結束後的未來。[39]譬如在吳氏日記1944年10月9日記載「戰後必去古都置宅，專心教育子弟」，[40]12月8日記載「嚴寒中迎接大戰的三週年。雖云決戰，但覺戰爭才到一半」，[41]12月23日對於醫師會會長選舉失敗，記載著「今後我想在戰爭中應始終做為在野才好。戰時結束後，自然就有行使吾等實力的餘地。即使吾等的意志未克實現，吾等子孫必也可以實現吧！」。[42]吳氏亦多次推測美軍不會登陸臺灣，並分析歐洲戰線與亞戰線的趨勢等戰局的分析，[43]此外吳新榮在戰時體制之艱苦及空襲之恐懼中，竟然也閱讀一些中國文化及思想的相關書籍。譬如1945年2月28日閱讀除村一學編輯的《支那文化談叢》[44]、3月14日江文也的《上代支那正樂考》、[45]5月9日辜鴻銘的《支那人の精神》[46]、甚至5月31日孫中山的《中山全集》[47]。陳翠蓮以吳氏如此對中國文化及思

想的熱忱理解為「他在資料中迎接新時代的來臨」[48]但是吳氏當時閱讀的書籍不只限於中國方面，還擴及《愛蘭革命史》[49]，《起てよ印度》[50]等其他國家的民族史書籍，況且當吳氏閱讀《中山全集》時，其動機非陳翠蓮以引用吳新榮1945年6月6日的日記所指出的「想到東洋的將來，使非得研究中國的政治思想與文學思想不可」。[51]其實吳新榮早於5月29日便拿出《中山全集》，而其動機是：父親的詩稿整理既已完成，找不到可讀的書，昨天開始就拿出《中山全集》來看。[52]

到6月6日時仍然說：

今天是陰時多雨，即使有空襲警報，敵機也可能不會來的。因此多出許多時間可以看書，不過喜愛的單行本幾乎快讀完了。想到東洋的將來，想研究一下中國的政治思想和文學思想，所幸手中有《中山全集》和《胡適文存》，就從這兩種著手讀讀看。《中山全集》以前約略看過了一次，現在重讀，似乎多少能夠有所批判。[53]

因此吳氏在戰爭結束兩個多月前時重新閱讀《中山全集》，並非是他預料到日本的戰敗及臺灣將被中華民國收編。只是吳氏1945年8月15日得知日本投降時，興奮地說：

洽中我先前告訴徐清吉、黃朝篇兩人的預言，連我自己都嚇了一跳。[54]

雖然難以判斷吳氏預言的時間與依據，但可以得知吳氏似乎預料日本的戰敗並將其告訴友人。儘管如此，吳氏重新閱讀的《中山全集》只是用來打發時間的閱讀書籍之一，這是否意味著吳氏當時對戰爭結束後的預設並未達成臺灣將歸屬於中華民國的選項。

另一方面，吳氏自1938年1月1日開始以日文寫日記[55]，並在1月4日日記記載著：

日本國的擴張即意味著日語的泛濫。亦我這小小的個人的城堡來說，要防備這種泛濫是不可能的。正如跟我在生活中使用日語這件事實一樣，以日文來寫日記亦是極為自然的事。想一想，我打從一出生就已經是日本統治下的人，而前半生完全是接受日語的教育，此極為重大的事實，令我說的是日語，並以日文書寫。這又與英國讀書的留學生說英語，寫英文的意義是不同的。我寫日記是為了紀錄我的生活，所以想要瞭解我的生活的人，又以我個人最容易使用的語言來寫，這也是理所當然的。[56]

陳翠蓮認為該舉動是一種皇民化運動對吳氏的影響，以「便利」為由說服自己，漸漸習於成為「日本人」。[57]但其實前一天的日記，即1月3日的日記記載著：

初一開始以日文寫日記，甚覺不習慣，想一想約有十年左右沒有寫日文日記。[58]

看見對吳氏來說，從使用漢文到使用日文寫日記的過程並非那麼自然的改變，而不是像陳翠蓮解釋的那麼「便利」。但是亦不能否認這其中確實有著皇民化運動的影響，使得十年都沒有以日文寫日記的人，一瞬間改掉他的習慣。

在得知戰爭結束後，吳氏的日記又產生了變化，即是自1945年8月16日起，回覆以漢文書寫日記的習慣，並記載著：

（前略）跳下溪中洗落十年來的戰塵及五十年來的苦汗。起了岸，各人向海面大聲覺叫：自今日起吾人要開新生命啦！

由改變書寫日記的語言及吳氏興奮的心聲，可觀察到以下兩點：第一點是對吳氏而言，以日文書寫日記確實不但在他的習慣上，在他的認同上也是「非自然」的行為，是一種必須流「苦汗」的苦行。第二點是他的文化認同未被徹底地同化於日語文化，至少保留著一天變便能改變回來的漢語文化，但在政治認同上尚未萌生對中華民國的國家認同。

身為知識菁英階層，同樣也留下豐富日記內容的林獻堂，在其日記中又是如何紀錄戰爭結束後的狀況呢。他得知日本投降，感嘆說「嗚呼！五十年來以武力建至之江山，亦以武力失之也」，[59]並未言明對臺灣將來的理念或期待。

（二）戰爭結束後

戰爭結束後，林獻堂的行為有以下特點。

第一個特點正如上述，林氏於此時的首要考慮是如何維持治安，因此即在日本投降的翌日，林氏便前往臺中州廳與知事等商榷治安維持之事，之後至8月18日林氏都積極地討論治安維持會的成立，[60]並且向當時臺灣總督安藤利吉提示的第一件亦是治安維持的要務[61]。由此可以看出林氏對維持社會治安抱持著相當小心翼翼的態度，一方面積極支持地方人士組成自警團等自衛團體，一方面，嚴格避免讓不正游民、破落戶等組成團體危害地方安寧。[62]此外，林氏亦對當時在臺30萬人的日軍感到不安。[63]雖然當時林獻堂的身邊並未發生

象徵社會失序的案件，但其未雨綢繆的憂慮也許是因為親眼目睹了 50 年前政權轉換時期的紛擾與混亂，而敏感地對戰爭結束後的社會治安投注高度的關懷。

第二個特點是，林氏對政治運動採取非常慎重的態度。在戰爭結束的四天後，許丙、[64]藍國城來訪[65]，相約一同前往上海、南京拜訪國民政府要人。林氏卻向兩人說「此時須慎重，不輕為之也」。[66]在林、許、藍商議之後，決定先與安藤總督商榷。因此三人利己前往臺北約談安藤利吉總督、諫山春樹參謀長[67]、成田一郎總務長官[68]高官。而如此小心謹慎、如履薄冰的腳步，除了出現在面對自身的狀況外，林氏對在戰爭結束後由臺灣人自發成立的政治團體亦採取十分消極，慎重的態度。比如，在 8 月 23 日楊貴、李喬松帶著「解放委員會」的宣傳單，給林獻堂看時，林獻堂曰：

無輕舉妄動，所謂解放者，對何人而言也，就政府已將放棄，新政府尚未來，而解放雲雲對而言也，此時為由靜觀，且不可受人簸使以騷亂社會秩序也。

9 月 3 日於上海，石煥長提議組成在滬臺胞組織時，林氏曰「以各派意見不同，欲組織頗不容易」[69]作為回答。同樣地在 9 月 13 日對組織同鄉會的意見者亦曰「勿為私見而害大局」。[70]9 月 18 日郭國基、洪約百來訪請林獻堂組織臺灣國民黨，但林氏拒絕他們的建議。[71]9 月 24 日由自臺北迴來的長子林猶龍之口中聽聞，林熊祥、黃純青、杜聰明企圖組織一政黨，並請林獻堂為黨首之消息，林氏便囑咐林猶龍斷然拒絕他們的建議。[72]9 月 27 日王金海來訪欲討論臺灣企業公司，林氏曰「出資可以，不願為理事也」。[73]10 月 1 日學生來邀請擔任學生聯盟顧問，林氏曰「此後凡所有之團體皆不欲加入」。[74]在臺北首次舉辦雙十節的 10 月 10 日，黃純青、林熊征、林呈祿前來邀請林獻堂加入他們的同志會，林氏因為無法拒絕他們的建議，只好勸他們先請託張邦杰與葛敬恩秘書長商議，然後決定。[75]此外，林獻堂堅持拒絕就任彰化銀行的理事，主張必須等待陳儀長官的接收。[76]但另一方面，林氏頻繁地拜訪日方高級官員、軍人或接受他們的來訪。[77]甚至答應幫忙保護日本實業家所有財產，[78]或在無法拒絕的狀況下，無奈地就任以保護日本人為目的的臺中援護會會長。[79]林獻堂為何採取如此保守的態度？筆者認為可以從兩個層面來進行分析。

第一個層面是其個人的特性，即是對時事大局非常慎重，並且必須經過當局的同意或是許可才會採取政治行為。正因他如此做法，在戰爭結束後，仍然與日本高官保持密切的聯繫。此外，他不但堅持自己的做法，同時也要求身邊的政治運動同志不要輕舉妄動，並且強調在如此不穩定的狀況中，必須採取的是謹慎、靜觀的態度。做為臺灣人的領導者，林獻堂率先致力示範如此做法。

第二個層面是當時臺灣知識分子與日本統治高層的關係，換言之，臺灣總督府的高官或在臺日軍在戰爭結束後與臺灣知識分子保持著密切關係，並且給在他們心中仍然具有某種程度的影響力。以下的例子或許可以表示戰爭結束後，臺灣人知識分子與日人高官的關係。

林獻堂為了表示歡迎陳儀長官以及參與9月9日的受降典禮，自8月31日至9月13日兩週期間，居留於上海與南京。在這期間，9月6日於上海，自藍國城方面獲得消息，蔣介石邀請林獻堂、羅萬俥、林呈祿、陳炘、蔡培火、蘇維梁參與南京受降典禮。因此9月8日林獻堂便偕同辜振甫飛往南京，但是到了南京，與已到達的諫山參謀長會見時，諫山參謀長居然告訴林獻堂等，臺灣軍代表是諫山參謀長，林獻堂等臺灣人沒有參與受降典禮的必要。林獻堂等按照諫山參謀長的囑咐，並未參與翌日的受降典禮。不過日後林獻堂等與葛敬恩秘書長會面時，才知道他們還是中國方面正式邀請的貴賓。[80] 由此可知，雖然林獻堂自藍國城處得知他們是中國方面，而且是蔣介石親自邀請的貴賓，但是一遇到日軍領導人的阻止，他們便幾乎無所懷疑地，灰溜溜地退卻下去。並且在得知中國方面還是在邀請他們的時候也未對諫山有任何抱怨。要言之，戰爭結束後，日本方面對臺灣知識分子的統治心態並未馬上改變，且是仍然具有某種程度的影響力。

相對於林獻堂的小心觀望，吳新榮在戰爭結束後便為了迎接新時代，東奔西跑地組織新團體，渴望新政府的消息。在他的日記中，可以清楚地看到他對新時代的期待。8月19日吳氏藉著領取藥品，觀看臺南的情況，看到戰痕累累的古都，感嘆說：

總是過去三百年之一切，即清朝的遺風，日本的色彩，皆為此一戰完全清算去了。若由此廢都能發生新文化，此不是吾人之責任乎？[81]

由此可知，吳新榮很明顯地對新的時代抱持高度的期待，並且對建設新的臺灣具有強烈的使命感。8月25日的日記亦寫道：

自8月16日以來，每日都未明就醒起，雖有睡眠不足之感，但並無損害身體。而每至思於國事，難禁熱淚。[82]

9月3日的日記亦記載，「補修完房子之後，我即能再奔走國事」，[83] 9月9日吳氏開始起草臺灣省二十一縣一特別市。吳氏不但在感情上的抒發了相當濃厚的感慨之情，在實際的行動上亦非常關心臺灣的未來。自戰爭結束之後，

[84]吳氏連日與親友同志熱烈討論往後的臺灣。尤其與後來加入中國共產黨的蘇新保持密切聯繫，並從他的消息中獲得時局情報。

當時吳氏在精神上除了有著從日本殖民統治解放的歡喜之外，還有回到祖國懷抱的感激。9月8日寄給黃百祿和楊榮山的書信寫道「祖國軍歡迎歌」，回顧過去五十年的苦難，讚揚中華民國及中華民族的權威。[85]但是吳新榮當時對中國的理解並不夠深。9月11日吳氏從在臺北的蘇新手中收到中華民國國歌，但是吳氏誤以為蘇新將中國國民黨認錯中華民國國歌，收到的不是國歌而是國民黨黨歌。[86]然而收到蘇新從臺北帶回來的組織「三民主義青年團」的命令，之後他就連日東奔西跑地組織「三民主義青年團」。因為當時確切的情報消息無法穩定地供給廣播或報紙等媒體，以及社會上無據的謠言紛飛，[87]導致島上的人們難以判斷時局的趨勢。在這樣的狀況下，至少在戰爭結束不久的期間吳氏仍然保持對祖國的熱忱，是正如日後葉榮鐘回顧當時所說的「祖國只是觀念的產物，而沒有經驗的實感」，在中國方面尚未來臺灣的「真空時期」下，觀念上的「祖國」先行於實際上的「中國」。

林獻堂與吳新榮的相異，也許在於他們的時代背景、社會地位及日記性質[88]不同，但是兩者的共通點是，在戰爭結束之前及結束不久時，並非有對中國（至少中華民國）的政治認同，這亦表示當時臺灣人文化認同及政治認同的分裂或程度上的差異。到了戰爭結束後，作為臺灣人的領導者，林獻堂採取非常保守的態度而跟日本官員保持密切聯繫。反過來說，日本投降之後，日本官員對臺灣知識階層仍然保持某種程度的影響力。相對於林獻堂，吳新榮相當活躍地與親友討論國事，忙著組織三民主義青年團，但是當時他對中國並沒有深入的瞭解，換言之，當時對一般的臺灣人而言，中國還只是一個沒有實際經驗的觀念性的存在而已。

## 四、結論

在戰爭結束時，臺灣的狀況究竟如何？就一般而言，臺灣的狀況較其他日本佔領地區平靜，未發生混亂的事件或外國部隊的侵入。但是過去研究並未涉及當時臺灣社會的動態。本報告針對戰爭結束的1945年8月15日至中華民國開始接收臺灣的10月25日，此期間的「真空期」進行討論。

此階段最切身的問題便是治安問題。戰爭結束後，臺灣總督府的警察失去威信，報復性的暴行、強盜事件屢見不鮮。但是臺灣民間人士及日方官員高度關切此問題，也因此島內並未發生重大的社會事件。也許可以推論如此地措施

使得辜振甫「臺灣獨立事件」無法實現。不過就當時的情況而言，島內無論是臺灣人或日本人，對未來的生活皆抱持著相當不安的情緒。

其次，經濟問題亦是與當時島內人民的生活密切相關的問題。蘇瑤崇已指出臺灣經濟的惡化從臺灣被臺灣省行政長官公署接收後開始。但是就作為通貨膨脹的因素之一：超額通貨發行而言，其原因亦在於戰爭末期，因應臺灣的要塞化而過度發行銀行券的臺灣總督府及在臺軍隊的政策。戰爭結束後臺灣經濟的崩潰，其原因應從日治時期的戰時體制與之後臺灣省行政長官公署的經濟政策兩方面進行分析討論。

本報告亦利用林獻堂及吳新榮當時留下來的日記，針對此時期的臺灣人動態，更進一步地進行檢討。[89]從他們的日記中，得知林獻堂當時謹慎的行為，以及與日本高官密切關係。吳新榮則與親友熱烈地討論新時代的來臨。他對中國抱持強烈的祖國觀念，但是並沒有實際上的中國經驗。

就社會狀況而言，戰爭結束後的臺灣一片混混沌沌，百廢待舉的狀態。雖然日本已經投降，但是在臺灣仍然駐留三十萬的日本軍隊，臺灣人民亦對其感到恐懼不安。此外，處處有企圖暴動的謠言，不只戰敗的日本國民，臺灣人民亦對治安問題高度關心。在如此狀況中，臺灣領導階級謀求自生之路。雖然他們採取的路線不一致，但在如此日本已經投降，中國接收尚未著手的期間，臺灣人確實以自己的力量，試圖解脫殖民統治，建設新時代。

（作者單位：國立政治大學）

## 註釋：

[1]關於二次大戰的結束時期，諸多學者認為應以日本政府透過瑞士政府通知聯合國各國接收波茨坦宣言的8月14日，或者日本政府簽署投降文書的9月2日為終戰日。除此之外，二次大戰的結束應稱「終戰」或「戰敗」亦頗有爭議（參見佐藤卓巳，《八月十五日の神話——終戰記念日のメディア學》（東京：築摩書房，2005），佐藤卓巳．孫安石編，《東アジアの終站記念日——敗北と勝利のあいだ》（東京：築摩書房，2007）。因一般臺灣人的狀況而言，以得知日本的投降為戰爭結束恰當，本文採取以8月15日為二次大戰結束日期。乃採取在臺灣的「戰爭結束」（8月15日）與「光復」之間不畫等號的立場。至於為了維持中立立場，除了引用之外，本文均以「戰爭結束」之詞代替「終戰」或「戰敗」。

[2]蘇瑤崇主編，《最後的臺灣總督府——1944～1946終戰資料集》（臺中：晨星出版，2004）。

[3]蘇瑤崇，《臺灣終戰事務處理數據集》（臺北：臺灣古籍出版，2007）。

[4] 蘇瑤崇，《〈最後的臺灣總督府〉資料集介紹——兼論1945～1946年臺灣現代史的幾個重要問題》，《臺灣風物》（臺北：臺灣風物雜誌社），五十四卷一期（2004年1月），第127～152頁。

[5] 蘇瑤崇，《「終戰」到「光復」期間臺灣政治與社會變化》，《「國史館」學術集刊》（臺北：「國史館」），第13期（2007年9月），第4～87頁。

[6] 曾健民，《1945破曉時刻的臺灣——八月十五日後激動的一百天》（臺北：聯經出版公司，2005年）。

[7] 鈴木茂夫（1931～）日本愛知縣人。幼年時隨同任職船運公司的父親赴臺，曾就讀過基隆雙葉尋常小學（現為仁愛國民小學）、臺北錦尋常小學（現為龍安國民小學）、高雄堀江小學（現為鹽埕國民小學）、高雄中學校（現為高雄高級中學）。臺北第四中學校（已廢止）。1946年遣返日本。1954年早稻田大學畢業，曾擔任株式會社東京放送（TBS）電視新聞導播。為了探究尋根青少年待過的臺灣歷史，花費了20年的歲月蒐集相關資料而寫成半紀實小說《臺灣處分1945年》（東京：同時代社，2002）（該書已有中譯版，陳千武《臺灣處分1945年》（臺中：晨星出版，2003））。其他著作有《アメリカとの出會い》（2005）、《早稻田細胞1952》（2007）。

[8] 鈴木茂夫，《臺灣處分一九四五年》（東京：同時代社，2002）。是鈴木茂夫利用臺灣總督府及臺灣軍的史料寫的半紀實小說，雖然並非學術性的著作，但是作者從龐大的歷史性史料，透過多樣的角度描述終戰前後糾葛複雜的臺灣社會。蘇瑤崇運用鈴木茂夫所蒐集的史料，針對「辜振甫謀議臺灣獨立案」及「黃金賄賂疑案」（最後臺灣總督安藤利吉，為了在臺灣戰後處理的便宜，將原本充作日軍菲律賓第十四方面軍購買糧食之用的大批黃金，賄賂給美軍中校艾文思的案件）等8月15日之後有關臺灣知識分子及臺灣總督府高官的重大事件進行分析，企圖推翻以往普遍認知的終戰後臺灣社會，提出迥異於過去的看法。

[9] 蘇瑤崇，《臺灣終戰事務處理數據集》（臺北：臺灣古籍出版，2007）。

[10] 曾建民，《臺灣一九四六‧動盪的曙光二二八前的臺灣》，（臺北：人間出版，2007）。

[11] 當時的廣播普及率，日本人家庭為49.8%、臺灣人家庭為6.3%（川島真，《臺灣の光復と中華民國》，收編於佐藤卓巳．孫安石編，《東アジアの終戰記念日——敗北と勝利のあいだ》，第175頁。加上因戰事體制電力供給不穩，比如後述的吳新榮當天晚上才得知戰爭的結束（吳新榮著，張良澤主編，《吳新榮日記全集8（1945～47）》，（臺南：國立臺灣文學館，2008），第83頁。

[12]當時在臺灣唯一的報紙《臺灣新報》8月15日日刊仍然刊載日軍的「戰果」，到了16日日刊時才刊載戰爭結束的新聞。臺灣的情況與當局命令各個報社在玉音放送結束後發行日刊的日本內地有所不同。

[13]王泰升，《臺灣日治時期的法律改革》（臺北：聯經出版，1999），第277～278頁。

[14]蘇瑤崇，《「終戰」到「光復」期間臺灣政治與社會變化》，第71頁。

[15]《灌園先生日記》，未刊本，1945年9月24日、25日、28日、10月3日。

[16]《灌園先生日記》，未刊本，1945年10月14日。

[17]蘇瑤崇，《「終戰」到「光復」期間臺灣政治與社會變化》，第72頁。

[18]諫山春樹原著，日本文教基金會編譯，《密話‧臺灣軍與大東亞戰爭》（臺北：文英堂，2002），第35～36、75～76、106頁。

[19]大部份的當時日方數據描述，當時治安狀態大體上維持平靜狀態。參見蘇瑤崇，《最後臺灣總督府》，第118～121、139～140頁，諫山春樹原著／日本文教基金會編譯，《密話‧臺灣軍與大東亞戰爭》，第133頁。

[20]《灌園先生日記》，未刊本，1945年9月16日。

[21]Strategic Service Unit（簡稱SSU），A Report on FORMOSA（TAIWAN）：Japanese Intelligence and Related Subjects, Supplement RG59，Department of State Decimal File 1945～1949，Box7385，in The U.S.National Archives and Records Administration，第66～70頁。SSU前身為OSS（Office of Srategic Services），是美國情報機關的核心機關。SSU官員搶先中國軍隊一步，早已於1945年9月10日登陸基隆，著手蒐集政治情報（George H.Kerr著、陳榮成譯，《被出賣的臺灣》（臺北：前衛出版社，1991），第90～91頁。）

[22]蘇瑤崇，《「終戰」到「光復」期間臺灣政治與社會變化》，第72頁。

[23]蘇瑤崇，《「終戰」到「光復」期間臺灣政治與社會變化》，第74頁。

[24]SSU, A Report on FORMOSA（TAIWAN）：Japanese Intelligence and Related Subjects, Supplement.

[25]諫山春樹原著，日本文教基金會編譯，《密話‧臺灣軍與大東亞戰爭》（臺北：文英堂，2002），第34頁。

[26]蘇瑤崇，《臺灣終戰事務處理數據集》，第55～58頁。

[27]蘇瑤崇，《「終戰」到「光復」期間臺灣政治與社會變化》，第67頁。

[28]蘇瑤崇，《「終戰」到「光復」期間臺灣政治與社會變化》，第68～69頁。

[29]隅谷三喜男、劉進慶、塗照彥，《臺灣の經濟―典型NIESの光と影》（東京：東京大學出版會，1992）第30～32頁。

[30] 筆者推測，因出處資料參照戰爭結束後臺灣方面的數據，於是單位一律使用臺幣。但是日治時期的日圓與貨幣改革前的舊臺幣比率是 1：1。因此未影響到貨幣價值。

[31] 收藏於小林英夫堅修，《日本人の海外活動に關する歷史的調查第九卷臺灣篇4》（東京：ゆまに書房，2001），第 315 頁。

[32] 收藏於小林英夫堅修，《日本人の海外活動に關する歷史的調查第九卷臺灣篇4》，第 327～328 頁。

[33] 小林英夫堅修，《日本人の海外活動に關する歷史的調查第九卷臺灣篇4》，第 312 頁。此外臺灣總督府在戰爭結束後，為了發放官員的退休金，從日本內地運送大量銀行券。這批銀行券是否成為臺灣通貨膨脹的原因，待進一步研究。（曾健民，《1945破曉時刻的臺灣—八月十五日後激動的一百天》，第 222～224 頁）。

[34]《空襲は必ずある》，《臺灣日日新報》（臺北：臺灣日日新報社，1943 年 4 月 9 日），《時局防空必攜敵は狙つてる空襲は必須の情勢だ》，《臺灣日日新報》，1943 年 9 月 9 日。

[35] 關於《開羅宣言》，其性質與有效性仍有爭議，甚至其名稱亦有爭論（參見薛化元編著，《臺灣地位關係文書》（臺北：日創社文化，2007），第 45～50 頁。但在此加注括號挪用通用名稱，至於其有效性，筆者認為鑑於當時中國國民黨依據《開羅宣言》組成臺灣調查會，《開羅宣言》至少在 1952 年 4 月舊金山和平條約生效前，具有實際上的政治作用性。

[36] 在重慶以及居於國外的臺灣人也許在戰爭結束前得知開羅宣言的詳細內容。

[37] 在臺灣總督府日人高級官僚被調職回日本時，林獻堂向他們致謝並且特地致詞「請其將來對臺灣之指導」（林獻堂，《灌園先生日記》，1945 年 1 月 13 日。未刊本。）

[38] 陳翠蓮，《臺灣人的抵抗與認同 1920～1950》，第 236～249 頁。陳翠蓮形容林氏態度為「退避」。

[39] 陳翠蓮，《臺灣人的抵抗與認同 1920～1950》，第 257～264 頁。

[40] 吳新榮著，張良澤主編，《吳新榮日記全集 7（1943～1944）》（臺南：國立臺灣文學館，2008），第 442 頁。

[41] 吳新榮著，張良澤主編，《吳新榮日記全集 7（1943～1944）》，第 459 頁。

[42] 吳新榮著，張良澤主編，《吳新榮日記全集 7（1943～1944）》，第 463～464 頁。

[43] 吳新榮著，張良澤主編，《吳新榮日記全集 8（1945～1947）》，（臺南：國立臺灣文學館，2008），第 116～117、123、125、128～130、153、156 頁。

[44]吳新榮著,張良澤主編,《吳新榮日記全集8(1945～1947)》,第109頁。
[45]吳新榮著,張良澤主編,《吳新榮日記全集8(1945～1947)》,第113頁。
[46]吳新榮著,張良澤主編,《吳新榮日記全集8(1945～1947)》,第113頁。
[47]吳新榮著,張良澤主編,《吳新榮日記全集8(1945～1947)》,第142頁。
[48]陳翠蓮,《臺灣人的抵抗與認同1920～1950》,第263頁。
[49]吳新榮著,張良澤主編,《吳新榮日記全集8(1945～1947)》,第124頁。閱讀後他的心得是「(前略)看完後覺得大有收穫。尤其與書中所寫的環境多少有些相似的本島,有許多可參考之處,但畢竟只是一個數據而已」。看得出他將愛爾蘭的獨立與臺灣的狀況比較。但是吳新榮與否戰爭結束後有獨立的思想,難以判斷。
[50]吳新榮著,張良澤主編,《吳新榮日記全集8(1945～1947)》,第143頁。
[51]陳翠蓮,同前。
[52]吳新榮著,張良澤主編,《吳新榮日記全集8(1945～1947)》,第142頁。
[53]吳新榮著,張良澤主編,《吳新榮日記全集8(1945～1947)》,第145頁。
[54]吳新榮著,張良澤主編,《吳新榮日記全集8(1945～1947)》,第171頁。
[55]在日治時期以日文寫書日記的臺灣人尚有葉榮鐘、呂赫若、楊基振等。
[56]吳新榮著,張良澤主編,《吳新榮日記全集2(1938)》,第181～182頁。
[57]陳翠蓮,《臺灣人的抵抗與認同1920～1950》,第252頁。
[58]吳新榮著,張良澤主編,《吳新榮日記全集2(1938)》,第181頁。
[59]林獻堂,《灌園先生日記》,1945年8月15日,未刊本。
[60]林獻堂,《灌園先生日記》,1945年8月16日、17日、18日,未刊本。
[61]林獻堂,《灌園先生日記》,1945年8月20日,未刊本。
[62]林獻堂,《灌園先生日記》,1945年9月25日,未刊本。
[63]林獻堂,《灌園先生日記》,1945年8月25日,未刊本。
[64]許丙(1891～1963),臺北淡水人。1911年臺灣總督府國語學校國語部畢業後,進入林本源總事務所任職。1916年出任林本源總事務所第一房庶務長。1920年10月被任命為臺北市協議會會員。1927年為臺北州協議會員,1930年任臺灣總督府評議員,1945年4月更獲選為貴族院議員。戰後於1946年2月21日因參加「臺灣獨立事件」嫌疑被捕,翌年7月31日判有期徒刑1年10個月。(許雪姬總策劃,《臺灣歷史辭典》(臺北:「行政院」文化建設委員會,2004),第802頁。
[65]藍家精(1904～1980),屏東里港人。14歲時至日本宮崎縣立都城小、中學、福岡高等學校受教。1931年京都帝大經濟科卒業,任職高雄州廳教育課。1937年任職日本在中國之「華中派遣軍總司令部」。1940年3月擔任汪精衛政府參贊武

官公署少將武官。戰後 1947 年被控特級戰犯，因徐永昌（陸軍大學校長）相救而免於被逮捕。1948 年二二八事件週年，在東京芝公園演講（批評政府言論），使得在臺田產、銀行均被查封，全家族被限出境。1950 年 3 月戰犯通緝令解除後，偷渡日本。1960 年 4 月結束流亡返臺，受聘為屏東第一銀行常務董事。1980 年應日本首相福田赳夫之邀請訪日，於東京旅途因胃出血猝死於東京都港區赤坂醫院，隨即火化，遺骨返臺安葬，享年 77 歲。（許雪姬總策劃，《臺灣歷史辭典》，第 1317 頁。）

[66] 林獻堂，《灌園先生日記》，1945 年 8 月 19 日，未刊本。

[67] 諫山春樹（1894～1990），福岡縣人，陸軍大學三十六期畢業。1944 年 7 月就任第十七任臺灣軍參謀長。（諫山春樹原著/日本文教基金會編譯，《密話‧臺灣軍與大東亞戰爭》，第 141 頁）。

[68] 成田一郎（1894～1959），宮城縣人，歷任石川縣、兵庫縣知事，1945 年 1 月接任臺灣總督府總務長官。

[69] 林獻堂，《灌園先生日記》，1945 年 9 月 3 日，未刊本。

[70] 林獻堂，《灌園先生日記》，1945 年 9 月 13 日，未刊本。

[71] 林獻堂，《灌園先生日記》，1945 年 9 月 18 日，未刊本。

[72] 林獻堂，《灌園先生日記》，1945 年 9 月 24 日，未刊本。

[73] 林獻堂，《灌園先生日記》，1945 年 9 月 27 日，未刊本。

[74] 林獻堂，《灌園先生日記》，1945 年 10 月 1 日，未刊本。

[75] 林獻堂，《灌園先生日記》，1945 年 10 月 10 日，未刊本。

[76] 林獻堂，《灌園先生日記》，1945 年 10 月 14 日、15 日，未刊本。

[77] 在該時期的林獻堂日記中，唯一拒絕的是清水特務警察的來訪（林獻堂，《灌園先生日記》，1945 年 9 月 28 日，未刊本）。

[78] 因戰爭結束後，不動產的買賣被禁止，日本實業家松岡富雄請託林獻堂借用他的名義。林獻堂安慰他之後，接受他的請求。（林獻堂，《灌園先生日記》，1945 年 8 月 24 日，未刊本）。

[79] 林獻堂，《灌園先生日記》，1945 年 9 月 17 日，未刊本。

[80] 林獻堂，《灌園先生日記》，1945 年 8 月 31 日～9 月 13 日，未刊本。

[81] 吳新榮著，張良澤主編，《吳新榮日記全集 8（1945～47）》，第 177 頁。

[82] 吳新榮著，張良澤主編，《吳新榮日記全集 8（1945～47）》，第 181 頁。

[83] 吳新榮著，張良澤主編，《吳新榮日記全集 8（1945～47）》，第 186 頁。

[84] 吳新榮著,張良澤主編,《吳新榮日記全集 8(1945～47)》,第 190 頁。其中還包括琉球縣。

[85] 吳新榮著,張良澤主編,《吳新榮日記全集 8(1945～47)》,第 188～189 頁。

[86] 吳新榮著,張良澤主編,《吳新榮日記全集 8(1945～47)》,第 191 頁。「中華民國國歌」原本就中國國民黨歌,歌詞裡出現,「三民主義,吾黨所宗……」,對中國還不熟悉的吳氏誤會也怪不得。

[87] 依據吳新榮的日記,8 月 23 日便有謝春木當任臺灣省副主席的謠言,9 月 5 日有陳儀已經到達草山(現陽明山)的謠言,10 月 4 日有中蘇或美蘇要開戰的謠言。

[88] 就整體而言,林獻堂的日記屬於紀錄事實,較少記載作者的思想。吳新榮日記則較接近文學作品,較看見作者對社會環境的看法及自己心裡的感受。

[89] 1945 年 8 月 15 日前後的日記研究,亦有許雪姬,《臺灣史上一九四五年八月十五日前後——日記如是說「終戰」》。

# 日本統治下臺灣の社會事業政策研究

大友昌子

## 1. 問題の所在

生活困窮など貧富の格差が社會的に形成されると、當該社會においては、その最底逬に生きる貧窮民を社會的に救濟しようとする仕組みが生まれる。こうした事實は、それぞれの國や地域のなかで歷史的に檢證されてきた。貧窮民を對象とする社會的救濟の仕組みがどのように生まれ、どのような動きをするのか、そしてこの仕組みを創出し、運用する背景には、どのような狀況や主體があるのか、このような社會事象を解明することは容易ではなく、そこには、それぞれの地域の、歷史的、社會的かつ文化的な背景がある。また近代以降は、賃金勞勤者の大量生成、社會運動、また國際標準化などの力も作用して、國民國家內の內政政策に欠かすことができない國家および地域の政策の柱として發展し、今日に至っている。ことに、資本主義經濟體制をとる先進工業國にとって、20 世紀後半の 50 年間は、「福祉國家」形成が、重要な政策課題となり、さまざまな試行錯誤をくぐり拔けてきた過程であった。

北東アジア地域の社會福祉政策をみると、各國、地域によってその成熟度に差異があるものの、1997 年以降の中國都市部において成立した新社會保

障？社會福祉システムによって、その確立期にはいったと考えられる。社會福祉の歷史や政策を、北東アジアのカテゴラーで比較檢討し得る條件が整ってきたといえる。北東アジアスケールでの社會福祉の歷史的檢證は、これまで研究蓄積も少なく、これからの研究の進展が望まれる領域である。

　ところで、臺灣における社會福祉の歷史は、17世紀以降、清朝統治下において貧窮民を收容救濟する養濟院が島內3カ所に設置された事にはじまる。その後、日本統治下での社會事業「近代化」政策を經驗し、1949年以降の中華民國の實效支配下において、資本主義經濟システムをその基盤とする臺灣社會獨自の福祉システムを發展させてきた經緯がある。こうした長い時間軸のなかでの臺灣社會福祉の變容をふまえつつ、この報告では、日本統治下の臺灣社會事業政策の特質はどのようなものであったのかについて、社會事業「近代化」政策との關連で述べていく。

　なお、ここでいう社會的救濟の仕組みでは、家族？親族などによる相互扶助の仕組みについては、これを對象から、とりあえず、はずしている。ほとんどの社會において、家族？親族は生存のための扶助集團であり、子どもの養育、家族內の病人看護、高齡者介護、看取りなどの例はあげるまでもない。この報告は、こうした家族？親族の樺外で行われる「生存のための共同性」を核とした社會的な救濟の仕組みに焦點をあてていくことに限定した議論であることをはじめにお斷りしたい。

## 2.「植民地社會事業政策」とは

　　佔領地、植民地における社會事業は「宗主國」による政治的かつ文化的な支配と抑の狀況下におかれることで、植民地化以前、以後の被植民地社會の社會事業とも、支配する「宗主國」の社會事業とも異なる、相的に自律的な特質と展開を示すという反定にもとづき、この時期の社會事業に「植民地社會事業」という用語を使用する。植民地統治下の社會事業の展開をその前後の時代から區別し相化することによって、植民地社會事業期が各國、地域の社會福祉史の展開のなかでどのような位置と意味をもつにいたるかは、今後の歷史的評似のなかで定まってくる問題であると考えているからである。「植民地社會事業」には、佔領地、植民地における社會事業の理念、政策？制度？システム、事業活動そして援助技術などの社會事業事象全體を含んでいるが、この報告では主に社會事業事象のなかから政策？制度およびシステムを考察の對象としていくこととする。

## 3. 時期區分

　　日本統治下の臺灣社會事業政策は、宗主國日本における社會事業政策や社會事業狀況に大きく規定されたものであった。この報告では 51 年間の日本統治下臺灣社會事業政策をいわゆる「近代化」の指標にそって、3 つの時期に區分し、それぞれ概していく。ここで採用する社會事業の「近代化」指標は、第一次大戰後の 1918 年から 1932 年にかけて成立した宗主國日本と同じ、①救貧から防貧への轉換、②專門行政機關の設置と財政の確立、③社會事業の組織化、④社會事業教育の開始の 4 つの柱をいう。この「近代化」指標にそって、日本統治下の臺灣社會事業政策を區分すると次のようになる。

　　第 1 期「近代化」の開始——植民地社會事業の創設期

　　第 2 期「近代化」の進展——植民地社會事業の擴大期

　　第 3 期「近代化」の中斷——植民地社會事業の終焉期

　　以下、この時期區分に從って、各期の臺灣社會事業政策を概觀していこう。

## 4. 第 1 期「近代化」の開始——臺灣の福祉文化的基盤とその再編

　　第 1 期は植民地社會事業「近代化」開始の時期であり、臺灣は日本による佔領支配が開始された時點から 1921 年の「社會事業振興に關する依命通達」が出されるまでの期間である。第 1 期は植民地社會事業「近代化」の開始にあたる時期であるとともに、臺灣はその後の 51 年間の植民地社會事業形成の基礎が築かれた時期である。この創設期での檢討課題は 2 點あり、第 1 點は日本佔領初期の臺灣の前政府時代の下で形成された福祉文化の特質と實情を把握することであり、第 2 點は植民地化初期における宗主國日本の社會事業政策の影響である。臺灣では 1895 年前後の日本の社會事業狀況が影響を與えた。臺灣佔領の 1895 年前後、日本では救貧法である恤救規則の改正運動があり、帝國議會への改正提案が 3 度にわたって未成立に終わった緯はこれまでに明らかにされてきたが、日本では實現できなかった新たな救貧法が形を變えて臺灣で實現したことはこれまで言及されてこなかった。その背後には日本の救貧法改正をめぐる政治家の存在が浮かび上がってくる。恤救規則の改正運動に深く關わった改革派の一人、後藤新平である。日本で成功

しなかった恤救規則改正の構想を後藤は民政長官となった臺灣で慈惠院制度に具體化したことが1904年の臺灣慈惠院規則の成立經緯にうかがうことができる。この社會事業の再編は清朝時代下の高い水平の救濟事業、すなわち臺灣の「福祉文化的基盤」が土臺となったことはいうまでもない。

こうした日本の社會事業の動向と臺灣の植民地社會事業との間には強い關連が見いだされることが第1期で明らかとなり、この傾向は第2期以降においても見いだすことができる。

これら新たに確認し得た諸點は、「帝國日本」內における臺灣、朝鮮、そして宗主國日本を比較した結果、導き出したものである。從來の研究では朝鮮、臺灣それに日本と別々の樺組みのなかで社會事業の展開が檢討されてきたが、臺灣、朝鮮の兩地域の比較分析と日本との關連性を問うことにより、より鮮明な植民地社會事業政策動向を析出することができた。また救濟事業や慈善事業は獨立した事業ではなく當該地域の信仰、倫理、慣習、イデオロギー、階層性、共同性、住民自治と名望家の存在などの社會的、文化的基盤と密接に結びついていることも、こうした比較研究から明らかになった點である。日本の植民地化以前の臺灣の福祉文化的基盤の水平や性格が、同時期の日本に比較し、より高い水平にあったことが、この第1期において、明らかとなっている。（表1參照）

## 5. 第2期「近代化」の進展―防貧策の成立と「抑制された近代化」

第2期は植民地社會事業の擴大期であり、この報告の主題である植民地社會事業と「近代化」について考察する期間である。この時期は積極的な社會事業振興策の開始から戰時體制に社會事業が組み迂まれ、「近代化」過程が中斷する時期までの期間を對象とする。この期間には植民地社會事業の擴大期という性格づけを行い、臺灣の社會事業「近代化」政策の具體的な展開とこれに拮抗する兩地域の「福祉文化的基盤」を伏線においた考察を行う。この擴大期は社會事業振興策が行われた時期であり、救貧より防貧に政策の重點が移行するとともに社會事業の專門行政機關が設置され、社會事業財政が中央、地方において確立し、社會事業協會が設立されて社會事業の組織化がすすみ、また社會事業講習會が行われて社會事業教育が開始され、社會事業システム「近代化」の4指標が整備される。

こうした背景には、第1に、產業社會化の進展（ただし、臺灣と日本ではその進捗度は大きく異なっていた）、第2に、第一次大戰終了後の1910年代末から1920年代のはじめにかけて、帝國日本が經濟的な動搖と政治的抵抗運動に面對していたことがあげられる。日本の米騷動（1918年）、朝鮮の「3.1運動」（1919年）、臺灣の議會設置運動（1921年）と、この時期に帝國日本のなかであいついで起きた政治運動は偶然ではない。こうした民眾による活發な抵抗運動に對應する社會事業の「近代化」政策も、臺灣、朝鮮、日本と共通した政治手法が行われた。臺灣、朝鮮における抗日ナショナリズムの運動が、植民地統治方針の轉換をもたらし、「文治政治」「文化政治」への轉換が、社會事業の「近代化」政策をもたらした。このことは、社會事業の果たす機能が、本來の救貧や防貧という役割の他に、民心安定、秩序の維持、社會統合の動きをもつことに、當局者が注目したからに他ならなかった。社會事業のもつ政治的性格は、植民地體制下において、いっそう際だつように思われる。

　ところで社會事業の「近代化」は救貧タイプの社會事業と防貧タイプの社會事業が車の兩輪のように並立して相互に補完的なシステムを形成し、貧困層および低所得層の救濟と轉落防止をはかるところにある。しかしながら臺灣、朝鮮においては、この擴大期に制度化されることが緊要であった日本の「救護法」に相當する救貧タイプの體系的救貧システムが欠落した。したがって、臺灣の社會事業「近代化」は經濟保護事業など新しい防貧タイプの社會事業サービスのみが　施に移されるという事態となった。この結果、臺灣、朝鮮を日本と比較すると、この時期の社會事業の到達點は低い水平に據え置かれることとなった。

　體系的救貧システムの欠落は臺灣、朝鮮ともに帝國日本の統治下社會事業政策における最大の差別體制の構造化であった。（朝鮮では日本の救護法に相當する「朝鮮救護令」が1943年3月制訂、1944年3施行となった。）その結果、臺灣においては臺灣慈惠院制度のほかに、公私の窮民救助事業の擴大があり、社會事業助成團體の數多い成立などがあった。こうした抑制的な社會事業の「近代化」策のもとで、臺灣社會が日本植民地化以前より有していた活發な福祉文化的基盤の層の厚さが、「抑制的近代化」の不十分さを補完することになった。

植民地體制下の一方的な社會事業振興策による「近代化」政策、すなわち、日本によってつくられた西歐型社會事業システムの移入は、臺灣、朝鮮それぞれの社會にとって、整合的ではなかった。しかもその到達點は、臺灣、朝鮮ともに日本と比較して矮小化された「抑制された近代化」という特質を示した。（圖１、表２參照）

　　その他、第２期「近代化」の進展過程の檢證で明らかになったいくつかの點があり、それらを列舉すると次のようである。

　　①臺灣、朝鮮における社會事業「近代化」の具體策や規模は共通性とともに相違點も大きかったが、共通して讀みとれる特徵として、臺灣、朝鮮ともに高揚した政治運動に對應する政治的收拾策としての側面があったこと。このことは日本とも共通する爲政者の政治手法であった。ただし、植民地における對應策は植民地統治の強權性から、上からの一方的な「近代化」という特徵がいっそう強いものとなったといえる。ことに抗日ナショナリズムが沈潛化し、總督府當局の不安感が大きかった朝鮮においてこの傾向は強かった。

　　②臺灣、朝鮮兩地域においても救護法制訂をのぞむ運動はあり、日本の決起集會に臺灣、朝鮮からの參加者もあったが、結果として「救護法」は植民地に制訂されず、日本のみに限定された制度となった。當時の日本の社會事業關係者のあいだにも植民地社會事業に對する認識が薄く、日本社會事業と植民地社會事業のあいだに差別の構造化がみられたこと。

　　その背後には日本から植民地へは大量の情報が流れたが、植民地から日本への情報量は極端に少なかったことがあげられる。

　　③臺灣、朝鮮ともに社會事業政策は創設期と擴大期と具體的な政策內容は異なるものの、ほぼ同一の特徵を示し、臺灣は社會事業の「近代化」という外皮と官民による實效的な窮民救助事業の並立という二重構造となり、朝鮮は植民地化以前と同樣、爲政者＝總督府主導の勞動對策を柱とする貧困者救濟事業が展開された。

　　④社會事業の組織化はさまざまな效果や作用をもたらすが、社會事業の組織化を象徵する社會事業協會の創設は、植民地體制下では社會事業を官民一體化して總督府の統治下においたところに最大のポイントがあったといえる。

⑤社會事業教育では、社會事業「近代化」による新たなシステムを內側から充塡するための思想や理念として「博愛人道主義」や「社會連帶主義」がおもに日本から傳えられるが、そこでは植民地支配の論理との整合性をはかるため、教育の內容にバイアスがかかったこと。ことに20世紀30年代後半からは「皇民化」教育と「同化」への教化とが植民地住民の生活や生活意識の「近代化」策とあわせて實施されたことがあげられる。戰時體制下の社會事業は「犧牲均分」の觀念をつくりだし、「犧牲」は宗教的感情を人々のあいだに惹起せしめて、それが天皇中心の國家至上主義へと人々の觀念を方向づけていった。

　以上、第2期では、植民地社會事業の「近代化」政策をめぐって「どのような近代化だったのか」という問題意識のもとに分析を行い、一定の社會事業事象を析出した。

## 6. 第3期「近代化」の中斷——植民地戰時體制と「近代化」の中斷

　第3期は植民地社會事業「近代化」の終焉期であり、これまでの創設期、擴大期と連續的にとらえてきた植民地社會事業政策の檢討に區切りをつけ、植民地體制下の戰爭と社會事業という異なる理論的樺組みによる考察を必要とする。すなわち、報告の趣旨は社會事業政策を「近代化」指標によって分析檢討するところにあるが、この第3期は一定水平に發展した植民地社會事業の「近代化」過程が戰爭とその遂行體制によって中斷された以降の時期となる。

　植民地社會事業「近代化」の中斷期である戰時體制と社會事業の關係の具體相のなかで最も顯著な動向は二つある。その一つは方面委員制度の擴大であり、もう一つは社會事業協會を中心とした戰爭遂行體制への再編化の動きである。戰時體制というのは目的合理的に人々を統治し、組織する大きな力であり、それは防貧、救貧の社會的ネットをはりめぐらすという社會事業政策の目的合理性や社會事業の組織化と相似た特徵である。社會事業「近代化」のベクトルが戰時體制の確立と重なり合ってしまった限界が、この第3期において發現したとみることができよう。

　第1期、第2期との關連性を問う意味で、第3期は植民地社會事業「近代化」の結末を檢證する時期として位置づけられる。「近代化」政策によっ

てシステム化され、組織化された社會事業が國家優先主義と直結し、再編されて戰時體制の一部份を擔うこと、そして戰時體制下の強い統治力によって目的合理的な組織化が行われるパラドキシカルな狀況となったことが明らかである。社會事業の「近代化」による防貧ネットの整備や人々に認知され組織化されてきた社會事業が皮肉にもその組織力によって後方戰力充實のための裝置となっていき、軍事援護や戰時勞動力の確保に活用され、さらには方面委員自體が戰時體制下の「文化工作」要員となっていくのである。「方面委員制度」とは、1917年に日本においてはじめて設置され、臺灣、朝鮮においては1920年代に設置された「救貧、防貧」のための社會事業の中樞的役割を擔った地域單位の制度である。方面委員には地域の名望家が委囑され、社會事業行政と地域住民の間に立って、貧窮民や生活困難者の救援にあたった。

　　植民地體制下にあることと、さらに加えて戰時體制下に組み迂まれていくなかで、臺灣、朝鮮の植民地社會事業はさらに政治的意味合いを強めていくのがこの第3期である。第3期は戰時體制強化のための國民精神統合を圖る日本の中央教化團體連合會の設立に連なる臺灣、朝鮮兩地域の教化團體の設立時をそのはじまりと位置づける。臺灣は1934年に臺灣教化團體連合會が、朝鮮は1933年に朝鮮教化團體連合會が設立されて、臺灣、朝鮮ともに社會事業協會がこの連合體に吸收され、急速な戰爭遂行のプロパガンダの役割を果たすようになっていき、一般住民の防貧や社會事業の啟蒙的教化から國家主義精神の社會教化や軍事救護へと重點が移されていく時期である。臺灣、朝鮮において軍事救護が本格的となるのは1937年7月の日中戰爭開始以後であって、日本との間に時間差が見いだされるものの、社會事業界の大勢は日本と軌を一にするものであった。

## 7. まとめ

　　以上、臺灣における日本統治下社會事業政策について、3期に分けて概觀してきた。この報告では臺灣の福祉文化的基盤について述べることが少なかったので、最後にまとめに代えて、この課題について述べておこう。

　　臺灣における福祉文化、ボランティアなどの民間活動が日本、韓國と比較しても極めて活發であることは、今日も認められるところである。この研究では福祉文化的基盤を前政府時代、清朝末期の社會的救濟活動に求めているが、臺灣は原住民を含めて、福建、廣東、浙江地域の漢民族の福祉文化の

大きな作用を受けてきた。この地域に發展した「善會・善堂」については、夫馬進氏や梁其姿氏の詳細な研究がある（注 2）。「善會・善堂」は地域の經濟的、政治的中樞であった紳士富商等が、自らの似值觀や社會規範を慈善事業に托して普及を計った社會救濟事業と倫理的、教化的要素が組み合わされた民間活動である。

　臺灣では植民地社會事業創設期はもちろん、擴大期においても、こうした臺灣社會が有する活發な福祉文化的基盤が社會事業を支えてきた。日本の植民地統治下では、こうした活發な民間活動が、社會事業の「近代化」政策に取りこまれたが、その活力と社會的作用はとぎれることなく作用しつづけた。その結果臺灣では、植民地社會事業體制における「近代化」政策も一定の意義を有したとみてよい。總督府による社會事業の「近代化」政策と臺灣社會の福祉文化的基盤は、相互に拮抗しながらも作用しあい、植民地化以前とは異なる福祉システムを創造して一定の成果をあげた、といえる。

注 1 この報告は、拙著「帝國日本の植民地社會事業政策研究-臺灣・朝鮮-」（ミネルヴァ書房 2007 年 4 月）に依據し、これを再編、一部書き換えを加えてまとめたものである。

注 2 夫馬進著「中國善會善堂史研究」同朋社出版、1997 年、梁其姿「施善與教化─明清的慈善組織」聯經出版事業公司、1997 年。

## 表1　臺灣と日本における植民地社會事業創設期の社會事業關係法・制度。

| 清朝末期、臺灣の救助體系 |
|---|
| 窮民救助（院外・院内） |
| 行旅病死人救助 |
| 義食・助葬（義塚・寄棺など） |
| 旅行保護 |
| 救荒 |
| 水難救護 |
| 軍事救護 |
| 棄兒保護 |
| 寡婦保護 |
| 保甲制度（自警） |
| 動物保護 |
| 善會・善堂 |
| 勸善書の普及 |

| 1910年代の臺灣における社會事業法制度 | |
|---|---|
| 救貧・防貧 | 臺灣窮民救助規則（1899）<br>臺灣慈惠院規則（1904） |
| 旅行病死人救助 | 旅行病人及死亡人取扱法を臺灣に施行するの件(1899) |
| 救療 | 臺灣傳染病預防規則(1895)<br>臺灣鴉片令（1897）<br>海外諸港又は臺灣より來る癩患者の取扱に關する件（1907）<br>臺灣傳染病預防令（1914） |
| 罹災救助 | 臺灣罹災救助基金規則（1899） |
| 軍事救護 | 軍事救護法は朝鮮、臺灣及樺太に施行の件（1917） |
| 水難救護 | 臺灣水難救護規則(1900) |
| 經濟保護 | 質屋營業取締に關する律令（1903）<br>無盡業法に關する件 |

| 江戸時代末期、日本の救濟體制 |
|---|
| 義倉 |
| 病死人救助 |
| 地域鄰保(五人組) |
| 受刑者保護（人足小屋） |
| 赤子養育米制度?三子養育米制度 |
| 饑饉・災害時の炊き出し、小屋掛け |

| 1910年代の日本における社會事業法制度 | |
|---|---|
| 救貧・防貧 | 三子出産の貧困者へ養育料給與方(1874)恤救規則(1875) |
| 旅行病死人救助 | 行旅病人及死亡人取扱法(1899) |
| 救療 | 鴉片法（1897）<br>傳染病預防法（1897） |

| | | |
|---|---|---|
| など | | 精神病者監護法(1900)<br>癩預防法（1907）<br>トラホーム予防法（1919）<br>結核預防法（1919）<br>精神病院法（1919） |
| | 罹災救助 | 罹災救助基金法（1899） |
| | 軍事救護 | 傷兵院法（1906）<br>軍事救護法（1917）後に軍事扶助法に改稱 |
| | 水難救護 | 水難救護法（1899） |
| | 經濟保護 | 質屋取締法（1895） |
| | 教化・矯風 | 未成年者喫菸禁止法（1900）<br>娼妓取締規則（1900） |
| | 兒童保護 | 感化法（1900） |

註：筆者作成。

### 表 2　臺灣、朝鮮、日本內地の社會事業施設・機關 1 カ所當たり人口比較（1935 年度）

| | 施設・機關數 | 人　口 | 施設・機關 1 カ所當たり人口 |
|---|---|---|---|
| 臺　　灣 | 1418 | 5,316,000 人 | 3,749 人 |
| 朝　　鮮 | 289 | 21,890,000 | 75,744 |
| 日本內地 | 28909 | 69,354,000 | 2,396 |

注：人口は梅村又次 - 溝口敏行編《舊日本植民地經濟統計》東洋經濟新報社。1988 年。204 ‖ 205 頁よる引用。

## 表3　1935年社會事業の事業種類別數值と割合

|  | 臺灣（％） | 朝鮮（％） | 日本（％） |
|---|---|---|---|
|  | 184 (13.0) | 12 (4.2) | 2,504 (8.7) |
| 救護事業 | 291 (20.5) | 38 (13.1) | 308 (1.1) |
|  | 388 (27.4) | 115 (39.8) | 2,488 (8.6) |
| 醫療保護事業 | 79 (5.6) | 29 (10.0) | 916 (3.2) |
|  | 250 (17.6) | 51 (17.6) | 18,427 (63.7) |
| 婦人保護事業 | 1 (0.1) | 0 (0) | 26 (0.1) |
|  | 211 (14.9) | 44 (15.2) | 4,239 (14.7) |
|  | 14 (1.0) | 0 (0) | 1 (0.0) |
|  | 1,418 (100) | 289 (100) | 28,909 (100) |

注：筆者作成。

## 表4　臺灣、朝鮮、日本の經濟保護事業の種類別比較（再揭）

|  | 事業種類 | 臺灣（％） | 朝鮮（％） | 日本（％） | 計 |
|---|---|---|---|---|---|
| 經濟保護 | 職業介紹 | 5 (1.3) | 13 (11.3) | 673 (27.0) |  |
|  | 職業輔導 |  |  | 2 (0.08) |  |
|  | 授產 | 5 (1.3) | 7 (6.1) | 72 (2.9) |  |
|  | 宿泊保護 | 16 (4.1) | 6 (5.2) | 155 (6.2) |  |
|  | 住宅供給 | 11 (2.8) | 8 (7.0) | 不良住宅地區改良 7 (0.3) |  |
|  | 公設浴場 | 88 (22.7) | 6 (5.2) | 170 (6.8) |  |
|  | 公設市場 | 244 (62.9) | 30 (26.1) | 278 (11.2) |  |
|  | 公設質舖倉庫 | 15 (3.9) | 16 (13.9) | 1,061 (42.6) |  |
|  | 公衆食堂 |  | 1 (0.9) | 70 (2.8) |  |
|  | 公益理髮所 |  | 5 (4.3) |  |  |
|  | 公設洗衣場 |  | 9 (7.8) |  |  |
|  | 小資融通 | 4 (1.0) |  |  |  |
|  | 小農生業資金貸付 |  | 14 (12.2) |  |  |
|  | 計 | 388 (100.0) | 115 (100.0) | 2,488 (100.0) | 2,991 |

註：筆者作成。

## 臺灣・朝鮮・日本の年度別社會事業設立數比較

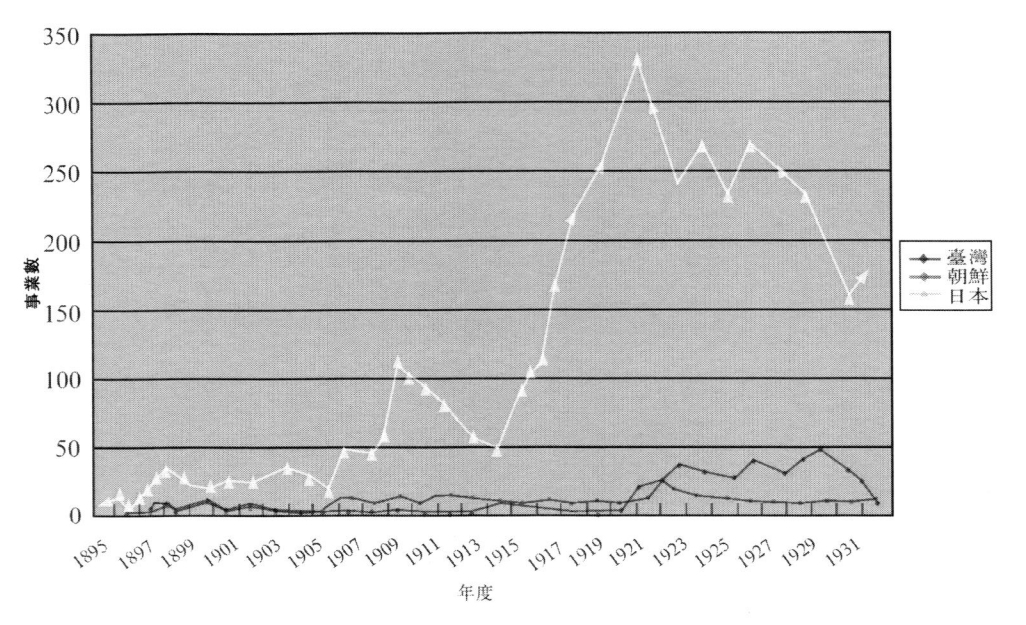

圖2　臺灣。朝鮮。日本の年度別社會事業設立數比較 1895 ‖ 1932）
資料：《日本社會事業年鑑 1933 年版中央社會事業協會付錄二社會事業施設一覽かり作成・ダラフ作為の基礎データは》卷末數據 1-1。1895 ‖ 1932 臺灣。朝鮮。日本の種類別社會事業創設數一覽ん參照。

|殖民地社會事業の形成|
|---|

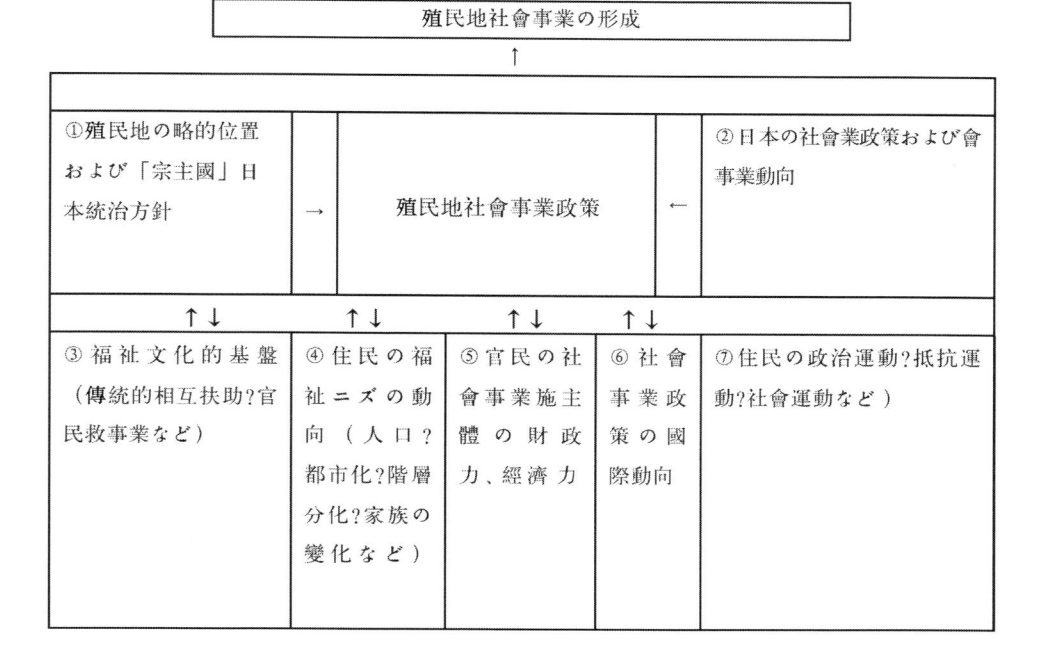

| ①殖民地の略的位置および「宗主國」日本統治方針 | → | 殖民地社會事業政策 | ← | ②日本の社會業政策および會事業動向 |
|---|---|---|---|---|
| ③福祉文化的基盤（傳統的相互扶助?官民救事業など） | ④住民の福祉ニズの動向（人口?都市化?階層分化?家族の變化など） | ⑤官民の社會事業施主體の財政力、經濟力 | ⑥社會事業政策の國際動向 | ⑦住民の政治運動?抵抗運動?社會運動など |

圖3　植民地社會事業形成の諸要素
注：筆者作成。

（作者單位：日本中京大學）

# 從恆春半島的視角來尋找臺灣殖民地化的思想淵源～關於18世紀以來歐洲的恆春半島初期形象的演變過程

羽根次郎

## 一、序

在臺灣殖民地歷史的分析上，恆春半島是重要地區之一。不僅是牡丹社事件，還有之前的羅妹號事件和拉寶德號事件等，此地發生了不少與船舶遇難事故有關的外交問題[1]。所以外國人對於恆春半島早就產生了興趣，這與清朝在牡丹社事件發生之後才設恆春縣形成了鮮明對照。

633

1874 年牡丹社事件就是在近代國家的歷史脈絡中企圖佔領臺灣的第一次國家規模軍事行動。表面上，明治維新新政府宣告的派兵目的是對攻擊 1871 年琉球漂流民殺害事件時參加殺害的原住民部落實行報復，但實際上計劃在軍事行動結束之後佔領臺灣東部。根據 Eskildosen 的研究，這一點已毋庸置疑[2]。據他說，在日本明治政府的東部臺灣佔領計劃之中，存在西洋在東亞的帝國主義。連接兩者的就是當時的前任駐廈門美國領事李仙德（C.Le Gendre），他在牡丹社事件時應聘擔任日方的參謀工作。

但是，當然佔領臺灣東部的計劃不會全部是他一個人構想的。我認為在西洋帝國主義的歷史脈絡中，透過尋找將佔領東部正當化的時代背景，才能更貼切地研究明治政府對於佔領臺灣野心的歷史性格。尤其有問題的是，臺灣南端的軍事行動怎麼會導致李仙德和日本政府如此理所當然的主張佔領整個臺灣東部呢？

本論文的目的在於根據十八世紀歐洲思潮中的南臺灣記述來分析 19 世紀後半期遊歷過恆春半島的歐美人的思想前提。與此同時也想探究這思想前提會對南臺灣尤其是恆春半島的空間認識產生怎樣的影響，就此來尋找如上問題的某些思路。

另外，文中引用部份的括號和著重號都是筆者標註的。

## 二、關於馮秉正的南臺灣記述與康熙時期漢籍史料的對照

論及歐洲對於恆春半島的印象，不得不提及曾為康熙帝師且卒於北京的耶穌教會傳教士馮秉正（Joseph-Anne-Marie de Moyriac de Mailla、1669～1748）。1720 年，於巴黎出版的耶穌教士信籤集《耶穌教會傳教士關於外國傳道具有指導意義且意味深遠的信籤集》（通稱耶穌會書簡集）中刊載了馮秉正的信籤[3]。或許是由於到去年為止，受康熙帝之命從事繪製臺灣地圖的緣故，信籤中花費了數十頁的筆墨來詳細描述臺灣。

其中，馮秉正對於南臺灣的情況也有所提及。據馮秉正所述，臺灣島北起雞籠寨（Ki-long-tchai），南至沙馬磯頭（Xa-ma-kî-teou）。也就是以面向恆春半島南端[4]連綿的山地為界分為東西兩。將「服從於中國人的福爾摩沙人（Les peuples de Formose qui se sont soumis aux Chinois）」劃分為稱作「45 社（Ch　）」的村落或住宅群落，北部 36 社，南部 9 社部份[5][6]。馮秉正論述了南部的 9 個村落過去本來是 12 個，但其中 3 個發起叛亂，以中央山脈為間隔向東部遷移等事例[7]。

更進一步，馮秉正以北臺灣的幾乎完全中國式（……les maisons peu de choses près, sont comme celles des Chinois.）為對照，將南部「多是外部覆以稻草的土質或是竹製的房屋」，甚至房屋內「椅子、長凳、桌子、床都沒有，一切家具都不存在」等事例一一列舉，指出了臺灣南北部之間接受中國大陸文化影響的差異。他強調南部住民的野蠻性還包括他們的飲食習慣，有如下記載：「他們飲食非常不衛生，沒有盤子、分食碟和碗，甚至沒有勺子、叉子和筷子。為吃飯準備的用具就是席上放著的板子，然後用手指抓著吃，簡直像猿猴一樣。」更甚，吃沒烤熟的肉，床是用樹葉做的，擅用弓箭等等都被他一一列出。[8]

馮秉正以上的記述給當時的歐洲人對南臺灣的記述帶來了非常大的影響。首先是1721年發行的雜誌《關於科學與藝術歷史的報告（Memoires pour l』Histoire, des Sciences et des Beaux Arts）》中，引用了馮秉正關於當地住民45個村落中，北部36社，南部9社的記述[9]。1736年在海牙（La Haye）出版的耶穌教會傳教士杜赫德（Jean-Baptiste Du Halde、1674-1743）所著《中華帝國及其所屬韃靼地區的地理、歷史、編年紀、政治和博物》（所謂中華帝國全誌，Description Géographique, Historique, Chronologique, Politique, et Phisique de l』Empire de la Chine et de la Tartarie Chinoise）[10] 以及1748年巴黎出版的《航海通史》（Histoire Générale des Voyages）[11]，不僅轉載了南部村落一說，還大體上沿襲了馮秉正關於南部住民未開化性認知的強調。不僅是法國，英國在1741年杜赫德上述著作的英譯版《The General History Of China》第三版出版時，關於臺灣的文章的英文譯本首次被登載[12]，因此使得馮秉正關於南臺灣的記述被載入英文文獻成為可能。

但是，馮秉正關於臺灣南部的記述是從怎樣的文獻中得來的呢？從他的信籤日期1715來考慮的話，蔣毓英的《臺灣府誌》（1685）、高拱乾的《臺灣府誌》（1695）、郁永河的《裨海紀游》（1697左右）、陳第的《東番記》（1603），大致是參考了以上四本文獻。所謂「服從於中國人的福爾摩沙人」想來指的就是「土番」、「歸化生番」和「熟番」。那些原住民部落被馮秉正分為45社，其中北部的36社是參考了生活於蘭陽平原被稱為「蛤仔灘三十六社」的記述，試看下表。

**表 1　康熙期文獻中的「蛤仔灘三十六社」**

| 年代 | 出處 | 內容 |
| --- | --- | --- |
| 1685（康熙二十四） | 蔣毓英《臺灣府志》卷之二，敘山，諸羅縣山。 | 「在鷄籠鼻頭山東南，有土番山朝社，其南即蛤仔難三十六社。」 |
| 1695（康熙三十四） | 高拱乾《臺灣府志》卷之一封域，山川，諸羅縣山。 | 「在鷄籠鼻頭山東南，有土番山朝社，其南即蛤仔難三十六社。」[同蔣志] |
| 1697（康熙三十六） | 郁永河《裨海紀游》卷上 | 「蛤仔難（音葛雅蘭）等三十六社，雖非野番，不輸貢賦，難以悉載。」（p.11） |

參照：詹素娟《社‧地域與平埔社群的成立》臺大文史哲學報第五十九期-2003 年 11 月 -p.135. 表中頁數遵循臺灣銀行經濟研究室版 1959。

　　其次，關於南部 9 社以及所謂發起叛亂的 3 社並沒有相關的記述。只是，康熙年間的鳳山縣仍處於屏東平原開發伊始的狀態[13]，清朝官員的視野是否已經擴展到琅橋仍是個很大的疑問。試想在同一平原南下途中開發前線的對岸看到的「社」這個歷史脈絡中，這不是以「鳳陽八社」為依據的嗎？

從恆春半島的視角來尋找臺灣殖民地化的思想淵源～關於18世紀以來歐洲的恆春半島初期形象的演變過程

日本部份

### 表2 康熙期文獻中的「鳳山八社」

| 年代 | 出處 | | 內容 |
|---|---|---|---|
| 1685（康熙二十四） | 蔣毓英《臺灣府志》 | 卷之四 物產，稻之屬 | 米秫（<u>鳳山八社土民種於園，米獨大</u>） |
| | | 卷之五 風俗，土番風俗 | <u>鳳山之下淡水等八社</u>，不捕禽獸，專以耕種為務，計丁輸米於官。 |
| | | 卷之七 賦稅，田賦，臺灣府 | 僞時征<u>鳳山縣屬下淡水等八社</u>土番男婦丁口米共計五千九百三十三石八斗。 |
| 1695（康熙三十四） | 高拱乾《臺灣府志》 | 卷五 賦役志，總論 | 如諸羅三十四社土番捕鹿為生、<u>鳳山八社</u>土番種地餬口，鄭氏令捕鹿各社以有力者經管，名曰贌社。……其<u>鳳邑八社</u>丁米，教冊、壯、少諸番，似宜一例通行徵米一石。 |
| | | 卷七 風土志，土產，稻之屬 | 禾秫（<u>鳳山八社土民種於園，米獨大</u>） |
| 1697（康熙三十六） | 郁永河《裨海紀游》 | 卷上 | 鳳山縣居其南，自臺灣縣分界而南，至沙馬磯大海，袤四百九十五里；自海岸而東，至山下打狗仔港，廣五十里。攝土番十一社，曰：<u>上淡水、下淡水、力力、茄藤、放索、大澤磯、啞猴、答樓，以上平地八社</u>，輸賦應徭；曰：茄洛堂、浪嶠、卑馬南，三社在山中，惟輸賦，不應徭；另有傀儡番並山中野番，皆無社名。（p.11） |

註：著者作成，表中頁數遵循臺灣銀行經濟研究室版 1959。

以上列舉的兩個表格中引人注目的是郁永河《裨海紀游》的記述內容。不僅僅是它的具體性，它與馮秉正記述的相似性也比其他兩部《臺灣府志》要高出許多。其中，關於南部村落分為9社的原因、除了「土番11社」之外，「傀儡社」不也是被認為作為一社而存在的嗎？這樣解釋，包括未歸順的3社的記述的問題也就變得全部符合邏輯了。

但是，要說馮秉正只參考了《裨海紀游》，卻又並不是這樣。收集與馮秉正關於南臺灣住民生活環境的記述相類似的文章後形成下表。

**表3　康熙期文獻中的相關記述**

| 年代 | 出處 | | 內容 |
|---|---|---|---|
| 1603（明・萬曆三十一） | 陳第《東番記》 | | 地多竹，大數拱，長十丈，伐竹搆屋，茨以茅，廣長數雉。（p.25） |
| | | | 器有床，無几案，席地坐。（p.26） |
| 1685（康熙二十四） | 蔣毓英《臺灣府志》 | 卷之五 俗，土番風俗。 | 南番尤窮於北番，…… |
| | | | 飯以糯米為之，熟則各以手捏團而食，…… |
| | | | 所用標槍，長五尺許，取物於百步之內，發無不中。 |
| | | | 竹木之類，隨手砍斷，捷於工匠，編籬造屋，俄頃可成。 |
| 1695（康熙三十四） | 高拱乾《臺灣府志》 | 卷七 風土志，土番風俗。 | 再入深山中，人狀如猿猱，長不滿三尺，見人則升樹杪。 |
| 1697（康熙三十六） | 郁永河《裨海紀游》 | 裨海紀游 卷下 | 室中空無所有，視有幾犬。（p.35） |
| | | | 山中多麋鹿，射得輒飲其血；肉之生熟不甚較，果腹而已。（p.35） |

註：著者作成《裨海紀游》的頁數遵循臺灣銀行經濟研究室版1959。《東番記》的頁數遵循以下書籍的頁數。沈有容《閩海贈言》臺灣銀行經濟研究室 臺北 1959年。

表中的文章，通觀整體，與馮秉正所著內容相似處甚多。很明確，馮秉正參考了這些文章無疑。但是，事實是，除了「南番尤窮於北番」的描寫之外，其他描寫全部只是作為指向全體臺灣少數民族的文章被提及而已。馮秉正誤將此作為了臺灣南部的特徵。而且，另一方面，關於北臺灣，介紹了房屋是中國式的。也就是說，馮秉正按照「南番尤窮於北番」的印象將清朝官員描寫的對於全體臺灣少數民族的印象僅僅附加在了南臺灣原住民的身上。無須多言，這種論調僅僅是為了確保全體原住民的野蠻性而已。儘管如此，也沒有硬要追求南北部住民之間文明度差異的必要吧。這樣一想，當時歐洲全體對於人種的看法仍有商討的必要。下一節會就此問題進行討論。

## 三、關於航海記

　　言及臺灣的記述除傳教士的文章外，航海記也不可不提。其中，作為對歐洲認識南臺灣產生深遠影響的航海記，《司徒老斯航海記》（Les Voyages de Jean Struys）占有非常重要的地位。此書的航海記錄中涉及關於遭遇南部臺灣住民的描寫。然而，此描寫雖只是一己之見，但透過此書的1681年阿姆斯特丹版[14]、1682年里昂版[15]、1720年阿姆斯特丹再版[16]及1730年阿姆斯特丹的再再版[17]等多次出版機會，正如我以下要論及的，此書對於歐洲認識南臺灣產生了巨大影響。

　　首先介紹一下它的記述內容。司徒老斯在文中對於自己遇到的臺灣南部原住民作出如下的觀察記述。

　　他的尾巴比腿還要長，上面佈滿紅色的毛髮，與牛尾非常相似。他解釋說此島南部的人全都長有尾巴，因此是氣候原因導致了這一畸形的存在[18]。

　　關於南臺灣有尾人的傳說，除了這個司徒老斯之外，其他的，無論哪部航海記或是地誌都未曾提及，因此此說的真偽在當時就引起了懷疑[19]。1727年在魯昂（Rouen）出版的《關於航海實用性與學術古代研究的優點》（De l'utilit des voyages et de l'avantage que la recherche des antiquitez procure aux sçavans）一書中，也就此說先做出了「司徒老斯關於福爾摩沙島的報告多少有些不可思議」這樣的預告後，對有尾人進行了介紹[20]。

　　但是，地球的某處是否真的存在有尾人，對這一人種學或是博物學問題持關心態度的知識分子在當時的歐洲並非是少數[21]。然而，在爭論有尾人是否存在這一論題時，與是否支持司徒老斯文章內容無關，他的文章都是不可忽略的資料。博物學大家布封（Georges-Louis Leclerc, Comte de Buffon、1707～1788）在論述有尾人時，雖先表示「我不知道司徒老斯關於福爾摩沙島的敘述內容是否全部可信」，但緊接著還是詳細介紹了司徒老斯的相關記述。從此事例中也能看出司徒老斯的記述在當時有尾人爭論中的重要性[22]。

　　如上所示，當時在有尾人的爭論進行中我們可知，舉出有尾人存在證據之一的司徒老斯的文章作為論據是比較普遍的。但是那時，司徒老斯的文章常常與在馬尼拉和婆羅洲等東南亞遭遇有尾人的記錄一併列舉的情況占大多數。這與當時人種學的潮流有很大的關係。在此，為了確認有尾人的存在位置，列舉出同一時代1768年出版的羅比耐的《關於人體形態漸變的哲學考察與自然

界造人的相關隨筆》（Considérations philosophiques de la gradation naturelle des formes de l'être ou les essais de la nature qui apprend à faire l'homme）[23]。

本書正如標題所述，是從人類史的角度來討論人種分類問題的文獻。其中，有篇題為《人類，及各個人種》（De l'Homme&des Différentes races humaines）的文章，將世界人種分為十四種類。但實際上這十四種人種的其中之一便設定了「有尾人」（Les Hommes à queue）這一人種範疇。可以預料，司徒老斯的記述與其他關於東南亞的記述作為論據一併在這裡出現[24]。

有尾人作為人類人種中的一種，與有尾人是以東南亞為中心分佈這一設想有很大關聯。為了對此進行確認，讓我們對當時歐洲的思想背景進行一下整理。18世紀的歐洲，已將事物的存在放入希臘哲學以後的傳統——「存在的連鎖」中進行思考，認識到事物的逐漸變化，各種事物逐漸變化的總和，結果導致了圓環構造，在此圓環構造中得到的認識被重視[25]。亞里士多德在《動物誌》的第8卷第一章裡如是說：

自然由無生物進展到動物是一個積微漸進的過程，因而由於其連續性，我們難以察覺這些事物間的界限及中間物隸屬於哪一邊。[26]

在文藝復興中得到重新評價的古希臘「存在的連鎖」的概念與近代的合理經驗主義日趨合流的時代潮流中，人與動物的界限被認定為本來就是模糊的存在。盧梭在《論人類不平等的起源和基礎》中，不禁對以往的旅行者們認為是「野獸」的與人相似的動物，實際上或許不是動物而是野蠻人這一問題而產生疑問，進而發表了以下論述。

旅行家們不加仔細研究，或者是由於這些動物在外形上與人有些差異，或者只是因為他們不會說話，便認為他們是獸類。其實這種野蠻人，因為他們那一種族自古就散居在森林裡，沒有機會發展任何一種潛在能力，沒有得到任何程度的完善化，所以始終處於最初的自然狀態[27]。

這樣想來，像猩猩這樣的大型類人猿與人類就不再是絕對對立的存在了。區分二者的差異，理性的強弱只是相對的，如果猩猩強化了理性甚至變得能夠使用語言，就可以完全變為人類[28]。而且，只有東南亞才有這種猩猩的棲息地。因此，作為保證猩猩與人「存在的連鎖」的中間者「有尾人」，就有其在東南亞存在的必要了。

而且不僅是人種學，在認定語言的使用與人類的定義有很深的聯繫之後，語言學界也舉出了「有尾人」的例子。例如以進化的歷史語言學揚名的語言學

者詹姆斯・羅伯特（James Burnett Monboddo（1714～1799））在其所著的《語言的起源和發展》（Of the Origin and Progress of Language）中就提及了有尾人的存在。而且，他的根據也無外乎是列舉出了婆羅洲、馬尼拉等的遭遇經歷以及司徒老斯的上述記述[29]。

當初便存在懷疑司徒老斯記述真偽的觀點。但是，作為同時代學術潮流需求的呼應，即使未曾出現在臺灣發現有尾人的第二人，上個世紀所著的文章仍被不斷引用。由此也就決定了南臺灣是由類人猿向人類連續變化的過渡地點，也就是由野蠻向文明的過渡地點這樣的印象。

此外，也有一些涉及臺灣南部的其他航海記。例如1726年在倫敦出版的《經由大南海的世界周遊》（A Voyage round the World by the Way of the Great South Sea）中有作者George Shelvocke等在從關島至紅頭嶼（Bottal Tobacco Xima）途徑臺灣南端的回航途中遭到當地住民射擊的記述[30]。但是在此之後提及此記述及引用的人並不多。然後是安森（Anson）的《南海航海記》（A Voyage to the South Seas）中也出現了對臺灣南端的描述[31]。《蘇格蘭雜誌》（The Scots Magazine）[32]與《航海、發現、旅行的新收集》（A new collection of voyages, discoveries and travels）[33]都對此書進行了轉載，可見，當時對此書內容的關注度很高。但是，單從考慮臺灣南端記事的角度來看，從馬里亞納群島的天寧島（Tinian）前往廈門方向，臺灣僅僅作為一個透過點而已[34]，與司徒老斯的記述所產生的影響不可同日而語。另外，1790年出版的《卞由斯基伯爵遊歷記》（Memoirs and Travels of Mauritius Augustus Count de Benyowsky）中也有以東臺灣為舞臺的描述[35]，但對於此後的南臺灣記述幾乎沒有產生任何影響。還有就是與未能趕上後面將要進行說明的《中國總誌》的出版（1785年）也有一定的關係。

## 四、《中國總誌》與克拉普羅特（Julius Klaproth）的「琅嶠」介紹

1777年至1785年在巴黎出版了馮秉正的《中國通史》（Histoire Générale de la Chine）全13卷[36]。最終卷第十三卷中還加上了為此書出版而提供幫助的格老塞的補充[37]。1785年，格老塞的補充部份以《中國總誌》（Description Générale de la Chine）為名在巴黎重新出版[38]。由此，馮秉正關於未開化性的記述與司徒老斯「有尾人」的記述首次被納入同一本書籍之中。而且，1788年在倫敦[39]，接著1795年在北美大陸的費城[40]，《中國總誌》

被相繼譯成英文版本出版。《中國通史》也在與巴黎出版的同年 1777 年於錫耶納出版了義大利語譯本[41]。

　　透過這兩本書的普及，可以認為在十八世紀這一階段對南臺灣的印象已經形成。也就是與北部相比南部尚未開化，而且似乎是為了表明其未開化性，它與其他的東南亞各地區一樣存在著「有尾人」。試參照 1796 年版的《大英百科全書》（Encyclopædia Britannica，又稱《不列顛百科全書》）的「Formosa」（福爾摩沙）欄，立刻就可以發現格老塞的英譯版中有關於南臺灣記述的轉載[42]。也就是說，直至 18 世紀九十年代，對南臺灣的印象才首次由歐洲人固定的提出。因此這樣的南臺灣認識在此之後不久又在博物學文獻及中國解說書等中被反覆提及使用。

　　此後，為南臺灣記述補充新情報的是德國漢學者克拉普羅特（Julius Klaproth、1783～1835）在 1824 年出版的《亞洲筆記：關於東方各族人民歷史、地理和語言學的調查研究》（Mémoires relatifs à l'Asie : Contenant des Recherches Historiques, Géographiques et Philologiques sur les Peuples de l'Orient）一書[43]。克拉普羅特雖為柏林出生的德國人，但在當時佔據世界漢學研究中心位置的巴黎亞洲協會（La Société Asiatique de Paris）中擔任評議會委員。巴黎出版、法語著成的此書中，克拉普羅特首次介紹了「琅𤩝」一名。他的文章如下。

　　福爾摩沙島最南端的沙馬磯頭（Cha ma ky theou）的南方，有個名為「琅𤩝」（Lang Khiao）的島嶼，退潮時很容易登陸。在那裡居住著土著居民（les indigènes）。他們養著很多的羊，據說對於外來者，那裡的空氣含有非常多的有害物質，中國人（les Chinois）非常害怕那裡出沒的惡魔和怨靈[44]。

　　以將「琅𤩝」作為島來認識為首，有關牧羊和靈魂的記載等等無疑讓人意識到這是錯認事實和帶有神秘主義的眼光。但在這裡有以下兩點希望能夠引起大家注意。一個是作為權威漢學者克拉普羅特的國際影響力；另一個是克拉普羅特並未引用格老塞的相關記述，而是就臺灣展開了新的論述。克拉普羅特與格老塞是能互通書信的朋友關係[45]，而且克拉普羅特在著作中時常會提及格老塞的文章[46]。由此看來，這是有意的未進行引用。也就是說，這是自馮秉正之後從中國發信的文章的翻譯。

　　正文的 33 頁與題為《福爾摩沙的詞彙》（Vocabulaire Formosan）的 21 頁附錄，共計 54 頁的克拉普羅特的臺灣記述[47]，如章名所述（中國書籍的摘錄（Extraite de Livres Chinois））是對清代的旅行記或地方誌進行的翻譯。其中，

只有涉及臺灣章節的英譯部份在 1824 年以《福爾摩沙島簡介》為題在《亞洲雜誌與每月叢報》（The Asiatic Journal and Monthly Register）中於倫敦發表[48]。更值得注意的是，關於琅橋這個地方大體全部譯出，可見對於琅橋這一地區是十分感興趣的。甚至在克拉普羅特原文發表的 5 年後，地理協會編輯的《世界地名詞典》（Dictionnaire géographique universel）新版第六卷在布魯塞爾和海牙出版時，還就「LANG-KHIAO」（琅橋）一詞添加了如下解釋。

琅橋：是位於福爾摩沙島與中國之間福爾摩沙海峽中澎湖列島中的島嶼。登陸琅橋島很容易。住民飼養很多羊隻。據說對於外來者，島上空氣十分有害。當地的中國人認為島上存在惡靈，因此對於登陸此島十分恐懼[49]。

在《亞洲筆記》中，將坐落於福爾摩沙南端南方的琅橋「島」在這本字典中列舉為澎湖列島之一的人，從執筆者的排列名單中不難發現此人正是克拉普羅特。對歐洲來說本來就將南臺灣作為不同性質的空間來把握的以往的視線，在選擇刻意不引用格老塞臺灣記述的克拉普羅特的琅橋記述中再度被強調。

克拉普羅特究竟參考了哪些文章呢？應該是受到了認為琅橋是沙馬磯頭南方浮出的島嶼的《蔣誌》的影響。關於鳳山縣山川風物的介紹，存在如下記述。

治之東，其山之最聳者，曰傀儡山……曰卑南覓山……轉而南，復折而西南，迭巒復岫，莫非山也。更轉而西出於海，為郎嬌山（在沙馬磯頭山東南，離府治五百三十餘里）、為沙馬磯頭山（在郎嬌山西北。其山西臨於海，山頂常帶雲，人視之，若有人形往來雲中，疑為仙人降游其上。離府治五百三十里），而山始盡，皆鳳山之佐輔也。[50]

不僅是蔣毓英，高拱乾的《臺灣府誌》（1695）和周元文的《重修臺灣府誌》（1718）中也直接轉用了以上的說明。臺灣當地官員認為從恆春半島至東南海上，也就是在巴士海峽中有座名為「郎嬌山」的山。考慮到「五百三十里」與「五百三十餘里」的距離表示的話，可能指的是七星岩，但七星岩卻又不具備能牧羊的面積。實際上，在乾隆的《大清一統誌》中也有關於「琅橋山」的記載。

自沙馬磯頭，一潮水可至，遠視微茫，舟人罕至，土番所居，地宜羊，去下淡水三百餘里，多瘴氣。[51]

此說與克拉普羅特的記述內容非常相近，克拉普羅特所指的中國書籍（Livres Chinois）恐怕多半指的就是乾隆的《大清一統誌》。只是，關於中國人恐懼登陸的內容，不僅在康熙、乾隆、嘉慶三代的《大清一統誌》中沒有描述，

在蔣毓英、高拱乾、周元文、範鹹等著的《臺灣府誌》中也未曾出現。關於這一點，可以參考一下以下陳文達《鳳山縣誌》（1720）的相關內容。

　　自鳳山溪南至於淡水等處，早則東風大作，及晡郁蒸，入夜寒涼．冬少朔風，不用裝綿。土多瘴氣，來往之人恆以疾病為憂。[52]

　　克拉普羅特將「瘴氣」直譯為「惡靈」（les génies malsesans），並沒有意識到它指的是惡性瘧疾（Pernicious malaria）。正如前面已經指出的，在這樣的翻譯中可以看出，想將南臺灣在空間上異化的歐洲對於南臺灣的認識。這其中並沒有對當時東臺灣記述中常見的原住民的野蠻性（或是與此帶有表裡關係的單純樸素）進行強調；也未對在西臺灣描述中受中國支配下而產生的文明性（或是與此帶有表裡關係的狡猾虛偽）加以強調。一言以蔽之，南臺灣在歐洲的認知體系中是作為缺乏現實性的空想空間被定位的。

## 五、「拉寶德」號事件——臺灣「東南部」的發現

　　如上三節所論述，在歐文文獻之中有關南臺灣的記述都只是些片段。然而，這些片段的知識，在歐洲對東/東南亞的空間認識中一邊游離於現實之外，一邊遵循著他們的眼光被整理，反覆著言論的再生產。尤其是對司徒老斯的有尾人記述的引用，翻來覆去，重複不止。例如，1830年在比利時蒙斯（Mons）出版的《泛神論，即一切宗教的起源》（Le Panthéisme, ou lorigine de toutes les religions）中，以司徒老斯為首，參照菲律賓民都洛（Mindoro）島 Mangian 等地的有尾人記述，對定位猩猩的問題做出如下論述。

　　如果猩猩是不說話的人，民都洛島 Mangian 與臺灣島南部住民就都是說話的猴子。因此，這裡正是賢者應該探求人類的起源的地方。[53]

　　其實，十八世紀後半期的權威博物學者布盧門巴赫（Johann Friedrich Blumenbach）和格麥林（Johann Friedrich Gmelin）早就否定存在有尾人[54]。但是如上面引用所示，還是經常有不少人把尋找人類起源與猩猩相關聯，司徒老斯的記述也仍被不停引用。

　　到了 1830 年代，住在廣州的歐美人開始發行雜誌，其代表就是 1832 年在廣州創刊的《中華叢報》（The Chinese Repository）[55]。這本雜誌為盡力普及有關臺灣的知識，刊登了史迪芬（Edwin Stevens）的《福爾摩沙》（Formosa）[56]和藍鼎元的《鹿州文集》的部份翻譯[57]等。但是奇怪的是，雖然是從自然資源、經濟狀態、當地社會、原住民、政治制度和海運等較為全面角度來對臺灣概況進行的介紹，但居然沒有報導有關南臺灣住民的新知識。

從恆春半島的視角來尋找臺灣殖民地化的思想淵源～關於18世紀以來歐洲的恆春半島初期形象的演變過程

日本部份

在這種情況下,一個事件爆發讓人們感到了刷新南臺灣認識的必要。

1851年5月,英國砲艦「羚羊」號（Antelope）在臺灣南端海上航行時,救助了三個冒著追捕者的槍林彈雨坐小船逃過來的英國人。然後判明了這三個人原來是〈拉寶德〉號（Larpent）的船員,這只船於1850年從利物浦起航,在前往上海的途中下落不明[58]。〈羚羊〉號把他們護送到上海,然後由滬英國領事阿禮國（Rutherford Alcock）從他們那裡聽取事件詳情。

天亮時,我們兩隻小船（boats）都往海岸駛去,然後大家都登陸了。不久就有四個居民（inhabitants）下到沙灘來,他們都不是中國人（Chinese）,而應是屬於原住民部族（the aboriginal tribes）之一。他們好像企圖盜竊我們的行李,但是我們用短劍將他們趕走了。因為船長害怕土著那方懷有敵意,所以下令將兩隻小船（boats）放回海上。……（船長決定換個地方再登陸）……然後小艇（launch）再度前往海岸,船員在擂缽狀的山附近登陸了。大家在一起把小艇拽上岸,開始準備修船和吃飯。但其間卻有人從附近樹林裡用火繩槍射擊我們,數人傷亡,剩下的九個人到達海岸駛船逃去,土著就坐排筏追過來。不太會游泳的二等船長副手Griffils受到襲擊被馘首。Berries和Harrison一起逃到一塊岩礁,可是在這裡要過兩天都沒有食品和水的日子。木匠Blake和見習生Hill向不同的方向逃跑了。Berries和Harrison饑餓難耐強行再登陸時就碰到大約50個土著人。他們最開始把火繩槍的槍口轉向兩個人,不過沒開。這兩個人沒穿衣服,因此兩個女性把纏在腰上的布料送給他們。還有一個年長男人帶他們兩個人回家。在三天之後,坐排筏的Harrison懇求在海上的中國人用舢板搭救他。但是坐在舢板的男人們對他見死不救。……[59]

原來的三十餘名船員,最後除了Berries、Blake和Hill之外,都在兩個登陸地點被殺了。漂流者在登陸時先遇到搶奪再被殺,這種情形在1867年美國船隻〈羅妹〉號漂流至恆春半島南灣時又再度出現。但是我們不能認為這不過是故意的殘忍行為。東亞海域一直存在本地人或本地權力對漂至海岸物品的「遭難物佔取」的慣例,它有時甚至包括對人命的「佔取」。其後隨著國際關係建設的完備,漂流民遣送體制也逐漸建立起來。但在清朝的國家權力滲透不深的地域仍然存在這種慣例[60]。

Berries和「年長男人」共同生活了四個月,然後被賣給一個叫做Kenah的「一個住在相隔五英哩地方的中國人」。Blake和Hill雖然逃到「一個中國人村落」,但是最後被賣到「沿內陸方向再深入八英哩的地方」。然後Berries夥同其他兩個人成功逃至一個叫做San Sianah的村落。那裡有一個官員親切地照顧他們,

在之前的主人之妻追來時,也給她贖金了事。就在這時,海上出現了〈羚羊〉號[61]。

「拉寶德」號 3 名船員遇救的新聞使在華的歐美人士受到巨大衝擊。首先,英國海軍輪船「火蛇」號訪問事件現場調查餘下的行蹤不明的 27 人的消息[62]。然後巴夏禮(Harry S.Parkes)為獲得臺灣的新訊息於 1851 年訪問臺灣[63]。不過這些調查毫無結果地結束了。因此,將要進行調查的美國也只得放棄[64]。

當時,臺灣海域屢次發生遭難事故,英國鴉片運輸船「水鬼」號(Kelpie)於 1848 年 10 月在從香港到上海的途中下落不明,1849 年「色拉」號(Sarah Trottman)在南臺灣海上消失蹤跡[65],所以漂流者在臺灣島被拘禁這種傳言不脛而走[66]。「拉寶德」號倖存者獲救的消息也代表這種傳言或許屬實。

但是需要注意的是,關於殺害「拉寶德」號船員的恆春半島居民,除了「貧窮」「牧羊」「有尾人」「瘴氣」之類的空洞形象之外,對他們歐美幾乎不掌握任何具體的知識與形象。因「拉寶德」號事件而形成的印象就這樣直接變為他們對當地居民的印象,當地居民在他們的言論中被定義為野蠻的劊子手。1857 年 3 月 2 日,香港美商魯濱內(William M.Robinet)在寄給美國駐華代辦伯駕(Peter Parker)的書信裡說道:

「珍珠」號(Pearl)也去了臺灣東南端,在那裡聽到了美船遇難的事。……福爾摩沙人口可以分為四種,即住(inhabit)在島西側的中國人(Chinese)、占(occupy)在東部和中央部的原住民(aborigines)、占(holding)東南端某處的若干食人者(cannibals)、居(reside)於南部和其東西周邊地方的 Kalis。[67]

以中央山脈為界,東邊是原住民的地區,西邊是中國人的地區,這種臺灣認識在杜秉正的時代早已確立,不值得驚訝。在這裡引人注目的是魯濱內在「東」「西」兩個框架裡插入「南」和「東南」這兩個新範疇(請參考本論文最後的「地圖 1」)。

Kalis 這個詞無疑是「傀儡」的音譯,比如說黃叔璥《臺海使槎錄》中把「傀儡番」描寫為一個區別於「琅橋十八社」和「鳳山番(所謂鳳山八社)」的原住民部落群。但是我們應該認為,在這裡 Kalis 不代表「傀儡番」,而代表住在恆春半島南部的與外來者頻繁接觸的低地原住民。19 世紀的恆春半島,原住民與(福佬人客家人之類的)漢人居民的關係與低地原住民和高地原住民之間很不一樣。以斯卡羅為典型的低地原住民與漢人村落的關係非常密切,並不符合

「原住民」在現代語境裡所該有的語氣[68]。魯濱內對 Kalis 的好印象可能是透過漢人村落得到的。

與此相反，牡丹社和高士佛社等恆春半島的高地原住民，與漢人村落的關係比較疏遠，結果置身於被視為野蠻的眼光裡[69]。對他們來說，恆春半島東岸北邊也屬於自己的行動圈範圍內，也不少遭遇到漂流者。但是他們缺少將保護的漂流民遣送至低地居民地區的網絡，網絡不足意味著他們要自己負擔救助難民的費用，這並不輕鬆，這種情況形成了高地原住民殺害外來者的一個背景[70]。魯濱內用「holding」「cannibals」這些詞也反映當地（以福佬人村落為主的）漢人居民對於這種局面的態度。

那麼，在「西部」「東部」這兩個空間認識的框架之中，為何要特意安排「東南端某處」這麼狹小的範圍呢？這正是說明魯濱內對於（據說在那裡發生的）「拉寶德」號事件受到的衝擊之大。與魯濱內有過交流的廣州美商奈奇頓（Gideon Nye Jr.）在 1857 年 2 月 10 號寄給伯駕的書信裡如下寫道：

島的東南部是非常兇殘的混血人種（mongrel）的領域，他們與住在西部的中國人（Chinese）之間存在著持續的敵對關係[71]。

伯駕受到奈奇頓的影響，2 月 12 日寄信給華盛頓的國務卿。

我們有很多證據能讓人相信，許多歐洲人，尤其是中國的朋友和國民，成為了野蠻人邪惡的殘酷性的犧牲品。我們非常期待合眾國政府在臺灣，尤其是野蠻人現在居住的臺灣東南部，為謀求人性、文明、航海和商業利益而果斷的採取行動。[72]

東南部原住民被迫背負著一個與「中國人」和「歐美人」都敵對的、孤立的、野蠻人的符號。這與魯濱內用充滿好感的筆致介紹的南部 Kalis 形成鮮明的對比。為了使〈拉寶德〉號事件發生地點與以往田園詩般的南臺灣形象不發生矛盾，把事件現場設定為「東南部」，那麼脫離「南部」就是非常方便的了。由於地理上的切斷工作，〈拉寶德〉事件的噩夢成為了展開東南部殖民地化構想的動力。我們在上述伯駕的書信裡就這一點可以作出明確的確認。

## 六、作為結論——甸和（Robert Swinhoe）的琅𤩪記述

我們在上節中確認了「東南部」被捲入到殖民地化構想的經過。那麼，餘下的「南部」地區怎麼樣？如上所述，魯濱內對南部居民懷有非常的好感。與被列舉為佔領主體的原住民和食人種相對，Kalis 是作為居住主體被列舉的。它

與作為居住主體的「中國人」描寫有著等價關係。總之，除了「中國人」之外，只有 Kalis 獲得了正面評價。

有趣的是，魯濱內認為「Kalis 是原住民、中國人、爪哇人和馬尼拉人的混血種」（a mixed race of aborigines, Chinese, Javanese, and Manila-men）[73]。據他所述，Kalis 是跨人種的族群，這個框架其實很像 18 世紀人種學為了建設猩猩與人類之間的過渡地點而空想南臺灣存在有尾人。18 世紀歐洲博物學從人種的連續性這個角度來把握人類，魯濱內所寫的南臺灣，在此等同於恆春半島的形象，也無法擺脫這個認識框架的影響。

「混血種」的表述在其後的記述中一直被繼承。1858 年，英國軍艦〈堅定〉號（Inflexible）為搜索行蹤不明者而訪問臺灣島，甸和（Robert Swinhoe）也作為翻譯陪同前往[74]。一行人於同年 6 月 7 日離開廈門[75]，15 日到達琅橋灣，冒著驚濤駭浪在離琅橋灣南邊的村落很近的地方登陸[76]。甸和評論當地居民說：

「當地居民泰半為混血種，許多婦女是純原住民」[77]

「她們的膚色比一般漢人深褐很多，頭髮照其族人的方式編成辮子，並與紅色棉布交纏編繞，此外穿得就如漢人婦女一般」。[78]

甸和 1864 年再次訪問恆春半島[79]，先由海路經過楓港，最後在琅橋灣上岸而進去了琅橋地區規模最大的村落車城。他在車城又如下注目當地人在人種方面的混血性。[80]

「多半的婦女，從她們的頭飾看來，像是土著的後代，但多少有些間隔。」

接著甸和訪問了傀儡番（Kalee）的部落，甸和這裡所用的 Kalee 的意思和魯濱內的 Kalis 相一致。甸和參觀房屋，感想是「都有中國文明的跡象」「男人的頭髮剃成中國式的。頭髮編成短的髮辮，繞在頭頂上。」這些感想不僅指出了他們與中國的親近性（Chineseness），但同時他也沒忘記強調人種方面的混淆性。

這附近的傀儡番人，身材上相當的不同。有些很高壯，有些矮而寬闊。有些膚色為黃褐色，跟膚色最淺的漢人工人階級差不多，有些則相當的深褐。他們在臉形上也不一樣。有些頭很大，下顎寬，像馬來人；有些則接近蒙古人的類型。他們的眼皮大多在內眼皮處往下削減，兩眼分隔很遠。……[81]

甸和也像魯濱內那樣將傀儡番設定為跨人種的人群。在當時，由於他在學術和政治領域裡有一定的影響力，所以其相關記述確定了恆春半島是人種混淆

地區這樣的定位。必麒麟（W.A.Pickering）、李仙德（Charles Le Gendre）、休斯（T.F.Hughes）、畢齊禮（Michael Beazeley）和泰勒（George Taylor）等19世紀後半期所有的訪問者都給恆春半島南端居民起了「混血者（Half Caste）」之名。

　　不用說，定義「混血」理所當然地需要設定「純血」觀念，雖然如此，人群的自我認同卻是個隨著歷史的演變而形成的相對概念，因此「純血」只有作為同時代的假設才能存在。它畢竟或多或少地帶有故事性，在這裡就出現了講話人插入意圖（就是說歐洲對臺灣的眼光）的空間了。這意圖是什麼？我認為總結為如下三點：1.保護南臺灣作為由「存在的連鎖」概念而產生的以往空想的過渡性地區的形象。2.為此起見，將殺害〈拉寶德〉號船員的當地居民（＝純血的野蠻人）與以往的南臺灣形象分離，而將前者納入新形成的「東南部」形象中。3.儘管如此，還要確保「東南部」和「南部」的（比如人種方面的）連續性。

　　與南部正相反，東南部被給予了極端的負面評價。其原因就在於《拉寶德》事件的強烈衝擊導致了原本僅憑空想的恆春半島的正面印象產生了巨大反動。但是，作為結果，這反動成為了連接南部與以往被視為蠻夷的東部之間的一個媒介。東南部在人種方面可以與南部找到聯繫，在野蠻性方面可以聯繫到東部。我們在這種空間認識裡能夠發現，李仙德在藉口對南臺灣進行軍事攻擊企圖佔領東部時兩地之間存在的關係性。

西部
中國人

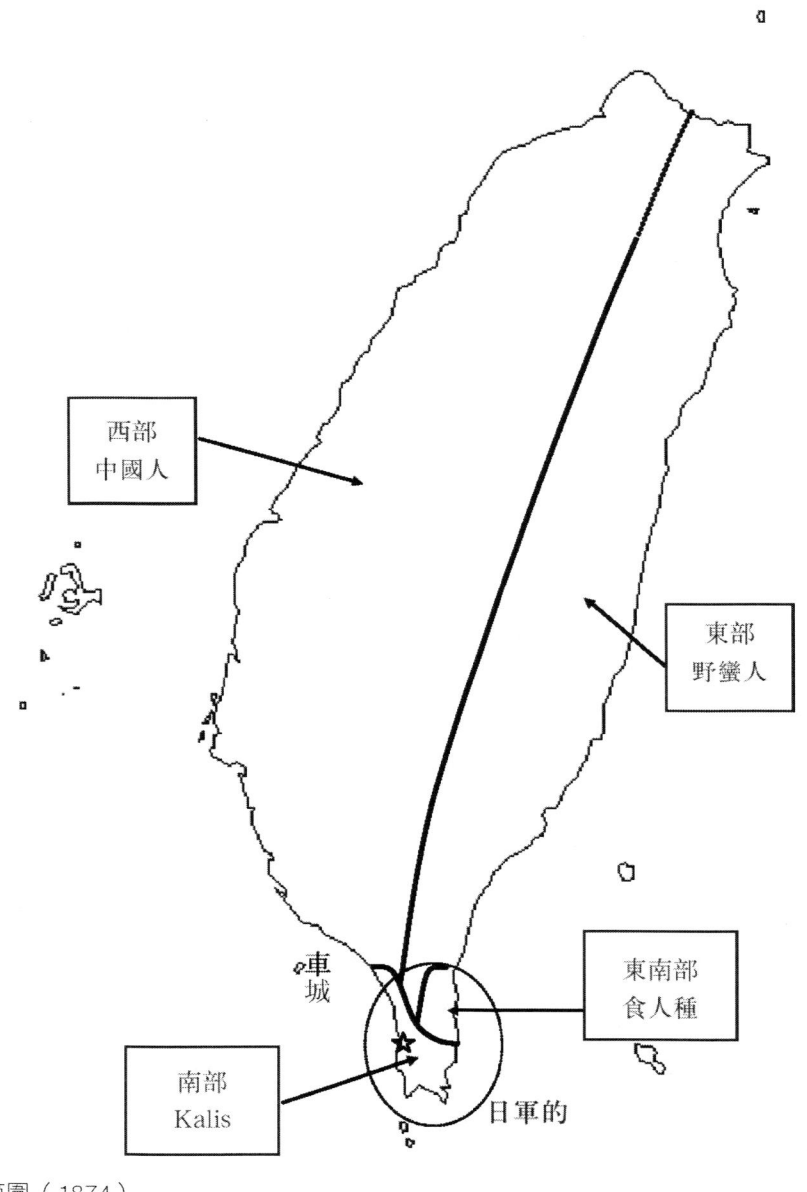

東部
野蠻人

車城

東南部
食人種

南部
Kalis

日軍的

行軍範圍（1874）

（作者單位：日本一橋大學）

從恆春半島的視角來尋找臺灣殖民地化的思想淵源～關於18世紀以來歐洲的恆春半島初期形象的演變過程

日本部份

## 註釋：

[1]關於羅妹號事件，請參考拙稿《ローバー號事件の解決過程について》，「日本臺灣學會會報」，第10號，2008年5月。關於拉寶德號事件請見本論文第五節。

[2]ロバート・エスキルドセン《明治七年臺灣出兵の植民地的側面》、明治維新史學會報《明治維新とアジア》、吉川弘文館（東京）、2001年。

[3]Lettres Edifiantes et Curieuses, Ecrites des Missions Etrangeres, par Quelques Missionnaires de la Compagnie de Jesus, XIV.Recueil, Paris, Nicolas le Clerc, 1720.

[4]關於沙馬磯頭指的是恆春半島南端的鵝　尾和貓鼻頭兩個海角中的哪一個，《恆春縣誌》（1895）主張是前者，伊能嘉矩和安倍明義主張是後者，尚無定論。（屠繼善《恆春縣誌》，臺灣銀行經濟研究室（臺北），1960年，p.253。安倍明義「臺灣地名研究」，蕃語研究會（臺北），1938年、p.280。）

[5]Lettres Edifiantes et Curieuses, Ecrites des Missions Etrangeres, par Quelques Missionnaires de la Compagnie de Jesus, XIV.Recueil, Paris, chez Nicolas le Clerc, ruë S.Jacques, proche S.Yves,　l』Image Saint Lambert, 1720，pp.19～20.

[6]Ibid.，p.39.

[7]Ibid.，pp.48～49.

[8]Ibid.，pp.39～44．

[9]Memoires pour l』Histoire, des Sciences et des Beaux Arts, De L』Imprimerie de S.A.S. Trevoux，&se vendent　Lyon, Chez les Freres Bruyset, F　v 1721，pp.255～256.

[10]J.B.Du Halde, Description G　graphique, Hisorique, Chronologique, Poltique, et Phisique de l』Empire de la Chine et de la Tartarie Chinoise, Tome Premier, Henri Scheurleer：La Haye, 1736，pp.180～181 and 183.

[11]Histoire G　n　rale des Voyages, ou Nouvelle Collection de Toutes les Relations de Voyages par Mer et par Terre, Tome sixi　me, Paris：Didot, 1748.pp.57 et 59.

[12]Du Halde, The General History of China, the Third Edition, Volume the First, London：printed for J.Watts, 1741，pp.176～177 and 179～180.

[13]簡炯仁《「鳳山八社」平埔族大舉遷移潮州斷層》，簡炯仁《屏東平原平埔族之研究》，稻香出版社（板橋（臺北縣）），2006年。

[14]Glanius, Les Voyages de Jean Struys, en Moscovie, en Tartarie, en Perse, aux Indes，&en Plusiers autres Païs　trangers, Amstredam, la Veuve de Jacob van Meurs, 1681.

[15]Les Voyages de Jean Struys, en Moscovie, en Tartarie, en Perse, aux Indes，&en Plusiers autres Païs　trangers, Tome Premier, Lyon：C.Rey&L.Plaignard, 1682.

651

[16]Glanius, Les Voyages de Jean Struys, en Moscovie, en Tartarie, en Perse, aux Indes，&en Plusieurs autres Païs étrangers, Tome Premier, Amsterdam：Aux dépens de la Compagnie, 1720.

[17]Geanius, Les Voyages de Jean Struys, en Moscovie, en Tartarie, en Perse, aux Indes，&en Plusieurs autres Païs étrangers, Amsterdam：Jean Sincere, rue Véritable, au Miro, 1730.

[18]Glanius, Les Voyages de Jean Struys, en Moscovie, en Tartarie, en Perse, aux Indes，&en Plusieurs autres Païs étrangers, Amsterdam, la Veuve de Jacob van Meurs, 1681，p.53.

[19]Abbé Grosier, L'isle Taï-ouan ou Formosa, in Joseph Anne Marie de Moyriac de Mailla, Histoire Générale de la Chine, Tome Treizieme et Dernier, 1785，p.172.

[20]M.Baudelot de Dairval, Des Voyages, et de l'Avantage que la recherche des Antiquitez procure aux Sçavans, Nouvelle Edition, Tome Premier, Rouen：Charles Ferrand&Ganteria, 1727，pp.114～115.

[21]存在異形異種人的怪人傳說在近代以後仍在持續的原因，與從古代開始便根深蒂固的基督教世界觀有很大的關係。請參照以下論文。松元一喜《帝國隱喻的世界——近代初期的歐洲對野蠻的繼承》，《語言與文化》第10號，愛知大學語學教育研究室（愛知縣豐橋市），2004年1月。

[22]Daubenton&De Buffon, Histoire naturelle, générale et particulière, avec la description du Cabinet du roy, Tome Troisième, Paris：l'Imprimerie royale 1749，pp.402～403.

[23]J.B.Robinet, Considérations Philosophiques de la Gradation Naturelle des Formes de l'être ou les Essais de la Nature qui Apprend à Faire l'Homme, Paris, Charles Saillant, 1768.

[24]十四種人種按下序列舉：①有尾人、②黑人、③（非洲西南部）霍屯督人、④其他的Kaffir（對非洲黑人蔑稱）、⑤歐洲的拉普人、亞洲的薩莫耶德爾人、美洲戴維斯海峽的野蠻人、⑥臉和身體上佈滿毛髮的野蠻人、⑦奧斯蒂亞克人、⑧韃靼人、⑨中國人、日本人等、⑩印度人、腳掌巨大的人、波斯人、阿拉伯人、埃及人、摩爾人、[11]西班牙人、葡萄牙人、法國人、英國人、荷蘭人、德國人、瑞典人、波蘭人、丹麥人、[12]義大利（義大利）人、土耳其人、希臘人、切爾克斯人、格魯吉亞（喬治亞）人[13]巴塔哥尼亞人、即巨人。

[25]山田仁子將亞里士多德的自然界的連續性整理為：①界限不明的連續性②直線排列的連續性兩點。可以將這兩點視為重視連續性「存在的聯繫」概念的根源。詳

情請參考以下論文。山田仁子《看「存在的聯繫」中推論的展開》,《語言文化研究》（德島大學）第 9 號, 2002 年 2 月。

[26] 亞里士多德（顏一譯）《動物誌》, 苗力田主編《亞里士多德全集》第四卷, 中國人民大學出版社（北京）, 1996 年, p.270.

[27] 盧梭（李常山譯、東林校）《論人類不平等的起源和基礎》, 商務印書館（北京）, 1962 年 12 月, p.169。

[28] 川上惠江《從歐洲思想史看動物觀的變遷》、《文學部論業（歷史學篇）》（熊本大學）第 89 號、2006 年 3 月。連續性的考慮人類與動物之間的關係的觀點在《關於人體形態漸變的哲學考察與自然界造人的相關隨筆》的《有尾人》文章的開頭部份有相關記述:「看到猩猩時,我們不得不提出這樣的疑問:要變成人類,這隻猩猩還欠缺什麼？」（A la vue de l'Orang-outang on est tent　de demander, que lui manque-t-il pour　tre un homme？）我們看到這樣的問題後,就能理解其中的思維方式。

[29] James Burnett Monboddo, Of the Origin and Progress of Language, Vol.I, Second Edition, Edinburgh：printed for J.Balfour and T.Cadell, London, 1774, p.262～267.

[30] Capt.George Shelvocke, A Voyage round the World by the Way of the Great South Sea, London, 1726, pp.438～439.

[31] Anson, A Voyage to the South Seas, and to Many Other Parts of the World, Performed from September 1740, to June 1744, London：R.Walker, 1745.

[32] The Scots Magazine, Vol.XI, Edinburgh：printed by W.Sands, A Murray and J.Cochran, 1749, pp.275～276.

[33] A new collection of voyages, discoveries and travels, Vol.III, London：printed for J.Knox, 1767, p.473 and 478.

[34] Anson, op.cit., p.303.

[35] Augustus Count de Benyowsky, Memoirs and Travels of Mauritius Augustus Count de Benyowsky, translated from the original manuscript, in two volumes, London：printed for G.G.J.and J.

[36] 許明龍《歐洲十八世紀「中國熱」》, 山西教育出版社（太原）, 1999 年, p.117。

[37] Joseph-Anne-Marie de Moyriac de Mailla, Histoire G　n　rale de la Chine, ou Annales de Cet Empire, Traduites du Texte Chinois, Tome Treizieme et Dernier, Volume de Suppl　ment, r　dig　par l』Abb　Grosier, Paris：Moutard, &d』Artois, 1785.

[38]M.l'Abbé Grosier, Description Générale de la Chine, ou Tableau de l'État Actuel de Cet Empire, Paris：Moutard，&de Madame Comtesse d'Artois, Tome Premier, 1785，pp.168～169.

[39]Abbé Grosier, A General Description of China, Vol.I, London, printed for G.G.J.and J.Robinson, 1788.

[40]Abbé Grosier, A General Description of China, Vol.I, Philadelphia, printed by Dunning and Hyer, for Robertson and Palmer, 1795.

[41]Joseph-Anne-Marie de Moyriac de Mailla, Storia generale della Cina：ovvero Grandi Annali Cinesi；

  Tradotti dal Tong-Kien-Kang-Mou, Siena：F.Rossi, Stamp.del.pubb.，1777.

[42]Encyclopædia Britannica；or a Dictionary of Arts, Sciences, and Miscellaneous Literature, Third Edition, Vol.VII, Edinburgh：printed for A.Bell and C.Macfarquhar, 1796，pp.351～354.

[43]Julius Klaproth, Mémoires relatifs à l'Asie：Contenant des Recherches Historiques, Géographiques et Philologiques sur les Peuples de l'Orient, Tome Premier, Paris：Dondey-Dupré père et fils, 1824.

[44]Ibid.，p. 352.

[45]Ibid.，p.28。

[46]Ibid.，pp.414～421.

[47]Ibid.，pp.321～374.

[48]A Concise Account of the Island of Formosa, interpreted from M.Klaproth's Extracts of Chinese Authorities, The Asiatic Journal and Monthly Register for British India and Its Dependency, Vol.XVIII, Jul to Dec 1824，pp.575～580.

[49]Une[sic]Société de Géographes, Dictionnaire géographique universel：contenant la description de tous les lieux du globe intéressans sous le rapport de la géographie physique et politique, de lhistoire, de la statistique, du commerce, de lindustrie, etc.，Tome Sixième, Paris：A.J.Killan, Ch.Picquet, etc.，1829，p.24.

[50] 蔣毓英《臺灣府誌》卷一封域誌，山川，鳳山縣山，1696（康熙三十五）年。本文引用蔣毓英等撰《臺灣府誌三種》，中華書局（北京），1985年，pp.37～38。句號和括號為筆者後加、括號內表示兩行的夾注。

[51]《大清一統誌》、臺灣府、山川，1710（乾隆四十九）年。

[52]陳文達《鳳山縣誌》，卷之七風土誌，氣候，1720（乾隆五十九）年。在此引用臺灣銀行經濟研究室版（臺北），1961年，p.85。

[53]François Bouvier, Le Panthéisme, ou l'origine de toutes les religions, Mons：Hoyois Derely, 1830.

[54]岡崎勝世《リンネの人間論――ホモ・サピエンスと穴居人（ホモ・トログロデュッテス）》、《埼玉大學紀要（教育學部）》第41卷第2號、2006年3月。

[55]The Chinese Repository, Vol.I, No.1，Canton, May 1832.

[56]Edwin Stevens, Formosa, The Chinese Repository, Vol.II, No.9，Canton, Jan 1834.

[57]Remarks on Formosa, respecting the rebellion of Choo Yihkwei, with suggestions for quelling insur rections, and for the improvement of the island, The Chinese Repository, Vol. VI, No.9，Canton, Jan 1838.

[58]The Chinese Repository, Vol.XX, No.5，Canton, May 1851.

[59]Ibid.

[60] 參考了以下研究。

金指正三《近世海難救助制度の研究》、吉川弘文館，東京，1968年。

荒野泰典《近世日本と東アジア》、東京大學出版會，東京，1988年10月、第118～120頁。

春名徹《漂流民送還制度の形成について》，《海事史研究》第52號，日本海事史學會（東京）、1995年7月。

渡邊美季《清代中國における漂著民の處置と琉球》（1）、（2）、《南島史學》第54號、第55號，南島史學會，東京，1999年11月，2000年9月。

[61]The Chinese Repository, Vol.XX, No.5，Canton, May 1851.

[62]James W.Davidson, The Island of Formosa, Past and Present, Yokohama：Japan Gazette, Jan.1903，p.112.

[63]Ibid.，p.113.

[64]Ibid.，p.113.

[65]Ibid.，p.111.

[66]George Williams Carrington, Foreigners in Formosa 1841～1874，San Francisco：Chinese Materials Center, Inc.，1978，pp.133～176.

[67]W.M.Robinet to Peter Parker, Hongkong, Mar.2,1857，The Executive Documents, Printed by Order of the United States, Second Edition, Thirty-Fifth Congress, 1858～1859，and Special Session of the Senate of 1859，Washington：William A.Harris, 1859，pp.1211～1215.

[68] 拙稿《關於牡丹社事件之前 Boutan（牡丹）的含意》，若林正丈、松永正義、薛化元主編《跨域青年學者臺灣史研究論集》，稻鄉出版社（板橋〈臺北縣〉），2008 年 12 月。

[69] 拙稿《關於牡丹社事件之前 Boutan（牡丹）的含意》，若林正丈、松永正義、薛化元主編《跨域青年學者臺灣史研究論集》，稻鄉出版社（板橋〈臺北縣〉），2008 年 12 月。

[70] 詳細情況請見拙稿《「南岬之盟」和琉球漂流民殺害事件》，2009 臺灣史青年學者國際研討會報告論文，臺北，2009 年 3 月 20～22 日。

[71] Gideon Nye, Jr.to Peter Parker, Macao, Feb.10,1857，The Executive Documents, Printed by Order of the United States, Second Edition, Thirty-Fifth Congress, 1858～1859，and Special Session of the Senate of 1859，Washington：William A.Harris, 1859，pp.1203～1205.

[72] Peter Parker to the Secretary of the States of the U.S.，Macao, Feb.12,1857，The Executive Documents, Printed by Order of the United States, Second Edition, Thirty-Fifth Congress, 1858～1859，and Special Session of the Senate of 1859，Washington：William A.Harris, 1859.

[73] W.M.Robinet to Peter Parker, Hongkong, Mar.2,1857，The Executive Documents, Printed by Order of the United States, Second Edition, Thirty-Fifth Congress, 1858～1859，and Special Session of the Senate of 1859，pp.1211～1215.

[74] 史溫侯《福爾摩沙島訪問記》，費德廉（Douglas L.Fix）、羅效德（Charlotte Lo）編譯《看見十九世紀臺灣—十四位西方旅行者的福爾摩沙故事》，如果出版社（臺北），2006 年，p18。原文自 Rovert Swinhoe, Narrative of a visit to the island of Formosa, Journal of the North-China Branch of the Royal Asiatic Society, 1，May 1859，pp.145～164.

[75] 同上。

[76] 史溫侯《福爾摩沙島訪問記》，p22。

[77] 史溫侯《福爾摩沙島訪問記》，p22。

[78] 史溫侯《福爾摩沙民族學記事》，費德廉（Douglas L.Fix）、羅效德（Charlotte Lo）編譯《看見十九世紀臺灣—十四位西方旅行者的福爾摩沙故事》，如果出版社（臺北），2006 年，p36，原文自 Robert Swinhoe, Notes on the ethnology Formosa. London：Frederic Bell, 1863，Extracted from a paper read before the Ethnological Society, and read at the British Association[for the Advancement of Science]in August 1863.

[79] Robert Swinhoe, Additional notes on Formosa, Proceedings of the Royal Geographical Society of London, 10,1866，p.124..

[80]Ibid. 據甸和說,他們到 Lungkeaou 了,這 Lungkeaou「村子有圍牆,我估計約住有一千名漢人(Chinese)。」「距海灘有點距離」。我們如果尊重李仙德的記錄,恆春縣設縣之前的 1860 年代,在恆春半島諸村落當中只有車城才有圍牆。因此我認為他進去的村落可以斷定為車城。(史溫侯《福爾摩沙記行附錄》,費德廉、羅效德《看見十九世紀臺灣——十四位西方旅行者的福爾摩沙故事》,p.58。)

[81] 史溫侯《福爾摩沙記行附錄》,費德廉、羅效德《看見十九世紀臺灣——十四位西方旅行者的福爾摩沙故事》,p.60。

# ▌後藤新平與臺灣～對殖民統治與文明之間關係的考察[1]

春山明哲

「若論及領有臺灣時是否曾有何種準備行為,可以說,當時對於所謂文明的殖民政策,幾乎是沒有任何準備的。……敝人銜命前往臺灣時,……其實上下各階層的觀點均認為宜將臺灣以一億日圓賣出。」

——後藤新平《日本植民政策の史的經濟的關係》[2]

## 序言「時勢」召喚「後藤」

今年(2009年)7月18日,在東京日比谷幸町的日本 Press Center 大樓舉行了第三屆後藤新平獎頒獎典禮。本屆的獲獎者是緒方貞子女士。緒方女士曾為聯合國的難民事務高級專員,對全世界的貧窮、難民問題多有涉獵,是國際知名的人士。緒方女士在獲獎演說中不僅提及後藤新平的「自治」思想,也談到與經濟學者 Amartya Sen 共事的經驗,以及其多年好友——已故鶴見和子女士的所謂「內發之發展」的相關社會學理論。不管後人如何評價他的事跡,後藤新平這個名字,總是與現代世界的地域社會安定和「開發」聯結在一起。

後藤新平獎的首位獲獎者是臺灣的李登輝先生。據聞,對於李先生的政治經歷與後藤對臺灣經營的歷史評價,世間頗有一些論爭。臺灣過去曾經發生過「臺灣近代化論爭」[3]。後藤究竟是對臺灣近代化有貢獻的人物,或者他扮演的只是殖民地支配者的角色,以劉銘傳為開端的臺灣自主發展也因為他而遭受阻礙?根據某位臺灣史研究者的說法,在現今的臺灣歷史學界中,後藤是頗具「爭議性」的人物,對後藤新平的評價與好惡,往往呈現兩極化,但是,針對後藤新平的徹底研究實際上並不多。

在此，擬對日本學界中對後藤新平所抱持的觀點和研究情況作一概觀[4]。在日本，像後藤那樣，屢屢被「回想」起的人物並不多見，而其原因，可以說正是所謂的「時勢」召喚出了「後藤式作風」。

在1929年4月後藤去世之後，感到「落寞」的相關人士成立了後藤新平伯傳記編纂會，費時8年進行數據的收集、整理之後，由鶴見佑輔執筆出版了人物傳記《後藤新平》[5]全集4卷。此傳記被北岡伸一譽為「在近代日本的政治家傳記中首屈一指者」，日後並成為「後藤新平形象」的基調。該傳記還有一點令人深感興味，那就是編纂時所使用的數據。根據相關人士的回想，後藤新平自己留下的資料便已卷帙浩繁，僅是整理其本人留下的文書，便已耗時兩年。此些數據即為今日所留存之「後藤新平文書」。筆者認為，後藤確實有意「保存」這些文書，甚至也考慮過這些數據日後可能會被「公開」作為史料。

1943年，《後藤新平傳臺灣統治篇上‧下》[6]2冊的普及本出版。當然，後藤新平是被當時的「大東亞共榮圈」和「對南方的關心」等「時勢」「召喚」出來的。鶴見在《臺灣統治篇下》寫了一篇附記：「後藤伯的臺灣統治和大東亞共榮圈」。從篇名很容易認為鶴見在附記裡談的不外「乘時局之機」，其實並非如此。鶴見認為，後藤的一生幾乎都在臺灣時代的延長線上，他身為國內政治家，將大半的精力都耗費在與保守勢力的折衝當中，可以算是一個挫敗的人物。

第二次世界大戰後的「戰後日本」又重新「召喚」後藤，是在後藤100週年冥誕的1957年左右，以及1965年前後。特別是1965年那一陣子，明治維新將近百年，日本人在檢證所謂「近代日本」時，後藤的定位特別受到注目。此外，在面對高度成長所帶來的公害、都市問題時，後藤也會被視為先知先覺者。杉森久英的傳記小說《大風呂敷》成為暢銷書，也大約在此時。另外還有一件事情不太廣為人知：關於上述檢證過程和傳記《後藤新平》的復刻，中國文學研究者竹內好、作家武田泰淳、哲學家鶴見俊輔等人，都扮演了主導的角色。

20世紀60年代中葉的後藤熱潮過後，20世紀70～80年代，陸續有一些關於後藤的研究論文及著作出刊。而「後藤新平文書微卷」問世之後，則成為日本近代史研究或殖民地時期臺灣研究的基本史料。

「時勢」召喚「後藤」，而根據召喚方式，人們對後藤新平的形容便各有不同[7]。譬如後藤同時代的人物形容他是「大風呂敷」，矢內原忠雄稱他是「資本主義的基礎工程」執行者，也有人說他是「調查政治家」（Charles A.Beard）、

「科學政治家」（信夫清三郎）、「國士政治企業家」（前田康博）、「理性獨裁」（溝部英章），還有戴國輝將後藤神話批判為「後藤的孫悟空化、猿飛佐助化」。

後藤新平於1898（明治31）年赴臺灣任職，本文的目的在於探討當時的「時代條件」所召喚出的「後藤」，也就是後藤所謂的「文明殖民政策」。雖然此處所謂的「文明」或許也可以直接視為「帝國主義者」的修辭，但是這樣的話，似乎又太小看了在「文明開化」時代背景下歷經青少年階段的，也身為明治維新時東北「落敗者」的後藤之「思想」。

## 一、後藤新平的思想形成

後藤新平於1857（安政4）年生於陸中國膽澤（ISAWA）郡鹽釜村（現在的岩手縣奧州市水澤區），父親為仙臺（伊達）藩留守家的家臣後藤實崇（SANETAKA），母親名為利惠。如果想要探討後藤的出身對其思想形成所造成的影響，有兩點是很重要的。

其中之一為後藤家族出身的人物——高野長英（1804～1850）。高野為幕府末期的醫生、蘭學者，因為批評幕府的政治而系獄，並日後自殺。因為身為「謀反者子弟」，後藤在少年時代一直處於被欺負狀態，但是日後，後藤知道高野是維新和文明的先覺者，因此而致力於發掘高野的著述。

另一件更重要的事，是仙臺藩參加奧羽越列藩同盟，而於戊辰戰爭中敗北。留守家家臣因此只有兩條路可以選擇——遷移至北海道以保住士族的地位，或是在水澤地方歸田務農。後藤的家族選擇了歸田務農。身為明治維新中「落敗者」之一員，後藤必須跨越極大的障礙，才能登上明治國家的晉升之階。幸好維新後擔任膽澤縣大參事的安場保和獨具慧眼，看出「落敗者」少年後藤的才華，為後藤提供了學習的環境。

只要研究一下後藤所受的教育，便可發現時代的轉換輪替。後藤生於幕府末期具有學識涵養的武士之家，自幼習得儒學、漢文、漢詩、國學、和歌等傳統學問素養，除此之外，雖然並非十分正式，後藤也接觸過西方的學問。

1873（明治6）年，時年16歲的後藤進入福島小學第一校附屬洋學校學習英文，另外也跟隨市川方靜學習數學和測量。其後，又於縣立須賀川醫院附屬須賀川醫學校學習物理、化學、解剖學、生理學、藥劑學、治療學等，於1876（明治9）年以19歲之齡畢業。對於後藤而言，須賀川時代可以說是其與「文明」邂逅的時期。

1876（明治9）年，19歲的後藤前往名古屋，在愛知縣醫院及其醫學校服務。由於澳洲人醫師Roretz的影響，後藤開始對衛生警察和裁判醫學（法醫學）感興趣。翌年1877年西南戰爭爆發，後藤在大阪陸軍臨時醫院等擔任外科治療、軍事醫療、檢疫等業務，受到石黑忠德（日後的陸軍軍醫總監）的賞識。

1881年，後藤以24歲之齡兼任校長和醫院院長，並於1882年負責醫治在岐阜遭到歹徒襲擊而負傷的板垣退助，因此在全國聲名大噪。為板垣療傷的這一段故事，被傳頌為可以顯示後藤「膽識」的軼聞。筆者認為，後藤應該是在這個時候深刻體會到報紙這種新興「媒體」的威力。

在名古屋時期，後藤的關懷點從醫學擴大到衛生行政、法醫學等「醫學與社會」之間的關係，也向轉任愛知縣令的安場保和，提出衛生行政、醫學教育等方面的建議。（在此順便一提，後藤的夫人——和子，即安場的次女。）

關於後藤對臺灣的認識，明治15年時他寄給長與專齋的書信應該算是一個起始點。後藤在該書信中提及明治7年的「臺灣出兵」，並謂：「在下之所以喜歡外科，其實是奠基於對臺灣之役，後又於西南之役中醞釀升溫」[8]。

1883（明治16）年，時年26歲的後藤遇上人生重大的轉機——應當時的內務省衛生局長長與專齋之邀，轉至內務省衛生局任職。後藤擔任衛生行政官僚時，初期的工作便是視察新潟、群馬、長野的衛生事業。在視察過程中，後藤也進行了重視「習慣」和「自治」的社會調查。所謂「衛生為本能的作用」的後藤式「思想」，就是在這個時候開始萌芽的。

1889（明治22）年，後藤出版了《國家衛生原理》[9]。這本著作乃是衛生學、行政學的「三部曲」——《普通生理衛生學》（翻譯）、《國家衛生原理》、《衛生制度論》之一，想要瞭解後藤的思想，尤其是政治思想，這本《國家衛生原理》是極為重要的線索。此書不僅包含有後來深受後藤喜愛的「生物學原則」的思想，也顯示出後藤十分重視存在於國家和個人之間的「社會」。

此外，《國家衛生原理》這本書，和後藤殖民政策的思想形成也有很深的關係。以下是後藤本人的回想[10]。

「由英國的William Farr撰書立著的Vital statistics堪稱為屈指可數的名著，吾人亦從衛生的觀點對其進行研究，而初次發現殖民與人生之間有著深遠又偉大的關係。因此，在統治臺灣之後，吾人的殖民政策出發點，與當時殖民政策論者的主張，從根本上便完全相異。（中略）吾人以生物學的變遷觀點進行考察，始終未改其志。」

所謂「殖民與人生之間的深遠偉大關係」，究竟指的是什麼呢？後藤在《國家衛生原理》中論及「衛生與理財的關係」之章節中，對英國統計總監、醫學博士 William Farr 針對生命價值的相關著作《生命統計學》作了簡介，並針對「人口對經濟上的價值」、「殖民與母國之間的資本關係」等[11]，有一些敘述。

《國家衛生原理》出版的翌年，即1890（明治23）年，後藤前往德國留學，時年33歲。後藤在德國學習了衛生制度、細菌學、社會政策、統計學、國勢調查等等，還與細菌學者北里柴三郎結識，成為終生的莫逆之交。後藤在慕尼黑大學取得醫學博士學位，並曾經出席萬國衛生・民勢會議（倫敦）、萬國紅十字會議（羅馬）等。對於後藤而言，德國的留學經驗使他首次實際體驗到「近代文明」，也使他對社會政策的關心及知識層面有所提升。

1892（明治25）年歸國後，後藤出任內務省衛生局局長，依序提出了醫師制度改革、勞工健康保險制度的構想等政策。此外，還與福澤諭吉共同支持北里柴三郎所提建設傳染病研究所的構想。這個時期的後藤，在社會政策的行政手腕算是春風得意的，不過，由於「相馬事件」，他瞬間從前途似錦的仕途階梯上跌落。「相馬事件」是指相馬家族的家督相續（戶主繼承）與法醫學上的判定所引起的騷動，後藤亦捲入此事件，因而入獄半年，並且失去了衛生局長的職務。雖然最後東京地方裁判所、控訴院均作出無罪判決，並於明治27年12月作出無罪判決確定，但後藤的「出仕發跡」之道卻可以說是完全無望了。後藤在晚年時公開了相馬事件的紀錄，並在回憶中提到：當時的裁判鬥爭乃是「為了人權而戰」。在審視後藤這個人時，絕對不能忽略這件堪稱「與國家權力對峙」的「牢獄、裁判鬥爭經驗」。

將墜入「地獄底層」的後藤重新「召喚」出來的，是甲午戰爭這個「時勢」。當時的石黑，正面臨甲午戰爭歸國士兵檢疫這個重大課題，向兒玉源太郎建言應起用後藤。後藤於是到臨時陸軍檢疫部部長兒玉源太郎底下擔任事務官長一職，負責歸國士兵、軍夫的檢疫業務。後藤開發、引進當時最新式的檢疫技術，並在大型項目計劃中親臨第一線指揮。此時的檢疫事業，充分發揮了「對先端科學技術的應用」和「項目型事務的推動」等，後藤所謂「社會的技術力」之特徵。檢疫事業的成功使後藤復職為內務省衛生局長，並向伊藤博文提議以甲午戰爭的賠償金進行名為「明治恤救基金案」的綜合性醫療、社會事業等構想。能夠得到兒玉源太郎、伊藤博文等明治時期卓越領導者的賞識與信賴，可以說是後藤翻身成為「醫國上工」[12]的重要契機。

## 二、1898（明治31）年的臺灣——殖民地統治崩潰的危機

1898（明治31）年3月，後藤新平陪同臺灣總督兒玉源太郎前往臺灣，出任臺灣總督府民政局局長（6月因官制改正而改稱民政長官），其後8年多的期間，在臺灣大顯身手，經營這塊殖民地。如果要檢視後藤「臺灣經營」的內容和特徵，首先必須對兒玉・後藤就任當時的情勢和課題加以掌握。以下將簡單說明幾點概要。

第一點是軍事和治安層面。在1895年5月至1898年3月的三年期間，臺灣各地均有抗日武裝運動。臺灣的抗日行動以「臺灣民主國」的建國宣言為嚆始，之後由割據於各地的武裝游擊隊（日方稱為「土匪」）陸續起事。關於這一連串的抗日蜂起，雖已有詳細的研究成果[13]，但是真實情況仍有許多不明之處。臺灣住民的抗日武裝行動，以及實際上應該稱為「殖民地臺灣征服戰爭」的日方武裝行動，這二者對臺灣的統治究竟帶來了何種影響呢？本文希望由此觀點先進行一些討論。

首先是臺灣的地方行政組織與地域社會自治組織的崩潰，導致活用當地既有行政機能、以「間接統治」臺灣的策略成為不可能的任務。由於許多領導地方社會的名望家、知識分子投身義勇軍力戰而死，人才方面的損失相當嚴重。臺、日雙方武力對決所造成的第二個效應是，必須賦予總督府的警察行政和司法以維持治安的強權即決機能。在武裝抵抗的持久戰過程中，政治目標，即所謂的抗日，已漸漸淡化，一般住民對游擊戰的協力也轉向弱化，相對的警察角色便日趨重要。第三個效應是：如何面對日益膨脹的統治成本問題。對統治者而言，嘗試將一般的地方行政和被賦予強權的警察行政一體化，以壓縮成本，以及將臺灣住民組織化，並賦予輔助警察的功能，都是嚴肅的考驗。

對於兒玉・後藤而言，如何結束延續三年的「戰爭狀態」，恢復治安，並掌握臺灣島民的人心，應該是最重要的課題。

第二點，是外交、國際政治層面的問題。眾所周知，「三國干涉還遼」的結果，迫使日本將遼東半島歸還給清朝。據說，「臺灣民主國」「獨立宣言」的背後，也有部份清朝官員的策劃，希望讓臺灣問題躋身國際問題，促使法、英、俄等國等出面干涉，進而阻止臺灣割讓給日本。另一方面，其實抗日軍隊也對列強軍隊的馳援抱有期待。此外，日軍的無差別報復行動，例如1896年的「雲林事件」等，也在國際間引起了反響，使日本政府不得不花些心思以保護在臺的西洋各國商人的利權和安全。畢竟，對明治日本而言，最大的外交課

題——修改條約已經箭在弦上，不能讓臺灣的狀況演變成國際糾紛的導火線，阻礙日本與列強間的外交關係。後藤新平曾經指出，臺灣的統治是在「列強環伺」狀態下進行的[14]。

至於第三點，與日本本國政治的動盪不安有關。由於甲午戰爭後的經營核心課題——工業革命與強化軍備，使藩閥政府與政黨之間的對立合作關係趨於複雜化，內閣也歷經了第二次伊藤→第二次松方內閣→第三次伊藤的更迭，兒玉、後藤於1897年6月赴臺灣就任時，正值被稱為首次政黨內閣的大隈內閣（「隈板內閣」）成立，但大隈內閣只維持不滿5個月即告瓦解，由第二次山縣內閣起而代之。明治29年，臺灣統治轉移為民政時期，日本政府同時也頒佈了法律第63號（即所謂「六三法」），規定了臺灣總督在實質上的立法權。但這也只是政府和議會的政治妥協成果，屬於暫定措施，並設有3年的效期規制。

第四點便是財政、金融問題[15]。此問題在臺灣經營中乃是最為構造性的問題，以下擬稍加詳細討論。

1895（明治28）年，松方大藏大臣和阪谷芳郎等大藏省幹部在構思特別會計制度、金本位制、臺灣銀行等臺灣的財政金融制度時，曾經以Kirkwood主張的殖民地財政自主（香港、錫蘭等）作為參考。明治28年度的臺灣相關經費是從臨時軍事費特別會計中支出的，總額（決算額）高達2789萬日圓，相當於一般會計歲出總額8531萬7000日圓的33%，可以說是一筆巨額支出。

明治29年度的臺灣相關經費為1814萬3000日圓，約占一般會計歲出總額1億688萬600日圓的11%，從該年度開始，臺灣的相關經費改由一般會計中支出。預算的編列是參考清朝時期的租稅制度，以地租、鴉片、製茶、製糖、樟腦等作為財源，在稅入預算中，預定從臺灣島內徵收668萬日圓。其中，預計鴉片專賣收入為356萬日圓，占稅入的53%，但由於走私和鴉片製造遲緩等原因，使鴉片的實際收入為零。因此，在明治29年度的預算中，臺灣的稅入扣除稅出（經費）後的不足額694萬日圓，只好以一般會計補足。

雖然從明治30年度開始施行臺灣總督府特別會計法，但稅入不足的狀況依然持續，在明治30年度預算的稅入額（決算）1128萬日圓當中，有596萬日圓（53%）是以清朝的賠償金支應挹注的。該年日本已依貨幣法施行金本位制，但臺灣卻無法實質施行。在兒玉‧後藤赴臺就任的明治31年度預算中，井上馨大藏大臣提出對臺灣補充金減半——從600萬日圓減少為300萬日圓的方

針。除此之外,臺灣銀行的設立也因無法募足資本而處於難產狀態。對於1898年的財政狀況和臺灣經營問題,可以彙整如下。

臺灣財政由於稅入不足以及經費增加,不得不倚賴日本本國的金援,因此對日本本國造成財政負擔。

為了確保日本本國在甲午戰爭後的軍事·產業振興財源,地租的增征成為政治課題。日本政府·議會逐漸意識到:臺灣經營其實扮演著「扯後腿」的角色。

第三次伊藤博文內閣的井上馨大藏大臣提議將對臺補充金從600萬日圓減半為300萬日圓,並提出臺灣財政獨立方針。

1898年的臺灣,處於統治系統面臨「瓦解危機」的時期。兒玉·後藤的任務便是要達成日本本國所要求的「最低限度的」政策課題,迴避來自內外的批判,亦即終結島內的「戰爭狀態」、恢復治安;避免與西歐列強發生摩擦,以利於條約的修訂;藉由削減補充金、以減輕本國的財政負擔。但是,以當時臺灣的條件,是否足以執行如此積極的統治政策呢?其實是相當令人懷疑的。

後藤有「意志和能力」在臺灣實現「文明的殖民地統治」,這是「歷史的偶然」。我們也可以說,後藤在日本處理甲午戰爭的「善後」(臺灣)和日俄戰爭的「善後」(滿鐵)時,二度因國家的危機而「受到召喚」。國家有恙,身為醫生,後藤開出了什麼樣的處方箋去醫治國家的「疾病」或「傷勢」呢?

## 三、後藤新平對臺灣統治的建言

(一)對於鴉片制度的意見

後藤於1895(明治28)年9月復職為內務省衛生局長,並應芳川顯正內務大臣之請,於本年11月提出了「對臺灣島鴉片制度的意見[16](臺灣島阿片制度ニ關スル意見)」,此一意見並於日後遞交給臺灣事務局總裁伊藤博文總理大臣。

後藤首先提出了「對於嚴禁鴉片的首案(阿片嚴禁に關する第一案)」,其表示:即使必須部署兵力、並會喪失龐大的關稅收入,仍然應該斷然並盡速地將鴉片嚴禁,但是,在考慮熟悉實際情況的反對意見之後,後藤又認為「對於嚴禁鴉片的第二案(阿片嚴禁に關する第二案)」有其必要,因此作出下列提案。

如同本國的現行制度一般,由政府專賣,且不允許自由貿易通商。藉由衛生警察制度的施行,從而奠定政府威信的第一步。

如同本國的現行制度一般,設置特許藥鋪,除了藥用的鴉片之外,均禁止買賣。

憑醫師的診斷對中毒患者交付手冊等,實施時應採取適切的方法、恰當的處置,以防止弊害、並逐步謀求對舊習的改良。

以輸入稅額3倍的價格販賣,以減少需求,並增加國庫的收入,同時將此收入充作殖民衛生之用(小學校等的教育、町村醫生的配置、醫院的建設等)。

1896年2月3日,臺灣事務局採用了上述後藤的第二案,並向內閣呈報,以閣議作成決定。接著,伊藤總裁應樺山資紀臺灣總督之請,透過芳川內務大臣徵求後藤對制度施行方法的意見之後,後藤作成了「關於臺灣島鴉片制度施行的相關意見書(臺灣島阿片制度施行ニ關スル意見書)」[17]。

從這二份意見書中均可窺見後藤的「思想」原型,因此特別令人感到饒富興味。其中值得注意的是,上述第二案在日後被稱為「漸禁政策」,但後藤本人在此案中卻並沒有使用「漸禁」的字眼。如下述「關於臺灣島鴉片制度施行的相關意見書」[18],後藤說是「嚴禁政策的第二說」。

「愚見所提出之首案建議公佈嚴厲的命令,以兵力親臨,殲滅染有惡習、或不奉政令之民,以期不留禍根。而達此目標所需之兵力,至少也須二個師團以上,且勢必歷時數年,或許損失其兵員的半數以上。」

「愚見的第二說則是將鴉片定為政府專賣,嚴格禁止抽鴉片煙,僅限對於染有中毒症者,在藥用的目的下許可其吸食鴉片煙」,此為「不採用兵力,而以警察之力代之。」

接著後藤又作了下列說明。

「若欲執行第二案、並在鴉片嚴禁事務上取得成果,接受任命者必須能夠洞察此事的艱困,堅忍不拔,並預期於數十年後畢竟其功,如此始能初步著手。若將此案交至怠於一日之安逸、惑於眼前的收入者之手,或謀事者認為此種政策對於新領地人民而言是應欣喜接納之物,因此在執行上勢必十分容易、可以速了,因而草率謀事,最終導致對此政策的延誤,此為吾人最為憂心之事。」[19]

後藤日後還說到:「沒耐性而缺乏忍耐力的政治家是否真有把握能夠貫徹此目的(嚴禁政策)呢,吾人實不以為然」[20]。臺灣住民300萬人當中,有30

萬人有吸食鴉片的習慣，即使退一步以15萬人而論，若其三分之一 - 即5萬人 - 因違反規定而入監，對於監獄又必須進行何種建設呢？若有土匪攻擊、破壞監獄，應該怎麼辦呢？關押者若有暴力舉動時又應如何處理呢？是否會動員兵力而造成流血的慘案？即使上述問題可以動員兵力而獲得解決，這又可以稱得上是仁政嗎、難道不是文明的虐政嗎？根據後藤本人的回想，鴉片的漸禁政策和專賣法其實是基於生物學觀點而推行的政策。

接下來，後藤又列舉了①鴉片行政的機關、②鴉片行政警察的施行方法、③鴉片財政等3項作為制度施行時不可或缺之物。對於②的施行方法，後藤認為，必須對臺灣在地居民的知識、吸食鴉片癖性的歷史關係等10個項目加以詳細地掌握，同時，也必須對臺灣的風土民情加以親近、進行調整。因此，後藤針對「諭告文（告示）的大意」、「鑑札雛形（許可證範本）」的正面、反面、「通帳雛形（手冊範本）」的封面、背面、表記號碼、告示文謄寫等，均作了十分具體的提案。

此外，後藤還對鴉片財政作了下列警告。

「在可見鴉片制度的成功之前，其實際收入絕對不可充作臺灣的普通行政費用之用。」

「若鴉片的收入經常會充作其他行政費用之用，則可能有因財政狀況而發生鴉片制度上不應出現的弊害之虞。不可不慎。」[21]

在兒玉、後藤就任該年，國庫補助金遭到大幅刪減，要將鴉片收入充作衛生行政的特定財源一事遂變得不可能。對後藤而言，此事可謂「失算」，同時也如同長與所警示的，其最終成為總督府的一般財源。

1896（明治29）年4月，後藤出任臺灣總督府衛生顧問，5月時，向樺山總督提出「臺灣衛生會議的設立」之建言。後藤一向主張以衛生行政的執行機關和「審事機關」作為車輛的兩輪，此提案也是基於其一貫的主張，但卻未獲實現。6月時，後藤與桂太郎臺灣總督、伊藤總理大臣、西鄉海軍大臣等人同行，首次視察臺灣。視察雖不滿十天，但後藤提出應將島民的嗜好從吸食鴉片引導至酒、煙草，並因此提案：應將酒、啤酒的釀造和煙葉的製造訂為免稅。在此次視察中，伊藤、桂、後藤等人在臺北參觀了鴉片的製藥所，製藥所使用的是過去業者所用的製造方法（鐵鍋、炭爐、團扇），參觀後，其謂「不禁長嘆，幾乎令人感到絕望」。[22]

（二）臺灣統治救急案

1898（明治31）年1月，後藤依井上馨大藏大臣的囑託而作成「臺灣統治救急案」[23]。其要點如下。

①臺灣的行政事務中最需要改良的重點，便是回覆該島在過去所存在之自治行政的舊習。自治制度此一舊慣才真正稱得上是臺灣島上的某種民法[24]。

②行政組織中最主要的則是確立18世紀之前的廣義警察制度。

③司法制度的第一審交由警察處理，控訴審（上訴審）時則引進巡迴覆審審判制度，最終審的審理則於日本內地的大審院進行。

④地方行政力求簡化，採用廣義的警察制度。

⑤財政方面以公債為依據，募集由政府保證的外債。其規模為1億至1億5千萬，以此建造鐵路、開闢港口、推動自來水、下水道、軍營、炮臺的建設。並應擴張中國沿岸的航線，以擴充輸出入。

⑥在明治31年度的預算中，國庫的補助金由642萬元縮減為426萬元。將外債募集的權限賦予總督，以使財政的運作更為健全。鴉片既為有力的財源，因此採取以毒攻毒的政策。

⑦斟酌民情之後，採取最新式的科學政策，以進行拓殖事業。首先應著手改善鐵路、郵政、電信、汽船等、道路、治水、自來水、下水道、醫院、學校，接著則應改善殖產工業、稅收等事項。

⑧英國殖民地香港的歷史可謂饒富啟示。可以與今日臺灣的失敗相對應，以作為將來成功之策的參考。其經驗可以參照Lucas《植民政誌》[25]。英國的殖民正在致力於用科學的設施、文明的利器使民心一轉。

⑨利用外國報紙、香港（The Hong Kong Telegraph）、支那（The China Mail）等，使它們對政策表達贊同，並翻譯為漢字報紙、臺灣報紙，以喚醒臺灣住民的思想。

在後藤的提案中，對於臺灣經營財源的構想幾乎無法實現。根據後藤的基本構想，本國應投注國家經費以確保財源，而投資的經費則應由公債（外債）負擔，但是，募集外債的構想卻無法實現，尚不止於此，其又接連面臨國庫補助金的刪減／廢止論的興起，導致後藤認為到了「可笑至極」的程度了」。因此之故，臺灣的經營便不得不以臺灣事業公債的發行和專賣事業的收入作為財源，但是，事業公債的總額又被大幅刪減，國庫對其償還卻連利息也不補助。因此，臺灣的財政被迫必須仰賴專賣事業和地方稅的收入。後藤雖然提案以鴉

片的專賣收入作為衛生行政的特定財源,但此提案卻因國庫補助金的大幅刪減而無法實施。

但是,後藤在「臺灣統治救急案」中所提之「斟酌民情之後,採取最新式的科學政策,而進行拓殖事業」的遠景、和後藤對「英國的殖民正在致力於用科學的設施、文明的利器使民心一轉」的觀點是很重要的。

## 四、後藤對臺灣統治和文明的關係之認識

在1900（明治33）年1月出版的〈臺灣協會會報〉16號中,收錄了後藤新平以「臺灣的將來」為題的演講紀錄[26]。在該演講中,後藤針對臺灣的統治和「文明」之間的關係,作了以下饒富興味的發言。

「關於臺灣的命運,不外乎在地理學上有一個非常值得注意的要件。這是指臺灣全島欠缺良港一事。此事或許為有識之士所憂心,但對帝國而言,卻毋寧謂是令人喜出望外、深感銘謝之事。

若該島存有天然良港,難保不會在昔日便已成為列強的領有之地。縱然並非如此,文明的利器也應早已輸入該地,今日吾輩所進行的設施是否仍有入駐的餘地,不必懷疑之。

看,缺乏良港一事,使得身處東洋的西洋人中最富學識權威者,多數未曾居於此地,因此,其特有物產如樟腦、茶、砂糖的製法中,豈不是絲毫未混入文明的加工嗎。

今後,吾輩可將新式科學的力量應用於上述物產,獲得較現在多出數倍的生產力,此固不待言,若將此成果與近來各國占有的新版圖相比,相信也仍是有益處且有希望、絕對不遑多讓的。」

臺灣缺乏天然良港,故而未曾被西洋的文明滲透。因此,後藤認為:當日本統治臺灣時,尚有很大的空間應用文明的利器、文明的加工、日新月異的科學之力。因此我們可以推測:後藤意識到以文明作為對臺統治的方法和手段之有效性。

如果要更進一步具體地瞭解此點,可以參見《臺灣統治的大綱》[27]。此文章收錄於《日本植民論》（公民同盟出版社,1915年）,後藤將其「臺灣統治論」總括地寫在此篇中[28]。《日本植民論》的構成包括對世界上的殖民思想變遷作一簡介的〈緒論〉、關於初期統治政策的〈日本的臺灣占有（日本の臺灣領有）〉、〈臺灣統治的大綱（臺灣統治の大綱）〉和〈結論〉。

《臺灣統治的大綱》總共分為 8 個項目，其內容包括「作為統治基礎的調查研究」、統治機構中文武官的配合、地籍／人籍的調查和財政／經濟、本國與臺灣在行政上的關係（憲法對臺灣的適用、法律第 63 號等）、鴉片／衛生行政、警察／司法／殖產／交通、「土匪」的鎮壓和「生蕃」的討伐問題，而最後則是對民族、種族自覺的對應。其中第 1 項的概要整理如下[29]。

第 1 不預先倡導一定的施政方針，隨著研究的結果再行決定。研究的基礎則在於科學 - 特別是生物學。

借助現代科學之力，對臺灣的民情、自然現象及天然的豐富資源等作一研究調查，藉以採取對於人民而言最適當與可信賴的統治方法，對於氣候風土及因此而引起的危害、疾病等，亦要尋求適當的處置。

後藤認為，此第 1 項便是「臺灣經營的根本問題」，因此「各項經營設施皆應由此出發」。同時，其條件則是不應陷於對文明的誤用、對學術的誤解、對教育的誤信等「文明的虐政」。

此外，對於第 3 項[30]中「臺灣的財政、經濟」，後藤作了如下說明。

過去的殖民母國均以從殖民地獲得大量利益、增加其國庫收入作為殖民政策的理想型。但是，「此種觀念可謂大錯特錯」。

「應該要力圖增加殖民地本身的收入，並必須認識到獲取本國利益的回收為長期的目標」。

「殖民地的價值應在於使其本身的經濟狀態得以健全地發展，將其開發到能夠承受本國過剩人口的遷居、剩餘資本的挹注，並加強其與本國之間的通商貿易，藉以對本國的殖產興業帶來極大的貢獻為理想。」

另一方面，後藤也很重視漸進式的改革[31]。

「對其他民族驟然地進行改革，可以說是忽略生物進化的原則、將招致最大危險的政策。」

「所謂的社會進化應該是要遵從自然的順序，若驟然地便確定或賦予個人的權利義務，便是讓個人成為狡猾者的犧牲者。」

19 世紀時「因科學之故，各種信仰遭到破壞，科學教育此種未成熟的潮流（中略）打破了舊有的習慣，而使弊害叢生。」

「將人類的本質驟然便以人工方式加以改造，是有悖於進化原則的」

由此《臺灣統治的大綱》中，可以發現後藤對「文明的殖民政策」的基本思想；從其中可以發現，後藤對臺灣統治政策的理念，便是將所謂「文明的全體」帶入臺灣。而其個別具體的政策則是借助「現代科學之力」進行調查研究，並立於此調查研究的基礎之上，再進行擘畫、制訂方案，此外，其統治政策的目標在於「增加殖民地本身的價值」，亦即「使殖民地經濟得以健全地發展」，進一步地則是要避免激進的改革，遵循「生物學法則」，推動漸進式的改革。

而實際上經過企劃、擬訂方案之後執行的各項政策或事業究竟有哪些呢？以下試著將其分類整理後列於下表。借助此表，我們便可瞭解後藤所謂「文明的殖民政策」的綜合性和體系性。

[行政、司法]

①治安方案對「土匪」/抗日武裝勢力的鎮壓（「土匪招降策」、匪徒刑罰令）

②警察、地方行政制度警察、地方行政在總體上的應用、「保甲制度」的引進、利用

③司法制度

④對臺灣社會指導階層的對策

[立法構想]（明治憲法的修正、臺灣統治法、臺灣會計法、「臺灣法典」的編纂）

[財政金融政策]

①善加利用臺灣總督府特別會計制度

②由臺灣事業公債進行的各種事業、「20年財政計劃」

③臺灣銀行的設立和運用

④通貨制度改革

⑤總督府的中央財政和地方財政的雙軌化

[社會資本整備]

＜三大事業＞①鐵路建設（縱貫鐵路）②港灣整備（基隆建港）③土地調查事業

④水力發電事業⑤上下水道整備⑥道路整備、都市計劃⑦官廳設施建築⑧農業水利灌溉設施

［產業貿易政策］

＜三大專賣事業＞①鴉片專賣②樟腦專賣③鹽專賣

④糖業⑤茶業（烏龍茶）⑥稻作⑦林業（阿里山）⑧礦業（金、砂金、石炭）

［醫療、衛生、教育］

①傳染病對策②醫院、檢疫所③公眾衛生④醫學校⑤學校（公、國語、師範）

［調查研究、統計］

①臺灣舊慣調查②戶口（國勢）調查③各種試場的設立

代結論－對後藤的臺灣統治論和「文明」之間關係的考察－

後藤新平擔任臺灣總督府民政局局長（後改稱長官）而至臺灣赴任的1898（明治31）年3月，正是日本對臺灣的統治陷入危機時。原來如後藤所主張的，「日本對佔領臺灣毫無準備」，且當時並有「應該將臺灣以1億日元賣給法國」，可以說，對殖民地臺灣的統治正陷於崩壞的危機。如果我們作一個「歷史的假設」－假如「臺灣民主國」的抵抗和外交上的戰術成功，出現西歐列強的「臺灣問題的國際化」，而此問題又與條約的修正聯結在一起，日本對臺灣的領有應該就會變得相當困難了吧。

造成此種危機的，正是與臺灣島內的抗日武裝勢力長達3年的戰爭狀態，其結果造成了臺灣總督府的統治混亂。所以，本國必須支付金額龐大的對臺灣相關經費的補助金，因此而對本國財政造成壓迫。

而另一方面在日本國內，藩閥政府和民黨之間，圍繞著甲午戰爭後的經營，展開了複雜的政治過程，而內閣也相繼更迭，就連對臺灣統治政策的大方向本身都模糊不清。

在樺山資紀、桂太郎、乃木希典等3人擔任總督之後，又起用兒玉源太郎繼任總督，對藩閥政府和軍方而言可以說是最後的「王牌」。但是，起用後藤擔任民政的最高責任者，又有什麼意涵呢？

後藤出身東北地方，是明治維新中的「落敗者」，並從明治國家權力的所謂「邊緣」開始，憑藉其對醫療、衛生行政的相關專門「學術知識」，一路爬

升到內務省官僚中的衛生局長的地位。但又因為相馬事件而入獄,有一段時間可以說是仕途無望。之所以在甲午戰爭歸國士兵的檢疫事宜 - 這類史無前例的事業 - 中重新起用後藤,一方面雖然是出於對後藤的能力的肯定,但如果以小人之心來看,也不能否定這有讓後藤擔負起「邊緣」人的風險之意味。而在對臺灣統治陷入危機時又再度起用後藤,也可以說是基於同樣的考慮。後藤前往臺灣赴任時,便抱有隨時會被「開除」的覺悟,在桌子內隨時準備著歸程的船費。

後藤所提案之「臺灣統治救急案」中的「救急」可以說是十分適切的用語。在此案中,後藤早就使用了「文明」的字眼。但是對於1897年陷於危機狀態的臺灣而言,卻幾乎可以說不存在可以實現堪稱為「文明」的對臺積極開發政策的條件。對於政府和議會而言,主要的關心點都放在對日本本國的「殖產興業」、和如何圓滿地實現對條約的修正,使日本可以成為帝國之一,並提升其國際地位;對臺灣統治的定位只不過是依循上述後者的目的而決定的。後藤將此種狀態稱為「列強環伺」。

換言之,對於本國政府而言,如果能因兒玉、後藤的政策,使臺灣不至於成為本國財政的「絆腳石」、同時也不會成為日本與西歐列強之間外交關係的障礙 - 只要能夠達到這種「最低限度的政策課題」,也就可以稱為「成功」了。

當日後重新回顧歷史時,雖然日本對臺灣的統治在殖民地政策上可以說是「成功」了,但是,正因為如此,如果將後藤的「文明的殖民政策」思想置之不顧,要對其後綜合的、體系的臺灣統治政策開展作一說明,就顯得十分困難了。

後藤新平身為在明治維新後度過青年時期的日本人,無疑地,對於「文明」發現崇高的價值。但是,其同時也肯定日本社會的「舊慣」換言之,即歷來所形成的「固有性」的重要性。如果把醫生具有的技術比喻為「文明」,固有性便可以比喻成患者的「身體性」。如果借用《國家衛生原理》中的表現方法 - 人類既然身為生物之一,必然是以「生理上的圓滿」作為目的。

後藤在「臺灣統治救急案」中,將恢復臺灣過去存在的自治行政舊慣視為當務之急中的第一要務,這可以說是因為其認識到了所謂的「臺灣的身體性」。後藤將殖民地統治的重點放在「增加殖民地本身的價值」 - 亦即其十分重視「使殖民地經濟得以健全地發展」的理由,應由此點被解釋。

後藤新平在臺灣8年有餘，對這8年間進行綜合性的驗證、評價，可以說是今後才要展開的課題，但是至少，如果要考察後藤從對臺經營的構想到最初運作的時期，考慮其對「殖民地統治與文明的關係」之思想是必不可少的課題。

（作者單位：日本臺灣學會）

## 註釋：

[1] 與本文相關的文獻，請參照春山明哲《後藤新平の臺灣統治論・植民政策論——「政治思想」の視點からの序論》（收錄於春山明哲《近代日本と臺灣——霧社事件・植民地統治政策の研究》，藤原書店，2008年）。本文中的部份內容已在2008年10月30～31日由臺灣「中央研究院」臺灣史研究所主辦的「『日本帝國殖民地之比較研究』學術研討會」中發表，當時發表名稱為《後藤新平の臺灣經營と學知の系譜》。

[2] 後藤新平《日本植民政策一斑》，拓殖新報社，1921年，第6～7頁。

[3] 張隆志《植民地近代の分析と後藤新平論》，《環》29號，2007年春季刊。

[4] 春山明哲《「後藤新平傳」編纂事業と＜後藤新平アーカイブ＞の成立》，收錄於前注之春山《近代日本と臺灣》。

[5] 鶴見祐輔《後藤新平》全4卷，後藤新平伯傳記編纂會，1937～1938年。勁草書房（復刻版），1965～1967年。鶴見祐輔著、一海知義校訂《＜決定版＞正傳後藤新平》全8卷，藤原書店，2004～2006年。附卷《後藤新平大全》（御廚貴編，藤原書店）。在為後藤寫成的傳記中，清楚易讀、在此欲推薦的是北岡伸一《後藤新平——外交とヴィジョン》（中公新書，1985年）。

[6] 太平洋協會出版部出版。其普及版至1949年為止已出版12冊。

[7] 杉森久英《大風呂敷》（每日新聞社，1965年）、矢內原忠雄《帝國主義下の臺灣》（原著，岩波書店，1929年。《矢內原忠雄全集》第2卷，岩波書店，1963年）、Charles A.Beard，「Japan』s Statesman of Research」，The American Review of Reviews, 68（September, 1923）、信夫清三郎《後藤新平——科學的政治家の生涯》（博文館，1941年）、前田康博《後藤新平》，《現代日本思想大系第10權力の思想》（築摩書房，1965年）、溝部英章《後藤新平論——鬥爭的世界像と「理性の獨裁」（1）（2）》，《法學論叢》100（2）[1976.11]、101（2）[1977.5]。戴國煇《伊澤修二と後藤新平》，《朝日ジャーナル》，14（19）[1972.5.12]（收錄於《日本人とアジア》，新人物往來社，1973年）。

[8] 前注《＜決定版＞正傳後藤新平1 醫者時代》，第401頁。

[9]關於後藤新平的著作，請參照前注《後藤新平大全》所收錄之〈後藤新平の全著作·關連文獻一覽〉及春山明哲對其所作簡介〈メディアの政治家·後藤新平と「言葉の力」〉。

[10]此處係引用後藤新平〈新轉機に立つ植民政策〉，《東洋》25年1號（1922年1月）。拓殖大學創立百年史編纂室編《後藤新平-背骨のある國際人》（拓殖大學，2001年）178頁之後。

[11]請參照前注之春山，〈後藤新平の臺灣統治論·植民政策論〉。Farr的原著為「Vital Statistics」，William Farr, London, Offices of the Sanitary Institute, 1895。

[12]後藤去世時，昭和天皇在「御沙汰（指示）」中之用辭。《正傳後藤新平8》，第686頁。

[13]黃昭堂《臺灣民主國の研究》，東京大學出版會，1970年。許世楷《日本統治下の臺灣》，東京大學出版會，1972年。2008年再版發行。吳密察〈日清戰爭と臺灣〉，《日清戰爭と東アジア世界の變容上卷》（東アジア近代史學會編，ゆまに書房，1997年）。

[14]後藤新平〈臺灣の實況〉，前注之《後藤新平-背骨のある國際人》，第24頁。

[15]此部份系參考下列文獻。森久男〈臺灣總督府の糖業保護政策の展開〉，《臺灣近現代史研究》1號（1978年4月）、波形昭一《日本植民地金融政策史の研究》，早稻田大學出版部，1985年、山本有造《日本植民地經濟史研究》，名古屋大學出版會，1992年、小林道彥《日本の大陸政策1895～1914》，南窗社，1996年，第5節〈日清戰後の臺灣經營〉、平井廣一《日本植民地財政史研究》，ミネルヴァ書房，1997年、山田豪一〈臺灣阿片專賣史序說〉、〈臺灣阿片專賣一年目の成績〉、〈臺灣阿片專賣制の展開過程〉，《社會科學討究》110號（1992年8月）、122號（1996年7月）、128號（1998年9月）。

[16]請參照前注《正傳後藤新平2衛生局長時代》，第589～603頁、劉明修《臺灣統治と阿片問題》，山川出版社，1983年。

[17]請參照前注《正傳後藤新平2衛生局長時代》，第603～623頁。

[18]請參照前注《正傳後藤新平2衛生局長時代》，第603～623頁。

[19]請參照前注《正傳後藤新平2衛生局長時代》，第603～623頁。

[20]後藤新平《日本植民論》，公民同盟出版部，1915年，第60頁。

[21]前注《正傳後藤新平2衛生局長時代》，第620～621頁。

[22]前注《正傳後藤新平3臺灣時代》，第313頁。

[23]前注《正傳後藤新平2衛生局長時代》，第650～661頁。

[24] 依淺野豐美《帝國日本の植民地法制》（名古屋大學出版會，2008年）的看法，此處的「民法」應為後藤新平文書之原數據中「民性」的訛誤，又為傳記所引用，其應由「性法」（自然法）作解釋（同書，第114、678～679頁）。

[25] 根據後藤新平為《ルーカス氏英國殖民志》所寫之序（明治31年9月），其曾為桂總督翻譯《Historical geography of the British colony》。

[26] 拓殖大學創立百年史編纂室編《後藤新平——背骨のある國際人》（拓殖大學，2001年），第38頁。

[27] 後藤新平《日本植民論》（公民同盟出版社，1915年），第22～96頁。

[28] 請參照前注之《後藤新平の臺灣統治論‧植民政策論》。

[29] 請參照前注之《日本植民論》，第24～25頁。

[30] 請參照前注之《日本植民論》，第24～25頁。

[31] 請參照前注之《日本植民論》，第24～25頁。

# 殖民地臺灣日語教育淺論～以官方學校教科書的編寫為中心

酒井惠美子

## 一、前言

日本殖民地的「官方教育」所用第一本教科書《臺灣教科用書國民讀本》[1]刊行於1899年，即日本統治臺灣的第四年。該教材由日本國內的大矢透和杉山文悟等編寫[2]。由於當時強硬的政策，雖然已平息殖民地統治初期的混亂，但是人們並沒有接受先進的日本的統治，無論是教育制度還是其他方面一切都處於剛起步的階段。因此，不難想像這是在摸索中編寫的教科書。該《國民讀本》與其他教科書不同，作為官方學校教科用書圖書審查會的報告留存在臺灣總督府的文書中[3]。圖書審查會是審查公共教育中所使用的教科書適當與否的部門，即使在日本國內，在審定期間也要對全部的教科書進行審查。最終，作為已經審查的教科書會附上審查意見保留下來，而會議記錄和關於修改理由則不被保留，那麼我們很難從中詳細知道圖書審查會是如何進行審查的。但是，臺灣總督府的公文中保留下來了《臺灣教科用書國民讀本》從第二捲到第十二卷報告中的會議記錄和傳閱的草稿。從這個資料能夠頗為具體的得知編寫者和圖書審查會的委員們是如何思考殖民地的教科書問題[4]，進而是如何進行編寫的。在其中鮮明地展示了臺灣最早的教科書編寫時的摸索狀態，即日本在統治

臺灣不久後，在嘗試向兒童灌輸自己是日本人的這種意識中，漸漸暴露出該如何「應對」同自己狹窄的日本人的意識所產生的矛盾。[5]

本文是以《審查記錄》為基礎，以教科書中所記述的有關臺灣印象和日本國內印象的「隱蔽的教育課程」[6]為研究線索，從該教科書中有關兩地的事物和人物記述、教材和文章表達、語句的選擇等分析中，進一步探討其編寫方針和《國民讀本》編寫方針的特點。

## 二、《國民讀本》的編寫方針

留存的《審查記錄》中，圖書審查委員們的意見中最多的是和日本國內教科書一樣的語言的錯誤，文字的問題，文章、文體的問題等形式上的問題。其中，處於殖民地的臺灣的教科書也有它獨特的地方。從假名用法易於學習這點來看，不採用歷史上的假名用法，而採用與原音相近的文字，語法形式也比日本國內的更為簡單。因此，關於這種方式的穩妥性時常被討論。另一方面，試著深入注意其內容，《國民讀本》與之後日本國內出版的國家制訂的讀本相比較，除了日語教學這一點，有必要加以注意另一些方面。概括起來說就是讓外國的國民即臺灣人民所能夠接受的教科書。在第一次的圖書審查會上，委員前田孟雄就說了此書的特點「……同國內的讀本相比，採取了與日常學生的思想相一致的島嶼風俗習慣等特色。」[7]就是說，考慮到了臺灣兒童的性情以及背後的文化和社會。例如，在第五卷第三、四課的《桃太郎》中，最初是使用「鬼」這個字，但有提出這個字出現在臺灣會被誤認為是鬼魂的意見後，便更改成用假名表示。而在其他地方，也將插圖畫中的人物附上臺灣式的名字，更改成穿上臺灣服飾的小孩，隨處插入臺灣的風俗事物。

但是，如此煞費苦心的編寫並不只是要臺灣兒童能夠接受。很明顯該教科書是擔負著殖民地的教育目標。不僅是「對島上的子弟施行德育教育、教授實用科學」，同時有必要「培養其國民性格」。[8]對此，也有意圖的採用了某些戰略。正如前田所說的「與日常學生的思想一致」且在不招致兒童反感的作法中提高日本國內的形象，從而相對的降低臺灣的形象。這與在殖民地統治時期的政治性課題有很深關係。可以認為，作為臺灣總督府想要向兒童展示出日本國內先進的，合理的，堅固的，有依靠價值的印象，這也就相應的包含了臺灣落後的、非合理性的且必須要改革缺點的印象。如若一旦形成那樣的印象，對於外國國民即臺灣人民，就能夠很容易被移植自己是日本人的意識。或許可以認為，以此能夠唆使他們做出類似先進的日本人是有好處的，作為日本人是感到驕傲的這樣的判斷。但是，一般來說，較高認同的觀點是兒童在自身周圍的

社會文化中找到符合自己的思考方式。臺灣兒童在接受事物時是提高了臺灣的形象而降低了日本國內的形象。而實際日本在統治臺灣不久之後不可能如此簡單的移植進統治者所要求的那種印象，拙劣的方式反而容易招致反抗。

　　實際上，在教科書中有透過直接的表現來指出臺灣社會的落後性，而譴責人們人格特徵的東西不多。第九卷第九課的《生番》最明顯地指出了這一點。在該課文中，臺灣的少數民族即山地居民是「沒有智慧更不懂得是非的人」，「是悲哀的人」。在課文中隨處鑲嵌這種被認為以指出其落後性為目的的直接表述，記述的觀點也成了單方面誹謗山地居民的內容。[9]可以認為，該部份是因為在官方學校沒有山地居民所以採用了這種直接的表現形式。確實，漢族人群與山地人群之間存在著隔絕，或許少數的兒童被這種表述傷害了自尊心，但是，作為全體民眾見到落後的山地居民仍不會降低對臺灣的印象。

　　損害了漢族人們自尊心的言論則是在第九卷第十五課《纏足》這篇課文中。首先，在該課文中描述了纏足對女子行走所產生的障礙這種不合理的制度，然後在最後的短歌《畸形的體態》中指出了纏足的女性是殘疾人，暗指這種存在方式脫離了「正確的道路」。能夠認為這個時期在臺灣有很多纏足的女性。或許在兒童中也有，而兒童的母親、祖母中纏足的人則數量較多。兒童是如何接受這篇課文的呢。相對的，直接提高日本國內印象的描述則非常的多。在低年級階段由於受到文章篇幅短小，題材淺顯的限制而出現的較少，但在高年級的課文中類似這種例子則不斷增加。下面的例子是第十卷第一課《我的國家》，這是一篇典型的讚美日本的課文。

　　總的說來敘述了日本國體方面已經形成了的事情。首先是講述悠久的歷史和萬世一系的傳承，然後天皇對國民的慈愛，之後描述生在這個國家的是幸運的這樣的順序。根據《審查記錄》所說，在原稿中還加入了以下內容[10]。這種用讚美日本的情況與國外做比較，或者添加得到認可的關於國外的內容是常用的手段。如在教科書中，提到了「在國外，如中國這樣長久的，不變血統的君主，是不存在的。在國外，君主和人民發生衝突，發生了人民更換君主的事情。在如我們這種國家裡，君主愛惜人民，是不應該發生這種事情的。與這樣的國家相比，我們從古就是同一血統的天皇陛下的帶領下，安樂的生活著，真是沒有比這更幸福的了」。即使沒有這種典型的例子，在文章後加入讚美日本語句的教材有很多。如第十一卷第七課在描述關於鹽的製作方法後加入了下面一段不相稱的文字。「在中國的任何地方，都可以隨時買到所需要的鹽，真是太幸福了」。該段是在原文中沒有的內容而在其後添加的。鹽在日本國內的十分稀

少的資源。即使是理所當然的事情，但是如此讚美自己國家的資源的情況還是較少的。試想對臺灣的物產砂糖、樟腦的製作方法並沒有進行特別的增加表述，能夠感到編寫者書寫這種文語所持有特殊的意圖。

此外，從《審查記錄》中得知利用另一個對策，使之形成有效的印象。即認為透過教材的選擇和表達的選擇，讓學習者們間接的形成日本國內和臺灣的印象。這種教育計劃被稱為「隱蔽的教育課程」。該部份實際上是超越了編寫者的意圖和本意。從總體上看，這種「隱蔽的教育課程」有以下幾個特徵。

首先，第一點就是教材的選擇。即使沒有直接性的記述固定化印象的教材只要被採用了，就要強調這類教材所含有的教育意義。如，在《國民讀本》中有幾處介紹了臺灣和日本的景觀的地方。日本各地的名勝和古蹟的介紹在戰前的教科書中屢次被採用為主題，這部份並沒有什麼特別的生疏感。但是在介紹臺灣各地的記述不多，甚至連名勝沒有被提及。其中，如寺院眾多的臺南地區，也只在第十卷第十二課《臺南》中做這樣描述：「城內有學校、兵營、醫院、法院，同時，也有北白川宮殿下生病期間在這裡休養的地方。除此之外，還有大房屋和輝煌的廟宇等。」關於臺南固有的風景和古蹟只是看做是政府設施和北白川宮的暫住地的附屬來描述。第十一卷第九課第十課的《臺灣一週》這篇文章中，幾乎沒有對風景進行描寫。除了說打狗港「景色和氣候都很好」，並將花蓮以北的峭壁認為「真是罕見的景色」之外，對其他事物只有淡淡的敘述[11]。這樣，受到該教科書教育的兒童一旦提及名勝，就自然首先聯想到的是日本國內的東西，而不是臺灣的名勝。

人物的提出方式上也有偏頗。教科書中較多提到的是日本歷史上的人物。從古時人物小野道風到近世現代的塙保己一、井上傳等。而中國方面的人物一個沒有。即使是中國人也僅有鄭成功和孔子。鄭成功的父親是中國人，母親是日本人，由於他幼年時期佔據了很大的篇幅，可以說實際上被作為中國人看待的只有一個人。另外，雖取材於司馬光的故事《砸水缸》作為教材使用，但只不過是被當成一個小孩的故事來敘述[12]。教材中令人欽佩的人物幾乎沒有臺灣的人物或者中國人。日本國內的國語讀本也完全沒有出現熟識的中國偉人們。

該系統的教科書隨處可見到有意識或是無意識的增加日本國內印象的文章而不採用臺灣事物的這種方策。兒童自身並不會察覺到這種未被採用的事物吧，但卻使他們在無意識中產生了降低對臺灣的印象這樣的結果。以下表中所列為該教科書中所記述的有關臺灣的市區和日本國內的市區的描寫。

| 行 | 第十卷第九課《臺北》 | 第九卷第二課《東京》 |
|---|---|---|
| 1 | 臺灣的北部，雖是多山地區，但淡水河的周圍 | 東京，我日本國的首都，在正中心的高 |
| 2 | 有寬廣的平地，在其中部是臺北城。 | 處，居住着天皇陛下。在皇宮的周圍， |
| 3 | 臺北城，面積大，周圍有八個縣，城內有總督 | 有很多的政府機關、學校等建築。 |
| 4 | 府、兵營、學校、醫院、法院等建築物。 | 另外，氣派的商人住所，並列成排，其 |
| 5 | 城內的道路寬敞，真的很乾净。大約居住有兩 | 廣度為東西八公里，南北十二公里。東 |
| 6 | 千七百户人家。 | 京既是求學、經商同時也是<u>製造衆多商</u> |
| 7 | 在城區的西部，淡水河的河岸邊，是艋舺的街 | <u>品相當便利的地方。所以，不僅是全國</u> |
| 8 | 區，住在那裡的人家，大約只有三千七百户。 | <u>各地的人，而且還有許多外國人聚集在</u> |
| 9 | 另外，在城區的北部，沿着淡水河邊，是大稻 | <u>這裡</u>。 |
| 10 | 埕的街區。 | 並且，在東京居住的人口大約有 |
| 11 | 那裏居住着大約七千六百户人家，商品買賣 | 一百四十萬左右，除此之外，不知道每 |
| 12 | 繁榮。 | 天又有幾萬人之多進進出出。 |
| 13 | 在城區和大稻埕之間，有火車站。連接着從這 | 因此，<u>即使市內道路寬敞，還是擠滿了</u> |
| 14 | 裡到東北方的基隆、西北的淡水和西南的苗栗 | <u>往來的人群、馬車和人力車等</u>。東京正因 |
| 15 | 三個方向的鐵路。這個往西南的鐵路，一直有 | 為是如此繁華的地方，東西南北都有火車 |
| 16 | 通到臺南。 | 站，因此往來的人和物也從不間斷。 |
| 17 | 另外，流經艋舺和大稻埕西部的淡水河，流往 | |
| 18 | 距此大約十六公里的淡水港，之後流入大海。 | |
| 19 | 在這條河上，不斷穿梭着往來的船隻，交通非 | |
| 20 | 常便利。 | |

　　這兩篇課文都是介紹都市的文章，用一篇課文中介紹一個都市還有日本國內的京都和臺灣的臺南。因為是地理方面的文章所以描寫的內容非常的相似。介紹都市的面積、人口、都市中的建築物等等。但是，敘述的方式卻有很大的不同。首先談到東京這個都市的特點——天皇所在的地方，接下來對建築物、都市的的規模進行講述。下劃線的第 8 行開始敘述了都市的功能——即人們用來做什麼的場所或者人們怎麼利用它的情況，關於人口也分為居住者和來訪者分開記述。然後，從第 12 行開始談論城市內繁華的場景。描述了東京是多麼繁華和便利的地方，然後表明不僅是對日本人，即使對外國人來說也是個有用的國際場所。於此相對於臺北市首先在前兩行相當詳細地寫出它的地理位置，接下來就只是簡單的記述了它的面積、建築物和戶數。建築物只涉及了與總督府有關的事物，而一概沒有提及關於中國都市建築必要的城牆、城門、條理制。其次，描述人們的生活和街道的狀況時，只說了「買賣繁榮」、「交通便利」之類的完全不像描寫的描寫。因此對比東京的描述，則明顯顯得單調、欠缺色

彩。這種非常平淡的不夾雜讚美形容的描述是同其他講述臺灣的地理文章的共通點。

　　存留在的《審查記錄》中，有《臺北》這篇文章的初稿。下劃線的部份是在定稿時候被刪除的部份。

　　臺灣的北部，雖是多山地區，但淡水河的周圍有廣闊的平地。在其中部是臺北城。

　　臺北城，面積大，周圍有八個縣級城市。在城牆的南面有兩扇門，東西北三面各有一個門，如今，西門被毀壞了，因而形成了寬敞的道路。

　　城內有總督府、兵營、學校、醫院、法院等氣派的建築物。城市內的道路寬敞，真的很乾淨。大約居住有兩千七百戶人家。

　　在城區的西部，淡水河的河岸邊，是艋舺的街區，住在那裡的人家，大約只有三千七百戶。

　　另外，在城區的北部，沿著淡水河邊，是稱為大稻埕的大街區。那裡居住著大約七千六百戶人家，其中也有外國人。商品買賣繁榮。

　　（中略）

　　另外，流經艋舺和大稻埕西部的淡水河，從這裡流往西邊大約十六公里的淡水港，之後流入大海。在這條臺灣有名的河流上不斷穿梭著往來的船隻。

　　這篇課文的修改不難看出有兩個目的。一是為了緩和日本國內人的反感情緒。最初日本拆毀城牆開始統治臺北這座城市。這件事對臺灣的人們來說應該是件屈辱的事情。因此在這個意義上對總督府有關的建築物上使用「氣派的」這樣的形容詞是不能善意被接受的。另一個目的則是不給與臺灣固有的事物予高度的評價。正如有外國人居住的國際化的大稻埕與船隻交錯著名的河流所在的臺北這座城市原本是要給予高度評價的。

　　同樣，我們透過對《審查記錄》中第十卷第十二課《臺南》在初稿和定稿進行比較。其畫線部份是主要的變更點。

　　臺南是清朝長期設置行政機構的地方，因此比起臺北，它是更加古老的城市，面積也大。臺灣總督府的臺北同古老的城市─第一行中加入了「是僅次於臺北的繁華都市」這樣的語句，可以認為大概是因為有必要展示臺北作為都市還是很繁華的。第9行開始修改的地方就很少提及前面的內容。人們熟知臺南有廟宇、寺院等有名的建築物，但是是在列舉與臺灣總督府相關的建築之後才

提及它們，怕也是要淡化它們在人們中所形成的印象吧。在第 21 行也修正了砂糖是十分重要的物產這一內容，同樣的是為了迴避從前它就是砂糖產地的這種人們所固有的印象。這三個地方的修改都極大可能地迴避了臺南是一個擁有的歷史和文化的城市的事實。

| | 初稿 | 定稿 |
|---|---|---|
| 1<br>2 | 臺南，是臺灣南部的城市，西邊靠近大海，東南北三面是廣闊的平地。 | 臺南是<u>僅次於臺北的繁華都市</u>。西邊靠近大海，東南北三面是廣闊的平地。 |
| 3<br>4 | 臺南市，面積大，周圍大約有20個縣級城市。四面的城墻各有兩扇門。 | 臺南城，面積大，周圍大約有20個縣，四面的城墻都有門。 |
| 5<br>6 | 城內外的街道上，大約居住着一萬一千戶人家，商品買賣繁榮。 | |
| 7<br>8<br>9<br>10 | <u>這片地區由於很早開發，有漂亮的房屋、氣派的廟宇等建築。</u>城內有學校、兵營、醫院、法院等設施，其中兵營裡有北白川宮殿下生病時休養的場所。 | 街道從城內延伸到西門外，居住着大約一萬一千戶人家，商品買賣興榮。<br>　城內有學校、兵營、醫院、法院等建築，同時北白川宮殿下生病期間也是在這裏休養。除此之外，也有大房子和氣派的廟宇。 |
| 11<br>12<br>13 | 同時，在城內的東北角有火車站，火車從這裡開往南部的打狗和北部的嘉義兩個地方。 | |
| 14<br>15<br>16 | 一出西門，僅大約四公里的地方是安平港口。在這之間有暢通的馬路，同時又有運河，能夠便利的運輸貨物等。 | 在城內街道的東北邊有火車站。火車從這裡通向南邊的打狗和北邊的嘉義。<br>　一出西門，僅大約四公里的地方是安平港口。在這之間有暢通的馬路也有運河，貨物的運輸便利。 |
| 17<br>18<br>19<br>20<br>21<br>22 | <u>臺南附近的出產的砂糖非常出名</u>，無論是臺南的中部，還是從北部的嘉義到南部的鳳山，都有很多甘蔗田和砂糖製造廠。 | 臺南附近由<u>於出產大量砂糖</u>，無論是臺南中部還是從北部的嘉義到南部的鳳山，都有很多甘薯地和砂糖製造廠。 |

這種方式更進一步涉及了語言的選擇。在第九卷第二課《東京》一文中，商人的房屋使用了「氣派的」這一形容詞來形容。這個用語在《國民讀本》中有 16 個例子。試著來看下在這些例子中「氣派的」這一詞都用在形容那些事物上了呢。這 16 個例子中，清楚知道形容臺灣固有的事物、人物和現象的只有臺南的廟宇，其他關於臺灣的形容並沒有明確說出，而根據前後文關係能夠類推出第十二卷第十四課《我家》有形容臺灣商家的例子。相對於此，能夠明確判斷出形容日本的事物、人物的例子有 11 處，它們出現在人物、建築物、製品、衣服等各式各樣的事物上。這種使用頻度的偏頗相當大。

從《審查記錄》的報告裡查閱它的編寫過程我們可以看到，以前文提到第九卷第二課《東京》為例，這篇課文中有一處正如前文所述的情況即第五行「氣派的商人住所」這一描述。《審查記錄》中顯示這篇課文被添加了 5 處內容，全部共附上了 22 處意見。下面是相關的文字是最初的原稿。

　　天皇陛下所居住的宮城，是正中心的高處，在其周圍，有很多的政府機關、學校等建築。另外也並排著許多商人的住所和大型的製造廠等。

　　最初的稿件中在適合情況下沒有使用「氣派的」這樣的形容詞，只是寫了「商人的住所」。當時，針對這個情況委員鈴江團吉提出應加上「氣派的」這三個字。但是政府機關、學校、商人的住所、大型製造廠這 4 種建築物中如要添加「氣派的」這個形容詞的話，就要用在商人的住所上。因為按常識思考其他的建築物都是很大很氣派的吧。他想要特別描述個人的住房也是很大的，即他想要記述的是無論公私的建築都是大而氣派的這種樣子。而且，鈴江假設插畫是銀座的街道，此文後面的部份「市中心來往的人、馬車和人力車等，晝夜川流不息」就應該改成「馬車、人力車擠滿了寬敞的大街，相交而過。」這是因為在臺北的夜晚也是人來人往川流不息，因此有必要展示東京比其更加熱鬧的場面。這個意見被採納後就進行了修正。在正文中添加了東京面積為東西八公里南北十二公里[13]，人口由 125 萬人改成 140 萬人，街頭也重新寫成「即使道路寬敞，市內也擠滿了來往的人、馬車和人力車等。」這些改動的背後能感到委員們意圖——想要讓兒童理解，比起臺北，東京是更大更加繁華的街市。從而，他們添加了「氣派的」那樣的形容詞。

　　從其他的用例中來看偏重「氣派的」這個詞的使用。注意同一課中有兩處出現了「氣派的」的這個詞。第十二卷第一課以《景色》為題，開篇一段文字就是「日本國內優美的景點甚多，同時到處是氣派的宮殿寺廟，因此外國人在日本國內旅遊時都說如同漫步在公園中。」描寫日本三大名勝和各地名勝的情況時，用的是「無法形容的美景」、「綠色的松樹，潔白的沙子，湛藍的海水使人不由得心情變得舒暢起來」這一類話語。此外，在原稿中有「安藝的嚴島上，有嚴島神社，神社突出的坐落在海上，一漲潮，就感覺神社是漂浮在海上的嗎」[14]。在最終定稿時加入了「氣派的」這個詞。變成了「嚴島上，有一座氣派的嚴島神社，它建在海邊，因此，一漲潮，就感覺神社是漂浮在海上的嗎」。[15]

　　根據《審查記錄》，我們知道圖書審查是根據完成寫作的順序進行的[16]。這一課是在根據第九卷的審定上進行寫作的話，那麼可以較為妥當的認為是考

慮到了鈴江的意見。不顧及語言的單調性，這個「氣派的」修飾語在同一課中被相同使用了兩次來看，很可能是為了形容作為象徵皇室的嚴島神社而添加的。

綜上所述，從上文兩個觀點論述了關於《國民讀本》中能看出的編寫方針。不止是本文所舉出的事例，類似這樣的例子在其他的地方還很多。可以認為編寫者們不顧及教科書這種千篇一律的單調表現是一個很大的缺點的話，那麼的確是有意圖的考慮到了教材的選擇及其表達——即達到抬高日本國內的印象，降低臺灣印象的目的。

## 三、小結

綜前所述，研究了《國民讀本》關於對臺灣印象和日本國內印象的形成問題。《國民讀本》中直接指責、誹謗臺灣落後性的表達不多，而是在教材中使用了關於日本國內的先進性和優越性的表達。另一方面本文想重新的指出，作為「隱蔽的教育課程」有意圖的從教材的選擇到語言的使用，都是極其敏感的進行編纂。一旦做到這樣的程度，假定是篡改了臺灣和日本國內的印象吧。今後，有必要擴大調查範圍，同時檢驗教科書的編寫者們在何種程度上來進行這種篡改的。

另外，這樣的教科書對學習者的自身判斷和自我意識的形成到底產生了什麼樣的影響，這也是個重要的問題。過度千篇一律化的表現的話，不單單是單調而且也會有產生其負面的影響。也有從脫離第一線的教師來批判對於這種教科書使用的難度。今後有必要從教師、兒童的角度來查證關於這類教科書的教育效果。

（作者單位：日本中京大學本文由遼寧大學歷史學院葉櫻翻譯）

## 註釋：

[1] 以下簡稱《國民讀本》。

[2] 參照酒井（1998）。

[3] 參照酒井（1998）（1999）（2000）（2001）（2002）。

[4] 以下簡稱《審查記錄》。

[5] 必須正確區分教科書編寫和圖書審查會的審查，在編寫《臺灣讀本第 1 期》的時期，圖書審查會的委員是臺灣總督府教育科編寫教科書的相關人員和主要核心作者，與試用教科書的日本語學校相關人員之間關係極為密切，因此能夠瞭解編寫的詳細過程。

[6] 關於「隱蔽的教育計劃」參照伊東（1998）塘（1995）。

[7] 參照酒井（1998）P.410。

[8] 參照臺灣教育會編等（1939）。

[9] 委員們對這個太過直接的表達給予了修正意見。田中敬一建議用阿伊努人代替山地人。橋本武所論述教育的必要性，鈴木金次郎所指出他們居住在交通不便的偏僻地區都變為在其他的教材中指出。這個結果比起原稿稍顯穩妥。

[10] 這部份由於橋本武委員表示「有養成偏向唯我獨尊的思想的危險性」而刪除。

[11] 這個部份最初為「真是美麗的景色」。

[12] 町田則文對這個時期臺灣歷史上的趣聞和傳說向國語學校的學生們進行調查，其結論發表在明治33年的臺灣協會會報第16號上。這個時期把《砸水缸》作為韓公的趣聞收錄進去。這與《國民讀本》編寫大體上為同一時期。與國語學校關係密切的編寫者們很可能取材於此資料。另外，在實際的編寫中，試圖在教材中寫入臺灣的人物。第十卷第十六課朱山的恩情以及第十七課三個貞女。但是，結果在臺灣認為是美談而被提出的軼文，但是在日本人的思維中卻不被認同，特別是圍繞自殺的價值觀論斷由於存在分歧而不能在實際中採納。

[13] 在第十卷第九課臺北城周圍是八個縣。

[14] 酒井（2002）P.66。

[15] 酒井（2002）P.95。

[16] 作為圖書審查委員會列席人員出席的編寫者們常常做出類似這樣的說明，「本書（第五卷）的草稿一完成馬上傳遞給全體委員……（酒井1998）P.423」、「本書草稿完成不敢保證為公文所用請各位審查委員批閱……酒井（1998）P.429」。第九卷的審查時從明治三十四年九月開始到十二月結束，而第十二卷是明治三十五年十一月開始到十二月進行的，因此可以妥當的認為第十二卷在寫作時第九卷的審查已經結束。

## 參考文獻

1. 臺灣教育會編（1939）《臺灣教育沿革誌》。
2. 禮田國夫（1968）《言語政策の研究》錦正社。
3. 李園會（1981）《日本統治下における臺灣初等教育の研究》（私家版）。
4. 梶山雅史（1988）《近代日本教科書史研究》ミネルバ書房。
5. 蔡茂禮（1989）《臺灣における日本語教育の史的研究―1895～1945年》東吳大學。
6. 伊東良德他（1991）《教科書の中の男女差別》明石書店。

7. 塘利枝子（1995）《日英の教科書に見る家族：子供の社會化過程としての教科書》,《發達心理學研究》6。
8. 酒井惠美子（1998）《〈臺灣教科用書國民讀本〉の編纂と公學校教科用圖書審查會》,《臺灣總督府文書卷 5 卷》ゆまに書房。
9. 酒井惠美子（1999）《臺灣公學校教科用圖書審查會報告〈國民讀本〉卷九》,《社會科學研究》第 19 卷第 2 號。
10. 酒井惠美子（2000）《臺灣公學校用教科用圖書審查會報告〈國民讀本〉卷十》,《社會科學研究》第 20 第 2 號。
11. 酒井惠美子（2001）《臺灣公學校用教科用圖書審查會報告〈國民讀本〉卷十一》,《社會科學研究》第 21 第 2 號。
12. 酒井惠美子（2002）《臺灣公學校用教科用圖書審查會報告〈國民讀本〉卷十二》,《社會科學研究》第 21 第 2 號。
13. 酒井惠美子（2007）《臺灣總督府編纂國語讀本の編纂方針—使用語の選擇をめぐって-》,《社會科學研究》第 27 卷第 2 號。
14. 酒井惠美子（2008）《植民地編纂教科書の中の隱されたカリキュラム》,《社會科學研究》第 28 卷第 1 號。

# 「大日本帝國」の臺灣統治構造及統治原理

檜山幸夫

「大日本帝國」的臺灣統治是在立憲制度下作為其外地統治而進行的。

近代以來，以西歐文明開化論和歐美帝國主義國家為範本而進行近代國家建設的「大日本帝國」實際上存在著多重的複合性矛盾。這些矛盾包括藩閥政權統治同立憲體制下帝國國家的矛盾，以及在此基礎上的殖民地臺灣編入後國家性質上的變化矛盾。眾所周知，明治維新政權是中下級武士打著尊皇攘夷口號下推翻幕府統治下而建立起來的以薩長土肥四藩為核心的藩閥政權。而後其政權試圖排除歐美列強的侵略，制訂了文明開化、富國強兵以及歐化的國家戰略，並建立起來了立憲體制下的帝國國家；此後，日本透過甲午戰爭從清政府手中割讓了臺灣，日本演變成「甲午戰後的大日本帝國」。

當然，所有國家均遵循著理論上的原理原則，但並不是純粹在其框架下構築的。幾乎所有的國家可能都超越了其純粹的理論形態，並在其歷史傳統以及客觀的環境條件中形成了其獨特和特殊的形態。從這個意義上講，日本的「近代國家日本」的形態也並不是例外。也就是說，每個民族和國家都是按照其各

個的特殊性在新時代的變化中完成了各自的變革而形成的。日本也是在這種環境中形成了「日本的近代國家」。

為此，作為「日本的近代國家」的「大日本帝國」在建國之初所形成的國家，和其發展中以及在崩潰中的國家並不具有同一性質。如果我們將國家看作一個生命體的話，那麼，其變化和發展則是極其自然的事情。

日本在維新建國之初，雖然繼承了封建國家的「大君國日本」母體的統治區域以及東亞地區傳統的異民族統治方法，但是同時也吸收了新的近代國家構造，即西歐國家式的資本主義國家形態，由此構築了「新的近代日本帝國」式的「大日本帝國」。但是，新政權是透過下級武士主導的倒幕，奪得政權實現的，其政治權力和經濟基礎非常脆弱。為彌補其脆弱性的最大政治力就是勤王思想的意識形態政治力學，以及尊皇攘夷論中產生的運動力學。這些就是新政權的基礎。這樣的結果就是使得國家統合的統治理論本身包含著吳越同舟性格的矛盾構造。在維新絕對化論的國民統合理論、歐美文明論中的國家論所產生的對外膨脹主義統治倫理，以及天皇制國家論同東亞傳統異民族統治倫理間的相互補充的關係中形成。這些理論中的國家統治思想，使得歐美型近代化和文明國的普遍主義倫理同天皇統治的國體論[1]理論相融合。

「大日本帝國」的國家矛盾構造一方面在沖繩縣設置，即琉球統治和北海道蝦夷地統治中可以看出。但前者為尚王朝封建權力關係中的問題和琉球王朝的近代意識尚未發達的問題；而後者則表示著阿依努族的少數民族統治這一東亞世界傳統的異民族統治問題的解決。這些都不是動搖國家體制的基礎性議題。但是，臺灣被割讓給日本，臺灣作為日本國家的構成體，則完全不同於蝦夷和琉球統治問題。在臺灣，主要有「臺灣島的主人」——臺灣少數民族和從大陸去臺的漢族移民。前者雖然是「本來的主人」，但都是從人口還是從經濟、政治上毫無影響力的高山原住民和像紅頭嶼那樣孤島之民；而後者即使是殖民者，但在數百年的歲月積累中，不僅有著固有的文化社會，且人數很多，在政治和經濟上有巨大的影響力。故此，日本的異民族統治僅從制度和經驗上並不是很容易的。

在上述這些矛盾中，從清政府手中割讓的新領土臺灣並不是歐美型的近代殖民地，而是同沖繩、琉球一樣作為「大日本帝國」的國家構成體之一，而編入了「大日本帝國」的國家體中，這就要求日本從國家構造本身上需要變動。當然，這一國家體的編入，也使得「大日本帝國」構造上產生巨大矛盾。

本文在上述認識基礎上，試圖釐清割讓臺灣後發生變化的「甲午戰後大日本帝國」[2]的臺灣統治情況、統治構造的制度和實際運用上所產生的基本矛盾問題，以及由此而產生的「膨脹的帝國國家」的「大日本帝國」的國家統治原理的變化。

## 一、甲午戰後「大日本帝國」的構造問題

「甲午戰後大日本帝國」的構造性矛盾並不是明治國家建設本質上的，即本來的「大日本帝國」的本質矛盾。這是因為在明治維新之處的沒有設定進行統治異民族的國家構想，伊藤所描繪的未來國家中也沒有對異民族和其他地區進行統治的設想[3]。

原本作為近代天皇國家誕生的明治政權的母體，並在1889年發展成為立憲國家的「大日本帝國」其傳統的統治領域為「大八島延喜式六十六國及各島以及北海道沖繩諸島及小笠原群島」[4]。其中，這些統治領域包含古代的歷史領域和近世以來由所謂小華夷秩序帝國的大君外交體制所形成的近世國家領域，但這些基本的國家發展理論中沒有統治領域和領土擴張的倫理。這是明治政府的近代國家建設的國家戰略論在維護獨立，並與對抗歐美列強的亞洲侵略，並為消除安政條約所形成的不平等條約體制而力主的國家主權活動。

換句話說，明治憲法的制訂和議會制度的創立所形成的近代立憲國家係為維護主權獨立和消除不平等條約，其所依據的政治理論並不是國內政略和國內政治，而是基於對外戰略和外交政略，即國內政治處於追隨的地位。這些就是我們後面將要論述的形成「甲午戰後大日本帝國」的重要課題。

如此，明治憲法體制在形成初期所描繪的國家構造在透過甲午戰爭所獲得的新的領土加入國家構成體時，就需要剛剛確立的國家體有重要的體制上的變化。也就是說，中日媾和條約作為戰爭終結的條件，日本向中國清政府所要求的割讓遼東半島和臺灣的條款只是國家戰略論中所選擇的道路而已，而並沒有依據原來的國家戰略論。透過中日媾和條約割讓來的臺灣這樣一個「新領土、領民」是明治政府、伊藤所構築的「大日本帝國」國家中的例外。

透過甲午戰爭的勝利步入帝國主義國家的日本，又透過其後的日俄戰爭獲得了「南樺太」，並從俄國政府手中獲得了中國東北的鐵路和關東州，緊接著，日本又透過「日韓合併」將朝鮮編入領土。在第一次世界大戰中，日本對德參戰又獲得了南洋群島的委任統治權。繼而經過數次改編所形成的「大日本帝國」的國家構造如下圖所示。

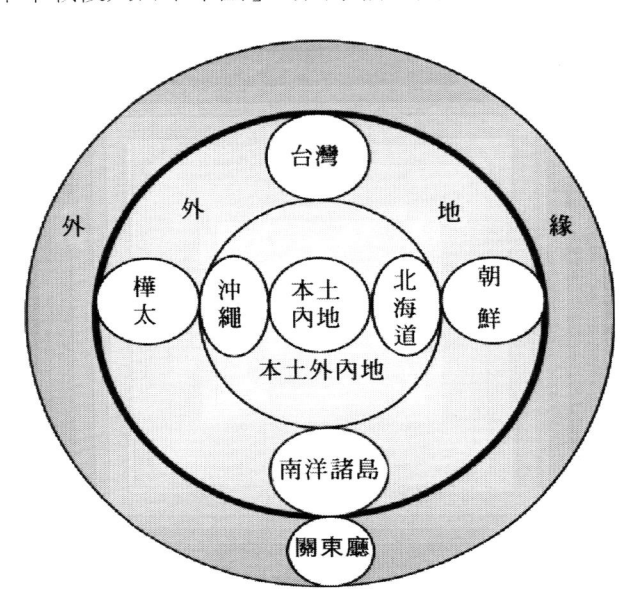

圖 1 「甲午戰後大日本帝國」的國家構造圖

　　從圖上我們可以看出，有原來的「日本」領域和設定外的領域這樣兩個不同領域編入的國家體，從而形成甲午戰後的原本的「內地」和新領域的「外地」這樣一個國家。據此構築的「甲午戰後」大日本帝國」」的國家構造以傳統領域的內地為核心，同此外的帝國主義膨脹性的國家活動獲得的臺灣、南樺太、朝鮮國、南洋群島等甲午戰後獲得的外地為邊緣部、進而以關東廳等領土外統治地區的周邊部領域構成。這種構造上的複雜化是由於內地同樣也不一樣，其原本是由古代以來的領域的「本土」和近世以後的領域的「本土外內地」構成。進而其「外地」本身也由於對臺灣和朝鮮的居民其待遇不同形成了很大程度上的差別。當然，「內地」和「外地」、核心和邊緣間權力關係也有很大差異。基本上是從「內地」到「外地」[5]、從核心到邊緣的統治和從屬的權力關係。從而，這些構造上所形成的矛盾關係形成了核心和邊緣、邊緣內部等相互間的差距等多重關係組成的矛盾。也就是說，「甲午戰後的」大日本帝國」」的國家體是包含「外地」的國家體，不僅相互有機結合，而且支撐了「甲午戰後大日本帝國」膨脹發展。

## 二、外地統治制度下的臺灣

這樣構築的國家構造是由於甲午戰後割讓的臺灣被排除在立憲制國家的國家法律制度之外乃至不同法體地區所形成的,其核心為政府直轄地的特殊法律制度統治確立。其統治形態和制度如下圖所示。

圖2　臺灣統治法律制度圖

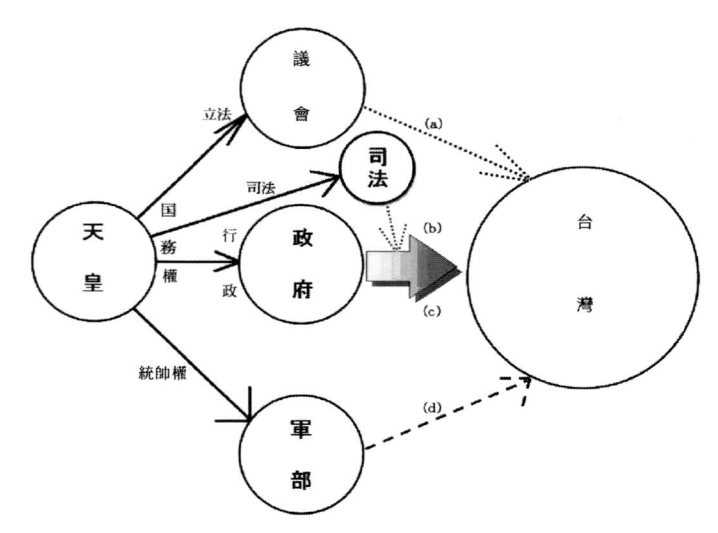

註：(a) 為法律和預決算事項 (b) 為統治法行為 (c) 為統治行政行為 (d) 為軍政軍令行為

明治憲法所規定的天皇大權為行政、立法、司法權等國務權和軍政軍令相關的統帥權。這些權力需平等地行使於「帝國臣民」。但是,臺灣雖然其領土本身無論是國際法還是國內法都是屬於「大日本帝國」,但是,其領民並不一定是「帝國臣民」。這是由於其領有經緯、實際情況和國際法上的相關規定等三個問題相關。

這三個問題中,第一,臺灣的領有是由於同中國清政府的戰爭結束而透過媾和條約等間接原因而領有的,而且在領有當時,日本人並沒有在臺灣島內居住。即日本的統治行為是在臺灣領有後針對去臺的移民開始實行的這樣一個特殊性（這對於統治者來說可以採用法律的例外條款）。第二,雖然透過中日媾和條約,臺灣島民成為了「帝國臣民」,但連清政府都將其視為「化外之民」,且置於實效統治之外的臺灣少數民族來說,馬上將其視為「帝國臣民」,並放在國內法之下,在現實上是不可能的。第三,根據中日媾和條約第五條規定,對於漢民族的居民適用於國籍選擇條款,即在條約生效後的兩年間,島內居民

可自由選擇日本或中國國籍，所以，島內的漢族居民在法律上還不是「帝國臣民」。

鑑於上述問題，形成了對臺灣統治的法律制度。但是，如前所述，明治憲法並沒有設定新領土編入的問題，故此，需要確立基本的統治方針。這裡面臨著兩個選擇。其一就是修改憲法，並加入領土條款；第二就是憲法不做修改，在不牴觸憲法的情況下，設立新的法律制度。實際上，第一項選擇因為憲法制訂僅僅才有 7 年的時間，也就是立憲制度才剛剛開始這樣一個現實問題。而且修改憲法這樣一個極其重大的問題從手續上和時間上都來不及，因此，這項選擇實際上是不現實的。從而，所給予的選擇實際上只有一項，就是透過法律的解釋創設新制度。

這裡還要面臨的是立憲制度草創期的最為現實的國內政治問題。明治政府雖然按照立憲制度進行了運營，但實際上只是一個藩閥的專制政權，還尚不能說是代表「帝國」臣民意識的政權。為此，當時的政局通常是藩閥爭取同在野勢力的政黨的兩極對立。如，在 1890 年召集的第一次議會上所開始的立憲政治的憲政就是政府同議會的對立，政權的運營始終處於非常困難的情況之中。1893 年 12 月第五次議會解散、時隔不到半年的第二年 6 月第六次議會由遭到解散。僅僅是半年時間中，就有兩次議會解散和兩次眾議院議員選舉，而且解散議會的是同一個伊藤內閣。第二次伊藤內閣不得不在預算沒有成立的情況下，編制臨時預算來進行政府的運營（甲午戰爭從預算上看是在臨時預算的情況下進行的，在這個意義上講，並不是對外戰爭的狀態）。

甲午戰爭原本就是在持戰爭慎重論的伊藤政權間和對外強硬論的議會，即所謂對外六強派的在野的發政府政治勢力的政治構造中所進行的戰爭。故此，在關於臺灣統治政策的制訂中，通常也是同主張強硬論的在野政黨勢力對立的情形中執行的。從而，從政府來看，如果將臺灣納入在薩長藩閥政權下，當然就不希望其統治中有議會在參與。總之，構築臺灣統治政策和統治制度的大原則就是將在野勢力、在野政黨勢力以及在野的各種勢力從國民輿論中徹底排除，以求得藩閥政權對其的壟斷。這也是外地統治這樣一個新的法律理論和法律制度創設中需要考慮的問題。

從圖 2 中我們可以看出，（a）相關立法權，大原則是將擁有立法權的議會排除掉，所以相關議會的僅有法律的制訂和修訂，預決算事項。故此，用點線連接以表示議會沒有直接參與臺灣統治。（d）係指有關天皇大權中相關軍令軍政問題，也就是基本上政府的國務機關不相關的事項。在這個意義上講，是

屬於純粹遵守憲法的事項。有關臺灣統帥事項除去對原住民、「土匪」的軍事作戰行動外，幾乎沒有與一般居民相關。當然，內地人從在臺灣守備軍等兵役和徵兵制度上與軍令和軍政相關聯，以及在軍事作戰行動中，其參加作戰的漢族居民和被稱為「友好蕃」的原住民相關。原則上同漢族居民及原住民沒有關聯。但是，在1937年盧溝橋事變爆發後，作為軍夫參加中國大陸戰場，其後的1942年到太平洋各戰場從軍的漢族和高山族義勇隊也開始與軍令和軍政相關聯。為此，關於軍部從最初僅有一部份內地人與此有關係，但到了中日戰爭後，昭和時期的軍國主義的特殊條件下，開始與臺灣相關，故此用粗線標識。

最為重要的臺灣統治基礎的是（b）和（c）。（b）為近乎違反憲法的政府統治行為，在憲法上包含司法權。故此，臺灣總督擁有裁判權和司法執行權，進而在一個時期衝，設立了使用臨時法院條例這樣違反憲法法律制度的措施。此外，從高等法院、覆審法院和地方法院三審制變更為覆審法院和地方法院的二審制度也包含了重大的問題。該項占很大比重。（c）為行政權。（c）系作為行政府的本來的統治行政行為。大體上，與臺灣相關的除去（a）和（d）外所有的權力。即從法律制度的側面、形式上的側面上看，臺灣總督擁有臺灣幾乎所有的事項的絕大權限的絕對權力者。故此，通常臺灣總督被稱為臺灣的「土皇帝」。

賦予臺灣總督的絕對權限和絕對權力的形式的是作為臺灣統治基本法（外地統治法）的1896年3月議會透過的法律第六三號《關於臺灣實施法令的法律》。該項法律按照法律公佈的順序號，被稱為「六三法」。根據該法第一條第一項的規定「臺灣總督可在其管轄範圍內發佈有法律效力的命令」。這項條款，規定了富裕臺灣總督的委任立法權（廣泛的立法權）。近代法制國家的所有權力的行使和行為需要基於法令來進行，故此，該項法令有著極其重要的意義。

根據該項條款發佈的有法律效力的命令被稱之為「律令」，但是其後六三法有很大變動。

其中，1906年4月法律第三一號（三一法）修訂了六三法，將此前的律令為主修改為以法律為主；1921年日本政府有進一步修訂了三一法。這次修訂廢除了武官專任總督制度，並進一步擴大了內地法，實行了以內地法為中心的法律中心主義。該次修訂中的兩大變動被稱為是兩大值得特書的事項。這次經過修訂後公佈的法律被稱之為法三號。儘管有上述的變動，但臺灣總督的職權仍

然保留著。明治憲法體制下,被賦予的臺灣統治基本法中的臺灣總督律令制訂權的統治體制經常處於違憲狀態中。[6]

明治憲法將法律的制訂權委任給了議會。但是,不僅臺灣不是內地的延長,在編入「帝國領土」階段就沒有遵從憲法的規定行使立法手續,而且在臺灣居住的「帝國臣民」也沒有均地享有憲法所規定的「作為臣民的基本權利」。這裡,臺灣的居民不僅沒有參政權,甚至連按照日本戶籍法中的徵兵服務規定等內地居住者的起碼權利都沒有。從而,即使外地統治法的臺灣統治基本法中,總督權限的法律特權也罷,將臺灣設定為不同法律區域按照特例進行也罷,不能否定憲法所規定的議會的立法權。進而,即使是臺灣總督作為臨時的非常措施,符合法律規定的緊急敕令制訂權規定,但是我們仍然不能不說,其權力是憲法所沒有規定的,嚴重違憲的規定。

從法律制度上看,嚴重違反憲法的臺灣統治基本法直至「大日本帝國」滅亡仍然存在的本身就不是單純的基於法律制度上的理由了。

## 三、臺灣統治制度的實際狀況

僅僅為行政官的臺灣總督被賦予了過大的權限,宛如「土皇帝」在君臨臺灣的這種說法是源於對戰前日本的政治制度及官僚制度的最大誤解。實際上並非如此。

揭開這一議題的關鍵仍然在於六三法的第二條。根據該法第二條的規定,「前項命令經過臺灣總督府評議會和拓殖務大臣呈請敕裁」。即該項條款規定了律令制訂的手續。首先需要臺灣總督府評議會的決議,第二需要將此稟呈監督臺灣總督的拓殖務大臣,並由拓殖務大臣請求敕裁。其中,臺灣總督府評議會實際上是由臺灣總督任命的臺灣總督府的主要官吏為該評議會委員的,只是一個內部機關,其實徒具形式而已。實際上的法律的起草者和制訂者是臺灣總督府內的各個部局。最為重要的是臺灣總督需要將法案稟呈給拓殖務大臣,「經拓殖務大臣恭請敕裁」。「恭請敕裁」就是需要天皇的批準。該文所包含的意義非常重大。該文說明(1)臺灣總督沒有上奏權;(2)為取得天皇的批準,需要內閣的承認。這樣就需要向內閣提出法案,但臺灣總督沒有向內閣提出審議的權限;(3)按照內閣會議的規定,閣僚如果向內閣會議提出法案請求審議,需要事先取得總理大臣的同意。也就是說,如果拓殖務大臣將有關臺灣總督府提出的律令案提交內閣會議,需要事先徵得內閣總理大臣的同意和認可。進而,臺灣總督府的律令案需要首先徵得拓殖務大臣的同意。而為了取得拓殖務大臣

的同意還需要事先得到該省（即該省官僚）的同意；（4）向上奏天皇屬於內閣總理大臣的進行，而為此需要內閣會議的決議。這樣，實際上，臺灣總督府的律令的法案的透過至少還需要內閣法制局和相關各省大臣的同意。

　　基於上述事實，實際上臺灣總督所被賦予的律令制訂權是不存在的。也就是說，該項條款的規定是透過臺灣總督的律令的起草權來規避議會的審議，實際上是由政府擁有的權限。這才是臺灣統治的法律制度，外地統治法律制度的本質問題所在。

　　當然，臺灣總督仍然享有連政府都不能介入的權限。這就是臺灣總督的緊急律令制訂權。所謂緊急律令制訂權是基於六三法第三條的規定「臨時緊急時，臺灣總督可按照前條第一項的手續發佈第一條的命令」。尤其是根據該條款發佈緊急律令時，需要「發佈後恭請敕裁，並將此報告臺灣總督府評議會」（該法第四條第一項），但同時也規定了「如沒有得到敕裁時，總督應立即發佈其命令在一段時期後的失效」（該法第四條第二項）。

　　該條款參照了憲法的緊急敕令條款，因此，從法律制度論上看沒有問題。但是，實際上，對於總督發佈的緊急律令，在本國政府不同意時而採取取消措施不是那麼簡單的。關於本項問題是最為現實的問題。其中，1898 年 11 月 4 日臺灣總督府公佈的緊急律令時就產生了政府、內閣法制局和臺灣總督府間的激烈對立。這項緊急律令就是律令第 23 號臨時法院改正條例[7]問題[8]。作為緊急敕令公佈的律令第 23 號雖然得到天皇的批準，但從公佈執行 9 個月後的 1899 年 8 月 16 日[9]看，緊急律令制訂權的執行的危險度非常高[10]。為此，自該緊急律令公佈後一直到最後的 1945 年 10 月 15 日發佈的緊急律令第 7 號的 50 年間在臺灣所實施的法律、和含緊急律令的律令合計 820 件。如將其按照法律、普通律令、緊急律令分類，其中法律有 282 件，佔其 34.4%；普通律令 528 件，佔其 64.4%；緊急律令為 10 件，佔其 1.2%[11]。總之，臺灣總督所被賦予的絕對權限的緊急律令制訂權僅僅行使了 10 次。我們按照緊急律令的頒佈年限看，1896 年為 4 件、第二年為 1 件、1898 年為 4 件，即領有臺灣初期的 3 年間合計 9 件，佔緊急律令的 90%。法律制度和實際情況尚有相當大的差距。

　　這說明，臺灣總督的職務權限上所體現的統治狀況上的形式的法律制度上，同實際法律制度運營狀況上存在差距。能夠說明該狀況的就是現存的公文書檔案《臺灣總督府文書》。如果我們以《臺灣總督府文書》為比照基準，將統治機構的臺灣總督府及其附屬機構所造成的作用和行使職權的實際，進而將《臺灣總督府文書》同中央政府的內閣文書以及個別政府機構的文書、軍隊方

面的相關文書進行比較的話,就會看出其中法案成立的經緯情況(含文書的文章、電報、書簡等通信記錄的文書流程),並能進一步探討其各自的實際權力關係和行政行為的實際關係。

公文書的保存狀態可以顯示有關案件該機關的職務權限和職務責任。為此,透過現存文書的狀態,可以瞭解法律條文上所不能夠探討的實際情況。從這點上看臺灣總督府和臺灣總督的關係,在六三法和三一法時期、法三號時期,臺灣總督府的職務權限有明顯的不同。尤其是在大正民主中更加鮮明,也可以說這和明治時代的結束和伊藤博文死後的政治形勢相關。由於篇幅所限,有關該議題容日後他稿進行探討。

從法律制度論上看,臺灣是天皇權力中除統帥權等的一部份權限外所有的權限都委任給了臺灣總督,構成了臺灣總督擁有絕對權限以實行直接統治。從法律理論和統治實際狀況上看,事實上臺灣的統治行為透過日本政府對臺灣總督的監督指揮權,構成了以臺灣總督為媒介的政府直接統治。這裡作為形式上的法律制度層面上的臺灣統治構造和法律理論制度運行的實際狀態的政府直接統治構造上的差距。為此,有關方面,一直試圖透過對臺灣統治制度的爭論以求得這一問題的解決。這實際上是試圖透過憲法制度上整合性,以期解決這個問題。這個問題的解決是在第二次世界大戰,國家戰略目標為了戰爭,所有的目標都面臨著統合。這也就是在臨戰狀態下以「共赴國難」的口號下的軍國主義要求。

為了完成所謂的「大東亞戰爭」,需要人力的物質的最大活用化。在這種時局要求下,1942 年 6 月 16 日,日本內閣透過了《行政效率化和內外地一元化》的內閣方針[12]。為此,根據同年 11 月 1 日,日本政府透過敕令第 728 號[13]改革了臺灣總督府官制。其中,監督臺灣總督的大臣從「拓務大臣」改為「內務大臣」;第三條中新增了「總督據其他規定接受內閣總理大臣及各省大臣之監督」一條,消除了法律制度上的矛盾和制度上不整合型。

本來只有制度才是真正的臺灣統治制度的形式。其中,由於戰時,總督由安藤利吉林大將出任,並兼任臺灣軍司令官和第 10 方面軍司令官。除去這點,臺灣總督府是實際上是政府直轄地,是政府直接掌管的組織和在各省的監督下的政府附屬機關組織。在此之前,出於國內政治算計的考慮隱去的其政治上的理由,但是在戰時這樣一個特殊的情況下,就無需隱去其政治上的理由。當然,不管是朝鮮還是臺灣,朝鮮人、漢族系的臺灣人和被稱為「高砂族」的臺灣少數民族完全地日本化尚需要時日。

透過「內外地一元化」這樣的「內外一體論」的實踐解除了「帝國」縱向上的矛盾構造。但是重新呈現的問題是「外地」間的差距問題。「大日本帝國」的國家體中，出現了曾經是一個國家的朝鮮，清政府領地的臺灣之間的本質上的差距。這不是法律文化上的差距。誠如宮中席位所體現的朝鮮總督和臺灣總督的差距那樣，這是在「內外地一元化」時作為鮮明的差距。在敕令第728號公佈的同時，日本政府還公佈了敕令第729號《關於朝鮮總督及臺灣總督監督之件》[14]。在這份敕令中規定，「內務大臣對臺灣總督就臺灣總督府相關事務進行監督，可進行必要的指示」，賦予了內政大臣對臺灣總督的監督指揮之權。與之相比較，對已朝鮮總督，只是「事務統理上必要之指示」，並沒有被賦予對朝鮮總督的監督權。

這種朝鮮同臺灣的差距不僅可以再「內外地一元論」實施前可以看到，而且也可以在二戰期間，因志願兵在公務服役中的戰死者的陸軍省的待遇上，具體地說就是對於朝鮮人和臺灣人在靖國神社的祭祀上也有差異。有關「帝國」內的「外地人」間差距問題還是日後進一步探討的課題。

## 結語

繼承了德川政權所形成的「大君國日本」，並在此基礎上進一步修正後構成的「傳統帝國」的近代國家的「大日本帝國」，進而以甲午戰爭為契機從「膨脹的帝國」變質為「甲午戰後的大日本帝國」。可以說，這就是近代日本國家的變化。

但是，由於「大日本帝國」是在鎖國體制崩毀，歐美列強侵略東亞的世界變動時期所誕生的國家，必然要受到其時代的影響。第一步就是轉變從室町幕府時期以來實行的脫離東亞國際世界（即以中華帝國為中心的華夷秩序國際體制[15]）政策，回歸到東亞國際社會中，並樹立新的對外關係（一個是佩裡來日後的歐美列強的條約關係，即西歐的條約體制性的國際秩序；另一個就是同清政府和朝鮮的外交關係，即樹立非西歐國家間的西歐性條約關係）。

以此「帝國」為基礎的近代國家建設就是立憲制國家的「近代日本」，即完成立憲國家的「大日本帝國」。這裡又發生了新的事態。這就是甲午戰爭。透過甲午戰爭日本獲得了臺灣。「傳統的帝國」又發展成為「膨脹的帝國」的「甲午戰後的大日本帝國」。其時的基本統治理論就是將統治地區編入了國家的固有領土，並試圖同化其居民使其「日本化」。這樣的理論為東亞式的異民族統

治方式是基於近代法律制度的一種方式。統治方式是基於近代法律制度的一種方式。

但是，這些都屬於未曾經歷的事物，故此由形式上和實際狀態，主義同實際上的巨大差距，並構成本質上的構造性矛盾。這種矛盾構造本身是近代日本的基本矛盾，是「大日本帝國」所含有的本質性矛盾。為此，消除這樣的矛盾就需要時間和特別外在的因素。其結果就在於亞洲太平洋戰爭這樣一個特殊條件。

統治不同地區、不同民族。不同的教徒本身就是本質性矛盾的原點。故此，即使沒有 1945 年的戰敗，即使完成了臺灣、朝鮮、樺太以及南洋群島這些外地的「內地化」，也不會消除以大和民族為基礎構成的「大日本帝國」所固有的矛盾。

（作者單位：日本中京大學本文由王鐵軍翻譯）

## 註釋：

[1] 赤澤史朗《靖國神社》，岩波書店，2005 年，第 14 頁～15 頁。

[2] 拙著《甲午戰爭》，講談社，1997 年；拙稿《甲午戰爭的歷史位置》（東亞近代史學會編《甲午戰爭與東亞世界的變化》上卷，YUMANI 書房，1997 年）。

[3] 詳見拙稿《臺灣統治基本法和外地統治機構的形成》，臺灣研究會編《日本統治下的臺灣及其發展》、中京大學社會科學研究所，2004 年。

[4] 伊藤博文《帝國憲法皇室典範義解》，國家學會，1889 年，第 3～4 頁。

[5] 從法制史上看，「外地」一詞常用於 1929 年拓務省設立後，作為法令用語始見於 1934 年遞信省令第 51 號《外地電話通話規則》，不是太古老（外務省編《外地法制志》第二卷，文生書院復刻，1990 年，第 1～2 頁），本文為研究方便作為理論用語使用。

[6] 外務省編《外地法制志》第三卷，文生書院復刻版，1990 年，第 68 頁。

[7] 臺灣總督府《府報》第 397 號，1898 年 11 月 5 日，第 3～4 頁。

[8] 有關臨時法院條例修改議題請參見拙稿《日本的臺灣殖民地統治及外地統治論—以臺灣總督的緊急律令制訂權為例》（大濱徹也編《國民國家的構圖》，雄山閣，1999 年）及拙稿《臺灣統治的構造及臺灣總督府檔案》（檜山幸夫編《臺灣總督府檔案的史料學研究，日本近代公文書學研究序說》，yumani 書房，2003 年）。

[9] 日本國立公文書館藏《公文類聚》第 23 編（明治 32 年第 36 卷 10）。

[10] 關於此問題的檔案史料請參見拙稿《臺灣總督的律令制訂權和外地統治論》（中京大學社會科學研究所編《臺灣總督府文書目錄》第 4 卷解說，yumani 書房，1998 年）。

[11] 依據《臺灣總督府報》和《臺灣總督府官報》及外務省條約局第三課《外地法令制度概要》中相關數據的統計。另，關於律令和緊急律令的詳細分析請參見拙稿《日本的臺灣殖民地統治和外地統治論》（大濱徹也編《國民國家的構圖》，雄山閣，1999 年）。

[12] 日本國立公文書館藏《公文類聚》，《行政效率化實施要項》。

[13] 臺灣總督府《官報》號外，1942 年 11 月 1 日，第 1 頁。

[14] 臺灣總督府《官報》第 188 號，1942 年 11 月 17 日，第 32～33 頁。

[15] 信夫清三郎編《日本外交史》1.2，每日新聞社，1974 年。

國家圖書館出版品預行編目(CIP)資料

日據時期台灣殖民地史學研究 / 中國社會科學院台灣史研究中心主編.
-- 第一版. -- 臺北市：崧燁文化，2019.01
　　面；　公分
POD版

ISBN 978-957-681-818-9(平裝)

1.臺灣史 2.日據時期 3.殖民地 4.文集

733.2807　　　108000945

書　　名：日據時期台灣殖民地史學研究
作　　者：中國社會科學院台灣史研究中心 主編
發 行 人：黃振庭
出 版 者：崧博出版事業有限公司
發 行 者：崧燁文化事業有限公司
E-mail：sonbookservice@gmail.com
粉絲頁　　　　　　網　址：
地　　址：台北市中正區重慶南路一段六十一號八樓815室
8F.-815, No.61, Sec. 1, Chongqing S. Rd., Zhongzheng
Dist., Taipei City 100, Taiwan (R.O.C.)
電　　話：(02)2370-3310　傳　真：(02) 2370-3210
總 經 銷：紅螞蟻圖書有限公司
地　　址：台北市內湖區舊宗路二段 121 巷 19 號
電　　話:02-2795-3656　傳真:02-2795-4100　網址：
印　　刷：京峯彩色印刷有限公司（京峰數位）

　　本書版權為九州出版社所有授權崧博出版事業股份有限公司獨家發行電子書及繁體書繁體字版。若有其他相關權利及授權需求請與本公司聯繫。

定　　價：1150 元
發行日期：2019 年 01 月第一版
◎ 本書以POD印製發行